V&R

Schriftenreihe
der Historischen Kommission bei der
Bayerischen Akademie der Wissenschaften

Band 107

HiKo
HISTORISCHE
KOMMISSION
BEI DER BAYERISCHEN
AKADEMIE DER
WISSENSCHAFTEN

Magnus Ressel

Protestantische Händlernetze im langen 18. Jahrhundert

Die deutschen Kaufmannsgruppierungen und ihre Korporationen in Venedig und Livorno von 1648 bis 1806

Mit 11 Abbildungen, 12 Diagrammen und 47 Tabellen

Vandenhoeck & Ruprecht

Die Schriftenreihe wird herausgegeben
vom Sekretär der Historischen Kommission:
Bernhard Löffler

Gedruckt mit Unterstützung der Franz Schnabel Stiftung.

Ausgezeichnet mit dem von der Sparkassenstiftung Erfurt
gestifteten Max-Weber-Preis des Max-Weber-Kollegs für kultur-
und sozialwissenschaftliche Studien an der Universität Erfurt.

UNIVERSITÄT
ERFURT
Max-Weber-Kolleg

Bibliografische Information der Deutschen Nationalbibliothek:
Die Deutsche Nationalbibliothek verzeichnet diese Publikation in der
Deutschen Nationalbibliografie; detaillierte bibliografische Daten sind
im Internet über https://dnb.de abrufbar.

Umschlagabbildung: Der Innenhof des Fondaco dei Tedeschi.
Künstler: Raphael Custos 1616. Quelle: GNN, Graphische Sammlung,
Inventar-Nr. HB 2300, Kapsel-Nr. 1228.

Satz: textformart, Göttingen | www.text-form-art.de
Druck und Bindung: CPI Books, Birkach
Printed in the EU

Vandenhoeck & Ruprecht Verlage | www.vandenhoeck-ruprecht-verlage.com

ISSN 0568-4323
ISBN 978-3-525-36329-4

Inhalt

Vorwort

Die Forschungen zu diesem Buch haben im April 2012 mit dem Antritt meines Feodor-Lynen Stipendiums an der *Università degli Studi di Padova* begonnen. Fünf Jahre später und nach intensiven weiteren Forschungen in verschiedensten Archiven Europas konnte ich im April 2017 die resultierende Arbeit am Fachbereich Philosophie und Geschichtswissenschaften der Goethe-Universität Frankfurt am Main als Habilitation einreichen. Dass ich überhaupt die Möglichkeit zu einer so langen vertieften Forschung am Thema bekam, verdanke ich Luise Schorn-Schütte, die mir als Assistent einerseits die notwendigen Freiräume gab und andererseits durch die Position des Koordinators des Internationalen Graduiertenkollegs 1067 »Politische Kommunikation von der Antike bis ins 20. Jahrhundert« ein ungemein anregendes Umfeld für meine Forschung bot. Ebenfalls danke ich ihr und den weiteren Kommissionsmitgliedern, Birgit Emich, Werner Plumpe, Andreas Fahrmeir und Mark Häberlein für die Bereitschaft zur Mitwirkung am Habilitationsverfahren und ihre Gutachten, deren Anregungen in die vorliegende Druckfassung Eingang gefunden haben.

Diese Arbeit wäre nicht möglich gewesen ohne die vielfache Unterstützung von unterschiedlichster Seite. Ich danke Cornel Zwierlein, Wolfgang Behringer und Wolfgang Kaiser für ihre Hilfe bei der Bewerbung um das genannte Stipendium der Alexander von Humboldt-Stiftung. In Italien erhielt ich wichtige Ratschläge und Hinweise von meinem großartigen Gastgeber, dem 2015 im Alter von 53 Jahren viel zu jung verstorbenen Merio Scattola.

In Padua gaben mir Andrea Caracausi, Francesco Vianello, Salvatore Ciriacono und Alfredo Viggiano immer wieder wertvolle Hinweise zur aktuellen Venedigforschung. In Venedig waren der Staatsarchivar Andrea Pelizza und der Pfarrer der venezianischen evangelischen Gemeinde, Bernd Prigge, wichtige Gesprächspartner und Ratgeber. Am Deutschen Historischen Institut Rom konnte ich 2015 zwei Monate verbringen und dabei meine Forschungen einem weiteren Forum präsentieren und zur Diskussion stellen. Hier bin ich vor allem Martin Baumeister, Alexander Koller und Andreea Badea für ihre Hilfe und Kommentare zu Dank verpflichtet. Seit Oktober 2015 konnte ich die dichte Niederschrift am Historischen Kolleg in München beginnen. Dem Kuratorium der Stiftung des Historischen Kollegs sei für diese Möglichkeit herzlich gedankt. Ich danke zudem den Mitarbeitern des Historischen Kollegs für ihre intensive Hilfe, vor allem und stellvertretend für alle anderen Karl-Ulrich Gelberg, Jörn Retterath sowie Karl Siebengartner. In München hatte ich auch die Freude, mich mit Arndt Brendecke, Jorun Poettering, Hannes Ziegler und den weiteren Forschern am Kolleg, Peter Švik, Hans-Ulrich Wiemer und Stefan Plaggenborg austauschen zu können.

Dieses Projekt konnte ich bereits zu verschiedenen Gelegenheiten vorstellen. Bei einigen Kolloquien/Oberseminaren, so in Kassel bei Anne-Charlott Trepp, auf der Gerschnialp in der Schweiz bei Christian Windler, in Gießen bei Horst Carl, in Regensburg bei Mark Spoerer, in Düsseldorf bei Achim Landwehr, in

Leipzig bei Markus A. Denzel, in Bremen bei Rebekka von Mallinckrodt und in Innsbruck bei Gunda Barth-Scalmani konnte ich dankenswerterweise Aspekte der Arbeit vor- und zur Diskussion stellen. Auf mehreren Tagungen habe ich Teile der Arbeit präsentiert, so in Bozen bei den »Bozner Gesprächen zur Regionalgeschichte« unter der professionellen Panelleitung von Andrea Bonoldi, in Livorno bei der Tagung »Livorno, commercio e i limiti del cosmopolitismo« auf freundliche Einladung von Andrea Addobbati, auf der »Nachwuchstagung der Historischen Kommission zur Erforschung des Pietismus« am Interdisziplinären Zentrum für Pietismusforschung der Martin-Luther-Universität Halle-Wittenberg, auf der ich einen sehr hilfreichen Kommentar von Ulrike Gleixner bekam und bei der Konferenz »Dealing with economic failures. Extrajudicial and judicial conflict regulations« in Frankfurt am Main; hierfür sei Albrecht Cordes und Margrit Schulte Beerbühl herzlich gedankt. Auch von internationalen Kongressen konnte ich profitieren, so vom »14th International Congress for Eighteenth-Century Studies« und von der »6th Transnational Rhine Conference«, beide in Rotterdam. Ich danke Maria A. Stassinopoulou, Stefano Saracino und Ralf Banken herzlich für die Zusammenarbeit im Rahmen dieser Veranstaltungen.

Mit vielen Freunden und Kollegen habe ich häufig über diese Arbeit sprechen können und dabei in unterschiedlicher Form Hilfestellung erfahren. Besonders erwähnen möchte ich dabei (in alphabetischer Reihenfolge) Sibylle Backmann, Ermanno Braun, Thomas Bregler, Andrea Cavaggioni, Fabrizio Costantini, Cecilia Cristellon, Frederik Dhondt, Mona Garloff, Maud Harivel, Astrid Herbig, Heiner Krellig, Christian Kuhn, Heinrich Lang, Christof Jeggle, Simone Müller, Marco Platania, Carl Heinz Pommer (†), Lisa Regazzoni, Reinhold Reith, Maximiliane Rieder, Marius Risi, Eva-Maria Roelevink, Werner Scheltjens, Benjamin Steiner, Gerhard Steinmeyer, Klaus Weber, Tobias Winnerling und Kerstin Weiand. Sie alle haben zu unterschiedlichen Zeiten und an unterschiedlichen Stellen wichtige Impulse und Hilfestellungen für meine Forschungen gegeben, ohne die dieses Werk in dieser Form nicht hätte zustande kommen können. Für das intensive Lektorat bedanke ich mich herzlich bei Monika Hahn.

Noch vor der Drucklegung dieser Arbeit wurde ihre Manuskriptfassung mit dem von der Sparkassenstiftung Erfurt gestifteten Max-Weber-Preis des Max-Weber-Kollegs für kultur- und sozialwissenschaftliche Studien an der Universität Erfurt ausgezeichnet. Hierfür sei an dieser Stelle ganz herzlich gedankt. Der Historischen Kommission bei der Bayerischen Akademie der Wissenschaften sei für die Aufnahme der Arbeit in ihre Reihe herzlich gedankt. Die dabei von Gerhard Fouquet dankenswerterweise gegebenen Hinweise waren sehr hilfreich für eine erneute Überarbeitung und Systematisierung des Textes. Daniel Sander und Matthias Ansorge vom Verlag Vandenhoeck & Ruprecht danke ich für die professionelle Betreuung und freundliche Zusammenarbeit bei der Drucklegung.

Eine Habilitation kostet viel Zeit. Hierfür habe ich viel Rückhalt von meiner Familie gebraucht und bekommen. Ich widme diese Arbeit den wichtigsten Menschen meines Lebens, Clara Sophia, Sebastian, Julia und Johanna.

Frankfurt am Main im April 2021

Hinweise und Bemerkungen

1. In der Arbeit wird aus pragmatischen Gründen zur leichteren Unterscheidung bei der kurzen Angabe der *Nazione Alemana* aus Venedig von »der Nation« gesprochen, bei der kurzen Angabe der *Nazione Olandese-Alemanna* (von 1781 bis 1790 als *Nazione Amburghese* bezeichnet) aus Livorno von »der Nazione«. Die genannten längeren italienischen Ausdrücke geben einen Eindruck von der häufigsten offiziellen Schreibweise der jeweiligen Korporation in den Quellen wieder, sodass diese Form hier übernommen wurde. Im Falle der *Nazione Alemana* in Venedig wird der Begriff der »Nation« häufig von den Deutschen verwandt, seltener von den Venezianern. Daher ist hier die deutsche Form »die Nation« für die Kurzangabe quellennah. Die *Nazione Olandese-Alemanna* in Livorno jedoch wird in der Mehrzahl der Quellen auch von Mitgliedern derselben nur in ihrer italienischen Form benannt. Die deutsche oder niederländische Form ist in diesem Fall hingegen selten. Daher ist die Verwendung des Italienischen auch in diesem Fall eher quellennah.

2. Ebenfalls aus pragmatischen Gründen und der Mehrheit der Quellen und ihrer typischen Schreibweise folgend werden die Vorsteher der deutschen Nation in Venedig als »Consuln« bezeichnet, hingegen alle einen Staat repräsentierenden Kaufleute in Südeuropa, also auch die die Generalstaaten repräsentierenden Vorsteher der Nazione Olandese-Alemanna in Livorno, als »Konsuln«.

3. Kürzere Zitate im Text aus den Quellen oder aus Druckwerken vor 1800 sowie seltener gebrauchte fremdsprachliche Begriffe werden kursiv gesetzt. Häufiger gebrauchte fremdsprachige Begriffe werden nur bei ihrer ersten Verwendung kursiv gesetzt. Zitate, die im Fließtext vier oder mehr Zeilen Länge hätten, werden als größerer Block in kleinerer Schrift zwischen den Haupttext gesetzt.

4. Fast alle Datumsangaben in den venezianischen Quellen folgen dem *More Veneto*. Dies heißt, dass das Jahr, wie in der Republik bis zu ihrem Untergang üblich, erst am 1. März begann. In dieser Arbeit wird ausschließlich der gregorianische Kalender verwendet, die entsprechenden Angaben aus den venezianischen Quellen wurden dafür bei ihrer Wiedergabe angepasst.

5. Überregionale Währungen wie der Gulden oder die Lira hatten zu unterschiedlichen Zeiten und in unterschiedlichen Regionen verschiedenen Wert. Teilweise ist dies nur mit genauer Kenntnis der lokalen/regionalen Währungsgeschichte feststellbar. Es wird daher bei Währungsangaben keine präzisere Angabe als die in den Quellen auffindbare zu den jeweiligen Währungen gemacht. Die überregionalen Währungen sind bei ihrer Verwendung in dieser Arbeit immer im jeweiligen regionalen und zeitspezifischen Kontext zu sehen.

6. Bei Transkriptionen handschriftlicher Quellen wurde die Groß-/Kleinschreibung den heutigen Formen angepasst. Die Buchstaben u, v und f wurden ebenfalls auf die heutigen Formen normalisiert. Abkürzungen wurden bei Stan-

dardformen ausgeschrieben. Anmerkungen von mir werden in runden Klammern mit dem Zusatz »MR« hinzugefügt, Satzvervollständigungen und -ergänzungen zum besseren Verständnis in eckigen Klammern. Abweichungen von diesen Regeln werden im Text immer angegeben.

7. Namen (vor allem von Kaufleuten) werden standardisiert immer in der deutschen Form angegeben, bei gleichnamigen Verwandten wird entlang der Altersreihung mit römischen Ziffern in Klammern vor dem Nachnamen eine Präzisierung zur eindeutigen Bestimmung vorgenommen. Von geadelten deutschen Kaufleuten wird nur bei Nennung des Vornamens auch das Nachnamenspräfix »von« ausgeschrieben. Bei einer ausnahmsweise geschehenden italienischen Form der Namenswiedergabe wird dies in dieser Arbeit immer angegeben.

8. Belege zu verwendeten Archivalien werden angesichts der Heterogenität der diversen Archivtektoniken auf ein Minimum zur eindeutigen Auffindung der jeweiligen Akte beschränkt. Dementsprechend dienen Datumsangaben oder die Nennung von Adressaten oder Empfängern von Schriftstücken im Normalfall der besseren Nachvollziehbarkeit der Verweise auf Archivalien. Werden Angaben solcher Art bei einer bereits eindeutigen Identifizierung zusätzlich aufgeführt, so haben sie den Zweck einer Vertiefung des Verständnisses der jeweiligen Archivalie, beispielsweise um Personen innerhalb eines Amtsapparates zuordnen zu können.

9. Wenn die Geburtsdaten einer für die Arbeit etwas bedeutenderen Person herausgefunden werden konnten, so werden diese bei der ersten Erwähnung im Haupttext angegeben. Ist die Person nur in den Fußnoten genannt, so werden die Lebensdaten hier bei der ersten Nennung angegeben. In den Anhängen dieser Arbeit werden Geburts- und Sterbedatum nur bei direkter Nennung in den Originalquellen angegeben.

10. In den Diagrammen werden Datenreihen immer chronologisch entlang von Jahren visualisiert. Lücken von mehr als drei Jahren in den Reihen werden durch gestrichelte Linien gekennzeichnet.

I. Einleitung

1. Annäherungen an das Thema

Mitten in Venedig, wenige Dutzend Meter nördlich der Rialto-Brücke, nahe am kommerziellen Herz der untergegangenen Republik, liegt der *Fondaco dei Tedeschi*, ein im Grundriss nahezu quadratisches Gebäude von etwa 55 Metern Länge und Breite, auf dessen zum Kanal zugewandter Seite ein steinernes Wappen mit der lateinisch abgekürzten Inschrift *GERMANICIS D(ICATUM)*, übersetzt: »Den Deutschen gewidmet«, hängt. Ein beeindruckenderer und bis heute nachhaltig wirkender Ausdruck des intensiv verknüpften deutsch-italienischen Handels im Mittelalter und der Frühen Neuzeit ist schwerlich vorstellbar. 1508 wurde dieses Gebäude an der Stelle des älteren Fondaco fertiggestellt, der 1505 abgebrannt war. Als Institution bestand die in diesem Fondaco registrierte *Nazione Alemana*[1] seit dem 13. Jahrhundert, und sie sollte nach Bezug des neuen Gebäudes noch fast drei Jahrhunderte, bis September 1806, hier offiziell ihre Residenz und, spätestens seit Mitte des 17. Jahrhunderts, auch ihre zu Zeiten der Republik immer illegale lutherische Untergrundkirche haben und halten. Die Republik vollendete dieses Bauwerk, als die Portugiesen immer mehr Gewürze aus Ostindien auf den europäischen Markt brachten und damit einen traditionellen Stützpfeiler des venezianischen Handelssystems erschütterten und zeitgleich eine Allianz der mächtigsten europäischen Staaten zum Krieg gegen Venedig rüstete. Umso mehr darf der teure Bau als Ausdruck des venezianischen Willens zur weiteren Teilhabe an den wesentlichen europäischen Handelsflüssen auch in der Frühen Neuzeit angesehen werden. Ob und inwieweit die Republik damit in der häufig als Zeit ihres Niedergangs bezeichneten Epoche erfolgreich war, soll in diesem Buch untersucht werden.

Mit diesem Zeitabschnitt sind in der gängigen Sichtweise die letzten eineinhalb Jahrhunderte der 1797 untergegangenen Republik Venedig gemeint. Hier soll sogar ein vorsichtiger Blick über dieses Enddatum hinaus gewagt werden, immerhin überlebte der als Institution fast 600 Jahre aktive Fondaco dei Tedeschi, das Kaufhaus der deutschen Händler, ganze neun Jahre die Republik Venedig. Im Mittelpunkt der Untersuchung steht die im Fondaco registrierte deutsche Nation als korporative Institution und Händlernetz im Gesamtkontext

1 Der Begriff *Nazione Alemana* wird in den Quellen der Republik Venedig ubiquitär in dieser Schreibweise gebraucht, seit 1675 wurde er auch juristisch klar in dem bereits seit Jahrhunderten gebräuchlichen Sinne definiert: Nur die registrierten Mitglieder des Fondaco dei Tedeschi waren Teil dieser Nation, andere Deutsche in Venedig gehörten ihr nicht an. Zur Abgrenzung der deutschen Nation nach außen in ihren eigenen Worten vgl. *Simonsfeld*, Der Fondaco dei Tedeschi, Bd. 2, S. 162.

des deutsch-italienischen Handelsverkehrs. Der Schwerpunkt liegt dabei auf den Aktivitäten der in der deutschen Nation registrierten Mitglieder, den Kaufleuten aus dem Alten Reich, ihrem politischen und wirtschaftlichen Handeln als Lobby einerseits und als individuellen Händlern andererseits. Anders gefasst: Das Agieren der deutschen Nation in ihrem jeweiligen historischen Kontext als einer Schlüsselgruppe für wesentliche Aspekte der geteilten frühneuzeitlichen deutsch-italienischen Kontakt-, Wirtschafts- und Handelsgeschichte soll hier untersucht werden. Darüber hinausgehend soll die Innovativität des in Venedig aktiven deutschen Händlernetzes für die immer wieder gesteigerte Leistungsfähigkeit des frühneuzeitlichen Fernhandels, insbesondere über Land, herausgestellt werden. Die Effektivität dieser Kaufleute wurde dabei durch die Eingebundenheit in die führenden Familien- und Handelsnetze der Patrizier- und Händlergruppen der lutherischen oder paritätischen süddeutschen Reichsstädte ermöglicht, politischen Körperschaften, die sich aller politischen Schwäche zum Trotz bis zum Ende des Alten Reichs und weit darüber hinaus im Handelssystem zwischen Nord- und Südeuropa eine überraschend starke Vermittlerrolle bewahren konnten. Jedoch stand hinter dem Erfolg der deutschen Händler in Venedig im letzten Jahrhundert der Republik noch mehr: Ein wichtiger Grund für die Bewahrung von Handelsmacht im deutsch-italienischen Handelssystem des 18. Jahrhunderts durch die kaufmännischen Eliten der süddeutschen Reichsstädte in Venedig ist in ihrem konfessionell grundierten Händlernetz zu suchen, welches hier in seinem operativen Modus aufgeschlüsselt werden soll.

Mit diesen kurzen einleitenden Andeutungen ist den Ergebnissen der Arbeit bereits vorgegriffen und ein Widerspruch zum hergebrachten Geschichtsbild des Fondaco dei Tedeschi tritt unmittelbar zutage: Darin dominiert, punktuell geäußerten Einwänden zum Trotz, die Ansicht eines wirtschaftlichen Niedergangs der Republik Venedig und der etwa 50 Reichsstädte Oberdeutschlands im »langen 18. Jahrhundert«.[2] Zwischen 1797 und 1803/06 endete die politische Existenz fast all dieser republikanischen Staatswesen im Zuge der napoleonischen Umwälzungen Europas. Nördlich wie südlich der Alpen leisteten die Verantwortungsträger in den betroffenen urbanen Zentren kaum oder gar keinen Widerstand gegen die neuen Herrschergewalten, bisweilen hegten sie sogar erwartungsvolle Haltungen gegenüber der Zukunft mit eventuell besseren wirtschaftlichen Entfaltungsmöglichkeiten, die in vielen Fällen eher enttäuscht werden sollten.[3]

2 David Sabean hat unter Rückgriff auf Hans Medick aus wirtschaftshistorischen Überlegungen heraus das Konzept eines »langen 18. Jahrhunderts« von 1648 bis 1848 vorgeschlagen, was hier, allerdings mit der Kontinentalsperre als Endgrenze, aufgegriffen werden soll. Vgl. *Sabean,* Property, S. 47–51.

3 Das gängige Geschichtsbild des Niedergangs und die Kritik hieran werden auf den folgenden Seiten intensiv ausgeführt. Zur Hoffnung auf die bayerische Herrschaftsübernahme 1803 und der folgenden Enttäuschung Augsburgs: *Fassl,* Konfession, S. 186–189, 416. In Venedig war dies zwar deutlich anders, aber auch hier gab es 1797 und erneut 1805 und 1815

Das im Fall Venedigs und der oberdeutschen Reichsstädte besonders abrupte Ende hat immer die Betrachtung der letzten eineinhalb Jahrhunderte des Fondaco bestimmt: Nach dem Frieden von Preßburg vom 24. Dezember 1805 fiel Venedig nach fast acht Jahren österreichischer Herrschaft an das Königreich Italien. Anfang Juli 1806 wurden die in Venedig residierenden, hauptsächlich aus süddeutschen Reichsstädten und Hamburg stammenden, bisweilen in Venedig geborenen deutschen Kaufleute von der neuen Regierung aufgefordert, den Fondaco zu verlassen, da man die neue Zollbehörde hier hinein verlegen wollte.[4] Interessanterweise waren zu diesem Zeitpunkt die im Fondaco registrierten Kaufleute recht zahlreich und gehörten zu den reichsten Händlern Venedigs und sogar Europas;[5] man hatte von der Neutralität Österreichs seit dem Frieden von Lunéville im Februar 1801 bis zum Ausbruch des Dritten Koalitionskriegs im September 1805 noch einmal gut profitiert.[6] Nun, im Hochsommer 1806, als der Rheinbund ins Leben trat und damit das Ende des Alten Reichs eingeläutet

Hoffnungen auf einen Neubeginn, die immer in weitgehender Enttäuschung mündeten: *Zalin*, Aspetti e problemi, S. 38–39, 59–62; *Boyer*, Les debuts; *Romanelli*, Venezia Ottocento, S. 18–22.

4 Die deutschen Kaufleute wurden Anfang Juli zunächst mündlich darüber informiert, dass sie den Fondaco bald verlassen müssten. Daraufhin schrieben sie am 12. Juli 1806 eine Eingabe an die Regierung, in der sie um Zuweisung einer Kirche baten, da sie bislang den Fondaco als eine solche genutzt hatten. Die ersten überlieferten Schreiben der neuen Regierung an die deutsche Nation datieren seit September 1806: AEGV, 180; zusammenfassend: *Oswald*, Die Inquisition, S. 95–102.

5 In der Literatur wird aufgrund einer Angabe von Theodor Elze (*Elze*, Der Fondaco dei Tedeschi, S. 628) wiederholt behauptet, dass sich die Anzahl der deutschen Kaufleute von 30 um 1770 auf 12 im Jahre 1800 vermindert habe, dies basiert auf den recht vagen Ausführungen von *Fick*, Bemerkungen, S. 178. Eine Überprüfung der an die Republik gesandten Tolelle, der Listen der in der Nation registrierten Kaufleute von 1796 und von 1768, zeigt, dass Fick falsche Zahlen miteinander in Bezug gesetzt hat. 1796 waren 20 deutsche Kaufleute in 12 Firmen zusammengeschlossen, während sich 1768 noch 30 deutsche Kaufleute in 19 Firmen verbunden hatten, siehe: Anhang I. Die Kaufleute um 1796 waren dabei kapitalkräftiger als ihre Vorgänger um 1770, wie in dieser Arbeit noch zu zeigen sein wird. Hier sei bereits kurz auf die jüngere Forschungsliteratur verwiesen: Eine Analyse, die auf komplexen Zollregistern und -bilanzen der Republik Venedig basiert, kam zu dem Schluss, dass gerade im letzten Dezennium des 18. Jahrhunderts der Fondaco als Zollstelle hauptsächlich der deutschen Händler in Venedig eine *hausse* erlebte, vgl. *Sambo*, La balance, S. 398–399.

6 Bereits 1883 lag im Druck vor, welche illustre Schar an deutschen Kaufleuten mit weithin bekannten Namen auch noch in den ersten zwei Dekaden des 19. Jahrhunderts an der Lagune residierte: *Elze*, Geschichte, S. 86–97. Auch in den weiteren Dezennien des 19. Jahrhunderts war die deutsche Gemeinde in Venedig immer eine der bedeutsameren Händlergruppierungen in Venedig: *Rieder*, Cosmopoliti, S. 114. Zur wirtschaftlich relativ günstigen Entwicklung Venedigs in den letzten fünf Jahren der ersten Herrschaft Österreichs 1801–1805 vgl.: *Gottardi*, L'Austria, S. 98–108, mit dieser Ansicht werden ältere Arbeiten widerlegt, die unter der ersten Herrschaft Österreichs nur Stagnation und Niedergang erkennen wollten, vor allem die klassischen Ausführungen bei *Zalin*, Aspetti e problemi, S. 62–71. Bereits 1928 war Eugène Tarlé nach gründlichen archivalischen Recherchen zu einem günstigen Urteil über die erste österreichische Herrschaft gelangt: *Tarlé*, Le blocus continental, S. 186–205.

wurde, wurden sinnfälligerweise fast zeitgleich alle Privilegien der deutschen Kaufmannschaft in Venedig als erloschen erklärt.

Dem Fondaco vergleichbare Institutionen hatte es im mittelalterlichen und frühneuzeitlichen Europa in Form der Hansekontore oder der *Merchant Adventurers* in Hamburg, um nur die in Deutschland bekannteren zu nennen, immer gegeben. Die Privilegierung von korporativ organisierten Gruppen ausländischer Kaufleute, im vormodernen Gebrauch als *Nationes* bezeichnet,[7] zur Beförderung des Handelsaufkommens war ein gängiges Strukturmerkmal des vormodernen Europa. Im Zuge einer stetig zunehmenden Normierung und Verrechtlichung von internationalen Handelsgepflogenheiten waren entsprechende Gruppen und ihre Institutionen allerdings in der Frühen Neuzeit unter Druck geraten und im Laufe der Jahrhunderte entweder verschwunden oder rechtlich entkernt worden.[8] Warum war dies in Venedig nicht geschehen? Der wohl bekannteste und am häufigsten zitierte Forscher zum Fondaco, der in München tätige Professor Henry Simonsfeld (1852–1913),[9] sah die Republik Venedig in der Frühen Neuzeit wirtschaftlich im Niedergang und von Traditionen gehemmt, weshalb sie das angeblich immer unwichtiger werdende Haus der deutschen Kaufmannschaft auch im 18. Jahrhundert bestehen ließ. Ihm zufolge wurde um 1730 von der Republik eine deutliche Einschränkung der Privilegien der Deutschen vorgenommen, einer der wesentlichen Gründe, weshalb sich deren Anzahl in der Lagunenstadt kontinuierlich verringerte, bis schließlich der *Sturmwind der französischen Revolution* diesem *Institute des Mittelalters ein Ende* machte.[10]

Dieser von Simonsfeld angedeutete eigene Anteil am Untergang fügt sich in Gemeinplätze der Historiographie des späten 19. Jahrhunderts mit ihrem Fasziniertsein von Narrativen von Aufstieg und Fall; und Venedig war dafür immer ein herausragendes Beispiel. Diese Perspektive hat das Interesse am Fondaco dei Tedeschi und der deutschen Nation für das 17. und 18. Jahrhundert marginal gehalten, da allgemein für die Zeit nach dem Dreißigjährigen Krieg nur mehr

7 Ich werde dieser Begrifflichkeit in diesem Buch folgen. Wann immer von »Nation« die Rede ist, verweist dies auf eine organisierte, häufig sogar institutionalisierte Gruppierung von Händlern, Studenten oder einer ähnlich als Korporation definierten Gruppe an einem fremden Ort. Tendenziell umfassender konnte die Gruppe aller Angehörigen einer solchen Gemeinschaft sein, von denen nicht notwendigerweise alle von der Korporation erfasst wurden. Zum Begriff der Nation in der Frühen Neuzeit vgl.: *Petti Balbi*, Comunità forestiere; *Poettering*, Handel, Nation und Religion, S. 18–19.

8 Ein ökonomisch-historisches Erklärungsmodell neben einer chronologischen Übersichtsskizze bieten: *Gelderblom/Grafe*, The Rise and Fall. In diesem Standardaufsatz wird das Jahr 1650 als eine Wasserscheide genannt, spätestens seither verloren die korporativen Nationen mit Privilegien europaweit an Bedeutung. Im Falle Venedigs und der dortigen deutschen Nation lässt sich das Gegenteil konstatieren, dies ist eine der historischen Aporien, die die Fragestellung dieser Arbeit leiten.

9 Zu Simonsfeld, einem der wenigen jüdischstämmigen Ordinarien an einer deutschen Universität im 19. Jahrhundert: *Weigand*, Henry Simonsfeld.

10 *Simonsfeld*, Der Fondaco dei Tedeschi, Bd. 2, S. 164; in ähnlichem Sinne auch: *Beutin*, Der deutsche Seehandel, S. 169.

ein langgezogener Verfallsprozess in diesem Handelszug angenommen wurde. Exemplarisch ist die Formulierung eines der bedeutendsten Venedigforscher der 1980er Jahre: *La guerra di Trent'anni segna il definitivo arresto delle relazioni commerciali tra Germania e Venezia.*[11]

Selbst wenn dem so wäre, so ist die Komplexitätsreduktion einer solchen Aussage natürlich problematisch. Und noch weiter gedacht: Auch wenn es ein ideales Messinstrument gäbe, um »den Niedergang« zu erfassen, so waren die auf den Handel zwischen Oberdeutschland und Venedig wirkenden Einflüsse immer derart vielfältig, dass eine Korrelation zwischen der Präsenz von deutschen Kaufleuten in Venedig und dem Handelsverkehr zu einem bestimmten Zeitpunkt nur schwer herstellbar ist. Im Verlauf der Arbeit wird beispielsweise gezeigt werden, dass 1646/47 alle Kammern des Fondaco vermietet waren, obwohl sich dessen Handelsumschlag seit drei Jahrzehnten deutlich vermindert hatte und weiter verminderte. Dass bei Prozessen von Niedergang oder Aufstieg natürlich auch immer gegenläufige Entwicklungen stattfinden, bleibt bei Linearnarrativen oft unberücksichtigt.[12]

Es soll daher eine andere Perspektive gewählt werden. Während Simonsfeld und die meisten seiner Nachfolger meist vom Ende her dachten und im 18. Jahrhundert einen umfassenden Niedergang einer von 40 bis 50 erstarrten Reichsstädten und einer ebenso verkrusteten italienischen Republik aufrechterhaltenen mittelalterlichen Institution vorausschalteten, soll hier die Perspektive zum einen globaler gefasst werden, mit vergleichendem Blick auf die internationalen Handelsströme vom Mittelmeer nach Mitteleuropa, zugleich jedoch kleinteiliger von den Händlern und ihrer Korporation ausgegangen werden. Damit ist nicht gemeint, dass eine volkswirtschaftliche Betrachtung abwesend sein wird. Im Gegenteil gewinnt diese durch eine systematische Einordnung in das globale Geschehen und aus der Perspektive der einzelnen Händler in ihrem Verbund erst an Plastizität. Tatsächliche »Leistung« im Sinne einer besonderen wirtschaftlichen Geschicklichkeit lässt sich dabei auf der Ebene der Staaten durch zwei Kriterien erfassen: Einerseits mussten sie fähig sein, möglichst langfristig gut und weitläufig vernetzte Händler anzuziehen und zu fördern. Andererseits musste es ihr Ziel sein, deren kaufmännisches Agieren weitgehend mit den eigenen fiskalischen und merkantilistischen Zielsetzungen in Einklang zu bringen. Gerade der zweite Aspekt war schwierig: Händler waren mobil, sie konnten sich in der politisch fragmentierten Welt des oberitalienischen und süddeutschen Raums relativ frei niederlassen, und ihre Interessen unterschieden sich üblicherweise von denen der staatlichen Akteure.

11 *Rösch*, Il Fondaco dei Tedeschi, S. 72.

12 Vgl. gerade zum Fall Venedigs aus einer anderen Warte: *Hunecke*, Der venezianische Adel, S. 1–12. Zur Schwierigkeit, die Präsenz von Kemptener Kaufleuten in Venedig und Triest in Bezug zur Wirtschaftsentwicklung der Stadt zu setzen vgl.: *Petz*, Zweimal Kempten, S. 137–139.

Eine solche Betrachtungsweise ist der älteren Forschung nicht völlig fremd, sie wurde aber selten systematisch verfolgt. Es ist bemerkenswert, dass wir im Standardwerk von Simonsfeld eigentlich sehr wenig über Dynamiken und Gestalter des deutsch-venezianischen Handels erfahren, viel jedoch über institutionsgeschichtliche Details normativer Art.[13] In den besten jüngeren handelsgeschichtlichen Darstellungen wird nicht umsonst hauptsächlich Simonsfelds detaillierte und gelungene Analyse der Herkunftsstädte oder -regionen der in Venedig angesiedelten deutschen Kaufleute zitiert, um spezifischere Aussagen über die deutsch-italienische Handelsgeschichte zu gewissen Zeitabschnitten machen zu können.[14] Die hierbei interessenleitende Einsicht zur Bestimmung der Leistungsträger des Handels hat Hermann Kellenbenz bereits 1965 in einem Aufsatz zu den oberdeutschen Reichsstädten nach dem Dreißigjährigen Krieg formuliert, als er eine 1650 einsetzende Liste der Mitglieder der illegalen lutherischen Kirche in Venedig, gleich ob Händler oder Lehrlinge, folgendermaßen interpretierte:

Was die schwäbischen Reichsstädte vor 1618 bedeutet hatten, kehrte nicht wieder. Das bedeutendste Wirtschaftszentrum unter ihnen, Augsburg, konnte von 1648 bis 1717 nur ein Drittel des Vermögensstandes von 1618 zurückgewinnen. Trotzdem mag man die Handelsstellung dieser Städte, insbesondere, aber nicht allein, Augsburgs, in den Jahrzehnten vor 1740 ermessen an der Tatsache, daß München, das jetzt zahlenmäßig der Lechstadt überlegen war, einen einzigen Kapitalisten von Format hatte, Ruffini, während es in Augsburg deren eine ganze Reihe gab. Gradmesser sind immer noch die Namen der Angehörigen schwäbischer Reichsstädte in Venedig, das sich auch im 18. Jahrhundert noch, trotz zahlreicher Erscheinungen des Niederganges, einer beachtlichen Handelsstellung erfreute. Die stattliche Schar wird angeführt von Männern aus Augsburg, Ulm, Memmingen, Kempten und Lindau; von den nicht dem Reich unmittelbar unterstehenden schwäbischen Städten findet man dagegen vor 1740 nur einige wenige Stuttgarter und Calwer vertreten. Man mag einwenden, daß die Liste nur Protestanten enthält. Aber gerade Württemberg war ja protestantisch und was die Reichsstädte selbst betrifft, so öffneten einige Städte den Katholiken und damit auch den Italienern durchaus die Tore.[15]

In diesen Zeilen finden sich in nuce die wesentlichen Bestandteile, die bis heute das Denken zur Wirtschaftsgeschichte der Reichsstädte im 18. Jahrhundert bestimmen. Die vorgeblich fehlende gewerbewirtschaftliche und demographische Dynamik findet eine Art von Ausgleich in der Annahme, dass die protestan-

13 Simonsfeld selbst hat dies als künftiges Desiderat für Nationalökonomen explizit nicht behandelt: *Simonsfeld,* Der Fondaco dei Tedeschi, Bd. 2, S. VII.

14 Ein Beispiel einer solchen Analyse: *Schulte Beerbühl,* Zwischen England.

15 *Kellenbenz,* Die Wirtschaft, S. 165, er bezieht sich dabei auf die Liste von: *Elze/Lessing,* Geschichte, S. 189–205. Der etwas kryptische letzte Satz ist dahingehend zu verstehen, dass Kellenbenz italienische Händler in den süddeutschen Reichsstädten als direkte Konkurrenten der deutschen Kaufleute in Venedig wahrnahm und daher deren starke Präsenz an der Lagune als umso bemerkenswerter einschätzte.

tischen schwäbischen Reichsstädte im großen Handelsraum zwischen Lyon, Frankfurt, Breslau, Wien und Venedig, manchmal sogar noch deutlich darüber hinaus, brilliert und hier eine überdurchschnittliche Leistung erbracht hätten.[16] Diese Ansicht tritt manchmal in Verbindung mit der Vorstellung auf, dass der Flächenstaat in Oberdeutschland uneinholbare Vorteile durch merkantilistische und machtpolitische Optionen gehabt habe, sodass der Erfolg von Händlern aus den Reichsstädten in der Ferne die eigentliche Leistungsfähigkeit dieser Kaufleute und ihrer Heimatorte anzeigt. So gesehen entpuppen sich die Reichsstädte und die von ihnen hervorgebrachten Händler als bedeutende Leistungsträger des 18. Jahrhunderts, da sie an der Stelle, an der die Wettbewerbschancen gleich verteilt waren, also in Venedig, ihre Konkurrenten aus dem Feld schlugen.[17]

Aus der Literatur im Gefolge von Kellenbenz' Ausführungen hat sich im Wesentlichen folgendes Bild herausgeschält: Die hauptsächliche Option für süddeutsche Kaufleute des 18. Jahrhunderts, substanzielle Reichtümer anzuhäufen, lag im Fernhandel nach Süden. Venedig bot sich hierfür besonders an, da in Genua und Lyon eidgenössische Händler dominierten, während in Livorno und Marseille ältere Traditionen und das entsprechende Kontor fehlten und die Struktur eher günstig für nordeuropäische Akteure war.[18] In Venedig jedoch waren es protestantische Kaufleute aus einer kleinen Reihe an oberdeutschen lutherischen oder paritätischen Reichsstädten, die die Dominanz in einem überragenden Ausmaß halten konnten.

Eine Erklärung für dieses Phänomen findet sich in der einschlägigen Literatur kaum. Ein Verweis auf die gute Lage der Reichsstädte an den Handelswegen ist zwar im Grundsätzlichen richtig,[19] er reicht als Erklärung aber nicht

16 Hierzu resümierend und kritisch abwägend, mit der relevanten Literatur und einem intensiven Blick auf Memmingen im 18. Jahrhundert: *Huber-Sperl*, Memmingen, S. 65–124.

17 Das ist, hier zugegebenermaßen etwas überspitzt formuliert, die Stoßrichtung in den meisten einschlägigen Darstellungen, in denen oft auch die Dominanz der Oberdeutschen auf den Märkten und Messen von Bozen Erwähnung findet: *Zorn*, Handels- und Industriegeschichte, S. 205–309; *Eitel*, Neue Forschungen; *Fassl*, Von der freien Reichsstadt, S. 84–88; *Fassl*, Konfession, S. 123–136; *Rothe*, Das Finanzwesen, S. 377–386.

18 Vgl. zu den Verhältnissen in Genua, Lyon, Livorno und Marseille im 18. Jahrhundert: *Beutin*, Der deutsche Seehandel, S. 163–164; *Pfeiffer*, Die Bemühungen, S. 436–455; *Carrière*, Négociants marseillais, S. 266–297; *Niephaus*, Genuas Seehandel, S. 305–338.

19 Für viele einzelne Reichsstädte findet man diesen Hinweis in der jeweils einschlägigen Literatur. Als systematischen Gemeinplatz finde ich dies nur in einer im späteren Verlauf dieser Arbeit noch genauer zu behandelnden Denkschrift aus dem habsburgisch beherrschten Oberamt Altdorf aus Vorderösterreich. Dort heißt es im Jahr 1764 just zu der Gruppe an Reichsstädten, die im 18. Jahrhundert noch eine starke Präsenz in Venedig aufwiesen: *Die Ursache, warum die Gewerbe nur in den Reichs- und nicht auch in den Schwäbisch-Österreichischen Städten blühen, ist leicht anzugeben. Die vortheilhafte Lage, das vorräthige Geld, und der unermüdete Fleiß brachten nämlich jene empor. Ulm hat die Donau, Augsburg den Lech, Kempten und Memmingen die Iller, Lindau und Überlingen den Bodensee und Rhein, auf welchen Flüssen sie die Waaren in die halbe Welt schicken. Diese Reichsstädte übertreffen auch alle übrige weit in der Handlung, und Reichthume* (ÖSTA/FHKA/NHK, Kommerz In-

aus. Geographisch günstig gelegene Städte wie Mainz oder Konstanz schickten in der Frühen Neuzeit keine Händler (mehr) nach Venedig, und dasselbe galt spätestens seit 1650 auch für faktisch alle katholischen Reichsstädte Süddeutschlands. Der sich aus dieser Evidenz heraus anbietende Verweis auf einen unmittelbaren Zusammenhang mit dem lutherischen Protestantismus scheint eher verfehlt, da bei einer solch direkten Wirkmächtigkeit der konfessionellen Zugehörigkeit Händler aus Württemberg oder den fränkischen Territorien der Hohenzollern stärker in Venedig hätten auftauchen müssen; das ist auch Kellenbenz aufgefallen. Die lutherischen süddeutschen Fürstentümer erlebten im 18. Jahrhundert ein deutliches Wachstum ihrer Gewerbebasis, sodass die Anwesenheit von Händlern aus den geographisch kaum randständigen Orten Erlangen, Schwabach, Fürth, Calw, Ludwigsburg oder Stuttgart in Venedig bei einem solchen Konnex hätte folgen müssen.[20] Tatsächlich entstammten nur wenige Bewohner des Fondaco dei Tedeschi aus den lutherischen Territorien Süddeutschlands.[21]

Am ehesten könnte eine Argumentation, die auf die jahrhundertealte Erfahrung der Händler verweist, überzeugen. So gesehen wäre in den Reichsstädten ein Erfahrungsschatz aus alten Handelsverbindungen und -techniken über die Jahrhunderte überkommen und hätte von diesen gerade an einem europäischen Urort des internationalen Fernhandels, Venedig, erfolgreich behauptet werden können. Die mangelnde Präsenz von Händlern der katholischen Reichsstädte in Venedig könnte dann mit einem (nicht selten inkorrekten) Verweis auf die generell divergierende Wirtschaftsentwicklung von protestantischen und katholischen Territorien und Städten im Reich erklärt werden. Selbst ein solches Erklärungsmodell wäre nicht ausreichend, da auch viele rein lutherische oder paritätische Reichsstädte des süddeutschen Raums in der Frühen Neuzeit keine Präsenz mehr in Venedig oder generell in Italien halten konnten. Verwiesen sei vor allem auf die Reichsstädte im heutigen Baden-Württemberg oder in Franken, die seit 1650 kaum mehr Bürgersöhne in die deutsche Nation nach Venedig

nerösterreich, Nr. 550, Fasc. 66,2, fol. 732). Zu Überlingen sei an dieser Stelle vermerkt, dass die katholische Reichsstadt in der zweiten Hälfte des 18. Jahrhunderts eine bislang übersehene Rolle im Fernhandel spielte. Vgl. noch zu den Reichsstädten und dem Italienhandel die Betonung ihrer wichtigen Rolle in einem Kemptener Druck aus dem Jahr 1801: *O. V.*, Die freyen Reichs-Städte.

20 Stellvertretend für eine umfangreiche Literatur verweisen auf die Erfolge der benachbarten fränkischen Territorialstädte in ihrer gewerblichen Entwicklung zulasten Nürnbergs seit 1650: *Bog*, Wirtschaft und Gesellschaft im Zeitalter; *Schremmer*, Gewerbe und Handel; zur Entwicklung der Reichs- und Territorialstädte im schwäbischen Reichskreis vgl. an dieser Stelle ebenfalls nur als Überblickstitel: *Mertens*, Württemberg, S. 130–163; *Schremmer*, Handel und Gewerbe.

21 Dies sei als ein wichtiges empirisches Gegenbeispiel gegen die Annahme vorgebracht, dass seit dem Dreißigjährigen Krieg die deutschen Fernhändler in zunehmendem Maße aus den Gewerbegebieten gekommen wären, so: *Gerteis*, Die deutschen Städte, S. 159–160.

entsandten.[22] All dies zusammengenommen bliebe nur noch eine Argumentation, die auf säkular veränderte Handelsströme zugunsten einiger, vor allem oberschwäbischer Reichsstädte verwiese, deren reiche Handelstradition auch im 18. Jahrhundert offenbar hilfreich für die Bewältigung der Probleme des Fernhandels war.[23]

Ohne ein solches Bild abzulehnen, wird in dieser Arbeit doch ein anders nuanciertes Erklärungsmodell angeboten. Es wird argumentiert, dass die Eliten der Reichsstädte durch ihre besonders wirksame Vernetzung untereinander eine hohe Expertise in der Bewältigung des seit dem frühen 17. Jahrhundert grundsätzlichsten Problems des Transalpenhandels entwickelten: dem Wettbewerb mit dem Seehandel zur Verbindung Nord- und Südeuropas. Diese Fähigkeit basierte einerseits auf einer traditionellen Expertise der oberdeutschen Wirtschaftselite, die bereits für das Spätmittelalter als vernetzte Gruppierung charakterisiert wurde.[24] Andererseits errangen wesentliche Exponenten dieser Gruppe in Venedig im späten 17. Jahrhundert einen erneuten und für ihren Handelserfolg wesentlichen Effizienzgewinn, als sie sich dem Hallischen Pietismus öffneten und damit einen Vertrauensüberschuss zu generieren imstande waren, der ihre Dominanz im Transalpenhandel deutlich stärkte.

Hauptsächlich wird hierfür die deutsche Kaufmannschaft in Venedig untersucht, die auch bis zum Ende des 18. Jahrhunderts die mit Abstand wichtigste deutsche Händlergruppierung in Italien blieb. Um durch einen Vergleich auf verschiedenen Ebenen die deutsche Kaufmannschaft in Venedig in ihren Leistungen und Limitierungen stärker erfassen und im Gesamtsystem des deutsch-italienischen Austauschs verorten zu können, wird in dieser Arbeit auch ein intensiver Seitenblick auf Livorno geworfen. Nur an diesem Ort kam im 18. Jahrhundert eine der deutschen Nation in Venedig ähnlich vernetzte und reiche Gruppe an Kaufleuten aus dem Alten Reich immer mehr zum Vorschein. Diese

22 Zu Nürnberg und den umgebenden fränkischen Reichsstädten: *Schuster,* Die Rolle der Nürnberger, S. 41–42, 49–50; zu Ravensburg und Biberach als Beispielen für Reichsstädte im Südschwäbischen, die nach 1648 kaum mehr Präsenz in Venedig aufwiesen: *Simonsfeld,* Der Fondaco dei Tedeschi, Bd. 2, S. 186–187; *Dreher,* Das Patriziat, S. 453–462; *Wieland,* Biberacher Handwerker, S. 86; *Wolf,* Reichsstädte in Kriegszeiten, S. 204; *Boelcke,* Wirtschaft und Gesellschaft, S. 435–442; *Eitel,* Ravensburg.

23 So: *Kellenbenz,* Die wirtschaftliche Rolle; *Kellenbenz,* Süddeutsche Wirtschaft, S. 23; *Zückert,* Die wirtschaftliche und politische Funktion, S. 64–65; *Petz,* Zweimal Kempten, S. 137–138. Interessant sind die Verweise auf eine Art von wenigstens partiell wirksamer Industriefeindlichkeit der Reichsstädte seit dem Dreißigjährigen Krieg, da hier das Zunfthandwerk protegiert wurde, um die Bildung eines potenziell unruhigen Proletariats zu vermeiden und die Eliten auf den Handel als wesentliche Quelle für Wohlstand konzentriert blieben: *Klötzer,* Reichsstadt; *Huber-Sperl,* Handwerk, Verlag, Manufaktur.

24 Wolfgang von Stromer sah in den Reichsstädten Oberdeutschlands bereits im 15. Jahrhundert *eine Gruppe von Personen, Sippen und Unternehmen* nicht nur beheimatet, sondern an der Herrschaft, die *nicht nur von Fall zu Fall als die Initiatoren, Drahtzieher und Motoren isolierter Vorkommnisse erscheinen, sondern innerhalb dieser dichte, finale Wechselbeziehungen herstellen*: *Stromer,* Oberdeutsche Hochfinanz, S. 436.

Gruppierung, die wegen ihres Ursprungs als Vereinigung von deutschen und niederländischen Kaufleuten im Livorno des frühen 17. bis ins 19. Jahrhundert, als dieser längst keine Niederländer mehr angehörten, als *Nazione Olandese-Alemanna* bezeichnet wurde, wies ganz eigene Qualitäten auf. Ein Unterschied war ihre fast ausschließliche Herkunft aus Niederdeutschland, vor allem aus Hamburg. Auch diese Händler partizipierten am deutsch-italienischen Handel, und ihre Bedeutung in diesem Sektor, der hier mehr über die See als über die Alpen ausgerichtet war, bietet eine wichtige zusätzliche Perspektive zu den Dynamiken und regionalen Potenzialen des gesamten deutsch-italienischen Austauschsystems. Auf der Makroebene ist als Unterschied zu Venedig festzuhalten, dass es in Livorno keine spezielle Begünstigung für die Deutschen gab, hier herrschte faktisch Rechtsgleichheit für die auswärtigen Händler. Unter anderem auch daher waren die korporativen Strukturen bei dieser Gruppe nur schwach ausgeprägt. Es kann durch eine genauere Analyse dieses Falles daher auch eine Aussage zur Bedeutung von privilegierten korporativen Institutionen in der Frühen Neuzeit im Fernhandel getroffen werden. In Venedig wie auch in Livorno gilt – das kann bereits hier wohl als Grundregel festgehalten werden: Die Dominanz lutherischer Händler aus den protestantischen oder paritätischen Reichsstädten für den Austausch mit und den Transit über die italienische Halbinsel war immer überragend; und sie zu erklären wird ein Hauptanliegen dieser Arbeit sein.

2. Händlernetze und privilegierte Kaufmannsnationen

Der Fokus in dieser Arbeit wird besonders auf dem inneren Beziehungsgefüge der in Venedig in der deutschen Nation registrierten Kaufleute liegen. Einer jüngeren Terminologie folgend soll das Netz oder Netzwerk der deutschen Kaufleute zutage gefördert und analysiert werden. Der Begriff des *merchant network* ist in diesen Jahren besonders anziehend für Historiker aller Couleur weit über die Wirtschaftsgeschichte hinaus geworden, da er ein großes heuristisches Potenzial bereitzuhalten scheint und damit die Neuentdeckung oder wenigstens -interpretation von vielerlei Vorgängen verspricht.[25] Der Begriff ist durch seine Überstrapazierung und oftmals unscharfe Verwendung teilweise aber auch zur banalen Universalmetapher geworden.[26] Es soll daher in dieser Arbeit möglichst genau erfasst werden, wie das Netz(werk) der Kaufleute konstituiert war, welche Mechanismen von Inklusion und Exklusion hier wirkten, woher es seine Effizienz zog, wo es dysfunktional war und wie wir dessen Rolle bei der Erleichterung

25 Einen recht nützlichen Kurzüberblick über den derzeitigen Forschungs- und Diskussionsstand zu diesem Forschungsfeld und der Kritik an dessen Prämissen bieten: *Lamikiz*, Social Capital; *Cachero Vinuesa*, Understanding Networking.

26 Vgl. *Holzer/Schmidt*, Theorie der Netzwerke, S. 227–228.

des Fernhandels zwischen oberdeutschen und norditalienischen Transitknoten bewerten können. Dabei wird angesichts einer überbordenden und heterogenen wissenschaftlichen Literatur zu Händlernetzen zunächst eine geraffte Darstellung der Etablierung des Paradigmas geboten und dieses im Folgenden für die Arbeit operationalisiert.

Die Forschungen zu sozialen Netzwerken sind inzwischen ein fester Bestandteil des Kanons der gesamten Geschichtswissenschaften geworden. Diese Entwicklung ist jüngeren Datums, erst seit etwa zwei Jahrzehnten kann man von einer eigenen Richtung dieser Forschung mit einem eigenen Paradigma sprechen.[27] Auch die in der jüngeren Wirtschaftsgeschichte häufiger verwandten Methoden und Ansätze, so die *économie des conventions* oder die Transaktionskostentheorie, beinhalten zumeist eine implizite oder explizite Berücksichtigung der Wirksamkeit von sozialen Netzwerken.[28] Selbstverständlich gab es bereits zuvor eine bedeutende historische Forschung zu Handelshäusern oder, seit dem beginnenden 19. Jahrhundert, modernen Unternehmen, die vor allem in ihrer Genealogie und dem Erfolg der jeweils aufeinanderfolgenden Generationen erforscht wurden. Dabei wurde das Heiratsverhalten durchaus in seiner strategischen Operationalisierung erkannt und die Familienbande in ihrer Relevanz für Erfolg oder Misserfolg der jeweiligen Firma beurteilt.[29] Was wir heute jedoch unter Händlernetzen oder -netzwerken verstehen, ist bei allen durchaus bestehenden Kontinuitäten und Parallelen doch qualitativ etwas anderes als das, was in der klassischen Handelshaus- und Unternehmensforschung erfasst wurde.

Die Forschung zu sozialen Netzwerken kommt insbesondere aus der Soziologie. Auf Georg Simmels Konzepte zurückgehend entwickelte sich in diesem Fach seit den 1970er Jahren eine intensive Diskussion zu Netzwerken als sozialen Konstellationen und Formationen zur Leistung von Koordination.[30] Dabei hat sich eine Reihe an verschiedenen Netzwerkkonzepten ausdifferenziert. Im Folgenden sollen vor allem die Ansätze Mark Granovetters die Fragestellung leiten. Seine Entdeckung einer höheren Wirkmacht von schwachen aber vielfältigen Bindungen für Individuen zur Förderung ihrer Interessen war seinerzeit

27 Eine frühe Studie zu personalen Verflechtungen an der römischen Kurie des frühen 17. Jahrhunderts bietet *Reinhard,* Freunde. In deren Folge ist eine breite Patronage-, Klientel- und Korruptionsforschung entstanden, die vor allem seit dem frühen 21. Jahrhundert zu zahlreichen Publikationen, insbesondere im Feld der politischen Geschichte, Anregung gab, vgl. für einen Zwischenüberblick den Sammelband von: *Asch/Engels/Emich,* Integration. Auch in der Wissenschaftsgeschichte ist der Netzwerkansatz inzwischen unentbehrlich geworden, insb. seit der Pionierarbeit von *Lux/Cook,* Closed Circles.

28 Vgl. die Übersichtsartikel von: *Knox/Savage/Harvey,* Social Networks; *Jeggle/Caracausi,* Introduction.

29 Bereits im Grundlagentitel der Handelshausforschung wurden Heiratsstrategien und Einbeziehung von Familien in die jeweils analysierten Firmen erwähnt: *Ehrenberg,* Das Zeitalter, S. 196. Die Genealogie wurde seither zu einem unentbehrlichen Hilfsmittel dieser Forschungsrichtung, vgl.: *Kessler,* Genealogie.

30 Vgl. zu der Entwicklung in der Soziologie seit Simmel: *Hollstein,* Strukturen; *Aspers,* Märkte, S. 33–35.

besonders aufsehenerregend, da man bis dato von der besonderen Effizienz sozial starker Beziehungen ausgegangen war. Tatsächlich führten dichte Bindungen zu Fragmentierung der einzelnen Gruppen und damit zu geringerer Fähigkeit zur Durchsetzung ihrer übergreifenden Ziele.[31] Für die weitere Forschung in der Soziologie bot sich mit dem Konzept der *strength of weak ties* ein neues Forschungsprogramm an. Durch die Benennung von Typen verschiedener Netzwerkarten und eine Verknüpfung von stärkerem Erfolg oder Misserfolg zu diesen eröffnete sich das Potenzial zur Entwicklung eines griffigen Begriffsrepertoriums mit hoher Relevanz zum besseren Verständnis des Verhältnisses von Makro- zu Mikrophänomenen.

Zwei Jahre nach Granovetters seminalem Aufsatz begründete Oliver Williamson die *New Institutional Economics* (Institutionenökonomie) innerhalb der Wirtschaftswissenschaften. Seine auf den Ausführungen von Ronald H. Coase[32] basierende Gegenüberstellung von Märkten und Hierarchien als idealtypischen Organisationstypen zur Optimierung von Güterallokation war insofern aufsehenerregend, als er die Unvollkommenheiten des real vorherrschenden Markts im Gegensatz zur klassischen Ökonomie mit ihrer Vorliebe für das theoretische Modell der idealen Marktbedingungen betonte. Williamson zeigte auf, dass es angesichts der Kosten des Marktmechanismus unter spezifischen Bedingungen wirtschaftlich sinnvoll war, Transaktionen hierarchisch zu organisieren. Dabei thematisierte er jedoch kaum Netzwerke gleichberechtigter Akteure als Typen sozioökonomischer Koordination, sondern sah auch hier Hierarchien wirksam.[33]

Ausgehend von dem mit Williamsons Werk einsetzenden Paradigmenwechsel in den Wirtschaftswissenschaften folgte auch mit einiger zeitlicher Verzögerung die Etablierung der um den institutionenökonomischen Ansatz bereicherten *New Economic History.* Diese Entwicklung ist untrennbar mit dem Namen Douglass North verknüpft, der 1993 den Wirtschaftsnobelpreis für seine hauptsächlich wirtschaftsgeschichtlichen Forschungen erhielt. Er hatte vor allem die fallenden Frachtraten in der Atlantikschifffahrt des 18. Jahrhunderts im Blick, wenn er das Wachstum des Westens und den Ursprung der Industriellen Revolution erklären wollte.[34] Die fallenden Transportgebühren erzeugten nach seinem Dafürhalten einen Gunstkreislauf von permanent sinkenden Transaktionskosten, was das Wachstum endogen dynamisierte.[35] Die notwendige

31 Vgl.: *Granovetter,* The Strength.

32 *Coase,* The Nature of the Firm.

33 *Williamson,* Markets and Hierarchies, S. 41–56.

34 Zu North als Wissenschaftler und der Entwicklung seiner Ideen vgl. den Sammelband von *Galiani/Sened,* Institutions. Konzise zusammengefasst finden sich seine Konzepte in folgendem Aufsatz: *North,* Institutions.

35 Aufsehenerregend an seinem Aufsatz zu diesem Thema war, dass er technischen Fortschritt bei diesem Wandel im 18. Jahrhundert als eher unwichtig bewertete und damit mit einem Dogma brach: *North,* Sources of Productivity Change.

Grundlage hierfür identifizierten Douglass North und Barry Weingast in ihrem Aufsatz zur *Fiscal/Financial Revolution* als eine seit 1689 in England vorherrschende günstige Konstellation von Institutionen der Eigentumssicherung und Schuldengarantie.[36]

Die Institutionenökonomie geriet in den 1980er Jahren unter anderem auch durch denjenigen Soziologen in die Kritik, der die Netzwerktheorie innerhalb seines Faches vorangebracht hatte. Granovetter führte sein Konzept in die Welt der Wirtschaftswissenschaften, indem er in einem vielbeachteten Aufsatz gegen die Williamson'sche Sicht auf ökonomische Akteure als opportunistisch (im freien Markt) oder normgeleitet (in der hierarchischen Organisation) argumentierte und auf die *embeddedness* der wirtschaftlich operierenden Individuen in Netzwerke verwies. Dabei verwandte er viele Argumente, die heute in der historischen Forschung zu Händlernetzen eine Rolle spielen. Er betont vor allem die bei Transaktionen hohe Bedeutung des Vertrauens, welches auch durch Informationen Dritter über das Verhalten von den jeweiligen Geschäftspartnern erworben wird.[37] Insbesondere seine Beschreibung der Stellung sozioökonomischen Handelns zwischen freiem Markt und hierarchischer Struktur sollte sich bald als anschlussfähig in der weiteren Forschung erweisen.

In die Wirtschaftsgeschichte wurden die zentralen Prämissen der Institutionenökonomie nie einfach übernommen, wohl auch da das Fach eine gewisse Orientierungskrise in den 1990er Jahren gerade wegen der abnehmenden Akzeptanz von modernisierungsoptimistischen Annahmen durchlief – unabhängig davon, auf welchem Modell diese basierten.[38] In diesem Fach kam es zu einer komplexen Adaption, in der eine Kritik im Sinne von Granovetter und anderen Soziologen wenigstens implizit meist mitberücksichtigt wurde.[39] Auch räumten in den 1990er Jahren Hauptvertreter der Institutionenökonomie ein, dass mit ihrem Modell die Genese von Institutionen und deren Wandel nicht erklärbar sei, was gerade Wirtschaftshistoriker als Aufforderung zu einer Verbesserung der Theorie verstehen konnten. Ein Grund dafür, dass die Institutionenökonomie in eine Sackgasse führte, lag in ihrer Blindheit für die einzelnen Akteure in ihren jeweiligen Partikulargruppen, man möchte sagen für die Mikroebene wirtschaftlichen Handelns.[40] Ein beliebtes Beispiel für die Grenze der Theorie ist die Korruption. Trotz ihrer Schädlichkeit für das allgemeine wirtschaftliche

36 *North/Weingast,* Constitutions and Commitment.

37 *Granovetter,* Economic Action.

38 Vgl. v. a. aus der deutschen Perspektive der 1990er: *Ziegler,* Die Zukunft; für die frühneuzeitliche Wirtschaftsgeschichte gilt dies noch in verschärftem Maße: *Häberlein,* Pre-Industrial Economic History.

39 Vgl. die Kritik zur Anwendbarkeit der *New Economic History* in der Geschichtswissenschaft: *Suddaby/Foster/Mills,* Historical Institutionalism.

40 So gab Douglass North in seiner Rede zum Erhalt des Nobelpreises für Wirtschaftswissenschaft zu, dass institutioneller Wandel nicht automatisch in langer Sicht eine Durchsetzung der für das wirtschaftliche Wachstum günstigsten Konstellation ergebe. Dies sah er selbst

Wohl ist sie in vielen Ländern endemisch und kann bei bestmöglicher gesetzgeberischer Gegenwirkung nicht überwunden werden.[41] In Äquivalenz zum klassischen ›Gefangenendilemma‹ wählt der Mensch in einer entsprechenden Entscheidungssituation üblicherweise den nächstliegenden Vorteil und verspielt damit für die Gesamtgruppe einen potenziell viel höheren Gewinn.[42] Warum dies in gewissen Gruppen und Gesellschaften mehr oder weniger der Fall war, konnte die Institutionenökonomie nicht erklären.

Man mag die mit dieser Erkenntnis einsetzende Reorientierung in gewisser Weise als Signal für die Erweiterung des Ansatzes der Institutionenökonomie in Richtung des Netzwerkparadigmas ansehen. Seit Ende der 1980er Jahre verfasste Avner Greif eine Reihe an Texten, in denen er ein Modell ausarbeitete mit dem Anspruch, durch systematische Einbeziehung, ja sogar Zugrundelegung netzwerktheoretischer Annahmen das soeben skizzierte Hauptmanko der Institutionenökonomie zu überwinden. In seinen Ausführungen legt Greif die *cultural beliefs* von ›kollektivistischen‹ jüdischen Händlern aus dem Maghreb des 11. Jahrhunderts, als Maghribi bezeichnet, dar und vergleicht sie mit denjenigen von ›individualistischen‹ genuesischen Händlern aus dem 12. Jahrhundert.[43] Während religiöse Regeln konstitutiv für die Institution und Grenzen der von ihm als *Coalition* bezeichneten Gruppe der Maghribi gewesen seien, habe sich bei den Genuesen im weiteren Verlauf des Mittelalters immer stärker ein staatlich-judikativer Apparat entwickelt, der den Fernhandel absicherte. Dies hing mit der in Europa besonderen Bedeutung der Kernfamilie als Keimzelle der quasi-dynastisch funktionierenden Unternehmungen, ob im Handel oder in der Produktion, zusammen. Der Stamm wurde in Europa konsequent immer mehr durch statutarische Korporationen, also Gilden, Zünfte oder ähnliche Verbünde ersetzt. Erst seit diese stärker im mittelalterlichen Europa hervortraten, begann hier ein langfristiges Wirtschaftswachstum.[44]

Die theoretischen Prämissen von Greifs Ausführungen seien hier noch etwas genauer dargelegt, da sie grundlegende Problematiken der Forschungen zu Händlernetzen aufzeigen. Greifs Institutionenbegriff erfasst alle formellen und informellen Normen, die auf das Individuum von außen wirken. Diese setzt er in Bezug zum Verhalten bei der Delegation, dem Fundamentalproblem der sogenannten »Prinzipal-Agent-Theorie«.[45] Konkreter historisch gefasst: Im Zuge einer im hochmittelalterlichen Mittelmeerraum komplexer werdenden Handels-

als noch zu füllende Leerstelle in seinem Modell, das er in Richtung der Erforschung von Geschichte und Kulturen erweitert sehen wollte: *North,* Economic Performance.

41 *Farrell,* The Political Economy, S. 30–36.

42 Vgl. aus Sicht der Politikwissenschaft: *Lambsdorff,* The Institutional Economics.

43 Der zentrale Aufsatz, der diese Theorie erstmalig in voller Kohärenz ausarbeitete, war: *Greif,* Cultural Beliefs.

44 Dieses Argument ist inzwischen zu einem klassischen Topos geworden: *Greif/Milgrom/Weingast,* Coordination, Commitment, and Enforcement.

45 Vgl. hierzu die grundlegenden Ausführungen bei: *Erlei/Sauerland/Leschke,* Neue Institutionenökonomik, S. 103–198.

welt[46] musste der an einem Ort residierende Kaufmann (der Prinzipal) einen entfernten anderen Kaufmann oder Angestellten (den Agenten) damit beauftragen, in seinem Namen oder für ihn Geschäfte abzuschließen.[47] Der Agent, der im fernen Ort mit einem anderen Rechtssystem und einer anderen Sprache lebte, besaß gegenüber dem Prinzipal einen Informationsvorsprung; man spricht von einem asymmetrischen Informationsverhältnis. Daher war er einerseits unentbehrlich zur Erleichterung des Fernhandels, aber auch potenziell eine große Gefahr für den Prinzipalen, den er relativ leicht betrügen konnte.[48]

Grundsätzlich war und ist dieses Problem niemals zu lösen, wir sehen daher im historischen Verlauf allerorten und bis heute immer wieder unterschiedlichste Ansätze, es einzuhegen.[49] Für die Vormoderne wird dabei dem »Reputationsmechanismus« zur Erzeugung und Bewahrung der Ressource »Vertrauen« die zentrale Wichtigkeit eingeräumt.[50] Natürlich gilt dies nicht nur für den Fernhandel, doch mit steigender geographischer und kultureller Distanz nahm die Notwendigkeit eines funktionierenden Reputationsmechanismus zu. Die Schlüsselrolle zur Bewertung der Vertrauenswürdigkeit einer Person kam im Fall der Maghribi der den Agenten umgebenden Gruppe aus demselben sozialen Bezugssystem durch Kommunikation nach außen zu. Hier war der Reputationsmechanismus laut Greif von vornherein *multilateral* angelegt, die Gesamtgruppe informierte sich regelmäßig über das Verhalten der einzelnen Mitglieder und

46 Der residierende im Gegensatz zum die Waren begleitenden reisenden Kaufmann setzte sich laut gängiger Meinung im hochmittelalterlichen Italien endgültig durch. Zur durch den *sedentary merchant* durchgesetzten *commercial revolution* als neuerdings intensiv diskutiertem Konzept vgl. *Reinert/Fredona*, Merchants. In Deutschland wird die Ablösung des reisenden durch den residierenden Kaufmann recht präzise im 13. Jahrhundert verortet durch: *Jenks*, Von den archaischen Grundlagen, S. 68–70. Eine neue Bedeutungsebene gewann die Organisation des Fernhandels durch die Möglichkeiten der massenhaften Briefkorrespondenz vor allem seit dem ausgehenden Mittelalter. Prinzipal und Agent wurden *created by merchant letters*: *Trivellato*, Merchants' Letters.

47 Der Agent im direkten und bezahlten Dienstverhältnis zum Prinzipal wurde im zeitgenössischen Gebrauch als Faktor bezeichnet. Im frühneuzeitlichen Venedig waren die deutschen ›Agenten‹ häufig Faktoren, jedoch seit dem 16. Jahrhundert auch mehr und mehr unabhängige Kommissionäre, die häufig aber beileibe nicht nur für Partner in den Reichsstädten Geschäfte verrichteten. Vgl. zu dieser begrifflichen Trennung *Häberlein*, Handelshäuser. Man kann Faktoren und Kommissionäre insofern als Agenten im formalen Sinne bezeichnen, als sie als Auswärtige in einer Gastgebergesellschaft natürlicherweise eine stärkere Disposition zu Geschäften für und im Namen von deutschsprachigen Kaufleuten aus dem Reichsgebiet hatten. Dies entspricht auch der Verwendung des Begriffes des ›Agenten‹ in der einschlägigen Literatur: *Harreld*, High Germans, S. 71–79; *Pourchasse*, Dynamism; *DuPlessis*, Conclusion.

48 Die Problematik wird ausführlich debattiert bei: *Landa*, Trust, S. 49–65; *Greif*, Contracting; *Gorißen*, Der Preis des Vertrauens. Blieb das Problem ungelöst, so führte es eventuell sogar zum Niedergang der entsprechenden Handelslinie; so sehen es manche Historiker im Fall der VOC im 18. Jahrhundert: *Adams*, Principals.

49 Vgl. hierzu die Ausführungen von: *Gorißen*, Der Preis des Vertrauens.

50 Zusammengefasst bei: *Kiesling*, Contract Enforcement.

sanktionierte kollektiv das Fehlverhalten Einzelner. Bei den Genuesen hingegen wirkte der Reputationsmechanismus nur *bilateral*, ausschließlich der Geschädigte beendete die Geschäftspartnerschaft mit der schädigenden Partei. Da damit der Sanktionsmechanismus nicht hinreichend abschreckend wirkte, mussten schriftlich fixierte Normen entstehen, die durch den korrespondierenden Aufbau eines dauerhaft institutionalisierten Bestrafungssystems die Sicherheit gegen Betrug gewährleisteten.[51]

Für Greif ergibt sich aus der Notwendigkeit der Kompensation des Mangels ein Systemvorsprung für die Europäer: Durch die schriftliche Fixierung von Normen entstand das Potenzial komplexerer Organisationen zur Absicherung des Fernhandels. Die in Europa typischen Familienfirmen schlossen sich zu sogenannten *Merchant Guilds*, im Deutschen am besten als »Kaufmannskorporationen« übersetzt, zusammen. Solche Korporationen besaßen dank ihrer durch eine formale Organisation ermöglichten Delegation von Exekutivbefugnissen im Fall von Übergriffen der Gastgeber gegenüber den in der Fremde operierenden Kaufleuten die Möglichkeit zu Repressalien. Konkreter: Die Maghribi konnten nur nach innen Sanktionen effektiv verhängen, die Genuesen auch nach außen. Die Fähigkeit hierzu ermöglichte letztlich die hierarchische Organisation der Korporation.[52] Im Falle Genuas war die Staatsbildung unter der *Podesteria*, einem Zusammenschluss der führenden Kaufmannsdynastien, das Resultat der unter äußerer Bedrohung des Fernhandels ablaufenden Institutionalisierung. Greif sah bei den egalitären Maghribi hingegen eine Grenze des effektiven Netzwerkes, welches mit seinem Erfolg immer mehr wuchs und dabei an innerer Heterogenität zunahm, was schließlich zu dessen Zerfall führte. Die religiös begründete *Coalition* mit ihren informellen Regeln konnte nur eine gewisse Menge an Händlern umfassen und auch nur eine relativ schlichte, horizontale Handelsstruktur aufrechterhalten. Im Gegensatz hierzu ermöglichten den Genuesen formale Institutionen die Absicherung ihres vertikal organisierten Fernhandels und damit die Expansion in andere Staaten und Regionen.

Greif hat die vorgestellten Grundelemente seiner Theorie zum Ausgangspunkt genommen, um die Durchsetzung der westlich geprägten Moderne zu erklären. Dieser Anspruch wird inzwischen weitgehend zurückgewiesen.[53] Bereits im Grundsätzlichen ließ sich für Händlerfamilien in der Frühen Neuzeit zeigen, dass der Reputationsmechanismus eine hohe Bedeutung in Europa beibehielt und der staatlich-institutionalisierte Apparat zur Durchsetzung von Rechtsansprüchen im Fernhandel von Greif deutlich überschätzt wird. Die Grundannahme seiner Theorie, dass bei den Europäern die Reputation bilateral und bei den Maghribi multilateral kontrolliert wird, hat sich als unhaltbar erwiesen.[54]

51 *Greif*, Institutions, S. 269–304.

52 Ebd, S. 91–123.

53 Vgl. bereits kurz nach Erscheinen des Buches: *Plumpe*, Rezension.

54 Vgl. z. B. *Kooijmans*, Risk; *Lamikiz*, Trade, S. 9–14; *Puttevils*, Merchants, S. 10–12. Vgl. auch die Kontroverse, die Greif mit Sheilagh Ogilvie und Jeremy Edwards geführt hat: *Ogilvie/ Edwards*, Contract; *Greif*, Maghribi.

Selbst in Bezug auf die exemplarisch von Greif untersuchten Gruppen der Maghribi und der Genuesen wurde er inzwischen empirisch durch gründliche Forschungsarbeiten widerlegt.[55]

In der vorliegenden Arbeit werden von Greifs Ansatz daher nur möglichst unstrittige, aber doch wesentliche Beobachtungen aufgegriffen. So wird die Existenz eines funktionalen Reputationsmechanismus als grundlegendes Element eines gemeinsamen Identitätsempfindens von Fernhändlern, ob korporativ oder anders verfasst, angenommen. Weiterhin soll hier besondere Aufmerksamkeit auf verschiedene Formen von Sanktionsmechanismen gelegt werden. Die Fähigkeit zur kollektiven Aktion auf Basis einer formal institutionalisierten Händlerkorporation wird dabei nicht wie bei Greif in dem Sinne dichotomisch getrennt, dass die Fähigkeit zur gemeinsamen Aktion nach außen notwendigerweise auf einem formalisierten Organisationssystem basiert. Vielmehr wird darauf geachtet, inwieweit Kaufmannskorporationen überhaupt die Fähigkeit zum gemeinsamen Agieren aufbrachten und dabei tatsächlich Effizienzgewinne im Sinne der Gesamtgruppe generieren konnten.[56]

Auch nach einer solchen Einschränkung der praktischen Anwendung bleiben Greifs Ausführungen zu den Händlergruppen unpräzise, darauf hat Francesca Trivellato in einem anderen Zusammenhang hingewiesen. Sie hat durch die Untersuchung einer in der ersten Hälfte des 18. Jahrhunderts in Livorno aktiven Firma von sephardischen Juden, Ergas & Silvera, versucht, die Funktion der fast schon mythisch überhöhten inneren Bindekräfte dieser Gruppe möglichst genau zu erfassen; dabei hat sie auch die Ansätze Greifs diskutiert.[57] Die sephardischen Juden, so wurde jüngst behauptet, waren die einzige Händlerdiaspora, die es zuwege gebracht hatte, in der Frühen Neuzeit einen internationalen Fernhandel über alle Kontinente, alle vier Religionen/Konfessionen (katholisch, protestantisch, griechisch-orthodox und muslimisch) und alle sechs wesentlichen europäischen See- und Kolonialmächte (Venedig, Portugal, Spanien, Holland, England, Frankreich) mit Profit zu betreiben. Dabei hätten die Sepharden alle konkurrierenden Diasporen aus dem Feld geschlagen (Hugenotten, Armenier, Griechen).[58]

Es bot sich im Gefolge von Greif für Trivellato an, den Erfolg der Sepharden durch einen weltweit wirksamen Reputationsmechanismus dieser Gruppe zu erklären. In ihrer Untersuchung kam Trivellato zu dem Schluss, dass der tatsächlich relativ distinkte Verband der Sepharden bei aller Eingebundenheit in lokale Kontexte und Zusammenhänge einen Vorteil für Transaktionen innerhalb der Gruppe brachte. Sie wahrt nichtsdestotrotz einige Distanz zum Ansatz von Greif, der ihres Erachtens zu wenig die Komplexitäten einer historisch realen

55 *van Doosselaere,* Commercial Agreements; *Goldberg,* Institutions.

56 Ein realitätsnahes Modell von verschiedenen Typen an Kaufmannskorporationen je nach Kohärenzgrad bieten: *Gelderblom/Grafe,* The Rise and Fall; *Grafe,* Was There a Market.

57 *Trivellato,* The Familiarity of Strangers.

58 *Israel,* Introduction; eine solche Sicht wird aber auch scharf kritisiert und die eher marginale Bedeutung der Sepharden im frühneuzeitlichen Fernhandel betont: *Braude,* The Myth. Vgl. hierzu auch: *Poettering,* Handel, Nation und Religion, S. 139–155, 340–344.

Umgebung mit all ihren mannigfaltigen Problemen berücksichtigt habe. Sie entdeckt zwar eine Art von Gruppierung, die der *Coalition* der Maghribi aus Greifs Arbeiten ähnelt, aber eben nicht innerhalb der Sepharden Europas, sondern in dem lockeren Handelsverbund der Juden aus Livorno, den Italienern in Lissabon und den Hindus in Goa, sie nennt dies ein *heterogeneous trading network*. Es ist in ihrem Interpretationsrahmen nur folgerichtig, dass Ergas & Silvera just dann scheiterten, als sie mit einem Juden außerhalb dieses Verbandes ein teures Geschäft abschlossen und dann betrogen wurden.[59]

Gegen Trivellato kann man wenden, dass sie Greifs Modell als einen Idealtyp mittels einer ausgewählten historischen Evidenz widerlegte und dabei auch validere Teile seines Ansatzes zurückgewiesen hat. In ihrer Analyse tritt immer wieder zutage, wie eng das Netz der Sepharden in allen europäischen Handelsstädten miteinander verwoben war und wie gerade diese Dichte bei gleichzeitiger Informalität der Transaktionen einen großen Vorteil in den externen Handlungen der einzelnen sephardischen Akteure ermöglichte. Ein Rezensent hat angemerkt, dass die Zusammenarbeit der Livorneser Juden mit Italienern in Lissabon und Hindus in Goa wohl besser im Sinne des Ansatzes von Granovetter als *weak ties*, nicht als eine Art Greif'scher Coalition, interpretiert worden wäre.[60]

In der weiteren Literatur zu Gruppen mit Reputationsmechanismus und Händlernetzwerken wurde häufig ein ähnlicher Befund konstatiert. Innerhalb einer Gesamtgruppe ließen sich Akteure identifizieren, die mit Partnern innerhalb wie außerhalb der Gemeinschaft intensiv zusammenarbeiten konnten.[61] Doch wirkt die häufig gewählte Bezeichnung einer engeren Handelspartnerschaft als Netzwerk analytisch nicht besonders ertragreich zur Erklärung des spezifischen Erfolgs eines größeren religiös-konfessionell oder sprachlich-national bedingten Gruppenverbands wie beispielsweise den Sepharden. Netzwerkartige Zusammenschlüsse sind ubiquitär aus unterschiedlichsten Motiven zu allen Zeiten entstanden und damit kein Spezifikum irgendeiner Gruppierung und ihrer Mitglieder. Die Frage nach den Besonderheiten der größeren Gruppenverbände hatte Greif umgetrieben und sein Modell hat bei all seinen Schwächen gerade aus der Herausarbeitung von Unterschieden ihres wirtschaftlichen Agierens zu intensiven Diskussionen angeregt.

Zur heuristischen Schärfung des Analyserahmens sollen für diese Arbeit theoretische Ausführungen von Maria Fusaro aufgegriffen und ausgearbeitet werden. Sie gibt eine pragmatische Definition von Händlernetzwerken: *[A] commercial network is defined as ›a group of people who are in contact consistently over a sustained time period through commercial interests and actions, having*

59 *Trivellato,* The Familiarity of Strangers, S. 215–223, 247–250, 271–278.

60 Vgl. die Rezension der Studie Trivellatos durch: *Calafat,* Familles. Ich würde es allerdings mit Bezug auf die in der vorliegenden Arbeit verwandte Begrifflichkeit umgekehrt formulieren, die Zusammenarbeit mit Lissabon und Goa als *strong ties* und die Eingebundenheit in die Welt der Sepharden als *weak ties.*

61 In diesem Sinne: *Studnicki-Gizbert,* A Nation; *Vanneste,* Global Trade. Ähnliches beobachtete bereits: *Pohl,* Die Portugiesen, S. 75–101.

as a common goal the desire to profit economically from commercial activities‹. Während dieser Teil der Definition noch eine relativ allgemeine Gültigkeit beanspruchen kann, kommt sie bezüglich der Kooperation griechischer und englischer Händlernetze im Mittelmeer im 16. und 17. Jahrhundert zu dem Schluss: *the nature of these networks was and remained utterly traditional, blood, kinship, and religion being the pillars of their strength.*[62]

Es gab offenbar effizienzgenerierende Zugangsbeschränkungen zu den von ihr untersuchten Netzwerken, die auf einem letztlich irrationalen aber ungemein manifesten Zusammengehörigkeitsgefühl einer größeren Gruppe basierten. Dabei sieht sie klare Effekte: In ihrer Zusammenarbeit waren Engländer und Griechen den Venezianern überlegen, was im Resultat zur ökonomischen Dominanz ersterer beider Gruppen im frühneuzeitlichen Mittelmeer beitrug. Dabei sieht Fusaro eines der bedeutenden Geheimnisse des englischen Erfolgs in einem halb-unabhängigen Netzwerk der im venezianischen Raum aktiven Händler innerhalb der größeren Einheit der Levant-Company, deren Modus Operandi substanziell von demjenigen der Levantehändler abwich. Ihre scheinbaren Schwächen, ein geringes Sozialprofil und die daher fehlende Vernetzung mit höherrangigen politischen Eliten in London, konnten die englischen Händler im venezianischen Kontext mittels einer relativ flexiblen Handelspraxis und der damit einhergehenden höheren Offenheit für Partnerschaften mit den Griechen in Stärken verwandeln.[63]

Durch die Herausarbeitung einer solchen Teilgruppe eines größeren Verbands ist Fusaro recht nahe bei älteren Ausführungen von Alexander Gerschenkron. Dieser hatte in seinen *Four Lectures on Economic History* den besonderen ökonomischen Erfolg der sogenannten Altgläubigen im Russland des 18. und 19. Jahrhunderts unter Zitierung des englischen Ökonomen William Petty (1623–1687) damit erklärt, dass *trade is not fixed to any species of religion as such, but rather (...) to the heterodox part of the whole.*[64] Die Volte war gegen Max Weber gerichtet, der ökonomischen Erfolg von größeren Gruppen durch religiöse Dogmen einer verstärkten Arbeitsethik erklären wollte, während Gerschenkron hier geradezu das Gegenteil konstatierte: Der Erfolg kam trotz des Festhaltens an einer mittelalterlichen Theologie und recht starren Orthodoxie. Vorsichtig deutet Gerschenkron dabei mit dem Hinweis auf die Verfolgungen und räumliche Zerstreuung der Altgläubigen eine Wirksamkeit von Netzwerkstrukturen an.[65]

Angesichts der Zurückweisung von Konzepten zur Analyse des wirtschaftlichen Handelns größerer ethnisch oder religiös definierter Gruppen wie es Max Weber oder Avner Greif auf ihre jeweilige Art gemacht haben, liegt es auf der Hand, den von Gerschenkron oder Fusaro herausgestellten erfolgreicheren

62 *Fusaro*, Cooperating Mercantile Networks, S. 702, 716.
63 *Fusaro*, Les Anglais et les Grecs.
64 *Gerschenkron*, Europe, S. 46.
65 Ebd., S. 33.

heterodox part of the whole begrifflich und damit definitorisch zu fassen. Dies soll hier geschehen, indem das »Händlernetz« vom »Händlernetzwerk« unterschieden wird. Letzteres basiert, hierin ist sich die Literatur im Wesentlichen einig, auf einer überschaubaren Gruppe an Händlern, die sich gegenseitig kennen und aktiv ein gemeinsames Ziel verfolgen.[66] Ein so konzipiertes »Händlernetzwerk« hat definitorisch keine notwendige Bindung an ethnische, religiöse oder andere vorgängige Gruppenbindungen. Das »Händlernetz« wird hier hingegen als eine Figuration von Akteuren innerhalb eines größeren Personenverbandes, typischerweise die Händlernation oder -diaspora angesehen, welche sich untereinander durch ein erhöhtes Maß an Vertrauen auszeichnen. Dabei ist die staatlich, ethnisch oder religiös bedingte Kaufmannsnation als ein Repositorium anzusehen, das »Händlernetze« als eigentümliche Formationen hervorbringen konnte. In diesem Sinne sollen besonders die Aspekte des Aufbaus und der Pflege von speziellen Verbindungen hervorgehoben werden, jedoch im Gegensatz zum »Händlernetzwerk« ohne ein notwendiges Ziel. Damit ist der Versuch unternommen, eine Ebene ›tiefer‹ als auf die durch Herkunft und Erziehung vorgegebenen ethnischen oder religiösen Gruppenzugehörigkeiten zu schauen und dabei spezifische Formationen zu erkennen, die durch eine zu starke Fokussierung auf die Ebene der Individuen aus dem Analyserahmen fallen. Mit dieser Perspektive nähert sich diese Studie der Klientel- und Patronageforschung mit ihrer Faszination für dynamische, aber doch strukturiert verflochtene Gruppen innerhalb größerer organisatorischer Einheiten an. Bereits Wolfgang Reinhard hat darauf hingewiesen, dass der Bestand an Beziehungen von Familien und Personen im Sinne von Pierre Bourdieu als soziales Kapital bezeichnet werden kann, das »gelegentlich soziale Zinsen trägt«.[67] Für diese Arbeit wäre zu ergänzen, dass diese Zinsen auch durchaus handfest monetär sein konnten.

Exemplifiziert sei das Modell anhand der im 18. Jahrhundert im Alten Reich tätigen Händler vom Comer See. Aus der großen Gesamtgruppe ragten spezielle Kaufmannsdynastien heraus und innerhalb derer gab es aufgrund eines erhöhten Vertrauensniveaus ein besonderes Potenzial für Kooperationen, was sich beispielsweise im regelmäßigen Austausch von Lehrlingen zeigt.[68] Als Händlernetz können wir in diesem Fall die am Comer See durch Familienbande miteinander verbundenen Kaufmannsfamilien sowie ihre Zweiglinien in Deutschland betrachten. Diese umfassten bei weitem nicht alle Händler desselben geographischen Raums im Bereich des Sees, geschweige denn der Lombardei; sie waren nur ein kleinerer Teil der gesamten Kaufmannschaft der Region um Como, die in der

66 Vgl. die Ausführungen von: *Burkhardt,* Networks, diese entsprechen im Kern: *Fusaro,* Cooperating Mercantile Networks, S. 702.

67 *Reinhard,* Amici, S. 313; zum sozialen Kapital im Bourdieu'schen Sinne, das über formelle und informelle Aspekte eine Gruppe und die Mitgliedschaft konstituiert: *Albrecht,* Netzwerke als Kapital.

68 In diesem Sinne lese ich die Ausführungen von *Reves,* Vom Pomeranzengängler, S. 337; *Stolterfoht,* Die Südfrüchtehändler vom Comer See, S. 143–154, 405; *Chiesi Ermotti,* Mobilité et appartenance, S. 174–177.

örtlichen »Università dei Mercanti« organisiert waren.[69] Die für den Fernhandel übliche vertragliche Fixierung der operativen Netzwerke ist nicht als Ersatz für einen Vertrauensmangel zu sehen, sondern als eine Ergänzung eines auf familiären und sozialen Bindungen basierenden Verbandes. Wer hier aufgenommen wurde, hatte erhöhte Erfolgschancen im Transalpengeschäft. Hauptsächlich die Beteiligten des Händlernetzes schafften es, regelmäßig Netzwerke zu formieren, die ein hohes Maß an Effizienz für den Deutschlandhandel aufbrachten. Woher die Fähigkeit zur Etablierung dieser Bindungen in letzter Instanz stammte, kann hier nicht gesagt werden, zu vermuten sind Heiratsallianzen von besonders erfolgreichen Händlerfamilien aus der Gegend des Comer Sees, die imstande waren, einen Verband mit hohem Vertrauen zu generieren.

Es ergibt sich daraus, und damit sei zur Diskussion um Privilegierungen von Händlergruppen in der Vormoderne übergeleitet: Die deutsche Kaufmannskolonie in Venedig kann, muss aber keineswegs ein solches Händlernetz darstellen oder ein solches innerhalb der Gesamtgruppe haben, um eine markante Wirkmacht zu entfalten. Es ist auch eine Schlussfolgerung am Ende dieser Untersuchung denkbar, die innerhalb der oberdeutschen Kaufleute in Venedig überhaupt kein Händlernetz konstatiert. Ausländische Händlergruppen, in der Vormoderne oft als *Nation* oder *Universitas* bezeichnet, waren in den urbanen Zentren Europas nicht die Ausnahme, sondern die Regel. Vor allem im Mittelalter, als der Handel noch stark an den die Güter begleitenden Händler gekoppelt war, bedeutete die Zulassung auswärtiger Kaufleute überhaupt erst die Öffnung eines urbanen Zentrums für den Fernhandel. Die eingeladenen Gruppen wurden im Mittelalter, und noch lange darüber hinaus, primär aufgrund der Produktvielfalt ihrer Herkunftsregionen, und erst in zweiter Linie aufgrund ihrer besonderen Talente im Fernhandel, von den lokalen Machthabern in den eigenen Herrschaftsraum gelockt. Typischerweise geschah dies durch einen auf die jeweilige Nation maßgeschneiderten Katalog an Privilegien, mit denen sich ein spezieller Ort besonders attraktiv für ausgewählte Gruppen auswärtiger Händler machte.[70] Dies könnte als einziger wesentlicher Grund für die Präsenz der Deutschen in Venedig angenommen werden. Auch wenn öfters in der Literatur angedeutet wurde, dass die Privilegien der deutschen Händler um 1730, spätestens 1770, in Venedig abgeschafft oder zumindest entwertet wurden, waren die Deutschen tatsächlich bis zum Ende der Republik mit bedeutenden Vorrechten ausgestattet.[71]

Die Möglichkeit eines Verbandes deutscher Kaufleute in Venedig, die kein Händlernetz formten, aber dank ihrer Privilegien noch eine gewisse Präsenz

69 Diese korporative Organisation der Kaufmannschaft von Como ist nur schlecht erforscht, vgl. derzeit insb.: *Caizzi*, Comasco spagnolo, S. 83–112; *Caizzi*, Comasco austriaco, S. 31–35, 81.

70 Vgl. hierzu grundsätzlich *Gelderblom/Grafe*, The Rise and Fall, S. 481–485.

71 Über die angebliche Marginalisierung der Privilegien vgl. *Simonsfeld*, Der Fondaco dei Tedeschi, Bd. 2, S. 163–164; *Beutin*, Der deutsche Seehandel, S. 168–169; *Beutin*, Der wirtschaftliche Niedergang, S. 66.

an der Lagune zeigen konnten, hat einiges an Plausibilität für sich. Obgleich die Venezianer ihre Privilegien generell für alle deutschsprachigen Bewohner des Alten Reichs kodifiziert hatten, so wäre in diesem Fall die stärkere Dominanz lutherischer Kaufleute aus manchen oberschwäbischen Reichsstädten ein Resultat des auch im 18. Jahrhundert noch vergleichsweise intensiven Handels zwischen diesem Raum und Venedig – im tendenziellen Gegensatz zum Handel aus Nürnberg und dessen fränkischem Umland nach Venedig.[72] Ein für eine Korporation typisches Kartell- und Lobbyverhalten der deutschen Nation wäre hierbei sicherlich noch mitzuberücksichtigen.[73]

In diesem Fall könnte man die deutsche Nation in Venedig als ein Beispiel einer allgemeineren Regel ansehen. Die in der Vormoderne an auswärtigen Orten operierenden und häufig privilegierten Händlergruppen, seien es Hansekaufleute in Brügge, Florentiner in Lyon oder Venezianer in Kairo, konnten häufig vor Ort fehlende Güter anbieten und bereicherten dadurch den Marktplatz. Privilegierungen durch die lokalen Herrschergewalten geschahen daher primär aus handelsgeographischen Gründen.[74] Eine Art von Reputationsmechanismus lag innerhalb dieser Gruppierungen üblicherweise vor, dies bedingten die gemeinsame Herkunft, der geteilte Gastort und die ähnliche Profession. Ein Händlernetz mussten sie dafür jedoch keineswegs sein, die relevanten sozialen und familiären Verbindungen ihrer einzelnen Mitglieder wiesen typischerweise eher in die Heimat.[75]

Dies gilt natürlich auch für die deutsche Nation in Venedig. Die Verbindungen ihrer Mitglieder reichten durch enge Verwandtschafts- und Geschäftsbeziehungen nach Oberdeutschland tief in die Eliten der Reichsstädte hinein. Da dieselben Händlerschichten aus den oberdeutschen Reichsstädten auch in anderen Märkten (v.a. Lyon) regelmäßig durch Verwandte vertreten waren und typischerweise sogar im frühen Lebenslauf zwischen weit entfernten Handelsplätzen wechselten, verweist der Verband an Händlern im Fondaco dei Tedeschi auf eine weitergefasste Gruppe, die man am besten als süddeutsche, lutherisch-reichsstädtische Händlerschicht umschreibt.[76] Die deutsche Nation in Venedig kann primär als Exponent dieser Schicht betrachtet werden. In diesem Sinne

72 Hierbei wäre generell noch zu bedenken, dass Nürnberg im 18. Jahrhundert eine bedeutende Krise seines Fernhandels durchmachte, vgl. *Roth*, Geschichte des Nürnbergischen Handels, Bd. 2, S. 172–173; *Roth*, Geschichte des Nürnbergischen Handels, Bd. 3, S. 238–239; *Schuster*, Die Rolle der Nürnberger, S. 41–42; *Bog*, Wirtschaft und Gesellschaft Nürnbergs.

73 Hierauf wurde auch in der Literatur verwiesen: *Braunstein*, Erscheinungsformen einer Kollektividentität, S. 417–418; *Kellenbenz*, Der Niedergang Venedigs, S. 159–160.

74 So wurden beispielsweise spanische Kaufleute in Brügge privilegiert um möglichst günstig Merinowolle in die Niederlande zu bekommen, nicht aufgrund von deren besonderen Talenten im Handel: *Phillips*, Merchants of the Fleece.

75 Vgl. beispielsweise das Migrationsverhalten von Händlern aus dem gesamten Alten Reich nach Antwerpen im 16. Jahrhundert: *Harreld*, High Germans, S. 61–71.

76 So in der Tendenz: *Kellenbenz*, Die Wirtschaft; *Pfeiffer*, Les marchands; *Kellenbenz*, Gewerbe und Handel 1500–1648, S. 426–428.

könnte man auch den zahlenmäßigen Niedergang der deutschen Händler in Venedig im 18. Jahrhundert mit der veralteten Struktur einer solchen Handelsorganisation erklären.

Eine solche Sicht passt scheinbar recht gut zum einschlägigen Forschungsstand. Oscar Gelderblom hat jüngst versucht, eine Systematik des historischen Verlaufs von Privilegierungen von ausländischen Händlernationen an den drei wesentlichen Handelszentren der Niederlande, Brügge, Antwerpen und Amsterdam von 1300 bis 1650 zu erstellen. Die von ihm als *Alien Merchant Guilds* bezeichneten Gruppen waren in seiner Lesart bis etwa 1500 unabdingbar, um den Fernhandel an einen Ort zu locken, seither wurden sie stetig mehr zu einem Hindernis für dessen Weiterentwicklung und spätestens seit 1650 fast überall obsolet. Gelderblom sieht den Wettbewerb zwischen Städten in räumlicher Nähe in Kombination mit einem stetig wachsenden internationalen Handel als Hauptgrund für eine immer stärkere Angleichung von kaufmännischen Rechtsgewohnheiten und damit einhergehend einer Reduktion von Privilegien von institutionalisierten ausländischen Kaufmannskolonien. Dabei verweist Gelderblom vor allem auf die Hansestädte, die besondere Privilegien für ihre Kaufleute in Brügge im Spätmittelalter durch Androhung oder tatsächliche Durchführung von Handelsembargos gegenüber Flandern erwirkten. Erst im 16. Jahrhundert konnten Antwerpen und insbesondere Amsterdam die Macht der Hanse brechen, indem sie den Grundsatz der Gleichheit im Kaufmannsrecht durchsetzten.[77]

Obwohl Gelderblom hauptsächlich den Wettbewerb zwischen den Städten als hierfür ursächlich nennt, zeigt eine genauere Lektüre seines Buches, dass er auch den Wettbewerb zwischen Kaufmannsnationen als hierfür wesentlich ansieht.[78] So war es vor allem der Erfolg der Holländer in der Ostseefahrt im Verlauf des 15. Jahrhunderts, der die Macht der hansischen Kaufleute in den Niederlanden immer stärker erodieren ließ.[79] Es sei hier noch zu diesen Konturen seines Modells hinzugefügt, dass bei steigendem Wettbewerb von verschiedenen Kaufmannschaften und der zeitgleichen Monopolstellung einer Stadt auf eine gewisse Warengattung die Eliten derselben tendenziell eher scharfe Regeln für den Handel der Gäste erließen und deren Handel meist intensiv besteuerten. Gelderbloms Argument läuft also, in einer über seine eigene Darstellung hinaus gehenden Interpretation, auf das in Abbildung 1 dargestellte Muster hinaus (die Pfeile zeigen einen steigenden Grad an Wettbewerb an, die Beispiele sind alle aus einem nordeuropäischen Kontext gewählt).

77 *Gelderblom*, Cities of Commerce, S. 40–41.

78 Vgl. auch eine ähnliche Beobachtung in einer Rezension der Studie Gelderbloms: *Kypta*, Rezension.

79 So findet es sich etwas beiläufig in seinem Text: *Gelderblom*, Cities of Commerce, S. 170, 179–180.

Starke Privilegierung der dominanten Händlergruppierung
Beispiel: Hansekaufleute in Brügge im Mittelalter[80]

Einebnung aller Privilegien, Rechtsgleichheit aller Händler unabhängig von ihrer Nationalität
Beispiel: Amsterdam nach 1590[81]

Händlernationen

Privilegierung nicht nötig
Beispiel: Lübeck gegenüber Hansekaufleuten im Mittelalter[82]

Rigides Gastrecht und hohe Zölle
Beispiel: Danzig gegenüber Auswärtigen im 15. Jahrhundert[83]

Städte

Abbildung 1: Idealtypisches Schaubild historischer Formen der Privilegierung am Beispiel Nordeuropas im späten Mittelalter und dem 16. Jahrhundert
Quelle: Eine summarische Interpretation der Positionen von: *Gelderblom,* Cities of Commerce.

Das Modell hat zunächst einiges an Plausibilität für sich. Wenn eine Stadt im Besitz einer Monopolstellung war, wie Danzig in Bezug auf Getreide und andere Produkte des Weichselhinterlandes um 1400, dann konnten es sich deren Herrscher leisten, die verschiedenen Händler, in der historischen Praxis also Engländer, Niederländer und sogar Hansekaufleute, einem relativ restriktiven System zugunsten der eigenen Kaufmannschaft zu unterwerfen. Lübeck hingegen mit seinem bis 1500 weitgehend intakten Monopol des Travestapels wurde von auswärtigen Händlergruppierungen kaum aufgesucht und hätte eine Restriktionspolitik gegenüber Händlern aus anderen Hansestädten nur um den Preis einer Schwächung des Gesamtverbandes durchführen könnten; daher verzichtete man hier bis ins 16. Jahrhundert hinein eher auf eine Ungleichbehandlung von Hansekaufleuten.[84]

Nur bei Wettbewerb zwischen Händlergruppen einerseits und naheliegenden Städten andererseits entstanden, so Gelderblom, moderne, egalitäre und

80 Ebd., S. 178–179.

81 Ebd., S. 38–40.

82 Die ersten Diskriminierungen der Händler aus anderen Hansestädten in Lübeck begannen erst im frühen 17. Jahrhundert als Folge einer immer stärkeren Aktivität von oberdeutschen und Hamburger Kaufleuten in Lübeck im sogenannten »Durchfuhrhandel«: *Baasch,* Die Durchfuhr in Lübeck, S. 109–125.

83 Die Stadt Danzig unterwarf seit etwa 1400 alle auswärtigen Händler (Engländer, Niederländer, Oberdeutsche, Polen und letztlich sogar Kaufleute aus anderen Hansestädten) einem recht rigiden Gastrecht, dies folgte chronologisch auf die zunehmende Präsenz von Engländern und Niederländern in preußischen Häfen: *Stark,* Lübeck, S. 63, 211; *Jenks,* Zum hansischen Gästerecht, S. 34–35, 42–45.

84 Einige Beschränkungen des Gasthandels von 1321 wurden zu Recht als marginal bezeichnet: *Baasch,* Die Durchfuhr in Lübeck, S. 111.

offene Märkte. Diese Situation war in den nördlichen Niederlanden seit 1590 zu finden und ihre notwendige Folge war eine Erosion des auf dem Ostseehandelsmonopol basierenden hansischen Wirtschaftsverbandes.[85] Der Gewinn Amsterdams kam jedoch letztlich einer Modernisierung dieses Handelssektors zugute, der offene Wettbewerb begünstigte ein auf Investitionen und Innovation angelegtes Handelsverhalten. Die Abschaffung der Privilegien begünstigte eine auf Wirtschaftswachstum angelegte Handelsstruktur, weshalb das privilegienfreie Amsterdam auch zu einem Modell für andere Städte wurde.[86]

Nähme man dieses Modell für die deutschen Händler in Venedig an, so würde die Existenz des privilegierten Fondaco dei Tedeschi bis 1806 eine ungleiche handelspolitische Marktmacht widerspiegeln. Nach dieser Interpretation wären die Oberdeutschen in Venedig eine monopolhaltende Händlergruppe, die sich zwischen mehreren Städten den gewünschten Ort aussuchen und damit besondere Privilegien erzwingen konnte. Dass in Norditalien kein Mangel an alternativen Häfen für die Deutschen bestand, galt im 17. und 18. Jahrhundert, als Livorno und Triest als Freihäfen aufstiegen und die fremden Kaufleute umwarben, mehr denn jemals zuvor.[87] Der Grund, weshalb der Fondaco nicht das Schicksal der Hansekontore in Nordeuropa teilte, wäre bei dieser Annahme das Fehlen eines Äquivalents zu den holländischen Schiffern in der Ostsee, also erfolgreiche venezianische oder wenigstens nicht oberdeutsche Händler im Transalpenhandel zwischen der Adria und Frankfurt.

Eine solche Annahme erscheint zunächst unwahrscheinlich. Oberdeutschland war wohl der politisch fragmentierteste Raum Europas in der Frühen Neuzeit, während Venedig als ein mittelgroßer Staat mit einiger politischer Macht für seine Kaufleute auch politisch aktiv nach außen wirken konnte.[88] Dass ausgerechnet die Kaufleute weniger Reichsstädte nach dem Dreißigjährigen Krieg eine hinreichende Dominanz im Transalpenhandel gehabt hätten, um Venedig zum Erhalt der Privilegien zu zwingen, erscheint, wenigstens aus der Perspektive der politisch-geographischen Realitäten der Epoche, unplausibel. Es sei darauf verwiesen, dass sich Lombarden in der Frühen Neuzeit in süddeutschen protestantischen Reichsstädten ansiedelten und einen dichten Fernhandel in ihre norditalienische Heimat unter eigener Regie betreiben konnten – einer häufigen Diskriminierung zum Trotz.[89] Hätte nicht auch Venedig die Privilegien des

85 Dies ist das klassische Argument der Hanseforscher gewesen, vgl.: *Häpke*, Der Untergang.

86 *Gelderblom*, Cities of Commerce, S. 206–209.

87 Diese Situation war strukturell seit Jahrhunderten vorgegeben. Die Genuesen versuchten bereits seit dem frühen 15. Jahrhundert, die deutschen Händler von Venedig wegzulocken: *Schulte*, Geschichte des mittelalterlichen Handels, S. 515–517.

88 Vgl. gegenüber dem osmanischen Reich: *Dursteler*, The Bailo; oder im Königreich beider Sizilien: *Preto*, Il commercio.

89 Vgl. *Augel*, Italienische Einwanderung, S. 199–205; *Seibold*, Zur Situation der italienischen Kaufleute; *Zürn*, »Damit man des unnützen Volks abkomme«; *Wustmann*, Die Einbürgerung; *Stolterfoht*, Italienische Kaufleute; *Reves*, Vom Pomeranzengängler, S. 222–252; *Jeggle*, Coping with the Crisis.

Fondaco aufheben und mit dem Ziel einer Belebung des Verkehrs nach Zentraleuropa den Transalpenhandel dem freien Wettbewerb von Eidgenossen, Italienern und Oberdeutschen anvertrauen können?

In diesem Sinne argumentiert grundsätzlich Sheilagh Ogilvie. Sie bewertet die historische Leistung von privilegierten Händlerkorporationen als negativ für die Entwicklung des Fernhandels. Stattdessen sieht sie deren Überwindung als Voraussetzung für innovative und auf Wachstum angelegte Handelsstrukturen.[90] Korporationen von Händlern wurden laut Ogilvie nicht aufgrund von ökonomischen, sondern politischen Absichten gegründet. Ihre Privilegien hätten sie durch Praktiken erhalten, die gegen einen freien Wettbewerb gerichtet waren, mit dem Ziel, eine monopolartige Stellung oder wenigstens eine Dominanz in gewissen Marktsegmenten zu erringen. Mit dem Aufstieg von Marktplätzen, die auf allgemein gültigen institutionalisierten Mechanismen basierten, deren Angebot weitgehend uneingeschränkt zugänglich war, gingen die Kaufmannskorporationen daher ihrer Ansicht nach folgerichtig zugrunde.[91]

In diesem Sinne wäre die Existenz des privilegierten Fondaco dei Tedeschi bis 1806 ein einer Pfadabhängigkeit geschuldeter Anachronismus.[92] Eine für die Republik wohlmeinende Erklärung würde dabei auf eine Zwangslage Venedigs verweisen. Die Deutschen in Venedig wären als die Erben einer jahrhundertealten Privilegierung dermaßen etabliert im Transalpenhandel gewesen, dass die Abschaffung ihrer Privilegien möglicherweise die Verlagerung dieses Humankapitals nach auswärts zur Folge gehabt hätte. So gesehen wäre Venedig in einem Teufelskreislauf gefangen gewesen: Die einmal Privilegierten etablierten eine Dominanz im Transalpenhandel zur Adria und nutzten dann eben just diese zur Drohung eines Wegzugs, um ihre Privilegien zu erhalten. Der konservativen Republik, die Angst vor Veränderungen hatte, so zumindest eine häufige Charakterisierung Venedigs im 18. Jahrhundert, mochte es dann nicht mehr möglich gewesen sein, die Privilegien abzuschaffen.[93] Somit wäre auch die Dominanz der reichsstädtischen Oberdeutschen erklärt. Sie hätten schlicht in einer günstigen Konstellation ein ererbtes Monopol verteidigt und damit eine dynamische Entfaltung des Markts verhindert. Nach dieser Lesart wäre das Modell von Ogilvie bestätigt: Kontore, Kaufmannskorporationen und privilegierte auswärtige Händlernationen führten zu Monopolen und Handelsrestriktionen. Je offener die Märkte wurden, desto weniger Sinn ergaben solche institutionalisierten Gruppen, weshalb sie auch im Verlauf der Frühen Neuzeit im ökonomisch sich modernisierenden Nordeuropa sukzessive verschwanden oder an Einfluss verloren. Sie verblieben zumeist in politisch und wirtschaftlich

90 *Acemoglu/Johnson/Robinson*, Institutions, S. 452–456.

91 *Ogilvie*, Institutions and European Trade, S. 387; *Ogilvie*, The European Guilds, S. 584–585.

92 Es ist bezeichnend, dass Ogilvie den Fondaco häufig in ihrer Arbeit erwähnt: *Ogilvie*, Institutions and European Trade, S. 101, 121–122, 132, 174, 232, 253.

93 Leicht angedeutet ist eine solche Linie bei: *Beutin*, Der wirtschaftliche Niedergang, S. 62–67. Jüngst wurde Venedig im 18. Jahrhundert erneut als konservativ charakterisiert durch: *Panciera*, La Repubblica di Venezia, S. 41–49, 145–149.

rückständigeren Staaten dank einer impliziten Allianz mit oligarchischen oder monarchischen Strukturen der Gastgesellschaft – zum Nachteil der jeweiligen Volkswirtschaft.[94]

Eine andere Ansicht zu Privilegierungen von Kaufleuten vertritt Guillaume Garner, der Ogilvie auch direkt kritisiert. Privilegien sieht er nicht im Gegensatz zur modernen Marktwirtschaft, sondern als essenzielle Voraussetzung und konstitutiven Bestandteil derselben. Im vormodernen Europa mit seinen vielfältigen juristischen, sprachlichen und vielen weiteren Zerklüftungen bauten Privilegien für Gruppen oder auch nur Individuen eine strukturell vorgegebene Unsicherheit ab und stimulierten damit Handeln im Sinne des Privilegienerteilers. Garner konzentriert sich zwar hauptsächlich auf Privilegien im sächsisch-brandenburgischen Raum des 18. Jahrhunderts und dabei speziell auf Manufakturprivilegien, doch seine grundlegende Idee sieht er auch für Kaufleute gültig. Privilegienerteilungen interpretiert Garner im Rahmen einer ordnungspolitischen Regulierung von Märkten und wirtschaftlichem Handeln im Generellen. Durch Schaffung von Rechtssicherheit, Senkung von Rentabilitätsschwellen und Kreierung von Körperschaften, die Expertise für gewisse Gewerbe- und Handelssektoren ansammelten, sei die Vergabe von Privilegien eines der wichtigsten Handlungsfelder seitens der Obrigkeiten gewesen, um wirtschaftliches Wachstum zu stimulieren. Dabei hänge der Grad an Privilegierung von einer relativen Kosten-Nutzen-Analyse der Beteiligten ab und ihrer Fähigkeit, diese durchzusetzen.[95]

Manches in dieser Kontroverse ist einem unterschiedlichen Begriff von Privilegien geschuldet. Während Ogilvie Privilegien hauptsächlich als langfristig und tendenziell unbegrenzt institutionalisierte Vorrechte (meist fiskalischer Natur) für organisierte Gruppen versteht, so betrachtet Garner sie eher als punktuelle Maßnahmen auf einer örtlich und zeitlich begrenzten Ebene zur Wirtschaftsförderung, teilweise auch als funktionalen Ersatz für eine fehlende allgemeine Gesetzgebung.[96] Etwas überspitzt: Ogilvie schaut eher auf die kollektiven Privilegien an Korporationen des Mittelalters und der beginnenden Frühen Neuzeit, Garner mehr auf die punktuellen Privilegien an Einzelne oder Unternehmer im Zeitalter des Merkantilismus. Selbst unter Berücksichtigung dieses anders akzentuierten Begriffsverständnisses bleiben die Ansichten beider jedoch unvereinbar. Es geht letztlich um die Frage, ob Privilegien als Verletzung der Gleichheitsnorm einer optimalen Wirtschaftsentwicklung grundsätzlich hinderlich (Ogilvie) oder potenziell förderlich (Garner) sind.

Die Positionen Ogilvies und Garners können exemplarisch an den deutschen Händlern in Italien in der Frühen Neuzeit untersucht werden: Wenn die deut-

94 Dies wurde auch in anderen Fällen angeblich entdeckt, so für Lübeck: *Lindberg*, The Rise of Hamburg. Diese Annahme habe ich bereits an anderer Stelle kritisiert: *Ressel*, Der deutsche Seehandel.

95 *Garner*, Le mercantilisme.

96 Damit folgt Garner den Leitlinien von: *Mohnhaupt*, Die Unendlichkeit des Privilegienbegriffs.

schen Kaufmannsgemeinden in Venedig und Livorno als Idealtypen genommen werden, so stünde Venedig für eine recht deutliche und Livorno für eine fehlende Privilegierung. Im 17. und 18. Jahrhundert gab es auf der Halbinsel eigentlich nur diese zwei wesentlichen deutschsprachigen Kaufmannskolonien und das nicht zufällig nur an Orten, an denen eine Ansiedlung und Institutionalisierung nordalpiner Händlergruppen von Staats wegen nicht nur zugelassen, sondern sogar gewünscht war.[97] Dabei sei einem möglichen Missverständnis sogleich vorgebeugt: Im gesamtitalienischen Kontext bedeutete die immer stark hervorgehobene Gastfreundschaft und Zollfreiheit des Großherzogtums Toskana an seinem wesentlichen Seehafen natürlich eine Privilegierung aller auswärtigen Händler in Livorno. Im Sinne Ogilvies und Garners wäre diese aber nur zu verstehen, wenn sie relativ zu anderen Wettbewerbern die Deutschen in Livorno begünstigt hätte. Hiervon kann keine Rede sein, vielmehr genossen alle auswärtigen Händler in Livorno ein hohes Maß an Rechtsgleichheit und -sicherheit sowie geringe Zollsätze.

Somit steht idealtypisch die exklusive Privilegierung der Deutschen in Venedig einer allgemeinen Nivellierung der Vorrechte auswärtiger Kaufleute in Livorno gegenüber. Welche Strategie letzten Endes als die ›bessere‹ zu bezeichnen wäre, kann im Vergleich auf direkter Ebene natürlich nie als letztgültiges Urteil herausgearbeitet werden, zu unterschiedlich sind beide Fälle gelagert. Um einen Beitrag zur Fachkontroverse liefern zu können, werden in dieser Arbeit besonders zeitgenössische Debatten zur Privilegierung der auswärtigen Händler in Venedig in den Mittelpunkt gestellt. Dadurch soll herausgearbeitet werden, ob der Erhalt und die statutarische Ausgestaltung des Fondaco eine bewusste Strategie von Akteuren der Republik Venedig und der deutschen Nation mit einer spezifischen Zielsetzung war. Wenn dem so war, dann spricht das für die Position Garners und damit die Sinnhaftigkeit von Privilegien auch im 18. Jahrhundert. Bei Marginalität oder Abwesenheit einer Kontroverse und überhaupt dem Fehlen einer handelsstrategisch ausgerichteten Politik seitens Venedigs gegenüber dem Fondaco wäre in der Tendenz die Position Ogilvies gestärkt. Wir könnten dann in der deutschen Nation des 18. Jahrhunderts eine sich selbst erhaltende, eher anachronistische Korporationsstruktur identifizieren.

97 In Neapel und Bergamo gab es zwar einige relativ erfolgreiche deutschsprachige Händler im 18. Jahrhundert, jedoch waren die Gemeinden an diesen Orten insgesamt eher klein und die Kaufleute traten kaum als große Fernhändler hervor. In Genua und Turin gab es jeweils eine starke französische Händlerkolonie, die Deutschsprachigen an beiden Orten waren dagegen eine deutliche Minderheit und kamen hauptsächlich aus der Schweiz. In Mailand scheint es fast keine bedeutenden deutschsprachigen Händler bis in die 1780er Jahre gegeben zu haben. Nach Triest konnten die Habsburger ebenfalls erst spät im 18. Jahrhundert eine substanzielle Zahl deutscher Kaufleute locken. Auf Triest wird im Verlauf der Arbeit noch genauer eingegangen; zu den auswärtigen Händlern aus der Schweiz, Frankreich oder Deutschland in Neapel vgl. *LeBret*, Geschichte von Italien, S. 547; *Zaugg*, Stranieri; zu Genua vgl. *Niephaus*, Genuas Seehandel, S. 305–338; zu Bergamo vgl. *Honegger*, Gli Svizzeri di Bergamo, S. 49–79; zu Turin vgl. *Romagnani*, I mestieri; zu Mailand vgl. *Tonelli*, Percorsi di integrazione, S. 165–168; *Martignone*, Imprenditori protestanti, S. 37–38.

Im Falle Livornos kann eine ähnliche Erkenntnis durch die Herausarbeitung des Verhältnisses der Nazione Olandese-Alemanna und ihres Repräsentanten, des Konsuls, gegenüber der Regierung in Florenz erzielt werden. Dabei kommt uns die Tatsache zu Hilfe, dass an diesem Handelsplatz, im Gegensatz zu Amsterdam oder London, trotz der weitgehenden Nichtgewährung spezieller Privilegien für religiöse oder ethnische Gruppen dieselben in Form von verfassten Nationen doch seit dem frühen 17. Jahrhundert eine eigene korporative Existenz aufwiesen. Bei einer Neigung der Regierung, die Korporation besonders ernst zu nehmen und ihren Wünschen entgegenzukommen, sehen wir wenigstens einen Hang zur Sonderbehandlung und möglicherweise eine verdeckte punktuelle Privilegierung. Bei einer gezielten Schwächung der Nationen würde man hingegen eine Entscheidung für die konsequente Durchsetzung einer möglichst ausgedehnten Rechtsgleichheit aller Händler erkennen, die letztlich in der handelspolitischen Irrelevanz korporativer Strukturen münden müsste.

3. Fragestellung, Forschungsstand, Gliederung, verwandte Archive

Die Möglichkeiten, das Thema in eine übergreifende Fragestellung einzubauen sind, wie wir gesehen haben, vielfältig. Die Debatten zu Händlernetzwerken und -korporationen sowie deren Privilegierungen haben inzwischen einen hohen Komplexitätsgrad erreicht, und zentrale Kontroversen bleiben bis heute offen. Diese Arbeit fügt sich in die Debatten ein, indem sie fragt, wie Fernhandel für die Deutschen in Norditalien im 18. Jahrhundert möglich war und wie sie sich gegenüber der vor Ort wirkenden Konkurrenz behaupten konnten. Herausgearbeitet werden soll die Wirkmacht und Effizienz von Händlernetzen und/oder privilegierten Korporationen von Fernhändlern hauptsächlich reichsstädtischer Provenienz in der Republik Venedig und dem Freihafen Livorno im Zeitalter des Merkantilismus und der Protoindustrialisierung. Dieses Zeitalter ist geprägt von einem steigenden Interventionismus von staatlicher Seite, die hauptsächlich durch die normative Regulierung von Zöllen, basierend auf der Herkunft von Gütern und ihren Spediteuren, in das Wirtschaftsleben eingriff. Weniger präsent ist in den allgemeineren Darstellungen jedoch, wie intensiv die staatliche Ebene auch jenseits der Verordnungswege die Zusammenarbeit mit Kaufleuten und bisweilen sogar deren Hilfe suchte. In dieser Arbeit soll herausgestellt werden, von welch zentraler Wichtigkeit für die territorialen Staatswesen im Umfeld der Alpen die Attraktivität für und Präsenz von gut vernetzten, kapitalkräftigen Kaufleuten war und wie weit diese wiederum ihre Interessen bündeln und effektiv organisieren konnten.

Dabei stellt sich die Frage, ob die deutsche Nation ›nur‹ eine funktionierende korporative Vereinigung war, die von außen mit Privilegien bedacht war, oder ob innerhalb derselben zudem ein Händlernetz wirkte. Zu der korporativen Struktur ist vor allem zu fragen, warum diese so lange bestand und privilegiert wurde und bezüglich des Händlernetzes, worauf dieses basierte und ob es imstande war, eine besondere Effizienz zu generieren. Bei einer solchen Fragestellung soll der allgemeinen Modernisierungstheorie nicht ein weiterer Strang hinzugefügt werden.[98] Jedoch werfen neue Erkenntnisse zur Effizienz der oberdeutschen Händlergruppe in und für Venedig notwendigerweise die Frage nach der relativen Performanz im Vergleich zu den hauptsächlichen Konkurrenten auf. Neben Livorno mit seinen holländisch-deutschen Händlern werden daher auch andere kommerzielle Zentren Italiens mit Relevanz für den Transalpenhandel, genannt seien Mailand, Triest, Turin und Genua partiell mit in die Darstellung einbezogen werden. Erst bei Betrachtung von Venedigs Zusammenspiel und -wirken mit den Handelszentren Norditaliens ergibt sich der Handlungskontext in einem hinreichenden Grad, um die handelspolitischen Aktivitäten der wesentlichen Akteure erfassen zu können.

Im Folgenden soll ein kurzer Überblick über den Forschungsstand zum Fondaco dei Tedeschi nach dem Dreißigjährigen Krieg gegeben werden. Mark Häberlein hat diesen 2010 angesichts des Mangels an einschlägigen Arbeiten zu Recht als *problematisch* bezeichnet.[99] In vielen Einzelkontexten wird jedoch die deutsche Gemeinde in Venedig im 18. Jahrhundert durchaus erwähnt, und diese Hinweise bilden in der Gesamtschau ein relativ einheitliches Bild: Nach einem Niedergang durch den Dreißigjährigen Krieg stagnierte der Handel über den Fondaco für einige Jahrzehnte auf niedrigem Niveau, er erlebte jedoch seit etwa 1690 mit der Verteuerung des Seehandels im Zuge der allgemein einsetzenden Kaperkriege erneut einen leichten Aufschwung. Auf einer gewissen Höhe prosperierte der Fondaco noch bis 1720 leidlich,[100] seither setzte ein langsamer, aber konstanter Niedergang ein, der immer weiter zur Marginalisierung der deutschen Nation und überhaupt der Handelsverbindung von Venedig nach Deutschland führte.[101] Auch wenn einzelne Kaufleute aus der deutschen Kolonie sehr erfolgreich waren, so war das nicht mehr repräsentativ für das Gesamtbild, in dem Venedig vorgeblich immer mehr zu einem lokalen Hafen für sein unmittelbares Hinterland absank.[102]

98 Jüngst wurde ganz grundsätzlich ein Zusammenhang zwischen verbilligtem Warentransport und dem Durchbruch zur Moderne bestritten: *McCloskey*, Bourgeois Dignity, S. 296–354. Diese Ansicht teile ich nicht. Plausibel wurde ein direkter Konnex zwischen sich verbilligendem Transport und einer steigenden Wirtschaftsleistung durch Ulrich Pfister aufgezeigt. Er hat nachgewiesen, dass ein sich vervielfältigendes Warenangebot im 18. Jahrhundert in Deutschland eine *Consumer Revolution* und in deren Folge eine *Industrious Revolution* ausgelöst hat, da bei sinkenden Reallöhnen und nur langsam steigender Produktivität mehr konsumiert wurde; die Mittel hierfür wurden durch erhöhte und längere Arbeitsleistung erzielt: *Pfister*, Great Divergence.

99 *Häberlein*, Der »Fondaco dei Tedeschi«, S. 124.

100 *Beutin*, Der deutsche Seehandel, S. 50–51.

101 *Kretschmayr*, Geschichte von Venedig, S. 365–369 447–451.

102 Vgl. die Ausführungen zum Deutschlandhandel Venedigs im 18. Jahrhundert durch: *Caizzi*, Industria e commercio della Repubblica, S. 224–248; *Zanini*, Sempre più agricola.

Dieses Bild stützt sich auf eine fast unumstößliche Basis, auf statistische Auswertungen von verschiedenen Zoll- und Steuerregistern und auf Stimmen der Zeitgenossen. Giovanni Campos kam 1936 nach der Publikation der Einträge der wesentlichen Zollregister Venedigs zum Schluss, dass der Handel nach Deutschland im 18. Jahrhundert zwar eine *certa importanza* gewahrt habe, aber insgesamt immer weiter gefallen sei, da sich die Hauptlinien des italienisch-deutschen Handels auf Livorno, Genua, Ancona, die Messen von Senigallia und Triest verlagert habe.[103] Die Zollerträge des Fondaco dei Tedeschi liefern in der Tat ein scheinbar eindeutiges Bild (Diagramm 1).

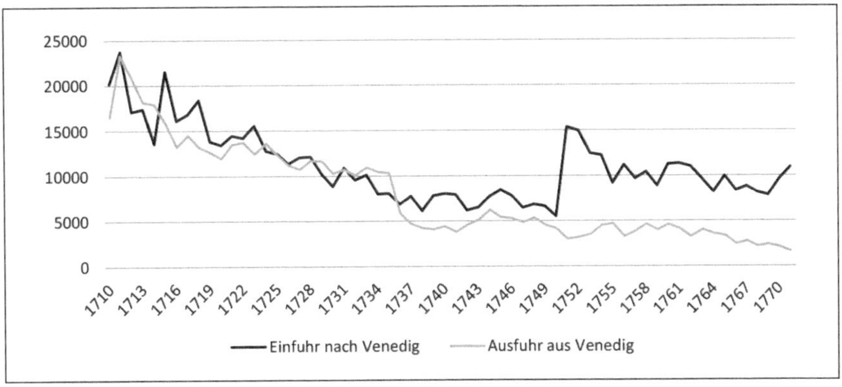

Diagramm 1: Erträge der zwei Fondaco-Zölle in duc., 1710–1770
Quelle: *Campos*, Il commercio, S. 165–166.

Der Sprung der Einnahmen bei den Importen im Jahr 1751 wird von Campos auf eine Zollerhöhung in diesem Jahr zurückgeführt, dieser spiegele daher keinen wachsenden Verkehr wider. Im Standardwerk des Braudel-Schülers Jean Georgelin zu Venedig im 18. Jahrhundert wird daher unter Bezugnahme auf Campos und auch auf der Basis intensiver Auswertungen von Steuer- und Zollregistern ebenfalls letztlich ein ungünstiges Bild entworfen. Obwohl der Autor an vielen Stellen seiner Arbeit eine äußerst starke Kapitalkraft und solide Anzahl von deutschen Kaufleuten in den Jahren um 1750 und 1770/80 erkennt,[104] bestätigt sein statistischer Anhang die Niedergangsthese.[105] Hier sieht man im

Interessant sind die Zahlen zum Export von Öl nach Deutschland durch Venedig, diese zeigen in der zweiten Jahrhunderthälfte deutliche Steigerungen auf: *Ciriacono*, Olio ed ebrei, S. 56–60, was des Autors Aussage, der venezianische Hafen habe nur noch eine *dimensione regionale* gehabt, eigentlich deutlich widerspricht.

103 *Campos*, Il commercio. Die von ihm genannte Bedeutung von Senigallia steht allerdings zu bezweifeln, allgemein befanden sich die traditionellen Messen in Norditalien in der zweiten Hälfte des 18. Jahrhunderts im Niedergang: *Moioli*, Il sistema delle fiere, S. 201–206.

104 *Georgelin*, Venise au siècle, S. 83, 667–684.

105 Ebd., S. 994, 998, 1002.

18. Jahrhundert einen stagnierenden Import aus Deutschland und einen marginal werdenden Export aus Deutschland. Auch die Zeitzeugen der deutschen Nation bestätigen diese Ansicht: In der detailreichen Beschreibung Venedigs durch Johann Christoph Maier (1757–1822) aus dem Jahr 1789 schrieb der Autor recht deutlich, dass die deutsche Nation aus eigener Schuld zugrunde gegangen sei. Aufgrund nachlassender Händlertugenden hätten einige Bankrotte die deutsche Nation in Venedig dezimiert: *Beispiele hievon findet man in dem lezten Jahrzehen so häufig, dass man von 18 bis 19 vormals blühenden Häusern kaum noch drei bis vier im Flore findet.*[106]

Die deutschen Wirtschaftshistoriker haben dieses Bild immer wieder bestätigt. Ludwig Beutin und Hermann Kellenbenz haben den Forschungskonsens im Sommer 1957 auf einer internationalen Konferenz zum Niedergang Venedigs im 17. und 18. Jahrhundert formuliert.[107] Beider Positionen können knapp zusammengefasst werden: Beide sehen den Niedergang des Fondaco in einem Gesamtrahmen, der vom wirtschaftlichen Niedergang des Mittelmeerraums und dem korrespondierenden Aufstieg Nordeuropas geprägt ist. Dabei erkennen sie noch bis ins frühe 18. Jahrhundert ein gewisses Potenzial der deutschen Händlerkolonie in Venedig an, erst danach sei der Fondaco endgültig niedergegangen.[108] Herbert Hassinger teilt das Urteil, jedoch nicht den Ursachenbefund. Er sah die deutsche Kaufmannskolonie in Venedig als Opfer der Habsburger Handelspolitik, die im 18. Jahrhundert vor allem die Routen von Regensburg und Nürnberg über Salzburg nach Venedig durch hohe Zollsätze unrentabel machte und damit einen wichtigen Strang des deutsch-venezianischen Handels zugunsten der Hinterlandanbindung Triests marginalisierte.[109] Generell finden sich viele Urteile zur Politik der Habsburger, die zur Förderung Triests den Brennerverkehr über das Pustertal nach Osten gelenkt hätten, zum Nachteil Bozens und der Etschschifffahrt über Verona und damit zum Schaden gerade des venezianischen Deutschlandhandels.[110] Es nimmt daher nicht wunder, dass die angeblich von deutschen Händlern in den 1780er Jahren in größerem Umfang vorgenom-

106 *Maier,* Beschreibung von Venedig, Bd. 2 (1. Aufl.), S. 279.

107 Beide haben im italienischen Sammelband auf Französisch publiziert: *Beutin,* La décadence économique; *Kellenbenz,* Le déclin de Venise. Die Texte wurden später wiederum ins Deutsche übersetzt und dabei teilweise ergänzt: *Beutin,* Der wirtschaftliche Niedergang; *Kellenbenz,* Der Niedergang Venedigs. Die Aufsätze werden häufig in der internationalen Literatur zitiert obwohl Beutin und Kellenbenz kaum archivalische Forschung in Venedig geleistet haben und daher die Materie im Detail nicht kannten. So konstatiert Kellenbenz fälschlicherweise eine doppelte Zollbelastung für die deutschen Händler im Fondaco, obwohl die deutschen Händler in Venedig tatsächlich immer Zollnachlässe genossen, siehe: *Kellenbenz,* Le déclin de Venise, S. 128; *Kellenbenz,* Der Niedergang Venedigs, S. 134.

108 Als statistische Basis stützen sich beide auf Erträge der Zollregister des Fondaco von 1691 bis 1708, aus: *Beutin,* Der deutsche Seehandel, S. 50.

109 *Hassinger,* Die Handels- und Verkehrsstellung, S. 265–267.

110 Dies ist ein Gemeinplatz fast der gesamten mit dem Aufstieg Triests im 18. Jahrhundert beschäftigten Literatur. Besonders deutlich wurde dies formuliert durch: *Canali,* Bolzano e il

mene Verlagerung ihrer Sitze von Venedig nach Triest häufig als Zeichen des endgültigen Triumphs dieser Politik gedeutet wurde; oder abstrakter: Als Sieg von Freihäfen mit einem weitgehend zollfrei angebundenen großen Hinterland über traditionell organisierte Hafenstädte, die keinen merkantilistisch operierenden Machtstaat als Stütze hatten.[111]

Man versteht, warum die deutsche Gemeinde in Venedig im 18. Jahrhundert nur wenig Interesse in der Forschung finden konnte. Das Urteil Simonsfelds[112] scheint auch 130 Jahre nach seiner Formulierung noch valide. Ein historisches Phänomen, welches im 18. Jahrhundert scheinbar deutlich in die Vergangenheit verweist, hat offenbar kein großes Interesse erregen können. Das Bild fügt sich in die gängige Perspektive zur oberdeutschen Händlerklasse im 18. Jahrhundert. Die oberdeutschen Reichsstädte waren traditionell ein bevorzugtes Objekt der älteren Landes- und Lokalgeschichte, weshalb die Literatur zu ihnen meist reichhaltig in der Materialfülle ist, sich aber oftmals wenig an übergreifenden Fragestellungen orientiert. Während wir über Aspekte der primär die Reichsstädte selbst betreffenden Bereiche wie die örtlichen politischen Konflikte, die spezifisch lokale Gewerbe- und Sozialstruktur, die Bevölkerungsgeschichte und weitere Themenfelder nicht selten recht gut informiert sind, sind die Verbindungen zur überregionalen Geschichte im 17. und mehr noch im 18. Jahrhundert meist nur unzureichend erfasst.[113] So gilt beispielsweise bis heute die Rolle der Reichsstädte am Immerwährenden Reichstag in Regensburg als ein Forschungsdesiderat, hierzu schwanken die Urteile immer noch zwischen den Extremen

contrastato sviluppo. Die derzeit wohl besten Analysen zur Wirkung der Habsburger Verkehrspolitik zugunsten von Triest aber relativ wenig zulasten von Venedig liefern *Moioli*, Aspetti del commercio, S. 836–862; *Denzel*, Die Bozner Messen, S. 61–63.

111 So: *Zorn*, Handels- und Industriegeschichte, S. 92; *Kaltenstadler*, Der österreichische Seehandel, Bd. 1, S. 493; *Braunstein*, À propos de l'Adriatique, S. 1273; *Zückert*, Die wirtschaftliche und politische Funktion, S. 64. Diese Annahme ist jedoch falsch: Die Verlagerung einer deutschen Firma von Venedig nach Triest hat bis zum Ende der Republik nur einmal stattgefunden. Der Fall, der in der Literatur häufig erwähnt wird, die angebliche Übersiedlung der Firma Hermann nach Triest im Jahr 1784 basiert auf einer Fehllektüre Ludwig Beutins. Er interpretierte fälschlicherweise die Erwähnung des venezianischen Senators Andrea Tron einer Übersiedelung der Firma ins *Austriaco* als Wegzug nach Triest: *Beutin*, Der deutsche Seehandel, S. 169. Tatsächlich hat Tron Memmingen, wohin das Kapital abfloss, als Teil Österreichs angesehen. Die deutschen Kaufleute in Triest stammten aus wenigen oberdeutschen Reichsstädten, hauptsächlich aus Kempten. Jedoch waren auch nur kurzfristig um 1790 etwas mehr Kemptener Kaufleute in Triest als Venedig angesiedelt. Gegen Ende des Jahrhunderts beherbergte Venedig wieder mehr Kemptener Händler als Triest: *Petz*, Zweimal Kempten, S. 135. Der einzige im 18. Jahrhundert von Venedig nach Triest übersiedelte Händler war der Augsburger Balthasar von Hößlin, der von 1754 bis 1780 innerhalb der deutschen Nation im Fondaco aktiv gewesen war, vgl.: Anhang I; *Hößlin*, Hösslin, S. 20–23, 69.

112 Vgl. Kap. II, Fn. 10.

113 Vgl. als Beispiel in diesem Sinne: *Endres*, Nürnberg im 18. Jahrhundert, der seine Ausführungen nur auf just einem solchen Literaturfundament aufbauen kann.

der Bedeutungslosigkeit der Städtekurie und einer wichtigen Rolle hinter den Kulissen.[114]

Noch ungünstiger ist die Forschungslage zu den Reichsstädten in der Handelsgeschichte. Hier wird die Rolle der Reichsstädte, der recht umfangreichen Literatur zum Trotz, häufig eher missinterpretiert. In den 1950er und insbesondere den 1960er Jahren erfreuten sich die Reichsstädte eines deutlich verstärkten Forschungsinteresses, das durchaus von einer politischen Agenda einer erwünschten Wiederentdeckung der verschütteten Wurzeln der Geschichte des Republikanismus in Deutschland mitbestimmt war.[115] Die damals betriebenen Forschungen zentrierten sich insbesondere um die in Esslingen angesiedelte »Arbeitsgemeinschaft für die Geschichte der oberdeutschen Reichsstädte«, die für einige Zeit die Esslinger Studien unter dem Haupttitel »Jahrbuch für Geschichte der oberdeutschen Reichsstädte« publizierte.[116] Die damalige Stärke der Sozial- und Wirtschaftsgeschichte brachte es mit sich, dass die Forschungen neben einem Fokus auf der Verfassungsgeschichte auch immer dem Wirtschaftsleben eine intensive Aufmerksamkeit zuteilwerden ließen. Dabei schwankten die Urteile für das 18. Jahrhundert von einem Versagen der Reichsstädte bis hin zu einer Anerkennung ihrer außergewöhnlichen Leistungen.[117] In einer jüngeren Gesamtdarstellung wurde die Tendenz eines wirtschaftlichen Niederganges bekräftigt, aber eher auf exogene Faktoren verwiesen (v. a. die Zollpolitik der Territorien) und angesichts der Vielfalt der Reichsstädte eine regional differenzierende Perspektive angemahnt.[118]

Besondere Talente der reichsstädtischen Händler Bayerisch-Schwabens auch nach 1648 wurden vor allem von Wolfgang Zorn postuliert. Für ihn war das ostschwäbische Unternehmertum exzeptionell durch seinen *Weitblick und Wagemut*, es habe dadurch der vom Dreißigjährigen Krieg schwer in Mitleidenschaft gezogenen Region in den folgenden 200 Jahren erneut eine bedeutsame Wirtschaftsgeltung verschaffen können. Er sah diese Schicht aus dem traditionsreichen, begüterten Bürgertum hervorgehen, während das eigentliche reichsstädtische Patriziat nur wenige Unternehmerpersönlichkeiten aufwies. Zorns Herausarbeitung von Genealogien durch Stammtafeln zeigen, dass er hier ein

114 Das marginale Engagement der Reichsstadt Bremen für den Reichstag, nicht jedoch für das Reich bis zum Ende des Reichs wurde bereits in einer älteren Studie relativ präzise nachgewiesen: *Schwebel*, Bremens Beziehungen. Vgl. als Gegenmeinung für andere Reichsstädte, dabei die fehlenden Forschungen betonend: *Härter*, Der Immerwährende.

115 *Lau*, Unruhige Städte, S. 7–9.

116 1971 erschien die letzte Ausgabe mit dem Titel »Jahrbuch«, die Zeitschrift firmiert seither nur noch unter dem Titel »Esslinger Studien«; damit war auch eine markante Abkehr vom Schwerpunkt auf Forschungen zu Reichsstädten verbunden. Es sei darauf verwiesen, dass seit 2011 eine Art von Neugründung der Esslinger Arbeitsgemeinschaft mit dem »Mühlhäuser Arbeitskreis für Reichsstadtgeschichte« stattfand, vgl.: http://reichsstaedte.de [16.3.2020].

117 *Huber-Sperl*, Handwerk, Verlag, Manufaktur, S. 1–6.

118 *Gömmel*, Die Entwicklung, S. 28–41; ähnlich auch: *Kießling*, Verlust.

Muster an strategischen Heiraten im Sinne von Familienallianzen erkannte. Dies spiegelt sich auch in Kartellen und der verbreiteten Rechtsform von Unternehmen als Offene Handelsgesellschaft wider, die faktisch häufig aus Familienangehörigen bestand. Fern von der Annahme eines Niederganges von Reichsstädten in Oberdeutschland sah Zorn vielmehr aufgrund dieser eigentümlichen Unternehmerschicht in ihrer effizienten und vor allem hierarchischen Firmenorganisation einen wesentlichen Grund für die solide wirtschaftliche Erholung dieses Raums nach der Katastrophe des Dreißigjährigen Kriegs. Die Frömmigkeit der schwäbischen Kaufleute und Industriellen betonte Zorn dabei nachdrücklich und deutete an, dass ihr Erfolg auch aus dieser Quelle rührte. Zur Illustration der Bedeutung der schwäbischen Kaufmanns- und Unternehmerwelt verwies er immer wieder auf die Einbindung von norditalienischen Märkten, vor allem Venedigs, in die oberdeutschen Handelsrouten. Gelungen sei dies vor allem durch Ansiedlung von Familienangehörigen an den Zentralorten Norditaliens.[119]

Gegen Zorns Thesen hat Hartmut Zückert Einspruch erhoben. Er betonte, dass die Reichsstädte bei Zorn zu leichtfertig mit den in ihnen lebenden Bewohnern in eins gesetzt würden. Leistungen individueller reichsstädtischer Kaufleute in der Ferne, er nannte wiederum auch explizit Venedig, hätten keinen notwendigen Nexus zu dem Ort, aus dem sie oder eventuell nur ihre Vorfahren stammten. Er relativierte die Leistungen, die Zorn bei den reichsstädtischen Unternehmerschichten zu finden glaubte, durch einige statistische Hinweise, die eine eher schwache Exportkraft Schwabens im Vergleich zu den bedeutenden protoindustriellen Gewerberegionen im Rheinland, in Böhmen, Sachsen oder Schlesien anzeigten. Er konzedierte zwar Expertise in den Reichsstädten für die Organisation des Fernhandels, die dabei erworbenen Kapitalien seien jedoch nicht in zukunftsweisenden Gewerbestrukturen angelegt worden.[120] Er betonte an anderer Stelle zudem das Bestreben erfolgreicher Händler der Reichsstädte, größere Güter und Adelstitel zu erwerben, relativierte jedoch diesen Hinweis mit der Einschränkung, dass dies nicht notwendigerweise einen Rückzug aus dem kaufmännischen Geschäftsleben bedeutete, sondern zu Repräsentationszwecken diente.[121]

So bleibt beim jetzigen Forschungsstand zum Handelszug Oberdeutschland – Venedig und dessen wesentlichen Akteuren im 18. Jahrhundert eine deutliche Skepsis in Bezug auf dessen Bedeutung oder Leistungsfähigkeit. Selbst intensive Detailforschungen versprechen eigentlich nicht, hier ein sonderlich anderes, bestenfalls ein tiefenschärferes Bild zutage zu fördern. Zu den deutschen Händlern in Venedig konkret scheint ein Blick in die Detailliteratur das ungünstige Bild der älteren Forschung zu bestätigen: Die Zeitgenossen des 18. und ausgewiesene Fachhistoriker des 20. Jahrhunderts sind sich weitgehend einig, die

119 *Zorn*, Handels- und Industriegeschichte, S. 205–234, 298–302.
120 *Zückert*, Die wirtschaftliche und politische Funktion.
121 *Zückert*, Memmingens Bedeutung, S. 836–845.

oberdeutschen Kaufleute in Venedig als eine anachronistische Gruppierung zu betrachten, die bereits vor dem Ende der Republik Venedig ihre althergebrachte Bedeutung weitgehend verloren hatte.

Mit diesem Befund mag es zusammenhängen, dass Studien mit einem Fokus auf einer Händlernetzanalyse den oberdeutschen Raum des 18. Jahrhunderts ausgespart haben.[122] Hier bleibt die Forschung eindeutig von der Zeit vor dem Dreißigjährigen Krieg fasziniert. Deren Ergebnisse können mit einigem Nutzen für diese Arbeit aufgegriffen werden, da sie eine Art von ›Vorgeschichte‹ für die oberdeutschen Händlernetze des 18. Jahrhunderts bieten können. Zwei jüngere Studien von Mark Häberlein und Donald Harreld sind hierfür besonders einschlägig. Häberlein hat innerhalb der Kaufmannschaft Augsburgs die Verbindungen der Kaufmannsfamilie Weyer innerhalb der reichsstädtischen Händlerwelt untersucht und deren Kontakte als manifeste Ausprägungen von sozialem Kapital interpretiert. In der Diktion dieser Arbeit passt daher wohl die Bezeichnung »Weyer-Händlernetz« relativ gut. Häberlein grenzt hiervon die Verbindungen der Welser und Fugger ab, diese hatten auch tatsächlich einen stärker netzwerkartigen, teilweise hierarchischen Charakter. Häberleins Betonung der Kategorie »Vertrauen« läuft hingegen auf die Identifizierung eines Händlernetzes hinaus.[123] Ursächlich dafür sah er Heirats- und Beziehungsmuster, die das relativ heterogene Weyer-Händlernetz von der restlichen Kaufmannschaft abhoben.

Auch allgemein zur Augsburger Kaufmannschaft hat Häberlein sich in seiner Arbeit geäußert: Die Rolle der Familie für die Unternehmen sah er als überragend wichtig an, die Allianzen von verschiedenen Familienunternehmen wurden gerade durch Heiratsverhalten geformt und gestärkt. Der Erfolg basierte auf diesen engen Banden; dies ermöglichte ein aktives Auftreten in Lyon, dem Finanz- und Wirtschaftszentrum in Frankreich und die Vergabe von bedeutenden Krediten an die französische Krone. Beim Wirken in Lyon sieht Häberlein die *Landsmannschaft* allerdings nur bisweilen hervortreten, zuvorderst, wenn bei der Kreditvergabe *Gläubigersyndikate* aus Angehörigen von einzelnen Nationen wirkten. Dabei war die Bindung der einzelnen Händler in Lyon zu ihrer Heimatfirma immer weit stärker als zu den jeweiligen anderen deutschen Kaufleuten

122 Es gibt zwar durchaus einschlägige und reichhaltige Literatur zu diesem Thema, jedoch ohne Anwendung einer Netzwerkanalyse: *Hildebrandt*, Commercium; *Petz*, Zweimal Kempten, S. 123–137. Eine intensive Darstellung der wichtigsten Kaufmannsdynastien in Augsburg und Nürnberg in diesem Zeitraum ist in ihrer Materialfülle äußerst ergiebig, sie konzentriert sich jedoch auf die alphabetisch vorgenommene Aufzählung und Beschreibung von Handelshäusern: *Seibold*, Wirtschaftlicher Erfolg. Grundlegende und methodisch anspruchsvolle Studien zu Händlern und Händlernetzen des Alten Reichs mit Zentralorten des Handels in Großbritannien, Frankreich und Spanien im 18. Jahrhundert wurden zwar vorgelegt, sie betreffen aber fast ausschließlich niederdeutsche Kaufleute: *Weber*, Deutsche Kaufleute; *Schulte Beerbühl*, Deutsche Kaufleute.

123 *Häberlein*, Brüder, Freunde und Betrüger, S. 274–287.

vor Ort.[124] Einige Fälle von Zusammenarbeit von Oberdeutschen mit Italienern in Lyon sieht Häberlein in der Dominanz italienischer Firmen in Lyon begründet, ohne diese wären viele Geschäfte für die deutschen Kaufleute schlicht nicht möglich gewesen. Die Zusammenarbeit blieb dabei jedoch immer nur punktuell.[125] In Augsburg selbst erkennt Häberlein die dichten Bande innerhalb der Kaufmannschaft als effizient vor allem in der Abfederung von Konflikten finanzieller Art; das freundschaftlich verbundene Kollektiv konnte selbst schwere Belastungen wie eine Bankrottwelle zumindest mildern. Den Begriff einer Oligarchie lehnt Häberlein dennoch ab. Dafür zeigt sich die Kaufmannschaft als viel zu elastisch und dynamisch in ihrer Offenheit für Aufsteiger und der Tendenz vieler Händler, aus dem Handel nach Erwerb eines gewissen Vermögens auch wieder auszusteigen.[126]

Donald Harreld hat das Wirken der Oberdeutschen in Antwerpen im 16. Jahrhundert unter die Lupe genommen. Er teilt die deutschen Kaufleute in Antwerpen in drei Gruppen: große, mittlere und kleine Kaufleute. Zu den letzten beiden gehörten tendenziell Kaufleute aus dem Rheinland, dem Hanseraum und dem mittleren Deutschland, erstere sei von den Oberdeutschen aus Nürnberg und Augsburg dominiert worden. Die einzelnen Städte selbst hatten Verträge mit Antwerpen abgeschlossen, die ihren Bürgern Zollfreiheit oder -reduktionen gewährten, sodass die Bildung einer korporativen Struktur aller Oberdeutschen in Antwerpen unterblieb. Obwohl die Oberdeutschen damit keine speziellen Privilegien in Antwerpen genossen[127] und keine Nation bildeten, so hatten sie doch gemeinsame organisatorische Prinzipien. Sie teilten den Markt durch Produktspezialisierung weitgehend unter sich auf, sodass möglichst wenig Konkurrenz zwischen ihnen entstand. Die Oberdeutschen waren auch weitgehend als Faktoren der großen Firmen in der Heimat tätig, während die nicht aus Süddeutschland stammenden Kaufleute eher unabhängig auftraten. Die Firmenstrukturen der Oberdeutschen basierten meist auf Verbindungen mit unlimitierter Haftung auf Familienbasis. Nur so konnte einerseits genügend Kapital konzentriert werden und andererseits eine hinreichende Menge an Kontakten geknüpft werden, um eine komplexe Aufgabe wie den transkontinentalen Handel über Land zu bewältigen. Als Resultat konnte Harreld eine bedeutende Position der Oberdeutschen auf dem Antwerpener Markt konstatieren, was nicht zuletzt der von ihm als äußerst effektiv angesehenen Netzwerke zwischen Oberdeutschland und den südlichen Niederlanden geschuldet gewesen sei.[128]

124 Ebd., S. 156–157.

125 Ebd., S. 160–167.

126 Ebd., S. 393–396.

127 Harreld sah sogar für die Oberdeutschen weit weniger Privilegien als für die anderen in Antwerpen präsenten Nationen. Dass die Oberdeutschen dennoch die wichtigsten Händler in Antwerpen waren, zeigt nach seinem Dafürhalten eine geringer werdende Bedeutung von Privilegien an: *Harreld*, High Germans, S. 58–59.

128 Ebd., S. 71–84, 92, 184–189.

Die Arbeiten von Häberlein und Harreld komplementieren sich und bieten ein relativ widerspruchsarmes Gesamtbild. Es fällt insbesondere die bedeutende Rolle der Reichsstädte als organisatorische Zentren der Händler in der Ferne auf. Netzwerke, Händlernetze und große Firmenorganisationen fanden sich in Oberdeutschland, und ihre Exponenten in der Ferne blühten und fielen mit diesen. Fern von der Heimat herrschte eher Distanz der Oberdeutschen untereinander, in der Fremde waren sie primär Exponenten der Heimatfirmen und -städte. Auch für die Faktoren der Fugger in Venedig im frühen 16. Jahrhundert wurde bereits ein ähnliches Bild der engen Bezogenheit auf das Stammhaus in Augsburg gezeichnet.[129]

Um zu erkennen, ob eine solchermaßen eher zentralistisch veranlagte, oberdeutsche Hochfinanz auch in Italien nach dem Dreißigjährigen Krieg noch eine Rolle spielen konnte, soll in drei Großkapiteln immer näher von einer Makro- hin zu einer Mikroebene vorgegangen werden. In Kap. II werden Struktur und historischer Verlauf des Transalpenhandels als Grundlage der deutschen Händlergruppierungen in Italien in den Blick genommen. Hier wird eine Vergleichsperspektive zu allen wesentlichen Alpenpässen und ihren Anrainern eröffnet und die Konkurrenz der Pässe sowie ihre Erfolge im Wettbewerb um den Transit beleuchtet. Dabei wird auch der Seehandel als hauptsächliche Alternative zum Transport über die Alpen miteinbezogen. Jüngst wurde explizit formuliert: *the advantage of sea transport over land-based transport was not only huge but increased over time in the pre-railway, pre-steamship era.*[130] Diese strukturelle Entwicklung hatte natürlich fundamentale Auswirkungen auf den deutsch-italienischen Handel. Die deutsche Kolonie in Venedig wird in diesem Kapitel nicht die zentrale Rolle spielen, hauptsächlich geht es um die Herausarbeitung des komplexen und kompetitiven wirtschaftspolitischen Agierens staatlicher Akteure. Dabei wird sich zeigen, dass der Wettbewerb fast immer darum ging, die Händler zum politisch gewünschten Pass durch niedrige Zölle oder andere Vergünstigungen zu locken und von anderen Pässen durch Behinderungen verschiedenster Art fernzuhalten. Letzten Endes setzte sich hier keine Seite wirklich durch. Hingegen kam es vor allem in der zweiten Hälfte des 18. Jahrhunderts zu einem harten Wettbewerb, vor allem der Habsburgermonarchie gegen Sardinien-Piemont und infolgedessen zu einer kontinuierlichen Dynamisierung des Transalpenhandels, wobei Kaufleute der Reichsstädte und des Fondaco dei Tedeschi an vorderster Stelle hervortraten.

In Kap. III wird der Fondaco dei Tedeschi als venezianische Institution in den Blick genommen. Einerseits war dieses Haus ein Zollamt mit weitreichenden exekutiven Befugnissen und damit ein Ausdruck der souveränen Staatsgewalt der Republik Venedig. Andererseits beherbergte diese Institution und auch faktisch dieses Gebäude eine Gruppe von deutschen Kaufleuten, die durch ihre anerkannte Korporation ein wichtiges Sprachrohr zur Artikulation und

129 *Weitnauer*, Venezianischer Handel, S. 68–69.

130 *Grafe*, Turning, S. 260. Diese Annahme wird noch im Folgenden zu nuancieren sein.

Vertretung ihrer Interessen hatten. Dies erzeugte immer eine grundsätzliche Spannung, weniger zwischen den gegenläufigen finanziellen Interessen von Gastgeber und Gästen, sondern vor allem zwischen deutschen und nichtdeutschen Kaufleuten. Die grundsätzliche Bereitschaft vonseiten der Republik, auf Zolleinnahmen zu verzichten, wenn nur der Handelsplatz möglichst attraktiv blieb, sorgte dafür, dass Friktionen zwischen der deutschen Nation und der Republik über den Zollsatz moderat blieben. Schwieriger war das Problem der relativen Privilegierung der deutschen Nation und der damit einhergehenden Diskriminierung anderer Händlergruppen. Hiergegen gab es eine große Opposition, die über die Jahrhunderte immer präsent blieb. In diesem Kapitel werden die Kontroversen um die Ausgestaltung von Fondaco-Zoll und Privilegierung im Spannungsfeld von Interessen der venezianischen Regierung, deutschen Kaufleuten und anderen Händlergruppen nachvollzogen und damit vor allem die Wirksamkeit der korporativ verfassten Nation als Interessenvertretung herausgearbeitet. Dabei wird auch ein Vergleich mit der weiteren deutsch geprägten Korporation des deutsch-italienischen Handels vorgenommen, mit der Nazione Olandese-Alemanna in Livorno. Deren Agieren nach Innen und Außen zeigt bei aller Unterschiedlichkeit der Fälle strukturelle Gemeinsamkeiten und beleuchtet zwei grundsätzlich unterschiedliche Entscheidungen zur Organisation des Nord- und Mitteleuropahandels über nordalpine Gäste durch die Regierungen in Venedig und Florenz.

In Kap. IV wird untersucht, ob es tatsächlich Händlernetze innerhalb der deutschen Nation in Venedig und in Livorno gegeben hat oder ob die dortigen Händler im Wesentlichen individuell operierende Kaufleute blieben, deren hauptsächliche Partner aus ihren jeweiligen Heimatstädten stammten. Bezüglich der Analysemethode wurde folgende Grundsatzentscheidung getroffen: In der wirtschaftsgeschichtlichen Forschung zu Händlernetzen ist es inzwischen Usus, zwischen einer engeren, quantitativen und einer weiteren, qualitativen Netzwerkanalyse zu differenzieren.[131] Bei einer engeren Analyse wird zumeist die im englischsprachigen Raum als *Social-Network-Analysis* bekannte Methode verwendet, durch ein Set an Daten in computererzeugten Visualisierungen die Beziehungen von einzelnen Akteuren innerhalb des Netzwerkes zu erfassen. Diese Methode hat den unabweisbaren Vorteil, dass hier Muster sichtbar werden, die sonst nicht erkennbar wären. Die weitere Analyse verzichtet auf Zuhilfenahme der Mathematik oder Informatik und beschreibt die Netzwerke von Beziehungen zwischen einzelnen Personen oder Personengruppen, zur graphischen Illustration kommen hier gelegentlich noch Tabellen und Stammbäume zum Einsatz.[132] In dieser Arbeit wird ein mittlerer Analyserahmen verwandt.

131 *Weber*, Deutsche Kaufleute, S. 18–19. Vgl. auch den Sammelband zur »qualitativen« Netzwerkanalyse: *Hollstein/Straus*, Qualitative Netzwerkanalyse.

132 Diese Methode wird insbesondere für die Vormoderne mit mangelnden Datensätzen zur Darstellung komplexer Netzwerkbeziehungen begründet, vgl. *Reinhard*, Paul V. Borghese, S. 10.

Konkret bedeutet dies, dass zwar durchaus eine quantitative Auswertung von Daten und ihre computergestützte Visualisierung vorgenommen werden soll, diese jedoch nur in einem begrenzten Umfang eingesetzt wird und eine qualitative Analyse komplementiert. Das Kap. IV selbst beginnt mit einer Darstellung der Konfessionsgeschichte der deutschen Händlerkolonie in Venedig seit 1650. Es zeigt sich dabei, dass das Aufkommen des Pietismus eine neue Qualität von Beziehungen in die deutsche Nation in Venedig brachte. Ähnliches kann in Livorno gegen Ende des 18. Jahrhunderts durch die Bildung einer organisierten lutherischen Gemeinde beobachtet werden. Nach einer möglichst genauen Erfassung der damit einhergehenden Bildung von sozialen Bindungen innerhalb der Gruppe wird die Wirkmacht des »pietistischen Händlernetzes« in Venedig und der lutherischen Gemeindebildung in Livorno anhand von exemplarischen Beispielen beleuchtet und bewertet.

In der Systematik der Fragestellung bauen die übergeordneten Kapitel zwar aufeinander auf, doch sind sie auch für sich relativ unabhängig lesbar, weshalb zu Beginn eines jeden ein eigener knapper Forschungsstand vorgeschaltet wird. Der unterschiedlichen Perspektive der jeweiligen Kapitel ist es auch geschuldet, dass hier jeweils recht verschiedene Quellenbestände Verwendung finden. Zum Kap. II mit der vergleichenden Analyse der Transitströme auf den Alpenpässen wurde statistisches Material an Zollregistern von Knotenpunkten der jeweiligen Routen gesammelt. Eine Erörterung der Aussagekraft mancher Zollregister wird am Schluss dieser Arbeit gegeben. Flankiert wird dieses Material durch vielfältige Texte wirtschaftspolitischer Natur von den jeweils involvierten staatlich-behördlichen Akteuren. Solches Quellenmaterial fand sich vor allem in den Archiven der wesentlichen staatlichen Akteure im Ostalpenraum. Für Pässe, bei denen die Sekundärliteratur eine für diese Arbeit hinreichende Ausbeute bietet, wie dem Gotthard oder den Tauernpässen, wurde auf eine archivalische Recherche verzichtet. Das Kap. III zum Fondaco als amtlicher Institution der Republik Venedig basiert großteils auf den amtlichen Akten des Staatsarchivs, die hierzu im Übermaß vorhanden sind. Wichtig ist hierfür noch das Archiv der evangelischen Gemeinde Venedigs, das ein Protokollbuch der Nation von 1647 bis 1682 verwahrt. Mithilfe desselben kann der korporative Verband in seiner Operationalität auch aus Perspektive der eigenen Akteure erfasst werden. Bedeutend für den Vergleich zur holländisch-deutschen Gemeinde in Livorno sind die Quellenbestände im Staatsarchiv Livorno sowie im Privatbesitz von Nachfahren der letzten Honorarkonsuln der Bundesrepublik Deutschland, der Familie Braun. Das Kap. IV zur konfessionellen und kommerziellen Konfiguration des Händlernetzes der deutschen Kaufleute in Venedig basiert zu einem guten Teil auf den Beständen des Pfarrarchivs der evangelischen Gemeinde in Venedig und Korrespondenzen der deutschen Kaufleute und ihrer Prediger zu Freunden und geistlichen Würdenträgern in Deutschland. Diese fanden sich in einem überraschend reichen Maße in der Forschungsbibliothek Gotha, den Francke'schen Stiftungen Halle, der Briefsammlung Trew in Erlangen, in der Sammlung Thott der königlichen Bibliothek Kopenhagen und an vielen weiteren Orten. Auch Materialien der Staatsarchive Livorno, Florenz und Venedig, dem Handschriftenbestand des Museo Correr und manchen Beständen oberdeutscher Reichsstädte wurden für die Analyse ausgewählt, wenn sie für die Rekonstruktion der Geschäftspraktiken und -strategien der deutschen Händlergruppen in Italien relevant sind.

Insgesamt wurde für die Arbeit in über 40 Archiven und Bibliotheken Europas, vor allem aber in Italien geforscht, dabei stammt die überwiegende Zahl der Quellen aus Venedig. So groß die Ausbeute auch teilweise war, so geht doch aus den vorhandenen Akten hervor, dass gerade zum Fondaco ein umfangreiches Archiv bestand, welches großteils nicht erhalten ist.[133] Auf schwerwiegende Verluste zentraler Archivalien der Geschichte des Fondaco habe ich bereits an anderer Stelle hingewiesen.[134] Die eher geringe Ausbeute in den vormaligen oberdeutschen Reichsstädten beruht weniger auf einer mangelnden frühneuzeitlichen Verwaltung, sondern ist der Tatsache geschuldet, dass die deutsche Nation im Untersuchungszeitraum weitgehend unabhängig von Interventionen ›ihrer‹ Stadträte agierte. Auch größere Mengen an Korrespondenzen der in Venedig niedergelassenen Händler oder ihrer hauptsächlichen Partner in Oberdeutschland ließen sich kaum finden. Besonders bedauerlich in diesem Sinne war die Unmöglichkeit der Verwendung des Nachlasses der Freiherrn von Schaezler. Hier befinden sich höchstwahrscheinlich die wesentlichen Geschäftspapiere und -korrespondenzen des bedeutenden Augsburger Bankiers, Benedikt Adam, Freiherr von Liebert (1731–1810), der im späten 18. Jahrhundert, wie in Kap. IV zu zeigen sein wird, in intensivem geschäftlichen Kontakt mit Livorno und Venedig stand.[135]

In den Kapiteln herrscht häufig eine chronologische Orientierung der Darstellung vor, um Entwicklungen und Kausalitäten hervorzuheben. Dabei wird der Fokus auf die großen Linien gerichtet. Viele Aspekte, die eine genauere Untersuchung lohnen, werden »en passant« erwähnt, um dadurch eine Vertiefung durch die künftige Forschung anzuregen. Diese Studie soll keine abschließende Darstellung des Themas bieten, sondern eine fortgesetzte Debatte zu Themenfeldern wie dem kontinentalen Transithandel, den oberdeutschen Reichsstädten, der Republik Venedig, dem Pietismus und weiteren anregen. Einen weiterführenden Beitrag zur Erforschung der Epoche von 1648 bis 1806 zu leisten, wird das wichtigste Ziel der folgenden Ausführungen sein.

133 Eine lange Liste offenbar verlorengegangener Schriften zur Nation aus dem Jahr 1710 ist überkommen in: AEGV, Fondaco 1, Inventario di tutte le scritture dell'Illma Nazion' Alemana in Venezia.

134 *Ressel*, Die Zerstörung.

135 Hier wären wohl besonders eingehende Kommentierungen der Vor- und Nachteile Venedigs und Livornos im späten 18. Jahrhundert als Außenhandelsposten zu erwarten. Vgl. zum Schaezler'schen Nachlass und seiner Unzugänglichkeit seit 1967: *Zorn*, Die Eingliederung, S. 347–348; *Seibold*, Wirtschaftlicher Erfolg, S. 8.

II. Transalpenhandel und Transitpolitik der Anrainerstaaten

1. Strukturvoraussetzungen

a) Historiographische Debatten

Um zu verstehen, wie die Organisationsformen des deutsch-italienischen Handels in der Frühen Neuzeit funktionierten und dabei Vorteile für alle Beteiligen erzeugten, ist es nötig, eine weite Perspektive zu wählen. Das System des Austauschs basierte primär immer auf dem Landhandel von Oberdeutschland über die Alpen an die adriatische oder ligurische Küste. Die Endpunkte dieses Warenzugs konnten noch weit ferner liegen, sogar von England und Skandinavien bis in die Levante und Spanien und darüber hinaus reichen. Das gemeinsame Interesse der oberitalienischen Staaten und der diesen Handel betreibenden deutschen Kaufleute war es, diesen Zug möglichst ungehindert über die eigenen Territorien und in eigener Kontrolle aufrechtzuerhalten. Dies war den Beteiligten stets bewusst: Als 1509 Venedig im Krieg mit Kaiser Maximilian I. stand, notierte der venezianische Adelige Girolamo Priuli (1476–1547) erfreut in sein Tagebuch anlässlich der Entscheidung, die deutschen Händler nicht der Stadt zu verweisen, dass Venezianer und Deutsche aufgrund ihres alten großen Handelsverkehrs seit jeher in engster Verbundenheit und Freundschaft stünden.[1] Eine Konkurrenz wurde seitens der Venezianer gegenüber anderen italienischen Städten und Staaten empfunden, im Norden erblickte man fast ausschließlich potenzielle Handelspartner. Dasselbe galt weitgehend auch für die weiteren oberitalienischen Staaten. Die Vorteile, den Nord-Süd-Handelszug über das eigene Territorium und die eigenen Städte zu ziehen, wurden vom Mailänder Zollsekretär Gioseffo Baldassare Scorza[2] (1739–1820) im Jahr 1785 folgendermaßen beschrieben:

> Die Vorteile des Transits sind kaum in Worte zu fassen. Er öffnet die Korrespondenz, die Freundschaft und die Spekulation jeglicher Art zwischen dem einen und dem anderen Kaufmann. Hiervon profitieren die Finanzen (des Staats; MR), es werden Menschen und Vieh zum Auf- und Abladen auf den Wagen und auf den Schiffen verwandt. Es gewinnt die Post mit größerem Briefverkehr und den kleinen Paketen, die man

1 *Et questo ho voluto descrivere, aziochè se cognoscha quanta amicitia strectsima et congiuncta sia stata sempre tra li Venetiani et Todeschi per il grande chomerchio et antiquo stato fra loro*, in: *Cessi*, I diarii, S. 148. Siehe auch ein ähnliches Zitat desselben Priuli bei: *Braunstein*, Les allemands à Venise, S. 6.

2 Zu diesem wichtigen Funktionär der »mittleren Ebene« siehe *Tonelli*, Baldassarre Scorza.

nicht den großen und langsamen Fuhren mitgibt. Es gewinnen die Spediteure an der ihnen gegebenen Arbeit, die Wechselhändler durch den Gewinn beim Geldverkehr. Der Transit befördert die Landwirtschaft und bringt den Herbergswirten Gewinn durch den Verkauf von Fourage und Lebensmitteln. Dies gilt auch für das Handwerk der im Transit beschäftigten Menschen, welche mit der Pflege des Transportviehs, mit dem Erhalt der Straßen, der Schiffe und all den weiteren Notwendigkeiten zur Attraktion des Verkehrs beschäftigt sind, sie alle gewinnen zu ihrem Teil. (…) Daher muss man den Transit auch durch eine scheinbare Reduzierung der Finanzeinkünfte pflegen, da dieser letztendlich aus tausend Quellen einen Ersatz fließen lässt.[3]

Diese emphatische Perspektive ist aus heutiger Sicht nicht mehr so eingängig, viel Transitverkehr hat in unseren Jahren (scheinbar) nicht mehr so große Vorteile für die Straßenanrainer.[4] Bis weit in das 19. Jahrhundert hingegen galt die Anziehung des Transithandels über Land als essenzielles Ziel für Dörfer und Städte und ihre Staaten. Es sei zur Illustration der quantitativen Dimensionen eine solide statistische Schätzung, ebenfalls von Scorza, vorangeschickt: Im Jahr 1778 waren von 57,5 Tonnen des klassischen deutschen Exportguts des 18. Jahrhunderts, der Leinwand, die aus Deutschland vom Bodensee aus nach Mailand versandt wurden, 41 Tonnen (71,3 %) für Genua, hauptsächlich also für den Export über See, vorgesehen und fielen damit in die Kategorie »Transitgut«.[5] Auch wenn das dichtbesiedelte Norditalien einen wichtigen Absatzmarkt für Güter aus dem Norden darstellte, so war gerade hier die Durchfuhr in das Mittelmeer in der Frühen Neuzeit von eminenter Bedeutung.

Damit sind die Parameter dieses Großkapitels benannt. Hier geht es zunächst darum, eine grundsätzliche volkswirtschaftliche und institutionelle Kontextualisierung der Rahmenbedingungen, unter denen die wesentlichen Akteure operierten, zu leisten. Akteure sind hier im politisch-institutionellen Sinne aufzufassen, es sind Staatswesen, Städte, verschiedene Ämter und Amtsinstanzen, institutionalisierte Interessengruppen, einzelne Spitzenbeamte und einflussreiche Kaufleute. Es geht um wirtschaftspolitisch induzierte Maßnahmen zur Förderung und Hemmung des Handels, die hauptsächlich vonseiten der regionalen Herrschergewalten in Gang gesetzt werden konnten. Hierzu zählt vor allem die normative und praktische Seite der Zollgesetzgebung, die Infrastrukturpolitik bezüglich des Straßen- und Kanalbaus, die regionale Organisationsform des Verkehrs durch alle Anrainer und einflussreichen Akteure und die Privilegierung und Entprivilegierung von Händlergruppen in verschiedenen politischen Gebilden. Nur bei Berücksichtigung des Gesamtrahmens kann verständlich werden, warum die subalpinen Staaten zu unterschiedlichen Zeiten durch Begünstigungen von Kaufleuten spezifische Maßnahmen zur Handelslenkung in ihrem Sinne ergriffen.

3 *Vianello*, Itinerari economici, S. 421–422. Übersetzung MR.
4 *Bätzing*, Die Alpen, S. 84–85, 151–152.
5 *Tonelli*, Commercio di transito, S. 100.

Eine der Grundvoraussetzungen des Fondaco liegt in den Paradoxa der deutsch-italienischen Geographie begründet. Kein Geringerer als Fernand Braudel hat hierauf nachdrücklich verwiesen. Er sah vier Isthmen als zentrale Achsen des kontinentalen Nord-Süd-Austausches, den französischen, den deutschen, den polnischen und den russischen Isthmus. Dabei war seines Erachtens die deutsche Landverbindung historisch die bedeutsamste, da hier die stärksten geographischen Paradoxien wirksam waren. Die weite Tiefebene des Nordens wurde durch große Ströme mit dem Süden verbunden, wo sich die Wege immer weiter verengten, bis nur noch wenige zentrale Alpenpässe den Weg nach Italien wiesen. Die Alpen waren für Braudel vor allem ein Hindernis, das der Fernhandel mit hohen Kosten überwinden musste. Dies geschah seit dem Hochmittelalter mit einer langfristig ansteigenden Tendenz, da relativ nahe südlich der Alpen bereits das Mittelmeer an zwei Seezungen beginnt, dem ligurischen Meer und der Adria. Brenta, Po und Etsch begünstigen den Warenzug in Richtung Venedig, wobei die entgegengesetzte Richtung entlang der von Kanälen durchzogenen Poebene auch keine sonderlich schwierigen topographischen Hindernisse in den Weg stellt. So kanalisierten sich die Fernhandelszüge vor Braudels Auge von den größeren norditalienischen bis zu den deutsch-niederländischen Hafenstädten als kardinalen Verteilerknoten in einem Austauschsystem, das in seinen imaginierten Endpunkten die Seidenstraße mit den Märkten Nordeuropas verband.[6]

Es ist aus dieser Perspektive kein Zufall, dass Braudel eine gewisse Faszination für den Fondaco dei Tedeschi entwickelte. Dieses Haus galt ihm als ein zentraler Baustein und Emblem der deutsch-italienischen Symbiose zur Nutzung der Handelsströme des Mittelalters. Er konstatierte zwar auch einen Niedergang des Fondaco seit etwa 1600, jedoch machte er hierfür nicht primär die nachlassende Intensität des Austauschs zwischen Nord- und Südeuropa über den deutschen Isthmus verantwortlich. Aus seiner Sicht waren eher die vermehrt in Oberdeutschland präsenten italienischen Händler als neue Lenker der Handelsströme für die im 17. Jahrhundert anwachsenden Probleme des Fondaco verantwortlich.[7]

Braudel hat in besonders eindrückliche Worte gefasst, was 1900 als bahnbrechende neue Idee Einzug in die Geschichtsforschung, insbesondere in der Schweiz, hielt. Das Konzept des »Passstaats« wurde von Aloys Schulte in seinem vielzitierten Werk über den deutsch-italienischen Handel des Mittelalters (unter weitgehender Aussparung Venedigs) geprägt. Schulte sah neben den Tiroler und

6 *Braudel*, La Méditerranée, S. 245–261.

7 Es ist hier nicht der Platz, auf alle Irrtümer Braudels bei diesem Thema einzugehen, geschweige denn seine Methodik grundlegend zu diskutieren. Es sei nur angedeutet, dass er die Präsenz von Venezianern in Deutschland seit 1600 völlig überschätzt und die Bedeutung der Bündner Pässe verkannt hat. Zum Verhältnis von Braudels Ansatz und der jüngeren Forschung zu Netzwerken und Diasporen von Händlern in der Frühen Neuzeit vgl. *Molho/Curto*, Les réseaux.

Bündner Routen vor seinem geistigen Auge die dritte, und angeblich häufig auch größte Achse des mittelalterlichen Transalpenhandels über den Gotthard laufen, der seit dem späten 13. Jahrhundert zum Nukleus der sich entwickelnden Eidgenossenschaft wurde.[8] Auch die Entstehung eines Zentralortes wie Mailand sah er der Lage zu den vier Alpenpassausgängen nördlich der Stadt geschuldet, da sie den Schnittpunkt der entsprechend verlängerten Achsen bildet.[9]

Die von Schulte etablierte Korrelation zwischen Handels-, Siedlungs- und Politikgeschichte faszinierte seit Beginn des 20. Jahrhunderts ganze Generationen von Forschern und darüber hinaus eine weite Öffentlichkeit. Die Aufwertung der Schweiz, deren Entstehung nun die Weihen eines welthistorischen Imperativs erhielt, sorgte für eine feste Etablierung des Konzeptes des Passstaats im historischen Vokabular der Alpenstaaten und in den geographischen und politischen Wissenschaften.[10] Braudels geohistorische Anschauungen sind teilweise von diesem Ideenhaushalt der damaligen historischen Zunft geprägt worden.[11]

Spätestens seit Schultes Werk kann man – wenngleich es natürlich viele Vorläufer gab und eine wissenschaftliche Literatur zu den Alpenpässen seit dem frühen 18. Jahrhundert existiert – von einer klar definierten historischen Forschung zur Geschichte der Alpenpässe sprechen.[12] Inzwischen hat sich diese weitgehend von ihren ursprünglichen Prämissen entfernt und im Zuge einer intensiven Ausdifferenzierung teilweise gänzlich andere Interessensfelder erschlossen.[13] Bereits früh wurde an der Idee des Passstaats Kritik geübt. Diese speist sich aus zweierlei Quellen, einerseits der Ideologie, andererseits der Empirie. Bezüglich des ersten Aspekts ist darauf hingewiesen worden, dass durch die Überbetonung des Transits die Passbewohner nicht nur aufgewertet, sondern ebenso degradiert werden. Die Fernhandelszüge hatten ihre Anfangs- und Endpunkte im Mittelalter außerhalb der Alpen, wodurch das Handeln der Passbewohner latent auf eine Funktion in Abhängigkeit von äußeren Akteuren reduziert wird.[14] Die inneren Ursachen für das Autonomiestreben der Bergbewohner, ein Freiheitsdrang aus lokalen Traditionen, werden hierbei eher aus-

8 *Schulte*, Geschichte des mittelalterlichen Handels, S. 173.

9 Ebd., S. 22–25.

10 Ein wesentlicher Klassiker der Anthropogeographie war intensiv durch Schultes Werk geprägt: *Haushofer*, Pass-Staaten.

11 Es sei darauf verwiesen, dass Braudel fünf Jahre in Kriegsgefangenschaft in Mainz und Lübeck verbrachte und dabei intensiv die noch stark nationalökonomisch durchdrungene deutsche Geschichtswissenschaft rezipierte: *Schöttler*, Der französische Historiker.

12 Vgl.: *Mathieu*, Cento anni.

13 Besonders hervorzuheben sind heutzutage Forschungen zur Agrargeschichte, Kulturgeschichte und, dies schon nicht mehr nur aus Sicht der Geschichtswissenschaften, zur Volkskunde und Anthropologie, vgl.: *Mathieu*, Eine Agrargeschichte; *Mathieu*, Geschichte der Alpen, S. 17–19; *Mathieu*, Die Alpen.

14 *Mathieu*, Agrargeschichte; *Mathieu*, Ihre Geschichte.

geblendet.[15] Empirisch konnte nachgewiesen werden, dass der mittelalterliche Alpentransit deutlich geringer war als Schulte angenommen hatte. Den Worten Arnold Eschs zufolge hätte um 1500 der durchschnittliche Jahrestransport des Gotthardpasses von etwa 170 Tonnen *bequem in einem einzigen mittelalterlichen Seeschiff Platz gefunden.*[16]

Mit dieser Beurteilung findet sich Esch in Übereinstimmung mit einem Trend der Forschung, die Bedeutung des Fernhandels bis 1800 als historisch substanzielles Phänomen mit der Kraft zu strukturellen Veränderungen infrage zu stellen.[17] Die Summe vieler solcher Äußerungen über unzählige Handelsrouten in Europa hat Sheilagh Ogilvie gezogen, sie sieht eine *unimportance of international trade in the pre-modern economy.*[18] Dieser erscheint zwar als ein interessantes und besonders sichtbares historisches Phänomen, jedoch ohne größere Rückwirkungen auf die tieferen gesellschaftlichen Trieb- und Wandlungskräfte. Diese finden sich, so die derzeit stärkere Lesart, eher in den über ganz Europa hinweg unterschiedlichen landwirtschaftlichen Wirtschaftsformen und dem Lokalhandel.[19] Auch die Handelsläufe über die Alpenpässe werden dadurch in ihrer Bedeutsamkeit herabgestuft, nachdem sie in der ersten Hälfte des 20. Jahrhunderts so intensiv die Fantasie der Historiker anregten.

Die Beurteilung des vormodernen Fernhandels über die Alpen oszilliert somit zwischen den Extremen von historischer Zentralität und Marginalität. Für diese Arbeit ist es wichtig, sich der Frage nach der Bedeutung des Transalpenhandels, immer in dem etwas spezielleren Bezug zu den deutschen Händlern in Venedig von 1650 bis 1800, zu stellen. Generell sei bereits an dieser Stelle vorausgeschickt, dass der Geringschätzung der historischen Bedeutung des Fernhandels allein aufgrund quantitativer Daten immer etwas Künstliches anhaftet.[20] Es wirkt in etwa, als würde man die historische Bedeutung der Aufklärung im frühen 18. Jahrhundert dadurch relativieren, dass man auf die geringe Zahl der

15 Vgl. z. B.: *Zanzi*, I Walser. Zum Verhältnis zwischen lokalen Passgemeinden und dem Fernverkehr um 1500 vgl. die interessante Mikrostudie von *Fouquet*, Die Talgemeinde Ursern, die uns eine gewisse Avanciertheit der von den großen Handelsströmen berührten gebirgsbäuerlichen Welt vor Augen führt.

16 *Esch*, Spätmittelalterlicher Passverkehr, S. 207. Dabei beruft er sich auf *Glauser*, Der internationale Gotthardtransit. Es sei allerdings auch folgendes, solche Stimmen relativierendes Zitat eines eminenten Wirtschaftshistorikers wiedergegeben: *At the end of this long era* (1501–1795; MR), *the total volume of goods sent annually from all of Asia to all of Europe measured approximately 50,000 tons – the carrying capacity of one large container ship of today*, in: *Vries*, The Limits of Globalization, S. 718. Würde man deswegen den Ostasienhandel der Portugiesen, Niederländer, Engländer und anderer in der Frühen Neuzeit als relativ bedeutungsarm deklarieren?

17 *O'Rourke/Williamson*, When did Globalization begin.

18 *Ogilvie*, Institutions and European Trade, S. 198.

19 *Özmucur/Pamuk*, Did European Commodity Prices.

20 Auf die Mängel eines rein quantifizierenden Blicks auf die Wirtschaftsentwicklung vor 1800 verweist: *Vries*, Economic Growth.

damals lesekundigen Menschen verweist.[21] Auch sei betont, dass die Fernhändler im Mittelalter und der Frühen Neuzeit dank ihrer Kapitalakkumulation häufig eine herausragende Rolle im politischen und wirtschaftlichen Leben ihrer Heimatstädte einnahmen.[22] Ein markantes Zitat eines württembergischen Spitzenbeamten zum Wohlstand Memmingens als einer der wichtigsten Transitstädte aus dem späten 18. Jahrhundert gibt dies wieder:

> Die Reichs-Statt Memmingen ist durch die ausserordentliche Lebhaftigkeit ihres Gewerbes, das theils in einer sehr starken Spedition zwischen Italien und einem großen Theil Teutschlands, der Schweiz, Frankreich und der Niederlande, theils in dem Frucht-Handel nach Tyrol und der Schweiz, in dem Salzhandel und einem jährlichen Transit von ohngefähr 40. Salzfässer, oder 200. Centner Salzes, in der Leinenweberei und dem Leinwandhandel nach Italien und Spanien über Genua und Alicante, in verschiedenen Manufacturen in Wolle, in Eisen, Kupfer und Messing, und dann im Hopfenbau bestehet, eine der wohlhabendsten, vielleicht nach Proportion die wohlhabendste Reich-Statt Ober-Schwabens, und die zahlreiche in 16–17 Familien bestehende Bürgerschafft lebt auf einem sehr guten Fuß.[23]

Der Fernhandel mag also nicht notwendigerweise zu einem besonders starken Bevölkerungswachstum beigetragen haben, jedoch konnte er hier in Memmingen – und wohl auch andernorts – für die Akkumulation von bedeutenden Kapitalien in einigen Händler- und Familienkreisen sorgen.

b) Der deutsch-italienische Handel im Zeitalter der Protoindustrialisierung

Die Bedeutung des transalpinen Fernhandels in der Frühen Neuzeit soll hier durch eine integrierte wirtschaftspolitische Darstellung mit Herausstellung der Maßnahmen der Zeitgenossen zur Förderung des Transits durch ihr Territorium erfasst werden. Schulte hat mangels entsprechender Quellenfunde in seinem Werk nur wenig statistisches Material verwandt. Seit seiner Arbeit hat sich insbesondere in diesem Bereich viel getan, und wir können heute mit höherer Präzision die Geschichte des Fernhandels über die Alpenpässe beleuch-

21 Vgl. zum Falle Preußens: *Möller*, Wie aufgeklärt war Preußen, S. 182–184.

22 Die Debatte ist eigentlich über ein Jahrhundert alt. Sie war vor allem von Werner Sombart und Jakob Strieder geführt worden und galt bis vor wenigen Jahren in dem Sinne entschieden, dass die wesentliche Kapitalakkumulation für die Montaninvestitionen der Oberdeutschen im 16. Jahrhundert vor allem im Fernhandel stattgefunden hatte: *Mathis*, Die deutsche Wirtschaft, S. 58–61. Vgl. auch die Zurückweisung einer vorgeblichen Bedeutungsarmut des Fernhandels in der Frühen Neuzeit bei: *Kaps/Herrero Sánchez*, Connectors.

23 So der württembergische Landschaftssekretär Konradin Abel in einem Bericht von München nach Stuttgart anlässlich von Verhandlungen zum Salz- und Weinhandel zwischen Württemberg und Kurbayern: BWHSAS, A 202, Bü 1235, 4. Mai 1781.

ten.[24]. Dennoch sind einige ältere Kritikpunkte an der Alpenforschung noch nicht hinreichend behoben worden. So werden in der einschlägigen Literatur die Alpenpässe nur selten als ein System teilweise kommunizierender Röhren gesehen, sondern eher nebeneinander gestellt und allenfalls Interdependenzen angedeutet.[25] Das übergreifende System des europäischen Nord-Süd-Austauschs wird zwar bisweilen erwähnt, aber die jenseits der Alpen residierenden Fernhändler, die dieses am Laufen hielten, bleiben meist außen vor.[26]

Aufbauend auf der Forschung von über einem Jahrhundert und eigenen archivalischen Recherchen können hier neue Befunde vorgelegt und in einen übergreifenden Kontext gestellt werden. Zunächst sollen hier die bedeutenden Warengattungen und ihre Dynamiken betrachtet werden. Hierzu seien exemplarisch die Transitströme der wesentlichen Güter durch Tirol in den Jahren 1777 und 1779 herangezogen und in ihren Volumina angegeben.[27] Da das Jahr 1777 ein Friedensjahr war und 1779 der Seekrieg bereits begonnen hatte, kann damit auch eine Korrelation zwischen See- und Landhandel aufgezeigt werden. Die Tabelle 1 sei in der originalen Diktion (in Wiener Zentnern ohne die Nachkommawerte) wiedergegeben, zusammen mit den Zolltarifen von 1786 für das entsprechende Standardprodukt und einem darauf basierenden fiktiven Ertrag für das Jahr 1779, um einen Anhaltspunkt für die wertmäßige Bedeutung der jeweiligen Warengattung zu bekommen.[28]

24 Eine Synopse der Literatur bietet: *Furter*, Urbanisierung, S. 27–53; gebündelt in: *Furter*, Traffico di transito.

25 Der Doyen der Alpengeschichte bemerkte, dass die Analyse von einzelnen Zollstellen nur ein »statisches« Bild zutage fördere: *Bergier*, Le trafic à travers les Alpes, S. 64–65. Ähnlich äußerte sich wenige Jahre später *Glauser*, Der Gotthardtransit; vgl. auch jüngst resümierend *Bergier*, La traversée. Am ehesten hat Herbert Hassinger ein integriertes Bild vorgelegt, aber auch er hat kaum einen engen Konnex zwischen den Verkehrsströmen auf den verschiedenen Alpenpässen gesehen: *Hassinger*, Zur Verkehrsgeschichte, S. 446.

26 Angedeutet, aber nicht spezifiziert wird deren Wichtigkeit durch: *Glauser*, Der Gotthardtransit, S. 51.

27 Da das Transitvolumen durch Tirol mit weitem Abstand die höchste Bedeutung im alpinen Fernhandel hatte, kann eine hohe Repräsentativität angenommen werden. Die hier vorgestellte Quelle wurde vom Bozner Merkantilmagistrat im Jahr 1782 erstellt, um die nachteiligen Wirkungen einer Zollreform von 1780 auf den Transitverkehr zu illustrieren. Den zugrundeliegenden Auswahlkriterien kann daher wohl gefolgt werden. Vgl. auch: *Stolz*, Quellen, S. 217–218; *Bonoldi*, La fiera e il dazio, S. 344. Der gesamte Transit ist im Detail aufgeführt bei: Ebd., S. 389–391.

28 Tatsächliche Produktwerte können hier seriös nicht angegeben werden, daher verzerren natürlich Zollsätze mit merkantilistischen Zielen die angegebenen Werte. Da im Tarif von 1786 häufig mehrere Untergattungen aufgeführt sind, beispielsweise bei Leder oder Seide, wurde versucht, immer den Zollsatz für das Produkt zu nehmen, welches wohl am stärksten im Transitzug präsent war, also die eher standardisierten Produkte.

Tabelle 1: Zusammenstellung der zentralen Transitgüterströme im späten 18. Jahrhundert über Tirol in Z. und kr.

Waren	1777	1779	Transitzoll-satz von 1786 in kr.	Fiktiver Ertrag 1779 nach Zoll 1786 in kr.
Baumwolle rohe	7.299	8.529	42	358.218
Baumwollene Manufakturwaaren	3.123	3.659	79	289.061
Farbwaaren	2.333	2.175	42	91.350
Früchte als Citroni, Limoni etc.	6.684	9.572	46	440.312
detto Trockene	4.370	5.490	32	175.680
Gallmey	576	1.869	10	18.690
Glaß	619	530	47	24.910
Häute rohe	983	1.208	57	68.856
Käß	1.070	4.163	47	242.661
Kramerey	4.310	2.683	38	101.954
Leder	1.133	703	40	28.120
Leinwand aller Gattung	20.279	15.880	47	746.360
Material Waaren	1.096	2.921	47	137.287
Oel	6.600	5.300	54	286.200
Reiß	798	729	7	5.103
Salz	0	2.224	0	0
Seiden u. Seidenwaaren aller Gattung	5.313	7.199	289	2.080.511
Tuch, und wollene Waaren	9.367	9.969	44	438.636
Malvasier und Musca	1.196	1.179	47	55.413
Wolle rohe	421	500	26	13.000
Gesamt	**77.570**	**86.482**		**5.602.322**

Quellen: SLA/AMM, Atti Daziari 3.19.2, fol. 816r–817r; Zoll-Ordnung nebst Tariffen für die Gefürstete Grafschaft Tyrol, Innsbruck 1786.

Die wichtigsten Güter ergeben sich recht klar und bei ihnen ist auch die Transitrichtung eindeutig: rohe Baumwolle und (zumeist ebenfalls rohe) Seide sowie Früchte und Öl dominieren den Transit von Süden, von Norden hingegen fertige Baumwollprodukte, Leinwand, Tuche und Wollwaren aller Art. Hochwertiger

Käse für den Fernhandel stammte aus der Schweiz, den Niederlanden und Italien, er kam daher wohl großteils von Norden.[29] Metall spielte beim Transithandel über die Tiroler Pässe keine Rolle, vermutlich da dies direkt aus Tirol oder der Steiermark nach Italien exportiert wurde, also unter den Ausfuhrzoll fiel.[30] Eher bedeutungsarm waren Lederwaren oder Kunstprodukte. Diese waren zwar teilweise recht berühmt, beispielsweise die Edelmetallerzeugnisse Augsburgs oder die Feinmechanik Nürnbergs, im Fernhandel fielen sie jedoch wertmäßig kaum ins Gewicht.[31]

Tabelle 1 gibt auch interessante Einsichten zum Verhältnis vom See- zum Landhandel als Verbindung von Nord- und Südeuropa. Der seit 1777 ausgebrochene Seekrieg führte offenkundig insgesamt zu einer Steigerung des Transalpenverkehrs, die aber verhältnismäßig moderat ausfiel. Schwierig ist es, die Wirkung des Bayerischen Erbfolgekriegs vom Juli 1778 bis Mai 1779 einzuschätzen. Zu vermuten ist, dass dieser vor allem den Handel der Habsburgermonarchie, insbesondere Böhmens über die Elbe drosselte, wenn nicht gar verhinderte und daher eine weitere Stärkung des Handels über die Alpenpässe zu den italienischen Häfen brachte. Die dennoch nur schwache Steigerung der Transitströme verweist dabei auf eine relativ geringe Substituierbarkeit von See- und Landverkehr. Am ehesten ist eine verstärkte Inanspruchnahme des Landwegs bei Salz, Rohbaumwolle, Käse und Früchten zu vermuten.[32] Kaum kam diese bei Tüchern vor, die zu großen Teilen von den britischen Inseln und den Niederlanden kamen und auch im Frieden über Land gingen. Die Steigerung beim Seidenhandel spiegelt wohl mehr die langfristige Produktionsausweitung in Italien als eine Verlagerung vom See- auf den Landweg wider.[33] Das Einbrechen des Leinwandhandels sticht im Kontrast zum allgemeinen Trend deutlich heraus und muss gesondert erklärt werden: Wirkmächtig war in diesem Fall das Verschwinden des Markts in Nordamerika seit dem Anfang des Unabhängigkeitskriegs 1776; dorthin war die Allgäuer Leinwand im großen Stile exportiert worden.[34] Wir können daher mit Blick auf die Tabelle festhalten, dass bei teureren Textilprodukten der Fernhandel zu Land bevorzugt wurde, bei günstigeren, aber schwereren Grundstoffen wie Holz oder Metalle eher der Seeverkehr, während Nahrungsmittel

29 Vgl.: *Hassinger,* Zur Verkehrsgeschichte, S. 460. Zu Käseerzeugung und -handel über die Alpen im Generellen vgl. *Grass,* Vieh- und Käseexport; zur Bedeutung als niederländischem Exportprodukt: *Vries/van der Woude,* The First Modern Economy, S. 215–216.

30 *Stolz,* Quellen, S. 234–235; *Pickl,* Die Steiermark; *Mathis,* Die wirtschaftliche Entwicklung, S. 92–98. Es sei dabei auf den Kontrast zum 16. Jahrhundert verwiesen, als große Mengen an Metallprodukten aus Süddeutschland nach Venedig versandt wurden: *Braunstein,* Les allemands à Venise, S. 519–596.

31 *Hassinger,* Zur Verkehrsgeschichte, S. 459.

32 Vgl. auch den hohen Wert von Früchteimporten aus Italien nach Hamburg im 18. Jahrhundert: *Beutin,* Der deutsche Seehandel, S. 200.

33 *Girelli,* Il setificio, S. 118.

34 *Kümmerlen,* Die Leinenweberei Leutkirchs, S. 172.

erst bei einer erhöhten Relation von Wert zu Gewicht höhere Distanzen auf der Straße zurücklegten.[35]

Die Textilwaren waren, wie im Folgenden noch genauer ausgeführt wird, in beiden Richtungen vielfach Roh- oder Halbfertigprodukte zur Endproduktion am Destinationsort. Der Austausch zwischen Deutschland und Italien war im 18. Jahrhundert darüber hinaus von beiden Seiten in signifikantem Maße ein Durchzugshandel. Über Italien kam dabei vor allem Rohbaumwolle aus der Levante, wohingegen das Alte Reich als Speditionsgebiet für die verschiedenen Textilprodukte der Niederlande und Großbritannien, aber auch der Güter Osteuropas in Richtung des Mittelmeers erscheint. Der Unterschied zum 14. und 15. Jahrhundert ist frappant. Für diese Zeit wurde einmal für den Handel am Fondaco dei Tedeschi festgehalten: *tout nous incite à la simple équation qui sert de clé de voûte à l'échange: épices et coton contre metaux.*[36] Das hatte sich fundamental geändert: Die Gewürze von Süden waren durch Rohseide und -baumwolle ersetzt worden, die Metalle von Norden durch Leinwand und Tuche.[37]

Die deutliche Prominenz von protoindustriellen Produkten im Transit zwischen Deutschland und Italien lenkt den Blick auf die Wirtschaftsstrukturen im alpennahen Bereich als wichtige Stützfaktoren des Fernhandelszugs. Zwischen etwa 1600 und 1800 wird in der wirtschaftshistorischen Forschung das Zeitalter der Protoindustrie angesetzt. Das Konzept selbst soll hier nur kurz angerissen werden, wesentlich ist die Bestimmung des wirtschaftlichen Potenzials der im subalpinen Raum liegenden Wirtschaftsregionen. Diese Gebiete waren nicht nur Durchzugsgebiete für den internationalen Transit, sondern auch Produktions-, Weiterverarbeitungs- und Konsumtionsregionen des Transalpenhandels. Der Transitzug über die Alpen verband diese Regionen zu einer Art von alpinem und subalpinem Wirtschaftsraum, der einige wichtige Distinktionsmerkmale gegenüber anderen Gebieten Europas aufwies.

Das Konzept der Protoindustrialisierung betont säkulare Wandlungen vor allem im Textilgewerbe, das seit Beginn der Frühen Neuzeit, vor allem aber im 18. Jahrhundert eine neue und im Vergleich zur vorherigen Zeit markant unterschiedliche Stufe erreichte. Insbesondere das sogenannte ›Verlagswesen‹ auf dem Land überlagerte und ersetzte sukzessive ältere Organisationsformen, die eher auf den urbanen Raum als Organisations-, Produktions- und Distributionsort konzentriert geblieben waren. Weit stärker als zuvor wurden nun die Rohmaterialien dezentral in den Wohnstätten auf den Dörfern und dort konkret in den Haushalten von der gesamten Familie weiterverarbeitet und dann an einen zentralen Verleger übereignet, der zumeist auch den Produktionsprozess überwachte und bisweilen sogar die Produktionsmittel stellte. Das ländliche Prole-

35 Diese Annahmen werden durch die detaillierte Auswertung des Seeverkehrs zwischen der Ost- und Nordsee von 1784 bis 1795 gestützt: *Johansen*, Shipping and Trade, S. 101–112.

36 *Braunstein*, Les allemands à Venise, S. 501.

37 Vgl. zu der gegenüber dem Mittelalter gewandelten Austauschstruktur auch: *Backmann*, Der Kaufmann Johann Huepher, S. 66.

tariat fand in der Heim- oder Saisonarbeit ein Zusatzeinkommen, während die Produzenten dem Zunftzwang aus den Städten entkamen.[38]

Auf die vielfältige Kritik an dem Konzept kann hier nicht eingegangen werden,[39] es sei aber auf folgende Relativierungen verwiesen: Im ursprünglichen Ansatz wurde bezüglich der Städte ein Antagonismus von Zünften und Händlern angenommen, diesem seien letztere durch Verlagerung ihres Kapitals ins ländliche Gewerbe ausgewichen. Eine Konsequenz war die Entstehung einer günstig in der Verlagsproduktion einsetzbaren Schicht an Arbeitern auf dem Land. So wurde die Geschichte der Protoindustrialisierung häufig als eine Verlustgeschichte der vormals bedeutenderen städtischen Zünfte, bisweilen sogar des städtischen Handelspotenzials, interpretiert.[40] Im Gegensatz zu einer solchen Annahme, die eine Proletarisierung weiter Teile der ländlichen Bevölkerung als Konsequenz sah, wurde in jüngeren Darstellungen auf die Entfaltung von Landzünften verwiesen, beispielsweise in Mittel- und Ostschwaben.[41] Der Organisationsgrad auf dem Land folgte in der Regel dem Produktionspotenzial, ohne dass sich hierbei notwendigerweise als Konsequenz eine dramatische Verbilligung der Arbeiterschaft ergab. Häufig trieb wohl eher eine notwendige Ausweitung der Produktionsbasis und nicht die Flucht vor Zünften die kapitalkräftigen Akteure zu Investitionen in die ländlichen Gewerbe. Die Zünfte auf dem Land wiederum hatten als Ziel einerseits eine gewisse Schutzfunktion für ihre Mitglieder, wichtig war aber andererseits auch die institutionalisierte Qualitätskontrolle der Produkte zur Erreichung eines überregionalen Absatzes, der hauptsächlich über städtische Märkte oder Messen geschah.[42] Dieser Aspekt sei betont: Zwar bedingte das Wachstum von Produktionspotenzial auf dem Land bisweilen eine entsprechende Einbuße aufseiten der Städte, diese gewannen jedoch als Distributionszentren angesichts einer regional insgesamt wachsenden Produktion teilweise sogar neue zentralörtliche Funktionen hin-

38 Die grundlegenden Titel zur Debatte um die Protoindustrialisierung waren in den 1970/80er Jahren: *Mendels,* Proto-Industrialization; *Kriedte/Medick/Schlumbohm,* Industrialisierung vor der Industrialisierung. Zwei wesentliche Sammelbände, die die Debatte um das Konzept weiterführten und die zwischenzeitlich vielfältig geäußerte Kritik aufnehmen und abwägen, sind: *Ogilvie/Cerman,* European; *Ebeling/Mager,* Protoindustrie in der Region. Eine theoretische Durchdringung auf hohem Niveau bietet: *Pfister,* Proto-industrielles Wachstum. Die jüngste Weiterentwicklung des Konzepts hat Jan de Vries mit der Idee der bereits oben erwähnten *Industrious Revolution* vorgelegt. Diese bindet Elemente der Haushalts- und Konsumgeschichte in das Konzept ein, zudem wird die Dichotomie Stadt – Land relativiert: *Vries,* The Industrious Revolution, S. 92–104.

39 Die Kritik, die sich vor allem auf die Vernachlässigung von langfristigen Trends gewerblichen Wandels, die zu geringe Ausdifferenzierung nach Produkten oder die generelle Nichtbeachtung des Handels richtete, findet sich gebündelt bei: *Reininghaus,* Gewerbe, S. 81–91; *Kießling,* Entwicklungstendenzen; *Cerman/Ogilvie,* Einleitung, *Pierenkemper,* Gewerbe und Industrie, S. 51–58.

40 *Kriedte/Medick/Schlumbohm,* Industrialisierung vor der Industrialisierung, S. 36–61.

41 *Kießling,* Ländliches Gewerbe, S. 62–68.

42 *Sczesny,* Zwischen Kontinuität und Wandel, S. 168–218.

zu.[43] Städte profitierten somit typischerweise als Handelszentren von einem protoindustriellen Wachstum in der näheren Umgebung, auch wenn sich dies nicht unbedingt in deren demographischem Wachstum niederschlug.[44]

In Süddeutschland war vor allem die oberschwäbische Region, begrenzt durch Bodensee, Lech und Donau, ein wichtiges Textilrevier, wenngleich der protoindustrielle Wandel teilweise auch zulasten dieses Gebietes aufgrund der nahegelegenen Konkurrenz südlich des Bodensees gegangen war. Die Nordostschweiz, insbesondere in den Kantonen Zürich und St. Gallen, durchlief seit dem späten 16. Jahrhundert ein beeindruckendes Wachstum im Textilgewerbe, in dessen Verlauf die Region nördlich des Bodensees immer stärker zu einem Zulieferer von Garn für die Endproduktion im Schweizer Raum wurde. Hier können wir einen Modellfall einer protoindustriellen Entwicklung erkennen.[45] Jedoch: Dies war nur teilweise zum Nachteil der Anrainer nördlich des Bodensees.[46] Einerseits wurden die Textilprodukte wenigstens der Nordostschweiz mit Destination Venedig oder sogar nur Tirol bis zum Ende des Alten Reichs und darüber hinaus großteils über die Städte des Allgäus, namentlich Lindau, Wangen, Isny und Kempten transportiert, weshalb just diese Städte häufig gegen Leinengarnsperren des Schwäbischen Kreises eingetreten waren.[47] Darüber hinaus verlief grundsätzlich der protoindustrielle Wachstumsprozess in der Nordostschweiz nicht allzu nachteilig für Ostschwaben.[48] Eine Reagrarisierung von Gewerbelandschaften nach dem Dreißigjährigen Krieg angesichts der wachsenden Getreidenachfrage in der Schweiz begrenzte sich in Oberschwaben auf die engere Bodenseeregion, während das weiträumig eine Kommerzialisierung der Landwirtschaft erfahrende nordwestliche und nördlich anschließende Hegau und Linzgau auch vor dem Aufstieg des Textilgewerbes in der Schweiz kaum eine größere Gewerbebasis aufgewiesen hatten.[49] Oberschwäbische Reichsstädte wie Augsburg, Kempten und Kaufbeuren schafften es hingegen, Innovationen im Textilgewerbe, insbesondere der Baumwollverarbeitung, zu folgen oder sogar hervorzubringen und damit auch nach dem Dreißigjährigen Krieg wichtige

43 *Kießling,* Entwicklungstendenzen. Dies wurde auch von den maßgeblichen Autoren des Konzepts der Protoindustrialisierung eingestanden und damit die ursprüngliche historische Verliererrolle der im 16. Jahrhundert noch relativ starken Exportgewerbestädte im 18. Jahrhundert etwas relativiert: *Kriedte,* Die Stadt, S. 51.

44 *Kriedte,* Taufgesinnte und großes Kapital, S. 22–27; *Kermer,* Verstädterung, S. 52.

45 So: *Pfister,* Die Zürcher Fabriques.

46 Eine eingehende zeitgenössische Analyse mit klagenden Untertönen über die Dominanz der nordostschweizerischen Textilgewerbe über den schwäbischen Raum bietet: *Hünlin,* Neue und vollständige Staats- und Erdbeschreibung, S. 494–545.

47 *Weiss,* Über die Verlagerung, S. 215–216; *Kießling,* Ländliches Gewerbe, S. 60; *Sczesny,* Zwischen Kontinuität und Wandel, S. 156–158.

48 Ein starkes Verfallsbild in Oberschwaben, angeblich durch die Schweizer Konkurrenz verursacht, zeichnet: *Schremmer,* Handel und Gewerbe, S. 580–583. Dies kann als widerlegt gelten, vgl.: *Kießling,* Entwicklungstendenzen, S. 35–36.

49 *Göttmann,* Getreidemarkt, S. 358–362; *Kießling,* Ländliches Gewerbe, S. 72–73.

Produktionszentren zu bleiben.[50] Die Beziehung zum Umland wird bei diesen Ortschaften als »vertikale« Integration beschrieben, hier war der ländliche Raum in einen komplexen und auf die Städte zentrierten Gesamtproduktionsprozess eingebunden. Dies steht in deutlichem Kontrast zum Fall Ulms als Mittelpunkt einer »horizontalen« Integration: Diese Stadt ließ in ihrem großen Umland ein starkes Leinengewerbe in gleicher Form wie in der Reichsstadt entstehen, nur bei der Distribution blieb die städtische Zentralität durch die Leinenschau gewahrt.[51]

Dass die Reichsstädte sich in Südwestdeutschland vor allem als Distributionszentren für die überregionalen Märkte vergleichsweise gut behaupten konnten, können wir unter anderem auf ihren bedeutenden Einfluss im schwäbischen Kreis sowie die relative Schwäche der Territorien und deren Kleinklammerung in Ostschwaben zurückführen.[52] Die Reichsstädte konnten über ihr Mitwirken im Kreis zwar das Aufkommen von bedeutenden Landzünften und damit die Entstehung einer gewerblichen Konkurrenz nicht verhindern, wohl aber waren sie erfolgreich in der Abwehr von allzu starken Beschränkungen des Handels.[53] Das Resultat war möglicherweise ungünstig für die Entwicklung manch städtischen Gewerbes, keineswegs jedoch des gesamtschwäbischen. Das seit dem Dreißigjährigen Krieg geringe Bevölkerungswachstum in den oberschwäbischen Reichsstädten, das oftmals als Beleg für deren sinkende relative Bedeutung herangezogen wurde,[54] lässt sich daher nicht als Verlustgeschichte im regionalen Rahmen einer intensivierten wirtschaftlichen Einbindung des Umlandes in den Produktionsprozess der gesamten Gewerbelandschaft auffassen.[55]

Die oben skizzierten Korrekturen des revidierten Konzepts der Protoindustrialisierung finden sich im Fall des oberschwäbischen Raums vor: Bei einer protoindustriellen Entwicklung der umgebenden Region gewannen die Reichsstädte als Distributions- und manchmal auch noch als Endfertigungszentren.[56] Diese verstärkte Rolle als Transitorte wird durch einen Blick nach Westen bestätigt. Die in der schwäbischen Alb im Herzogtum Württemberg betriebene Garnspinnerei und Leinenweberei war für den überregionalen Export deutlich auf

50 *Fassl*, Konfession, S. 143–157; *Kießling*, Entwicklungstendenzen, S. 35–45; *Junginger*, Gesellschaft und Wirtschaft, S. 83–89.

51 *Kießling*, Ländliches Gewerbe, S. 39–46; *Herkle*, Reichsstädtisches Zunfthandwerk, S. 158–160.

52 *Sczesny*, Zur Verbesserung; *Dotzauer*, Die deutschen Reichskreise, S. 144.

53 *Sczesny*, Zwischen Kontinuität und Wandel, S. 148–164.

54 *Kellenbenz*, Die Wirtschaft.

55 In einer Untersuchung über die Bevölkerungsentwicklung Oberschwabens konnte festgestellt werden, dass *vornehmlich die kleineren Städte eine zum Teil beachtliche Zunahme zu verzeichnen haben, während die größeren meist nur schwach zunehmen, stagnieren oder gar (...) eine Phase ausgesprochen rückläufiger Entwicklung durchlaufen*. Dies wird explizit auf die Entwicklung im Textilgewerbe in Verbindung gebracht. Diese Beobachtung passt in das Konzept der Protoindustrialisierung: *Grees*, Bevölkerungsentwicklung, S. 133–148.

56 *Sczesny*, Zwischen Kontinuität und Wandel, S. 115–119. Zur Zentralität der Reichsstädte als Distributionszentren in den regionalen Marktzyklen bereits seit dem späten Mittelalter vgl.: *Kießling*, Kleinräumige Jahrmarktzyklen.

Ulm und Günzburg ausgerichtet.[57] Die nordwestlich vom oberschwäbischen Raum in der Gegend um Calw tätigen Zeugmacher brachten ihre bedeutende Produktion an leichten Wollwaren ebenfalls hauptsächlich zu den Reichsstädten Oberschwabens zur weiteren Distribution.[58] Dabei bewahrte das gesamte Textilrevier bis zum Ende des Alten Reichs seine Stärke als Gewerbegebiet. Es lässt sich zwar seit den 1770er Jahren im oberschwäbischen Raum eine Abschwächung des Leinengewerbes feststellen, die einer immer stärker werdenden überregionalen Konkurrenz aus Schlesien, Sachsen, England und weiteren entfernter liegenden Gebieten geschuldet war.[59] Orte und Gebiete Oberschwabens, in denen der gewerbliche Wandel von der Leinwand zu einem diversifizierten Baumwollgewerbe gelungen war, wiesen jedoch bis zum Beginn der Revolutionskriege steigende Gesamtproduktionsziffern von Textilprodukten auf.[60]

Östlich des schwäbischen Reichskreises, in Altbayern und in Salzburg, waren protoindustrielle Strukturen kaum vorhanden, hier waren die wesentlichen Exportartikel in Richtung der Alpen Güter des Nahhandels, wie Getreide, Vieh und Salz. Textilien für den Fernexport spielten hier nur eine geringe Rolle.[61] Deutlich anders wiederum sah es im fränkischen Raum aus. Nürnberg und sein Umland hatten zwar vor dem Dreißigjährigen Krieg eine wichtige Rolle im Zwischenhandel mit sächsischer und schlesischer Leinwand sowie der Veredelung dieser Produkte auf ihrem Weg nach Italien gespielt, jedoch verschwand diese Struktur um die Mitte des 17. Jahrhunderts, als mittel- und niederdeutsche Händler diesen Warenzug zunehmend über Hamburg lenkten.[62] Nürnberg war traditionell relativ stark vom Metallgewerbe geprägt, doch dies wurde im Transalpenhandel wert- und volumenmäßig nach dem Dreißigjährigen Krieg eher randständig.[63] Franken blieb zwar eine wichtige Produktions- und Durchzugsregion für den

57 *Kaufhold,* Gewerbelandschaften, S. 145; *Medick,* Weben und Überleben, S. 89–90.

58 *Troeltsch,* Die Calwer Zeughandlungskompagnie, S. 177–179.

59 Im Falle Ulms war der Niedergang des Leinengewerbes im gesamten 18. Jahrhundert ein durchgängiger Trend, der nur in den 1760er Jahren zeitweilig einem Wachstum Platz machte: *Rothe,* Das Finanzwesen, S. 327. Jedoch war die ungünstige Entwicklung Ulms teilweise einer verstärkten Entwicklung des Leinengewerbes in der Markgrafschaft Burgau geschuldet: *Sczesny,* Zwischen Kontinuität und Wandel, S. 75–90, 96–101. Das Leinengewerbe ganz Oberdeutschlands scheint sich bis zum Ausbruch der Revolutionskriege relativ gut gehalten zu haben, vgl.: *Rolzhäuser,* Die Immenstädter Leinwandschau; *Petz,* Zweimal Kempten, S. 524.

60 Vgl. zum Textilrevier um Augsburg und Kaufbeuren: *Fassl,* Konfession, S. 143–155; *Kießling,* Ländliches Gewerbe, S. 75–77; *Sczesny,* Zwischen Kontinuität und Wandel, S. 91–95. Dies galt in noch stärkerem Maße für die Nordostschweiz, wo in der zweiten Hälfte des 18. Jahrhunderts eine beschleunigte Abkehr vom Leinen- und eine Hinwendung zum Baumwollgewerbe und zu anderen komplexeren Textilproduktionen stattfand: *Ehrenzeller,* Geschichte, S. 275–282. Vgl. zu dieser Entwicklung als Säkulartrend des späten 18. und frühen 19. Jahrhunderts: *Harder-Gersdorff,* Leinen-Regionen, S. 206–207; *Medick,* Weben und Überleben, S. 264–269; *Boldorf,* Europäische Leinenregionen, S. 11–14.

61 *Denzel,* Professionen und Professionisten, S. 424.

62 *Schremmer,* Die Entwicklung, S. 910–912.

63 *Hassinger,* Zur Verkehrsgeschichte, S. 459; *Beutin,* Deutscher Leinenhandel, S. 165–168.

deutschen Italienhandel, jedoch wurde diese Rolle seit Kriegsende hier stärker als im Schwäbischen von den Territorien eingenommen. Seit etwa 1650 nahmen die fränkischen Territorien der Hohenzollern einen bedeutsamen Aufschwung im Woll- und Baumwollgewerbe.[64] Der bedeutendste Impuls in der Textilproduktion kam nach 1685 mit den hugenottischen Flüchtlingen, ihnen war aber bereits zuvor der Boden durch eine gewerbefreundliche Wirtschaftspolitik bereitet worden. Vor allem die Fertigkeit zur Erzeugung spezieller Textilprodukte, genannt seien Strümpfe, Handschuhe, Hüte oder Teppiche, wurde von den Hugenotten ins Fränkische gebracht.[65] Hier schafften es die Fürsten zudem, im Gegensatz zum Schwäbischen, sich etwas stärker von der Vermittlung reichsstädtischer Kaufleute für den Handel mit dem Mittelmeerraum, dem Hauptexportgebiet aus den fränkischen Fürstentümern, frei zu machen.[66] Wenn man hier von einer protoindustriellen Entwicklung sprechen kann, dann war diese hier im Gegensatz zum Schwäbischen stärker von einem Bruch mit alten Zentralitätsmustern geprägt.

In Norditalien kann man im 18. Jahrhundert wesentliche Wandlungsprozesse erkennen, die, einer gewissen Skepsis der italienischen Forschung der 1980/90er Jahre zum Trotz, in gewissen Regionen als protoindustriell bezeichnet werden dürfen.[67] Im Gegensatz zu einer älteren Forschung, die vor allem den Niedergang Italiens als Wirtschaftsraum im 18. Jahrhundert feststellte, identifiziert eine Reihe jüngerer Beiträge in dieser Zeit eine wirtschaftliche Dynamik gerade in der Lombardei und dem Veneto.[68] Die von Kanälen und Flüssen durchzogene lombardische Ebene war für eine leistungsfähige Landwirtschaft gut geeignet, wodurch einerseits eine hohe Bevölkerungszahl ernährt und andererseits ein intensiver Export, bei Obst sogar über hohe Distanzen, geleistet werden konn-

64 *Reuter*, Die Manufaktur im fränkischen Raum, S. 25–72; *Schremmer*, Gewerbe und Handel, S. 938–951.

65 *Rode*, Der Handel im Königreich, S. 82–89; *Wüst*, Protoindustrialisierung in Süddeutschland, S. 15–16.

66 *Reuter*, Die Manufaktur im fränkischen Raum, S. 114–116; dies ist auch sichtbar am Verfall Nürnbergs als Wechselstandort: *Roth*, Geschichte des Nürnbergischen Handels, Bd. 3, S. 246–248; *Denzel*, Der Nürnberger Wechselmarkt, S. 153–155.

67 Allgemein stieß das Konzept der Protoindustrialisierung in der italienischen Forschung in den ersten Jahrzehnten nach seiner Formulierung eher auf Ablehnung, es schien vielerlei Realitäten Norditaliens im 17. und 18. Jahrhundert nur ungenügend zu erfassen. Es wurde die Ansicht geäußert, dass erst das 19. Jahrhundert eine Protoindustrialisierung in Norditalien sah, während das 18. Jahrhundert vom Niedergang der Gewerbe gekennzeichnet gewesen sei: *Dewerpe*, L'industrie aux champs, S. 7–18. Paolo Malanima sah in Italien eine leichte Protoindustrialisierung im 18. Jahrhundert, jedoch sei diese angesichts eines starken Bevölkerungswachstums mit Einbußen an Einkommen und Lebensqualität für die meisten Italiener einhergegangen: *Malanima*, An Age, S. 111. Die jüngeren Ansichten zur Frage, ob man in der Lombardei im 18. Jahrhundert zukunftsweisende protoindustrielle Strukturen erkennen könne, sind eher bejahend: *Pichler*, Die Wirtschaft der Lombardei, S. 79–82; *Romano*, Alle origini dell'industria, S. 22–24.

68 *Capra*, La Lombardia austriaca, S. 407–439; *Mocarelli*, Alle radici di un successo; *Pfister*, La Lombardia.

te.[69] Eine dichte urbane Landschaft ermöglichte wiederum ein hohes Maß an Spezialisierung und überregionalem Austausch, für den die inneritalienischen Staatsgrenzen relativ bedeutungsarm waren.[70] Bezüglich der Bevölkerungsentwicklung ist das übliche protoindustrielle Muster einer Stärkung des wirtschaftlichen Potenzials der ländlichen Regionen und eine korrespondierende Stagnation der Bevölkerungszahl in den Städten zu erkennen. Besonders gut wurde dies im Fall Vicenzas erfasst, hier stieg die Landbevölkerung rapide an, während die Regionalhauptstadt bestenfalls stagnierte.[71] Dies können wir als relativ typisch für das Veneto, vermutlich sogar für ganz Norditalien, annehmen. Die ländliche Bevölkerung wuchs in der Nähe der Gebirge und musste, aber konnte auch ihr Auskommen in zunehmendem Maße in gewerblichen Tätigkeiten suchen.[72]

Das zentrale Ausfuhrprodukt für den Handel nach Norden war im oberitalienischen Raum die Seide, die in einigen spezialisierten Regionen, so um Cuneo, Turin, Como, Bergamo, Verona, Vicenza, Florenz und Lucca auch zu Seidengarn oder -endprodukten verarbeitet wurde. Das 18. Jahrhundert war von einer starken Seidenmode geprägt, was eine hohe Nachfrage und damit eine andauernde Ausweitung der Seidenzucht in Italien bedingte.[73] Exportiert wurden allerdings vermehrt Rohseide oder Seidengarn, weniger stark Seidenwaren. Die Verarbeitung zu Gewändern oder weiteren Gebrauchstextilien geschah in zunehmendem Maße in nordalpinen Seidenmanufakturen.[74] Zwar machte im 18. Jahrhundert die asiatische Seide, die von den Ostindienkompanien eingeführt wurde, der italienischen Seide eine gewisse Konkurrenz und kostete sie Marktanteile in Europa,[75] dennoch blieb sie ein Exportgut ersten Ranges gerade für die expandierenden englischen, französischen und zentraleuropäischen Märkte.[76] Weiterhin wichtig war die Rohbaumwolle, die hauptsächlich über die italienischen Häfen

69 *Moioli*, L'economia lombarda; *Cova*, L'economia lombarda. Zur venezianischen Lombardei vgl.: *Pezzolo*, La storia agraria veneta.

70 *Moioli*, Il sistema delle fiere; *Cavallera*, Area di strada.

71 Hierzu mit der Angabe weiterer Literatur: *Panciera*, La Repubblica di Venezia, S. 54–61.

72 Es ist interessant zu sehen, dass das Phänomen auch von der älteren Forschung erkannt wurde, aber die Bewertung eines solchen Wandels hin zur Gewerbeentwicklung im ländlichen Raum negativ ausfiel und hier sogar ein Versagen der Republik Venedig gesehen wurde: *Zalin*, Aspetti e problemi, S. 11–58. Deutlich positiver fällt das Urteil im Lichte der jüngeren Diskussion um die Protoindustrialisierung aus: *Segreto*, La protoindustrializzazione, S. 261–263; *Lanaro*, At the Centre, S. 31–39.

73 *Georgelin*, Venise au siècle, S. 230–231; *Battistini*, L'industria della seta, S. 28–30.

74 *Girelli*, Il setificio, S. 1. Es wurde in der italienischen Forschung argumentiert, dass ein Grund für das weitgehende Ausbleiben wirtschaftlicher Krisen im Piemontesischen, im Gegensatz zur Lombardei und dem Veneto, während des 18. Jahrhunderts das Fehlen eines entwickelten Seidengewerbes war. Indem man sich mit der Erzeugung von Rohseide und Garn begnügte, wählte man den risikoärmeren Weg: *Muto*, Stati italiani, S. 19–20.

75 *Russell*, The Later History, S. 115; *Kriedte*, Taufgesinnte und großes Kapital, S. 193–196.

76 Vgl. die Quantitäten des Exports von 1784, die allerdings mit einigen Unsicherheiten behaftet sind, bei: *Battistini*, L'industria della seta, S. 115.

eingeführt wurde und im Zeitalter der Bombassine und Kattune noch einmal eine Nachfrageintensivierung in Zentraleuropa erfuhr.[77] Bezüglich dieses Produktes blieb Norditalien kein reines Transitgebiet: Wenngleich die süddeutschen und vor allem Ostschweizer Baumwollindustrien des späten 18. Jahrhunderts den italienischen überlegen blieben, so entstand auch ein italienisches Baumwollgewerbe, vor allem in der Republik Venedig.[78] Eine gewisse Bedeutung in Norditalien besaßen zum Ende des 18. Jahrhunderts hin auch das Wollgewerbe und die Metallurgie.[79] Die Dominante profitierte im 18. Jahrhundert vor allem auf ihren Festlandbesitzungen westlich von Padua von diesem wirtschaftlichen Strukturwandel, da die Industrien der Terraferma einen dichten Bezug zur Hauptstadt als wesentlichem Import- und Exporthafen bewahrten.[80]

Die zunehmende Veredelung von Seide und Seidengarnen auf der nördlichen Alpenseite fand ihre Entsprechung in spezialisierten Leinwandbleichen im südlichen Gebirgsraum und Norditalien.[81] Das Ausmaß der Arbeitsteilung stieg im Verlauf des 18. Jahrhunderts an: Leinen aus dem Norden gegen Seidengarn und Rohbaumwolle aus dem Süden, in beiden Fällen zur weiteren Veredelung auf der jeweils anderen Gebirgsseite, diese Struktur spiegelt sich zunehmend in den überlieferten Frachtpapieren aus dem Alpenraum des späteren 18. Jahrhunderts wider.[82] Nördlich wie südlich der Alpen lagen sich die Zentren der auf die jeweiligen Textilien spezialisierten Gewerbelandschaft gegenüber und ergänzten sich mit im 18. Jahrhundert steigender Tendenz. Auf der deutschen Seite sehen wir eine Art Dreieck von Calw im Nordwesten über Lindau im Süden bis hin nach Bayreuth im Nordosten – mit dem Schwerpunkt im östlichen Oberschwaben zwischen Donau, Iller, Lech und Bodensee. Hinzu kommen die zwei bedeutsamen Fernverkehrszüge aus den Niederlanden über Frankfurt einerseits und aus dem sächsisch-schlesischen Raum über Leipzig andererseits. Auf italienischer Seite lagen die Produktionsregionen zwischen dem ligurischen Meer und der Adria recht eng am Alpensaum. Hinter Venedig und Genua standen weiterhin die Märkte der Levante, Süditaliens und Iberiens. Die Komplementierung der jeweils auf der anderen Seite der Alpen vorhandenen Nachfrage nach Rohtextilien

77 *Baumann*, Der Güterverkehr, S. 12–13; *Bätzing*, Die Alpen, S. 79–80.

78 *Georgelin*, Venise au siècle, S. 160, 398–439; *Panciera*, The Industries of Venice, S. 208–210.

79 Zur Metallindustrie im Raum Brescia vgl. *Onger*, Una provincia operosa, S. 22–47. Zur Wolle vgl.: *Panciera*, L'»arte matrice«, S. 235–245.

80 E. Demo schreibt: *this region appears as one of the most densely populated and prosperous areas in all of Europe in the early modern centuries, with a degree of urbanization among the highest of its time. Moreover, this zone was characterized by a considerably articulate and varied presence of industrial activity* (*Demo*, Industry, S. 291). Vgl. auch die Überblicksdarstellungen bei: *Panciera*, The Industries of Venice; *Pezzolo*, The Venetian Economy.

81 Vgl. die Hinweise zu den Leinwandbleichen in der Lombardei und im Piemont als Attraktionspunkten von Leinwandexporten: *Ressel*, Karl von Zinzendorf's.

82 Vgl.: *Petz*, Zweimal Kempten, S. 136; siehe auch grundsätzlich: *Silbermann*, Die Seide, S. 103–112; *Cova*, L'alternativa manifatturiera, S. 150–205; *Reininghaus*, Gewerbe, S. 31–32; *Moioli*, Lo spazio economico, S. 139–140.

und Garnen verlieh dem Alpenhandel auch jenseits des in die weitere Ferne verweisenden Transits eine hohe Stabilität.[83]

Wert und Profitabilität dieses Handelszugs können nur mit großen methodischen Problemen mit dem Seehandel verglichen werden. Zumindest zeigt der Warenkatalog, dass eine reine Betrachtung der Volumina allein in die Irre führt, hier ging es um Spitzenprodukte des damaligen Wirtschaftssystems. Nicht umsonst sind gerade die aus Italien nach Norden über die Alpen gehenden Warengattungen eher selten in den zeitgenössischen Zollregistern einer Hafenstadt wie Hamburg aufzufinden.[84] Umgekehrt gilt bei den typischen deutschen Textilprodukten, die in größerer Masse und zu geringeren Preisen hergestellt wurden, dass die Alternative von See- und Landhandel das Alte Reich bezüglich dieser Exporte in zwei Zonen teilte. Grob könnte man eine Diagonale von Luxemburg nach Breslau ziehen, diese nach beiden Seiten um jeweils 200 km auf ein Rechteck erweitern und man hätte eine Übergangszone, innerhalb derer es während der Frühen Neuzeit zumeist ähnlich hohe Transaktionskosten verursachte, einen Export oder Import von Textilien nach Südeuropa über See oder Land zu organisieren; allerdings in starker Abhängigkeit von der Nähe des spezifischen Erzeugungsgebietes zu Main, Elbe und Rhein und dem jeweiligen Produkt. Auf der südlichen Alpenseite sorgte zwar die Nähe zur Küste für eine leichtere Zugänglichkeit des Seetransports, jedoch war das typische Exportgut, die Seide, besonders gut für den Landtransport geeignet.[85] Auch hier stellte sich die Alternative des Handelsweges je nach den Transaktionskosten für das jeweilige Produkt. Klassischerweise argumentierten die italienischen Händler der Lombardei daher gegenüber ihren Obrigkeiten, dass bei einer Verteuerung des Landtransportes durch fiskalische Maßnahmen eine Verlagerung des Transports oberitalienischer Produkte nach Deutschland drohe: Statt über Mailand und die Alpen würden die Waren künftig über Genua und dann Amsterdam oder Hamburg transportiert.[86]

Ein Strukturfaktor des alpinen Transitzugs seit 1650 bis zur Französischen Revolution war laut der einschlägigen Literatur das Überwiegen des Verkehrsvolumens von Norden nach Süden.[87] Die italienische Forschung der 1920er

83 Dieser Handelszug von Textilien hatte jedoch meist noch weit fernere Ziele als nur die Alpenvorländer. Die Annahme, dass das Volumen mit weiterer Entfernung vom Alpenraum abnahm (so: *Mathis*, Handelsgüter und Handelsströme) ist natürlich rein faktisch richtig, doch sollte betont werden, dass der besonders profitable Alpentransit vor allem auf Nachfragestrukturen in der weiten Ferne vom Alpenraum basierte.

84 Vgl. die geringen Importe an Seide nach Deutschland über Hamburg im 18. Jahrhundert: *Schneider/Krawehl/Denzel/Schulenburg*, Statistik, S. 514–515.

85 *Battistini*, L'industria della seta, S. 96–97.

86 *Verga*, La Camera dei mercanti, S. 176.

87 Vor dem Dreißigjährigen Krieg deutet die Literatur auf eine positive Handelsbilanz für Italien, insbesondere für Venedig, vgl. *Kellenbenz*, Die Graubündner Pässe, S. 45; *Kellenbenz*, Der Niedergang Venedigs, S. 128; *Hildebrandt*, Die wirtschaftlichen Beziehungen,

Jahre sah hier im Fall der Lombardei ein Resultat der Politik vonseiten der österreichischen Herrscher. Diese hätten im Herzogtum Mailand die Einfuhrzölle niedrig und die Ausfuhrzölle hoch gehalten, entweder aus Inkompetenz oder um dessen Industrie zu schwächen.[88] Hierzu sei zunächst festgehalten: Das rein volumenmäßige Überwiegen des Verkehrs von Norden nach Süden lag an der relativen Nähe der wesentlichen italienischen Häfen zu den Südgrenzen der Schweiz und Österreichs. Dies machte es für die oberdeutschen Händler in der Zeit vor der Eisenbahn fast immer relativ günstig, diese Häfen für ihren europa- und sogar weltweiten Export zu nutzen. Aus Italien hingegen konnte der Handel in die ferneren Gegenden Europas seit dem Auftauchen zahlreicher englischer und niederländischer Schiffe im Mittelmeer um 1600 auch häufig günstig über den Seeweg geschehen.[89] Dies mag zu einem guten Teil die in der Literatur bemerkten Diskrepanzen in den gegenseitigen Volumina erklären. Weiterhin kann eine Handelsbilanz nicht dauerhaft einseitig bleiben, wir können also vermuten, dass innerhalb Oberitaliens manche Gebiete nach Deutschland Export- und manche Importüberschüsse erzielten und sich das Verhältnis langfristig immer wieder ausbalancierte.[90] Zur Frage, ob die oberitalienischen Staaten und Tirol eine ungünstige Handelsbilanz mit Dominanz von Exporten aus dem Agrarsektor und Importen von Fertigwaren aufwiesen sowie dem hierbei ersichtlichen Grad internationaler Arbeitsteilung, wurde in den letzten Jahren innerhalb der italienischen Wirtschaftsgeschichte eine bemerkenswerte Diskussion geführt. Hierbei stellte man insgesamt fest, dass eine Tendenz zur verstärkten Abhängigkeit des oberitalienischen Raums von protoindustriellen Gewerbeprodukten aus dem Ausland durch eine intensive Ausfuhr von wertvoller Rohseide, eine

S. 284–286. Seither scheint das Gegenteil für fast ganz Norditalien gültig gewesen zu sein: *Campos*, Il commercio, S. 180–183; *Giacchero*, Storia economica, S. 212–219; *Hassinger*, Der Außenhandel, S. 77–78; *Hassinger*, Der Verkehr über Brenner und Reschen, S. 153–154; *Bonoldi*, La fiera e il dazio, S. 142–143, 295–296; *Tonelli*, Commercio di transito, S. 98; Sardinien-Piemont schaffte es der älteren Literatur zufolge als einziger norditalienischer Staat zur Mitte des 18. Jahrhunderts, eine leicht positive Außenhandelsbilanz zu erreichen: *Prato*, La vita economica, S. 316–318.

88 *Pugliese*, Condizioni economiche, S. 93–102.

89 Dies mag anhand der räumlichen Ausdehnung der italienischen Auswanderer ins Alte Reich nach 1600 illustriert werden. Die Italienerwanderung hatte etwa Köln und Kassel als Nordgrenze und zog sich in ihrer Ost-West-Ausdehnung von Lothringen über Sachsen nach Österreich. Die Konfessionsgrenze war wohl nicht der wesentliche Grund für die dünne Ansiedlung der Italiener im weiten Elbhinterland. Hier war vermutlich eher der Überlandhandel nicht mehr mit dem See- und Flusstransport über Hamburg wettbewerbsfähig, vgl. *Augel*, Italienische Einwanderung, S. 110–130.

90 Auf den Schweizer Routen und in Richtung Triest überwog im 18. Jahrhundert deutlich der Verkehr von Italien nach Deutschland: *Baumann*, Der Güterverkehr, S. 197; *Hassinger*, Der Außenhandel, S. 92–94. Es sei weiterhin darauf verwiesen, dass Sachsen im 18. Jahrhundert seine Seidenzeuge vornehmlich aus Florenz und Lucca importierte, beide mögen daher evtl. einen positiven Handelssaldo mit Deutschland gehabt haben, der im inneritalienischen Verkehr wiederum seinen Ausgleich fand: *Meinert*, Handelsbeziehungen, S. 179.

verstärkte Spezialisierung und Ruralisierung des eigenen Textilgewerbes, einen starken Transitverkehr und eine weiträumige Saisonwanderung ihren notwendigen Ausgleich erfuhr.[91]

In diesem Zusammenhang stellt sich die Frage, wie hoch die Bedeutung des Transits für die einheimische Bevölkerung des alpinen und subalpinen Raums war. Die Zeitgenossen in Tirol drückten dies 1780 folgendermaßen aus:

> Der Waaren Transito ist der wichtigste Theil unserer Nahrung: das Land für sich selbst würde kaum ⅔tel der dermaligen Population zu unterhalten im Stande seyn, wen es nicht durch diesen unterstüzet würde: die Erde liefert uns kaum die Hälfte des Getraydes das wür zu unserm unterhalt bedurffen. Es gebricht uns an tausenderley anderen Nothwendigkeiten, die wir von aussen holen müssen: und nimt man Tyroll seine Waaren Passage, so nimt man ihm damit, um wenig zu sagen, ein 3ten Theil seines Brodtes und also einen 3ten Theil seiner dermaligen Bevölkerung.[92]

Diese Aussagen gelten, wenngleich sie nicht frei von Übertreibungen sind, wohl analog für die weiteren Pässe der Alpen auf der Nord-Süd-Achse. Es mag wohl sein, dass die wesentlichen Gewinne des Fernhandels in den Handelszentren nördlich und südlich der Alpen gemacht wurden, es ist aber auch wichtig zu betonen, dass die Passanrainer in erheblichem Maße vom Transitzug profitierten. Durch Anschluss an den Fernhandel wurde zudem ein nicht unbedeutender Exporthandel aus dem Alpenraum stimuliert. Dessen Produkte waren Erze, Metalle und Metallprodukte sowie Schnitzwerk; aus dem südlichen Alpenraum Tabak, Weine aus Südtirol und, aus dem Gebiet um Rovereto, Seide.[93] Vertiefte Forschungen zur möglichst präzisen Bestimmung der volkswirtschaftlichen Wichtigkeit des Transportsektors für die Alpenbewohner bleiben weiterhin ein Desiderat einer vor allem vergleichend operierenden Regionalgeschichte.[94]

91 Auf das stark in den internationalen Austausch eingebundene Mailand verweist *Moioli*, Note sulla struttura; die Wichtigkeit der Wanderhändler und Krämer für den vormodernen Detailhandel werden herausgestellt von *Fontaine*, History of Pedlars, S. 186–193; die im Fall des vormodernen Tirols einseitige Abhängigkeit vom Transit bei zu geringer protoindustrieller Entwicklung beleuchtet *Bonoldi*, La fiera e il dazio, S. 339–375.

92 SLA/AMM, Atti Daziari, 3.19.4, fol. 100v.

93 Vgl. hierzu: *Leonardi*, Riflessi della politica economica; *Mathis*, Die wirtschaftliche Entwicklung, S. 89–103; *Weber*, Deutsche Kaufleute, S. 144–145.

94 Vor allem Jon Mathieu hat die Bedeutung des Transits für die demographische Entwicklung der an den Passstraßen lebenden Bevölkerung relativiert: *Mathieu*, Agrargeschichte; *Mathieu*, Geschichte der Alpen, S. 81–83. Damit wendet er sich gegen die Meinung, ein großer Teil der Bevölkerung Graubündens habe seinen Erwerb im Transitsektor gefunden: *Simonett*, Verkehrserneuerung. So sehr Mathieu mit seiner Betonung des Agrarsektors in der Bündner Wirtschaft der Frühen Neuzeit zuzustimmen ist, so sei hier doch, in Anlehnung an *Scaramellini*, Der Pündter London, S. 250–251 eine sanfte Relativierung vorgebracht. Letztlich scheint ein reiner Blick auf die Bevölkerungsdichte entlang der Transitrouten unzureichend, so brachte der Verkehr mit seinen Exportmöglichkeiten auch Kapitaleinkünfte, die sich nicht hauptsächlich in der demographischen Struktur, sondern in einer verstärkten

Allein durch Transit oder Export von protoindustriellen oder anderen Produkten des Fernhandels wäre die Entstehung eines leistungsfähigen Transportsystems über die Alpen nicht möglich gewesen. Für die Etablierung der hierfür unentbehrlichen Basis sorgte seit dem Frühmittelalter der Nahhandel. Herbert Hassinger fasste hierunter den Transport billiger Massengüter, so Getreide, günstige Nahrungsmittel, billigere Weine oder Salz. Diese hatten seiner Ansicht nach selten eine Reichweite von mehr als 400 km, er betonte aber auch, dass ein Fernhandel bereits bei 150 km anfangen konnte.[95] Diese Überlegung wird durch den intensiven Salzhandel von den bayerischen Salinen in die Schweiz während der Frühen Neuzeit etwas relativiert, hier konnte das Salz bis zu 600 km bis zum Endverbrauchsort zurücklegen. Ähnliches galt für Reis, der aus dem Mailändischen in einigem Umfang über Graubünden nach Deutschland exportiert wurde.[96] Ansonsten waren nur hochwertige Nahrungsmittel wie Käse aus Holland, Italien und der Schweiz sowie Früchte aus Italien typische Fernhandelsprodukte und mehr noch als diese zogen hauptsächlich Textil- und teurere Manufakturwaren über die Alpen im Transit.[97]

Der Nahhandel trägt im Alpenraum spezielle Züge. Durch die geographischen, topographischen und klimatischen Begebenheiten ergab sich die Notwendigkeit eines dauernden sub- und inneralpinen Verkehrs.[98] Die relative Unfruchtbarkeit der höher gelegenen Gebiete bedingte einen intensiven Einfuhrbedarf nach Getreide und Reis, der im Fall der Eidgenossenschaft und Graubündens hauptsächlich aus der Lombardei und Schwaben gedeckt wurde, im Fall Tirols insbesondere aus Bayern.[99] Die Eidgenossenschaft war weiterhin ein wichtiger Abnehmer für Salz aus allen Nachbarländern, vornehmlich aus Bayern, Salzburg und Österreich.[100] An landwirtschaftlichen Erzeugnissen

sozialen Ausdifferenzierung widerspiegeln, vgl.: *Fischer*, Das Rodfuhrwesen, S. 246–248; *Petz*, Zweimal Kempten, S. 137–139; *Lorandini*, Famiglia e impresa, S. 15–16, 109–147. Vgl. auch Kap. II, Fn. 14–23.

95 *Hassinger*, Zur Verkehrsgeschichte, S. 443–444.

96 *Schremmer*, Zwischen Konkurrenz und Kartell, S. 163–166; *Ott*, Salzhandel, S. 79.

97 In Tabelle 1 wird zwar aufgeführt, dass Reis von Italien über Tirol nach Süddeutschland ging. Jedoch hatte dieser Transitzug nur aus dem Mailändischen über Graubünden nach Süddeutschland einen substanziellen Umfang; und auch hier mag viel der Versorgung der Bündner Bevölkerung gedient haben: *Buć*, Beiträge zur Verkehrsgeschichte, S. 62–68, 89; *Baumann*, Der Güterverkehr, S. 200; *Hassinger*, Zur Verkehrsgeschichte, S. 453–454.

98 Ich schließe hier den rein inneralpinen Lokalhandel von der Betrachtung aus, dieser reichte laut Hassinger im alpinen und subalpinen Raum etwa 100 km weit und spielte bei der Eisenverarbeitung und der kleinräumigen Versorgung eine wichtige Rolle: *Hassinger*, Zur Verkehrsgeschichte, S. 444.

99 *Baumann*, Der Güterverkehr, S. 170–171; *Romani*, L'annona e il mercato; *Göttmann*, Getreidemarkt, S. 231–268; *Rankl*, Das Getreideland Altbayern, S. 332, 374–381. Aus dem Veneto wurde zeitweise auch Getreide nach Tirol exportiert, dies scheint jedoch nie ein bedeutendes Volumen erreicht zu haben: *Georgelin*, Venise au siècle, S. 252–282.

100 Vgl. als Überblick: *Bergier*, Die Geschichte vom Salz, S. 190–195.

wurden aus dem Alpenraum Milchprodukte und Vieh exportiert.[101] Die Holzexporte aus dem Alpenraum nach Italien waren von hoher Bedeutung, da dessen Hafenstädte einen konstanten Bedarf für den Verbrauch und Weiterverkauf ins Mittelmeer hatten.[102]

Die Produkte des Nahhandels waren Massengüter, und sie bedurften daher eines hohen Transportvolumens und solider Straßenverhältnisse. Einnahmen durch Zölle waren für die Anrainer, im Gegensatz zum Fernhandelstransit, eher gering, da die Güter des alltäglichen Bedarfs zumeist nur geringen oder gar keinen Zollsätzen unterlagen.[103] Die Gewinne verteilten sich auf viele Beteiligte und bedingten kaum ein Wachstum von Handelszentren im subalpinen Raum. So waren beispielsweise Konstanz und Überlingen im 18. Jahrhundert Getreidemärkte ersten Ranges und Buchhorn nach 1755 sogar der Hauptausfuhrhafen des bayerischen Salzes in die Schweiz. In all diesen Fällen führte dies zwar zu einer größeren, nicht jedoch zu einer herausragenden Stellung dieser Städte für den internationalen Transit. Umgekehrt jedoch galt fast immer, dass die Stärke eines Ortes im Fernhandel kaum ohne eine ebenfalls bedeutende Stellung im Nahhandel möglich war.[104]

101 Die Viehmärkte im östlichen Alpenraum waren von hoher Wichtigkeit für die Handelsbilanz dieser Region, sie vermittelten vor allem den Handel zwischen Ungarn, der Steiermark und Kärnten und Oberitalien: *Pickl,* Viehhandel; vgl. speziell zum Schweizer Alpenraum, wo der Export von Vieh und Milchprodukten weniger auf Vermittlung, sondern auf genuiner Eigenerzeugung basierte: *Dubois,* L'exportation de bétail; *Grass,* Vieh- und Käseexport; einen Gesamtüberblick bietet: *Mathieu,* Geschichte der Alpen, S. 104–105. Der Zusammenhang zwischen Viehhandel und Alpenverkehr wird hervorgehoben von: *Glauser,* Ochsen und Pferde.

102 Die jüngste Übersicht zum Holzhandel zwischen Venedig und Tirol mit einer expliziten Bezugnahme auf den Zusammenhang zur Protoindustrialisierung bietet: *Occhi,* Ai confini dell'Impero.

103 *Pugliese,* Condizioni economiche, S. 201; *Schremmer,* Die Wirtschaft Bayerns, S. 639; *Vögele,* Getreidemärkte am Bodensee, S. 112–113. Vgl. auch die großen Mengen an Getreide und Salz im Handel über und mit Tirol im Jahr 1801 und deren geringe Wertbeträge: *Bonoldi,* La fiera e il dazio, S. 392–394. Dies galt aber nicht für Holz, hier waren die Zolleinnahmen für die holzproduzierenden Regionen bedeutsam: *Occhi,* Boschi e mercanti, S. 29–45.

104 Dies galt mehr noch für den Salz- als für den Getreidehandel. Eine Reihe von bedeutenden Handelshäusern der Vormoderne betätigte sich im Salzhandel und besaß damit eine Grundlage für einen weiteren Fernhandel: *Denzel,* Die Geschäftsbeziehungen; vgl. auch: *Bergier,* Die Geschichte vom Salz, S. 172–174. Ein großer Getreidemarkt allein war zumeist kein Garant für einen Ort, ein Handelsemporium zu werden: *Eitel,* Die Rolle der Reichsstadt, S. 21–22; *Eitel,* Handel und Verkehr, S. 73–85; *Wolf,* Arme Städte – Reiche Bürger; *Wolf,* Reichsstädte in Kriegszeiten, S. 167–184; *Rode,* Der Handel im Königreich, S. 14.

c) Das transalpine Transportwesen in der Frühen Neuzeit

Der Nahhandel hatte auch für den größeren Teil der Frühen Neuzeit primordiale Bedeutung für das Transportwesen in den Alpen. Auf Basis der lokalen Versorgungsnotwendigkeiten hatte sich hier ein Transportsystem entwickelt, das den Bedürfnissen im späten Mittelalter und der Frühen Neuzeit bis Ende des 17. Jahrhunderts gerecht wurde, die sogenannte »Rodfuhr«.[105] Im Schweizer und Tiroler Alpenraum basierte diese darauf, dass einzelne Bezirke jeweils einer Transportgenossenschaft zugeordnet waren, die typischerweise für die Instandhaltung der Wege zuständig war und dafür Transportprivilegien genoss. Die Fuhrleute eines Rodabschnitts hatten die Pflicht, gegen Gebühr Transporte vom einen Ende des Gebietes zum anderen zu leisten. Hier wurden die Waren in Lagerhäusern (»Susten« in der Schweiz und Graubünden, »Pallhäuser« in Tirol) untergebracht und von Fuhrleuten des nächsten Rodbezirks nach einiger Zeit weitertransportiert. In der Schweiz und Graubünden wurden diese Verbände von den Gemeinden eines bestimmten, teilweise bis zu 40 km langen Passgebietes gebildet.[106] Dies galt auch für Tirol, doch waren dort die entsprechenden Gebiete kleiner, da die Orte jeweils nur für sich selbst das Rodfuhrprivileg hatten. Zudem entstand hier aufgrund des höheren Verkehrsaufkommens und eventuell auch begründet in der fürstlichen Landesherrschaft eine Tendenz zur Hierarchisierung und beruflichen Spezialisierung.[107] Zwar waren auch in Tirol die Fuhrleute meist Landwirte, die im Nebenerwerb Transporte durchführten, doch fanden sich auch ausschließlich in der Frachtfahrt beschäftigte Personen.[108] Dank der geringen Kosten und seiner Angepasstheit an die Rhythmen der bäuerlichen Bevölkerung war die Rodfuhr bis ins 19. Jahrhundert hinein ein wirksames Transportsystem zur Beförderung von Massengütern im Alpenraum.

Eine für die Händler nachteilige Situation aufgrund des lokalen Rodzwangs konnte daraus nur in Ausnahmefällen entstehen, da der Wettbewerb der Alpenpässe zu einem Entgegenkommen gegenüber den süddeutschen und norditalienischen Kaufleuten zwang.[109] Eines der wichtigsten diesbezüglichen Elemente des Transalpenverkehrs war die sich daher im Spätmittelalter auf allen

105 Der folgende Abschnitt über das Rodfuhrwesen in den Alpen beinhaltet manche Vereinfachung, um eine komplexe Thematik möglichst bündig zu beschreiben. Für die Feinheiten der jeweiligen rechtlichen Stellung der Transportverbände gegenüber der Obrigkeit oder dem genauen Unterschied zwischen Säumern und Rodfuhrleuten sowie weitere Details sei auf die Literatur in den Fußnoten verwiesen.

106 Grundsätzlich hierzu: *Baumann*, Der Güterverkehr, S. 40–131; *Riedi*, Die Porten der Unteren Strasse; *Biedermann*, Das Rod- und Fuhrwesen.

107 Vgl.: *Müller*, Das Rodwesen Bayerns und Tirols; *Stolz*, Zur Geschichte, S. 240–259; *Fischer*, Das Rodfuhrwesen.

108 *Müller*, Das Rodwesen Bayerns und Tirols, S. 378, 391–392.

109 Vgl. *Riedi*, Die Porten der Unteren Strasse, S. 430–435. Es ist bemerkenswert, dass die Augsburger Kaufmannschaft im 16. und 17. Jahrhundert ein so hohes Interesse an der Tiroler Rodfuhr hatte, dass sie dazu ein eigenes Amt einrichtete: *Müller*, Augsburgs Warenhandel.

Alpenpässen etablierende Form der »Nebenfuhr« oder »Strackfuhr« (ital.: *addirittura*).[110] Dies bedeutete, dass, unter Beibehaltung des Rodzwangs in Form von Benutzung der vorgesehenen Straßen, die Waren über die zentralen Alpenrouten hinweg ohne Notwendigkeit zur Abladung an den Grenzen der Rodbezirke oder Porten durch einen oder mehrere Frachtführer überführt werden konnten. Topographisch erzwungene Umladungen von Wagen auf Saumtiere bei engen Gebirgspfaden oder auf Schiffe auf den Seeabschnitten spielten hierbei keine rechtliche Rolle im Sinne einer Übertragung des Transportauftrages an andere Frachtführer.[111] Bei dieser Form des Transports waren erhöhte Gebühren an die Routenanrainer und Rodbezirke zu bezahlen. Im Laufe des 16. Jahrhunderts bürgerte es sich weitgehend ein, dass Kaufmanns- und Transitgut (Seide, Barchent, Tuch, Obst, Halbfertig- und Fertigprodukte) per Strackfuhr verfrachtet wurde, Massengüter (üblicherweise Trockenobst, Salz, Metalle, einfache Tuche, bisweilen auch rohe Baumwolle) per Rodfuhr.[112] Im frühen 17. Jahrhundert geriet die Rodfuhr mit dem Aufkommen der günstigen Belieferung Mitteleuropas durch mediterrane Produkte über die Niederlande für den Fernhandel noch mehr ins Abseits, und sie wurde im nun stärker von raschen Lieferungen abhängigen Fernhandel weiter durch die Strackfuhr ersetzt.[113]

Zwischen Kaufleuten und Fuhrleuten stand idealtypischerweise der Spediteur, in den Quellen häufig als »Gutfertiger« bezeichnet.[114] Die Spediteure des Alpenraums spezialisierten sich typischerweise auf die Organisation der Überführung von fremden Waren auf bestimmten Streckenabschnitten, jedoch mussten sie keine eigenen Transportmittel besitzen.[115] Üblicherweise erhielten die Spediteure von Kaufleuten aus den Handelszentren den Auftrag des Waren-

110 In Graubünden existierten die Porten und die Möglichkeit zur Strackfuhr offenbar seit dem 13. Jahrhundert: *Scaramellini,* Le strade del Chiavennasco, S. 264–265; *Scaramellini,* Die Porten. In Tirol datieren die ersten Belege aus dem 14. Jahrhundert: *Müller,* Das Rodwesen Bayerns und Tirols, S. 409–410; *Stolz,* Zur Geschichte, S. 240–246.

111 *Hilfiker,* Thomas Massner, S. 24–25.

112 *Müller,* Augsburgs Warenhandel, S. 342. Die Rodordnung Tirols von 1675 betont die Freiheit der Kaufleute, *adritura* zu spedieren: *Stolz,* Quellen, S. 152–157; zu den Bündner Routen hingegen, wo für manche Güter ein Zwang zur Benutzung der Rodfuhr bestand vgl.: *Leipold-Schneider,* Neue Forschungen; *Riedi,* Die Porten der Unteren Strasse, S. 38–39, 460.

113 Vgl. die Ausführungen bei: *Müller,* Augsburgs Warenhandel, S. 343; *Srbik,* Rodordnungen, S. 259–267.

114 *Buć,* Beiträge zur Verkehrsgeschichte, S. 30–34; *Baumann,* Der Güterverkehr, S. 67–77; *Glauser,* Der Gotthardtransit, S. 22–30; *Hilfiker,* Beharren und Wandel, S. 33–35.

115 In der Praxis hatten die kleineren Spediteure typischerweise eigene Transportmittel, sodass diese Gruppe sich mit derjenigen der Fuhrleute überschnitt. Größere Spediteure waren hingegen primär mit Koordinationsaufgaben des Transportes über weite Strecken befasst. Daher kam bei ihnen häufig eine Überlappung mit Kommissionären vor, also Händlern, die den Kauf und Verkauf von Waren im Auftrag und auf Rechnung von Dritten vornahmen: *Baumann,* Der Güterverkehr, S. 67–78; *Glauser,* Der internationale Gotthardtransit, S. 205–228; *Glauser,* Der Gotthardtransit, S. 21–30; *Scaramellini,* Le strade del Chiavennasco, S. 265–286.

transports von einem Ort zu einem anderen, wo sie einem Empfänger übergeben wurden. Hierfür beauftragten sie seit dem 16. Jahrhundert an wichtigen Stationen des jeweiligen Handelszugs Faktoren oder Zwischenspediteure. Entsprechend war die Gruppe der Spediteure recht fluide; häufig sehen wir auch Kaufleute in ihren Reihen.[116] Ihre Firmensitze hatten die größeren Spediteure im 17. und 18. Jahrhundert meist an den alpinen Knotenpunkten des Transits, so in Luzern oder Altdorf auf den Schweizer Routen, in Chiavenna oder Chur auf den Bündner Routen, in den oberdeutschen Reichsstädten oder Bozen auf den Tiroler Routen und in Salzburg, Villach oder Gemona auf den Salzburger Routen.

Der Transitzug wurde durch eine Beladung der Frachtwagen auf beiden Seiten der Alpen profitabel gehalten, wenngleich in den zentralen Abschnitten der meisten Routensysteme »gesäumt«, also die Ware auf dem Rücken von Lasttieren transportiert werden musste. Hierbei war die Seide das strukturierende Produkt, ihre Anbau-, Produktions- und Destinationsorte bestimmten aufgrund des hohen Profits die Wege der Frachtwagen. Seide kann, wie bereits oben ausgeführt, geradezu als Kontrastprodukt zu den meisten anderen Waren der Frühen Neuzeit gelten, da sie unter den häufiger transportierten Gütern besonders wertvoll und doch relativ leicht war.[117] In Nürnberg musste man im 18. Jahrhundert gelegentlich die Fuhrleute bestrafen, da sie von Bozen nach Venedig verbotene Leerfahrten machten, um dort Seide und Baumwolle zu laden.[118] Häufig wurden daher wohl zur Füllung der Frachträume Fahrten von Deutschland nach Italien zu geringen Preisen angeboten, was die Kompetitivität der Alpenrouten gegenüber dem Seehandel für weitere Produkte, wie beispielsweise Leinwand, erhöhte.[119]

Ein wesentlicher Unterschied zwischen Tirol und den anderen Alpenpässen war der hier seit dem frühen 16. Jahrhundert erlaubte Einsatz eigener Fuhrleute gegen eine festgelegte Gebühr, was vonseiten einiger Reichsstädte zur Etablierung eines regelmäßig verkehrenden Frachtdienstes nach Venedig führte.[120] Darüber hinaus durften auf den Tiroler Routen zudem Fahrten auf »Eigenachswagen« durchgeführt werden, also Transporte in Eigenregie der Kaufleute.[121] Auf den Schweizer und Bündner Alpenpässen war dies rein topographisch

116 Vgl. den Fall Thomas Massners in Chur im frühen 18. Jahrhundert: *Hilfiker,* Thomas Massner, S. 32–77.

117 Daher rührt auch das Zitat eines hiermit befassten Historikers: »Les grands itinéraires des isthmes européens sont presque toujours des routes de la soie«, in: *Heers,* Rivalité ou collaboration, S. 49.

118 StN, B 18, Nr. 508, 514, 516.

119 Dies wird in der Literatur nicht explizit erwähnt, jedoch ergeben die Indizien ein Bild in diesem Sinne: *Schaubach,* Die deutschen Alpen, S. 28; *Weitnauer,* Venezianischer Handel, S. 120–129; *Klein,* Beschlagenes Gut; *Meinert,* Handelsbeziehungen, S. 198–199; *Hildebrandt,* Die wirtschaftlichen Beziehungen, S. 283–284.

120 *Müller,* Augsburgs Warenhandel; *Müller,* Das Rodwesen Bayerns und Tirols, S. 419–420; *Kellenbenz,* Wirtschaftsleben der Blütezeit, S. 265–267.

121 Endgültig durchgesetzt wurde dieses Recht 1627: *Müller,* Augsburgs Warenhandel, S. 345–347; *Stolz,* Verkehrsgeschichte, S. 284.

bereits schwierig, wie unten noch zu zeigen sein wird, insbesondere aber waren hier die Porten lange Zeit mächtig genug, um das Eindringen von fremden (nicht aus dem Schweizer oder Bündner Staatswesen stammenden) Frachtführern zu verhindern.[122] Bei diesen Pässen bedeutete die Strackfuhr, dass von einem zum anderen Ende des Hoheitsgebietes die Ware von einem einheimischen Frachtführer, aus einer der Rodgenossenschaften stammend,[123] gegen Abgabe der sogenannten »Fürleite« überführt wurde.[124] Im Falle der Schweiz war damit üblicherweise die Strecke Altdorf – Bellinzona, im Fall Graubündens Chur – Chiavenna abgedeckt, jedoch musste die Ware für den vorangehenden und nachfolgenden Abschnitt im Nachbarstaat natürlich wiederum umgeschlagen werden, mitsamt den begleitenden physischen und organisatorischen Umständen.[125] Die sich hieraus ergebende Problematik war besonders im Fall der Bündner Routen spürbar, wie sich aus einer Quelle von 1777 ergibt. Hier schreibt der Memminger Kaufmann Benedikt Hermann Karrer an das Oberamt Bregenz und wünscht, dass *die zu der Vergrößerung des Güther Transito unglaublich hinderliche Abladungen der Colli bey den Roden im Veldkirchischen und Liechtensteinischen* abgeschafft würde:

Landkündig ist es, wie sehr die Kaufmanns Güther auf denen in rohen und uncultivirten Zeiten aufgekommenen Roden in Veldkirch, Balters, Meyenfeld strappazirt, durch die ganz unbedeckte schlechte Wägen dieser Rodtfuhrleute auch zuerst, beschädigt, und was nicht weniger schlimm ist, in denen Rod Häußern unverantwortlich lang auf gehalten werden. Ist ein Regen Wetter oder Feldarbeit vorhanden, so will Niemand fahren, die Güther bleiben müßig liegen, treffen dem Kaufmann erst zur Zeit ein, wann er die Waar nicht mehr verkaufen kan, zwingen ihn dadurch diese langsame und schädliche Straße zu verlaßen, und den Weg durch die Schweiz zu ergreifen, allwo so wohl über die Route von Lucern, Zürch, als von Geneve, diese nachtheilige Unordnungen ausgewichen, und dazu die Oesterreichische Zölle erspahrt werden. Wir haben vielfältige widerhohlte Erfahrungen, daß von denen durch besagten Roden gesandten Güthern anstatt von hier in 6 Tagen in Chur eintreffen, 4 bis 6 Wochen in denen fatalen Rod Häußern liegen, und hiedurch dem Kauffmann zu großem Schaden unverkaufft auf dem Hals geblieben sind. Im Tyroll und in allen anderen Oesterreichischen Ländern sind die dem Güther Transito schädliche Folgen der Roden schon lange eingesehen und daher allgemein abgeschafft worden. Ganz besonders ist dagegen, daß

122 *Baumann*, Der Güterverkehr, S. 78–80; *Simonett*, Verkehrserneuerung, S. 10–12.

123 Gänzlich »fremde« – also nicht aus Graubünden stammende – Frachtführer hat es der einschlägigen Literatur zufolge auf den Bündner Routen bis 1815 eigentlich nicht gegeben: *Scaramellini*, Le strade del Chiavennasco, S. 265–268; *Riedi*, Die Porten der Unteren Strasse, S. 176. Nur in Ausnahmefällen scheint dies vorgekommen zu sein: *Buć*, Beiträge zur Verkehrsgeschichte, S. 37.

124 Hierzu vgl.: *Baumann*, Der Güterverkehr, S. 134–135; *Riedi*, Die Porten der Unteren Strasse, S. 49–52; *Scaramellini*, Die Porten.

125 Zu den entsprechenden Verordnungen und Problemen vgl.: *Baumann*, Der Güterverkehr, S. 40–42; *Sprecher/Jenny*, Kulturgeschichte der Drei Bünde, S. 217–226; *Biedermann*, Das Rod- und Fuhrwesen, S. 85–92.

in der ganzen übrigen Schweiz und in allen Ländern von Europa die Transito Güther ungehindert passiren können, nur allein aber den 4 Stunden langen Strich von Meyenfeld nach Chur nicht.[126]

Benedikt Hermann Karrer, der im Verlauf dieser Arbeit noch einige Male genannt werden wird, hat damit den Stand des Frachtfuhrwesens um 1777 auf den Bündner Routen recht präzise beschrieben. Im Gegensatz zu Vorarlberg und Liechtenstein war in der Eidgenossenschaft und Tirol die Liberalisierung des Verkehrswesens im Verlauf des 18. Jahrhunderts durch weitgehende Aufhebung jeglichen Rodzwangs oder Speditionsmonopols deutlich vorangetrieben worden.[127]

Im Falle des von Hermann Karrer nicht erwähnten Salzburgs war die Transportleistung sogar noch umfassender als auf den Schweizer Pässen. Hier hatte sich das System einer Rodfuhr nicht ausgebildet, der Transport von Massengut basierte dort auf der Tätigkeit der hier als Berufsstand bezeichneten »Säumer«. Bis ins 18. Jahrhundert waren dies, wie bei der Rodfuhr, häufig Bauern, die den Transport mithilfe von Zugtieren als Nebentätigkeit leisteten. Jedoch bestand im Salzburgischen eine Tendenz zu einer höheren Transportleistung, da das System ohne die fest abgegrenzten Bezirke stärkere Wettbewerbselemente aufwies.[128] Aus den Säumern heraus bildeten sich seit dem frühen 16. Jahrhundert professionelle Fuhrleute im Fernverkehr, die sogenannten »Faktoren« aus, die Speditionsunternehmer der Salzburger Routen.[129] Seit der zweiten Hälfte des 16. Jahrhunderts wurde der Fernhandel von diesen betrieben; und sie hatten eigentlich von Salzburg bis ins venezianische Gemona theoretisch eine freie Fahrt.[130] Praktisch jedoch maßte sich Villach bis 1765 ein Niederlagsrecht für die Kaufmannsgüter an und erzwang die Weiterbeförderung ab hier durch lokale Unternehmer, was ein wichtiges Hemmnis für diesen Handelszug darstellte.[131]

126 VLA, Vogteiamt Bregenz, 300, Schreiben von Benedikt Hermann Karrer an das Oberamt Bregenz, Memmingen, den 4. Juli 1777 (Nr. 21). Zu den notorischen Problemen der Bündner Rodfuhr mit Maienfeld, die mit der Nähe zur Grenze nach Liechtenstein zusammenhingen vgl. auch: *Buć*, Beiträge zur Verkehrsgeschichte, S. 106; *Sprecher/Jenny*, Kulturgeschichte der Drei Bünde, S. 221; *Biedermann*, Das Rod- und Fuhrwesen, S. 84–92.

127 *Wicki*, Bevölkerung und Wirtschaft, S. 452–454; *Baumann*, Der Güterverkehr, S. 40–43; *Stolz*, Zur Geschichte, S. 251–253.

128 *Klein*, Der Saumhandel, S. 449–451; *Barth-Scalmani*, Der Handelsstand, S. 87–88.

129 *Hassinger*, Die Handels- und Verkehrsstellung, S. 236–244; *Hassinger*, Die Übergänge, S. 233–235.

130 *Klein*, Brenner und Radstädter Tauern, S. 414–416; *Klein*, Der Saumhandel, S. 482–483.

131 Hassinger unterschätzt die Auswirkungen der Villacher Niederlage, also den Zwang, auf Spediteure dieses Ortes umzuladen: *Hassinger*, Die Handels- und Verkehrsstellung, S. 236–244. Es bedurfte erst eines energischen Berichtes von Philipp von Sinzendorf (1717–1779) an die Kaiserin im Jahr 1764, in welchem er die großen Nachteile für den Handel aus Triest ins Reich darlegte, um den umschlagsfreien (aber auch weiterhin nicht gebührenfreien) Transit durch Villach durchzusetzen: ÖSTA/FHKA/NHK, Kommerz, rote Nummer 372, fol. 534r–536v.

Die höchste Freiheit im Fernverkehr herrschte zumeist auf den Tiroler Routen vor. Diese war nicht nur der Landesherrschaft geschuldet, sondern auch in hohem Maße der Topographie, die das Säumen hier überflüssig machte. Typischerweise wird daher die seit dem Mittelalter gegebene durchgängige Befahrbarkeit der Tiroler Routen von Augsburg bis Venedig als ein uneinholbarer Vorsprung dieser Alpenquerung im Gegensatz zu allen anderen gesehen.[132] Grundsätzlich ist das richtig, und zu keinem Zeitpunkt vor dem Bau der Gotthardbahn 1882 wurde ein anderer Alpenpass intensiver für den Transitverkehr genutzt als der Brenner. Dennoch: Die Konkurrenz zu den anderen Alpenpässen war stets präsent, auch wenn bei den anderen Routen einige, bisweilen recht lange Abschnitte gesäumt werden mussten. Die damit verbundenen Unkosten sollten nicht überschätzt werden. Ein einzelner Säumer konnte relativ viele Pferde führen und damit die Personalkosten gering halten.[133] In den Quellen findet sich in der Tat kaum eine Beschwerde über die Notwendigkeit, an längeren Abschnitten der Westalpen zu säumen, dies scheint als Nachteil nicht wesentlich ins Gewicht gefallen zu sein.[134]

Der mit Rodfuhr oder Säumern bewerkstelligte Nahverkehr war somit die unerlässliche Grundlage des auf der Strackfuhr basierenden Fernverkehrs, war aber zugleich auf vielerlei Art von diesem getrennt. Die größeren Gewinne konnten alle Beteiligten beim Fernverkehr machen. Hier waren die Gebühren höher, sodass die Rodgenossenschaften oder die Gemeinden entlang der Routen auch ein eigenes Interesse an einer möglichst intensiven Strackfuhr hatten.[135] Bei dieser waren zudem die Zolleinnahmen bedeutsamer, da es sich um teure Waren handelte und nicht um essenzielle und daher weniger mit Abgaben belastete Güter für Mittel- und Unterschichten. Es verwundert wenig, dass in den einschlägigen Rodordnungen die Strackfuhr typischerweise bevorzugt wurde. Dies war im Sinne der Konkurrenzfähigkeit des eigenen Passes und der damit lockenden Gewinnaussichten.[136] Allerdings konnten die lokalen Herrschaftsträger den Fernverkehr bereits seit dem Mittelalter aufgrund der dauernd bestehenden Wettbewerbslage auch nicht übermäßig mit Gebühren belegen.[137]

132 So z. B. *Stolz*, Zur Geschichte, S. 179–186; *Hassinger*, Zur Verkehrsgeschichte, S. 448–449.

133 *Klein*, Brenner und Radstädter Tauern, S. 415–416; *Mathieu*, Eine Agrargeschichte, S. 143–144.

134 Verwiesen sei auf die in Kap. II, Fn. 126 zitierte Beschwerdeschrift über Probleme mit der Rodfuhr auf den Bündner Routen. Darin werden die Probleme ausschließlich auf dem Abschnitt zwischen dem Bodensee und Chur gesehen und sie gründen auf der mangelnden zwischenstaatlichen Kooperation, nicht auf dem Säumen per se.

135 *Müller*, Augsburgs Warenhandel, S. 409–412.; *Pfister*, Das Transportwesen, S. 169–176; *Esch*, Spätmittelalterlicher Passverkehr, S. 221.

136 *Riedi*, Die Porten der Unteren Strasse, S. 77–88; *Klein*, Beschlagenes Gut; *Baumann*, Der Güterverkehr, S. 99–100.

137 Dieser Konkurrenzsituation war man sich seitens der Passanrainer immer bewusst, vgl. vonseiten der Graubündner zur Route über den Gotthard im Mittelalter: *Schulte*, Geschichte des mittelalterlichen Handels, S. 189–190, oder aus Innsbrucker Perspektive die Analyse der Route Mailand – Lindau zur Mitte des 16. Jahrhunderts: *Stolz*, Die Verkehrsverbindungen, S. 66–72.

Wir können an dieser Stelle festhalten: Die Alpen waren in der Frühen Neuzeit zwar eine verkehrsbehindernde Barriere, jedoch eine sehr durchlässige. Teilweise war das Gebirge sogar ein strukturell die Gewerberegionen verbindender Faktor. Durch die klimatische Scheidefunktion sorgte es für eine erhöhte Produktheterogenität zwischen Süddeutschland und Norditalien. Die Spezialisierung der alpinen Landwirtschaft vor allem auf die Viehhaltung und Milcherzeugung machte vielfältige Migrations- und Austauschprozesse im Nahhandel notwendig. Damit war das Potenzial für einen intensiven Fern- und Transithandel zweifellos gegeben. Diesen zu stimulieren und auf das eigene Hoheitsgebiet zu ziehen war ein bedeutendes Ziel der im Alpenraum liegenden oder an diesen angrenzenden Staatswesen.

d) Die Transitrouten und die territorialen Akteure

Es ist bereits aus der Darstellung des Warenflusses deutlich hervorgegangen, dass ein Strukturelement des Transalpenhandels zwischen Deutschland und Italien die Konkurrenz der Pässe zueinander war. Es ist nicht so, dass sie grundsätzlich immer austauschbar waren, aber tendenziell herrschte ein hohes Maß an Freiheit bei der Wahl der Speditionsroute. Die geographischen Verhältnisse begünstigten zwar die Herausbildung spezifischer Einzugsräume für alle Passausgänge im Norden und Süden. Dabei blieb aber immer eine hohe potenzielle Dynamik bestehen: Unter gewissen nachteiligen Umständen auf der üblichen Alpenroute, man denke an Kriegsereignisse, vernachlässigte Straßen, monopolartiges Gebaren der lokalen Spediteure oder eine restriktive Zollpolitik, konnten auch die geographisch nicht unmittelbar naheliegenden Pässe für den Transit gewählt werden. Viele solche kurz- oder langfristigen Ursachen für Schwankungen werden in dieser Arbeit genannt werden können.

Der jeweilige Einzugsbereich ist als Hauptzone des Warenaustauschs zwischen dem zugehörigen Nord- und Südgebiet der Alpen zu sehen. Eine verringerte oder gesteigerte Bedeutung von wichtigen Zentren eines jeweiligen Einzugstrichters betraf stets das gesamte zusammenhängende Austauschsystem. Ein Beispiel für solche Zusammenhänge gibt der von Nürnberg ausgehende Alpenhandel: Die zentrale Ausrichtung auf die Routen über Salzburg und Tirol war geographisch für die Stadt vorgezeichnet. Die dennoch bedeutenden Handelsverbindungen nach Nordwestitalien über die Schweizer oder Bündner Pässe fußten auf dem durch die Tiroler und Salzburger Routen akkumulierten Potenzial als Handelszentrum und waren immer nur von sekundärer Wichtigkeit für die Pegnitzstadt.[138] Wenn der Handel einer Stadt hauptsächlich von einem

138 *Tscharner*, Über das Transitwesen, S. 322–323; *Klein*, Brenner und Radstädter Tauern, S. 417–418; *Stromer*, Oberdeutsche Hochfinanz, S. 47–48. Vgl. auch die Betonung des Handelszugs zwischen Nürnberg und Venedig im Gegensatz zu Genua im Mittelalter bei: *Roth*, Geschichte des Nürnbergischen Handels, Bd. 1, S. 111–114.

Routensystem abhängig war, dann führte eine geringer werdende Bedeutung dieser Route notwendigerweise zu einem nachlassenden Handelspotenzial dieses Ortes, wie es beispielsweise der Stadt Regensburg geschah, als die Verbindung nach Venedig über Salzburg schwächer wurde.[139]

Die Forschung zu den Alpenpässen hat in detaillierten und faktenreichen Darstellungen die Verkehrswege der Frühen Neuzeit nachgezeichnet.[140] Hierauf basierend werden im Folgenden die Pässe sowie die entsprechenden Einzugsbereiche hauptsächlich in Bezug auf die Bedeutung für den deutsch-italienischen Fernhandel dargestellt. Maßgeblich ist hier der Blick aus der Perspektive von Händlern aus Oberitalien oder Süddeutschland. Topographische Faktoren werden vernachlässigt, nur in dem Maße, in dem diese eine wesentliche Rolle bei der Profitabilität des Transits spielten, sollen solche im Folgenden berücksichtigt werden.

Vier Verbindungen sind in der Frühen Neuzeit für den deutsch-italienischen Landtransit wesentlich gewesen. Diese wurden vorgegeben vom Pass über den Gotthard, den Bündner Pässen, den Tiroler Pässen und den Tauernpässen. Ausgehend von der wesentlichen regionalen Herrschaftsgewalt werden diese Verkehrswege im Folgenden als Schweizer,[141] Bündner, Tiroler und Salzburger Routen bezeichnet. Nur eine marginale Rolle bei dieser Betrachtung spielen die Routen zwischen Frankreich und Italien über den Mont Cenis, den Großen St. Bernhard und den Simplon. Zu diesen sei kurz bemerkt: Die Route über den Mont Cenis verband Lyon und Turin direkt, sie bedingte daher einen substanziellen Transithandel zwischen Frankreich und Italien. Der Große St. Bernhard und der Simplon wiederum verbinden Genf über das Ostufer seines Sees an der Kreuzungsstelle Martigny einerseits mit Turin, andererseits mit Mailand.[142] Für den deutsch-italienischen Handelsverkehr war die Nutzung der französisch-italienischen Pässe über die Route Basel – Solothurn – Aarberg – Murten – Payerne – Lausanne und von dort entweder über den Simplon an den Lago Maggiore oder den Großen St. Bernhard nach Aosta eine alternative Möglichkeit zur Überquerung der Alpen. Diese wurde jedoch angesichts der Streckenverlängerung gegenüber den vier wesentlichen Pässen nur in Ausnahmefällen verwandt.[143] Der französisch-italienische Handel wiederum war zwar von hoher Bedeutung, er scheint aber gegenüber dem deutsch-italienischen seit dem späten 17. Jahrhundert in einem derzeit noch unbestimmbaren Maße bezüglich Menge und

139 *Kellenbenz*, Bürgertum und Wirtschaft, S. 109–118.

140 So auch: *Rauscher*, Die Aschacher Mautprotokolle, S. 255–256.

141 In den frühneuzeitlichen Quellen wird diese häufig als Basler Route bezeichnet. Da jedoch von Basel der Italienhandel nicht nur über den Gotthard ging, sondern ein wesentlicher Handelszug über Graubünden nach Mailand lief, ist diese Bezeichnung potenziell uneindeutig und wird hier nicht verwendet.

142 Zu den drei genannten französisch-italienischen Pässen siehe grundsätzlich: *Hassinger*, Die Alpenübergänge.

143 Näheres hierzu weiter unten, eine genaue Beschreibung der Route liefert: *Weiss*, Über die Verlagerung, S. 218.

Werten zurückzutreten.[144] Die steigende Nachfrage nach Rohseide in Deutschland seit der Ansiedlung der Hugenotten hier mag einiges dazu beigetragen haben, wichtiger aber wird die Tatsache gewesen sein, dass Frankreich eigene Mittelmeerhäfen besaß und daher für seinen Exporthandel kaum norditalienischen Häfen benötigte.

Es seien nun im Folgenden die einzelnen Routen eingehend dargestellt, da sie alle für das Verständnis der Handelsdynamiken und -konkurrenzen eine wesentliche Rolle spielen werden. Der Schwerpunkt liegt dabei auf der Betrachtung Graubündens und Tirols. Zunächst sei die Schweizer Route betrachtet. Das zentrale Stück verläuft von Luzern direkt über den Gotthard nach Bellinzona. Westlich und Nördlich von Luzern sind Basel und Zürich auf diese Route verwiesen. Im Süden trifft der vom Gotthard nach Süden verlaufende Straßenzug bei Bellinzona auf die westlichste der Bündner Routen über den San-Bernardino. Von Bellinzona aus geht der Weg über Lugano auf den Lago Maggiore und dann in die norditalienische Ebene entweder nach Mailand, Alessandria oder Turin, meist mit dem Endziel Genua. Ein wesentlicher Vorteil ist die Anbindung an den Lago Maggiore kurz hinter Bellinzona mit seiner langgezogenen Nord-Süd-Ausdehnung. Es wird an einem späteren Punkt dieser Arbeit eine eminente Rolle spielen, dass die am Westufer des Lago Maggiore gelegenen Orte Intra und Pallanza, beides heute Stadtteile von Verbania, für den internationalen Transitverkehr die geeignetsten Sammelpunkte waren. Einerseits ist das Ostufer des Sees recht gebirgig und war für die Anlage von Straßen daher eher ungeeignet,[145] wichtiger aber noch war, dass sich bei Intra und Pallanza der von Bellinzona kommende Nord-Süd-Transit mit dem Handelszug vom Simplon nach Nordostitalien kreuzte. Der sich hier konzentrierende Verkehr fand am südwestlichen Ufer des Sees bei Arona seinen Sammelpunkt nach Süden. Aus diesem Grund war das Westufer bereits seit dem Spätmittelalter gewerblich gut entwickelt, seine Märkte und Messen auf den internationalen Verkehr abgestimmt und ein bevorzugtes Objekt der politischen Obrigkeiten, allerdings ohne den Transit von Norden her intensiv zu fördern.[146] Es ergibt sich aus der politischen Geographie des Herzogtums Mailand ein eindeutiger Grund hierfür: Da für den Transit vom Lago Maggiore nach Genua der Weg über Mailand einen Umweg gegenüber der weit kürzeren Strecke über Alessandria darstellte, hätte eine Intensivierung dieses Transitzugs den Handel weg von der Hauptstadt gelenkt. Selbst

144 Indirekt ist die weit höhere Bedeutung des italienisch-deutschen Handels zu erfassen. So sieht man 1778 im Transitzug über Mailand ähnlich hohe Werte für den von und nach Frankreich laufenden Transit wie im Fall Schweiz/Deutschland: *Tonelli*, Commercio di transito, S. 103–108. In den zugrundeliegenden Mailänder Zollregistern fehlen für den gesamten italienisch-französischen Handel im Wesentlichen nur noch die Importe und Exporte aus dem Piemontesischen, während die Tiroler und Salzburger Routen mit ihrem drei- bis viermal so hohen Verkehr wie auf den Bündner und Schweizer Routen nach Deutschland außer Betracht bleiben.

145 *Cavallera*, Angera nella vita, S. 185–191.

146 Ebd., S. 170–183.

als Alessandria noch zum Herzogtum Mailand gehörte, also bis 1713, förderten die regierenden Eliten diese Route kaum.[147] Als seither dieser Ort auch noch Teil des Königreichs Sardinien-Piemont wurde, schwand jegliches Interesse an einer Förderung von Intra bei den neuen Habsburger Herrschern Mailands.

Die nördliche Trichteröffnung der Schweizer Routen reichte potenziell von Basel bis Konstanz. Damit verfehlte diese weitgehend das gesamte oberschwäbische und nordostschweizerische Textilrevier, da das östliche Einzugslimit etwa entlang der Grenzen der Kantone Schwyz und Glarus verläuft und sich im Norden zu den Grenzen der Kantone Zürich und St. Gallen fortsetzt. Im Westen ist der Einzug weiter, hier dürfte die Grenze leicht westlich von Nancy und Metz verlaufen. Der Gotthardpass verband somit in der Frühen Neuzeit das Oberrheingebiet mit Nordwestitalien, also konkret Mailand mit Basel und Straßburg.[148]

Topographisch ist der Gotthardpass wohl das beschwerlichste der hier noch vorzustellenden alpinen Nadelöhre, dies liegt an seinem steilen Anstieg bis zur Höhe von 2.106 m. Die Quertäler der Reuß im Norden und des Tessin im Süden bestimmen die Lage des günstigstmöglichen Saumwegs, der in seinen wesentlichen Abschnitten bis in die 1820er Jahre nicht befahrbar war. Der Weg war zudem in seinen Höhenlagen den Unbilden des Winterwetters ausgesetzt und musste vor allem aufgrund von Lawinen häufig gesperrt werden. Einen leichten, häufig aber nicht ausreichenden Ausgleich fanden diese nachteiligen Faktoren in der schieren Ersparnis von Strecke und damit an Kosten, da der Gotthard von Mailand aus nach Frankfurt am Main die kürzeste Verbindung über die Alpen darstellt.[149]

Die Bedeutung des Gotthardpasses wurde bis in die 1950er Jahre deutlich überbewertet, seither wird er eher unterschätzt. Schulte hatte 1900 in seinem Opus Magnum die Überlegenheit des Gotthard seit dem Mittelalter postuliert.[150] Rudolf Jenny betonte hingegen 1955 die stärkere Frequentierung der Bündner Routen während der Frühen Neuzeit.[151] Ein Artikel Fritz Glausers von 1968 über den Verkehr über den Gotthard um 1500 bestätigte Jennys Aussagen.[152]

147 So sieht man auch durchaus eine günstige wirtschaftliche Entwicklung der westlich vom Lago Maggiore gelegenen gesamten Provinz Novara in den letzten Dekaden der spanischen Herrschaft über das Herzogtum Mailand: *Cognasso*, Novara nella sua storia, S. 420–425; *Levati*, Da »Tencin«, S. 11–18. Dennoch befanden sich die lokalen Akteure über Jahrhunderte in Streitigkeiten mit der Regierung des Herzogtums über Zollkompetenzen. Die zentrale Ursache war der Wunsch der lokalen Akteure, von den Ein- und Ausgangszöllen der Warenströme von und nach Norden befreit zu werden. Damit wollten die Anrainer am Lago Maggiore stärkere Zwischenhändler im großen transkontinentalen Nord-Süd-Austausch werden, sie waren sich also ihrer potenziell sehr günstigen Lage bewusst: *Battistoni*, Franchigie, S. 215–218.

148 Vgl. den dichten Handel von Straßburg mit Basel: *Hertner*, Stadtwirtschaft, S. 136–138.

149 *Baumann*, Der Güterverkehr, S. 16–18.

150 *Schulte*, Geschichte des mittelalterlichen Handels, S. 376, 385.

151 Vgl. den Nachdruck des entsprechenden Exposés: *Jenny*, Graubündens Paßstraßen, S. 68–74.

152 *Glauser*, Der internationale Gotthardtransit. Vgl. beispielsweise die damalige Kommentierung bei: *Bergier*, Le trafic à travers les Alpes, S. 32–33.

Etwa ein Jahrzehnt später konnte Glauser nachweisen, dass der Verkehr über Basel, dessen Lage am Rheinknie es zum Sammelpunkt des oberrheinischen Handels prädestiniert, nicht direkt mit der Frequentierung des Gotthard, sondern im 17. Jahrhundert eher mit den Bündner Routen verknüpft war.[153] Seither war sich die Forschung einig, die Leistung der Schweizer Route in der Frühen Neuzeit für den internationalen Transit als eher vernachlässigbar einzustufen.[154] Neben der Topographie wurde hierfür der konfessionelle Gegensatz in der Eidgenossenschaft verantwortlich gemacht, da Basler und Zürcher es bevorzugten, ihre Waren über das »ausländische«, aber reformierte Chur zu versenden.[155] Allerdings konstatierte Hans Wicki bereits 1979 für das späte 18. Jahrhundert eine deutliche Steigerung des Transits über den Gotthard, was aber keine größere Diskussion mehr in der Literatur ausgelöst hat.[156]

Damit sei zum Graubündner Passsystem übergegangen. In stärkster Konkurrenz zur Gotthardroute standen in der gesamten Vormoderne die Bündner Pässe, der Septimer, der Splügen, der San Bernardino und der Lukmanier.[157] Diese Routen standen durch ihren nach Norden und Süden hin sehr weiten Trichter in direkter Konkurrenz zu fast allen anderen bedeutenden Alpenrouten zwischen Deutschland und Italien. Im Norden beginnt diese Route bei Lindau als Sammelpunkt des deutschen Verkehrs, von wo aus eine direkte Spedition die Waren über den Bodensee nach Fußach bringt.[158] Der nächste Verkehrsknoten dieser Route ist Feldkirch. Diese Überquerung österreichischen Territoriums in Vorarlberg gab den Habsburgern als Landesherren hier fortwährend eine Möglichkeit zur Intervention. Diese konnten sie allerdings nie in einem gewünschten Ausmaß fiskalisch ausnutzen, da die Lindauer bei zu hohen Habsburger Zollforderungen als Alternative über die schweizerischen Orte Rheineck und Ragaz Vorarlberg haarscharf entlang der Grenze umgehen konnten.[159] Südlich von Feldkirch führt die Route direkt nach Chur, dem Zentrum der Bündner

153 *Glauser*, Der Gotthardtransit. Zuvor war die Forschung von der engen Verbindung Basels mit dem Gotthardpass ausgegangen, vgl. z. B.: *Bener*, Studie zur Geschichte, S. 35–36.

154 Vgl. *Körner*, Luzerner Staatsfinanzen, S. 129, *Dubler*, Geschichte der Luzerner Wirtschaft, S. 172–173; *Strasser-Lattner*, Der Handel, S. 77–79.

155 *Glauser*, Der Gotthardtransit, S. 42.

156 *Wicki*, Bevölkerung und Wirtschaft, S. 454–457. Das Ergebnis wurde allerdings vermerkt, so sieht die Forschung nun im 18. Jahrhundert eine Verdoppelung des Verkehrsvolumens über den Gotthard: *Furter*, Urbanisierung, S. 52.

157 Eine Beschreibung der von den Pässen ausgehenden Routen liefert: *Kellenbenz*, Die Graubündner Pässe, S. 29–30.

158 Die Struktur des Bodenseehandels im 18. Jahrhundert wird am besten durch den aufmerksamen Zeitgenossen Karl von Zinzendorf erklärt: *Deutsch*, Bericht des Grafen, S. 181–195.

159 Typischerweise machten sie dies angesichts der hohen Qualität der trichterförmigen Hafeneinfahrt von Fußach und der direkt anschließenden Straße nicht, da dies bedeutende Infrastrukturvorteile waren: *Stolz*, Die Verkehrsverbindungen, S. 70–71; *Stolz*, Zur Geschichte, S. 161–162. Für die Schweizer Spediteure war die Umgehung des österreichischen Territoriums allerdings über weite Strecken der Frühen Neuzeit Usus: *Weiss*, Über die Verlagerung, S. 212.

Routen. Chur selbst wird über den Walensee auch noch mit Zürich und Basel verbunden, damit ergibt sich die erwähnte Konkurrenz zur Schweizer Route.[160] Von Chur aus verläuft die Route nach Süden, bei Thusis zweigt nach Osten die »Obere Straße« hin zum Septimerpass und von dort weiter nach Chiavenna ab. Im Mittelalter war diese Route besonders bedeutsam gewesen, in der Frühen Neuzeit verlor sie gegenüber der »Unteren Straße« an Bedeutung.[161] Diese geht von Thusis über die Viamala-Schlucht nach Andeer und dann weiter hin zum Splügenpass, von wo aus sie direkt nach Süden, ebenfalls nach Chiavenna führt. Weiter nach Westen verläuft die »Bellenzer Straße«, eine Fortführung der »Unteren Straße«, die über Nufenen auf den San Bernardino und von dort aus nach Bellinzona geht. Der Lukmanierpass schließlich bestimmt die westlichste Route, die über Biasca weiter verläuft und ebenfalls nach Bellinzona führt. Diese Route hatte aber in der Frühen Neuzeit nur regionale Bedeutung.[162]

Die Bündner Pässe gehören zu den höchsten der Alpen (Lukmanier: 1.915 m, San Bernardino: 2.066 m, Splügen: 2.115 m, Septimer: 2.310 m). Da sie in einem Gebirgsmassiv liegen, ist jedoch der Anstieg zu diesen bei weitem nicht so steil wie am Gotthard.[163] Sie waren daher für den internationalen Transit leichter zu bewältigen. Jedoch war auch hier die durchgängige Befahrbarkeit bis weit ins 18. Jahrhundert nicht gegeben. Bisweilen konnten bei günstigen Bedingungen im Sommer kleine Einachswagen von Thusis über den Splügen nach Chiavenna oder Bellinzona fahren, normalerweise jedoch wurde südlich von Chur gesäumt.[164] Das war lange Zeit kein wesentlicher Nachteil: Strackfuhren von Chur nach Chiavenna oder Bellinzona dauerten auch beim Säumen nur zwei bis drei Tage.[165]

Über die Bündner Pässe gibt es eine reichhaltige und kontroverse Literatur. Dies hängt insbesondere mit dem recht drastischen und unmittelbaren Ende ihrer Bedeutung nach dem Bau der Gotthardbahn 1882 zusammen. Die wirtschaftliche Depression, die darauf für Graubünden folgte, hat eine in Chur bis heute spürbare Nostalgie für dessen Vergangenheit als Handelsknoten europäischen Ranges hervorgerufen.[166] Auch auf eine solche Sichtweise ist eine re-

160 Der Verkehr von Zürich über den Walensee nach Chur wurde bereits in einem Aufsatz quantitativ erfasst und kommentiert: *Bodmer,* Ursachen. Die dort erstellten Korrelationen zur Getreidepolitik des Schwäbischen Kreises sind jedoch häufig nicht stichhaltig.

161 *Schulte,* Geschichte des mittelalterlichen Handels, S. 370–374.

162 *Deplazes,* Zum regionalen Handel.

163 *Bernhard,* Chur, S. 22.

164 *Simonett,* Chur, S. 98. Eindeutig ist auch Joseph Furttenbach in seiner Beschreibung der Wege Italiens aus dem Jahr 1627: *Biß daher* (Chur; MR) *kann man die Wägen gebrauchen/aber hernach wird alles auff Saumrossen getragen. Furttenbach,* Newes Itinerarium, S. 3–4. Im 18. Jahrhunderts wurde eine durchgängige Befahrbarkeit zwischen Chur und Chiavenna für die genannten Einachswagen hergestellt: *Mani,* Splügen- und Bernhardinstrasse, S. 154–156. Dies scheint in den 1760/70er Jahren geglückt zu sein: *Raich,* Bregenzer Straßenpolitik, S. 69; *Dobras,* Der Mailänder oder Lindauer Bote, S. 348.

165 *Sprecher/Jenny,* Kulturgeschichte der Drei Bünde, S. 217–219.

166 *Simonett,* Transitverkehr und sozialer Wandel, S. 8–10.

lativierende Reaktion nicht ausgeblieben, sodass heute die Bedeutung dieses Verkehrszugs in der Zeit zwischen Westfälischem Frieden und Französischer Revolution eher heruntergespielt wird.[167] Da das Verkehrsvolumen auf den Bündner Routen aufgrund einer im frühneuzeitlichen Graubünden nur unzureichend professionalisierten Verwaltung kaum erfassbar ist, blieb die Debatte hierzu länger ohne greifbare Ergebnisse.

Seit einigen Jahren kann die Bedeutung der Bündner Routen etwas genauer bestimmt werden. Der Einzugsbereich dieser Transportlinie wurde von Max Hilfiker in zwei wichtigen Darstellungen empirisch anhand der quantitativen Analyse von Frachtbriefen der Churer Firma Salis & Massner aus dem 18. Jahrhundert rekonstruiert. Dabei zeigt sich die überragende Bedeutung von Zürich, St. Gallen und Lindau im Norden und Chiavenna und Mailand im Süden. Die Hauptachsen des Bündner Handels vom Bodensee gingen über Memmingen und Augsburg nach Nürnberg, von Zürich nach Basel und Frankfurt und zuletzt von Mailand nach Genua; eine substanzielle Rolle spielte auch noch die Linie in die venezianische Lombardei über Bergamo.[168] Im Norden war die Ostgrenze des Einzugsbereichs deutlicher: Diese verlief etwa auf der Linie Regensburg – München. Es kann daher festgehalten werden, dass die Bündner Pässe nicht nur für die große Mehrzahl der deutschen handelstreibenden Welt eine Alternative zu den Schweizer, sondern auch zu den Tiroler Routen darstellten.

Im Wesentlichen allerdings ist die historische Rolle der Bündner Routen von den zwei alternativen südlichen Endpunkten her bestimmt. Bellinzona und Chiavenna waren hier die Knotenpunkte, da beide hauptsächlich auf Mailand und Genua ausgerichtet waren. Wenngleich die Drei Bünde immer ein höheres Interesse an der Förderung Chiavennas als Hauptstadt des Untertanenlandes hatten, so vermied man eine einseitige Abhängigkeit und erhielt die Verbindung mit Bellinzona über den San Bernardino, um sie bei Notwendigkeit stärker verwenden zu können; hierfür werden weiter unten noch Beispiele genannt. Nach Norden hin sind die Alternativen zwischen dem Bodensee (zumeist: Lindau) und Zürich als Konkurrenz nie so bedeutsam geworden wie im Süden. Dies liegt daran, dass hier distinkte Märkte ihren Einzugsbereich hatten, Zürich das Rheinland und Lindau den schwäbischen Raum.

Die Voraussetzungen für eine hohe Bedeutung dieses Passsystems waren daher günstig: Die Bündner Routen haben nach Norden, vor allem aber nach Süden hin sehr weite Einzugsgebiete. Hier wird von Chiavenna aus die Lombardei erfasst, die zwei Schenkel am Comer See weisen entweder über Como nach Mailand oder über Lecco und Bergamo ins Venezianische.[169] Die Route über Bel-

167 Vgl. z. B.: *Furter*, Frühneuzeitlicher Transitverkehr, S. 115.

168 *Hilfiker*, Beharren und Wandel, S. 34–35, 59; *Hilfiker*, Handwerk und Gewerbe, S. 70–72.

169 Die Messen von Bergamo wie überhaupt die Wirtschaftsgeschichte dieser Stadt im 18. Jahrhundert stellen ein Desiderat der Forschung dar, die derzeit aktuellste Darstellung ist für die Zeit vor 1789 deutlich lückenhaft: *Gelfi*, La fiera di Bergamo, S. 17–36. Wir ersehen hier immerhin, dass die Messen eine große Bedeutung für die Republik hatten und eine bedeutende Rolle bei der Protoindustrialisierung der umliegenden Region spielten.

linzona hingegen führt in Richtung Turin, Genua und Mailand. Damit hat der Trichter im Westen die Grenze Turin – Genua, nach Osten hin im Grunde die gesamte Adriaküste südlich von Venedig. Allerdings waren die Bündner Routen in der Tendenz hauptsächlich auf Nordwestitalien ausgerichtet, da für das Gebiet östlich des Gardasees der Transit über Tirol immer dominant blieb. Die wenigstens potenzielle Ausdehnung in die gesamte norditalienische Ebene verlieh den Bündner Routen eine wichtige Rolle in der Frühen Neuzeit: Sie verhinderten zu fast allen Zeiten Monopolpraktiken auf den anderen Routen und hielten damit den Alpentransit im Wettbewerb.

Das Gravitationszentrum der Bündner Routen war in Italien immer Mailand, von wo aus der weitere Transitzug hauptsächlich vor allem nach Genua lief. Von Nordwesten waren St. Gallen, Schaffhausen und Zürich die wichtigsten Orte der Route. Aus diesen Zentren der Schweizer Protoindustrie bezogen die Bündner Routen einen wesentlichen Stimulus.[170] In Richtung des Bodensees hätten die Routen nicht zwangsläufig Lindau als notwendigen Ausgang haben müssen, Buchhorn wäre auch für eine günstige Hinterlandanbindung geeignet. Tatsächlich aber war der Verkehr ins Reich abhängig von Lindau, einer Reichsstadt, die in der Frühen Neuzeit in ihrem gesamten Herrschaftsgebiet kaum je über 8.000 Einwohner zählte.[171] Da dieser Ort für die weiteren Ausführungen eine große Relevanz hat, sei hier kurz dessen günstige Lage in der Frühen Neuzeit erläutert.

Lindau ist die südlichste Stadt auf der Nordseite des Bodensees. Angesichts der geringeren Kosten für den Seetransport im Vergleich zur Landroute müsste das eigentlich ein Nachteil und eine möglichst weit im Norden gelegene Hafenstadt wie Überlingen das Handelsemporium des Bodensees sein. Bei Lindau jedoch kam, wie Peter Eitel festgestellt hat, die optimale Öffnung hin nach Osten hinzu, die Stadt war über Memmingen mit Augsburg und dem weiteren Oberschwaben und über Kempten mit den Tiroler Routen verbunden.[172] Aufgrund der weitgehenden Unpassierbarkeit des Arlbergs während der gesamten Frühen Neuzeit musste der Handel zwischen Tirol und der Schweiz großteils über den Bodensee laufen.[173] Hierfür war zwar auch Bregenz recht gut geeignet, aber dieser Ort liegt ein paar Kilometer zu weit südöstlich, um für die Transitlinie des deutsch-italienischen Fernverkehrs interessant sein zu können. Den Umweg von etwa einem Tag zusätzlicher Transportdauer sparte man sich und ließ die Waren in Lindau auf das Schiff umladen, um sie dann sieben Kilometer an das Südufer

170 Vgl. die Analyse von Karl von Zinzendorf: *Deutsch*, Bericht des Grafen, S. 190. Zum Handelszug von der protoindustriellen Region um Zürich in Richtung Nordostitalien über Chur vgl.: *Pfister*, Die Zürcher Fabriques, S. 170–179.

171 Genaue Einwohnerzahlen sind für Lindau vor 1800 kaum festzustellen. 1807 wurden 2.800 Einwohner auf der Insel und 4.200 auf dem der Reichsstadt zugehörigen Landgebiet gezählt: *Stauder*, Lindau, S. 126.

172 *Dane*, Der Lindauer Handel, S. 115–116; *Eitel*, Die Rolle der Reichsstadt, S. 11–12.

173 *Eitel*, Handel und Verkehr, S. 71.

des Bodensees zu verfrachten.[174] Gegenüber Buchhorn und Bregenz war der Vorteil damit eigentlich nur gering, er reichte aber aus, die Stellung als optimaler Kreuzungspunkt des deutsch-italienischen und deutsch-südfranzösischen Landhandelszugs am Bodensee zu sichern.

Über Memmingen und Ulm ist Lindau vor allem nach Nordosten in Richtung Augsburg und Nürnberg hin angebunden. Nach Nordwesten war bis Ende des Mittelalters Konstanz unangefochten der zentrale Verteilerknoten des Bodensees gewesen, spätestens um 1500 herum jedoch verfiel diese althergebrachte Bedeutung.[175] Der Handelszug aus dem Württembergischen nach Italien war seither zunehmend über Basel nach Schaffhausen und Zürich und dann weiter südwärts ausgerichtet und umging damit den Bodensee.[176] Ein wichtiges Ziel der Habsburger seit 1546 war eine Aktivierung des Handels von Tirol über den Bodensee in nordwestlicher Richtung in die vorderösterreichischen Lande mit Bregenz und Konstanz als Knotenpunkten, und Lindau galt ihnen hierbei als größtes Hindernis.[177]

Es sei betont, dass die Geographie nicht der alleinige Grund für Lindaus Stärke war, wichtiger war noch das akkumulierte Potenzial von aktiven und weit verbundenen Händlern in der Stadt. Ein leicht übersehener Faktor im Außenhandel war damals angesichts der engen Verbindungen zur Nordschweiz die Konfession. Lindau war seit 1548 die einzig verbliebene protestantische Stadt des Reichs am Bodensee. Damit war Lindau für die Schweizer Kantone reformierten Glaubens der attraktivste Handelspartner, was zu engen Handelsverflechtungen während der Frühen Neuzeit führte.[178] Die Wirkmacht der Konfession musste das Kurfürstentum Bayern 1771/72 anerkennen, als man dort das zweite Salzamt am Bodensee einrichtete, um Lieferverträge mit den reformierten Kantonen zuwege zu bringen; die Lindauer hatten diese Kantone zuvor auf ihre Seite gebracht.[179] In diesem Zusammenhang ist auch das Beispiel des rekatholisierten Konstanz bezeichnend. Es ist zwar in der Tat richtig, dass sich nach der österreichischen Besetzung 1548 bis zur Mitte des 17. Jahrhunderts die Stadt erneut zu einem Handelszentrum am Bodensee entwickelte, vor allem für Leinwand und

174 *Eitel*, Die historische Verkehrsfunktion, S. 89–91.

175 *Schulte*, Geschichte der Grossen Ravensburger, S. 478–479, 498–502; *Dobras*, Die Konstanzer Gesellschaft, S. 11–13.

176 *Hormayr*, Historische Bruchstücke, S. 256–257; *Eitel*, Die historische Verkehrsfunktion, S. 88.

177 Lindau war eigentlich im Mittelalter eng an das Haus Habsburg angelehnt, jedoch brach die Stadt 1531 mit dieser Bindung durch ihren Eintritt in den Schmalkaldischen Bund: *Schulze*, Bekenntnisbildung und Politik Lindaus, S. 62–76. Die Habsburger haben wahrscheinlich seither, spätestens seit der Mitte des 16. Jahrhunderts Lindau als Hauptgegner ihrer alpinen Zollpolitik identifiziert: *Stolz*, Die Verkehrsverbindungen, S. 68–73; *Stolz*, Zur Geschichte, S. 161–163.

178 *Dane*, Der Lindauer Handel, S. 41–54.

179 *Kurz*, Zur Geschichte des Lindauer Salzhandels; *Ott*, Salzhandel, S. 356–381.

Getreide.[180] Jedoch wurde im 17. Jahrhundert die Entfremdung von der Schweiz immer folgenreicher, weshalb der Handel über Konstanz im 18. Jahrhundert weitgehend stagnierte.[181] Bei einem nach 1548 weiterhin unabhängigen Konstanz hätte dieses wohl im 18. Jahrhundert der Verbindungsplatz für den von Nordwesten kommenden Getreidehandel in die Schweiz, den Schweizer Exporthandel nach Württemberg und ein Knotenpunkt für den von Tirol und Graubünden nach Südwestdeutschland verlaufenden Handelszug sein können[182] – so fiel diese Rolle zu einem bedeutenden Teil Schaffhausen zu.[183]

Als konkrete und einflussreiche Manifestation der Autonomie der Bündner Routen können wir den sogenannten »Lindauer Boten« ansehen. Diese Botenanstalt verband Lindau über die »Untere Straße«, also den Splügenpass und weiter südlich Chiavenna mit Mailand.[184] Aufgrund der Bedeutung des Boten als Begleiter für Seidentransporte folgte der Transitzug dem Lindauer Boten zu einem großen Teil, weshalb das Itinerar des Boten die wesentlichen Knotenpunkte der Bündner Routen markierte.[185] Die Stadt Feldkirch, das Fürstentum Liechtenstein, die Stadt Chur und die an der »Unteren Straße« bis zum Splügen gelegenen Gemeinden sowie Chiavenna, Como und Mailand waren daher an dem Erhalt des unabhängigen Lindauer Boten interessiert. Darüber hinaus waren die Routenanrainer eng miteinander verbunden, da es sich meist um weitgehend autonome oder gar unabhängige politische Körperschaften mit einer hohen Abhängigkeit vom Transitzug handelte.

Eine weitere Besonderheit dieser Route muss noch hervorgehoben werden. Das Herzogtum Mailand hat, so betont Giovanna Tonelli, bis weit in das 18. Jahrhundert hinein den Transit als etwas fest Gegebenes angesehen, er musste aus der Schweiz und Graubünden immer im Mailändischen münden.[186] Besonders gepflegt wurde der Transit hier daher nicht. Im Gegenteil leistete man sich hier ein recht rigides Kontrollsystem.[187] Ein zentrales Element waren hierbei die spätestens seit dem Ende des 17. Jahrhunderts existierenden *Patti reali* und, seit dem 18. Jahrhundert, auch die *Patti semireali*, letztere auch als *Patti pattuiti* bezeich-

180 *Eitel*, Der Konstanzer Handel, S. 527–529; *Zimmermann*, Konstanz in den Jahren, S. 169–176; *Feger*, Konstanz als österreichische Stadt.

181 *Auch der Verlauf von Handelsrouten konnte konfessionellen Grenzen folgen*, zit. nach: *Zimmermann*, Konstanz in den Jahren, S. 285–287.

182 *Zürn*, »Damit man des unnützen Volks abkomme«, S. 151.

183 *Roth*, Das Kaufmännische Direktorium, S. 11–19.

184 *Helbok*, 500 Jahre Frachtführer, S. 12; *Heilmann/Dobras*, Mailänder Bote – Lindauer Bote, S. 8–9. Die Bezeichnung variiert in den Quellen und der Literatur, geläufig sind auch die Bezeichnungen »Mailänder Bote« oder »Fußacher Bote«. Ich folge den Mailänder Quellen und Druckwerken, die seit 1519 grundsätzlich das Botensystem als *Corriere di Lindò* bezeichnen. Da der Bote offiziell seit dem späten 16. Jahrhundert Mailand unterstellt war, kann diese Terminologie offiziellen Charakter beanspruchen.

185 *Munk*, Schicksale aus dem Leben, S. 182; *Buć*, Beiträge zur Verkehrsgeschichte, S. 66.

186 *Tonelli*, Commercio di transito, S. 86–87.

187 Zu den Hindernissen der Ansiedlung in Mailand für auswärtige Händler vgl.: *Cavallera*, L'emigrazione nel secolo XVIII, S. 70–71.

net. Es handelte sich um Konzessionen, die zum vergünstigten Transit über das Mailändische berechtigten. Ohne ein solches Zertifikat bezahlte man einen verteuerten Zoll. Mit einem verbilligten *Patto semireale* war der Tarif gemildert, am geringsten war dieser beim teuren Zertifikat eines *Patto reale*. Die Käufer dieser Zertifikate mussten sich in ein Register eintragen lassen, Gebühren bezahlen, die vorgeschriebenen Hauptstraßen über Mailand benutzen und kurz nach Abschluss des Transitgeschäfts den Nachweis bringen, dass die Güter nicht im Territorium verkauft worden waren; also den Zollschein der letzten Grenzstation einreichen.[188] Ob willentlich oder unabsichtlich, damit erschwerte Mailand bis an das Ende des 18. Jahrhunderts auch die Ansiedlung von fremden Kaufleuten, im Gegensatz vor allem zu Venedig und Livorno. Dies ist jedoch nicht zulasten des Deutschlandhandels gegangen, der von der Lombardei aus organisiert in der Frühen Neuzeit eine starke italienische Beteiligung kannte.

Damit sei zu den Tiroler Routen als klassischem Hauptroutensystem der Alpen übergegangen. Diese Straßen werden von ihren zentralen Pässen her definiert, entweder dem Weg über den Reschen oder über den Brenner.[189] Wir beginnen die Aufzählung mit den Bezeichnungen, wie sie in Augsburg bis zum Ende des Dreißigjährigen Kriegs für die zwei wesentlichsten Routen nach Venedig geläufig waren. Die Reschenroute, als »Obere Straße« bekannt, beginnt in Füssen, geht weiter über Fernpass nach Imst, führt dann nach Westen über Landeck zum Reschen, von wo aus sie über Meran, Bozen und Trient verläuft. Hier macht sie eine scharfe Abbiegung nach Osten und überquert kurz vor Primolano die Grenze zwischen dem Fürstbistum Trient und der Republik Venedig. Sie zieht über Valsugana weiter und mündet bei Bassano in die venezianische Ebene. Die Brennerroute, zeitgenössisch als »Untere Straße« bekannt, beginnt im Ammergau und läuft über Scharnitz und Innsbruck in Richtung Brenner. Von hier aus nimmt sie ihren Verlauf über das Pustertal in Richtung Cadore und von dort aus über Treviso bis nach Venedig.[190]

Im späten 17. Jahrhundert trat eine wesentliche Änderung ein. Bis dato wurde, wie aus der Beschreibung der Routen ersichtlich, das Eisacktal zwischen Bozen und Brixen vermieden, vermutlich aufgrund der hier schwierigen topographischen Verhältnisse. Es wurde in der Literatur die Vermutung geäußert, dass die »Untere Straße« seither nicht mehr über Cadore ging und stattdessen – dank einigen infrastrukturellen Verbesserungen beim Eisacktal – über Bozen

188 *Verri*, Opere, S. 186–190; *Gregorini*, Il frutto della gabella, S. 270–271; *Tonelli*, Commercio di transito, S. 89–91.

189 Im Folgenden vernachlässige ich bewusst die Verbindung zwischen den Tiroler und den Bündner Routen über Nauders und Martinsbruck. Diese hatte zwar im Lokalhandel eine hohe Bedeutung, nicht jedoch im internationalen Transit: *Stolz*, Zur Geschichte; *Hassinger*, Der Verkehr über Brenner und Reschen, S. 158–169.

190 Zu den beiden Straßen vgl. *Müller*, Augsburgs Warenhandel, S. 332–335; *Stolz*, Zur Geschichte, S. 111–112; zu ihren Ursprüngen und dem genauen Verlauf im schwäbisch-bayerischen Raum vgl. *Koch*, Die »Kardinalstraße«. Zur hohen Bedeutung Bassanos als Transitort im 17. Jahrhundert vgl. *O. V.*, Relazioni Verona, S. 444, 467.

und Valsugana nach Venedig zog.[191] Sichere Informationen zu den tatsächlich genutzten Straßen zwischen dem Alten Reich und Venedig im späten 18. Jahrhundert liefert der Intendanzrat von Triest, Franz Anton von Raab (1722–1783) in einer Denkschrift von 1762 über die Straßenzüge von der Lagune ins Reich. Seine Beschreibungen seien leicht gekürzt wiedergegeben:

Die erste Strasse die von Venedig in das Römische Reich die Kaufmanns Güter führet, gehet über Botzen, und Brüxen auf Inspruck, und gleichwie der bekannte Etsch Fluß Adige von Bozen bis in die adriatische See unweit Chioza flüsset, so können die Reichs Güter bis Chioza oder Chioggia zu Wasser gebracht, und vielleicht auch hingegen dahin befördert werden. (…) Zweytens die Güter durch das Friaul und zwar von Mestre auf Treviso, Conigliano, Ceneda (heute ein Stadtteil von Vittorio Veneto; MR), Amprego di Cadore und an den Gräniz Ort Beitelstein (Botestagno; MR) ins Tyroll auf Doblach, oder Niederdorf, wo selbst es auf der obberührten Lienzer Strassen[192] auf Inspruck befördert wird. (…) Drittens gehet eine andere Strasse von Weyden, oder Udine, auf Venzone, Monte Regalato, eben auf Amprego di Cadore und laufet über den Monte Sesto auch bey Doblach und Niederdorf ungefehr auf der Lienzer Strassen zusammen. (…) Die vierte Strasse endlich gehet über Udine und Ponteba nacher Villach, die unseren Ländern noch die nuzbahreste wäre, aber die am wenigsten befahrene ist.[193]

Es hatte offenbar ein grundlegender Wandel stattgefunden. Die »Obere Straße« über den Reschen hatte sich nicht als Zubringer für Venedig halten können und die »Untere Straße« nur mit einer deutlichen Veränderung. Bozen hatte dadurch gegenüber der Zeit vor dem Dreißigjährigen Krieg, als es nur die Reschenstraße mit Venedig verband, gewonnen. Während der Reschen nach der Abkoppelung von Venedig fast nur noch Transit nach Verona vermittelte,[194] konnte Bozen seine Verkehrsstellung stärken. Nicht mehr nur wie zuvor fast ausschließlich auf Verona ausgerichtet, war diese Stadt nun deutlich stärker hin zur Lagune orientiert und damit der Bezugspunkt für den Deutschlandhandel fast der gesamten

191 Diese Vermutung basierte auf normativen Verkehrsordnungen des späten 17. und 18. Jahrhunderts: *Stolz*, Verkehrsgeschichte, S. 280. Explizit offengelassen wurde diese Frage von: *Mathis*, Handelsgüter und Handelsströme, S. 125–126. Bereits Otto Stolz hat in seinem grundsätzlichen Werk über die Handelsgeschichte Tirols von 1953 seine Aussagen zur Routenänderung zugunsten Bozens von 1942 nicht wieder aufgegriffen, wohl, da er über die tatsächlich benutzten Straßenzüge keine sichere Aussage treffen konnte: *Stolz*, Zur Geschichte, S. 143–144. Im späten Mittelalter ist die intensive Nutzung des Eisacktals jedoch klar belegt: *Pfeifer*, Spätmittelalterlicher Passverkehr.

192 Raab bezieht sich hierbei auf die vorigen Seiten seiner Denkschrift über den Handel Triests ins Reich. Zu betonen ist, dass der weitere Verlauf von Toblach nach Innsbruck in Richtung Westen über Sterzing und nicht über Lienz ging, dies wäre ein großer Umweg für die Waren gewesen.

193 ÖSTA/FHKA/NHK, Kommerz Innerösterreich, Nr. 549, Fasc. 66,2, fol. 397r.–398v.

194 Laut einer Schätzung des Transports wurde im 18. Jahrhundert über den Reschen nur noch etwa ⅙ des Volumens des Brenners erreicht, beim Transit betrug der entsprechende Wert ⅓: *Hassinger*, Der Verkehr über Brenner und Reschen, S. 179.

Republik Venedig geworden, abgesehen vom Friaul.[195] Das ging zulasten von Verona: In der Raab'schen Denkschrift scheint es zwar, als ob viele der für Venedig bestimmten Güter von Bozen an über Verona entlang der Etsch gesandt wurden und umgekehrt. Tatsächlich hat Raab hier eine Akzentuierung etwas ungenau gesetzt. Diese wichtige Strecke des deutsch-venezianischen Verkehrs ging von Trient in Richtung Valsugana, also wie bei der vormaligen Oberen Straße an Verona vorbei, und dann direkt nach Venedig.[196]

Die weiteren drei von Raab genannten Straßen verweisen auf den verstärkten Zug der Adriawaren in das Reich über das Pustertal und Sterzing. Diese Abschnitte verliefen auf den Routen von Triest ins Reich und ihre verstärkte Verwendung durch die Venezianer deutet auf eine indirekte Wirkung österreichischer Straßenverbesserungen zwischen Lienz und Innsbruck. Dieser Abschnitt hatte seit den 1730er Jahren eine neue, weniger für Venedig als für das südliche Tirol recht bedrohliche Bedeutung erhalten, als die österreichische Regierung systematisch den Verkehr von Triest in Richtung des Reichs über Ljubljana und über den Wurzen- oder Loiblpass über Villach hin zum Brenner durch Zollerleichterungen und Straßenausbau stärkte.[197] Im Verlauf dieser Arbeit wird dies noch näher ausgeführt, an dieser Stelle sei die prinzipielle Teilung der Tiroler Routen seit dem Westfälischen Frieden vermerkt. Zum einen bestanden auf Bozen konzentrierte Straßenzüge mit einer engen Bindung an die Republik Venedig und auf Mittelitalien. Zum anderen lief die über das Pustertal nach Friaul laufende Straße entweder nach Venedig oder Triest. Diese Teilung bedingte die Konflikte um die Tiroler Routen zwischen allen ihren Akteuren, innerhalb wie außerhalb der beteiligten Staaten.

Aufgrund der in der gesamten Frühen Neuzeit bestehenden Dominanz der Tiroler Routen über ihre Konkurrenten bestand hier eine alte Fernhandels-

195 In dieser Hinsicht kann zur in der Literatur festgestellten enge Bindung Bozens an Venedig eine Nuancierung gemacht werden. Dichte und vor allem durch Verona vermittelte Bezüge der Republik zu Bozen finden sich schon seit dem Mittelalter, dies wird für die Zeit kurz nach 1500 durch ein kaufmännisches Wissensbuch bestätigt (HAB, Cod. Guelf. 18.4. Aug. 4°, derzeit wird eine Edition hierzu durch Gerhard Fouquet und Sven Rabeler vorbereitet). In diesem Buch wird Bozen als als wichtige Destination vieler Waren Italiens und des Mittelmeers genannt, Bozner Maße, Gewichte und Münzen sind stets präsent. Seit dem Dreißigjährigen Krieg sehen wir jedoch die Bedeutung Veronas und seiner Kaufleute in diesem Handelssystem abnehmen, was wohl hauptsächlich dem Messestandort Bozen und den oberdeutschen Händlern in Venedig zugutekam: *McCusker/Gravesteijn*, The Beginnings, S. 143. Vgl. auch: *Fanfani*, L'Adige come arteria, S. 602–604; *Denzel*, Die Bozner Messen, S. 143–146.

196 Dies fügt sich in das Bild aus der italienischen Forschung, in der die Trennung der Warenkreisläufe Veronas und Venedigs betont wird: *Lanaro*, At the Centre, S. 25. Es ist natürlich einschränkend hinzuzufügen, dass über die Messen von Bozen und Verona auch ein intensiver Warenaustausch von Deutschland und Venedig über die Route Brenner – Etsch stattgefunden hat; jedoch war dies eben nicht der primäre Handelszug von der Lagunenstadt ins Reich, vgl.: *Zamboni*, La navigazione sull'Adige, S. 83–94.

197 *Hassinger*, Die Handels- und Verkehrsstellung, S. 263–268.

tradition, die mitsamt der entsprechenden, über Jahrhunderte akkumulierten Expertise und auf Venedig ausgerichteten Strukturen eine ganz eigene Wirkmacht besaß. Entsprechend war selbst nach dem Dreißigjährigen Krieg der Einzugsbereich der Tiroler Routen nach Norden hin äußerst groß. Dieser erfasste vor allem Ostschwaben mit Augsburg im Zentrum. Regensburg war die östlichste Stadt im Magnetfeld der Tiroler Routen, nach Nordwesten reichten sie klassischerweise bis Frankfurt und sogar Straßburg. Die Anziehungskraft der Tiroler Routen kann kaum besser als durch die Tatsache illustriert werden, dass ihr Einzugsbereich der nördlichen Passausgänge bis weit südlich des Bodensees reichte. So wurden viele Schaffhausener oder St. Gallener Textilwaren über Lindau und Kempten in Richtung Tirol und nicht über Graubünden versandt, um Venedig zu erreichen.[198] Schwächer hingegen war die Anziehungskraft in Richtung Italien. Am Südausgang waren die Tiroler Routen ganz auf Verona und den mittelitalienischen Raum einerseits, auf Venedig und den Mittelmeerhandel andererseits orientiert. Damit lag die westliche Lombardei, getrennt etwa entlang der Grenzen der Republik Venedig und dem Herzogtum Mailand, außerhalb ihres Einzugsbereichs.[199] Dies scheidet die Ost- von den Westalpenrouten.

Entsprechend der zentralen Rolle der Republik Venedig und der oberdeutschen Reichsstädte, allen voran Augsburg, kannte die Organisation des Rodfuhrwesens hier bereits seit dem Mittelalter eine Einflussnahme von außen. Das Resultat war ein Fuhrsystem, das weit früher als auf allen anderen Alpenrouten den Wünschen der oberdeutschen Kaufmannschaft angepasst war. Von den Reichsstädten ist eine regelmäßige Fuhr von Nürnberg, Memmingen, Augsburg, Kempten und Lindau nach Venedig oder Bozen bekannt.[200] Im Falle der Tiroler Routen geht in organisatorischer Hinsicht die Ähnlichkeit zu einer üblichen Landstraße im Flachland daher relativ weit. Die Spediteure waren hier auch weit außerhalb des Gebirges gelegen, in Oberdeutschland, Verona oder Venedig, und die freie Befahrbarkeit der Routen durch fremde Fuhrleute bedingte bereits im späten 17. Jahrhundert einen Bedeutungsverlust der Rodfuhr. Weit mehr als aus allen anderen Faktoren beziehen die Tiroler Routen aus der Topographie ihre Bedeutung. Der Brenner ist mit seiner Höhe von 1.370 m der niedrigste aller Alpenpässe, und er war, dank intensiver Pflege vonseiten der Tiroler Regierung, bereits seit dem späten 15. Jahrhundert durchgängig befahrbar.[201] Das Resultat

198 *Dane*, Der Lindauer Handel, S. 48–54; *Weiss*, Über die Verlagerung, S. 214.

199 Daher rührt auch die fast ausschließliche Präsenz von Lombarden aus der Republik Venedig und nicht aus dem Herzogtum Mailand auf den Messen von Bozen in der Frühen Neuzeit: *Bonoldi*, La via del Tirolo.

200 Zu den Speditionssystemen der einzelnen Reichsstädte ist die Literatur überraschend schmal, daher sei auch ein Dokument aus dem Stadtarchiv Nürnberg aufgeführt, welches die Lindauer, Augsburger und Memminger als schärfste Konkurrenten in der Fahrt nach Venedig nennt: StN, B 18, Nr. 436, Dok. 15. Vgl. auch *Deutsch*, Bericht des Grafen, S. 175; *Zorn*, Handels- und Industriegeschichte, S. 81–93; *Kellenbenz*, Das Verkehrswesen, S. 109–116.

201 *Stolz*, Verkehrsgeschichte, S. 282.

war ein ungemein großer Einzugsbereich nach Norden, von Amsterdam bis weit nach Osteuropa.[202]

In der Literatur wurde die Dominanz der Tiroler Routen im Alpentransit häufig herausgestellt. Die einschlägigen Experten haben immer betont, dass der Brenner vom Mittelalter bis heute *in der Regel der verkehrsreichste Pass* war.[203] Auf einer allgemeinen Ebene war dies zweifelsohne so, jedoch ist damit noch nicht viel über die hier vorherrschenden Dynamiken und Konkurrenzsituationen zu spezifischen Zeitabschnitten gesagt. Hierzu wird seit über dreißig Jahren eine interessante Diskussion geführt. In der Historiographie war der angebliche Niedergang der Tiroler Routen im 18. Jahrhundert ein fester Topos, der 1981 noch einmal eine zusammenfassende Darstellung fand.[204] Angelo Moioli sah dieses Bild in Bezug zu einer in der italienischen Literatur verbreiteten Ansicht, dass der Handel über Verona in Parallele zu den Tiroler Routen einen Niedergang im 18. Jahrhundert erlebte.[205] Moioli erkannte angesichts eines im letzten Jahrhundertdrittel erreichten quantitativen Transithöhepunkts über Tirol einen Widerspruch, den er versuchte, in einem fast 100 Seiten umfassenden Aufsatz aufzulösen.[206] Basierend auf einigen Zollregistern des Verkehrs über Brenner und Reschen identifiziert er hier einen kurzzeitigen Rückgang des Transitvolumens um die Mitte des 18. Jahrhunderts.[207] Zwischen 1775 und 1803 jedoch sieht er nach einer detaillierten Analyse der österreichischen *Commercial Tabellen* eher eine günstige Entwicklung des gesamten Verkehrs, der sich immer mehr von den in der Tat schrumpfenden Bozner Messen abkoppelte. In einem methodisch feinfühligen Vorgehen unter Einbeziehung vieler quantitativer Daten kommt er zu der Schlussfolgerung, dass der Tiroler Transit über Bozen die Herausforderungen durch die Habsburger Förderung Triests sowie den Wettbewerb mit den Salzburger und Bündner Routen erfolgreich bewältigt habe.[208] Im schlechtesten Fall hätte es nur eine leichte Verlangsamung des Wachstums angesichts der starken Konkurrenz gegeben, keineswegs jedoch war des einen Gewinn des anderen Verlust. Moioli betont die Notwendigkeit zu weiteren Forschungen, so vor allem zu den Bozner Messen als Stützen des Tiroler Transits

202 *Sprecher/Jenny,* Kulturgeschichte der Drei Bünde, S. 210–211; zu den Verbindungen nach Osteuropa vgl. die hohe Bedeutung Bozens für die sächsischen Händler: *Meinert,* Handelsbeziehungen, S. 240–242; *Denzel,* Die Bozner Messen, S. 252.

203 *Glauser,* Der Gotthardtransit, S. 16; *Hassinger,* Zur Verkehrsgeschichte, S. 449; *Furter,* Urbanisierung, S. 30.

204 Vgl. z. B.: *Beer,* Die Zollpolitik, S. 289–299; *Stolz,* Zur Geschichte, S. 169–170; *Falkensteiner,* Beiträge zur Wirtschaftsgeschichte, S. 133.

205 In der einschlägigen Literatur wurde der Niedergang Veronas faktisch als Resultat des Niedergangs Bozens und des Südtiroler Transits aufgrund der österreichischen Förderung von Triest gesehen: *Fanfani,* L'Adige come arteria, S. 602–606; so auch noch heute: *Porto,* Trasporti e commerci, S. 301.

206 *Moioli,* Aspetti del commercio.

207 Er bezieht sich dabei auf die Daten von: *Stolz,* Quellen, S. 228–233.

208 *Moioli,* Aspetti del commercio, S. 840–844.

wie auch zur Rolle Venedigs, das er in der einschlägigen Literatur unterschätzt sieht.[209]

Andrea Bonoldi hat unter Bezugnahme auf Moiolis Aufsatz ein fundamentales Werk über die Bozner Messen, den Transitverkehr und die Habsburger Handelspolitik in Tirol im 18. Jahrhundert verfasst.[210] Er illustriert dabei vor allem die Strukturbedingungen des Handels, die langsame Verminderung der Bedeutung der Messen und die intensiven Auseinandersetzungen der »Bozner Partei«, einer Gruppe von Händlern mit den obrigkeitlichen Interventionen vonseiten Wiens.[211] Für unsere Zwecke ist interessant, dass auch Bonoldi zum Schluss kommt, dass die Benutzung der Tiroler Routen sich von den Geschicken der Bozner Messen abkoppelte und tendenziell auf hohem Niveau verharrte, sogar Steigerungstendenzen nach 1775 aufwies.[212] Weiterhin konnte er zeigen, dass Triest bis zu den Revolutionskriegen und noch darüber hinaus keinen ernsthaften Konkurrenten für Venedig bezüglich des deutschen Handels zur Adria darstellte.[213] Dies sieht er unter anderem dem erfolgreichen Agieren der Bozner Partei geschuldet, die als stärkster Alliierter der Venezianer innerhalb der Habsburgermonarchie erscheint.[214] Bonoldis Forschungsergebnisse haben jüngst im Detail Bestätigung erfahren. Reinhard Stauber hat die wirtschaftliche Entwicklung des Südtiroler Raums noch über die Napoleonische Epoche hinaus beschrieben,[215] und Markus Denzel konnte den Rückgang der Bozner Messen seit etwa 1740 international erfassen; dabei betonte auch er die steigende Unabhängigkeit des Transitverkehrs von den Messen.[216]

Wie auf den Bündner Pässen gab es auch im Fall Tirols ein Zusammengehörigkeitsempfinden der Routenanrainer. In der Praxis bedeutete dies grundsätzlich eine enge kommerzielle Verbundenheit aller Tiroler Gemeinden südlich von Sterzing, angeführt von Bozen, mit der Republik Venedig. Normalerweise reichte diese Verbundenheit noch nach Norden über Bayern und das Hochstift Augsburg bis zu den schwäbischen Reichsstädten;[217] jedoch konnten diese Anrainer auch von einem erstarkenden Verkehr über das Pustertal nach Triest profitieren und waren daher nicht notwendig an Venedig angebunden. Im Normalfall begünstigte die politische und geographische Lage der Routen die Markusrepublik: Die ausgebauten Straßen zwischen Innsbruck und Rovereto und

209 Vgl. insb. die folgenden Seiten: Ebd., S. 831–832, 863–867.

210 *Bonoldi,* La fiera e il dazio.

211 Dabei vertiefte Bonoldi den Hinweis auf die bedeutende Rolle des Bozner Merkantilmagistrats in den politischen Belangen Tirols: *Heiss,* Die ökonomische Schattenregierung.

212 *Bonoldi,* La fiera e il dazio, S. 369–375.

213 Ebd., S. 365, herausgestellt wurde dies von: *Mathis,* Handelsgüter und Handelsströme, S. 127.

214 *Bonoldi,* La fiera e il dazio, S. 312–313, 332–333.

215 *Stauber,* Der Zentralstaat an seinen Grenzen, S. 464–513.

216 *Denzel,* Die Bozner Messen, S. 60–66.

217 Dies zeigt sich besonders in der engen Verbindung Augsburgs mit dem Tiroler Rodwesen vgl.: *Stolz,* Zur Geschichte, S. 243–246; *Fischer,* Das Rodfuhrwesen, S. 241–244.

die bemerkenswerte Liberalität in der Verkehrsmittelwahl lenkten den Tiroler Transitzug Oberdeutschlands in verstärktem Maße in Richtung der Lagune und weg von den konkurrierenden Häfen Norditaliens. Der Besitz von Verona brachte durch die Möglichkeit von Zoll- und Wegreglementierungen ein weiteres Pfand in die Hand der Serenissima. Die Republik wusste dies bei Verhandlungen mit den österreichischen Habsburgern zu nutzen, da diese ihre italienischen Besitzungen des 18. Jahrhunderts, Mailand und Mantua, nur über Verona erreichen konnten.[218] Für die Südtiroler war es in der Frühen Neuzeit ein januskӧpfiger Vorteil, vom fernen Wien aus beherrscht zu werden. Einerseits nutzten die Habsburger häufig ihre Besitzungen an allen anderen Routensystemen aus, um den Verkehr über Tirol zu begünstigen. Andererseits konnten die spezifischen Interessen der Habsburger auch schädlich für den Transitzug vor allem über Bozen werden, wie man in den Kreisen der dortigen Kaufmannschaft vor allem in der zweiten Hälfte des 18. Jahrhunderts im Zuge der stärkeren Förderung von Triest oder dem Wunsch nach einer intensiveren Gewerbeentwicklung innerhalb Tirols bemerken sollte.[219] Meist jedoch schlug diese politische Zugehörigkeit zum Vorteil für die Tiroler Routen aus, was sich vor allem bei der Betrachtung der direkten Konkurrenz, der Salzburger Routen, zeigt.

Damit kommt das letzte für den deutsch-italienischen Austausch wesentliche Passsystem in den Blick: Die von Salzburg über Gemona nach Venedig führenden Routen über die Tauern. Auch hier gab es eine »Obere« und eine »Untere Straße«, letztere war dabei die für den Fernhandel wesentliche. Diese verläuft über Werfen und dann den Radstädter Tauernpass nach Mauterndorf und von dort zum zweiten großen Pass, dem Katschberg. Die »Untere Straße« zieht von dort aus weiter nach Gmünd und Spittal, biegt von hier aus nach Osten in Richtung Villach ab, dann wieder nach Westen über Arnoldstein in Richtung Udine und mündet schließlich in Gemona. Die »Obere Straße« verläuft recht direkt von Salzburg über Reichenhall und Lofer hin zum Heiligenbluter Tauern nach Süden in Richtung Lienz. Ohne diesen Ort zu berühren, verlässt sie das Gebirge am Plöckenpass und zieht dann hin nach Gemona.[220] Die Salzburger Routen waren durch das Endziel Gemona in der Republik eng auf Venedig bezogen, die »Untere Straße« konnte aber auch, bei entsprechender politischer Zusammen-

218 *Arneth*, Die Relationen der Botschafter Venedigs, S. 331; *Vecchiato*, La vita politica economica, S. 258–279.

219 Hierzu wird weiter unten mehr ausgeführt. Es sei an dieser Stelle darauf verwiesen, dass diese Probleme eine alte Tradition hatten; bereits Mitte des 16. Jahrhunderts führte eine Zollerhöhung auf allen habsburgisch kontrollierten Zubringerrouten oder direkt beherrschten Alpenpässen zu Klagen vonseiten der Tiroler über eine daraus folgende Benachteiligung gegenüber den Bündner Routen: *Stolz*, Die Verkehrsverbindungen; *Kellenbenz*, Die Graubündner Pässe, S. 40.

220 Die »Obere Straße« wurde hier bewusst vereinfacht. Tatsächlich gab es mehrere Varianten, von denen nur die wichtigste hervorgehoben wurde. Die Routen sind beschrieben bei: *Klein*, Kaiser Sigismunds Handelssperre, S. 617–620; *Hassinger*, Die Übergänge, S. 223–224.

arbeit zwischen dem Erzstift Salzburg und der Habsburgermonarchie, über Villach relativ leicht eine Ausrichtung auf Triest bekommen. In Richtung Norden war Salzburg selbst wiederum ein Knotenpunkt mit drei potenziell wichtigen Straßenzügen nach München, Regensburg und Linz. Die Straße nach München war in der Frühen Neuzeit eher bedeutungsarm, da diese Stadt keine wesentliche Rolle als internationaler Transitort spielte.[221] Aus der Sicht Salzburgs waren die Wege nach Regensburg und Nürnberg deutlich wichtiger, sie führten in die Gewerbelandschaften Frankens und Sachsens.[222] In Richtung Sachsen und Schlesien war eine wichtige Route die Straße nach Linz, die wiederum den Anschluss Salzburgs an Prag und Wien herstellte.[223] Die Salzburger Routen hatten damit als größten Nachteil ihre Ferne von bedeutenden Gewerbegebieten. Nach Norden hin verfehlten sie den oberschwäbischen Raum, nach Süden hin reichten sie in die ärmste aller venezianischen Provinzen hinein, in das Friaul. Dadurch, dass Sachsen und Schlesier ihren Italienhandel über das Erzstift laufen lassen mochten und von Triest aus der ideale Handelszug ins Reich durch dieses Territorium lief, ergab sich in einem begrenzten Rahmen dennoch die Möglichkeit zur Konkurrenz zu den Tiroler Routen.

Die Topographie der Routen war dem Verkehr nicht ungünstig. Der Radstädter Tauernpass hat eine Höhe von 1.738 m, auf den beim weiteren Verlauf der »Unteren Straße« noch die Katschberghöhe mit 1.641 m Höhe folgt. Der Vorteil wird jedoch durch eine starke Steigung von bis zu 30 % wiederum teilweise relativiert. Der Heiligenbluter Tauern ist mit 2.576 m Höhe ein deutlich stärkeres Hindernis, was den spezifischen Vorteil der »Oberen Straße«, ihre Kürze, zunichtemachte. Aus zielgenau vorgenommenen Straßenverbesserungen im Salzburgischen in der zweiten Hälfte des 16. Jahrhunderts resultierte es dann auch endgültig, dass nur mehr die »Untere Straße« mit ihren zwei Pässen für den Fernhandel nutzbar war.[224]

In der Historiographie gab es nur wenig Kontroversen über die Salzburger Routen. Vor allem Herbert Klein hat hierzu intensiv publiziert.[225] Für ihn war dabei die Einführung eines scharfen Grenzzolls bei Kremsbrücke im Jahr 1554 ein verkehrshistorischer Wendepunkt, dieser reduzierte angeblich die Wettbewerbsfähigkeit der Salzburger gegenüber den Tiroler Routen dauerhaft und sorgte für deren geringe Bedeutung bis zu den Revolutionskriegen.[226] Herbert Hassinger hat dagegen Einspruch erhoben. Er sah einen Habsburger Merkantilismus gegenüber Salzburg erst seit dem Dreißigjährigen Krieg wirksam wer-

221 *Edlin-Thieme*, Studien zur Geschichte, S. 5–7.

222 *Höhn*, Straßen, S. 54–55, 66–67; *Hassinger*, Geschichte des Zollwesens, S. 572–573.

223 Vgl. zu den Straßensystemen von Salzburg auch die Angaben zu den im 16. Jahrhundert verwendeten Handelsrouten bei: *Klein*, Geschäftsreisen eines Salzburgers.

224 *Hassinger*, Die Übergänge, S. 231.

225 In der Festschrift zu Kleins 65. Geburtstag sind die wesentlichen Aufsätze zusammengestellt: *Klein/Mayer*, Beiträge. Für diese Arbeit ist noch ein Aufsatz Kleins über Straßenbauten im 18. Jahrhundert einschlägig: *Klein*, Salzburger Straßenbauten.

226 *Klein*, Brenner und Radstädter Tauern, S. 422–425.

den, stimmte aber dann Klein weitgehend zu.[227] Seit 1720 sah er eine neue Bedeutung dieser Route durch die Habsburger Förderung Triests, jedoch reichte dies nicht aus, um den Verlust des Handelszugs nach Venedig auszugleichen.[228] Gegen Ende des 18. Jahrhunderts ging, so Hassinger, schließlich über die Tauernpässe nur noch ⅛ des Brennerverkehrs.[229] Etwas in Kontrast zu diesem Urteil steht eine Randbemerkung Hassingers aus einem früheren Aufsatz, in welchem er den Verkehr über den Radstädter Tauern in der Mitte des 18. Jahrhunderts als den zweitstärksten überhaupt über die Alpen bezeichnete.[230] Über ein Jahrzehnt nach der Publikation der einschlägigen Aufsätze legte Hassinger eine großangelegte Sammlung an Zollregisterquellen aus dem östlichen Alpenraum vor. In dieser Quellensynopse, die in gewisser Weise als Vermächtnis des 1992 verstorbenen Historikers gelten kann, hat er auf vielen Seiten bestätigt, dass die Tauernrouten im Verlauf des 18. Jahrhunderts ihre Ausrichtung auf Venedig fast vollständig einbüßten und immer stärker den Verkehr von Triest ins Reich vermittelten; dieser konnte jedoch bis zum Zeitalter der Revolutionskriege den entstandenen Verlust nicht kompensieren.[231]

e) Zusammenfassung

Vier Routensysteme verbanden vom 13. bis gegen Ende des 19. Jahrhunderts in Konkurrenz zueinander Deutschland und Italien über die Alpen. Dies waren die Schweizer, die Bündner, die Tiroler und die Salzburger Routen. Im 17. und mehr noch im 18. Jahrhundert rührte die Bedeutung dieser Routen aus ihren Hauptverkehrspässen, dem Gotthard, dem Splügen (seit 1743 jedoch, wie noch zu zeigen sein wird, auf den Bündner Routen auch dem San Bernardino), dem Brenner und dem Radstädter Tauern. Die Routen waren für den internationalen Transit zwischen Nord- und Südeuropa geeignet und wiesen damit über eine Verbindung von Oberdeutschland und Norditalien hinaus. Die Profite auf diesen Routen waren für die jeweiligen Routenanrainer so hoch, dass eine Tendenz zur gegenseitigen Verbundenheit bestand.[232] Zugleich befanden sich die Anrainer eines Routensystems in einem Konkurrenzverhältnis zu den anderen Routensystemen. Diese Konkurrenz hielt mehr als alles andere den Verkehr über die Alpen in einer andauernden Dynamik und bestimmte das handels- und

227 *Hassinger,* Die Übergänge, S. 237–246.

228 *Hassinger,* Die Handels- und Verkehrsstellung, S. 264–268.

229 *Hassinger,* Die Übergänge, S. 246; *Hassinger,* Die Handels- und Verkehrsstellung, S. 281. Die Zahl bezieht sich auf den Gesamthandel, im Fernhandel sah die Lage für die Salzburger Routen etwas günstiger aus.

230 *Hassinger,* Der Verkehr über Brenner und Reschen, S. 153. Dies hat Hassinger durch seine späteren Ausführungen implizit revidiert.

231 *Hassinger,* Geschichte des Zollwesens, S. 373–383, 426.

232 Von dieser Regel wichen nur die Anrainer ab, die mehrere Routen zur Alternative hatten, vor allem die Habsburger Herrscher, wie noch zu zeigen sein wird.

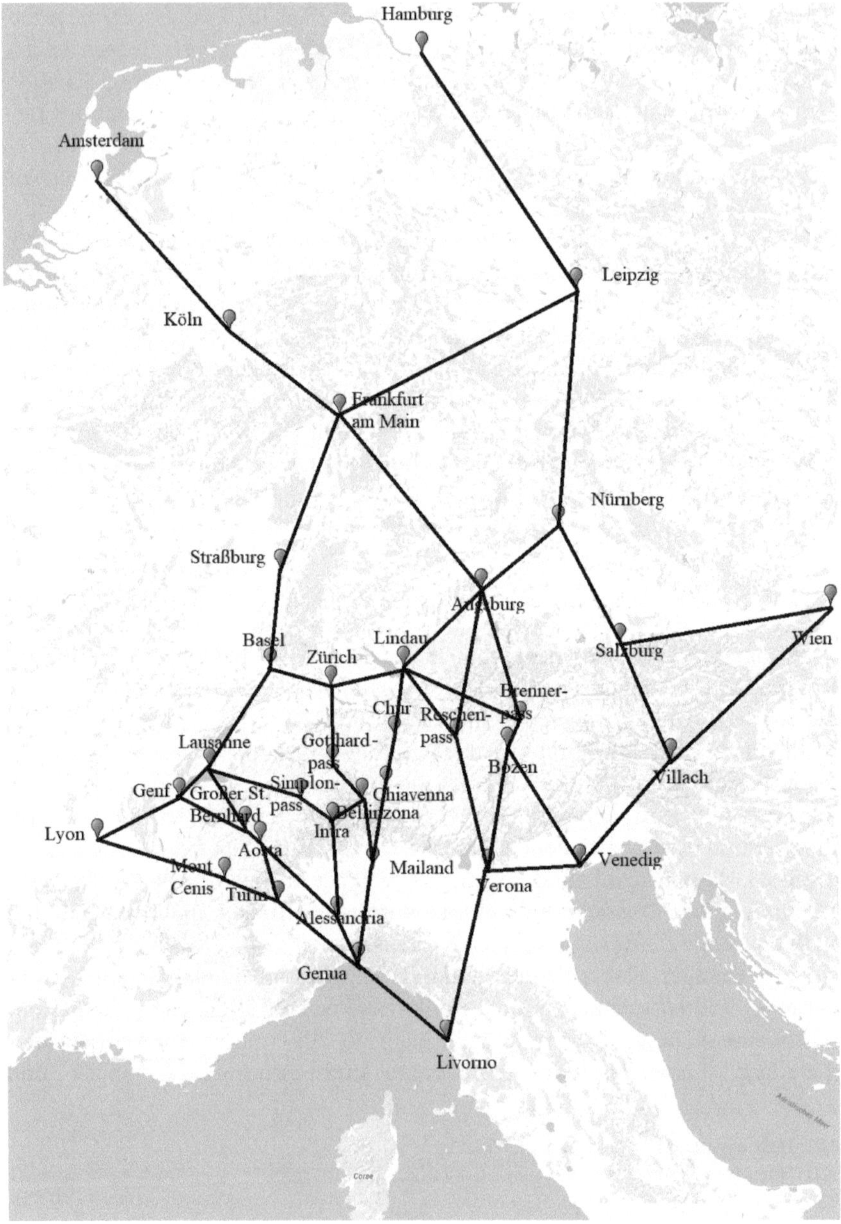

Abbildung 2: Idealisierte Darstellung
der zentralen deutsch-italienischen Landhandelslinien
Quelle: Vom Verfasser erstellt auf Basis der Ausführungen von Kap. II. 1. d.

allgemeinpolitische Agieren der alpinen und subalpinen Staatswesen in hohem Maße.[233] Das Ziel derselben war üblicherweise, den Warenzug so weit wie möglich auf das eigene Territorium oder die eigenen Handelsknoten zu ziehen. Als Vorteile lockten Zolleinnahmen, Weggelder, eine verbesserte Infrastruktur und eine Reihe an Beköstigungs- und Übernachtungsstätten sowie die Steigerung der Attraktivität der eigenen Marktplätze durch eine Anreicherung und Diversifizierung des Warenangebotes. In Abbildung 2 ist das Konkurrenzverhältnis der Alpenpässe zueinander illustriert, indem die wesentlichen Handelslinien als gerade Strecken zwischen Verkehrsknotenpunkten innerhalb des Raums von Norditalien und der Nordsee auf der Nord-Süd-Achse um 1700 hervorgehoben sind.

In der Grafik sind keine Wertungen von Verkehrsintensitäten enthalten, sie sind auch nur für spezielle Zeitabschnitte historisch zu erfassen. Klar ersichtlich ist jedoch die strukturelle Konkurrenzsituation zwischen den verschiedenen Routensystemen. Organisationsformen von Passverkehr (Rod- oder Strackfuhr), die Qualität der Straßen, Zollregime und ähnliche Faktoren des Alpentransports stellten Bestandteile der Transaktionskosten dar, und tendenziell bevorzugten die Kaufleute mittelfristig immer die günstigste Route. Keiner der im Transportwesen über die Alpen engagierten Akteure hatte eine unangefochtene Position, selbst in Sichtweite der Berge waren oftmals Alternativen der Warenversendung verfügbar. Wenn auf den Schweizer Routen die Transaktionskosten zu hoch wurden, konnten die Zürcher auf Chur ausweichen. Ein Passsystem weiter östlich galt dasselbe für Lindau und den Brenner. Eine ähnliche Freiheit gab es für Salzburg nicht, jedoch profitierte diese Stadt potenziell von dem intensiven Konkurrenzkampf Triests mit Venedig. Vergleichbares galt im Nordwesten Italiens, wo Genua und Livorno sich gegenseitig Konkurrenz machten, gerade auch im Hinterlandhandel nach Norden.[234]

In der Praxis funktionierte der Handel vonseiten der Kaufleute ferner liegender Gewerbe- oder Handelszentren durch Anfragen bei bedeutenderen Spediteuren in den oberdeutschen und schweizerischen Transitorten, ob und zu welchen Konditionen sie den Transport leisten konnten; im Normalfall wählten sie das preis- und zeitgünstigste Angebot. Die internationalen Spediteure verteilten dann die Arbeit auf Zwischenspediteure und koordinierten hauptsächlich die Abwicklung des Transports und dessen Abrechnung.[235] In diesem System

233 Zum Bewusstsein der engen Verbundenheit der österreichischen Vorlande und Tirols im Kampf um den Alpentransit als eine für die gesamte Monarchie wichtige Angelegenheit vgl.: *Stolz*, Geschichtliche, S. 93.

234 Im Falle der Toskana fand seit dem Herrschaftsantritt des Hauses Habsburg-Lothringen im Jahr 1737 eine nachdrückliche Förderung des Hinterlandhandels nach Norden statt: *Beer*, Die österreichische Handelspolitik, S. 57–66.

235 Vgl. die Ausführungen eines großen Memminger Spediteurs zu solchen Anfragen von Händlern aus Frankfurt am Main an ihn in: VLA, Vogteiamt Bregenz, 300, Schreiben von Benedikt Hermann Karrer an das Oberamt Bregenz, Memmingen vom 4. Juli 1777; vgl. auch: *Baumann*, Der Güterverkehr, S. 68–69.

waren die deutschen Kaufleute in den oberdeutschen Reichsstädten dank ihrer Verwandten in Venedig bis zum Ende des 16. Jahrhunderts Schlüsselakteure, da sie den Handel Deutschlands über den bedeutendsten Alpenpass mit der am stärksten maritimen Stadt des vormodernen Italiens betrieben. Ob und wie sie diese aus dem Mittelalter ererbte Stellung auch über den Dreißigjährigen Krieg hinaus halten konnten, um diese Frage soll es im folgenden Kapitel gehen.

2. Die Alpenpässe im Zeitalter der freien Konkurrenz im 17. Jahrhundert

a) Der Dreißigjährige Krieg und die Nachkriegskrise

Zu Anfang des 17. Jahrhunderts können wir eine allgemeine Blüte des Alpenverkehrs konstatieren. Diese ist für alle vier Routensysteme bezeugt.[236] Dies hängt natürlich mit der günstigen wirtschaftlichen Lage in Oberdeutschland und Norditalien zusammen,[237] zeigt aber auch noch eine gewisse Unabhängigkeit der Landrouten von den inzwischen deutlich im Mittelmeer präsenten Handelsflotten aus den Niederlanden und England.[238] Die Tatsache, dass für die meisten Alpenrouten im Fernhandel die Werte von 1600 erst wieder im späten 18. Jahrhundert erreicht werden sollten, sollte daher nicht zu einer entsprechenden Schlussfolgerung für die wirtschaftliche Leistungsfähigkeit der subalpinen Regionen führen. Kurz vor 1800 wurde ein hohes Volumen im Alpenverkehr in direkter Konkurrenz und Ergänzung zu einem gleichzeitig äußerst leistungsfähigen Seeverkehr transportiert. Davon konnte um 1600 noch keine Rede sein. Allerdings begannen sich recht früh im 17. Jahrhundert Krisensymptome beim Alpenhandel einzustellen. 1608 erkannte man in Venedig, dass Seide, Gewürze und Baumwolle aus der Levante nun vorzugsweise nicht mehr auf venezianischen Schiffen zum Fondaco und dann über die Alpenrouten, sondern immer

236 *Glauser*, Der Gotthardtransit, S. 46–47; *Buć*, Beiträge zur Verkehrsgeschichte, S. 83–84; *Hassinger*, Der Verkehr über Brenner und Reschen, S. 176–177; *Hassinger*, Die Übergänge, S. 242.

237 Eine günstige wirtschaftliche Lage ist, allerdings bei einer scharfen Ungleichheit der Vermögensverteilung für Augsburg und Venedig und Anzeichen einer Konjunkturabflauung seit 1600 gleichermaßen belegt: *Roeck*, Eine Stadt in Krieg und Frieden, S. 159–162, 193–195; *Zannini*, L'economia veneta. Ähnliches gilt auch für die weiteren Knotenpunkte des Alpenhandels, wie beispielsweise Mailand: *Tonelli*, The Economy.

238 Seit 1590 waren die Schiffe Nordeuropas im Mittelmeer stärker präsent, bis etwa 1610 hauptsächlich als Getreidezulieferer, seither stärker im innermediterranen Zwischenhandel: *Grendi*, I nordici; *Israel*, The Phases, S. 11–12. Größere Lieferungen von teuren Textilprodukten aus Nordeuropa in Richtung Süden waren zu dieser Zeit über See noch nicht gängig, diese gingen weiterhin über die Alpen.

stärker von Engländern und Niederländern über Amsterdam nach Frankfurt befördert wurden, zum Nachteil insbesondere der deutschen Nation.[239] Kurz darauf, im Jahr 1610, überschritt der Textilexport von Oberdeutschland, der einen wichtigen Absatzmarkt im Mittelmeer gehabt hatte, seinen Höhepunkt und ein lang anhaltender Abschwung begann.[240]

Im Allgemeinen herrschten an den Alpenpässen relativ hohe Zollsätze, die von entsprechenden Maßnahmen der Habsburger aus den 1550er Jahren stammten, als man in bewusster Ausnutzung der Tatsache, dass man faktisch alle Routenein- oder -ausgänge südlich oder nördlich der Alpen kontrollierte, simultan an den meisten Pässen die Tarife erhöht hatte.[241] Diese Tarife verschärften die Lage des Alpenhandels, als dieser seit dem ersten Jahrzehnt des 17. Jahrhunderts erstmalig in einen umfassenden Wettbewerb zum Seehandel trat. Anfang der 1620er Jahre begannen substanzielle Stockungen und Rückgänge des Alpentransits, die sich über das Ende des Dreißigjährigen Kriegs fortsetzen sollten. Die Bündner Routen waren als erste betroffen. Durch die bekannten Wirren infolge des Veltliner Massakers von 1620 wurde dieser Transitzug dramatisch und mit Auswirkungen bis in die 1670er Jahre reduziert. Nach dem vorläufigen Verlust des Veltlins (1620–1641) senkten die Drei Bünde 1627 die Zölle in Richtung des in der ennetbergischen Vogtei Bellenz, also in eidgenössischem Hoheitsgebiet, gelegenen Bellinzona, um den Transitzug weiterhin zu stützen.[242] Entsprechend erzeugte es innenpolitische Konflikte, als der Bischof von Chur 1629 seinen Zoll im Münstertal, eines seiner letzten Prärogative überhaupt, um 50 % erhöhte, um weiter dasselbe Niveau an Zolleinnahmen zu genießen.[243]

Nach dem Zusammenbruch der Bündner Routen kann man eine Ausweichbewegung feststellen, und zwar stärker zum Gotthard als zum Brenner. Auf den Schweizer Routen jedoch folgte 1635, fast unmittelbar nach einem Höhepunkt der dortigen frühneuzeitlichen Transitgeschichte, ein rascher Abfall des Ver-

239 *Sella*, Commerci e industrie, S. 26.

240 *Clasen*, Augsburger, S. 427; *Zorn*, Ein neues Bild, S. 168–169; *Hildebrandt*, Die wirtschaftlichen Beziehungen, S. 281; *Clasen*, Textilherstellung, Bd. 1, S. 608–609.

241 *Stolz*, Die Verkehrsverbindungen, S. 66–72. Als die österreichischen Habsburger noch das Elsass beherrschten, war die einzige Möglichkeit, Habsburger Zollstellen zu umgehen, zwischen Lindau und Mailand, also auf den Bündner Routen über das schweizerische Rheineck, was angesichts der hohen Zollsätze (in Tirol sollen diese um 1550 das Zehnfache des Wertes auf den Bündner Routen betragen haben) auch recht häufig geschehen zu sein scheint, vgl. *Stolz*, Zur Geschichte, S. 162.

242 Ob es über Bellinzona daraufhin einen Anstieg des Transits gegeben hat, kann derzeit nicht festgestellt werden: *Buć*, Beiträge zur Verkehrsgeschichte, S. 84–87, 103; vgl. auch: *Wendland*, Der Nutzen, S. 130, 313–314.

243 Letztlich musste Chur den Zoll 1632 zu einer hohen Pfandsumme pachten, um ihn wieder auf ein für die Kaufleute erträgliches Maß zu senken: SAG, AB IV,4,16, fol. 19–26, *Buć*, Beiträge zur Verkehrsgeschichte, S. 85–86; *Jecklin*, Materialien zur Standes- und Landesgeschichte, S. 355. Erst 1726 sollte das Recht auf die Einnahmen aller Zölle vom Bischof an die Stadt gegen Entschädigung endgültig abgetreten werden: Ebd., S. 32, 43–44.

kehrs.[244] Dies ist wohl dem Einbruch der Habsburger Armeen nach Südwestdeutschland und der folgenden Kriegserklärung Frankreichs an Spanien 1634/35 geschuldet. So wurde mit einem Male die bislang vom Krieg noch halbwegs unberührte deutsche Rheinroute zentraler Kriegsschauplatz, wie auch der gesamte Süden der spanischen Niederlande. Damit waren seit den späten 1630er Jahren faktisch alle wesentlichen westalpinen Routensysteme marginalisiert. Erst nach 1648 erfuhr der Transit auf den Schweizer Routen wieder eine Belebung durch den Friedensschluss, um bereits Mitte der 1650er Jahre erneut abzustürzen.[245] Auf die Gründe hierfür wird weiter unten eingegangen.

Auf den Tiroler Routen sah die Lage anders aus. Nach einer günstigen Entwicklung in den 1620er Jahren kam es seit 1629 im Gefolge des Mantuanischen Erbfolgekriegs zu einer Krise. Kurzfristig sah es so aus, als könnte der Verkehr hier gänzlich zusammenbrechen, wie ein Blick auf die Zolleinkünfte in Bozen zeigt (Diagramm 2).

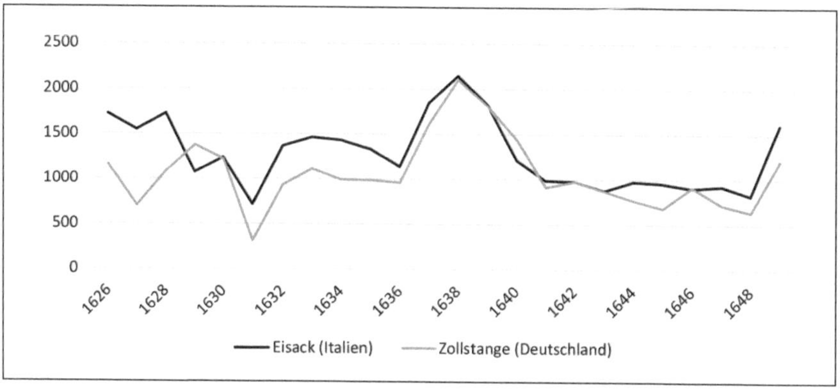

Diagramm 2: Zollerträge in Bozen in fl., 1626–1649
Quellen: *Bückling*, Die Bozener Märkte, S. 69; *Redolfi Bragagna*, Die Finanzgebarung, S. 85–86.

Tatsächlich geschah jedoch das Gegenteil. Bereits 1631 war die Krise vorüber, und ein neues Wachstum des Verkehrs über Bozen machte sich geltend. Gerade die verschärfte Krise auf den Westalpenrouten mit dem französischen Kriegseintritt und der damit noch verstärkten Unsicherheit zur See drückte den Verkehr wohl nun intensiv in Richtung Brenner. In diesem Kontext ist die Gründung des Bozner Merkantilmagistrates zu sehen. Dies geschah in einer Phase eines sich intensivierenden Transitstroms über Tirol und einer damit einherge-

244 *Glauser*, Der Gotthardtransit, S. 46–49; vgl. auch: *Geering*, Handel und Industrie, S. 427; *Körner*, Luzerner Staatsfinanzen, S. 127–131.

245 *Glauser*, Der Gotthardtransit, S. 47–48.

henden Verschärfung handelsrechtlicher Problematiken.[246] Die Zolleinnahmen stiegen bis 1638 dann so stark, dass man es sich leisten konnte, die Zollsätze angesichts der Beschwerden der Kaufmannschaft in Bozen um ⅓ zu senken; was den folgenden Abfall der Einnahmen mit erklärt.[247]

In der Literatur wird bisweilen eine Schwächung der deutschen Kaufmannschaft in Venedig durch die Gründung des Merkantilmagistrats und des dazugehörigen Messegerichts vermutet. Seither sei das Bedürfnis für einen direkt vermittelten Zwischenhandel gesunken, da man nun bequemer auf den Bozner Märkten italienische Waren zu günstigen Preisen auswählen und die eigenen absetzen konnte.[248] Hierzu kann festgehalten werden: Die Bozner Märkte existierten lange vor 1635, und sie waren in den Jahrhunderten davor und danach immer intensiv an den venezianischen Markt angebunden. Sie waren aber auch nach Verona, Mantua und dem weiteren norditalienischen Hinterland hin orientiert.[249] So bedeutete die Stärkung Bozens möglicherweise tatsächlich einen etwas geringeren Bedarf an Präsenz von deutschen Kaufleuten an der Lagune für den deutsch-italienischen Handel. Ein entsprechender Konnex kann derzeit jedoch keineswegs belegt werden. Wesentlicher erscheint, dass die Aufwertung Bozens diesen Austausch insgesamt erleichterte und damit das Geschäftsfeld tendenziell zugunsten aller an den Tiroler Routen partizipierenden Akteure vergrößerte.[250] Zu bedenken ist dabei, dass die Bozner Messen nach 1635 immer stärker Wechselmessen wurden, und der Handel damit für die Kaufleute aus Oberdeutschland und ihre deutschen Partner in Venedig durch die Verbesserung der Zahlungsabwicklung eine Erleichterung erfuhr.[251]

Von 1640 bis 1648 erlebten die Tiroler Routen nun auch ihre Krise, die sicherlich mit den Wirkungen des Dreißigjährigen Kriegs in Oberdeutschland zusammenhängt. Nach 1638 wurde Süddeutschland im Gefolge der Eroberung Breisachs durch die Franzosen zum Kriegsschauplatz, und spätestens der brandenburgisch-schwedische Waffenstillstand von 1641 machte Sachsen zum Hauptkampfgebiet in Mitteldeutschland. So engte sich das auf die Alpen bezogene Transitfeld in Deutschland ein, vor allem zugunsten Hamburgs, welches in diesem Jahrzehnt seinen Fernhandel nach Iberien und ins Mittelmeer intensivieren konnte.[252] Man glich die sinkenden Einnahmen in Bozen durch eine erneute Erhöhung der Zollsätze aus und schadete damit der Konkurrenz-

246 Zur Gründung des Merkantilmagistrats vgl.: *Huter,* Die Quellen des Meßgerichtsprivilegs; jüngst: *Jeggle,* Privilegierte Rechtssprechung.
247 *Redolfi Bragagna,* Die Finanzgebarung, S. 66.
248 So v. a.: *Kellenbenz,* Der Niedergang Venedigs, S. 141–142, 163.
249 Vgl. als historischen Überblick: *Bonoldi,* Dinamiche di mercato.
250 Zur besonderen Innovativität der Bozner Messen vgl.: *Andreozzi/Faillo/Gaffeo,* La magistratura mercantile.
251 Zur engen Anbindung des Bozner Wechselgeschäfts an Venedig vgl. v. a.: *Denzel,* Die Bozner Messen, S. 144–145.
252 *Ressel,* Der deutsche Seehandel.

fähigkeit der Route umso mehr.[253] Nichtsdestotrotz blieb der Rückgang auf den Tiroler Routen immer begrenzt. Wohl aufgrund des schärferen Rückgangs auf den Transitlinien in Richtung Mailand exportierten schwäbische Städte in den 1640er Jahren wieder mehr Textilien über Venedig.[254]

Die Salzburger Routen waren als Letzte von den Kriegswirren betroffen. Der Handel auf diesen hatte bereits schwer unter dem Gradiscaner Krieg von 1615 bis 1617 gelitten und sich lange nicht erholt.[255] Während hier noch 1625 ein sehr geringer Verkehr vorherrschte, waren die 1630er Jahre von einem intensiven Transit geprägt, der erst 1641 seinen Höhepunkt erreichte.[256] Auch um 1646 war der Handel auf den Tauernpässen noch recht stark, gerade bei den Produkten des deutsch-venezianischen Fernhandels.[257] Erst nach dem Dreißigjährigen Krieg brach hier der Verkehr ein: Auf den Salzburger Routen wurde der Tiefpunkt des Alpenverkehrs 1655 erreicht.[258] Durch die Auflistung von Einnahmen des Fondaco-Zolls in den ersten Dekaden des 17. Jahrhunderts kann dieses Bild aus der Perspektive Venedigs ergänzt werden.[259] Die Daten, die uns vorliegen, bieten ein eindeutiges Bild (Tabelle 2).

Tabelle 2: Überlieferte Gesamteinnahmen des Fondaco-Zolls während des Dreißigjährigen Kriegs in duc.

Jahr	Einnahmen	Jahr	Einnahmen
1587	45.998	1621	42.695
1594	49.940	1633	31.489
1602	63.168	1636	31.200
1608	57.745	1640	29.378

Quelle: *Ventura*, Bilanci generali, S. 365–366, 419, 472, 487, 500, 564.

253 *Redolfi Bragagna*, Die Finanzgebarung, S. 67.

254 *Kießling*, Schwäbisch-tirolische, S. 192, basierend auf den Angaben von: *Blendinger*, Augsburger Handel.

255 *Hassinger*, Die Handels- und Verkehrsstellung, S. 258.

256 *Hassinger*, Geschichte des Zollwesens, S. 35.

257 Ebd., S. 154–216.

258 *Hassinger*, Die Handels- und Verkehrsstellung, S. 259–260; *Hassinger*, Die Übergänge, S. 242–243.

259 An dieser Stelle sei ein folgenschwerer Fehler in der Literatur vermerkt. Hermann Kellenbenz hat einen Niedergang der Fondaco-Zolleinnahmen von 140.000 bis 158.000 Kronen in den Jahren vor 1600 auf 40.000 Kronen im Jahr 1609 konstatiert: *Kellenbenz*, Der Niedergang Venedigs, S. 8. Dies ist in die internationale Literatur eingegangen: *Gelder*, Trading Places, S. 90–91. Ein Blick in die Originalquelle, den Bericht über Venedig des Unionsgesandten Johann Baptist Lenk aus dem Jahr 1610 lässt erkennen, dass hier Zollpachtsummen genannt wurden, diese wurden offenbar einige Jahre lang zu hoch ersteigert, vgl. SASAD, Z 18, A 9a, Nr. 105 Bd. II, fol. 29r–29f. Eine Krone entsprich etwa ⅔ duc. (es ist nicht klar, ob hier Münz- oder Rechengeld gemeint ist), sodass die von Lenk genannten Summen für die Jahre vor 1609 deutlich übertrieben, danach als untertrieben erscheinen.

Der Wert von 1602 stellt zwar den Höhepunkt der Einnahmen des Fondaco in der Frühen Neuzeit dar, er wurde jedoch einige Jahre vor dem vorläufigen Zenit des frühneuzeitlichen Verkehrs über die Tiroler Routen erreicht, diesen können wir zwischen 1615 und 1620 annehmen.[260] Dies deutet auf eine gewisse Trennung des Bozner Messhandels von den unternehmerischen Aktivitäten der Deutschen in Venedig hin. Während der Verkehr über Bozen stärker auf den Transit nach Verona ausgerichtet war, waren die Deutschen im Fondaco eher im Handel mit levantinischen Gütern engagiert; zu Beginn des 17. Jahrhunderts auch noch stark über die Salzburger Routen. Der kontinuierliche Abfall der Einnahmen aus dem Fondaco ist auch daher dramatisch zu nennen, da wir aus anderen Indizes seit 1636 eine partielle Erholung des Handels der Republik nach ihren Verwicklungen in den Mantuanischen Erbfolgekrieg (1628–1631) erkennen können, die bis zur Jahrhundertmitte dauerte.[261]

Es ergibt sich ungefähr folgendes Bild für den Dreißigjährigen Krieg und seine Wirkung auf den deutsch-italienischen Handel: Bis etwa 1640 wich der insgesamt nur leicht schrumpfende Verkehr zwischen Deutschland und Italien immer stärker auf die Ostalpen aus. Erst in den letzten acht Kriegsjahren ist auch hier ein Rückgang festzustellen. Die Verluste für die deutsche Nation waren dabei überproportional hoch. Die Begründung für solche Rückgänge ist traditionell der Dreißigjährige Krieg mit seinen Bevölkerungsverlusten und flächendeckenden Zerstörungen von Gewerbelandschaften. So sehr diese Sichtweise in einer kurzfristigen Perspektive richtig ist, so wird dabei doch die langfristige Wirkung des Kriegs auf den internationalen Verkehr überschätzt. Hiervon zeugt ein überraschend synchrones Verkehrswachstum auf fast allen Alpenpässen unmittelbar nach Friedensschluss.[262] Nach 1648 stiegen die Zolleinnahmen in Bozen wieder rasch an, erst 1655 fielen sie wieder deutlich und erreichen 1656 ein Minimum.[263] Dasselbe Muster galt, wie gezeigt wurde, ähnlich auf den Schweizer und Salzburger Routen.[264]

Man könnte das Phänomen so erklären: Der nahtlose Übergang des Dreißigjährigen Kriegs in den Candia-Krieg, der den Levantehandel Venedigs beeinträchtigte, sowie die bis 1659 fortgesetzten Kämpfe des spanisch regierten Herzogtums Mailand und dessen Allianzpartner Mantua gegen Frankreich und dessen Verbündete Savoyen (1639–1642 selbst im Bürgerkrieg begriffen) sowie

260 *Bückling,* Die Bozener Märkte, S. 69.

261 Vgl. die Seidenexporte aus dem Raum Vicenza: *Vianello,* Seta fine e panni grossi, S. 288–295; oder die bis 1645 günstigen Bedingungen im Levantehandel: *Sella,* Commerci e industrie, S. 52–54; *Israel,* The Phases, S. 15–16.

262 Vgl. auch grundsätzlich hierzu die Beobachtung eines insgesamt stabilen Seidenhandels von Italien nach Deutschland von 1600 bis 1650 und die entsprechende Relativierung der Schäden des Dreißigjährigen Kriegs bei: *Gramulla,* Handelsbeziehungen Kölner Kaufleute, S. 277.

263 Vgl. Diagramm 3.

264 Vgl. hierzu auch: *Bodmer,* Ursachen, S. 58; *Hassinger,* Geschichte des Zollwesens, S. 325.

Modena verhinderten nach 1648 eine Erholung des Transalpenhandels, der von einer wirtschaftlichen Gunstlage nördlich und südlich der Alpen abhängig war. Einer solchen Annahme widerspricht der bereits mit dem Westfälischen Frieden einsetzende Wiederaufstieg des Transits über die Bündner Routen, der erst in den 1660er Jahren gebremst wurde.[265] Warum sollten ausgerechnet die Bündner Routen zwischen dem verheerten Oberschwaben und dem Kriegsschauplatz Mailand einen Aufstieg erleben, während die Ostalpenrouten einen Rückgang des Verkehrs nach dem Dreißigjährigen Krieg erlebten?

Der tieferliegende Grund für diese Entwicklung liegt in einer säkularen Verschiebung des Handels von den Land- zu den Seerouten. Bereits die Annales-Forscher der 1960er Jahre haben auf den gewandelten Strom des sächsischen Exports von den Alpenpässen hin zur Nordseeküste zwischen 1650 und 1680 als Ausdruck einer fundamentalen Verschiebung von Transitachsen innerhalb Europas verwiesen und dabei deutlich ausgesprochen, dass die volkswirtschaftlichen Schäden des Dreißigjährigen Kriegs in ihrer Wirkungsgeschichte im Detail kaum bekannt sind.[266] Es stellt sich natürlich hierbei die Frage, warum der erst in den 1660er Jahren niedergehende Warenzug aus Lindau über Bünden nach Mailand verzögert von dieser Verschiebung betroffen war, während alle anderen bereits in den 1650er Jahren an Verkehr verloren. Hierbei kam den Anrainern der Bündner Routen wohl ihre im 17. Jahrhundert noch größere Unabhängigkeit von den Wandlungen im Ferntransit zugute. Essenziell verbanden die Pässe in Graubünden ja Mittelitalien mit Oberschwaben, also die küstenfernsten Alpenanrainergebiete. Seit Mitte der 1650er Jahre waren die Rückgänge des Transits vor allem auf denjenigen Alpenpässen stark, die in stärkerer Konkurrenz zum Seetransport standen: Die Schweizer Routen standen in hoher Abhängigkeit vom Handelszug über den Rhein zwischen Amsterdam und Genua, und die Tiroler und Salzburger Routen hatten eine starke Ausrichtung auf Sachsen und Venedig und litten unter der Neuausrichtung der west- und mitteldeutschen Exporte über Hamburg und Amsterdam.

b) Reformen der staatlichen Akteure zur Belebung der Pässe

Die in den 1650er Jahren relativ dynamische Entwicklung auf den Bündner Routen wurde besonders in Innsbruck vermerkt. Wenngleich die neue Austarierung des internationalen Transits wohl nicht in ihren Tiefengründen erkannt wurde,

265 *Buć*, Beiträge zur Verkehrsgeschichte, S. 73; dies steht in latentem Gegensatz zum Empfinden von Zeitgenossen auf den Bündner Routen. Diese sahen sich noch 1651 Jahre in einer schweren Krise, weil eine aus der Kriegszeit stammende Zollerhöhung bis zu diesem Zeitpunkt nicht rückgängig gemacht worden war: *Bilgeri*, Politik, S. 282.

266 *Braudel/Jeannin/Meuvret/Romano*, Le déclin de Venise, S. 74–78. Zu den Kriegsschäden in Sachsen und der weitgehenden Verschonung des Messezentrums Leipzig vgl.: *Dietrich*, Merkantilismus, S. 248–254.

so verstand man sehr gut, dass eine wichtige Barriere für den Transalpenhandel über Tirol die dortigen Zollmauern waren, ob nun zugunsten der Bündner Routen oder des Handelszugs von Mitteldeutschland zur Nordsee. So wandte man sich vonseiten Innsbrucks 1656 an den wichtigsten Partner des eigenen Routensystems, an die Republik Venedig, zu Zollverhandlungen. Das Ziel war, die Kaufleute wieder auf die Tiroler Routen und fort vom *Stato di Milano* zu locken, der laut übereinstimmender Meinung von der gegenwärtigen Konjunktur *mirabilmente* profitiere. Man einigte sich auf eine Senkung der Transitzölle um ¼, sowohl in Verona als auch in Rovereto. Diese Änderungen traten im März 1657 in Kraft.[267] Die Habsburger schafften es auch ein Jahr später, mit Kurbayern in ein günstiges Zollvertragsverhältnis zu gelangen.[268] Der erwünschte Erfolg stellte sich bald ein: Anhand der Zolleinnahmen in Bozen, deren Sätze selbst nicht gesenkt wurden,[269] ist in den folgenden Jahren eine Stabilisierung des Verkehrs zu erkennen (Diagramm 3).

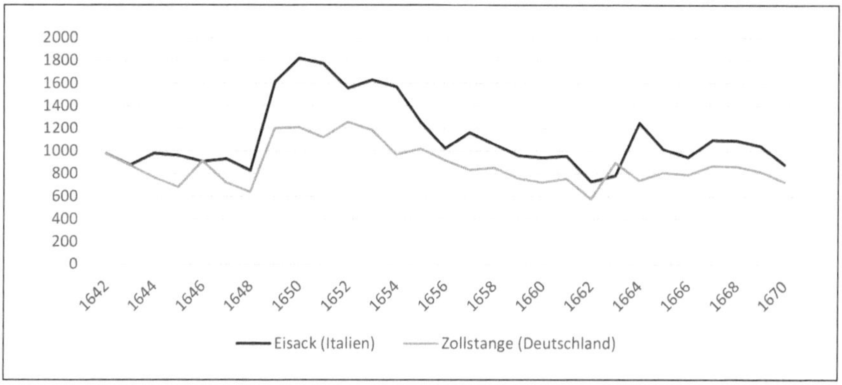

Diagramm 3: Zollerträge in Bozen in fl., 1642–1670
Quelle: *Redolfi Bragagna*, Die Finanzgebarung, S. 85–86.

Gegenüber der in denselben Jahren von Österreich vorgenommenen Verschärfung der Zollgesetzgebung gegen das Salzburger Routensystem war man im Erzbistum machtlos, hier reduzierte sich der Verkehr bis in die Mitte der 1670er Jahre.[270] Wir besitzen keine genauen Daten für die Bündner Routen, aber aus

267 ÖSTA/FHKA/NHK, Kommerz Lit Akten 1032, Kommerz mit Venedig, Beschwerden, Fasc. 131, Nr. 1504, fol. 72r–73r; ASVe/CS, II Ser., 73, 20. Dezember 1656; *LeBret*, Staatsgeschichte, Bd. 3, S. 677; *Stolz*, Zur Geschichte, S. 168.

268 *Doeberl*, Entwicklungsgeschichte Bayerns, S. 89–90.

269 Zumindest ist aktenmäßig in diesen Jahren hierzu nichts vermerkt: *Redolfi Bragagna*, Die Finanzgebarung, S. 66–67.

270 *Hassinger*, Geschichte des Zollwesens, S. 35.

den Quellen erscheint ein Abfall des Verkehrs über Chur in den späten 1650er Jahren recht wahrscheinlich, auch da von 1658 bis 1667 eine leichte Erholung des Transits über den Gotthard eintrat.[271]

Die Graubündner reagierten bald auf die verschärfte Konkurrenzsituation. Bereits gegen Ende der 1650er Jahre hatte man in Graubünden einzelnen Großhändlern aus Mailand Zollvergünstigungen gewährt, wenn sie für ihre Spedition nach Deutschland und in die Niederlande die Bündner Routen benutzen würden.[272] Im Juni 1659 sandte die Zürcher Kaufmannschaft ein Schreiben an die Häupter der drei Bünde in Chur und bat um die Reduktion des Zolls bei Chiavenna auf den Satz von 1620, was einer Reduzierung um ⅔ entsprach. Würde dies gewährt, so stellte man die intensivere Nutzung der Bündner Routen für die Zukunft in Aussicht. Diese Verheißung traf auf ein entsprechendes Verlangen in Graubünden. Nach wenigen Monaten Beratung wurde im Oktober 1659 dem Wunsch Zürichs stattgegeben.[273] Bereits im Februar 1660 erhielt Lindau dieselbe Vergünstigung, womit nun Graubünden seine zwei wesentlichen nördlichen Transitpartner deutlich entlastet hatte.[274] Die Häupter Graubündens schrieben auch an die weiteren Partner auf der Strecke nach Lindau, Feldkirch und Vaduz, und baten darum, im Sinne aller Routenanrainer keine Erhöhungen der dortigen Zölle vorzunehmen.[275] Trotz der Zollsenkung trat die gewünschte Stimulierung des Verkehrs nicht zeitnah ein. Im September 1662 stellte man in Graubünden fest, dass anstelle einer Verkehrssteigerung *das Gegentheil erscheine* und man an Zürich und Lindau drohen solle, den alten Zoll wieder einzuführen, wenn nicht innerhalb von drei Monaten beide Städte ihre Kaufleute zur Nutzung der Bündner Routen anhielten.[276] Offenbar waren die Alternativen über die Schweizer und Tiroler Routen in diesen Jahren für die Kaufleute beider Orte hinreichend attraktiv.

Man wartete in Graubünden noch zwei weitere Jahre, bevor der Bundestag im Juni 1664 ein Ultimatum an die Kaufleute von Zürich und Lindau richtete: Wenn die Bündner Routen nicht intensiver befahren würden, so würde der Zollnachlass zurückgenommen.[277] Die Antwortschreiben sind recht interessant. Die Zürcher Kaufmannschaft verwies darauf, dass

271 *Glauser*, Der Gotthardtransit, S. 49.

272 SAG, AB IV,1 29, fol. 141, 149.

273 SAG, AB IV,4 16, fol. 39–43. Der Kontext dieser Reduktion waren sehr intensive Kapital- und Kreditbeziehungen zwischen Zürich und Graubünden in den 1650er Jahren: *Peyer*, Von Handel und Bank, S. 34–36, 45–49.

274 SAG, AB IV,1 29, fol. 342; SAG, AB IV,4 16, fol. 46–47, 49.

275 SAG, AB IV,4 16, fol. 50–51.

276 SAG, AB IV,4 16, fol. 53–54. Die nicht überlieferten Antwortschreiben von Lindau und Zürich werden indirekt in den Bundestagsprotokollen von 1663 erwähnt: SAG, AB IV,1 32, fol. 20.

277 SAG, AB IV,4 16, fol. 54–55; SAG, AB IV,1 32, fol. 217.

zu Folge deßen, waß vor fünff Jahren unnsere Deputierte auff Davoß versprochen, wir nicht nur die von österrychischen Sytten angebottene eydeliche Conditiones außgeschlagen, sonder auch mit den jennigen unsern Güttern, welche wir ehemahlß uß dem Verones und Bressaner Gebiet nach dem Adlerberg, uß dem Meil[endischen] über den Gothartt spediert, üweren Paß, hochgeehrdte Herren ansühnlich unnd getreülich vermehret. Zeügnuß deßen ist der große Abgang den bedreütte andere zwey Straßen erlitten habendt, durch welche, anderß nichts alß das wenige, was im Trentino, Roveredo, Vicentino, unndt etwan in unseren weltschen Vogteyen ynkaufft wirdt, gespediert wirdt.[278]

Man verwies auf die schlechten Zeiten, die dazu gezwungen hätten, die *Fabricken*, also die Produktion von Textilien einzuschränken. Interessant für uns ist an dieser Stelle der Verweis auf die vormals starke Spedition über Tirol. Da der Arlberg in der Frühen Neuzeit für den Ferntransit nicht benutzbar war, können wir davon ausgehen, dass trotz seiner expliziten Erwähnung damit eine Spedition über Lindau und Kempten gemeint war – ein weiteres Zeichen für die ungemeine Attraktion der Tiroler Routen. Die marginale Spedition über den Gotthard durch Zürcher Händler ist in der Literatur bereits für die erste Hälfte des 17. Jahrhunderts belegt, sie findet hier eine erneute Bestätigung.[279] In der Antwort der Lindauer Kaufmannschaft fehlte ebenfalls nicht der Verweis auf die schlechten Zeiten und die Unmöglichkeit, Kaufleute zur Benutzung einer speziellen Route zu zwingen. Würden die Drei Bünde nun ihren Zoll in Chiavenna wieder erhöhen, so würde es zu einem weiteren Niedergang des Handels führen. Man bäte auch um die Beibehaltung des Zollsatzes von 1620, da im Reich alle während des Kriegs eingeführten Zölle wieder abgeschafft worden seien.[280]

Vonseiten Graubündens war man zwar mit den Antworten unzufrieden, beließ aber den Nachlass um ⅔. Als St. Gallen im November 1665 um denselben Nachlass bat, wurde dieser gewährt, jedoch nicht ohne Vermerk in den Protokollen des Bundestags, dass die Zürcher und Lindauer *grosse Vermehr und Erleichterung der Kaufman und Spedition Güter versprochen haben, aber nichts sonderlich verfürt worden.*[281] Dies blieb auch in den nächsten Jahrzehnten so.[282] Der von Graubünden gewährte Zollnachlass in Chiavenna kann als Stützpfeiler der impliziten Allianz der nördlichen Anrainer der Bündner Routen gelten, umso mehr als hier auch Feldkirch und Vaduz miteinbezogen worden waren. Allerdings war dies explizit eine Allianz zugunsten von protestantischen und deutschsprachi-

278 SAG, A II LA 1, 30. Juli 1664.

279 *Glauser*, Der Gotthardtransit, S. 40–41.

280 SAG, A II LA 1, 8. August 1664.

281 SAG, AB IV,1 34, fol. 375–376, siehe auch die fol. 189, 333–334, 414, 424. Vgl. zu den Zollsenkungen gegenüber den drei Partnern auch: *Jecklin*, Materialien zur Standes- und Landesgeschichte, S. 417, 421, 424, 427, 430, 432–433.

282 Eine in der Literatur vermutete Abschaffung dieser Zollerleichterungen findet keine Stütze in den Quellen: *Hilfiker*, Beharren und Wandel, S. 32.

gen Kaufleuten. Als im September 1668 die Bitte der Mailänder Kaufmannschaft in Chur einging, auch den ⅔ Zollnachlass zu erhalten, wurde dies verweigert.[283]

Dank des zähen Festhaltens an einer Politik der Zollsenkung erreichten die Bündner wohl weniger eine Steigerung ihres Verkehrs als vielmehr durch dessen Erhalt in einer allgemeinen Kontraktionsphase eine Schwächung der Schweizer Routen in den 1660er Jahren, die sich besonders in den verminderten Zolleinnahmen Luzerns widerspiegelt (Diagramm 4).[284]

Diagramm 4: Zollerträge der Stadt Luzern in fl., 1661–1695
Quelle: *Körner*, Luzerner Staatsfinanzen, S. 432.

Auf den Tiroler Routen musste man bereits seit 1664 eine deutliche Abnahme des Verkehrs feststellen. Dasselbe Bild zeigte sich in Venedig. Bereits 1662 hatte die Republik ihren Hafen zu einem Porto Franco deklariert, was in der Praxis die weitgehende Reduktion oder Abschaffung von Eingangszöllen von der Seeseite her bedeutete.[285] Der Erfolg hier war nur kurzfristig 1663 bemerkbar gewesen. Bereits 1664 war der Seeverkehr an die Lagune wieder deutlich gesunken; vermutlich aufgrund der Schwäche des Hinterlandhandels über Tirol.[286]

Tirol war inzwischen (1665) an Kaiser Leopold I. gefallen, und es mag sein, dass es den neuen Untertanen bei Aufwartungsbesuchen gelungen war, die Wiener Behörden von der Wichtigkeit des Transits durch Tirol zu überzeugen. Der Kaiser ließ im Frühjahr 1666 Schreiben an die Reichsstädte Frankfurt und Augsburg sowie die Republik Venedig gehen, die zu einer Konferenz nach Bozen im Juni 1666 einluden, um dort Maßnahmen zur Förderung des Verkehrs durch

283 SAG, AB IV,4 16, fol. 59; *Jecklin*, Materialien zur Standes- und Landesgeschichte, S. 433.

284 Vgl. auch den aufsteigenden Verkehr von Zürich nach Chur in den 1670er Jahren: *Bodmer*, Ursachen, S. 58.

285 *Costantini*, Una Repubblica nata, S. 84.

286 *Pezzolo*, L'economia, S. 397.

Tirol zu beschließen.[287] Die Konferenz, die von weitreichend bevollmächtigten Abgeordneten aus Augsburg,[288] Venedig, Verona, Oberösterreich und Bozen beschickt war, stellte ausdrücklich die Verlagerung des Fernhandels von den Niederlanden nach Italien auf die Bündner Pässe sowie auf den Gotthard fest.[289] Man beschloss hiergegen ein umfangreiches Maßnahmenpaket. Dieses beinhaltete eine Art Werbekampagne in allen Handelszentren Italiens und Deutschlands für die Tiroler Routen.[290] Man versprach sich gegenseitig, die Straßen zu verbessern, die Rodordnung zu überarbeiten, Missstände abzustellen und die Zölle für eine Reihe von Spitzenprodukten, insbesondere Rohseide, Glaswaren, Baumwolle und Gewürze, deutlich zu senken. Die Transitzölle für Wolle und Seide wurden in Rovereto und Verona erneut, wie 1656, um ¼ gesenkt.[291]

Die Maßnahmen traten im Lauf des nächsten Jahrzehnts, die meisten schon 1667/68 in Kraft.[292] In Venedig waren Nachverhandlungen nötig, hierhin schickte Innsbruck im Sommer 1667 Giorgio Bernardo Giovanelli. In seinem Memorial für die Republik verwies er auf einen positiven Effekt für den Handel zwischen Tirol und Verona im Jahr 1653, als Pavia belagert worden war; dies hatte den Fernhandel über Mailand blockiert. Zollsenkungen sollten nun dasselbe Resultat erzielen. Die Venezianer ließen sich schließlich nach langwierigen Verhandlungen auf das Abkommen ein, verlangten aber die scharfe Einhaltung desselben, da vonseiten Tirols die Zollsenkung von 1656 angeblich nur zwei Mes-

287 TLA, Oberösterreichische Regierung, Kopialbücher, von der fürstlichen Durchlaucht, 1666–1667, Bd. 49, fol. 194r–194v.

288 Frankfurt ließ sich durch Augsburg vertreten, was ein deutliches Zeichen für das bereits verminderte Interesse dieser Stadt am Transalpenverkehr ist.

289 Es ist bezeichnend, dass von Trient kein Abgeordneter beteiligt war. Dies zeigt die bereits zu diesem Zeitpunkt hohe Abhängigkeit des Fürstbistums vom Willen der habsburgischen Entscheidungsträger in Innsbruck.

290 *Stolz,* Quellen, S. 150–151. Vermerkt sei, dass der Vorschlag Frankfurts, holländische Tücher auf den venezianischen Markt zu bringen, mit Skepsis vonseiten Österreichs aufgenommen wurde. Man wünschte die Vermeidung der Herkunftsangabe, um kein Ressentiment der Venezianer zu erwecken. Weiterhin ist bemerkenswert, dass die Werbung für die Verwendung der Tiroler anstelle der Schweizer Routen bei Kölner Kaufleuten möglichst nur von privater Seite gemacht werden sollte, da amtliche Aufforderungen dieser Art zu Verstimmungen zwischen der Schweiz und Österreich führen könnten.

291 Vgl. den Rezess der Konferenz bei: *Hartung,* Zur Ausbreitung des augsburgischen Handels, S. 225–230; zusammenfassend: *Stolz,* Zur Geschichte, S. 81–82; *Kellenbenz,* Der Niedergang Venedigs, S. 160. Die wesentlichen Akten zu dieser Konferenz finden sich in: ÖSTA/FHKA/NHK, Kommerz Lit Akten 1032, Kommerz mit Venedig, Beschwerden, Fasc. 131, Nr. 1504, fol. 73v–76r, 78r–83r; ASVe/CS, II Ser., 73, 8. Juni 1667.

292 *Stolz,* Quellen, S. 151; *Vecchiato,* La vita politica economica, S. 246–248. Zunächst waren die Maßnahmen nur auf fünf Jahre vorgesehen, sie wurden jedoch 1675 erneut durch die Innsbrucker Regierung bekräftigt und damit ad infinitum gesetzt: ÖSTA/FHKA/NHK, Kommerz Lit Akten 1032, Kommerz mit Venedig, Beschwerden, Fasc. 131, Nr. 1504, fol. 76r–76v; ÖSTA/FHKA/NHK, Kommerz Innerösterreich, Nr. 549, Fasc. 66,2, fol. 565–569; *Beer,* Die Zollpolitik, S. 297.

sen lang eingehalten worden sei.[293] Es folgten weitere Maßnahmen zur Steigerung der Attraktivität der Tiroler Routen. 1674 einigten sich Augsburg und Tirol auf eine neue Rodordnung, 1675 wurde diese erlassen.[294] In Venedig wurde im selben Jahr eine erhebliche Privilegierung der deutschen Kaufleute durch Zollsenkungen exklusiv für diese Gruppe beschlossen.[295]

So wurde durch ein komplexes und koordiniertes Handeln aller Tiroler Routenanrainer ein Bündel an Verkehrsvereinfachungen und -erleichterungen in den zwei Jahrzehnten von 1656 bis 1675 auf den Tiroler Routen erlassen. Dies erlangte bis zum Ende der Republik Venedig Grundlagencharakter. Damit verfestigte sich ein System zugunsten der hier zentral Beteiligten, vor allem des östlichen Oberschwabens, Tirols und der Republik Venedig. Der Nord-Süd-Transit über Tirol vereinte bis zum Ende des 18. Jahrhunderts die Interessen ihrer Anrainer von Venedig bis Augsburg, latent sogar bis Frankfurt.[296] Allerdings bestand auch in diesen Jahren eines guten Verhältnisses zwischen Venedig und der Habsburgermonarchie ein grundlegendes Misstrauen Wiens gegenüber der Republik, deren Handelsvorteil man an anderen Stellen immer wieder mindern wollte.[297]

Der Erfolg stellte sich nicht unmittelbar ein. Die Erträge des Fondaco-Zolls sanken sogar zunächst (Tabelle 3), da 1671 die Republik Venedig einige Veränderungen in der Taxation der Waren im Fondaco vornahm, die effektiv einer deutlichen Zollsenkung gleichkamen.[298]

Tabelle 3: Gesamteinnahmen des Fondaco-Zolls in duc., 1667/68–1675/76

Jahr	Einnahmen	Jahr	Einnahmen	Jahr	Einnahmen
1667/68	23.715	1670/71	19.697	1673/74	18.059
1668/69	22.715	1671/72	17.115	1674/75	18.943
1669/70	19.533	1672/73	19.528	1675/76	17.359

Quelle: ASVe, Senato, Mar, Filza 615, Anhang zur »deliberazione 1677 Aprile 22«: »Notta di quanto ha fatto il Datio del Fontico di Todeschi«.

293 *Segarizzi*, Per il dazio di Rovereto.

294 *Hartung*, Eine Internationale Conferenz, S. 230–236; *Stolz*, Quellen, S. 152–157. ÖSTA/FHKA/NHK, Kommerz Lit Akten 1032, Kommerz mit Venedig, Beschwerden, Fasc. 131, Nr. 1504, fol. 76r–76v. In diesen Jahren exportierte Österreich intensiv Quecksilber und andere Metalle über Venedig, auch dies erklärt das Bemühen um eine enge Zusammenarbeit mit der Republik: *Srbik*, Der staatliche Exporthandel, S. 88–115.

295 Vgl. hierzu im Detail Kap. III. 2. c.

296 Dies lässt sich auch aus dem üblichen Werbeverhalten der Augsburger Weber für neue Produkte *ausschließlich* in Italien und Frankreich im 18. Jahrhundert rückschließen: *Clasen*, Textilherstellung, Bd. 2, S. 470–471.

297 *Srbik*, Der staatliche Exporthandel, S. 109–113; *Srbik*, Adriapolitik unter Kaiser Leopold I.

298 Vgl. Kap. II, Fn. 324.

In Bozen jedoch sanken die Zollerträge in den entsprechenden Jahren kaum, obwohl hier die Tarife auch reduziert worden waren[299] – ein Anzeichen für einen intensivierten Verkehr (Diagramm 5).

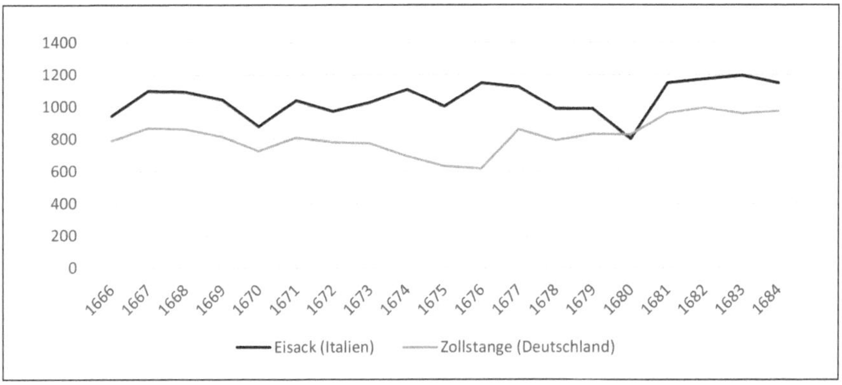

Diagramm 5: Zollerträge in Bozen in fl., 1666–1684
Quelle: *Redolfi Bragagna,* Die Finanzgebarung, S. 86–87.

Der Intensivierung der Tiroler Routen stand eine Abnahme der Frequentierung über Graubünden gegenüber. Bereits 1667 bat die Stadt Feldkirch nach Anregung der Fuhrleute von Höchst und Fußach in Innsbruck um Ermäßigung der Zölle, damit die Seidenwaren nicht zu stark auf den Schweizer Routen, also über den Gotthard oder Walenstadt spediert würden.[300] Offenbar brachte dies und auch eine Intervention der Frankfurter Kaufmannschaft von 1668 keinen Erfolg. Deren Bitte um Reduzierung des Zolls in Feldkirch zur Beförderung des Verkehrs nach Italien wurde vonseiten Wiens mit dem internen Vermerk abgelehnt, dass dies den Tiroler Routen schaden würde.[301] Vorwürfen der Häupter der Drei Bünde nach Innsbruck zufolge kam es sogar 1670 zu einer Erhöhung gewisser Zollsätze in Feldkirch, mit dem expliziten Ziel, die Bündner Routen zu schwächen.[302]

Es scheint daraufhin zu einer deutlichen Abwanderung des Verkehrs von Lindau in Richtung des schweizerischen Rheinecks gekommen zu sein. Angesichts dieser Lage traf sich der oberösterreichische Kammerpräsident Baron Johann Franz von Coreth (1640–1718) im Juni 1672 in Feldkirch mit Abgeordneten aus Lindau. Hierbei wurden Zollsenkungen vereinbart, von denen wir aus

299 In den Zollsenkungen von 1667 waren die Bozner Zölle ausdrücklich mit eingeschlossen: *Stolz,* Quellen, S. 151.

300 *Bilgeri,* Politik, S. 283.

301 *Stolz,* Quellen, S. 150–151. ÖSTA/FHKA/NHK, Kommerz Lit Akten 1032, Kommerz mit Venedig, Beschwerden, Fasc. 131, Nr. 1504, fol. 80r–80v.

302 *Bilgeri,* Politik, S. 283.

einem Schreiben der Stadt Lindau an Innsbruck aus dem Jahre 1696 erfahren. Dort heißt es zu den Beschlüssen von 1672:

Es hat sich auch so gleich der Nutzen gantz vergnüglich geäussert, da nicht alleine die alte Straß von Chur nach Rheinegg auff der Schweitzerseite gebraucht zu werden unterblieben, sondern auch viel andere italienische Güther, auff die Straß geleitet worden, welche vordeme den iezigen Weg gar nicht gepflogen, sondern über den Gotthardtberg nach Luzern wie auch an Chur auf Wallenstadt und Zürich durch die Schweitz und den Rhein hinunter ohne Touchierung des Austriaci gegangen.[303]

Den Vorteil hiervon hätte Österreich durch erhöhte Zolleinnahmen in Feldkirch und durch Beschäftigung von österreichischen Untertanen in Vorarlberg für Transportdienste gehabt. Angesichts des gesteigerten Transits machten sich sogar bald Probleme durch eine Überlastung der Rodfuhr in Vorarlberg bemerkbar. Es wurden daher vier Jahre später im Einverständnis zwischen Feldkirch und Lindau Veränderungen im Rodwesen zugunsten der Kaufleute beschlossen.[304] Im Detail sollen diese hier nicht erörtert werden. Sie liefen darauf hinaus, dass die Rodfuhrleute mit Eid angehalten wurden, die höherwertigen Fuhren des Fernverkehrs zu bevorzugen um die Zentralität Feldkirchs als Knotenpunkt des Handels durch dessen Ablademonopol zu stärken. Mittels der Betonung der Exklusivrechte von Rodfuhrleuten aus Österreich und den Grafschaften Hohenems und Vaduz wurden deren Interessen gewahrt, während den Lindauer Händlern eine höhere Leistungsfähigkeit für Transporte auf der Route nach Italien garantiert wurde.

Den Anrainern des Gotthard gelang es in den späten 1670er Jahren ebenfalls langsam, durch hier nicht weiter bekannte Maßnahmen die Spedition von Basel über die Schweiz zu stabilisieren, leicht zulasten der Linie Basel – Zürich – Chur.[305] Nur im Fall des Erzstiftes Salzburg ließ ein Anstieg des Verkehrs auf sich warten. Bis 1682 blieb die Frequentierung dieser Route gering.[306] Auch wenn in der Literatur keine weiteren Hinweise zu finden sind, so kann davon ausgegangen werden, dass auch in Salzburg Gegenmaßnahmen gegen den Verkehrsniedergang in den 1660/70er Jahren getroffen worden waren, diese jedoch angesichts des scharfen Habsburger Zolls bei Kremsbrücke nur wenig zur Wirkung gelangten.[307]

303 StLi, A III, 100–2, Concept Schreibens an die geheimbe Räth zu Innsprugg de dato 8. Juny 1696.

304 *Dane*, Der Lindauer Handel, S. 57–58.

305 Vgl. Diagramm 4; siehe auch: *Bodmer*, Ursachen, S. 58.

306 *Hassinger*, Die Handels- und Verkehrsstellung, S. 259–263; *Hassinger*, Geschichte des Zollwesens, S. 325.

307 Im Bericht des Freiherrn Cristiani von Rall aus dem Jahr 1763 schrieb dieser explizit *in dem Salzburgischen aber sind die Zolle ohnedem fast nur Weeggelder*, in: ÖSTA/HS, 1160, fol. 16r. Die Vermutung liegt nahe, dass dies der Handelspolitik der Erzbischöfe geschuldet war, die bereits in der zweiten Hälfte des 17. Jahrhunderts angesichts des Niedergangs des Transits über die Tauern mit Reduzierung der Abgaben reagiert haben mögen. Zu Rall vgl. Kap. II, Fn. 408.

c) Der Wiederanstieg des Alpenverkehrs seit 1680

Um 1680 waren, so kann in der Gesamtschau konstatiert werden, von allen Passanrainern mehr oder minder intensive Maßnahmen ergriffen worden, um den deutsch-italienischen Transitverkehr über die eigenen Routen zu stimulieren. Diese hatten sie eindeutig im Bewusstsein der gegenseitigen Konkurrenz durchgeführt. Die wesentlichen Wettbewerber waren allerdings die Häfen an der Nordsee, die einerseits seit Beginn des 17. Jahrhunderts immer mehr mediterrane Produkte nach Zentraleuropa weiterleiteten, andererseits seit den 1650er Jahren auch für den mitteldeutschen Fernexport von Textilwaren die üblichen Speditionsplattformen geworden waren. Gegenüber solchen säkularen Trends mussten sich alle Transitrouten über die Alpen neu aufstellen. Die Zollsenkungen und Straßenverbesserungen an und in den Alpen können so in der Makroperspektive als unausweichliche Anpassung von Landrouten an neue europaweite Verkehrsläufe interpretiert werden, erzwungen durch sinkende Zollerträge an allen Transitrouten der Alpen. Um 1680 war damit eine wesentliche Voraussetzung für eine fortdauernde Wettbewerbsfähigkeit des Landtransports gegenüber dem Seehandel wiederhergestellt. Es ist kein Zufall, dass verkehrserleichternde Maßnahmen seit den 1680er Jahren nachließen, als für den Fernhandel über die Alpen eine erneute Wachstumsphase begann.

In der Literatur wird zuweilen der Aufschwung auf den Alpenrouten seit den 1680er Jahren in Zusammenhang mit einer Epoche intensivierter Kriegsführung auf den europäischen Meeren gebracht.[308] Hierbei sei eher zu Vorsicht gemahnt. Es ist in der Tat so, dass seit 1702 auf manchen Alpenpässen eine Hochkonjunktur herrschte und diese seit 1715 wieder zum Erliegen kam, wie noch zu zeigen sein wird. Der Zusammenhang mit dem Spanischen Erbfolgekrieg ist in diesem Fall deutlich. Jedoch begann auf allen Alpenpässen bereits in den späten 1670er Jahren ein markantes Wachstum, also zu Beginn einer Friedensdekade auf den Ozeanen. Es erscheint plausibel, dass die vielfältigen Erleichterungen und Reorganisationen von staatlicher Seite zugunsten des Alpenverkehrs im vorangegangenen Vierteljahrhundert nun begannen, Früchte zu tragen. Auch zur erneuten Stagnation des Verkehrsflusses auf den Alpenpässen nach 1715 wird weiter unten eine alternative Interpretation gegeben werden.

Bereits 1675 sehen wir Anzeichen für einen kräftigen Wiederanstieg in den Zollregistern von Bergamo, also einer Stadt, die einerseits geographisch und ökonomisch zu Mailand und damit den Bündner Routen tendierte, andererseits aber durch die politische Zugehörigkeit zur Republik Venedig und ihre Messen auch an die Tiroler Routen angeschlossen war.[309] Seit 1679 nun erzielten Land- und Seezoll Venedigs erneut steigende Erträge.[310] Zwischen 1680 und

308 Vgl. *Kellenbenz*, Landverkehr, Fluß- und Seeschiffahrt, S. 146–147.
309 *Possenti*, Arte e costume, S. 208.
310 *Perini*, Economia e politica, S. 118–119.

1681 gingen auch die Zolleinnahmen in Bozen deutlich nach oben.[311] Bereits im Folgejahr sehen wir ein Verkehrswachstum am Gotthard und ein weiteres Jahr später auch auf den Tauernpässen.[312] Spätestens seit 1683 ist auch über die Bündner Routen eine Intensivierung des Verkehrs festzustellen.[313] Angesichts dieser allgemeinen Steigerung der Passfrequenz bleibt es bemerkenswert, dass die Erträge aus dem Fondaco-Zoll bis 1688 relativ schwach blieben. Erst 1689 wuchsen sie – dann allerdings ziemlich rapide – an. Bereits um 1696 übertrafen die jährlichen Zolleinnahmen den letztmaligen Höhepunkt von 1621 (Tabelle 4).

Tabelle 4: Gesamteinnahmen des Fondaco-Zolls in duc., 1683/84–1696/97

Jahr	Einnahmen	Jahr	Einnahmen	Jahr	Einnahmen
1683/84	21.054	1688/89	17.902	1693/94	25.315
1684/85	21.788	1689/90	22.350	1694/95	27.422
1685/86	20.269	1690/91	25.825	1695/96	30.674
1686/87	18.970	1691/92	28.066	1696/97	40.399
1687/88	17.496	1692/93	25.051		

Quelle: ASVe/CS, II Ser., 74, Copia N. 17, »Nota di quanto ha fatto il Dacio del Fontico de Tedeschi«.

Im Falle des Fondaco ist die besonders starke Koppelung an die allgemeinen Konjunkturen der Seekriegsführung gegeben; sobald hier ein intensiver Kaperkrieg die Unsicherheit erhöhte, wurden vor allem levantinische Güter wieder über Venedig nach Mitteleuropa eingeführt.

Der gegenüber den Alpenpässen verzögerte Aufschwung im Fondaco-Zoll verdeutlicht jedoch auch ein tieferliegendes Phänomen. Im Jahr 1684 schaffte Venedig den 1662 eingeführten Porto Franco im Rahmen einer allgemeinen Zollreform, auf die weiter unten genauer einzugehen sein wird, wieder ab.[314] Prinzipiell bedeutete dies eine Schwächung der Angebotsseite von See her, da nun wieder erhöhte Zollsätze auf die per Schiff importierten Waren fällig wurden. Alle Händler in Venedig mussten nun auf seewärts importierte Waren den normalen, nicht mehr den ermäßigten Zollsatz bezahlen, was zunächst zu einer Verminderung der Attraktion Venedigs als Handelsemporium und damit auch einem Fall der Fondaco-Erträge führte. Jedoch traf die Maßnahme primär Nordeuropäer wie die Niederländer oder Engländer. In Kombination mit den Ermäßigungen auf die Importe und Exporte von Händlern der deutschen Nation

311 Vgl. Diagramm 5.
312 Vgl. Diagramm 4; *Hassinger*, Geschichte des Zollwesens, S. 325.
313 *Buć*, Beiträge zur Verkehrsgeschichte, S. 73; *Hilfiker*, Thomas Massner, S. 31.
314 Vgl. Kap. III. 4. a.

von 1675 und 1682, auf die noch im Detail in Kap. III. 2. c Bezug genommen wird, wirkte diese Maßnahme wie eine Begünstigung des Landhandels nach Norden. Davon konnte die deutsche Kaufmannschaft just dann am stärksten profitieren, als der allgemeine Seekrieg losbrach. Nun stand sie wie keine zweite Händlergruppe bereit, die Ausfälle der seewärtigen Importe und Exporte im venezianischen Nordeuropahandel abzufedern.[315]

Auf allen Alpenpässen sehen wir in den 1680er Jahren zunächst nur ein langsames und von Rückschlägen begleitetes Wachstum. 1688 war der Wendepunkt. Der Krieg auf den Ozeanen drängte nun auch wieder die Textilien Mitteldeutschlands über die Alpen, genauso die levantinischen Güter. Dies galt allerdings hauptsächlich für die mittleren und östlichen Alpen. Für den Rheinverkehr bedeutete der Krieg eine Unterbrechung, was den Transit über den Gotthard rasch verfallen ließ. Um 1699 galt der Gotthard als seit geraumer Zeit verlassen, wahrscheinlich infolge des häufigen Ausgreifens der französischen Truppen ins Rheinland im vorangegangenen Jahrzehnt.[316]

Die Avokatorien des Reichs gegen Frankreich, die vor allem den Handel über die Schweiz betrafen, waren in den Jahren des Pfälzer Kriegs angesichts der internationalen Allianz nicht einseitig zugunsten der Tiroler Routen ausgestaltet. Vor allem vonseiten der niederländischen Alliierten wurde auf einen möglichst freien Durchzug über Lindau und Graubünden nach Mailand gedrängt, ein Ansinnen, dem sich die Habsburger nach einigen Versuchen einer verschärften Blockade in den Anfängen der Kriegszeit nicht mehr zu widersetzen wagten.[317] Das Resultat war ein starkes Wachstum des Transits durch Chur, einerseits über die Verbindung nach Zürich über Walenstadt, andererseits auch über die Route nach Lindau.[318] Auch in Tirol verspürte man ein sehr solides Wachstum des Handels, auf den Salzburger Routen war ein kräftiger Verkehr zu vermerken, und in Venedig erreichte der Fondaco-Zoll 1696 einen Ertragshöhepunkt.[319]

Seit 1696 traten Habsburger Pläne der Nutzbarmachung der Kriegslage für die eigenen Interessen stärker in den Vordergrund. Am 8. Juni 1696 schrieb Lindau einen Beschwerdebrief an Innsbruck und warf der oberösterreichischen Regierung den Bruch der *Veldkircher Abred* von 1672 vor. Österreich habe den Zoll auf Seidenballen in Vorarlberg willkürlich erhöht und aufgrund von Verweigerung der Bezahlung durch überraschte Fuhrleute bereits einige Waren beschlagnahmen lassen. Wenn diese neue Erhöhung weiterhin Bestand habe, so sei eine Abwanderung des Verkehrs auf die Schweizer Routen zu befürchten.[320]

315 Vgl. den Rückgang der seewärtigen Einfuhrzölle von 1688 bis 1691 bei: *Costantini,* Commercio e marina, S. 577.

316 *Gothein,* Rheinische Zollkongresse, S. 389. Diese Angabe ist etwas übertrieben, wie das Diagramm 6 ausweist.

317 *Bog,* Der Reichsmerkantilismus, S. 126–127.

318 *Buć,* Beiträge zur Verkehrsgeschichte, S. 74–78; *Bodmer,* Ursachen, S. 11–18.

319 *Hassinger,* Geschichte des Zollwesens, S. 326; Tabelle 4.

320 StLi, A III, 100,2, Concept Schreibens an die geheimbe Räth zu Innsprugg de dato 8. Juny 1696.

Es ist nicht klar, zu welchen Reaktionen dieses Schreiben führte. Zu vermuten ist, dass man seitens der Habsburger Behörden die Förderung der Tiroler Routen auch durch den hohen Zoll in Feldkirch weiter betreiben wollte und daher die Wünsche der Lindauer ignorierte. Da keine Antwort von Innsbruck an Lindau im Stadtarchiv zu finden ist, erscheint dies recht wahrscheinlich. Möglicherweise begann als Reaktion darauf in diesen Jahren eine Art von Insubordination der Feldkircher Amtsleute gegenüber den Instruktionen aus Innsbruck durch den Einzug von geringeren als den eigentlich vorgeschriebenen Zollabgaben auf Kaufmannsgüter von und nach Lindau. Dieses Verhalten der Feldkircher wurde erst 1760 aufgedeckt, es mag im späten 17. Jahrhundert eingesetzt haben.[321]

Nach dem Frieden von Rijswijk 1697 fiel der Transit über die Salzburger und Bündner Routen ab, was die Abhängigkeit von der Seekriegslage unterstreicht. Am Gotthard nahm der Transit in diesen drei Jahren leicht zu, da nun die Rheinroute nicht mehr kriegsbedingt gesperrt war.[322] Im Falle des Transits durch Tirol konnte die während des Kriegs gewonnene Marktposition auch im Frieden behauptet werden, was auf einen strukturellen Gewinn an Wettbewerbsfähigkeit auf diesem Passsystem hindeutet.[323]

Bereits 1700 sehen wir auf allen Alpenrouten wiederum einen Anstieg des Verkehrs. Nach dem Scheitern aller diplomatischen Versuche, das Erbe des spanischen Weltreichs aufzuteilen, war den Händlern Europas offenbar bereits in diesem Jahr klar, dass sie ihre Güter besser über die Landrouten versenden sollten, um nicht im Fall eines plötzlichen Kriegsausbruches Verluste durch überraschende Schiffskonfiskationen zu erleiden. Als seit 1701 auch die Kampfhandlungen in Gang kamen, war auf manchen Alpenrouten eine veritable Verkehrsexplosion zu beobachten. Auf den Schweizer Routen brach diese bereits 1702 wieder ab, als die französischen Armeen den Rhein überschritten.[324] Auf den Tiroler Routen brachte das Jahr 1703 eine schwere Krise, die eindeutig der unentschiedenen Kriegslage in Bayern geschuldet war.[325] Auf den Bündner Routen war 1704 der Höhepunkt erreicht, sie hatten von den Schwierigkeiten in Tirol bis zur 2. Schlacht bei Höchstädt profitiert.[326] Auf den Salzburger Routen hatte der allgemeine Aufschwung, aufgrund des Zolls bei Kremsbrücke wie immer etwas verspätet, erst 1703 eingesetzt, er sollte sich von dieser Zeit an aber bis zum Kriegsende solide halten.[327]

Um 1705 geschah eine fundamentale Veränderung der Strukturen auf den Alpenrouten, die für fast 40 Jahre anhalten sollte. Erstmalig gelang den Habs-

321 *Bidermann*, Verkehrsgeschichte, S. 431. Im Paduanischen war das Phänomen im 17. Jahrhundert allgemein üblich: *Caracausi*, Nastri, nastrini, cordelle, S. 52–53, ebenso im Rheinland, vgl. Kap. II, Fn. 30.

322 Vgl. Diagramm 6.

323 Vgl. Diagramm 7.

324 Vgl. Diagramm 6.

325 Vgl. Diagramm 7.

326 *Hilfiker*, Thomas Massner, S. 31.

327 *Hassinger*, Geschichte des Zollwesens, S. 326–327.

burgern die Etablierung einer weitreichenden Dominanz über die Alpenrouten, eine Stellung, die 1708 durch die Eroberung des Herzogtums Mailand noch eine erhebliche Kräftigung erfuhr. Dies bedingte die bedeutsamste Umkonfiguration des Transalpenverkehrs seit dem Westfälischen Frieden, die im nächsten Kapitel eingehend thematisiert werden wird.

d) Zusammenfassung

Im Zeitraum vom Westfälischen Frieden bis zur 2. Schlacht von Höchstädt waren die Transitzüge auf den Alpenpässen von einer weitgehend freien Konkurrenzsituation geprägt. Eine wesentliche Voraussetzung für diese neue Lage war die Annexion von Teilen des Elsass durch die Franzosen 1648 gewesen. Indem damit eine Handelsroute ohne Berührung von österreichisch-habsburgischen Territorien von den Niederlanden über die linke Rheinseite nach Basel und dann über den Gotthard bis nach Genua entstand, war die vormals bestehende Hegemonie der in Wien und Innsbruck residierenden Habsburger über die nördlichen Alpenausgänge nicht mehr zu halten. Auch diese Stellung hatte zuvor immer eine kleine Lücke in der Umgehung des vorarlbergischen Territoriums über das schweizerische Rheineck gekannt, doch war dies nicht von übermäßiger Bedeutung gewesen.

Während des Dreißigjährigen Kriegs waren die Landzölle allerorten erhöht worden, während gleichzeitig über See der Kaperkrieg Transporte verteuert hatte. Um die Jahrhundertmitte etablierte sich infolge der nachlassenden Unsicherheit auf den Ozeanen strukturell ein neues System, da nun die Seeroute deutlich an Wettbewerbsfähigkeit gewann und Städte wie Amsterdam und Hamburg ihr Hinterland für den Südeuropahandel erweitern konnten. Der Verlust an Transportvolumen zwang die alpinen Routenanrainer zu einer Reaktion. Die an spezifischen Routen interessierten Staatswesen verbündeten sich zumeist zur Senkung der Zölle und Verbesserung von Transportwesen und Straßen unter Verweis auf die allgegenwärtige Konkurrenz. Die Kumulierung solcher Maßnahmen erlaubt die Charakterisierung dieses Abschnitts als eine Zeit relativ freier Konkurrenz. Der Effekt trat bereits in den späten 1670er Jahren, über eine Dekade vor dem erneuten Kaperkrieg zur See, ein. Als die Seekriege dann losbrachen, erlebten die Alpenrouten ein rasches Verkehrswachstum, dessen Höhepunkt allgemein um 1696/97 erreicht war.

Auch nur ansatzweise genaue Erfassungen des Transits auf den Alpenrouten um 1700 sind derzeit leider unmöglich. Eine grobe Schätzung – die auf viel Spekulation basiert – sei hier versucht. Auf den Salzburger Routen gingen im Transit 1707, einem überdurchschnittlichen Jahr, etwa 900 t,[328] auf den Bündner

328 *Hassinger*, Zur Verkehrsgeschichte, S. 458. Die Angaben Hassingers zum Transit über die Salzburger Routen zu früheren Zeiten sind nicht plausibel, so nimmt er dort 5.500 t als Gesamtverkehr um 1600 an, was bei weitem zu hoch gegriffen ist: *Hassinger*, Zur Verkehrsgeschichte, S. 456.

Routen etwa 1.000 t,[329] auf dem Gotthard um 1720 etwa 230 t,[330] auf den Tiroler Routen ist überhaupt keine Schätzung möglich.[331] Angesichts der hohen Erträge am Fondaco dei Tedeschi um 1700, die (nach bedeutsamen Zollsenkungen) etwa ⅔ des Niveaus von 1600 erreichten, können wir einen Transit von 2.000–3.000 t vermuten, eine Angabe, die derzeit nicht präziser gefasst werden kann.[332] Ohnehin gilt: Alle obigen Angaben müssen mit Vorsicht gebraucht werden, sie können hier daher nur zu allgemeinen Schlussfolgerungen dienen. Im Vergleich zu 1800, darauf wird weiter unten noch einzugehen sein, betrug das Volumen damit insgesamt wohl bestenfalls ein Drittel. Es sei hier bereits vermerkt, dass das 18. Jahrhundert ein Zeitraum des intensiven Verkehrsanstiegs über die Alpen werden sollte. Auch gegenüber 1600 lässt sich um 1700 ein deutlicher Rückgang vermerken, in den 100 Jahren hatte sich das Volumen wohl etwa halbiert.[333] Da die Volumensenkung hauptsächlich die billigeren Produkte betraf, war die Wertreduktion wohl geringer. Auch um 1700 hatte der Transalpenhandel eine hohe Bedeutung für den gesamteuropäischen Austausch.[334]

Für die zweite Hälfte des 17. Jahrhunderts gilt insbesondere: In einer Zeit von relativ freier Konkurrenz auf den Alpenpässen war der Ferntransit weitgehend unabhängig in seiner Routenwahl, was in einer zwar deutlichen, aber nicht übermäßigen Führung der Tiroler Routen vor den Konkurrenten resultierte. Gerade die Konkurrenz vonseiten der anderen Routensysteme, vor allem über Graubünden, hatte intensive gemeinsame Maßnahmen von Innsbruck in Zusammenwirken mit Augsburg und Venedig von 1656 bis 1675 zur allgemeinen Verbilligung der Tiroler Routen notwendig gemacht. Die Versuchung in Tirol, den Verkehr in Kriegszeiten durch nun mögliche Embargomaßnahmen gegenüber

329 *Buć*, Beiträge zur Verkehrsgeschichte, S. 89; *Hassinger*, Zur Verkehrsgeschichte, S. 454.

330 *Baumann*, Der Güterverkehr, S. 197. Die um 1720 transitierten 1.478 Saum entsprechen insgesamt 234.115 kg.

331 Die Berechnungen von Herbert Hassinger zum Verkehr über die Tiroler Routen zwischen 1600 und 1730 sind plausibel, jedoch trennt er in seiner Darstellung nicht klar zwischen Transit- und Konsumhandel: *Hassinger*, Der Verkehr über Brenner und Reschen. Relativ stimmig scheinen selbst nach der Kritik Hassingers die Angaben von Otto Stolz, der 1600 einen Transit von 5.000 t und 1800 von 6.000 t schätzt: *Stolz*, Verkehrsgeschichte, S. 288; dieser nimmt allerdings in seinem Standardwerk eine sicherlich falsche Erhöhung auf 19.000 t im Jahr 1800 an: *Stolz*, Zur Geschichte, S. 149.

332 Um 1600 schwankten die Einnahmen am Fondaco um 50.000 duc. um 1700 um 30.000 duc., vgl. die Tabellen 2 und 5. Durch eine schlichte Äquivalentsetzung von Fondaco-Einnahmen mit dem Transit über Tirol käme man, nimmt man den Wert von 5.000 t Volumen von 1600 als Ausgangspunkt, auf 3.000 t um 1700. Angesichts der vielen Unsicherheiten bei solchen Zahlen, der Zollsenkungen am Fondaco und dem stärkeren Niedergang der Salzburger Routen erscheint der Wert von 3.000 t als eine Höchstgrenze, das Volumen mag auch um bis zu 1.000 t geringer gewesen sein.

333 Für 1600 sind die Schätzungen mit Unsicherheiten behaftet, dieser Vergleich basiert daher nur auf der punktuellen, aber recht präzisen Gegenüberstellung der Daten der Bündner Routen: *Buć*, Beiträge zur Verkehrsgeschichte, S. 80–89.

334 Vgl. hierzu auch die Stimmen der Zeitgenossen um 1700: *Bog*, Der Reichsmerkantilismus, S. 142–144.

den Konkurrenten stärker auf das eigene Wegesystem zu lenken, muss gerade in diesen Jahren daher groß gewesen sein.

Bereits kurz vor dem Ende des 18. Jahrhunderts erkennt man Tendenzen zu einer Wiederherstellung der 1648 mit dem Sundgau verlorengegangenen Habsburger Zolldominanz auf den Alpenrouten. Die Hemmung des Handels über die Schweiz während des Pfälzischen Erbfolgekriegs zeigte bereits die Richtung an, jedoch konnten die Habsburger angesichts der Ziele der Verbündeten Österreichs noch nicht zu einseitig zugunsten der Tiroler Routen agieren. Wichtiger als der Protest vonseiten der nordeuropäischen Alliierten des Kaisers erscheint die Zugehörigkeit Mailands zu Spanien. Hätte Wien den Handel des Reichs mit der Schweiz zu sehr gedrosselt, so wäre dies wohl als Maßnahme gegen das Herzogtum Mailand ausgelegt worden, und das hätte die ohnehin fragile Allianz mit Spanien weiter gestört. Diese Konstellation musste sich dann ändern, wenn Spanien auf die Seite der Franzosen trat. Dies geschah nun 1701 und öffnete Wien neue Möglichkeiten zur Intervention auf den Alpenpässen.

3. Die Alpenpässe im Zeitalter der Hegemonie Habsburgs 1705–1763

a) Innovationen im Straßenbau und der Logistik

Es ist eine der bemerkenswerten Entwicklungen der Jahrzehnte eines relativ freien Verkehrswettbewerbs zwischen den Alpenpässen, dass mit dem Einsetzen einer dynamischeren Wachstumsphase auch Innovationen angestoßen wurden, die die Leistungsfähigkeit der Landrouten dauerhaft erhöhten. Diese Phase von Innovativitätsverdichtung im auf die Alpen ausgerichteten Landverkehr dauerte etwa von 1690 bis 1720. Würde man ein Phasenmodell annehmen, so könnte man von einer zeitverzögerten Kumulation an Innovationsleistungen im Anschluss an weitreichende Liberalisierungen und Wettbewerbsverbesserungen sprechen. Die Zeit eines relativ freien Wettbewerbs auf den Alpenrouten hätte somit diese Innovationen angestoßen und sie hätten dann sukzessive in dem Maße eine Verlangsamung erfahren, in dem diese Freiheiten eingeschränkt wurden. Es liegt außerhalb der Fragestellung dieser Arbeit, ein solches Phasenmodell zu postulieren, das ohnedies immer einen gehörigen Grad an Spekulation aufweisen muss. Es sei aber doch angedacht, um auf mögliche Zusammenhänge hinzuweisen, die jenseits einer reinen Konjunkturbeobachtung liegen.

Die wesentliche Innovation gegen Ende des 17. Jahrhunderts wurde in Nürnberg eingeführt. Hier war auch die Notwendigkeit am höchsten: Bereits zu Anfang des 17. Jahrhunderts zeigten sich Tendenzen einer Umgehung Nürnbergs durch die internationalen Transitströme.[335] Der Straßenzwang war zu diesem

335 *Fuchs*, Der Bancho, S. 56.

Zeitpunkt bereits bedeutungslos geworden, da die benachbarten Territorialherren ihre eigenen Straßen mit Geleitrechten ausstatteten und hierbei keine Rücksichten auf Nürnberg nahmen.[336] In der zweiten Hälfte des 17. Jahrhunderts erhöhte sich auf Nürnberg der Druck von seinen Nachbarn, die den Transithandel von der Reichsstadt weg lenken wollten.[337] Es zeugt von einer hohen Innovationsfähigkeit, dass man in Nürnberg auf die Herausforderung mit Erhöhung der eigenen Wettbewerbsfähigkeit reagierte. Den wesentlichen Fortschritt schafften die Frachtführer der Stadt. Um etwa 1690 gelang es diesen, eine direkte Spedition von Amsterdam nach Venedig einzurichten, die nur ein einziges Mal, in Nürnberg, eine Abladung zum Wiegen vorsah. In den Worten der Nürnberger Marktvorsteher im Jahr 1707 liest es sich folgendermaßen: Man habe es vor 15 bis 20 Jahren

dahin gebracht, daß sie (die Güter; MR) von hier uf einer Ax durch Hessen biß in Amsterdam gesandt werden, welche beede Speditiones sehr großen Nuzen, hiesigen Transito denen Wirthen, Schmid, Wagner und andere verursacht, und kan man gedanken wie nüzlich und schön es ist die Güetter zwischen Venedig und Amsterdam (so ein weiter Weg) offters nicht alß einmahl abgeworfen werden, welches durch hiesige Handelsleüthe durch viel Mühe und Arbeit also zu wege gebracht.[338]

Dabei wurden auch hohe Lasten transportiert – mit entsprechend entstehenden Schäden für die Straßen. Dies war die Ursache mancher Beschwerde von konkurrierenden Städten wie Augsburg. Hierauf reagierte man seitens der Nürnberger allergisch und verwies auf die großen Mängel des Augsburger Transportwesens nach Venedig:

Es kombt uns also, die Vorsorge des Rottwesens zu Augspurg … etwas verdächtig vor, und mag etwas darhinter seyn, so wir noch nicht können begreifen. Dieses Rottwesen in Augsburg ist so beschaffen, daß sie die Güter nach Italien auf kleinen Wägelen von 20 Centner ohngefähr fortschaffen, auf die Art waß man bey uns Hautern heisst, dann die Güter werden nicht auf eine Ax gefürt, oder auff einen Wagen geladen, sondern nur von Augsburg bis Bozen werden wol 5. 6. und viele mahl ab- und auf andere Wägen geladen.[339]

Auf den Augsburger Wunsch eines Transportlimits von 40 Z. pro Wagen wurde vom Nürnberger Zollamt reagiert, indem man auf die hohen Ladungen der Memminger Fuhrleute verwies, die vonseiten der Lindauer Frachtführer mit Ärger betrachtet wurden. *Particular Verordnungen* würden mehr Schaden als Nutzen anrichten, wolle *man nicht den schwer anher gebrachten Transito wieder*

336 Damit sei nicht ausgesagt, dass der Straßenzwang im 18. Jahrhundert formal nicht mehr existierte. Er war jedoch eher eine weitere Waffe im Arsenal der Flächenstaaten geworden, für die Reichsstädte hatte er kaum mehr eine positive Bedeutung vgl.: *Krenn/Hirsch*, Zoll im Wandel der Zeit, S. 178.
337 *Zoepfl*, Fränkische Handelspolitik, S. 37.
338 StN, B 18, Nr. 436, Dok. 4.
339 StN, B 18, Nr. 436, Dok. 5.

verliehren. Man erklärte vonseiten Nürnbergs das System der Frachtfahrten und welche Leistungen möglich seien:

Es sint dreyerley Fuhren die von hier ab und ein gehen, Weitglaißer, Halbglaißer und Engglaißer, jede muß fahren mit solchen Wägen, wohin ein oder die ander gemacht … alß zum Exempel von hier nacher Bozen und Venedig ist das enge Glaiß, dahin wird uber 40 Centner Wiener Gewicht nicht wohl geladen; gegen Böhmen und Prag ist das mittel Glaiß, und kan man ein mehreres Laden, das weite Glaiß aber wird von den mehresten pracicirt, und von großen Gewicht welche die Straßen sehr zerfahren, hingegen müßen die Fuhrleüth an meisten Orthen Bruck- und Weeggelt bezahlen, wolte man uf aller Orthen gleiche Ladung machen so müste man auch zuvor gleiche Glaiß machen, dann solte einer mit den weiten Glaiß mehr nicht als 40 Centner laden dürffen, da hingegen andere durch fahrende 60–70 Centner führen …[340]

Die logistische Neuerung einer faktisch durchgehenden Kontinentalspedition, die die Nürnberger um 1690 geschafft hatten, hatte offenbar auch das Potenzial von Frachtfuhren deutlich nach oben geschraubt. Bei weiten Strecken lohnte sich eine höhere Fuhr, und eine Limitierung derselben auf 40 Z. hätte nur den Konkurrenten, in diesem Fall vor allem den Fuhrleuten anderer Reichsstädte genutzt.

Es liegt auf der Hand, dass diese Veränderungen im wahrsten Sinne des Wortes Druck auf die Straßeneigner ausübten. Nur wer gute Straßen anzubieten hatte, konnte diese massiven Fuhrwerke auf sein eigenes Territorium locken, ansonsten drohte der Verlust des Transits. So kumulierten sich die Straßenverbesserungen entlang der Alpen gerade in den ersten Jahrzehnten des 18. Jahrhunderts. Während sich in der einschlägigen Literatur keine Hinweise auf wesentliche Straßenarbeiten auf den Tiroler Routen finden, zeigt sich der gegenteilige Befund für die anderen Routensysteme.[341] Auf den Schweizer Routen gelang 1707/08 durch kostenintensive Sprengungen der Bau des ersten Alpentunnels der Geschichte, des 64 m langen Urnerlochs, welches die wetter- und wasseranfällige Twärrenbrücke entlang der Reuss und damit einen Schwachpunkt des Verkehrs ersetzte.[342] In Graubünden wurde zwischen 1708 und 1716 ein besonders schwieriger Wegabschnitt zwischen dem Splügen und Isola im *Cardinell* auf Kosten der Drei Bünde und des bedeutendsten Spediteurs Thomas Massner (1663–1712) ausgebessert. Damit wurde der Weg zwischen dem Splügen und Chiavenna deutlich aufgewertet und die Hauptachse der Bündner Routen gestärkt.[343] 1738 und 1739 wurden zwei Brücken über die Viamala-Schlucht ge-

340 StN, B 18, Nr. 436, Dok. 4.

341 In der Literatur wird das Fehlen von Straßenmodernisierungen in Tirol vor dem 18. Jahrhundert sogar betont: *Zesch*, Vom Jochweg zur Brenner-Autobahn, S. 127.

342 *Müller*, Geschichte von Ursern, S. 115–120.

343 Besonders bemerkenswert ist hierbei, dass niederländische Spediteure darum gebeten hatten: *Giacchero*, Storia economica, S. 77–82; *Hilfiker*, Thomas Massner, S. 123–125; *Riedi*, La strada, S. 29–38.

baut und damit einer der schwierigsten Abschnitte auf den Bündner Routen südlich von Thusis erleichtert.[344] Auch das Erzstift Salzburg wie auch Bayern verbesserten auf kaiserlichen Druck hin ihre Straßen seit 1718. Österreich wollte damit den Hinterlandanschluss Triests fördern und hatte dies daher nachdrücklich verlangt.[345] Die Maut bei Kremsbrücke senkten die Habsburger jedoch nicht, ein erhöhter Transitverkehr über das Salzburgische sollte auch weiterhin der österreichischen Monarchie zugutekommen.

Unabhängig davon wie sehr die Straßen auch verbessert wurden, die Tragfähigkeit der Fuhrwerke folgte immer rasch. Hiervon zeugt der Briefwechsel, den die deutsche Nation in Venedig mit Nürnberg um 1747/49 führte. Johann Michael (I) Wagner (1685–1767), der damalige Consul, schrieb am 5. September 1747 nach Nürnberg, dass die deutsche Nation um einen *ergiebigen Beytrag* angegangen worden sei, da die schwer beladenen Wagen aus Deutschland, häufig sogar 80–90 Z. schwer, die Straßen in der Republik ruinierten. Man bat vonseiten der deutschen Nation um eine künftige Beschränkung der Wagenlast auf 50 Z., dann ginge es auch schneller, vollständige Rückfracht nach Deutschland zu finden.[346]

Obwohl man in Nürnberg damit einverstanden war und die Frachtführer einwilligten, änderte sich nichts. Am 21. November 1749 kam in Nürnberg erneut ein Brief von der deutschen Nation in Venedig ein, in dem festgehalten wurde, dass *die Fuhrleuthe (...) bis dato noch immer so viel geladen [haben], als sie gewollt und gekönt haben.* Nun habe die Republik Venedig reagiert und ein Verbot von Wagen mit einer Last über 60 Z. ausgesprochen. Überwacht wurde es durch die deutsche Nation mittels ihrer Agenten an den Grenzorten der Republik zum Reich.[347]

Die Leistungsfähigkeit des Landtransportes hatte sich seit 1690 offenbar massiv erhöht. Nicht nur war es nun möglich geworden, von Amsterdam nach Venedig direkt zu spedieren, auch die Kapazität der Wagen und die Tragfähigkeit der Straßen war deutlich gestiegen. Waren zuvor noch Wagen mit 20 Z. Ladungskapazität als groß eingeschätzt worden, so musste man um 1749 in Venedig angesichts von Wagenladungen von 80 bis 90 Z. eine Limitierung auf 60 Z. aussprechen; was nebenbei zeigt, welche Tragfähigkeit um diese Zeit die immer noch kaum modernisierte Straße über den Brenner hatte. Nürnberg selbst profitierte von der entsprechenden Erhöhung des Transportpotenzials zwischen Nordsee und Mittelmeer. Zwischen 1680 und 1720 konnte in der Forschung ein

344 *Sprecher/Jenny,* Kulturgeschichte der Drei Bünde, S. 167.

345 *Klein,* Salzburger Straßenbauten.

346 StN, B 18 Nr. 438, Dok. 1.

347 StN, B 18 Nr. 438, Dok. 5. Diese Verantwortungsübertragung durch die Republik an die deutsche Nation spiegelt natürlich auch die starke Rolle der oberdeutschen Händler in Venedig im Transalpenhandel wider. Genaueres zur Ausübung der Kontrolle der Spedition nach Norden von Venedig aus durch die deutsche Nation folgt in Kap. III. 2. b.

Wirtschaftsaufschwung der Stadt festgestellt werden, der wohl mit der gestärkten Rolle im Fernhandel zusammenhängt.[348]

b) Nürnbergs Abstieg im Ferntransit

Eng mit der veränderten Lage des Transitstroms seit der Wiederbelebung des Fernverkehrs über die Alpen verknüpft ist das zahlenmäßige Verhältnis der Händler aus Franken und Schwaben im Fondaco dei Tedeschi. Es ist eine unabweisbare Tatsache, dass die Kaufleute aus erstgenannter Region seit dem Ende des Dreißigjährigen Kriegs kaum mehr Präsenz im Fondaco zeigten.[349] Ingomar Bog und Gerhard Pfeiffer haben in Bezug auf die Präsenz von deutschen Händlern in Lyon im späten 17. und dem gesamten 18. Jahrhundert die dort überwiegende Präsenz von Schwaben im Gegensatz zu Franken mit dem Niedergang des Gewerbes in Nürnberg und den weiteren Reichsstädten Frankens begründet. Nach dieser Ansicht ist das Wohl und Wehe von auswärtigen Händlerkolonien mit der Gewerbelandschaft, aus der sie stammen und die sie, so die implizite Schlussfolgerung, vertreten, unmittelbar verknüpft. Bezüglich der deutschen Händlerkolonie in Lyon konnte sogar aus den Quellen nachgewiesen werden, dass das Interesse Nürnbergs an diesem Handelsort im 18. Jahrhundert erlosch, als hierher immer ausschließlicher schwäbische Leinwand und kaum mehr Produkte aus Franken verkauft wurden.[350]

Ganz überzeugend wirkte diese Argumentation dennoch nie. Der Aufstieg der benachbarten Ortschaften Schwabach, Fürth und Erlangen als bedeutende Gewerbezentren im 18. Jahrhundert mit einer Verkaufsreichweite bis in den Mittelmeerraum führte keineswegs zu einer stärkeren Präsenz der Kaufleute dieser Städte in Südeuropa. Gerade das Aufwärtsstreben der Peripherie Nürnbergs als Produktionsgebiet mit Tendenz zur Entwicklung einer Gewerbelandschaft hätte den Nürnberger Händlern mit ihrer jahrhundertealten Erfahrung und dem Zugang zum hochprivilegierten Fondaco dei Tedeschi in die Hände spielen müssen. Die starke Präsenz von Memmingern oder Lindauern in Lyon oder Venedig war ja durchaus an die Produktivität des schwäbischen und schweizerischen Textilreviers geknüpft, während beide Orte selbst kaum ein

348 *Denzel*, Der Nürnberger Wechselmarkt, S. 145–171.

349 Dies ergibt bereits ein oberflächlicher Blick in das geheime Register der evangelischen Gemeinde in Venedig: Von 79 Kaufleuten, die sich in der evangelischen Gemeinde in Venedig zwischen 1705 und 1797 eintrugen, waren nur noch drei aus dem Fränkischen, Johann Michael (I) Wagner aus Feucht (1719 aufgenommen), Sebastian (I) Schalckhauser aus Wendelstein (1735 aufgenommen) und Johann Konrad Reck aus Wendelstein (1759 aufgenommen), siehe Anhang II. Aus Nürnberg stammte kein einziger Kaufmann, die große Mehrheit hingegen aus dem Oberschwäbischen.

350 *Bog*, Oberdeutsche Kaufleute, S. 24–26; *Pfeiffer*, Die Bemühungen, S. 444–448.

bedeutendes Gewerbe aufwiesen.[351] Zur Erklärung der rückläufigen Präsenz von Nürnberger Großkaufleuten an auswärtigen Handelsemporien wurde auch auf die merkantilistische Politik der territorialen Nachbarn Nürnbergs, vor allem aber der großen geschlossenen Territorien wie Österreich und Bayern hingewiesen.[352] Auch in diesem Fall muss angesichts der günstigen Gewerbelage in der fürstlich beherrschten Nachbarschaft der Pegnitzstadt gefragt werden, warum dann nicht ein Ersatz für die Nürnberger in Lyon oder Venedig aus den genannten Staaten oder wenigstens aus irgendeinem Ort der fränkischen Territorien kam. Geradezu klassisch mutet schließlich eine Argumentation an, die Reformstarrheit im Innern und den Hang zu Bodenerwerb und Nobilitierung als Quelle eines schwindenden Unternehmergeistes der Nürnberger konstatiert.[353] Warum dieser Effekt dann nicht bei den Reichsstädten Schwabens eingetreten sein soll, wo die führenden Schichten auch nach Adelsprädikaten und Landbesitz strebten, ist bei einer solchen Argumentation zumindest erklärungsbedürftig.[354]

Es bleibt also eine offene Frage, weshalb die Franken seit dem Ende des Dreißigjährigen Kriegs im Fondaco eine immer geringere Präsenz zeigten. Hier wird nun eine Hypothese vorgelegt, die dieses Phänomen im engen Zusammenhang mit den Entwicklungen der Transitströme sieht. Wie zu Beginn von Kap. II bereits dargelegt, war die Aktivität von Kaufleuten im Fernhandel eng mit der Rolle ihres Herkunftsortes als Transitknoten verknüpft. Just in diesem Bereich wurden die Probleme für Nürnberg seit etwa 1650 immer drängender und konnten im Grunde bis an das Ende des Alten Reichs nicht gelöst werden. Der Transit wandte sich von Nürnberg ab, und damit schwand die europaweite Präsenz der Händler aus dieser Reichsstadt.

Die zahlenmäßigen Fakten sprechen für sich. Zwischen 1650 und 1797 haben sich nur noch etwa gut ein halbes Dutzend bedeutende Händler aus Nürnberg

351 Zu den Absatzgebieten der fränkischen Manufakturen: *Reuter,* Die Manufaktur im fränkischen Raum, S. 114–116. Zu Memmingen und Lindau als Speditionsorten mit wenig Gewerbe: *Huber-Sperl,* Handwerk, Verlag, Manufaktur; *Greiner,* Die wirtschaftliche Entwicklung, S. 151, 279.

352 *Bog,* Wirtschaft und Gesellschaft Nürnbergs, S. 298–301; *Endres,* Die Rolle der Kaufmannschaft, S. 129.

353 *Wiest,* Die Entwicklung, S. 155–166; Die Vorwürfe fasst zusammen: *Endres,* Nürnberg im 18. Jahrhundert, S. 134.

354 Es wurde kürzlich erneut die Annahme formuliert, dass das Patriziat in Nürnberg eine schärfere Distanz zum Handel wahrte als im Schwäbischen: *Seibold,* Wirtschaftlicher Erfolg, S. 30–37. Lambert Peters jedoch hat eine solche Argumentation für Nürnberg einerseits speziell für die Frühzeit des Dreißigjährigen Kriegs, andererseits aber auch im Grundsätzlichen abgelehnt: *Peters,* Der Handel Nürnbergs, S. 26, 51–55, 108–110, 577–578. Peters sieht das Ausscheiden der Patrizier aus dem Geschäftsleben als überschätzt, die Konjunktur sei davon nicht beeinträchtigt worden, neue Kaufmannsgeschlechter hätten den (ohnehin sehr geringen) Handelsanteil der Patrizier übernommen und unternehmerisches Agieren sei von dem patrizischen Regiment faktisch nie behindert worden.

und dessen Umgebung, wenigstens kurzfristig, in Venedig niedergelassen.[355] Diese Händler seien hier nicht unterschätzt, sie gehörten innerhalb Venedigs im 18. Jahrhundert zu den reichsten Kaufleuten überhaupt.[356] Dennoch: Ihre Anzahl war im Vergleich zur relativ stattlichen Gruppe aus Schwaben äußerst gering; besonders deutlich wird das im Vergleich zum 15. und 16. Jahrhundert.[357] Ein ähnliches Bild zeigt sich in Bozen, wo der Merkantilmagistrat im 18. Jahrhundert eine große Zahl an Kaufleuten aus Schwaben in seinen Reihen verzeichnet, jedoch nur wenige Franken.[358]

Nürnberg lag eigentlich ideal zwischen Nord- und Süddeutschland und in der Mitte von entwickelten, aber doch recht heterogenen Gewerbelandschaften, sodass ein andauernder Warenstrom bereits seit dem Hochmittelalter über die Stadt gegangen war. Eine geschickte Handelspolitik hatte das ihre dazu beigetragen, dass Nürnberg bereits im 14. Jahrhundert eine hohe Bedeutung im internationalen Fernhandel erreicht hatte. Die bedeutenden deutschen Handelsstraßen im Hochmittelalter waren auch recht günstig auf Nürnberg ausgerichtet, und eine Umgehung der Stadt kam bei einem Warenzug durch das Fränkische kaum in Frage.[359] Die für Nürnbergs Handelsstellung wesentlichen Straßen waren diejenigen nach Frankfurt am Main und Leipzig – die zwei wohl am dichtesten von Verkehr belegten deutschen Straßen des Mittelalters und der Frühen Neuzeit.

Genau diese Konstellation einer starken Stellung Nürnbergs im Nord-Süd-Transit erodierte seit dem Dreißigjährigen Krieg. Nach Kriegsende schwächten die Habsburger durch ihre Zollpolitik die Salzburger Routen, die gerade für Nürnberg eine hohe Bedeutung im Venedighandel besessen hatten.[360] Zwar konnten die Nürnberger auch immer die Tiroler Routen benutzen, doch hier waren sie gegenüber den oberschwäbischen Reichsstädten benachteiligt, die für die Kaufleute von Straßburg bis Frankfurt schlicht die geographisch besser ge-

355 *Simonsfeld*, Der Fondaco dei Tedeschi, Bd. 2, S. 195–196; *Schuster*, Die Rolle der Nürnberger, S. 41–42.

356 Die Firmen der aus Franken stammenden Kaufmannsdynastien Schweyer, Wagner, Reck und Schalckhauser in Venedig gehörten bis ins späte 18. und beginnende 19. Jahrhundert zu den reichsten Handelshäusern der Stadt und der deutschen Nation; dies wird noch genauer in Kap. IV.4 ausgeführt. Die Migration aus dem Fränkischen hatte offenbar nach 1650 einen ausgeprägten Elitencharakter angenommen.

357 Im Standardwerk von Simonsfeld finden sich solide Angaben zu den Kaufleuten in diesen Jahrhunderten, sie zeigen eine weitgehend ausgewogene Präsenz von Franken und Schwaben, die erst nach dem Dreißigjährigen Krieg zugunsten der Schwaben kippt: *Simonsfeld*, Der Fondaco dei Tedeschi, Bd. 2, S. 176–196.

358 Hier war die Präsenz von Franken allerdings nie bedeutsam gewesen: *Canali*, Il magistrato mercantile, S. 69–70.

359 *Müller*, Die Hauptwege des nürnbergischen Handels; *Ammann*, Die wirtschaftliche Stellung, S. 10–44.

360 Ebd., S. 169, 175; *Hassinger*, Die Übergänge, S. 243. *Hassinger*, Die Handels- und Verkehrsstellung, S. 221, 280–281.

legenen Vermittler auf diesem Weg nach Venedig waren.[361] Das Problem bekam eine eigentümliche Schärfe seit Beginn des 18. Jahrhunderts, als Ansbach begann, seinen am Main gelegenen Ort Marktsteft zu einem bedeutenden Handelsumschlagsplatz auszubauen. Die bedeutenden baulichen und legislativen Maßnahmen sowie die Zollsenkungen des Markgrafentums Ansbach in diesem Sinne brauchen im Einzelnen nicht aufgeführt werden, wichtig ist hier die Feststellung, dass damit der von den Niederlanden kommende Handel bei Marktsteft vom Main auf die Straße über Uffenheim geführt und dann westlich an Nürnberg vorbei über Ansbach gelenkt wurde.[362]

Die Bemühungen der Markgrafschaft lösten seit den 1720er Jahren Gegenreaktionen in Franken aus. Das Hochstift Würzburg begann eine intensive Förderung von Kitzingen als Stapel, das kleine Fürstentum Schwarzenberg investierte hingegen viel Energie in die Emporbringung von Marktbreit als Mainstapel. Auch Ochsenfurt und Bamberg versuchten in den nächsten Jahrzehnten, zu Umschlagsplätzen des Mainhandels zu werden. Der Konkurrenzkampf hatte insgesamt eine stimulierende Wirkung für den Verkehr, obwohl jeder Akteur nicht nur durch Verkehrserleichterungen auf dem eigenen Territorium, sondern auch durch Abgaben und andere Schikanen gegenüber der Konkurrenz agierte.[363] Die insgesamt erreichte Steigerung des Verkehrs über den Main zwischen 1720 und 1780 jedoch ging an Nürnberg vorbei und zersplitterte sich an den neu emporgekommenen Stapelplätzen des südlichen Maindreiecks.[364] Wenn auch jeder dieser kleinen Stapelorte einige Bedeutung im Transitverkehr errang, so war doch keiner bedeutend genug, um eine Händlerklasse hervorzubringen, die zu internationalen Operationen in der Lage gewesen wäre. So ein Potenzial hatte nur Nürnberg – unter der Voraussetzung eines starken Transitzugs über die Stadt. Das wurde in Nürnberg sehr klar gesehen. So lesen wir in einem Gutachten der dortigen Güterbestätter von 1777 über den Transithandel[365]:

> Was (…) den Transito-Handel angeht: hat solcher von der Zeit merklich zu sinkken angefangen, als man in denen am Mayn situirten Orten Kitzingen, Marcktsteft, Marcktbreit, Ochsenfurth, auch Bamberg und Würzburg etc. Niderlagen errichtet, mit auswärtigen Freunden in Correspondentz gekommen, und zugleich die Offerten gemacht, auch diejenigen Gütter, welche sonst auf Nürnberg versandt- und von dort aus erst an die Behörden dirigiert worden, sogleich mit Umgehung hiesiger Stadt, a drittura zu spediren.

361 Vgl. hierzu auch: *Klein*, Brenner und Radstädter Tauern, S. 416–419.

362 Die einzige wesentliche Darstellung des Konflikts bietet: *Zoepfl*, Fränkische Handelspolitik, S. 38–116, vgl. auch *Flurschütz*, Die Verwaltung des Hochstifts Würzburg, S. 143–148.

363 So beispielsweise als die Markgrafschaft Ansbach die über das eigene Territorium verlaufende direkte Straße von Kitzingen nach Nürnberg verfallen ließ: *Zoepfl*, Fränkische Handelspolitik, S. 249.

364 Ebd., S. 228.

365 Alle folgenden Zitate nach: StN, E 8, Nr. 2636, 31. März 1777.

Nach und nach richtete man sich an den mehresten Orten, mittelst Waag, Niederlagen und Kranich, also ein, daß man nunmehro daselbst in Stand ist, die schwehrsten Colli zu wägen und zu expediren.

Wir vermögen zwar nicht genau anzugeben, was auf eben bemerckte Art, dießeitige Handels-Stadt ganz um oder an derselben vorbeyfährt; doch aus deme, was uns theils selbst wissend ist, theils durch Fuhrleute bekannt wird, glauben wir, nicht zu viel zu sezen, wenn wir folgende ungefähre Calculation machen:

Von Kitzingen, Marcktsteft, Marcktbreit, Ochsenfurth, Würzburg und Bamberg etc. gehen jährlich an hiesiger Stadt vorbei:

Nach Regensburg und in das Österreichische	Centner: 12.000
Vice versa	Centner: 6.000
Nach München, Salzburg und in das Tyrolische jährlich	Centner: 8.000
Vice versa	Centner: 3.000

Anderer etwas minder bedeutender Orte zu geschweigen.

Der abgelenkte Mainhandel war jedoch nicht das einzige Problem. Man sah auch von Mitteldeutschland einen großen Verlust bei der östlichen Umgehung Nürnbergs: *Ferner geht ein sehr ansehnlicher Theil Transito Gütter aus Ober- und Nieder-Sachsen durch das Vogtländische und OberPfälzische nach Regensburg und von dort aus in das Oesterreichisch-Bayrisch- und Salzburgische et vice versa.* Der Verlust war insgesamt sehr hoch:

Rechnet man zu denen bisher specificirten vormals meistens über Nürnberg gegangenen – nun aber leider! seitwärts sich kehrenden Transito-Güttern, noch ferner diejenigen, welche dato aus Sachsen und Böhmen in die schwäbisch- und schweizerisch Länder, dann nach Straßburg und vice versa, an hiesigen Thoren theils vorbey gehen, theils dieselbe umfahren, von alters aber ebenfalls meistens hier abgestoßen und durch dieseitige Herrn Kaufleute wieder weiters spedirt worden: So wird man sich leicht überzeugen können, daß der Transito-Handel in Nürnberg, gegen die alten Zeiten bis zum Erstaunen, und wir glauben nichts zu übertreiben, wenn wir sezen, vielleicht mehr als zur Helffte abgenommen haben könne.

Endlich mag auch noch, unter die Ursachen der abnehmenden transitierenden Gütter zu zählen seyn, daß man heut zu Tag, außer denen Commercial und Heer-Straßen, viele Neben-Weege repariert hat, wodurch denn mancher Waagen Kaufmanns Gut seitwärts hiesiger Stadt geht, der ehemals in der Heer-Strasse bleiben müssen und Nürnberg betretten hat; wie wir denn, nur einen einzigen Beweiß anzuführen, sichere Nachricht haben, daß viel Fuhrwerck, das sonst in via regia hieher gekommen, über Anspach fährt, und über Schwabach und Herrieden, auf die Regensburger Strasse zu wieder einlenckt.

Als Lösung schlug man vor, dass der fränkische Kreis eine aktivere Gesamtverkehrspolitik mit Zollsenkungen und Verkehrsliberalisierungen betreiben solle. Selbst eine solche, wohl selten geschehene, Koordination musste jedoch für die Belange Nürnbergs zu wenig sein. Hierfür sei ein aussagekräftiges Beispiel gegeben: Seit den 1750er Jahren wünschte die kurpfälzische Regierung den Ausbau der sogenannten »Unteren Nürnberger Straße« von Straßburg über

Heilbronn nach Nürnberg. Von Heilbronn aus wäre eine Abzweigung nach Frankfurt gegangen und damit die drei Reichsstädte wieder enger miteinander in Handelsverbindung gekommen. An diesem Projekt war neben der Kurpfalz auch Ansbach sehr interessiert und hätte dafür mit Nürnberg zusammengearbeitet. So kooperierten zwar die wesentlichen Kreisstände in diesem Fall, jedoch kam von außerhalb des Kreises Widerstand. 1776 wurde mit dem Ausbau der Straße begonnen, er wurde 1777 jedoch wieder eingestellt, als die inzwischen Pfalz-Bayerische Regierung ein Transitabkommen mit Württemberg abschloss und für eine infrastrukturelle Aufwertung Cannstatts als Knotenpunkt zwischen dem Rhein und der Donau die »Untere Nürnberger Straße« opferte.[366] Der Kreis schaffte es offenkundig nicht, seine Interessen zu verteidigen, was angesichts der mangelnden inneren Koordinationsleistung nicht weiter überrascht.

Wir können resümieren: Nürnberg hatte die große Leistung geschafft, kurz vor Beginn des 18. Jahrhunderts erstmalig eine fast vollständig transkontinentale Spedition auf einer Achse von Venedig mit nur einer Umladung in der Pegnitzstadt und dann nach Amsterdam sowie umgekehrt einzurichten. Diese Innovation ging einher mit der Erhöhung der Lastkapazität, die wiederum zu Verbesserungen der Straßen in Süddeutschland und im Alpenraum Anlass gab. Die Früchte des Einsatzes konnte Nürnberg jedoch nur wenige Jahre ernten. Die transkontinentale Spedition wurde bald von anderen Akteuren nachgeahmt. Nürnberg selbst erlitt im weiteren Verlauf des 18. Jahrhunderts Einbußen auf einer Reihe an Märkten – genannt seien vor allem Böhmen, Österreich und Bayern – durch deren merkantilistische Zollpolitik. Die Territorialherrschaften in der Nachbarschaft, vor allem die Markgrafschaft Ansbach, förderten die Umfahrung Nürnbergs nach Kräften. Der Konkurrenzkampf der Mainanrainerstaaten um einen Speditionsplatz am Mainknie wirkte zwar im Sinne einer Stimulierung des Verkehrs über den Fluss im 18. Jahrhundert, er zog diesen jedoch weg von Nürnberg, das zunehmend umfahren wurde.

So ist das 18. Jahrhundert für Nürnbergs Stellung im internationalen Transit eine Epoche des Verlusts gewesen, laut eigener Einschätzung wurde 1777 nur noch die Hälfte dessen über Nürnberg geführt, was in *alten Zeiten*, gemeint ist wohl die Zeit um 1700, an Volumina spediert wurde. Damit ging die Bedeutung Nürnbergs als Wechselmarkt zurück, und dies war wohl letztlich entscheidend für den Schwund fränkischer Kaufleute im Ausland.[367] Der starke und global eingebundene Wechselmarkt des Transitzentrums Augsburg war eine wichtige Ressource für die Operationsfähigkeit der schwäbischen Kaufleute im Fernhan-

366 Hierzu im Detail: *Rauch*, Heilbronn, S. 85–86; *Rauch*, Ein Rhein-Neckar-Donau Verkehrsplan, S. 490–499. Die Straße wurde nach 1783 nur noch in Teilabschnitten gebaut, sie war damit nicht konkurrenzfähig: *Baer*, Chronik über Straßenbau, S. 129; *Denz*, Die Schiffahrtspolitik der Kurpfalz, S. 69–70.

367 *Denzel*, Der Nürnberger Wechselmarkt, S. 172–176.

del, er brachte beim Bezahlen den wichtigen Unterschied in Punkto Geschwindigkeit der Abwicklung und Gunst der Wechselkurse.[368]

Die Ursache für die sinkende Bedeutung Nürnbergs als Transitknoten und damit für die Schwäche fränkischer Kaufleute im Fernhandel liegt in letzter Instanz bei den rivalisierenden Ständen des fränkischen Reichskreises und der zu geringen Koordination der Transitpolitik nach innen und außen. Der Kontrast zum schwäbischen Reichskreis ist frappant: Hier wirkten das Herzogtum Württemberg oder das Hochstift Augsburg und weitere Territorialherrschaften geradezu als Partner der Reichsstädte innerhalb des Kreises wie auch nach außen.[369] Das Resultat war eine in der Literatur oft bemerkte Verschiebung der Wirtschaftsstruktur Süddeutschlands im 18. Jahrhundert, die hier kurz mit den Stichworten der zweiten Blütephase Augsburgs und des Niedergangs Nürnbergs angedeutet sei.[370] Das in der jüngeren Geschichtsschreibung verbreitete Lob des fränkischen Reichskreises[371] erfährt eine Relativierung beim Blick nach Lyon und Venedig, hier verschwanden die fränkischen Großhändler im 18. Jahrhundert nicht ohne Grund: Die qualitativ hochwertigen Chausseen im Fränkischen umgingen Nürnberg – letztlich zulasten des gesamten Kreises.[372]

c) Die Etablierung der Habsburger Hegemonie auf allen Alpenpässen

Die Aufwärtsentwicklung im Alpenverkehr kreuzte sich im frühen 18. Jahrhundert mit einer gänzlich entgegenlaufenden Entwicklung. Die Dynamik auf den Alpenpässen während des Spanischen Erbfolgekriegs unterschied sich stark von derjenigen zur Zeit des Pfälzischen. Die Embargopolitik während dieses Kriegs wurde seitens des Reichs mit weit mehr Energie und Ressourcenaufwand betrieben als in den 1690er Jahren. Nach Kriegsbeginn stiegen angesichts des bereits 1701 beginnenden Kaperkriegs und der damit verbundenen Lähmung des Seeverkehrs zunächst die Einkünfte auf allen Routen – mit Ausnahme der Tiroler – wobei insbesondere der Gotthardpass für einige Jahre sehr intensiv frequentiert wurde (Diagramm 6).[373]

368 *Denzel*, Die Integration Deutschlands, S. 84–88.

369 *Baumann*, Das bayerische Handelswesen, S. 32.

370 Kurze und immer noch gültige Übersichten über beide Phänomene bieten: *Kellenbenz*, Wirtschaftsleben zwischen dem Augsburger Religionsfrieden; *Bog*, Wirtschaft und Gesellschaft im Zeitalter; *Fassl*, Konfession, S. 126–136. Vgl. auch: *Seibold*, Wirtschaftlicher Erfolg, S. 583–584.

371 In der Literatur ist geradezu eine Idealisierung der Verkehrspolitik des Reichskreises festzustellen, die den historischen Tatsachen nur wenig entspricht: *Endres*, Der Fränkische Reichskreis, S. 32–35.

372 Die Qualität der Chausseen im Fränkischen betont: *Wunder*, Der Kaiser, S. 22.

373 Vgl. auch *Körner*, Luzerner Staatsfinanzen, S. 125.

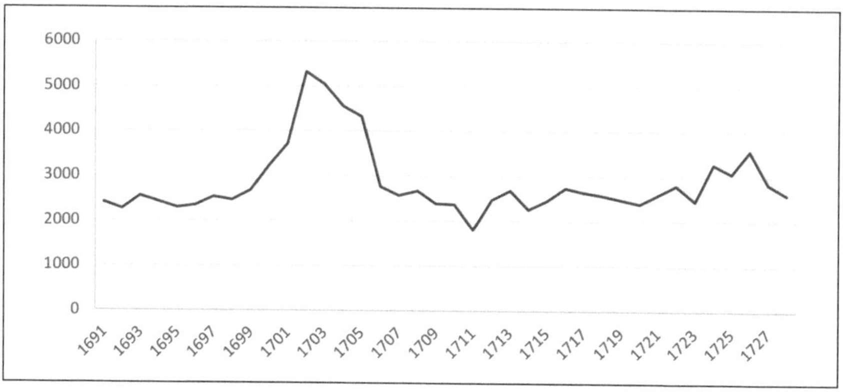

Diagramm 6: Zollerträge der Stadt Luzern in fl., 1691–1716
Quelle: *Körner*, Luzerner Staatsfinanzen, S. 433–434.

Nach 1704 jedoch, also nach der Eroberung Bayerns durch die Alliierten, strukturierten sich die Verkehrsflüsse über die Alpen erneut um. Während sich die Zollerträge auf den Tiroler Routen massiv steigerten, fielen sie auf allen anderen Pässen deutlich ab. Die Handels- und Embargopolitik des Reichs entfaltete ihre Wirkung, hiervon zeugt die nun folgende Verfünffachung der Zollerträge auf den Tiroler Routen zwischen 1704 und 1714 (Diagramm 7).[374]

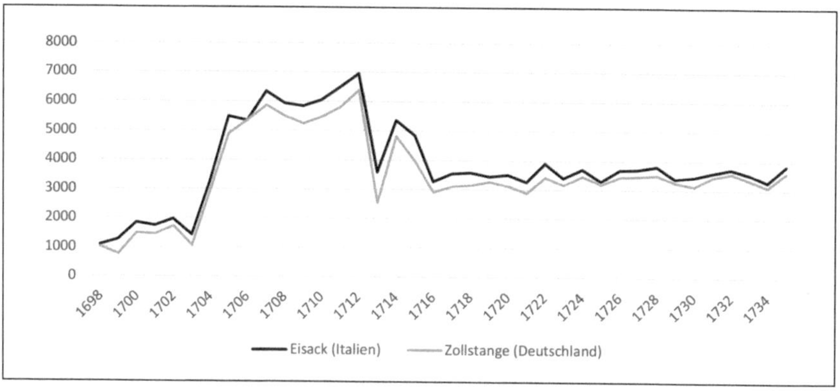

Diagramm 7: Zollerträge in Bozen in fl., 1698–1719
Quelle: *Redolfi Bragagna*, Die Finanzgebarung, S. 88–89.

374 Vgl. Diagramm 7. Es sei angemerkt, dass diese Steigerung auch Zollerhöhungen widerspiegelt und daher nicht vollständig die Erhöhung des Verkehrsvolumens anzeigt: *Redolfi Bragagna*, Die Finanzgebarung, S. 67–68.

Die Salzburger Routen erlebten einen bescheidenen Anstieg der Zollerträge um etwa ein Viertel,[375] während der Verkehr durch Graubünden eher litt.[376] Obwohl die Drei Bünde 1707 mit den Habsburgern zu einem von allen alliierten Mächten garantierten Vertrag über die Nutzung der Routen, dem »Paßtraktat« gelangt waren, behinderten die Beamten des Kaisers den Handel über Graubünden auch weiterhin.[377] Dass die Embargopolitik des Reichs gegen Frankreich und die damit einhergehenden Handelsbeschränkungen gegen die Schweiz bei weitem nicht nur einer Kriegslogik folgten, war den Kennern der Materie klar. Peter (I) von Salis-Soglio (1675–1749), der von 1709 bis 1713 in den Niederlanden als Gesandter der Drei Bünde residierte,[378] stand hier seit 1710 mit dem Delegierten der Republik Genua, Benedetto Viale (1660–1749), der 1717 zum Dogen ernannt werden sollte, in regelmäßigem Austausch. Die hochrangigen Vertreter ihrer kleinen Republiken thematisierten dabei auch eine mögliche Direktspedition von Genua über Graubünden nach Amsterdam, was jedoch an der von Österreich durchgesetzten hohen Zoll- und Gebührenlast in Schwaben zugunsten der Tiroler Route scheitern musste. Salis-Soglio schrieb 1710 an Viale: *Il est à remarquer que l'Empereur en accordant un nouvel impôt au cercle de Svabe seulement du cote de la Suisse et des Grisons ne peut avoir eu d'autre but que d'augmenter le passage du Tirol au dépense des autres.*[379]

Man fühlte sich aufseiten der Graubündner von Habsburg betrogen und musste doch im Krieg und auch in den Nachkriegsjahren die eigene Machtlosigkeit gegenüber dem nun dominant gewordenen Nachbarn konstatieren.[380] Diese Politik der Habsburger bedeutete zwar keine neue Zielsetzung; die Förderung des Verkehrs durch Tirol war ein seit Jahrhunderten verfolgtes Anliegen Wiens. Dank der mit der Eroberung des Herzogtums Mailand etablierten Kontrolle Habsburgs über alle Südausgänge der Alpen konnte Österreich jedoch nun die Wettbewerbslage unterbinden, die in der zweiten Hälfte des 17. Jahrhunderts die Politik der Passanrainer charakterisiert hatte. Es etablierte sich stattdessen eine habsburgische Dominanz an den Alpenrouten, welche für fast 40 Jahre wirkmächtig bleiben sollte und vonseiten Wiens fast grundsätzlich zugunsten der Tiroler Routen, seit 1719 dann auch in etwas stärkerem Maße durch das Pustertal nach Triest, eingesetzt werden sollte.

375 *Hassinger,* Geschichte des Zollwesens, S. 326–327.

376 *Hilfiker,* Thomas Massner, S. 29–31.

377 Ebd., S. 111–115. Schikanen zur Durchsetzung eigener Ziele gegenüber Graubünden hatten seitens der Habsburger Tradition: *Beer,* Die österreichische Handelspolitik, S. 168–169.

378 Zu seiner Mission siehe *Bundi,* Bündner Kriegsdienste, S. 75–89.

379 Zit. nach: *Giacchero,* Storia economica, S. 79.

380 Zum von den Habsburgern grundsätzlich gebrochenen »Paßtraktat« des Jahres 1707 mit Graubünden und den sich daraus ergebenden diplomatischen Verwicklungen und der Unbeliebtheit Österreichs beim Bündner Volk, der harschen Behandlung ihrer Diplomaten durch Eugen von Savoyen uvm. siehe die detailreiche Darstellung bei: *Sprecher,* Geschichte der Republik, S. 70–98.

Das war während der Kriegsjahre noch nicht zum Nachteil der oberdeutschen Reichsstädte. Hatten diese sich zu Beginn des Spanischen Erbfolgekriegs noch strikt gegen die Handelssperre gewandt und einen Verlust von vielen Millionen Gulden für das Reich und einen komplementären Gewinn für die Schweizer Städte vorhergesehen, so verstummten diese Klagen bereits 1703, als die Sperre partiell gelockert wurde und sich seither zugunsten der Reichsstädte auswirkte.[381] Gerade der Venedighandel aus den Reichsstädten blühte sogar regelrecht auf. Ab 1702 wiesen die Erträge des Fondaco-Zolls aufwärts, um 1711/12 ihren Spitzenwert des 18. Jahrhunderts zu erreichen; mit einem Ertrag, der, bei deutlich verminderten Zollsätzen, fast an die Werte des späten 16. Jahrhunderts heranreichte (Tabelle 5).

Tabelle 5: Gesamteinnahmen des Fondaco-Zolls in duc., 1697/98–1716/17

Jahr	Einnahmen	Jahr	Einnahmen
1697/98	35.897	1702/03	28.856
1698/99	37.045	1703/04	33.555
1699/1700	29.648	1704/05	34.051
1700/01	27.949	1705/06	36.180
1701/02	24.510	1706/07	36.897

Jahr	Einnahmen	Jahr	Einnahmen
1707/08	37.420	1712/13	37.960
1708/09	35.665	1713/14	35.544
1709/10	39.761	1714/15	31.521
1710/11	36.728	1715/16	27.040
1711/12	47.116	1716/17	29.267

Quelle: ASVe/CS, II Ser., 74, Copia N. 17, »Nota di quanto ha fatto il Dacio del Fontico de Tedeschi«.

Die starke Abhängigkeit des Fondaco-Umsatzes von den Kriegshandlungen zu See führte dazu, dass hier bereits 1712 mit dem englisch-französischen Waffenstillstand die Umsätze zurückgingen, während der Transitzug durch Bozen nach Wiederaufnahme der Kämpfe zwischen dem Reich und Frankreich um 1713/14 einen letzten starken Aufschwung nahm.[382]

381 Vgl.: *Bog*, Der Reichsmerkantilismus, S. 138–151; *Dane*, Der Lindauer Handel, S. 67; *Lendenmann*, Schweizer Handelsleute, S. 12–16.

382 Vgl. Diagramm 7.

Der Friede hatte die allgemeinen Rahmenbedingungen des Transalpentransits deutlich zugunsten der Habsburger verschoben. Mit dem Erwerb des Herzogtums Mailands fielen alle südlichen Ausgänge der vier zentralen Alpentransitrouten im Nord-Süd-Verkehr unter die Kontrolle Wiens. Eine der ersten Maßnahmen der neuen Regierung Mailands in der Friedenszeit war nicht zufälligerweise eine bedeutende Zollerhöhung an der Grenze zu Graubünden.[383] Diese Maßnahme mag primär fiskalische Gründe gehabt haben, zumindest aber stand sie nicht im Widerspruch zu einer Förderung der Tiroler Route. Die Einkünfte auf dieser stabilisierten sich auch nach 1716 auf einem Niveau, das deutlich über demjenigen der Vorkriegszeit lag.

Schwerer hatten es die Habsburger gegenüber den Schweizern. Vorderösterreich erhöhte seit 1715 die Rheinzölle gegenüber der Schweiz in einem Maße, dass die Basler seit 1716 beschlossen, für ihren Handel nach Frankfurt nur noch die Route durch das Elsass zu gebrauchen. Am Oberrhein, wo noch Konkurrenz wirkte, mussten die Habsburger daher 1717 bereits wieder die Zölle senken, dennoch sollte die linksrheinische Route für die Basler auch künftig eine besondere Attraktion entfalten.[384] Da die Habsburger im Mailändischen auf eine Zollerhöhung gegenüber der Schweiz verzichteten, stieg am Gotthard der Verkehr nach 1715 für eine Dekade relativ konstant an.[385] Anders wiederum sah die Lage im Salzburgischen aus: Die Tauernpässe hatten während des Kriegs nicht viel Verkehr hinzugewonnen, nach dem Frieden sank ihre Frequentation dann auch nur leicht.[386]

Als primär von der neuen Situation geschädigte Partei agierten zunächst die Drei Bünde. 1718 versuchten sie ernsthaft die Einrichtung von regelmäßigen Großmärkten in Chiavenna und informierten bereits mit gedruckten Broschüren die wesentlichen deutschen und italienischen Handelshäuser.[387] Dieser von einer antiösterreichischen Stimmung und der Frankreich zugeneigten Partei um die Graubündner Familie der Salis getragene Beschluss des Bundestages hatte als Hauptziel die Erzeugung einer Drohkulisse gegenüber den Habsburgern. Chiavenna lag nahe der Grenze zur Republik Venedig, und dessen Privilegierung als Marktort nach Vorbild Bozens konnte als erster Schritt in Richtung zu einem stärkeren Ausbau der Verbindung nach Bergamo und damit einer Straßenverbindung völlig außerhalb von habsburgisch beherrschtem Territorium aufgefasst werden. Um die Stellung der Bozner Märkte möglichst unangetastet zu bewahren, reagierten Innsbruck und Wien mit einer Mischung aus Schärfe und

383 *Sprecher/Jenny*, Kulturgeschichte der Drei Bünde, S. 212; das Resultat war eine ab 1717 fallende Frequentierung der Bündner Routen: *Buć*, Beiträge zur Verkehrsgeschichte, S. 89.

384 *Röthlin*, Das österreichische Zollwesen, S. 43–46.

385 Vgl. Diagramm 6; *Baumann*, Der Güterverkehr, S. 197; siehe auch die korrespondierenden Verluste auf der Route Zürich – Chur: *Bodmer*, Ursachen, S. 24–25. Der Bundestag in Chur sah sich daher sogar veranlasst, eine Beschwerde bei den Schweizern einzureichen: *Sprecher/Jenny*, Kulturgeschichte der Drei Bünde, S. 212–213.

386 *Hassinger*, Geschichte des Zollwesens, S. 326–327.

387 *Bonoldi*, La fiera e il dazio, S. 288.

Entgegenkommen. Die Habsburger nahmen 1719 Verhandlungen mit Graubünden zur Erneuerung des Mailänder Kapitulats von 1639 auf, diese mündeten 1726 nach vielen Schwierigkeiten in einem Abschluss.[388]

In der Literatur wird häufig betont, dass dieses Kapitulat einer Niederlage der Graubündner gegenüber Habsburg gleichkomme. Daran soll hier ein kleiner Zweifel angemeldet werden.[389] Es ist zwar in der Tat so, dass nur marginale Erleichterungen im Getreidehandel zugunsten der Bündner bewilligt wurden und diese weiterhin eine relativ teure Zolllinie an ihrer Südgrenze erdulden mussten.[390] Dennoch war gerade der von Bündner Seite äußerst intensiv geäußerte Wunsch nach einer Bevorzugung des Splügen gegenüber dem Gotthard für den von Mailand ausgehenden Transitverkehr gehört worden.[391] Ein Zeichen für die Habsburger Akzeptanz dieses Wunsches ist die Tatsache, dass der Lindauer Bote als zentrales Verbindungsglied zwischen Mailand und Lindau über Chur und den Splügen von Behinderungen, wie sie den Schweizer Kursen in die Lombardei geschahen, verschont blieb.[392] Es scheint auch seit den 1720er Jahren tatsächlich zu einer Bevorzugung der Bündner Routen durch die Kaufleute der Lombardei gekommen zu sein. Wir können das über die Erträge der Zölle in Liechtenstein im Ansatz erfassen (Tabelle 6):[393]

Tabelle 6: Überlieferte Gesamteinnahmen der Liechtensteiner Zollstationen in fl., 1723–1740

Jahr	1723	1735	1737	1740
Einnahmen	541	513	546	675

Quelle: LALi, Rentamtrechnungen, AS 8, 2–8.

Auch aus anderen Daten ist ein Verkehrswachstum zu erkennen. Die Spediteure Chiavennas konnten offenbar in den 1730er Jahren wieder etwas mehr als während des Spanischen Erbfolgekriegs *addirittura* transportieren. 1711 waren es 13.426,25 Colli, 1712 nur noch 9.997, aber 1733 lag die Zahl wieder bei 14.953,5.[394]

388 Im Detail zu den Einzelheiten der Jahrmärkte und der Suspendierung derselben unter dem Druck der österreichischen Partei innerhalb Graubündens: *Caderas*, Graubündens, S. 71–74; *Scaramellini*, Grigioni e sudditi.

389 Die Meinung einer schweren Niederlage der Bündner vertreten: *Sprecher*, Geschichte der Republik, S. 211–218; *Dolf*, Die ökonomisch-patriotische Bewegung, S. 74.

390 *Theus*, Il trattato di Milano, S. 38–41.

391 *Sprecher*, Geschichte der Republik, S. 214–215. Der Gotthard wird nicht explizit genannt, ein Wunsch nach einer Bevorzugung des Splügen kann aber in Mailand nur gegenüber diesem Pass gemeint sein.

392 *Helbok*, 500 Jahre Frachtführer, S. 19.

393 LALi, Rentamtrechnungen, AS 8–2, 8–6, 8–7, 8–8.

394 Die Daten nach: *Scaramellini*, Transiti e comunicazioni, S. 274–275.

Da diese Daten unvollständig sind, soll aus ihnen vor allem die Erholung des Verkehrs festgehalten werden, insgesamt scheint diese aber relativ langsam vonstattengegangen zu sein. 1718 schrieben die Graubündner selbst in ihrem Rundschreiben zur Errichtung von Jahrmärkten in Chiavenna, dass jährlich *depuis 15 jusque à 18 Mille balles de marchandises pures, sans y comprendre les vins, bleds, ris qui y passant en très grandes quantités.*[395] Dies scheint glaubwürdig; in deutlichem Kontrast zu Angaben, dass Mitte der 1730er Jahre bis zu 45.000 Colli durch Chur transitiert wären.[396] Es gab also seit dem Abschluss des Kapitulats von Mailand 1726 ein solides Wachstum auf den Bündner Routen. Dies relativiert etwas die Darstellung dieses Abkommens als reine Niederlage der Graubündner.

Im zweiten und dritten Jahrzehnt des 18. Jahrhunderts werden die zur Verfügung stehenden Daten für den Transalpenverkehr besser und erlauben einen zuverlässigeren Vergleich der Routensysteme. Die Vergleichsjahre müssen nach den vorhandenen Daten um 1720 herum gewählt werden. Wir beginnen mit Bozen: Im Jahr 1723 transitierten während der Messezeiten durch Bozen 43.775 Z. an Gütern aus Deutschland nach Italien und 24.934 Z. in der Gegenrichtung, insgesamt also 68.709 Z. (3.848 t); und damit ist der (zu dieser Zeit wohl noch relativ geringe) Verkehr außerhalb der Messen nicht miteinbegriffen.[397] In Chur steht ein Wert für das Jahr 1717 zur Verfügung, hier transitierten 6.089 Saum Speditionsgut (964 t).[398] Um 1724/25 kamen über den Gotthard 3.066 Saum an Transitgut (486 t).[399] Über die Tauern liegen aus diesen Jahren keine Daten vor. Im Vergleich zu den Warenströmen vor dem Spanischen Erbfolgekrieg können wir also eine markante Steigerung auf den Tiroler Routen konstatieren, auf den Bündner Routen kaum eine Veränderung, auf den Schweizer Routen eine zwar deutliche Steigerung, aber von einem sehr niedrigen Niveau auf ein immer noch niedriges Niveau, und schließlich können wir auf den Salzburger Routen einen Niedergang vermuten.[400] Die Dominanz der Habsburger im Transalpenhandel seit 1715 und ihre darauf basierende Zollpolitik trugen eindeutig Früchte.[401]

395 *Buć*, Beiträge zur Verkehrsgeschichte, S. 93.

396 So die Angabe bei *Sprecher/Jenny*, Kulturgeschichte der Drei Bünde, S. 213. Dies wurde bereits widerlegt durch: *Buć*, Beiträge zur Verkehrsgeschichte, S. 91–93. Ebenso unrealistisch erscheinen selbst offizielle Berichte der Zeitgenossen, so berichtete man 1764 von Mailand nach Wien, dass der Transitverkehr zwischen Deutschland und Italien über Mailand seit 1743 von 48.000 auf 7.426 Colli gefallen sei: *Bigatti*, La provincia delle acque, S. 126.

397 *Bonoldi*, La fiera e il dazio, S. 143. Die Tatsache, dass der Verkehr außerhalb der Messezeiten gering war, wird nachgewiesen durch: *Hassinger*, Der Verkehr über Brenner und Reschen, S. 157.

398 *Buć*, Beiträge zur Verkehrsgeschichte, S. 89.

399 *Baumann*, Der Güterverkehr, S. 197.

400 *Hassinger*, Die Handels- und Verkehrsstellung, S. 265.

401 Vgl. im Allgemeinen: *Beer*, Die österreichische Handelspolitik, S. 3; *Szabo*, Kaunitz, S. 146. Die Systematik des mailändischen Zollwesens als besonders stark protektionistisch ausgerichtet zum letztlich vergeblichen Schutz der Textilmanufakturen unter Karl VI., vgl. *Trezzi*, Ristabilire e restaurare, S. 32–103. Der Protektionismus behinderte aber in Form von hohen Zöllen den gesamten Handel über Mailand: *Tonelli*, Commercio di transito, S. 92–93.

d) Ausweichbewegungen des Verkehrs im Zeitalter der Habsburger Hegemonie

Die Habsburger Hegemonie am Südalpenrand mit der folgerichtig faktisch bestehenden hohen Zollmauer führte zu einem Druck auf den internationalen Verkehr, sich neue Wege zu suchen. Der erste und immer wichtigste Ausweg wies in Richtung des Meers. Wenngleich hier viele Effekte hineinspielten, so scheint ein Ausweicheffekt des Verkehrs gegenüber den Alpen seit etwa 1730 feststellbar. Diese Hypothese sei hier wenigstens kurz etwas erörtert. Im zweiten Viertel des 18. Jahrhunderts lässt sich eine deutlich gestärkte Direktschifffahrt zwischen Hamburg und Italien feststellen. Vergleichen wir die überlieferten Angaben der Admiralitätszollregister von Wareneinfuhren nach Hamburg aus den Städten Venedig, Genua, Livorno und Neapel mit den Werten aller Einfuhren von 1736 bis 1747, ergibt sich ein markant schnelleres Wachstum der Importe aus dem Mittelmeer gegenüber dem weiteren Handel (Diagramm 8).

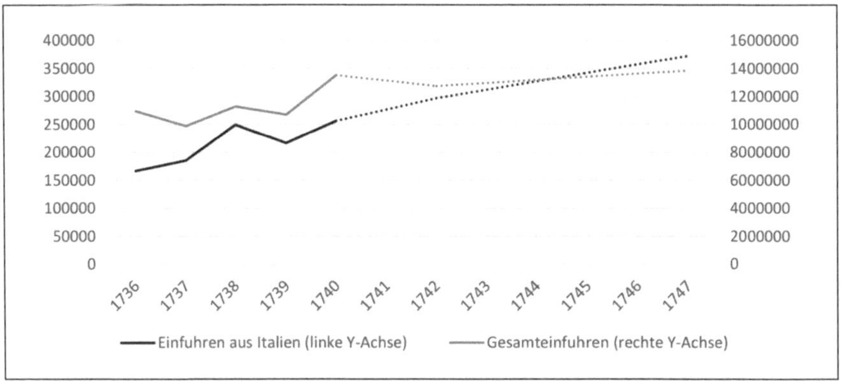

Diagramm 8: Taxierte Warenwerte des Admiralitätszolls in Hamburg in ML, 1736–1747
Quelle: *Schneider/Krawehl/Denzel/Schulenburg*, Statistik. Hinweis: Die Skalierung beider Achsen ist hier nicht identisch.

Diese Beobachtung liefert einen ersten Hinweis darauf, dass möglicherweise die stärkere Dynamik des über See laufenden Mittelmeerhandels nach Deutschland mit der Hochzollpolitik der Habsburger an den Alpenpässen zusammenhängt. Diese Vermutung bekommt eine gewisse Stütze, wenn wir die Produkte betrachten, die besonders stark für diese hohe Wachstumsdynamik verantwortlich waren. Insbesondere Wein, Weinstein, Rosinen und Süßholzsaft nahmen in diesen Jahren verstärkt den Seeweg von Italien nach Hamburg.

Die in Tabelle 7 erfassten Waren zeichnen sich durch hohe Preise und niedriges Gewicht aus. Es waren also Güter, die auch die Möglichkeit zum Landverkehr gehabt hätten, die nun vermehrt den Seeweg einschlugen. Ein für den

Tabelle 7: Taxierte Warenwerte des Admiralitätszolls von Einfuhren aus Venedig, Genua, Livorno und Neapel nach Hamburg in ML, 1736–1747

Jahr	Güter			
	Wein	Weinstein	Rosinen	Süßholzsaft
1736	33.350	12.200	10.910	4.000
1737	39.560	8.975	6.795	5.750
1738	23.529	6.125	7.620	1.330
1739	15.331	9.100	5.250	2.550
1740	20.970	10.750	4.425	1.250
1742	38.040	9.250	3.270	500
1747	79.255	24.430	12.300	25.575

Quelle: Schneider/Krawehl/Denzel/Schulenburg, Statistik, S. 85–90, 137–150, 220–221, 275–277.

Fernverkehr zu Land untaugliches Massengut wie Salz aus Italien, das in diesen Jahren im Ostseeraum besonders stark nachgefragt wurde, fand hingegen so gut wie nie den Weg nach Hamburg.[402] Es sei noch betont, dass das starke Wachstum des Seeverkehrs in einer Zeit intensiver Korsarenaktivität auf den Ozeanen geschah, während der Landhandel zwischen Nord- und Südeuropa über die östlichen Alpenpässe seit dem Friedensschluss von Dresden im Dezember 1745 wieder sicher war.[403] Trotz der Verteuerung des Seeverkehrs in Form erhöhter Versicherungsprämien tendierte der Warentransport zwischen Nord- und Südeuropa immer mehr zum Schiff. Es wird sich noch zeigen, dass das nur in der Zeit der Habsburger Hegemonie auf den Alpenpässen galt, seit 1750 sollte dieser Trend aufhören. Daher sei hier die Aussage gewagt, dass mit einer gewissen Wahrscheinlichkeit eine Korrelation zwischen der Verteuerung des Alpenverkehrs durch die Habsburger Zollpolitik und dem ausgeprägten Wachstum des Seehandels zwischen Italien und Deutschland seit den 1730er Jahren bestand.

402 *Schneider/Krawehl/Denzel/Schulenburg,* Statistik, S. 506–507, *Unger,* Trade through the Sound, S. 208.

403 Der Hinweis auf die Krise des Rheinhandels durch den Kriegseintritt der Niederlande gegen Frankreich 1745 sei hier nicht vergessen, dies kam dem Hamburger Elbhandel sicherlich zugute: *Heeres,* Annual, S. 276. Jedoch: Dies erklärt nicht die höhere Dynamik des Mittelmeerhandels gegenüber dem Gesamthandel Hamburgs (vgl. Diagramm 8), gerade dieser Handelszug war gegenüber Korsaren aller Nationen besonders exponiert.

Unabhängig davon, was im Einzelnen die Ursache für diesen Wandel war, ist es bemerkenswert, dass er mit einer säkularen Wasserscheide zugunsten der Hamburger Händler in Livorno zeitlich zusammenfällt. Zusammen mit der Durchsetzung der britischen Dominanz im Seehandel zwischen den nordeuropäischen und südeuropäischen Gewässern im zweiten und dritten Jahrzehnt des 18. Jahrhunderts hörten die Einschreibungen niederländischer Kaufleute in die Nazione Olandese-Alemanna weitgehend auf.[404] Es wird in Kap. III. 3 noch genauer darauf einzugehen sein, in welchem Zusammenhang dieser Wandel steht, hier sei nur angedeutet, dass die Hamburger Händler sich gut in die britischen Kaufmannsnetzwerke und die Levant Company eingefügt hatten und naturgemäß über bessere Verbindungen als ihre britischen Kollegen ins zentraleuropäische Hinterland verfügten. Sie konnten daher im Kielwasser des britischen Direktverkehrs zwischen Ostsee und Italien in Livorno, insbesondere seit dem Zusammenbruch der Habsburger Dominanz im Alpentransit nach 1750, eine immer stärkere Stellung aufbauen.

Mehr noch als bei einem Blick auf die Entwicklungen im Seeverkehr lässt sich die Wirkmacht der habsburgischen Hegemonie über die Alpenpässe an den Umwegen verdeutlichen, die der Verkehr bald über Land zu nehmen begann. Die Ursache liegt neben der hohen Zollbelastung auf den habsburgischen Alpenein- oder -ausgängen im Bau von Chausseen, den die Franzosen nach dem Ende des Spanischen Erbfolgekriegs im Elsass begannen. Wenngleich diese primär militärischen Zwecken dienten, war der Effekt insbesondere im Bereich des Handels rasch spürbar. Faktisch entstand auf der gesamten französisch beherrschten linken Seite des Rheins von Landau bis Basel eine durchgehend befahrbare, hochwertige Straßenverbindung.[405] Als weiteren Vorzug wies diese ein schlichtes Zollverfahren auf. Man bezahlte einen moderaten Zoll bei Eintritt in das französische Hoheitsgebiet und konnte dann bis zum anderen Ende desselben mit nur wenig weiteren Zolleintreibungen die Straßen nutzen. Der Unterschied zum schwäbischen Reichskreis mit seinen vielen Zollstellen, auch innerhalb größerer Territorien wie Baden-Durlach oder Württemberg könnte kaum größer sein.[406]

Ob vonseiten Frankreichs eine gezielte Politik der Abzweigung des internationalen Transits auf das eigene Territorium betrieben wurde, kann nicht mit Sicherheit gesagt werden. Zu vermuten ist, dass hier wenigstens zu Beginn kein solcher durchdachter Plan vorlag, dass aber mit der Etablierung eines stärkeren Warenzugs auf der linken Rheinseite dieser auch eine entsprechende Förderung

404 Vgl. die Zusammenhänge im Detail bei: *Ressel,* British Dominance; *Ressel,* The Dutch-Algerian War; *Ressel,* La Nazione.

405 *Werner,* Les ponts et chaussées d'Alsace, S. 92–96.

406 Zu den vielfältigen Zollstationen in Südwestdeutschland und im Elsass im 18. Jahrhundert siehe: *Gerhard,* Merkantilpolitische Handelshemmnisse; *Walter,* Merkantilpolitische Handelshemmnisse.

durch Versailles erhielt.[407] Die Territorien im Schwäbischen bekamen die entsprechenden Auswirkungen bald zu spüren, so wie es im 1763 verfassten Bericht zur Lage und Verbesserung des Verkehrs über Tirol von Karl Hieronymus Cristiani von Rall († 1798) klar formuliert wurde:[408]

Die Frankfurter Handlung nimmt jetzt den Weeg meistentheils über Maynz auf Speyer, sofort auf der französischen Seite des Rheins über Straßburg und Hünningen nach Basel, und von dort, so viel es die weitere Verschickung nach Italien oder vice-versa betrifft, gehen die Waaren über Solothurn, Arberg, Murten, Peterlingen nach Lausanne, wo sie entweder über Sitten und den Sempioner-Berg an den Lago Maggiore, und in das Mayländische und übrige Italien, oder von Lausanne auf den Genfer-See eingeschifft, zu Wasser bis Genf, und von dort weiter über den grossen Bernard nach Aosta, Turin und Genua gebracht werden, und wie mir von verläßlicher Hand ist versichert worden, ungeachtet dieses ungemeinen Umweegs von Franckfurt über die Schweiz nach Mayland, und Genua am Centner um 5 fl. leichter als der geradesten Strassen nach über Hailbronn und Graubündten, aus der endlich glaublichen Ursache zu stehen kommen, dieweil sie von Speyer an nur die Französische, Schweizer, und königlich sardinische Zölle zu bezahlen, und in diesen selbst alle unersinnliche Erleichterung zum Theil in den blosen Gewicht-Zoll, zum Theil in denen keinen Namen eines Zolls verdienenden blosen Weeg-Mauthen haben; über Hailbronn und Schwaben aber so viele Zölle als kleine und grössere Reichs-Städte sind, entrichten müssen.[409]

Aufgrund der *vortreflichen Elsassiche Weege nebst den obgedachten Zolls-Facilitaeten*, so folgerte Rall, entgingen dem Ober- und Niederrheinischen sowie dem schwäbischen Kreis und den österreichischen Vorlanden der wichtige Handelsstrom der Kantone Basel, Bern, Solothurn, Freyburg und Luzern nach Frankfurt und *eines grossen Theils des wichtigen Commercii so zwischen Engelland, Holland, Niederland einer- und Italien anderer Seits zu Lande über Franckfurt geführet wird.*[410] Rall datiert den Beginn des Aufschwungs dieser Route mit der Zeit der Abtretungen von mailändischem Gebiet an Sardinien-Piemont. Vermutlich meinte er damit die Gebietsveränderungen nach dem Spanischen Erbfolgekrieg, diese hatten Alessandria und damit einen wichtigen Verkehrsknotenpunkt Norditaliens in den Besitz des Hauses Sardinien-Piemont gebracht.[411] Die

407 Im Standardwerk zur Straßenbaugeschichte im Elsass im 18. Jahrhundert wird die Bedeutung des Handels zwar erwähnt, doch scheinen die Baumaßnahmen immer einem militärischen Imperativ gehorcht zu haben: *Werner,* Les ponts et chaussées d'Alsace, S. 144–156.

408 Über Rall lässt sich biographisch derzeit fast nichts sagen. Er wurde 1798 im Alter von 77 Jahren in Regensburg als »Kaiserl. wirkl. Geheimer Rath und Vorderösterreichischer Gouvernialrath« begraben: *O. V.,* In denen Catholischen, S. 258. Zu seinem Bericht vgl. Kap. II, Fn. 506 sowie *Weiss,* Über die Verlagerung.

409 ÖSTA/HS, 1160, fol. 23v–25v.

410 Ebd.

411 1713 und 1738 hatten die Habsburger in den Friedensschlüssen von Utrecht und Wien Gebiete an das Königreich Sardinien-Piemont abtreten müssen: *Capra,* La Lombardia austriaca, S. 16, 100.

von Rall erwähnten Gegenmaßnahmen datieren aus den 1720/30er Jahren, sie seien nun genauer betrachtet.

Bereits 1729 war auf Drängen Kaiser Karls VI. mit dem Bau einer Chaussee von Basel nach Frankfurt am Main begonnen worden. Auch durch Verhandlungen mit den Schweizer Kantonen gelang es 1733, zu einem neuen Abkommen zu kommen, in dem äußerst günstige Zollsätze in Vorderösterreich festgelegt wurden.[412] Doch die Franzosen hatten zu diesem Zeitpunkt bereits einen äußerst hohen Vorsprung errungen. In den Worten Ralls:

> Ich habe hier nur anzumerken, daß man an Seiten des Oesterreichischen Breißgaues zu Beybehaltung dieses dazumal nur die Schweizer Handlung betroffenen Strassen-Gewerbes sogar einen Tractat mit dem Canton Basel Anno 1733 und 1736[413] errichtet, Chaussée-mässige Weege angelegt, und eine Post-Kutsche von Basel durch das Breißgau bis Frankfurt deßwegen eingeführet habe, welches aber alles den oberwehnten, auf der Elsasser Seite vorhandenen wenigen Zöllen, und anderen Zolls-Erleichterungen, und wo nicht bessere doch längere anhaltende Chaussée-mässige Weegen das Übergewicht nicht geben kann.[414]

Die Habsburger versuchten in den nächsten Jahrzehnten über den schwäbischen Kreis Erleichterungen des Handels durch Südwestdeutschland zu erzielen, was jedoch angesichts der komplexen Struktur von Kreis und einzelnen Kreisständen nur wenig Erfolge brachte.[415] Die rechtsrheinischen Territorien hatten eigene Interessen, und Rall konnte nur mit Resignation feststellen, dass selbst wenn der Kaiser *die breisgauische Zölle auf bloße Weeg-Gelder für diese Waaren* (Transitwaren; MR) *herabzusetzen geruhen wollten, dessen ungeachtet die vielen reichstandischen Mauthen, welche von Franckfurt bis in das Oesterreichische auf der Reichs Seite bezahlet werden müsten, noch immer mehr, als die auf der Elsässer Seite betragen dürfften.*[416]

Im Schwäbischen gelang es den Habsburgern kaum, die rechtsrheinische Route wieder zu beleben. Hauptschuldige der intensiven Benutzung der französischen Rheinseite waren nach gängiger Meinung die Frankfurter Spediteure, die den Fuhrverkehr in die Schweiz meistenteils in der Hand hatten.[417] Jedoch mussten auch diese nur den Gesetzen des Markts gehorchen. 1765 und 1772 wurde in detaillierten Berichten des Frankfurter Magistrats und der städtischen Fuhrleute angegeben, weshalb die linksrheinische Seite bevorzugt wurde. Eine Vielzahl an Zollstellen auf der deutschen Seite, eine teilweise sehr schlechte

412 *Röthlin*, Die Basler Handelspolitik, S. 241–246.

413 Hier irrt Rall. Der Vertrag von 1736 wurde mit Frankfurt geschlossen. Dieser war aber wirkungslos, da der Zustand der Straßen auf der rechten Rheinseite für die internationale Spedition indiskutabel blieb: *O. V.*, Geschichte, S. 92–93.

414 ÖSTA/HS, 1160, fol. 25v–26r.

415 Vgl. hierzu die grundsätzlichen Darstellungen bei: *Wunder*, Der Chausseebau; *Wunder*, Der Kaiser; *Behringer*, Im Zeichen des Merkur, S. 514–549.

416 ÖSTA/HS, 1160, fol. 35r.

417 *Weiss*, Über die Verlagerung, S. 218–219; *Röthlin*, Das österreichische Zollwesen, S. 49–51.

Wegequalität, bizarre Verpflichtungen wie das Verbot im Pfälzischen, an Sonn- und Feiertagen zu fahren und mangelhafte Wirtshäuser kontrastierten scharf mit einer marginalen Zollbelastung, hochwertigen Straßen und äußerst guten Gaststuben auf der französischen Seite.[418] In den letzten Jahrzehnten seiner Existenz ging das Reich das Problem allerdings energischer an. 1780 wurde in einem Bericht über Vorderösterreich festgehalten, dass man seitens des Kaisers die Zölle stark gesenkt sowie die Straßen intensiv verbessert habe und auch die badischen Markgrafschaften seien *ziemlicher massen nachgefolget.*[419] Erst nun gelang die Retablierung der geographisch eigentlich natürlichen Überlegenheit der rechtsrheinischen Route. 1791, ein Jahr vor Ausbruch der Koalitionskriege, begannen die Fuhrleute Frankfurts wieder, freiwillig auf der rechten Rheinseite ihre Speditionen nach Basel zu führen.[420] Auch wenn der Erfolg spät kam, so zeigt er doch, dass das Reich gerade in den letzten Jahren seiner Existenz die Fähigkeit zu einer effektiven Handelspolitik besaß.[421]

Die Schwäche des rechtsrheinischen Transits im 18. Jahrhundert war vor allem der Unfähigkeit der betroffenen Reichsstände zu einer territorial übergreifenden Transitpolitik geschuldet – und kaum der Habsburger Zollpolitik an den Alpenpässen. Diese allerdings bedingte, dass sich der europäische Transitverkehr überhaupt am Oberrhein verdichtete. Ein Gutteil der neu aufkommenden Attraktion der Rheinroute im gesamteuropäischen Kontext rührte just daher, dass der Verkehr südlich von Basel einen Zug zum Genfer See und dann auf die französisch-italienischen Pässe nehmen konnte; und das geschah, wie Rall belegt, hauptsächlich aufgrund der hohen Zölle im Herzogtum Mailand. Die Hegemonie der Habsburger an den Alpenpässen drückte den Verkehr insgesamt auf die Achse Amsterdam – Basel – Genua und hier häufig haargenau an den Habsburger Zollstellen vorbei und in Richtung der französisch-italienischen Alpenpässe. Wir können den Verlust an Transit auf allen vier deutsch-italienischen alpinen Routensystemen nicht quantifizieren, mögen aber angesichts der eindringlichen Mahnungen Ralls von substanziellen Ausweichbewegungen des Verkehrs auf diesen großen Umweg ausgehen.

418 *Scharff,* Der Frankfurter Speditionshandel.

419 *Metz,* Beschreibung, S. 474–475.

420 *O. V.,* Geschichte, S. 93.

421 Dies bestätigt und widerspricht zugleich einer jüngeren Konzeption von territorialer Vielfalt des Reichs als einer durch eine allumfassende Konkurrenzsituation entstandenen strukturellen Vorteilslage für die wirtschaftliche Entwicklung Deutschlands in der Frühen Neuzeit; so formuliert von: *Volckart,* Politische. Einerseits hat die territoriale Zersplitterung bis 1791 dafür gesorgt, dass die eigentlich verkehrsgeographisch günstigere rechtsrheinische Route kaum befahren wurde, andererseits hat die Konkurrenzsituation bereits seit den 1720er Jahren zu einem hohen Druck auf die reichsständischen Routenanrainer geführt, die Route durch Zusammenarbeit zu optimieren und damit im Verlauf des Jahrhunderts zu stetig fallenden Preisen auf diesem Straßenzug beigetragen.

e) Die Neuausrichtung der Habsburger Italienhandelspolitik nach 1715

Nach Ende des Spanischen Erbfolgekriegs konnte man seitens der Habsburger einen neuen Blick auf Italien werfen. Mit den Erwerbungen nach dem Spanischen Erbfolgekrieg und dem beginnenden Interesse für Triest war eine veränderte Konstellation eingetreten, die sich nicht nur in der Etablierung einer Hegemonie über die südlichen Alpenausgänge zum Zwecke fiskalischer Einkünfte erschöpfte. Ältere Träume einer Ausschaltung der bisher dominierenden Handelszentren und ihre Ersetzung durch österreichische Ortschaften konnten nun zum Vorschein treten und die Aktionen der leitenden Politiker beflügeln. Insbesondere die zwei Handelsknoten Lindau und Venedig wollte man nun bald durch Bregenz und Triest ersetzen. Diese Linie zieht sich durch das gesamte 18. Jahrhundert. Im Falle Lindau – Bregenz endete der Habsburger Versuch letztlich mit einem Fehlschlag, im Fall Venedig – Triest bestenfalls mit einem Teilerfolg, der der Serenissima aber nur wenig schadete.

Hier soll zunächst der Versuch einer Schwächung der Handelsstellung Lindaus betrachtet werden. 1728 und noch einmal 1730 wurden in Bregenz die Zölle deutlich gesenkt, um damit den Transit von Lindau wegzulocken. Die Reaktion von Lindau erfolgte auf mehreren Ebenen. Man senkte die Löhne der Schiffsleute, erhöhte die erlaubten Frachtmengen und setzte sich mit den Reichsstädten Kempten, Memmingen und Isny in Verbindung, um unter Verweis auf die Sicherheit und Garantie der Spedition sowie das geteilte protestantische Bekenntnis den weiteren Transitzug über Lindau sicherzustellen. Der darauf folgende Preiskampf mit Bregenz lief bis in die späten 1740er Jahre, ohne dass die Dominanz der Reichsstadt sonderlich beeinträchtigt werden konnte.[422] 1748 erließ Lindau eine neue, für den Verkehr günstige Zollordnung, die offenbar die endgültige Entscheidung brachte, wobei die gleichzeitige Schwäche Österreichs nach dem Erbfolgekrieg das ihrige zu diesem Ergebnis beigetragen haben wird.[423] Wohl in einer Reaktion darauf ließ sich das Zollamt Konstanz unmittelbar nach dem Erlass der Zollordnung zu einigen Beschlagnahmungen von Lindauer Schiffen unter dem Vorwand von Zollbetrug verleiten. Die öffentlich gedruckte Verteidigung der Lindauer gegen diese Willkürmaßnahmen mag die Konstanzer Beamten von weiteren solchen Schritten abgehalten haben.[424] Zollerhöhungen im vorarlbergischen Feldkirch zulasten der Lindauer haben die Habsburger in

422 *Dane*, Der Lindauer Handel, S. 60–62. Allerdings konnte Bregenz dadurch dauerhaft einen deutlichen Anteil am Getreidehandel am Bodensee erringen: *Göttmann*, Getreidemarkt, S. 262–263.

423 Die Zollordnung fand eine intensive Kommentierung durch leitende Beamte Vorderösterreichs: BWHSAS, B 60 Bü 372 (a). Dabei wurde wohlwollend vermerkt, dass dies den Handel von Basel weg zum Bodensee und damit in Richtung Vorarlberg lenken würde, was die Janusköpfigkeit der österreichischen Interessenpolitik gegenüber Lindau schlaglichtartig erhellt.

424 *O. V.*, Acten-mässige Facti.

den 1730/40er Jahren wohl nicht versucht, zumindest findet sich keine archivalische Spur einer solchen Maßnahme.

Es war den Habsburgern allerdings im Zuge der Förderung von Bregenz gelungen, im ersten Jahrhundertviertel den Straßenzug von dort über Weitnau nach Kempten durch Ausbaumaßnahmen für den Handel attraktiv zu machen.[425] Dies war dem Verhältnis der Habsburger zu Kempten wohl zuträglich und mag indirekt zu einer für Triest günstigen Entwicklung beigetragen haben. Eine Förderung Triests war bekanntermaßen seit 1717/19 erklärtes Hauptziel der Habsburger Adriapolitik.[426] In den 1720er Jahren folgte auf die Freihafendeklaration ein intensives Straßenbauprogramm in Richtung Triest, das zunächst vor allem die Verbindungen der Erblande mit der Hafenstadt verbesserte.[427] 1730/31 wurden neue Zollordnungen für die meisten Teile der Monarchie mit Ausnahme Tirols erlassen, die den Verkehr von Triest in das Habsburgerimperium förderten, dabei allerdings zulasten des Porto Franco auch den Verkehr ins Salzburgische behinderten.[428] Es ist bekannt, dass Triest in den 1730er Jahren dennoch in eine schwere Krise geriet und dessen Freihafen um 1740 als Fehlschlag galt.[429] Zu hochgespannt waren die Erwartungen gewesen, zu groß die Mängel in der Anfangsphase der Förderung.

Jedoch war es den Habsburgern mit ihrer Straßenbaupolitik im Oberschwäbischen wahrscheinlich gelungen, einen wichtigen Grundstein für die spätere Bedeutung Triests zu legen. Ein signifikantes Zeichen hierfür war, dass sich bereits 1720 Pandolf Friedrich Österreicher (1685–1751), ein oberdeutscher Kaufmann aus Kempten, in Triest und nicht in Venedig niederließ und dort zum Stammvater einer der wichtigsten Händlerdynastien werden sollte. Damit begründete Österreicher eine wichtige Tradition. Im 18. Jahrhundert sollten es gerade Kemptener Großkaufleute sein, die sich in Triest ansiedelten und diesem Ort mit zu seiner späteren Bedeutung verhalfen.[430] Dies ist ein Paradox, das es ange-

425 Hierzu besitzen wir leider nur ungenaue Angaben, siehe: *Raich*, Bregenzer Straßenpolitik, S. 51–53. Vermutlich waren dies Teilverwirklichungen von Plänen eines Straßenprojektes aus dem späten 17. Jahrhundert, damals hatte der Fürstabt von Kempten noch eine Verbindung nach Bregenz unter völliger Umgehung der Reichsstadt angestrebt. Die Vereitelung der Pläne durch schwäbische Reichsstände mag die Habsburger dazu bewogen haben, den Straßenbau zugunsten der Reichsstadt abzuändern. Vgl. hierzu: *Wiedemann*, Zur Postgeschichte, S. 49–50; *Helbok*, Zur Geschichte der Post, S. 151–152.

426 Die Wurzeln dieser Förderung liegen bereits in der Zeit unmittelbar nach dem Ende des Spanischen Erbfolgekriegs, vgl. *Srbik*, Adriapolitik unter Kaiser Leopold I.; *Tucci*, La strada alpina, S. 369.

427 *Helmedach*, Das Verkehrssystem, S. 77–79.

428 *Hassinger*, Die Übergänge, S. 243–244.

429 *Beer*, Die österreichische Handelspolitik, S. 37–39; *Tamaro*, Storia di Trieste, S. 165–183; *Frigo*, Trieste, Venezia, S. 23–26; *Panjek*, Una »commercial officina«, S. 238–250.

430 Er hatte sich zunächst 1719 in Fiume niedergelassen, war dann aber 1720 nach Triest übergesiedelt. Ihm folgte 1732 sein Verwandter Johann Joseph Dumreicher, der ebenfalls zu einem der bedeutendsten Kaufleute Triests aufsteigen sollte. 1753 zog noch Wolfgang Friedrich Renner (1738–1815), mit beiden verwandt, von Kempten nach Triest, siehe: *Zorn*,

sichts der Bedeutung der deutschen Kaufmannskolonie in Triest zu erörtern gilt. Auf den günstigen Straßenzug von Kempten nach Bregenz wurde soeben verwiesen. Noch wirkmächtiger waren jedoch wohl die Verbindungen nach Tirol. In der Zeit der Habsburger Hegemonie auf den Alpenrouten war die Benutzung im relativen Vergleich zu den anderen Routensystemen fiskalisch leicht begünstigt, und keine Reichsstadt war deren Eingang Reutte am Lech so nahgelegen wie Kempten. Das Fürststift konnte sich mit seiner gegen die Reichsstadt Kempten gerichteten Straßen- und Zollpolitik im 18. Jahrhundert nicht völlig durchsetzen, wohl auch dank Hilfe Habsburgs.[431] Die Geschichte der handelspolitischen Beziehungen der beiden Kemptener Reichsstände zu Österreich in diesen Jahren ist nur schlecht erforscht, doch aus den wenigen vorhandenen Hinweisen in der Literatur ergibt sich eher das Bild einer leichten Sympathie vonseiten der Habsburger für die Belange der Reichsstadt.[432] In der Konsequenz blieb der Transitzug aus Tirol immer primär auf die Reichsstadt Kempten gerichtet. Zu einer Förderung des Tiroler Routenanschlusses nach Norden über die Reichsstadt Kempten passt die im 18. Jahrhundert deutlich ausgeprägte Prominenz ihrer Kaufleute in Triest.[433] Bei aller Individualität der Entscheidung des lutherischen Kemptener Kaufmanns Österreicher, sein Glück ab 1720 in Triest zu wagen, stand diese Entscheidung in einem Kontext des Alpenhandels, der einer solchen Entscheidung günstig war.

Eine Entwicklung Triests zum Adriaemporium war nach dem Spanischen Erbfolgekrieg noch kaum vorstellbar, die Handelsbedeutung Venedigs stand just in diesen Jahren an einem lange nicht gekannten Höhepunkt.[434] Unmittelbar nach Kriegsende war noch nicht erkennbar, in welche Richtung sich der deutsch-venezianische Handel entwickeln würde. Eigentlich waren sich Wien und Venedig im Folgejahr offiziell selten näher gewesen, als man die gemeinsame Allianz gegen das osmanische Reich bildete. Infolge der Akquisition vieler neuer Territorien in Italien ließ jedoch das Bedürfnis Wiens nach einer Fortsetzung der

Handels- und Industriegeschichte, S. 86–89; *Klingenstein*, Beobachtungen, S. 310; *Klingenstein*, Europäische, S. 132–133. Weitere Angaben über Ansiedlungen lutherischer Kaufleute seit 1720 sind zwar in der Literatur gang und gäbe, es fehlen aber genauere Belege von wo sie stammten oder wie lange sie blieben, siehe z. B.: *Medicus*, Predigt, S. 31–32; *Patzelt*, Evangelisches Leben, S. 31.

431 Vgl. hierzu: *Petz*, Zweimal Kempten, S. 367–382.

432 *Walter*, Fürststift, S. 235–245.

433 In einschlägigen Akten aus der Habsburgermonarchie wird vor allem im späten 18. Jahrhundert mit Sympathie erwähnt, dass Kempten ein Transitknoten ersten Ranges geworden sei: VLA, Vogteiamt Bregenz, 300, Bericht vom 8. Juli 1777, fol. 56v–57r. Dies wurde durch Österreich massiv gefördert: *Helbok*, Zur Geschichte der Post, S. 153–154. So mag sich auch das ausgesprochene Wohlwollen erklären, mit dem Kempten im späten 18. Jahrhundert bei der Wiener Politik auf die Verteidigung seiner Rolle als unabhängiger Reichsstadt rechnen konnte: HHSTAW, Reichskanzlei, Reichskrieg, Nr. 68a, 219. Bericht; *Aretin*, Heiliges Römisches Reich, S. 306–307.

434 Zur wirtschaftlich günstigen Entwicklung Venedigs zur Zeit des Spanischen Erbfolgekriegs vgl.: *Georgelin*, Venise au siècle, S. 72–74.

Zusammenarbeit mit Venedig eindeutig nach. Noch allerdings bestanden auch ältere Traditionen einer Interessengemeinschaft fort. Zwar endete 1717/19 mit der Portofranco-Deklaration von Triest die gemeinsame Interessenlage der Republik Venedig und der Habsburgermonarchie. Man war aber in Wien (noch) nicht willens, für die Förderung Triests Bozen zu sehr zu schädigen.

Dies konnte Venedig in den frühen 1720er Jahren zu seinen Gunsten nutzen. Aufgrund einiger Erschwerungen des Imports aus Deutschland nach Venedig durch einseitige Zollerhöhungen und der *Bandisierung deren teutschen Tuche* wurde der Bozner Händler Johann Gummer 1725 durch die Habsburger mit Verhandlungen mit der Markusrepublik beauftragt und ihm dabei die Unterstützung des kaiserlichen Botschafters zugesichert. Offiziell war Gummers Ziel, den Transitzug aus der Schweiz und Graubünden nach Tirol zu lenken.[435] In denselben Jahren konnten die Tiroler Stände im Zusammenwirken mit dem Merkantilmagistrat den erstmaligen Versuch einer gedruckten Zollordnung in Tirol abwehren. Seit 1723 hatten die Herrscher in Innsbruck durch deren Drucklegung eine höhere Kontrolle des Handels über Tirol angestrebt. Mittels heftiger Proteste, auch von *Venezianer, Bologneser und Luccheser Handelsleüth*, die drohten, ihre Seide künftighin nur noch über Graubünden zu senden, versuchte man das neue Zollreglement nicht nur

> mit aller Schörpfe zu verhintern, sondern auch auf die mehrere Frequentier- und Einrichtung der ohne deme über Bergamo, Graubündten unnd Schweyz ohne das Österreichische zu bereisen, dato schon starckh gebrauchter Routte zu gedenckhen über daß dem Transitum deren auß Teutschland yn Verona in Italien gehenden Wahren solcher gestalten zu beschweren, daß dißer genzlichen abgenommen endlich die Pozner Märckht von sich selbst aufhebt und an dem Statt leichtlich in Venezianischen oder Graubindten einige (wie schon öfters versucht worden) errichtet werden dorfften.[436]

Explizit verlangte man neben der Nichteinführung des neuen Zollreglements die Wiederaufnahme von Verhandlungen mit Venedig zur *Moderirung* der Zölle und der Aufhebung des *Tuchs-Bando*. Solche Wünsche Bozens trafen in Innsbruck auf Entgegenkommen.[437] In Wien waren stärkere Widerstände zu überwinden. Man war sich hier klar, dass die Bozner Händler einerseits für Senkungen von Transitzöllen auf den Tiroler Alpen petitionierten, jedoch bei den in Eigenregie verwalteten Zollstellen bisweilen die Tarife erhöhten.[438] Dennoch gelang es Gummer im Zusammenwirken mit hochrangigen Vertretern Tirols im Jahr 1729 in einer Kommission des Merkantilmagistrats in Wien, eine deutliche Reduzierung der Förderung Triests durch die Zusicherung von Zollgleichheit in

435 ÖSTA/FHKA/NHK, Kommerz Lit Akten 1032, Kommerz mit Venedig, Beschwerden, Fasc. 131, Nr. 1504, fol. 84r–87v.

436 TLA, Kopialbuch 1726, Gutachten an Hof, 12. Juli 1726, fol. 416r–424r.

437 TLA, Kopialbuch 1726, Gutachten an Hof, 24. September 1726, fol. 495r.–498r; *Stolz,* Quellen, S. 163.

438 *Gasser,* Karl VI., Triest und die Venezianer, S. 83–84.

der gesamten Habsburgermonarchie zu erreichen.[439] Damit war einem von Triest ausgehenden Präferenzzollsystem in das Innere der Monarchie zunächst ein Riegel vorgeschoben. Ein Jahr später sanken die Zölle zwischen Tirol und Venedig, was wohl mit den Verhandlungen Gummers in Venedig und Wien in einem engen Zusammenhang stand.[440] Venedig hatte durch seinen handelspolitischen Druck seine Verbündeten in Bozen aktiviert und einen vollen Erfolg erzielt. Die Bozner Partei konnte auch in den Folgejahren mit einigem Erfolg die Förderung von Triest behindern.[441]

Jedoch: In diesen Jahren stand die Bozner Partei zwar an einem Höhepunkt ihres Einflusses in Wien, aber auch ohne ostentative Privilegierung Triests konnten die Habsburger ihren Adriahafen langsam stärken: Als 1732 Ancona vom Kirchenstaat zum Freihafen erklärt wurde, war dies auch auf Anraten Wiens geschehen, da man sich hiervon eine Förderung des Verkehrs zwischen Triest und Mittelitalien erhoffte.[442] 1736 reagierte Venedig durch die Einführung eines teilweisen Freihafens mit einer deutlichen Reduktion des Einfuhr-, vor allem aber des Ausfuhr- und Transitzolls. Der Erfolg war beeindruckend: Die Republik verlor zwar deutlich an Zolleinkünften, jedoch stand diesem Verlust ein bis 1740 um über 50 % gestiegener Warenverkehr gegenüber.[443] Auch wenn dies natürlich eine Reaktion auf die konkurrierenden Freihäfen Ancona und Triest war, so war damit auch in Richtung Wien ein Signal in dem Sinne gesetzt, dass die Stadt eine Niedrigzollpolitik zugunsten der Tiroler Routen betrieb.

Bis in die späten 1730er Jahre blieben Venedig und die Habsburgermonarchie durch die gemeinsamen Interessen am Tiroler Transit, der in diesen Jahren weit vor den alternativen Routensystemen dominierte, aneinander gebunden. Hätte es einen ernsthaften Konflikt gegeben, so wären die Venezianer wohl auf die Drei Bünde zugegangen und hätten um den Ausbau der St. Markusstraße gebeten, was sie tatsächlich erstmalig 1755 wünschen sollten. Die Konflikte waren ihrer Natur nach Probleme zwischen zwei alten Partnern, die aus einer neuen Situation, also der seit 1715 hegemonial gewordenen Bedeutung der Tiroler Routen möglichst viel Profit zulasten des anderen Teilhabers ziehen wollten. Dennoch: Der Wunsch der Habsburger nach einer stärkeren Entwicklung des Triester Hinterlandhandels ins Reich entfremdete langsam die zwei zentralen Anrainer der Tiroler Routen. Dabei wirkte die Habsburger Hegemonie auf den Alpenrouten bis zum Regierungsantritt Maria Theresias nachteilig für Triest, indem diese Lage für relativ zufriedenstellende Summen an Fiskaleinkünften im Sinne der Wiener und Innsbrucker Interessen sorgte. Dadurch war der Druck auf die Habsburger zu einer Veränderung des bestehenden Systems

439 *Canali*, Bolzano e il contrastato sviluppo, S. 295–299; *Rizzoli*, Bozen, S. 29.

440 *Beer*, Die Zollpolitik, S. 289.

441 *Beer*, Die österreichische Handelspolitik, S. 36–37; *Schaaf*, Die Tätigkeit und der Einfluss, S. 263–264; *Panjek*, Una »commercial officina«, S. 249.

442 *Caracciolo*, Le port franc d'Ancône, S. 60–71.

443 *Beltrami*, La crisi della marina, S. 314–318; *Tucci*, La marina, S. 183.

nicht besonders groß. Es ist ein bemerkenswerter Aspekt der Geschichte Triests, dass die Förderung dieses Hafens erst seit dem Ende der Habsburger Hegemonialstellung auf den Alpenpässen in Gang kam, als also die Habsburger handelspolitisch unter schlechteren Bedingungen operieren mussten.

Gegen Ende der 1730er Jahre kamen Wien und Venedig erneut in dem Willen aufeinander zu, ihre handelspolitische Allianz von 1656/67 zu befestigen. Die venezianische Freihafenerklärung von 1736 erfuhr vonseiten Tirols gewissermaßen eine positive Entgegnung, als der Kaiser auf Wunsch der Landstände einer Senkung der Zölle auf den Tiroler Routen zustimmte.[444] Die beiderseitigen Zeichen von gutem Willen führten zu Verhandlungen zwischen Venedig und Österreich über ein neues Zollabkommen, was wiederum, laut dem venezianischen Botschafter in Wien, Nicolò Erizzo (1689–1746), auf erbitterte Opposition der Anhänger Triests stieß.[445] 1739 glückte es in Unterredungen einer österreichischen Deputation in Venedig, einen Zollvertrag zwischen beiden Seiten zustande zu bringen, der eine deutliche Verminderung und Vereinfachung der Zollsätze auf den Tiroler Routen vorsah, einerseits für Waren aus Genua und Livorno, damit diese nicht über Mailand, sondern über den Gardasee und Verona gelenkt würden, andererseits aber auch für Waren aus der Levante (vor allem Öl, Baumwolle, Mandeln und Rosinen) und damit zum potenziellen Schaden Triests. Beide Seiten verpflichteten sich zur Pflege der jeweiligen Haupttransitstraßen, insbesondere derjenigen von Mestre nach Trient. Einseitige Zollerhöhungen wurden ausgeschlossen.[446] Franz Anton von Raab, der Intendanzrat von Triest, kommentierte bezeichnenderweise im Jahr 1762 in der Rückschau, dass man von diesen Verhandlungen *fast eben so viel Heilsames zu erwarten hätte, als wenn man die Gränzbestimmung von Schlesien dem Könige der Preussen überlassen wolte.*[447]

Raab sah dies aus der Sicht von Triest, jedoch war der Vertrag wohl durchaus auch mit Opfern vonseiten Venedigs verbunden. Die Republik hatte Erleichterungen bei Verona für den Handel an der Lagune vorbei nach Mantua und Mailand gewährt und dafür Verbesserungen für ihren Adriahandel durch die verbesserte Öffnung der Hinterlandanbindung über Tirol erhalten. 1739 waren die Verhandlungen abgeschlossen und das Zollabkommen unterschriftsreif. Die Vereinbarung sollte zunächst für fünf Jahre gelten und dann neue Verhandlungen eröffnet werden.[448] Der Vertrag hätte ein enges Zusammengehen der

444 *Bonoldi,* La fiera e il dazio, S. 76.

445 *Arneth,* Die Relationen der Botschafter Venedigs, S. 174. Vgl. auch: *Cova,* Die Rolle der Handelsstraßenverhältnisse, S. 301–303.

446 Das gesamte Abkommen in elf Vertragsparagraphen mitsamt der neuen Zollliste und einer 1760 verfassten Kommentierung des Freiherrn von Enzenberg, einem der Hauptverhandlungspartner von 1739 ist zu finden bei: ÖSTA/FHKA/NHK, Kommerz Lit Akten 1032, Kommerz mit Venedig, Beschwerden, Fasc. 131, Nr. 1504, fol. 61r–70r.

447 ÖSTA/FHKA/NHK, Kommerz Innerösterreich, Nr. 549, Fasc. 66,2, fol. 401r.

448 ÖSTA/FHKA/NHK, Kommerz Lit Akten 1032, Kommerz mit Venedig, Beschwerden, Fasc. 131, Nr. 1504, fol. 64v.

Republik und der österreichischen Monarchie gebracht. Durch die weitgehende Öffnung der gesamten Markusrepublik für den deutsch-italienischen Handel über Tirol wäre diesen Pässen und damit Bozen eine gesteigerte Bedeutung zugekommen, während die Senkung der Zölle auf levantinische Waren über Venedig die Chancen Triests auf einen bedeutenden Hinterlandhandel in das Reich vermindert hätte.

Allerdings unterblieb die Ratifizierung des Vertrags vonseiten Wiens. Als im Jahr 1760 Cassian Ignaz Bonaventura Freiherr von Enzenberg (1709–1772) zu den Gründen hierfür befragt wurde, gab er an, dass der Tod Kaiser Karls VI. die endgültige Ratifikation verhindert habe. Als Maria Theresia auf den Thron kam, hatte sie dringendere Prioritäten als ein Zollabkommen mit Venedig. So verging um 1739 die Chance auf eine langfristige Stärkung des Adriaverkehrs und der Tiroler Routen und damit einer institutionalisierten Partnerschaft zwischen Habsburg und Venedig. Trotz der verschiedenen Zollerleichterungen der 1730er Jahre waren die Tiroler Routen daher, wenngleich in etwas geringerem Maße als die anderen deutsch-italienischen transalpinen Routensysteme, überteuert, was sich kurz nach Regierungsantritt Maria Theresias herausstellen sollte.

f) Die Transitoffensive Sardinien-Piemonts seit 1743 und der Zusammenbruch der Habsburger Hegemonie

Von 1714 bis 1743 lastete auf den Alpenpässen die Hegemonie Habsburgs. Im Ostalpenraum war diese angesichts der habsburgischen territorialen Besitzungen ausgeprägter. Im Westalpenraum mussten die Habsburger mehr Kompromisse eingehen, da hier eine kompakte Beherrschung der Alpenausgänge nicht gegeben war. Nach Norden blieb die linksrheinische Route über das Elsass, wenn man nicht den Zöllen Vorderösterreichs unterworfen sein wollte, und in etwas geringerem Maße galt das auch für Benutzer der Bündner Routenausgänge nach Norden. Im Süden war die Lage der Habsburger mit der Herrschaft über Mailand günstiger, jedoch war eine Unterordnung von Mailänder Interessen unter die Wiener Politik in der ersten Hälfte des 18. Jahrhunderts nicht vollständig gegeben. Wenn vonseiten der österreichischen Lombardei eine relativ harte Zollpolitik gegenüber den nördlichen Nachbarn betrieben wurde, dann spiegelt das hauptsächlich Interessen der Mailänder Eliten wider.[449] Dass damit der Transit über die Schweizer und Bündner Routen insgesamt geschwächt war, mag aus Wiener Sicht diese Handelspolitik akzeptabel gemacht haben; damit half Mai-

449 Vgl. zur geringen Durchsetzungsfähigkeit von finanzpolitischen (und anderen) Weisungen Wiens im Herzogtum Mailand in den ersten zwei Jahrzehnten der Habsburger Herrschaft: *Pugliese*, Condizioni economiche, S. 92–93; *Capra*, La Lombardia austriaca, S. 28–40. Die Wünsche der Mailänder Unternehmer waren in den frühen Jahren der österreichischen Herrschaft eindeutig Zollbeschränkungen zum Schutz der Textilgewerbe, vgl. *Trezzi*, Ristabilire e restaurare, S. 23–56.

land indirekt dem Verkehr über Tirol. Hier war zwar der dichte Verkehr der Kriegszeit nach den Friedensschlüssen nicht mehr möglich gewesen, jedoch verblieb dieser auch in der Nachkriegszeit auf einem durchschnittlich doppelt so hohen Niveau wie vor dem Krieg.[450]

Der Fernverkehr über die Alpen zeigt seit 1716 Merkmale eines statischen Systems auf. Zwar hatte man seit 1680 eine gewisse Steigerung des Verkehrs auf den Alpenrouten erreicht, und nach dem Spanischen Erbfolgekrieg war der Rückgang an Verkehrsvolumen im Vergleich zu den 1650er Jahren auch nicht übermäßig stark. Dennoch stand die Entwicklung des Verkehrs auf den Alpenrouten im Gegensatz zu den Frachtfahrten auf den europäischen Ozeanen, wo eine stetige Wachstumsdynamik vorherrschte.[451]

Vermutlich wäre auch ohne Druck von außen langfristig eine Änderung eingetreten. Bereits in den späten 1720er Jahren sind Ansätze zu einer Reformierung des Zollsystems im Sinne einer Rationalisierung und Verkehrsförderung erkennbar.[452] Diese hatten es jedoch schwer, gegen eine etablierte Struktur durchzudringen. Wenn überhaupt, so wären die Veränderungen wohl recht langsam vonstattengegangen. Der historische Verlauf bietet hierzu Anschauungsmaterial: In einem Bereich der Alpen, in dem das Hegemonialsystem Habsburgs bis zum Ende des 18. Jahrhunderts nicht bedroht blieb, geschah kaum ein Wandel zugunsten eines stärkeren Wettbewerbs. So gelang es trotz vielfacher Interventionen und Eingaben von höchsten Habsburger Beamten bis Ende des 18. Jahrhunderts nur einmal, den gegen Salzburg gerichteten hohen Zoll bei Kremsbrücke zu reduzieren, obwohl sich eine günstigere Handelspolitik gegenüber dem Erzstift positiv für Triest ausgewirkt hätte.[453] In Konkurrenz zu den Salzburger Routen wirkte vor allem die Bozner Partei, und diese hatte auch für Triest immer eher wenig übrig.[454] Vermutlich wäre es daher bei einer fortdauernden Hegemonie der Habsburger über die Ausgänge der Alpenpässe nur langfristig zu einer eher langsamen Liberalisierung und Rationalisierung der habsburgischen Alpenhandelspolitik gekommen.

450 Vgl. Diagramm 7.

451 Vgl. die Frequentation des Öresunds durch die internationale Schifffahrt in der ersten Hälfte des 18. Jahrhunderts: *Degn*, Øresundstoldens toldsatser, S. 168.

452 So durch die oben skizzierten Verbesserungen des Handels über Tirol oder im Mailändischen durch die Aufgabe des rigorosen Protektionismus: *Trezzi*, Ristabilire e restaurare, S. 67–81.

453 Zur innerhabsburgischen Gegnerschaft gegen den Zoll bei Kremsbrücke vgl.: *Beer*, Die Zollpolitik, S. 296; *Kaltenstadler*, Der österreichische Seehandel, Bd. 2, S. 70–71; *Bruckmüller*, Triest und Österreich, S. 306–307; *Bonoldi*, La fiera e il dazio, S. 146–147; *Cova*, Die Rolle der Handelsstraßenverhältnisse, S. 300–302; *Panjek*, Una »commercial officina«, S. 247. Zur weitgehenden Erfolglosigkeit ihrer Bemühungen: *Hassinger*, Die Handels- und Verkehrsstellung, S. 263–265.

454 *Klein*, Brenner und Radstädter Tauern, S. 425. Vgl. auch aus Berichten des Tiroler Kommerz-Konsesses von 1768/69: *Walter*, Zur Wirtschaftslage, S. 272–273. Zur Rolle der Kommerz-Konsesse vgl.: *Stauber*, Der Zentralstaat an seinen Grenzen, S. 229.

Es kam anders: 1743 ereignete sich in Nordwestitalien eine fundamental bedeutsame territoriale Umschichtung. Nach Ausbruch des Österreichischen Erbfolgekriegs hatte das Königreich Sardinien-Piemont lange geschwankt, ob es sich auf französische oder österreichische Seite schlagen sollte. Unter intensiver Hilfe der englischen Diplomatie gelang es, Karl Emanuel III. von Savoyen auf die österreichische Seite zu ziehen, der dieser auch bis zum Frieden von Aachen treu blieb. Als Preis hatte man seitens Habsburgs große Teile des Herzogtums Mailand im Vertrag von Worms im September 1743, endgültig dann im Frieden von Aachen 1748 abtreten müssen. Eines dieser Gebiete war das *Alto Novarese*, der weitgehend im alpinen Bereich liegende nördliche Teil der Grafschaft Anghiera. Bereits im Spanischen und Polnischen Erbfolgekrieg war es Sardinien-Piemont geglückt, sich nach Osten auf Kosten des Herzogtums Mailand zu vergrößern. Die als Verrat vonseiten Frankreichs empfundene fehlende Unterstützung von Forderungen zur territorialen Vergrößerung nach dem Polnischen Erbfolgekrieg trug dazu bei, dass Karl Emanuel III. sich in den Folgejahren an Österreich annäherte und ihm 1742 die weitere territoriale Expansion nach Osten vonseiten der Habsburger als Preis für seine Teilnahme am Krieg aufseiten Maria Theresias zugestanden wurde (Abbildung 3).[455]

Damit gelangte Sardinien-Piemont in den Besitz des noch im Wiener Friedensvertrag von 1738/39 durch die Habsburger gehaltenen gesamten Westufers des Lago Maggiore bis hin zur Schweizer Grenze. Mit dieser territorialen Veränderung wurde ein Stein ins Rollen gebracht, der in den nächsten Jahrzehnten zu einer Umwälzung des Alpentransits führen und diesen auf allen Pässen verbilligen und dynamisieren sollte. Mit diesem Gebiet erhielt Sardinien-Piemont, das bereits von zwei wesentlichen Transitrouten zwischen Italien und Frankreich durchzogen war (den Routen zwischen Turin und Südfrankreich über den Mont Cenis sowie zwischen Lausanne und Turin über den Großen St. Bernhard), einen längeren Abschnitt der dritten französisch-italienischen Transitachse (zwischen Lausanne und Mailand über den Simplon) sowie Anschluss an zwei Zentralachsen des deutsch-italienischen Verkehrs (die Schweizer und Bündner Routen).

Effektiv stand nun den Benutzern der Schweizer und der Bündner Routen eine neue Abzweigung nach Genua unter gänzlicher Umgehung des mailändischen Territoriums zur Verfügung. Von Bellinzona aus konnten die Waren nach Locarno gebracht werden, dann über den Lago Maggiore nach Intra und von hier aus ins piemontesische Arona verschifft werden. Von dort ging die Straße nach Novara, wo sich der Weg gabelte. Entweder konnte man weiter über Valenza und Alessandria in Richtung Genua oder über Vercelli in Richtung Turin reisen. Damit trat potenziell eine deutliche Stärkung der Schweizer Routen ein, da nun an deren Südausgang Bellinzona eine Weggabelung in zwei völlig unab-

455 Zusammenfassend zu den politischen und diplomatischen Aspekten dieser Abtretungen: *Monferrini/Pisoni*, Le terre cedute, S. 30–38. Es sei noch angemerkt, dass Karl Emanuel III. seit seiner Hochzeit mit Elisabeth Therese von Lothringen im Jahr 1737 auch der ›Schwippschwager‹ von Maria Theresia war.

Abbildung 3: Das 1743 durch das Königreich Sardinien-Piemont erworbene Alto Novarese
Quelle: *Zuliani/Pitteri,* Parte del Piemonte.

hängige italienische Flächenstaaten entstanden war. Für die Bündner war diese Entwicklung mit Vor- und Nachteilen verbunden. Zwar war es jetzt auch für die Spediteure Churs möglich, über Bellinzona das Herzogtum Mailand mit seinen hohen Zollsätzen zu umgehen. Allerdings geschah dies zum Schaden Chiavennas, dessen Zolleinnahmen dem Freistaat der Drei Bünde zugutekamen. Es sei daran erinnert, dass man gerade aus solchen Überlegungen heraus vonseiten der Bündner den Splügenpass bis 1743 deutlich gegenüber dem San Bernardino bevorzugt hatte.[456] Potenziell schädlicher für die Graubündner war die über den nun attraktiveren Gotthardpass besser mögliche vollständige Umgehung Churs im Alpentransit. Bislang war der über den Gotthard laufende Verkehr genau wie derjenige über Graubünden am Südausgang der Alpen zwangsläufig den Zöllen des Herzogtums Mailand unterworfen gewesen. Indem die Benutzer des Gotthardpasses eine Möglichkeit bekamen, das Mailänder Zollregime gänzlich zu umgehen, trat die Möglichkeit von Wettbewerbsvorteilen für die West- und Zentralschweiz zulasten Graubündens auf.

456 Vgl. Kap. II, Fn. 343, 344, 391.

Es wäre zu kurz gegriffen, wenn man annähme, dass von 1743 an eine lang gewünschte, antihabsburgische politische Strategie der Förderung des Transits von Bellinzona nach Genua durch die Regierung in Turin begonnen worden wäre.[457] Es waren zwar bereits in der ersten Hälfte des 18. Jahrhunderts entsprechende Pläne von Kaufleuten an den Hof von Turin gesandt worden, jedoch waren diese angesichts der tatsächlichen Grenzverläufe Papierprojekte geblieben.[458] Das Königreich Sardinien-Piemont beließ zunächst auch die 1713, 1738 und 1743 erworbenen östlichen Provinzen außerhalb des Zollraums des Kernstaats; erst im frühen 19. Jahrhundert kam es zu einer Vereinheitlichung.[459] Während für den Kernstaat grosso modo galt, dass die Wirtschaftspolitik des 18. Jahrhunderts mit wenig Erfolg darauf ausgerichtet war, seewärtige Importe und Exporte über Nizza statt über Genua laufen zu lassen,[460] so war dies bei den neuerworbenen Provinzen nicht der Fall. Diesen bestätigte man weitgehend ihre Privilegien und Rechte, die sie unter der Herrschaft Mailands genossen hatten.[461]

Die Ausrichtung der Turiner Politik auf eine Schädigung des Herzogtums Mailand durch Weglockung des Transitzugs bewirkten Akteure aus den neu erworbenen Territorien. Händler vom Lago Maggiore hatten sich bis 1743 an eine Reihe von Straßenzwängen und bilateralen Handelsverträgen des Herzogtums Mailand mit auswärtigen Partnern halten müssen und waren daher häufig in Konflikt mit der Regierung geraten.[462] Mit dem Ende der Mailänder Limitationen des Handels bekamen die lokalen Akteure einen neuen Bewegungsspielraum. Indem sich nun die Kaufleute auf beiden Seiten des Lago Maggiore als unterschiedliche ›Staatsbürger‹ ansahen, begannen sie ihre Handelsbeziehungen nach außen immer stärker in Konkurrenz zu gestalten, was zwischen 1744 und 1752 zu vielfältigen Preisreduktionen zur Eroberung oder dem Erhalt von lokalen Absatzmärkten führte.[463]

1751 gelang es Mailand und Turin nach schwierigen Verhandlungen, einen Handelsvertrag zu schließen.[464] Mit diesem Vertrag wurde insbesondere die Konkurrenz bei den Massengütern entschärft und der Handel durch Zollreduktionen erleichtert. Gegenseitige Exklusivrechte wie feste Salzlieferungen (die selbst meist aus Venedig stammten) aus dem Herzogtum an den westlichen

457 Einen langfristigen Plan seitens der Piemontesen bereits vor der Akquisition des Alto Novarese behauptet: *Prato,* Le vie del transito, S. 169–171. Ein Blick in das 17. Jahrhundert lehrt jedoch, dass Turin bis 1743 eigentlich nur eine traditionelle fiskalische und keine merkantilistische Transitpolitik betrieb: *Abrate,* Trasporti transalpini.

458 *Battistoni,* L'amministrazione sabauda, S. 124–126.

459 *Monferrini/Pisoni,* Le terre cedute, S. 78–81; *Battistoni,* L'amministrazione sabauda, S. 109–115; *Battistoni,* Franchigie, S. 220–222.

460 *Bulferetti,* Agricoltura, industria e commercio, S. 338–340.

461 *Monferrini/Pisoni,* Le terre cedute, S. 49–56; *Battistoni,* Franchigie, S. 100–106.

462 Vgl. Kap. II, Fn. 147; *Cavallera,* Un caso, S. 127; *Battistoni,* Franchigie, S. 215.

463 Dieser wirtschaftliche *guerra* ging vor allem um Massengüter wie Salz, Vieh oder Getreide: *Monferrini/Pisoni,* Le terre cedute, S. 69–78.

464 Zu diesem Vertrag im Detail: Ebd., S. 81–93.

Nachbarstaat oder das Privileg der Piemontesen, im Mailändischen Getreide zu festen Mindestpreisen kaufen zu können, banden beide Staaten eigentlich bezüglich des Handels aneinander. Auch der italienisch-französische Transit über den Simplonpass wurde auf der normativen Ebene zur beiderseitigen Zufriedenheit geregelt.[465] Die traditionelle Historiographie ging daher davon aus, dass dieser Vertrag geglückt sei und sogar einen gewissen Vorteil für Mailand gebracht hätte.[466] Hiergegen hat Marina Cavallera Einspruch erhoben. Sie betont, dass dieser Vertrag aus Sicht der Mailänder Zeitgenossen ein Fehlschlag war, da der Simplonpass mit seiner wichtigen Ausrichtung zwischen Frankreich und Italien nun faktisch von den Piemontesen ausgeschaltet werden konnte (und auch rasch wurde[467]) und die traditionellen Verbindungen des Novarese ins Mailändische gänzlich umgelenkt werden konnten.[468]

In der Tat: Zwar hatte man viele Detailprobleme des Lokalhandels lösen können, die harte Konkurrenz um den internationalen Transit verblieb jedoch und verschärfte sich in den folgenden Jahrzehnten massiv. Ein Handelshaus in Intra wurde besonders gefährlich für die Habsburger. Die Firma *Notaris e Simonetta* hatte sich hier 1739 angesiedelt und unmittelbar nach ihrer Etablierung einen bedeutenden Fernhandel nach Oberdeutschland eröffnet.[469] Erst nach der Abtretung des Westufers des Lago Maggiore an Piemont war es der Firma allerdings möglich, zu europaweiter Geltung aufzusteigen. In der Literatur wird dieses Handelshauses mit einer Zweigstelle sogar in Frankfurt am Main zwar häufig gedacht, eine gründliche Untersuchung desselben wie auch der Handelspolitik Turins in diesen Jahren fehlt jedoch.[470] Hier kann daher nur skizzenhaft die Dynamik nachgezeichnet werden, die sich nun vonseiten Sardinien-Piemonts und seiner verbündeten Kaufleute entfaltete. Es scheint wahrscheinlich, dass *Notaris e Simonetta* für einen der fundamentalsten Akte des Turiner Hofes bereits ein Jahr nach Akquisition des Alto Novarese verantwortlich war. Am 7. Juli 1744 wurde ein Transitzollreglement erlassen, das vor allem den Fernhandelszug vonseiten der Schweiz und Deutschlands weg von Mailand in das Piemontesische lenken sollte. Hierzu wurden die Zölle für den Transit im Bereich der neuerworbenen Territorien im Osten, entlang der Grenze zu Mailand, deutlich gesenkt und vereinfacht und zugleich auf Intra gezogen.[471] Indem die Waren bei Eintritt in das piemontesische Territorium bei Intra ein königliches Siegel bekamen,

465 *Battistoni*, Franchigie, S. 219–220.

466 In diesem Sinne z. B.: *Caizzi*, Industria, commercio e banca in Lombardia, S. 214.

467 Vgl. Kap. II, Fn. 501.

468 *Cavallera*, Un caso, S. 115–116.

469 Dieses Jahr des beginnenden Handels dieser Firma geht hervor aus den Akten des Churer Speditionshauses Salis & Massner: SAG, A SP III/9 a 4, 45 (Notaris e Simonetta); *Petz*, Zweimal Kempten, S. 136.

470 Die wichtigsten Erwähnungen dieses Handelshauses finden sich bei: *Boccardi*, Antiche e recenti cronache, S. 30, 40; *Ribi*, Certo; *Battistoni*, L'amministrazione sabauda, S. 127–128; *Battistoni*, Franchigie, S. 227–229.

471 *Boccardi*, Antiche e recenti cronache, S. 30.

waren sie für den Transit frei und mussten sich fast keiner weiteren Zollstation unterwerfen. Im Gegensatz zu den vielen Zöllen, die man im Herzogtum Mailand bezahlen musste, galt in Sardinien-Piemont nun nur noch ein moderater Eingangszoll für die Transitgüter, die nach Genua oder Nizza gerichtet waren. Auch das System der *Patti Reali* wurde in Sardinien-Piemont zwar angewandt, doch war es hier viel schlichter und hinderte den Fernhandel kaum.[472]

Eigentlich hatte man seitens Mailands erwartet, dass man durch die Bestimmung von Laveno am Ostufer des Lago Maggiore zum zentralen Getreide- und Gütermarkt im Jahr 1744 den traditionellen Gotthardverkehr weiterhin nach Mailand ziehen könne. Doch weit gefehlt, Laveno und eigentlich die gesamte gebirgige Ostseite des Sees waren wenig geeignet für die Abwicklung des internationalen Transits und konnten dementsprechend zunächst ohne weitergehende und kostspielige Infrastrukturmaßnahmen nur einen kleinen Teil des vormaligen Transitverkehrs auf Mailand ziehen.[473] Turin zeigte sich als ein Gegner auf Augenhöhe. Hier betrachtete man den Transithandel in den folgenden Jahren als »unschätzbar vorteilhaft«, von dieser Leitlinie hatten die Intraer Händler ihre neuen Herrscher rasch überzeugen können.[474] Die Firma *Notaris e Simonetta* wurde, wie Giorgio Bigatti es ausdrückte, zum »Albtraum« (*incubo*) der Regierung in Mailand.[475] In Turin genoss dieses Speditionshaus beim König direktes Gehör, um seine Wünsche zur Erleichterung im Transithandel durchzusetzen. Nachdem die Firma bei Intra eine Leinwandbleiche baute, stieg die Attraktion für diesen Hauptwarenzug aus Deutschland und der Schweiz gerade an diesem Ort noch einmal deutlich. Viele der wichtigsten Händler der Schweiz und Graubündens wurden in den 1750er Jahren vonseiten *Notaris e Simonetta* als Partner gewonnen, sie arbeiteten dabei hauptsächlich in Bellinzona mit dem Handelshaus Mentel zusammen.[476] Das Ausmaß der Förderung des Transits durch Sardinien-Piemont findet seine bündige Charakterisierung in der Beschreibung des Ortes Intra aus dem Jahre 1763 durch Karl von Zinzendorf (1739–1813):

Die Einwohner dieses Fleckens sind mit der Regierung ihres Königs ungemein zufrieden; denn diese Mayländer werden gegen die übrigen königlich sardinischen Unterthanen ungemein geschonet. Alle unter der vorigen Regierung gewesenen Abgaben sind aufgehoben worden und der König ist von dem leichtesten Access. Diejenigen

472 *Battistoni,* Franchigie, S. 34–35, 98–99.

473 *Cavallera,* Una scelta sbagliata; *Cavallera,* Un caso, S. 124–125. Dennoch sei festgehalten, dass der Besitz des Ostufers des Lago Maggiore weiterhin für das Herzogtum Mailand von enormer Wichtigkeit war, um überhaupt noch am Transit über Bellinzona Anteil zu haben. Dementsprechend bestand in den Regierungskreisen der Habsburger eine große Furcht vor dem Verlust auch dieses Ufers: *Theus,* Il trattato di Milano, S. 129–130.

474 *Il commercio di transito (…) viene universalmente rimirato dal canto de'vantaggi inapprezzabili,* in: *Bulferetti,* Il Sempione, S. 79.

475 *Bigatti,* La provincia delle acque, S. 126.

476 Über dieses Handelshaus, wie überhaupt die Transitgeschichte Bellinzonas tappen wir gänzlich im Dunkeln. Derzeit haben wir hierzu nur den interessanten Kommentar des gut informierten Zeitgenossen Zinzendorf: *Deutsch,* Bericht des Grafen, S. 261–265.

Waaren, welche nach Mayland[477] gehen oder daher kommen, zahlen fast gar nichts, und der König hat ausdrücklich verordnet, dass, so oft die mayländischen Impresarii den Zoll erniedrigen, der Zoll zu Intra noch mehr erniedriget werden soll. Die übrigen transitirenden Waaren zahlen einen mässigen Zoll und werden nur einmal von den Spediteurs Notari und Simonetta aufgemacht, um zu sehen, ob sie wohl conditioniret sind.[478]

Die Österreicher hatten das ›Glück‹, dass bis 1748 der Krieg die Seeroute im Fernhandel beeinträchtigte, so konnte sich der Verkehr über alle Alpenrouten auf einem soliden Niveau halten. Erst mit dem Frieden von Aachen und den folgenden Handelsverträgen von 1750 begannen die eigentlichen Verwerfungen.

g) Zusammenfassung

Fast in der gesamten ersten Hälfte des 18. Jahrhunderts kontrollierten die Habsburger bei allen wesentlichen Alpenpässen zwischen Deutschland und Italien einen oder beide Ausgänge. Das sich hieraus ergebende System wurde hier als Habsburger Hegemonie bezeichnet. Die durch Habsburger Herrscher ausgeübte potenzielle Marktmacht erreichte dabei allerdings niemals den Zustand eines Monopols. Nicht nur gab es hierfür zu viele Alternativen des Gütertransports, genannt seien der Seehandel und die Möglichkeit der Umgehung der deutsch-italienischen Alpenpässe über das Elsass und die Westschweiz. Wichtiger noch war, dass bezüglich der Zollpolitik in diesen Jahren sowohl in Mailand als auch in den habsburgischen Erblanden meistens fiskalische oder lokalgewerbliche Zielsetzungen und nicht Ambitionen einer übergreifenden Nutzbarmachung der bestehenden Hegemonie handlungsleitend wirkten. Noch war der Staatsverband der Habsburgermonarchie zu locker gefügt, um systematisch eine zielgerichtete und alle Reichsteile umfassende Merkantilpolitik zu betreiben.

Dennoch war die Wirkung dieser Habsburger Hegemonie markant: Auch ohne ein übergreifendes Gesamtkonzept war man sich vonseiten der regierenden Kreise in Wien, Innsbruck und Mailand darüber im Klaren, dass man auf den Alpenrouten stärker den eigenen Willen durchsetzen konnte als es zu anderen Zeiten, vor allem dem vorhergehenden halben Jahrhundert, der Fall gewesen war. Faktisch agierten die Teile der Habsburgermonarchie dementsprechend auch durchaus in einem Sinne, der einem organisierten Vorgehen wenigstens

477 Damit meint Zinzendorf nicht die Stadt, sondern die 1743 abgetretenen Provinzen des Herzogtums Mailand. Tatsächlich wurde der Durchzug von Waren zwischen Genua und Mailand durch piemontesisches Territorium mit äußerst hohen Zollsätzen möglichst unattraktiv gemacht: *Hendrich*, Ein Wirtschaftsbild, S. 50–51.

478 *Deutsch*, Bericht des Grafen, S. 259–260; vgl. auch: *Moioli*, Lo spazio economico, S. 138–139. Völlig stimmt die Darstellung Zinzendorfs nicht, auf dem Zug durchs Piemontesische waren durchaus noch Zollstationen, allerdings recht unkompliziert und zu mäßigen Sätzen zu passieren: *Battistoni*, Franchigie, S. 116–131.

nahekam. Die vielen Zollerhöhungen auf allen Pässen begünstigten in der Tendenz die Tiroler Routen, die daher einen guten Teil ihrer während des Spanischen Erbfolgekriegs gewonnenen Bedeutung erhalten konnten. So war es kein Zufall, dass gerade diese Jahrzehnte noch einmal einen Annäherungsversuch der Habsburger an Venedig sahen, nachdem von beiden Seiten offenbar der erhöhte Verkehr auf den Tiroler Routen mit neuen Abgaben angezapft worden war. Allerdings erreichte man nur teilweise eine Einigung, da die Förderung Triests im Gegensatz zu einem handelspolitischen Einvernehmen mit Venedig stand. Auch ohne ein Abkommen blieb die Verkehrsfrequenz auf den Tiroler Routen günstig, während wir auf allen anderen Routen in dieser Zeit eher Stagnation oder gar eine Schrumpfung des Transits konstatieren können.

Die langfristigen Folgen waren letztlich jedoch auch für die Habsburger Seite nicht günstig. Im zweiten Viertel des 18. Jahrhunderts geschahen nur wenige Innovationen in der Organisation und Optimierung des Transalpenverkehrs. Die letzten großen Straßenbauprojekte Graubündens und Salzburgs stammten aus der zweiten Dekade des Jahrhunderts, und ihr angestrebter Erfolg wurde nur in geringem Maße erreicht, da nach Fertigstellung der Arbeiten die hohen Zollmauern im Mailändischen oder bei Kremsbrücke einen steigenden Verkehrsstrom nur in geringem Maße zuließen. Auch über die Tiroler Routen blieb der Verkehrsfluss recht stetig ohne wesentliche Anzeichen einer Dynamisierung. Angesichts der weltweit steigenden Verkehrsdichte vor allem über See bedeutete dies einen relativen Bedeutungsverlust der Alpenrouten.

Kaum ein Hegemon kann jemals aus freiem Willen seine Position räumen. Zu viele Interessen, Gewohnheiten und Komplexitäten binden an das etablierte System. Der Bruch der Habsburger Hegemonie kam dann auch nur durch einen unfreiwilligen Akt eines territorialen Verlusts an Sardinien-Piemont 1743. Zunächst wurde das Resultat aufseiten der Habsburger gar nicht in seiner Bedeutungsschwere erkannt, es hätte aber auch sicherlich niemand ahnen können, welch weitreichenden Erfolg die neuen Konkurrenten erreichen würden.

4. Die Alpenpässe im Zeitalter der Habsburgisch-Piemontesischen Rivalität 1754–1797

a) Der Transit nach und von Genua im Zeichen der Konkurrenz zwischen Turin und Mailand

Um 1750 wäre wohl der schwere Absturz des Alpenverkehrs über Habsburger Territorien noch zu vermeiden gewesen. Jedoch war zu diesem Zeitpunkt noch kein Problembewusstsein für die Schwierigkeiten des Transalpenhandels in Mailand, Innsbruck oder Wien vorhanden. Als die Habsburger um 1750/51 grundlegende Zollreformen in Vorderösterreich, Tirol und Mailand in Kraft setzten, waren erneut fast ausschließlich fiskalische und nicht transitpolitische

Aspekte handlungsleitend. Im Herzogtum Mailand richtete man eine allgemeine Zollpacht ein, an der hauptsächlich Genueser und Bergamasker Finanziers beteiligt waren. Den Pächtern gelang es in der Tat, in den nächsten Jahren eine effizientere Verwaltung durchzusetzen. Damit jedoch wurde im Herzogtum ausgerechnet zu dem Zeitpunkt eine schärfere Zolleintreibung eingeführt, als der internationale Transit einen immer bequemer werdenden Ausweichweg um dasselbe herum fand. Es fehlen Indizes zu den Einkünften der Zollpacht in ihren ersten Jahren, doch aus anderen statistisch verwertbaren Registern des Verkehrs über oder nach Mailand lässt sich ein deutlicher Abfall des Fernhandels klar erkennen.[479]

Genauso wie die Mailänder Zollpacht lässt der Zolltarif von 1751 für Tirol keine Rücksichtnahmen auf den Verlust an Transitvolumen an die Schweizer Routen erkennen. Die in der Zollordnung von 1751 enthaltenen Tarife bedeuteten in ihrer Mehrzahl eine Erhöhung von Gebühren auf den Tiroler Routen zugunsten des Transits von Triest über das Pustertal. Das ist insofern bemerkenswert, da der neue Tarif von 1751 vonseiten der Tiroler Kaufleute wegen des bereits erlittenen hohen Verlustes an Transit an die Spedition über Chiavenna und Triest scharf kritisiert wurde.[480] Schließlich führten die Habsburger 1751 noch eine neue Zollordnung für Vorarlberg und Vorderösterreich ein, die wiederum den Verkehr deutlich belastete.[481] Auf die Auswirkungen für Vorarlberg und Tirol wird weiter unten eingegangen, hier sei zunächst die Aufmerksamkeit auf den Konkurrenzkampf zwischen Sardinien-Piemont und Mailand gerichtet.

Die Habsburger Zollreformen von 1750/51 waren ganz im Geiste der alten Hegemonialstellung erfolgt. Besser hätte es sich der Turiner Hof wohl kaum wünschen können. Der Verkehr über den Gotthard hatte dank der emsigen Tätigkeit von *Notaris e Simonetta* einen neuen Weg nach Genua offen und dieser wurde nun intensiv genutzt. Der Gotthardverkehr zog seit 1750 deutlich an, um sich im Volumen bis 1760 bereits mehr als zu verdoppeln.[482] Flankiert wurde dies von intensivierten Straßenbaumaßnahmen der Schweizer Gotthardanrainer, nicht zufälligerweise vor allem seit der Mitte der 1750er Jahre.[483] Angesichts des seit 1765 noch einmal rapide sich beschleunigenden Wachstums beschloss man in Luzern eine weitere Maßnahme zur Stimulierung des Verkehrs: Man hob 1767 das seit etwa 1700 bestehende Monopol der ansässigen Speditions-

479 Im Standardwerk zur Mailänder Zollpacht finden sich für diese Jahre keine verwertbaren Indizes: *Gregorini,* Il frutto della gabella. Hingegen ist eine Zahlenreihe zum Handel über Como, also auch Chiavenna, äußerst aufschlussreich: Die 1745 eingeführte *tassa mercimoniale* (eine Steuer auf Handelsgeschäfte aller Art) in Como fiel von 17.782 L. im Jahr 1750 auf 13.250 L. im Jahr 1751 und 11.702 L. im Jahr 1752: *Caizzi,* Comasco austriaco, S. 35.

480 *Bonoldi,* La fiera e il dazio, S. 82–91. Die traditionelle Beschwerde über die Konkurrenz von Chiavenna zeigt die Schwierigkeiten in Tirol auf, die neue Situation zu erfassen. Tatsächlich saß ja nun die Konkurrenz vor allem in Bellinzona und am Lago Maggiore.

481 *Stolz,* Zur Geschichte, S. 87.

482 Vgl. Diagramm 9.

483 *Wicki,* Bevölkerung und Wirtschaft, S. 473–482.

firma *Meyer & Balthasar* auf.[484] Damit erlangte die gesamte Rheinroute bis hinauf nach Amsterdam eine seit über einem Jahrhundert nicht mehr gekannte Bedeutung.[485] Hier kam Wettbewerbsfreiheit mit guten Infrastrukturmaßnahmen aller Anrainer zusammen und ein allgemein liberales Transitzollreglement mit einer Reichweite von hunderten Kilometern nach Norden und nach Süden tat sein Übriges, um es den Spediteuren dieser Route leicht zu machen, die Waren aus aller Herren Länder über die Schweizer Routen zu locken. Angesichts der Marginalität des Verkehrs über die Schweizer Routen im frühen 18. Jahrhundert war der erneute Bedeutungsanstieg des Gotthardpasses seit 1750 aufsehenerregend (Diagramm 9).[486]

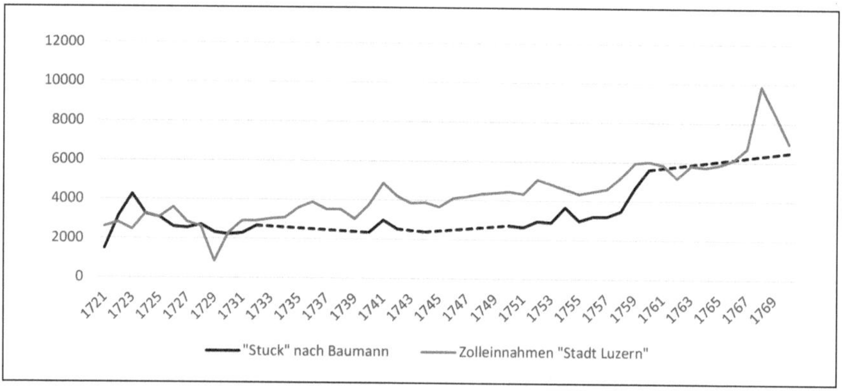

Diagramm 9: Zolleinnahmen für »Stadt Luzern« in Luzerner Gulden und Transit von Stückgütern über die Zollstätte bei Ursern, 1720–1770
Quellen: Baumann, Der Güterverkehr, S. 197; *Körner*, Luzerner Staatsfinanzen, S. 434–435.

Der Verkehr über Graubünden blieb insgesamt zwar stabil, jedoch verlagerte er sich nun massiv vom Splügen auf den San Bernardino. Die Spedition über Chiavenna verfiel seit einem Höhepunkt um 1750 geradezu dramatisch und verlor deutlich an Volumen.[487] Es stehen uns zwar leider keine Daten zum Ver-

484 Ebd., S. 452–454, 542–543.

485 *Heeres*, Annual, S. 276. In einem Frankfurter Bericht aus dem Jahr 1774 heißt es, die *Versendung aller brabantischen, englischen und holländischen Waaren gehe über Ostende nach Straßburg und Basel durch Lothringen*, was seit etwa 10 Jahren ¾ des Frankfurter Speditionshandels beseitigt habe: *Scharff*, Der Frankfurter Speditionshandel, S. 261.

486 Vgl. die Wahrnehmung des Gotthardverkehrs an fernen Orten im Alpentransitsystem: *Bonoldi*, La fiera e il dazio, S. 132–133.

487 Die, leider unvollständigen Daten der *addirittura*-Spedition über Chiavenna ergeben folgendes Bild, das eine grundlegende Tendenz wohl widerspiegelt: 1750: 14.970 Colli, 1755: 12.059 Colli, 1773: 8.830 Colli. Die Zahlen (gerundet) nach: *Scaramellini*, Transiti e comunicazioni, S. 274–275.

kehr über Bellinzona zur Verfügung, doch vermeldete 1764 Zinzendorf von seiner Reise durch die Schweiz, dass der Weg zwischen Bellinzona und dem San Bernardino durch finanziellen Einsatz von *Notaris e Simonetta* und ihrer Partner fahrbar gemacht würde.[488] Wir dürfen also von einem deutlich gesteigerten Verkehr auf dieser Route ausgehen, der diese Maßnahme erst lohnenswert machte.[489]

Spätestens seit der Mitte der 1750er Jahre herrschte in Mailand, Innsbruck und Wien das Bewusstsein, dass man auf den Alpenpässen massiv an Transit verloren hatte und weiter verlor. Von 1755 datiert ein Gutachten des Gouverneurs von Mailand, Beltramo Cristiani (1702–1758), in welchem er zu Zollabkommen mit allen Nachbarn riet, um den Handel weiterhin über das eigene Land zu ziehen. In seinen Worten glich der Handel einem Fluss, der sich bei der geringsten Barriere einen neuen Verlauf sucht und aus diesem nur schwerlich wieder zurückgebracht werden könne.[490] In einem Gutachten Baldassare Scorzas aus dem Jahr 1785 wird die Situation der letzten Jahrzehnte präzise illustriert, daher sei dies hier eingehender vorgestellt.[491] Scorza drückte sein Verwundern darüber aus, dass das vor den Abtretungen an Sardinien-Piemont völlig unbekannte Dorf Intra zu einem Ort geworden war, der reich an allen Arten von Manufakturen, Gewerben und Handel sei und dessen ausgezeichneter Ruf und die Reputation seiner Händler sich bis in die fernsten Gegenden Deutschlands und des Mittelmeers verbreitet habe. Er äußerte weiterhin sein Erstaunen darüber, dass dieser rasche Aufschwung ausschließlich von der Umlenkung des Transithandels gekommen sei, der zuvor über Chiavenna, Como und Mailand gelaufen sei. Unglaublich sei zudem, dass dieser erfolgreiche Angriff von schwachen und unbekannten Firmen ausgegangen sei, die zuvor nur marginalsten Handel getrieben hätten (*una debole e sconosciuta banca di mercanti di ritagli*). Nun seien diese berühmt für ihren Reichtum und ihre Handelsfertigkeit. Es sei kaum fassbar, dass nicht nur ein zu erwartender Konkurrenzkampf zwischen Intra und den bedeutendsten mailändischen Handelshäusern nach der Abtretung der Gebiete eingetreten sei, sondern dass man sogar die reale Möglichkeit habe erkennen müssen, einen stabilen und tief verwurzelten Handel zu verlieren. Sei es nicht eindeutig ein unnützes Opfer an Finanzeinkünften gewesen, die Zölle zu senken, die Gebühren der Spediteure zu senken, die Preise der Frachtfuhren, der Übernachtungen und der Futterrationen zu verringern? Dass es einigen wenigen und schwächlichen Anrainern des Lago Maggiore gelungen sei, zu ihrem Vorteil und innerhalb weniger Jahre ein Werk vieler Jahre und vieler reicher Kaufleute Mailands zu zerstören, habe zu intensiven Reaktionen geführt, so dem Abkommen mit den Graubündnern von 1763, in welchem die Transitzölle reduziert und

488 *Deutsch*, Bericht des Grafen, S. 262.
489 Vgl. in diesem Sinne auch: *Hormayr*, Historische Bruchstücke, S. 265.
490 *Bigatti*, La provincia delle acque, S. 152–154.
491 Das Folgende nach: *Vianello*, Itinerari economici, S. 420–421. Zu Scorza vgl. *Tonelli*, Baldassarre Scorza.

die Gebühren und Frachten gesenkt worden seien. 1765 und 1768 seien weitere Maßnahmen hinzugekommen, hauptsächlich eine Vereinfachung und Kostensenkung der *Patti Reali*. Im Jahr 1784 schließlich habe man die Transitgebühren drastisch gesenkt und vereinheitlicht. Trotz all dieser Maßnahmen sei der Transit durch Mailand immer noch gering.

Dieses Gutachten bringt am stärksten auf den Punkt, wovon die zweite Hälfte des 18. Jahrhunderts transitpolitisch geprägt war: von einem permanenten Wettbewerb mit dem Ziel, den Transit möglichst weit auf das eigene Hoheitsgebiet zu ziehen. Die dafür notwendigen Zoll- und Gebührensenkungen oder Infrastrukturmaßnahmen waren aus Sicht Scorzas ein »unnötiges Opfer« (*sacrificio inutile*), da sie die Einkünfte reduzierten und die Ausgaben erhöhten, um einen Transitzug zu erreichen, der bereits zuvor in weit höherer Dichte über das eigene Territorium verlaufen war. Aus der partikularen Mailänder Perspektive stellte sich die Liberalisierung des Alpentransits als nachteilig dar. Es ist dementsprechend kein Zufall, dass gerade die Mailänder Aufklärer seit den 1760er Jahren häufig in ihren Gutachten, aber auch in gedruckten Werken den Konkurrenzkampf um den Transit erwähnen; die besonders an wirtschaftlichen Themen interessierten unter ihnen hatten mit der schweren Konkurrenzsituation ja ein besonders reichhaltiges Anschauungsmaterial unmittelbar vor Augen.[492]

Scorza hat mit seinen Auflistungen von Maßnahmen zur Belebung des Transitzugs über Mailand bei weitem noch keine Vollständigkeit erreicht. Hier seien kurz die vielfältigen Maßnahmen im Herzogtum Mailand skizziert, der Schwerpunkt der Darstellung wird aber im Folgenden vor allem auf der Ebene der zwischenstaatlich reorganisierten Handels- und Zollpolitik liegen. 1760 und 1765 reagierten die Mailänder Zollpächter, sicherlich auch nach Aufforderung durch die Regierung, mit dem Bau von Leinwandbleichen und Zollsenkungen auf die Herausforderung von Intra.[493] Spätestens seit Mitte der 1760er sind auch intensive Infrastrukturmaßnahmen im Herzogtum Mailand, vor allem im Norden des Staats, zu vermerken.[494] Dabei waren einige Projekte eher Misserfolge: Nach dem Scheitern von einigen diplomatischen Versuchen der frühen 1770er, Tirol direkt mit dem Herzogtum Mailand durch eine Straße in Graubünden zu verbinden,[495] bewilligte der österreichische Staatskanzler Kaunitz den Ausbau einer Verbindung von Mailand über den Malojapass ins Bündne-

492 Vgl. ein handschriftliches Gutachten Beccarias zur Konkurrenz mit Sardinien-Piemont: *Vianello*, Le consulte amministrative, S. 116. Auch in den fundamentalen Druckwerken der bedeutendsten Mailänder Aufklärer wurde hierauf Bezug genommen: *Bognetti/Moioli/Porta/Tonelli*, Edizione Nazionale, S. 290, hierzu: *Vianello*, Economisti minori, S. XVII. Vgl. auch die Hinweise in den *Cinque dissertazioni intorno alle rendite dello stato di Milano* des Mailänder Senators Filippo Muttoni: *Vianello*, Economisti minori, S. 53–67.

493 *Deutsch*, Bericht des Grafen, S. 260–261; *Gregorini*, Il frutto della gabella, S. 191–192, 221–222.

494 *Carera*, Gli spazi dello scambio, S. 280–300.

495 Zu diesen Versuchen siehe: *Ganzoni*, Der Gesandte.

rische.[496] Dies war ebenfalls erfolglos, der Transit verblieb fixiert auf Bellinzona oder Chiavenna.[497] Auch die Wirkung einer sehr teuren Infrastrukturmaßnahme, des Baus des *Naviglio di Paderno*, eines Kanals, der eine durchgehende Wasserverbindung Mailands zur Adda und damit Lecco herstellte, der 1773 begonnen und 1777 abgeschlossen wurde, blieb hinter den Erwartungen zurück.[498] Solchen Rückschlägen zum Trotz brachte der intensivierte Kanal- und Straßenbau im Mailändischen bedeutende Verbesserungen der Infrastruktur, die eine hohe Anerkennung von auswärtigen Reisenden fand.[499] Flankiert wurden solche Maßnahmen von Zollsenkungen und Transitvereinfachungen, vor allem durch die schließlich geglückte Durchsetzung eines Grenzzollsystems im Herzogtum Mailand im Jahr 1786.[500]

Über die Reaktionen vonseiten der Piemontesen ist nicht viel bekannt. Man ließ den Simplonpass, der hauptsächlich Italien und Frankreich über Schweizer Territorium verband, systematisch verkümmern und förderte den Verkehr über den Großen St. Bernhard, um auch diesen Warenzug möglichst weit auf piemontesischem Territorium zu halten.[501] Innerhalb des Staatsgebietes wurden intensive Verbesserungen und Ausbauten von Straßen an den zentralen Transitrouten durchgeführt und der Verkehr weitgehend liberalisiert.[502] Eine fremden- und gewerbefreundliche Politik führte zur verstärkten protoindustriellen Entwicklung am Westufer des Lago Maggiore und im gesamten Bereich der neuerworbenen Territorien, was den Transitzug noch deutlicher stimulieren musste.[503] Die Ergebnisse konnten sich sehen lassen: Für das Jahr 1775 stehen solide Zahlen zur Verfügung, die die Dimensionen erkennen lassen, die der Transitverkehr über Piemont angenommen hatte. 61.986 von insgesamt 68.042 Colli (zu je 9 Rubbi) Gesamttransit auf der Nord-Süd-Achse, also über 90 %, gingen über die neu erworbenen Provinzen. Dabei war der Nord-Süd-Handel wichtiger geworden als der Handel zwischen Frankreich und Italien über Turin.[504]

496 *Vianello*, Itinerari economici, S. 424–425.
497 *Bigatti*, La provincia delle acque, S. 128.
498 Zu diesem Kanal siehe insb.: *Caizzi*, Industria, commercio e banca in Lombardia, S. 244–247; *Moioli*, Il sistema delle fiere, S. 62; *Bigatti*, La provincia delle acque, S. 128–136; *Bobbi*, La Milano dei Fé, S. 239–276. Bemerkenswert ist, dass dieser Kanalbau Panik in Turin verursachte: *Battistoni*, Franchigie, S. 228.
499 *Mozzarelli*, Strade e rìforme, S. 129–134.
500 Zusammengefasst bei: *Segarizzi*, Relazioni, S. 150–152; *Vianello*, Itinerari economici, S. 446–450; *Tonelli*, Commercio di transito, S. 95–102; *Poettinger*, Deutsche Unternehmer, S. 31; *Tonelli*, »Non stimò servigio«.
501 *Bulferetti*, Il Sempione; *Bulferetti*, Il Gran San Bernardino; *Guderzo*, La vicenda dei valichi, S. 83; *Caizzi*, Dalla posta dei re, S. 196–198; *Ressel*, Karl von Zinzendorf's. Über den Verkehr über den Mont Cenis zwischen Turin und Lyon kann hier mangels entsprechender Forschungsliteratur nichts gesagt werden.
502 *Bulferetti*, Agricoltura, industria e commercio, S. 332–343. Vgl. auch: *Caligaris*, Alla ricerca di un mercato.
503 *Cavallera*, Imprenditori e maestranze, S. 98–116.
504 *Battistoni*, L'amministrazione sabauda, S. 123; *Battistoni*, Transiti, S. 232; die genauen Zahlenangaben finden sich in: *Bulferetti*, Agricoltura, industria e commercio, S. 380–384.

Der Konkurrenzkampf zwischen Turin und Mailand um den Transalpentransit war seit 1750 ein Strukturmerkmal auf den Westalpen. Genua profitierte hiervon am unmittelbarsten.[505] Im Folgenden sollen vor allem die internationalen Wirkungen hervorgehoben werden; diese erstreckten sich weit über die unmittelbare Konkurrenzzone hinaus. Damit soll vor allem die sich räumlich immer weiter ausdehnende Dynamisierung des Transitwettbewerbs hervorgehoben und ihre Wirkmacht weit jenseits der Alpen verdeutlicht werden.

b) Die bayerisch-habsburgische Rivalität am Bodensee

Die bedrohliche Verlustsituation in Vorarlberg erkannten die hier verantwortlichen Beamten und Politiker in der Mitte der 1750er Jahre.[506] Die dortigen Einbußen waren das Resultat der neuen Zollordnung für Vorarlberg und Vorderösterreich von 1751 mit ihren erhöhten Sätzen vor allem auf Seidenprodukte.[507] Diese war zu einem Zeitpunkt in Kraft getreten, der ungünstiger nicht hätte sein können – just in den Jahren, als der Transit ohnehin stärker auf Schweizer Territorien drängte. Damit verschärfte sich das prinzipielle Problem der Umgehung Vorarlbergs durch den Lindauer Speditionshandel über das schweizerische Rheineck.[508] Über Chur, Bellinzona und Intra hatte der Lindauer Handel nun die Freiheit, alle Habsburger Territorien zu umgehen. Damit kam Lindau in der österreichischen Wahrnehmung eine neue Bedeutung als Gegner der eigenen handelspolitischen Ziele zu. Die Politik der Habsburger war daher in den Jahrzehnten nach 1750 intensiver als zuvor auf eine Schwächung Lindaus aus. Der Hebel, an dem Österreich zunächst ansetzen konnte, war die von den Grafen von Montfort an die Reichsstadt Lindau seit 1748 für 30.000 fl. verpfändete Hochgerichtsbarkeit in den Lindauer »äußeren Gerichten«, die ein großes Streckenstück

505 Die Literatur hierzu ist überraschend dünn, in den Standardwerken findet sich hierzu kaum eine Angabe. Indizien finden sich bei: *Beutin*, Deutscher Leinenhandel, S. 168; *Giacchero*, Storia economica, S. 108; *Niephaus*, Genuas Seehandel, S. 87–99.

506 So schrieb Cristiani von Rall in seinem Bericht über die Probleme des Transitverkehrs in Vorderösterreich, dass zu diesem Thema eine Kommission im Jahr 1756 eingerichtet worden war: ÖSTA/HS, 1160, fol. 29r–29v. Aus dieser Kommissionsarbeit war auch sein Bericht hervorgegangen.

507 *Stolz*, Zur Geschichte, S. 87; *Deutsch*, Bericht des Grafen, S. 231–232. Eine Konferenz der Oberämter Bregenz und Hohenegg am 23. Juli 1752 kam zum Ergebnis, dass dieser Zoll den Transit aus Vorarlberg auf die Schweizer Routen verdrängen würde und daher nicht eingeführt werden solle: VLA, Vogteiamt Bregenz, 301, Protokoll vom 23. Juli 1752. In einem Report über den Transithandel verwies man in Bregenz im Jahr 1777 auf eine Analyse von 1767, in der festgestellt worden sei, dass der Tarif binnen 15 Jahren fast alle italienischen Produkte von den Vorarlberger Straßen getrieben habe: VLA, Vogteiamt Bregenz, 300, Bericht vom 8. Juli 1777, fol. 75r.

508 Rall stellte 1763 fest, dass der Transitzug von Chur nach Deutschland Vorderösterreich umgehe: *Weiss*, Über die Verlagerung, S. 212.

hin nach Wangen reichten.[509] Es passte hierzu, dass die verschuldeten Fugger seit 1751 Überlegungen anstellten, die westlich von Lindau gelegene Grafschaft Wasserburg zu verkaufen. 1754 verzichtete die eigentlich vorgesehene Deutschordenskommende Altshausen auf den Erwerb der Grafschaft, wodurch nun die Habsburger gegenüber allen Mitbewerbern wie auch dem Kurfürstentum Bayern, teilweise durch juristisch zweifelhafte Methoden, zum Zuge kamen.[510] Österreich übernahm daher 1755 fast zeitgleich die Herrschaft über Wasserburg und löste die Pfandsumme für die Hochgerichtsbarkeit in den Lindauer »äußeren Gerichten« ein.[511] Zugleich beanspruchten die Habsburger die Hafen- und Schifffahrtsrechte in der Herrschaft Argen.[512] Mit diesen Schachzügen hatten die Habsburger im Norden Lindaus einen fast vollständig zusammenhängenden Territoriengürtel erworben und konnten potenziell dessen Verkehr ins Reich erschweren.

Die darauf binnen weniger Monate folgende Einrichtung des bayerischen Salzamts in Buchhorn hat kürzlich eine umfassende Neuinterpretation erfahren. Im Gegensatz zur älteren Literatur, die in der Einrichtung des Salzamts am Bodensee eine Art präventives Manöver Münchens gegen Wiener Allüren zur Abschneidung des bayerischen Salzhandels von der Schweiz sah,[513] wurde nun hervorgehoben, dass zwar wohl diese Bedrohungsimagination bei den Leitern der bayerischen Politik vorherrschte, sie aber einer realen Basis entbehrte. In Wien habe man gar nichts gegen die Verbesserung des bayerischen Salzabsatzes in der Schweiz einzuwenden gehabt, und die Einrichtung des Salzamts in Buchhorn sei vielmehr auf Protest des schwäbischen Kreises gestoßen.[514]

Dieser Anschauung ist zuzustimmen, sie bedarf aber noch einer Ergänzung. In München und Wien wurde bei der Handelspolitik am Bodensee nach einer komplexen Strategie gehandelt, die jedoch nicht nur den Salzhandel, sondern auch zu einem guten Anteil den internationalen Transitzug im Sinne hatte.[515] Im Konkurrenzkampf beider Akteure um den Zugang zum Bodensee wurde der Salzhandel gegenüber der Reichsöffentlichkeit häufig vorgeschoben. Aus der Perspektive Wiens und Innsbrucks waren noch ganz andere Aspekte zu be-

509 Vgl. die Karte bei: *Ott*, Historischer Atlas, Karte I.

510 Ebd., S. 217–218.

511 Manfred Ott ging 1968 davon aus, dass die weiterhin gehaltene Niedergerichtsbarkeit in den Lindauer »äußeren Gerichten« bis 1803 eine faktische Landeshoheit Lindaus begründen würden: *Ott*, Historischer Atlas, Karte I. Dies wurde widerlegt von: *Khan*, Die deutschen Staatsgrenzen, S. 220. Der Besitz der Hochgerichtsbarkeit seit 1755 durch die Habsburger bedeutete eine wesentliche Einschränkung von jedweder Lindauer Landeshoheit, die als potenzielles Druckmittel gegen die Reichsstadt wirken konnte. Mit dem Kauf der »äußeren Gerichte« 1780 erreichte Österreich hier die weitgehende Souveränität.

512 *Gönner*, Die Grafschaft, S. 385.

513 So: *Schremmer*, Die Wirtschaft Bayerns, S. 292–293.

514 *Ott*, Salzhandel, S. 314–325.

515 Bezüglich der den Salzhandel betreffenden Teilaspekte der handelspolitischen Leitlinien der Habsburger beim »Wettlauf zum Bodensee« siehe: *Kuhn*, »das Augenmerk«.

denken. Zur Umgehung Vorarlbergs durch den internationalen Fernhandel kam besonders schwerwiegend hinzu, dass der Transit vom Nordufer des Bodensees weiter fast ausschließlich durch reichsständisches Gebiet ging, um die hohen Zölle Vorderösterreichs zu vermeiden.[516] So führte der Transitzug von Nordwesteuropa bis nach Ligurien unter Umständen vollständig an Habsburger Gebieten vorbei; und Lindau war hier ein wesentlicher Knotenpunkt. Somit war der Erwerb der fürstlichen Territorien am Nordufer des Sees, die günstigerweise auf die eine oder andere Art zur Disposition standen, in den 1740/50er Jahren aus Sicht Habsburgs verlockend. Damit erwarben die Habsburger ein Druckmittel, um die Reichsstadt potenziell zu Konzessionen an die eigene Handelspolitik zu zwingen.

Kurbayern war jedoch in diesen Jahren ein Gegner, der auf Augenhöhe operierte. Dessen Salzstraßen waren, wie Rall 1763 feststellte, ein Vorwand zur Anlockung des Transits: *So hat Chur Bayern auf allen Seiten die schönste Weege unter dem Namen von Salz-Strassen in dem seinigen angelegt, und dadurch das Transito-Commercium an sich zu ziehen angefangen.*[517] Damit spielte er einerseits auf die kurbayerische Straße von Landsberg über Memmingen und Ravensburg nach Buchhorn an, die München faktisch direkt mit dem Bodensee verband. Andererseits war damit auch die von Pfalz-Neuburg – das dynastisch eng an Bayern angebunden war – angelegte Straße zwischen Lauingen und Donauwörth gemeint, womit der Transit aus Frankfurt und Straßburg über Ulm in Richtung Osten weg von Augsburg sowie der Markgrafschaft Burgau über Ingolstadt und die Donau gelenkt werden sollte. Diese Straßen seien von hoher Qualität und bezeugten den Willen Kurbayerns, ein wesentlicher Akteur im europäischen Transit zu werden.[518] Nicht nur mit Straßenbauten operierte Bayern. Das Kurfürstentum habe, so der Bericht von 1763, *auf allen Wasserfahrten in Bayern, und also auch auf dem Ynn angelegte starcke Zölle,*[519] die vor allem den Transitzug aus dem Reich nach Österreich behinderten. Zugleich habe Bayern *alle seine Landzölle sehr herabgesetzet.*[520]

Das Kurfürstentum Bayern wurde in der Frühen Neuzeit vom internationalen Transit umgangen, in diesem Punkt ist der älteren Literatur zuzustimmen.[521] Es wurde bereits öfter vermerkt, dass es bis heute unbekannt ist, warum Kurbayern im 18. Jahrhundert die »Kesselbergstraße« von München nach Mittenwald vernachlässigte und damit den direkten Anschluss an die Tiroler Routen *nicht*

516 *Weiss,* Über die Verlagerung, S. 212.
517 ÖSTA/HS, 1160, fol. 19v. Zu den Habsburger Gegenmaßnahmen vgl. *Weiss,* Über die Verlagerung, S. 216–217.
518 ÖSTA/HS, 1160, fol. 40v–41r.
519 ÖSTA/HS, 1160, fol. 15v.
520 ÖSTA/HS, 1160, fol. 16r. Dies sah Rall potenziell auch als vorteilhaft für Österreich, wenn man zwischen Innsbruck und Salzburg eine Eilpostverbindung über Kurbayern schaffen könnte. Damit deutet sich bereits die künftige Kompromisslinie zwischen Habsburg und Wittelsbach an.
521 *Edlin-Thieme,* Studien zur Geschichte, S. 5–7.

suchte, sondern stattdessen den Weg nach Rosenheim pflegte.[522] Damit nahm Bayern Nachteile bezüglich des internationalen Transits in Kauf. Es sei als Hypothese angeboten: Durch die Weggabelung östlich von Rosenheim nach Kufstein oder Salzburg sicherten sich die Wittelsbacher einerseits den Anschluss an die Tiroler, andererseits aber eben auch an die Salzburger Routen und damit an ein Konkurrenzsystem gegenüber den Habsburgern.[523] Dieselbe Zielsetzung können wir bei der Errichtung des Salzkontors in Buchhorn 1755 vermuten. Indem man eine privilegierte und ausgebaute Straße an den Bodensee legte, verband sich das Kurfürstentum mit dem anderen wesentlichen alternativen Routensystem zu den Tiroler Routen. Das Kurfürstentum konnte einen vollständigen Anschluss an den internationalen Transit zwar nicht finden, es konnte jedoch die eigene Abhängigkeit von Tirol mindern und damit die eigene Verhandlungsmacht gegenüber der Habsburgermonarchie stärken.

Die gegen Lindau gerichtete Politik vonseiten Wiens und Innsbrucks sei nicht überinterpretiert: Nach dem Neuerwerb am Bodensee unternahm Österreich zunächst nichts Auffälliges gegen Lindau. Es sei noch einmal betont, dass die Habsburger 1755 nur die Hochgerichtsbarkeit in den Lindauer »äußeren Gerichten« erworben hatten. Damit hatte man ein gewisses Drohpotenzial gegenüber Lindau, ersparte sich aber die Kosten einer echten Landeshoheit. Das erkennen wir an einem »Straßenkrieg« zwischen Lindau und Montfort um Ausbesserungen an den Straßenabschnitten zwischen Lindau und Wangen aus dem Jahr 1770. Lindau wollte zu diesem Zeitpunkt einen Straßenabschnitt zulasten der Montforter stilllegen. In dem folgenden Konflikt um die Verpflichtungen zu Geldaufwendungen für oder gegen den Straßenbau standen sich ausschließlich der Graf und die Reichsstadt gegenüber, vonseiten der Habsburger erfolgte keine Intervention.[524] Offenbar galten sie in diesem Fall nicht als Beteiligte. Auch Zölle erhob Österreich, zumindest bis 1770, nicht in dem Gebiet zwischen Lindau und Wangen.[525] Das den Montfortern verbleibende Tettnang fiel erst 1780 an die Habsburger, in demselben Jahr also, in dem sie die Lindauer »äußeren Gerichte« endgültig erwarben. Erst seither waren Lindau und Buchhorn wirklich von Norden eingeschlossen. Wir können daher den Erwerb der Hochgerichtsbarkeit in den Lindauer äußeren Gerichten im Jahr 1755 als Teil einer allgemein

522 Der Münchner Handelsstand vermutete eine Förderung der herrschaftlichen Güter entlang der Rosenheimer Straße: *Schremmer*, Die Wirtschaft Bayerns, S. 622–623; *Denzel*, Münchens Geld- und Kreditwesen, S. 9.

523 Vgl. als Indizien zu einer etwas unterschätzten Bedeutung Münchens als Transitort im späten 18. Jahrhundert: *Weiss*, Über die Verlagerung, S. 220; *Meinert*, Handelsbeziehungen, S. 199.

524 *Ganzenmüller*, Ein Straßenkrieg.

525 Die in der Forschung erfassten österreichischen Zollstellen auf den von Lindau nach Norden verlaufenden Straßen werden aufgeführt bei: *Messerschmidt*, Der Salzhandel in Buchhorn, S. 55. Die Habsburger bekamen ihre Gebühren und Zölle 1770 ausschließlich in den seit 1415 in ihrem Besitz befindlichen Orten Gebrazhausen und Wuchzenhofen.

als wünschenswert angesehenen Expansion zum Bodensee interpretieren, um das Drohpotenzial gegenüber Lindau zu erhöhen. Dass man seitens der Habsburger auch 1756 nicht gegen Lindau vorging, mag kurioserweise mit der Einrichtung des bayerischen Salzamts in Buchhorn zusammenhängen. Damit verlor Lindau einen guten Teil des Salzhandels, der bisher einer der Stützpfeiler des Wohlstands der Stadt gewesen war, und auch ihr potenziell wichtiger politischer Protektor Kurbayern trat damit zunächst in den Hintergrund, ja machte sich sogar im schwäbischen Kreis eher Feinde.[526] Man entschied wohl in Wien und Innsbruck, die folgende Entwicklung mit einem möglichen Niedergang Lindaus abzuwarten.[527]

Darüber hinaus gilt: Um 1756 war der antilindauische Zug in der Habsburger Politik zwar stark, doch er lief noch nicht alternativlos auf eine direkte Konfrontation hinaus. Die Habsburger strebten zunächst in den 1750er Jahren ein anderes Ziel an. Das wichtigste Projekt war der Ausbau des Weges über den Arlberg zu einer befahrbaren Straße, um damit eine nur über österreichisches Territorium laufende Verbindung von Innsbruck nach Konstanz zu schaffen und auf diese Weise jegliches Territorium im Reich zu umgehen.[528] Der Krieg gegen Preußen beanspruchte im Folgenden jedoch die Kräfte der Monarchie, sodass komplexe Straßenbauprojekte zeitweilig in den Hintergrund gerieten. So verblieb am Bodensee der Transitzug einstweilen in einer für die Habsburger ungünstigen Struktur und erst nach Friedensschluss sollte man in Innsbruck und Wien darangehen, hier die eigenen handelspolitischen Interessen stärker wahrzunehmen.

c) Bedrohung und Retablierung der Tiroler Dominanz im Alpenhandel

Unter dem Verlust des Westufers des Lago Maggiore litt auch der Verkehr über die Tiroler Routen. Diese verloren an Potenzial im Nord-Süd-Austausch Westdeutschlands und Westitaliens durch die so rasch kompetitiv gewordene Konkurrenz in der Schweiz. Dies mag mit für die seit der Jahrhundertmitte aufhörenden Kursnotierungen der nordwesteuropäischen zentralen Handelsplätze Amsterdam, London und Hamburg auf den Bozner Messen verantwortlich sein.[529]

526 *Ott*, Salzhandel, S. 323.

527 So schrieb Zinzendorf 1764 auch auf seiner Schweizerreise beim Besuch in Lindau: *Der Handel von Lindau hat gegen ehedem sehr abgenommen*, in: *Deutsch*, Bericht des Grafen, S. 186.

528 *Bidermann*, Verkehrsgeschichte, S. 431–432.

529 *Denzel*, Die Bozner Messen, S. 337. Zur engen Bindung des Wechselverkehrs an den Warenverkehr auf den Bozner Messen vgl. *Denzel*, Ex merce et cambio pulchrior, S. 155–156. Vgl. auch die eher unbefriedigenden Versuche zur Förderung der kontinentalen Durchfuhr aus Belgien nach Triest seit den 1750er Jahren: *Beer*, Die österreichische Handelspolitik, S. 66–73.

Weniger wirksam, aber doch für den Tiroler Transit nachteilig war um 1745 ein kurzfristiger Aufschwung des Handels von Salzburg nach Venedig und Triest.[530] Es kam nun zum Tragen, dass im Erzstift die Straßen seit 1718 intensiv verbessert und die Zollgebühren zu reinen Weggeldern herabgesenkt worden waren.[531] Der hohe Zoll bei Kremsbrücke blieb weiterhin ein Hindernis für den Handel von Salzburg zur Adria, aber es gelang den Salzburgern doch noch einmal, den Handel über die Tauernpässe etwas zu stimulieren. Insbesondere Öltransporte nahmen um die Jahrhundertmitte wieder verstärkt ihren Weg nach Salzburg, wenngleich die Rückfrachten an Masse zu wünschen übrig ließen. Mit etwa 30.000 bis 35.000 Z. an jährlichem Volumen Gesamtverkehr auf den Tauernpässen zeigten sich diese um 1745 immer noch als bedeutsam.[532]

Verluste an Transit über Tirol sind bereits seit Ende der 1740er Jahre feststellbar.[533] Die Zollordnung von 1751 mit ihren Belastungen des Transits nach Venedig und den Begünstigungen des Verkehrs über das Pustertal nach Triest taten ihr Übriges, um die Lage zu verschärfen. Es war wohl nur die explizite Nichtbeachtung vieler dieser Bestimmungen durch Tiroler Zollbeamte, die eine stärkere Verringerung des Transitvolumens über Bozen verhinderte.[534] Die Auswirkung konnte auch auf Venedig nur ungünstig sein. Die Politik Sardinien-Piemonts stärkte ja nolens volens auch den Hafen von Genua in seinen Verbindungen nach Deutschland. In den letzten Jahren des Österreichischen Erbfolgekriegs hatte die Markusrepublik dank ihrer Neutralität noch einige Gewinne gemacht.[535] Nach dem Frieden von Aachen schrumpfte der Handel rasch zusammen, was eine Ursache war, 1751 den Freihafen abzuschaffen. Die veränderten Zölle beließen die Transitabgaben auf einem geringen Niveau, erhöhten jedoch stark die Tarife auf Waren zum Konsum; mit dem Ziel, die Gewerbe der Republik zu schützen.[536]

Seit 1751 entwickelte sich der venezianische Deutschlandhandel über Tirol nicht mehr günstig. Die Gründe hierfür wurden nun eingehend dargestellt, sie seien noch einmal kurz zusammengefasst: Zu den Problemen mit den österreichischen Zollerhöhungen kam die Stärkung Genuas im Nord-Süd-Transit

530 *Stolz,* Quellen, S. 260–261; *Moioli,* Aspetti del commercio, S. 836–839; *Hassinger,* Geschichte des Zollwesens, S. 327; *Barth-Scalmani,* Der Handelsstand, S. 109–114.

531 Es mag kein Zufall sein, dass gerade um 1751 ein starker Protest von Salzburgern gegen den Zoll bei Kremsbrücke in den Akten vernehmbar ist, dieser muss gerade angesichts des Wachstums als besonders ärgerliches Hindernis erschienen sein: *Klein,* Brenner und Radstädter Tauern, S. 424.

532 *Hassinger,* Die Übergänge, S. 244; *Hassinger,* Geschichte des Zollwesens, S. 426, 517–523.

533 Sie wirken dramatisch bei: *Stolz,* Zur Geschichte, S. 169; *Stolz,* Quellen, S. 229, vgl. auch: *Falkensteiner,* Beiträge zur Wirtschaftsgeschichte, S. 133. Tatsächlich sank der Verkehr nicht in einem übermäßigen Umfang, jedoch wurde bereits dieser Rückgang als äußerst negativ wahrgenommen: *Moioli,* Aspetti del commercio, S. 832–833; *Bonoldi,* La fiera e il dazio, S. 59, 84–85, 133.

534 Ebd., S. 86–87.

535 *Costantini,* Commercio e marina, S. 576–577.

536 *Campos,* Il commercio, S. 166; *Georgelin,* Venise au siècle, S. 82.

durch die neue Dynamik im Gotthardverkehr, und die Abschaffung des venezianischen Freihafens war selbstverständlich auch nicht verkehrsfördernd. In den 1750er Jahren kam es dann auch zu einer Schrumpfung der Einfuhr von Deutschland.[537] Die Republik reagierte seit 1755 auf diesen Wandel durch ein diplomatisches Manöver in Richtung Graubünden, das die Habsburger Politik unter extremen Druck setzte, in der Konsequenz eine große Erleichterung des Transalpentransits auf den Bündner Routen brachte und dabei schlussendlich trotz einer vordergründigen diplomatischen Niederlage Vorteile für den Deutschlandhandel der Markusrepublik bringen sollte.

Die Geschichte des Versuchs Venedigs, durch diplomatische Überzeugung der Graubündner eine vollständig befahrbare, alle Habsburger Territorien umgehende Straßenverbindung von der Lagune nach Bergamo über den Passo San Marco bis nach Chiavenna zu schaffen und das Scheitern desselben wurden bereits häufiger dargestellt.[538] Offenbar übt der geostrategische Kampf zwischen Habsburg und Venedig um die Bündner Pässe mit seinen weitreichenden Folgen eine bis heute nicht nachlassende Faszination aus. Hier soll nicht eine weitere genaue Darstellung folgen, wenngleich die Geschehnisse in ihrer vielfältigen Komplexität noch weiterer Ausleuchtung, vor allem durch archivalische Recherchen in Venedig, bedürfen. Die wesentlichen Abläufe sollen jedoch skizziert und in die allgemein veränderte Lage des Transalpentransits seit Mitte des 18. Jahrhunderts eingeordnet werden.

Zunächst sei die Lage im Freistaat dargelegt: In Graubünden, der wohl demokratischsten, aber dennoch von mächtigen Familien beherrschten Republik des frühneuzeitlichen Europa, hatte seit den 1720er Jahren die österreichische anstelle der französischen Partei die Dominanz errungen und die Geschicke des Landes weitgehend im Sinne Wiens und Mailands gelenkt.[539] Dies lag möglicherweise nicht nur an der effektiven Ausstreuung von Bestechungsgeldern vonseiten der Habsburgermonarchie, sondern vor allem an der Kontrolle der Südausgänge des Freistaats durch das habsburgisch beherrschte Herzogtum Mailand. Als sich seit 1743 nun für die Spediteure in Chur eine neue Route nach Westen hin zum ligurischen Meer geöffnet hatte, die Habsburger Territorium völlig vermied, mag damit auch ein gutes Stück an Abhängigkeit des Freistaats vom guten Willen in Mailand geschwunden sein. Da 1758 auch noch der Füh-

537 Vgl. Diagramm 1. Die Ausfuhr stieg allerdings leicht, was Straßenbaumaßnahmen im Raum Vicenza um 1751 zur Ursache haben mag: *O. V.*, Relazioni Vicenza, S. 476.

538 Die grundlegendsten, auf intensivem Aktenstudium basierenden Darstellungen lieferten: *Sprecher*, Geschichte der Republik, S. 368–471; *Jegerlehner*, Die politischen Beziehungen Venedigs zu den drei Bünden; *Berengo*, »La via dei Grigioni«; *Köhler*, Graubünden und Österreich; *Theus*, Il trattato di Milano; letzterer ist in gekürzter Form als Aufsatz erschienen: *Theus*, Sviluppo economico. Die allgemeineren folgenden Darlegungen der Geschehnisse basieren auf diesen Titeln, Belege werden nur für spezifische Aussagen einzelner dieser Autoren gegeben.

539 *Pfister*, Die Patrioten, S. 16–17; *Müller*, Zum österreichischen Einfluss.

rer der österreichischen Partei, General Salomon von Sprecher (1697–1758), in Böhmen durch einen Unfall ums Leben kam, sank der Habsburger Einfluss in Graubünden noch stärker. Verschärft wurde dies durch die Entscheidung Wiens, keine weiteren Pensionen mehr an die alten Parteigänger auszubezahlen; das schien angesichts des Bündnisses mit Frankreich nicht mehr notwendig.[540]

Graubünden ist hier ein komplizierter Fall für sich, und in den zu beobachtenden Jahren kommt man rasch an die Grenzen der terminologischen Sinnhaftigkeit von Parteibenennungen im alten Freistaat. Eine der einflussreichen Familien der österreichischen Partei in dem Freistaat, die Bavier, spedierten um 1760 fast ausschließlich nach Bellinzona und Intra, sie gehörten damit zu den wesentlichen Schädigern der Habsburger Interessen.[541] Die Führer der französischen Partei hingegen, die Salis, hatten ihre hauptsächlichen Besitztümer in den Untertanenlanden und Chiavenna, sie verloren also durch die Verlagerung des Transits weg vom auf Mailand ausgerichteten Splügen. Mehr noch: Seit 1754 hatten die Salis die Zollpacht Churs inne und mussten daher Gegner eines stärkeren Verkehrs auf dem Gotthard sein.[542] Die Salis waren zwar Gegner der österreichischen Partei in den Drei Bünden, sie konnten aber bestens mit Mailand und Wien zusammenarbeiten, wenn es darum gehen sollte, den Verkehr zwischen der Lombardei und dem Freistaat wieder zu beleben. Hierfür waren sie auch bereit, französische Interessen zu schädigen. Die Anhänglichkeit vieler Bündner Familien an Österreich scheint sich weniger aus einer Hinneigung zu den Habsburgern, sondern aus Opposition gegenüber den Salis ergeben zu haben.[543]

Dem Freistaat öffneten sich durch die Akquise des Alto Novarese durch Sardinien-Piemont neue Optionen. Daraus Nutzen zu ziehen musste allen Bündner Politikern, gleich welcher Couleur, ein Anliegen sein. Dies zeigt sich bei den Verhandlungen zwischen Venedig und Graubünden, die den Druck auf die Habsburger gerade durch dessen vormalige Parteigänger im Freistaat erhöhten. Bereits seit Mitte der 1750er Jahre wurden lockere und informelle Gespräche zwischen Graubünden und Venedig geführt, die die Öffnung der »Markusstraße« zum Inhalt hatten.[544] Es handelte sich um die Schaffung einer durchgängigen und gänzlich befahrbaren Straßenverbindung vom venezianischen Bergamo nach Chiavenna, womit es dem Schweizer und Bündner Transitzug möglich geworden wäre, Mailand nicht nur im Westen, sondern auch im Osten

540 *Moor*, Geschichte von Currätien, S. 1115; *Sprecher*, Geschichte der Republik, S. 369–375.

541 *Deutsch*, Bericht des Grafen, S. 245.

542 Zu der Zollpacht und der daraus resultierenden Gegnerschaft Bavier – Salis vgl.: *Schmid*, Beiträge, S. 63–64; *Metz*, Ulysses, S. 198–199.

543 Ebd., S. 263. So war beispielsweise der schärfste Feind der Familie Salis in den Jahren 1763–1766 General Johann Viktor von Travers, ein eindeutiger Anhänger der französischen Partei: *Müller*, Die Fürstabtei Disentis, S. 20. In der Literatur wird daher seit den 1760er Jahren in Graubünden auch von der »französisch-österreichischen Partei« gesprochen: *Pfister*, Die Patrioten, S. 17, 28–34, 55–60.

544 Diese einleitenden Verhandlungen sind am besten dargestellt von: *Theus*, Il trattato di Milano, S. 52–53.

in Richtung Verona zu umgehen. Zudem wäre für die Oberschwaben für ihren Venedigverkehr eine Alternative zum Brenner entstanden. All dies war potenziell zum größten Schaden der Habsburger Handelsinteressen.

Die Verhandlungen mit Venedig waren durch alte Parteigänger Österreichs 1759/60 intensiviert worden, um die Habsburger wieder zur Erkenntnis der Wichtigkeit einer finanziellen Unterstützung der österreichischen Partei in Graubünden zu bringen.[545] Vonseiten Venedigs wurden die Verhandlungen zu diesem Zeitpunkt mit Eifer geführt und recht günstige Angebote für die Bündner gemacht.[546] Die Venezianer hatten auch ein Faustpfand in der Hand. Seit Abschluss eines Allianzvertrages zwischen den Drei Bünden und Venedig im Jahr 1706 hatten sich in der Markusrepublik viele hundert Graubündner Handwerker, vor allem Zuckerbäcker, Schuhflicker, Kaffeesieder, Branntweinverkäufer und Messerschmiede aus dem Engadin, niedergelassen. Zudem bestand eine bedeutende Saisonwanderung vom Freistaat in die Markusrepublik. Die daraus resultierenden bedeutenden Geldabflüsse von der Lagune nach Graubünden und die Konkurrenz zu den einheimischen Zünften hatten in Venedig so manches Ressentiment entstehen lassen und seit den 1730er Jahren auch ihren Niederschlag in gesetzlichen Beschränkungen der Bündner Freiheiten im Venezianischen gefunden.[547] Implizit war bei den Verhandlungen der späten 1750er Jahre von Anfang an klar, dass es auch um das freie Aufenthalts- und Niederlassungsrecht der Bündner in Venedig gehen würde. Bei dem Bau einer guten Verbindung von Bergamo nach Chiavenna wären diesen sicher ihre vollen Rechte bestätigt worden, ohne diese Straße stand zu befürchten, dass die in Venedig vorhandenen Ressentiments befeuert würden.

Vonseiten Wiens wurden die Verhandlungen Venedigs mit Graubünden mit größter Aufmerksamkeit verfolgt. Eine umfangreiche Korrespondenz in den innersten Regierungszirkeln über dieses Thema, die häufig die Kaiserin, Kaunitz, den mailändischen Gouverneur Karl Joseph Gotthard von Firmian (1716–1782) oder den österreichischen Gesandten in Graubünden, Rudolf Anton von Buol (1705–1765) als Verfasser oder Empfänger sah, zeugt von der Furcht innerhalb der Habsburgermonarchie, dass die Markusstraße Wirklichkeit würde.[548] Cristiani von Rall schrieb 1763, dass hier die Gefahr gedroht habe und immer noch drohe, *an der tyrolischen und vorländischen Handlung einen unersezlichen Herz-Stoß zu leiden.*[549]

545 *Mohr,* Mémoire sur les Grisons, S. 32.

546 Man bot seitens Venedigs die Abzahlung von lange ausstehenden Pensionsgeldern an, zudem die Indienstnahme eines Bündner Regiments und erbat im Gegenzug die Fahrbarmachung der Markusstraße: *Köhler,* Graubünden und Österreich, S. 93–94.

547 Hierzu am besten: *Jegerlehner,* Die politischen Beziehungen Venedigs zu den drei Bünden, S. 279–331.

548 Vgl. die Darstellung der wesentlichen Korrespondenzen der genannten Personen bei: *Köhler,* Graubünden und Österreich, S. 79–162.

549 ÖSTA/HS, 1160, fol. 3r.

Die Gegenmaßnahmen der Habsburger seit etwa 1760 waren dementsprechend radikal. Bereits die Abschaffung der Rodfuhr in Tirol 1750/51 zeugt von einem wachsenden Bewusstsein für die Notwendigkeit einer Reform des transalpinen Transportwesens, wenngleich dies noch nicht intensiv unter dem Eindruck der verschärften Transitkonkurrenz erfolgte.[550] In den späten 1750er Jahren intensivierten sich die Beschwerden aus Tirol angesichts des nun deutlich abnehmenden Verkehrs. Im Februar 1761 vermeldeten die Landesausschüsse, dass das Straßengewerbe auf ein Drittel herabgesunken sei.[551] Die Habsburger Regierung, die zur selben Zeit die baldige Umgehung Tirols durch die Markusstraße fürchtete, reagierte nun rasch. Seit diesem Jahr folgten umfangreiche Straßenbaumaßnahmen mit dem Schwerpunkt in den gebirgigen Bereichen, was bereits in der Mitte des Jahrzehnts die ganzjährige Befahrbarkeit des Brenners ermöglichte.[552] Seit 1767 waren vier Weginspektoren in Tirol tätig, die regelmäßig die Straßenverhältnisse überprüften und Reparaturen oder Verbesserungen in Abstimmung mit Wegmeistern in Innsbruck vornahmen.[553] In den 1770er Jahren intensivierten sich die Straßenbaumaßnahmen in Tirol erneut, mit dem Resultat, dass die Routen von Reisenden und Experten ein hohes Lob für ihre Qualität erhielten.[554] Flankiert wurden die Investitionen in die Infrastruktur von einer merkantilistischen Handelspolitik, die in Tirol auf eine Stärkung des Transits setzte. Ein wichtiger Markstein war dabei die Zollreform von 1763. Neben der Aufgabe der meisten im Landesinnern gelegenen Zollstationen und dem damit einhergehenden Schritt zu einem Grenzzollsystem wurde hier erstmalig ein Transitzoll eingeführt, der mit seinen geringen Sätzen den Verkehr weiter anlockte.[555]

In der Literatur wurde die handelsdiplomatische Reaktion stärker wahrgenommen. Seit 1760 wurden die Verhandlungen zwischen Mailand und Graubünden für ein neues Kapitulat intensiviert. Wir erinnern uns: Das Kapitulat von 1726 war in Graubünden als Niederlage empfunden worden, und es hatte die hohen Zollmauern an der Nordgrenze Mailands intakt gelassen.[556] Die Einzelheiten der 1761 und 1762 geführten Verhandlungen zwischen Mailand und den Bündnern seien hier ausgespart, einzig die Resultate sind hier von Interesse.

550 *Stolz*, Zur Geschichte, S. 251. Jeglicher sich aus dieser Abschaffung für den Verkehr ergebende Vorteil wurde allerdings durch die Zollerhöhung zur selben Zeit konterkariert.

551 *Egger*, Geschichte Tirols, S. 54–55.

552 *Hormayr*, Historische Bruchstücke, S. 270–271; *Huter*, Das historische Verkehrsnetz; *Zesch*, Vom Jochweg zur Brenner-Autobahn, S. 130.

553 *Stolz*, Zur Geschichte, S. 192.

554 Ebd., S. 192–193; *Gerlich*, Brücken in Tirol, S. 10–11; *Feist*, Vom Saumpfad zur Tiroler Autobahn, S. 532–544.

555 *Kellenbenz*, Lindau und die Alpenpässe, S. 218. Auf die komplexen Umstände der Einführung dieses Tarifs, der Beschwerden der Kaufleute Bozens gegenüber einzelnen Aspekten desselben und seiner Anpassung im Sinne der Kaufleute von 1766 geht im Einzelnen ein: *Bonoldi*, La fiera e il dazio, S. 125–152.

556 Vgl. oben. Kap. II. 3. c.

Nachdem die Verhandlungsführung innerhalb Graubündens fast vollständig an die französische Partei übergegangen war, war die Kompromissfindung mit den Habsburgern eigentlich erschwert.[557] Durch eine glückliche Kombination verschiedener Umstände gelang es den Bündner Verhandlungsführern dennoch, ihre Maximalforderungen weitgehend durchzusetzen.

Die finalen Verhandlungen in Mailand haben dabei ihren dramatischen Touch vor allem durch die zeitlich sehr nahe Ankunft des venezianischen Gesandten in Graubünden erhalten. Am 18. Mai 1762 hatten die auf sechs Wochen festgelegten Verhandlungen in Mailand begonnen, und einen Monat später war erst bei wenigen Punkten Einigkeit erzielt worden. Als man in Wien erfuhr, dass binnen weniger Tage Giovanni Colombo (1714–1772), der Gesandte der Republik Venedig in Chur eintreffen würde, schrieb Kaunitz am 18. Juni einen Brief an Firmian, in dem er diesen zu größtmöglicher Nachgiebigkeit bezüglich der Zoll- und Transitangelegenheiten ermahnte.[558] Die Verhandlungen wurden daraufhin rasch zur Zufriedenheit der Bündner Delegation abgeschlossen und bereits am 25. Juni der vorläufige Vertragstext fertig gestellt. Colombo traf in Chur am 20. Juni ein und musste wenige Tage später erfahren, dass in Mailand inzwischen ein für Graubünden äußerst günstiger Handelsvertrag abgeschlossen worden war. Da in diesem Vertrag festgelegt war, dass der Transitverkehr zwischen Mailand und Graubünden auf jegliche Art gefördert und alles, was diesem entgegenstehe, unterlassen werden solle, war das Projekt der Markusstraße erledigt. Zwei Monate verhandelte Colombo noch, bis er endgültig feststellen musste, dass er nichts mehr erreichen konnte. Am 20. August reiste der Diplomat, der sich in seinen Briefen an den Senat rachsüchtig gab und sich durch manche Äußerungen von Bündner Politikern während seines Aufenthalts auch noch beleidigt fühlte, wieder ab.[559] Die Folge war die Kündigung der 1706 geschlossenen Allianz von Graubünden und Venedig, woraufhin seit 1766 die Bündner und ihre Familien in der Republik Venedig ihr Betätigungsrecht verloren und zu hunderten in die Heimat zurückkehren mussten oder sich europaweit an verschiedensten Orten ansiedelten.[560]

Das komplexe Spiel der Handelsdiplomatie zwischen drei Partnern hatte für den Transitverkehr im Kern äußerst günstige Auswirkungen. Die Zölle zwischen Graubünden und Mailand wurden teilweise massiv reduziert, gerade für hochwertige Textilien und Südfrüchte.[561] Graubünden wurde zu einer möglichst

557 Vgl. die Reaktion in Mailand auf die 1761 eröffneten territorialen, handelspolitischen und weiteren Forderungen Graubündens: *Köhler*, Graubünden und Österreich, S. 113–116.

558 *Theus*, Il trattato di Milano, S. 149–150.

559 Colombo sollte 1766 *Cancellier Grande*, also der Leiter der Beamtenschaft der Republik werden und damit zuungunsten der Graubündner einen einflussreichen Posten in Venedig bekleiden: *Derosas*, Colombo, Giovanni.

560 Zur Migration der Bündner in den folgenden Jahren vgl.: *Kaiser*, Fast ein Volk.

561 Eine Übersicht der Zollsenkungen gibt der wesentliche Verhandlungsführer auf Bündner Seite: *Salis-Marschlins*, Geschichte, S. 34–41.

guten Pflege der Straßen zwischen dem Splügen und Chiavenna angehalten.[562] Für Venedig hatten die Graubündner als Vorteil den Artikel 43 herausgehandelt. Dieser sah vor, dass der venezianische Handel nach Graubünden über das mailändische Lecco von einem jüngst eingeführten Zoll befreit würde.[563] Damit war die Notwendigkeit der Markusstraße prinzipiell gemindert, da der Weg über den Comer See relativ günstig blieb. In der Markusrepublik sah man diesen Vorteil kaum, da die prinzipielle Unabhängigkeit von der Berührung Habsburger Territorien bei dem nach und von Deutschland laufenden Handel das Ziel der Venezianer gewesen war. Der sich seit den 1770er Jahren deutlich belebende Handel der Provinz Bergamo mag jedoch seinen Ursprung unter anderem in dieser Erleichterung des Warenverkehrs über das Herzogtum Mailand haben.[564]

Die Graubündner feierten das Kapitulat als großen Erfolg, mussten aber auch einen hohen politischen Preis dafür bezahlen. Die Habsburger hatten es geschafft, die zwei zwischen Mailand und Österreich liegenden Republiken zu entfremden, sodass auf beiden ein indirekter Zwang für die Zukunft lag, sich möglichst günstig zur Politik Wiens zu stellen, was auch tatsächlich geschah.[565] Die Reduktionen von Transitbelastungen, die die Habsburger im Mailändischen an die Graubündner zugestanden hatten, waren für die Österreicher grundsätzlich notwendige Maßnahmen, um gegenüber der gefährlich gewordenen piemontesischen Konkurrenz im Alpentransit wieder wettbewerbsfähig zu werden. Als große Opfer wird man diese für die Wiener und Mailänder Politik nicht bezeichnen dürfen. Die Tatsache, dass die Habsburger 1763 auch in Vorarlberg die Transitzölle senkten, obwohl sie hierzu durch keinen Vertrag mit einer auswärtigen Macht gezwungen waren, unterstreicht dies zur Genüge.[566]

Der Erfolg der Habsburger fand nun eine rasche Fortsetzung. 1766 schlossen Mailand und die Toskana, beide von Habsburger Linien regiert, einen Handelsvertrag und 1767 gelang ein entsprechender Abschluss mit Genua.[567] Obwohl man in Wien seit den 1720er Jahren der Meinung war, dass Handelsverträge eigentlich unnötig waren, wurde im Fall Mailands diese Politik im Sinne der Empfehlungen des ehemaligen Mailänder Gouverneurs von 1755 intensiv befolgt.[568] Die Verträge erleichterten den Transit der Waren von Livorno und

562 Dieser Verpflichtung folgten in der Tat auch entsprechende Maßnahmen: *Sprecher/Jenny*, Kulturgeschichte der Drei Bünde, S. 214–215.

563 *Salis-Marschlins*, Geschichte, S. 29.

564 *O. V.*, Relazioni Bergamo, S. 795, 805; *Mocarelli*, Manufacturing activity in Venetian Lombardy, S. 324–326, 334–335. Vgl. auch die Beschwerden vonseiten der Graubündner über die Zölle in Lecco aus dem Jahr 1761: *Carera*, Gli spazi dello scambio, S. 386. Der Handel über Lecco scheint nach Ausweis der mailändischen Bilanz von 1778 recht bedeutend gewesen zu sein: *Tonelli*, Commercio di transito, S. 107–108.

565 Vgl. zu Venedig: *Tabacco*, Andrea Tron, S. 105–125; zu Graubünden: *Pfister*, Die Patrioten, S. 25.

566 *Stolz*, Zur Geschichte, S. 87.

567 *Caizzi*, Industria, commercio e banca in Lombardia, S. 241–242; *Tonelli*, Commercio di transito, S. 94.

568 *Beer*, Die österreichische Handelspolitik, S. 73, Vgl. Kap. II, Fn. 490.

Genua nach Mailand – und in der Gegenrichtung – und waren damit ein wichtiges Korrelat zu den Zollsenkungen und -vereinfachungen und den Verbesserungen der Infrastruktur in der Lombardei.

d) Der Habsburger Angriff auf die Transitstellung Lindaus

Aus der Gesamtperspektive kann man konstatieren: Das vielfältige Bündel an infrastrukturpolitischen und handelsdiplomatischen Manövern brachte den Habsburgern relativ rasch wieder Erfolge: Auf den Tiroler Routen ist bereits seit 1761, also noch vor dem Ausbau der Brennerpassstraße, ein Verkehrswachstum zu beobachten.[569] Dies galt sogar noch stärker für Venedig: Seit Unterzeichnung des Hubertusburger Friedens stiegen die Zolleinnahmen des seewärtigen Verkehrs hier rasch auf ein weit höheres Niveau an, als es vor dem Frieden bestanden hatte.[570] Venedig und Tirol waren wieder fest aufeinander bezogen und profitierten von den verkehrsvergünstigenden Maßnahmen des jeweils anderen Partners.

Spätestens seit 1763 konnten die Habsburger wieder zuversichtlicher auf die weitere Entwicklung blicken. Es waren nun Maßnahmen gegen die piemontesische Konkurrenz in Gang gesetzt, auf deren Wirkung man einige Hoffnung setzen durfte. Ein wesentliches Ärgernis war allerdings die inzwischen üblich gewordene Umgehung Vorarlbergs durch den Transitzug zwischen Lindau und Mailand. Hierbei waren aus Sicht der Habsburger die Reichsstädte am Nordufer des Bodensees die Hauptschuldigen, wie aus der Analyse Ralls klar hervorgeht:

> Von Chur aus aber hat nicht nur allein das über diese Ort nach Ulm, Hailbronn und Franckfurt zum Theil auch das über Ulm nach Nürnberg gehende Commercium einen, alle Vorlandische Zölle ausweichenden Abweeg von Chur über Altenstadt nach Rheinegg, und von dort auf dem Bodensee nach Überlingen, Pfulendorf und Vöhringerdorf einerseits, auf Hailbronn und anderer Seits auf Ulm bereits gefunden.[571]

Der Hinweis auf Überlingen ist hier wichtig. Die katholische Reichsstadt hatte es geschafft, eine neue Bedeutung im internationalen Transitverkehr zu erringen, was in der einschlägigen Literatur übersehen wird.[572]

In einer von der Landvogtei Schwaben angelegten Analyse zur Wirtschaftslage Vorderösterreichs, angefertigt im Jahr 1767 durch den Oberzoller des Oberamts Altdorf (heute Weingarten), Carl Haster, findet sich der Plan der

569 *Bonoldi*, La fiera e il dazio, S. 370.
570 *Costantini*, Commercio e marina, S. 577–578.
571 ÖSTA/HS, 1160, fol. 3v–4r.
572 Angesichts der häufigen Nennung Überlingens als Transitort in den Quellen ist diese Tatsache als relativ sicher anzusehen. Die einschlägige Literatur erfasst dies jedoch nicht hinreichend: *Heuschmid*, Die Lebensmittel-Politik; *Eitel*, Die Rolle der Reichsstadt. Interessante Hinweise zur Transitgeschichte und der Zusammenarbeit von Lindau mit Überlingen finden sich bei: *Göttmann*, Getreidemarkt, S. 161–165.

Habsburger relativ klar formuliert. Haster beginnt mit einer Darstellung des gegenwärtigen Zustands: Schwäbisch-Österreich war für ihn ein

sehr zerstümmeltes, mit dem Reiche durchaus vermischtes, und von diesem fast gänzlich umzingeltes Land. (...) Man trifft da weder Fabriken, noch Manufacturen an: die Handelschaft ist von gar keiner Beträchtlichkeit (...) Das ganze Gewerb besteht bloß in den Handwerkern, und dem Feldbau, wovon sich der Bürger und Unterthan kümmerlich die Nahrung schaffen, und die jährlichen Abgaben der allergnädigsten Landesherrschaft entrichten kann.[573]

Haster sah die Möglichkeit zur Emporbringung des Landes vor allem im Straßenbau und der Zollpolitik. Durch Senkung der Zölle auf den Transitrouten in Vorderösterreich könne der Handelszug aus Italien von den derzeitigen Handelsemporien auf Habsburger Territorium gelenkt werden. Der Ansatzpunkt für die Eroberung des Handelsstroms war für Haster eindeutig: *Keiner ist hierzu bequemer, als der Bodensee. Alle Waaren können auf demselben nach Italien, Frankreich, in die Schweiz, und das Reich gebracht werden. Die Reichsstädte Lindau und Überlingen haben ihr Aufkommen lediglich diesem zu verdanken.*[574] Die jüngsten territorialen Akquisitionen und die zu erwartende weitere Ausdehnung Habsburger Gebiets auf Kosten der Montforter am Bodensee sah Haster als größte Chance zur Emporbringung von Bregenz und Konstanz auf Kosten von Lindau und Überlingen. Ziel war, das *Commercium von den Reichs-Speditions-Städten ab- und in die österreichischen Niederlag-Städte* umzuleiten.[575]

Es ist nicht klar, welche konkrete Folge dieser Report hatte, der erst ein Jahr nach Beginn der Habsburger Handelspolitik zur Marginalisierung des Lindauer Transits datiert. Er gehört zu einer Reihe ähnlicher Dokumente aus dem vorderösterreichischen Raum, die alle in der Zielsetzung weitgehend ähnlich sind. Überlingen und Lindau waren die Gegner, die man ausschalten wollte, um Konstanz und Bregenz emporzubringen. Dabei wurde Lindau immer stärker als Feind angesehen als alle anderen Reichsstädte am Bodensee. Man wollte, wie es das Bregenzer Oberamt 1777 formulierte, *dem lindauischen Handelsstand allgemach an das Leben gehen.*[576] Bregenz sollte Lindau als Haupthandelsort des Bodensees ersetzen, die Reichsstadt hingegen sollte bis zur Bedeutungslosigkeit herabgedrückt werden. Der mit harten Bandagen ausgetragene Wirtschaftskrieg war eine der wesentlichen Ursachen der Dynamisierung des Handels über die Bündner Routen, und sein Resultat sollte hier Strukturen bis zum Ende des Alten Reichs festlegen.

Es wäre allerdings zu einfach gedacht, wenn man die seit 1766 folgenden Operationen der Habsburger zur Ausschaltung Lindaus als Transitknoten aus-

573 ÖSTA/FHKA/NHK, Kommerz Innerösterreich, Nr. 550, Fasc. 66,2, fol. 731r–732r.
574 ÖSTA/FHKA/NHK, Kommerz Innerösterreich, Nr. 550, Fasc. 66,2, fol. 733r.
575 ÖSTA/FHKA/NHK, Kommerz Innerösterreich, Nr. 550, Fasc. 66,2, fol. 737v.
576 VLA, Vogteiamt Bregenz, 300, 8. Juli 1777, fol. 32r.

schließlich als Versuch sähe, den Handelszug von Mailand zum Bodensee auf Bregenz zu ziehen. Die Habsburger Politik war komplexer, sie wollte mit diesem Manöver zwei Ziele auf einmal erreichen. Eine verbilligte Spedition über Bregenz würde nicht nur Lindau schädigen, sondern auch, wenngleich nur als zweitrangiges Ziel, die Schweizer Route. In Bregenz schrieb man 1777, dass man vor zehn Jahren auch den neuen Straßenzug angelegt hatte, da *Lindau nicht vermögend war, so gesagter Basler Route das Gleichgewicht zu geben, und diese Straß behörig zu souteniren.*[577] Man machte also Lindau auch den Vorwurf, mit für die seit 1750 markant spürbaren Verluste des Transitstroms zwischen dem Bodensee und Mailand verantwortlich zu sein und beabsichtigte mit der Ersetzung der Reichsstadt durch Bregenz, auch die Schweizer Route zu schwächen. Es ist ein Paradox der folgenden Geschehnisse, dass dieses Ziel im Konkurrenzkampf zwischen Bregenz und Lindau erreicht werden sollte – allerdings auf andere Art als vonseiten Österreichs gewünscht.

Der Habsburger Handelskrieg gegen Lindau bestand aus zwei distinkten, aber doch auch zeitgleich durchgeführten Operationen, die beide die enge Verbindung der Reichsstadt mit Mailand aufbrechen und sie durch Bregenz ersetzen sollten. Zum einen war es der intensive Versuch, durch Straßenbaupolitik und Kooperation mit einem international aufgestellten Speditionshaus den Transit über Bregenz langfristig attraktiver zu machen als über Lindau. Im Kern dauerte diese Auseinandersetzung von 1766 bis 1777. Zum anderen handelte es sich um den Angriff auf den weiter oben bereits erwähnten Lindauer Boten,[578] dieser Konflikt dauerte von April 1771 bis Dezember 1773. Im Konflikt um die Straßenbaupolitik versuchte Bregenz durch aktive Maßnahmen zur Erhöhung der eigenen Attraktivität als Speditionsort, Lindau den Rang abzulaufen. Im Konflikt um den Lindauer Boten wurden Verbotsmaßnahmen vonseiten Vorderösterreichs gegen die Reichsstadt ergriffen, die den Botenkurs auf Bregenz zwingen sollten. Beide Operationen und ihre Effekte werden im Folgenden dargestellt.

Um 1760 findet sich eine erste einschlägige Korrespondenz zwischen dem Freiherrn von Enzenberg und dem Oberamt Bregenz über notwendige Wegreparaturen und -verbesserungen im Hochstift Augsburg, der Grafschaft Königsegg-Rothenfels und den bregenzischen Gerichten. Bereits in diesem Schreiben findet sich die Notwendigkeit erwähnt, den Transit aus Holland, England und dem Elsass wiederzugewinnen und ihn dabei am besten über Konstanz, und implizit wohl auch Bregenz zu ziehen.[579] Solange eine unabhängige Grafschaft Hohenems bestand, war eine Aufwertung von Bregenz allerdings nicht möglich, da der bedeutendste Abschnitt des vorarlbergischen Transitzugs von Fußach bis Görzis den Herren von Ems gehörte. Bekanntermaßen fiel 1765 die Grafschaft an das Haus Habsburg, womit sich die einmalige Gelegenheit für Österreich er-

577 VLA, Vogteiamt Bregenz, 300, 8. Juli 1777, fol. 62v–63r.

578 Vgl. Kap. II, Fn. 184.

579 VLA, Vogteiamt Bregenz, 301, 19. November, 17. und 24. Dezember 1760.

öffnete, Lindau als Handelsort auszuschalten und durch Bregenz zu ersetzen.[580] Bereits seit 1764 verdichteten sich die Pläne des Oberamts Bregenz, durch Straßenbauten Bregenz zum neuen Zentralort des Bodenseetransits zu erheben – vorangetrieben vor allem durch den Oberamtsrat Franz Xaver von Harrant.[581] Im Frühjahr 1766 schafften es die Bregenzer, die oberösterreichische Regierung in Innsbruck zu überzeugen, eine neue Straße über Langen nach Weiler bauen zu lassen. Damit wollte man explizit die Strecke Lindau – Wangen – Kempten – Reutte als bisher dominante Verbindung nach Tirol ausschalten. Nach Süden hin komplettierte eine seit 1768 angelegte Straße nach Hohenems das Werk, das den internationalen Transit von Lindau nach Bregenz lenken sollte.[582]

In Österreich war man sich bewusst, dass die besten Straßenbauten nur wenig Effekt haben konnten, solange nicht ein international vernetzter Spediteur die Route nutzen und in der Welt des Großhandels bekannt machen würde. Es ist bezeichnend für die Bedeutung der Reichsstädte im Alpenhandel, dass man vonseiten Bregenz' und Innsbrucks bei einer Memminger Händlerfamilie anfragen musste. Benedikt von Hermann (1689–1782) in Venedig und sein Verwandter Benedikt Hermann Karrer in Memmingen wurden mit der Aufgabe betraut, alle jüngst aufgetretenen Probleme des Alpentransits im Sinne der Habsburger zu lösen und diesen wieder auf österreichische Routen zu lenken.

Das Wirken der beiden Hermanns erschütterte in den Jahren von 1765 bis 1782 die süddeutsche und schweizerische Handelswelt. Zur Wirkung des in Venedig ansässigen Benedikt von Hermann für Tirol wird weiter unten zu kommen sein, hier beschränken wir uns zunächst auf den habsburgischen Versuch, Bregenz auf Kosten Lindaus zu stärken. Hiermit beauftragte Bregenz Benedikt Hermann Karrer. Über ihn lässt sich leider so gut wie gar nichts aussagen, nur seine beiden Nachnamen zeigen, dass er aus den zwei bedeutendsten Händlerfamilien Memmingens stammte.[583] Er organisierte in Memmingen einen Interessenverband der Gebrüder Zoller und Söhne, Johann Jakob Unold sowie der Familien von Wachter und Hartlieb.[584] Zusammen brachten sie genügend Kapital auf, um eine regelmäßige Spedition von Memmingen über Bregenz mit dem Ziel Chur

580 *Bilgeri*, Geschichte, S. 97–99. Zur komplexen Geschichte der Übertragung von Hohenems und Lustenau an das Haus Habsburg vgl.: *Welti*, Geschichte, S. 155–262.

581 Zu Harrants aggressivem Charakter als wichtiger Voraussetzung für die Härte des folgenden Konflikts vgl.: *Wiedemann*, Zur Postgeschichte, S. 52; *Bilgeri*, Geschichte, S. 253–254.

582 Zu diesen und den weiteren Straßenbauten vgl.: *Raich*, Bregenzer Straßenpolitik, S. 59–64; *Bilgeri*, Geschichte, S. 252–253.

583 Dass Benedikt Hermann Karrer aus Memmingen mit Benedikt von Hermann aus Venedig zusammenarbeitete, geht aus Aussagen der Zeitgenossen deutlich hervor (*Zoepfl*, Fränkische Handelspolitik, S. 229; *Rauch*, Ein Rhein-Neckar-Donau Verkehrsplan, S. 489, 494), zudem wurden vom Oberamt Bregenz einmal in einem Bericht die *welschen* Partner Hermann Karrers erwähnt, vgl. Kap. II, Fn. 618. Als in Venedig nach dem Tod Benedikt von Hermanns 1782 ein Inventar angefertigt wurde, zeigte sich in der Bilanz Hermann Karrer aus Memmingen als der mit weitem Abstand wichtigste Handelspartner, vgl.: Kap. IV. 4. g.

584 VLA, Vogteiamt Bregenz, 300, 8. Juli 1777, fol. 63v–64r. Diese Familien gehörten in Memmingen zur patrizischen Händlerelite: *Unold*, Geschichte, S. 358.

in Gang zu setzen. Hermann Karrer kaufte im Namen des Konsortiums die Rodrechte von Lustenau auf und ließ über dessen Straßen eine Botenlinie und eine Fahrt *addirittura* einrichten.[585] In Bregenz stellte Hermann Karrer zwei Spediteure an, die für ihn die Abwicklung des Transits übernahmen.[586] Als Gegenleistung wurden seitens Österreichs die Zölle auf der Straße von Memmingen nach Bregenz gesenkt.[587] Die dadurch entstehenden Verluste waren aus Sicht des Oberamts Bregenz minimal im Vergleich zu den potenziellen Gewinnen:

[Es wäre zu betrachten, dass] weilen besonders auf dieser Straß von Salzburg, München, Landsperg, ja ganz Bayrlandt, Sachsen, Nürnberg, Augspurg, Kaufbeyrn, Venedig, Trient, Bozen, Tyroll, Kempten und von mehr anderen Orthen Kaufmans-Güter in so großer Quantitaet und so auch aus Italien über Chur, Veldtkirch, item von der Schweitz, Franckreich, und Genff, über Constanz, Rorschach, Reinegg, Konnishorn, Weyl, Arbon bis nun zu als Transit nach Lindau hin und her gereyset.[588]

Um diesen Handelszug über Bregenz zu ziehen, hätte sich dessen Oberamt keinen besseren Partner aussuchen können als die Memminger/Venediger Familie Hermann. Die reichste Kaufmannsdynastie ganz Süddeutschlands aus just der Reichsstadt, die in diesen Jahren eine Spitzenstellung im europäischen Transit errang,[589] ging unter Einsatz großer Kapitalien an die Sache und teilte das Ziel der Vernichtung der Handelsstellung Lindaus vollständig mit ihren Partnern in Bregenz.

Ein Brief Hermann Karrers an das Bregenzer Oberamt vom Dezember 1767 bietet uns einen Einblick in die Gedankenwelt dieser Kaufleute. Hermann Karrer führte zunächst aus, dass die Lindauer sehr kostengünstig nach Italien spedierten und er eigentlich keine Möglichkeit habe, ihnen diesen Handelszug zu entreißen. Er müsse seinen Partnern in den Niederlanden und Deutschland garantieren, dass deren Güter von Memmingen binnen vier Tagen nach Chur auf einer Achse kämen und dabei einen möglichst günstigen Preis anbieten. Da Rückfrachten auf der Straße über Bregenz einstweilen fehlten, war dies nur als Verlustgeschäft möglich. Dennoch wollte er den Angriff weiter durchführen:

Wir thun es aber haubtsächlich aus einer gerechten Rache wegen denen boßhaften offentlichen Verleumdungen, die fast alle Spediteurs in Lindau sowohl in geschriebenen, als in gedruckten Handlungs-Briefen gegen unser Hauß und diese neue Route ausgeübet haben; Können wir nun diese bemelte Churer Route auch vollends empor bringen, so werden wir keine Kosten scheuen.[590]

585 VLA, Vogteiamt Bregenz, 300, »Beschreib- oder Anmerkungen« von Joseph Heinrich Freiherr von Ried; Schreiben von Benedikt Hermann Karrer aus Memmingen an das Oberamt Bregenz am 4. Juli 1777 (Nr. 21).

586 VLA, Vogteiamt Bregenz, 301, Beilage Nr. 5.

587 VLA, Vogteiamt Bregenz, 301, Dornwaid an das Oberamt Bregenz am 10. April 1766.

588 Ebd.

589 Vgl. Kap. II, Fn. 23.

590 VLA, Vogteiamt Bregenz 301, Schreiben von Benedikt Hermann Karrer an den Bregenzer Oberamtsrat Georg Andreas von Buol-Berenberg am 30. Dezember 1767.

Dieser Leitlinie sollte Hermann Karrer bis 1777 treu bleiben, für ein volles Jahrzehnt investierte er große Summen, um die ihm verhasste Reichsstadt am Bodensee als Handelsplatz zu eliminieren. Nachdem die Habsburger Hermann Karrer auf ihre Seite gezogen hatten, hatte dies offenbar eine Kampagne vonseiten Lindaus gegen diese Händlerfamilie zur Folge gehabt und dies kettete nun den Memminger Kaufherrn eng an die handelspolitische Leitlinie Bregenz'.

Wir kehren zur Entwicklung des Wettbewerbs zwischen Memmingen/Bregenz und Lindau zurück. In Lindau reagierte man 1767 auf die Straßenbauten von Bregenz und die Schikanierungen des Lindauer Handels auf der Rheinstraße mit der verstärkten Verlagerung des Italienverkehrs auf Rheineck. Das Oberamt Bregenz schrieb daraufhin im Januar 1768 einen aggressiven Brief an die Reichsstadt. Man habe erfahren, dass die Lindauer nun zur Spedition nach Chur die Route über Rheineck gebrauchten und Fußach verlassen hätten. Man sei auch belehrt worden, *daß aldaige Herren Spediteurs durch in die halbe Welt ausgestreüete Oblatorien der Handelschaft diese Routte ansehnlich zu machen gesucht haben.* Man verlangte kategorische Aufklärung, warum die Lindauer ihren Partnern rieten, die Routen im Vorarlbergischen zu meiden und den an der Handelsroute liegenden Orten in Vorarlberg selbst mitgeteilt hatten, dass sie hier erst wieder spedieren würden, wenn die Memminger Fuhr abgeschafft sei.[591] In ihrer Antwort schrieben die Lindauer, dass sie keinerlei Verleumdungen in die Welt gebracht hätten. Die Maßnahmen der Österreicher, das *ordinari Fuhrwesen immer mehrers eingeschränkt und dessen Wägen eingezogen, hingegen der mit so vielen Klagen der inn- und auswärtigen Kaufmannschaft beladenen Landrodt die Abführung der meresten Güter* zugeteilt zu haben, sowie die Einführung der die *Memminger Fuhr* mit dem Ziel der *Destruierung* der Lindauer Faktoren hätten dieselben gezwungen, sich nach Rheineck zu wenden. Man würde die alte Route sofort wieder aufnehmen, sobald die Hinderungen aufhörten.[592] Der nächste Eskalationsschritt erfolgte am 7. August 1768, als das Oberamt Bregenz die Rheinstraße von Fußach über Höchst nach Feldkirch für vollkommen unbrauchbar und nicht mehr herstellbar erklärte.[593] Damit war das österreichische Südufer des Bodensees theoretisch für Lindau abgeriegelt und nur noch für Bregenz zugänglich.

Es standen daher seit 1768 zwei Routen in direkter Konkurrenz. Die Memminger Fuhr ging über Bregenz nach Feldkirch und dann über Liechtenstein nach Chur, die Lindauer über das schweizerische Rheineck nach Chur.[594] Der Druck auf die Lindauer Spediteure war enorm, da das Oberamt Bregenz und der reichste Kaufmann Süddeutschlands gewillt waren, für lange Zeit hohe Geldver-

591 VLA, Vogteiamt Bregenz, 300, 25. Januar 1768.

592 VLA, Vogteiamt Bregenz, 300, 1. Februar 1768.

593 *Bilgeri*, Politik, S. 253. VLA, Vogteiamt Bregenz, 300, Undatiertes Schreiben von Franz Xaver von Harrant »ad regimen«.

594 So auch: *Helbok*, 500 Jahre Frachtführer, S. 20.

luste in Kauf zu nehmen. Für die Lindauer war Rheineck zunächst eine schlechte Alternative zu Fußach, da der Ort keine geeigneten Lagerhäuser, einen Hafen mit geringer Wassertiefe und nur dürftige Straßen ins Hinterland aufwies.[595] Zudem waren, laut Harrant, die Schweizer Routen nur zur Winterszeit offen und *wandelbar*, im Rest des Jahres jedoch kaum.[596] So musste man in Lindau spätestens mit der Emporbringung der Memminger Fuhr seit 1768 große Sorge haben, ob man den eigenen Stand würde halten können.

Die Lindauer hatten den Vorteil, dass die Frachtfahrer der Gerichte Höchst-Fußach und Rankweil-Sulz, also österreichische Untertanen, die alte Rheinstraße ausbesserten und weiterhin für Lindau Frachtdienste ausführten; explizit verboten war dies ja auch nicht.[597] Dies mag durch das Oberamt Bregenz noch eine Zeitlang toleriert worden sein, da es den Handel über Feldkirch zu einer Zeit auf hohem Niveau aufrechterhielt, als die Route über Bregenz noch nicht stark gewachsen war. Jedoch publizierten die Lindauer Handelshäuser im Dezember 1770 ein scharfes Druckwerk für ihre italienischen Handelspartner gegen die Memminger Fuhr, in dem sie unter sorgfältiger Vermeidung von Kritik an Bregenz dessen Partner Hermann Karrer als *perverso Impostore* und Mensch *senza onore e senza conseienza* bezeichneten und behaupteten, seine Spedition weise drastische Mängel auf.[598] Diese Aktion vonseiten Lindaus sowie der inzwischen gestärkte Speditionsverkehr über Bregenz bewogen das Oberamt, am 9. März 1771, eine *allerhöchste Resolution* zu erwirken, dass die Rheinstraße nicht mehr erneuert werden dürfe.[599] Man wollte die Lindauer damit endgültig auf die Schweizer Route zwingen und Vorarlberg vollständig für die Spedition der Reichsstadt sperren. Lindauer Proteste brachten Harrant dermaßen in Rage, dass er schrieb: *Worzu wird es gelangen, wenn jedes kleines in seinen Ring-Mauern eingeschränktes Reichs-Städtl dem Königl. Ertz.-Haus Gesetze vorschreiben will, wie und wo Allerhöchstselbes in seinen Erb-Landen die Strassen anlegen und das Comercium leiten solle.*[600]

Mitten im laufenden Konflikt um die Memminger Fuhr leitete Bregenz im April 1771 die nächste Operation gegen Lindau ein. Deren Ziel war die Abschaffung des Lindauer Botenkurses nach Mailand, der als effizientes Kommunikations- und Transportsystem aller Routenanrainer die starke Stellung

595 *Göttmann*, Getreidemarkt, S. 261–262; VLA, Vogteiamt Bregenz, 300, Schreiben des Vogteiamts Feldkirch an die vorderösterreichische Regierung in Freiburg am 10. und 30. März 1777.

596 *Raich*, Bregenzer Straßenpolitik, S. 71; VLA, Vogteiamt Bregenz, 300, Undatiertes Schreiben von Franz Xaver von Harrant »ad regimen«.

597 VLA, Vogteiamt Bregenz, 300, 8. Juli 1777, fol. 41r–41v.

598 VLA, Vogteiamt Bregenz, 301, ohne Paginierung; *Raich*, Bregenzer Straßenpolitik, S. 72.

599 VLA, Vogteiamt Bregenz, 300, 8. Juli 1777, fol. 19v–20v, 40v.

600 *Raich*, Bregenzer Straßenpolitik, S. 70–71; VLA, Vogteiamt Bregenz, 300, Schreiben vom 25. Januar und 1. Februar 1768, Undatiertes Schreiben von Franz Xaver von Harrant »ad regimen«.

der Reichsstadt im Transalpentransit sicherte. Am 18. März 1771 erhielt Lindau von Bregenz ein Schreiben des dortigen Hauptpostverwalters Franz Martini, in dem der Reichsstadt mitgeteilt wurde, dass sie künftig ihre Post nach Italien und Graubünden über Bregenz laufen lassen solle. Um dieses *freundnachbarliche Ansuchen* zu unterstützen, wurden in Vorarlberg alle privaten Ausübungen von Botendiensten verboten und damit der Routenabschnitt des Lindauer Boten von Fußach bis Feldkirch gesperrt.[601] In Lindau erkannte man umgehend die schwere Bedrohung der eigenen Handelsstellung und beschloss laut Ratsprotokoll vom 10. April, für das Botenwesen *mit stärcksten Trieben und all ersinnlicher dencklicher Aufbietung aller Kräften und Tentationen* zu streiten.[602]

Die folgenden 2 ¾ Jahre des Konflikts zwischen Lindau und Bregenz um den Lindauer Boten wurden bereits oft, allerdings immer nur verkürzt dargestellt. Die vielfältigen Korrespondenzen zwischen verschiedensten Akteuren in Lindau, Wien, Bregenz, Feldkirch, Mailand, Innsbruck, Chur, manchen Schweizer und anderen Orten können trotz ihrer teilweise faszinierenden Inhalte für die wechselhaft verstrickte Geschichte von Jurisdiktionen, politischen Zugehörigkeiten und wirtschaftlichen Notwendigkeiten hier angesichts der Masse an überlieferten Quellen von wohl weit über 1.000 handschriftlichen Seiten nicht im Einzelnen wiedergegeben werden. Hier seien nur die wesentlichen Argumentationen und Leitlinien erfasst.

Seit April 1771 ließ Lindau seine Boten, nun Personal aus der Reichsstadt statt den seit über zwei Jahrhunderten beschäftigten österreichischen Untertanen aus Fußach, über das Schweizerische Rheineck laufen. Der weitere Weg ging über Altstätten und Sargans bis nach Chur, von wo aus die altbekannte Route über den Splügen nach Mailand fortgeführt wurde.[603] Von Bregenz aus liefen die Fußacher Boten nur wenige Wochen nach Mailand, jedoch ohne jemals größere Mengen an Briefen, geschweige denn die hier besonders wichtigen Seidenwaren zu erhalten.[604] Als sie feststellten, dass sie keine Briefe oder Waren zu befördern hatten, stellten sie ihren Dienst im Mai ein. Bregenz blieb auch in den folgenden Jahren ohne Botenkurs nach Mailand.[605]

Die Lindauer bezahlten von Anfang bis zum Ende der *Interims-Bothen-Anstalt* Zuschüsse zu diesem Botenkurs, um ihre Stellung im Transalpenhandel zu

601 Der Brief lässt sich nicht mehr finden, erwähnt ist er bei: *Munk*, Schicksale aus dem Leben, S. 181.

602 StLi, Ratsprotokoll 1771, fol. 131.

603 Ein Irrtum in der Literatur ist, dass Lindau seine Boten über Intra gesandt hätte: *Dobras*, Der Mailänder oder Lindauer Bote, S. 347.

604 So verweigerten die Kaufleute Mailands die Verwendung des Botenkurses nach Bregenz. Diesen stellten sie in einem Schreiben an die Regierung in Mailand als umständlicher, unzuverlässiger und teurer dar: ASMi, Finanze, p.a., b. 966, 03. Fasc. 1769 e 1770. 1771, Anhang B.

605 ASMi, Finanze, p.a., b. 966, 04. Carte Sciolte, 20. Dezember 1771. Zu korrigieren ist diesbezüglich: *Heilmann/Dobras*, Mailänder Bote – Lindauer Bote, S. 46–51.

erhalten. Im Abschlussbericht von 1779 stellte man in Lindau fest, dass man in den Jahren der Routenführung über Rheineck 6.213,36 fl. mehr ausgegeben als eingenommen hatte. Als Grund hierfür wurden einerseits kleinere Ursachen angegeben, so der höhere Schiffslohn nach Rheineck, die Verteuerung des Futters in den Zeiten der Hungerkrise und die doppelte Vernähung der Säcke, damit die neue Route *populärer* werde, sowie die anfängliche Begleitung der Boten auf dem Schweizer Abschnitt, um dieses bislang nie genutzte Wegstück besser kennenzulernen. Besonders teuer war die notwendige Entlohnung der Boten mit 2.300 fl., deren Bezahlung hatte bis dato das Mailänder Oberpostamt übernommen.[606] Die Kaufleute gaben an, dass man alle Verpflichtungen und Verträge des alten Botenwesens aufs Akkurateste weiterhin hatte erfüllen müssen, um den Geschäftspartnern nicht den geringsten Anlass zu Unzufriedenheit zu geben. So hatte man alle alten Tarife und Beförderungszeiten weiterhin mit intensiven Anstrengungen eingehalten und alle dabei anfallenden Verluste aus den eigenen Taschen ausgeglichen.[607]

Die Lage war natürlich auf Dauer schwierig für die Reichsstadt, die hier ein Verlustgeschäft über den ungeeigneten Hafen Rheineck aufrechterhalten musste. Es gelang den Lindauern rasch, die obersten Beamten in Mailand auf die eigene Seite zu ziehen, darunter Firmian und den Oberdirektor des Mailänder Postamts, Giovanni Francesco de Rossi, sowie den hohen Finanzbeamten Stefano Lottinger (1727–1804),[608] und zudem den kaiserlichen Gesandten in Graubünden, Johann Anton Baptist von Buol-Schauenstein (1729–1797). In den nächsten drei Jahren intervenierten diese Personen sowie die Mailänder Handelskammer, die Beamten in Feldkirch und die Fußacher Boten mehrfach in Wien zugunsten des alten Kurses.[609] Im Schreiben Buol-Schauensteins wurde bereits am 22. April 1771 erwähnt, dass Lindau vonseiten der Firma *Notaris e Simonetta* ein Angebot bekommen habe, ihren Boten künftig über Intra nach Turin zu senden; dies würde 24 Stunden an Zeit ersparen und damit weit billiger kommen.[610] Dabei wurde auch auf den Seidentransit des Lindauer Boten verwiesen sowie den drohenden großen Verlust an Zolleinnahmen.

Die Anhänger des Bregenzer Postkurses sahen sich bald einer äußerst dichten Abwehrfront innerhalb der Habsburgermonarchie gegenüber. Hinzu kam, dass von Vorarlberg aus durch das Vogteiamt Feldkirch ein Niedergang des Transits und eine Verarmung der Fußacher Botenfamilien nach Wien gemeldet wur-

606 StLi, A III, 105,8, Nr. 69.

607 Ebd.

608 Zu Lottinger, der ab 1780 auch Finanzminister wurde, vgl.: *Salvi*, Tra privato e pubblico, S. 236–237.

609 Die Korrespondenzen zwischen den genannten und weiteren Akteuren umfassen eine große Menge an Briefen, die hier nicht im Einzelnen ausgewertet werden können. Eine solide Zusammenfassung der Korrespondenzen aus der Warte der Archivalien im Stadtarchiv Lindau bietet: *Munk*, Schicksale aus dem Leben, S. 181–186.

610 ASMi, Finanze, p.a., b. 965, 26. Lindò, Corriera, Schreiben von Buol an Firmian am 22. April 1771.

den.[611] Auch aus dem Fürstentum Liechtenstein regte sich ein deutlicher Protest gegen die Wiener Politik.[612] Vor allem dank des unablässigen Insistierens der Mailänder Seite für Lindau erzielte die Reichsstadt in Verhandlungen im Laufe des Jahres 1773 einen vollständigen Erfolg; nur das Entgegenkommen gegenüber Bregenz bei Formalien ließ diesen Sieg nach außen etwas weniger offensichtlich erscheinen, als er tatsächlich war. Das Botenwesen wurde in einem Vertrag von zwölf Artikeln neu geregelt und dabei formal Bregenz unterstellt. Über diese Stadt wurde der Botenkurs auch explizit als weitere Option neben der Fahrt über den Bodensee zwischen Lindau und Fußach erlaubt – was aber wohl nie geschah.[613] So hatte Österreich zwar nach außen hin das Gesicht gewahrt, in der Substanz aber war der Versuch einer Ersetzung des Lindauer Boten durch einen Postkurs von Bregenz nach Mailand gescheitert. In Innsbruck und Bregenz war man nun mehr denn je gewillt, die Rheinstraße von Fußach nach Süden schlicht verfallen zu lassen und damit den Botenkurs doch noch an sich zu ziehen. Diese Aussicht mag auch die Verhandlungen in ihrer Endphase erleichtert haben.

Der Effekt des Konfliktes zwischen Bregenz und Lindau um Postkurs und Transitrouten war für den Fernverkehr über Vorarlberg hervorragend. Die Zolleinnahmen in Feldkirch hatten im Jahr 1767, als hier nur die Lindauer Spedition den Handel kontrollierte, 4.247 fl. betragen.[614] Von 1772 bis 1776 sind weitere Zolleinnahmen aus Feldkirch überliefert, diese betrugen 1772: 3.856 fl., 1773: 4.353 fl., 1774: 6.368 fl., 1775: 6.479 fl., 1776: 6.642 fl. So war das Vogteiamt Feldkirch naturgemäß an einer weiteren Konkurrenz von Bregenz und Lindau interessiert.[615] Ein Spitzenbeamter der Habsburgermonarchie, der Minister beim schwäbischen Kreis, Baron Franz Christoph von Ramschwag konnte 1777 hierzu nur resigniert schreiben: *Bregentz und Veldkirch sind zum Unglück der Höchster und Fußacher Unterthanen zwey separierte Ämter. Keines von beiden betrachtet, daß sie nur einem Herrn dienen, sondern eines will den andern den Nahrungs-Standt entziehen.*[616]

Genau wie Feldkirch erfuhren die Bündner Routen durch diesen Konkurrenzkampf eine weitere Stärkung als Transitlinien, nachdem bereits das Mailänder Kapitulat von 1762 große Vorteile für diese gebracht hatte. Zwar lässt sich aus der Anzahl an Colli, die durch Chur gingen, keine wesentliche Steigerung

611 Kaunitz selbst wurde in diesem Sinne überzeugt: Staatsarchiv Wien, Hofkammerarchiv, Camerale, F9, 1771, Nr. 214, 14. Dezember 1772. Dass dies übertrieben war, ergibt sich aus der Tabelle 8, die den rasch wachsenden profitablen Verkehr über Liechtenstein anzeigt.

612 Staatsarchiv Wien, Hofkammerarchiv, Camerale, F9, 1771, Nr. 62, fol. 930r–932v.

613 *Lenggenhager,* Beitrag zur Verkehrsgeschichte, S. 167–171; *Munk,* Schicksale aus dem Leben, S. 186; *Helbok,* 500 Jahre Frachtführer, S. 21; *Dobras,* Der Mailänder oder Lindauer Bote, S. 52–53.

614 VLA, Vogteiamt Bregenz, 300, 8. Juli 1777, Beilage Nr. 5.

615 VLA, Vogteiamt Bregenz, 300, 8. Juli 1777, Beilage Nr. 7.

616 VLA, Vogteiamt Bregenz, 300, Schreiben von Baron von Ramschwag an Joseph Heinrich Freiherr von Ried am 7. Juni 1777.

der Spedition erkennen, jedoch nahmen die Zolleinnahmen in Liechtenstein seit 1769 deutlich zu und verdoppelten sich fast bis 1772 (Tabelle 8).

Tabelle 8: Anzahl an Colli, die durch Chur geführt wurden und Gesamteinnahmen der Liechtensteiner Zollstationen in fl., 1763–1772

Jahr	Anzahl an Colli	Zolleinnahmen Liechtenstein	Jahr	Anzahl an Colli	Zolleinnahmen Liechtenstein
1763	15.211	447	1768	14.106	420
1764	14.583	468	1769	13.215	407
1765	14.012	465	1770	15.240	487
1766	13.828	487	1771	12.945	731
1767	13.766	469	1772	14.545	783

Quellen: *Salis*, Vertheidigung der Erben, S. 23; *Biedermann*, Das Rod- und Fuhrwesen, S. 147.

Der Grund für dieses scheinbare Paradox war eine deutlich verstärkte Spedition von Seide über Land seit 1770.[617] Der scharfe Wettbewerb zwischen Bregenz und Lindau führte zu einer veränderten Zusammensetzung des Warenstroms über den Bodensee, bei der teure Textilprodukte an Bedeutung gewannen.

Damit hatten die Habsburger immerhin ihr Ziel einer Schwächung der Schweizer Routen erreicht. Das Oberamt Bregenz schrieb 1777, dass Hermann Karrer und seine Memminger Partner *durch ihre Industrie, habende Associierung mit welschen Handelshäußern, wenigstens auch den größeren Theil ihrer Speditionsgüter neüerdings auf diese Route gezogen, und von der Baßlerroute entrissen*.[618] Man irrte in Bregenz, wenn dieser Erfolg ausschließlich dem Konto der Memminger Händler zugeschrieben wurde, überwiegend hatte dies Lindau durch seine intensiven Kostensenkungen bewirkt. Dadurch war den Schweizer Routen ein Dämpfer verpasst. Von 1769 bis 1788 stagnierte der Verkehr hier, und die Zolleinnahmen gingen leicht zurück.[619] Die Habsburger leisteten somit durch ihre gegen Lindau gerichtete Handelspolitik einen Beitrag dazu, dass die Bündner Routen im letzten Jahrhundertviertel wieder eine stärkere Zentralität im westlichen Transalpenhandel erringen konnten. Dies sollte in den kommenden Jahren auch Vorarlberg, hauptsächlich aber Mailand zugutekommen.

617 Vgl. hierzu auch: *Salis*, Vertheidigung der Erben, S. 10; *Poettinger*, Deutsche Unternehmer, Anhang I.

618 VLA, Vogteiamt Bregenz, 300, 8. Juli 1777, fol. 34r.

619 Vgl. *Körner*, Luzerner Staatsfinanzen, S. 435. Dabei war der über den Gotthard gehende Handel aus Italien nach Deutschland wachsend, in der umgekehrten Richtung herrschte hingegen Stagnation: *Baumann*, Der Güterverkehr, S. 197–199.

Gegenüber Lindau hatte das Oberamt Bregenz das eigene Potenzial jedoch überschätzt. Bis Anfang 1776 entwickelte sich die Lage zwar alles in allem für Bregenz scheinbar nicht ungünstig. Wir besitzen die Werte der Zolleinnahmen für die Dekade von 1767 bis 1776, diese zeigen als Resultat, dass die Frachtfuhr von Hermann Karrer durch Feldkirch geradezu explosionsartig anstieg (Diagramm 10). Die gesamten Zolleinnahmen von Bregenz wuchsen in diesen Jahren ebenfalls recht deutlich an. Die Route zwischen Bregenz und Feldkirch wurde eindeutig intensiv genutzt.

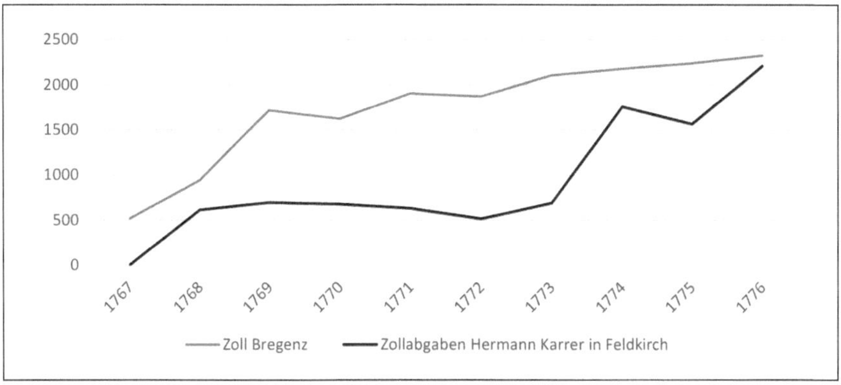

Diagramm 10: Ausgewählte Zolleinnahmen in Vorarlberg in fl., 1767–1776
Quelle: VLA, Vogteiamt Bregenz, 300, 8. Juli 1777, Anlagen Nr. 2 und Nr. 14.

Der Erfolg scheint unleugbar. Tatsächlich jedoch beruhten die Steigerungen am Bregenzer Zoll auf der Verfrachtung von Südfrüchten und Milchprodukten.[620] Die Entwicklung beim Handel mit Speditionsgütern für die fernerliegenden Märkte kam nicht in Gang, hier war ein kurzer Höhepunkt bereits 1769 erreicht, und seither fiel dieser Handelszug über Bregenz wieder ab (Tabelle 9). Selbstkritisch erkannte das Oberamt Bregenz auch 1777 an, dass es eine der größten Schwächen ihres Ortes war, in der vorangegangenen Dekade außer Hermann Karrer keine großen Spediteure angelockt zu haben.[621] Der tiefer liegende Grund war jedoch, dass die Straße von Bregenz nach Weiler eine Fehlkonstruktion war, wie man spätestens 1777 in vielen Berichten feststellte. Auf ihr folgten in raschen Abständen äußerst steile Abschnitte, die schwerere Transporte, und diese waren für den Fernverkehr unumgänglich, fast unmöglich machten.[622]

620 VLA, Vogteiamt Bregenz, 300, 8. Juli 1777, Beilage Nr. 11, 12.

621 VLA, Vogteiamt Bregenz, 300, 8. Juli 1777, fol. 30r–32v.

622 *Wiedemann*, Zur Postgeschichte, S. 52; *Raich*, Bregenzer Straßenpolitik, S. 68–69, 75–76; VLA, Vogteiamt Bregenz, 300, »Beschreib- oder Anmerkungen« von Joseph Heinrich Freiherr von Ried.

Tabelle 9: Spedition von Kaufmannswaren über Bregenz in Z., 1767–1776

Jahr	Gewicht	Jahr	Gewicht
1767	7.519	1772	7.223
1768	5.106	1773	6.807
1769	8.996	1774	6.035
1770	5.514	1775	5.796
1771	7.459	1776	6.207

Quelle: VLA, Vogteiamt Bregenz, 300, 8. Juli 1777, Anlage Nr. 10.

Dementsprechend waren auch die Einnahmen in Weiler, dem wesentlichen Zollamt der neuen Chaussee beschaffen. Diese stiegen zwar von 211 fl. im Jahr 1767 auf ihren Höhepunkt von 1.261 fl. im Jahr 1771, fielen aber seither langsam wieder ab.[623] Die Schlussfolgerung kann nur sein, dass die Steigerung der Zolleinnahmen in Feldkirch seit 1772 im Wesentlichen auf einem kombinierten Warenzug von Bregenz und Lindau basierte, wobei die Reichsstadt den internationalen Transit beisteuerte, der Verkehr über Bregenz hingegen hauptsächlich auf Nahrungsmitteln für einen leicht ausgedehnteren Regionalhandel basierte.

Das Oberamt Bregenz wünschte vergebens, dass die Habsburger die Zollstationen nördlich von Lindau einsetzten, um den Handel der Reichsstadt zu marginalisieren.[624] Vor diesem Schicksal bewahrten Lindau der schwäbische Kreis und das Kurfürstentum Bayern. Vom Kreis war unter dem Einfluss der Reichsstädte bereits 1766 eine Resolution zugunsten Lindaus ergangen.[625] Wichtiger war wohl, dass Lindau und Kurbayern 1771 einen neuen Salzkontrakt unterzeichneten, womit auch deren Verkehrsverbindung einen besonderen Schutz bekam.[626] Kurbayern signalisierte damit an einem Höhepunkt des Konflikts Schutzabsichten gegenüber Lindau. Auch dieses Manöver Kurbayerns mag zu einem bald folgenden handelspolitischen Entgegenkommen Wiens gegenüber München geführt haben, was 1777 in einem entsprechenden Abkommen münden sollte.[627]

623 VLA, Vogteiamt Bregenz, 300, 8. Juli 1777, Anlage Nr. 14.

624 VLA, Vogteiamt Bregenz, 300, 8. Juli 1777, fol. 3r–3v, 37r–37v.

625 VLA, Vogteiamt Bregenz, 300, »Copia von der Löbl. Schwäb. Creyß Versammlung mir Freyherrn von Widman de dato Ulm den 27. Junii 1766 zugestellten Pro Memoria«. Zugesandt war dieses Schreiben von den Reichsstädten Lindau, Ulm und Isny, hier verwies man mit entsprechenden Anhängen auch auf die gescheiterten ähnlichen Straßenbaupläne von Bregenz aus den Jahren 1704, 1706, 1710 und 1734.

626 *Ott*, Salzhandel, S. 375–377.

627 Ebd., S. 458–490. Der Vertrag wurde allerdings bereits 1779 nicht mehr erneuert, das Verhältnis Österreichs zu Bayern blieb bezüglich der Handelspolitik angespannt: Hoffmann, *Wirtschaftsgeschichte*, S. 464.

Lindau konnte sich nicht nur aufgrund von Tarifsenkungen seine Stellung als Transitknoten bewahren. Die Reichsstadt war auch in der Lage, die weiteren Partner seiner traditionellen Transitroute für die eigenen Anliegen zu gewinnen. So unterstützten St. Gallen, Glarus und andere Kantone der Schweiz sowie der Freistaat der Drei Bünde die Reichsstadt und behinderten gleichzeitig die Bregenzer Fuhr.[628] Sehr nachteilig wirkte sich für Bregenz und Hermann Karrer das dilatorische Verhalten des Fürstentums Liechtenstein aus. Hinter Feldkirch begann der liechtensteinische Rodbezirk, und hier wurden einerseits die Straßenbauten zugunsten von Bregenz nur langsam durchgeführt, andererseits die Abladepflicht für die Memminger sehr ernst genommen.[629] Obwohl ostentativ aufseiten der Habsburger,[630] trafen die Vorkämpfer der Bregenzer Route beim Fürstenhaus Liechtenstein auf einen Verbündeten Lindaus, was angesichts der Einnahmesteigerungen beim liechtensteinischen Zoll kaum verwundert.[631] In der Reichsöffentlichkeit galt der Konflikt daher bereits um 1776 als entschieden zugunsten Lindaus. In Bayerisch-Würzburgischen Transitkonferenzen dieses Jahres wurde seitens der Deputierten erwähnt, dass es Lindau in den vorhergehenden Jahren gelungen sei, durch erhöhte Aufwendungen für eigene Fuhrleute, die Etablierung Bregenz' zum Stapelplatz des Bodensees zu verhindern.[632]

Beendet wurde der Konflikt durch leitende Politiker der Habsburgermonarchie tatsächlich erst ein Jahr später: Im Sommer 1776 wurde der Zustand der Rheinbrücken an der alten Rheinstraße so kritisch, dass der Verkehr auf diesen faktisch eingestellt werden musste.[633] Das Oberamt Bregenz hatte wohl darauf nur gewartet, es erwirkte am 28. September 1776 eine *allerhöchste Resolution*, nach der die Rheinstraße nicht mehr repariert werden durfte.[634] Nun mussten die Lindauer mit einer vollständigen Verlagerung des Verkehrs über Rheineck und die Schweiz reagieren. Am 19. Februar 1777 schickte Lindau eine Delegation in die Schweiz, die um ein vertragliches Handelsverhältnis ansuchen sollte. Zur dauerhaften Befestigung desselben sollte eine Chaussee von Rheineck nach Graubünden gebaut werden.[635] Das Vogteiamt Feldkirch reagierte nun rasch. Einerseits erlaubte es den Fuhrleuten aus Fußach und Höchst, ihre Dienste dem

628 VLA, Vogteiamt Bregenz, 300, Schreiben von Baron Franz Christoph von Ramschwag an Joseph Heinrich Freiherr von Ried am 7. Juni 1777, 8. Juli 1777, fol. 44r–44v.

629 Vgl. Kap. II, Fn. 126; *Biedermann*, Das Rod- und Fuhrwesen, S. 24–30; VLA, Vogteiamt Bregenz, 301, Schreiben von Franz Xaver von Harrant aus Hohenems am 6. März 1773.

630 VLA, Vogteiamt Bregenz, 301, Schreiben von Vaduz an das Oberamt Bregenz am 1. Juli 1766.

631 Vgl. Tabelle 8.

632 *Zoepfl*, Fränkische Handelspolitik, S. 228–230.

633 VLA, Vogteiamt Bregenz, 300, Stadt Lindauisches Mercantil Raths-Schreiben am 8. März 1777.

634 VLA, Vogteiamt Bregenz, 300, Schreiben des Vogteiamts Feldkirch an die vorderösterreichische Regierung in Freiburg am 10. März 1777.

635 VLA, Vogteiamt Bregenz, 300, Schreiben der Gerichte Rankweil-Sulz und Fußach-Höchst an die vorderösterreichische Regierung vom 29. März 1777, Schreiben von Baron von Ramschwag an Joseph Heinrich Freiherr von Ried am 7. Juni 1777.

schweizerischen Rheineck anzubieten, damit sie nicht ihr Auskommen verlieren würden.[636] Andererseits meldete es im März 1777 an die vorderösterreichische Regierung in Freiburg, dass der Verkehr rasch abfalle und der Italienhandel bald völlig an die Schweiz verloren gehen würde. Man sandte Zollregister vom April und Mai 1776 und 1777 mit, aus denen ein Verlust an Einnahmen von über 50 % im Gegensatz zum Vorjahr hervorging.[637]

Innerhalb Vorarlbergs spitzte sich daraufhin der Konflikt zwischen dem Oberamt Bregenz und dem Vogteiamt Feldkirch massiv zu. Während Bregenz unbedingt die errungene Position bewahren wollte, drang Feldkirch auf eine vollständige Erneuerung der alten Rheinstraße. Der österreichische Minister im schwäbischen Kreis, Joseph Heinrich Freiherr von Ried zu Collenbach (1730–1779), schrieb im Juni 1777 einen eindeutigen Bericht über die Lage, in dem er verlangte, die alte Rheinstraße wieder zu erneuern, um *das sehr beträchtliche – aus Schwaben und von dem Boden-See nach Italien ziehende Commercium, ich sage nicht beyzubehalten, denn dermahlen ist es wircklich schon verlohren, sondern denen Schweizern wieder zu entreißen.* Er befürchtete den Ruin mehrerer Gemeinden (St. Johann, Fußach, Höchst, Rankweil, Sulz) und den jährlichen Zollverlust von 4.000 bis 5.000 fl. für Bregenzer Allüren, die aus seiner Sicht immer hoffnungslos bleiben mussten.[638]

Im weiteren Jahresverlauf entstand eine umfassende Korrespondenz, aus der in der obigen Darstellung die wesentlichen Entwicklungen nachgezeichnet werden konnten. Das Oberamt Bregenz protestierte heftig und erstellte auf Basis von Schlüsselakten des letzten Jahrzehnts ein über 100-seitiges Memorandum, um die Erneuerung der alten Rheinstraße zu verhindern. Man bat um mehr Freiheit für die Memminger Fuhr, weitere Straßenverbesserungen und die Nichterneuerung der alten Rheinstraße, jedoch vergebens.[639] In der Folgezeit setzte sich das Vogteiamt Feldkirch mit seiner Argumentation durch, vor allem dank der Stütze durch den Freiherrn von Ried, der über die Angelegenheit direkt an Kaunitz berichtete. Er sah klar, dass eine Durchführung der Vorschläge von Bregenz schlicht zum Verlust des Transits über Vorarlberg führen würde, da die Schweizer gute Straßen bauen würden und Rheineck anstelle von Fußach zum dauerhaften Partner Lindaus avancieren würde.

636 Dies bezeichnete das Oberamt Bregenz als *Widergesetzlichkeit des Vogteyamtes Feldkirch*: VLA, Vogteiamt Bregenz, 300, 8. Juli 1777, fol. 19r–22r.

637 VLA, Vogteiamt Bregenz, 300, Schreiben des Vogteiamts Feldkirch an die vorderösterreichische Regierung in Freiburg vom 10. und 30. März 1777.

638 *Bilgeri*, Geschichte, S. 255–256; VLA, Vogteiamt Bregenz, 300, Baron von Ramschwag an Joseph Heinrich Freiherr von Ried am 7. Juni 1777; Joseph Heinrich Freiherr von Ried an Kaunitz am 28. Juni 1777. In Rieds eigenen Worten an Kaunitz: *Euer Excellenz geruhen zu überlegen, ob es sich der Mühe lohne, wegen dem Eigensinn und vielleicht Jalousie ein und anderer Herrn Beamten, dem allerhöchsten Aerario einen so beträchtlichen Schaden zuzufügen und dabey einem großen Theil der vorarlbergischen Unterthanen ihre Nahrung zu entziehen.*

639 VLA, Vogteiamt Bregenz, 300, 8. Juli 1777, fol. 77v–83v.

Ried sah die Abhängigkeit des Transithandels über Vorarlberg an Lindau gekoppelt. Dies war allerdings kein notwendiger Zustand, wie das vorhergehende Jahrzehnt auch gezeigt hatte. Die Stadt war als Speditionsort bedroht gewesen und ein Erfolg von Bregenz hatte zeitweise im Bereich des Möglichen gelegen. Neben den Mängeln der Straße von Bregenz nach Weiler mit ihren zu steilen Abschnitten war ein wichtiger Grund für den schlussendlichen Erfolg Lindaus dessen faktische Allianz mit den wichtigsten Routenanrainern gewesen. Darunter hatten sich auch Habsburger Untertanen befunden oder ein in österreichischer Abhängigkeit befindlicher Fürst wie der liechtensteinische. Und auch mit diesen Verbündeten im Rücken war es für die Lindauer Spediteure unumgänglich gewesen, ihre Route zu verbilligen.

Indem Ried diesen faktischen Sieg Lindaus 1777 anerkannte, bewirkte sein Bericht, dass die alte Rheinstraße wieder repariert wurde, was dann auch bis 1781, allerdings mit Kostenbeteiligung der Gerichte Höchst-Fußach und Rankweil-Sulz sowie der wichtigen Speditionsfamilie Salis in Graubünden geschah.[640] In den folgenden Jahrzehnten blieben beide Straßenzüge weiterhin im Gebrauch. Die Straße von Bregenz nach Weiler wurde ein nicht unbedeutender Weg für Salz- und Holzfuhren sowie Nahrungsmittel.[641] Die von den Lindauern verwendete Straße von Fußach nach Feldkirch blieb jedoch die zentrale Achse der Bündner Routen nördlich der Alpen und die wesentlichen Großhändler und Spediteure dieser Route saßen weiterhin in Lindau. Hermann Karrers Wirken für Bregenz endete wohl kurz nach der Entscheidung, die alte Rheinstraße zu erneuern, da mit diesem Bau die Route Memmingen – Bregenz – Feldkirch strukturell nicht mehr wettbewerbsfähig war; oder in den Worten des Oberamts Bregenz: Wenn man *eine solche Straß bauen würde*, dies *zu Vernichtung und Verödung der Bregenzer Straß gereichete*.[642] So geschah es: Lindau blieb der Stapelplatz des Bodensees, und Bregenz sah sich auch künftig vom Fernhandelstransit mit teuren Textilien abgeschnitten.[643] Als die kommenden zwei Jahrzehnte ein rapides Verkehrswachstum auf den Bündner Routen bringen sollten, kam dies dann auch weitgehend Lindau zugute.

e) Die Umstrukturierung des süddeutschen Verkehrs

Aus Habsburger Perspektive war ein wichtiger Erfolg der Konkurrenz zwischen Lindau und Bregenz die Revitalisierung der Bündner zulasten der Schweizer Routen; also die Stärkung des Transits nach Mailand und die Schwächung des-

640 *Bilgeri*, Geschichte Vorarlbergs, S. 256; *Sutterlütti*, Vom Geld, S. 113.

641 *Raich*, Bregenzer Straßenpolitik, S. 76.

642 VLA, Vogteiamt Bregenz, 300, 8. Juli 1777, fol. 44r. Damit stellte sich Bregenz natürlich selbst nach zehn Jahren mit der Memminger Spedition und der neuen Straßenverbindungen ein verheerendes Zeugnis für seine eigene Konkurrenzfähigkeit als Stapelplatz aus.

643 *Rode*, Der Handel im Königreich, S. 170–174, 181–183.

selben über Turin. Der Wermutstropfen war, dass diese Vitalisierung hauptsächlich Lindau und nicht Bregenz zugutekam. Ungleich eindeutiger und für die Zeitgenossen äußerst eindrucksvoll war der Erfolg der Partnerschaft des in Venedig ansässigen Kaufmanns Benedikt von Hermann mit Habsburg im Fall Tirols.

Wer war Benedikt von Hermann?[644] An dieser Stelle sei diese Frage nur kurz in dem Sinne beantwortet, dass er aus Memmingen stammte und im 18. Jahrhundert einer der reichsten Kaufleute der deutschen Nation in Venedig werden sollte. Eingehend wird Hermann in Kap. IV. 4. g vorgestellt. Im Zusammenhang der Konkurrenz um die Transitrouten der 1760/70er Jahre gingen die Habsburger wohl vor allem auf ihn zu, da er während des österreichischen Erbfolgekriegs der Sache Maria Theresias durch Geldvorschüsse für die Italienarmee gute Dienste geleistet hatte. Als Belohnung wurde er 1742 in den erbländischen Adel und 1750 sogar in den Reichsadel erhoben.[645] Angesichts der Transitkrise baten ihn die Habsburger um nichts Geringeres als die Wiederbelebung der Tiroler Routen. Hierzu lässt sich angesichts eines überraschenden Aktenmangels leider nur sehr viel weniger als zur Aktivität seines Verwandten Hermann Karrer im Fall der Bündner Routen sagen. Aufschlussreich ist bereits die schriftlich aufgezeichnete Äußerung des bayerischen geheimen Hofrates und Wirtschaftspolitikers Franz Xaver von Stubenrauch (1718–1793) im Jahr 1780 in München gegenüber dem württembergischen Landschaftssekretär Konradin Abel (1750–1823) anlässlich von Verhandlungen zum Salz- und Weinhandel zwischen Bayern und Württemberg:

Am Ende fing der Geheime Rath v. Stubenrauch zum ersten Mal über einen für Bayern und Würtemberg gleichwichtigen Gegenstand, von dem ich schon vorhin unterrichtet war, zu sprechen an, nehmlich über die italiänische Spedition nach dem Rhein und Niederteutschland. Diese gieng ehemals über Salzburg durch Bayern und Wirtemberg, seit geraumen Jahren aber wurde sie auf Vorstellung des Banquier Hermanns zu Venedig mittelst einer durch die Statt Memmingen, ein Handelshauß zu Augspurg und einige Schweizer Häusser bewirkte und von der Kayersin Königin Mayestät ratificirten Convention durch Tyrol über Memmingen nach Schafhausen, und von dort über Basel und Stras-Burg dirigirt.[646]

Allerdings wären, so Abel, die Vorteile für das kaiserliche Ärar relativ gering, sodass nach Ablauf des Vertrages in zwei Jahren der Handel wieder in seinen alten Verlauf gebracht werden könne, in diesem Sinne sollten Württemberg und

644 Trotz intensiver Recherche in den einschlägigen Archiven, vor allem in Innsbruck und Wien, konnte ich keinen Aktenbestand zum Vertragsverhältnis Benedikt von Hermanns aus Venedig und der Habsburgermonarchie finden. Da das Vertragsverhältnis über 10 Jahre dauerte und ein intensives Engagement vonseiten der Monarchie beinhaltete, ist von der Existenz einiger Akten zu dieser Angelegenheit auszugehen.
645 *Zorn*, Handels- und Industriegeschichte, S. 80–81.
646 BWHSAS, A 16a, Bü 547, 22. Juli 1780. Unterstreichung im Original.

Bayern gemeinsam wirken. Da Hermann 1782 starb und sein großes Vermögen an Erben in Südwestdeutschland ging, mag das nicht mehr notwendig geworden sein. In jedem Fall steht Stubenrauchs Äußerung am Ende eines der interessantesten Phänomene der Speditionsgeschichte, dem Erfolg eines einzelnen Handelshauses in der Umlenkung kontinentaler Handelsströme gegen Ausgang der Frühen Neuzeit.

Der Erfolg der Firma Hermann wird noch aus 1945 verbrannten Akten des Würzburger Staatsarchivs erhellt, die Gottfried Zoepfl 1894 teilweise ausgewertet hat. Ihm zufolge fühlten sich 1776 Augsburg und Kurbayern von den Aktivitäten des Hermann'schen Hauses, als Memminger *Übermacht* bezeichnet, bedroht. Seit 1770 hatte die Firma eine Direktspedition zwischen Frankfurt und Memmingen und von da über Füssen und Innsbruck nach Venedig aufgebaut, durch die der internationale Transit Bayern und Augsburg umging. Nur Lindau sei es gelungen, so stellten die Augsburger und Bayern fest, seine Position als Handelsort gegenüber einem weiteren Versuch derselben Firma, die Spedition auf den Bündner Routen über Bregenz zu lenken, zu bewahren.[647] Die genaue Linie der Hermann'schen Spedition zur Belebung Tirols wird noch ein weiteres Mal in der Literatur erwähnt, sie lief über Mainz/Frankfurt – Straßburg – Schaffhausen – Memmingen – Füssen – Innsbruck – Venedig. Als weitere wichtige Partner werden in Kempten die Firma Jenner und in Bozen die Firma Gummer erwähnt. Der wichtigste Beteiligte war Nikolaus Olenschlager in Frankfurt, der 1739 bei Daniel Amman in Venedig zur Lehre gegangen war.[648]

Es muss überraschend erscheinen, dass ein einzelnes Handelshaus, wenngleich in ganz Süddeutschland, der Schweiz und Italien mit hochkarätigen Partnern ausgestattet, es schaffte, den Transalpenhandel umzulenken. Dies mag in einem größeren Kontext erklärbar werden. Der Verkehrszug Tirol – Venedig war, wie gezeigt worden war, seit 1750 angesichts der neuen Konkurrenz auf den Schweizer Routen in eine Krise geraten. 1760 hatte die Republik Venedig ihren Transitzoll bei Verona zudem noch erhöht. Auf rasche Beschwerden von Tiroler Seite hin wurden diese Erhöhungen zurückgenommen. 1766 nun beschwerte sich Venedig beim österreichischen Botschafter in der Republik über Aufschläge beim Transitzoll für Seidenwaren, woraufhin auch diese vonseiten der Habsburgermonarchie abgeschafft wurden; allerdings erst nachdem intern in den Wiener Behörden vermerkt wurde, dass dieses Produkt über Triest kaum eingeführt würde.[649] Trotz einer aggressiven handelspolitischen Linie Wiens gegenüber Venedig in diesen Jahren, die sich insbesondere an Hinderungen des

647 *Zoepfl*, Fränkische Handelspolitik, S. 228–230. Vgl. zu Hermanns Konflikt mit Lindau das vorhergehende Kapitel.

648 *Rauch*, Ein Rhein-Neckar-Donau Verkehrsplan, S. 489; Anhang III.

649 *Beer*, Die Zollpolitik, S. 293; ÖSTA/FHKA/NHK, Kommerz Innerösterreich, Nr. 549, Fasc. 66,2, 565r–575v. Zu vermerken ist, dass die Habsburger ihre Zölle bei Pontafel und Kremsbrücke zeitgleich gegen Venedig nutzten, um dessen Handel besonders über Tirol zu lenken: *Beer*, Die österreichische Handelspolitik, S. 50.

Warenverkehrs über den Gardasee entzündete[650] und ihren Niederschlag auch in einer nun deutlich verstärkten Förderung Triests fand,[651] war damit eine im Grunde günstige Konstellation für eine Kooperation hergestellt. Die Konkurrenz der anderen Alpenrouten sorgte, wie in Kap. II. 4 dargestellt wurde, für eine venezianisch-österreichische Interessengemeinschaft zur Förderung des Transits über Tirol, und in eine solche Konstellation passte eine Figur wie Benedikt von Hermann sehr gut.

Laut Stubenrauch hatten sich die Habsburger speziell an Hermann gewandt, um dem wachsenden Handel über Salzburg Paroli bieten zu können. Dies hatte seine eigene Ursache: 1765 war Salzburg vonseiten der Habsburger ein Nachlass in den Transitzöllen über ihr Territorium gewährt worden, eigentlich zur Förderung Triests.[652] Dies führte zu einem recht rasch wachsenden Verkehr über Salzburg, der 1772 einen erstmaligen Höhepunkt erreichte.[653] Dieser Verkehr wird vermutlich aus Sicht der österreichischen Beamten zu stark aus dem Venezianischen gekommen sein, sonst wäre es widersinnig vonseiten der Habsburgermonarchie, als Gegenmaßnahme einen Spediteur in Venedig mit großen Begünstigungen auszustatten, um dessen nach Deutschland reichendem Handelszug wieder die Tendenz über Tirol zu geben. Und in der Tat: Zwischen 1772 und 1781 weisen die Daten des venezianischen Deutschlandhandels, unter anderem infolge der Hermann'schen Spedition, ein Wachstum auf, ebenso die Zolleinnahmen auf den Tiroler Routen.[654] Korrespondierend dazu brach 1773 der Verkehr über Salzburg ein.[655]

Die Förderung Venedigs durch die Habsburger ging dabei kaum zulasten Triests. In der einschlägigen Literatur wird bis heute häufig eine Ablösung Venedigs durch Triest als Haupthafen der Adria um 1770/80 angenommen.[656] In der Tat weisen die Import- und Exportwerte Triests seit 1760 konstant nach oben, um sich 1780 noch einmal zu beschleunigen.[657] Auf seinem Höhepunkt in den 1780er Jahren wurden in Triest mit etwa 7.000 Einwohnern in Werten etwa 18.000.000 duc. umgeschlagen, was um die 70 % von Venedig mit seinen 140.000

650 *Vecchiato,* La vita politica economica, S. 250–253. ÖSTA/FHKA/NHK, Kommerz Innerösterreich, Nr. 549, Fasc. 66,2, fol. 565–567r.

651 Diese lief allerdings weitgehend über Straßen- und Hafenbauten, zollpolitisch wurde auch seit dem Amtsantritt Maria Theresias die Förderung Triests kaum zulasten der Tiroler Routen betrieben, vgl.: *Kaltenstadler,* Der österreichische Seehandel, Bd. 2, S. 65–71.

652 Dies war auf einen Bericht von Philipp von Sinzendorf hin geschehen: *Bonoldi,* La fiera e il dazio, S. 146–147. Zur Bedeutung der Salzburger Routen für Triest: *Kaltenstadler,* Der österreichische Seehandel, Bd. 2, S. 71; *Hassinger,* Die Handels- und Verkehrsstellung, S. 266–268.

653 *Barth-Scalmani,* Der Handelsstand, S. 109–114.

654 *Campos,* Il commercio, S. 168; *Bonoldi,* La fiera e il dazio, S. 370.

655 *Barth-Scalmani,* Der Handelsstand, S. 109–114.

656 Dies basiert auf der grundsätzlichen Feststellung in: *Kaltenstadler,* Der österreichische Seehandel, Bd. 1, S. 493.

657 Vgl. *Bruckmüller,* Triest und Österreich, S. 317; *Panjek,* Una »commercial officina«, S. 258–277.

Einwohnern ausmachte.[658] Der Erfolg war zwar beeindruckend, doch dies ging kaum zulasten Venedigs. Im Gegenteil machten die venezianischen Küstenfahrer in Triest sogar noch Profit, da sie dessen Lokalhandel dominierten.[659] Ohne fruchtbares Hinterland, nur mit einem kleinen Gewerbesektor ausgestattet und im Finanzbereich lange von Venedig abhängig, war Triest zwar dank intensiver Infrastrukturmaßnahmen und Zollerleichterungen in der Habsburgermonarchie ein wichtiger Hafen geworden, doch sein Hinterland blieb lange auf Innerösterreich, den Balkan und Osteuropa beschränkt. Für die Venezianer stellte Triest bis in die 1780er Jahre eher eine günstige Markterweiterung in den Osten dar als einen Konkurrenten. Von Befürwortern Triests wurde zwar die geringe Wassertiefe der Lagune in Kontrast zur Situation beim Freihafen gesetzt und damit eine naturnotwendige Dominanz über Venedig angenommen.[660] Gegenüber solchen Behauptungen zeigen die Quellen ein anderes Bild: Der Verkehr in die durch den teuren Bau der Murazzi (1744–1782) stabilisierte Lagune von Venedig wuchs bis in die 1780er Jahre konstant an und hielt sich dann bis zum Ausbruch der Revolutionskriege auf einem soliden Niveau. Dasselbe galt für die Flotte der Serenissima, die im späten 18. Jahrhundert fast 600–700 Schiffe ausmachte – darunter auch einige sehr große Fahrzeuge.[661]

Nur in einer Hinsicht war die Konkurrenz im 18. Jahrhundert in der Tat gegeben: Die große Hoffnung gerade Maria Theresias war immer gewesen, den besonders profitablen Handel ins Reich und an die Nordseeküste an Triest zu binden.[662] Bei einer zu markanten Erleichterung des Verkehrs über Salzburg wäre dieser Handelszug zu stark vom Wohlwollen des Salzburger Erzbischofs und des bayerischen Kurfürsten abhängig geworden. Trotz des transitpolitischen Rapprochements zwischen Kurbayern, Salzburg und der Habsburgermonarchie in den 1770er Jahren hielt es Österreich nicht für angebracht, durch Präferenzzölle den Verkehr zugunsten Triests und zulasten Venedigs zu deutlich ins Salzburgische zu lenken.[663]

Mittels einer Förderung der Spedition durch Tirol durch den in Venedig ansässigen Hermann sollte der spezifische Handel, der Venedig durch Triest (noch) nicht zu nehmen war, über Bozen anstatt über Salzburg gelenkt werden. Triest

658 *Georgelin,* Venise au siècle, S. 112–113.

659 *Tamaro,* Storia di Trieste, S. 192–193; *Georgelin,* Venise au siècle, S. 105.

660 *Gasser,* Karl VI., Triest und die Venezianer, S. 92.

661 Vgl. zum Verkehr und den Murazzi: *Georgelin,* Venise au siècle, S. 43–51, 85–98, 996, 1004, 1008; *Cova,* L'amministrazione austriaca, S. 116–117; *Costantini,* Commercio e marina, S. 603–608.

662 Dieses Ziel galt explizit erst seit dem Thronantritt Maria Theresias, bis dato hatte man seitens der Regierung in Wien immer betont, wie wenig Triest in direkter Konkurrenz zu Venedig stehen würde: *Beer,* Die österreichische Handelspolitik, S. 40–55; *Gasser,* Karl VI., Triest und die Venezianer, S. 84–85. Zum Bestreben Maria Theresias vgl.: *Kaltenstadler,* Der österreichische Seehandel, Bd. 2, S. 70–71; ÖSTA/FHKA/NHK, Kommerz Innerösterreich, Nr. 549, Fasc. 66,2, fol. 385r–408r.

663 Vgl. Kap. II, Fn. 627, 652.

wurde dadurch allerdings in den Folgejahren noch mehr zu einem Hafen vor allem für die Habsburgermonarchie, insbesondere für Böhmen und Ungarn.[664] Der Handel ins Reich hauptsächlich mit Baumwolle, Zucker und Olivenöl war deutlich geringer, nur als Exporthafen für Leinwand- und Messingwaren sowie Wachs aus Süddeutschland und Schlesien hatte Triest im späten 18. Jahrhundert einige Bedeutung.[665] Die Entwicklung Triests zum Hafen der Habsburgermonarchie und eben nicht zum Tor Mitteleuropas zur Adria kann auch statistisch belegt werden. 1803, nachdem die Habsburger fünf Jahre Venedig okkupiert hatten, stammten 37 % des Gewichts und 15 % der Werte aller auf den Tiroler Routen transportierten Waren aus Triest, der Rest vornehmlich aus den ehemaligen Besitzungen der Republik Venedig.[666] Vor der Inbesitznahme Venedigs durch Österreich werden diese Werte noch günstiger für die Serenissima gewesen sein. So gesehen stand Triest um 1770 bezüglich des Handels ins Reich kaum in echter Konkurrenz zu Venedig, was die Förderung Hermanns durch die Habsburger als eine handelspolitisch wohlüberlegte Aktion Wiens erscheinen lässt.

Ein ähnliches Bild ergibt sich auch für Ancona. Zu dessen Verkehrsentwicklung konnte Alberto Caracciolo eindeutig zeigen, dass seit der Freihafendeklaration von 1732 zwar einerseits ein konstant wachsender Schiffsverkehr bemerkbar war, andererseits in Venedig keinerlei damit korrelierende Auf- oder Abwärtsbewegungen stattfanden. Er schlussfolgert, dass die Häfen kaum in direkter Konkurrenz zueinander standen und dass Ancona wohl häufig für einen kurzen und seit 1732 kostengünstigen Zwischenhalt im Transit genutzt wurde, bei dem nur ein geringer Handelsumschlag mit dem mittelitalienischen Hinterland stattfand.[667]

Nach diesem Exkurs zu den Adriahäfen sei zu den Erschütterungen Süddeutschlands durch Hermanns Wirken zurückgekehrt. Durch die Neuausrichtung der Spedition aus Tirol von ihrem ursprünglichen Weg nach Augsburg und dann in Richtung Main hin zur Linie über Schaffhausen und Basel setzte Hermann nicht nur die Salzburger und Schweizer Routen unter enormen Druck. Auch alle nördlichen Routenanrainer sahen sich seit 1770 mit dem Verlust des internationalen Transits konfrontiert. Spätestens seit Mitte der 1770er Jahre empfand man dies vor allem in Augsburg, Kurbayern und dem Hochstift Würzburg als dermaßen kritisch, dass intensive Versuche angestellt wurden, den Transit wieder durch ein gemeinsames Vorgehen auf die alte Route zu bringen. Von Augsburg wurden in den folgenden Korrespondenzen die zu hohen bayerischen Transitzölle seit 1765 für das Aufkommen der neuen Route verantwortlich gemacht. Früher sei der internationale Verkehr von Tirol über Mittenwald nach

664 *Hassinger*, Der Außenhandel, S. 92–98.

665 *Kaltenstadler*, Der österreichische Seehandel, Bd. 2, S. 57–65.

666 *Moioli*, Aspetti del commercio, S. 852; *Bonoldi*, La fiera e il dazio, S. 365. Vgl. auch: *Georgelin*, Venise au siècle, S. 120.

667 *Caracciolo*, Le port franc d'Ancône, S. 116–123. Caracciolo sieht dabei keinen Vorteil für Venedig. Er schreibt, Ancona und Triest hätten sich *au dépens de Venise* entwickelt. Seine eigenen Befunde widersprechen dem allerdings.

Schongau und schließlich nach Augsburg gegangen, seit Einführung des neuen Mautsystems zöge er vermehrt über Reutte und Kempten nach Memmingen.[668]

Die Verhandlungen mit ihren Höhepunkten in gemeinsamen Konferenzen der Reichsstadt Augsburg, dem Kurfürstentum Bayern und dem Hochstift Würzburg blieben letztlich erfolglos, zu divergierend waren die einzelnen Interessen. Würzburg senkte seine Zölle in den späten 1770er Jahren schließlich im Alleingang, um den Handel über den Main wieder zu beleben.[669] Die Wirkung war bedeutsam, da bei einer Abladung an den Stapelorten des Mainknies (Kitzingen, Marktbreit, Marktsteft) eine Umgehung Kurbayerns in Richtung Tirol über die Markgrafschaft Ansbach, die Reichsstadt und das Hochstift Augsburg möglich war.[670] Der Mainhandel belebte sich daher wieder, jedoch kaum auf Kosten der Hermann'schen Spedition, sondern vor allem zuungunsten eines weiteren wichtigen Handelszugs zwischen Mainz und dem Alpenraum, dem von Mannheim nach Süden ausgehenden Neckarhandel.[671] Die damit erfolgte Ausmanövrierung von Kurbayern und der Kurpfalz beschleunigte eine sich bereits seit 1778 anbahnende Allianz der damit zusätzlich zur Hermann'schen Spedition aus Venedig noch verstärkt umgangenen Territorien der Wittelsbacher und des Herzogtums Württemberg.

Der Herrschaftsantritt Karl Theodors in München im Jahr 1778 und die daraus resultierende Zusammenführung der wittelsbachischen Territorien im Reich in einer Personalunion beschleunigte den Umschwung der Transitverhältnisse in Süddeutschland. Karl Theodor erließ das sogenannte *Beneficium Speditionis* zugunsten seiner pfälzischen Besitzungen mit Gültigkeit von 1778 bis 1783 und – nach kurzfristiger Abschaffung – erneut 1787 bis 1803, was äußerst hohe Zollnachlässe für Waren brachte, die von der Kurpfalz oder Jülich-Berg über Mannheim in Richtung Bayern spediert wurden.[672] Dies galt nicht nur für Produkte der eigenen Lande, sondern auch für den Transit aus den Niederlanden, solange dieser durch Untertanen Karl Theodors organisiert wurde. Diese handelspolitische Maßnahme machte es teilweise lohnenswert, Waren mehrere hundert Kilometer Umweg über Mannheim nehmen zu lassen.[673] Profitieren mussten die Staaten und Städte, über die dieser Transitzug gelenkt

668 StA, Reichsstadt, Stadtpfleger, Geheimer Rat und Rat, Commercia, 17.5.

669 *Zoepfl*, Fränkische Handelspolitik, S. 229–231.

670 So vermerkten es die bayerischen Beamten zu ihrem großen Verdruss: *Häberle*, Untersuchungen, S. 133–137.

671 *Rauch*, Heilbronn, S. 84–85.

672 Die Literatur zum Beneficium Speditionis ist reichhaltig, die wichtigsten Angaben finden sich in: *Zoepfl*, Fränkische Handelspolitik, S. 231–232; *Denz*, Die Schiffahrtspolitik der Kurpfalz, S. 69–78; *Funk*, Der Kampf; *Rauch*, Ein Rhein-Neckar-Donau Verkehrsplan; *Ziehner*, Der Kommerzialverband; *Mauersberg*, Die Mannheimer Route; *Edlin-Thieme*, Studien zur Geschichte; *Häberle*, Pfälzisch-bayerische Integrationsversuche.

673 So versandten nun Münchner Händler bisweilen ihre aus Italien bezogenen Waren nach Mannheim und zurück, um den Zollnachlass zu erhalten: *Edlin-Thieme*, Studien zur Geschichte, S. 9.

wurde, vor allem die Reichsstadt Heilbronn und das Herzogtum Württemberg als Neckaranrainer.

Seit Unterzeichnung eines Abkommens von Bayern und Württemberg im Jahr 1781 war klar, dass diese Handelsroute vor allem von Württemberg über Lauingen nach Bayern verlaufen würde. 1784 wurde als Krönung der handelspolitischen Allianz zwischen Württemberg und Pfalzbayern der Firma *Gsell, Reinhard & Co.* das Speditionsmonopol auf der Linie Cannstatt – Lauingen gewährt und diese sollte im nächsten Jahrzehnt einen weiteren wichtigen Impuls zur allgemein laufenden Verkehrsdynamisierung geben.[674] Es wäre allerdings zu einseitig interpretiert, wenn wir die Cannstatter Speditionsanstalt ausschließlich im Kontext der verschärften Konkurrenz auf den alpinen Routen und zwischen der Main- und Neckarlinie als Hauptzulieferlinien für die Alpeneingänge sähen. Für die Zeitgenossen übte auch der Ost-West-Handel entlang der Donau eine hohe Faszination aus, die immer wieder in Quellen hervortritt. So schrieb das Oberamt Bregenz im Zuge der Auseinandersetzung mit Lindau im Jahr 1777, dass

> nunmehr alle auf der Donau aus Ungarn, Österreich, Bayern nach Günzburg und Ulm überschiffte schwehre Güter, als das sind: die ungarische Kupferblatten, Kupfer, die steürisch Sensen, und andre Stahelwaaren, Schafwollballen etc. etc. von Ulm und resp. Günzburg aus auf einer Ax directe nach Basel und resp. Schafhausen verfuhrt werden, welche ehemals ihren Zug einzig und allein über Lindau und Bregenz (…) genommen haben.[675]

Dieser Eindruck findet eine gewisse Bestätigung in der hohen Aufmerksamkeit, die die Lauinger Speditionsfirma *Gsell, Reinhard & Co.* für den Handel nach Wien und sogar nach Russland aufbrachte.[676] Jedoch sei deutlich festgehalten: Primär zielte die wittelsbachische Handelspolitik darauf ab, die Erbländer von Düsseldorf bis München als Transitgebiete und -knoten in den europäischen Nord-Süd-Handel einzuspannen.[677] Der Erfolg blieb nicht aus, zwischen 1782 und 1789 kam es zu einer Verdreifachung des Neckarhandels von 32.110 auf 103.010 Z. an Gütern in Richtung Süden.[678]

Die pfalzbayerische Handelspolitik zeigte sich in diesem Fall als gefährlich gegenüber den Reichsstädten Augsburg und Ulm sowie der Habsburger Markgrafschaft Burgau und ihrem Zentrum Günzburg.[679] Indem der Zwang zur Be-

674 Die beste Darstellung dieser Firma bleibt bislang: *Rauch*, Ein Rhein-Neckar-Donau Verkehrsplan, S. 501–518.

675 VLA, Vogteiamt Bregenz, 300, Bericht vom 8. Juli 1777, fol. 26v–27r.

676 *Rauch*, Ein Rhein-Neckar-Donau Verkehrsplan, S. 506.

677 Ebd., S. 504. Vgl. auch: *Edlin-Thieme*, Studien zur Geschichte, S. 8: Man hoffte, den *Nord-Süd-Transit mit Anschluß nach Österreich* zu gewinnen.

678 *Denz*, Die Schiffahrtspolitik der Kurpfalz, S. 74.

679 Es ist interessant zu sehen, dass man seitens Kurbayerns vergeblich versucht hatte, die Markgrafschaft Burgau in die neue Route einzubeziehen, man hätte offenbar eine antihabsburgische Spitze in diesem Transitzug gerne vermeiden wollen: *Rauch*, Ein Rhein-Neckar-Donau Verkehrsplan, S. 497.

rührung bayerischen oder pfälzischen Territoriums rigide auf die jeweiligen Kernterritorien und nicht auf die Städte Lauingen und Donauwörth ausgelegt wurde, diese aber als Transitknoten durch Straßenbauten und Zollvergünstigungen aufgewertet worden waren, zog man den Handel in der Tat nördlich an der alten traditionellen Route vorbei; letztlich sollte dieser von Donauwörth ins Neuburgische oder Kurbayerische laufen.[680] Angesichts der Klagen vonseiten der Münchner Kaufmannschaft scheint die Lauinger Route allerdings nicht so effektiv wie gewünscht zugunsten der bayerischen Hauptstadt gewirkt zu haben.[681] Zu vermuten steht, dass der Nord-Süd-Handel auch weiterhin von den Anrainern der alten Donauroute dominiert wurde, also von Ulm, Günzburg und Augsburg. Zwar ist bekannt, dass der Augsburger Warenverkehr im späten 18. Jahrhundert Einbußen erlitt, die nur durch einen weiterhin starken Finanzsektor eine gewisse Abmilderung erfuhren.[682] Auch für Ulm und die Markgrafschaft Burgau wird in der Literatur im späten 18. Jahrhundert eher eine Zeit wirtschaftlicher Krisen angenommen.[683] Es erscheint jedoch recht wahrscheinlich, dass die genannten Orte und die Markgrafschaft Burgau ebenfalls eine Verbilligung ihrer Route in Form von Zollsenkungen und Straßenbauten bewirkten und damit gerade im Nord-Süd-Transit die Bedrohung durch *Gsell, Reinhard & Co.* wenigstens milderten.[684]

Unabhängig davon, ob Lauingen – Donauwörth oder Ulm – Günzburg – Augsburg stärker den Verkehr an sich zogen, sie alle nützten der Neckar- zulasten der Mainroute im Nord-Süd-Transit. In Reaktion auf die seit 1780 bemerkbaren und durch die Konkurrenz wohl noch gestärkten Kostensenkungen auf der Neckar-Donaulinie schlossen sich die Mainterritorien zusammen, die einander üblicherweise eher feindlich gesonnen waren. 1784/85 kamen Abkommen zur Zollsenkung der Hochstifte Mainz und Würzburg, der Markgrafschaft Ansbach und weiterer kleinerer Reichsstände am Main zustande.[685] Der Erfolg stellte sich ein, in der zweiten Hälfte der 1780er Jahre belebte sich der Mainhandel wieder.[686] Gegenüber dieser Konkurrenz reagierte man wiederum vonseiten Württembergs und Pfalzbayerns durch die Verlängerung von Zoll- und Gebührennachlässen auf der Lauinger Route.[687]

680 *Schremmer,* Die Wirtschaft Bayerns, S. 627–633; *Häberle,* Pfälzisch-bayerische Integrationsversuche, S. 301–309.

681 *Edlin-Thieme,* Studien zur Geschichte, S. 7–9, 47–48, 84–85, 101–102.

682 *Rode,* Der Handel im Königreich, S. 189–195.

683 *Zorn,* Handels- und Industriegeschichte, S. 107–114; *Kießling,* Ländliches Gewerbe, S. 40; *Sczesny,* Zwischen Kontinuität und Wandel, S. 96–101.

684 Dies kann nur als Hypothese aufgrund einiger Indizien aus der Literatur formuliert werden: So wurde von Günzburg nach Dillingen von 1776 bis 1783 eine wichtige Straße ausgebaut: *Auer,* Geschichte, S. 82–83. 1786 klagten die Lauinger Spediteure über den konkurrierenden Verkehr von Straßburg nach Ulm: *Rauch,* Ein Rhein-Neckar-Donau Verkehrsplan, S. 511.

685 *Zoepfl,* Fränkische Handelspolitik, S. 246–270; *Flurschütz,* Die Verwaltung des Hochstifts Würzburg, S. 144–148.

686 *Zoepfl,* Fränkische Handelspolitik, S. 280.

687 *Rauch,* Ein Rhein-Neckar-Donau Verkehrsplan, S. 513.

Während Süddeutschland also seit den 1770er Jahren von dem heftigen, vom Alpenraum ausgehenden Transitwettbewerb erfasst wurde, gab es in Tirol einen kurzen Zeitraum einer gegenläufigen Entwicklung. Von 1780 bis 1783 wurde hier ein Zolltarif in Kraft gesetzt, der zwar keine hohen Zollraten vorsah, jedoch durch ein aufwendiges bürokratisches Verfahren zur Vermeidung von Schmuggel äußerst hemmend auf den Handel wirkte. Der Schaden für Tirol und den gesamten Verkehr über dessen Routen zeigte sich schnell in einem unerwartet dramatischen Abfall des Transits über die Tiroler Routen. An dieser Stelle sei eine ausführliche Ausführung des komplexen folgenden Tarifkonflikts unterlassen, er hat jüngst eine sehr gute Darstellung durch Andrea Bonoldi erfahren.[688]

Die neue Bedeutung der Alpenpässe für die internationale Spedition kann an dem Verhalten eines der bedeutendsten Händler seines Zeitalters anlässlich dieses Tarifkonflikts illustriert werden. Der üblicherweise in Brüssel ansässige Friedrich Romberg (1729–1819), der mit einer Flotte von fast 100 Schiffen und Investments im Kolonialhandel zu den kapitalkräftigsten Kaufleuten der Epoche gehörte, zog 1781 zeitweise nach Lindau, um hier seine transkontinentale Spedition besser zu organisieren.[689] Dies liegt daran, dass er nicht nur im Atlantikhandel höchst aktiv war: Die Spedition von Ostende nach Süddeutschland und bis nach Neapel hatte, auch auf sein Wirken hin, seit Mitte der 1760er Jahre deutlich zugenommen.[690] Jedoch war diese Spedition traditionell über die linke Rheinseite nach Basel und dann über den Gotthard[691] oder über Augsburg und die Tiroler Routen gegangen.[692] Es mag sein, dass seine Übersiedelung nach Lindau 1781 als ein Warnzeichen an den Kaiser zur Zeit des umständlichen Tarifs auf den Tiroler Routen gemeint war, wirkmächtiger wird jedoch wohl noch die massive Verbilligung der Spedition am Bodensee infolge des Konkurrenzkampfes von Bregenz und der Reichsstadt gewesen sein. Romberg war bis 1785 Bürger von Lindau, und sein dortiges Handelsengagement blieb noch darüber hinaus bestehen.[693] Damit war ein bedeutender Teil der von den Niederlanden kommenden Transitgüter dauerhaft über Lindau auf die Bündner Routen gerichtet.[694]

688 *Bonoldi*, La fiera e il dazio, S. 215–337.

689 Zu Rombergs Firmenimperium mit der einschlägigen Literatur: *Weber*, Deutsche Kaufleute, S. 195–204.

690 *Lüthy*, La banque protestante, S. 653. Vgl. auch Kap. II, Fn. 485.

691 Dies galt noch 1774 zulasten der Neckar- und der Mainroute: *Scharff*, Der Frankfurter Speditionshandel, S. 260–261.

692 Als der neue Zolltarif von 1780 in Tirol erlassen wurde, hatte Romberg persönlich den Kaiser bald von den desaströsen Wirkungen auf den Transithandel überzeugt: *Bonoldi*, La fiera e il dazio, S. 316.

693 *Zorn*, Handels- und Industriegeschichte, S. 93.

694 In den Akten des Churer Speditionshauses Salis & Massner finden sich für das gesamte Jahr 1781 Speditionsaufträge mit der Unterschrift von Romberg aus Lindau: SAG, A SP III/9 a 4, 66 (Romberg, Friedrich). Aus diesen geht hervor, dass Romberg große Mengen an Seide aus Italien nach den Niederlanden versandte und nach Italien, hauptsächlich an Mailänder Partner, Leinwand und Kolonialwaren schickte. Zu dem Aktenbestand vgl. Kap. IV. 3. g.

Diese erfuhren eine weitere Dynamisierung durch den in den 1780er Jahren unternommenen Ausbau der Reichsstraße in Graubünden, die den Transit noch einmal erleichterte.[695]

In Tirol wurde die letzte Zollordnung vor Ausbruch der Revolution 1786 erlassen. Sie traf mit ihren Transiterleichterungen auf die Zufriedenheit des Tiroler Handelsstands.[696] Diese Reform fügt sich als ein gewisser Epochenabschluss in ein Panorama, das seit den 1750er Jahren von dem Wachstum der Schweizer Routen ausgehend die gesamte Handelswelt Süddeutschlands und des Alpenraums in Bewegung gesehen hatte. Die zentralen Verkehrsachsen der Alpen waren nun weit besser erschlossen, die Zölle waren allenthalben gesenkt worden, und durch Fortschritte in der Logistik hatten die Transaktionskosten für Transporte von dem Küstenband Ostende – Hamburg bis weit nach Mittelitalien hinein eine deutliche Senkung erfahren. Der Erwerb des Alto Novarese durch Sardinien-Piemont im Jahr 1743 hatte dazu beigetragen, eine Umwälzung des europäischen Nord-Süd-Transits auszulösen.

f) Das Wachstum des Alpenverkehrs seit 1770

Allgemein kann festgehalten werden, dass fast alle Indizes des Transalpenhandels seit 1770 einen deutlichen Aufwärtstrend im Volumen, mehr jedoch noch in den Geldwerten zeigen. In den zwei letzten Jahrzehnten vor Ausbruch der Französischen Revolution wuchs der Verkehr auf den Alpenpässen daher so rasch wie seit Jahrhunderten nicht. Es ist bemerkenswert, dass dies mit einem relativen, allerdings nicht absoluten Rückgang an Bedeutung des Seehandels zwischen Hamburg und dem Mittelmeer einherging.[697] Dabei waren die Bünd-

695 *Simonett*, Chur, S. 98–101.

696 *Bonoldi*, La fiera e il dazio, S. 336. Die Zollordnung belastete jedoch den Transit von Seide aus der Republik Venedig außerordentlich, worüber man sich in Tirol nach 1815 sehr beschwerte. SLA/AMM, Atti Daziari, 3.19.3, »Erörterungen über die Einführung eines neuen Mautgesetzes für Tirol & Vorarlberg«, fol. 44r–45r. Der Republik Venedig hatte dies in ihrem letzten Jahrzehnt nicht mehr geschadet, die Seidenproduktion erreichte in diesen Jahren ihre absoluten Spitzenwerte der Frühen Neuzeit und ihr Exportrayon ging bis nach London: *Maier*, Beschreibung von Venedig, Bd. 4, S. 223; *Fumi*, Gli »inutili sforzi per regolar Bergamo«, S. 107. Es scheint, dass zumindest in den Jahren unmittelbar nach Erlass dieser Zollordnung einige Seidenlieferungen von Venedig nach Norden weg von Tirol und stattdessen über Graubünden gelenkt wurden, vgl. Tabelle 10.

697 Dabei soll an dieser Stelle keine Korrelation behauptet werden. Diese statistisch zu belegen, würde einen zu großen Aufwand bedeuten. Die Beobachtung sei jedoch präsentiert und als eine mögliche Ursache die neue Dynamik im Landverkehr über die Alpen angedeutet, diese könnte man wohl neben die klassische Erklärung einer Substitution von mediterranen Produkten im Hamburger Importhandel durch Kolonialwaren stellen: *Pfister*, The Quantitative Development, S. 194–195, 214. Die geringe Dynamik im Seehandel zwischen Deutschland und dem Mittelmeer im 18. Jahrhundert bemerkte bereits: *Beutin*, Der deutsche Seehandel, S. 59.

ner und Tiroler Routen letztlich die größten Gewinner der Entwicklung. Auf den Schweizer Routen verlangsamte sich das seit 1745 zu beobachtende Wachstum um 1768. Die zwei folgenden Jahrzehnte waren hier von einem nur langsamen Verkehrsanstieg gekennzeichnet.[698]

Auf den Bündner Routen war die Lage geradezu invers. Hier begann ein schnelleres Wachstum um 1770 mit dem Wirken Benedikt Hermann Karrers, der die Lindauer Spediteure mit seiner Förderung des Transits über Bregenz unter Druck setzte. Die Folge waren fallende Frachtpreise und eine Steigerung des Transits von hochwertigen Textilien. In einem Bericht aus Vorarlberg aus dem Jahr 1792 heißt es, der Transithandel habe sich gegenüber 1770 um den Faktor eins zu zehn vermehrt.[699] Dies ist etwas übertrieben, wie Tabelle 10 zeigt.

Tabelle 10: Anzahl an Colli, die durch Chur geführt wurden und Gesamteinnahmen der Liechtensteiner Zollstationen in fl., 1770 und 1781–1790

Jahr	Anzahl an Colli	Zolleinnahmen Liechtenstein
1770	15.240	487
1781	19.085	1.053
1782	18.838	1.092
1783	17.472	1.078
1784	15.450	1.124
1785	14.603	1.020

Jahr	Anzahl an Colli	Zolleinnahmen Liechtenstein
1786	14.390	1.035
1787	18.438	1.213
1788	16.138	1.066
1789	15.714	1.042
1790	17.087	1.128

Quellen: *Salis*, Vertheidigung der Erben, S. 23; *Biedermann*, Das Rod- und Fuhrwesen, S. 147.

Es ergibt sich, dass also durchaus eine Steigerung stattgefunden hatte, weit mehr jedoch bei der Qualität der Waren als beim Volumen. Seide und Baumwolle von Süden gegen Leinwand von Norden bedingten nun auch hier die hauptsächliche Handelsstruktur.

In der Literatur wird darauf verwiesen, dass es dem Herzogtum Mailand etwa seit 1780 gelungen sei, die althergebrachte Dominanz im Transitverkehr mit Deutschland wieder herzustellen.[700] Angesichts der Befunde der vorhergehenden Kapitel für die Bündner Routen ist dieser Aussage zuzustimmen. Jedoch

698 *Baumann*, Der Güterverkehr, S. 197.

699 *Stolz*, Zur Geschichte, S. 150; *Stolz*, Quellen, S. 261–263. Dabei war Bregenz kaum Profiteur dieser Entwicklung, wie bisweilen in der Literatur angedeutet: *Niederstätter*, Aspekte, S. 150.

700 So: *Vianello*, Itinerari economici, S. 435; *Battistoni*, L'amministrazione sabauda, S. 128; *Tonelli*, Commercio di transito, S. 96–102. Vgl. die entsprechende Tendenz bereits in den 1770er Jahren: *Ressel*, Karl von Zinzendorf's, S. 150–151.

war dies nicht mehr die alte monopolähnliche Dominanz, es war ein hart errungener Wettbewerbsvorsprung vor dem Konkurrenten im Westen, wo auch nach 1780 noch ein starker Transitverkehr auf der Achse Intra – Genua verblieb.[701] Die Konkurrenz sollte für die nächsten Jahrzehnte, über die Revolutionskriege hinaus bis zu den italienischen Einigungskriegen, ein bestimmendes Element der Transalpenpolitik Turins und Wiens bleiben.[702]

Auf den Tiroler Routen herrschten grundsätzlich etwas andere Bedingungen als auf den Konkurrenzwegen. Hier war das Verkehrsvolumen immer dermaßen groß, dass alle Verwerfungen durch die aktiv werdende Konkurrenz oder eine Stärkung der Rolle Tirols als Transitland sich nicht in großen Sprüngen in den Zolleinnahmen oder Frachtvolumina widerspiegeln. Dennoch war man auch hier als besonders stark vom Transit abhängiges Land bereits gegenüber prozentual kleineren Schwankungen empfindlich. Hier gelang seit 1760 die Wende gegenüber der Konkurrenz durch eine optimierte Zollpolitik und Infrastrukturverbesserungen. Einen bedeutenden Stimulus erhielt diese Route seit 1770 durch das Auftreten von Benedikt von Hermann, der damit den Verkehr auf allen Alpenrouten erschütterte. Eine kurzfristige Krise zu Beginn der 1780er Jahre hing mit einer unglücklichen Zollreform zusammen, die daher bereits 1783 wieder zurückgenommen wurde.

Leider sind für die Tiroler Routen nur wenige gute statistische Daten überliefert. Die Zolleinnahmen an den hauptsächlichen Transitzollstellen weisen von 1746 bis 1760 eine Stagnation mit leichten Niedergangstendenzen auf. Seither sehen wir einen recht stetigen Anstieg, der bis 1780 reicht.[703] Auch danach kann es höchstens kurze Unterbrechungen eines weiterhin steigenden Transitvolumens gegeben haben. Es ist bekannt, dass der Gesamttransit sowohl von Waren des Fern- als auch des Nahverkehrs von 90.341,40 Z. im Jahr 1777 auf 95.280,63 Z. im Jahr 1779 stieg. 1801, als die Habsburger Triest und Venedig besaßen und der Krieg auf den Ozeanen den Seehandel stark hemmte, erreichte der Transit dann das enorme Volumen von 164.205 Z.[704] 1803 betrug das Transitvolumen wiederum ›nur‹ noch 103.000 Z. Der Niedergang resultiert aus den europaweiten Friedensmonaten des ersten Jahresdrittels; dies hatte viele Kaufleute zur Charterung von Transporten über See veranlasst.[705]

Am ungünstigsten sah es für Salzburg aus. Auch wenn die älteren Angaben von Hassinger mit einer Betonung des Niedergangs dieses Routensystems im 18. Jahrhundert zurückgewiesen werden können, so dominiert hier doch bis

701 *Battistoni*, Franchigie, S. 228–229.

702 Der weitere Kontext wird skizziert von *Guderzo,* La vicenda dei valichi.

703 *Bonoldi,* La fiera e il dazio, S. 370.

704 Ebd., S. 391. Herbert Hassinger kommt für das Jahr auf 157.000 Z., die Berechnung von Bonoldi ist aber sicherlich präziser: *Hassinger,* Der Außenhandel, S. 77. Die Schätzung des Merkantilmagistrats, dass die Durchfuhr 1800 nur 90.000 Z. betrug, scheint zu gering angesetzt, wahrscheinlich sind damit nur die Güter des Fernverkehrs erfasst: *Stolz,* Zur Geschichte, S. 143.

705 Ebd., S. 145.

1780 ein Bild von Stagnation, die hauptsächlich durch die Habsburger Handelspolitik verursacht wurde. Wien gelang die Stärkung der Tiroler und die Schwächung der Salzburger Routen seit etwa 1770 vor allem durch die Partnerschaft mit Benedikt von Hermann aus Venedig. Dieser lenkte einen bedeutenden Teil des bislang von Venedig über Salzburg gelaufenen Verkehrs auf die Tiroler Routen. Die im Zuge dieser Politik aber auch erfolgende Kräftigung der Attraktivität Venedigs als Vermittlerknoten zwischen Mittelmeer und Zentraleuropa ließ die Habsburger seit 1780 wieder Abstand von diesem Ansatz nehmen.[706] Um 1780 wuchs der Verkehr über die Salzburger Routen kurzfristig aufgrund der unausgereiften Zollordnung Tirols, er fiel jedoch seit 1784 auch wieder ab. Erst der Ausbruch der Revolutionskriege um 1792 leitete auch hier eine regelrechte Explosion des Transitverkehrs ein. Im Jahr 1792 betrug der Transit im Fernverkehr 25.000 Z., die gesamte Durchfuhr etwa 40.000 Z.[707] Nehmen wir die Werte der Salzburger Fronwaage und der Niederlagsgelder als Vergleichsindizes, dann verdoppelte sich dieses Volumen bis 1800.[708] Das letzte Jahrzehnt der Existenz des Hochstifts als souveränem Staat sah die blühendste Phase des Transitverkehrs, sie endete recht abrupt um 1807.

Im Mittelpunkt dieser Arbeit steht die Geschichte des deutsch-venezianischen Handels. Es stellt sich die Frage, wie stark Venedig nun von dem Wachstum des Alpenhandels profitierte. Laut der gängigen Literatur scheint die Republik von der dynamischen Entwicklung auf den Alpenpässen während der zweiten Hälfte des 18. Jahrhunderts abgekoppelt gewesen zu sein. Der Handel Venedigs mit Deutschland wirkt in den einschlägigen Darstellungen in diesen Dezennien marginal und beinahe völlig von Triest übernommen.[709] Der Verkehr auf der Etsch, von dem Verona so abhängig war, fiel den bekannten Indizes zufolge in diesen Jahrzehnten deutlich ab.[710] Die Zeitgenossen sahen als Ursache einer solchen Entwicklung eine Strangulationspolitik seitens der Habsburger gegenüber Venedig. In Bozen war die gängige Meinung in den Kaufmannskreisen um 1780, dass die Wiener Politik die Ausschaltung Venedigs als Handelsemporium bezweckte und daher eine entsprechende Zollpolitik zuungunsten Südtirols und der Markusrepublik betreibe.[711] In Venedig selbst war man der Meinung, dass die Habsburger damit Erfolg gehabt hatten: 1783 brachte der

706 Vgl. Kap. II, Fn. 453–454, 652–655.

707 *Hassinger,* Die Übergänge, S. 244–246.

708 *Barth-Scalmani,* Der Handelsstand, S. 109–114. Eine Bestätigung für diese Annahme findet sich bei: *Hassinger,* Geschichte des Zollwesens, S. 382–383.

709 So schrieb Bruno Caizzi, Triest habe kurz nach 1750 Venedig den Deutschlandhandel fast vollständig entrissen: *Caizzi,* Industria e commercio della Repubblica, S. 225.

710 Vgl. Kap. II, Fn. 205.

711 So findet sich anlässlich der neuen Zollordnung Tirols vom Jahre 1780 im Landesarchiv Bozen eine anonyme Handschrift mit dem Titel »Massime Viennesi Riguardo alle Fiere de' Bolgiano«. Hier heißt es unter dem ersten Punkt: *È massima generale* (der Habsburger Zollpolitik; MR) *di rovinare il comercio della Reppubblica Veneta,* zit. nach: *Bonoldi,* La fiera e il dazio, S. 293–294.

Venezianer Senator Andrea Tron (1712–1785) in einer berühmt gewordenen Rede vor, dass der Handel mit Deutschland nicht mehr von großer Relevanz sei.[712]

Doch kann das eigentlich sein? Wenn auf den Tiroler Routen der Verkehr anwuchs, musste das nicht auch einen Widerhall entweder in Verona, Venedig oder Triest finden? In dieser Arbeit wurde bereits darauf verwiesen, dass das Wachstum des von Triest ausgehenden Verkehrs im Alpenverkehr bis 1800 und darüber hinaus zwar rasch verlief, jedoch kaum zum Nachteil Venedigs.[713] Angesichts dieses Befundes hat Angelo Moioli – auch darauf wurde hier bereits hingewiesen – Zweifel an der Aussagekraft venezianischer Zollstatistiken geäußert, implizit sieht er diese wohl durch intensiven Schmuggel als weitgehend losgelöst von der Realität des Handels.[714] Doch lässt sich dieser Widerspruch auch auflösen, ohne auf die Annahme eines starken Schmuggels zurückgreifen zu müssen. Das Wachstum des Tiroler Verkehrs kam, so die Annahme hier, weitgehend Venedig anstelle von Verona und Triest zugute, und die Stadt profitierte in den letzten Jahrzehnten der Republik noch einmal von einem ansteigenden Verkehr nach Deutschland. Damit gelang es Venedig in den letzten Dezennien des 18. Jahrhunderts erneut, eine bedeutsame Rolle als Austauschknoten zwischen Nordeuropa und dem Mittelmeer zu erringen.

Dies ist keine marginale Behauptung, sie berührt einen der zentralen Punkte der venezianischen Historiographie, denjenigen des Niedergangs. Hierzu sei zunächst ein Zeitgenosse etwas ausführlicher zitiert. Der Tübinger Professor Johann Friedrich LeBret (1732–1807), der selbst einige Jahre (1757–1761) in Venedig gelebt und dabei besonders intensiven Umgang mit den deutschen Kaufleuten gehabt hatte, publizierte 1777 seinen dritten und abschließenden Band der Staatsgeschichte Venedigs.[715] Hier thematisierte er auch den zeitgenössischen Handel zwischen Deutschland und Venedig auf drei verschiedenen Routen.[716] Diejenige über die Etsch und Verona sah er als relativ bedeutungsarm an, womit er im Einklang mit den Ergebnissen der jüngeren Forschung steht. Diejenige über Pontebba und das Friaul schien ihm durch das Aufkommen Triests geschwächt.[717] Bei der dritten Route differenzierte LeBret:

712 *Ne' Stati della Germania confinanti sono molto poche le spedizioni, perché mortificate da pesantissimi dazii. Qualche genere si manda nell'interno della medesima, ma di non molta rilevanza* (*Gaspari*, »Serenissimo Principe…«, S. 102).

713 Vgl. Kap. II, Fn. 664–666.

714 *Moioli*, Aspetti del commercio, S. 831–832, 863–867.

715 Zu LeBret und vor allem seiner Rolle als Historiker Venedigs und Italiens vgl.: *Pesante*, Stato e religione.

716 Es ist interessant, die Routennennungen LeBrets mit denjenigen des österreichischen Amtmanns Raab aus dem Jahr 1762 zu vergleichen, siehe Kap. II, Fn. 193. Raab betonte aus Triester Perspektive die Routen in Friaul und sah nicht die Verzweigung der Routen südlich von Bozen nach Verona oder über Valsugana. LeBret hingegen übersieht die Route zwischen Treviso und Botestagno, obwohl diese sicher von hoher Bedeutung gewesen ist.

717 *LeBret*, Staatsgeschichte, Bd. 3, S. 676–677.

Der dritte Paß Primolano empfieng seine Waaren aus einer gedoppelten Quelle. Die eine war das nördliche Deutschland, das sie auf Wagen bis nach Mestre brachte, sie auslud, und dagegen andere Waren einlud. Die zwote war Bozen und die dortigen Jahrmärkte. Diese Waaren giengen über Primolano nach Bassano, und breitete sich hernach nach Trevigi, Padova und andere Orte aus. Die zwote Quelle hat in unserm Jahrhundert sehr abgenommen. Die erste besteht noch, und dient theils zum innern Verkehr von Venedig, theils zu Versendungen nach Italien und der Levante.[718]

Zuzustimmen ist LeBret insofern, als der Verkehr zwischen Venedig und Deutschland sich von den Bozner Messen gelöst hatte.[719] Die Worte *besteht noch* für den Direktverkehr lassen jedoch einen weiten Spielraum für Interpretationen. Zudem ist LeBret hier vage bezüglich der Routen. Natürlich kam ein wichtiger Teil des Direktverkehrs nach Primolano über Bozen. Alternativ jedoch war wohl auch ein Verkehr von Botestagno entweder nach Primolano und Bassano oder über Vittorio Veneto und Treviso denkbar – letzteres hatte Raab in seiner Denkschrift von 1762 ausgeführt.[720]

Um diesen Direktverkehr zu erfassen, müssen wir also die Aufmerksamkeit auf Treviso und Bassano richten. Wenn das Wachstum des Tiroler Verkehrs eine Auswirkung auf die Republik hatte, so kann es sich nur an diesen beiden Orten widerspiegeln, und es würde in diesem Fall bedeuten, dass die Stadt Venedig als Transitort des mitteleuropäisch-mediterranen Handels in der zweiten Hälfte des 18. Jahrhunderts wieder zugenommen hätte. Hierzu seien ausgewählte Daten aus den Generalbilanzen der Republik Venedig wiedergegeben. Eine einigermaßen relevante Aussagekraft haben die Seidenzölle für den Raum Treviso und Bassano, die Zölle auf Frachtwagen im Einsatz zwischen Treviso und Mestre und natürlich die Einnahmen des Imports nach Venedig über den Fondaco.[721]

Wie diese Zahlen zeigen, nahm der Handel von Seide aus dem Raum Treviso und Bassano in diesen Jahren eindeutig zu. Basierend auf guten Straßen und bedeutenden Gewerben war Bassano ein Transitknoten der Republik geworden. Bestätigt wird dies 1791 in einem detaillierten Reisebericht: *Ueber alles aber treibt die Stadt einen Seidenhandel, der ganz ausserordentlich ist, und von Tag zu Tag immer beträchtlicher wird. Die Versendungen, welche von dieser Stadt nach England, Deutschland, Frankreich und Holland gehen, sind unglaublich.*[722]

718 Ebd., S. 677.

719 *Bonoldi,* La fiera e il dazio, S. 143.

720 Vgl. Kap. II, Fn. 193.

721 Die *Bilanci Generali Della Repubblica Di Venezia* geben zwar eine Unmenge an Zolleinnahmeziffern an, doch der größte Anteil derselben ist für eine komplexe Analyse unbrauchbar, da es sich um Konsumzölle handelt. Vgl. zum Zollsystem der Terraferma: *Cecchetti,* Del sistema tributario. Zu weiteren Problemen der Aussagekraft der *Bilanci Generali* vgl.: *Ventura,* Bilanci generali, S. XI–CXXXVI.

722 *Maier,* Beschreibung von Venedig, Bd. 3,2, S. 270. Zur Entwicklung des Verkehrs über diese Orte und der von diesen vorgenommenen Straßenbaumaßnahmen vgl. auch: *O. V.,* Relazioni Treviso, S. 307; *Vianello,* Economia e popolazione.

Tabelle 11: Ausgewählte Einnahmen von Zollstellen der Republik Venedig in duc., 1760–1783

	Camera di Treviso, Cassa obbligata		
	Dacio seda Treviso e Trevisan, Bassan con Saraval	**Dacio carri Treviso e Mestre**	**Fondaco Entrada**
1760	3.620	526	11.129
1765	3.500	470	8.380
1770			9.081
1775	4.962	677	8.887
1780	5.110	677	16.778
1783	5.530	782	7.286

Quelle: *Ventura*, Bilanci generali, S. 10–11, 262–265.

Der Zoll auf Wagen zwischen Treviso und Mestre brachte ebenfalls weit höhere Erträge, was auf einen sich zunehmend verdichtenden Verkehr an Lastwagen zwischen beiden Orten hindeutet. In beiden Fällen sehen wir den Tiefpunkt um 1765, was in das Bild des kurzfristigen Zollkonflikts zwischen Venedig und der Habsburgermonarchie passt.[723] Schwierigkeiten bereitet die Datenreihe des Fondaco. Dieser Zoll wurde, wie in Kap. III noch genauer ausgeführt wird, in diesen Jahren hauptsächlich von oberdeutschen Händlern in Venedig entrichtet. Diese handelten zwar auch intensiv im Mittelmeerraum und verzollten die über See exportierten Produkte über den Fondaco, dennoch sind die Daten aufgrund des hauptsächlichen Engagements dieser Kaufleute im Transalpenhandel als Index belastbar. In der Tabelle 11 nun sehen wir einen massiven Aufschwung um 1780, der jedoch nur eine seekriegsbedingte Abweichung von einem generellen Abschwung zu sein scheint. Vergleichen wir jedoch diese Daten mit den offiziellen Importstatistiken der Republik für Güter aus Deutschland, so ergibt sich ein anderes Bild (Tabelle 12).

Hier sehen wir insgesamt ein leichtes Wachstum, dass nur durch einen Einbruch in der Mitte der 1770er Jahre unterbrochen wird. Dieser ist sicherlich durch den Beginn des amerikanischen Unabhängigkeitskriegs bedingt, durch welchen die Leinenausfuhr aus Süddeutschland in eine schwere Krise geriet.[724] Das Jahr 1780 wirkt hier eher als ein ›Normaljahr‹, auch da die Neutralität der Niederländer erst im Dezember endete. Es kann daher vermutet werden, dass der Einbruch der Fondacoeinnahmen von 1783 eine Folge der Zollreform Josephs II. mit ihrer Schwächung des Handels über Tirol von 1780 bis 1783 war.[725]

723 Vgl. Kap. II, Fn. 649.
724 *Kümmerlen*, Die Leinenweberei Leutkirchs, S. 172.
725 Vgl. auch: *Cecchetti*, Del sistema tributario, S. 784; *Georgelin*, Venise au siècle, S. 999.

Tabelle 12: Importstatistik des offiziellen venezianischen Deutschlandhandels in duc., 1772/73–1789/90

Jahr	Importe aus Deutschland	Jahr	Importe aus Deutschland
1772/73	1.262.000	1785/86	1.336.000
1776/77	728.000	1789/90	1.292.000
1780/81	1.259.000		

Quelle: *Campos*, Il commercio, S. 168.

Die Schwächephase des Fondaco in den 1760er Jahren aus Tabelle 11 hängt wohl mit der kurzzeitig effektiven Konkurrenz der Tiroler durch die Schweizer und Bündner Routen zusammen. Daher wird hier folgende These aufgestellt: Seit Ende der 1770er Jahre schwang sich der Verkehr über den Fondaco wieder zu einer soliden Höhe auf, einer Höhe, die er um 1772 bereits einmal am Ausgang eines ersten Wachstumsimpulses erreicht hatte, und verblieb auf diesem Niveau bis 1789, abgesehen von der extern induzierten Krise 1780 bis 1783. Seit 1789 steigerte sich das Wachstum der Zolleinnahmen von Warenimporten über den Fondaco noch bis zum Ende der Republik.[726]

Der Beweis ist kompliziert und hat seine Schwierigkeiten. Behauptet wird hier, dass in den einschlägigen gedruckten Statistiken zum Deutschlandhandel der Eindruck einer undynamischen Entwicklung hervortritt, da vor allem die Daten einzelner Krisenjahre (1776/77, 1783) zufälligerweise schriftlich festgehalten wurden. Daher sind die komplementären Angaben zu einzelnen Zöllen von Treviso und Bassano so hilfreich. Sie zeigen uns den säkularen Wachstumstrend des Verkehrs von wichtigen Gütern auf Straßen, die für den Verkehr zwischen Deutschland und Venedig eine bedeutende Rolle spielten. So kann mit einiger Wahrscheinlichkeit postuliert werden: Der Hauptteil des seit Mitte der 1760er Jahre wieder wachsenden Verkehrs über Tirol kam der Stadt Venedig als Transitknoten zugute. Wenn der venezianische Senator Andrea Tron 1783 behauptete, dass der Handel mit Deutschland von geringer Bedeutung gewesen sei, so wollte er einerseits damit natürlich dramatisieren, andererseits geschah dies unter dem Eindruck einer seit drei Jahren bestehenden Krise des Verkehrs auf den Tiroler Routen, die just 1783 enden sollte. Tatsächlich hat die Republik Venedig es in ihren letzten drei Jahrzehnten staatlicher Existenz geschafft, wieder einen recht bedeutsamen Handel mit Deutschland zu erringen und die traditionelle Position als Transitknoten im Austauschsystem zwischen Nord- und Südeuropa gegenüber einer scharfen Konkurrenz im Seehandel und auf den anderen Alpenrouten zu behaupten.

Ein grober Vergleich auf der Makroebene zum jeweiligen Erfolg von See- und Landroute sei hier aufgestellt. Im Jahr 1801, teilweise einem Kriegsjahr, wurden

726 *Sambo*, La balance, S. 396–399.

die amtlich festgestellten Warenwerte des gesamten Durchfuhrhandels durch Tirol mit 27.240.000 fl. beziffert, was einem Transit von 164.205 Z. entsprach (9.195 t).[727] Auf den anderen Routen ist in diesen Jahren selbst zusammengenommen weniger transitiert. Von den obigen Ergebnissen und der einschlägigen Literatur ausgehend kann man etwa 125.000 Z. (7.000 t) annehmen.[728] Im Gegensatz zu den 1720er Jahren, als auf den Alpen insgesamt bestenfalls 6.000 t transitierten, ist also fast eine Verdreifachung des Volumens zu beobachten.[729] Nehmen wir die Relation von Gewichts- und Wertangaben auf jedem Routensystem im Verhältnis der Tiroler Routen an, dann wären über die Alpen am Jahrhundertende jährlich Werte von etwa 55 Mio. fl. im Fernhandel geflossen. Bei allen Schwierigkeiten der Schätzung eines solchen Werts kann dieser für einen überregionalen Vergleich Verwendung finden. Laut Beobachtungen des französischen Konsuls betrugen die jährlichen Importe Hamburgs um 1778 ca. 90 Mio. *Livres tournois*, was etwa 48 Mio. ML oder 24 Mio. fl. entspräche.[730] Hier fehlen natürlich noch die Exportzahlen, und zudem ist bekannt, dass der Hamburger Handel gerade nach 1790 noch einmal sehr stark wuchs. Wir können daher annehmen, dass um 1800 der Handel über Hamburg stärker als über die Alpen war, aber keinen übermäßigen Vorsprung hatte.[731]

Solche Vergleiche können angesichts der großen Unsicherheit in ihrer Berechnung natürlich nur für die allgemeinste Schlussfolgerung herhalten: Der Transalpenhandel war während der gesamten Frühen Neuzeit und besonders im späten 18. Jahrhundert von fundamentaler Bedeutung für den von Braudel so betonten »deutschen Isthmus« zwischen Nord- und Südeuropa, und die an ihm partizipierenden Akteure konnten hohe Profite gewärtigen. Um 1800 war ein neuer Höhepunkt des Transitstroms über die Alpen erreicht, und an Volumen wurde nun jedes andere Jahr der gesamten Frühen Neuzeit übertroffen. Das letzte Drittel des 18. Jahrhunderts hatte im Zeichen eines kontinuierlich wachsenden Alpenverkehrs gestanden, zugunsten der meisten seiner Anrainer.

727 Vgl. Kap. II, Fn. 704; *Hassinger*, Der Außenhandel, S. 77.

728 Diese Annahme beruht auf folgenden Grundlagen: Im Transit über die Schweizer Routen können wir um 1797 etwa 16.000 Saum, also recht genau 45.000 Z. annehmen, vgl.: *Baumann*, Der Güterverkehr, S. 197, die viel höhere Angabe auf S. 173 ergibt sich unter Mitberücksichtigung des Nahhandels, nicht nur des Transits. Im Transit über die Bündner Routen wurden 1793 ca. 28.000 Colli mit steigender Tendenz gezählt (*Simonett*, Verkehrserneuerung, S. 77). Wenn wir nun 30.000 Colli um 1800 annehmen, dann entspricht das ebenfalls recht genau 45.000 Z. Auf den Tauernpässen hat Herbert Hassinger um 1792 an dessen »Unterer Straße« 25.000 Z. im Transit erfasst: *Hassinger*, Die Übergänge, S. 246. Dies mag sich bis 1800 etwa auf 35.000 Z. erhöht haben, vgl. Kap. II. 4. f.

729 Vgl. Kap. II, Fn. 397–400.

730 *Jeannin*, Die Hansestädte, S. 51.

731 Vgl. auch die beiläufige Bemerkung in der Literatur, dass immerhin ein Sechstel der aus Schlesien exportierten Leinwand über die Häfen im Mittelmeer auf die Weltmärkte exportiert wurde. Dies ist angesichts der engen Anbindung Schlesiens an Hamburg doch ein bemerkenswert hoher Wert: *Harder-Gersdorff*, Leinen-Regionen, S. 206.

In einem vereinfachenden Diagramm, welches die kleinen Schwankungen nicht erfasst, könnte man den Verlauf des deutsch-italienischen Transits von 1700 bis 1790, also vor der raschen Steigerung des letzten Jahrzehnts des 18. Jahrhunderts, in etwa folgendermaßen darstellen (Diagramm 11).

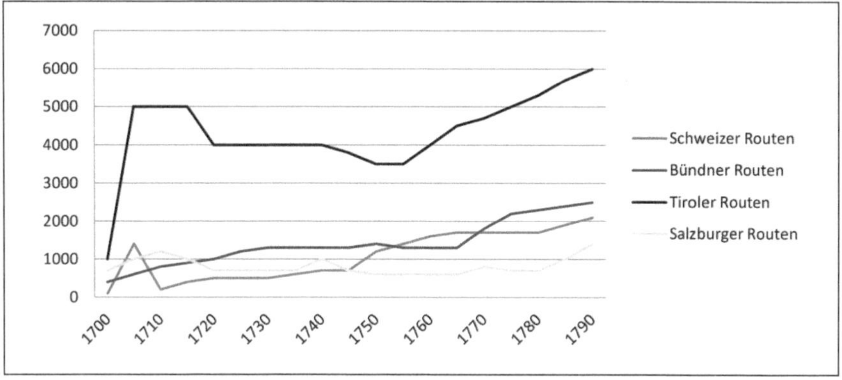

Diagramm 11: Schätzungen des Transitvolumens über die deutsch-italienischen Routensysteme in t., 1700–1790
Quellen: Kap. II, Fn. 328–333, 397–400, 727–728.

Das Diagramm soll vor allem Tendenzen des transalpinen Fernverkehrs in bestimmten Zeitabschnitten auf den einzelnen Pässen veranschaulichen. Klar wird vor allem: Seit Mitte des Jahrhunderts setzte ein rasches Wachstum auf den Schweizer Routen den Alpentransit auf allen anderen Routen unter Druck – selbst in Tirol. Zwar war der deutliche Vorsprung der Tiroler Routen nie gefährdet, doch der Einbruch um die Jahrhundertmitte, der in Parallele zum Aufstieg auf den Schweizer Routen erfolgt war, hatte eine hohe Bedeutung gehabt. Selbst prozentual geringe Verluste wurden allerorten wahrgenommen und führten zu Überkompensationen, die ein insgesamt dynamisches Wachstum auf den Alpenrouten auslösten; und diese Entwicklung beschleunigte sich nach 1790 noch.

g) Zusammenfassung

Es ist wohl gerechtfertigt, zu behaupten: Bewegung in den Transalpenverkehr kam im Wesentlichen durch das Element des Wettbewerbs seit 1743, der gerade vonseiten der neuen Konkurrenten in Turin mit großem Eifer aufgenommen wurde. Die Kämpfe um den Transit in den folgenden Jahrzehnten umfassten nicht nur zollpolitische Maßnahmen oder Aktivitäten im Straßenbau, sondern vor allem den Einsatz von europaweit vernetzten reichen Kaufleuten mit besonders guten Verbindungen nach Italien und Mitteleuropa. So kam es zu der paradoxen Situation, dass Handelsauseinandersetzungen zwischen großen Flächenstaaten faktisch als schwere, geradezu existenzielle Konkurrenzkämpfe von Kaufleuten der Reichsstädte Memmingen und Lindau ausgetragen wurden. Dass diese Händlergruppen und ihre Konsortien seit den 1750er Jahren große Unterstützung vonseiten der Herrscher bekamen und auch ihre eigenen Wünsche zur Verbesserung des Transits mit hohen Erfolgsaussichten vorbringen konnten, war wahrscheinlich die wichtigste Weichenstellung für den internationalen Alpentransit seit dem Westfälischen Frieden.

Am Ende des Jahrhunderts blühte der landgestützte deutsch-italienische Handel. Eine ›Modernisierung‹ durch die napoleonische Herrschaft war hier nicht mehr notwendig. Die meisten Zollsysteme waren verschlankt, die Hauptverkehrsstraßen auf einem relativ modernen Stand[732] und die kommerziellen Zentren standen in regem Austausch miteinander. Dabei ragten in Italien Turin und Mailand nun stärker hervor, in Deutschland Memmingen und Lindau. Venedig und Augsburg, die älteren Knotenpunkte des Transalpenhandels hatten am Wachstumsimpuls seit 1770 jedoch auch noch einigen Anteil gehabt und ihre Bedeutung in diesem System bis zu den Napoleonischen Kriegen wieder gestärkt. Säkulare Verlierer waren alte Handelszentren im Ostalpenraum wie Nürnberg, Regensburg und Salzburg, diese sahen sich von der Dynamik der Entwicklung auf den Pässen der West- und Zentralalpen immer mehr abgehängt.

Es ist bemerkenswert, dass wesentliche Akteure der Dynamisierung des Transalpenverkehrs im letzten Drittel des Jahrhunderts aus den Reichsstädten Lindau und Memmingen oder direkt der deutschen Nation in Venedig stammten. Dies richtet den Blick nun auf die spezifischen Konstellationen, die es just diesen Händlergruppierungen ermöglicht hatten, im Transalpenverkehr besonders effektiv in Erscheinung zu treten. Im folgenden Großkapitel werden die Reichsstädte, ihre Händler und deren korporative Organisationen in Italien im Mittelpunkt stehen, um innerhalb der Kreise dieser Akteure und in den von ihnen geschaffenen Strukturen wichtige Gründe für ihre Dominanz im Transalpenhandel herauszuarbeiten.

732 Im Venezianischen galt dies nur für die zentralen Achsen nach Norden (vgl. Kap. II, Fn. 722–723), das weitere Straßensystem war in einem schlechten Zustand: *Young*, Travels, S. 207; *Caizzi*, Industria e commercio della Repubblica, S. 16–18.

III. Der deutsch-italienische Handel in korporativen Organisationsformen

1. Der Fondaco dei Tedeschi im Rahmen der venezianischen Zoll- und Wirtschaftspolitik

a) Die Prinzipien der venezianischen Handelspolitik

Um eine Geschichte des Fondaco als Interessenvertretung der deutschen Nation zu schreiben, muss zunächst eine Kontextualisierung dieser Institution innerhalb des venezianischen Zoll- und Wirtschaftsapparats geleistet werden. Der Fondaco dei Tedeschi war immer hauptsächlich eine Zollstation und die Funktion als Nutzgebäude für die in Venedig residierenden deutschen Kaufleute ein nebensächlicher Aspekt. Die Möglichkeit, im Gebäude zu wohnen, verlor bereits im 16. Jahrhundert an Bedeutung, als die Deutschen dazu übergingen, frei in der Stadt und sogar der gesamten Republik zu residieren.[1] Ihre Verkaufsgeschäfte mussten sie allerdings bis zum Untergang der Republik innerhalb des Fondaco dei Tedeschi unter Anteilnahme eines öffentlichen Wägers und Präsenz venezianischer Makler (*Sensali*) abschließen; dies war über Jahrhunderte eine wesentliche institutionelle Gemeinsamkeit des mittelalterlichen und frühneuzeitlichen Fondaco.[2]

Die Geschichtsschreibung zum letzten Jahrhundert der Republik Venedig war in Bezug auf deren Wirtschaftspolitik und die Innovativität in diesem Bereich traditionell zumeist besonders hart in ihrem Urteil. Unlängst noch hat Paola Lanaro das Versagen der venezianischen Eliten des 18. Jahrhunderts in ihrer Wirtschaftspolitik erneut bekräftigt. Anstatt ein einheitliches Zollsystem zu etablieren und dem Staat zu einer ökonomischen Einheit zu verhelfen, hätten diese schweigend einer zunehmenden Dysfunktionalität bis hin zur Anarchie

1 *Backmann*, Le Fondaco dei Tedeschi, S. 124–129; *Pfotenhauer*, Nürnberg und Venedig, S. 99–110. 1727 drückten es die Gegner der deutschen Händler im Laufe eines Prozesses um die Privilegien folgendermaßen aus: *Relativamente poi a Tedeschi che lo habitano è un semplice alloggio ad esse destinato senza niuna giurisdizione sopra le Mercanzie ò sopra i Mercanti*, in: ASVe/CS, II Ser., 73, 6. Januar 1727.

2 So schreibt es der wohl am besten informierte deutsche Zeitgenosse des späten 18. Jahrhunderts: *LeBret*, Staatsgeschichte, Bd. 1, S. 626–627; *LeBret*, Geschichte von Italien, S. 537. Zu den Maklern vgl. *Simonsfeld*, Der Fondaco dei Tedeschi, Bd. 2, S. 23–28. Einkäufe konnten die Deutschen vermutlich seit der ersten Hälfte des 16. Jahrhunderts ohne Makler durchführen. Dies zeigt die rasche Ausweitung des am 8. Mai 1561 gewährten Zollnachlasses im Fondaco von 10 % auf die Ausfuhr von ohne Makler eingekauften Waren am 11. Juni 1561, vgl. Kap. II, Fn. 120.

von Zollerhebungen in den Provinzen zugesehen, zu der sich ein Verfall der Infrastruktur in der gesamten Republik gesellt habe. In ihren Worten war das Handelssystem »rostig und untragbar geworden« (*farraginosa divenuta ormai insostenibile*). Dennoch seien grundlegende Reformversuche an der Unfähigkeit gescheitert, diese durchzusetzen und hätten nur zu kleinsten Resultaten von geringer Wirkung im Gesamtgefüge geführt.[3] Lanaro sieht angesichts des Versagens der Staatsspitze eine Zersplitterung der Republik in verschiedene Wirtschaftsregionen, die mehr einem *arcipelago* als einer volkswirtschaftlichen Einheit geglichen hätten.[4]

Historikern des Alten Reichs wären solche Zeilen aus der Literatur bis zum Ende der ersten Hälfte des 20. Jahrhunderts nicht unvertraut. Hier finden sich Formulierungen vom *Krebsschaden* der deutschen Volkswirtschaft durch ihre vielen Zollstationen, die mit der politischen Fragmentierung einhergingen.[5] Der schlechte Zustand der Straßen im Alten Reich des 18. Jahrhunderts war auch ein beliebtes Thema der einschlägigen Literatur.[6] Dasselbe gilt für dessen angebliche Reformunfähigkeit.[7] Diese Urteile sind nicht per se angesichts eines heute eher positiveren Urteils zum Alten Reich ungültig, doch die Härte und Undifferenziertheit der Verurteilungen kann zurückgewiesen werden.

Sieht man von der überbordenden Rhetorik Lanaros ab, so bleibt als essenzielles Urteil von ihr, dass das Zollsystem, welches sich seit dem späten 15. Jahrhundert herausbildete, durch die unrealistische Zielsetzung einer Zentrierung des Handels der Republik auf die Dominante zum Schmuggel geradezu einlud. Fast noch schlimmer scheint in ihren Augen die Tatsache zu sein, dass an der Zoll- und Handelsgesetzgebung immer nur kleine Reformen vorgenommen wurden und die dabei erlassenen Ausnahmeregelungen zahlreiche unvereinbare Vorschriften enthielten. Das Resultat war ein endemischer Schmuggel auf staatszerstörendem Niveau, der eine effektive Wirtschaftspolitik unmöglich machte.[8]

Eine negative oder positive Wirkung sei an dieser Stelle zunächst dahingestellt, es wird weiter unten darauf zurückzukommen sein. Festzuhalten ist: Das venezianische Zollsystem folgte der grundlegenden Leitlinie, dass die Hauptstadt durch die Zentrierung möglichst vieler wirtschaftlicher Austauschpro-

3 *Lanaro*, I mercati, S. 112. Es ist interessant, dass das Wort *farraginosa* auch von den zeitgenössischen Kritikern des Zollsystems im 18. Jahrhundert in Venedig gebraucht wurde: *Elze*, Der Cottimo, S. 89. Die Homonymie deutet auf eine unterbewusste Weiterführung von Niedergangsdiskursen des 18. Jahrhunderts.

4 *Lanaro*, I mercati, S. 125.

5 *Blaschke*, Elbschiffahrt und Elbzölle, S. 50–51.

6 Vgl.: *Behringer*, Im Zeichen des Merkur, S. 17.

7 Vgl. hierzu den Überblick bei: *Burgdorf*, Reichskonstitution und Nation, S. 1–51.

8 In zwei Aufsätzen hat Lanaro ihre Position kondensiert: *Lanaro*, Venezia; *Lanaro*, La pratica dello scambio. Im Jahr 2006 ist Lanaro dann recht unvermittelt von dieser Rhetorik abgewichen und betont nun: *not only the currently highly criticized myth of the decline of Venice proves to be flawed, but the idea of a relative decline no longer appears methodically satisfactory* (*Lanaro*, At the Centre, S. 38).

zesse und ein möglichst reichhaltiges Güterangebot ein Spitzenmarktplatz sein sollte.[9] Der venezianische Festlandsstaat, der sich seit dem frühen 15. Jahrhundert durch die Eroberung der Terraferma ausbildete, blieb bis 1794 in den Grundzügen seiner normativen Wirtschaftspolitik eine auf die Dominante bezogene Ansammlung von Provinzen mit eigenen Zollgrenzen. Erst 1794 wurde ein flächendeckendes Zollgesetz erlassen, das das gesamte Territorium der Republik als Einheit erfasste.[10] Bis zu diesem Zeitpunkt galten Prinzipien, die man als vormodern, aber deswegen nicht von vornherein als dysfunktional bezeichnen kann. Dabei waren die inneren Zollgrenzen völlig zeittypisch, einzigartig war im Fall Venedigs das Verhältnis der Hauptstadt zu den Provinzen.

Die Eroberungen der Terraferma im frühen 15. Jahrhundert waren zumeist im Rahmen einer sogenannten »freiwilligen Unterwerfung« (*dedizione volontaria*) der jeweiligen Kommune erfolgt.[11] Daher bewahrten sie sich auch ihre spezifischen Privilegien und Handelsrechte, was in der Praxis vor allem die Freiheit von Aus- und Einfuhr in selbst gewählte Gebiete zu eigenen Zollsätzen bedeutete. Dies wurde vonseiten Venedigs nicht als übermäßig problematisch gesehen, da die Dominante zu dieser Zeit das unbestrittene Wirtschaftszentrum der nördlichen Adria war und damit ohnehin die meisten Städte der Terraferma einen dichten Handelsbezug zur Lagune hatten. Dennoch sah das 15. Jahrhundert erste, allerdings vergebliche Versuche seitens Venedigs, die Privilegien der unterworfenen Städte zu beschneiden und ihren Handel auf die Lagune zu zwingen.[12]

Im Laufe des 14. Jahrhunderts hatte sich das Zollsystem der Republik in seiner grundlegenden Funktionalität ausgebildet. Die Stadt Venedig selbst hatte vier Zollstationen, die prinzipiell nach Region und Handelsrichtung getrennt waren. Die *Dogana da Mar*, ab 1684 als *Stallaggio* bezeichnet, war ein Zoll für alle von See kommenden Waren, die *Entrata da Terra* galt für alle über Land kommenden Waren (gleichgültig ob von der Terraferma oder dem weiteren Europa), die *Uscita* war ein Ausgangszoll für alle exportierten Waren (gleichgültig ob über See oder Land) und am *Fondaco dei Tedeschi* zahlten ausschließlich die hier zugelassenen Händler aus dem Reich.[13] Sie konnten hier zwar auch

9 *Brown*, The Commercial and Fiscal. Eine solche Leitlinie findet sich auch in Bezug auf die Bozner Märkte von den dortigen Akteuren im 18. Jahrhundert explizit formuliert: *Bonoldi*, La fiera e il dazio, S. 297.

10 Zur Wirkung dieses Zollsystems in den letzten Jahren der Republik liegt keine Forschung vor, beschrieben wird es in: *Cecchetti*, Del sistema tributario, S. 782–785.

11 Die »freiwilligen« Unterwerfungen sind inzwischen zu einem intensiv diskutierten Thema der venezianischen Verfassungsgeschichte avanciert, vgl. *Varanini*, La Terraferma veneta, S. 26–29.

12 *Lanaro*, I mercati, S. 57–67.

13 Dazu gehörten bis 1650 auch die Schweiz und Graubünden. Zwar gab Venedig auch Polen, Böhmen und Ungarn das Recht, an dieser Zollstelle zu handeln, in der Praxis hat das aber bereits im Mittelalter kaum eine Rolle gespielt: *Braunstein*, Les allemands à Venise, S. 213–235.

Landhandel mit ganz Europa zu den üblichen, also eher ungünstigen Konditionen auswärtiger Kaufleute treiben, erhielten aber als besondere Vergünstigung spezielle Nachlässe beim transalpinen Austausch mit dem Alten Reich exklusive Flanderns.[14] Zudem durften sie ihre Waren nur venezianischen Partnern zum Verkauf anbieten. Auf der Terraferma galten andere Zollregularien, die aber, da sie kaum historische Relevanz für den auf den Fondaco zentrierten Deutschlandhandel oder den über Verona laufenden Transithandel der Republik hatten, hier weitgehend außer Acht gelassen werden können.[15]

Die grundlegenden Entscheidungskriterien, welcher städtische Zoll fällig war, waren also die Richtung der Ware und ihre Destination/Herkunft. Dies galt für alle Warenbewegungen, ob von Einheimischen oder Auswärtigen nach oder von der Dominante. Erst nach Registrierung der Ware in einer *Cancellaria del Dazio*, einer Zollstelle der Republik, erhielt die Ware eine *Bolletta*, einen Begleitschein, der den folgenden Transport auf dem Hoheitsgebiet der Republik legalisierte. Die Bolletta gab mit präzisem Datum genau an, um welche Waren und zu welchen Quantitäten es sich handelte, welchem Händler sie gehörten und bei welcher Cancellaria sie registriert worden waren.

Das System sei an einem Beispiel veranschaulicht: Eine Liste von 1713 führt als Zollstellen, die Bollette für die Einfuhr über den Fondaco dei Tedeschi ausgeben konnten, folgende in dieser Reihenfolge auf: Portogruaro, Castello (in Venedig), Verona, Mestre, Fortezza di Palmanova, Treviso, Chioggia, Malamocco (in Venedig), Bastione Portello Vecchio (in Padua), Dolcè, Cavallino, Capodistria (Koper), Torre di Caligo (Jesolo), Lazzaretto Nuovo, Lazzaretto Vecchio, Salò, Brescia, Pordenone, Portobuffolè, Oriago (Mira), Cavanella Nuova und Cortelazzo (Jesolo).[16] Ein Grenzzollsystem war dies noch nicht, es kam diesem jedoch für die östlich des Flusses Mincio gelegenen Kerngebiete der Republik sehr nahe. Nach Übertreten der venezianischen Grenze war der Händler verpflichtet, sich zur nächstmöglichen Zollstelle zu begeben und hier die Bolletta zu erwerben. Tat er dies nicht und wurde von einer der vielfältigen Grenzpatrouillen ohne Bolletta erwischt, so wurden seine Waren als Schmuggelgut konfisziert. Im Falle der Waren, die über den Fondaco nach Venedig eingeführt wurden, war als Besonderheit vorgeschrieben, dass diese direkt nach Ausgabe der Bolletta nach Venedig zur Zollabgabe gebracht werden sollten. Eine solche Bolletta sei zur Illustration hier analysiert (Abbildung 4).

In dieser Bolletta wird festgehalten, dass Ant. M. Tiboni, der Frachtführer, am 19. April 1725 seine an Antonio Prandia adressierten Waren in Verona präsentiert hat. Er erhielt dafür die Bolletta Nr. 210 der *Intrada* des *Fontego de Todeschi*.

14 Der fehlende Nachlass für den Flandernhandel erklärt sich aus den bis 1532 regelmäßig in die Niederlande verkehrenden venezianischen Galeeren; dieser Seehandel sollte nicht geschädigt werden: *Simonsfeld*, Der Fondaco dei Tedeschi, Bd. 2, S. 31–32.

15 Zur venezianischen Zollgeschichte vgl.: *Cecchetti*, Del sistema tributario; *Ventura*, Bilanci generali, S. I–CCXXIII.

16 ASVe/CS, II Ser., 71, 13. Mai 1713: Cancellarie con Bollette di Fonticho.

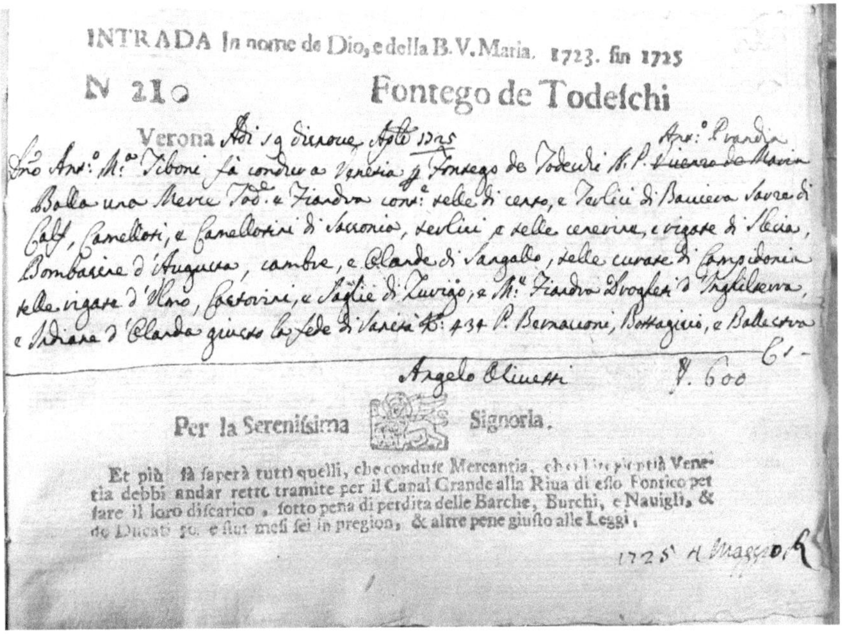
INTRADA In nome de Dio, e della B. V. Maria. 1723. fin 1725

N 210 Fontego de Todeschi

Verona

Per la Serenissima Signoria.

Et più sà saperà tutti quelli, che condute Mercantia, che ... Venetia debbi andar retto tramite per il Canal Grande alla Riua di esso Fontico per fare il loro discarico, sotto pena di perdita delle Barche, Burchi, e Nauigli, & de Ducati ... e mesi sei in pregion, & altre pene giusto alle Leggi.

Abbildung 4: Bolletta für den Fondaco dei Tedeschi, ausgegeben am 19. April 1725 in Verona, empfangen am 4. Mai in Venedig am Fondaco
Quelle: ASVe/CS, II Ser., 72.

Mit sich hatte er Waren aus den Niederlanden, Bayern, Sachsen, Schwaben, der Schweiz, England etc. Ebenfalls wurde seine *Fede di Sanita* vermerkt, diese hatte die Nummer 434 und zertifizierte, dass er die vorgeschriebenen Quarantänemaßnahmen eingehalten hatte und aus einem pestfreien Gebiet kam. Weiterhin wurde der Wert der Waren festgehalten sowie durch ihre Unterschriften die Namen der venezianischen Beamten in Verona und Venedig. Im gestempelten Text unten werden Standardinstruktionen festgehalten. Der Frachtführer muss ohne Umweg nach Venedig und dort *retto tramite*, also direkt zum Fondaco, um dort die Waren abzuladen und den Zoll zu entrichten, ansonsten werden Strafen angedroht.

Im Falle der Spedition über Verona brachte ein öffentlich bestimmter Frachtführer die Waren über seine Barke nach Venedig. Kam die Lieferung über Land, so galten komplexere Regularien. Die Waren wurden in diesem Fall auch in ihren Quantitäten angegeben und der fremde Frachtführer musste nach Erhalt einer ersten Bolletta nach Mestre fahren. Tat er dies nicht oder wichen die Quantitäten in Mestre von den Angaben auf der Bolletta ab, so wurden die Waren und das Frachtgefährt (Wagen oder Pferd) konfisziert. Hatte alles seine Ordnung, so übergab der Transporteur die Waren an einen öffentlich bestimmten Frachtführer, der diese wiederum auf einer Barke und mit einer *Bolletta* wie der obigen nach Venedig brachte.[17] Schmuggel wurde dadurch sehr erschwert, er scheint auch im Fall der Güterspeditionen von und nach Deutschland selten vorgekommen zu sein.[18]

Das System der vier Zollstellen in Venedig, *Dogana da Mar, Entrata da Terra, Uscita, Fondaco dei Tedeschi*, bot die Möglichkeit, durch spezifische Vergünstigungen und Vorschriften den Handel in der Hauptstadt zu privilegieren. Seit der Entdeckung der neuen Seewege nach Indien durch die Portugiesen geriet die Spitzenstellung Venedigs als Handelszentrum zwischen Europa und Asien allerdings bekanntermaßen ins Wanken. Im Laufe des 16. Jahrhunderts erließ die Dominante daher Gesetze, die den Handel der Terraferma schärfer auf Venedig zuschnitten. Schließlich wurde 1581 jeglicher Export von in der Terraferma produzierten Waren über einen anderen Hafen als Venedig oder Chioggia im Prinzip verboten, außerdem sollten seewärts in die Provinzen eingeführte Güter nur aus Venedig stammen. Im Austausch über die Alpen galten andere Regularien, so blieben die Provinzen westlich des Gardasees in ihrem Deutschlandhandel (nicht jedoch mit Mailand und Genua) immer weitgehend frei.[19]

Bezüglich der Provinzen östlich des Gardasees war die Republik restriktiver. Zwar war auch hier die Freiheit des Handels mit Deutschland im Prinzip gegeben, jedoch wurde diese seit dem frühen 16. Jahrhundert immer mehr eingeschränkt. Kernbestandteil dieser handelspolitischen Wende war die Einrichtung einer neuen Dogana in Verona im Jahr 1530, die den expliziten Zweck hatte, die seewärtigen Exporte und Importe der Terraferma stärker über Venedig zu lenken. Es wurde den über die Tiroler Routen kommenden auswärtigen Frachtführern beim Eintritt in das venezianische Territorium vorgeschrieben, nach Verona zu gehen und dort ihre Waren zu verzollen. Damit wurde die bislang bestehende Zollstation Bussolengo abgeschafft, vermutlich weil diese zu nah am Gardasee lag, einem Gebiet, in dem man leicht schmuggeln konnte. Als

17 Diese Regularien beziehen sich auf die Zollordnung des Fondaco von 1696: ASVe/CS, II Ser., 70, Capitoli et ordini … In proposito delli datii d'entrada, & uscita del Fontico de Todeschi. Approbati dall'eccellentissimo Senato con Decreto 5. Luglio 1696.

18 Dass der Schmuggel in Venedig besonders intensiv war, sah Karl von Zinzendorf 1765 in der Korruption der Mautbeamten und den Schwierigkeiten einer Kontrolle der vielen Kanäle in der Lagune gegründet: *Hendrich*, Ein Wirtschaftsbild, S. 125. Zum relativ starken Schmuggel auf der Terraferma vgl.: *Caracausi*, Nastri, nastrini, cordelle, S. 27–57. Über den Getreideschleichhandel zwischen der Republik Venedig und Mailand im 18. Jahrhundert vgl. nun: *Costantini*, »In tutto differente dalle altre città«. Aus dieser Studie geht hervor, dass Schmuggel in Norditalien beileibe kein venezianisches, sondern ein endemisches Phänomen war und faktisch alle sozialen Gruppierungen erfasste. Jedoch stammten die Akteure meist aus den Grenzregionen, wohingegen die deutschen Händler in Venedig von Orten fern der Grenze stammten. In den Quellen habe ich keinen Schmuggelfall am Fondaco entdeckt, bei dem ein deutscher Händler verantwortlich gewesen wäre.

19 Dabei galten allerdings für die Provinzen westlich des Gardasees immer eine Reihe an Ausnahmen auch für den Handel mit den Nachbarn im Westen, da deren traditionelle Orientierung nach Mailand und Genua nicht beendet werden konnte: *Lanaro*, I mercati, S. 68–77.

skandalös wurde vonseiten der deutschen Händler bei diesem Ortswechsel eine spezielle neue Vorschrift empfunden. Für eine Reihe von Produkten, vor allem Gewürze, Wachs sowie Messing und Kupfer, wurde die Verzollung in Venedig vorgeschrieben, sodass diese nach Ankunft in Verona theoretisch zunächst an die Lagune gebracht werden mussten, dort verzollt werden sollten und erst dann zu ihrem Zielort transportiert werden durften. Dies kam faktisch einem Verbot des Transithandels über Verona für diese Waren gleich. Der Zweck war die Stärkung des Handelsplatzes Venedig auf Kosten Veronas, zudem sollte der Landhandel zwischen Westitalien und Tirol marginalisiert werden. Der Protest der Reichsstädte war scharf, und sie agitierten mit Unterstützung des Kaiserhauses gegen diese Beschneidung ihrer Handelsfreiheit. In komplizierten und jahrelangen Verhandlungen erreichten die Deutschen schließlich 1539 zwar nicht die Aufhebung der Dogana von Verona, jedoch eine deutliche Abmilderung ihrer Wirkung durch die Abschaffung der Obligation einer Passage nach Venedig für Transitwaren und Güter mit einer Destination auf der Terraferma sowie die Reduzierung der Transitzölle.[20] Dies galt jedoch nur für die Waren aus Deutschland. Für Importe aus Italien, die ja den in Venedig zu erwerbenden Produkten grundsätzlich ähnlicher waren, blieb die Dogana von Verona mit ihren vielfältigen Warenverboten oder -verteuerungen ein deutliches Handelshemmnis. Im Ergebnis waren die Provinzen östlich des Gardasees mindestens auf der normativen Ebene deutlich abhängiger vom Import aus Venedig.[21]

Nicht nur durch Zwangsregulationen hat Venedig die Warenströme der unterworfenen Territorien auf die Dominante gelenkt – das war vielleicht sogar der unwichtigere Aspekt der venezianischen Handelsinnenpolitik. Im Verlauf der Zeiten gab es viele verschiedene Maßnahmen der Republik Venedig, durch Vergünstigungen die Stellung der Dominante zu heben. Einige der wichtigeren seien hier herausgehoben: So gab es bei der Entrata drei Klassen von Destinatären der Waren, die Bürger *(cittadini)*, Ladenbesitzer *(botteghieri)* und Ausländer *(forastieri)*. Erstere zahlten am wenigsten Zölle und durften freien Handel, vor allem auch mit der Levante betreiben, letztere bezahlten die höchsten Zölle

20 Vgl. *Thomas*, Beiträge aus dem Ulmer Archiv, S. 55–70, *Bückling*, Die Bozener Märkte, S. 39–50, *Stolz*, Zur Geschichte, S. 166–167. ASVe/CS, II Ser., 72, 22. März 1539 in Pregadi. Die seit 1543 rasch anwachsenden Zolleinnahmen in Bozen zeigen, dass die Deutschen letztlich erfolgreich gewesen waren: *Bückling*, Die Bozener Märkte, S. 67–68.

21 Zur effektiven Wirkung in diesem Sinne kann nur spekuliert werden, der Handelsnexus zwischen Verona und Venedig war in jedem Fall in den folgenden Jahrhunderten relativ eng: *Stolz*, Quellen, S. 244–246; *Vecchiato*, La vita politica economica, S. 223, 256–265. Das Prinzip einer möglichst starken Abhängigkeit der Terraferma von Produkten aus Venedig durch Importverbote blieb bis zum Ende der Republik in Kraft. Mitte der 1760er Jahre kommentierte der freihändlerisch gesonnene Graf Karl von Zinzendorf die venezianische Vorschrift, eingeführte Manufakturwaren zu verbrennen, die man in Venedig erzeugen konnte, mit folgenden Worten: *Dieses Gesetz ist sehr tüchtig, die venezianischen Manufakturwaren teuer und schlecht zu halten*, in: *Hendrich*, Ein Wirtschaftsbild, S. 125.

und waren in ihrem Handel verschiedenen Restriktionen unterworfen.[22] Dieses System erschwerte üblicherweise eine Ansiedlung von fremden Kaufleuten in Venedig, es sei denn, sie genossen spezielle Privilegien wie beispielsweise die Mitglieder der deutschen Nation. Venedig bevorzugte grundsätzlich den See- gegenüber dem Landhandel. So unterlagen von See kommende Waren einem geringeren Zollsatz als identische Waren, die von der Landseite her kamen. Waren, die auf venezianischen Schiffen ankamen, bekamen zusätzliche Zollnachlässe gewährt.[23]

Die Flexibilität der Republik Venedig in Handelssachen kann anhand der Transitpolitik in Richtung *Sottovento* demonstriert werden. *Sottovento* bezeichnet die Adriaküste Süditaliens, ein Ziel vieler Transitströme aus Nordeuropa. Um diese Handelsflüsse besser über die Lagune lenken zu können, wurde 1545 Chioggia als Transitort für diesen Handel festgelegt. Die Waren mussten zuvor Verona passiert haben und konnten dann über Chioggia zu geringen Zollsätzen transitieren. Chioggia wurde jedoch dadurch zeitweise zu einem Zentrum des Schmuggels in die Republik; zudem entwickelte sich unter den Kaufleuten eine Interpretation des *Sottovento* als ein Zielgebiet, das bis zur Atlantikküste reichte. Die vielen daraus resultierenden Konflikte um diesen Transitzoll seien hier übergangen, er wurde oftmals zur Bekämpfung von Schmuggel verändert und die Zollstelle zwischen Venedig und Chioggia verlegt, im Ergebnis jedoch blieb er immer legal. Seit 1713 war die Transitzollstelle in Venedig etabliert, mit dem *Fondaco della Farina* am Rialto als Lagerhaus. Dieser Transitzug hatte eine besonders starke Ausrichtung auf die Messen von Senigallia an der Adriaküste des Kirchenstaats. Üblicherweise waren daher die Venezianer die wichtigsten Besucher dieser Messen, die gegen Ende des 18. Jahrhunderts ihre größte Bedeutung erreichten.[24] Dieses Transitreglement war im Ganzen mit seinen feinteiligen Nuancierungen eine der wesentlichen Stützen für die anhaltende Bedeutung Venedigs als Durchgangsort für den Transitzug von Nordeuropa nach Südeuropa; die Dominante nahm hierfür einige Einbußen an Zolleinnahmen in Kauf.[25]

Das venezianische Zollsystem war in seinen Details im Laufe der Jahrhunderte vielen Veränderungen unterworfen, die Grundlinien blieben jedoch immer bestehen. Die Zölle wurden bisweilen verpachtet, häufiger wohl in Eigenregie von staatlichen Beamten verwaltet. Wenngleich das System Mängel aufwies und gerade auf der Terraferma durch die fehlende Einheitlichkeit einiger Will-

22 Die Literatur hierzu ist extrem dürftig: *Elze*, Der Cottimo, S. 90; *Bellavitis*, »Per cittadini metterete…«; *Zecchin*, L'arte vetraria, S. 365–366. Vgl. zu den unterschiedlichen Zollsätzen eine Analyse mit begleitender Tabelle aus dem Archiv von 1729: ASVe/CS, II Ser., 72, 9. Dezember 1729.

23 *Cecchetti*, Del sistema tributario, S. 782–783.

24 Zu Venedig und den Messen von Senigallia vgl.: *Marucci*, La fiera di Senigallia; *Pagani*, Venezia e la fiera di Senigallia.

25 Zum Transit in Richtung Sottovento siehe insb.: *Perini*, Chioggia nel Seicento, S. 234–247; *Costantini*, Una Repubblica nata, S. 148–211.

kür Vorschub leistete,[26] so zeigt sich vor allem in der Zoll- und Handelspolitik häufig der Wille der leitenden Eliten der Republik, durch Feinjustierungen eine Anpassung an die jeweils gegebenen Umstände zu erreichen.[27] Der 1507 gegründete Magistrat der *Cinque Savi alla Mercanzia*, eine Art von Wirtschaftsministerium, war das zentrale Organ für Fragen solcher Art.[28] Die von dieser Instanz hinterlassenen Aktenberge erwecken den Eindruck einer hohen Aufmerksamkeit für die vielfältigen Probleme des Staats auch in seinen Provinzen, und die ergriffenen Gegenmaßnahmen, so kleinteilig sie auch häufig waren, scheinen selten ohne gründliche Überlegung ergriffen worden zu sein.

Gerade in der vergleichenden Perspektive erscheint die Republik Venedig in ihrer Handelspolitik im 18. Jahrhundert kaum rückständig. Kleine deutsche Territorien wie Baden-Durlach oder Württemberg wiesen um 1800 viele Dutzend Zollstellen innerhalb des Staatsgebiets auf. Diese waren schlicht historisch ohne eine ordnungspolitische Linie entstanden.[29] Im Rheinhandel war es in der Frühen Neuzeit daher üblich geworden, dass die Zöllner sich mit den Händlern absprachen und weniger als die offiziellen Tarife verlangten, damit der Handel überhaupt noch funktionierte.[30] Es mag sein, dass die Kritik von Wirtschaftshistorikern an der venezianischen Handels- und Zollpolitik gerade deswegen so intensiv sein kann, weil die Quellen oft Schmuggel thematisieren, die Mängel des Systems aufführen und Verbesserungsvorschläge beinhalten.

b) Historiographische Debatten zur venezianischen Wirtschafts- und Handelspolitik

Damit soll zur Bewertung der Handels- und Zollpolitik Venedigs zurückgekehrt werden. Die älteren Urteile Lanaros und vieler weiterer Historiker, die sich kritisch zur Leistung der venezianischen Wirtschaftspolitik im 18. Jahrhundert äußern, sind inzwischen in der Minderheit. Stattdessen herrscht eine Interpretation vor, die Francesco Vianello als einen pragmatischen Mittelweg zwischen prinzipiellem Zentralismus zugunsten der Hauptstadt und praktischer Flexibilität gegenüber den Erfordernissen der Provinzen charakterisiert. Indem nicht systematisch gegenüber den Provinzen des Festlandes eine Vereinheitlichung von Normen und Abschaffung von Privilegien, vor allem aber keine rigide Un-

26 Das musste nicht zum Nachteil des Handels gereichen, Kaufleute und Zöllner verständigten sich häufig auf eine Bezahlung ohne Rücksicht auf den offiziellen Tarif: *Caizzi*, Industria e commercio della Repubblica, S. 18–20.

27 Vgl. die Zollpolitik zur Seidenproduktion auf der Terraferma bei: *Vianello*, Seta fine e panni grossi, S. 145–167.

28 Einen soliden Abriss der Geschichte der Cinque Savi, die unter dem Eindruck des Verlusts des Gewürzmonopols durch die portugiesischen Asienfahrten entstanden, bietet: *Borgherini-Scarabellin*, Il Magistrato dei Cinque Savi.

29 Vgl. Kap. II, Fn. 406.

30 *Gothein*, Rheinische Zollkongresse, S. 372–373.

terordnung unter die Interessen der Hauptstadt durchgesetzt wurde, ließ man diesen de facto große Freiräume zur eigenen Kontrolle und Entwicklung von Handel und Industrie.[31]

Eine solche Ansicht hat ihre eigene Genese innerhalb einer, aber auch gegen eine über 200-jährige Tradition der Wirtschaftsgeschichte Venedigs. Seit dem Untergang der Republik ist zu ihrem ökonomischen Abstieg eine ausufernde Literatur entstanden, die selbst schon wieder historiographisch untersucht wird.[32] Gerade zum wirtschaftlichen Niedergang der späten Republik existieren zahlreiche Untersuchungen, die in ihren Urteilen bis heute stark voneinander abweichen.[33] Eine Gesamtschau selbst nur der wesentlichen Literatur wird hier nicht angestrebt, vielmehr sollen die dominanten Debattenstränge vorgestellt und in Bezug auf das Leitthema des deutsch-venezianischen Handels fruchtbar gemacht werden. Gerade der Aspekt der Handelsbeziehungen Venedigs zu den deutschen Ländern im 18. Jahrhundert gehört zu den vernachlässigten Themen der älteren wie der jüngeren venezianischen Historiographie und eine hinreichend abgesicherte Einordnung soll hierzu einen Beitrag leisten.

Grob kann man bezüglich der venezianischen Wirtschaftsgeschichte des 18. Jahrhunderts drei Interpretationslinien voneinander unterscheiden, wobei es freilich Überlappungen gibt: Erstens: Die Annahme eines allgemeinen und teilweise selbstverschuldeten Niedergangs der gesamten Republik Venedig mit kleinen Ausnahmen wirtschaftlicher Blüte an der Peripherie. Zweitens: Eine Betonung der insgesamt eher erfolgreichen Protoindustrialisierung auf der Terraferma, die einen relativen Niedergang nur der Hauptstadt sieht. Drittens: Die Behauptung einer bis 1797 wirtschaftlich relativ gesunden gesamten Republik, die erst durch die Okkupationen Frankreichs und Österreichs ökonomisch relativ bedeutungslos wurde.

Die Vertreter der ersten Linie können sich auf eine alte Tradition berufen, die die Schuld für den Niedergang Venedigs bei den Eliten der Republik verortet. Diese hätten sich angeblich aus dem Handel zurückgezogen, die Verwaltung zu einem Versorgungsapparat ihrer Klientel verkommen lassen, meist nur ineffektive und kleinteilige Maßnahmen zur wirtschaftlichen Besserung versucht, hingegen wichtige Grundsatzreformen unterlassen, ja sogar diesbezügliche Versuche unterdrückt, sodass die Republik weitgehend erstarrt sei. Bisweilen wird hinzugefügt, dass die Republik von den großen Transitströmen immer mehr umgangen worden sei, die Schuldenlast der jahrzehntelangen Kriege gegen das osmanische Reich (1645–1718) im gesamten 18. Jahrhundert als Mühlstein am

31 *Vianello,* Seta fine e panni grossi, S. 122–123.

32 Vgl. die Aufsätze zur wirtschaftsgeschichtlichen Historiographie Venedigs: *Viviani,* Il sistema mercantile veneto; *Lanaro,* At the Centre.

33 Eine kurze Übersicht der allgemeinen venezianischen Geschichte des 18. Jahrhunderts mit besonderer Betonung der wirtschaftlichen Entwicklung auf dem jüngsten Forschungsstand wurde kürzlich von Walter Panciera vorgelegt. Auch er betont in seiner Übersicht die vielfältig fehlenden Forschungen und weiterhin bestehenden Kontroversen, beispielsweise zur Agrargeschichte der Republik: *Panciera,* La Repubblica di Venezia, S. 62–65.

Hals hing, und die habsburgische Wirtschaftspolitik abschnürende Effekte auf die Republik gehabt habe.[34] Im Grunde war diese Position spätestens seit den 1770er Jahren in der Republik angelegt, als sich im Senat zwei Parteien mit deutlich unterschiedlichen politischen Vorstellungen gebildet hatten. Die mächtigeren Patrizierfamilien um den Kreis der Tron, Morosini, Contarini, Mocenigo, Gradenigo, Foscarini und weitere galten als konservative Partei, deren Programm vorgeblich darin bestand, möglichst wenig zu verändern, um den früheren Glanz der Republik wieder zu erreichen. Außenpolitisch schloss sich diese Gruppe weitgehend an Österreich an, was möglicherweise die merkantilistischen Maßnahmen dieser Macht gegen Venedig milderte.[35] Dieser Partei gegenüber stand eine Gruppe an reformorientierten Patriziern um Angelo Querini, Giorgio Pisani und dem von der Familienlinie abweichenden Carlo Contarini und anderen. Sie scheiterten mit ihren politischen und wirtschaftlichen Reformprojekten gegen Ende des 18. Jahrhunderts und erlebten manche, bisweilen recht drakonische Repressalie vonseiten der konservativen Regenten.[36] Als die Republik 1797 unterging, fiel mit dieser auch die Gruppe der konservativen Patrizier, und das Feld war bereitet für eine Mythologisierung im Sinne eines selbstverschuldeten Untergangs der Republik. Wenn man so will, hatten die Reformer zwar die realen Machtkämpfe verloren, im Feld der Historiographie jedoch siegten sie im Nachhinein als Vertreter einer vertanen Chance.[37]

Auch wenn diese Position bis heute sehr populär ist, so wird sie nicht mehr in dem Sinne aufrechterhalten, dass die politische auch zur wirtschaftlichen Erstarrung geführt habe. Ob die völlige Durchsetzung des Programms der Reformer auch wirklich zu einem anderen Geschichtsverlauf geführt hätte, muss massiv bezweifelt werden. Der bekannte Komponist Johann Adolph Hasse (1699–1783), der seit den 1770er Jahren in Venedig lebte, schrieb an den Dresdner Hof 1780 ein recht bemerkenswertes Urteil über den Plan der Verfassungsrevision der Reformer: *Ce plan, qui doit frapper en apparence les abus, la corruption des moeurs, l'irreligion, et les monopoles, ne bute en effet qu'à changer peu à peu la forme du gouvernement.* Tatsächlich stünden die Reformer dem Programm der Konservativen eigentlich nahe. Sie wollten beispielsweise weiter außenpolitisch eng mit Wien kooperieren. Zudem würden ihre Pläne teilweise auch von der herrschenden Gruppe umgesetzt, Hasse erwähnt als Beispiel die jüngst an

34 Diese Forschungstradition beruht insbesondere auf den Ideen von: *Luzzatto*, Le vicende, S. 16–20. Diese Richtung war vor allem nach dem Zweiten Weltkrieg stark: *Petrocchi*, Il tramonto, S. 8–31; *Tucci*, La marina; *Fanfani*, Il mancato rinnovamento; *Cipolla*, Aspetti e cause. Auch heute noch ist diese Grundansicht zur venezianischen Geschichte mit gründlicher Argumentation in den Fachpublikationen vertreten, vgl. z. B.: *Perini*, Riforme veneziane.

35 *Tabacco*, Andrea Tron, S. 101–120. Vgl. auch Kap. II.

36 Zu diesen Zusammenhängen vgl. die Übersichtsdarstellungen: *Kretschmayr*, Geschichte von Venedig, S. 432–440; *Grimaldo*, Giorgio Pisani; *Berengo*, La società veneta, S. 8–9; *Eickhoff*, Venedig – spätes Feuerwerk, S. 184–189, 259–262; *Preto*, Le riforme.

37 Diese Mythenbildung begann unmittelbar nach dem Fall der Republik: *Gottardi*, L'Austria, S. 13–20. Bis heute bleibt diese Idee stark: *Georgelin*, Venise au siècle, S. 752–774.

20 jüdische Handelshäuser gegebene Erlaubnis zum freien Seehandel mit denselben Rechten wie die Einheimischen.[38] Der Kampf zwischen den Parteien sei politisch, nicht wirtschaftlich: *Le Commerce de la République, quoique diminué par la voisinage de Trieste, est encore la branche, qui ne se ressent pas de la fermentation des deux Partis, et qui procure jusqu'ici à l'Etat les plus grands avantages.*[39] Es sei daher festgehalten: Die venezianischen Politiker blieben in der Handels- und Wirtschaftspolitik bis zum Schluss relativ alert und aktiv. Nicht umsonst war es eine herausragende Persönlichkeit aus der Gruppe der Konservativen, der Senator Andrea Tron, der um 1783 einen eindringlichen Appell zur wirtschaftlichen Lage und Vorschläge zur Verbesserung derselben äußerte.[40] Die Entwicklung von Handel und Gewerbe in der Republik litt nicht unter der politischen Dominanz der Konservativen und auch ein Sieg der Reformer hätte in dieser Hinsicht keine substanzielle Verbesserung bedeutet.

Damit sei zur zweiten Interpretationslinie zur venezianischen Wirtschaftsgeschichte übergegangen. Mit dem internationalen Durchbruch der französischen Annales der zweiten Generation mit ihrer Fixierung auf die Statistik seit etwa 1950 entstand der Impetus, nahezu alle vorherrschenden wirtschaftsgeschichtlichen Urteile kritisch zu überprüfen und gegebenenfalls zu revidieren. Vor allem Bruno Caizzi und Domenico Sella haben mit diesem Stimulus Grundlagenarbeiten zur Stadt Venedig und der Terraferma vorgelegt und dabei die Kenntnisse zur späten Wirtschaftsgeschichte der Serenissima deutlich erweitert; sie betonten und bestätigten jedoch bis etwa 1970 noch die vorherrschende Ansicht eines allgemeinen Niedergangs der Republik.[41] In dem Maße, in dem die Debatte um die Protoindustrialisierung ab den 1980er Jahren an Intensität gewann, wandte sich eine folgende Generation von Forschern vor allem der Geschichte der Gewerbeentwicklung auf der Terraferma zu. Seit spätestens 1990 kann man fast von einer Abkehr der auf die Lagunenstadt konzentrierten Handelsforschung und ihrer Substitution durch eine Gewerbeforschung mit Fokus auf die Terraferma sprechen. Hier entdeckten die Wirtschaftshistoriker einen erfolgreichen Pfad der Republik in die Moderne, der über den Bruch von 1797 hinausweist.[42]

Diese Richtung der Forschung hat eine gewisse Dominanz in der venezianischen Wirtschaftsgeschichte der Frühen Neuzeit gewonnen. Im 18. Jahrhundert, in dem der venezianische Hafen von den Welthandelsströmen immer weiter umgangen zu werden und die umgebende Stadt immer weniger in der Lage scheint, welthandelsfähige Produkte zu erzeugen, zeigen sich Regionen wie Bergamo, Verona, Vicenza und Brescia als Beispiele von protoindustriellen Gewerbeland-

38 Vgl. hierzu und zu den günstigen Effekten für den venezianischen Handel: *Ciriacono,* Olio ed ebrei, S. 81–89.

39 SHSAD, 10026, Geheimes Kabinett, Loc. 2816–3, Teil 5 von 7 (1780), »Remarques sur l'état de la République de Venise de l'année 1780«.

40 *Gaspari,* »Serenissimo Principe...«. Vgl. auch Kap. II. 3. f.

41 *Caizzi,* Industria e commercio della Repubblica; *Sella,* Commerci e industrie.

42 Die Literatur hierzu ist inzwischen äußerst umfangreich, vgl. den Übersichtsartikel von: *Demo/Vianello,* Manifatture e commerci.

schaften mit hohen Exportquoten.[43] Die Herausforderungen, die die neuere Zeit mit sich brachte, scheinen hier im Großen und Ganzen im europäischen Vergleich relativ gut bewältigt worden zu sein. Der Regierung in Venedig wird von den entsprechenden Historikern zwar eher kein günstiges Zeugnis ausgestellt, sie scheint aber zumindest kaum Widerstand gegen diese Entwicklung geleistet zu haben. Punktuell habe sogar eine Förderung der Gewerbeentwicklung auf der Terraferma durch staatliche Interventionen oder direkte Investitionen der venezianischen Eliten stattgefunden.[44] Die Tolerierung des endemischen Schmuggels erscheint in dieser Lesart ähnlich einer von einzelnen Politikern, vor allem der Terraferma, gewollten Entwicklung hin zum Freihandel.[45]

Die letzte hier zu betrachtende Interpretationslinie ist im Wesentlichen nur punktuell wahrnehmbar. Seit Venedig 1866 Teil des Königreichs Italien wurde, gab es immer wieder unorthodoxe Stimmen, die einen »Erfolg« Venedigs im 18. Jahrhundert vermelden. Die protoindustriellen Zentren auf der Terraferma verweisen in dieser Sichtweise in Richtung der Industrialisierung, während der international weit verzweigte Handelsverkehr der Hauptstadt als relativ überproportional gegenüber allen anderen regionalen Wettbewerbern gilt. Alberto Errera kam nach einer intensiven vergleichenden Analyse der Wirtschaftspolitik der italienischen Staaten des 17. und 18. Jahrhunderts zu dem Schluss, dass die Republik Venedig die beste Handelsstruktur von all diesen aufgewiesen habe.[46] Eugène Tarlé folgerte aus seiner Untersuchung zur Wirkung der Kontinentalsperre auf Italien, dass der Niedergang Venedigs erst 1797 mit dem Verlust der Unabhängigkeit einsetzte und nicht zuvor.[47] Jean Georgelin hielt als explizites Ergebnis seiner äußerst dichten und intensiv von der Annales-Schule inspirierten Studie zur Wirtschaftsgeschichte Venedigs fest, dass das Territorium der Republik im Vergleich zum Piemont und der österreichischen Lombardei in der zweiten Hälfte des 18. Jahrhunderts der am stärksten ›industrialisierte‹ Teil Norditaliens gewesen sei.[48]

Eine 1797 wirtschaftlich blühende Republik Venedig wird von diesen Historikern nicht behauptet, jedoch wirken hier die begrenzten Möglichkeiten einer Regionalmacht relativ gut ausgenutzt, sodass sich der Staat bis zum Schluss auf einer überdurchschnittlichen Höhe behaupten konnte. Wir sehen also keine dekadente Republik im Jahre 1797, sondern einen verhältnismäßig erfolgreichen Regionalstaat mit einer reformfähigen politischen Verfassung.[49] Diese Ansicht

43 *Ciriacono,* Venise et la Vénétie.

44 *Lanaro,* Flexibilité et diversification; *Pezzolo,* The Venetian Economy, S. 282.

45 *Vecchiato,* La vita politica economica, S. 226–227, 300–305.

46 *Errera,* Storia dell'economia politica, S. 307.

47 *Tarlé,* Le blocus continental, S. 188.

48 *Georgelin,* Venise au siècle, S. 782–800.

49 Es sei eine weitere angefügt: Der wohl beste Beobachter der Wirtschaft in Österreich, der Schweiz und Norditalien, Karl von Zinzendorf, war um 1764 von der Anzahl und Eigenart der venezianischen Industrien äußert beeindruckt: *Hendrich,* Ein Wirtschaftsbild, S. 111–118.

erscheint im Vergleich mit den oben dargestellten Richtungen der Forschungen radikal, sie kann sich aber auch auf eine solide statistische Basis und viele Stimmen von Zeitgenossen in dieser Richtung stützen.

So weit vereinfacht die grundlegenden Ansichten zur venezianischen Wirtschaftsgeschichte im 18. Jahrhundert. Die Divergenzen wirken eigentlich unüberbrückbar. Wo ein Teil der Historiker einen sich nach innen kommerziell verdichtenden und nach außen abkapselnden Staat sieht, erkennen andere eine Fragmentierung der Republik entlang ihrer Provinzgrenzen.[50] Wo die einen dem Transithandel eine hohe Bedeutung beimessen, scheint dieser für die anderen irrelevant.[51] Gerade an der Reaktion der italienischen Historiker auf Georgelins Arbeit zeigt sich der bis heute fehlende Grundkonsens zur venezianischen Wirtschaftsgeschichte. Das Werk wurde in den einschlägigen Rezensionen der italienischen Zeitschriften deutlich kritisiert, und er wird wohl auch deswegen bis heute in der einschlägigen jüngeren italienischen Literatur nur selten zitiert.[52]

c) Der Fondaco im 16. und frühen 17. Jahrhundert

Die vorliegende Studie zur deutschen Händlerkolonie in Venedig im 18. Jahrhundert soll auch einen Beitrag zur skizzierten Debatte um die Wirtschaftsgeschichte der späten venezianischen Republik leisten. Zum Handel nach Deutschland im 18. Jahrhundert finden sich in der einschlägigen Literatur nicht allzu viele Hinweise, eine Konzentration auf Agrar- und Gewerbegeschichte sowie den Seehandel ist bei den genannten Historikern unübersehbar.[53] Die Tatsache, dass der venezianisch-deutsche Handel und die deutsche Kaufmannschaft in Venedig im 18. Jahrhundert Forschungsdesiderate darstellen, wurde daher jüngst mehrfach vonseiten einiger italienischer Forscher angemerkt.[54] Die gesamte Institution des Fondaco dei Tedeschi, immerhin auch ein wichtiges venezianisches Zollamt, ist für die Jahrzehnte nach dem Westfälischen Frieden relativ unbekannt. In der Sekundärliteratur ist bis heute nicht aufgeführt, welche

50 Erstere Meinung vertritt: *Caizzi,* Industria e commercio della Repubblica, S. 264–266; letztere Meinung vertritt: *Lanaro,* I mercati, S. 125.

51 Erstere Meinung vertritt: *Moioli,* Aspetti del commercio; letztere Meinung vertreten: *Fanfani,* L'Adige come arteria, S. 602–606; *Vecchiato,* La vita politica economica, S. 258–265.

52 Vgl. die Rezension von: *Gullino,* Recensione. Die seltene Zitation Georgelins in der einschlägigen Fachliteratur kann hier nicht in einem quantitativen Sinne belegt werden, es sei aber exemplarisch darauf verwiesen, dass er im italienischen Standardwerk zur Geschichte Venedigs in einem Kapitel wie *Commercio e marina* zum 18. Jahrhundert nicht erwähnt wird: *Costantini,* Commercio e marina. In der deutschen Venedigforschung hat Georgelins Arbeit hingegen eine hohe Anerkennung erfahren, vgl.: *Nützenadel,* Aufklärung und Physiokratie.

53 In diesem Sinne auch: *Lanaro,* Venezia, S. 273.

54 *Fusaro,* Mercanti stranieri, S. 385; *Caracausi,* Venezia, S. 25.

Privilegien die hier registrierten deutschen Kaufleute im 17. und 18. Jahrhundert tatsächlich genossen, wie diese zustande gekommen waren und wie ihre möglichst genaue Einhaltung überwacht wurde.[55] Normalerweise wird angegeben, dass die Deutschen in Venedig Zollprivilegien genossen, die die Republik gewährt hatte, um daraus eigene Vorteile zu ziehen, und als weiterer Vorteil der deutschen Nation wird bisweilen das durch die Republik gestellte Haus des Fondaco selbst genannt und darauf verwiesen, dass dessen Insassen hier vergünstigt leben konnten und ein billiges Warenlager besaßen.[56] Zugleich jedoch bestehen die meisten Autoren auf der durch den Fondaco geschehenen Kontrolle der deutschen Kaufleute durch Amtsträger der venezianischen Republik, die vor allem das Gasthandelsverbot und die Verzollung der durch die Deutschen spedierten Waren genau überwacht hätten. Bisweilen findet sich sogar die Meinung, dass die Republik Venedig hier die deutschen Kaufleute in ein für diese nachteiliges System gezwungen habe, um von diesen und ihren Aktivitäten möglichst stark zu profitieren.[57] Selbst wenn auf die Privilegien der Deutschen verwiesen wird, so findet sich in kaum einem Titel die Idee, dass der Fondaco vonseiten Venedigs ein weitreichendes Zugeständnis gewesen ist, welches der Republik Nachteile einbrachte und möglicherweise vielmehr zugunsten der oberdeutschen Reichsstädte wirkte.

Eines der wesentlichen Resultate der faktischen Unbekanntheit des Systems des Fondaco nach 1650 ist, dass ein falsches Bild vom Handel der Republik mit Deutschland entstanden ist. Seit Giordano Campos 1936 die Zollerträge des Fondaco dei Tedeschi im 18. Jahrhundert publizierte und diese als Indikator für den Deutschlandhandel nahm, ist ihm die Sekundärliteratur dahin gefolgt, diesen Handelszug zu dieser Zeit in einem ununterbrochenen und stetigen Niedergang zu sehen.[58] Spätestens seit 2012 ist diese Ansicht widerlegt worden, ohne sie jedoch durch eine neue These zu ersetzen. In diesem Jahr hat Alessandra Sambo eine genauere Analyse von Warenströmen in und aus dem Fondaco vorgenommen und dabei festgestellt, dass hier Speditionen an verschiedenste Orte auftauchen – inklusive Städten der Levante. Sie schlussfolgerte, dass der Fondaco-Zoll auf eine Reihe privilegierter deutscher Händler angewandt wurde, aber statuarisch keinerlei geographische Ausrichtung mehr kannte.[59]

Doch wie funktionierte nun der Fondaco? Waren es wirklich nur eine Reihe privilegierter deutscher Kaufleute, die hier eine Sonderzollstelle für sich in An-

55 Vgl. Kap. I, Fn. 107. Die beste Darstellung der Privilegien der deutschen Nation in Venedig bis 1650 bleibt bis heute: *Simonsfeld*, Der Fondaco dei Tedeschi, Bd. 2, S. 141–142, 163.

56 Vgl. die Grundsatzartikel zum Fondaco von: *Lupprian*, Il Fondaco dei Tedeschi; *Rösch*, Il Fondaco dei Tedeschi.

57 *Constable*, Housing the Stranger, S. 315–328.

58 Vgl. *Caizzi*, Industria e commercio della Repubblica, S. 260–262.

59 *Sambo*, La balance, S. 393–396. Damit scheint die Ansicht von Angelo Moioli bestätigt, der bereits 1984 darauf verwiesen hat, dass die bekannte Statistik von Campos kaum ein wahres Abbild des deutsch-venezianischen Handels darstellen kann, vgl.: Kap. II, Fn. 714.

spruch nehmen konnten? Dies ist eigentlich bereits seit 1887 widerlegt. Henry Simonsfeld betonte in seiner Arbeit aus diesem Jahr mehrfach, dass spätestens seit 1577 auch Venezianer über den Fondaco spedierten und ihre Anzahl in den Folgejahrzehnten eher stieg als sank. Wenn daher einerseits Venezianer über den Fondaco nach Deutschland handeln konnten, andererseits auch die Deutschen über diese Zollstelle das Recht auf Spedition in die Levante hatten, bleibt als Schlussfolgerung eigentlich nur die kuriose Erkenntnis, dass hier kein System erkennbar ist. So hat auch Sambo 2012 nach intensiver Analyse der tatsächlich erfolgten Verzollung am Fondaco in den letzten drei Jahrzehnten der Republik geschrieben, die Situation sei *fluctuante*, eine Umschreibung dafür, dass hier scheinbar Willkür oder die völlige Freiheit in der Zollstellenwahl herrschte.[60]

Um erkennen zu können, ob hier ein System oder ein hohes Maß an Willkür vorherrschten, wird zunächst direkt aus den Quellen zitiert. Im Museo Correr befindet sich eine Schrift eines unbekannten Autors von 1716 mit einer Zusammenfassung des venezianischen Zollsystems, aus der hier in extenso zitiert sei:

Die Zölle Venedigs sind üblicherweise universell oder partikular, beide Arten sind in der Mehrzahl der Fälle von eher einfachem Zuschnitt (*natura e costitutione semplici*).

Universell ist der *Stallaggio* auf die Güter von See (Levante und Ponente[61]), als einfach angesehen, da er nur einen Eingangs- und keinen Ausgangszoll darstellt.

Universell ist die *Entrata da Terra* auf die Güter, die von Land kommen, als einfach angesehen, da er nur einen Eingangs-, und keinen Ausgangszoll darstellt.

Universell ist die *Uscita Ordinaria* auf alle Güter, die von dieser Stadt ausgehen, sei es über See oder über Land, als einfach angesehen, da er nur einen Ausgangszoll darstellt.

Partikular ist der Zoll der *Grassa*, der nur auf Fleischwaren fällig wird, doch ist er einfach, da er nur einen Ausgangszoll darstellt.

Partikular ist ebenfalls der Zoll der *Frutti*.

Hingegen:

Der Zoll des *Fondaco dei Tedeschi* ist partikular und universell, er war einfach und ist gemischt geworden, da er einerseits einen Eingangs- andererseits einen Ausgangszoll darstellt.

Er war partikular nur für die Deutschen zu Anfang seiner Institutionalisierung, wie man aus den Dekreten vom 15. und 26. April 1374 entnehmen kann, und für die Güter, die ausschließlich aus Deutschland kamen. Jedoch ist er seither nicht nur universell geworden, da die Deutschen ihre Handlung ausgebreitet haben, sondern auch gemischt, da er nicht nur einen Eingangs-, sondern auch einen Ausgangszoll darstellt.

In dem Maße, in dem die Deutschen dazu übergingen, ihre Geschäfte auszudehnen, so sind auch im Verlauf der Zeit die Tarife auf die einzelnen Warenposten ge-

60 *Sambo*, La balance, S. 395.

61 Damit ist der Seeverkehr ins westliche Mittelmeer und über die Meerenge von Gibraltar hinaus gemeint.

stiegen, diese waren zuvor handgeschrieben. Erst 1692 wurde der Tarif auch gedruckt inklusive einer Unterscheidung von importierten Waren auf Basis von *bona valuta* oder *valuta corrente*.[62]

Zweiter Teil, über die Kaufleute:

Vier verschiedene Gruppen von Personen müssen ihre Waren beim Fondaco dei Tedeschi sowohl in der Ein- als auch der Ausfuhr verzollen.

Die erste Gruppe sind die tatsächlichen Deutschen, die ein Zimmer, einen Platz an der Tafel und eine Stimme im Kapitel des Fondaco dei Tedeschi haben, also die sogenannten *tre requisiti* [erfüllen].

Die zweite Gruppe sind die Grisolotti, so bezeichnet, da sie zwar aus dem [deutschen] Reich stammen, aber im Gegensatz zu ersterer Gruppe nicht die *tre requisiti* erfüllen und auch nicht die Zollnachlässe der echten Deutschen am Fondaco erhalten.

Die dritte Gruppe sind die sogenannten *privilleggiati*, also die Savoyarden[63] und die Danziger, die sich aber derzeit nicht in Venedig aufhalten.

Die vierte sind Personen aus jedweder Nation, die ihre Waren nach Deutschland spedieren wollen oder in dieser Stadt Waren von dort erhalten, also in Abhängigkeit von Herkunfts- oder Zielort der Waren.

Nur die Deutschen genießen Nachlässe und zeitliche Vergünstigungen beim Ein- und Ausgangszoll, alle anderen drei Gruppen müssen den vollen Zoll ohne zeitlichen Verzug bezahlen.

Alle genannten vier Gruppen müssen ihre Waren nach Deutschland über den Fondaco versenden, dort werden diese von den Ballenbindern des Fondaco in Anwesenheit der Beamten (*Ministri*) und vor allem dem Makler (*capo di tessera*)[64] eingebunden. Die Kaufleute sind nicht nur verpflichtet, ihre Waren hier passieren zu lassen, sondern auch eine eigene Übersicht der Güter anzugeben.

Daher rührt auch das Privileg des Fondaco, dass die Beamten, die die im Fondaco eingebundenen Waren inspizieren wollen, aufgrund der aufgeführten Vorschriften, ein Depositum von 50 duc. pro Collo geben müssen. Dies gilt nicht für die Waren, die aus Deutschland hierherkommen, diese dürfen inspiziert werden.[65]

Die genannten vier Gruppen unterliegen dem Cottimo, welcher eine Gebühr ist, die die [deutsche] Nation in größerem oder kleinerem Ausmaß im Verlauf der Zeiten

62 Die Rechenwährung (buona valuta) hatte einen Agio von 20% zum Münzgeld (valuta corrente), dafür hatte man hier den Vorteil der leichteren Transferierbarkeit und Sicherheit durch Einschreibung in die venezianische Bank, die Zecca. Vgl. zu den beiden Währungen und ihrem seit dem frühen 17. Jahrhundert fixen Agio: *Besta*, Bilanci generali, S. XLVIII–LXIV.

63 Die Untertanen Savoyens hatten 1427 als Angehörige des Reichs Zugang zum Fondaco erhalten, ein historisch allerdings immer bedeutungsloses Recht: *Simonsfeld*, Der Fondaco dei Tedeschi, Bd. 2, S. 42, 81–82.

64 Vgl. zu diesem Begriff: *Simonsfeld*, Der Fondaco dei Tedeschi, Bd. 2, S. 24.

65 Dieses Depositum wurde um 1540 eingeführt, es verhinderte exzessive Inspektionen der Exporte aus dem Fondaco durch Zollbeamte, die im Fall eines unbegründeten Verdachtes diese hohe Summe verloren. 1707 und 1717 wurde daher der Verdacht geäußert, dass dies zu Missbräuchen im Fondaco führe: *Beutin*, Der wirtschaftliche Niedergang, S. 65, Kap. III, Fn. 600. Vgl. zu den Ursprüngen dieses Depositums: Kap. III, Fn. 116.

durch ihre Consuln erheben hat lassen und welcher für Notwendigkeiten des Fondaco ausgegeben wird. Diese Gebühr ist also keine öffentliche Abgabe und auch keine Angelegenheit eines Zöllners, sondern nur eine der Nation im Einklang mit den öffentlichen Dekreten.[66]

Die Quelle wurde ausführlich zitiert, da sie die Komplexität des Fondaco-Zolls im 18. Jahrhundert bereits weitgehend erhellt. Die Widersprüche scheinen damit im Grunde aufgelöst. Der Zoll wurde im Ein- und Ausgang der Waren fällig und zwar für alle Transaktionen zwischen Venedig und Deutschland von jedwedem Kaufmann. Der Zoll konnte jedoch – was in der obigen Quelle nicht ausdrücklich erwähnt, implizit aber klar wird – von den Grisolotti, Reichsangehörigen ohne die Erfüllung der sogenannten *tre requisiti* und den ›echten‹ Deutschen für eine Spedition nach allen Orten genutzt werden; und nur die letzteren genossen dabei einige fiskalische Privilegien.

Die Gruppe der »Grisolotti« sei hier erklärt, sie wird in der folgenden Darstellung noch eine wichtige Rolle spielen. Unter dem Begriff, der sich wohl zum ersten Mal 1508 in den Quellen findet,[67] fasste man Händler aus Graubünden und dem Trentino, deren Muttersprache in der Regel Italienisch oder ein romanischer Dialekt war. Häufig wurden diese auch als »Wandernde« (*Viandanti*) bezeichnet.[68] Sie handelten eher mit geringwertigen Gütern im Nahhandel und wiesen damit eine Nähe zu Krämern oder Hausierern auf, während die Deutschen vor allem den Fernhandel zwischen den Gewerberevieren Süddeutschlands und Venedig und darüber hinaus betrieben. Die Viandanti hatten im Fondaco keine längerfristig gemieteten Kammern, sondern sechs Zimmer im dritten Stock des Hauses zur kurzen gelegentlichen Bewohnung, im Gegensatz zu den deutschen Händlern, die immer für mindestens ein Jahr mieten mussten. Nachdem im späten 16. Jahrhundert die Graubündner explizit den Zugang zum Fondaco erhalten hatten, wurde der Begriff der »Grisolotti« zur üblichen Bezeichnung aller Viandanti; möglicherweise wegen der Namensähnlichkeit zu »Grigioni«.[69] Auch wenn sie aufgrund der Kürze der Bewohnung ihrer Kammern nicht auf der Liste der Mieter auftauchen konnten, so waren sie doch Händler des Fondaco.

Damit scheinen die Regeln am Fondaco klar: Nur die längerfristigen und deutschsprachigen Mieter genossen die Vergünstigungen desselben, die Viandanti/

66 BMCV, Manoscritti Donà delle Rose, Nr. 217, Übersetzung und Hervorhebungen MR.

67 *Simonsfeld,* Der Fondaco dei Tedeschi, Bd. 1, S. 363 (Nr. 657).

68 *Simonsfeld,* Der Fondaco dei Tedeschi, Bd. 2, S. 137.

69 Es gibt mehrere mögliche Interpretationen des Begriffs. Entweder stammte dieser vom Haupthandelsartikel der Grisolotti, rohen/groben Tüchern (*panni grezze*), so sahen es die deutschen Kaufleute um 1715: *Elze,* Der Cottimo, S. 91. Eine alternative Erklärung ist, dass diese Händler ihre Waren auf *Grisiole*, einem auf Schilf basierenden Stoff auslegten: *Segarizzi,* I Trentini, S. 202.

Grisolotti und alle anderen mit Deutschland handelnden Personen jedoch nicht. Manches bleibt dabei allerdings unklar. War es wirklich so, dass die Deutschen und italienischsprachigen Reichsangehörigen alle ihre Waren über den Fondaco spedieren mussten? So würde es sich erklären, dass Alessandra Sambo auch Warenposten aus der Levante im Fondaco entdeckt hat.[70] Jedoch hat bereits Ludwig Beutin 1933 darauf hingewiesen, dass die deutschen Händler 1684 zur Verzollung der über See eingeführten Güter an der Dogana di Mar, also dem Stallaggio verpflichtet worden waren.[71] Abgesehen von solchen unklaren Details wird in der Quelle gar nicht erwähnt, worin nun eigentlich die Privilegien der Deutschen bestanden.

Hierzu können wir eine bereits edierte Quelle aus dem Jahr 1727 zitieren. Die Grisolotti sowie weitere Händler aus Venedig und sogar Süddeutschland griffen damals die deutsche Nation vor den venezianischen Magistraten und Ämtern an, da man sich nicht mehr bereitfand, eine Abgabe an die deutschen Consuln des Fondaco, den sogenannten *Cottimo*, zu bezahlen. Auf die Einzelheiten des Falles soll weiter unten eingegangen werden, hier interessiert zunächst die Darstellung der Privilegien, die die deutschen Kaufleute in Venedig genossen. Vonseiten der Grisolotti begründete man, warum sie selbst verpflichtet worden waren, ihren Handel über den Fondaco dei Tedeschi abzuwickeln:

Erstens: Um genauestens die Zollämter zu unterscheiden. Daher laufen alle vom Meer einkommenden Güter über den Stallaggio (Seezoll), alle aus Italien kommenden über die Entrata (Landzoll), und alle jene aus Deutschland sollten vom Zoll des Fondaco erfasst werden.

Zweitens: Weil es bei der Entrata drei verschiedene Arten von Personen gibt, die unterschiedliche Zölle auf dieselben Güter bezahlen. Dies sind Bürger (*cittadini*), Ladenbesitzer (*botteghieri*) und Ausländer (*forastieri*); im anderen Zoll nur zwei, also Deutsche und Grisolotti.

Drittens: Weil im Fondaco für viele Stücke an Gütern höhere Zölle als bei der Entrata bezahlt werden.

Welchen Vorteil könnte hierbei nun noch der einzelne [Händler] haben? Wir antworten, dass dieser vollständig bei den deutschen Herren liegt und wir wollen es beweisen.

Pro Zimmer bezahlen sie 12 duc. und für ein Warenmagazin 6 duc. pro Jahr (...)

Sie haben einen Nachlass von 20 % bei den Zöllen (...)

Sie bezahlen an Zoll für die Ausfuhr auf Basis der Taxierung [der Waren] bei der Einfuhr ohne Aufschläge (...)[72]

70 Vgl. Kap. III, Fn. 59.

71 *Beutin*, Der deutsche Seehandel, S. 50.

72 Die unterschiedlichen Zollsätze oder Warentaxationen in Abhängigkeit von einem Ein- oder Ausfuhrfall waren in Venedig spätestens seit dem frühen 16. Jahrhundert üblich. Die Befreiung hiervon war effektiv eine Hilfe für den Transithandel über Venedig.

Sie haben den Vorteil der Soldifranchi.[73] Sie haben 2 % Nachlass bei der Einfuhr ihrer Waren.[74] Sie haben eine Frist von 4 Monaten um ihre Zölle zu bezahlen.[75]

Aus dieser Aufstellung werden zwar die wesentlichen Privilegien der Deutschen klar, die in substanziellen Nachlässen des für die meisten Güter angeblich eher hohen Fondaco-Zolls bestanden. Jedoch treten erneut einige Widersprüche zu den bereits weiter oben etablierten Fakten auf. Hier scheint es, als habe der Fondaco-Zoll nur von Deutschen und Grisolotti entrichtet werden müssen. Weiter wirkt es, als seien die Mitglieder der Nation verpflichtet gewesen, den See- oder Landzoll zu bezahlen, wenn sie ihre Waren nicht aus oder nach Deutschland spedierten. Laut Auskunft ihrer Gegner galt dann anscheinend, aufgrund der Pluralformulierung »bei den Zöllen« (*rilascio nelli Dazij*) auch die Reduktion um 20 % sowie die weiteren genannten Ermäßigungen.

Die Supplikanten gaben auf den folgenden Seiten als Grund für die Entstehung dieses für die deutschen Kaufleute freundlichen Systems an, dass diese dadurch nach Venedig gelockt werden sollten, um den Handel zu stimulieren. Zusätzlich wurde durch ein Verbot für Venezianer, in Deutschland zu handeln, den Deutschen quasi ein Monopol auf diesen Handel gegeben. Die Privilegien könnten prinzipiell alle Deutschen, Böhmen, Polen und Ungarn genießen. Als wesentlicher Vorteil für den venezianischen Staat wird das reziproke Gasthandelsverbot in Venedig herausgestellt; dies habe die Deutschen gezwungen, ihren Handel hier ausschließlich mit Venezianern zu betreiben.[76]

Auch wenn das System recht geschlossen und klar wirkt, so haben sich die Grisolotti in mancherlei Hinsicht geirrt oder dies absichtlich vereinfacht. Polen, Böhmen und Ungarn waren 1727 seit mindestens 300 Jahren nicht mehr im Fondaco registriert gewesen – und auch vorher nur sehr selten. Das aufgeführte Gasthandelsverbot wird erwähnt, als sei es noch gültig, was den Handel der Deutschen tatsächlich auf das Reich und venezianische Käufer oder Verkäufer beschränkt hätte. Die Tatsache, dass unter den Beschwerdeführern vor allem Kaufleute aus Trient, Graubünden, der Eidgenossenschaft, Österreich, aber auch München, Ulm oder Nürnberg waren, macht diesen Fall noch rätselhafter. Hätten letztere nicht auch von den Privilegien profitieren müssen?[77] Auch über die

73 Dies war ein Nachlass am Zoll auf die Ausfuhr von in Venedig eingekauften Gütern, wenn zuvor derselbe Kaufmann Waren eingeführt hatte; also der Regelfall für deutsche Händler im Fondaco, vgl.: *Simonsfeld*, Der Fondaco dei Tedeschi, Bd. 2, S. 141; *Kellenbenz*, Das Meder'sche Handelsbuch, S. 142–143.

74 Dieser Vorteil wird in der Formulierung noch deutlich unterschätzt. Die 2 % wurden von dem Taxationswert der Ware abgezogen. Wenn die Ware also 100 duc. wert war und der Zoll 6 % betrug, dann wurden von den eigentlich fälligen 6 duc. 2 abgezogen, also nur 4 duc. bezahlt. In diesem Fall war der tatsächliche Nachlass 33,3 %. Das Rechenbeispiel nach: ASVe/CS, II Ser., 73, Stampa Mercanti Venetiani, fol. 77.

75 *Elze*, Der Cottimo, S. 90. Übersetzung MR.

76 Ebd., S. 86–92.

77 Vgl. die Liste der Gegner der deutschen Nation von 1727: Ebd., S. 97–98.

richtige Verwendung der verschiedenen Zollstellen durch die einzelnen Händlergruppen gewinnt man keine Klarheit. Der Text von 1727 ist, so kann man zusammenfassen, zwar in den wesentlichen Aspekten korrekt, es wird hierbei aber viel aus den mittelalterlichen Statuten und Quellen mit den zeitgenössischen Rechtstexten und -praktiken vermischt. Die venezianischen Behörden, denen er vorgelegt wurde, konnten die Unklarheiten wohl aus ihrer eigenen Erfahrung und täglichen Zollverwaltungspraxis schließen, sodass für sie die Supplik Sinn machte. Zu einem wirklichen Verständnis des Fondaco-Systems kann man jedoch nur durch eine genaue Beschreibung seiner historischen Entwicklung gelangen.

Der Ursprung des Fondaco im frühen 13. Jahrhundert und den folgenden Jahrhunderten ist gut erforscht, und man kann der reichhaltigen Literatur hier im Wesentlichen folgen. Im Zuge einer allgemeinen Verdichtung des Handels in ganz Europa und dem Aufstieg von Zentralorten, wie vor allem Venedig und den oberdeutschen Städten, siedelte sich auch eine größere Zahl an deutschen Kaufleuten in der Dominante an, die hauptsächlich Transalpenhandel betrieben. Zunächst waren diese nicht sonderlich privilegiert, sie waren schlicht eine spezielle Händlergruppe, die sich im Ausland zusammenschloss und ein Gebäude in der Stadt Venedig gemeinsam nutzte.[78] Bereits in der ersten Hälfte des 13. Jahrhunderts werden vonseiten der Republik bestallte *vicedomini* (in den späteren Quellen meist: *Visdomini*) genannt, die bei diesem Haus Verwaltungsaufgaben übernahmen. Spätestens 1266 folgte für die Deutschen durch die obligatorische Verwendung von Sensalen, also amtlichen Maklern, ein weiterer Schub hin zur staatlichen Institutionalisierung der Gruppe.[79] Seither mussten die Deutschen eine Vielzahl an venezianischen und deutschen Bediensteten und Amtsträgern als Dienstleister für die Abwicklung des Handels erdulden, der ausschließlich innerhalb des Fondaco erlaubt war.[80] Dieses System war für reisende Kaufleute gedacht, die ihre Waren von Deutschland nach Venedig und zurück begleiteten und im Fondaco eine hilfreiche Unterkunft und einen günstigen Lagerplatz für die Waren vorfanden.

Bereits 1272 wurde den Untertanen der Republik Venedig verboten, Waren in Deutschland zu kaufen oder dorthin auszuführen.[81] Nachdem dieses Verbot in den folgenden Jahrzehnten zeitweilig wieder aufgehoben und erneut eingeführt

78 *Lupprian*, Zur Entstehung. Die Deutschen genossen bereits seit 1225 vonseiten Venedigs eine teilweise Bevorzugung gegenüber der einheimischen Konkurrenz, vgl.: *Rösch*, Venedig und das Reich, S. 92–93.

79 *Rösch*, Venedig und das Reich, S. 91; *Lupprian*, Il Fondaco dei Tedeschi, S. 11–18. Zum Amt der Visdomini, vgl.: *Simonsfeld*, Der Fondaco dei Tedeschi, Bd. 2, S. 17–18.

80 Die vielfältigen Details des internen Lebens im Fondaco werden in dieser Arbeit nicht eingehend beschrieben, vgl. hierfür: *Simonsfeld*, Der Fondaco dei Tedeschi, Bd. 2, S. 16–29. Im Mittelalter war das System eindeutig eher eine Belastung für die deutschen Händler, die hier kaum als privilegiert erscheinen: *Baader*, Nürnbergs Handel, S. 102–106.

81 *Thomas*, Capitular des deutschen Hauses, S. XXIV–XXV.

worden war, wurde es 1363 explizit als Gesetz erlassen.[82] Wolfgang von Stromer hat eine Schwäche Venedigs gegenüber dem Reich und den inzwischen bedeutsamer gewordenen Reichsstädten als Grund hierfür angenommen. Nach einem ungünstig verlaufenen Krieg mit Ungarn habe sich Venedig den Forderungen Kaiser Karls IV. und der Stadt Nürnberg fügen und auf den Deutschlandhandel verzichten müssen.[83] Ob diese Interpretation den tatsächlichen Verhältnissen entspricht, darf bezweifelt werden: Einerseits hatte das Gesetz ja fast ein Jahrhundert Vorlauf, und andererseits wäre es als Klausel einer Niederlage nach dem baldigen Wiedererstarken Venedigs sicherlich wieder aufgehoben worden. Stattdessen wurde das Gesetz 1385 dahingehend ergänzt, dass die deutschen Kaufleute im Fondaco nur mit venezianischen Bürgern handeln durften, es wurde also ein für diese Epoche typisches Verbot des Gasthandels ausgesprochen.[84] 1443 erließ die Republik ein weiteres, für die frühneuzeitliche Entwicklung wichtiges Gesetz, als sie den deutschen Händlern im Fondaco das Recht zusprach, die Vergabe der Kammern selbst zu bestimmen.[85] Seit dem frühen 17. Jahrhundert sollte dies, wie unten zu zeigen sein wird, zu einem Hebel der deutschen Nation werden, ihre Mitglieder mehr und mehr nach eigenem Gutdünken auswählen zu können.

Die Eroberung der Terraferma im frühen 15. Jahrhundert brachte Regionen unter die Kontrolle Venedigs, die in einer alten Tradition des Handelsaustauschs mit Deutschland standen.[86] Diesen ließ man zunächst ihre traditionellen Handelsfreiheiten, jedoch war damit faktisch eine Diskriminierung der Einwohner der Hauptstadt im Deutschlandhandel normativ etabliert. Wahrscheinlich aus diesem Grund wurde 1460 erstmalig auch den Kaufleuten der Provinzen der Handel in Deutschland untersagt, indem im Text des entsprechenden Erlasses die Formulierung verwandt wurde *Che alcun Cittadin, o Suditto nostro non possi andar in Alemagna*.[87] Interessant ist an diesem Erlass weiterhin, dass Triest explizit als zum Reich gehörend erwähnt wurde. Das Gasthandelsverbot zulasten der Republik hatte also eindeutig auch das Ziel, dem seit der Eroberung des Patriarchats von Aquileia letzten potenziellen Konkurrenten an der Adria Entwicklungschancen zu nehmen, indem den Deutschen Exklusivrechte in Venedig gewährt und den venezianischen Kaufleuten der Weg nach Triest versperrt wur-

82 Ebd., S. 63; *Simonsfeld*, Der Fondaco dei Tedeschi, Bd. 2, S. 31. Von diesem Verbot war die Einfuhr von kriegswichtigen Importen, namentlich von Waffen, Pferden und Lebensmitteln, ausgenommen.

83 *Stromer*, Oberdeutsche Hochfinanz, S. 100–102.

84 *Thomas*, Capitular des deutschen Hauses, S. 91–92. Hierzu gesellte sich in diesen Jahren das Verbot, Geld aus Venedig auszuführen: *Simonsfeld*, Der Fondaco dei Tedeschi, Bd. 2, S. 31, 44. Zu den kurzfristigen Liberalisierungen des Zugangs zum Fondaco zwischen 1363 und 1385 vgl.: *Molá*, La comunità, S. 242–243.

85 *Westermann*, Die Zahlungseinstellung, S. 507–508; *Backmann*, Der Fondaco dei Tedeschi, S. 32–33.

86 Vgl. zu den Handelsverbindungen Veronas mit Deutschland vor der Unterwerfung durch Venedig: *Kellenbenz*, I rapporti economici.

87 ASVe/CS, II Ser., 73, Stampa Mercanti Venetiani, fol. 4. Hervorhebung MR.

den. Wir können an dieser Stelle daher im Gegensatz zur Annahme Stromers die Hypothese aufstellen, dass die gewünschte Erhöhung der Attraktion für deutsche Kaufleute seit dem späten 13. Jahrhundert einer der Hauptgründe für die Stadt Venedig gewesen war, ihren Kaufleuten den Handel in Deutschland zu verbieten. Dafür stärkten die Venezianer ihre Hegemonie im Adriahandel, von Venedig aus konnte bis weit in das 16. Jahrhundert hinein kein nichtvenezianischer Kaufmann Seehandel betreiben.[88] Zudem konnten die deutschen Kaufleute zwar im Landhandel mit ganz Europa über den Fondaco handeln, spezielle Nachlässe genossen sie jedoch nur bei Waren aus Deutschland.[89] Die Mischung aus Vergünstigungen und Restriktionen an die Händler von jenseits der Alpen und die eignen Untertanen wirkt in ihrer Schlichtheit recht geschickt angelegt, um die Adriahegemonie Venedigs abzusichern.

Vermutlich hatte der Erlass von 1460 jedoch bezüglich der Kaufleute auf der Terraferma keinen Effekt, er wurde auch nicht in das Capitular der Visdomini, also die Sammlung all ihrer Erlasse und Statuten übernommen.[90] 1475 erließ die Republik, wohl auch angesichts des weiterhin von ihren Untertanen der Terraferma betriebenen Deutschlandhandels, eine Art von Fundamentalgesetz zum Fondaco, das bis zum Schluss der Republik immer wieder zitiert wurde.[91] Die 30 einzelnen Paragraphen (*Capitoli*) des Gesetzes seien hier weitgehend übergangen, sie beinhalten überwiegend Vorschriften zur korrekten Abwicklung von Handel und Zollabgabe. Wichtig sind hier die Capitoli 10 und 13, in denen noch einmal festgelegt wurde, dass kein Venezianer oder Untergebener der Republik in Deutschland Handel treiben dürfe und als Ausgleich alle Kaufleute aus Nieder- und Oberdeutschland sowie Polen, Böhmen und Ungarn zum Handel ausschließlich im Fondaco verpflichtet seien. Die Dominante gewährte ihren Untertanen auf der Terraferma die folgenschwere Ausnahme, dass der Handel zu Messezeiten frei sei.[92] In den Folgejahren musste man in Venedig jedoch er-

88 Zu diesem fundamentalen Prinzip der venezianischen Schifffahrtspolitik vgl.: *Dursteler*, Venetians in Constantinople, S. 52–54.

89 *Elze*, Der Cottimo, S. 89; *Simonsfeld*, Der Fondaco dei Tedeschi, Bd. 2, S. 32.

90 So ist hier der Erlass nicht auffindbar: *Thomas*, Register zum Capitular. In diesen Jahren scheiterte Venedig mehrfach mit Versuchen, den Städten der Terraferma den handelspolitischen Willen der Dominante aufzuzwingen: *Lanaro*, I mercati, S. 64–67.

91 Der Erlass ist abgedruckt bei: *Thomas*, Capitular des deutschen Hauses, S. 223–232. Einzelne Paragraphen zur Regulierung des Gasthandels wurden sogar in eine englische Quellensammlung zur venezianischen Geschichte übernommen: *Pullan/Chambers*, Venice, S. 328–329.

92 Zu erwähnen ist noch das Capitolo 17: Hier wurde noch einmal bekräftigt, dass kein deutscher Händler in Venedig außerhalb des Fondaco seine Residenz nehmen dürfe. Für mit Venezianerinnen verheiratete Mitglieder der Nation war eine Wohnung außerhalb des Fondaco allerdings bereits im 15., mehr noch im 16. Jahrhundert üblich: *Pfotenhauer*, Nürnberg und Venedig, S. 101–102; *Braunstein*, Les allemands à Venise, S. 363–406; *Backmann*, Der Fondaco dei Tedeschi, S. 45–55. Es sei hier angemerkt, dass diese Regel ab der zweiten Hälfte des 17. Jahrhunderts auch bei Ehen mit deutschen Frauen galt und daher *das teutsche Haus nach und nach beinahe ganz leer an Bewohnern wurde*: *Fick*, Bemerkungen, S. 179.

kennen, dass diese Ausnahme das Verbot konterkarierte, vermutlich in Hinsicht auf die äußerst starke Präsenz von Händlern der Terraferma auf den damals noch dreimal jährlich abgehaltenen Bozner Jahrmärkten.[93] Nach dem kurzen Krieg gegen Tirol von 1487 versuchten die Venezianer vergebens, die Kaufleute der Terraferma auf die Märkte von Mittenwald zu lenken. Kurze Zeit später wird man das Scheitern dieser Maßnahme in Venedig eingesehen haben und erlaubte in einer recht radikalen Volte am 2. Juni 1494 allen Händlern der Republik zu allen Zeiten den Handel mit Deutschland, er sollte nur vollständig am Fondaco verzollt werden.[94] Damit war ein Territorialprinzip der Zölle und die vollständige Gleichbehandlung aller Kaufleute eigentlich hergestellt; die Maßnahme mutet von daher recht modern an.

Jedoch führte dieser Erlass angesichts des offenbar bereits seit Jahrzehnten intensiven, aber bislang über die reguläre Entrata abgewickelten Deutschlandhandels von Kaufleuten der Terraferma rasch zu einem Einbruch der Einnahmen an dieser Zollstelle, sodass dieses Gesetz bereits am 13. Januar 1495 wieder aufgehoben wurde.[95] Seither blieb den Kaufleuten Venedigs und der Terraferma immerhin die Freiheit, auf den Bozner und anderen deutschen Messen zu handeln, was eine weitgehende Legalisierung des Deutschlandhandels für die Untergebenen der Republik bedeutete. Zwar bekräftigten Erlasse vom 5. Mai 1508 und vom 26. Juli 1558 noch einmal das Verbot für Einwohner der Republik, in Deutschland Ein- und Verkäufe zu tätigen, nur im Fondaco war der Handel mit Händlern der deutschen Nation explizit gestattet. Jedoch geschah dies unter Berufung auf das Gesetz von 1475, also mit Bestätigung der Freiheit des Handels zu Messezeiten; und diese waren damals von hoher Bedeutung für den internationalen Großhandel.[96] Zwischen 1495 und 1508 wurden die bei Messen erworbenen Waren über die Entrata verzollt, was jedoch zu schwerwiegenden Missbräuchen führte.[97] Daher nahmen die Venezianer zu Beginn des 16. Jahrhunderts noch eine Einschränkung dieser Erlaubnis vor: Man musste seit 1508 nach einem Einkauf auf der Messe binnen eines Monats die entsprechende Ware den Visdomini am Fondaco vorzeigen und den Zoll bezahlen und dabei durch

93 Zur Präsenz von Händlern der Republik auf den Märkten in Bozen im 15. Jahrhundert vgl.: *Rizzoli*, Bozen, S. 15–16; *Demo*, Le fiere di Bolzano, S. 86–93.

94 Die Interpretation des Erlasses als ein Verbot des Handels zu Messezeiten, wie sie Simonsfeld gegeben hat, rührt von einem völligen Missverständnis des Gesetzestextes her: *Simonsfeld*, Der Fondaco dei Tedeschi, Bd. 2, S. 31, er stützt sich dabei auf: *Heyd*, Das Haus der deutschen Kaufleute, S. 214. Und dies obwohl die wichtigen Zeilen sehr klar sind: *cum questa dechiaration, che tute et chadaune merchadantie che uadano o uegnano da la Alemagna alta et bassa, Vilacho et ogni altro luogo de Alemagnia che se condurano o serano fate condur per qui esser se uolgia, si terreri chome subdito nostro, non exceptuando alguna sorte o qualità de persone si comprade a tempo de fiera come in ogni altro tempo siano spazade nel fontego nostro di Todeschi*, in: *Thomas*, Capitular des deutschen Hauses, S. 273–274.

95 ASVe/CS, II Ser., 73, Stampa Mercanti Venetiani, fol. 8.

96 *Denzel*, Das System der Messen, S. 391–402.

97 *Elze*, Der Cottimo, S. 78. Zu vermuten ist, dass auch außerhalb der Messezeiten im Reich gekaufte Waren von den Kaufleuten der Terraferma nach Venedig eingeführt wurden.

Belege nachweisen, auf welcher Messe wann welche Waren zu welchen Quantitäten genau gekauft worden waren.[98]

Die Tatsache, dass der Deutschlandhandel für die Venezianer also seit Erwerb der Terraferma, und damit im Prinzip seit Anfang des 15. Jahrhunderts, in einem gewissen Rahmen faktisch legal war, wurde in der Handelsgesetzgebung im Laufe des 16. Jahrhunderts auch immer stärker akzeptiert. Vor allem für Hölzer und Eisen, zwei Massenprodukte aus Deutschland von höchster Wichtigkeit für die venezianische Flotte, wurde in mehreren Gesetzen in diesem Jahrhundert festgelegt, dass diese beim Kauf durch Venezianer über die Entrata zu verzollen seien.[99] Formal wurde das Verbot für die Untertanen der Republik, Produkte aus Deutschland außerhalb der Messezeiten zu erwerben, erst 1671 durch die für Nichtdeutsche verteuerte Zulassung zum Fondaco aufgehoben, wie in Kap. III. 2 noch zu zeigen sein wird, faktisch aber schwand es lange vorher dahin.[100] Spätestens seit 1660 wurde es mittels eines regulären Handels mit Deutschland über die anderen venezianischen Zollstellen gänzlich ignoriert.[101]

Durch die Erlaubnis des Deutschlandhandels zu Messezeiten und die schleichende Ausdehnung des Handels mit dem Reichsgebiet über die Entrata war jedoch eine handelspolitische Leitlinie der Dominante, die möglichst intensive

98 Die von Georg Martin Thomas vorgenommenen Einträge des Registers zum Capitolare dei Visdomini geben leider nur die Überschriften wieder, sodass bei einer bloßen Lektüre derselben der Eindruck entsteht, die Erlasse von 1508 und 1558 hätten einzig das altbekannte Verbot bestätigt: *Thomas*, Register zum Capitular, S. 29, 61. Die unvollständige Zitation dieser Verbote durch venezianische Kaufleute im Jahr 1727 findet sich bei: *Elze*, Der Cottimo, S. 88 (dort ist der Erlass von 1558 fälschlich auf April datiert) hat daher verständlicherweise zu Missverständnissen geführt bei: *Simonsfeld*, Der Fondaco dei Tedeschi, Bd. 2, S. 163; *Backmann*, Le Fondaco dei Tedeschi, S. 116. Jedoch zeigen die vollständigen Texte, dass 1508 und 1558 das Gesetz von 1475 und damit die Freiheit des Handels zu Messezeiten, mit den genannten Einschränkungen, bestätigt wurde: ASVe, Visdomini al fontego, reg. 1, fol. 58v–60r, 132r–132v; ASVe/CS, II Ser., 73, Stampa Mercanti Venetiani, fol. 8, Stampa Nazione Alemana, fol. 7–8.

99 *Elze*, Der Cottimo, S. 89. Die wesentliche Ausnahme unter den Metallprodukten blieben Nägel aus Deutschland, diese mussten im Fondaco gekauft werden: ASVe, Visdomini al fontego, reg. 1, fol. 79r–79v. Dieser Erlass vom 22. Juli 1529 wurde auch in dem Sinne kommentiert, dass damit der Deutschlandhandel faktisch für alle Händler Venedigs, allerdings nicht über den Fondaco, sondern die normalen Zollstellen, geöffnet worden war: ASVe/CS, II Ser., 73, 6. Januar 1727.

100 Dass die Möglichkeiten zum Handel mit Deutschland bereits im 16. Jahrhundert für die Venezianer relativ weitreichend gewesen waren, zeigt sich an der deutlichen Prominenz venezianischer Händler in Wien: *Schalk*, Rapporti commerciali, S. 303. In den Reichsstädten wurde noch in den 1620er Jahren auf dieses Verbot gepocht, vgl. *Backmann*, Der Fondaco dei Tedeschi, S. 241. Zur offiziellen Abschaffung des Verbots von 1671/75 schrieben die deutschen Kaufleute, dass damit nur die Praxis legalisiert worden sei: *Elze*, Der Cottimo, S. 78.

101 So legten die Grisolotti 1729 im Rahmen des unten noch zu skizzierenden Konfliktes mit der deutschen Nation Register der Entrata und Uscita aus den 1660er Jahren vor, aus denen ein regulärer Deutschlandhandel von venezianischen Bürgern hervorging: ASVe/CS, II Ser., 73, Stampa Mercanti Venetiani, fol. 61–71.

Verdichtung des Marktgeschehens an der Lagune, durchbrochen. Die Händler der Terraferma konnten deutsche Waren auch an andere Teile Italiens weiterverkaufen.[102] Neben die Zwangsmaßnahmen gesellte sich daher seit dem frühen 16. Jahrhundert das Element der verstärkten Vergünstigungen für die Deutschen zur Bewahrung der Zentralität der Dominante. Als die Republik Venedig 1508 die deutschen Händler animieren wollte, in den nach dem Brand von 1505 neu erbauten Fondaco zu ziehen, gewährte sie hierfür erstmalig exklusive Privilegien.[103] Auch vor 1500 hatten die Deutschen in Venedig hohe Rechtssicherheit genossen, jedoch mit Ausnahme des Verbots für Venezianer, in Deutschland zu handeln, keine expliziten Vorrechte.[104] Um die deutschen Händler nach dem Brand und Wiederaufbau des Fondaco wieder in das Haus zu locken, wurde ihnen im Dezember 1510 nach einigen Verhandlungen als einziger von allen auswärtigen Händlergruppen der Stadt die Pflicht zur Abgabe eines neuen Eingangszolls erlassen und zugleich die Mieten im Fondaco deutlich gesenkt.[105] Der Erfolg stellte sich rasch ein, in den folgenden Jahren fanden sich in der deutschen Nation die Namen von berühmten oberdeutschen Kaufmannsfamilien.[106]

Es sei noch kurz auf den nicht rein fiskalischen Teil des Privilegs von 1510 eingegangen. Es bekräftigte weiterhin die bisherigen Vorrechte und garantierte, dass keine neue Belastung auf die deutsche Nation eingeführt würde. Es sicherte auch das Recht der freien Bewegung in der gesamten Republik Venedig zu; allerdings wurde das Recht auf Handel, das 1507 nach dem Brand des Fondaco kurzzeitig auf das gesamte Hoheitsgebiet ausgedehnt worden war, wieder auf den Fondaco eingeschränkt.[107] Die Leiter der Republik erkannten um diese Zeit immer stärker, dass der Fondaco künftig nur dann die Funktion eines Handelsknotens würde erfüllen können, wenn dies über Vergünstigungen und Attraktionen und nicht über Verbotsmaßnahmen stimuliert würde. Die Flexibilisierung entstand auch jenseits des Normativen: In diesen Jahren entwertete das rasche Wachstum des Wechselhandels das Verbot der Geldausfuhr.[108]

102 Dass dies als Problem explizit so gesehen wurde, ist auch in den Quellen greifbar. So schrieben zumindest die Consuln der deutschen Nation an die Deputati al Commercio im Jahr 1712; diese Argumentation muss also den Zielvorstellungen der venezianischen Amtsträger weitgehend entsprochen haben: ASVe/CS, II Ser., 72, 8. August 1712.

103 Nach Abschluss des Neubaus waren noch einige Kammern unvermietet geblieben und bis 1510 schwanden noch Mieter: *Simonsfeld,* Der Fondaco dei Tedeschi, Bd. 2, S. 126–128; *Backmann,* Der Fondaco dei Tedeschi, S. 32.

104 Die kleineren Vorteile, die man der deutschen Nation vor 1500 erwies, werden aufgezählt in: *Simonsfeld,* Der Fondaco dei Tedeschi, Bd. 2, S. 34–36.

105 *Braunstein,* Les allemands à Venise, S. 193–195. Die Gegner der deutschen Händler schrieben 1729, dass der Eingangszoll 16 % vom Warenwert betragen habe, dieser wurde den Mitgliedern der deutschen Nation erlassen: ASVe/CS, II Ser., 73, Stampa Mercanti Venetiani, fol. 76.

106 *Häberlein,* Der »Fondaco dei Tedeschi«.

107 *Simonsfeld,* Der Fondaco dei Tedeschi, Bd. 2, S. 140–141.

108 Vgl. Kap. III, Fn. 84; *Pfotenhauer,* Nürnberg und Venedig, S. 261.

Die deutsche Nation verstärkte in denselben Jahren, wohl auch angesichts des Engagements von Händlern der Terraferma auf den Bozner Märkten, ihre institutionelle Verfassung. Seit 1490 wurde die *Panada* aufgenommen, eine tägliche Speisung der Armen, und zu deren Finanzierung seit 1492 auch eine Abgabe auf alle Kaufleute im Fondaco eingeführt, der bereits erwähnte Cottimo. Die Deutschen nutzten diese Abgabe nicht nur für diese Armenspeisung, sondern auch für Reparaturen an den Handelsstraßen nach Deutschland, die Besoldung von Bediensteten am Fondaco und an den Landesgrenzen sowie für das Öl der Lampen des Gebäudes, die die ganze Nacht brannten.[109] Mit der Armenspeisung machten sich die Kaufleute natürlich nicht nur bei der Republik etwas beliebter, mit der entsprechenden Abgabe entstand auch ein Geldvorrat der deutschen Nation, der potenziell für weitergehende Interessen eingesetzt werden konnte. Die zwei *Cottimieri*, die Verwalter dieser Kasse, die aus den Kreisen der Kaufleute gewählt wurden, sollten im 16. Jahrhundert zu Consuln, also offiziellen Vertretern der Nation aufgewertet werden, sie scheinen jedoch bereits seit dem späten 15. Jahrhundert eine ähnliche Rolle gespielt zu haben.[110]

Es ist bemerkenswert, dass bei den weiter oben dargestellten Debatten und Protesten um die Dogana von Verona zwischen 1530 und 1538 die deutschen Händler in Venedig kein einziges Mal zum Vorschein traten.[111] Wir können vermuten, dass aus den Reichsstädten der Protest vor allem von Händlern stammte, die im Transit über Tirol und die venezianische Terraferma in die Lombardei und Mittelitalien handelten.[112] Um den Reichsstädten anstelle des nun eingeschränkten Handels nach Mittelitalien den Markt an der Lagune als Alternative noch attraktiver zu machen, wurden den deutschen Kaufleuten, die im Fondaco ein Zimmer und einen Lagerraum gemietet hatten, in den frühen 1540er Jahren neue, substanzielle Vergünstigungen gewährt. Im Jahr 1540 wird zum ersten Mal ausführlicher in einem Gesetz über die Grisolotti gehandelt. Seit diesem Jahr mussten sie eine Steuer bezahlen, von der Bürger *de intus & extra*[113] sowie die deutschen Kaufleute ausgenommen waren. Als Grund gab man an, dass die Gruppe der Grisolotti stark gewachsen sei und aufgrund ihrer bislang nur minimalen Abgabenbelastung und einigen Betrügereien am Zoll *gravissimo danno*

109 *Simonsfeld,* Der Fondaco dei Tedeschi, Bd. 2, S. 135–136; *Braunstein,* Les allemands à Venise, S. 197–199.

110 *Simonsfeld,* Der Fondaco dei Tedeschi, Bd. 2, S. 90, 109, 127, 132, 139.

111 Vgl. Kap. II. 1. a.

112 So bezeichneten sich die protestierenden Händler Nürnbergs auch als *gehorsamm willig Bürger, in Nürnberg, so in Italien, durch die fürstlichen Graveschaft Tirol unnd die Bernischen Lanndtsart hanndlenn,* also als Händler, deren Zielräume im Veroneser Gebiet und wohl auch weiter südlich davon lagen: *Thomas,* Beiträge aus dem Ulmer Archiv, S. 62.

113 Diesen Status konnten auswärtige Personen in Venedig erwerben, die hier 25 Jahre gelebt und Steuern gezahlt hatten. Zum venezianischen Bürgerrecht und der geringen Nachfrage privilegierter deutscher Händler nach diesem, für sie schlicht überflüssigen Status vgl.: *Bellavitis,* »Per cittadini metterete…«.

della Signoria Nostra bewirkten.[114] Ein Jahr später brachte eine Verordnung vom 17. September 1541 den *Mercanti Todeschi* einen Zollnachlass bei der Einfuhr von 10 %.[115]

Damit war erstmalig und dauerhaft eine deutliche Benachteiligung der Grisolotti am Fondaco hergestellt, offenbar im Sinne einer gewünschten Stärkung der oberdeutschen Händler auf Kosten ihrer Konkurrenten aus dem Trentino. Die Maßnahmen der Republik zwischen 1530 und 1541 zielten in der Gesamtschau auf eine Vergünstigung des Handels über Venedig und eine Verteuerung desselben über Verona, wobei die deutschen Kaufleute als ideale Träger dieser Handelspolitik besonders bevorzugt wurden. Wir können vermuten, dass dies auch damit zu tun hat, dass Trentiner als grenznahe Kleinhändler leichter zum Schmuggel neigten als die deutschen Kaufleute in Venedig. So wurde auch nur den Deutschen, nicht den Grisolotti 1539 zugestanden, dass ihre verpackten und nach Norden gerichteten Waren in Verona nicht mehr zur Kontrolle geöffnet werden durften, woraus sich 1544 dieselbe Verordnung als generelles Privileg für alle aus Venedig durch Händler der deutschen Nation ausgeführten Güter ergab.[116]

1551 vergünstigte die Republik auch das Reglement von Ein- und Ausgangszöllen für die Deutschen. Transitwaren sollten beim Ausgangszoll dieselbe Taxation erfahren wie beim Eingangszoll.[117] Es mag sein, dass sich hierzu das Privileg der *Soldifranchi*, also der oben dargelegten Ausfuhrprämie gesellte, 1557 war es bereits üblich.[118] Die Tendenz fort vom Verbot hin zur leichter kontrollierbaren Vergünstigung von gewünschten Handelswegen und der gleichzeitigen Verteuerung der unerwünschten Handelswege erfuhr einen weiteren Impuls anlässlich einer allgemeinen Zollerhöhung in Venedig im Jahr 1561. Gegen diese protestierten die deutschen Kaufleute, und entsprechende Schreiben von den Reichsstädten bewogen Venedig, den deutschen Kaufleuten im Mai 1561 den 10 %-Nachlass nun auch auf Exporte zu gewähren.[119] Einen Monat später wurde der Nachlass auf Einkäufe ohne Makler ausgedehnt.[120]

Mit diesen Privilegien trat nun eine gewisse Ruhe in der Gesetzgebung zum Fondaco ein. Die Mitgliedschaft war in diesen Jahren äußerst attraktiv geworden, und die Lage der deutschen Nation kann in den 1560er Jahren, als Venedig

114 ASVe/CS, II Ser., 73, Stampa Mercanti Venetiani, fol. 13–14.

115 ASVe/CS, II Ser., 73, Stampa Mercanti Venetiani, fol. 76.

116 *Thomas,* Register zum Capitular, S. 38; *Simonsfeld,* Der Fondaco dei Tedeschi, Bd. 2, S. 142. Vgl. zu diesem Depositum auch Kap. III, Fn. 65.

117 Offenbar war dies faktisch eine Reduktion, sonst wäre dies nicht als Privileg von den Grisolotti genannt worden: ASVe/CS, II Ser., 73, Stampa Mercanti Venetiani, fol. 76.

118 *Simonsfeld,* Der Fondaco dei Tedeschi, Bd. 2, S. 141.

119 STAAN, Ratskanzlei A-Laden, 179, Nr. 3.

120 *Thomas,* Register zum Capitular, S. 63–64; ASVe/CS, II Ser., 73, Stampa Mercanti Venetiani, fol. 76; II Ser., 70, 8. Mai, 11. Juni 1561. Vgl. auch leicht fehlerhaft: *Simonsfeld,* Der Fondaco dei Tedeschi, Bd. 2, S. 141–142.

eine wirtschaftliche Blüte erlebte, als recht günstig bezeichnet werden.[121] In diesen Jahren wurde der Begriff *Nazione Alemana* gebräuchlicher, zuvor war dieser eher selten verwendet worden.[122] Im Zusammenhang mit dem wirtschaftlichen Aufschwung dieser Jahre mag das nun stärker werdende Interesse vonseiten der Graubündner stehen, auch über den Fondaco handeln zu dürfen. Für Trentiner waren die Kammern der Viandanti ja bereits grundsätzlich vorgesehen. Anders sah es für die Graubündner aus. Diese schafften es erst 1582, nachdem sie seit 1557 hierfür petitioniert hatten, auch in den Fondaco als Viandanti mit dem Recht auf die kurzfristigen Kammern aufgenommen zu werden.[123]

Der deutschen Nation brachte die Ausweitung der im Fondaco Handel treibenden Trentiner und Graubündner einen deutlichen Vorteil: Auch diese Händler mussten den Cottimo entrichten, da die Ausgabe von Zollscheinen bei der Aus- und Einfuhr am Fondaco von den Deutschen (mit-)kontrolliert wurde. Damit unterlagen die Trentiner und Graubündner einer Abgabe, die sie selbst nicht erlassen und über deren Verwendung sie nicht mitbestimmen konnten und die eindeutig nur in sehr geringem Maße ihren Zwecken diente. Diese Abgabe war um 1492 mit $1/3000$ vom Warenumsatz noch so gering gewesen, dass sie keinerlei Proteste hervorrief. Bis 1577 hatten die Deutschen diese Abgabe jedoch schon auf $1/1200$[124] erhöht, was in diesem Jahr zum Protest einiger Trentiner Händler führte. Im folgenden Konflikt wandten sich die Deutschen im Fondaco an die Räte der Städte Ulm, Augsburg und Nürnberg und brachten diese zur Intervention in Venedig. Die deutsche Nation konnte dadurch erreichen, dass alle Grisolotti den Cottimo weiterhin zu entrichten hatten, aber jegliche Erhöhung dieser Gebühr einer Genehmigung vonseiten der Republik bedurfte.[125] Dies war zumeist nur Formsache: Bereits 1578 konnte die Nation eine Verdoppelung des Cottimo durchsetzen, die ihr 1577 noch verweigert worden war.[126]

Die Konflikte mit den Grisolotti in diesen Jahren schärften das Bewusstsein innerhalb der deutschen Nation, um die eigenen Privilegien effizienter kämpfen zu müssen. Die Consuln wurden in ihren Kompetenzen aufgewertet, sie waren seither echte Repräsentanten der Nation, die in deren Namen Korrespondenzen

121 Vgl. die Textilproduktionsziffern in Augsburg und Venedig in diesen Jahren: *Panciera,* L'»arte matrice«, S. 42–43; *Hildebrandt,* Die wirtschaftlichen Beziehungen, S. 281.

122 *Simonsfeld,* Der Fondaco dei Tedeschi, Bd. 2, S. 130.

123 *Cérésole,* La République de Venise, S. 41; *Bundi,* Frühe Beziehungen, S. 180–182, 220–221, 334–336, 339–340, 346–347, 360–361. Bundi irrt, wenn er eine Gleichberechtigung der Händler aus Graubünden und Oberdeutschland am Fondaco annimmt, explizit bekamen sie nur das Recht, ihre Waren hier zu spedieren (*ligar e disligar*), was auch ohne den 10%-Nachlass noch günstiger als an der Entrata und Uscita war. Es gab daher auch keinen Widerstand der Deutschen in Venedig gegenüber dem Anliegen der Bündner.

124 *Simonsfeld,* Der Fondaco dei Tedeschi, Bd. 2, S. 136.

125 Zu diesem Konflikt vgl.: *Thomas,* Beiträge aus dem Ulmer Archiv, S. 71–84; *Simonsfeld,* Der Fondaco dei Tedeschi, Bd. 2, S. 136–138; ASVe/CS, II Ser., 73, Stampa Mercanti Venetiani, fol. 18–22.

126 *Simonsfeld,* Der Fondaco dei Tedeschi, Bd. 2, S. 136; ASVe/CS/II Ser., 73, Stampa Nazione Alemana, fol. 19.

nach außen führten. Sechs »ältere Herren« (*Segretarii*) wurden ihnen zur Seite gestellt; wenn diese acht sich versammelten, wurde dies als »Kapitel« bezeichnet. Von dieser Versammlung wurden viele alltägliche, jedoch auch besonders wichtige Beschlüsse gefasst, vor allem wenn es um den Umgang mit hohen venezianischen Amtsträgern ging. Ein »Generalkapitel« der gesamten Nation konnte von nun an auch jederzeit einberufen werden; es hatte nicht mehr nur zwei feste jährliche Termine, wie es bisher der Fall gewesen war.[127] Das Ziel der deutschen Nation war seit der Reorganisation 1577/78 vor allem, die errungenen Privilegien zu verteidigen und das Recht auf Eintreibung des Cottimo von den Grisolotti zu wahren. Einen hohen Wert legte die Nation weiterhin auf die Exklusivität des gemeinsamen Versammlungs- und Speiseorts. Der soziale Zusammenhalt, der hier geschaffen wurde, stärkte die innere Verbundenheit der Nation und förderte die Beziehungen in die süddeutsch-reichsstädtische Heimat, aus der man regelmäßig Lehrlinge und neue Mitglieder empfing.[128]

Neben den Prätentionen der Grisolotti war es auch die steigende Konkurrenz aus Nordeuropa, die die deutsche Nation zu einer organisatorischen Straffung brachte. Händler aus den Niederlanden oder England bildeten um 1570 noch keine größeren Gruppen, Ansätze zu einer bedeutender werdenden Präsenz von Kaufleuten dieser Nationalitäten waren jedoch offensichtlich.[129] Gegen Ende des Jahrzehnts geriet Venedig in eine verschärfte wirtschaftliche und politische Krise. Auf den Verlust Zyperns nach einem kostspieligen Krieg folgte eine stetig steigende Präsenz englischer Handelsschiffe im Levantehandel, wodurch die traditionelle Vormacht der Markusrepublik in diesem Handelssektor erodierte.[130] Zu dem Verlust an Marktanteilen in der Levante gesellte sich der noch eindeutigere Niedergang der eigenen Schifffahrt in diese Region, da selbst venezianische Kaufleute in diesen Jahrzehnten immer stärker nordeuropäische Schiffe mit ihren Gütern befrachteten.[131] Entsprechend wuchsen die englische und niederländische Kaufmannskolonie in Venedig seit dem Krieg um Zypern beständig an und ihre Händler wie auch diejenigen aus weiteren Nationen gewannen im späten 16. Jahrhundert als Kreditgeber immer mehr Einfluss auf den Staat.[132]

In diesem Kontext wurde im Mai 1582 eine wichtige Zollreform zur deutschen Nation erlassen. Man erlaubte den deutschen Händlern, Waren aus Deutsch-

127 *Simonsfeld*, Der Fondaco dei Tedeschi, Bd. 2, S. 139. Zu den gewöhnlichen Kapiteln findet man bei Simonsfeld nichts, sie versammelten sich etwa einmal im Monat, wie das Protokollbuch der Deutschen Nation von 1646 bis 1682 ergibt: AEGV, Fondaco 5.

128 Vgl. den Kommentar des päpstlichen Nuntius von 1582 zu den deutschen Händlern im Fondaco: *vivendo tutti in commune et mangiando nel medesimo luogo a hora determinata, il che torna molto commodo a' negotii loro*, in: *Stella*, Chiesa e stato, S. 279.

129 Zur Präsenz der Niederländer in Venedig im 16. Jahrhundert: *Gelder*, Trading Places, S. 99–106; zu den Engländern: *Fusaro*, Political Economies of Empire, S. 202–235.

130 Ebd., S. 73–79.

131 Ebd., S. 38.

132 *Fusaro*, Cooperating Mercantile Networks.

land, die über See eingeführt wurden, am Fondaco zu verzollen.[133] Damit war auch offiziell der Seehandel in die gesamte Adria und in Richtung Ponente, also Spanien und die weiter nordwestlich liegenden europäischen Länder, frei. Da zu dieser Zeit die venezianische Handelsflotte immer stärker aus den Märkten des westlichen Mittelmeers durch die englische Konkurrenz verdrängt wurde, mag man seitens der Venezianer gehofft haben, dass die in der Dominante ansässigen Deutschen durch Befrachtungsaufträge der Handelsflotte der Republik eine Stütze würden geben können.[134] Vermutlich war der Handel über See nach Westen unter Einbindung deutscher Kaufleute in Venedig schon seit einigen Jahren Usus, da es kaum denkbar ist, dass der englische Schiffsverkehr an die Lagune keine deutschen Produkte liefern durfte. Er wurde nun, wenn die Waren aus Deutschland kamen und an einen Kaufmann der deutschen Nation adressiert waren, durch die Zuweisung zum Fondaco-Zoll explizit begünstigt.[135] Wichtiger noch: Als wäre es die nebensächlichste Angelegenheit, war damit zugleich das jahrhundertealte Verbot für Deutsche in Venedig, Seehandel zu betreiben, in einem wichtigen Teilbereich aufgehoben, nur der Levantehandel blieb ihnen noch verschlossen. Ein Aspekt dieser Reform wurde jedoch binnen weniger Tage zurückgenommen: Man hatte auch dekretiert, dass die von außerhalb des Reichs kommenden Waren entweder bei der Dogana da Mar oder der Entrata zu verzollen sei. Der scharfe Protest der deutschen Nation gegen diesen Versuch der Zuweisung zu den teuren Zollstellen war erfolgreich. Auch künftighin mussten die Deutschen nur beim Fondaco verzollen, genossen aber hier die besonderen Vergünstigungen nur für den Handel mit dem Reich exklusive der Niederlande.[136]

Seit 1590 vergrößerte sich die Zahl der nordeuropäischen Schiffe im Mittelmeer rasch, sie waren vor allem nach Italien destiniert, um hier durch Getreidelieferungen eine Hungersnot zu lindern.[137] In den folgenden Jahren etablierte sich in Venedig infolgedessen eine zahlenmäßig starke und vor allem finanzkräftige Kolonie an niederländischen Kaufleuten.[138] Diesen gestattete man in Venedig nur die Einfuhr zum üblichen Zoll der Dogana da Mar, bei Einfuhr über Land, auch von Produkten aus dem Reich, über die Entrata.[139] Obwohl damit

133 ASVe/CS, II Ser., 70, Erlass vom 20. Mai 1582.

134 Vgl. hierzu auch: *Sella*, Crisis and Transformation, S. 92–93.

135 Die Zuweisung solcher Produkte zum Fondaco wurde 1636 explizit bestätigt: vgl. ASVe/CS, I Ser., 350, »Capitolo inserto nella Poliza d'Incanto del Dacio del Fontigo de Thodeschi«.

136 ASVe/CS, II Ser., 70, 20. Mai, 29. Mai 1582.

137 *Tazzara*, The Masterpiece of the Medici, S. 75–77; *Fusaro*, Political Economies of Empire, S. 275–278.

138 Seit 1596 findet sich in den Dokumenten erstmals eine *Nazione Fiamminga* genannt: *Gelder*, Trading Places, S. 63.

139 In der Literatur wird einmal erwähnt, dass die Niederländer um 1600 Zutritt zum Fondaco und damit zu dessen Privilegien bekommen hätten: *Rösch*, Il Fondaco dei Tedeschi, S. 67. Das trifft nicht zu, alle Notariatseinträge von Niederländern in Venedig in den Jahrzehnten um 1600, die auch den Fondaco betreffen, beziehen sich auf den Handel mit deutschen Partnern, die die Berechtigung zur Spedition über diese Zollstelle hatten: *Brulez/Devos*,

die Händler der deutschen Nation gegenüber den Neuankömmlingen Vorteile im Zollsystem genossen, wirkte die niederländische Konkurrenz angesichts des gegenüber dem Landtransport deutlich billigeren Seehandels um 1590 übermächtig. Um die deutsche Nation hiergegen zu stärken, erweiterte die Republik Venedig an neuralgischen Punkten deren Privilegien. Seit Mai 1590 wurde den Deutschen das Recht zugestanden, Waren aus oder nach den Niederlanden zu den vergünstigten Zöllen des Fondaco ein- oder auszuführen; was einer deutlichen Diskriminierung der Niederländer gleichkam.[140]

Eine weitere Begünstigung der deutschen Nation gegenüber den Händlern der nordwesteuropäischen Seemächte folgte bald. Bereits 1580 hatte man eine Zollerhöhung seewärtiger Warenimporte eingeführt, die *Nuova Imposta*. Diese hatte zwar vor allem das Ziel, die steigende englische Dominanz im Handel mit den venezianisch beherrschten ionischen Inseln zu mindern, tatsächlich aber wirkte sie schlicht als eine Zollerhöhung zulasten von auswärtigen Schiffern und Händlern.[141] Diese Zollerhöhung traf nicht den Fondaco, sodass die Deutschen faktisch einen verbilligten Import von Seeseite genossen. Als die Venezianer 1595 beschlossen, die *Nuova Imposta* auch auf den Fondaco auszudehnen, erbat die deutsche Nation von den Reichsstädten eine Intervention hiergegen, und mit deren Unterstützung gelang es tatsächlich, von dieser Zollerweiterung befreit zu werden.[142]

Die damit markanter werdende ungleiche Behandlung von Händlern aus dem Norden wurde einer der Hauptgründe für die schärfere Profilierung der deutschen Nation zu einer genuin oberdeutschen Gruppe. Seit 1594 hatte Venedig intensiv Kontakt zu Danzig gesucht, um möglichst große Getreidelieferungen von hier an die Adria zu stimulieren. Gerade zu dem wichtigsten Hafen Polens war der Kontakt stark gewünscht worden, da sich die Adelsrepublik Venedig der polnischen *Rzeczpospolita* als einem ähnlich verfassten Staat besonders verbunden fühlte.[143] Aus den folgenden erfolgreichen Verschiffungen nach Venedig und Kreta ergab sich bald der Wunsch der Danziger, volle Gleichberechtigung für ihre Kaufleute in den Zöllen mit der deutschen Nation und den Zutritt zum Fondaco dei Tedeschi zu erhalten. Als sich die Danziger dafür sogar an die deutsche Nation in Venedig selbst wandten, muss die Reaktion negativ gewesen sein, vermutlich wurde der Stadt Danzig gar nicht auf ihr Schreiben geantwor-

Marchands, Bd. 1, S. 42 (Nr. 108), S. 96–97 (Nr. 280), S. 210 (Nr. 626), S. 268–270 (Nr. 806), S. 287 (Nr. 859), S. 306 (Nr. 920), S. 359 (Nr. 1085), S. 473 (Nr. 1451), S. 503–504 (Nr. 1544); *Brulez/Devos*, Marchands, Bd. 2, S. 134 Nr. (2172), S. 266 (Nr. 2537).

140 ASVe/CS, II Ser., 70, Erlass vom 24. Mai 1590.

141 Die Dissertation von Maria Fusaro ist fast vollständig der *Nuova Imposta* gewidmet: *Fusaro*, Uva passa. Für einen Überblick vgl.: *Fusaro*, Political Economies of Empire, S. 51–57, 121–124, 239–240.

142 STAAN, Ratskanzlei A-Laden, 179, Nr. 3, Anhang 9, 5. November 1595; Die Befreiung der deutschen Kaufleute ergibt sich aus: *Hirsch*, Über den Handelsverkehr Danzigs, S. 110–111.

143 Zum besonderen Verhältnis der zwei Adelsrepubliken in der Frühen Neuzeit vgl. *Picchio*, E. M. Manolesso; *Gierowski*, La Pologne et Venise.

tet.[144] Im Ergebnis wurde den Danzigern zwar vonseiten Venedigs gewährt, ihre Waren am Fondaco zu verzollen, jedoch ohne das Recht auf Zutritt zu dessen Generalkapiteln und ohne die Befreiung von der *Nuova Imposta*. In der internen Begründung des venezianischen Senats hierfür wurde vermerkt, dass dieser Zoll dafür vorgesehen sei, die Einheimischen, zu denen damit die deutschen Händler im Fondaco implizit gezählt wurden, zu entlasten.[145]

Noch 1652 wurde in einem Gutachten der Visdomini erwähnt, dass man den Danzigern 1597 den Zutritt zum Fondaco nicht habe gestatten können, ohne damit den Oberdeutschen einen »Nachteil« (*pregiudicio*) zuzufügen.[146] Die Nichtbefreiung von der *Nuova Imposta* sowie manche Diskriminierungen in der venezianischen Zollpraxis, vor allem jedoch die immer stärkere Dominanz im Seehandel zwischen Ostsee und dem Mittelmeer durch Engländer und Niederländer sorgte dafür, dass die Frequentation Venedigs durch Danziger Schiffe bereits kurz nach der Jahrhundertwende wieder endete. Die Erinnerung an den Versuch von Niederdeutschen, Zutritt zum Fondaco und alle Privilegien der deutschen Nation zu erhalten, blieb jedoch wach. Die wenigen Hamburger und Lübecker, die in diesen Jahren mit Venedig Handel trieben, haben gar nicht erst versucht, in die deutsche Nation aufgenommen zu werden, sie schlossen sich der *Nazione Fiamminga* an.[147]

Vonseiten der Reichsstädte und der deutschen Nation in Venedig wurden um 1600 angesichts des Danziger Versuchs Maßnahmen eingeleitet, den Niederdeutschen den Zugang zum Fondaco zu verwehren. 1601 bat der Nürnberger Rat in einem Schreiben an Venedig, keinen fremden Kaufleuten mehr den Zutritt zum Fondaco zu gestatten.[148] Im April desselben Jahres legte ein Generalkapitel fest, dass es *keinem auß der Nation nicht gestatten, noch zugelassen werde, forthin sich mit Welschen, Niederländer, oder einiger anderer Nation gemeine Gesellschaft zu machen, oder mit einander gesamte Handlungen zu führen*. Wer sich nicht hieran hielt, sollte aus der Nation ausgestoßen werden. Damit meinte man konkret, sie sollten *von gemeiner Gesellschaft außgeschlossen werden, weder in öffentlich Capitul oder an die Tafel zu kommen, nit gelassen werden*.[149] So wurden die zwei wesentlichen Versammlungsanlässe der Kaufleute des Fondaco als konstitutiv für die Mitgliedschaft definiert. Damit war man nahe an den kurz darauf auch von venezianischer Seite akzeptierten *tre requisiti*, die ein Kaufmann erfüllen

144 *Simonsfeld*, Der Fondaco dei Tedeschi, Bd. 1, S. 414 (Nr. 713).

145 Zu diesen Zusammenhängen vgl.: *Thomas*, Zur Quellenkunde, S. 225–227; *Simson*, Geschichte der Stadt Danzig, S. 491–492. Aus der Nichtbefreiung der Danziger von der *Nuova Imposta* und der Nichtzulassung zu den Versammlungen des Fondaco können wir auf einen massiven Widerstand vonseiten der deutschen Nation schließen, ohne diesen derzeit quellenmäßig fassen zu können.

146 *Simonsfeld*, Der Fondaco dei Tedeschi, Bd. 1, S. 460 (Nr. 771).

147 *Beutin*, Der deutsche Seehandel, S. 21, 195.

148 *Simonsfeld*, Der Fondaco dei Tedeschi, Bd. 1, S. 414–415 (Nr. 714).

149 StA, Kaufmannschaft und Handel, II. Akten, Fasc. III, Nr. 21, Herbstische Sammlung, fol. 96–97.

musste, um die Privilegien der deutschen Nation zu genießen: Kammer im Fondaco, Sitz an der Tafel und Stimme im Generalkapitel.

Das Verbot von gemeinsamen Firmen mit Italienern ergab sich aus der Tradition des Fondaco, sonst wäre es venezianischen Kaufleuten ein Leichtes gewesen, das offiziell noch gültige Handelsverbot mit den Deutschen jenseits der Alpen zu umgehen. Die Ausdehnung dieses Verbots auf die Niederländer und damit auch implizit die Niederdeutschen bedeutete die Nutzung der korporativen Verfassungsstruktur gegen die fremden Kaufleute. Handel wollte man mit diesen wohl betreiben, so heißt es im selben Beschluss: *doch sollen hierinnen nicht gemeynet seyn, die mit den Italienern, Niederländern, oder anderen Frembden, etwann auf ein sonderbaren oder einzigen Kauff sich vergleichen, und daran Theil und Part haben möchten.*[150] So sollte es den Niederländern und Niederdeutschen möglichst schwer gemacht werden, in Venedig ansässig zu bleiben, da die Oberdeutschen durch ihre Vergünstigungen im Fondaco immer zu günstigeren Konditionen ein- und verkaufen konnten. Langfristig war das Ziel damit die Verdrängung der Niederländer und Niederdeutschen aus Venedig, wobei man selbst für diese Gruppen die Kommissionsgeschäfte auf dem venezianischen Markt als Zwischenhändler übernehmen wollte.

Gegenüber dieser Haltung konnten sich die Niederländer nicht durchsetzen, da die venezianische Regierung selbst aus strukturellen Gründen gegen diese Konkurrenten auf den Levantemärkten eingenommen war.[151] Schwierig wurde es bei Kölner und Aachener Kaufleuten. Diese stammten eindeutig aus Niederdeutschland und gerade die Kölner hatten seit Jahrhunderten immer wieder Präsenz im Fondaco gezeigt.[152] Diese durften aufgrund einer Intervention der Zollverwalter der Entrata seit 1605 nicht mehr im Fondaco handeln, sondern nur noch über deren teurere Zollstelle.[153] Dass dieser Ausschluss auf Betreiben der deutschen Nation zurückgeht, ergibt sich aus der Wortwahl, mit der die Cinque Savi ihren Beschluss zugunsten der Entrata begründeten: Sie nannten *partecipatione nel capitolo, camere et tavola di esso fontego* die *requisiti* für die Vergünstigung im Fondaco-Zoll und folgten damit faktisch dem Beschluss des Generalkapitels der deutschen Nation von 1601. Da die deutsche Nation über die

150 Ebd. Die in der Forschung aufgeworfene Frage, ob dies auch durchgesetzt wurde (*Backmann*, Der Fondaco dei Tedeschi, S. 159–160) kann bejaht werden, vgl. Kap. IV, Fn. 373.

151 Vgl. die Beschwerden der Niederländer aus den 1630er Jahren über erhöhte fiskalische Belastungen gegenüber den Deutschen und Einheimischen seit 1579: *Gelder*, Trading Places, S. 145–146.

152 *Simonsfeld*, Der Fondaco dei Tedeschi, Bd. 2, S. 189–191; *Gramulla*, Handelsbeziehungen Kölner Kaufleute, S. 156–161, 212–231, 308–310; *Wirtz*, Köln und Venedig, S. 62–84; *Braunstein*, Les allemands à Venise, S. 246–251.

153 ASVe/CS, II Ser., 73, Stampa Mercanti Venetiani, fol. 24. Ludwig Beutin hat diesen Erlass als einen generellen Ausschluss von niederländischen Waren aus dem Fondaco missinterpretiert und das falsche Jahr nach *More Veneto* angegeben: *Beutin*, Der wirtschaftliche Niedergang, S. 63. Ebenfalls unzutreffend ist die gleichartige Interpretation dieses Gesetzes als Ausschluss der an die Deutschen in Venedig adressierten Güter aus Flandern, die 1717 von venezianischen Kaufleuten vorgebracht wurde: *Elze*, Der Cottimo, S. 80.

Vergabe der Kammern bestimmen konnte,[154] war mit diesem Beschluss implizit die Verfügungsgewalt der deutschen Nation über ihre Mitglieder und damit die Inhaber der Privilegien seitens der Regierung anerkannt. Jedoch war die Durchsetzungskraft der deutschen Nation noch zu gering für eine solche usurpatorische Übernahme der deutschen Nation durch die Oberdeutschen. Die Aachener und Kölner schafften es mit ihren Gegenklagen in den folgenden Jahren bis 1611, ihr Recht auf Mitgliedschaft in der deutschen Nation und damit die vergünstigte Spedition am Fondaco durchzusetzen.[155]

Der wachsende Druck auf die Republik Venedig in ihrer klassischen Handelssparte, dem Levantehandel, führte bis zur Jahrhundertmitte auch zum Fall des Verbots des wohl bedeutsamsten Monopols der venezianischen Händlerklasse. Als die Engländer 1604 Frieden und die Niederländer 1609 einen Waffenstillstand mit Spanien schlossen, war der Mittelmeerhandel den Kaufleuten beider Nationen völlig offen und damit auch ein direkter Seehandel zwischen der Levante und Nordwesteuropa möglich. Um 1608 stellte man in der Republik fest, dass der Zollertrag des Fondaco dei Tedeschi stark gesunken war, da die Niederländer, Engländer und Franzosen direkt aus der Levante Seide, Gewürze und Baumwolle bezogen und diese über Marseille oder die Nordsee nach Frankfurt brachten und damit Venedig umgingen.[156] Um den Handelsplatz kompetitiv zu halten, entstand im Folgenden eine intensive Debatte in den venezianischen Regierungskreisen, ob man einer Petition der *Nazione Fiamminga* folgen und den Levantehandel freigeben sollte. Schlussendlich entschied man sich 1610 knapp dagegen.[157] Das Resultat war allerdings eine deutliche Erosion der venezianischen Position im Handel mit dem östlichen Mittelmeer und ein geradezu phänomenaler Aufstieg des niederländischen Handels mit dieser Region. Dabei wurden auch, formal illegal, aber doch toleriert, levantinische Waren auf niederländischen Schiffen nach Venedig gebracht.[158] Mit dem Wiederausbruch des

154 Vgl. Kap. III, Fn. 85.

155 *Simonsfeld*, Der Fondaco dei Tedeschi, Bd. 2, S. 144–145, 151–152. Dass die Grisolotti 1618 den Handel über den Fondaco zu den Vergünstigungen der deutschen Nation erhalten hätten, ist ein Irrtum Simonsfelds. Tatsächlich hatte es 1618 einen Konflikt zwischen der Entrata und Trentiner Händlern gegeben, bei dem die deutsche Nation erfolgreich aufseiten dieser Cottimo-Zahler, die den 10 %-Nachlass am Fondaco nicht genossen, interveniert hatte: ASVe/CS, II Ser., 70, 11. Juni, 3. August, 30. Dezember 1618, 5 Januar 1619. Bei einer Wiederholung dieses Streitfalles 1634/35 entschied die Republik Venedig ebenfalls, dass die Trentiner ihre Waren nur am Fondaco verzollen sollten: *Segarizzi*, I Trentini, S. 210, 224. Völlig unerklärlich ist mir der Hinweis von Braunstein, der, ohne dies zu belegen, von einem Ausschluss der Grisolotti aus dem Fondaco um 1608 ausgeht: *Braunstein*, Les allemands à Venise, S. 829.

156 Vgl. Kap. II, Fn. 239.

157 Hier irrt: *Beutin*, Der deutsche Seehandel, S. 21. Korrekt hingegen bei: *Gelder*, Trading Places, S. 142; *Dursteler*, Venetians in Constantinople, S. 54. Noch 1622 wurde von den deutschen Händlern betont, dass ihnen der Levantehandel verschlossen war: *Backmann*, Der Fondaco dei Tedeschi, S. 241.

158 *Israel*, The Phases, S. 7–15.

niederländisch-spanischen Kriegs 1621 ging jedoch ein Aufschwung der venezianischen Schifffahrt im östlichen Mittelmeer einher, womit auch der Druck zur Reform entfiel. Erst 1646 wurde angesichts des beginnenden Candia-Kriegs mit dem osmanischen Reich der Levantehandel für Händler aller Nationen für die Dauer des Konflikts freigegeben; dieser dauerte dann allerdings bis 1669.[159] Danach war an eine Rücknahme dieser Erlaubnis nicht mehr zu denken, wie weiter unten noch zu zeigen sein wird.

Um die Stellung ihrer Händler im mediterranen Handel zu stützen, verteuerte die Markusrepublik im frühen 17. Jahrhundert die Zollgebühren bei der Benutzung nichtvenezianischer Schiffe. Die Sondergebühren waren vor allem gegen Engländer und Niederländer gerichtet, und sie blieben bei wandelnder Höhe, wie in fast ganz Italien üblich, bis zum Ende der Republik bestehen.[160] Der Vorteil für die Deutschen war begrenzt. Durch ihre rein faktische Stärke im mediterranen Seehandel, einem Bereich, in dem es den deutschen Händlern in Venedig zu dieser Zeit noch an Erfahrung fehlte, glichen die Händler der Seemächte diesen Nachteil deutlich aus.[161] Ohnehin war durch die Zulassung der Niederdeutschen aus dem Raum Aachen – Köln zum Fondaco faktisch auch für die Niederländer die Möglichkeit gegeben, über Partner aus diesem, ihnen traditionell eng verbundenen Gebiet indirekt von den Zollvergünstigungen des Fondaco zu profitieren.[162]

Daher reichten die Privilegierungen der Oberdeutschen in Venedig nicht aus, um die Umwälzung der europäischen Fernhandelsstruktur zuungunsten des Landhandels auszugleichen. Schlimmeres sollte rasch folgen: Der Dreißigjährige Krieg brachte Venedig und Oberdeutschland die bekannte Krise, die sich im rapiden Niedergang der Einnahmen des Fondaco-Zolls deutlich widerspiegelt.[163] 1626 versuchten die Verwalter des Fondaco dei Tedeschi im Angesicht dieser Krise durchzusetzen, dass die Städte der Terraferma erst dann Waren aus Deutschland beziehen könnten, wenn diese zunächst in Venedig verzollt worden seien, womit man andere italienische Häfen vom Handel mit Deutschland über Tirol abschneiden wollte. Der sehr scharfe Protest vor allem Veronas führte zu einer expliziten Bestätigung der Handelsfreiheit mit Deutschland für die westlich von Vicenza gelegenen Territorien der Terraferma zu den dort üblichen Zöllen.[164] Damit war die Terraferma erneut in ihrem unabhängigen Austausch mit Deutschland gestärkt worden.

Um dennoch die Waren aus Deutschland stärker nach Venedig zu lenken, befreite die Republik 1631 und 1640 die Händler der deutschen Nation zweimal von

159 *Georgelin*, Venise au siècle, S. 66.

160 *Brown*, The Commercial and Fiscal, S. 361–364; *Hendrich*, Ein Wirtschaftsbild, S. 124–125; *Georgelin*, Venise au siècle, S. 57, 66, 79, 82, 94.

161 *Gelder*, Trading Places, S. 104.

162 Vgl. hierzu eingehender Kap. III. 2. a.

163 Vgl. weiter oben Tabelle 2.

164 *Vecchiato*, La vita politica economica, S. 222–223. Eine umfangreiche Dokumentation hierzu findet sich in: ASVe/CS, II Ser., 70 und 73.

einer zur Bestreitung der enormen außenpolitischen Lasten eingeführten Tansa.[165] Das reichte allerdings keineswegs, um die weitere merkliche Verschlechterung der Position der deutschen Händler an der Lagune angesichts des wirtschaftlichen Niedergangs Oberdeutschlands zu verhindern. In dieser Zeit verlegten manche oberdeutschen Handelshäuser ihren Sitz nach Venedig, und seit 1630 wuchs angesichts der Zerrüttung der Landrouten die Nutzung des Seeverkehrs durch die deutschen Händler.[166] Auch das konnte den Niedergang an Finanzkraft und Handelspotenzial nicht mindern. 1618 und 1631 mussten die Deutschen eine Erhöhung des Cottimo erbitten, sie wurde ihnen beide Male bewilligt.[167]

Trotz der Katastrophe des Dreißigjährigen Kriegs für Oberdeutschland fand eine leichte Stärkung der deutschen Kaufmannschaft in Venedig als Fernhändler gegenüber ihren Konkurrenten in diesen Jahren statt. Seit den 1620er und 1630er Jahren hatten die nordeuropäischen Seemächte angesichts des allumfassenden Kaperkriegs ihr Engagement im Mittelmeer deutlich reduziert.[168] Dies begünstigte die Personengruppe, die in Venedig besonders stark im Transalpenhandel involviert war. Insbesondere die Niederländer mussten nun in Venedig den Deutschen wieder eher weichen. Ihre besondere Stärke in dieser Stadt hatte in der Verbindung von Land- und Seehandel nach Amsterdam gelegen. Nachdem beide Routen seit dem Ende des spanisch-niederländischen Waffenstillstands durch Blockade und Krieg deutlich verteuert worden waren,[169] verließen die Niederländer Venedig in größerer Zahl.[170] Englische Kaufleute verblieben zwar in gewisser Anzahl, aber mit Beginn des Bürgerkriegs in England Anfang der 1640er Jahre wurde auch deren Position in Venedig geschwächt.[171] Ihr Überlandhandel war auch im Gegensatz zu den Niederländern eher randständig geblieben, sodass ihre direkte Konkurrenz zu den Deutschen in Venedig nie besonders ausgeprägt gewesen war.[172]

Die durch den Krieg ausgelöste Katastrophe für Oberdeutschland soll nicht relativiert werden. Gerade die Verheerung des süddeutschen Raums traf den Handel an seiner Wurzel, den Gewerbelandschaften in Schwaben und Franken.[173] In dieses Bild müssen noch die schweren Pest- und Kriegsleiden in Oberitalien seit 1630 miteinbezogen werden.[174] Während der Seehandel durch

165 ASVe/CS, II Ser., 70, 6. Februar 1631. *Simonsfeld,* Der Fondaco dei Tedeschi, Bd. 1, S. 431 (Nr. 742–744).

166 *Seibold,* Wirtschaftlicher Erfolg, S. 73–74; *Backmann,* Le Fondaco dei Tedeschi, S. 118–119.

167 ASVe/CS, II Ser., 73, Stampa Mercanti Venetiani, fol. 20.

168 *Israel,* The Phases, S. 12–18; *Ressel/Zwierlein,* The Ransoming, S. 396–400.

169 *Israel,* The States General.

170 *Gelder,* Trading Places, S. 100–104.

171 *Wood,* A History, S. 53–58; *Fusaro,* Les Anglais et les Grecs, S. 605–606, *Simson,* Geschichte der Stadt Danzig, S. 704–705.

172 Etwas ungenau bei: *Pagano De Divitiis,* English Merchants, S. 76–105.

173 *Endres,* Der Dreißigjährige Krieg; *Layer/Lengger,* Der Dreissigjährige Krieg. Vgl. auch Kap. II. 2. a.

174 *Cipolla,* Before the Industrial Revolution, S. 103–105.

Blockaden und einen überall gegenwärtigen Kaperkrieg ununterbrochen gehemmt wurde, blieb der Landverkehr insgesamt bestehen, wenngleich auf reduziertem Niveau.[175] Jedoch führte die Schwächung der englischen und niederländischen Kaufmannschaft in Venedig primär weniger zu einer Dämpfung der deutschen Verluste, sondern vielmehr dazu, dass die venezianischen Händler und Reeder gestärkt wurden und damit tendenziell wieder eher in eine Position der Stärke gegenüber ihren nordalpinen Gästen rückten.[176] In diesem Zusammenhang mag es stehen, dass die Republik Venedig die 1644 durch die Oberdeutschen erfolgte Ablehnung der Admission von Weseler Händlern in den Fondaco nach einer Beschwerde der Stadt annullierte.[177]

Das Jahr 1645 brachte den Umschwung. Der Ausbruch des Candia-Kriegs bewirkte nicht nur eine extreme Kostenbelastung für die nächsten 24 Jahre, sondern auch eine schwere Beeinträchtigung des Levantehandels der Republik.[178] Damit mussten die Schifffahrt von Venedig nach Westen und der Landhandel nach Norden an Bedeutung gewinnen, beides Handelszüge, auf die eher die Händler des Fondaco spezialisiert waren. Obwohl die deutsche Nation deutlich an Bedeutung eingebüßt hatte und im Fondaco nur noch die Hälfte der Zolleinnahmen des Jahrhundertanfangs einging, geriet die Republik dadurch unvermittelt in eine stärkere Abhängigkeit von ihren nordalpinen Gästen. Dies wurde den Deutschen auch rasch bewusst. Nachdem sie der Republik 1.000 duc. für den Candia-Krieg geschenkt hatten,[179] kamen im Jahr 1646 Verhandlungen zum Kauf des Fondaco durch die deutsche Nation in Gang. Dabei sollte das Zollsystem unberührt bleiben, nur die Miete wäre künftig für die deutschen Händler entfallen und die Nation hätte die unbeschränkte Verfügungsgewalt über die Zulassungen oder Ablehnungen von Admissionen in den Fondaco erhalten.[180] Es steht zu vermuten, dass vor allem letzteres das Ziel der Deutschen war; damit hätten sie die unbeschränkte Kontrolle über die künftigen Mitglieder errungen. Es ist nicht bekannt, woran die Verhandlungen schließlich scheiterten, möglicherweise war das Angebot von 20.000 duc. vonseiten der Nation in den Augen der Republik zu wenig.[181] Das Ziel der Kontrolle über die künftigen Mitglieder war damit zunächst nicht erreicht worden; aber man hatte wohl bemerkt, dass die Republik hier eher als Bittsteller aufgetreten war.[182]

175 *Kellenbenz,* Der Niedergang Venedigs, S. 32–35.

176 *Sella,* Commerci e industrie, S. 53–54; *Israel,* The Dutch Merchant Colonies, S. 152.

177 *Simonsfeld,* Der Fondaco dei Tedeschi, Bd. 1, S. 449–450 (Nr. 759).

178 *Beltrami,* Forze di lavoro, S. 71–81; *Israel,* The Phases, S. 16–17; *Costantini,* La regolazione dei dazi; *Perini,* Economia e politica, S. 93–99.

179 *Simonsfeld,* Der Fondaco dei Tedeschi, Bd. 1, S. 432 (Nr. 746).

180 Ebd., S. 437–440 (Nr. 749).

181 Der Neubau der Jahre 1505 bis 1508 hatte über 30.000 duc. gekostet: *Simonsfeld,* Der Fondaco dei Tedeschi, Bd. 2, S. 107.

182 So schrieb der Frankfurter Händler Johann Philipp Fleischbein im Februar 1648 an den Rat der Stadt Frankfurt, dass die Republik einen großen Geldbedarf habe und daher die Verhandlungen über den Kauf des Fondaco in Gang gekommen seien. Er stellte den Wunsch

d) Zusammenfassung

Das venezianische Zollsystem mit seiner seit dem späten 15. Jahrhundert immer schärfer werdenden Tendenz zur Zentralisierung des Handels auf die Lagune wurde in der Historiographie teilweise als widersprüchlich bis ins Anarchische hin dargestellt. Bei genauerer Durchsicht der Materie erweist sich dieses Urteil als deutlich überzogen. Man kann sogar so weit gehen und dieses Urteil als Resultat einer Unkenntnis der Gesetzgebung zum Fondaco bezeichnen.[183] Ein Ursprung der mit dem Fondaco geförderten Zentralisierungsbestrebungen lässt sich in der verstärkten normativen Institutionalisierung des Fondaco dei Tedeschi im 14. Jahrhundert ausmachen. Indem der Handel der Deutschen auf dieses Gebäude in der Stadt konzentriert und zugleich Ein- und Verkauf für die Venezianer nördlich der Grenzen verboten wurde, begründete Venedig eine bis zum Ende der Republik dauernde Tradition. Die Ausdehnung dieser Gesetzgebung auf die Terraferma im späten 15. Jahrhundert scheiterte zwar, just dieser Fehlschlag aber war Teil der Vorgeschichte auf die schließlich im 16. Jahrhundert erlassenen Verordnungen für die meisten untergebenen Landprovinzen, wichtige Teile ihres seewärtigen Import- und Exporthandels nur noch über Venedig laufen zu lassen. Die Einrichtung der Dogana in Verona im Jahr 1530 mit ihren vielfältigen Restriktionen für den Transithandel zwischen Deutschland und Italien bedeutete eine faktische Aufwertung Venedigs als Marktort für ganz Italien. Dieser Maßnahme folgte im 16. Jahrhundert eine Zollgesetzgebung, die die Städte der Terraferma von ihrer Orientierung nach Westen und Süden abbringen und zum Handel über Venedig animieren sollte.

Die Geschichte des venezianischen Handels- und Zollwesens vom Spätmittelalter bis tief ins 16. Jahrhundert kann in dieser Perspektive als eine immer wieder gesuchte Ausbalancierung von Interessen der Terraferma, der Dominante sowie der deutschen Nation in Venedig, die für die Republik der primäre Adressat für den Handel nach Mitteleuropa war, interpretiert werden. Dabei entwickelte sich eine auch zeitgenössisch atypische Mischung von Stadt- und Flächenstaat, in dem für alle Händlergruppen Restriktionen, aber auch Privilegien galten. Der Fluchtpunkt dieser Bestrebungen war, Venedig als Zentrum des Handelsaustauschs zwischen Mitteleuropa und der Levante zu erhalten. Diesem Ziel hatten sich die Händler aus der Terraferma genauso unterzuordnen wie diejenigen der

der Deutschen auf Erwerb des Hauses in Zusammenhang mit der Abwehr der Niederdeutschen; würde der Besitz der Oberdeutschen nicht bald befestigt, so könnten jene in Venedig *baldt gantz aufschlagen*, in: ISGF, Reichssachen 1799, fol. 37–38.

183 So schrieb Paola Lanaro, bis 1723 seien aus Deutschland und den Niederlanden in die Republik Venedig kommende Waren einem *obbligo di confluire nel Fondaco dei Tedeschi* unterworfen gewesen: *Lanaro*, I mercati, S. 117. Dies ist schlicht falsch und galt zu keinem Zeitpunkt. Nicht nur wird damit die Freiheit des Handels von deutschen Händlern mit der und über die Terraferma verkannt, zugleich sieht sie nicht, dass die Venezianer bereits seit dem frühen 16. Jahrhundert die Zentralität des Fondaco immer stärker über ein Privilegien-, nicht ein Verbotssystem stärkten.

deutschen Nation. Erstere waren als Untergebene der Republik leichter durch Gesetze zu kontrollieren, wenngleich ihre Wünsche auch vielfach vonseiten des Senats erfüllt wurden, letztere mussten angesichts der Freiheit der Ortswahl grundsätzlich stärker gelockt werden. So kam es zur Privilegierung von Warenströmen über den Fondaco gegenüber den anderen Zollstellen der Stadt; dies blieb in der Gesamtperspektive ein konsistenter Bestandteil des venezianischen Handelssystems der Frühen Neuzeit. Die Handelspolitik der Markusrepublik erscheint dabei vor allem pragmatisch, kaum dogmatisch. Man probierte viele Neuerungen aus, behielt die günstig wirkenden bei und schaffte die ungünstigen rasch wieder ab. Dabei behielt die Republik in Richtung der See im Gegensatz zum Landhandel einen mehr frühmerkantilistischen Charakter aufrecht. Manche Historiker haben daher in der Gesetzgebung Venedigs zum Seehandel um 1600 eine Art von Navigationsakte erkannt.[184]

Sonderlich ineffizient kann man dies nicht nennen. Laut der einschlägigen Sekundärliteratur verlor Venedig erst seit den 1620er, vor allem aber in den 1630er Jahren an Bedeutung als internationales Handelsemporium.[185] Dies sind die Zeiten des Dreißigjährigen Kriegs, der Zerrüttung des schwäbischen Textilreviers, der Kämpfe des Mantuanischen Erbfolgekriegs sowie der in seinem Gefolge kommenden verheerenden Pestwelle, und schließlich gipfelte dies 1645 im Ausbruch eines 24 Jahre lang dauernden Kriegs mit dem osmanischen Reich um Kreta. Bis zu dieser Aufeinanderfolge an Krisen, die in keiner Verbindung mit dem venezianischen Zollsystem standen, war es der Republik relativ gut gelungen, die handelspolitische Leitlinie durchzuhalten und dabei die Interessen der Hauptstadt, der Provinzen und der deutschen Händler in einer funktionierenden Balance zu wahren.

2. Die Handels- und Interessenpolitik der deutschen Nation, der süddeutschen Reichsstädte und Venedigs (1650–1682)

a) Der Ausschluss der Niederdeutschen und Schweizer 1647–1654

Der Dreißigjährige Krieg hat, das wurde in Kap. II. 2. a ausführlich dargestellt, die Handelsverbindungen zwischen Deutschland und Venedig massiv beeinträchtigt. Die Lage der deutschen Händler in Venedig kurz vor Kriegsende sah nur oberflächlich besser aus als sie tatsächlich war. Aus einer offiziellen Liste der Mieter erfahren wir, dass am 14. Mai 1646 ganze 44 Kaufleute im Fondaco Zimmer und Lager hatten und das Gebäude damit ausgelastet war.[186] Von diesen 44

184 *Beutin*, Der deutsche Seehandel, S. 20; *Sella*, Commerci e industrie, S. 34–40.

185 *Rapp*, Industry, S. 141–143.

186 Die Liste ist wiedergegeben bei: *Simonsfeld*, Der Fondaco dei Tedeschi, Bd. 1, S. 433–436 (Nr. 748), vgl. auch: *Backmann*, Der Fondaco dei Tedeschi, S. 32. Das richtige Datum ergibt sich aus: UBG/E, Schachtel Venedig, fol. Ad 10.

waren 16 eingeschriebene Mitglieder der Nation, hatten also Kammer, Sitz an der Tafel und Stimme im Kapitel.[187] Gegen Ende der 1640er Jahre war der Fondaco also voll belegt, die Konkurrenz damit hoch, die Gewinne hier waren aber, wie man sich seitens der Stadt Frankfurt ausdrückte, *weil die Commercia in Oberteutschland durch das leidige Kriegswesen darnierder liegen*, nur noch gering.[188]

Die schon erwähnte vom Senat dekretierte Zulassung der Weseler in den Fondaco von 1644 scheint innerhalb der Nation Ängste vor einem Zusammenbruch ausgelöst haben. Die Oberdeutschen sahen die Niederdeutschen als Agenten der Niederländer und hatten Sorge vor deren vermeintlich enormer wirtschaftlicher Potenz. Der Rat der Stadt Frankfurt schrieb am 8. Juni 1648 an die Stadt Ulm in diesem Sinne: *[So] bald die Niderländer einmal den Zutritt in das Teutsche Haus impetriren, sie die Hochteutsche, dem florierenden Zustand, da jene dieser Zeit, und hingegen dem schlechten nach, da diese der Commercien halber begriffen, exterminieren und alle Handlung an sich ziehen und bringen werden.*[189] Die Angst vor den Niederdeutschen war dementsprechend in den süddeutschen Reichsstädten und vor allem innerhalb der deutschen Nation in Venedig sehr hoch. Dies erklärt die Radikalität, mit der die Oberdeutschen an der Lagune nun versuchten, die Niederdeutschen aus dem Fondaco auszuschließen.

Nachdem der Kauf des Fondaco durch die Nation 1648 endgültig gescheitert war, versuchte man es in der zweiten Jahreshälfte durch die Setzung eines Präzedenzfalles. Abraham Spillieur, ein Händler aus Köln,[190] wurde als Niederdeutscher, der aufgrund dieser Herkunft angeblich kein Mitglied der deutschen Nation sein könne, aus dem Fondaco ausgeschlossen. Konfliktreiche Korrespondenzen der Reichsstädte Frankfurt, Ulm, Augsburg und Nürnberg gegen Köln, das sogar den kaiserlichen Gesandten in der Republik für seine Interessen gewinnen konnte, sowie ein langwieriger Prozess in Venedig schlossen sich an.[191] Innerhalb der Fraktion der vier oberdeutschen Reichsstädte war dabei die treibende Kraft für einen Ausschluss der Niederdeutschen eindeutig Frankfurt, und diese Stadt wurde von Johann Philipp Fleischbein mit detaillierten Gutachten und Petitionen versorgt, um die Verdrängung der Niederdeutschen durchzusetzen.[192] Fleischbein war von 1630 bis 1647 in Venedig ein äußerst erfolgrei-

187 AEGV, Fondaco 5, fol. 4r: Generalkapitel vom 10. September 1647.

188 Das Zitat findet sich in einem Bedenken zu der Zulassung von Kölnern in den Fondaco um 1648, das in der Stadt Frankfurt entstanden ist: ISGF, Reichssachen 1799, fol. 16. Bestätigt wird dieses Urteil durch die Sicht der Venezianer: *Backmann*, Der Fondaco dei Tedeschi, S. 111–112, 133.

189 ISGF, Reichssachen 1799, fol. 76.

190 Zu ihm: *Gramulla*, Handelsbeziehungen Kölner Kaufleute, S. 295–304.

191 Die Einzelheiten des Konflikts seien hier übergangen, sie sind dargestellt bei: *Simonsfeld*, Der Fondaco dei Tedeschi, Bd. 2, S. 145–162.

192 Augsburg und Nürnberg zeigten sich anfangs wenig geneigt, die Kölner aus dem Fondaco auszuschließen, Anton Hopfer aus Augsburg unterstützte Spillieur sogar: Ebd., S. 146–147. Ulm tritt in den gesamten Korrespondenzen kaum hervor, man schloss sich vonseiten dieser Reichsstadt letztlich der Frankfurter Position an: ISGF, Reichssachen 1799, fol. 41–47, 56.

cher Händler gewesen und lebte nun wieder in seiner Heimatstadt Frankfurt. Sein Geschäft in Venedig wurde von seinen Söhnen Johann Philipp und Philipp Ludwig als seinen Faktoren fortgesetzt.[193] Es stellt sich die Frage, warum ausgerechnet diese Händler der Reichsstadt am Main ein so intensives Interesse an der Exklusivität des Fondaco als oberdeutscher Institution hatten.

Zunächst sei noch einmal betont, dass die Zollprivilegien an das Wohnrecht im Fondaco gekoppelt waren.[194] Ostentativ betonten die Oberdeutschen zwar, dass es ihnen nur um die Homogenität der Bewohner für die Generalkapitel und vor allem die gemeinsamen Mahlzeiten gehe.[195] In diesem Sinne legten die Visdomini des Fondaco, eventuell nach Bestechungen seitens ihrer deutschen Gäste,[196] an die Regierung in Venedig 1652 dar:

> Die Unterkunft, die durch öffentliche Großzügigkeit an die deutsche Nation gegeben wurde, ist von derselben (den deutschen Händlern; MR) eher religiös als weltlich gebraucht worden. Sie schränken ihre Freiheit durch die Verpflichtung zur gemeinsamen Mahlzeit zu einer allzeit festgelegten Uhrzeit ein und nehmen diese mit einer fast klösterlichen Ruhe und Bescheidenheit ein. Wer diese Gebote übertritt, wird von den anderen getrennt und abgeschnitten. Ihre Versammlung wird von der Einheitlichkeit der Sprache und der Sitten (*costumi*) zusammengehalten. Hier andere Leute (*gente*) zuzulassen würde, selbst wenn diese Untertanen desselben Fürsten wären, jedoch andere Lebensgewohnheiten pflegen, eine dermaßen große Konfusion bewirken, dass [die Oberdeutschen], die ihren hergebrachten Status sorgsam wahren wollen, die Unterkunft und damit den Handel aufgeben würden.[197]

Es wirkt überraschend, dass man gegenüber den venezianischen Richtern den über viele Jahre ausgetragenen Konflikt als einen um die gemeinsamen Mahlzeiten darstellte. Zwar verwiesen die Oberdeutschen gegenüber der Republik sowie in ihren internen Korrespondenzen immer wieder auf die Mitgliedschaft Kölns in der Hanse, die ganz eigene Privilegien allerorten in Europa hätte, an denen die Oberdeutschen nicht teilhätten.[198] Doch man maßte sich offiziell nicht an, den Niederdeutschen den Handel über den Fondaco streitig zu machen, scheinbar sollte ihnen nur der Zutritt zu den gemeinsamen Mahlzeiten nicht erlaubt werden.[199]

193 *Dietz*, Frankfurter Handelsgeschichte, Bd. 4,1, S. 35–37.

194 Vgl. Kap. III, Fn. 115–120.

195 *Simonsfeld*, Der Fondaco dei Tedeschi, Bd. 1, S. 447 (Nr. 756).

196 Auf Bestechungen deutet ein Eintrag im Protokollbuch der deutschen Nation hin: *Waß Maßen die Uncosten so groß, die Nogoty schlecht, und consequenter das Cottimo Geföhl nur merers abnemenn, ob in den Uncosten kain Abbruch könnte beschehen, Und weiln die bishero geführte Litte wider die Niderländer und andere, ein groß Gelt hinweckh getragen*, in: AEGV, Fondaco 5, fol. 35v: Generalkapitel vom 24. Januar 1651.

197 *Simonsfeld*, Der Fondaco dei Tedeschi, Bd. 1, S. 460–461 (Nr. 771). Übersetzung MR.

198 So argumentierten die Oberdeutschen übrigens auch bezüglich ihrer Privilegien in Lyon, die sie im 17. Jahrhundert den Vorrechten der Hansestädte in französischen Küstenstädten gegenüberstellten: *Pfeiffer*, Die Bemühungen, S. 436–437.

199 Dies betonte die deutsche Nation noch in ihrer letzten Eingabe in der Streitsache: *E se quelli di Colonia fossero naturalmente capaci dell'ingresso in fontico, quanto alle persone, non*

Tatsächlich ging es jedoch um die Zollprivilegien, nur konnte dies keine Seite im Prozess vollständig vorbringen. Es war in diesen Jahren schlicht kaum bekannt, dass die Inhaber der Kammern einen speziellen Nachlass am Fondaco genossen.[200] Die Oberdeutschen wollten dies nutzen und durch die vorgebliche Freigabe der Nutzung des Fondaco faktisch die Niederdeutschen auf die Rechte der Grisolotti reduzieren. Das Ziel der Benachteiligung hatte eine klare Ursache: Spillieur stand als Reformierter mit Wohnsitz im katholischen Köln im Dienste von Niederländern, wie die Oberdeutschen in Venedig und den süddeutschen Reichsstädten wohl wussten. Frankfurt schrieb an Ulm diesbezüglich: *So ist der jenige Spillieurs, umb deßen Recepion man strittig, zwar von Cöln bürtig, mitsamt ganzen Domicilio aber nach Ambsterdam transmigriert, allso nit mehr in dem Statu das sich die Erbb. von Cöln deßen so hoch anzunemmen Ursach haben.*[201]

Spillieur war also faktisch hauptsächlich ein Handelspartner von Niederländern und konnte für sie günstiger auf dem venezianischen Markt ein- und verkaufen. Er schob seinen ursprünglichen Wohnort Köln vor, um in den Genuss der Zollprivilegien der deutschen Nation zu gelangen. Hätten die Oberdeutschen jedoch den Amsterdamer Hauptwohnsitz von Spillieur im Prozess thematisiert, dann wäre das gesamte Thema der Ungleichbehandlung der Deutschen, die günstig über den Fondaco spedierten, der Grisolotti, die hier ohne Vergünstigung handelten und den Niederländern, die auf die teureren üblichen Zollstellen verwiesen waren, zur Debatte gekommen. Dabei wäre wohl auch offenkundig geworden, dass die Händler der Nation selbst intensiv Kommissionsgeschäfte für Niederländer betrieben und dieses Feld für sich bewahren wollten.[202] Noch viel weniger als seine oberdeutschen Gegner konnte Spillieur auf seinen Hauptwohnsitz in Amsterdam verweisen, das hätte ihm sofort den Verlust des Prozesses eingebracht. Das Engagement von Köln für den reformierten Spillieur war

occorreva, che supplicassero per gratia al presente questo ingresso, ma contentarsi dell'espeditione delle loro mercantie all'uso di fontico, come hanno fatto sin'hora, senza tentar di confondere la natione, in: *Simonsfeld,* Der Fondaco dei Tedeschi, Bd. 1, S. 462–464 (Nr. 773).

200 So scheint es aus dem damaligen wesentlichen Handelsbuch, dass alle Händler am Fondaco spezielle Nachlässe bekamen: *Simonsfeld,* Der Fondaco dei Tedeschi, Bd. 2, S. 141; *Kellenbenz,* Das Meder'sche Handelsbuch, S. 139. Wenn selbst diese sehr gute zeitgenössische Informationsquelle hier unklar bleibt, dann können wir davon ausgehen, dass dieses Wissen kaum über die Gruppe der deutschen Nation und der Zollverwalter hinausging.

201 ISGF, Reichssachen 1799, fol. 76.

202 1671 schrieb ein niederländischer Kaufmann aus Venedig, dass *de Nederlantse natie veel goederen in 't Duyts huys vertollen*, siehe: *Heeringa,* Bronnen, S. 117–118. Auch wenn der Satz im Sinne einer missbräuchlichen Nutzung des Fondaco durch Niederländer eindeutig wirkt, so können wir mit Sicherheit davon ausgehen, dass damit tatsächlich gemeint war, dass diese die privilegierten deutschen Händler in Venedig mit Kommissionsgeschäften beauftragten. Aus keiner einzigen anderen Akte aus diesen Jahren geht hervor, dass die Niederländer selbst am Fondaco hätten verzollen können, und die Deutschen, die mit großen Mühen ihre Privilegien auf die eigene Gruppe beschränken konnten, hätten einen Missbrauch sicherlich an die Zollaufseher gemeldet.

trotz seines Wohnorts in den Niederlanden damit erklärbar, dass es hier um eine Prinzipienfrage ging, die auch für die katholischen Kölner Händler von hoher Bedeutung war; zudem hatte der Handel zwischen Amsterdam und Italien gerade über Köln eine lange Tradition.[203]

Die Konfliktlinie war also nicht oberdeutsch versus niederdeutsch und auch nicht lutherisch versus reformiert, so stark sich diese Interpretation auch in der Literatur findet.[204] Tatsächlich ging es für Niederländer und Deutsche um den Markt als Kommissionäre in Venedig. Dies führte nicht zu einem Konflikt zwischen Reformierten und Lutheranern. So blieb Abraham von Cölln, ein Reformierter, auch nach den Konflikten der 1650er Jahre, noch mehrere Jahrzehnte eine wichtige Persönlichkeit im Fondaco.[205] Der am stärksten ›konfessionelle‹ Aspekt des Konflikts war wohl die Furcht lutherischer Reichsstädte und ihrer Kaufleute vor einem zweideutigen Verhalten paritätischer zugunsten von katholischen Reichsstädten. Im bereits mehrfach zitierten Schreiben Frankfurts an Ulm findet sich im Konzept ein durchgestrichener Absatz, der genau dies verdeutlicht:

> Das aber die Erbb. von Augspurg sich ihren und ihren Burgern zue selbst eigener Praejudiz mit so grossen Calör die Erbb. von Cöln hierinnen secundieren, könden wir anderst nit begreiffen, als daß solches etlicher massen in Ansehung der Religion und weiln die Evangelischen, die bishero im teutschen Haus mehrerteil die stärkhste gewesen, und darinnen sicher Wohnung gehabt, welches sie villeicht lieber Frembden, wann sie nur Ihrer Religion, beypflichtig, gönnen mögen, beschehen müsse.[206]

Der Satz ist etwas schwierig zu verstehen. Frankfurt spielt damit auf das zunächst vonseiten Augsburgs positive Engagement für Köln an, als die Reichsstadt am Rhein die Bestätigung des Rechts ihrer Bürger auf Zutritt zum Fondaco ersuchte.[207] Die paritätische Reichsstadt Augsburg hatte dem katholischen Köln Unterstützung gegeben, weshalb man im lutherischen Frankfurt eine Rücksichtnahme auf die katholischen Ratsmitglieder in der Lechstadt vermutete.

Im Laufe des Konflikts wurde vonseiten der Oberdeutschen im Fondaco festgelegt, dass nur noch Personen, die im *tertio gradu von Eltern aus Hochteutschland gebohren*, das Recht auf Admission in den Fondaco haben sollten, *daß auch die jenige, welche in den obern Stätten gebohren, doch ihre Hochteutsche extraction biß in das dritte Gliedt nit erweißen könden, keines Wegs admittiert werden.*[208] Die bereits im frühen 17. Jahrhundert versuchte Durchsetzung einer Art von ›ethnischem Prinzip‹ zugunsten der Oberdeutschen wurde damit nor-

203 *Gramulla*, Handelsbeziehungen Kölner Kaufleute, S. 202–231, 249–252.
204 *Simonsfeld*, Der Fondaco dei Tedeschi, Bd. 2, S. 161–162.
205 *Elze*, Geschichte, S. 41–43.
206 ISGF, Reichssachen 1799, fol. 76.
207 *Simonsfeld*, Der Fondaco dei Tedeschi, Bd. 1, S. 441–444 (Nr. 753–754).
208 ISGF, Reichssachen 1799, fol. 16.

mativ deklariert und bis 1690, als man begann, wieder Niederdeutsche aufzunehmen, auch durchgehalten.[209]

Der Prozess zwischen Köln und der deutschen Nation lief um 1650 seine komplexen Wege durch die venezianischen Instanzen, obwohl die Oberdeutschen eigentlich eindeutig im Unrecht waren. So hielt ein Gutachten der Cinque Savi alla Mercanzia vom März 1650 fest, dass die Republik bereits 1607 und 1611 zugunsten der Niederdeutschen entschieden habe, und dass in einer Liste von Bewohnern des Fondaco von 1507 durchaus einige Kölner und Niederdeutsche auftauchten.[210] Dennoch kämpften die Oberdeutschen für diese faktische Rechtsanmaßung aus der Sorge heraus, dass die *Niederteutsche baldt gantz aufschlagen, undt selbiges vermittelß eines Stückh Geltß, bey dießer der durchleuchtigen Republic ohne das überauß großen Necessitet an sich pringen möchten*, sie also durch Bestechungsgelder ihren Erfolg erzielen würden.[211] Anfang Oktober 1652 wurde vonseiten des Senats zugunsten der Kölner entschieden, oder, wie es im Protokollbuch der deutschen Nation vom 10. Oktober heißt, *von Tenor, daß sowol Nider- als Hochteütsche, und andere, des teütschen Haus, in tutto e per tutto fehig weren.*[212] Diese Niederlage konnte die deutsche Nation binnen eines Monats durch eine Eingabe ihres Anwaltes,[213] des *Eccmo Advocato Businello*, der sich dies *extra eyffrig und espediente [hat] angelegen sein lassen*, doch noch in einen Erfolg umwandeln.[214] Zwar sollten Kölner immer das Recht auf Kammern haben, jedoch sollte bei allen anderen Niederdeutschen von Fall zu Fall und unter Mitwirkung der deutschen Nation entschieden werden.[215] Damit war in der Substanz der Prozess für die Oberdeutschen doch noch gewonnen. Zwar blieb Spillieur bis zum 30. Oktober 1653 noch Mitglied der Nation, da er an diesem Tag letztmalig ein Generalkapitel besuchte.[216] Da er jedoch noch im September 1655 in Venedig lebte, deutet seine Abwesenheit von den Generalkapiteln darauf hin, dass er den Fondaco schließlich doch verlassen hat.[217] Gegenüber diesem einzelnen Kaufmann hatte die deutsche Nation kurzfristig nachgeben

209 Noch am 10. September 1681 heißt es in der letzten im Protokollbuch eingetragenen Aufnahme eines deutschen Händlers in die Nation, dass er aufgenommen werden könne, da *er und seine Voreltern rechte Hochteutsche seyen*, in: AEGV, Fondaco 5, fol. 197r. Zu den ersten Versuchen einer Durchsetzung dieser Regel vgl. *Backmann*, Der Fondaco dei Tedeschi, S. 37–38. Dies war aber, wie oben gezeigt wurde, zunächst gescheitert, vgl. Kap. III, Fn. 155.

210 ASVe/CS, II Ser., 70, Gutachten vom 24. März 1650.

211 So drückte es Johann Philipp Fleischbein in einem Schreiben vom Februar 1648 an Frankfurt aus: ISGF, Reichssachen 1799, fol. 37.

212 AEGV, Fondaco 5, fol. 44v.

213 Seit den 1650er Jahren war faktisch immer ein Venezianer als Anwalt der deutschen Nation mit der Verteidigung ihrer Interessen betraut. Dieser wurde offenbar regulär von den Einnahmen des Cottimo bezahlt: ASVe/CS, II Ser., 73, Stampa Mercanti Venetiani, fol. 60. Auch noch 1799 bezahlte die Nation einen Anwalt: *Fick*, Bemerkungen, S. 176.

214 AEGV, Fondaco 5, fol. 44v–45r.

215 *Elze*, Geschichte, S. 39.

216 AEGV, Fondaco 5, fol. 49r–49v.

217 *Simonsfeld*, Der Fondaco dei Tedeschi, Bd. 2, S. 162.

müssen, dafür besaß sie nun das verbriefte Recht auf eine Mitbestimmung zur Auswahl der nichtoberdeutschen Mitglieder.

Ein Kuriosum der folgenden Entwicklung ist, dass es fast gleichgültig war, dass sich die Oberdeutschen gegen die Niederdeutschen gewehrt hatten. In den folgenden Jahren kamen niederdeutsche Kaufleute immer seltener auf die Idee, sich in Venedig niederzulassen, und selbst Frankfurter, die ja den Ausschluss der Niederdeutschen maßgeblich betrieben hatten, siedelten seit den 1670er Jahren nicht mehr an der Lagune.[218] Köln und Frankfurt spürten in diesen Jahren ganz besonders die Attraktivität des Amsterdamer Markts, was eine Ansiedlung an der fernen Lagune für Bürgerkinder immer unattraktiver machen musste.[219] Dieses Phänomen erklärt auch, warum es besonders die Frankfurter Händler Fleischbein in Venedig gewesen waren, die so intensiv auf den Ausschluss der Niederdeutschen gedrängt hatten. Der Erfolg zahlte sich noch für die Fleischbeins aus, die in Venedig bis in die 1690er Jahre aktiv blieben, danach jedoch verschwanden Frankfurter Händler endgültig von der Lagune.[220]

War der teure und komplexe Konflikt von 1647 bis 1652 also eine Art von Sturm im Wasserglas gewesen? Mitnichten. Der von den Oberdeutschen erzielte Erfolg war in einer anderen Hinsicht von fundamentaler Tragweite. Es war den Oberdeutschen durch ihre Abwehr der Niederdeutschen und Niederländer gelungen, ein hohes Maß an exekutiven Befugnissen im Fondaco zu erhalten, und dies konnten sie gegenüber den langfristig wirklich gefährlichen Konkurrenten nutzen: gegen reformierte Kaufleute aus der Schweiz.

Die Eidgenossenschaft hatte vom Ende des 16. Jahrhunderts bis etwa 1620 einen bedeutenden protoindustriellen Aufschwung erlebt.[221] Im Zuge der schweren Einbußen der deutschen Gewerbelandschaften in den folgenden drei Jahrzehnten und der damit einhergehenden Schwächung deutscher Kaufleute im Ausland war es mehr als natürlich, dass die Händler der größeren Städte der Eidgenossenschaft nun verstärkt auf auswärtigen Märkten Präsenz zeigten. In Lyon schafften die Schweizer in diesen Jahren die Überflügelung der Oberdeutschen, weniger aufgrund einer besseren Privilegierung durch die französische Krone, sondern dank ihrer nun weit besseren protoindustriellen Basis in der

218 *Simonsfeld*, Der Fondaco dei Tedeschi, Bd. 2, S. 188–191.

219 *Dietz*, Frankfurter Handelsgeschichte, Bd. 3, S. 41–97; *Beutin*, Nordwestdeutschland und die Niederlande, S. 120.

220 So wird die Firma Fleischbein in einem Quelleneintrag noch im Jahr 1694 als in Venedig aktiv bezeichnet, obwohl sie in keiner Liste der privilegierten Mitglieder des Fondaco in diesen Jahren auftaucht: Anhang I. Es mag vermutet werden, dass alle Frankfurter Händler in Italien besonders unter der Konkurrenz von Italienern in Frankfurt zu leiden hatten, mit denen die örtlichen Kaufleute am Main gerade im 17. Jahrhundert in einigen Auseinandersetzungen standen, siehe: *Augel*, Italienische Einwanderung, S. 210–223; *Reves*, Vom Pomeranzengängler, S. 252–286.

221 Nach der Aufschwungphase folgte aber auch in der Schweiz eine Stagnation, die als indirekte Folge des Dreißigjährigen Kriegs mit dessen Zerrüttung der deutschen Märkte gelten kann: *Bergier*, Die Schweiz, S. 912; *Bergier*, Wirtschaftsgeschichte der Schweiz, S. 153–154; *Pfister*, Die Zürcher Fabriques, S. 57–58.

Heimat.[222] Kaufleute aus Schaffhausen, St. Gallen, Zürich oder Basel drohten angesichts der wirtschaftlichen Lage gegen Ende des Dreißigjährigen Kriegs nun auch in Venedig Konkurrenten für die Oberdeutschen zu werden. In Oberdeutschland führte die zunehmende Verdrängung vom Markt in Lyon durch die Eidgenossen zu Ressentiments, wie sich gerade in dem Konflikt um die Nutzung des Fondaco durch Schweizer Kaufleute zeigen sollte.

Angesichts der geographischen Struktur mit der Ausrichtung ihrer Pässe auf Ligurien und das Rheinland hatten eidgenössische Händler bis in das 17. Jahrhundert nur selten im Fondaco Zimmer gemietet.[223] Dies änderte sich auf indirekte Weise in der Schlussphase des Dreißigjährigen Kriegs. Als ein in Kaufbeuren geborener und in Venedig residierender Kaufmann namens Caspar Mangolt (1595–1671) das Basler Bürgerrecht erwarb, wurde die Frage aufgeworfen, ob er im deutschen Haus noch kapitelfähig sei. Mangolt war 1622 im Fondaco eingezogen, wo er fünf Jahre verblieb. Er kehrte nach einem dreijährigen Aufenthalt in Basel wieder zurück nach Venedig und wurde hier seit 1634 vollwertiges Mitglied des Kapitels. 1637 heiratete Mangolt, der dem Schwenckfeldianismus anhing, erstmalig in Basel und erwarb hier das Bürgerrecht – was innerhalb der deutschen Nation in Venedig keine Reaktion auslöste. Erst als er nach dem Tod seiner Frau im Februar 1645 erneut eine Baslerin heiratete, stellten sich die Oberdeutschen demonstrativ gegen ihn.[224]

In einem internen Gutachten des Nürnberger Banco-Amts wurde damals klar ausgesprochen, warum man die Schweizer keineswegs im Fondaco dulden wollte: Sie teilten ihre Privilegien in Lyon nicht mit den Deutschen, und sie hatten eigene Abkommen mit Venedig, sie hatten sich also selbst von der deutschen Nation abgesondert.[225] Es zeigt sich im Fall Mangolt eine deutlich stärkere Einigkeit der Oberdeutschen als im Fall Spillieur, bei dem Augsburg und Nürnberg zunächst eher zu Köln geneigt hatten. Der Konflikt mit Köln und Spillieur war bereits seit September 1647 im Gang und hatte sich in den folgenden zwei Jahren hauptsächlich auf der Ebene von Korrespondenzen zwischen den Reichsstädten abgespielt. Eine ganz andere Eile zeigten die Reichsstädte bei der Frage nach

222 *Pfeiffer*, Die Bemühungen, S. 433–436; *Lüthy*, Die Tätigkeit der Schweizer, S. 1–11, 22–25.

223 In der bislang gründlichsten Studie zum Handel Zürichs mit der Republik Venedig um 1600 werden zwar ein einigermaßen substanzieller Handel von der Limmatstadt nach Bergamo nachgezeichnet und auch einige Familien erwähnt, die nach Venedig handelten, jedoch offenbar ohne dauernde Präsenz an der Lagune oder auch nur einen Versuch, dies über den Fondaco abzuwickeln: *Fretz*, Frühbeziehungen. Fast als Beweis für die Abwesenheit von Schweizern im Fondaco um 1640/50 können wir die Tatsache ansehen, dass die reformierten Prediger aus der Schweiz in diesen Jahren fast nur vor reichsdeutschen reformierten Kaufleuten und Schweizer Handwerkern predigten: *Elze*, Geschichte, S. 39–43.

224 So nach seinen eigenen Angaben: AEGV, Fondaco 5, fol. 20r. Weitere biographische Details finden sich bei: *Kölner*, Der Falkeisensche, und in der Leichenpredigt: *Gernler*, Christliche Leich-predigt, S. 28–29.

225 *Simonsfeld*, Der Fondaco dei Tedeschi, Bd. 1, S. 451–454 (Nr. 761). In den 1640ern entstand in den oberdeutschen Reichsstädten ein markant antischweizerisches Ressentiment aufgrund deren Begünstigungen in Lyon: *Pfeiffer*, Die Bemühungen, S. 433–436.

Schweizern im Fondaco. Die Frage der Berechtigung von Caspar Mangolt zur Nutzung des Fondaco findet sich erstmals am 9. August 1649 in den Akten,[226] und bereits einen Monat später fand eine Besprechung hochrangiger Abgesandter aus den Räten und Kaufmannschaften der vier wichtigsten oberdeutschen Reichsstädte in Nürnberg statt. Von Augsburg kam der kaiserliche Rat und Stadtpfleger Christoph von Stetten (1609–1673), von Frankfurt Syndicus Zacharias Stenglin (1604–1674), von Ulm Syndicus Sebastian Otto (1607–1678) und von Nürnberg Senator Georg Imhof (1603–1689).[227] Diese vier berieten zwar auch über den Konflikt mit Köln, doch die internen Schreiben zu dieser Konferenz im September 1649 zeigen eine weitaus stärkere Beschäftigung mit dem Fall Mangolt.[228] Auf Basis der Gutachten des Banco-Amts erstellten die Abgesandten dieser Konferenz zwei Schreiben, die man nach Venedig sandte, das eine an die dortige Regierung, das andere an die deutsche Nation.

Zunächst sei das Schreiben an die venezianische Regierung erläutert: Der Konflikt um die potenzielle Nutzung des Fondaco durch Schweizer drang zwar nie an die venezianische Regierung oder Öffentlichkeit, doch in dieser offiziellen reichsstädtischen Erklärung zum Ausschluss der Niederdeutschen vom September 1649 wurde dargelegt, dass die Eidgenossenschaft nun nicht mehr Teil des Reichs sei und ein Wegzug eines Kaufmanns aus einer oberdeutschen Reichsstadt zum Verlust seines Anrechts auf Nutzung des Fondaco führen müsse.[229] Ostentativ wurde also der Konflikt mit den Niederdeutschen hochgehalten, doch implizit nutzten es die Reichsstädte, um einen ganz anderen Rechtsstandpunkt durchzusetzen. Im Schreiben an die deutsche Nation war der Schwerpunkt des Inhalts daher auch ein deutlich anderer. Hier wurde *nur* auf den Fall Mangolt eingegangen und juristisch möglichst einwandfrei nachgewiesen, dass kein Schweizer, auch nicht ein ehemaliger Oberdeutscher, einen Anspruch auf Wohnrecht im Fondaco hatte. Man erwähnte die Lage in Lyon in diesem Schreiben zwar nicht, jedoch wohl nur, da dieses Gutachten von vielen Personen gelesen werden konnte und somit der rein juristische Grund, auf dem man die Argumentation aufbauen wollte, verwischt worden wäre.[230]

Für Caspar Mangolt machte man nach einigen internen Debatten und längeren Bittschriften durch den nunmehrigen Basler Kaufmann selbst eine Ausnahme und gewährte ihm am 1. August 1650 die Nutzung des Fondaco, nicht jedoch seinen in Basel geborenen Kindern.[231] Zum Erfolg geführt hatte Mangolt

226 Die Erwähnung in den Akten deutet allerdings auf einen bereits länger schwelenden Konflikt hin: AEGV, Fondaco 5, fol. 17r.

227 Eine eingehendere Beschreibung ihrer Werdegänge und Ränge sei hier unterlassen. An dieser Stelle mag der Hinweis genügen, dass sie aus den höchsten politischen Eliten ihrer jeweiligen Heimatstadt stammten, was das große Interesse an der Frage nach der Nutzung des Fondaco durch Schweizer verdeutlicht.

228 *Simonsfeld*, Der Fondaco dei Tedeschi, Bd. 1, S. 446–456 (Nr. 756–764).

229 Ebd., S. 455 (Nr. 763).

230 Das Gutachten ist Simonsfeld entgangen, zu finden ist es in: AEGV, Fondaco 5, fol. 21v–24r.

231 AEGV, Fondaco 5, fol. 33r.

nur das Argument, dass er geborener Hochdeutscher und seit 15 Jahren Mitglied im Generalkapitel der deutschen Nation sei. Schließlich wurde am 6. August 1653 seinen Kindern doch noch die Möglichkeit einer künftigen Mitgliedschaft zuerkannt.[232]

Die Erlaubnis für Mangolt und seine Kinder war jedoch explizit nur eine Ausnahme, im Prinzip hatten die Oberdeutschen in Venedig, quasi en passant, mit dem Konflikt um die Niederdeutschen gegenüber der Republik ihr Recht auf den Ausschluss der Schweizer bekundet und angesichts des Erfolgs im Fall Spillieur auch durchgesetzt. Dies zeigt sich an dem nun folgenden und diesmal eindeutig endenden Rechtskonflikt um die Nutzung des Fondaco. 1654 begehrten die in Venedig residierenden *Heinrich Ziegler und Gebrüder* aus Schaffhausen zu einem unbekannten Zeitpunkt Einlass in den Fondaco. Die Verweigerung dieses Ansinnens durch die deutsche Nation führte zum Präzedenzkonflikt, der faktisch allen Schweizer Kaufleuten für die nächsten 150 Jahre die Etablierung auf dem Markt in Venedig unmöglich machen sollte.

Die Gebrüder Ziegler machten den Ausschluss sogleich zum politischen Fall, indem sie dem venezianischen Residenten in der Eidgenossenschaft, dem in Zürich sitzenden Antonio de Negri am 9. August 1654 eine lateinisch verfasste Supplik übersandten. Hier verwiesen sie auf die engen Bündnisse Zürichs und Berns mit Venedig und betonten: *Sumus et Nos lingua ac moribus Germani.* Negri sandte dieses Schreiben zusammen mit einer deutlichen Empfehlung für die Gebrüder Ziegler am 12. September nach Venedig.[233] Hier wiederum behandelte der Senat diese Anfrage am 26. September und stellte fest, dass dieses Ansinnen große *difficoltà* bereite. Man überwies daher die Anfrage an die Cinque Savi alla Mercanzia.[234] Offenbar wurde dort entschieden, keine Reaktion zu geben, und damit faktisch das Gesuch abzuschlagen.[235] Nachdem sie bis März 1655 keine Antwort erhalten hatten, schrieben die Gebrüder Ziegler erneut an Negri in Zürich, zudem erwirkten sie Interventionen durch die Stadträte Schaffhausens und Zürichs bei ihm für ihr Anliegen. Die Gebrüder Ziegler und beide Städte betonten erneut die Tatsache, dass die Schweiz ein Teil Deutschlands sei und die Eidgenossen somit das Anrecht auf Nutzung der Kammern des Fondaco hätten. Zudem verwies man auf die Bündnisse der Kantone mit Venedig,

232 AEGV, Fondaco 5, fol. 33r. Dies sollte sich auszahlen, Caspar Mangolt und seine Kinder blieben in den nächsten Jahrzehnten regelmäßig Teilnehmer der Kapitelversammlungen und bezeugen damit eine intensive Nutzung des Fondaco. Die Konflikte zwischen der deutschen Nation in Venedig und den Niederdeutschen und Schweizern wurden im 18. Jahrhundert als Muster für Fragen des Bürgerrechts gedruckt und juristisch analysiert: *O. V.*, Hochteutsche, S. 407–419.

233 ASVe, Senato Dispacci Ambasciatori Svizzera, reg. 52, fol. 391r–395r.

234 ASVe, Deliberazioni Corti, reg. 31, fol. 111v–112r.

235 Im Register von *Cérésole*, La République de Venise, S. 166–167 werden zum Fall fälschlicherweise weitere Fundstellen angegeben. Die dortigen weiteren Verweise (Senato, Deliberazioni, Corti, reg. 31, fol. 167v; reg. 33, fol. 67r-v) gehen über *Capitan Bueller* aus Solothurn, nicht über die Gebrüder Ziegler.

die der Republik bereits viele Söldner für den Candia-Krieg gebracht hätten. Der Rat von Schaffhausen zitierte in seinem Schreiben an Venedig sogar Caesars *De Bello Gallico*, um die Zugehörigkeit der Stadt zu Deutschland zu beweisen. Negri schrieb im Sinne der Kantone an den Senat und betonte dabei, dass die Handlung der Gebrüder Ziegler in der jetzigen Lage *sottoposto à molte difficoltà* sei, womit er wohl die Diskriminierung durch die im Gegensatz zu den oberdeutschen Bewohnern des Fondaco fehlenden Zollprivilegien meinte.[236]

Nachdem auch dieser Versuch vergeblich geblieben war, wandten sich die Gebrüder Ziegler an den französischen Botschafter in Venedig. Dieser, René de Voyer de Paulmy, Comte d'Argenson (1623–1700), reagierte positiv auf ihr Ansinnen und intervenierte im Juni 1655 zu ihren Gunsten. Er erwähnte, *ceux de la nation s'y sont opposez*, was uns erstmalig den wahren Quell der Ablehnung der Gebrüder Ziegler als von der deutschen Nation ausgehend nennt. Er betonte, die Schaffhauser seien *de la vraye Alemagne*, und nur die Tatsache, dass sie nicht der *chambre Imperiale* unterworfen seien, ändere daran nichts. Der Botschafter erwähnte ausführlich die langjährige Allianz Schaffhausens mit Frankreich und die Tatsache, dass einer der Gebrüder Ziegler der Hauptmann der Schweizergarde Ludwigs XIV. sei. Die Intervention von höchster Ebene musste in Venedig ernst genommen werden, sie führte zu einer Besprechung im *Collegio*.[237] Leider sind die genaueren Argumente nicht niedergeschrieben worden, im entsprechenden Dokument zur Sitzung findet sich nur zur Übersetzung des Briefs d'Argensons der kurze Kommentar: *Molto nobile, e curioso è il desiderio di quei virtuosi suoi Amici*.[238] Die leichte Abschätzigkeit einer solchen Bemerkung deutet daraufhin, dass die Intervention nicht sonderlich ernst genommen wurde.

Im Resultat wurden die Gebrüder Ziegler trotz ihrer intensiven Versuche und Petitionen nicht in den Fondaco aufgenommen, der damit auch von amtlicher Seite für Schweizer verboten wurde.[239] Das Ergebnis war letztlich eine faktisch exklusive Reservierung des Handels von der Schweiz an die Lagune für die Händler aus den süddeutschen Reichsstädten. Wenn Schweizer Unternehmer in den folgenden 150 Jahren Handel mit Venedig treiben wollten, dann standen ihnen die Kaufleute des Fondaco als Partner mit dem Angebot einer hohen Zollbegünstigung zur Verfügung. Dies lenkte den Handelszug auch tatsächlich weitgehend vollständig in die Hände der deutschen Händler in Vene-

236 ASVe, Senato Dispacci Ambasciatori Svizzera, 53, Nr. 116, 117.

237 Gemeint ist das Collegio dei Savi, eines der mächtigsten Verfassungsorgane der Republik, vgl. hierzu: *Domzalski*, Politische Karrieren, S. 70–73.

238 ASVe, Collegio Esposizioni Principi, 70, 30. Juni 1655.

239 Damit hatten allerdings ›nur‹ die deutschsprachigen Großhändler aus der Schweiz keine Chance mehr, in Konkurrenz mit den Oberdeutschen in Venedig zu treten. Italienischsprachige, katholische Luganer, also Personen aus den Schweizer Untertanengebieten, konnten als Kleinhändler im Nahhandel ähnlich wie die Grisolotti durchaus weiter mit einem gewissen Erfolg Verkaufsgeschäfte betreiben: *Schnyder*, La Suisse faite par l'étranger, S. 86–87.

dig.[240] Man kann das auch empirisch untermauern: Im Jahr 1778 finden sich in einer Liste von *Mercati Nativi Allemani, e Suizzeri denominati Tedeschi*, die in Venedig aktiv waren, nur 3 Schweizer mit italienisch klingenden Namen, deren durchschnittliche Steuerleistung nur einen Bruchteil der 15 Deutschen auf dieser Liste ausmachte.[241] Angesichts der seit 1650 dynamisch wachsenden Gewerbe und Protoindustrien in der Schweiz mit der im Folgenden steigenden Abhängigkeit von Rohstoffimporten und Exportmärkten hatten die Deutschen in Venedig damit einen strategischen Handelsvorteil für die Zukunft errungen. Der Handel mit Orten der Schweiz sollte, wie in Kap. IV noch zu zeigen sein wird, ein wichtiger Teil ihres Portfolios sein. Von größerer Bedeutung war jedoch wohl: Hätten die Schweizer Zugang zur privilegierten Spedition über den Fondaco erhalten, wären den Oberdeutschen in Venedig höchst gefährliche Konkurrenten des reformierten Bekenntnisses gegenübergetreten. Für den internationalen Handel – noch weit über den klassischen Bereich des Austauschs Italiens mit Zentraleuropa hinaus – wies keine Gruppierung des Alpenraums ein dermaßen hohes Konkurrenzpotenzial gegenüber den Süddeutschen auf wie die Nordostschweizer.

Es stellt sich die Frage, warum Venedig, jenseits aller juristischen Argumentationen, die Verhinderung von Konkurrenz zuließ. Die Abhängigkeit der Republik von den oberdeutschen Fernhändlern wäre damit gesunken, und so wäre es wohl möglich gewesen, die Zollprivilegien am Fondaco langfristig weiter zu beschränken. Tatsächlich wurde mit dem Ausschluss der Schweizer die Marktmacht der deutschen Nation deutlich gestärkt und die Abhängigkeit der Republik von derselben erhöht.

Ein Missverständnis in der Kommunikation ist ausgeschlossen. In Venedig mussten sich die wichtigsten staatlichen Organe mehrfach mit dieser Frage befassen und darüber entscheiden. Die Tatsache, dass die Cinque Savi alla Mercanzia und das Collegio nach einigen Monaten interner Überlegungen hinter dem Ausschluss der Schweizer standen, spricht für sich. Wir können hier nur hypothetisch überlegen: Was wäre geschehen, wenn die Schweizer die Zulassung zur deutschen Nation erhalten hätten? Die deutschen Händler hätten in direkter Folge wohl auch etwas das Interesse am venezianischen Markt verloren, und alternative Märkte – vor allem Genua und Livorno, eventuell sogar eine verstärkte Spedition von Süddeutschland über Amsterdam – hätten an Attraktion gewonnen. Die Bedrohung war real: Am 17. Juli 1661 trug Philipp Fleischbein im Fondaco vor, dass die Spedition nun viel stärker nach Livorno gehe, was der Frankfurter Kaufmann offenbar stark bemerkte.[242]

Es sei noch einmal in Erinnerung gerufen: Die deutsche Nation war um 1650 zwar zahlreich an der Lagune, ihre Kapitalkraft war jedoch gering und der

240 Vgl. ein markantes Beispiel: *Denzel*, Die Geschäftsbeziehungen, S. 19, 35.

241 Die 3 Schweizer waren insgesamt mit 20 duc. taxiert (Ø = 6,66), die 15 Deutschen mit 1.115 duc. (Ø = 74,33): BMCV, Manoscritti Donà delle Rose, Nr. 127, fol. 19.

242 AEGV, Fondaco 5, fol. 84r–84v.

Transalpenhandel ging deutlich zurück. Das war allgemein bekannt. In der 1672 in Köln gedruckten *Relatione della Città e Republica di Venetia* wurde explizit zum Fondaco bemerkt: *hoggi trovandosi molto decaduti li negotij, il scutto non è molto.*[243] Der Republik war daran gelegen, den Süddeutschen möglichst viele ihrer Wünsche zu erfüllen, sonst drohte eine weitere Schwächung dieser Gruppe, die die Produkte Venedigs und des Mittelmeers über die Alpen nach Zentraleuropa brachte. Indem man den Oberdeutschen faktisch den Handelszug in die Schweiz schenkte, stärkte man naturgemäß die deutsche Nation und begünstigte die Bildung von kapitalkräftigeren deutschen Firmen an der Lagune. So deutlich Schweizer auch als Konkurrenten für die deutschen Händler in Venedig hätten auftreten können, so waren sie rein geographisch doch letztlich auf die Achse Amsterdam – Genua ausgerichtet. In der Hinsicht hatte ihre Gruppe eine gewisse Ähnlichkeit mit den Engländern und Niederländern in Venedig; diese wollte man möglichst hoch besteuern, um diese Händler aus Regionen mit einem Primärinteresse an anderen Handelslinien zu schwächen. Die Oberdeutschen mit ihrer starken Bindung an die Tiroler und Salzburger Routen mussten der Republik immer näherstehen als die Schweizer. Es hat also etwas Folgerichtiges, wenn die Venezianer auf dem eigenen Markt die Position der Oberdeutschen auf Kosten des freien Wettbewerbs stärkten; damit lockte man sie fort von Alternativen wie Genua oder Livorno und verbesserte die Lage der Händlergruppe, der an dem Verkehrsfluss von der Adria nach Norden ähnlich viel gelegen war wie den Venezianern selbst.

b) Die Verteidigung der Privilegien 1654–1670

Die deutsche Nation war also seit 1655 zwar in ihrer Substanz äußerst geschwächt, da der Levantehandel, vor allem nach dem Friedensschluss zwischen Niederländern und Engländern, immer stärker über die Seeroute nach Nordwesteuropa abgewickelt und damit die Grundlage des Fondaco erschüttert wurde. In den folgenden zwei Jahrzehnten war die wirtschaftliche Lage für die Händler der deutschen Nation dann auch eher kritisch. Das Gefühl, in einer existenzbedrohlichen Krise zu stecken, hatte auch die besondere Aggressivität des Kampfes um die Privilegien gegen die Niederdeutschen und Schweizer mit bedingt. Die Basis der Privilegien war jedoch erstmalig seit vielen Jahrzehnten dadurch deutlich erweitert worden, dass die deutsche Nation das Recht auf Bestimmung ihrer Mitglieder und damit der Nutznießer der Zollprivilegien erhalten hatte. In den Jahren bis 1670 war die Existenz der Nation immer wieder bedroht, es sollte den deutschen Händlern jedoch trotz der Schwäche des Transalpenhandels, vor allem dank der Krise Venedigs im schweren Krieg um Kreta gelingen, die eigene Stellung deutlich zu befestigen.

243 *O. V.*, Relatione, S. 30.

Wir wollen im Folgenden die Gunst der Quellenlage nutzen und das Funktionieren der Nation als Institution zur Durchsetzung eigener Interessen innerhalb der Republik beleuchten. Da ein Protokollbuch der Versammlungen der Nation von 1646 bis 1682 vorliegt, kann detailliert nachvollzogen werden, zu welchen Anlässen und mit welchen Mitteln die deutschen Kaufleute in Venedig in Form ihrer Vereinigung tätig wurden. Es sei vorausgeschickt: In diesem fast vierhundert Seiten umfassenden Protokollbuch werden viele Themenbereiche angesprochen, die hier nicht präsentiert werden. Hierzu zählen die Angelegenheiten der Ballenbinder, der Gutfertiger, überhaupt des Transport- und Servicepersonals, das die deutschen Kaufleute in Venedig umgab,[244] sowie einmalige und untypische Angelegenheiten wie Diebstähle oder Gratulationen an neue Dogen, Empfänge des kaiserlichen Botschafters etc. Eingehend dargestellt werden hingegen unter möglichst weitreichender Zuhilfenahme von Akten aus anderen Beständen drei Themen. Zunächst ist dies der Konflikt mit dem Luogotenente von Udine, sodann der Streit um die Zulassung von Juden zur Spedition über den Fondaco und schließlich die Durchsetzung einer verstärkten Privilegierung der deutschen Kaufleute seit 1670. Alle drei Themen sind eng mit der Fragestellung dieser Arbeit nach den Möglichkeiten und Grenzen einer korporativen Kaufmannsvereinigung zur effektiven Wahrnehmung ihrer Interessen gegenüber einer gastgebenden und damit fremden Regierung verknüpft.

Zunächst zur Problematik mit dem Luogotenente von Udine. Um diese voll zu erfassen, ist es zuvor notwendig, die Systematik des Fondaco im Fracht- und Transportwesen zwischen Norditalien und Süddeutschland kurz etwas eingehender mithilfe des Protokollbuches zu beleuchten. Wir hatten in Kap. II. 1. c gesehen, dass auf den Tiroler Routen spätestens seit dem frühen 16. Jahrhundert ein organisiertes Rod- und Fuhrsystem bestand, das jedoch auch hohe Freiheiten für die Fuhrleute der Reichsstädte oder sogar einzelner Kaufleute kannte. Im Protokollbuch der deutschen Nation wird über die Jahre immer wieder die Ernennung eines Gutfertigers durch den Eintrag seines Eides angezeigt, wenn der Vorgänger verstorben oder weggezogen war. Sein Dienst war insbesondere, aber nicht nur mit dem Frachtfuhrdienst von Augsburg abgestimmt, von dieser Reichsstadt wurde er auch teilweise bezahlt.[245] Der Gutfertiger hatte primär den Auftrag, zwischen den Kaufleuten und Fuhrleuten zu vermitteln, indem er eine Liste aller zu versendenden Gütern mit ihren Destinationen führte und sie

244 Interessant ist, dass der größte Teil des Servicepersonals aus Deutschland stammte und die deutschen Kaufleute somit eine eigene größere Gemeinde von Landsleuten in Venedig bedingten und erhielten: *Fick*, Bemerkungen, S. 176–177.

245 So heißt es in seinem Eid wörtlich: *Was die Herrn Guetfördiger in Augspurg belangt, wird besagter Hanns Rost* (der Gutfertiger der deutschen Nation; MR) *wegen seiner Besoldung für Spedition der Güeter so sie in Condutta nemmen werden zu vergleichen wissen*, in: AEGV, Fondaco 5, fol. 6v. Vgl. zur engen Anbindung der deutschen Nation an das Augsburger Fuhrwesen auch die Tatsache, dass die Namen derjenigen Augsburger Kaufleute, die zum Tiroler Rodwesen deputiert waren, seit 1675 nur noch im Fondaco, aber nicht mehr öffentlich bekannt gemacht werden durften: *Stolz*, Quellen, S. 152.

gerecht auf die ankommenden Frachtführer verteilte. Weiterhin sollte er diesen ihre Fuhrlöhne bezahlen, die Straßen zuteilen und dafür sorgen, dass ausschließlich die erlaubten Wege benutzt wurden. Da die Republik zwischen dem Festland und Venedig die Spedition der Frachten durch ihre Barkenführer übernahm, sollte der Gutfertiger der deutschen Nation seinen Sitz zum Empfang der Fuhrleute und ihrer Wagen in Mestre haben, er hat daher eine Art von Außenposten besetzt.[246] Mit dem deutschen Gutfertiger in enger Kooperation standen lokale Vertragspartner (genannt: *Agenti*) der Nation in Udine, Portogruaro oder Cadore, die eine ähnliche Funktion hatten; auch sie regulierten die Übernahme von Frachten, wiesen die Straßen zu und bezahlten die Fuhrleute.[247] Der Gutfertiger sowie die Agenten an den Grenzzonen der Republik sollten durch mehrfache Dokumentation des Warenverkehrs Schmuggel erschweren und zugleich eine rasche und schadensfreie Überführung der Frachten befördern. Diese Bediensteten halfen der deutschen Nation weiterhin dadurch, dass sie regelmäßig über Zustände und Probleme der Frachtfuhr an der Peripherie der Republik berichteten.

Am 6. Februar 1651 erfuhr die deutsche Nation von ihren drei Agenten in Gemona, dass in Venzone, einem Dorf nördlich von Gemona bei Udine ein neuer Zoll von allen Waren erhoben werde.[248] Die Provinz Friaul genoss in der Republik ein hohes Maß an Autonomie, sodass dieser Zoll möglicherweise von lokaler Seite ohne Rückfrage in Venedig eingeführt wurde.[249] Angesichts des nach dem Ende des Dreißigjährigen Kriegs von habsburgischer Seite verschärften Zolls bei Kremsbrücke war jedoch damit ein wesentlicher Strang des deutsch-italienischen Handels bedroht, zum potenziellen Nachteil gerade der vom Transit profitierenden Bewohner Udines.[250] Vonseiten der Visdomini des Fondaco war dieser Zoll auch nicht bewilligt, sodass diese der Nation versprachen, sich dieser Entwicklung anzunehmen.[251] Das Problem scheint zunächst gelöst worden zu sein, da hierzu keine weiteren Quellen vorhanden sind. Jedoch musste die Nation einige Jahre später, am 17. November 1655 erfahren, dass bei Udine erneut ein neuer Zoll eingeführt werden solle. Dies geschah offenbar durch einen lokalen Adeligen in Zusammenarbeit mit einem vormaligen Zollbeamten und war wiederum der hohen Autonomie der regionalen Nobilität geschuldet. Die Nation

246 Das gesamte Aufgabenfeld ergibt sich aus dem Eid des Gutfertigers: AEGV, Fondaco 5, fol. 6v–7v.

247 Zu diesen vgl.: AEGV, Fondaco 5, fol. 28r–28v, 56v–57r. *Simonsfeld*, Der Fondaco dei Tedeschi, Bd. 2, S. 135–136; vgl. zu einzelnen Verträgen mit den lokalen »Agenten« der Nation: *Backmann*, Der Fondaco dei Tedeschi, S. 25.

248 AEGV, Fondaco 5, fol. 37r.–37v.

249 Das Recht auf Zolleinzug genoss die Provinz Friaul, jedoch wohl kaum auf die Einführung eines neuen Zolls: *O. V.*, Relazioni Friuli, S. XXXVI.

250 Probleme bei der Spedition über Udine sind in den Quellen recht häufig zu finden, dabei geht es immer wieder um die möglichst problemlose und zügige Spedition der Waren: *Simonsfeld*, Der Fondaco dei Tedeschi, Bd. 1, S. 425–426 (Nr. 733).

251 AEGV, Fondaco 5, fol. 37r.–37v.

beschloss zunächst rasch eine temporäre Suspension bei den *Consultori in jure* zu erwirken, bevor man weitere Maßnahmen ergreifen wollte.[252] Dies scheint erneut gewirkt zu haben, da wiederum für einige Zeit keine weitere Nachricht hierzu vorliegt. Offenbar konnten die lokalen Machthaber in ihren Anmaßungen zur Einrichtung von Zöllen wirkungsvoll unterdrückt werden. Anders verhielt es sich, wenn ein Beamter der Republik in dieser Richtung tätig wurde: Am 15. Januar 1658 erfuhr die Nation in einer Generalversammlung aufgrund eines Briefs von Nicolo di Panigay, wohl einem ihrer Agenten im Friaul, der Luogotenente in Udine, Antonio Grimani,[253] wolle in seinen letzten Amtsmonaten *den Fontegho di Portog[ruaro] unter die Daty mischen und incantiren lassen*. Auf die Information hin wurde Panigay, der bereits *öfters die Fonteghars Stell*, also den Posten des Verwalters des Lagerhauses in Portogruaro gewünscht hatte, zugesichert, dass die Nation ihn künftig hierbei kräftig unterstützen würde.[254]

Was war genau das Problem? Grimani hatte zum Abschluss seiner Amtszeit einige Reformen im Zollwesen vorgeschlagen, um den Schmuggel besser bekämpfen zu können.[255] Dazu sollte das Lagerhaus von Portogruaro, als *Fontegho* bezeichnet, zu einer Warenkontrollstelle aufgewertet werden.[256] Er hatte einen uns unbekannten Erlass mit 26 Paragraphen (*Capitoli*) erstellt, an dem die deutsche Nation vor allem Nr. 9, 11, 16, 19 und 20 kritisierte. Capitolo 9 sah vor, dass die Frachtwagen in Portogruaro der Reihe nach beladen würden, damit die einheimischen Fuhrleute nicht zu lange auf Fracht warten müssten. Hiergegen brachten die Deutschen vor, dass ihnen 1494 das Recht auf die Nutzung eigener deutscher oder slowenischer Fuhrleute zugestanden worden sei, die in *Addirittura*-Fahrten über die Grenze hinweg ziehen könnten. Capitolo 11 sah vor, dass nur eine Straße erlaubt sein solle. Hiergegen brachten die Deutschen vor, dass die Freiheit der Routenwahl für die Flexibilität des Handels unabdingbar sei, zudem bezahle die Nation auch für die Instandhaltung des gesamten Straßennetzes im Friaul. Capitolo 16 sah vor, dass die Barkenführer am Fluss Lemene nach der Reihe befrachtet werden müssten, wogegen die Deutschen unter Hinweis auf ein Privileg von 1545 protestierten, das ihnen die Freiheit der Barkenwahl zugestanden hatte. Gerade weil die Barken unterschiedliche Gewichte tragen könnten, sei die Freiheit hier unabdingbar. Die Capitoli 19 und 20 sahen vor, dass die Kaufleute exakt Qualität, Quantität und Gewicht ihrer auszuführenden Waren angäben; diese Angaben sollten in Portogruaro mittels einer Waage kontrolliert werden. Dies hielten die Deutschen für unsinnig, da die Bezahlung des Zolls nicht

252 AEGV, Fondaco 5, fol. 55r. Über die Consultori, die als Rechtsberater der Republik von Paolo Sarpi zur Zeit des Konflikts mit dem Kirchenstaat um das Interdikt 1606 eingerichtet worden waren: *Barzazi*, I consultori.

253 Dieser war Luogotenente von 1657 bis 1658: *O. V.*, Relazioni Friuli, S. LX.

254 AEGV, Fondaco 5, fol. 62r.

255 Das Friaul war in der Tat für endemischen Schmuggel berühmt-berüchtigt: *Lanaro*, I mercati, S. 74–77.

256 Zu den Usancen bei den Speditionsetappen im Raum Udine im 15. Jahrhundert vgl.: *Braunstein*, Les allemands à Venise, S. 62–71.

nach den Angaben auf den *Bollette* geschähe, sondern im Fondaco in Venedig nach tatsächlicher Wiegung durch venezianische Zollbeamte. Nicht nur würde das die Spedition, die auf genaue Messetermine abgestimmt sei, verlangsamen, auch würde das Privileg verletzt, dass die eingebundenen Waren der Deutschen nicht geöffnet werden dürften.[257] Bei einer Wiegung in Portogruaro wäre dies notwendig, ohne irgendeinen Vorteil bei der Bekämpfung von Schmuggel zu bringen.[258] Kurz: Die deutschen Händler wünschten eine zügige Spedition ohne Zwangsaufenthalt in Portogruaro mit möglichster Freiheit für die Händler und Spediteure.

Um ihre Ziele zu erreichen, wählte die Nation zunächst einen indirekten Weg. Man bat die Agenten in Gemona anlässlich der Aufwartung beim künftigen Luogotenente, Giacomo Gabriel,[259] auf die Zufriedenheit der Nation mit der aktuell gültigen Speditionsform und -organisation in Udine hinzuweisen.[260] Etwa zwei Wochen später bat man, wohl auf eine Rückmeldung der Agenten hin, *wegen gemeinen Transito nutzlich oder schedtlichen, umb Vermittlung* des neuen Luogotenente.[261] Dies war nötig, da die Verordnungen von Grimani am 20. März 1658 offiziell gemacht wurden und man im Fondaco befand, dass diese der *Nation und Commertien gros preiudicirlich* sein würden. Sollte der indirekte Weg keinen Erfolg versprechen, so beschloss man, sich wie einige Jahre zuvor an die Consultori in jure zu wenden.[262] Am 16. Juli erfuhr man als günstiges Resultat der Vermittlung, dass von August 1658 an das neue System in Portogruaro gelten solle, dabei jedoch die Privilegien der *Teuschen und Sclavonen*[263] erhalten bleiben sollten. Hierzu sollte die Nation, so Grimani, im *Pien Colleggio* um einen entsprechenden Zusatz zum gedruckten Zolldekret bitten. Die Deutschen verweigerten das jedoch mit dem schlichten Verweis auf die Verletzung der althergebrachten Privilegien durch die neuen Verordnungen.[264] Grimani, der ja inzwischen wieder in Venedig residierte, war daraufhin zu einem persönlichen Gespräch bereit. Die zwei Consuln, der Anwalt der Nation und einige der sechs Herren waren hierbei Mitte August 1658 in Venedig zugegen. Man kam überein,

257 Vgl. hierzu Kap. III, Fn. 65, 116.

258 Die originalen Capitoli des Reformentwurfes von Grimani habe ich nicht auffinden können, die angegebenen Punkte ergeben sich aus der Vorstellung der Kritik durch die Cinque Savi alla Mercanzia: ASVe/CS, II Ser., 70, 19. Juli 1661. Die Privilegien der deutschen Nation in Portogruaro von 1494 und 1545, auf die die Deutschen verweisen, habe ich nicht ausfindig machen können.

259 Dieser war Luogotenente von 1658 bis 1660: *O. V.*, Relazioni Friuli, S. LX.

260 AEGV, Fondaco 5, fol. 63v.

261 AEGV, Fondaco 5, fol. 63v–64r.

262 AEGV, Fondaco 5, fol. 64v.

263 Damit ist die Gruppe der *Schiavioni* gemeint, also slowenische und kroatische Untertanen der Republik. Sie hatten das Recht auf eine weitgehend zollbefreite Einfuhr von Fleckvieh nach Venedig: *O. V.*, Nuova raccolta, S. 159–179. Ob dieses Privileg oder die Vorrechte der slowenischen Frachtführer im Dienste der deutschen Händler gemeint sind, kann hier nicht gesagt werden.

264 AEGV, Fondaco 5, fol. 65r–65v.

dass der Anwalt eine Skizze (*Schizzo*) der eigenen Wünsche juristisch formulieren sollte, die Grimani dann im Collegio als Anfügung zur Zollordnung empfehlen würde.[265] Dies geschah schnell, jedoch sah sich die Nation bald getäuscht. Einige Monate später, im März 1659 musste man feststellen, dass Grimani nichts im Collegio vorgebracht hatte. Der Fontegher in Portogruaro drängte intensiv auf eine Klarstellung, da er mit der derzeitigen Nichtbeachtung der fünf strittigen Capitoli illegal handele.[266] Nach einer Rücksprache mit Grimani Ende März wurde klar, dass dieser verlangte, die Nation solle selbst im Collegio vorsprechen, hier würde er *das seinige beste darbey thun*. Das Gespräch endete im Streit, es stellte sich heraus, dass Grimani ein Gegner der deutschen Privilegien war und eigentlich eine Exponierung derselben wünschte:

> Im widrigen [Fall, dass die Nation; MR] seine Capitoli ganz umbstossen wollten, bedrohete er sehr daß sich auch hören lassen, und pro sua Deputatione die Ursach offenbahren wollte, die ihme movirt, solche Capitoli zu stabiliren, dass es mit genugsamen Fondament, und nicht verenderlich beschehen, damit dann eines und anderes ans Licht kommt, der Natione sehr nachtheillig sein würde, er wurde so dann auch nicht mehr vor die Nation, sondern wider für sein.[267]

Der schwierige Satz ist wohl dahingehend zu verstehen, dass Grimani mit seiner neuen Verordnung eine Reduzierung der Privilegien der Deutschen von Anfang an im Sinne gehabt hatte. Diese scheinen in seinen Augen dem Schmuggel Vorschub geleistet zu haben. Die Vorsprache der Deutschen im Collegio war gedacht, um hier vor dem gesamten Senat die Vorrechte der Nation zu exponieren und durch ihre Skandalisierung einen wichtigen Schritt in diesem Sinne zu leisten.

Die Deutschen instrumentalisierten als Gegenmaßnahme die *Comunita di Portogruaro*. Diese konnte durch einen Verlust der Spedition nur verlieren und diese Entwicklung war zu erwarten, wenn die Privilegien der deutschen Händler an diesem Ort dermaßen eingeschränkt würden. Eine Supplik Portogruaros, in der um die Erhaltung all ihrer Privilegien, und damit implizit auch um diejenigen der deutschen Nation gebeten wurde, wurde am 6. Juni 1659 im Collegio verlesen und daraufhin hier beschlossen, dass der neue Luogotenente sich an diesen Ort begeben und einen Bericht verfassen solle.[268] Es gelang der Nation, den neuen Luogotenente von den eigenen Vorstellungen zu überzeugen, da er am 18. Juni an beide Consuln schrieb und um *in allem willfahrig zu sein sich wider offerirt*. Man beschloss, eine Supplik an den Dogen zu verfassen und Gabriel schriftlich zu bitten, dass er, wenn die Angelegenheit *commentirt* würde, der *Natione favorevole* sein solle.[269] Am 22. Juli 1659 konnte die Angelegenheit mit

265 AEGV, Fondaco 5, fol. 65v–66r.
266 AEGV, Fondaco 5, fol. 66r–66v.
267 AEGV, Fondaco 5, fol. 67r–67v.
268 AEGV, Fondaco 5, fol. 68v.
269 AEGV, Fondaco 5, fol. 69v–70r.

einem vollen Erfolg abgeschlossen werden, die Supplik hatte mit Unterstützung von Gabriel in der wichtigen Instanz der Cinque Savi alla Mercanzia die notwendige Rückendeckung, damit die Privilegien der Nation wieder hergestellt wurden.[270]

Es sei kurz resümiert: Die Nation hatte Gegner an höchster Stelle im Staat, die deren Privilegien als Quelle von Ungerechtigkeiten, wenn nicht gar Betrügereien sahen. Gegenüber diesen kämpfte die Nation evasiv. Man vermied Klagen, Prozesse oder öffentliche Auftritte, dafür suchte man sich an entscheidender Stelle im Hintergrund Verbündete. Lokale Vertragspartner an den Schlüsselorten erhielten für die Beförderung wichtiger Nachrichten Beförderungen oder gewannen die regionalen Autoritäten für die eigenen Anliegen. Der Anwalt konnte die notwendigen Gutachten oder Suppliken formulieren und damit den Verbündeten Argumentationsstoff an die Hand geben. Er kannte auch die wesentlichen Abläufe im Verwaltungsapparat und wusste, wie man sich am besten in diese einbrachte. Letztlich jedoch konnte man damit natürlich nur Verfahren beeinflussen, bei denen es auch prinzipiell ein gutes Argument für die Privilegien gab. Der ohnehin sinkende Warenfluss über Kärnten und das Friaul hätte bei einer Abschaffung der Privilegien der Nation Schaden genommen, so konnte er auch weiterhin einen gewissen Umfang halten. Dass dieser den Deutschen in Venedig überproportional zugutekam, verdankten sie ihrer geschickten Ausmanövrierung eines so einflussreichen Gegners wie dem Luogotenente Udines.

Es ist nicht unwahrscheinlich, dass bei diesem Konflikt angesichts des vollständigen Erfolgs der deutschen Nation auch Bestechungsgelder geflossen sind, wenngleich sich hiervon keine Spuren in den Quellen finden lassen. Mindestens wurden einige Summen für die Bezahlung des Anwalts fällig. Ohne die Einnahmen des Cottimo wäre daher auch in diesem Fall die Verteidigung der Interessen der Nation nur schwer möglich gewesen. Dabei ging man nicht nur im Hintergrund vor. Die deutsche Nation beschloss am 21. Juni 1649 anlässlich eines großen Seesieges der Venezianer gegen die Türken eine freiwillige Gabe von 2.000 duc. an die Republik, wofür ein Kredit auf die Einnahmen des Cottimo aufgenommen wurde.[271] Angesichts der mit dem Handel sinkenden Einnahmen stiegen daher die Schulden der Nation. Das Generalkapitel beschloss deshalb am 13. November 1657 eine Anhebung des Cottimo von 12 auf 16 Gr. pro 100 duc. Warenumsatz, er wurde also von ½ % auf ⅔ % erhöht.[272] Die Zustimmung der Cinque Savi alla Mercanzia erhielten die Deutschen am 4. Dezember 1657.[273] Dass diese Steigerung nicht als Repressalie gegenüber den nichtprivilegierten konkurrierenden Deutschlandhändlern in Venedig gedacht war, erkennt man

270 AEGV, Fondaco 5, fol. 71r. Die Dokumentation der Supplik und der Unterstützung durch Gabriel findet sich in: ASVe/CS, II Ser., 70, Schreiben der Cinque Savi vom 30. März 1663.

271 Damit ist sicherlich die Schlacht von Focchies (bei Smyrna) gemeint. Zur Spende vgl.: AEGV, Fondaco 5, fol. 16r–16v.

272 AEGV, Fondaco 5, fol. 60v.

273 ASVe/CS, II Ser., 70, Erlass vom 13. November 1657.

daran, dass von jedem Mitglied der Nation eine Zwangsanleihe von 100 duc. beschlossen wurde; und zwei deutschen Händlern auch wegen Weigerung der Einzahlung der Ausschluss aus dem Fondaco angedroht wurde.[274] Dessen ungeachtet hatte damit die Gruppe der privilegierten Großhändler zu ihrem eigenen Vorteil eine Erhöhung dieser Abgabe allen nach Deutschland handelnden Personengruppen auferlegt und damit auch die Grisolotti erneut belastet.

Diese Gelder fanden bald wieder eine Verwendung. Im Januar 1666 wurde der Nation ein Dekret der *Avogari di comun* mitgeteilt, dass Juden tagsüber zum Fondaco als Handelstreibende zuzulassen seien und ihre Hinderung eine Strafe von 500 duc. nach sich ziehen würde.[275] Es sei in Erinnerung gerufen: Zu diesem Zeitpunkt waren ausschließlich die Deutschen und die Grisolotti auf diese Zollstelle verwiesen; und nur erstere genossen bei ihrem Handel mit dem Reich und den Niederlanden deutliche Nachlässe. Die Untertanen der Republik waren eigentlich ausschließlich auf die Entrata und die Uscita verwiesen; mit Ausnahme von zu Messezeiten in Deutschland erworbenen Gütern.[276] Für die *Forastieri*, zu denen die Juden in Kauf- und Verkaufsgeschäften über Land gerechnet wurden, bedeutete dies angesichts der hohen Zollsätze an beiden Stellen ein großes Hemmnis für den Deutschlandhandel.

Die Juden waren in Venedig seit Jahrhunderten ansässig und genossen ein im europäischen Rahmen hohes Maß an Rechtsgleichheit mit den Venezianern.[277] Es scheint angesichts einer besonders zahlreichen aschkenasischen Gemeinde mit dichten Kontakten nach Mitteleuropa nur folgerichtig, wenn nun jüdischen Händlern auch das Recht zum Handel über den Fondaco zuerkannt werden sollte.[278] Die deutsche Nation beschloss jedoch, sich hiergegen zu wehren: Am 21. Januar 1666 wurde im Protokollbuch notiert, dass die Avogari bei den Cinque Savi vorgesprochen und hier die Argumente der Deutschen *stark bekämpft* hätten. Die Reaktion spricht für sich:

so hat man in consideration gezogen, das thunlich were, das sich die löbl. Nation ein starckh Gelt costen ließe, umb der gotlosen Juden Insolentz ferner befreyt zu bleiben, und wann eine solche Parte (Gesetz; MR) erfolgt, den Serenissimo Prencipe alsdann ein Donatiouo Volontario von Ducaten zwey tausent Correnti wegen jetziger großen Urgentz des Türcken Kriegs alli sui Piedi thun sollte.[279]

274 AEGV, Fondaco 5, fol. 61v–63r.

275 Diese Amtsträger hatten die Bekämpfung von Korruption und Verfassungsbrüchen zur Verteidigung der gesamten Adelsklasse gegenüber der Regierung zur Aufgabe. Zur Avogadoria de Comun vgl. nun: *Setti*, La terza parte. Die Mitteilung an die deutsche Nation bei: AEGV, Fondaco 5, fol. 101v.–102r.

276 Vgl. Kap. III, Fn. 95–101.

277 Die Geschichte der jüdischen Minderheit in Venedig ist außergewöhnlich gut untersucht, vgl. die jüngste Synthese von: *Ravid*, Venice and its Minorities, S. 471–482.

278 Zu den Ashkenazi in Venedig vgl. *Ravid*, The Venetian Government; *Malkiel*, The Ghetto Republic.

279 AEGV, Fondaco 5, fol. 102v.

Man setzte also auf die Macht des Geldes, dessen Einsatz durch einen wohltätigen Zweck camoufliert werden sollte. Zunächst hatte dieses Vorgehen keinen Erfolg, die Cinque Savi waren *nit inclinirt ein Decreto Publico zu machen*. Die Juden wurden offiziell zum Fondaco zugelassen. Die Deutschen beschlossen Ende März, dies zu dulden, aber im Hintergrund die Bemühungen zum erneuten Ausschluss der Juden ununterbrochen bei und mit *underschiedlichen Persohnen* fortzusetzen.[280] Im Mai kam es zu einem Eklat: Jüdische Händler waren häufig im Fondaco erschienen und waren dabei auch vom Hof aus in die Stiegen hochgegangen, um dort deutsche Geschäftspartner aufzusuchen. Durch den *Cottimieri* (einer der Consuln) und den *Masser* (einen von venezianischer Seite bestallter Verwalter) des Fondaco wurden daraufhin die Juden *hinaus geschafft*. Als Reaktion wurde von den Avogari rasch den Juden *die völlige Freyheit im Teutschen Hauß zu pratticiren bekrefftiget* und ein gerichtliches Verfahren gegen den Cottimieri angestrengt.[281] Die Nation wählte nun den Weg des Abwartens und hoffte auf die übliche Ämterrotation bei den drei Avogari. Am 15. September 1666 wurde im Generalkapitel vermerkt, dass sich der neue Avogaro Badoer *der Nation favorevole erzaiget*, und es daher nötig wäre, *sich danckbahr einstellen* zu müssen. Der Anwalt der Nation wurde beauftragt, sich mit Badoer in ein möglichst günstiges Einvernehmen zu setzen. Die größte Angst war, dass der Cottimieri *condannirt werden* würde, was das Recht der Juden, im Fondaco frei zu spedieren, stärken würde.[282] Am 26. September sah man im Generalkapitel die Angelegenheit dermaßen pessimistisch, dass die Mehrheit der Anwesenden bereit war, die Juden so weit zuzulassen, dass sie *zu den Stunden der Spedition* im Innenhof Zutritt zum Fondaco erhalten sollten.[283]

Damit waren nun die Leiter der deutschen Nation nicht zufrieden. Man beschloss zwei Tage später im kleinen Kreis der zwei Consuln und fünf Herren die Suspension dieses Beschlusses. Stattdessen entschied man, alle möglichen Mittel zu ergreifen, um die Juden vom Fondaco auszuschließen. Die entsprechende Stelle des Protokolls sei in voller Länge zitiert:

In Betrachtung des habenden Obligo, offentlich an die Ministri del Datio unsere Wahren zu weysen und incontriren zulassen so woll an der Spedition herein als hinaus: Das Ärgste solte sein von allen der Juden Pretentionen. Ihnen den vorgestern resolvierten Ingresso al Datio, und sonderlich alle hore dell'espeditione durch güetlichen Vergleich zuzulassen: Weiln sie gemäß den verdrüßlichen gemeinen Zulauff der Facchini und anderer Curiose, bey Eröffnung und Weysung der Wahr nicht allein ohnträglich vermehren, sondern auch dardurch zu ihrem fürnembsten Intent; Nemblich der Spionierung großentheils unser Negotien mit solcher Facilitet gelangen solten, die ihnen sonsten auf keine andere Weise zu gelücken. Wan sie auch gar die libera Pratica des

280 AEGV, Fondaco 5, fol. 103r.
281 AEGV, Fondaco 5, fol. 105r–105v.
282 AEGV, Fondaco 5, fol. 106r.
283 AEGV, Fondaco 5, fol. 107r–107v.

ganzen übrigen Fonticho und selbst unserer Kamern solten erhalten. Weiln als Patroni in denselben alle außstehung ihnen zu verwehren bey uns stehet: Hingegen an dem Datio, eine solche merckliche Insidia del Publico & Nostro besagter Ursachen halben nicht können verhindern. Derohalb und den üblen Gedancken unser Posteritet vorzukommen, als hete man aus Ohnbedachtsamkeit und nicht Vorsehnung einer so grossen Ruina sich durch der Juden Arglistigkeit zu dem guetlichen Aggiustamento bereden lassen und uns verzagt machen lassen, als heten wir der Serenissimi realer Beschürzung unserer Predecessori nicht mehr zu versichern so werde für rühmlich und notwendiger geachtet, ihnen die Fortsetzung der Lite aufs eußerst, als ein Manifest zu hinderlassen: das wir standhafftig mit allen guten Fundamenten, und niemahl gedacht haben als der supremo Gewalt zu gehorsamen: Uber das so sey auch gänzlich zu hoffen, daß der Allmächtige Herr und Bezwinger, in so gerechter Sach, weiln menschliche Vernunft uns werde beystehen, und die virtuose Representation der Advocaten dieser Insidia segnen.[284]

Man wandte sich an den Cavalier Alvise da Molin (1601–1671), der von 1658 bis 1661 Botschafter am Kaiserhof gewesen war, danach auch als einer der Cinque Savi alla Mercanzia und Aufseher der Zecca, der Münzprägestätte und Staatsbank, gewirkt hatte und nun seit einigen Jahren Savio beim Consiglio dei Dieci war.[285] Dieser Deutschlandexperte, einer der einflussreichsten Adeligen der Republik, zeigte sich Anfang Oktober zunächst im Gespräch mit den Consuln skeptisch bezüglich der Erfolgsaussichten der Nation, doch versprach er, sich mit deren Anwalt zu besprechen.[286] Am 1. Januar 1667 berichteten die Consuln Matthias Lauber (1627–1710)[287] und Peter Kresser, dass man zwar die Unterstützung von Molin und des Avogador Badoer habe, dass man aber *durch allerley costliche Mitel sich werde insinuiren müssen*. Den Consuln wurde die Erlaubnis erteilt, dass sie bezüglich der Unkosten *keine Scheü tragen solle[n], und [ihnen] die völlige Direction* anvertraut würde.[288] Im Januar und Februar erfuhren die deutschen Händler, dass *die Nation keine oder wenig Favoriten* im Collegio habe, dennoch beschloss man, von den Anstrengungen nicht abzulassen.[289] Ein Kompromissangebot vom Collegio am 26. Februar 1667, dass die Juden nur strikt zur Zollstelle des Fondaco zugelassen sein sollten, wies man ab, man wollte ausschließlich den völligen Ausschluss der Juden akzeptieren.[290] Am 18. April wurde eine Supplik der deutschen Nation dem Collegio überstellt. Hier wurde darauf hingewiesen, dass die Juden in den Reichsstädten nicht geduldet würden und dass sie in jüngster Zeit die Begrenzungen ihrer Zulassung zum Fondaco mehrfach überschritten hätten. Man wünschte die Wiederherstellung der frü-

284 AEGV, Fondaco 5, fol. 108r–109r.
285 Zu Alvise da Molin vgl.: *Pasqualini Canato*, Molin, Alvise.
286 AEGV, Fondaco 5, fol. 109v–110r.
287 Zu Lauber vgl. *Riederer*, Merckwürdiges Leben, S. 153.
288 AEGV, Fondaco 5, fol. 110r.–110v.
289 AEGV, Fondaco 5, fol. 110v.–111r.
290 AEGV, Fondaco 5, fol. 111r–111v.

heren eigenen Privilegien und damit den Ausschluss der Juden.[291] Es folgte eine längere Pause in der Angelegenheit. Am 7. Februar 1668 erfuhr die Nation, dass die Supplik im Collegio wohlwollend aufgenommen worden war. Man beschloss, nun weiter auf eine definitive Resolution zu drängen und warnte, *daß die Juden vill Falscheit möchten in ihrer Scritture einbringen*, wovor man nun die Freunde der Nation im Collegio warnte.[292] Die Angelegenheit blieb schwierig, da die Juden offenbar nicht nur das Recht, sondern auch eine größere Zahl an Senatoren auf ihrer Seite hatten. Molin gab Anfang März der Nation den Rat, im Collegio vorzusprechen und dort die Falschheit der Juden aufzuzeigen, er würde durch Gutachten diesen Termin gut vorbereiten *und da es von Nöthen das Giuditium suspendiren.*[293] Dieses im Vorfeld manipulierte Verfahren wirkte vollauf. Am 24. März wurde ein Dekret vonseiten des Senats erlassen, dass die Zulassung der Juden zum Fondaco aufgrund der alten Privilegien des Fondaco zurückgenommen würde. Wenn sie über den Fondaco spedieren wollten, so sollten sie dies über *Interventi*, also christliche Mittelsmänner machen.[294]

Der Erfolg war in seinem Ausmaß kaum zu überschätzen. Jüdische Kaufleute gehörten in Venedig teilweise zu den wohlhabendsten Händlern, und sie besaßen gute Kontakte in die Levante.[295] Hätten sie die Zulassung zum Handel mit Deutschland erhalten, so hätten die deutschen Händler in Venedig eine starke Konkurrenz erhalten. Die deutschen Händler wollten sogleich ihre Erkenntlichkeit zeigen. Am 14. April 1668 beschloss das Generalkapitel, ein freiwilliges Geschenk von 2.000 duc. an den Staat für den Candia-Krieg zu offerieren. Damit war eine Minderheit überstimmt worden, die nur 1.000 oder 1.500 duc. wegen der deutlich verminderten Finanzkraft der deutschen Händler hatte geben wollen.[296]

Die offiziellen Gelder waren dabei natürlich nur ein Teil eines komplexeren Einsatzes von Finanzmitteln. Die Abwehr dieses Gesetzes war vor allem durch Bestechung eines der höchsten Adeligen der Republik möglich gewesen. Diese wurden durch jahrelang verzögerte Zahlungen kaschiert. Am 24. Juli 1680 erst präsentierte Matthias Lauber seine entsprechende Rechnung. Wohlweislich hatte er erst 1672, vier Jahre nach dem günstigen Dekret, Alvise da Molino einen

291 AEGV, Fondaco 5, fol. 111v–112r.

292 AEGV, Fondaco 5, fol. 113v–114r.

293 AEGV, Fondaco 5, fol. 114r–114v.

294 AEGV, Fondaco 5, fol. 114v–116v, hier ist der originale Beschluss auf Italienisch niedergeschrieben.

295 Vgl. aus der Sicht der Zeitgenossen: *LeBret*, Staatsgeschichte, Bd. 1, S. XX; *Maier*, Beschreibung von Venedig, Bd. 2 (2. Aufl.), S. 225–226. Vgl. im Urteil der heutigen Geschichtswissenschaft: *Georgelin*, Venise au siècle, S. 675–681.

296 AEGV, Fondaco 5, fol. 117r–119r. Die Summe schien den Venezianern so klein, dass diese zunächst nicht angenommen wurde; erst als die (wenigen) einzelnen Kontribuenten genannt wurden, akzeptierte die Republik die Spende. Implizit war damit erneut seitens der deutschen Nation an die Leiter der Republik kommuniziert worden, in welcher Krise sich ihre Händler in der Zeit des fallenden Transalpenhandels befanden.

Diamantring und eine große Summe Geld, insgesamt 2.200 duc. wegen seiner Hilfe *in der Juden Sach* übermacht.[297] Hier zeigt sich geradezu idealtypisch, wie die Nation operierte. Geldmittel an wichtige Persönlichkeiten und offen herausgestrichener wohltätiger Patriotismus in Kombination mit einem unablässigen Insistieren auf den Privilegien und ihre Verteidigung durch den Anwalt der Nation führten zum Erfolg. Die oberdeutschen Händler zeigten sich als eine effektive Lobby, die ihre Interessen zu wahren wusste.

Den mit Abstand größten Erfolg, den die Nation jemals in der Frühen Neuzeit erzielen sollte, war ein erneuertes Zollgesetz von 1675, das ihnen große Privilegien zusprach. Noch 1797 wurde dieses Privileg mit Sicherheit und 1799 noch mit großer Wahrscheinlichkeit angewandt, seine Aufhebung datiert wohl erst von 1806 mit der Annexion Venedigs durch das Königreich Italien.[298] Die 1675 erzielten Privilegien brachten den deutschen Händlern bis zum letzten Tag der Republik und darüber hinaus große Vorteile im Handel gegenüber allen anderen auswärtigen Händlern. Dieses Gesetz dürfen wir als ein Fundament des Erfolgs der deutschen Kaufleute im Venedig des 18. Jahrhunderts ansehen, seine Genese soll daher hier möglichst ausführlich dargestellt werden. Im Gegensatz zum Konflikt mit dem Luogotenente von Udine und demjenigen um die Zulassung der Juden zum Fondaco stehen hierfür auch reichlich Quellen aus dem Staatsarchiv Venedig zur Verfügung, wenngleich die Hintergründe durch das Protokollbuch der Nation um wichtige Nuancen erweitert werden können.

Es sei noch einmal rekapituliert: Um die Mitte des 17. Jahrhunderts war der Handel nach Deutschland und den Niederlanden über den Fondaco nur für Mitglieder der deutschen Nation und die Grisolotti erlaubt; und erstere genossen Nachlässe von üblicherweise 10 % auf Ein- und Verkäufe aus dem Reich und den Niederlanden. Der Deutschlandhandel für *cittadini* und *botteghieri*, also Bürger und Ladenbesitzer in Venedig war über die Entrata und Uscita auch relativ günstig, wir mögen vermuten, dass er für die Personen ersterer Kategorie insgesamt billiger als für die Händler der deutschen Nation war. Da die Bürger Venedigs jedoch kaum Kontakte nach Nordeuropa hatten, war die deutsche Nation eigentlich günstig aufgestellt, um hier eine Hauptrolle im Handel nach Mitteleuropa spielen zu können. Tatsächlich war ihre Lage eher kritisch. Gerade 1655 sah den Tiefpunkt des Fernhandels über die Alpen im 17. Jahrhundert.[299] Darunter litt natürlich keine Gruppe mehr als die deutschen Händler im Fondaco.

Es stellt sich ein Paradox dar. Laut der gängigen Meinung in der Literatur müsste eine korporative Vereinigung mit steigender Erfolglosigkeit in ihrem primären Daseinszweck an Legitimität verlieren und es immer schwieriger ha-

297 AEGV, Fondaco 5, fol. 178r–178v.

298 So wurden noch 1799, unter österreichischer Herrschaft, Fondaco-Zölle eingezahlt; es gibt keinen Hinweis darauf, dass dies ohne Rücksicht auf die alten Privilegien geschah: *Sambo*, La balance.

299 Vgl. Kap. II. 2. a.

ben, ihre Privilegien zu verteidigen.[300] Wie im Folgenden zu zeigen sein wird, geschah das Gegenteil. Mit sinkendem Handelserfolg ging eine verstärkte Privilegierung einher, und das ausgerechnet in einem europaweiten Kontext, der von Feindlichkeit der Gaststaaten gegenüber den auswärtigen Händlern und ihren Korporationen gekennzeichnet war.[301] Bevor wir in die Einzelheiten des Geschehnisablaufs zur Erweiterung der Privilegien für die Deutschen gehen, sei an dieser Stelle die grundsätzliche Frage gestellt, wie dies prinzipiell möglich war. Verweise auf das lagunozentrische Zollsystem, das die Deutschen in Venedig begünstigte oder effizient eingesetzte Bestechungsgelder vonseiten der deutschen Nation gegenüber venezianischen Politikern sind richtig und wurden auch bereits weiter oben erwähnt. Doch die Grundfrage wird von solchen Hinweisen nicht beantwortet.

Um die günstige Politik der Republik Venedig gegenüber der zwischen 1620 und 1670 im Niedergang begriffenen deutschen Nation grundsätzlich zu verstehen, sei an dieser Stelle erneut auf die Wirkmacht der Alpenpässe als ›Arterien‹ des Nord-Süd-Austauschs verwiesen. Die Tiroler Routen ketteten die oberschwäbischen Reichsstädte, Tirol und die Republik Venedig in einer Interessengemeinschaft zusammen, die alle gemeinsam gewinnen oder verlieren ließ. Eine Schwächung der Deutschen wäre 1654/55 durch eine Zulassung der Schweizer zum Fondaco möglich gewesen, doch das hätte zur vollen Wirksamkeit auch eines entsprechenden starken Routensystems von Venedig zur Schweiz bedurft. Die Privilegien der Hansestädte in Nordwesteuropa konnten ja gerade aus dem Grund im 16. und 17. Jahrhundert fallen, da die englische und niederländische Flotte durch die Direktfahrt in die Ostsee die Landroute von Lübeck nach Hamburg in ihrer Bedeutung weit herabdrückten. Die Rolle der Seemächte gegen die Hansekaufleute im deutsch-italienischen Handelskontext hätten nur die Schweizer spielen können. Dies wäre eventuell in Genua denkbar gewesen,[302]

300 Im grundlegenden Artikel zu den »Merchant Guilds«, zu denen wir hier in jedem Fall die deutsche Nation rechnen dürfen, wird betont, dass der korporative Zusammenschluss sich nur bei einem *efficient level of trading* lohnte, die Notwendigkeit zum Zusammenhalt musste korrespondierend also bei abnehmendem Volumen schrumpfen: *Greif/Milgrom/Weingast*, Coordination, Commitment, and Enforcement. Vgl. auch die jüngst genannten Gründe für den Niedergang der Hanse aus der Sicht der Netzwerktheorie, deren Ende wird nun mit dem Aufkommen effizienterer Alternativen zum Handel als der mittelalterlichen hansischen Koalition erklärt: *Ewert/Selzer*, Die Neue Institutionenökonomik, S. 22–27.

301 Vgl. zeitgleich in Frankreich: *Lüthy*, Die Tätigkeit der Schweizer, S. 19–22. In England und den Niederlanden war diese Stimmung bereits weit über ein halbes Jahrhundert älter. So hatte Amsterdam 1586 die Einrichtung eines Hansekontors abgelehnt: *Häpke*, Niederländische, S. 366–367 (Nr. 934). Die Entprivilegierung der Hanse im Jahr 1552 und die Schließung des hansischen Stalhofes in London 1598 waren vor allem von einer gegen auswärtige Kaufleute im Allgemeinen gerichteten Stimmung getragen worden: *Jörn*, »With money«, S. 233–250; *Schulte Beerbühl*, Deutsche Kaufleute, S. 81–82.

302 Die faktische Geschichte Genuas entspricht diesem Modell nur teilweise. Die genuesische Handelspolitik war in der Frühen Neuzeit eher xenophob gegenüber auswärtigen Händler-

nach Venedig fehlte ihnen ein entsprechender Alpenpass. So blieb die Interessengemeinschaft der Oberdeutschen und der Adriarepublik eng, so eng sogar, dass die deutschen Gäste den Ausschluss ihrer jüdischstämmigen Konkurrenten durch eine massive Agitation und Manipulation der Verfahren bewirken konnten, obwohl in diesem Fall die Republik Personen diskriminierte, deren Beteiligung am Deutschlandhandel für Venedig wohl nur vorteilhaft gewesen wäre. Diese Interessengemeinschaft erklärt auch, warum den Gastgebern gerade bei wirtschaftlichen Schwierigkeiten ihrer Gäste daran gelegen sein musste, deren Probleme, selbst durch eigene fiskalische Opfer, zu mindern.

In den Jahren um 1660/70 verdichtete sich angesichts der Schwäche des Handels über Tirol die Problematik um die künftige Wirkungsweise des Fondaco. Im August 1658 wurde von den Cinque Savi alla Mercanzia bezüglich des Fondaco die Vorbereitung einer Generalreform beschlossen und hierzu eine genaue Liste aller Amtsträger, ihrer Pflichten und ihrer Rechte sowie der finanziellen Ein- und Ausgaben gefordert.[303] Man entdeckte dabei einige Schwachstellen im Kontrollapparat. Ein seit 1640 eigentlich vorgesehenes Buch, in dem die Warenbewegungen aufgelistet sein sollten, war gar nicht geführt worden. Als problematisch empfanden es die Beamten der Republik, dass damit Versendung und Empfang von außerdeutschen Waren aus und im Fondaco durch nichtprivilegierte Personen vor allem über See möglich war.[304] Vonseiten der Dogana da Mar und der Entrata wurde Anfang 1659 vorgeschlagen, das Problem radikal zu lösen: der Schwur der Spediteure, dass die Waren an einen deutschen Kaufmann adressiert seien, sei nicht mehr ausreichend, nur noch privilegierte Mitglieder der Nation sollten Waren über den Fondaco versenden und empfangen dürfen. Implizit verlangte man damit ein erhöhtes Maß an Schriftlichkeit mittels klarer Buchführung und indirekt auch eine Liste der privilegierten Deutschen, die nur die Nation selbst liefern konnte. Letzterer Aspekt hatte einiges für sich, da die Zustimmung der Nation zu einem Ausschluss der Konkurrenz von ihren Privilegien zu erwarten war und zugleich eine Steigerung der Zolleinnahmen durch eine Verringerung der Nutzung der Fondaco-Privilegien durch Nichtdeutsche erzielt würde.

Zunächst jedoch war die Nation dagegen, da die Dogana da Mar auch gefordert hatte, dass jeglicher Handel zur See aufgrund der Unkontrollierbarkeit der Destinationen dem Fondaco entzogen werden solle.[305] Diese Frage wurde daher zunächst offen gelassen und nur der unstrittige Aspekt der Reform beschlossen. Der Senat entschied am 30. September 1659, dass künftighin über alle Warenbewegungen Buch zu führen sei und die Kaufleute alle Details ausdrücklich be-

gemeinden, sodass sich im frühen 18. Jahrhundert nur einige Händler aus Genf und Frankreich angesiedelt hatten: *Tazzara*, The Free Port of Livorno, S. 235–236. Die fehlende deutsche Gemeinde wird eher dieser generellen Genueser Politik als dem Wettbewerb mit den Genfern geschuldet gewesen sein.

303 ASVe/CS, II Ser., 70, 24. August 1658.

304 ASVe/CS, II Ser., 70, 5. Juni 1659.

305 AEGV, Fondaco 5, fol. 68v.

schwören müssten.[306] Die Nation beschloss am 3. Dezember, dieser Verordnung Folge zu leisten und ermahnte den Schreiber zur genauen Buchführung.[307] Am 9. Juni 1660 wurde noch einmal bekräftigt, dass die *Giuramenti, von Wahren die nicht per Teüdtschlandt gehen und doch die Bollett im Teütschen Haus gemacht werden* bei Strafe einzuhalten seien, ansonsten würde der Kaufmann *nicht allein aus dem Capitel bandiret, sondern auch vor treüloß gehalten.*[308] Damit war gemeint, dass die Nachlässe der 10 % am Zoll nur für den Warenhandel mit dem Reich und den Niederlanden in Anspruch genommen werden durften und eine unerlaubte Nutzung dieser Privilegien für einen Handel mit dem weiteren Europa streng unterbunden werden sollte. Die hohe Bedeutung dieser Frage kann durch kaum mehr als durch diese Drohung kollektiver Ächtung verdeutlicht werden. Hier scheint der Reputationsmechanismus als bewusst eingesetztes Sanktionswerkzeug klar auf, und man erkennt einen Grundmechanismus, der die deutsche Nation als korporative Vereinigung effizient hielt.

Die Dogana da Mar setzte im weiteren Verfahren zur Zollreform schließlich durch, dass prinzipiell jeglicher Einfuhrhandel über See über die eigene Zollstelle laufen sollte. Am 27. Juli 1660 konnte die deutsche Nation jedoch eine entscheidende Ausnahme für sich heraushandeln: Die Cinque Savi hatten sich mit dem Anwalt der Nation besprochen und dabei war man übereingekommen, dass die privilegierten deutschen Händler ihre seewärts aus Deutschland und den Niederlanden eingeführten Waren weiterhin am Fondaco verzollen durften, nicht jedoch die Niederdeutschen oder Grisolotti.[309] Man hatte sich somit auf Kosten der vonseiten der Nation ungeliebten Mitbewohner des Fondaco geeinigt. Das Hauptziel war dabei wohl gewesen, die niederländischen Kaufleute weiter zu schwächen; sie hatten nun so gut wie keine Chance mehr, über den Fondaco zu handeln.[310]

Der nächste Schlag gegen die Niederländer erfolgte 1671. Von 1646 bis 1669 war der Levantehandel für alle Händler in Venedig angesichts des Kriegs mit dem osmanischen Reich auf den Schiffen aller Nationen freigegeben gewesen. Nach Kriegsende wurde die Freigabe des Levantehandels, wohl angesichts des nun intensiv gewordenen Engagements in Venedig ansässiger auswärtiger Händler in diesem Segment aufrechterhalten, aber man erlaubte diesen nur auf venezianischen Schiffen.[311] Für die Deutschen war das kaum ein Problem, sie

306 ASVe/CS, II Ser., 70, 5. Juni 1659, 30. September 1659.

307 AEGV, Fondaco 5, fol. 74r–74v. Seither besitzen wir ununterbrochene Reihen an Jahreszolleinnahmen des Fondaco.

308 AEGV, Fondaco 5, fol. 77r–77v.

309 AEGV, Fondaco 5, fol. 78v–79r.

310 Der fiskalische Vorteil wurde allerdings bereits 1662 durch die Einrichtung des *Portofranco* in Venedig wieder relativiert. Dieser bedeutete eine weitgehende Reduktion von Zollsätzen bei der Einfuhr von der Seeseite; auch für die Niederländer: *Costantini,* La regolazione dei dazi.

311 *Heeringa,* Bronnen, S. 117–118. Bald wurde das Verbot fremder Schiffe zu einer fiskalischen Begünstigung der venezianischen Fahrzeuge umgewandelt, vgl. Kap. III, Fn. 160.

hatten keine »nationalen« Schiffe im Mittelmeer, während gerade bei den Niederländern die Verbindung von Handel und Transport im Mittelmeer traditionell äußerst eng war.[312] Mittelfristig war damit die *Nazione Fiamminga* angesichts einer solchen legislativen Konstellation zu ihren Lasten zum Niedergang gegenüber ihren oberdeutschen Konkurrenten verurteilt. Die implizite Allianz zwischen Venedig und der deutschen Nation scheint selten so deutlich auf, wie in den Maßnahmen gegen die ansässigen niederländischen Händler von 1660 und 1671.

Die Führung der Fondaco-Zollbücher förderte einige Jahre nach ihrer Einführung einige Missbräuche des Fondaco durch die Grisolotti zu Tage. In einem Bericht der Cinque Savi alla Mercanzia vom 17. August 1670 wurden die Privilegien der Deutschen aufgezählt und festgestellt, dass man angesichts des Brandes des Fondaco von 1505 deren *legitimi fondamenti* nicht kenne, sie hätten aber durch langen Gebrauch *fama e vigore di legge* bekommen. Durch falsche Angaben von Spediteuren an den Zollstellen, an denen viele Kaufleute und Lastträger aus dem Kreis der Grisolotti zur Nutzung des 10 %-Nachlasses eine Herkunft der Waren aus Deutschland oder deutschen Empfängern beschworen, seien allerdings inzwischen viele *pregiudity et abusi a danno notabilissimo* der Serenissima entstanden.[313] Zudem seien die Taxationswerte in der Zollstelle der Uscita bei manchen Waren – als die wichtigsten wurden Baumwolle und Spiegel genannt – niedriger als beim Fondaco, was häufig zu einer Verteuerung der Ausfuhr über denselben führe.[314] Dies lag daran, dass bei der Einführung des Portofranco von 1662 auch die Taxationswerte von in Venedig gefertigten oder aus der Levante stammenden Produkten bei der Uscita, nicht jedoch beim Fondaco herabgesetzt worden waren.[315] Damit wurde es bei vielen Produkten auch für die Deutschen günstiger, ihre Waren als *Forastieri* über die *Uscita* zu exportieren, mit dem Resultat, dass die Händler jedweder Nation sich ihre Zollstelle immer mehr nach dem zu handelnden Produkt aussuchten.[316]

Vonseiten der Regierung wurde das Problem bereits einige Zeit vor dem erwähnten Bericht erkannt und eine grundlegende Reform in Angriff genommen: Im August 1667 erhielt die Nation Mitteilung vom Senat, dass man sie bitte, wegen eines *neüen Motivo* des Zolls auf ein Schreiben der Republik zu antworten, das leider nicht überliefert ist.[317] Das Thema verschwindet hierauf für ein Jahr aus den Akten. Im September 1668 wurde dann den Verhandlungsführern der

312 *Israel,* The Dutch Merchant Colonies.

313 Faktisch wurden damals wohl bereits fast alle aus Deutschland kommenden Waren über den Fondaco verzollt, womit der eigentlich als Privilegium für die Deutschen gedachte Zollnachlass eine Ausdehnung auf den gesamten Import aus Deutschland erhielt: *Elze,* Der Cottimo, S. 78.

314 ASVe/CS, II Ser., 70, 17. August 1670.

315 *Perini,* Economia e politica, S. 137.

316 Vgl. die Beispiele von Ausfuhren über die Uscita nach deutschen Destinationen bei: ASVe/CS, II Ser., 73, Stampa Mercanti Venetiani, fol. 68–70.

317 AEGV, Fondaco 5, fol. 113r.

Nation vom Generalkapitel der Auftrag erteilt, anlässlich der geplanten Tarifreform möglichst zu erreichen, dass nur noch die im Fondaco registrierten Deutschen die *Privilegy des Fonticho zugeniessen haben.* Die derzeitige Praxis, dass fast alle am Fondaco handelnden Personen, also die Grisolotti, diese nutzten, sei nur durch *Negligenz eingerissen*, dies führe zum *Ruin des Fontigo und großen Nachtheil des Publico, weiln der Fontigo dardurch ohnbewohnet* würde, da die Händler wegzögen.[318] Im bereits genannten Bericht vom August 1670 finden wir die Reformvorschläge der Republik: Man verlangte die Erstellung eines Registers durch die Consuln der Nation, in dem jährlich alle eingeschriebenen Mitglieder aufgeführt seien sollten, und zudem eine Anpassung der Warentaxation an diejenigen der Uscita. Nur die Deutschen sollten in Zukunft noch 10 % Abzug beim Export genießen.[319]

Die Probleme waren schwerwiegend: Am 17. März 1670 stellte die deutsche Nation im Generalkapitel fest, dass *die Handlungen augenscheinlich mehr abnehmen, die Uncosten sich nur vergrossern.* Ob dies nun wirklich an der Nutzung der Privilegien durch die Grisolotti lag, sei dahingestellt, eher scheint hier der generelle Niedergang des Transalpenhandels seinen Niederschlag gefunden zu haben. Die Krise blieb lange in der Erinnerung der Nation: Die deutschen Händler schrieben 1717 in der Retrospektive, dass die deutsche Nation damals angesichts des Wegzugs von Kaufleuten kurz vor der Auflösung gestanden habe.[320] Die Consuln baten angesichts der Lage um eine Erhöhung des Cottimo von 16 Gr. auf 20 Gr., also auf 0,83 % des Warenumsatzes.[321] Das Gesuch wurde von den Cinque Savi genehmigt.[322] Natürlich belastete das die einzelnen Händler noch mehr und machte die Mitgliedschaft in der deutschen Nation damit unattraktiver.

Die Deutschen konnten angesichts der schwierigen Lage die Cinque Savi in ihrem Sinne beeinflussen. So wurde in mehreren Sitzungen von Oktober 1670 bis März 1671 innerhalb derselben ausdrücklich betont, wie sinnvoll die Privilegien der Deutschen waren.[323] Der Erfolg stellte sich ein: Am 15. Juli 1671 wurde vom Senat ein Erlass im Sinne der Deutschen beschlossen. Man legte offiziell fest, dass die Nutzung des Fondaco für Handel mit Deutschland allen Kaufleuten jeglicher Nationalität verpflichtend vorgeschrieben sein sollte. Die Legalisierung sollte offenbar der massenhaften indirekten Nutzung durch jedwede Händler über Strohmänner aus den Reihen der Grisolotti die Geschäftsgrundlage entziehen. Jedoch sollten nur die Mitglieder der Nation von den Privilegien des Fondaco profitieren dürfen. Eindeutig gegen die Grisolotti gerichtet war in diesem Sinne die Formulierung, dass *Facchini et altri Mercenary* nur noch bei

318 AEGV, Fondaco 5, fol. 122r–122v.

319 ASVe/CS, II Ser., 70, 17. August 1670.

320 *Elze*, Der Cottimo, S. 80.

321 AEGV, Fondaco 5, fol. 129r.

322 ASVe/CS, II Ser., 70, 19. Mai 1670.

323 AEGV, Fondaco 5, fol. 130r, 131r, 132v–133r; ASVe/CS, II Ser., 70, 11. Oktober, 18. Oktober, 15. Dezember 1670, 26. Februar, 7. März 1671.

Speditionen im Auftrag von deutschen Händlern den Zollnachlass bekommen sollten. Diese Bediensteten im Fondaco stammten meist aus dem italienischsprachigen Trient und Tirol. Dies zeigt uns, dass die Grenze zwischen Lastträgern und Händlern bei den Grisolotti offenbar immer fließend gewesen war und die deutschen Händler sich von deren Konkurrenz zunehmend bedroht sahen. Zuletzt wurden im Dekret noch einige Zollsätze an die Werte der regulären Uscita angepasst, es handelte sich um die Werte für Baumwolle, Mandeln, Galläpfel, Ledergold (*Cuori d'Oro*) und Konfetti.[324]

Die Krise war den Deutschen zugutegekommen. Zwar wurde das Territorialprinzip der Zollstellen durch den Zwang zur Benutzung des Fondaco für alle Transalpenhändler erstmalig normativ etabliert und damit die letzte Fiktion einer Reservierung des Handels mit dem Reich und den Niederlanden für die Bewohner dieses Hauses beseitigt. Jedoch war mittels der Verschärfung der Gesetzesformulierung und der Buchführung am Fondaco die normativ seit über einem Jahrhundert gewünschte Begünstigung der Händler der deutschen Nation für die Zukunft abgesichert. Künftighin konnten die Grisolotti am Fondaco weder durch Scheingeschäfte für Mitglieder der deutschen Nation noch durch die Spedition für andere Händler profitieren.

Die Reaktion vonseiten Tirols und Trients auf die Streichung dieser lukrativen, aber auch bisher bestenfalls halblegalen Nebenverdienste ihrer Untertanen war scharf. Sowohl der Bischof von Trient als auch die Beamten der Habsburger in Tirol sandten in den nächsten vier Jahren Schreiben an die Serenissima, in denen sie die Schlechterstellung ihrer Untertanen als ungerecht bezeichneten und die Zugehörigkeit derselben zum Imperium herausstellten.[325] Der Bischof von Trient sah hier einige Deutsche am Werk, die den gesamten Handel an sich reißen wollten und hierfür die Cinque Savi instrumentalisiert hätten.[326] Er forderte den freien und gleichberechtigten Handel für alle Untertanen des Reichs. Angesichts des Verbots einer vergünstigten Spedition für Lastträger wies der Bischof darauf hin, dass in der Vergangenheit aus Handelsbediensteten teilweise bedeutende Händler geworden seien.

Die Interventionen von Tirol und Trient bewirkten keine Änderung mehr. Die Venezianer hatten sich ihre Maßnahme gut überlegt. Die Alternative wäre gewesen, die deutsche Nation als korporative Vereinigung zu entwerten, dann jedoch hätte die Republik Großhändler vor Ort mit Verbindungen bis nach Norddeutschland in einer Zeit der Krise des Transalpenhandels geschwächt. Die Grundsatzentscheidung für die Deutschen war faktisch bereits in den 1650/60er Jahren getroffen worden, als eine antischweizerische Stoßrichtung der deutschen Nation sich mit einer antiniederländischen Handelspolitik der Venezianer verbunden und die gegenseitige Abhängigkeit der Republik und ihren deutschen

324 ASVe/CS, II Ser., 70, 15. Juli 1671.

325 Vonseiten Tirols schrieb Johan Paul Hocker sogar im Namen des Kaisers Leopold I.: ASVe/CS, II Ser., 70, 12. September 1674.

326 ASVe/CS, II Ser., 70, 14. Dezember 1672, abgedruckt bei: *Segarizzi*, I Trentini, S. 207–209.

Gästen verstärkt hatte. Es sei nicht vergessen: In diesen Jahren wurde eine Reihe an Abkommen zwischen Augsburg, Tirol und Venedig zur Verbilligung der Tiroler Routen unterzeichnet.[327] Indem nun die Oberdeutschen privilegiert und die Grisolotti dabei benachteiligt wurden, stützten die Venezianer den aufgrund des billigen Seehandels unter Druck stehenden Fernhandel über die Alpen; in gewisser Weise sogar auf Kosten des Nahhandels. So konnte eine Handelskorporation an einem fremden Ort ausgerechnet zum Zeitpunkt ihrer schweren Krise und in einem Zeitalter der allenthalben stattfindenden Entprivilegierung ähnlicher Kaufmannsverbünde eine Ausweitung ihrer Vorrechte erfahren.

c) Die massive Privilegierung 1671–1682

Die kommenden Jahre sollten zeigen, ob diesem Erfolg auf der normativen Ebene auch ein wachsender Handel folgen würde. Am 9. November 1671 hatte man im Generalkapitel der Nation festgestellt, dass um *daß in Zügen liegende Comercio nicht gar ersterben* zu lassen, die Privilegien in ihren Einzelheiten weniger wichtig seien als die *vernewerte Distintion* zwischen privilegierten Deutschen und den anderen Händlern.[328] Neun Monate später, am 13. August 1672 wurde seitens der Nation festgestellt, dass man mit der Verordnung vom 15. Juli 1671 nur einen Teilerfolg erzielt hatte und sich bei mancherlei Warengattungen weiterhin *agravirt befinde*.[329] Am 2. November formulierte man das im Generalkapitel noch deutlicher: *Weiln wir wegen der hohen Stima der newen Tariffa schweren Zollß, insonderheit der Merce und Baumwolle wie auch der großen Spese der Ministri zur notablen Schwehrung des Comercii sehr agravirt*, habe man beschlossen, eine Supplik durch den Anwalt der Nation aufsetzen zu lassen, die dem Collegio vorgelegt werden sollte.[330] Bei dieser Beschwerde wundert es zunächst, dass man über die hohen Ausfuhrzölle klagte, obwohl diese doch gerade in ihren neu fixierten Basispreisen der regulären Uscita gleichgestellt worden waren. Tatsächlich waren die Ausfuhrzölle für Spiegel, Baumwolle und Drogen[331] immer noch zu hoch.[332] Bei ersterem Produkt verweigerte sich die Zunft, die *Arte di Specchieri*, einer Verringerung des Basistarifs,[333] bei letzteren beiden war es wohl die Absicht der Republik, einen Re-Export erst nach weiteren Verarbeitungsschritten innerhalb Venedigs zuzulassen.

Es scheint, als ob bereits in der zweiten Jahreshälfte 1672 in der Nation beschlossen wurde, noch mehr Geld in die Hand zu nehmen, um den Erfolg vom

327 Vgl. Kap. II. 2. b.
328 AEGV, Fondaco 5, fol. 134v–135r.
329 AEGV, Fondaco 5, fol. 135v–136v.
330 AEGV, Fondaco 5, fol. 138r.
331 Unter diesem Begriff wurden zeitgenössisch Apotheker- und Medizinwaren verstanden.
332 AEGV, Fondaco 5, fol. 145r. Vgl. auch die Supplik der deutschen Nation einige Jahre später an den Senat: ASVe/CS, II Ser., 70, 18. Mai 1675.
333 AEGV, Fondaco 5, fol. 145r.

Juli 1671 zu erweitern. Am 19. Dezember, nur zwei Jahre nach Erhöhung des Cottimo, entschieden die sechs Herren und zwei Consuln, die Ausgaben zu verringern, indem die Panada durch eine zweimal wöchentliche Ausgabe von Geld an die Armen ersetzt und am Personal durch Entlassungen und Zusammenführung von Aufgaben gespart wurde.[334] Die folgenden Aktivitäten der Nation zur Erringung ihrer Ziele bei den Cinque Savi sind leider nur ungenügend dokumentiert; wir sind daher teilweise auf Vermutungen angewiesen. Am 29. März 1673 beschloss die Nation, ein neues Schreiben bezüglich des Ausschlusses der Facchini von den Privilegien an die Cinque Savi zu verfassen. Bereits zu diesem Zeitpunkt wünschten die amtierenden Consuln, Peter Kresser und Gottfried Eichler, von ihrem Amt entbunden zu werden.[335] Wir können vermuten, dass man innerhalb der Nation mit ihrem Kampf um die Erweiterung der Privilegien unzufrieden war. Zum Eklat kam es am 2. August 1673. Als anlässlich des Generalkapitels die beiden Consuln von 1670 bis 1672, Johann Christoph (I) Pommer (1626–1708) und Melchior Langenmantel, um Erstattung der zu ihrer Amtszeit geleisteten Vorschüsse von 1.763 duc. baten und hierfür eine Erhöhung des Cottimo beschlossen werden sollte, stritten *Herr Matheus Lauber und Herr Hans Christoff Welsch so starck darwider*, dass diese Auflage abgelehnt wurde. Stattdessen wurde eine Auflage auf die herein- und herausgehenden Waren der Mitglieder der Nation, genannt doppelter Cottimo, genehmigt. Bei diesem Ausgang sahen sich Kresser und Eichler dermaßen desavouiert, dass sie von ihrem Amt direkt zurücktraten und von Matthias Lauber und Jakob Deller ersetzt wurden.[336]

Im Mai 1678 schrieben die deutschen Händler zu diesem Vorgang und den folgenden zwei Jahren, *daß im Jahr 1675 die deutsche Nation in dieser Stadt fast ganz zerstreut war, niemand das Consulat übernehmen wollte und einige Familien abreisten.*[337] Die Nation entschloss sich angesichts dieser offenbaren Krise 1673, eine scharfe Selbstbesteuerung durchzuführen, um im Hintergrund genügend Geld für intensive Bestechungen in die Hand zu bekommen.[338] Kresser und Eichler hatten offenbar für einen vorsichtigeren Kurs gestanden, und ihre gewünschte Erhöhung des Cottimo hätte ja auch das Einverständnis der Cinque Savi bekommen müssen. Dieses Aufsehen war nun vermieden und die Kasse füllte sich unbemerkt von venezianischen Amtsorganen auf Kosten der deutschen Händler selbst.

334 AEGV, Fondaco 5, fol. 138v–140r.

335 AEGV, Fondaco 5, fol. 142v–142r.

336 AEGV, Fondaco 5, fol. 143r–143v.

337 UBG/E, Schachtel Venedig, ad 12. Dieser Eintrag aus dem Nachlass Elzes basiert auf den 1945 verbrannten Capitularien. Die Überzeugung, dass 1675 die Nation vor dem Untergang gestanden hatte, wurde auch weit später noch gegenüber den Eliten der Republik als Argument zur möglichst starken Privilegierung der deutschen Nation gebraucht, so im Jahr 1717, vgl. Kap. III, Fn. 320.

338 Zu dieser Angelegenheit auch: AEGV, Fondaco 5, fol. 145r. 146r–147r.

Die Auffüllung der Kasse hatte einen klaren Zweck. Wir greifen kurz den weiteren Entwicklungen vor, um einen Nachweis für die Bestechung venezianischer Amtsträger in den Jahren zwischen 1673 und 1675 zu führen, auch wenn das Protokollbuch der Nation hier absichtlich äußerst kryptisch ist. Am 18. Februar 1675 wurde im Kapitel der sechs Herren der an die Consuln geäußerte Wunsch von Alvise Contarini (1601–1684), der kurz darauf Doge werden sollte, vorgebracht: Dessen Schwager, der soeben erwählte Prokurator Daniele Dolfin (1631–1707), wollte seine Aufwartung bei der deutschen Nation machen und er wünschte hierfür die Ausschmückung (*Fornierung*) des Fondaco.[339] Zunächst wollte man dies *wegen Armuth* verweigern, aber ein Kapitelmitglied, Christoph Weiß, sprach sich dafür aus, unter Verweis auf den Präzedenzfall, dass man vor einiger Zeit den General Tommaso Morosini empfangen habe. Dennoch akzeptierte die Nation den Empfang nicht und bat Weiß, die Entschuldigung an Dolfin zu übermitteln.[340] Weiß argumentierte erneut vier Tage später im Kapitel der sechs Herren energisch für den Empfang Dolfins. Hier erwähnte er, dass er sich bei Dolfin in diesem Sinne *impegnirt* habe. Die Ablehnung wurde folgendermaßen formuliert:

Weiln bewust, das Herr Wayß albereit etliche des Capitels mit Broglio impegniret habe und also ein grosse Pregiuditz hieraus solte entstehen, als erstlich die Zerstörung unserer Ordnungen, zum andern die Feindschafft von den jenigen Cavallieri die nicht willfahrt worden, drittens ein Obligo hinfüro allem zue willfahren, so der Nation eine unerträgliche Uncosten sein solten.[341]

Hätte Dolfin im Fondaco erscheinen dürfen, so wäre dies einer Ungleichbehandlung mit anderen Adeligen gleichgekommen. Man beschloss, die *Segretezza dieses Capitels* zu wahren und sich bei Dolfin zu entschuldigen. Weiß trat daraufhin aus der Nation aus und sollte erst nach einigen Jahren wieder beitreten.

Die Schlüsselbegriffe hier sind *impegniert*, *fornieren* und *Broglio*. Ersteres können wir mit »verbunden« übersetzen, zweiteres mit »ausstatten« oder »schmücken« und letzteres mit »Bestechung« oder »Wahlbetrug«. Die zentrale Frage ist also, welches *Capitel* hier bestochen wurde? Hierbei hilft ein Blick in die Akten der Cinque Savi alla Mercanzia, dort heißt es in der Überschrift häufig bei Entscheidungen *Parte presa nel nostro Capitolo*.[342] Da dieses das bestimmende Organ in der Materie war, können wir mit hinreichender Sicherheit annehmen: Weiß hatte den Cinque Savi Gelder gegeben und bei seinen Aktivitäten auch zu Dolfin Kontakt aufgenommen. Das diesem dabei wohl auch gegebene Versprechen einer möglichen Aufwartung im Fondaco konnte jedoch nicht akzeptiert werden. Weiß hatte seine Instruktionen überschritten und musste daraufhin für

339 Zu diesem vgl.: *Dolfin*, Dolfin, S. 166–167.

340 AEGV, Fondaco 5, fol. 149v.–150r.

341 AEGV, Fondaco 5, fol. 150r–150v.

342 So beispielsweise in einer Zulassung der Erhöhung des Cottimo: ASVe/CS, II Ser., 70, 2. September 1675.

einige Jahre die Nation verlassen. Die spätere Rückkehr zeigt aber, dass das kein dauerhafter Ausschluss aus der Nation war.

Über die Einzelheiten der Bestechungen werden wir in einem Protokolleintrag vom 12. Dezember 1675 informiert. Nachdem Weiß nun nicht mehr in der deutschen Nation war, mag es zu Unklarheiten bei der Auszahlung gekommen sein. Im Protokoll lesen wir:

Es hat Herr Lauber vorgebracht, wie er von einem Senatore (so habe vor der Nation in Materia di Daty et l'aggevoleza ottenuta sey favorevole gewesen) sey ersuchet worden, im 500–600 duc. sopra pegni zu accomodiren: Weillen er nun die Beneficia und Broglio by der Nobilty für die Nation unter sein Nahmen gethan unnd er es damallen der Nation auch angezaigt unnd von der selben bewilliget, und im versprochen worden, fals die jenige Soggietti so hierinnen gebraucht worden, von im einig Servitio begerten, daß sie die Nation zue solleviren und schadlos halten wolle. Welches er nun mehr in casu Presente in effetto verlange.[343]

Die Nation beschloss einstimmig an diesem Tag die Auszahlung an den absichtlich namenlos gehaltenen Senator, der sicherlich auch kein Einzelfall war. Es ergibt sich wieder einmal dasselbe Muster wie im Fall der Nichtzulassung der Juden zum Fondaco. Die Nation bezahlte im Hintergrund an Schlüsselpersonen der wesentlichen Amtsinstitutionen Gelder und ließ im Vordergrund ihren Anwalt mit juristischen Gutachten für das eigene Anliegen wirken. Die Taktik brachte den Kaufleuten der Nation im 17. Jahrhundert große Erfolge, wovon gerade die Zollregulierung des Jahres 1675 zeugt.

Wir kehren damit zum offiziellen Verhandlungsweg zurück. Nachdem Lauber und Deller im August die Posten der Consuln übernommen hatten, werden die Einträge zu den Zollverhandlungen im Protokollbuch sehr dünn, wohl, da man nun fast nur noch geheim und ohne wesentliche Mitwirkung der Nation die Verhandlungen und Bestechungen führte. Am 1. September und 3. Oktober 1673 finden sich Bemerkungen im Protokollbuch der Nation zu den weiteren Entwicklungen um den Tarif. Hierbei wurde schlicht der Stand der Verhandlungen vom Anwalt mitgeteilt und zugesichert, dass auch weiterhin intensiv um einen Erfolg verhandelt werde.[344] Über ein Jahr lang finden sich dann im Protokollbuch keine weiteren Einträge in dieser Sache. Die Consuln brachten ohne offizielle Mitwirkung des Generalkapitels der Nation am 18. September 1674 eine Supplik bei den Cinque Savi ein, in der sie noch einmal alle ihre Wünsche bündelten. Hier betonte man, dass die Taxationen von Baumwolle, Spiegeln und Drogen zu hoch seien, sie lägen ein Drittel bis zur Hälfte höher als der tatsächliche Warenwert. Auch der Nachlass der 10 % für die Deutschen sei nicht ausreichend, da hier weitere Ausgaben hinzukämen (*nuovi aggionti, e spese de*

343 AEGV, Fondaco 5, fol. 156r.
344 AEGV, Fondaco 5, fol. 147v–148r.

Ministri), die bei den anderen Zollstellen fehlten; diese seien daher oft für die Spedition günstiger.[345]

Die Supplik wurde von den Cinque Savi zu einem acht Seiten umfassenden, für die deutsche Nation äußerst positiven Antrag erweitert und am 18. März 1675 an den Dogen und das Consiglio dei Dieci weitergeleitet. Da dieses Schreiben den Schlüsselerfolg der Nation für die kommenden 130 Jahre brachte, sei es detaillierter ausgeführt.[346] Die Consuln der Nation hatten vorgetragen, dass leider der Handel schrumpfe und der Fondaco trotz aller Gegenmaßnahmen niederginge. Fünf Punkte wurden von den Deutschen zur Abhilfe vorgebracht.

Zunächst baten sie um die Senkung der Taxationsbeträge von Baumwolle, Spiegeln und Drogen in den Zollverordnungen. Dies lehnten die Cinque Savi rundheraus ab, sie verwiesen darauf, dass man mit den jetzigen Sätzen den Vorstellungen der Zunft der Spiegelmacher entsprochen habe und in den letzten zwei Monaten bereits einen Erfolg in Form von erhöhten Zollerträgen für Spiegelexporte habe feststellen können.

In zweiter Instanz baten die Deutschen um eine weitere Erleichterung bei den Ausfuhrzöllen. Sie erklärten, dass ihr Handel vor allem ein Fernhandel mit Nürnberg als natürlichem Mittelpunkt von Venedig, Genua, Marseille, Livorno, Amsterdam und Hamburg sei und dort der Ausfuhrzoll weit geringer als im Fondaco liege. Die Cinque Savi stellten bei eigenen Berechnungen fest, dass ein wichtiger Nachteil im Agio von 20 % vom Rechen- zum Münzgeld bestünde.[347] Daher war der Nachlass von 10 % auf den Warenwert im Ausgangszoll nicht ausreichend. Selbst nach der Taxationsanpassung des Jahres 1671 zahlten die Deutschen bei fast allen Produkten noch mehr als ihre mit Münzgeld operierenden Konkurrenten an der Uscita. Um die *Confusione de Calcoli* zu beseitigen und zugleich das Privileg für die Deutschen zu bewahren, schlugen die Cinque Savi vor, den Nachlass auf 20 % zu verdoppeln. Damit war der Aufschlag im Agio mehr als kompensiert.[348]

Drittens brachten die Consuln vor, dass von ehemals 30–40 nur noch 6 Handelshäuser übrig seien.[349] Der Grund hierfür sei die unkontrollierte Nutzung des Fondaco und seiner Privilegien durch verschiedenste Kaufleute. Die Nutzung

345 Die Supplik ist abgedruckt bei: ASVe/CS, II Ser., 73, Stampa Mercanti Venetiani, fol. 29–31.

346 ASVe/CS, II Ser., 70, 18. Mai 1675.

347 Vgl. hierzu: Kap. III, Fn. 62.

348 6 duc. *banco* entsprachen 5 duc. *corrente* (Münzgeld). Es sei ein kurzes hypothetisches Rechenbeispiel gegeben: Eine auf 100 duc. taxierte Ware wird zu 5 % verzollt. Die Venezianer bezahlen vor 1675 genau 5 duc. *corrente* ohne Agio, die Deutschen eigentlich nur 4,5 duc. *corrente* (wegen des Nachlasses von 10 %), was aufgrund des Agio von 20 % aber 5,4 duc. *banco* entspricht. Nach 1675 bezahlen die Deutschen 4 duc. *corrente* (der Nachlass beträgt inzwischen 20 %), mit Agio also 4,8 duc. *banco*. Dass den Deutschen die Bezahlung in *moneta corrente* für kleinere Transaktionen auch vorher offengestanden hatte und dass die Verwendung des teureren Bankgeldes große Vorteile im Fernhandel durch sinkende Transaktionskosten brachte, erhöhte natürlich den Wert des Privilegs.

349 Diese Angabe findet sich in dieser Zeit häufiger in den Quellen, so auch in einem Schreiben der Regolatori sopra li Dazi vom Januar 1676: AEGV, Fondaco 5, fol. 160r–161r. Evtl. war

durch alle Händler akzeptierte man, man wollte jedoch alle bisherigen Privilegien sowie den erwünschten Nachlass von 20 % streng auf die deutschen Kaufleute mit den *tre requisiti* beschränkt sehen. Offenbar hatte die Reform von 1671 noch keinen Effekt erzielt, da keine definitive Liste von registrierten Händlern der deutschen Nation existierte. Die Cinque Savi unterstützten diesen Wunsch der Deutschen, um den Fondaco wieder durch Zuwachs an Kaufleuten, die solche Privilegien anderswo nicht vorfänden, zum Blühen zu bringen.

Viertens wurde die Einführung eines echten Transitzolls gewünscht. Da die Deutschen immer einen Eingangs- und Ausgangszoll bezahlten, waren ihre so doppelt verzollten Waren für den Transit über Venedig nur wenig geeignet, was den Handel weitgehend auf den Markt der Republik beschränkte. Die Consuln schlugen vor, dass für die Waren im Transit nur der Eingangszoll bezahlt werden solle. Vonseiten der Cinque Savi fürchtete man zwar bei Konzession eine deutliche Verminderung der Zolleinnahmen, wollte aber andererseits den Transit durchaus fördern. Nach einer Analyse der Warenbewegungen und der Ausgangstarife stellten die Cinque Savi fest, dass die Consuln hier etwas übertrieben hatten; man schlug aber eine befristete Konzession des Transits vor, um dessen Wirkung zu testen.

Als fünften Punkt hielten die Deutschen fest, dass Pelzwaren und Produkte aus Flandern von manchen Zöllnern bei Spedition über den Fondaco als Schmuggelware deklariert würden, da diese nicht aus Deutschland kämen. Man wünschte, diese so wie in der Vergangenheit auch künftig offiziell beim Fondaco und nicht bei der Entrata verzollen zu müssen. Dieses Ansinnen unterstützten die Cinque Savi vorbehaltlos.

Der Senat antwortete am 25. Mai 1675 und folgte im Prinzip den Empfehlungen der Cinque Savi.[350] Eine gemeinsame Versammlung der Cinque Savi und der drei *Regolatori sopra li Dazi*[351] am 29. Juli 1675 brachte dann das Gesetz auf den Weg. Hier wurde der Transit für vier Jahre beschlossen und ansonsten den Wünschen der Nation vollständig entsprochen. Man hatte bei den Consuln genau zurückfragen müssen, wer die Privilegierten wirklich seien, ob dies eventuell nur die tatsächlichen Bewohner des Fondaco umfasste. Die Consuln hatten geantwortet, dass sie nur diejenigen als privilegiert sehen wollten, die auch die Lasten des Kapitels trügen, ob diese nun außerhalb des Fondaco, aber innerhalb der Republik wohnten (aber einen Raum im Fondaco weiterhin gemietet hatten) oder sogar in Deutschland wohnten und in Venedig nur einen legitimen Vertreter hatten; solange dieser die Miete der Kammer und den Cottimo bezahlte. Äußerst interessant ist, dass damit eine Entmachtung der Faktoren der ober-

gemeint, dass nur noch sechs Händler besonders wohlhabend waren. Faktisch in die Nation eingeschrieben waren deutlich mehr Händler, wie weiter unten zu zeigen sein wird.

350 ASVe/CS, II Ser., 70, 25. Mai 1675.

351 Dieses war ein Amt zur Bekämpfung von Schmuggel, es wird hier erstmalig bezüglich dieser Debatte in den Quellen genannt. Zu diesen gibt es als Literatur faktisch nur den kurzen Eintrag im Archivinventar Venedigs: *D'Angiolini/Carucci*, Guida, S. 951–952.

deutschen Händlerdynastien in Venedig einherging. Diese wurden explizit als nicht privilegienberechtigt bezeichnet.[352]

An dieser Stelle ist ein kurzer Exkurs erforderlich. Reinhard Hildebrandt hat in einem Grundlagenaufsatz den Blick auf die Handelsdiener gelenkt, die vor allem im 16. Jahrhundert mit der Ausbildung komplexerer Firmenstrukturen als markant identifizierbare eigene Gruppierung entstanden. Diese erhielten neben einem festen Gehalt häufig noch eine Gewinnbeteiligung und hatten bei höherer Stellung auch ein zunehmendes Maß an Entscheidungsbefugnissen. Eine Spitzenposition für solche Handelsdiener war, wie Hildebrandt explizit hervorhebt, diejenige des Faktors.[353] Als solcher war man Leiter einer Firmenfaktorei an einem fernen Ort und hatte neben dem Festgehalt und einer Gewinnbeteiligung auch eine gewisse Freiheit zu eigenen Geschäften. Jedoch blieb der Faktor weisungsgebunden, hatte einige geschäftliche Einschränkungen zu akzeptieren, und die Stammfirma haftete für Verluste der Faktorei. Eine häufige und im 17. Jahrhundert offenkundig an Bedeutung gewinnende Alternative für Faktoren waren Kommissionäre, die als eigenständige Händler auf eigene Rechnung für verschiedene Auftraggeber Geschäfte abwickelten.[354]

Innerhalb des Fondaco waren offenbar die Faktoren nicht sonderlich wohlgelitten. Die deutsche Nation wünschte eher unabhängige Händler als Mitglieder, die eigene Interessen verfolgten und kaum an direkte Weisungen aus Oberdeutschland gebunden waren. Es muss aber hinzugefügt werden, dass eine Inklusion der Faktoren in die nun massiv privilegierte Nation kaum denkbar war. Die Republik verlangte Listen der Privilegierten und wollte diese als eigenständige Firmen behandeln. Wären hier nun faktisch leitende Angestellte von oberdeutschen Handelshäusern aufgenommen worden, hätte dies einem solchen Prinzip widersprochen.[355] Wenn unabhängige deutsche Händler in Venedig privilegiert wurden, hatten diese auch eine Motivation, hier länger zu verbleiben und ihre Gewinne nicht zu stark nach Deutschland zu transferieren.[356]

Damit wurde die Entsendung von Faktoren nach Venedig unattraktiver.[357] Von nun an mussten sich die Firmen in Süddeutschland im Regelfall einen voll in Venedig niedergelassenen Kaufmann als Partner suchen, um auch weiterhin über Zollvergünstigungen nach und von Venedig exportieren und importieren zu können. Wenn jemand noch als eine Art von »Faktor« ein Mitglied der

352 *Simonsfeld*, Der Fondaco dei Tedeschi, Bd. 2, S. 162.

353 *Hildebrandt*, Die wirtschaftlichen Beziehungen.

354 *Häberlein*, Handelshäuser.

355 Bereits im 16. Jahrhundert hatten die Venezianer gefordert, dass der (Miet-)Besitz der Kammern im Fondaco an die Faktoren überschrieben werden solle: *Nutz*, Unternehmensplanung, S. 114, basierend auf: *Westermann*, Die Zahlungseinstellung, S. 506–507.

356 Genaueres kann dazu leider nicht gesagt werden, da seit der Verbrennung der Capitularien des Fondaco dei Tedeschi im Jahr 1945 die dazu vormals verwandten Akten verbrannt sind: *Ressel*, Die Zerstörung.

357 Das war beispielsweise für die Vertreter der Fugger in Venedig die übliche Form der Vertretung gewesen: *Weitnauer*, Venezianischer Handel, S. 65–68.

deutschen Nation sein wollte, so musste er zumindest formal ein hohes Maß an Unabhängigkeit gegenüber der Firmenzentrale haben. Zwar hatten auch im 18. Jahrhundert einige oberdeutsche Handelshäuser Faktoren in Venedig, hier fanden sich auch einige Vertreter katholischer Firmen.[358] Jedoch durften sie nicht mehr im Fondaco dei Tedeschi wohnen und damit fiel auch die Zollvergünstigung weg. Die deutsche Nation in Venedig wurde damit unabhängiger von den Reichsstädten, die in Zukunft bezüglich des Fondaco auch tatsächlich kaum mehr miteinander oder mit der Republik korrespondieren sollten. Wir können daher die durch die deutsche Nation vorgenommene Auswahl der Privilegierten auch als eine Art von Unabhängigkeitsmanifest derselben von der Tutelage der Reichsstädte ansehen.[359]

Die Consuln versprachen auch weiterhin, jeglichen Hochdeutschen, der dies wünschte, ins Kapitel aufzunehmen. Interessant ist die Beobachtung der Cinque Savi zur Praxis der letzten vier Jahre nach der Privilegierung 1671. Man schrieb, dass die Lastträger (*Facchini*) und andere Nichtprivilegierte je nach Vorteil den Fondaco oder die normalen Zollstellen bedient hätten, im ersteren Fall durch eine schlichte Übersetzung ihres italienischen Namens ins Deutsche. Um dies zu unterbinden, wurde für die Zukunft jährlich eine Liste der privilegierten deutschen Kaufleute von den Consuln gefordert, zugleich wurde der Fondaco erneut obligatorisch jeglichem Händler für alle Transaktionen mit Deutschland und den Niederlanden vorgeschrieben.[360]

Am 31. August 1675 wurde dieses Gesetz erlassen.[361] Der Erfolg war vollständig im Sinne der Deutschen. Selbst die Warentaxationen wurden angepasst, obwohl sich die Cinque Savi in ihrer Eingabe vom 18. Mai dagegen ausgesprochen hatten. Erst nun kann man die Nation als eine hochgradig privilegierte

358 Bei einer Durchsicht der 79 seit 1705 in die evangelische Gemeinde eingeschriebenen Kaufleute kann man feststellen, dass 11 von diesen nicht Mitglied der deutschen Nation waren, diese werden wohl als Faktoren für oberdeutsche Firmen in Venedig gearbeitet haben, vgl. Anhang II. Auch fünf Kaufleute aus *Germania*, die in einer Liste von *Mercanti di Estero Stato iniziati a Venezia di Religione Cattolica Romana* (neben den Deutschen hauptsächlich italienische Kaufleute umfassend) aus dem Jahr 1778 waren wahrscheinlich Faktoren von Firmen aus Österreich oder Bayern. Die Liste bei: BMCV, Manoscritti Donà delle Rose, Nr. 127, fol. 21.

359 Es stellt sich dabei natürlich die Frage, warum die deutsche Nation die reinen Angestellten der oberdeutschen Firmen in Venedig so deutlich entmachtete. Es sind Konflikte zwischen den unabhängigen und den entsandten Händlern in den krisengeschüttelten Vorjahren vor 1675 denkbar, möglich ist aber auch, dass die Republik Venedig ihre deutliche Privilegierung nur auf die Personen beschränkt sehen wollte, die mit höherer Wahrscheinlichkeit länger in der Republik verbleiben würden. Die Frage hätte wohl mit den 1945 verbrannten Capitularien beantwortet werden können, hierauf verweist der von Simonsfeld transkribierte Quellenteil hierzu: *Simonsfeld,* Der Fondaco dei Tedeschi, Bd. 2, S. 162.

360 ASVe/CS, II Ser., 70, 29. Juli 1675.

361 Abgedruckt bei: ASVe/CS, II Ser., 73, Stampa Mercanti Venetiani, fol. 33–36. Im Text wurde ausdrücklich darauf verwiesen, dass die deutschen Händler in Venedig *prerogative* haben sollten, ihre Bevorzugung wurde also öffentlich kommuniziert.

Gruppe auffassen; selbst die Zollreduktionen von 1541 und 1561 wurden hiervon deutlich in den Schatten gestellt. Die neuen Privilegien waren im Einzelnen:[362]

1. Der Zollsatz von Waren, die über den Fondaco nach außen spediert wurden, wurde um 20 % reduziert.
2. Bei eingeführten Waren wurden 2 % des taxierten Wertes vom effektiv zu bezahlenden Zoll abgezogen. Faktisch bedeutete dies häufig einen Nachlass von deutlich über 20 %.[363]
3. Der Transit wurde für vier Jahre gebilligt, die Waren in der Durchfuhr wurden also nur beim Eingang verzollt.
4. Der Zoll konnte innerhalb von vier Monaten nach Deklaration der Ware bezahlt werden, alle nichtprivilegierten Nutzer des Fondaco mussten den Zoll direkt bei Deklaration der Ware entrichten.

Es sei nicht vergessen, dass die Nation auch weiterhin den Cottimo von allen, auch den nichtdeutschen Nutzern des Fondaco erhob und für die eigenen Zwecke verwandte – beispielsweise für die Bestechung von Amtsträgern, um exklusive Zollprivilegien zu erhalten. Just am 13. September 1675 wurde auch die 1670 bewilligte Erhöhung des Cottimo um weitere fünf Jahre verlängert.[364] Dies passt zur Kette an Erfolgen, die sich aus dem Protokollbuch seit 1647 ergibt. Der Nation war es seither immer gelungen, ihre Ziele durchzusetzen, sei es der Ausschluss von Händlern aus unerwünschten Gruppen bei der Spedition von und nach Deutschland, sei es die Verhinderung von neuen Warenkontrollen im Friaul, sei es schließlich die Erringung wertvollster Privilegien im Handel. Bezahlt wurden die notwendigen Ausgaben immer zu einem guten Teil von den Personen, zu deren Lasten die Entscheidungen gefallen waren.

Am 8. September 1675 wurden die *sehr erfrüliche Parte di 31. Agosto* im Generalkapitel verlesen. Man erließ strikte Regularien, um künftig jeglichen Gebrauch der Privilegien durch nicht im Kapitel eingeschriebene Kaufleute zu verhindern. Insbesondere wurde nun eine *Tolella* erstellt, eine Liste der die *tre requisiti* innehabenden deutschen Kaufleute. Diese Liste wurde regelmäßig aktualisiert und in unregelmäßigen Abständen bis 1797 an die Zollbeamten des Fondaco versandt; sie gibt uns also weitgehend präzise Informationen über alle zwischen 1675 und 1797 in der deutschen Nation in Venedig eingeschriebenen Kaufleute.[365] In der ersten Liste finden sich 21 Händler. Hier wurden 17 Firmen aufgeführt, da 8 deutsche Händler in Partnerschaften zu je zwei Kaufleuten assoziiert waren, wie wir in Abbildung 5 sehen können. Zwar waren dies deut-

362 ASVe/CS, II Ser., 73, Stampa Mercanti Venetiani, fol. 77.
363 Vgl. Kap. III, Fn. 74.
364 ASVe/CS, II Ser., 70, 2. September 1675.
365 Die seit 1693 eingesandten Tolelle wurden archiviert und sind heute noch im Staatsarchiv Venedig zu finden: ASVe/CS, II Ser., 966. Aus den dortigen Angaben wurde der Anhang I erstellt.

lich weniger Bewohner des Fondaco als 1646,[366] dennoch war es nicht die katastrophale Situation mit nur noch sechs aktiven Händlern, wie es die deutsche Nation gegenüber der venezianischen Regierung geklagt hatte.[367] Die Wirkung war sogleich spürbar. Bereits im Dezember 1675 konnte die Nation die säumigen Mitglieder des Kapitels zur Zahlung ihrer Außenstände bringen, indem diesen sonst die Nennung auf der Tolella verweigert würde.[368] Rasch stiegen auch wieder die Mitgliedszahlen, wie Abbildung 5 mit Listen der eingeschriebenen Kaufleute 1675 und 1680 verdeutlicht. 1680 waren bereits 30 Händler eingeschrieben, davon 10 in einer Partnerschaft. Die verstärkte Privilegierung führte allerdings in den nächsten Jahren nicht zu einer willkürlichen Mitgliederpolitik in dem Sinne, dass die deutsche Nation nach Gutdünken Gesuche auf Zulassung angenommen oder abgelehnt hätte. Es blieb dabei, dass Kaufleute aus Oberdeutschland mit Vorfahren aus dieser Region jederzeit Mitglied der deutschen Nation werden durften. Zu den Eintrittsmodalitäten dieser Jahre erfahren wir aus dem Protokollbuch noch, dass jeder Kaufmann 200 duc. als Depositum bei Eintritt in die Nation hinterlegen musste; dieses wurde ihm beim Verlassen derselben wieder ausbezahlt.[369]

Es verwundert, dass gegen die verstärkte Privilegierung der Deutschen seit 1675 zunächst kein größerer Protest aufkam. 1727 schrieben die Gegner der deutschen Nation auf dem Höhepunkt des Streits mit derselben, dass in Spanien die Spanier von Privilegien am Zoll profitierten, in Frankreich die Franzosen, in Neapel die Neapolitaner und in Hamburg die Hamburger, so sei es *quasi per tutta l'Europa*. Nur in Venedig gälte offenbar das umgekehrte Prinzip, hier würden die Einheimischen stärker belastet als die Auswärtigen.[370] Wir können vermuten, dass dieses Gefühl auch 1675 unter den Konkurrenten der deutschen Händler in Venedig verbreitet war. Gerade weil die Verschärfung von Rechtsungleichheit zwischen Händlergruppen so sehr aus der Zeit fiel, sollte die Privilegierung der deutschen Kaufleute ihren Konkurrenten häufig als unverständliches Agieren der Republik Venedig erscheinen. Dennoch schritt der Senat konsequent auf diesem Weg voran. Aus Sicht der venezianischen Amtsträger war die Privilegierung der Deutschen von 1675 wohl einer der Höhepunkte der seit 1656 verfestigten Entente zwischen den Nutzern und Förderern des Verkehrs über Tirol und der Republik Venedig. Nicht zufälligerweise fiel dieses Privileg zeitlich mit dem Erlass der neuen Tiroler Rodordnung und damit auch von Augsburg verfügten Transiterleichterungen zusammen.[371]

366 Vgl. Kap. III, Fn. 186.
367 Vgl. die Betonung des eigenen Niedergangs durch die deutsche Nation: Kap. III, Fn. 320, 337.
368 AEGV, Fondaco 5, fol. 154v.
369 Siehe beispielsweise für beide Fälle: AEGV, Fondaco 5, fol. 144v, 183r–183v.
370 ASVe/CS, II Ser., 73, 6. Januar 1727.
371 Vgl. Kap. II, Fn. 294.

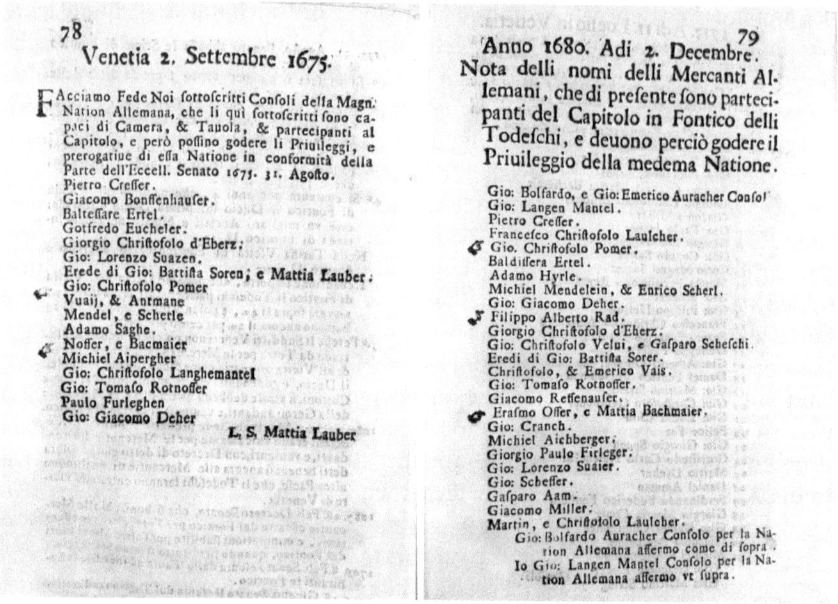

78

Venetia 2. Settembre 1675.

FAcciamo Fede Noi sottoscritti Consoli della Magn. Nation Allemana, che li quì sottoscritti sono capaci di Camera, & Tauola, & partecipanti al Capitolo, e però possino godere li Priuileggi, e prerogatiue di essa Natione in conformità della Parte dell'Eccell. Senato 1675. 31. Agosto.

Pietro Cresser.
Giacomo Bonffenhauser.
Baltessare Ertel.
Gotfredo Eucheler.
Giorgio Christofolo d'Eberz;
Gio: Lorenzo Suazen.
Erede di Gio: Battista Soren; e Mattia Lauber;
Gio: Christofolo Pomer
Vuaij, & Antmane
Mendel, e Scherle
Adamo Saghe.
Noffer, e Bacmaier
Michiel Aipergher
Gio: Christofolo Langhemantel
Gio: Tomaso Rotnoffer
Paulo Furleghen
Gio: Giacomo Deher

L. S. Mattia Lauber

79

Anno 1680. Adi 2. Decembre.

Nota delli nomi delli Mercanti Allemani, che di presente sono partecipanti del Capitolo in Fontico delli Todeschi, e deuono perciò godere il Priuileggio della medema Natione.

Gio: Bolfardo, e Gio: Emerico Auracher Consol
Gio: Langen Mantel.
Pietro Cresser.
Francesco Christofolo Laulcher.
Gio. Christofolo Pomer.
Baldissera Ertel.
Adamo Hyrle.
Michiel Mendelein, & Enrico Scherl.
Gio: Giacomo Deher.
Filippo Alberto Rad.
Giorgio Christofolo d'Eherz.
Gio: Christofolo Velui, e Gasparo Scheschi.
Eredi di Gio: Battista Sorer.
Christofolo, & Emerico Vais.
Gio: Tomaso Rotnoffer.
Giacomo Reffenauser.
Erasmo Offer, e Mattia Bachmaier.
Gio: Cranch.
Michiel Aichberger.
Giorgio Paulo Firleger.
Gio: Lorenzo Suaier.
Gio: Scheffer.
Gasparo Aam.
Giacomo Miller.
Martin, e Christofolo Laulcher.

Gio: Bolfardo Auracher Consolo per la Nation Allemana affermo come di sopra.
Io Gio: Langen Mantel Consolo per la Nation Allemana affermo vt supra.

Abbildung 5: Eingeschriebene Kaufleute in die deutsche Nation 1675 und 1680
Quelle: ASVe/CS, II Ser., 73, Stampa Mercanti Venetiani, fol. 78–79.

Im Prinzip agierte die Republik Venedig in diesen Jahren genauso merkantilistisch wie die europäischen Nachbarn. Dies betraf insbesondere die Niederländer, deren Benachteiligung fast allen europäischen Mächten im späten 17. Jahrhundert ein wichtiges handelspolitisches Anliegen war.[372] Als die *Nazione Fiamminga* im Dezember 1675 eine Supplik an die Cinque Savi alla Mercanzia vorlegte, war die deutsche Nation darüber bestens informiert und konnte beruhigt feststellen, dass die Niederländer nicht die Privilegien der Deutschen wünschten, sondern nur eine Reduktion des Zolls für Garne.[373] Den Niederländern war offenbar klar, welche Stellung sie künftig in Venedig zu gewärtigen hatten, und sie versuchten daher nur noch, sich Nischen zu retten. Bald schon gingen die Handelshäuser in den Niederlanden dazu über, über die deutschen Händler in Venedig zu operieren.[374] Der Grund dafür war eindeutig: Im Fernhandel war

372 *Israel*, The Dutch Merchant Colonies, S. 383–390.
373 AEGV, Fondaco 5, fol. 156r.
374 Beutin hat anhand von nicht angegebenen Quellenfunden in Venedig den beeindruckenden Handelsrayon der deutschen Händler in Venedig um 1680 herum dargestellt und dabei auf die kostengünstigen Verbindungen von Smyrna bis in die Niederlande verwiesen: *Beutin*, Der deutsche Seehandel, S. 50. Zwar schrieb 1769 der französische Konsul in Venedig, dass die Deutschen im Levantehandel strukturell schwach seien. Im Gegensatz zu den Venezianern könnten sie die im östlichen Mittelmeer besonders nachgefragten Produkte,

die Stellung der Deutschen seit 1675 hervorragend und vor allem allen potenziellen Konkurrenten weit überlegen. Damit wuchs den Deutschen die Rolle als idealer Partner für andere Fernhändler mit Interessen am venezianischen Markt zu, seien es nun in Livorno basierte Engländer und Niederländer, Griechen aus dem osmanischen Reich oder den venezianischen Inseln oder Schweizer aus der Eidgenossenschaft und Nordwestitalien; und natürlich fast alle Händler Nord- und Osteuropas. Man kann sagen, dass die Privilegien von 1675 einer faktischen Neugründung der Nation gleichkamen, die ihr bereits kurz-, vor allem aber langfristig zu großer Bedeutung verhelfen sollte.

In den nächsten Jahren gab es bereits einige kleinere Beschwerden und Probleme bei der Anwendung des Gesetzes, die wir hier übergehen können. Die Cinque Savi zeigten sich firm, die Privilegien gegenüber allen Kritikern, unter anderem auch dem Gouverneur des Fondaco, der die Zollsenkung nicht nur positiv sah, selbst angesichts zunächst nicht wachsender Zolleinnahmen zu verteidigen.[375] Der nun mit neuem Selbstbewusstsein ausgestatteten und zahlenmäßig deutlich gestärkten Nation gelang es auch im Dezember 1680, den hohen Cottimo für weitere fünf Jahre vom Senat verlängern zu lassen.[376] Allerdings ließen die Deutschen stillschweigend im Juli 1680 den Transitzoll fallen, nachdem sie seit Dezember 1679 Überlegungen angestellt hatten, ob dieser sich lohne. Man kam zu dem Schluss, *der Nutzen were gar gering*, und neue Spesen (wohl: Bestechungsgelder) wollte man für dessen Verlängerung nicht auf sich nehmen.[377] Vermutlich war ein Transit mit den bestehenden Zollerleichterungen bereits hinreichend günstig und prinzipiell wurden die deutschen Waren in Venedig angesichts der Tatsache, dass der Seehandel im späten 17. Jahrhundert noch hauptsächlich von anderen Händlergruppen betrieben wurde, zumeist wohl direkt verkauft. Die deutschen Kaufleute sollten es, wie unten noch zu zeigen sein wird, allerdings nur wenige Jahre später angesichts des raschen Wachstums ihres Handelsvolumens und ihrer zahlenmäßigen Stärke bereuen, dass sie diese günstige Gelegenheit versäumt hatten. Erst seit 1736 sollte erneut, und dann für alle Händler an der Lagune ein günstiges Transitreglement erlassen werden.

Die Nation konnte bald einen weiteren Triumph für sich verbuchen. Anfang 1680 begann ein neuer Konflikt mit der Zollverwaltung der Entrata. Den Deutschen war ja 1675 auch das ältere Privileg bestätigt worden, dass die Waren aus allen Teilen Europas über den Fondaco zu verzollen waren. In einer weitreichenden Interpretation dieser Vergünstigung hatten sie offenbar kurz nach Erteilung der Privilegien von 1675 begonnen, alle von Landseite kommenden

hochwertiges Papier, spezielle Glaswaren und goldbestickte Seiden, nicht in hinreichender Qualität erzeugen: *Georgelin*, Venise au siècle, S. 122. Dabei unterschätzte er die Rolle der deutschen Händler als Kommissionäre.

375 Beispielsweise verstanden manche Zöllner das Privileg der 2 % bei den Importen falsch: AEGV, Fondaco 5, fol. 161r–165v. Zu den Monita des Gouverneurs des Fondaco: ASVe/CS, II Ser., 70, 4. April 1677.

376 AEGV, Fondaco 5, fol. 179r, 181r; ASVe/CS, II Ser., 73, Stampa Nazione Alemana, fol. 20.

377 AEGV, Fondaco 5, fol. 173v, 176r.

Waren auch aus und nach außerdeutschen Landen vergünstigt zu verzollen; was eindeutig eine Novität darstellte. Der Zollverwalter der Entrata beschwerte sich darüber bei den Regolatori sopra li Dazi, worüber die Nation im März informiert wurde. Man beschloss seitens der Deutschen, *sich in Postur* zu setzen und sich diese Praxis auch als rechtmäßig bestätigen zu lassen.[378] Im April 1680 wurde von den Zollverwaltern der Entrata angegeben, dass die Verzollung von Waren aus außerdeutschen Landen im Fondaco durch Kaufleute der Nation pro Jahr 2.000 bis 3.000 duc. Verlust für den Staat bedeute.[379] Im Mai 1680 kam der eigentliche Akteur hier zum Vorschein. Ein Kaufmann namens Alessandro Zervoi wollte die Entrata pachten und offerierte 1.500 duc. zusätzlich zu seinem Angebot, wenn die Deutschen ihre Waren aus außerdeutschen Landen hierüber einführen müssten.[380]

Zunächst erfahren wir nichts weiter über den Verlauf der Angelegenheit. Jedoch beschloss die Nation im Januar 1681, die inzwischen recht günstigen Einnahmen des 1673 eingeführten doppelten Cottimo für eine Reaktivierung der Panada zu nutzen. Wir erinnern uns: Diese war 1672 eingestellt worden und stattdessen gab es am Portal ein- bis zweimal pro Woche eine Austeilung von Geld an die Armen.[381] Dies sah man inzwischen sehr kritisch, *weilln allerhand Lumpenleit sich einfindten so des Allmußen nicht bedürfftig und nur den Soldo nemmen, umb den Brandenwein zu zahlen*. Die Armenspeisung sollte nun wieder aufgenommen werden, was wohl 500 duc. pro Jahr mehr kosten würde. In derselben Versammlung wurde beschlossen, dass Strafen und eventuell der Ausschluss *zu ihrem Schimpff* aus der Nation für diejenigen drohten, die über *dero Operation vihl klügeln*; zudem wurde eine Anwesenheitspflicht bei den Generalkapiteln beschlossen.[382] Die vielen neuen Mitglieder machten eine Straffung der Nation unumgänglich, nur Diskretion ermöglichte weitere finanzielle Operationen diesseits und jenseits der offiziellen Wege zur Durchsetzung und Erweiterung der eigenen Privilegien.

Das war auch notwendig. Am 22. April 1681 wurden der Nation Schriften Zervois zugestellt, die dieser bei den Regolatori sopra li Dazi und der Entrata eingegeben hatte. Hier verlangte er die grundsätzliche Verzollung von außerdeutschen Waren, die über die Landseite kamen, in der Entrata. Da der bisherige Anwalt der Nation jüngst verstorben war, ernannte man einen neuen. Die entsprechenden Zeilen im Protokollbuch zeigen recht klar, welches dienstliche Profil ein Advokat der deutschen Händler in Venedig immer haben sollte: *Man solle mit dem Illustrissimo Piero Garzoni Capo machen, weilln vorhero in anderen Sachen mit ihme auch convoliert* (sinngemäß: gut zusammengearbeitet; MR), *und er Fiscal all 5. Savy ist, bey welchem Magistrat man immer zue schaf-*

378 AEGV, Fondaco 5, fol. 175r.
379 ASVe/CS, II Ser., 70, 30. April 1680.
380 AEGV, Fondaco 5, fol. 176r.
381 Vgl. Kap. III, Fn. 334.
382 AEGV, Fondaco 5, fol. 183v–184r.

fen, und er auch vihl Servity thun könne.[383] Ehemalige Spitzenbeamte aus der wesentlichen wirtschaftspolitischen Behörde Venedigs, das waren die idealen Kandidaten für die Nation. Garzoni sollte sich sehr bald als eine sehr gute Wahl erweisen.

Am 10. Mai 1681 entschied der Senat zuungunsten Zervois, er durfte die Entrata nicht pachten. Für die Deutschen bedeutete dies noch keinen endgültigen Erfolg. Einerseits war damit noch nicht bezüglich der künftigen Verzollung der außerdeutschen Waren entschieden, andererseits wurde den Cinque Savi aufgetragen, einigen *abusi* nachzugehen.[384] Offenbar waren im Zuge der Diskussion Meldungen eingegangen, dass die Deutschen ihre Privilegien missbrauchten. Dies erfahren wir aus einer Schrift der Regolatori sopra li Dazi vom 12. Juli 1681. Diese führten auf, dass es den Staat einige Einnahmen koste, wenn die Deutschen Waren aus und nach Frankreich über den Fondaco und nicht über die Entrata ein- und ausführen würden. Zudem habe man entdeckt, dass deutsche Kaufleute ihre Namen an andere nichtprivilegierte Händler ausliehen (*prestare*) und damit dem Staat großen Schaden zufügten. Der Senat ordnete am selben Tag eine Untersuchung der Vorgänge und der Verzollung außerdeutscher landseitiger Waren über den Fondaco an.[385] Damit war die Gefahr gegeben, dass aus einer eigentlich eher kleinen Angelegenheit eine Diskreditierung der gesamten Privilegien entstehen konnte.

Bereits vorher hatten die stets gut informierten deutschen Händler auf verborgenem Wege von der Drohung erfahren und waren schon am 11. Juni 1681 zu einem Generalkapitel zusammengetreten. Man solle, so der Protokolleintrag, das *so schön verlihene Privileg* von 1675 nicht leichtfertig durch *Darleyhung der Namen* an andere Kaufleute verspielen. Die Consuln teilten auch die Nachricht von Garzoni mit, dass die Cinque Savi auf großen Widerstand bei den Regolatori sopra li Dazi gestoßen seien, als sie die vergünstigte Spedition im europaweiten Landhandel den Deutschen zugestehen wollten. Im Generalkapitel wurden die Mitglieder intensiv ermahnt, in Zukunft keine Missbräuche der Privilegien mehr zu begehen, ansonsten drohe der Nation der *Rovina*.[386]

Von nun an erfahren wir nichts mehr über die Angelegenheit bis zu einem Generalkapitel vom 22. April 1682, bei dem den Mitgliedern gute Nachrichten mitgeteilt wurden. Wahrscheinlich waren die Anschuldigungen der Namensverleihung frei erfunden und selbst der Wunsch nach Pachtung der Entrata nur ein Vorwand gewesen, so lesen wir im Protokolleintrag des Tages über einen Antonio Tori:

> dessen Intacco (Angriffe; MR) bitter nur zu klar apparíern und durch uns erst dieser Tagen in die Enge hat können gezogen werden, so hetten wir auch immer gehofft die Action so eine löbliche Nation mit den Dacieri alle Entrata und neuen Riccordanten

383 AEGV, Fondaco 5, fol. 195r.
384 ASVe/CS, II Ser., 70, 10. Mai 1681.
385 ASVe/CS, II Ser., 70, 12. Juli 1681.
386 AEGV, Fondaco 5, fol. 196r–196v.

habe, vollent auß zu machen wie er auch so weitt kommen, daß die Eccelentissimi Regolatori & Revisori sopra li Daty die ihnen vom Collegio aufgetragene Commission dieser Tagen unfehlbar beantworten sollen welche auch in der Nation Favor sein werden.[387]

Vor diesem Erfolg gegen einen Angriff, der vermutlich von konkurrierenden Kaufleuten in Zusammenarbeit mit manchen einheimischen Beamten geplant wurde, hatte die Angelegenheit lange auf Messers Schneide gestanden. Offenbar hatte man wiederum im Verborgenen operiert und dabei manche Summe in die Hand genommen. Am 11. Mai 1682 schließlich empfahlen die Cinque Savi dem Senat, die Zollnachlässe auch offiziell auf die von den privilegierten Deutschen über den Fondaco geführten Waren von und nach ganz Europa zu gewähren. Die Händler der deutschen Nation sollten nur noch auf eigenen Namen und eigene Rechnung handeln, ansonsten drohte man Strafen an.[388] Am 25. Juli 1682 wurde dies in Gesetzesform gegossen.[389] Spätestens seither, vermutlich aber schon seit 1675 galt als eine gewisse Grundkonstellation der Konflikte um die Privilegien am Fondaco, dass die Cinque Savi für die deutsche Nation agierten, die Regolatori sopra li Dazi hingegen als deren Gegner auftraten.

Üblicherweise – und so auch dieses Mal – setzten sich die Cinque Savi durch. Erneut hatte die Nation einen Erfolg errungen, und künftig konnten ihre Mitglieder alle Waren, die von der Landseite nach Venedig kamen oder die umgekehrte Richtung nahmen, zu den günstigen Tarifen des Fondaco verzollen. Ein scharfer Angriff ihrer Gegner hatte diesen das Gegenteil des Gewünschten gebracht, die Nation stand begünstigter da denn je. Da sich einige kriegerische Jahrzehnte mit viel Unsicherheit zur See ankündigten, sollte die Nation auch in den nächsten 40 Jahren eine Blütephase sondergleichen erleben. Man hatte die Privilegien zur rechten Zeit deutlich erweitert.

Das Protokollbuch endet am 13. Mai 1682 so unvermittelt, wie es begonnen hat.[390] Es wirkt wie ein Vermächtnis, wenn wir im Eintrag vom 22. April 1682 noch einmal lesen können, wie die Nation in den 35 Jahren, die das Protokollbuch umfasst, all ihre Privilegien hatte halten und erweitern können. Zwar bezog sich das konkret auf die jüngste Attacke, wir können aber davon ausgehen, dass dies auch für viele Jahrzehnte vorher und nachher seine Gültigkeit behielt. Auf Nachfrage zu Unstimmigkeiten bei der Abrechnung einiger jüngerer Ausgaben antworteten die Consuln:

Selbiges Geld [were] von uns Consoli gar nicht unnützlich, sondern mit reiffer Betrachtung underschiedlicher Interessenten zum Besten und zur Verhüettung eines großen Unheils bounificiert worden, weiln aber die jenige Persohn welche die Sach

387 AEGV, Fondaco 5, fol. 191r.

388 ASVe/CS, II Ser., 70, 11. Mai 1682.

389 ASVe/CS, II Ser., 70, 25. Juli 1682.

390 Leider sind die vorherigen wie auch die weiteren Protokollbücher nicht erhalten. Dass es sie gegeben hat, bezeugt: *Fick*, Bemerkungen, S. 176.

maneggiert, einen Mundt zu halten aufs höchst anbefohlen, ihme auch versprochen worden, gegen niemandt daß Geringste zu gedencken weniger zu offenbahren, die Sach auch in Spetie underschiedliche Mittglieder unser Nation ganz unschuldig betreffe, die selbsten zum Theil noch nichts darvon wüßten, weils so secret gewest, als hette man in einem Capitel nichts davon reden dörffen, daß were die Ursach warumb keine deutliche Termination vorhanden.[391]

Mit anderen Worten: Ohne einen geheimen Fonds für Bestechungen von Amtsträgern wäre es nicht gegangen, mit diesem hingegen ließen sich die Privilegien erfolgreich verteidigen und ausweiten.

d) Zusammenfassung

Die deutsche Nation in Venedig kämpfte seit ihrem Bestehen einen Kampf um Privilegien und Vorrechte und setzte hierfür Argumente, Anwälte und Bestechungsgelder ein. Im Ergebnis war sie damit zwischen 1647 und 1682, also just dem Zeitraum, in dem wir durch das überlieferte Protokollbuch einen besseren Einblick besitzen, äußerst erfolgreich. Dabei war der Einsatz von Bestechungsgeldern immer wieder notwendig, um den eigenen Argumenten an entscheidender Stelle einen notwendigen Rückhalt zu verschaffen. Den letztlichen Erfolg hierbei erzielte die deutsche Nation jedoch nicht – oder wenigstens nicht nur – durch diese Mittel. Wichtiger war die grundsätzliche Interessengemeinschaft mit dem gastgebenden Staat. Die Privilegierungen mit ihrem Kern des Gesetzespakets vom 31. August 1675 bedeuteten im Wesentlichen, dass die Republik Venedig sich entschied, ihren Hinterlandhandel durch fiskalische Opfer und auf Kosten der eigenen sowie vor allem der nichtdeutschen Händler zu stärken.

Die Förderung der Kaufmannsgruppierung in Venedig, die den Transalpenhandel wie keine zweite beherrschte, ja sogar verkörperte, entsprach, wie wir gesehen hatten, der allgemeinen auswärtigen Handelspolitik der Republik, die zwischen 1656 und 1675 vielfältige vertragliche Abkommen mit ihren Partnern entlang der Tiroler Routen geschlossen hatte, um die Transaktionskosten zu senken.[392] Es ist daher alles andere als ein Zufall, dass zwei Jahre nach der 1682 verfügten erneuten deutlichen Ausweitung der Privilegien für die Deutschen der Freihafen in Venedig 1684 wieder abgeschafft wurde. Zwar hatte auch dieser den Hinterlandhandel verbilligt, doch zugleich zu sehr zur Schwächung der eigenen Gewerbe beigetragen.[393] Eine solche Bedrohung empfanden die Venezianer von den Oberdeutschen offenbar nur in geringem Maße, da die Produkte dies- und jenseits der Alpen zu unterschiedlich waren. Das wirkte sich auch in einer Ära von Zollreformen wie dem dritten Viertel des 17. Jahrhunderts zugunsten der

391 AEGV, Fondaco 5, fol. 193v–194r.
392 Vgl. Kap. II. 2. b.
393 *Costantini*, La regolazione dei dazi.

deutschen Nation in Venedig aus. Zwischen 1656 und 1684 gab es zahlreiche Versuche und Maßnahmen, die das Kunststück vollbringen sollten, den Handelsfluss über Venedig wieder zu stärken und dabei die Gewerbe der Markusrepublik möglichst zu schützen. Die deutschen Händler in Venedig wurden in diesem Prozess letztlich als eine protegierungswürdige Gruppierung im Sinne der Kerninteressen der Republik erkannt und an sie gewissermaßen die Hoffnung geknüpft, dass sie infolge weitreichender Begünstigungen den Handelszug zwischen Venedig und Deutschland wieder revitalisieren würden.

Dies hatte seinen Preis. Venedig benachteiligte absichtlich die Schweizer und Grisolotti, die sich von den Privilegien der Deutschen spätestens seit 1675 abgeschnitten sahen. Damit setzte die Republik auf eine Handelspolitik, die zuletzt vor allem im Mittelalter betrieben worden war, also die partielle Bevorzugung und Benachteiligung von Gästen aufgrund ihrer Herkunft oder Nationalität. Das entsprach in keiner Weise dem Ideal der handelspolitischen Anschauungen der Zeit, die eher Freihäfen und die damit einhergehende Nivellierung von Privilegien als das Allheilmittel zur Lösung von Problemen der Küstenstädte sah.[394] So anachronistisch die Privilegierung einer fremden Kaufmannsnation im späten 17. Jahrhundert wirkt, so war sie wohl im Fall Venedigs eine handelspolitisch wohldurchdachte Option.

Ein Staat in einer ähnlichen Lage wie die Markusrepublik, die Republik Genua, entschied sich während derselben Transalpenkrise der 1660/70er Jahre, trotz einer Portofranco-Deklaration, keine echten Vergünstigungen für die auswärtigen Händler zu verfügen und nahm das weitgehende Verschwinden der transalpinen Kaufleute in der Hauptstadt hin.[395] Dass dies naturgemäß nicht günstig für die Hinterlandanbindung war, braucht nicht besonders betont zu werden. Eine Entscheidung im Sinne der venezianischen Lösung von 1675 war aber wohl in Genua undenkbar, diese Stadt kannte kaum eine Tradition einer Privilegierung auswärtiger Nationen und befand sich viel stärker im Bann des Freihafensystems von Livorno.

Auf dieses Gegenmodell Venedigs, auf den Freihafen Livorno, wird im Folgenden der Blick gelenkt. Venedigs intensiver Privilegierung der Deutschen von 1675 entspricht 1676 die Option Livornos für den vollständigsten Freihafen, den die Frühe Neuzeit kannte.[396] In der Toskana entschied man sich für die Einebnung aller Sonderprivilegien einzelner Gruppen auswärtiger Händler, die in Livorno grundsätzlich gleiche Wettbewerbsbedingungen gegenüber ihren Konkurrenten vorfanden. Auch eine solche Handelspolitik hatte ihre eigenen Auswirkungen und Chancen für die auswärtigen Kaufleute und berührte damit intensiv die holländisch-deutsche Händlerkolonie in Livorno. Auf deren Wirken und Schicksal soll im folgenden Kapitel näher eingegangen werden.

394 Vgl. zur zeitgenössischen Debatte: *Tazzara,* The Free Port of Livorno, S. 137–165.

395 *Beutin,* Der deutsche Seehandel, S. 47–48. Auf den großen Hiat zwischen der liberalen Portofranco-Deklaration Genuas und der tatsächlichen Handelspolitik gegenüber auswärtigen Händlern für den Durchfuhrhandel verweist: *Giacchero,* Storia economica, S. 44–47.

396 *Fischer,* Livorno 1676.

3. Die Hamburger Händler in Livorno als Teil einer deutsch-niederländischen Händlerkorporation in Livorno

a) Die Nazione Olandese-Alemanna in Livorno im Zeitalter der holländischen Handelsdominanz 1600 bis 1690

Wir haben nun die korporative Existenz der deutschen Nation in Venedig von 1647 bis 1682 im Detail mithilfe ihres einzigen erhaltenen Protokollbuchs aus dieser Zeit beleuchtet. Die deutschen Kaufleute in Venedig erweisen sich als eine geradezu idealtypische Händlerkorporation. Die Interessen und Ressourcen wurden gebündelt, und gegenüber dem gastgebenden Staat wurde strategisch im Sinne der eigenen Interessen operiert. Die Teilhabe von Händlern an dieser korporativen Struktur sicherte diesen essenzielle Privilegien am Zoll und damit der deutschen Nation eine zentrale Bedeutung im gesamten deutsch-venezianischen Handelssystem. In Italien existierte nur eine weitere relevante und institutionell verfasste Gruppierung von deutschen Händlern. Sie bestand seit 1607 faktisch, seit 1622 auch offiziell in Livorno als *Nazione Fiamminga-Alemanna* aufgrund des zunächst überwiegend flämischen Aspekts der Gruppierung. Seit den 1630er Jahren änderte sich die Bezeichnung: In den Quellen der nächsten 200 Jahre findet sich wohl am häufigsten die Variante *Nazione Olandese-Alemanna*. Am Namen ist bereits ersichtlich, dass sich hier Niederländer und Deutsche zu einer gemeinsamen Organisation zusammengeschlossen hatten, von der sie sich Vorteile erhofften. Die Unterschiede zur deutschen Nation in Venedig könnten in vielerlei Hinsicht kaum größer sein. Die korporative deutsche Händlerkolonie in Venedig entstand im 13. Jahrhundert, und sie verdankte ihre statutarische Existenz einer Reihe von Verordnungen, die sie auf mehreren Ebenen an den gastgebenden Staat banden und die für Jahrhunderte gültig waren. Die Nazione in Livorno hingegen war eine Neuschöpfung des frühen 17. Jahrhunderts. Hier wurden gleich von Anfang an vonseiten der Kaufleute für die eigene Gruppe Statuten erlassen, an denen sich der Verband im 17. und 18. Jahrhundert immer orientierte. Die Verflochtenheit der Nazione in Livorno mit dem gastgebenden Staat blieb dabei gering. Die Nazione wirkte vor allem nach innen und leistete nach außen nicht viel mehr als Repräsentation; und dies, wie zu zeigen sein wird, mit abnehmender Tendenz.

Die folgenden Ausführungen werden insbesondere auf dem Mitgliedsbuch der Nazione basieren, dem sogenannten *Libro Rosso*, welches von Ermanno Braun, dem Nachfahren des letzten Honorarkonsuls der Bundesrepublik in Livorno verwahrt wird. In diesem befinden sich auch über die Jahrhunderte verteilt manche Beschlüsse, die hier analysiert werden sollen.[397] Weiterhin wird die 478 Folioseiten umfassende Akte eines Gerichtsprozesses zwischen dem letzten niederländischen Konsul der Nazione und deren deutschen Mitgliedern, die sich

397 Zu diesem Buch vgl. *Castignoli*, Il libro rosso. Zitiert wird es als ACOA, Libro Rosso.

um 1780 als eigene Hamburger Gruppierung abspalteten, zugrunde gelegt. Hier finden sich vielfältige historische Angaben zur holländisch-deutschen Nazione, die für ihr Verständnis grundlegend sind. Diese Angaben basieren alle auf einem größeren Archiv der Nazione, das in Gänze verloren ist. Daher kommt diesen faktischen Extrakten der 1780er Jahre ein besonders hoher Quellenwert zu.[398] Weitere Akten aus dem Reichsarchiv der Niederlande, in dem sich die Korrespondenzen mit dem Konsul in Livorno befinden, und vereinzelte weitere Dokumente aus dem Livorneser Staatsarchiv sowie eine breite Sekundärliteratur erlauben ein vertieftes Verständnis dieser Quellen.

Der Beschreibung der Nazione sei kurz die Aufstiegsgeschichte Livornos vorangestellt. Seit Beginn des letzten Drittels des 16. Jahrhunderts hatten die Medici bereits versucht, diese Hafenstadt zu entwickeln, zunächst noch eher erfolglos.[399] Seit einer Hungersnot in Südeuropa um 1590 war eine größere Anzahl an Getreideschiffen von Nordeuropa ins Mittelmeer gefahren, die häufig in Livorno angelegt und damit einen wichtigen Anstoß zur rascheren Entwicklung des Hafens gegeben hatten.[400] Der Großherzog erließ 1591 und 1593 die sogenannten *Livornine*, die wir als Grundgesetze der Stadt bezeichnen dürfen. Die Livornine gewährten große Freiheiten für die Ansiedlung von Auswärtigen und schützten diese explizit vor strafrechtlicher Verfolgung fast aller Vergehen an einem anderen Ort.[401] In ihrer Zielsetzung boten die Medici mit den Livornine hauptsächlich Zuflucht für die auf der iberischen Halbinsel verfolgten sephardischen Juden. Da diesen explizit die Ausübung ihres Glaubens zugesagt wurde, Ketzerei jedoch weiterhin als strafwürdig galt, diskriminierten die Medici in Livorno faktisch die Protestanten gegenüber den Juden.[402] Dies war jedoch auf das konfessionell-religiöse Feld beschränkt. Im Zoll und bei der Besteuerung gab es keinerlei nennenswerte Vor- oder Nachteile für auswärtige oder einheimische Händler aufgrund ihrer Nationalität. Die Livornine stützten eine dynamische Entwicklung und sorgten für ein weithin beachtetes Debüt Livornos als bedeutender Hafenstadt.[403]

In Venedig erregte der kometenhafte Aufstieg Livornos im letzten Jahrzehnt des 16. Jahrhunderts einige Sorge, da man gerade dessen Attraktivität für den Handel nach Nordeuropa fürchtete. Aus einem zeitgenössischen venezianischen Bericht erfahren wir, dass Schiffe aus Danzig, Hamburg, England, Holland, Zeeland, Emden, Brabant, Flandern, Spanien und der Provence sowie Genua

398 ASL, Capitano poi Governatore 1550–1808, vol. 3076.

399 Zu der Förderung Livornos von 1570 bis 1590: *Baruchello*, Livorno e il suo porto, S. 134–156, *Guarnieri*, Livorno marinara, S. 101–116.

400 Zu Livornos Frequentation in diesen Jahren vgl.: *Braudel/Romano*, Navires, S. 51–53.

401 Vgl. die originalen Texte und die Einleitung bei: *Castignoli/Frattarelli Fischer*, Le »livornine«.

402 Vgl. hierzu auch: *Trivellato*, The Familiarity of Strangers, S. 76.

403 Die dynamische Entwicklung in den zwei Jahrzehnten um 1600 wird gut herausgestellt bei: *Tazzara*, The Free Port of Livorno, S. 37–65.

und von weiteren Orten den gut ausgebauten Hafen gerne anfuhren. Dies wiederum locke Händler aus Lucca, Bologna und Ferrara nach Livorno anstelle von Venedig. Zudem würde nun ein Großteil des küstennahen Handels auf Livorno hin- und von der Adria weggelenkt.[404]

Im Bericht fehlt der Verweis auf die wohl größte Bedrohung für Venedig. Livorno wurde dank der sich seit dem Erlass der Livornine in großer Zahl hier niederlassenden auswärtigen Händler zu einem der wichtigsten Häfen des Mittelmeers.[405] Dies sei an einem Beispiel aus viel späterer Zeit illustriert: Jährlich legten in den zwei Dezennien seit dem Ende des Spanischen Erbfolgekriegs 300–500 große Schiffe an, fast durchweg nordeuropäischer Provenienz.[406] In Venedig hingegen legten jährlich in der Mitte des 18. Jahrhunderts um die 200–300 große Schiffe an, zur Hälfte unter venezianischer Flagge.[407] Livorno war eindeutig der Knotenpunkt des internationalen Fernhandels im Mittelmeer geworden. Ein weiterer wesentlicher Unterschied war, dass Livorno ein wichtiger Hafen für die »Cabotage« war, ein auf eher kleinen Schiffen durchgeführter Zwischenhandel innerhalb des Mittelmeers. Von 4.000 bis 7.000 kleineren Küstenschiffen (*bastimenti sottili*) wurde Livorno im 18. Jahrhundert jährlich aufgesucht, diese dienten meist der Cabotage.[408] Für Venedig liegen keine Vergleichszahlen vor, jedoch dürfen wir dort von einer deutlich niedrigeren Wichtigkeit im innermediterranen Zwischenhandel ausgehen, da die geographische Lage der Stadt in dieser Hinsicht ungünstig war.[409]

Das führt zum essenziellen Unterschied zwischen Livorno und Venedig. Livorno betrieb vor allem einen *Commercio del Deposito*, es war ein Zwischenlagerplatz für Waren im Austausch, sei es auf der kleinen Ebene innerhalb Italiens, sei es auf der großen Ebene des Handels zwischen Nordeuropa und der Levante.[410] Die ungenügende Anbindung an das Hinterland, die Passivität der einheimischen Unternehmer, die geringen gewerblichen Stimuli für das Großherzogtum und die Dominanz des Handels durch auswärtige Kaufleute wurden bereits im 17. und 18. Jahrhundert kritisiert. Das weitgehende Ausbleiben eines wirtschaftlichen Impulses für die Toskana führte manche Beobachter zu der Schlussfolgerung, dass die mit den Livornine verfolgte Handelspolitik der

404 *Vianello*, Una relazione sul porto di Livorno.

405 Diesbezüglich ist sich die Forschung einig, vgl. jüngere Überblicksartikel: *Fischer/Villani*, People; *Villani*, Una finestra.

406 Die besten zahlenmäßigen Übersichten über die Frequentation Livornos durch Schiffe von auswärts im 18. Jahrhundert sind zusammengestellt bei: *Filippini*, Il movimento del porto; *Filippini*, Il porto di Livorno, S. 39–73.

407 *Tucci*, La marina, S. 185–195.

408 *Filippini*, Il movimento del porto, S. 74–75.

409 Vgl. die dürren Hinweise auf die Aktivitäten Venedigs im Cabotagehandel bei: *Hocquet*, L'armamento privato; *Costantini*, Commercio e marina, S. 606–607.

410 So kommentierten das auch die am besten informierten Zeitgenossen im späten 18. Jahrhundert: *Hendrich*, Ein Wirtschaftsbild, S. 147; *Pagano De Divitiis*, Livorno, porto della Toscana.

Medici teilweise fehlgeschlagen war.[411] Die unterschiedliche Bewertung der Effekte Livornos gilt bis heute. Manche Historiker der Stadt betonen, dass der Freihafen eher abgetrennt vom Herzogtum war und keinen Vorteil für die einheimische Händlerklasse brachte; im Gegenteil hätten die Zollfreiheiten das Entstehen einer solchen sogar verhindert. Jüngst wird jedoch die Stimulierung auch des toskanischen Hinterlandes und die durch die Ankunft der Nordeuropäer sowie die geglückte Schaffung einer Nische für Livorno im inner-mediterranen Handel betont, in der toskanische Händler durchaus reüssierten.[412]

Es sei bereits an dieser Stelle eine Erkenntnis der späteren Kapitel dieser Arbeit vorweggenommen: Die Anzahl der deutschen Händler in Livorno nahm im 18. Jahrhundert in Korrelation zum Schwinden der niederländischen Kaufleute zu, da die toskanische Hafenstadt just in diesem Jahrhundert eine stärkere Anbindung nach Nordosten entwickelte.[413] Präziser gefasst war es vor allem die Kräftigung der deutschen Händler in Venedig im 18. Jahrhundert, die es Hamburger Kaufleuten in Livorno ermöglichte, durch Partnerschaften mit diesen und eine enge Anbindung an den englischen Seehandel im Mittelmeer eine stärkere Marktmacht als die Niederländer zu gewinnen. Die Entwicklung in Livorno zeigt damit überdeutlich, welche Bedeutung der venezianische Markt bis zum Ende des 18. Jahrhunderts für das Gesamtgefüge des italienischen Handelssystems besaß.

Um 1600 war der Erfolg der Hamburger in Livorno noch lange nicht absehbar. Die Entstehung der holländisch-deutschen Nazione ist untrennbar mit dem zeitgleichen Aufstieg der Niederlande und Livornos verbunden. Kurz nach 1600 wurde die Zahl an niederländischen und hansischen Schiffsankünften und die damit einhergehende Ansiedlung erster Kaufleute aus dem nordeuropäischen Raum hinreichend substanziell, um an die Formierung einer eigenen statutarisch institutionalisierten Nation zu denken. 1603 wurde eine religiöse Bruderschaft eingerichtet, diese war im Kern katholisch-flämisch geprägt – mit einem geringen Anteil an Deutschen.[414] Seit 1606 gab es Bemühungen vonseiten

411 Zur regierungsinternen Debatte über die Schwächung der florentinischen Handelshäuser durch die auswärtigen Kaufleute in Livorno in den 1670er Jahren vgl. *Fischer*, Livorno 1676, S. 49–53. Zu den Kritikern des Freihafens von Livorno als Tor zur »Prostituierung« Italiens an die auswärtigen Händler im 18. Jahrhundert vgl.: *Tazzara*, The Free Port of Livorno, S. 232–260. Die Venezianer bezeichneten im 18. Jahrhundert Livorno als ein Lagerhaus ohne Flotte und eigene Kaufleute und argumentierten damit gegen die Etablierung eines Freihafens: *Georgelin*, Venise au siècle, S. 67.

412 Zu diesem komplexen Thema im eher kritischen Sinne: *Baruchello*, Livorno e il suo porto, S. 279–280, 317–320; *Dermigny*, Escales, échelles et ports francs, S. 540–546; *Carrière/Courdurié*, Les grandes heures de Livourne; *Filippini*, Il porto di Livorno, S. 87–93; *Engels*, Merchants, S. 39–46; *Addobbati*, Commercio, rischio, guerra, S. 73; *Pagano De Divitiis*, Livorno, porto della Toscana. Den Erfolg betonen hingegen: *Fusaro*, Political Economies of Empire, S. 98–109; *Tazzara*, The Free Port of Livorno, S. 166–201.

413 Das Argument habe ich bereits einmal ausgeführt: *Ressel*, La Nazione. Hier wird dies in einem breiteren Kontext vertieft.

414 ASL, Capitano poi Governatore 1550–1808, vol. 3076, fol. 104v, 430r.

dieser Kaufleute, eine offizielle Bestätigung zu erhalten. 1607 wurde die katholische Nazione Fiamminga-Alemanna vom Großherzog offiziell anerkannt und ihr das Recht auf den Bau einer Kapelle erteilt.[415] Matthäus Bonat, ein österreichischer Korporal, der bereits 1597 zum kaiserlichen Konsul ernannt worden war, konnte sich auf den Konsens dieser Kaufleute stützen und sich seit 1610 gegen einen von den nördlichen Niederlanden unterstützten Gegenkonsul namens Johann van Dalen in schwierigen Auseinandersetzungen bis 1622 durchsetzen.[416]

In diesen Jahren des konsularischen Konflikts, der in gewisser Weise die Rivalitäten in den gespaltenen Niederlanden widerspiegelt, erlahmte die Energie der Nazione zur weiteren Institutionalisierung. Es kann vermutet werden, dass der Überlandhandel zwischen den spanischen Niederlanden und Italien angesichts des zwischen 1610 und 1620 blühenden maritimen Austauschs zwischen Amsterdam und Livorno geschwächt war und die flämisch-katholischen Kaufleute vor Ort hierunter finanziell litten.[417] Die protestantischen Niederländer in Livorno erreichten bis 1620 dennoch keine Mehrheit, sonst wäre es ihnen wohl gelungen, den als korrupt und betrügerisch geltenden Bonat durch den als tüchtig anerkannten van Dalen zu ersetzen.[418]

Erst 1622, als Spanien wieder im Krieg mit den nördlichen Niederlanden stand, gab sich die immer noch südniederländisch-katholisch dominierte Nazione erstmalig Statuten und baute eine eigene Kapelle. Man begann nun auch das Mitgliederbuch, das Libro Rosso. Spätestens seither kann man wirklich von der statutarischen und legalen Existenz der Nazione sprechen, die aus acht Mitgliedern bestand – zwei Österreichern und sechs Flamen. Die protestantischen Nordniederländer in Livorno waren offenkundig nicht Gründungsmitglieder. Zu diesem Zeitpunkt, als die Niederlande noch als Teil des Reichs galten, war die Gründung einer gemeinsamen niederländisch-deutschen Nazione nicht außergewöhnlich. Etwas zu selbstverständlich wird allerdings bisweilen in der Literatur zu Livorno die Existenz verschiedener Händlernationen als ein notwendiges Faktum angesehen. Der allgemeine Tenor ist, dass dies Vorteile bei der Bündelung gemeinsamer Interessen gebracht habe.[419] So sicher sollten wir das nicht annehmen. Livorno begann seine Blütephase um 1590 und hätte als Modell für die Ausgestaltung der Beziehungen von Herrschern und auswärtigen Kaufleuten dasjenige von Amsterdam übernehmen können, wo auswärtigen Händler-

415 Vgl. im Einzelnen hierzu: *Hoogewerff*, De Nederlandsch-Duitsche, S. 155–156; *Panessa/Nista*, La congregazione, S. 17.

416 *Engels*, Merchants, S. 125–129; *Panessa*, Nazioni e consolati, S. 61–62.

417 Zum Mittelmeerhandel der Niederländer um 1600 vgl.: *Israel*, The Phases. Vgl. auch die Bevorzugung der Dienste van Dalens durch holländische Schiffer: *Engels*, Merchants, S. 128.

418 *Beutin*, Der deutsche Seehandel, S. 12–14. Die Admission von reformierten Kaufleuten in die ursprünglich katholische Nazione hat in den Jahrhunderten nach 1622 nie zu Problemen geführt, die aktenkundig geworden wären: *Panessa/Nista*, La congregazione, S. 16.

419 So: *Filippini*, Il porto di Livorno, S. 83–85.

nationen schlicht kein juristisch bindender institutioneller Status zugesprochen wurde.[420]

Mario Baruchello hat darauf verwiesen, dass die Formation der Kaufleute in Nationen mit eigenen Statuten und Vertretungen durch die Livornine erfordert war. Die Regierung wollte die Nationen nicht als handelspolitische Korporationen, sondern als Ansprechpartner für den Gouverneur von Livorno als Repräsentant des gastgebenden Staats. Sie sollten Sprachrohr für Gesetze sein, aber auch Suppliken und Ratschläge an die Regierung kommunizieren.[421] Die *Nazione Ebrea* umfasste sogar alle Juden der Stadt und ihre Vorsteher, die Massari, hatten einige juristische Kompetenzen oder sogar eine Art von Steuerrecht auf diese Gruppe, die im 18. Jahrhundert fast 10.000 Personen zählte.[422] Um die auswärtigen Kaufleute möglichst vollständig zum Eintritt in deren jeweilige Nation zu bewegen, wirkte vor allem der Artikel fünf der Livornina von 1593. Hier wurde die weitgehende Abgabenfreiheit zugestanden, jedoch genossen die Kaufleute diese nur, wenn sie registriertes Mitglied einer Nation waren. In einem 1733 versandten Schreiben des Livorneser Zollverwalters Giovanni Pitti an Carlo Rinuccini (1679–1748), einen der hohen Amtsträger in Florenz, finden wir für die Wirkung dieser Verordnung ein gutes Beispiel. 1703 hätte sich die damals gegründete *Nazione Alemanna*, eine kurzfristige und schnell wieder aufgelöste Handwerkergruppierung, die nichts mit der Nazione Olandese-Alemanna zu tun hatte,[423] erfolgreich um die Befreiung von einer *tassa del mezzo per cento*[424] bemüht, da dies auch den anderen Nationen auf Basis des Artikels fünf der Livornine zugestanden worden sei.[425] In Nationen organisierte Kaufleute konnten sich unter der Herrschaft der Medici in der Regel gut gegen neue Steuern wehren.

Dabei war aber auch das Interesse der Regierung an effizienten Nationen hoch, dies mag mit der Reputation Livornos zu tun haben. Bis weit in das 18. Jahrhundert galt Livorno nicht zu Unrecht als ein Platz für betrügerische Händler und Insolvenzflüchtlinge.[426] Durch die Zusammenfassung der Händler in korporative Verbünde wurde implizit auch eine Art von Kontrollinstanz zur Überwachung ihrer Mitglieder geschaffen und damit wohl auch neben dem Aus-

420 *Gelderblom*, Cities of Commerce, S. 36–41.

421 *Baruchello*, Livorno e il suo porto, S. 355–362.

422 Zu den Juden in Livorno ist die Forschungslage recht gut, vgl. als Standardtitel: *Toaff*, La nazione ebrea; *Frattarelli Fischer*, Vivere fuori dal ghetto; *Trivellato*, The Familiarity of Strangers, S. 70–101.

423 Vgl. zu dieser: *Beutin*, Der deutsche Seehandel, S. 48–49.

424 Es mag sich um eine 1692 eingeführte Steuer handeln, die zunächst von den Nationen bezahlt wurde, aber um 1700 wohl nach Protesten erfolgreich wieder abgeschafft worden war: *Toaff*, La nazione ebrea, S. 248; *Filippini*, Les nations, S. 590–591.

425 ASF, Mediceo del Principato, vol. 2501, 8. Juli 1733.

426 Vgl. hierzu einen internen Regierungsbericht des späten 18. Jahrhunderts: *Salvestrini*, Relazioni sul governo, S. 61–62. Vgl. ebenfalls: *Masi*, Livorno; *Dermigny*, Escales, échelles et ports francs, S. 533; *Pagano De Divitiis*, English Merchants, S. 120.

wahlmechanismus ein Disziplinierungseffekt angestrebt. Um die Nationen in diesem Sinne zu kräftigen, gestanden die Großherzöge diesen einige exekutive Befugnisse in Livorno zu. Deren Konsuln hatten das Recht auf Gebühreneinzug von den Schiffen der jeweiligen Heimatstaaten, also im Fall der Nazione Olandese-Alemanna von denjenigen der Niederlande und des Alten Reichs.[427] Ansonsten war der wirtschaftliche Zweck einer Nation hauptsächlich informeller Art und im Wesentlichen an den Vertreter derselben gekoppelt: Der Konsul sollte als Haupt der Nation und gründlicher Kenner des Ortes, seiner Regeln und seiner Sprache der Berater und Anwalt der von ihm repräsentierten Kaufleute sein. Die Konsuln hatten auch Berichtspflichten gegenüber ihren Heimatstaaten, diese hatten hingegen im Zusammenwirken mit der jeweiligen Händlergruppe in Livorno das Recht auf deren Nominierung. Bei Konflikten zwischen zwei Kaufleuten der eigenen Nation sollten Konsuln versuchen, auf gütlichem Weg den Konflikt zu lösen, echte juristische Befugnisse hatten sie, mit Ausnahme der Massari, jedoch nicht.[428]

Wir wollen die Satzung der Nazione Olandese-Alemanna genauer betrachten. Diese umfasste 19 *Capitoli*.[429] In der dreiseitigen Präambel wurde ausgedrückt, dass das unmittelbare Ziel der Nazione die Errichtung einer Kapelle und eines Altars für den heiligen Apostel Andreas war, den Schutzpatron der Niederlande, dazu eine Begräbnisstätte vor demselben sowie die Selbstverpflichtung zum Erhalt beider. Die Capitoli 1, 2, 3 und 17 regeln die Einkünfte der Nazione durch Abgaben auf den Hafenverkehr von allen Deutschen und Niederländern. Acht Quattrini (2/15 L.) sollten pro ausgeladener Last eines Schiffes fällig sein, ein Scudo (7 L.) einmalig von Schiffen, die in Livorno keine Ausladung vornahmen; zudem wurde festgelegt, dass pro Frachtfahrt (*noleggio*) eines Schiffes durch einen Ko-Nationalen ein Quattrino pro Scudo (1/420) der gesamten Frachtgebühr an die Nazione zu leisten war.[430] Das Capitolo 17 verpflichtete die Konsuln oder die weiteren Dienstträger der Nazione zur Einziehung der Gebühren von den ankommenden Schiffen. Die offiziellen Ziele der Vereinigung finden sich in den Capitoli 12–15, hier wurde die würdige Bestattung von allen Angehörigen der Nazione garantiert, die in Livorno oder in der Nähe starben. Wer krank wurde,

427 Dies war in Südeuropa im 17. Jahrhundert gängige Praxis, vgl. zu den hamburgischen Konsulaten: *Soetbeer*, Das hamburgische, S. 85–86; oder zu den schwedischen Konsulaten: *Müller*, Consuls, Corsairs and Commerce, S. 83–85.

428 Zur Rolle der Konsuln in Livorno vgl.: *Filippini*, Les nations, S. 586–587; *Panessa*, Nazioni e consolati, S. 41–75.

429 ACOA, Libro Rosso; zu einem geringen Teil ediert bei: *Beutin*, Der deutsche Seehandel, S. 193.

430 Diese Gebühren wirken insgesamt recht gering, beispielsweise im Vergleich mit der jüdischen Nation in Livorno, vgl. hierzu: *Toaff*, La nazione ebrea, S. 74–84 Dies spiegelt wohl den geringeren Organisationsgrad wider. Zum florentinischen Währungs- und Münzwesen und den entsprechenden Umtauschwerten in andere Länder in der Frühen Neuzeit vgl.: *Cipolla*, Money in Sixteenth-Century Florence.

konnte auf Beistand der Gemeinschaft hoffen, zudem wurde den Mitgliedern im Gefängnis oder den Händen der Justiz finanzieller und juristischer Beistand zugesichert. Das institutionelle Gefüge der Nazione wurde in den Capitoli 4–8 geregelt. Die Nazione hatte einen *Governatore*, einen *Camarlingo* und einen *Proveditore*. Der Governatore, nach außen immer als Konsul bezeichnet, repräsentierte die Gruppe (und seit 1633 faktisch auch die Republik der Niederlande), er benötigte aber regelmäßig einen erneuerten Konsens der Mitglieder. Der Camarlingo hatte Aufgaben im Bereich der Verwaltung, der Einziehung von Geldern und der Buchhaltung, und der Proveditore sollte dafür sorgen, dass die vom Konsul unterschriebenen Mandate ausgeführt wurden. Capitolo 9 sah vor, dass regelmäßig gespendet werden solle und diese Spenden sicher verwahrt würden, um mit dem Geld festliche Messen zu Ehren des heiligen Andreas zu halten; jedoch sollten 400–500 duc. immer in der entsprechenden Kasse bleiben, um dem Camarlingo die Bezahlung von täglichen Spesen zu ermöglichen und zum Wohl der Nazione zu dienen. Im Capitolo 10 wurde festgelegt, dass solche Ausgaben nur mit Zustimmung von ⅔ der Mitglieder beschlossen werden konnten. Capitolo 11 bestimmte, dass Spenden der Nazione für die Kapelle, in der der Altar stand, nicht von den dortigen Mönchen verwandt werden konnten, sondern ausschließlich vom Camarlingo. Capitolo 16 verpflichtete zur Zahlung einer Art von Jahresbeitrag in Höhe von vier L. an den Camarlingo zum Jahrestag des heiligen Andreas (30. November), Capitolo 18 sah entsprechende Messen am Folgetag vor. Capitolo 19 zeigt, dass die Mitgliedschaft in der Nazione freiwillig war; wer nicht hierzu gehörte, war laut diesem von allen Vorzügen geistlicher und weltlicher Art ausgeschlossen. Hier wurden auch Eintrittsgelder für die neuen Mitglieder *secondo la loro possibilità* aufgeführt. Diese betrugen in den Folgejahren zwischen 10 und 50 duc., meistens wurden 25 oder 30 duc. fällig. Es sei dabei allerdings noch einmal betont, dass ein ›freiwilliges‹ Außenvorbleiben von der Nazione zu einer erhöhten Abgabenbelastung führte. Explizit verpflichtend war die Mitgliedschaft in ihrer Nation in Livorno allerdings nur den Juden vorgeschrieben.[431]

Die Nazione Olandese-Alemanna gab sich 1622 nach außen als eine religiöse Vereinigung, jedoch spielte dies im 17. Jahrhundert laut den überlieferten Quellen in der Praxis nur eine geringe Rolle. Damit ist nicht ausgeschlossen, dass das religiöse Element zumindest in den Anfangsjahren von einer gewissen Bedeutung war.[432] Als die Nazione aber in den Jahrzehnten nach ihrer Gründung einen stark reformierten Charakter annahm, trat spätestens in den 1640er Jahren dieser Aspekt in den Hintergrund.[433] Seit 1633 war der Konsul immer ein Holländer und auch offiziell von den Generalstaaten als Vertreter ihrer Republik

431 *Trivellato*, The Port Jews, S. 35.

432 Die Nazione betonte ihren katholischen Charakter durch die Finanzierung der Kapelle und eines aus Köln stammenden *Capellano* bis ins späte 18. Jahrhundert: ASL, Capitano poi Governatore 1550–1808, vol. 3076, fol. 64r–65v, 80r–81r.

433 *Kieckens*, De nazione, S. 69–72; *Engels*, Merchants, S. 133–145.

anerkannt.[434] Dies spiegelte nur die Tatsache wider, dass die Nazione zu diesem Zeitpunkt fast ausschließlich eine holländische und damit eine weitgehend reformierte Gruppe geworden war.

Der Hintergrund dieser Entwicklung war ein geradezu phänomenaler Aufstieg der niederländischen Schifffahrt nach Livorno, welcher von Renato Ghezzi in seinen quantitativen Dimensionen bis ins Detail nachgezeichnet wurde. Von 1612 bis 1666 kamen nach seinen Berechnungen 1.719 nordniederländische Schiffe in Livorno an, hingegen nur 125 deutsche.[435] Die Engländer rangierten zwar mit 1.852 Schiffen noch vor den Niederländern, doch war deren Ladung mit viel Fisch häufig eher wenig kostbar und deren Tonnage lag typischerweise weit unter derjenigen der Holländer.[436] Die niederländische Stärke im Mittelmeerhandel reichte bis in die 1690er Jahre. Sie basierte im späten 16. Jahrhundert dominant auf Getreidelieferungen und seit dem Jahrhundertwechsel in zunehmendem Maße auf den sogenannten »Rich-Trades«, also dem Handel mit teuren Produkten.[437] Dabei lieferten die Niederländer unter anderem Tuche, Käse, Gewürze aus Asien, Zucker und Metallwaren. Vieles davon ging nach einem Zwischenstopp in Livorno weiter in die Levante, wo die Niederländer Produkte wie Seide, Baumwolle und exotische Waren erwarben – und auf dem Rückweg ebenfalls im toskanischen Hafen lagerten.[438] Erst seit dem frühen 18. Jahrhundert wurde die Bedeutung von Schifffahrt und Handel der Briten immer größer und sie konnten den Niederländern die Dominanz im Mittelmeer streitig machen.[439]

Ewout Kieckens hat gründliche Berechnungen zur Entwicklung der nationalen Zusammensetzung der Mitglieder der Nazione um 1650 vorgelegt. Aus sechs Listen von niederländischen und deutschen Kaufleuten von 1647 bis 1655 aus verschiedenen archivalischen Kontexten ergibt sich, dass die Nazione 1648 nur noch 9 Mitglieder hatte, 1655 jedoch bereits wieder 17, in beiden Fällen war höchstens ein Viertel der Mitglieder Hamburger oder Niederdeutsche.[440] Dies spiegelt die schwierige Lage des niederländischen Mittelmeerhandels in der Zeit des Dreißigjährigen Kriegs und die darauf folgende rasche Erholung wider.[441] In den nächsten zwei Jahrzehnten, den besten Jahren des niederländischen Welthandels, stammten zeitweise nur noch ein bis zwei Händler der

434 *Engels*, Merchants, S. 129. Die Namen aller Konsuln der Niederländer in Livorno bis 1800 sind nirgendwo zusammenhängend aufgeführt, sie ergeben sich aus *Wätjen*, Niederländer, S. 112 und *Hoogewerff*, De Nederlandsch-Duitsche, S. 161, 171–176.

435 *Ghezzi*, Livorno e l'Atlantico, S. 42.

436 Ebd., S. 45–53.

437 Vgl. hierzu in einer Gesamtübersicht: *Israel*, The Phases.

438 *van Veen/McCormick*, Tuscany and the Low Countries, S. 19–24.

439 *Ressel*, British Dominance; *Ressel*, The Dutch-Algerian War.

440 *Kieckens*, De nazione, S. 55–56, Beilage IV. Eine präzise Feststellung, wie viele Deutsche und wie viele Niederländer waren, lässt sich in diesen Jahren trotz der vorhandenen Listen aufgrund der durch die Livorneser Beamten unterlassenen Differenzierung nicht genau ausmachen.

441 *Israel*, The Phases, S. 16–26.

bis zu 20 Mitglieder umfassenden Nazione aus Deutschland.[442] Erst seit 1675 ist wieder ein langsamer Aufschwung der deutschen Komponente in der Nazione feststellbar.[443] In der zweiten Hälfte des 17. Jahrhunderts wurde folgerichtig bisweilen in Korrespondenzen nur noch die Bezeichnung *Nazione Olandese* oder *Nederlandse Natie* verwendet und die deutsche Komponente nicht erwähnt.[444] Der Religionskonflikt war bei der stillen Übernahme der Nazione durch die Protestanten nie offen zum Ausbruch gekommen, was einerseits darauf hindeutet, dass dieser Aspekt nicht übermäßig wichtig gewesen war, andererseits, dass die Notwendigkeit zur Gemeinsamkeit und dem gemeinsamen Agieren in der Fremde einen wirkungsvollen Druck zum Zusammenhalt von Katholiken und Reformierten erzeugt hatte.

In den Quellen gibt es keine Hinweise dafür, dass die von der Nazione eingenommenen Gelder jemals für Bestechungen von Amtsträgern verwandt wurden. Auch ist es angesichts der wohl eher kleinen Kasse und der wenigen tatsächlich erreichbaren Vorteile für die Nazione nicht anzunehmen. Der Unterschied zur deutschen Nation in Venedig ist allein schon bezüglich dieses Aspektes sehr markant. An der Adria hatten die Deutschen exklusive Privilegien gegenüber allen anderen Kaufmannsnationen durchsetzen können, dies war in Livorno strukturell unmöglich. Wenn, dann waren Bestechungen nur vereinzelt und für alltägliche Zwecke nötig, nicht für grundsätzliche Konflikte über den Status einer Kaufmannsnation im Verhältnis zu den anderen.

Im Libro Rosso werden nicht nur die Einschreibungen neuer Mitglieder vermerkt, sondern auch Versammlungen und Beschlüsse der Nazione. Während in Venedig regelmäßig, häufig mindestens einmal im Monat die sechs Herren und Consuln oder die Generalkapitel im Fondaco, einem nur für die deutschen Händler erbauten Gebäude, zusammentraten, war die Anzahl der Versammlungen der Nazione in Livorno, die im Haus des Konsuls stattfanden,[445] relativ gering. Zwischen 1647 und 1768 traf sich die Nazione nur 16 mal zu einer gemeinsamen Beschlussfassung, die im Libro Rosso verzeichnet wurde. Dabei war eine im Libro Rosso erfasste Versammlung nicht die einzige Art der Zusammenkunft. In der Prozessakte der 1780er Jahre werden etwa ein halbes Dutzend weitere Beschlussfassungen erwähnt, die vor allem Finanzangelegenheiten zum Inhalt hatten. Die meisten Versammlungen fanden im 17. Jahrhundert statt, was uns bereits einen Hinweis darauf gibt, dass die Nazione in diesem Jahrhundert stärker organisiert war als im folgenden.

Die Beschlüsse werden im Folgenden der Reihe nach durchgegangen und zum Schluss eine Charakterisierung gewagt. Der erste Beschluss wurde 25 Jahre

442 Sicher kann dies nur gesagt werden von dem (niederländisch klingenden) Hamburger Wilhelm de Weert (1650–1684), der 1666 in die Nazione aufgenommen wurde, und den Kölnern Heinrich Hambloch, der 1662 eintrat, und Eberhard Brassart, der 1665 eintrat. Vgl. zu den Genannten: *Camajani*, La Famiglia; *Castignoli*, Il libro rosso, S. 74; *Ressel*, La Nazione.

443 *Hoogewerff*, De Nederlandsch-Duitsche, S. 172–174.

444 ACOA, Libro Rosso, 20. März 1647; *Beutin*, Der deutsche Seehandel, S. 48.

445 ASL, Capitano poi Governatore 1550–1808, vol. 3076, fol. 178r.

nach Gründung der Nazione gefasst. Er zeigt, dass inzwischen offenkundig eine organisatorische Straffung erfolgt war. Am 20. Mai 1647 beschloss die Nazione den Ausschluss von einem am 30. November 1645 beigetretenen Giovanni Battista Tensini (niederländisch wohl Jan Baptist Tins) wegen säumiger Zahlungen. Am 30. November 1648 wurde er wieder aufgenommen, nachdem er nicht nur die Rückzahlung der Außenstände, sondern eine darüber hinausgehende Spende zugesichert hatte.[446] Die Nazione zeigte sich in der Lage, ihre Kohärenz wirkungsvoll zu schützen.

Der zweite Beschluss zeigt das zentrale Wirkungsfeld der Nazione. Am 1. August 1654 wurden Frachttarife festgesetzt, die die Angehörigen der Nazione stark begünstigten. Nur noch Deutsche und Holländer sollten auf Schiffen von Kaufleuten und Reedern der Nazione günstig laden können, für *vreemde natien* wurden weit höhere Tarife festgesetzt. Die Strafe für eine Missachtung der Frachttabelle war hoch, 1.000 fl. waren hierfür fällig.[447] Die Nazione zeigt sich hier als ein organisiertes Kartell, das die niederländische Dominanz im Mittelmeerhandel zulasten des freien Wettbewerbs ausspielte. Dem entsprach, dass man am 7. Dezember 1655 befand, dass nur der Konsul das Recht auf Öffnung der gemeinsamen Kasse haben solle, sowohl bei Ein- als auch bei Auszahlungen.[448] Da dieser einerseits der direkte Vertreter der Generalstaaten und vor allem deren Amsterdamer Levantehandelsdirektorium war und andererseits von der Nazione gewählt wurde, verdeutlicht dieser Beschluss den engen Bezug dieses Händler- und Reederkartells zum niederländischen Mittelmeerhandel.[449]

Im letzten Jahrhundertdrittel sehen wir den Höhepunkt der Nazione als Korporation und Kartell. Am 30. Dezember 1666 entschied sich die Nazione für eine erneute Straffung ihrer Strukturen durch die Anlage eines Archivs und die Erweiterung ihrer Einnahmebasis. Gründe dafür waren erhöhte Kosten zur Versorgung armer Seeleute sowie das Engagement beim Freikauf von Christensklaven aus Nordafrika.[450] Beschlossen wurden eine Abgabe von 1 ‰ auf alle

446 ACOA, Libro Rosso, 20. Mai 1647, 30. November 1648.

447 Der Beschluss ist vollständig transkribiert bei: *Beutin*, Der deutsche Seehandel, S. 193–194. Die dort wiedergegebenen Frachttabellen sind auch interessant, da aus ihnen hervorgeht, welche Güter transportiert wurden. Üblicherweise waren dies: Satin, Seidenlaken, türkisches Garn, zyprische Baumwolle, Räucherstäbe und weitere Textil- und Gewürzprodukte hauptsächlich levantinischen Ursprungs. Livorno war offenbar für die Niederländer um 1650 hauptsächlich ein Zwischenstopp für Fahrten von und in die Levante.

448 ACOA, Libro Rosso, 7. Dezember 1655.

449 Es sei dabei allgemein zum niederländischen Mittelmeerhandel erwähnt, dass dieser zwar auf individueller Händlerebene frei war, jedoch durch die sogenannte *Directie van de Levantse handel en de Navigatie op de Middellandse Zee* und deren Abgabesystem und die Vorschriften insbesondere zur Fahrt im Konvoi einen relativ stark staatlich geprägten Organisationsgrad aufwies, vgl.: *Israel*, The Phases, S. 13–14.

450 Vgl. zum Thema des Freikaufs von Christen aus Nordafrika und der Rolle der holländisch-deutschen Nazione hierbei: *Engels*, Merchants, S. 186; *Ressel*, Zwischen Sklavenkassen, S. 150, 181, 344, 352. Ein eigenständiges Agieren der Nazione in diesem Sinne ist jedoch quellenmäßig nicht belegt, in den Akten finden sich nur Freikäufe durch individuelle Kaufleute, die auch Mitglieder der Nazione waren.

Warenkäufe und -verkäufe und Schiffsbefrachtungsgebühren. Die Summe sollte jedes Mitglied am Jahresende auf Basis der eigenen Geschäftsbücher ermitteln und dem Konsul und Camarlingo übergeben. Zur Sicherheit vor unerfüllbaren Verbindlichkeiten der Nazione mussten alle Mitglieder auch mit ihren privaten Vermögenswerten einstehen. Unterschrieben war dieser Entschluss von allen 19 Mitgliedern der Nazione.[451] Die Nazione zeigt sich hier als eine relativ straffe Gruppierung, die bedeutende Finanzmittel von und Befugnisse über ihre Mitglieder hatte. 1679 wurden diese Beschlüsse noch einmal verschärft, indem Strafen für säumige Zahler festgelegt und halbjährliche Kontrollen der Rechnungsbücher der Nazione vorgeschrieben wurden. Die Einnahmen wurden unter anderem für den Kauf eines Friedhofs eingeplant, der auch 1683 erworben wurde.[452]

Am 13. Mai 1679 wurde Giovanni van der Cammen aus der Nazione ausgeschlossen, da er ihrer – aus uns nicht bekannten Gründen – nicht mehr würdig sei, am 18. Mai jedoch wurde er bereits wieder aufgenommen.[453] Am 30. November 1687 stellte man fest, dass die Ausgaben für wohltätige Zwecke angesichts der schwierigen ökonomischen Gesamtlage und den entsprechend geringen Einnahmen zu hoch waren, weshalb man diese senkte. An den Festtagen des heiligen Andreas durften nur noch 200 Salutschüsse abgegeben werden, zudem sollten künftig die Bücher noch genauer bei der Übergabe des Amts des Camarlingo überprüft werden. Für die Zukunft wurde nur noch Niederländern, Flamen und Deutschen die Aufnahme in die Nazione gestattet.[454] Am 26. August 1688 wurden die Eintrittsgelder in die Nazione bekräftigt und Strafen festgelegt, wenn man diese zu spät bezahlte.[455]

Als vorläufiges Zwischenfazit kann festgehalten werden: Die Nazione des kapitalistischsten Staats seiner Zeit bildete im 17. Jahrhundert im Freihafen par excellence ein Kartell von Händlern und Befrachtern, das mit einer straffen Organisation und in Abhängigkeit von den Interessen der niederländischen Kaufmannselite seine Mitglieder an der Kandare hielt. Dies fügt sich gut in die Erkenntnisse der letzten Jahrzehnte zum niederländischen Kapitalismus im 17. Jahrhundert ein. Bei den einschlägigen Untersuchungen sticht immer wieder die Suche nach Monopolen durch die Unternehmer hervor. Die entsprechende Debatte sei kurz resümiert. Während Peter Klein 1965 monopolistische Tendenzen von Amsterdamer Großhändlern des 17. Jahrhundert mit der Zielsetzung der möglichst vollständigen Übernahme eines Anbietersegments erkannte, so

451 ASL, Capitano poi Governatore 1550–1808, vol. 3076, fol. 65v–68r. Hiervon waren drei »Deutsche«, vgl. Kap. III, Fn. 442.

452 ASL, Capitano poi Governatore 1550–1808, vol. 3076, fol. 68r–72r; *Panessa/Del Nista*, I »Giardini«, S. 4.

453 ACOA, Libro Rosso, 13. Mai 1679, 18. Mai 1679.

454 ACOA, Libro Rosso, 30. November 1687. Da in dieser Versammlung der 1682 aufgenommene Andrea Riccardi nicht anwesend war, mag dieser Beschluss auf dessen Admission fünf Jahre zuvor zurückzuführen sein.

455 ACOA, Libro Rosso, 26. August 1688.

argumentierte Jan-Willem Veluwenkamp 1981 in einer Studie zu Kaufleuten des 18. Jahrhunderts, dass dies bestenfalls für homogene Grundstoffe wie Kupfer und Teer funktioniert hätte. In Amsterdam habe eher ›monopolistische Konkurrenz‹ vorgeherrscht. Die Großhändler hätten versucht, durch exklusive Produkte und die Entwicklung von Kundenloyalität Marktnischen zu erzeugen und den freien Wettbewerb zu vermeiden.[456] Der schwedische Historiker Leos Müller hat 1998 zwei in Stockholm basierte niederländische Handelsfirmen des 17. und 18. Jahrhunderts verglichen. Müller interessierte sich dabei besonders für die operativen Strategien zur Bewahrung von Märkten gegenüber der allgegenwärtigen Konkurrenz. Er stellte fest, dass die Firma des 17. Jahrhunderts, die Momma-Reenstierna, eher auf ein Produktmonopol bei intensiver vertikaler Integration und geringer Produktdiversifizierung setzte, während die Firma Grill im 18. Jahrhundert zu monopolistischer Konkurrenz durch Produktdiversifizierung neigte.[457] Die Ergebnisse führten die bis dato konträren Positionen der niederländischen Debatte zum Wirken des Amsterdamer Markts und seiner Händler in der Frühen Neuzeit zusammen. Im 17. Jahrhundert, als der intensive Fernhandel zwischen europäischen Regionen noch ein jüngeres Phänomen war, wurden Monopole vermutlich stärker durch vertikale Integration etabliert und bei einfachen Grundstoffen war dies auch möglich. Im 18. Jahrhundert schufen die Firmen Nischenmonopole für spezielle Güter, da in ausdifferenzierten Märkten vertikale Produktions- und Vermarktungsketten kaum mehr haltbar waren.

Angesichts eines solchen Kontexts wird die Kartellbildung der Niederländer in Livorno verständlicher, sie entsprach schlicht dem zeitüblichen Muster. Deutsche Händler spielten dabei keine Rolle. In Livorno traten sie im 17. Jahrhundert fast völlig hinter den Niederländern zurück, wenngleich der Hamburger Schiffsverkehr hierher in den 1650er Jahren kurzfristig einen Boom erlebte.[458] Der Wirkmacht der Nazione tat die zahlenmäßige Marginalität deutscher Mitglieder jedoch keinen Abbruch – im Gegenteil: Zusammen mit den anderen Nationen in Livorno erreichten sie im Jahr 1676 einen der größten Erfolge der auswärtigen Händler in der frühneuzeitlichen Toskana: Die Proklamation eines völligen Freihafens mit einer radikalen Vereinfachung des Seezolls, des sogenannten Stallaggio, war zu einem wesentlichen Anteil der Macht der verschiedenen Händlernationen in Livorno geschuldet. Seit 1676 wurde Livorno dadurch noch attraktiver für auswärtige Schiffe und Händler, wovon die auf die Zollsenkung folgende rapide Zunahme der Stallaggio-Einnahmen von ca. 70.000 L. jährlich auf durchschnittlich 250.000 L. deutlich Zeugnis ablegt.[459]

456 *Klein*, De Trippen; *Veluwenkamp*, Ondernemersgedrag. Beide Autoren publizierten zu dem Thema auch gemeinsam: *Veluwenkamp/Klein*, The Role of the Entrepreneur.

457 *Müller*, The Merchant Houses.

458 *Ghezzi*, Livorno e l'Atlantico, S. 42.

459 Zur Reform von 1676 sowie der Rolle, die die Nationen dabei gespielt haben und dem darauffolgenden Zollertrag Livornos vgl. *Fischer*, Livorno 1676; *Tazzara*, The Free Port of Livorno, S. 137–165.

b) Das niederländische Kartell Livornos im Kampf gegen den Niedergang 1690–1740

Ein wesentlicher Unterschied zum Erfolg der deutschen Nation in Venedig von 1675 war in Livorno entscheidend. In Livorno profitierten alle Händler von dem neuen Zollreglement, eine privilegierte Gruppe gab es nicht. Indem nun die Attraktivität des Hafens erhöht wurde, wurde durch den folgenden sprunghaften und bis weit ins 18. Jahrhundert anhaltenden Anstieg des Schiffsverkehrs auch die Konkurrenz zwischen den Nationen erhöht. Von der unausweichlich folgenden Wettbewerbsverschärfung konnte eine als Kartell organisierte Gruppierung nicht profitieren. Die folgenden Konflikte legen davon beredtes Zeugnis ab.

Am 8. April 1698 finden wir nach einem Jahrzehnt ohne Quellenhinweise erneut einen Beleg einer ökonomischen Krise der Nazione im auf die Versammlung folgenden schriftlichen Beschluss.[460] Neben einer erneuten Reduzierung der Aufwendungen für das alljährliche Fest des heiligen Andreas – was der protestantisch gewordenen Nazione wohl nicht schwerfiel – wurde hier auf die inzwischen häufiger vorkommende Nichtbezahlung der Gebühren von Kapitänen niederländischer Schiffe hingewiesen. Diese sahen sich zur Bezahlung an ihre Auftraggeber von anderen Nationen verpflichtet. Die Reaktion war resolut: Alle Kapitäne von Schiffen unter niederländischer oder einer deutschen Flagge waren zur Abgabe verpflichtet. Sollten sie diese nicht leisten, so würden sie mit einem kollektiven Boykott belegt. Ihre Schiffe würden von keinem Angehörigen der Nazione, weder direkt noch indirekt befrachtet oder deren Waren gekauft. Die Nazione verpflichtete sich zur ausnahmslosen Einhaltung dieses Akkords.

Bereits ein Jahr später musste die Nazione erneut in dieser Angelegenheit tätig werden. Die entscheidenden Gegner wurden hier klar benannt, und gegen sie ging man nun weitaus radikaler vor. Man schwor sich untereinander und unter Drohung einer hohen Geldstrafe, keine niederländischen Schiffe mehr zu beladen, die Güter aus Livorno von *Jooden, off andere Natie* nach Westen führten.[461] Von den 14 Kaufleuten, die diesen Beschluss unterzeichneten, waren 11 Niederländer und 3 Deutsche.[462] Sie traten als Kartell gegen die jüdische Nazione in direkter Konkurrenz an und sollten gegen sie letztlich überdeutlich verlieren.

Wir erfahren Einzelheiten des Konflikts mit der jüdischen Nation vor allem aus einer Darstellung des Konsuls Francisco Bouwer (1691–1777) vom August 1739 anlässlich erneuter Konflikte mit einem niederländischen Schiffer, der die Gebühren nicht zahlen wollte.[463] Zunächst wurde in diesem Schreiben an das

460 ACOA, Libro Rosso, 8. April 1698.

461 ACOA, Libro Rosso, 9. April 1699.

462 *Beutin*, Der deutsche Seehandel, S. 48.

463 Die folgende Darstellung basiert auf NADH, 1.03.01, Levantse Handel, Nr. 187, »Demonstratie« vom 17. August 1739. Vgl. hierzu auch: *Hoogewerff*, De Nederlandsch-Duitsche, S. 174.

Levantehandelsdirektorium der Sinn der seit 1622 datierten Nazione erläutert. Diese könne nur durch Harmonie und Regelbefolgung funktionieren. Man benötige viel Geld für arme Seefahrende, deren Schiff ein Unglück widerfahren sei oder für den Freikauf der in Nordafrika versklavten oder in europäischen Kriegen gefangengenommenen Matrosen. Auch kranken Seeleuten helfe man durch finanzielle Unterstützung des Hospitals in Livorno, welches den Niederländern eine Vorzugsbehandlung gewähre. Die finanzielle Last liege nur bei den Händlern der Nazione und sie müssten dafür auch das Recht haben, für alle Güter auf niederländischen Schiffen, die in Livorno Halt machten, eine Gebühr erheben zu können. Jedoch hätten im Jahr 1699 einige Juden in Livorno mit ihren *Complices* in Amsterdam begonnen, die Gebühr nicht mehr zu bezahlen. Dies sei durch den Amsterdamer Bürgermeister Nicolaas Witsen[464] (1641–1717) verhindert worden, der am 24. Juni 1699 eine gütliche Einigung vermittelt hatte, die den Juden im Handel zwischen den Niederlanden und Livorno die Pflicht zur Bezahlung der Gebühren an die Nazione auferlegte. Zudem wurden sie angehalten, in ihren Synagogen nicht mehr gegen die Niederländer zu predigen.

Die weiteren Geschehnisse sind leider etwas unklar. Laut einem Brief des französischen Konsuls vom 30. April 1700 beschlossen die Juden in Livorno unter Androhung der *excommunication*, kein niederländisches Schiff mehr zu befrachten.[465] Es scheint also, als seien die Streitigkeiten doch nicht durch den Vertrag vom Juni 1699 beigelegt worden – oder zumindest nur in Amsterdam. Die Gebühren für die niederländischen Schiffe sparten sich die Livorneser Juden nun durch Charterungen bei anderen Reedern. Ein solcher Konflikt konnte angesichts der europaweiten Bedeutung der sephardischen Händler Livornos langfristig nur ungünstig für die Niederländer verlaufen. Es mag sein, dass die starke Zunahme der englisch-britischen Schifffahrt von Nordeuropa nach Livorno im frühen 18. Jahrhundert unter anderem mit einer solchen Maßnahme zusammenhing und die langfristige Schwächung der niederländischen Komponente in der Nazione Olandese-Alemanna angesichts der engen Bindung der holländischen Händler an das Reedereigewerbe eine Folge davon war.[466]

Auch abgesehen von solchen langfristigen Schäden sorgten die schweren Seekriege um 1700 für enorme Schwierigkeiten für die Niederländer in Livorno, wovon die Beschlüsse der Nazione ein deutliches Zeugnis ablegen. Am 1. März 1710 beschloss die Nazione ein Kostenlimit von 50 Ps. für die Ausgaben der Feierlichkeiten für den heiligen Andreas, was wohl ein Anzeichen für die Krise der Nazione nach fast einem Kriegsjahrzehnt war.[467] Dieser Krieg nötigte zu weitergehenden Aktivitäten: Am 17. April 1710 richtete die Nazione auf eigene Kosten

464 Zu diesem berühmten Bürgermeister Amsterdams vgl. *Gebhard*, Het leven.

465 *Filippini*, Les nations, S. 589.

466 Vgl. hierzu eingehender: *Israel*, The Dutch Merchant Colonies, S. 107. Der Anstieg der britischen Schifffahrt nach Livorno wird am besten dokumentiert bei: *Filippini*, Il porto di Livorno, S. 44.

467 ACOA, Libro Rosso, 1. März 1710.

einen Fonds ein, mit dem Kriegsschiffe für Eskortierungen der niederländischen Schiffe zwischen Livorno und Portoferraio auf der 80 km südlich von der Stadt gelegenen Insel Elba bezahlt wurden, da gerade hier die französischen und spanischen Kaperfahrer häufig lauerten.[468] Die kollektiven Ausgaben für militärische Zwecke dürfen im Fall einer Händlerkolonie als außergewöhnlich gelten.

Von einer Art Verhaltenskodex für die Mitglieder legt der Beschluss vom 17. März 1712 Zeugnis ab. Hier wurde beschlossen, Daniele Heirmans, der seit 1681 Mitglied war, auszuschließen, da er sich als Camarlingo gegenüber dem Konsul eine massive *impertinentie* durch Befehlsverweigerung geleistet hatte. Nur bei Zahlung einer Strafe von 100 Ps. hätte er wieder in die Nazione aufgenommen werden können, seine eingezahlten Gelder wurden daher auch einbehalten.[469] Heirmans starb 1722 in Livorno, ohne je wieder Mitglied geworden zu sein. Am 29. November 1724 sah die Nazione durch seinen Tod sein Vergehen als gesühnt und beschloss, seinen Sohn, Joh. Gerhardo Heirmans aufzunehmen.[470] Die Gruppierung bewahrte eine straffe Disziplin und Befehlsgewalt; Mitglieder, die sich dagegen wandten, mussten mit ihrem Ausschluss rechnen.

An dieser Stelle sei erneut ein Zwischenresümee vorgenommen: Die Nazione war in hohem Maße aktiv in der Kommunikation mit der Regierung bei der Formulierung von Gesetzestexten, bei Streitigkeiten mit Zollverwaltern oder in der Person des Konsuls als offiziellem Vertreter der niederländischen Republik.[471] Weiterhin war sie ein Kartell, das nach innen eine rigide Disziplin hielt, um nach außen die Marktanteile ihrer Mitglieder als Reeder und Händler zu sichern. Dabei traf sie allerdings seit etwa 1699 in der jüdischen Nazione auf einen Gegner, dem die niederländischen Händler in Livorno nicht gewachsen waren. Vom unterschiedlichen Erfolg abgesehen scheint die Ähnlichkeit zur deutschen Nation in Venedig durchaus markant.

Und doch könnte der Kontrast zu Venedig kaum größer sein. An der Adria hatte die deutsche Händlerkorporation in ständigem Austausch mit der gastgebenden Regierung und ihren Heimatorten gestanden und alle Register gezogen, um ihre eigenen Interessen durchzusetzen. Dabei war es ihnen gelungen, große Vorteile gegenüber den konkurrierenden Händlergruppierungen zu erreichen. In Livorno war der Aktionsradius für die holländisch-deutsche Händlerkorporation bereits auf der grundlegendsten Verfassungsebene deutlich geringer. Der wesentliche Unterschied war das Fehlen einer Tradition einer besonderen Vergünstigung für einzelne Nationen. In Livorno waren alle Gruppen vom Gesetzgeber prinzipiell gleichgestellt. Zwar führte das den Florentiner Herrschern vorschwebende Ideal einer maximal freien Konkurrenz in den Niederungen der einzelnen Nationen Livornos zu Versuchen einer Wettbewerbsverzerrung durch Kartellpraktiken, um monopolistische Positionen in der See-

468 ACOA, Libro Rosso, 17. April 1710.

469 ACOA, Libro Rosso, 17. März 1712; ASL, Capitano poi Governatore 1550–1808, vol. 3076, fol. 87r–88v.

470 ACOA, Libro Rosso, 29. November 1724.

471 Vgl. *Baruchello*, Livorno e il suo porto, S. 325–327; *Filippini*, Les nations, S. 591–592.

fahrt zwischen Nord- und Südeuropa zu halten. Jedoch hütete sich die Regierung in Florenz, hier einzugreifen.

Just die Struktur als Kartell mag einer der Gründe für den Niedergang der Nazione als niederländische, nicht jedoch als deutsche Händlerkorporation im 18. Jahrhundert gewesen sein. Vor 1666 hatte sie ihre Einnahmen durch Abgaben auf Schiffseinkünfte von Niederländern und Deutschen erhalten, seither basierten diese verstärkt auf den Umsätzen der eigenen Mitglieder und der Konsul strich die Schiffsgebühren großteils selber ein.[472] Das allein hätte wohl noch nicht die Attraktivität der Mitgliedschaft verringert. Da jedoch die Vorteile der Zugehörigkeit hauptsächlich in einer gemeinsamen Frontstellung und gegenseitigen Stütze gegenüber der Konkurrenz bestanden, basierte ihre Anziehungskraft für Neumitglieder auf Altmitgliedern, die einen großen Teil des Seehandels von Nord- nach Südeuropa kontrollierten. In so einem Kartell waren alle Mitglieder vor zu offenem Wettbewerb im Seehandel geschützt, und zugleich war damit der Tendenz der auf einem offenen Markt sich üblicherweise nach unten angleichenden Preise ein Riegel vorgeschoben. Wenn jedoch das Kartell nicht mehr genügend Marktmacht besaß, dann verlor die Mitgliedschaft rasch jeglichen Vorteil. Dies galt vor allem für die Deutschen, die viel weniger in der Reederei aktiv waren als ihre niederländischen Genossen der Nazione. Da keine gemeinsamen Räumlichkeiten existierten, war ein sozialer Faktor des Zusammenhalts ebenfalls nicht vorhanden. Der gemeinsam gepflegte Altar und die jährlichen Messen zu Ehren des heiligen Andreas waren für die im späten 17. Jahrhundert nunmehr fast ausschließlich protestantisch-reformierte Nazione unwichtig. Es blieb noch der konsularische Rechtsbeistand; dessen Notwendigkeit scheint aber im 18. Jahrhundert stetig abgenommen zu haben.[473]

Die Nazione hatte ihre höchste Bedeutung wohl zwischen 1660 und 1690 erreicht. Von der Blütephase der Nazione zeugt ihre Versammlung vom Mai 1679, als 20 Mitglieder, davon mindestens ¾ Niederländer, gezählt wurden.[474] Der beschleunigte Niedergang der niederländischen Komponente der Nazione begann 1700, als die holländische Stellung in der Mittelmeerfahrt massiv erschüttert wurde. Die Ursachen hierfür wurden bereits angedeutet. Eine schärfere Konkurrenz vonseiten der Briten in der Seefahrt und der jüdischen Händler in Livorno sowie die schwierige Lage in den Kriegen gegen Frankreich von 1702 bis 1713 und gegen Algier von 1715 bis 1726 sorgten für den dauerhaften Verlust von Marktmacht im Seehandel von und nach Livorno. Die Briten konnten nun häufig die besseren Tarife anbieten, und sie verdichteten gerade seit 1720

472 Vgl. Kap. III, Fn. 451. Die Gründe mögen wohl in den zu geringen Einkünften durch die Konsulatsgebühren in Zeiten des Seekriegs gelegen haben, vgl. hierzu auch: *Hoogewerff*, De Nederlandsch-Duitsche, S. 162–164.

473 Im Fall der Insolvenz von Paul Lochner im Jahr 1720 wird der damalige Konsul Friedrich Broegh im Prozess nicht erwähnt: ASF, Mediceo del Principato, vol. 2291.

474 Die Zahlenangabe bei Hoogewerf ist nicht zutreffend, ebenso seine Aussage, dass nur noch die Hälfte der Mitglieder Niederländer gewesen seien: *Hoogewerff*, De Nederlandsch-Duitsche, S. 172–173.

ihre Kontakte nach Hamburg deutlich. Der seit 1720 sich intensivierende Verkehr von der Elbe nach Livorno wurde daher auch stärker von britischen als von niederländischen Schiffen getragen.[475] Der Handel in die Levante, von dem die Niederländer in Livorno essenziell abhingen, war seit 1700 in einem stetigen Niedergang begriffen und sollte sich erst ab 1730 wieder etwas stabilisieren.[476]

In den 1720er Jahren erfuhr die Nazione noch eine Reihe an Eintritten von Niederländern, seit 1730 fast nicht mehr. Bei den deutschen Händlern können wir umgekehrt beobachten, dass bereits um 1700 Jahren manche nach Livorno gezogen und hier trotz langer Aufenthaltsdauer nicht Mitglied der Nazione geworden waren.[477] Offenkundig schwächte sich die Kraft des Verbandes ab, und es gelang nicht mehr, alle theoretisch dieser Gruppe zugehörigen Händler von den Vorzügen einer Mitgliedschaft zu überzeugen. Vermutlich war nach der durch die Nationen erfolgreich koordinierten Abwehr von neuen Steuern um 1700 seitens der Regierung das Interesse an diesen Körperschaften deutlich zurückgegangen, und man gab keine Steuervorteile mehr für die Zugehörigkeit zu einem solchen Verband.

In dieser krisenhaften Lage der Nazione geschah 1737 der Machtwechsel im Großherzogtum der Toskana vom Haus Medici zu Habsburg-Lothringen. Jean Pierre Filippini hat 1988 in einem Aufsatz betont, dass damit auch ein massiver Bedeutungsverlust der Nationen in Livorno als korporativen Organisationen einherging.[478] Der Wandel ist unbezweifelbar, wenngleich diese Tendenz bereits in der späten Medici-Herrschaft angelegt zu sein scheint. Anhand der Akten der Nazione Olandese-Alemanna zeigt sich der Wandel recht plastisch. 1739 wünschte die neue Regierung, den intensiven Wechselhandel von Livorno nach Florenz zu verlegen.[479] Der Protest der Nazione war heftig. Man verwies auf die damit notwendigen Reisen nach Florenz für Wechselgeschäfte, was diesen Handel zu anderen Handelsplätzen, genannt wurden Genua und Verona, treiben würde. Zudem würde dies den Bedarf an Bargeld stark erhöhen, und damit müsste man angesichts der Bedeutung der Pesos im innermediterranen Handel viele solche Münzen aus Spanien einführen. Da jüngst Messina und Civitavecchia zu Freihäfen erklärt worden waren und Livornos Erfolg bedrohten, müsse hier eine möglichst große Freiheit des Handels erhalten bleiben. Der Protest war zwar erfolgreich und der Wechselhandel verblieb in Livorno, doch es war offenkundig geworden, dass der neuen Regierung die Belange des Freihafens nicht mehr so zentral am Herzen lagen, wie es noch unter den Medici der Fall gewesen war.[480]

475 *Ressel,* British Dominance; *Ressel,* The Dutch-Algerian War.

476 *Heeringa,* Bronnen, S. 373–379 (Nr. 140); *Israel,* The Phases, S. 29–30; *Nanninga,* Bronnen, Bd. 3, S. 21–24 (Nr. 22).

477 *Ressel,* La Nazione.

478 *Filippini,* Les nations, S. 592–594.

479 Zum Wechselhandel in Livorno vgl. *Filippini,* Il porto di Livorno, S. 102–105.

480 Zu der Angelegenheit finde ich keine weitere Literatur, jedoch scheint sie den Akten in Livorno zufolge zeitweise einige Bestürzung hervorgerufen zu haben: ASL, Capitano poi Governatore 1550–1808, vol. 3076, fol. 89r–93v.

c) Das Ende der Nazione als niederländische und ihr Wiederaufstieg als hamburgische Korporation 1740–1800

Gegen Ende der 1730er Jahre nun übernahmen die Deutschen die Mehrheit in der Nazione, obwohl zunehmend mehr der aus dem Reich nach Livorno ziehenden Kaufleute ihr gänzlich fernblieben. Im Dezember 1748 waren von 13 Mitgliedern der Nazione nur noch 4 Niederländer.[481] Bis 1780 jedoch wurde niemals ein Deutscher Konsul der Nazione. Auch das mag ein Grund dafür sein, dass äußerst wohlhabende und gut vernetzte Händler aus dem Reich nicht Mitglied wurden. Genannt seien Heinrich Christian (I) Lutyens († 1753) und sein gleichnamiger Sohn (1718–1771), die wohl zu den bedeutendsten Kaufleuten Livornos im 18. Jahrhundert gerechnet werden dürfen.[482] Möglicherweise hängt dies mit dem seit 1751 in Livorno bestehenden dänischen Konsulat zusammen. Dieses wurde für fast zwei Jahrzehnte von einem in Hamburg geborenen Kaufmann, Peter Bartels († 1770), besetzt und ein Rechtsbeistand von diesem Lutheraner lag manchem Hamburger in Livorno wohl näher als ein solcher vom reformierten Konsul der Niederlande.[483]

Seit den 1750er Jahren traten konsequenterweise nur noch wenige Kaufleute der Nazione bei, bis 1780 gerade einmal acht Personen, davon ein Niederländer. Zwar zogen in den genannten Jahren einige deutsche Kaufleute nach Livorno, doch bis 1780 sahen nur noch wenige von diesen eine Veranlassung, der Nazione beizutreten. Das Resultat war vorhersehbar: Im Jahr 1768 bestand die Nazione noch aus sechs Kaufleuten, alle um die 50 Jahre alt oder älter, und nur einer davon war Niederländer.[484] Man kann die Nazione zu diesem Zeitpunkt als fast inexistent bezeichnen. 1773 waren noch fünf Personen in der Nazione aktiv und 1775 noch vier.[485] Dem Schrumpfen der Mitgliederzahl stand eine seit 1773 anerkannte und bald wachsende evangelische Gemeinde gegenüber.[486] Wir können vermuten, dass die wenigen verbleibenden Mitglieder der Nazione hauptsächlich unter der Protektion des niederländischen Konsuls verblieben, da sie noch etwas stärker in die Niederlande handelten und hierfür holländische Schiffe bevorzugten. Die Seefahrt der Niederländer nach Livorno behielt im Gegensatz zur

481 ACOA, Libro Rosso, 7. Dezember 1748. Frank Bouwer, Pietro Charron, Giacomo David Flolard und Gerhard Heirmans waren Niederländer. Cornelius Berenberg, Georg Wilhelm Renner, Niccolo de Smeth, Philipp Wilhelm Huigens, Georgius Jacobus Bruck (aus Straßburg), Christian Theodor Oldenburg, Niccolo Heusch und Otto Franck galten als Deutsche. Die Zuordnung ergibt sich aus *Ressel*, La Nazione, S. 316–317.

482 Zu diesen: *Otruba*, Europäische Commerzreisen, S. 316.

483 Vgl. zu Bartels: *Andersen*, The Danish Flag, S. 145.

484 ACOA, Libro Rosso, 13. Januar 1768.

485 ACOA, Libro Rosso, 30. November 1773, 9. Dezember 1775.

486 Mehr hierzu in Kap. IV. 1. f. Genaue Zahlen zu den außerhalb der Nazione stehenden deutschen Kaufleuten können leider für die 1760/70er Jahre nicht gegeben werden, präzise Angaben finden wir erst ab 1780 vor. Im Jahr 1761 werden acht lutherische Kaufleute in Livorno erwähnt (Fn. 281), es standen also mindestens drei dieser Händler außerhalb der Nazione, die zu dieser Zeit nur fünf Lutheraner umfasste.

dortigen Gruppe der niederländischen Händler noch länger im 18. Jahrhundert eine gewisse Bedeutung (Tabelle 13).[487]

Tabelle 13: Schiffseingänge aus den Niederlanden in Livorno, 1764–1781

Jahr	Schiffe	Jahr	Schiffe	Jahr	Schiffe
1764	91	1770	45	1776	21
1765	57	1771	36	1777	24
1766	108	1772	55	1778	32
1767	67	1773	29	1779	53
1768	34	1774	67	1780	36
1769	33	1775	30	1781	8

Quelle: ASL, Capitano poi Governatore 1550–1808, vol. 3076, fol. 137r–137v.

Es ist dabei zu vermuten, dass die deutschen Händler in Livorno vor allem mit Amsterdam handelten, wie in Kap. IV noch genauer zu zeigen sein wird. Erst mit Ausbruch des Kriegs zwischen Großbritannien und den Niederlanden verlagerte sich der Nordeuropahandel der Hamburger in Livorno stärker in Richtung Elbe. Laut Ausweis der Hamburger Admiralitätszollregister stieg der Handel mit Livorno um 1780 deutlich an.[488] Diese Quellengattung ist zwar für ihre Unzuverlässigkeit aufgrund von vielen Zollexemtionen bekannt und gerade gegen Ende des 18. Jahrhunderts wurden immer mehr Güter von dieser Abgabe befreit.[489] Dennoch zeigt der deutliche Sprung der Einnahmen (Diagramm 12), dass die Hamburger in Livorno nun erst massiv mit ihrer Heimatstadt Handel zu treiben begannen. Im Zuge dieser Entwicklung nahm die Bedeutung von Saflor, Wein, Weinstein und Öl in den 1770/80er Jahren deutlich ab, während Baumwolle und Korinthen enorm an Bedeutung gewannen.[490] Allerdings gelang es nach Friedensschluss der Elbmetropole zunächst nicht, die neugewonnene Bedeutung im Italienhandel zu halten, da die Hamburger in Livorno weiterhin Amsterdam als Handelsplatz in Friedenszeiten bevorzugten.[491] Erst seit 1787 konnte Hamburg wieder ein deutliches Wachstum seines Seeverkehrs nach Livorno verbuchen, dem dann auch eine steigende Schifffahrt nunmehr unter der dänischen anstelle der niederländischen Flagge nach Livorno entsprach.[492]

487 *Poinsignon*, Geschichte der protestantischen Kirchengemeinde, S. 21.

488 Vgl. auch: *Beutin*, Der deutsche Seehandel, S. 199–200.

489 Vgl. Kap. VIII, Fn. 9.

490 *Denzel*, Der seewärtige Einfuhrhandel Hamburgs, S. 137–150.

491 Vgl. die Erholung des Handels zwischen Livorno und den Niederlanden nach 1783: *Filippini*, Il movimento del porto, S. 60–68. Zur wachsenden Gruppierung der deutschen Händler seit den 1770er Jahren vgl. Kap. 3.3.c.

492 *Andersen*, The Danish Flag, S. 3–4.

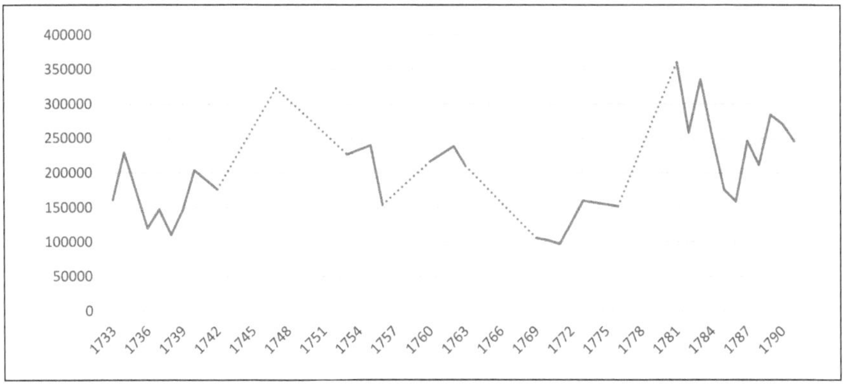

Diagramm 12: Im Hamburger Admiralitätszoll erfasste Importwerte aus Livorno in ML, 1733–1790
Quelle: Schneider/Krawehl/Denzel/Schulenburg, Statistik, S. 137–150.

Eine im Vergleich zu den Briten und Niederländern erhöhte Bedeutung für die deutschen Händler in Livorno hatte der Landhandel – auch wenn sie aus Hamburg stammten. Die toskanische Hafenstadt war direkt mit Florenz verbunden, dies war ihre primäre Hinterlandanbindung. Von hier führte die nördliche Verbindung direkt nach Bologna, wo sich die Straße gabelte, entweder in Richtung Mailand oder in Richtung Venedig. In der spezielleren Forschung wurde die Wichtigkeit der Landrouten für den Handel von Livorno nach Norditalien, der Adria und sogar Zentraleuropa bereits häufiger belegt.[493] Statistisch fassbar ist besonders gut der Seidenhandel aus dem Großherzogtum Toskana. In der ersten Hälfte des 18. Jahrhunderts schwankte der Anteil des seewärtigen Exports dieses Produktes immer zwischen 23 % und 39 % des Gesamtexportes, weit über die Hälfte ging über Bologna nach Norden im Fernhandel.[494] In Nord- und Osteuropa genossen Seidenwaren aus Florenz und Lucca einen hervorragenden Ruf. Sie waren daher eines der wichtigsten, und fast ausschließlich über Land transportierten, Exportgüter der Toskana.[495]

Grundsätzlich musste mit dem Beginn der Herrschaft der Dynastie Habsburg-Lothringen im Jahr 1737 das Interesse für die Handelsverbindungen des Großherzogtums mit den von derselben Dynastie beherrschten Zentren Mailand, Trient und Bozen stärker werden.[496] Bereits die Zeitgenossen sahen, dass die neuen Regenten *per la felicità del commercio* in der Straßenbaupolitik neue Im-

493 *Baruchello,* Livorno e il suo porto, S. 411–412; *Dermigny,* Escales, échelles et ports francs, S. 545–546; *Pagano De Divitiis,* English Merchants, S. 90.

494 *Filippini,* Il movimento del porto, S. 51.

495 *Meinert,* Handelsbeziehungen, S. 179.

496 Dies wird in der Literatur auch so konstatiert: *Bellucci,* La politica lorenese.

pulse setzten.[497] Damit schlossen die Habsburger im Grunde an ihre Infrastrukturprojekte im Alpenraum an, die in Kap. II.4 genauer ausgeführt wurden.[498] Flankiert wurde das Straßenbauprogramm von einer Zollpolitik, die auf eine deutliche Verstärkung des Transits abzielte, also einer stärkeren Verknüpfung von Livorno mit der Toskana, sowie einer Förderung der modernen Gewerbe in Livorno.[499] Hinzu kamen 1763 und 1766 Handelsverträge des Großherzogtums mit Modena und Mailand, die günstige Transitbedingungen und Verbesserungen der Straßen vorsahen.[500]

Eine ›Messung‹ des Erfolgs dieser Maßnahmen kann durch die Einsicht in die Handelsbilanzen Mailands der Jahre 1752/53 und 1778 gelingen. In ersterer Handelsbilanz wird der Handel mit der Toskana als marginal dargestellt.[501] Da seit 1755 auch die Livorneser Wechselkurse nicht mehr auf den Bozner Messen notiert wurden und lombardische Händler ebenfalls fast gänzlich von diesem Markt verschwanden, können wir in den 1750er Jahren einen bedeutenden, aber nur kurzfristigen Wandel des nordwestitalienischen Hinterlandhandels zulasten Livornos vermuten.[502] Die Friedensschlüsse des Großherzogtums Toskana mit den nordafrikanischen Regentschaften 1748–1750 führten zu einem faktischen Embargo vieler italienischer Hafenstädte gegen Livorno, was den Umschlag Genuas massiv förderte und die Ausrichtung der Händler der Lombardei nach Ligurien stärkte.[503]

Hingegen sehen wir in der Handelsbilanz von 1778 bereits eine gänzlich neue Bedeutung des von und nach der Toskana gehenden Landhandels über die norditalienischen Territorien der österreichischen Habsburger. Dieser Handel hatte über Mantua eine besonders intensive Ausrichtung auf die Republik Venedig. Weniger ausgeprägt war der Handel über Mailand in Richtung der Schweizer

497 *O. V.*, Raccolta Livorno, S. 121–122.

498 Das wird auch häufig explizit in den zeitgenössischen amtlichen Quellen erwähnt: *Beer*, Die österreichische Handelspolitik, S. 65–66; *Hendrich*, Ein Wirtschaftsbild, S. 164–167; *Ressel*, Karl von Zinzendorf's, S. 150. Bemerkenswert ist dabei die Förderung des Direkthandels zwischen der Toskana und den österreichischen Niederlanden: *van Meerbeeck*, Les relations économiques.

499 *Baruchello*, Livorno e il suo porto, S. 301–316; *Baggiani*, Le prime manifatture; *Pazzagli*, La circolazione delle merci.

500 *Beer*, Die österreichische Handelspolitik, S. 57–66; *Caizzi*, Industria, commercio e banca in Lombardia, S. 223.

501 *Ressel*, Karl von Zinzendorf's, S. 151.

502 *Denzel*, Die Bozner Messen, S. 206–208; *Bonoldi*, La via del Tirolo, S. 139. Vgl. auch Kap. II, Fn. 529. Die Tatsache, dass die Notierungen zu einem späteren Zeitpunkt nach der Wiederbelebung des Transits nicht wieder einsetzten, mag mit der Durchsetzung der Direktspedition über Bozen zulasten des Messegeschehens für den Warenhandel zusammenhängen (siehe hierzu Kap. II. 4).

503 Vgl. zu dieser Krise seit 1750: *Hendrich*, Ein Wirtschaftsbild, S. 147–163; *Addobbati*, Commercio, rischio, guerra, S. 87–110. Dies passt auch zum leichten Rückgang des Hamburger Verkehrs mit der toskanischen Hafenstadt, vgl. Diagramm 12.

oder Graubündner Alpenpässe.[504] Der Erfolg der Habsburger in der Förderung des Hinterlandhandels Livornos nach Nordosten zeigt sich dabei überdeutlich. Der Effekt solcher Verbesserungen auf die Aktivitäten der deutschen Kaufleute in Livorno wird in Kap. IV noch zu beleuchten sein. Hier sei vor allem vermerkt, dass die verstärkte Hinterlandanbindung Livornos besonders zugunsten der deutschen Händler gewirkt und deren Aufstieg seit der Jahrhundertmitte gestützt hatte.[505]

Die hingegen schrumpfende Bedeutung der Nazione von 1720 bis 1780 spiegelt sich in deren Beschlüssen wider. Hatte man in der zweiten Hälfte des 17. Jahrhunderts noch scharfe Maßnahmen im Sinne eines Reederkartells beschlossen, so verloren die Entscheidungen nun sichtlich an Bedeutung. Ende 1748 versammelte sich die Nazione zweimal und schloss letztmalig ein Mitglied namens Carlo de Missy aus ihren Reihen aus, da dieser kein Amt hatte annehmen wollen und eine entsprechende Strafe verweigert hatte.[506] Missy konnte es sich offenbar leisten, wegen einer Banalität die Nazione zu verlassen und sah keinen Grund, zu dieser zurückzukehren. 1758 noch erbat die Regierung Gutachten der verschiedenen Nationen in Livorno mit Vorschlägen für die Verbesserung der wirtschaftlichen Lage der Stadt und des Großherzogtums.[507] Die Antworten der Nationen wurden jedoch nur als Ratschlag genommen, eine ernsthafte politische Einflussnahme auf die Entscheidungen in Florenz wie im 17. Jahrhundert war damit nicht mehr verbunden.[508]

Da die Nazione als Kartell gescheitert war, ihre Mitglieder keine Steuervorteile mehr genossen und der Konsul im Wesentlichen nur noch ein Vertreter der Generalstaaten war, der Gebühren von immer weniger ankommenden niederländischen Schiffen einsammelte, war das Ende der Vereinigung absehbar. Am 12. Mai 1768 kam die auf sechs Mitglieder geschrumpfte Nazione zusammen, um die Begleichung eines Fehlbetrages von 1.500 Ps. zu beschließen. Am 22. Mai 1766 hatte die Nazione anlässlich des festlichen Einzugs des Großherzogs Peter Leopold bei der entsprechenden Festveranstaltung vier Fregatten ein

504 *Tonelli*, Commercio di transito, S. 103–108.

505 *Ressel*, La Nazione.

506 ACOA, Libro Rosso, 30. November 1748, 7. Dezember 1748.

507 Abgedruckt ist dieses Gutachten bei *Guarnieri*, Livorno marinara, S. 654–661 (Nr. 88); Vgl. hierzu die Kommentare bei: *Baruchello*, Livorno e il suo porto, S. 479–486; *Panessa/Nista*, La congregazione, S. 66–68. Interessant ist, dass der deutschstämmige Wilhelm Huigens in seinem Gutachten deutlich auf den Hinterlandhandel verwies, was als ein Hinweis auf die Orientierung der deutschen Händler in der Nazione genommen werden mag.

508 So schrieb die Regierung 1772 in einem internen Gutachten, dass die Nationen in Livorno einstmals als Vertreter der Händlerschaft einige Bedeutung für die Handelspolitik des Großherzogtums gehabt hätten, dies jedoch im 18. Jahrhundert angesichts der Tendenz der Konsuln, sich als *Ministri*, also Vertreter ihrer Heimatstaaten zu gerieren, geschwunden sei: *Filippini*, Les nations, S. 593. Grundsätzlich verloren alle Nationen in Livorno als korporative Vereinigungen im 18. Jahrhundert an Bedeutung, mit Ausnahme der jüdischen, vgl.: *Trivellato*, The Familiarity of Strangers, S. 74–101.

Festa della Corsa abhalten lassen.[509] Der damalige Camarlingo Cornelius Berenberg (1714–1773) hatte 1.500 Ps. aus eigener Tasche bezahlt und wünschte nun eine Erstattung. Ursprünglich war geplant gewesen, dass die deutschen Kaufleute 1.300 Ps. und der niederländische Konsul 200 Ps. bezahlen sollte, was aus unbekannten Gründen aber nicht geschehen war.[510] Die Nazione nahm einen Kredit auf die Kasse auf, von diesem wurden jeweils 500 Ps. von den Kaufleuten Franck, Berenberg und Wintersdorf verbürgt. In den 1770er Jahren versammelte sich die Nazione viermal zwischen 1773 und 1777, da es nicht gelang, diesen Kredit aus den regulären Einnahmen zu tilgen; immer wieder mussten Direktzahlungen der Kaufleute geleistet werden.[511] Es nimmt wenig wunder, dass die Nazione unattraktiv für deutsche Kaufleute in Livorno geworden war.

Vonseiten des Großherzogtums wurden die Nationen unter der Dynastie Habsburg-Lothringen im späteren 18. Jahrhundert im Grunde nicht mehr wahrgenommen. Als im Jahr 1772 die Händler Livornos die Einrichtung einer Handelskammer forderten, wurden die diese Petition unterschreibenden Firmen in recht ungewöhnliche Kategorien eingeteilt. In der Gruppe der *Inglesi, ed Olandesi* fanden sich 16 Firmen genannt, diese wurden aber faktisch nur von Deutschen und Briten geleitet. Weiter fanden sich 2 *Ginevrini*, 10 *Italiani*, 8 *Orientali* (vermutlich Armenier), 26 ohne Nationsangabe (vermutlich livornesisch-toskanische Firmen), 6 *Francesi* und 48 *Ebrei*.[512] Die insgesamt 116 Händler und ihre Firmen agierten offenkundig kollektiv und ohne Notwendigkeit einer Repräsentation ihrer Konsuln gegenüber der Regierung, die es nicht einmal mehr als nötig ansah, die Briten und Holländer/Deutschen als eigene Gruppierungen zu erfassen. Die Nazione Olandese-Alemanna war ein Relikt geworden, das bestenfalls noch als ein kleiner Verein alter Herren bestand, der die Kapelle und den Friedhof pflegte und dessen niederländischer Vorsteher als Konsul der Generalstaaten immer noch das Recht auf Gebühreneinzug von niederländisch-deutschen Schiffen hatte. Als korporative Organisation konnte sie in dieser Form nicht mehr lange bestehen.

Zu ihrem Ende kam es dann doch nicht. Die Kriegserklärung Großbritanniens an die Niederlande 1780 belebte die Nazione wieder und verwandelte sie zu einer aktiven Vereinigung deutscher Händler unter hamburgischer Führung. Nach Kriegsausbruch kam die Seefahrt der Holländer ins Mittelmeer für die nächsten drei Jahre faktisch zum Erliegen. Die deutschen Händler in Livorno, die zu diesem Zeitpunkt meist außerhalb der Nazione wirkten, wurden nun auf

509 *Zangheri*, Feste e apparati, S. 112–114.

510 ASL, Capitano poi Governatore 1550–1808, vol. 3076, fol. 452r. Die geplante Aufteilung zeigt auch die Kapitalkraft in der Nazione auf: 200 Ps. für den niederländischen Konsul Johannes Franciscus Bouwer, für die Deutschen jeweils: Otto Franck 250 Ps., Erede Huigens (Wintersdorf) 250 Ps., David Hartlaub 75 Ps., Gasparo Raymond de Smeth 400 Ps., Christian Theodor Oldenburg 75 Ps., Cornelius Berenberg 250 Ps.

511 ACOA, Libro Rosso, 30. November 1773, 9. Dezember 1775, 7. Dezember 1776, 27. Dezember 1777.

512 ASL, Governo civile e Militare di Livorno, inv. 12 carta 64, Nota dei Negozianti di Livorno.

unangenehme Art an deren Existenz erinnert. Der Name ›Olandese-Alemanna‹ für eine Kaufmannskorporation, die ausgerechnet Ende 1780 vom einzigen niederländischen Mitglied als Konsul repräsentiert wurde, konnte nach außen den Anschein erwecken, als stünden die deutschen Kaufleute in Livorno in engster Partnerschaft mit dem Kriegsgegner Großbritanniens.

Wir wollen zunächst einen Blick auf die Schlüsselfigur der nächsten Jahre werfen: Johann Heinrich Nolte (1739–1824) war im Juli 1773 gleichzeitig mit Heinrich Holst, über den hier nichts Genaues mitgeteilt werden kann, der Nazione beigetreten. Der in Hamburg geborene Nolte war 1755 nach Livorno gekommen, um dort im bedeutenden Handelshaus seines Onkels Otto Ludwig Hellwig Franck (1719–1780) tätig zu sein. Nolte sah sich selbst aufgrund eines langjährigen Aufenthalts in Großbritannien (1748–1754) zeitlebens etwas mehr als Engländer denn als Hamburger, und dementsprechend handelte er stark mit London.[513] Sein Beitritt zur Nazione Olandese-Alemanna wird daher nur halbherzig erfolgt sein, erst 18 Jahre nach seiner Ankunft in Livorno und auch wohl nur, da der seit 1739 hier ansässige Otto Franck seit 1744 in der Nazione wirkte.[514] Das Handelshaus Franck, welches Nolte nach 1780 vollständig übernehmen sollte, war nach vielfältigen Berichten eines der wohlhabendsten in Livorno und besaß sogar eine Dependance in Konstantinopel.[515] Möglicherweise war diese Außenstelle und das mit ihr verknüpfte Engagement im Handel mit dem osmanischen Reich auch der Grund für den vormaligen Beitritt Francks zur Nazione Olandese-Alemanna. In der Levante hatten niederländische Händler auch in der zweiten Hälfte des 18. Jahrhunderts noch eine gewisse Bedeutung, und ihr Konsulatsposten in Konstantinopel war weiterhin von einem vollwertigen Botschafter der Republik besetzt.[516]

Als nun der Krieg zwischen den Niederlanden und Großbritannien im Dezember 1780 ausbrach, sah Nolte sein Handelshaus bedroht. Am 11. Januar 1781 bereits ließ Nolte durch einen Notar öffentlich beurkunden, dass die Mitgliedschaft in der Nazione niemals etwas am Status der meisten ihrer Händler als Hamburger Bürger geändert hätte.[517] Am 18. Januar forderte Nolte im Namen der weiteren Mitglieder der Nazione den amtierenden Konsul Dietrich Kerfbyl zum Rücktritt auf. Dieser lehnte ab und wollte nun als vorgeblich letztes Mitglied der Nazione Olandese-Alemanna all deren Besitztümer einbehalten, unter anderem die Kapelle des St. Andreas. Die deutschen Händler jedoch übernahmen alle Dokumente der Nazione sowie deren Kasse und damit auch deren

513 Zu Nolte, auch mit weiterer Literatur, vgl.: *Schulte Beerbühl*, Zwischen England, S. 222–223.

514 *Castignoli*, Il libro rosso, S. 175.

515 *Tesi*, Livorno, S. 89; *Beutin*, Der deutsche Seehandel, S. 164; *Salvestrini*, Relazioni sul governo, S. 242, 294; *Addobbati*, Oltre gli intermediari, S. 154–167. Zu den Beziehungen Francks zur preußischen Firma Splitgerber & Daum vgl.: *Lenz/Unholtz*, Die Geschichte des Bankhauses, S. 188.

516 *Nanninga*, Bronnen, Bd. 4,2, S. V–XIII, 1419–1421 (Nr. VIIb); *Russell*, The Later History, S. 108–109, 147–148.

517 Abgedruckt in: BCAP, IV D 58,20, fol. 249v–249r.

Ausgaben für die Kapelle, den Altar und den Friedhof.[518] Es konstituierte sich nun eine *Nazione Amburghese*, und Nolte konnte bereits im Februar 1781 von Hamburg das Konsulatspatent in Empfang nehmen.[519] In Livorno wurde die *Nazione Amburghese* vonseiten der Regierung im Dezember 1781 anerkannt.[520] Der Hamburger Senat versuchte vergeblich, Lübeck davon zu überzeugen, Nolte auch das hanseatische Generalkonsulat anzuvertrauen. Im Rahmen dieser Korrespondenz schrieb der Hamburger Syndikus Garlieb Sillem (1726–1792) an seine Kollegen an der Trave:

> Die Ursache, die Herr Nolte hatte, diesen Titel zu wünschen, waren sehr gegründet. Er stand vorhero, so wie andre Teutschen in Livorno und andrer Orten thun, unter holländischer Protektion, welche, bey jetzigen Ausbruche des Krieges zwischen Engelland und Holland nicht weiter möglich, da sein Negoz allgemein ist, und ebenfalls stark nach Engellande geht.[521]

Der auf die Konstituierung der Hamburger Nazione folgende, einige Jahre dauernde Rechtsstreit zwischen Kerfbyl und Nolte vor den *Auditor Vicario del Tribunale di Livorno* und später dem *Magistrato Supremo* in Florenz füllt eine umfangreiche Akte im Staatsarchiv Livorno, die wesentliche Informationen über die Nazione Olandese-Alemanna enthält. Aus der historischen Darstellung der Nazione und ihrer Aktivitäten heraus versuchten beide Seiten, ihren jeweiligen Besitzanspruch auf das Archiv mitsamt dem Libro Rosso und den Rechnungsbüchern, die Kapelle, den Altar und den Friedhof zu erhärten. Die deutschen Händler betonten, dass die Nazione ein freiwilliger Zusammenschluss von Individuen war, die als Kollektiv den Besitz an den Gütern hielten und verwalteten, der Konsul hingegen nur zwei Stimmen hatte. Kerfbyl argumentierte, dass die Gruppe eine niederländische Vereinigung war, die seit dem frühen 17. Jahrhundert im Wesentlichen unter der Oberhoheit der Generalstaaten gestanden hatte. Die Deutschen hätten sich im Januar 1781 aus dieser entfernt und daher keinerlei Stimme oder sonstige Rechte mehr inne.

In den Prozessakten finden sich auch Informationen über die Einnahmen und Ausgaben der Nazione. 1779 hatte die Nazione mit einem Saldo von 644 Ps. das Jahr abgeschlossen. Kerfbyl gab noch zum Jahresende 70 Ps. hinzu, die er von 35 niederländischen Schiffen für den Erhalt der Kapelle eingezogen hatte, wobei sicher eine größere Summe an Schiffsankunftsgebühren bei ihm für seine Ausgaben als Konsul der Generalstaaten verblieben war.[522] Die Abgabe von 1 ‰ erbrachte 440 Ps., was die immer noch beachtlichen Umsätze der wenigen in der

518 ASL, Capitano poi Governatore 1550–1808, vol. 3076, fol. 201r–228r, 403r–403v.

519 *Baasch*, Die Hansestädte, S. 62–63.

520 *Poinsignon*, Geschichte der protestantischen Kirchengemeinde, S. 21–22.

521 AHL, ASA Externa, Barbaresken Staaten 2, 14. Februar 1781.

522 Zu den Einnahmen des Konsuls durch Schiffsgebühren im 17. Jahrhundert vgl. *Hoogewerff*, De Nederlandsch-Duitsche, S. 158–165. Im 18. Jahrhundert lässt sich dazu einstweilen keine genauere Angabe machen, üblich war aber europaweit, dass Konsuln sich auch durch Gebühren ankommender Schiffe des repräsentierten Staates finanzierten.

Nazione verbliebenen Händler verdeutlicht. Bis Juni 1780 kamen noch einmal 22 Schiffe an, was der Kasse zusätzlich 44 Ps. brachte. 1780 brachten die 1 ‰ dann 1.025 Ps. ein, was das immense Umsatzwachstum der Hamburger Händler in Livorno seit der Verschärfung des Seekriegs zwischen Frankreich und Großbritannien aufzeigt.[523] Diese Geldeinnahmen verdeutlichen auch, weshalb der juristische Streit um die Leitung der Nazione trotz der gesunkenen Bedeutung der Korporation so hart geführt wurde, hier ging es doch noch um deutlich mehr als nur Prestige.

Am 19. Januar 1785 erging ein erstes Urteil zulasten von Kerfbyl. Die Richter in Livorno erkannten die Nazione als eine Vereinigung von Individuen an, und damit galt der Mehrheitswille.[524] Kerfbyl ging in Berufung und zog den Prozess damit nach Florenz. Er betonte seine Prärogative und die Tatsache, dass die Versammlung der Nazione nur fakultative und keine zwingenden Beschlüsse hätte machen können, zudem hätten die Deutschen nie die Güter der Nazione in *possesso* gehabt.[525] Im endgültigen Urteil vom 25. September 1787 wurden die Güter dennoch der Hamburger Nazione zuerkannt, jedoch das Libro Rosso, also das zentrale Kapitelbuch der Nazione Kerfbyl zugesprochen, ebenso die Verwaltung des Friedhofs, der jedoch für Begräbnisse von Hamburgern benutzbar bleiben musste (Abbildung 6).[526]

Zwei Monate später beriefen die Mitglieder der neuen Nazione eine Versammlung ein, zu der sich Konrad Sauter, Paul Otto Franck, Christof Ulrich, der aus Venedig nach Livorno gezogene Johannes Kleiber (1729–1804), Johann Tobler, Johann Adolf Köster, Johann Octavio Nolte und Heinrich Nolte einfanden. Kerfbyl wurde ausschlossen und Sauter, ein Schweizer, zum neuen Konsul gewählt.[527] Von diesen acht Kaufleuten war nur Heinrich Nolte in der vormaligen Nazione Olandese-Alemanna eingeschrieben gewesen. 1790 konnte auch Kerfbyl nach intensiver Vermittlung des Großherzogs wieder beitreten, sodass die nun wieder Nazione Olandese-Alemanna genannte Vereinigung nach außen mit einem niederländischen und einem deutschen Konsul wirkte.[528] 1791 waren die neu hinzugetretenen Kaufleute bereit, der Nazione 2.000 Ps. zu leihen, damit diese dem neuen Großherzog ihre Aufwartung machen konnte.[529] Die Na-

523 ASL, Capitano poi Governatore 1550–1808, vol. 3076, fol. 404r–405r.

524 ASL, Capitano poi Governatore 1550–1808, vol. 3076, fol. 107r–109r.

525 ASL, Capitano poi Governatore 1550–1808, vol. 3076, fol. 111r–113v.

526 BCAP, IV D 58,20, fol. 248v–249v.

527 ACOA, Libro Rosso, 26. November 1787. Einige Hinweise zu Sauter und weiteren Schweizer Händlern in Livorno gibt: *Adorni*, Dalle Alpi al Mare.

528 *Hoogewerff*, De Nederlandsch-Duitsche, S. 177–178; *Panessa/Nista*, La congregazione, S. 78.

529 ACOA, Libro Rosso, 9. März 1791. Die Teilbeträge waren: Dietrich Kerfbyl: 200 Ps., Heinrich Nolte: 400 Ps., Heinrich Holst: 400 Ps., Johann Tobler & Konrad Sauter: 400 Ps., Johannes Kleiber: 200 Ps., Johann Christof Ulrich: 200 Ps., Johann Hermann Jenquel: 200 Ps. Es sei dabei betont, dass dies nicht alle deutschen Händler in Livorno waren, viele schlossen sich entweder der englischen Nation an oder blieben gänzlich unabhängig, vgl. *Schulte Beerbühl*, Zwischen England.

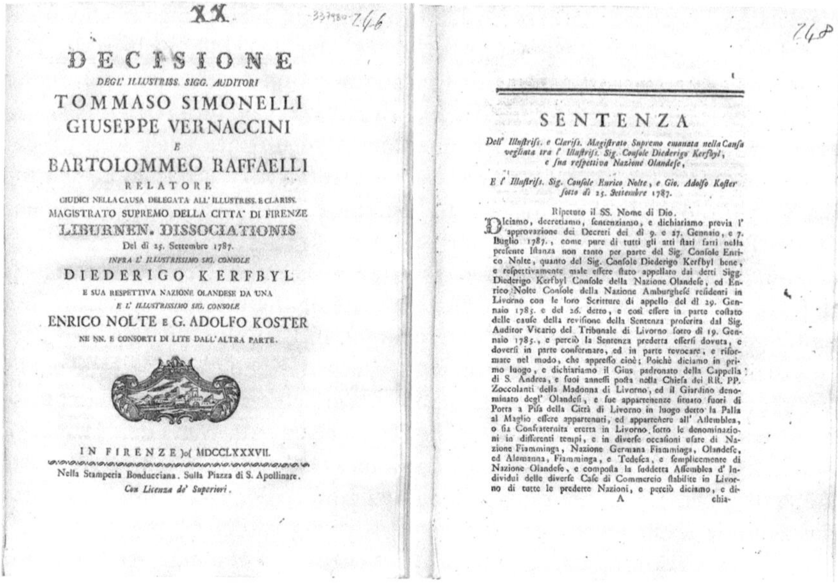
XX.

DECISIONE

DEGL' ILLUSTRISS. SIGG. AUDITORI

TOMMASO SIMONELLI

GIUSEPPE VERNACCINI

E

BARTOLOMMEO RAFFAELLI

RELATORE

GIUDICI NELLA CAUSA DELEGATA ALL' ILLUSTRISS. E CLARISS. MAGISTRATO SUPREMO DELLA CITTA' DI FIRENZE

LIBURNEN. DISSOCIATIONIS

Del dì 25. Settembre 1787.

INFRA L' ILLUSTRISSIMO SIG. CONSOLE

DIEDERIGO KERFBYL

E SUA RESPETTIVA NAZIONE OLANDESE DA UNA

E L' ILLUSTRISSIMO SIG. CONSOLE

ENRICO NOLTE E G. ADOLFO KOSTER

NE NN. E CONSORTI DI LITE DALL' ALTRA PARTE.

IN FIRENZE MDCCLXXXVII.

Nella Stamperia Bonducciana. Sulla Piazza di S. Apollinare.

Con Licenza de' Superiori.

1

SENTENZA

Dell' Illustriss. e Clariss. Magistrato Supremo emanata nella Causa vegliata tra l' Illustriss. Sig. Console Diederigo Kerfbyl, e sua respettiva Nazione Olandese,

E l' Illustriss. Sig. Console Enrico Nolte, e Gio. Adolfo Koster sotto dì 25. Settembre 1787.

Ripetuto il SS. Nome di Dio.

Diciamo, decretiamo, sentenziamo, e dichiariamo previa l' approvazione dei Decreti dei dì 9. e 27. Gennaio, e 7. Luglio 1787., come pure di tutti gli atti stati fatti nella presente Istanza non tanto per parte del Sig. Console Enrico Nolte, quanto del Sig. Console Diederigo Kerfbyl bene, e respettivamente male essere stato appellato dai detti Sigg. Diederigo Kerfbyl Console della Nazione Olandese, ed Enrico Nolte Console della Nazione Amburghese residenti in Livorno con le loro Scritture di appello del dì 29. Gennaio 1785. e del 26. detto, e così essere in parte costato delle cause della revisione della Sentenza proferita dal Sig. Auditor Vicario del Tribunale di Livorno sotto dì 19. Gennaio 1785., e perciò la Sentenza predetta essersi dovuta, e doversi in parte confermare, ed in parte revocare, e riformare nel modo, che appresso cioè; Poichè diciamo in primo luogo, e dichiariamo il Gius padronato della Cappella di S. Andrea, e suoi annessi posta nella Chiesa dei RR. PP. Zoccolanti della Madonna di Livorno, ed il Giardino denominato degl' Olandesi, e sue appartenenze situato fuori di Porta a Pisa della Città di Livorno in luogo detto la Palla al Maglio essere appartenuti, ed appartenere all' Assemblea, o sia Confraternita eretta in Livorno sotto le denominazioni in differenti tempi, e in diverse occasioni usate di Nazione Fiamminga, Nazione Germana Fiamminga, Olandese, ed Alemanna, Fiamminga, e Tedesca, e semplicemente di Nazione Olandese, e composta la suddetta Assemblea d' Individui delle diverse Case di Commercio stabilite in Livorno di tutte le predette Nazioni, e perciò diciamo, e di-

A chia-

Abbildung 6: Titelblatt und erste Seite des Endurteils
im Prozess Kerfbyl vs. Nolte vom 25. September 1787
Quelle: BCAP, IV D 58,20.

zione war seither eine weitgehend deutsche Gruppierung, die im 19. Jahrhundert neben vielen Hamburgern noch französisch- und deutschsprachige Schweizer und einige Skandinavier in ihren Reihen zählen sollte. Die Selbstbesteuerung von 1 ‰ wurde zuletzt noch am 30. November 1790 beschlossen, und sie galt bis 1822, als neue Statuten und ein neues Abgabensystem erlassen wurden.[530]

Bedeutende Rechte im Handelswesen haben die Händler in Livorno nicht mehr errungen oder bewahrt. Faktisch hatte die Nazione nur in der zweiten Hälfte des 17. Jahrhunderts als korporative Gruppierung gewirkt, indem sie durch festgelegte Frachttarife, ein kartellmäßiges Gebaren und Strafandrohungen gegenüber ihren Mitgliedern zeitweilig versucht hatte, ihre starke Stellung im Handel für wettbewerbsverzerrende Vorteile auszunutzen. Eine wichtige Stütze von außen war die generell nur für die in Nationen organisierten Kaufleute gültige Steuerermäßigung. Diese scheint jedoch seit dem zweiten Jahrzehnt des 18. Jahrhunderts nicht mehr in Kraft gewesen zu sein. Seit der Jahrhundertmitte traten wichtige Händler der Nazione daher auch nicht mehr bei, und die Korporation verlor immer mehr an Bedeutung. Selbst nachdem sie seit 1781 durch den Eintritt von vielen deutschen Kaufleuten wieder an zahlenmäßiger Stärke gewann, blieb die Vereinigung für den Handel irrelevant. Da hier dennoch einige Besitztümer, insbesondere religiöser Art, und manche Gelder

530 ACOA, Libro Rosso, 30. November 1790.

zu verwalten waren und zudem ein gewisses Prestige mit dem traditionsreichen Namen verbunden war, blieb sie eine attraktive Vereinigung, die in den folgenden Jahrzehnten keine Probleme mehr mit einer niedrigen Mitgliederzahl haben sollte.[531] Da seit 1773 ein offiziell bestallter Prediger in Livorno wirkte, wurde die Nazione 1781 durch dessen Eintritt faktisch zu einer Art religiöser Laienkorporation.[532] 1822 wurde die Konsequenz endgültig gezogen und die Nazione in ihren neuen Statuten auch als *Congregazione* bezeichnet.[533] Dieser Begriff wurde 1832 in den neuen Statuten erneut bestätigt und in den folgenden Jahrzehnten üblich zur Bezeichnung der Gruppe.[534]

d) Zusammenfassung

Im Vorangehenden wurde die Nazione Olandese-Alemanna als Korporation über fast zwei Jahrhunderte betrachtet. Im Vergleich zu Venedig lässt sich Folgendes festhalten: In der Markusrepublik hatte die deutsche Nation niemals versucht, wie ein Kartell zu wirken. Das Verbot von Firmenpartnerschaften mit Italienern oder die Ablehnung von Juden als Händlern im Fondaco hat zwar von außen betrachtet eine gewisse Ähnlichkeit zu den antijüdischen Maßnahmen der Nazione in Livorno im späten 17. Jahrhundert, jedoch hatte die deutsche Nation in Venedig ihren Mitgliedern immer gestattet, mit Händlern aus beiden Gruppen frei zu handeln. Dabei ist natürlich zu bedenken, dass die deutsche Nation in Venedig äußerst privilegiert war und daher kartellartige Praktiken gar nicht nötig hatte, um die Wettbewerbsposition ihrer Mitglieder zu stärken. Der Versuch der Nazione in Livorno, die eigene Marktmacht durch kollektives Agieren zur Benachteiligung anderer Händlergruppierungen einzusetzen, war wohl im dritten Viertel des 17. Jahrhunderts erfolgreich, seither funktionierte dies immer weniger. Eine Wettbewerbsverzerrung ausgerechnet im Freihafen par excellence war offenbar nur zur Zeit einer starken niederländischen Marktmacht im Mittelmeerhandel möglich gewesen. Im Gegensatz zu Venedig kann man daher mit hoher Wahrscheinlichkeit annehmen, dass die Struktur der korporativ verfassten Nazione in Livorno den hier eingeschriebenen Kaufleuten nur geringe Vorteile gegenüber anderen konkurrierenden Händlergruppen einbrachte. Wahrscheinlich hat sie sogar durch ihre Kartellbildung notwendige Anpassungen an eine gewandelte Wirtschaftsstruktur verzögert und damit den Niedergang beschleunigt.

Als korporative Gruppierung hat sich die Nazione Olandese-Alemanna in Livorno daher nur bis Ende des 17. Jahrhunderts eine gewisse Funktionalität

531 Für das 19. Jahrhundert vgl. die leider nicht publizierte Magisterarbeit von: *Mancini*, La »Nazione« olandese-alemanna.

532 So auch: *Corradini*, La Nazione Olandese-Alemanna.

533 ACOA, Libro Rosso, 9. August 1822.

534 ACOA, Libro Rosso, 5. Januar 1832.

bewahrt; seither war sie bestenfalls noch ein Sammelbecken für Händler aus Deutschland und den Niederlanden, die die landesüblichen Vorteile der Mitgliedschaft in Form von Steuer- und Zollerleichterungen genießen wollten. Diese Vorteile verschwanden im frühen 18. Jahrhundert, sodass seither viele eigentlich berechtigte Händler nicht mehr die Mitgliedschaft suchten. Die konsularische Vertretung scheint auch keine besonderen Vorteile für die Mitglieder der Nazione gebracht zu haben, zumindest ist ein solcher Vorzug in den Quellen nicht greifbar. Das Amt eines Konsuls wurde seit 1780 vor allem im negativen Sinne bedeutsam, als viele Hamburger Händler in Livorno, die nicht in der Nazione eingeschrieben waren, den Eindruck vermeiden wollten, dass ein Niederländer ihnen vorstünde.

Dieses Faktum deutet auf ein wesentliches Phänomen des Wandels der deutschen und niederländischen Händlergemeinde in Livorno hin. Als sich hier seit etwa 1740 immer mehr deutsche Händler ansiedelten, geschah dies mit gutem Grund im Wesentlichen außerhalb der Nazione. Für diese Händler, die hauptsächlich aus Hamburg kamen, sind die Beobachtungen zu Nolte und Franck fast schon exemplarisch zu nennen. Erst kürzlich wurde noch einmal deutlich herausgearbeitet, dass sie vor allem im Gefolge der Briten und der Levant Company nach Italien kamen; konkret hatten ihre guten Verbindungen nach und in London diesen Hamburgern den Weg nach Livorno geebnet.[535] Dabei konnten die Deutschen in Livorno besonders gute Handelskontakte nach Mitteleuropa anbieten, was sie zu idealen Partnern der Briten machte. Die resultierende stärkere Rolle Livornos als Handelsplatz mit einem intensiveren Anschluss an die Märkte Norditaliens und Zentraleuropas kam dem deutschen Element innerhalb der Nazione wohl vor allem deshalb zugute, da deutsche Händler in Venedig im 18. Jahrhundert eine herausragende Rolle im internationalen Großhandel errangen, wie in Kap. IV noch zu zeigen sein wird.

Die Befunde seien im Lichte der Fragestellung dieser Arbeit im Hinblick auf Nützlichkeit und Zweckhaftigkeit von korporativen Organisationsformen zur Erleichterung des Fernhandels interpretiert. In Livorno kontrastiert die Bedeutungslosigkeit der Nazione Olandese-Alemanna als Korporation im 18. Jahrhundert mit einem deutlichen Aufstieg der hauptsächlich hamburgischen Händlerkolonie an diesem Ort. Der Niedergang der niederländischen Komponente in der Nazione Olandese-Alemanna in Livorno seit 1700 verweist auf ein wohl grundlegendes Problem dieser Gruppierung. Der Verband hatte mit seinen sehr seltenen Treffen kein organisiertes Gefüge und das gemeinschaftliche Leben der Niederländer in Livorno spielte sich außerhalb der Institution ab. Der Konsul war hier kein echter Verbandslenker, sondern ein Repräsentant der Niederlande und als solcher für die von ihm vertretenen Händler im Großherzogtum mit einem gut organisierten Rechtssystem immer weniger bedeutsam. Die einzige

535 *Schulte Beerbühl*, Deutsche Kaufleute, S. 226–233; *Schulte Beerbühl*, Zwischen England, S. 218–223.

exekutive Wirkung nach innen war repressiv zugunsten von einzelnen Mitgliedern, insbesondere niederländischen Reedern, nicht der gesamten Gruppe. Konsequenterweise verlor die Nazione Olandese-Alemanna in Livorno ihre Bedeutung, als der finanzielle Vorteil einer Mitgliedschaft schwand und zur selben Zeit auch die britische Schifffahrt im Mittelmeer einen ungeahnten Aufschwung nahm. Der Aufstieg der Hamburger Händler in Livorno im 18. Jahrhundert vollzog sich infolgedessen außerhalb der Nazione und war eher bedingt von deren Einbindung in Londoner Handelskreise und die Etablierung von wichtigen Handelskontakten mit der deutschen Nation in Venedig.

Der Blick auf Livorno erhellt auch die Korporation in Venedig. Diese hatte ihre dominierende Position in den 1670er Jahren gestärkt und sie zielte auf die Etablierung einer monopolartigen Struktur im Transalpenhandel über Tirol und Salzburg. Die Unterstützung, die die Deutschen dabei vonseiten der venezianischen Regierung erfuhren, scheint recht wenig mit Traditionalismus zu tun zu haben, viel hingegen mit der Fähigkeit der nordalpinen Kaufherren, den venezianischen Fernhandel über Land zu stimulieren. Diese Fähigkeit oder wenigstens das Potenzial hierzu bewog die Venezianer, korporative Strukturen im späten 17. Jahrhundert zu kräftigen und damit den Transalpenhandel wieder stärker auf die süddeutschen Partner zu konzentrieren. In Venedig hatten sich korporativen Strukturen, wie sie die oberdeutschen Händler im Fondaco dei Tedeschi hervorbrachten, offenkundig als effektiv erwiesen. Wo eine solche Praxis durch ein nationsinternes Oktroysystem ersetzt wurde, wie es in Livorno der Fall war, waren korporative Formen bestenfalls wenig mehr als leere Hüllen und schlimmstenfalls eine Zwangsjacke.

4. Der Kampf um die Privilegien der deutschen Nation in Venedig

a) Die beginnende Kritik an den Privilegien der deutschen Nation seit 1690

Damit sei der Blick wieder an die Adria und zeitlich etwas zurück gerichtet. Bei der seit 1680 feststellbaren Dynamisierung des Handels über die Alpen war die Rolle Venedigs bis zum Ende der Republik immer von zentraler Bedeutung. Die Republik hatte, wie wir in Kap. II. 2. b gesehen haben, zwischen 1655 und 1682 eine Reihe von Maßnahmen ergriffen, um den Landhandel nach Deutschland zu stärken, immer auch zugunsten der deutschen Nation. Diese stand 1682 vom rein institutionellen Standpunkt aus betrachtet an einem Gipfelpunkt ihres Erfolgs. Mit der Ausdehnung ihrer Zollprivilegien auf alle Waren, die landseitig von Europa kamen, war ihr Vorteil gegenüber allen anderen Konkurrenten im Handel mit dem europäischen Festland überdeutlich. Diese Privilegierungen waren im Rahmen der korporativen Struktur der deutschen Nation erreicht worden, die einerseits durch die enge Verbindung mit dem Zollamt des Fondaco dei Tedeschi eine institutionelle Einbindung in und damit Unterstützung durch den Staat genoss, andererseits als Vereinigung von reichen Kaufleuten jenseits der Alpen wie keine zweite Institution an der Lagune die Hoffnungen der Staatslenker auf eine Revitalisierung des Handels in diese Region versinnbildlichen musste. Das einzig erhaltene Protokollbuch endet um 1682, sodass die seitherigen Aktivitäten der Nation nur mehr aus offiziellen Akten venezianischer Amtsträger indirekt erschlossen werden können. Dass die aus dem Protokollbuch ersichtlichen Methoden zum Erhalt der Privilegien – Bestechung von Schlüsselpersonen, komplexes Agieren als Lobby hinter den Kulissen und anwaltliche Vertretung durch ehemalige venezianische Finanzbeamte – weiterhin Anwendung fanden, können wir annehmen.

Am 1. Mai 1684 schaffte die Republik Venedig ihren Portofranco ab, der in einer weitreichenden Aufhebung von Einfuhrzöllen von Seeseite bestanden hatte. Diese seit 1662 bestehende Zollerleichterung hatte große Nachteile für die Einnahmen der Republik und zu wenig Vorteile im Handel gebracht.[536] Nun wurden wieder Zölle für Importe aus dem Mittelmeer fällig, jedoch wurden zugleich einige Erleichterungen für spezielle Waren, insbesondere für Baumwolle, im Transit nach der Terraferma oder dem weiteren europäischen Festland gewährt.[537] Eigentlich hatten die deutschen Händler seit dem späten 16. Jahrhundert das Recht gehabt, über den Fondaco die von Deutschland über See kommenden Waren zu verzollen. Da jedoch seit 1662 der Portofranco von allen Händlern, auch den Deutschen, genutzt worden war, war der Fondaco seit 22 Jahren nicht mehr als Zollhaus für den Importhandel zur See verwandt worden.[538] Möglicherweise aufgrund dieser Gewohnheit, eventuell aber auch um die transalpinen Gäste im Seehandel gegenüber den einheimischen Händlern nicht zu stark werden zu lassen, wurde 1684 ebenfalls festgelegt, dass unterschiedslos alle Kaufleute verpflichtet seien, den *Stallaggio*, wie der für von seewärts kommende Waren zu bezahlende Zoll nun hieß, zu entrichten.

Diese Reform verursachte ein kleineres Problem für die Deutschen, da eine hierbei erlassene Transiterleichterung für Baumwolle nur bei der Uscita, nicht jedoch beim Fondaco dekretiert worden war. Da jedoch die Warenausgänge der Deutschen normalerweise über den Fondaco liefen, wünschten diese dieselben Erleichterungen. Aus unbekannten Gründen beließ man aufseiten Venedigs die Erleichterungen bei der Ausfuhr für drei Jahre ausschließlich bei der Uscita; wahrscheinlich mit dem Ziel, durch die leichte Diskriminierung der Deutschen weitere Produktveredelungsprozesse stärker in die Hände der einheimischen Gewerbetreibenden und Händler zu lenken. Man stellte als Resultat Anfang 1688 fest, dass im Fondaco fast keine Baumwolle mehr verzollt wurde, während sich bei der Uscita die Baumwollausfuhr deutlich vergrößert hatte. Die Cinque Savi mussten damit akzeptieren, dass partielle Benachteiligungen der privilegierten

536 *Costantini*, La regolazione dei dazi.
537 ASVe/CS, II Ser., 70, 29. Mai, 7. August 1685.
538 Diesbezüglich irrt: *Beutin*, Der deutsche Seehandel, S. 50. Vgl. Kap. III, Fn. 310.

Deutschen nicht möglich waren, da diese über Mittelsmänner auf die anderen Zollstellen ausweichen konnten. Um dies zu verhindern, wurden vom Senat im Februar 1688 die an der Uscita gültigen Begünstigungen in der Ausfuhr an den Fondaco vergeben.[539] Kurz darauf gelang es der deutschen Nation auch, eine Verlängerung für den seit 1670 recht hohen Cottimo von 20 Gr. pro duc., also 0,83 % des Warenumsatzes, um weitere fünf Jahre zu erhalten.[540]

Im selben Jahr erfolgte erstmalig wieder seit sechs Jahren ein Angriff auf die Privilegien der Deutschen. Bei der Kontrolle der Zollbücher des Fondaco entdeckte der Beamte Lorenzo Mazzetti von den Regolatori sopra li Dazi, also der üblicherweise gegen die deutsche Nation eingestellten Instanz, dass seit 1675 die privilegierten Deutschen auf alle importierten Waren den Abzug von 2 % des taxierten Warenwertes auf die Gesamtsumme des Eingangszolls genossen hatten. Als verboten erachtete er dies bei Waren aus der Terraferma und dem näheren Italien; explizit nannte er Bergamo, Salò, Brescia, Bologna, Romagna und Cavanella Nuova. Den Angriff konnten die Deutschen wie üblich mithilfe der Cinque Savi abwehren, indem diese das Privileg von 1682 mit der erlaubten Importierung von allen Gebieten Kontinentaleuropas in dem Sinne interpretierten, dass es seit 1675 in Kraft gewesen sei und Gültigkeit an allen Orten Italiens besessen habe.[541] Es mag kein Zufall sein, dass die Nation 1689, kurz nachdem die Entscheidung zu ihren Gunsten gefallen war, der Republik 4.000 duc. für den Krieg gegen die Türken lieh.[542]

1690 wurden erneut Beschwerden über Unordnungen am Fondaco laut, diese betrafen aber nur die nichtdeutschen Benutzer desselben. Es wurde erstens festgestellt, dass manche Warensendungen nach Deutschland nur zum Teil mit Zollscheinen ausgestattet waren, da der andere Teil, vorgeblich für eine Spedition an einen Ort außerhalb des Reichs, in Mestre von dieser abgesondert werde. In Mestre wurden dann für die noch nicht verzollten Waren einige Scheine billig nachgelöst und diese frei nach Deutschland spediert. Zweitens gab es Streit zwischen der Zollstelle der Uscita und dem Fondaco, wer für die Spedition von Gütern nach Flandern durch nichtprivilegierte Kaufleute zuständig war. Drittens wurde noch immer von einzelnen nichtdeutschen Kaufleuten versucht, die Privilegien der Nation zu nutzen, indem mancher Händler probierte, vergünstigte Speditionen als Bediensteter im Namen eines deutschen Kaufmanns vorzunehmen. Zuletzt sah man eine große Unordnung in der Führung der Zollbücher. Das Resultat dieser Analyse war eine Verschärfung der Ordnung des Fondaco am 22. März 1691. Hier wurden rigide Vorschriften zu den Zollscheinen erlassen, Flandern wurde explizit als ausschließliches Zollgebiet des Fondaco deklariert, die Privilegien wurden ausdrücklich nur registrierten deutschen Händlern

539 ASVe/CS, II Ser., 70, 12. Februar, 21. Februar 1688.

540 ASVe/CS, II Ser., 70, 20. Mai 1688.

541 ASVe/CS, II Ser., 70, 11. September, 13. Oktober, 24. Dezember, 30. Dezember 1688, 19. Januar, 12. Juli, 23. Juli 1689.

542 *Beutin*, Der wirtschaftliche Niedergang, S. 64.

zugesprochen, die in eigenem Namen spedierten, und zuletzt eine gründliche Buchhaltung angemahnt.[543]

Nachdem diese verschärften Regelungen wiederum zulasten der nichtprivilegierten Händler gegangen waren, kam es erstmalig seit 1577 zu einem Angriff auf eines der wichtigsten Instrumente der deutschen Nation. Am 22. Juni 1691 schrieben die Regolatori sopra li Dazi nach Kontrolle der Zollbücher, dass in den letzten zwei Jahren eine Summe von etwa 4.767 duc. durch den Cottimo von derzeit 1 % auf den taxierten Warenwert an die Nation geflossen sei, zum Schaden des Staats. Man wisse nicht, auf welcher legalen Grundlage dieser Cottimo eingezogen werde und in welche Kassen er fließe. Die Formulierung hatte als eindeutiges Ziel die Abschaffung des Cottimo, was aber mit Unterstützung der Cinque Savi abgewehrt werden konnte. Diese stellten klar, dass der Cottimo seit 200 Jahren von den Deutschen eingezogen werde und 1577 auf eine feste legale Grundlage gestellt worden sei. Man wolle darauf achten, dass der Cottimo künftig nicht ansteige, und erwähnte zudem, dass er weiterhin nur ⅚ % betrage.[544] Mit diesem Angriff war jedoch eine Grundlinie für die nächsten Jahrzehnte vorgegeben. Von allen Privilegien war das der Eintreibung des Cottimo am wenigsten mit den Grundsätzen der Republik Venedig vereinbar und sollte daher auch noch zu großen Debatten Anlass geben.

Seit 1692 nun stand ein anderes Thema auf der Tagesordnung, und dieses betraf nicht nur die deutschen Kaufleute. Mit der Verschärfung des Kaperkriegs der Franzosen gegen die Niederländer und Engländer wuchs die Notwendigkeit einer gesteigerten Spedition von Waren aus diesen Ländern über Venedig in die Levante. 14 deutsche und 13 italienische Kaufleute unterzeichneten 1692 eine Petition zur Gewährung eines reduzierten Transitzolls von den Niederlanden in die Levante.[545] Aus Leiden und Amsterdam trafen ebenfalls Petitionen zur Gewährung des Transits ein. Es ist interessant zu sehen, dass diese Petitionen an den deutschen Kaufmann Johann Baptist Schorer adressiert waren – und nicht an niederländische oder niederdeutsche Händler.[546] Nach der offenkundig inzwischen abgeschlossenen Verdrängung der niederländischen Händlerkolonie aus Venedig waren die Süddeutschen zu Partnern der Firmen aus den Niederlanden geworden. Man sollte bei dieser Gelegenheit vonseiten der Deutschen erkennen, dass die 1680 stillschweigend hingenommene Abschaffung des 1675 gewährten Transitzolls ein Fehler gewesen war.[547]

543 Vgl. zu diesem Komplex: ASVe/CS, I Ser., 351, Nr. 304; ASVe/CS, II Ser., 70, 22. Juni, 24. Juni 1690, 24. Januar, 8. März, 22. März 1691.

544 Es findet sich in den Quellen häufig die Angabe, dass der Cottimo 1691 pro 100 duc. 24 Gr. betragen hätte, also genau 1 %: ASVe/CS, II Ser., 73, Stampa Mercanti Venetiani, fol. 41; *Elze,* Der Cottimo, S. 83; *Simonsfeld,* Der Fondaco dei Tedeschi, Bd. 2, S. 139. Tatsächlich betrug der Cottimo ⅚ %; ASVe/CS, II Ser., 73, Stampa Nazione Alemana, fol. 32–36. 1702 wurde der Cottimo sogar auf ¾ % gesenkt, siehe Kap. III, Fn. 606.

545 *Beutin,* Der wirtschaftliche Niedergang, S. 64.

546 ASVe/CS, I Ser., 350, 30. April, 11. August 1692.

547 Vgl. Kap. III, Fn. 377.

Trotz der Unterstützung durch die Niederlande sowie englischer und italienischer Kaufleute war die Nation dieses Mal erfolglos. Sie erreichte die Grenzen ihres Einflusses dann, wenn sie die Industrien der Republik mit ihren Vorschlägen bedrohte. Christoforo Lanza, über den trotz einiger weiterer Akten in den Niederlanden hier nichts Weiteres gesagt werden kann,[548] brachte am 14. August 1692 die Argumente für den Transithandel vor. Erstens würde die venezianische Seefahrt in die Levante zunehmen, zweitens würden die Holländer und andere Händler ihre Schiffe in Venedig reparieren lassen oder hier kaufen, und zuletzt könnten die Venezianer mit ihren erhöhten Frachtkapazitäten profitable Transporte zwischen den Kriegsparteien vornehmen. Dabei verwies Lanza auf ein dänisches Schiff im Hafen von Venedig, das nur zu diesem Zweck so weit von der Heimat entfernt operiere.[549] Gegen diese Vorstellung jedoch erhob die *Camera del Purgo*, ein Amt zur Kontrolle des Wollgewerbes in Venedig, am 6. Mai 1693 Einspruch. Wolle und Wollprodukte aus Holland waren in der Republik Venedig verboten und deren Konkurrenz in der Levante spüre man seit Jahrzehnten. Wenn diese nun direkt über Venedig in die Levante spediert würden, so sei die Folge der unmittelbare Ruin des eigenen Wollgewerbes. Zudem würden die bislang von den niederländischen Produkten nicht berührten Märkte in Bosnien, Albanien und das Serraglio, also die nahegelegenen Festlandsbesitzungen Venedigs, den Niederländern geöffnet. Die *Camera* errechnete, was für Schäden dies für die Zolleinnahmen des Staats brächte und welche Verluste an Arbeitsplätzen die Folge wären. Der Ersatz durch eine stärkere Schifffahrt sei lächerlich (*una burla*); für die 12.000 Stücke an Wolle, die die Holländer transitieren wollten, genügten zwei Schiffe. Bereits 1666 habe man ein ähnliches Ansinnen vonseiten der Niederländer abgelehnt, auch damals sei es nur im Sinne der *Forastieri* gewesen.[550] Nach dieser energischen Vorstellung hatte der Vorstoß zur Etablierung eines Transits keine Chance mehr. Die deutschen Händler konnten zwar in Venedig große Privilegien im Handel genießen, ihre Grenze fanden diese jedoch bei den industrieprotektionistischen Interessen der Republik.

Leicht jedoch konnten die Deutschen einen Angriff des spanischen Konsuls abwehren. Im Januar 1680 begann der spanische Konsul Antonio Francesco Motti, von den deutschen Kaufleuten eine Abgabe von 0,25 % auf aus Spanien eingeführte Güter an der Dogana da Mar zu verlangen. Der spanische Konsul genoss auf Basis von venezianischen Dekreten von 1628 und 1634 das Recht auf die Einziehung dieser Summe von Waren, die von Untertanen des spanischen Königs in Venedig ein- oder ausgeführt wurden. Motti interpretierte das Recht seit seinem Amtsantritt 1678 in dem Sinne, dass sich diese Gebühr auf Warenimporte aus den Territorien des spanischen Königreichs für alle Kaufleute er-

548 *Heeringa*, Bronnen, S. XIII–XIV.

549 ASVe/CS, I Ser., 350, 30. April, 14. August 1692.

550 ASVe/CS, I Ser., 350, 30. April, 6. Mai 1693. Vgl. zur scharfen Ablehnung von Vorteilen für die Niederländer und Engländer zu dieser Zeit auch: *Brown*, The Commercial and Fiscal, S. 361.

strecke. Sein Vorgänger hatte in neun Jahren Amtstätigkeit zu keinem Zeitpunkt so etwas versucht.[551]

Motti wurde allerdings erst lange nach Amtsantritt klar, dass aus den spanischen Niederlanden eine Reihe Waren auch über den Fondaco nach Venedig eingeführt wurde. Bislang hatte er die Abgabe nur bei den anderen Zollstellen eingezogen, nie jedoch beim Fondaco; dieser war ja auch für Jahrhunderte eigentlich nur für den Handel mit Deutschland gedacht gewesen. Erst 1692 wurde öffentlich gedruckt, dass hierüber auch Warenspeditionen von und nach Flandern liefen.[552] Im Laufe des Jahres 1692 nun forderte der spanische Konsul, die Abgabe auch beim Fondaco einbehalten zu dürfen. Anfang 1694 wehrte sich die Nation mit einem längeren Schreiben an die Cinque Savi, in dem man dies als eine unerhörte Anmaßung eines für Deutsche nicht zuständigen Konsuls ablehnte und darauf verwies, dass ein ähnlicher Vorstoß des holländischen Konsuls abgeschlagen worden war.[553] Der Erfolg trat rasch ein, am 30. März 1694 wurde das Anliegen des spanischen Konsuls gekippt.[554]

Mit diesem Erfolg im Rücken nun weigerten sich die Deutschen, beim Stallaggio die Abgabe an den spanischen Konsul weiter zu entrichten. Sein Einwand, dass seine neuere Prätention sich nur auf den Fondaco erstreckt habe und die Deutschen seit Jahren am Stallaggio die Abgabe bezahlt hätten, reizte die Nation zu einer scharfen Antwort. Motti hatte den Fehler begangen, seinem Einwand eine Liste aller bislang an das spanische Konsulat von deutschen Kaufleuten eingegangenen Abgaben seit 1680 beizufügen. Die Deutschen führten auf, dass nur 8 von 26 in der Nation registrierten Kaufleuten diese Abgabe bezahlt hätten und dabei auf Emmerich Auracher, offenbar einen auf Spanien spezialisierten deutschen Händler, 216 von 232 duc. der zu bezahlenden Gesamtsumme entfielen. Die Präzedenz war also nur durch einzelne Kaufleute gesetzt, die hier irrtümlich gezahlt hatten. Weiterhin konnte man einen Betrugsversuch oder mindestens gravierenden Irrtum Mottis aufdecken, der auf der Liste drei Flamen und einen Engländer mit einem intensiven Spanienhandel als deutsche Händler aufgeführt hatte.[555]

Im Senat folgte man den Cinque Savi, die der Argumentation der Deutschen zustimmten. Jedoch notierte man in diesem Amt im August 1694, dass die Deutschen damit implizit den Stallaggio endgültig akzeptierten.[556] Dieser hatte die deutsche Nation, so kann man hier erstmalig lesen, nur als *esperimento* mitein-

551 So die Cinque Savi alla Mercanzia in einem Gutachten: ASVe/CS, II Ser., 70, 9. September 1694.

552 Vgl. Kap. III, Fn. 66.

553 ASVe/CS, II Ser., 70, 16. Januar, 6. Februar 1694.

554 ASVe/CS, II Ser., 70, 30. März 1694.

555 Die Listen sind überliefert, das Schreiben des spanischen Konsuls nicht. Der Inhalt von Mottis Schreiben ergibt sich aus der Antwort der Deutschen, die zusammen mit den Listen und vielen weiteren Dokumenten zur Angelegenheit gesammelt überliefert sind: ASVe/CS, I Ser., 350, Nr. 362.

556 ASVe/CS, II Ser., 70, 7. August 1694.

geschlossen, nun wurde diese Regelung definitiv. Damit waren die Deutschen bei Importen von Seeseite allen anderen Kaufleuten in Venedig gleichgestellt, nur hier genossen sie kein Privileg. Wir können jedoch vermuten, dass den deutschen Kaufleuten klar war, dass nach über zwölf Jahren Einzahlung in den Stallaggio der Versuch einer Revision dieses Zustands nicht mehr möglich war. Der Erfolg einer Befreiung von der Abgabe an den spanischen Konsul hatte ja auch seinen Wert, und das mag den Verzicht auf eine kaum erfolgversprechende Petition leichtgemacht haben.

Auch anlässlich einer Zollreform, die seit 1693 diskutiert wurde, konnten die Deutschen ihre Stellung zumindest halten. Im Mai 1693 wurden die Cinque Savi vom Senat aufgefordert, neue Taxationswerte bei den Zollstellen der Entrata und dem Fondaco einzuführen. Man hatte festgestellt, dass bei manchen Waren die Taxation an der Entrata zu hoch war, sodass die einheimischen Kaufleute gegenüber den auswärtigen kaum noch Vorteile hatten. Bei der Entrata gab es, wie oben erwähnt, verschiedene Kategorien von Kaufleuten mit dem Ziel einer Begünstigung venezianischer Bürger und Ladenbesitzer.[557] Die Einheimischen nutzten daher gerne die Entrata für Wareneinfuhren auch aus Deutschland, während viele auswärtige Kaufleute auch nichtdeutsche Waren über den Fondaco einführten und hier auch ohne die spezielle Vergünstigung für die Deutschen durch die niedrigeren Taxationssätze bevorzugt waren. Die Senatoren stellten fest, dass die Kaufleute diejenige Zollstelle nutzten, die bei der jeweiligen Ware am günstigsten war. Nicht gewollt war die damit einhergehende faktische Entwertung der erwünschten Bevorzugung der Einheimischen. Im Endergebnis wurden die Taxationen 1698 weitgehend angeglichen; die Deutschen hatten sich jedoch vorher noch durch Intervention bei den Cinque Savi die Garantie geben lassen, dass dies die Privilegien des Fondaco nicht beeinträchtigen würde.[558] So führte die Reform im Endergebnis zu einer weiteren leichten Benachteiligung der nichtdeutschen auswärtigen Kaufleute in Venedig.

b) Der Konflikt der Deutschen mit den Grisolotti

So war zu Beginn des 18. Jahrhunderts die Lage der Deutschen recht gefestigt. Der Fondaco-Zoll brachte hohe Erträge und die privilegierten deutschen Händler waren zahlreich wie selten zuvor. An dieser Stelle seien viele Einzelheiten der Akten zum Fondaco aus den Jahren um 1700 übergangen; in diesen geht es um Details der Zollverwaltung und um Maßnahmen gegen Schmuggel, die zwar eine umfangreiche Dokumentation hinterlassen haben, aber kaum für die

557 Vgl. Kap. III, Fn. 22.

558 Hierzu sind über die letzten Jahre des 17. Jahrhunderts einige Dokumente überliefert, die auch noch nach Erlass der neuen Zollsätze hiervon zeugen: ASVe/CS, II Ser., 70, 23. Dezember 1693, 19. Januar, 19. Juni 1694, 15. März, 14. Mai 1695, 29. März 1696, 28. August 1698, 9. Juli 1699; siehe auch: *Beutin*, Der wirtschaftliche Niedergang, S. 65.

Aktivität und Lobbymacht der deutschen Nation von Belang sind. Sehr viel der archivalischen Überlieferung, beispielsweise einige hundert Dokumente zur Frage, ob Wachs aus dem Balkanraum über den Stallaggio oder den Fondaco zu verzollen sei,[559] sind daher in den Akten zum Fondaco erhalten, da sie diesen als auch von Venezianern und auswärtigen Kaufleuten genutzte Zollstelle betreffen. Auch wenn sich die Nation oftmals zu diesen Fragen äußerte, so tritt doch ihre Wirkmacht als Korporation in den Jahren um 1700 relativ wenig hervor. Angesichts der privilegierten Stellung der Deutschen war das wohl nicht notwendig.

Im Folgenden wird hauptsächlich auf einen tiefgreifenden Konflikt zwischen den privilegierten Deutschen und den Grisolotti, also den Trentinern und Graubündnern sowie deren Verbündeten eingegangen. Dieser Konflikt erstreckte sich im Kern von 1707 bis 1729 und endete mit der erstmaligen Abschaffung eines Privilegs der Deutschen, ihres Rechtes der Extraktion des Cottimo von allen Benutzern des Fondaco. In diesem Konflikt zeigten sich deutlich wie selten die Grenzen der Wirkmacht der Nation als Interessenverband. Zum ersten Mal in ihrer Geschichte stieß sie auf eine mächtige Koalition von Gegnern und erlitt scheinbar eine schwere Niederlage – scheinbar, denn es sollte den Deutschen in diesem Konflikt gelingen, eine Registrierung ihrer Gegner zu erzwingen und dadurch deren Triumph zu entwerten.

Zunächst sei versucht, den Kontext zu rekonstruieren, was jedoch angesichts einer schlechten Quellenlage nur mit Einschränkungen möglich ist. Hierzu beginnen wir mit der Analyse von mehreren Listen der Gegner der deutschen Nation, die deren Herkunft aufzeigen. Die ersten beiden Listen stammen vom 1. Januar 1717. Liste I nennt 38 *Grisolotti sive Trentini*, die über den Fondaco mit Italien handelten. Sie führt also ausschließlich die in Venedig residierenden Trentiner auf, die, wie die Deutschen seit 1675, nur über den Fondaco ihre Geschäfte mit allen Regionen machen durften; mit dem Unterschied, dass nur Händler der deutschen Nation die Zollnachlässe genossen. Liste II führt 60 nicht in der deutschen Nation registrierte Personen an, die über den Fondaco nach Deutschland Handel trieben. Hierunter fielen manche Grisolotti der ersten Liste, aber auch viele Venezianer, die nur bei Speditionen von und nach dem Reich von dieser Zollstelle Gebrauch machten.[560] Die meisten Personen auf Liste II stammten aus den Provinzen Bergamo oder Brescia oder aus anderen Teilen der Terraferma.[561] Nur vereinzelt tauchen noch Mailänder, nichtprivilegierte Deutsche (wohl Faktoren für oberdeutsche Firmen), Flamen und Engländer

559 1703 entschied man, dass alles aus den österreichischen Adriahäfen kommende Wachs über den Stallaggio und nicht über den Fondaco zu verzollen sei. Dies scheint bis 1712 faktisch nicht befolgt worden zu sein, sodass in diesem Jahr der Erlass erneut bekräftigt und auch verschärft durchgesetzt wurde. Vgl. hierzu ASVe/CS, II Ser., 71, 20. Februar 1712 & Anhänge Nr. 1–16. Die Sonderbehandlung Triests – faktisch nicht als Teil des Alten Reichs – blieb bis zum Ende der Republik gültig: *Sambo*, La balance, S. 387–396.

560 Beide Listen sind abgedruckt bei: *Segarizzi*, I Trentini, S. 213–215.

561 Zur besonderen Stellung der Bergamasker als Händler in Venedig vgl.: *Gullino*, L'exploit dei bergamaschi.

auf. Liste III von 1728/29 nennt, genau wie Liste I von 1717, die zur Spedition über den Fondaco verpflichteten Grisolotti und führt 29 Namen auf.[562] Hier finden wir zehn Trentiner, sechs Schweizer, vier Tiroler (davon drei aus *Ampez Imperiale*), zwei Graubündner (einer davon aus dem *Contado di Chiavenna*), einen Villacher, einen Ljubljanaer, einen Salzburger, einen Freiburger, einen Münchner, einen Ulmer und einen Nürnberger. Im Vergleich zur Liste I von 1717 mit 38 Personen finden wir eigentlich nur Trentiner Kaufleute als konstant gebliebene Konkurrenten der Deutschen, die Händler aus Graubünden und der Schweiz waren neu hinzugekommen. Wir sehen also eine merkliche Verschiebung der relativen Gewichte. Der Protest wurde nun, nach Verlauf eines Jahrzehnts, deutlich stärker von Schweizern und Graubündnern getragen. Zudem war jetzt eine bedeutende Gruppe oberdeutscher Händler bei den Grisolotti als Gegner der deutschen Nation aktiv, sogar aus den protestantischen Städten Ulm und Nürnberg.

Das Fehlen vieler Trentiner auf der Liste III von 1728/29 gegenüber Liste I von 1717 verwundert, lässt sich aber leicht erklären. Wir erinnern uns: 1672 hatte der Bischof von Trient erfolglos versucht, die Privilegierung der deutschen Nation zulasten seiner Untertanen zu verhindern.[563] Spätestens seit 1675 hatten die Grisolotti im Fondaco keine Privilegien mehr, sodass ihr Potenzial zur Entwicklung eines größeren Handels mit Deutschland nur gering war. Ihre Nische hielten sie im profitarmen, jedoch unentbehrlichen Nahhandel mit Massengut, insbesondere mit Holz und Eisen aus Tirol und Trient nach Venedig.[564] Sie blieben zur Spedition über den Fondaco bei jedwedem Handelspartner überall in Europa verpflichtet, obwohl sie hieraus keine Vorteile zogen. Angesichts dieser Lage entschieden sich einige Trentiner Händler nun für eine neue Option. Sie siedelten sich fest in Venedig oder der Terraferma an und erwarben die venezianische Staatsbürgerschaft entweder für sich oder für ihre Kinder. So wiesen die Cinque Savi alla Mercanzia 1728 darauf hin, dass viele Grisolotti dank ihrer venezianischen Staatsbürgerschaft manchmal als Venezianer, manchmal als Trentiner spedierten, je nachdem, was an einer Zollstelle günstiger war.[565]

Damit wäre eigentliche die Opposition der Trentiner gegenüber der deutschen Nation entschärft, da sie als venezianische Bürger mit den entsprechenden Privilegien an den anderen Zollstellen und der manchmal durchgeführten Spedition am Fondaco als Grisolotti die Benachteiligung wenigstens reduzieren konnten. Jedoch kam als wichtige Veränderung vor allem seit 1720 hinzu, dass Graubündner in großer Zahl Arbeit in der Republik aufnahmen. Die Republik

562 Die ersten 25 Namen der Liste von 1728 sind abgedruckt bei: *Elze*, Der Cottimo, S. 97–98. Weitere 4 wurden jedoch handschriftlich im März 1729 hinzugefügt: ASVe/CS, II Ser., 73, Tavolella de Grisolotti, e Trentini.

563 Siehe Kap. III, Fn. 325–326.

564 So schrieben die Händler der deutschen Nation im Jahr 1728 etwas verächtlich über die Grisolotti: *Capitano in questa Città con poche, povere, e minute Merci i Trentini, le quali venivano da essi condotte sopra le loro spalle*, in: ASVe/CS, II Ser., 73, 6. April 1728.

565 ASVe/CS, II Ser., 73, 17. April 1728.

Venedig und der Freistaat der Drei Bünde hatten 1706, als der Spanische Erbfolgekrieg in Norditalien seinen Höhepunkt erreicht hatte, ein Bündnis geschlossen, das der Republik Truppenanwerbungen aus und freien Durchzug durch Graubünden gestattete. Im Gegenzug erlaubte die Republik den Bündnern die Ansiedlung und freie Ausübung von Gewerben auf ihrem Territorium.[566] Die schon vorhandene, kleine Kolonie Bündner Handwerker vergrößerte sich in den kommenden Jahren rasch und wurde bald eine der bedeutendsten Gruppierungen Auswärtiger in der Republik. Ihre Muttersprache war wohl meistens ein romanischer Dialekt, ähnlich wie bei den Trentinern, doch hier überwog das protestantisch-reformierte Element deutlich.[567] Die Bündner zogen vor allem nach Bergamo und Venedig, zeigten aber nur in erstgenanntem Ort Tendenzen zu einer sehr langsamen Assimilierung mittels Einheiratung in die einheimische Bevölkerung.[568] Typischerweise führten die Bündner ihre erworbenen Gelder wieder in die Berge zu ihren Familien zurück und lebten ansonsten sparsam in der Republik Venedig.[569] In direkter Konkurrenz zu den Deutschen standen die Handwerker aus Graubünden natürlich nur in geringem Maße. Jedoch waren manche der eingewanderten Bündner im Nahhandel aktiv, und diese wurden für ihre Exporte und Importe auf den Fondaco verwiesen. Dabei trafen sie regelmäßig Trentiner bei der Abholung der Zollscheine und der damit fälligen Entrichtung des Cottimo an die deutsche Nation – was diese sich konfessionell eher fremden, sprachlich aber nahestehenden Gruppen im Ressentiment gegen die deutschen Händler zusammenführte.

Selbst eine Kombination aus Bündner und Trentiner Händlern hätte wohl den Angriff auf die Privilegien der Nation angesichts der Konzentration auf den Nahhandel kaum aufnehmen wollen, wären nicht noch die Schweizer hinzugekommen. Fast zeitgleich mit dem Bündnis mit Graubünden war auch 1706 ein älteres, 1681 aufgelöstes Bündnis zwischen Venedig und Zürich und Bern erneuert worden.[570] Schweizer aus beiden Orten hatten nun im Gegensatz zu den Bündnern nur ein geringes Interesse an einer Präsenz in der Republik als Handwerker und Kleinhändler, wenngleich es hieran nicht fehlte.[571] In Zürich und, in geringerem Ausmaß, auch in Bern war der Handelsstand jedoch bedeutend,

566 Vgl. hierzu grundsätzlich die Ausführungen bei: *Jegerlehner,* Die politischen Beziehungen Venedigs zu den drei Bünden; *Berengo,* »La via dei Grigioni«.

567 Zu den Zahlen vgl.: *Jegerlehner,* Die politischen Beziehungen Venedigs zu den drei Bünden, S. 279–298. Zur Sprache vgl. die hauptsächlichen Herkunftsräume der Graubündner in Venedig: das Engadin, das Bergell und das Münstertal, hier sprach man im 18. Jahrhundert hauptsächlich die heute als Rätoromanisch bezeichnete Sprache: *Kaiser,* Fast ein Volk, S. 11–12.

568 *Honegger,* Gli Svizzeri di Bergamo, S. 35, 57–58; *Jegerlehner,* Die politischen Beziehungen Venedigs zu den drei Bünden, S. 312–314.

569 *Sprecher/Jenny,* Kulturgeschichte der Drei Bünde, S. 134–140.

570 *Jegerlehner,* Die politischen Beziehungen Venedigs mit Zürich und Bern, S. 101–129.

571 Hierzu: Ebd., S. 111–129; *Jegerlehner,* Die politischen Beziehungen Venedigs zu den drei Bünden, S. 315–316, 320.

und die große Stadt an der Adria musste als Markt zur Ansiedlung lukrativ erscheinen.[572] Mit einiger Aussicht auf Erfolg konnte das aber für die Großhändler aus Bern und Zürich nur möglich sein, wenn sie auch an den Privilegien der Deutschen in Venedig teilhaben könnten oder diese abgeschafft wären. Gerade die Entprivilegierung der Schweizer hatten die Oberdeutschen zwischen 1650 und 1655 hartnäckig durchgesetzt. Wäre dies damals nicht geschehen, so hätte sicherlich bereits kurz nach 1706 eine große Zahl an Schweizer Händlern die Mitgliedschaft in der deutschen Nation beantragt.

Weiterhin kommt noch eine nicht unwesentliche Gruppe an Konkurrenten der privilegierten Deutschen zum Vorschein: Kaufleute aus den katholischen Städten München, Salzburg, Villach, aber auch aus den protestantischen Reichsstädten Ulm und Nürnberg gesellten sich zu den Gegnern der Nation. Auch wenn die Mehrheit von ihnen der katholischen Konfession anhing, so hatte sich hier nicht eine von den Protestanten im Fondaco abgelehnte Gruppe von Händlern zusammengeschlossen.[573] Mit hoher Wahrscheinlichkeit waren die klagenden Oberdeutschen als Faktoren von ihren Heimatfirmen nach Venedig entsandt worden und fanden hier nun kein Anrecht auf den Genuss der Privilegien der deutschen Nation.[574] Sie oder ihre Heimathandelshäuser konnten daher nur von der Abschaffung dieser Privilegien profitieren.

Zu diesen Gruppen gesellte sich noch eine große Anzahl an Einwohnern der Republik als Gegner der deutschen Händler. Die in Liste II von 1717 aufgeführten 60 Personen, die nur bisweilen über den Fondaco spedierten, waren hauptsächlich Untertanen der Republik Venedig, die sich vom Cottimo belastet fühlten. In einer weiteren, auch zeitgenössisch im Druck vorhandenen Liste IV von 1727 werden 92 Händler namentlich aufgeführt, die ihre Spedition am Fondaco betreiben.[575] Da diese Zahl bereits 1717 erwähnt wird,[576] muss sie eine Kombination der Listen I & II dieses Jahres darstellen. Daher waren eindeutig 38 (Liste I) von diesen Grisolotti. Die restlichen 54 waren, wenn wir der italienischen und deutschen Namensgebung folgen, zu etwa 20 % Schweizer und Oberdeutsche und zu 80 % Untertanen der Republik Venedig.[577] Die Gegner der deutschen Na-

572 Vgl. zur günstigen Entwicklung der Zürcher Händlerschaft in diesen Jahren: *Peyer*, Von Handel und Bank, S. 55–62. Zu Bern vgl. die positive Entwicklung seiner Textilindustrie im 18. Jahrhundert: *Bergier*, Wirtschaftsgeschichte der Schweiz, S. 167–187.

573 Dass die deutsche Nation 1721 den katholischen Matthias Spangler in ihre Reihen aufnahm, unterstreicht dieses Faktum, vgl. Anhang I.

574 Zur Ablehnung der Aufnahme von Faktoren in die deutsche Nation seit 1675 vgl.: Kap. III, Fn. 352–359. Möglich ist auch, dass diese Händler zu arm waren, um das Depositum von 200 duc. für den Einlass in die deutsche Nation zu stellen; dies hielt Krämer faktisch aus dem Fondaco heraus. Vgl. hierzu Kap. III, Fn. 369.

575 ASVe/CS, II Ser., 73, Stampa Nazione Alemana, fol. 47–48.

576 *Elze*, Der Cottimo, S. 83.

577 Die deutschen Händler gingen davon aus, dass diese 92 alle Venezianer waren; damit irrten sie sich jedoch: Ebd., S. 81. Eine weitere handschriftliche Liste V vom 10. September 1727 führt 94 Grisolotti auf, die ausdrücklich nicht aus Venedig stammten, von denen aber

tion nannten sich in den Jahren des Konflikts somit nicht ganz zu Unrecht meist *Mercanti Veneziani*, um ihrem Anliegen ein besonderes Gewicht zu verleihen, manchmal auch *Mercanti Italiani*, um der wichtigen Rolle der Trentiner, die sich besonders stark benachteiligt fühlten, gerecht zu werden.

So formierte sich eine mächtige Koalition gegen die deutsche Nation, als diese angesichts des Friedenszustands auf den Ozeanen wieder weniger Handel ins Reich trieb.[578] Dies lässt sich auch statistisch belegen. Von 1717 bis 1729 wurden laut den Grisolotti an Cottimo-Abgaben von den Deutschen 22.168 duc. gezahlt, von den Italienern 20.040 duc. Bei den Deutschen zählten sie noch 3.172 duc. hinzu, diese seien ihnen aufgrund ihrer Privilegien nachgelassen worden. Von der rechnerischen Gesamtsumme 45.380 duc. entfielen also auf die Deutschen 55,8 %.[579] Bedenkt man, dass die Grisolotti größtenteils Nahhandel in den Alpenraum hinein betrieben, so sind die übrigen 44,2 % ein achtbarer Anteil.[580] Dabei ging die Tendenz angesichts des im Friedenszustand wieder steigenden Seehandels sogar noch gegen die privilegierten Deutschen, wie an den Gesamteinkünften am Fondaco erkennbar ist. Bereits 1722 bezahlten die nichtprivilegierten Händler deutlich mehr im Fondaco, mit steigender Tendenz (Tabelle 14).

Tabelle 14: Einnahmen des Fondaco dei Tedeschi durch privilegierte und nichtprivilegierte Nutzer in duc., 1721–1726

Jahr	Grisolotti	Tedeschi
1721/22	15.681	12.302
1722/23	15.542	12.376
1723/24	15.757	12.228
1724/25	16.197	10.177
1725/26	15.193	9.562

Quelle: ASVe/CS, II Ser., 73, Stampa Mercanti Venetiani, fol. 59.

viele auch in der gedruckten Liste auftauchen: ASVe/CS, II Ser., 73, »Notta delli Trentini, e Grisolotti, che spediscono Merc[a] d'Intrada, et Uscita per Fontico de Todeschi come segue«. Offenbar hatten die meisten Grisolotti die venezianische Staatsbürgerschaft erworben und die Listenkompilatoren reagierten darauf mit der Kategorisierung der Gegner der deutschen Nation anhand des Geburtsortes innerhalb oder außerhalb der Republik.

578 Vgl. Tabelle 5.

579 ASVe/CS, II Ser., 73, Stampa Mercanti Venetiani, fol. 58. Uns verrät diese Berechnung noch einiges Interessante über den Einzug des Cottimo. Offenbar galt dieser auf die taxierten Warenwerte der Zolltabellen. Bei der Versendung konnten die deutschen Händler ihren Abzug von 20 % auch bei der Abgabe des Cottimo genießen, keinen Vorteil hatten sie hingegen bei dieser Gebühr bezüglich der Einfuhr: ASVe/CS, II Ser., 73, Stampa Nazione Alemana, fol. 32.

580 Dies steht in einem leichten Widerspruch zur Abqualifizierung der Grisolotti durch die Deutschen, siehe Kap. III, Fn. 564.

Die infolge der Privilegien reduzierten Einzahlungen der Deutschen müssen bei diesen Werten natürlich mitbedacht werden, an tatsächlichen Warenumsätzen am Fondaco zogen die Grisolotti daher wohl erst 1724 an diesen vorbei. Die Gruppe der nichtprivilegiert im Fondaco handelnden Kaufleute umfasste in dieser Zeit etwa 90 bis 100 Personen, die privilegierten Deutschen machten in diesen Jahren etwa 30 bis 35 Kaufherren aus. Wir können daher davon ausgehen, dass der durchschnittliche deutsche Händler am Fondaco etwa dreimal so viel Umsatz erzielte wie sein typischer Konkurrent aus dem Kreis der nichtprivilegierten Händler. Es war bereits Anfang des 18. Jahrhunderts klar, und es sollte noch schärfer im Verlauf des Streits hervortreten: Eine größere Zahl mittlerer und kleinerer, meist italienischsprachiger Händler aus dem Alpenraum nahm den Kampf mit der zahlenmäßig kleinen Elite der fremden Großkaufleute aus Süddeutschland auf, als deren Handel abflaute.

Die Dokumentation zu diesem Konflikt, der sich lange anbahnte, beginnt im Juli 1704. In diesem Monat wurde durch *Denocia* eine Reihe an Warenspeditionen von Trentinern im Auftrag von nicht aus dem Trentino stammenden Kaufleuten zur und von der Messe von Senigallia über den Fondaco aufgedeckt.[581] Im konkreten Fall hatten Trentiner ihren Namen an fremde Händler ausgeliehen, die damit vergünstigt spedieren konnten.[582] Als die Zollbeamten nun weitere Überprüfungen vornahmen, entdeckte man, dass dies ein Massenphänomen war. Es wurden vielfach Geldstrafen verhängt und Überlegungen angestellt, die Spedition am Fondaco für alle nicht zur deutschen Nation gehörigen Personen nur noch für den Handel von und nach Deutschland zuzulassen. Da die Grisolotti ihren gesamten Handel über den Fondaco abwickeln mussten, hätte dies bedeutet, ihren Handel mit nichtdeutschen Gebieten auf die auch ohne Fondaco-Privileg teureren Zollstellen der Entrata und Uscita zu limitieren. Vom April 1707 datiert das erste überlieferte Verteidigungsschreiben, das dezidiert diesem Thema gewidmet ist. Ein Antonio Maria Tibon aus dem Kreis der Trentiner Händlerfamilien in Venedig wandte sich an die Regolatori sopra li Dazi, also die traditionellen Gegner der deutschen Nation innerhalb der venezianischen Behörden, und erörterte die Widersprüchlichkeiten der Verordnungen für die Behandlung seiner Landesgenossen im Zoll. Er stellte heraus, dass alle Hoch- und Niederdeutschen sowie die Untertanen eines deutschen Fürsten verpflichtet seien, im Fondaco ihre Waren zu verzollen. Die Trentiner seien eindeutig Untertanen des Bischofs von Trient, einem Fürsten des Reichs. Daher sei es höchst ungerecht (*ingiustissima*), dass die Beamten der Entrata und Uscita die Trentiner zur Spedition über ihre Zollstellen verpflichten wollten.[583] Tibon hatte in dem Sinne Erfolg, dass die Trentiner weiterhin das Recht zur Spedition an jegliche Orte Europas über den Fondaco behielten. Die Überwachung am

581 ASVe/CS, II Ser., 71, 10. Juli 1704.

582 So erfahren wir es aus einer Rückschau vier Jahre später im Detail: ASVe/CS, II Ser., 71, 20. Juni 1708.

583 ASVe/CS, II Ser., 71, 8. April 1707.

Fondaco wurde künftig verschärft und der Missbrauch der Ausleihung eigener Namen erschwert.[584] Man erklärte künftig solche falsch deklarierten Waren für Schmuggelgut, welches konfisziert und mit hohen Strafen für den jeweiligen Kaufmann geahndet werde.[585]

Ein bei den Untersuchungen zur Ausleihung von Namen entdeckter Missstand war, dass die in Venedig aufgewachsenen Trentiner als venezianische Staatsbürger ihre Speditionen je nach Warengattung oder Zielort bei unterschiedlichen Zollstellen in Abhängigkeit vom besseren Tarif spedierten. In einem Schreiben des Gouverneurs der Entrata an die Cinque Savi vom 5. Juni 1708 stellte dieser das Problem der Uneindeutigkeit der Zugehörigkeit zu dieser Gruppe besonders heraus und betonte dabei, dass manche von diesen nicht einsähen, warum sie nicht an den Privilegien der Deutschen teilhaben dürften.[586] Implizit sahen die Trentiner die Möglichkeit der beliebig wählbaren Zollstelle offenbar als Ausgleich für die starke Privilegierung der Deutschen.

Die Grisolotti sollten sich bald erneut zurückgestuft sehen. Angesichts der hohen Kosten der Republik zur Aufrechterhaltung ihrer bewaffneten Neutralität erließ sie eine neue Steuer, die Tansa. Die deutsche Nation wünschte im September 1708 ihre Befreiung hiervon und begründete dies mit dem grundsätzlichen Privileg von 1510, welches Verschonung von neuen Abgaben vorsah, und der 1630 gewährten Freiheit von der damals erhobenen Tansa. Wie üblich bekamen die Deutschen die Unterstützung der Cinque Savi. Diese betonten, dass die deutschen Kaufleute viel Handel nach Venedig brächten und daher ihre möglichst geringe Abgabenbelastung zum Besten des Staats sei. Am 18. September 1708 jedoch protestierten die *Tansadori*, die Steuereintreiber heftig dagegen. Die Ungleichbehandlung schüre Ressentiments bei anderen Nationen, genannt wurden Florentiner und Genueser Kaufleute. Die Tansa stehe den Privilegien der Deutschen nicht entgegen; sie sei eine schlichte Abgabe, die alle Kaufleute gleichermaßen einmalig betreffe. Die Intervention nützte nichts, die Deutschen setzten sich auch dieses Mal, allerdings nach härteren Debatten als es früher der Fall gewesen war, durch und blieben von der Abgabe verschont.[587]

Es scheint, als ob dieser Erfolg und die Beschwerden der Grisolotti dieses Mal ein stärkeres Echo in den Reihen der venezianischen Beamten fanden. Der Gouverneur der Entrata schlug in einem Schreiben vom 5. Februar 1710 einen verärgerten Ton an, als er fünf aktuelle Missbräuche am Fondaco anführte: 1. Nägel würden von Händlern jeder Nationalität am Fondaco verzollt, dies sollte nur geschehen, wenn diese sicher aus Deutschland seien und nur wenn

584 ASVe/CS, II Ser., 71, 29. Dezember 1707.
585 ASVe/CS, II Ser., 71, 20. Juni 1708.
586 ASVe/CS, II Ser., 71, 5. Juni 1708.
587 Von den intensiven Debatten zeugen die vielen hierzu geführten Korrespondenzen: ASVe/CS, II Ser., 71, 19. September 1708, 29. Juli, 2. September, 9. September, 18. September, 20. September, 4. Dezember, 5. Dezember, 7. Dezember 1709. Im März 1710 verlangten schließlich auch die Grisolotti, allerdings vergeblich, dieselbe Befreiung: ASVe/CS, II Ser., 71, 22. März 1710.

sie von deutschen Kaufleuten importiert würden. 2. Fischbein[588] würde auch nur am Fondaco verzollt, unabhängig davon, woher es stammte. 3. Auch Waren aus der venezianischen Terraferma würden von den Deutschen zum Fondaco gebracht. Er wünschte, dass diese über die Entrata verzollt würden. 4. Die privilegierten Deutschen könnten alle Waren aus allen Ländern Europas über den Fondaco vergünstigt spedieren und alle anderen Händler, die teilweise seit vielen Jahren in Venedig lebten, nicht, was er als ungerecht empfand. 5. Er schlug vor, die Grisolotti nach einiger Aufenthaltsdauer als Venezianer zu behandeln (*dovessero anche questi esser considerati come Veneti*) und sie dadurch zur Benutzung der Entrata mit ihren Vergünstigungen für Einheimische zu animieren.[589] Vom 4. März datiert eine lange Verteidigungsschrift der Deutschen, in der sie nach einer detaillierten Widerlegung der einzelnen Punkte darauf verwiesen, dass die Privilegien nicht für jeden aus dem Reich stammenden Kaufmann gelten, sondern nur für die Inhaber der *tre requisiti* des Fondaco, also Zimmer, Sitz an der Tafel und Stimme im Kapitel, weshalb auch einige deutsche Kaufleute in Venedig hiervon ausgeschlossen seien.[590] Am 15. März 1710 entschied der Senat auf Basis eines Gutachtens der Cinque Savi vom 10. März und ließ per Druck verkünden, dass die ersten vier Punkte kurz und knapp zugunsten des Fondaco und der privilegierten Deutschen entschieden würden, also die bisherige Praxis beibehalten werde. Den Grisolotti wurde, so die etwas ausführlichere Darlegung zu Punkt fünf, nicht der Status als Venezianer zuerkannt, da sie ihre Güter und Häuser außerhalb der Republik besäßen und daher ausschließlich im Fondaco, aber ohne Genuss der Privilegien, spedieren müssten. Abschließend wurde in diesem Dekret gelobt, dass man im letzten Jahr dank der Strenge der Zollverwalter 35.665 duc. im Fondaco eingenommen habe.[591]

Möglicherweise wäre bereits an dieser Stelle der Konflikt eskaliert, da die Koalition der Gegner der deutschen Nation nun einige der wichtigsten Beamten im venezianischen Staat auf ihrer Seite hatte. Die Strenge des derzeitigen Gouverneurs jedoch führte kurzfristig zu einer Allianz aller Nutzer des Fondaco. Im Februar 1711 verfassten die privilegierten Deutschen sowie deren Gegner, die sich nun erstmals als *Mercanti Veneti* bezeichneten, massive Beschwerdesuppliken gegen den derzeitigen Gouverneur des Fondaco, Battista Traversi. Beide Gruppen nannten eine Vielzahl kleiner Schikanen und Verteuerungen für eine Reihe an Produktimporten und -exporten. Beispielsweise wurden Stoffe aus Süddeutschland in die teureren Textilienkategorien mit dem höheren Zollsatz eingeordnet, pro zu verzollendem Fass oder Collo nur noch eine geringere Menge an Waren im Export zugelassen, oder beim Import von Stückgut schlicht mehr gezählt als vorhanden. Die Deutschen drohten mit dem Verlassen der

588 Die italienische Bezeichnung *Osso di Balena* trifft das Produkt besser, es handelte sich um verschiedene Knochen und Barten von Walen, die hauptsächlich in Nordeuropa gejagt wurden.

589 ASVe/CS, II Ser., 71, 5. Februar 1710.

590 ASVe/CS, II Ser., 71, 4. März 1710.

591 ASVe/CS, II Ser., 71, 10. März, 15. März 1710.

Stadt, die *Veneti* befanden diese *novità intolerabili e scandalose*. Diese Allianz erwies sich fast unmittelbar als erfolgreich, Traversi musste seinen Posten räumen, und wir hören nichts weiter von den Beschwerden.[592]

Diese kurzfristige Partnerschaft mag unter anderem dazu geführt haben, dass ein fast zeitgleicher Angriff auf die Privilegien der deutschen Händler im Fondaco allein von den Zollbeamten der Entrata und Uscita geführt wurde und scheiterte. An beiden Zollstellen war man mit dem Dekret vom 15. März 1710 äußerst unzufrieden und erbat daher in einem gemeinsamen Schreiben vom 1. Juni 1711 die klare Trennung der Zollstellen in Abhängigkeit von der Warenherkunft. Alle Waren aus der Terraferma sollten künftig über die Entrata verzollt werden, alle aus Deutschland mit einer allgemeingültigen Vergünstigung über den Fondaco; bezüglich der Waren aus den übrigen Ländern Europas wollte man dies dem Senat zur freien Entscheidung anheimstellen. Die Herkunft sollte durch die Warenscheine mit Nennung des Absenders oder Empfängers sowie einer detaillierten Aufführung der Waren selbst beglaubigt werden. Weiterhin wurde die vollständige Abschaffung der Privilegierung der Deutschen erbeten. Der Warenverkehr von und nach Deutschland sollte einem einheitlichen Zollsatz unterworfen werden. Man fand die derzeitige Praxis als Last (*onero*) für die nichtprivilegierten auswärtigen Kaufleute. Als besonders ungerecht empfand man dies bei den Grisolotti: Diese seien Untertanen des Kaisers und müssten daher auch die entsprechende Bevorzugung erhalten oder wenigstens in der Entrata die Vergünstigungen von Venezianern bekommen.[593] Wären die Zollverwalter mit ihren Ansichten durchgedrungen, so wären die Privilegien der deutschen Nation mit einem Federstrich Geschichte gewesen.

Jedoch war in den Jahren des Spanischen Erbfolgekriegs die Bedeutung der deutschen Händler an der Lagune so groß wie selten zuvor.[594] Am 1. September 1711 folgte eine achtseitige Antwort des Anwalts der Nation, Giovanni Battista Sanfermo. Diese begann bereits in einem gereizten Tonfall, die Angriffe seien seit Jahren dieselben, der Senat habe dazu alle Parteien oftmals gehört und entsprechend am 15. März 1710 entschieden. Nun kämen dieselben Vorschläge wieder in einer Sache zum Vorschein, zu der bereits lange und ausführlich diskutiert worden sei und in welcher der Senat mit höchster Autorität ein Gesetz erlassen habe. Dieses Gesetz so schnell wieder in Frage zu stellen, sei eine reine Haarspalterei und für die Herrschaftsgewalt unerträglich (*una pura cavilatione insofferibile dalla sovrana Auttorita*). Nun erläuterte der Anwalt die Prinzipien der gegenwärtigen Gesetzgebung. Wenn Waren an privilegierte Deutsche adressiert waren oder von diesen versandt wurden, so wurde die Verzollung mit Berücksichtigung der Privilegien im Fondaco vorgenommen. Würden diese Privilegien aufgehoben, so wäre das eine Belastung des Handels gegen die *Publica Sapentissima Intention*. Auch die Nennung der Handelspartner der Deutschen

592 ASVe/CS, II Ser., 71, 26. Februar, 1. August, 22. August 1711.
593 ASVe/CS, II Ser., 71, 1. Juni 1711.
594 Vgl. die Einnahmen am Fondaco in diesen Jahren in Tabelle 5.

sowie die genauen Quantitäten und Bezeichnungen der Waren lehnte Sanfermo rigoros ab, die Geschäftspartner müsse man vor den Konkurrenten geheim halten und könne sie daher auch nicht in den Zollscheinen aufführen. Vor einer detaillierten Nennung der Waren auf den Zollscheinen seien die Deutschen daher durch ihre Privilegien geschützt. Zur Behandlung der lange in Venedig lebenden Grisolotti als Venezianer führte der Anwalt an, dass diese üblicherweise ihre Geschäfte in Venedig hätten, ihre Häuser aber in Trient, wohin sie im Alter mit ihren Kapitalien zögen. Ob ihre in Venedig geborenen und aufgewachsenen Kinder als Venezianer zu behandeln seien, gehöre sich nicht durch ihn erörtert. Zum Schluss schlug er einen drastischen Tonfall an: Der Versuch der Beamten der Entrata habe die Absicht der völligen Vernichtung und Unterdrückung des Fondaco (*destrutione totale e soversione del Fontico*). Es sei in einer Form geschehen, die den Souverän angesichts des Dekrets vom 15. März 1710 einer Verwirrung anklage.[595] Damit war die Angelegenheit erledigt, der Senat äußerte sich hierzu nicht mehr und das Dekret vom 15. März 1710 blieb in Kraft.

Es sei auf einen Vorgang in den Folgejahren verwiesen, das noch eine weitere mögliche Erklärung für die günstige Behandlung der Deutschen liefert: Als um 1713 Nachrichten einer Schlechterstellung der venezianischen Kaufleute in Lecce an die Lagune drangen, nahm man das hier zum Anlass, eine entsprechende Beschwerde an den Kaiser, den neuen Herren Süditaliens, zu schreiben und dabei auf die Privilegien für die Deutschen zu verweisen.[596] Auch wenn nicht klar ist, welchen Effekt dieses Schreiben hatte, so verblieben den Venezianern in Lecce immerhin bis 1722 ihre Privilegien; dies mag mit dem Schreiben von 1713 zusammenhängen und die Stellung der Deutschen in Venedig gestärkt haben.[597] So stand die Nation um 1715 weiterhin höchst privilegiert da, was wir auch daran ersehen können, dass ihr *Scrittor et Archivista* in diesem Jahr eine lange handschriftliche Geschichte derselben verfasste.[598]

Der Konflikt mit den Grisolotti und den Gegnern der deutschen Nation innerhalb der venezianischen Beamtenschaft eskalierte kurz darauf noch einmal. Als im Frühjahr 1716 anlässlich des Kriegs gegen das osmanische Reich eine erneute Tansa ausgeschrieben wurde, ersuchten sowohl die privilegierten Deutschen als auch die Grisolotti um ihre Exemtion. Nur den privilegierten Deutschen wurde diese gewährt. Die Grisolotti und andere nach Norden handelnden Kaufleute sah die Republik nicht als legitimierte Ansprechpartner und gewährte daher keine Befreiung von der Tansa.[599] Der Erfolg kam insofern zur Unzeit, als kurz darauf die Regolatori sopra li Dazi eine Maßnahme durchführten, die alle bislang unverbundenen Gegner der privilegierten Deutschen zusammenführen sollte.

595 ASVe/CS, II Ser., 71, 1. September 1711.
596 ASVe/CS, II Ser., 71, 7. Oktober 1713.
597 Vgl. zur venezianischen Nation in Lecce in diesen Jahren: *Preto*, Il commercio, S. 382–383.
598 Diese ist vollständig ediert bei: *Thomas*, G. B. Milesio's Beschreibung.
599 ASVe/CS, II Ser., 71, 4. April, 18. Juni 1716.

Am 29. August 1716 richtete einer der Regolatori, Gerolamo Giustinian, ein längeres Schreiben an den Senat. Er äußerte den Verdacht auf häufigen Schmuggel bei Exporten aus dem Fondaco, da dessen Händler nicht die genaue Anzahl und Qualität ihrer Waren auf den Zollscheinen angeben müssten, wie es an den anderen Zollstellen vorgeschrieben war. Das Depositum von 50 duc., das der Zollbeamte verlöre, wenn bei der Öffnung eines Collo aus dem Fondaco keine Schmuggelware gefunden würde, verhindere jegliche genauere Kontrolle über den Warenverkehr.[600] Da der Fondaco seit kurzem auch von Schweizern und Mailändern in Anlehnung an den seit Anfang des 17. Jahrhunderts etablierten Usus für Trentiner und Grisolotti für ihre europaweiten Speditionen genutzt würde, da ihre Heimat angeblich zum Reich gehöre, sei nun eine große Zahl an Händlern hier ohne größere Kontrolle aktiv. Daher ließ Giustinian den Fondaco für alle nichtprivilegierten Kaufleute für jeglichen Verkehr, der nicht von Deutschland kam oder dorthin ging, sperren. Die nun gesperrten Kaufleute sollten eine Namensliste erstellen, diese würde von einer Kommission begutachtet und dann entschieden, wer weiterhin das Recht auf Spedition über den Fondaco zu oder von außerdeutschen Zielen haben sollte.[601]

Am 12. September 1716 legte die Kommission den Cinque Savi und dem Gouverneur des Fondaco einige grundsätzliche Fragen zum dortigen Zollsystem vor.[602] Die Kommission befand schließlich nach einer umfangreichen Korrespondenz am 15. Februar 1717, dass keine Anhaltspunkte für einen Missbrauch vorlägen. Zwar gäben die Zollscheine nur generische Informationen zu den Produkten, dennoch sei das Kontrollsystem hinreichend gut, um Schmuggel weitgehend zu unterbinden. Den Anspruch der Schweizer und Mailänder auf Nutzung des Fondaco wies man zurück. Erstere seien nicht zum Reich zugehörig, letztere nur jüngst zufällig unter die Oberhoheit des Kaisers geraten. Würde man ihnen nun das Recht zur Spedition über den Fondaco einräumen, so müsste man es auch den Mantuanern oder Neapolitanern gewähren. Den Trentinern und Grisolotti sollte die Spedition über den Fondaco weiterhin verpflichtend vorgeschrieben bleiben; diese seien Untertanen des Kaisers, zudem sei dies in den Gesetzen von 1618 und 1635 dekretiert worden.[603] Von diesen sollte eine Liste ähnlich wie die der Deutschen erstellt werden, dann wäre erkennbar, wer mittels des Fondaco in außerdeutsche Gebiete spedieren dürfe. Die Grisolotti sollten aber weiterhin nicht die Privilegien der Deutschen erhalten.[604] Die Kommission stellte auch die oben vorgestellten Listen von 1717 zusammen.[605]

600 Vgl. hierzu Kap. III, Fn. 65, 116.

601 ASVe/CS, II Ser., 71, 29. August 1716.

602 ASVe/CS, II Ser., 71, 12. September 1716.

603 Vgl. Kap. III, Fn. 155.

604 ASVe/CS, II Ser., 71, 2. Oktober, 2. Dezember 1716, 1. Januar, 15. Januar, 23. Januar, 25. Januar, 28. Januar, 15. Februar 1717. Einige dieser Schriften sind gedruckt bei: *Segarizzi*, I Trentini, S. 211–215.

605 Siehe Kap. III, Fn. 560–562.

Damit hatten die Deutschen erneut ihre Position gefestigt. Jedoch war der Zeitpunkt denkbar ungünstig. Ausgerechnet in den Monaten, als die Privilegien noch einmal innerhalb der venezianischen Amtsträger debattiert und schließlich bestätigt wurden, stellte die Nation einen Antrag auf Erhöhung des Cottimo. Am 2. Dezember 1716 wünschte man eine Steigerung von 18 auf 24 Gr., also von ¾ % auf 1 %. Als Begründung gab man die hohen Kosten für die Armenspeisung und für Straßenreparaturen an, zudem seien in den letzten Jahren viele Unkosten durch vielfältige Quarantänemaßnahmen entstanden. Weiterhin habe das Dekret von 1712, welches die Spedition von Gütern aus Triest, Fiume und Bakar über den Stallaggio verordnet hatte, zu einer Verringerung der Einnahmen aus dem Cottimo über den Fondaco geführt.[606]

Im August 1717 gab es daraufhin erstmals seit 1577 den Fall der Verweigerung der Bezahlung des Cottimo. Die *Mercanti Italiani*, wie sie sich nun selbst nannten, traten hervor und bezeichneten den Cottimo als *ingiustissima*. Er diene nur den Interessen der deutschen Händler und nicht im Geringsten den eigenen Zwecken.[607] Hierauf verfassten die deutschen Händler eine detaillierte Verteidigungsschrift, in der sie den Cottimo in seiner historischen Entwicklung sowie dessen juristische Fundierung darstellten. Sie verteidigten auch ihre Privilegien, vor allem dasjenige von 1675, das ihnen zu einem Zeitpunkt gewährt worden war, da die deutsche Nation sich in einer Krise und kurz vor der Auflösung befunden habe. Hier bereits wurde auf die Zahl der 92 Mitglieder der *Mercanti Italiani* verwiesen, dieselbe Gruppe, die auch zehn Jahre später die Gegner der deutschen Nation ausmachte.[608]

Die Regierungsorgane griffen die Kontroverse auf. In den folgenden Monaten wurde eine Reihe an Analysen zum Fondaco und den Rechten der Grisolotti erstellt. Bereits am 16. Februar 1717 hatten die Cinque Savi geschrieben, dass die Spedition von Waren nach und von Italien über den Fondaco durch die Grisolotti zum Nachteil der Republik erfolge, da diese bei der dortigen Zollpacht weit weniger Einnahmen erhalte als bei der Entrata. Als Lösung schlug man die Abschaffung der Rechte dieser Gruppe zur Spedition am Fondaco vor.[609] Gegenüber einer solchen Benachteiligung der Grisolotti traten nun wichtige Beamte anderer Magistraturen auf. In den nächsten Jahren lief eine komplexe, hier nicht darstellbare umfassende Diskussion und Verteidigung der Rechte der Grisolotti durch viele venezianische Ämter, die es hierbei nicht unterließen, auf die vielfältige Bevorzugung der deutschen Nation zu verweisen.[610] Interessant für die

606 ASVe/CS, II Ser., 71, 2. Dezember 1716, 15. Januar, 23. Januar 1717. Hierbei erfahren wir, dass der Cottimo seit 14 Jahren nur mehr ¾ % betrug. Vgl. zum Dekret von 1712 Kap. III, Fn. 559.

607 ASVe/CS, II Ser., 73, 27. August, 28. August, 1. September, 7. September, 30. September 1717.

608 Das Original ist 1945 verbrannt (*Ressel*, Die Zerstörung), die Abschrift ist jedoch ediert: *Elze*, Der Cottimo, S. 76–84.

609 ASVe/CS, II Ser., 71, 16. Februar 1717.

610 Angesichts der Vielzahl der Akten sei summarisch auf den Fundort und die einschlägigen Jahreszahlen verwiesen: ASVe/CS, II Ser., 71, 1717–1722. Einige der Dokumente finden sich abgedruckt bei: *Segarizzi*, I Trentini, S. 221–225.

folgenden Ausführungen ist bei dieser langen Diskussion, dass am 16. März 1718 entschieden wurde, für die Grisolotti eine ähnliche Mitgliederliste anzulegen wie für die Deutschen, dies daraufhin aber nicht geschah.[611] Implizit wurde den Grisolotti durch die Nichterstellung dieser Liste der Gebrauch verschiedener Zollstellen nach Belieben erlaubt. Sie konnten sich am Fondaco weiterhin als Grisolotti bezeichnen, bei den anderen Zollstellen als Venezianer. Jedoch war damit auch eine stillschweigende Duldung des Vorrechts der deutschen Nation auf Erhebung des Cottimo verbunden. Bei einer Verweigerung dieser Zahlung konnten die Deutschen künftig die Erstellung der Liste verlangen und damit die Grisolotti potenziell zwingen, eine dauerhafte Wahl für eine Zollstelle zu treffen. Da die Grisolotti seit diesem Erlass für fast zehn Jahre keine Beschwerde mehr äußerten, können wir davon ausgehen, dass die Drohung von ihrer Seite aus verstanden wurde.

Innerhalb der venezianischen Ämter blieb eine starke Opposition gegen die Privilegien der deutschen Nation. Gegenüber diesen Gegnern der deutschen Nation, die von den Regolatori sopra li Dazi angeführt wurden, setzten sich die Cinque Savi nach äußerst langwierigen Schriftwechseln erst im Dezember 1722 mit einem längeren Bericht durch, in dem auf das Emporkommen Triests verwiesen wurde. Hier betonten die Cinque Savi, dass dem Deutschlandhandel möglichst viele Erleichterungen gegeben werden müssten.[612] Dazu gehörte natürlich auch die weiter aufrechterhaltene Privilegierung der deutschen Nation, da gerade in diesen Jahren die Österreicher versuchten, deutsche Kaufleute von der Lagune nach Triest wegzulocken.[613] Damit endete die Opposition gegenüber der deutschen Nation innerhalb der venezianischen Beamtenschaft zunächst. Wir können wohl davon ausgehen, dass die 1722 endgültig klar gewordene Erkenntnis, dass Triest mittelfristig doch eine substanzielle Bedrohung der venezianischen Stellung als zentralem Adriaemporium darstellen könnte, viele Amtsträger der Republik von der Sinnhaftigkeit der Privilegierung ihrer oberdeutschen Gäste überzeugte. In den fünf Jahren der intensiven Debatte zu den Rechten der Grisolotti und der deutschen Nation hatte jedoch eine Formierung der Gegner der deutschen Nation stattgefunden, die sich nun bald auch ohne Stütze in den Organen der Republik zu äußern wusste. Die Grisolotti hatten sich bereits 1717 vollständig als Gruppe konstituiert und öffentlich geäußert. Nur mit Mühe und dank der festen Stütze der Cinque Savi alla Mercanzia hatte die deutsche Nation ihre Privilegien halten können.

Es scheint zunächst noch in der ersten Hälfte der 1720er Jahre eine stillschweigende Balance geherrscht zu haben. Der berühmte Tropfen, der das Fass zum Überlaufen brachte, war die erneute Befreiung der deutschen Kaufleute von einer im September 1726 eingeführten Tansa.[614] Den Grisolotti war dies

611 Das Dekret selbst lässt sich nicht mehr finden, es wird aber 1729 auf der ersten gedruckten Liste der Grisolotti erwähnt: ASVe/CS, II Ser., 73, Tavolella de Grisolotti, e Trentini.

612 ASVe/CS, II Ser., 71, 12. Dezember 1722.

613 Vgl. *Beer*, Die österreichische Handelspolitik, S. 38.

614 ASVe/CS, II Ser., 73, Stampa Mercanti Venetiani, fol. 77.

nicht bewilligt worden, und dies führte offenbar zu einem nunmehr unerträglichen Gefühl ungerechter Behandlung. Im November 1726 reichten die sich als *Mercanti Veneti* bezeichnenden Kaufleute eine Klage gegen die Erhebung des Cottimo durch die deutsche Nation bei den Cinque Savi alla Mercanzia ein.[615] Diese verlangten daraufhin im Dezember von beiden Seiten umfassende Schriftstücke zum Cottimo, die im Januar auch folgten.[616]

Die *Mercanti Veneti* stellten nach einer langen historischen Einleitung dar, dass sie erst seit 1675 über den Fondaco hätten spedieren dürfen, zuvor sei ihnen der Deutschlandhandel untersagt gewesen. Die Dekrete zum Cottimo hätten immer die Trentiner und die deutschen Händler betroffen, nie jedoch die Venezianer. Dass in der Gruppe der Ankläger eine Reihe an Personen war, die gerne als Trentiner galten, wenn sie über den Fondaco billiger als über die anderen Zollstellen handeln konnten, verschwieg man hierbei. Das eigentliche Ziel des Angriffs wurde dann herausgestellt. Tatsächliche Konsuln könnten nur Gelder ihrer eigenen Gruppe eintreiben, nicht die anderer Nationen. Die deutschen Händler seien *Mercanti opulenti, e noi di restrette fortune*. Dabei seien die Deutschen nur durch die Privilegien, die Venedig ihrer Nation gegeben habe, reich geworden. Man zählte diese im Einzelnen auf und stellte dies als etwas in Europa Einmaliges und für den Staat Nachteiliges dar.[617] Das eigentliche Ziel der Grisolotti war eindeutig die Herausstellung und Skandalisierung der Privilegien der deutschen Nation. Dieser Aspekt blieb bei all ihren Eingaben immer bestehen, während die entsprechenden Schriften der deutschen Händler immer weit stärker juristisch argumentierten.

Die Reaktion der Deutschen kam kurz darauf. Sie sahen in der Eigenbezeichnung *Mercanti Veneti* einen *abbuso*, denn es sei bestenfalls die Hälfte der Gruppe wirklich Händler im eigentlichen Sinn. Der Cottimo wurde mittels Zitierung verschiedener Dekrete als ein über 200 Jahre altes Privileg herausgestellt, zudem seine Wichtigkeit für Ausgaben im öffentlichen Interesse aufgezeigt, darunter die Armenspeisung, der Erhalt von Fernhandelsstraßen und die Bezahlung von Angestellten zur Zollabführung.[618]

Es wird die *Mercanti Veneti* überrascht haben, dass nach langen Überlegungen in verschiedenen Instanzen im September 1727 zugunsten der deutschen Nation entschieden wurde. Der Cottimo sollte weiterhin von den deutschen Kaufleuten erhoben werden, jedoch sollten sie alle drei Monate den Cinque Savi und den einzahlenden Kaufleuten eine genaue Abrechnung vorlegen.[619] Dieses Mal akzeptierten die Kläger das Urteil nicht. Sie verfassten im November für die Cinque Savi ein grundlegendes Schriftstück über die deutsche Nation.[620] Mit hoher Präzision zeichneten sie die Geschichte des Fondaco und der deutschen

615 ASVe/CS, II Ser., 73, 23. November, 27. November 1726.
616 ASVe/CS, II Ser., 73, 11. Dezember, 21. Dezember 1726.
617 ASVe/CS, II Ser., 73, 6. Januar 1727.
618 ASVe/CS, II Ser., 73, 27. Januar 1727.
619 ASVe/CS, II Ser., 73, 3. September, 24. September 1727.
620 Vollständig ist dies ediert bei: *Elze*, Der Cottimo, S. 86–92.

Nation entlang der wesentlichen Dekrete nach und zeigten sich dabei als Kenner einer komplexen rechtsgeschichtlichen Materie. Wesentlich war auch hier wiederum die Hervorhebung der Privilegien der deutschen Nation. Deren Händler hatten, wie man genau nachweisen konnte, allein in den vergangenen zehn Jahren 313.847 duc. am Fondaco an Zoll bezahlt und dabei durch die Privilegien *dozine di migliara di Ducati* gespart.[621] Dem hielten die Grisolotti die vielfältigen Belastungen der eigenen Kaufleute entgegen. Die *Signori Alemani* waren nun als hochsubventionierte Händler präsentiert, die diese Ungerechtigkeit noch durch die Erhebung des Cottimo krönten.

Dieses Schreiben musste in seiner analytischen und inhaltlichen Schärfe die Stimmung bei einigen venezianischen Beamten gegen die deutsche Nation wenden. Die präzise Benennung der Privilegien der deutschen Nation war in der Gesamtschau für viele Amts- und Würdenträger in Venedig wohl völlig neu. Von einer nun einsetzenden Furcht des Verlustes der Privilegien zeugt die erstmalige und offenbar freiwillige Nachbezahlung der im Vorjahr gewünschten Tansa durch die deutsche Nation in Höhe von 2.045 duc. im November 1727.[622] Das scheint nicht wirkungslos geblieben zu sein: Die Grisolotti hatten ihre Beschwerdeschrift zu ihrem eigenen Nachteil auch an eine Instanz überreicht, die traditionell im Sinne der Deutschen urteilte. Am 16. März 1728 dekretierten die Cinque Savi als Reaktion auf den Einspruch der Grisolotti die Erstellung einer definitiven Liste ihrer Mitglieder.[623] In einer langen Analyse vom April 1728 stellten die Cinque Savi heraus, dass viele der Grisolotti sich je nachdem, was ihnen mehr Vorteile brachte, als Venezianer oder Trentiner oder als Händler anderer Nationalität an den verschiedenen Zollstellen angaben. Die Lösung war die genannte Liste; wer auf dieser war, sollte fortan nur noch unprivilegiert über den Fondaco spedieren dürfen, wer nicht, musste sich an die gewöhnlichen Zollstellen wenden.[624]

Am 13. Mai verlangten die Cinque Savi zugleich mit der endgültigen Dekretierung der künftig obligatorischen Liste für die Grisolotti eine neue Verteidigungsschrift der deutschen Nation zum Cottimo.[625] Am 23. Juli 1728 legten die Deutschen diese vor.[626] Hier beschränkten sie sich fast ausschließlich auf eine Zusammenstellung aller rechtshistorischen Quellen, die bewiesen, dass der Cottimo seit spätestens 1541 ununterbrochen von den deutschen Händlern erhoben wurde und dies auch für Venezianer gegolten hatte. Sie hätten zudem

621 In der genauen Berechnung der Summe im bei Elze nicht gedruckten Anhang schreiben die Grisolotti etwas irreführend, die Deutschen hätten Waren im Wert von dieser Summe am Fondaco gehandelt ohne hierfür Zoll zu bezahlen. Dies könnte in der Absicht einer bewussten Täuschung geschehen sein: ASVe/CS, II Ser., 73, 24. November 1727.

622 ASVe/CS, II Ser., 73, 19. November 1727.

623 ASVe/CS, II Ser., 73, 16. März 1728.

624 ASVe/CS, II Ser., 73, 6. April, 17. April 1728; abgedruckt bei: *Segarizzi,* I Trentini, S. 221–225.

625 ASVe/CS, II Ser., 73, 13. Mai 1728.

626 ASVe/CS, II Ser., 73, 23. Juni 1728. Diese Schrift ist, allerdings falsch datiert, abgedruckt bei *Elze,* Der Cottimo, S. 93–97.

niemals seit 1577 eine Erhöhung des Cottimo ohne Zustimmung der venezianischen Regierung durchgeführt. Am 24. September 1728 erhielten die Deutschen die volle Unterstützung der Cinque Savi, sie bestätigten die Angaben der Nation in ihrem Bericht an den Senat in allen Aspekten und nannten den Cottimo aufgrund seiner jahrhundertelangen unumstrittenen Einziehung eine legitime Abgabe.[627] Wie immer hatten die Deutschen die Unterstützung der einflussreichen Cinque Savi erhalten.

Dieses Mal jedoch reichte dies nicht mehr. Am 2. Oktober 1728 stellte der Senat fest, dass der Cottimo nur bis 1657 legitim eingezogen und erhöht worden sei. Seither jedoch hätten die Deutschen ihre Erhöhungen nur mehr bei den Cinque Savi beantragt, nicht mehr beim Collegio, der gemeinsamen Versammlung der Verwalter der Entrata und der Cinque Savi, wie es das Urteil von 1577 angeblich vorgeschrieben habe.[628] Rein wörtlich konnte man das so interpretieren, im Urteil von 1577 steht: *volendo far alterazione alcuna oltre li detti grossi doi non la possi fare senza la confermazione della maggior parte di questo Collegio.*[629] Dennoch wirkt diese Begründung wie ein Vorwand, da im Folgenden nicht eine Reduzierung des Cottimo auf den Satz von 1657, sondern die gänzliche Abschaffung desselben für die Grisolotti dekretiert wurde. Mit seiner Feststellung vom Oktober 1728 hatte sich der Senat erstmalig gegen die Cinque Savi alla Mercanzia gestellt, ein Anzeichen dafür, dass der Appell an den Patriotismus vonseiten der Grisolotti gefruchtet hatte. Aufgrund dieser Feststellung überwies man die Angelegenheit am 18. Dezember 1728 an das Collegio dei Savi.[630] Hier legten beide Seiten gedruckte Zusammenstellungen ihrer Ansichten, sowie Gesetze und handelshistorische Quellen vor.[631] Die deutsche Nation konnte damit keinen Erfolg mehr erzielen. Am 5. September 1729 entschied das Collegio dei Savi zu ihren Ungunsten. Die folgende Revision und weitere Fortführung des Prozesses konnte der deutschen Nation nur noch den Erhalt der bis zum Urteil gezahlten Cottimo-Beiträge der Grisolotti sichern.[632] Am Ende eines langen und äußerst komplexen Prozesses hatten die deutschen Kaufleute trotz ihres Einsatzes aller argumentativen Register und wohl auch intensiver Bestechungsgelder gegenüber den Grisolotti verloren.[633]

627 ASVe/CS, II Ser., 73, 24. September 1728.

628 ASVe/CS, II Ser., 73, 2. Oktober 1728.

629 ASVe/CS, II Ser., 73, Stampa Nazione Alemana, fol. 18.

630 Vgl. zu dieser wohl mächtigsten Versammlung höchster Würdenträger der Republik: Kap. III, Fn. 237.

631 ASVe/CS, II Ser., 73, Stampa Mercanti Venetiani, Stampa Nazione Alemana.

632 Die Quellen zum Urteil von 1729 und der Revision von 1730 sind leider 1945 verbrannt, sie werden zitiert bei: *Simonsfeld*, Der Fondaco dei Tedeschi, Bd. 2, S. 163–164.

633 In der Insolvenzbilanz von Daniel Amman aus dem Jahr 1760 wird in einer Zusammenstellung der Ausgaben seiner Firma seit 1709 für das Jahr 1730 ein Posten von 410 duc. als einmalige Abgabe an die »Nazione Alemana« erwähnt, vgl.: ASVe, Sopraconsoli dei mercanti, 122, Amman, »Giornali«. Wir können wohl davon ausgehen, dass alle deutschen Kaufleute in diesen Jahren bis zum endgültigen Urteil viele hundert duc. aufbrachten, um mittels Bezahlungen an den Anwalt und Bestechungen den Prozess doch noch zu gewinnen.

c) Die deutsche Nation und ihre Privilegien seit 1730

Der Erfolg der Grisolotti war historisch einmalig. Zum ersten Mal seit dem frühen 17. Jahrhundert war es gelungen, die Privilegien der deutschen Nation zu reduzieren. Die Tatsache, dass dies in einem jahrelangen Rechtsstreit durchgesetzt worden war, musste das Selbstbewusstsein der Gegner der deutschen Händler ungemein stärken, und es mag als ein Signal aufgefasst worden sein, dass die Privilegierung der deutschen Nation nun insgesamt zur Disposition stand. Erreicht hatten die Grisolotti ja nur die Befreiung vom Cottimo, alle anderen substanziellen Privilegien im Zoll verblieben den Deutschen. Die Händler der deutschen Nation fürchteten angesichts der Erfolglosigkeit ihrer Revision auch deren Entzug. Am 1. September 1730 schrieb der Prediger der evangelischen Gemeinde, Georg Wenndrich in einem Brief an Gotthilf August Francke (1696–1769), dass der Prozess *vor gestern zum größten Nachtheil der Nation* entschieden worden sei. Wenndrich befürchtete nun das Ende der deutschen Nation in Venedig und damit das Verschwinden der über 200 Jahre alten lutherischen Kirche an der Lagune.[634]

Es fand jedoch in den nächsten und letzten 67 Jahren der Republik Venedig kein weiterer Entzug von Vorrechten der deutschen Händler statt. Beobachter des venezianischen Marktplatzes konstatierten in den nächsten Jahrzehnten in einer bemerkenswerten Einigkeit eine bedeutsame Stärke der deutschen Händler an diesem Ort. Ludwig Ferdinand Prokopp, der im Auftrag der 1751 in Brünn gegründeten Mährischen Landesbank um 1754/55 im Rahmen einer dienstlichen Reise durch ganz Europa auch Venedig besuchte, sah die anhaltende Bedeutung der Republik in den deutschen Händlern begründet:

> Es ermanglet auch in der Tat nicht an ansehnlich und vermöglichen Handels-Häusern, die etwas zu unternehmen im Stande sind, worunter sonderheitlich die deutsche Nation sich distinguieret. Selbe hat ihr schönes Handels-Haus und ist durch erhaltenen verschiedene Freiheiten in grosses Ansehen gesetzt worden.[635]

Die Wahrnehmung der deutschen Händler als Leistungsträger des venezianischen Außenhandels wurde in den nächsten Jahren noch markanter. 1767 stellte der kaiserliche Konsul fest, dass Venedig immer noch – und zwar explizit dank des *Banco Giro* und der *Fondaci dei Turchi* und *dei Tedeschi* – über eine respektable Menge an Kapital verfügte.[636] Anton Friedrich Büsching (1727–1793), der in intensiver Korrespondenz mit Sigismund Streit (1687–1775), einem der bedeutendsten Händler der deutschen Nation, stand, schrieb 1769, es seien in Venedig *wenig große Handelshäuser eingeborner Venetianer vorhanden, die meisten und vornehmsten sind jüdische, genuesische und insonderheit deutsche Häuser. Die Deutschen, nebst einigen Griechen und Juden, erhalten den Ruhm der Bank.*[637]

634 AFSH, H C 456, Nr. 10. Mehr zu Wenndrich und Francke in Kap. IV. 1. f.
635 *Otruba*, Europäische Commerzreisen, S. 23.
636 *Georgelin*, Venise au siècle, S. 109.
637 *Büsching*, Neue Erdbeschreibung, S. 946.

Aus dieser Wahrnehmung heraus entwickelte sich in Venedig bald das Gefühl, den auswärtigen Händlern vor Ort ausgeliefert zu sein. 1778 entstand eine profunde Analyse des gegenwärtigen Handelszustands in Venedig.[638] Als Ergebnis einer recht detaillierten Aufzählung der Händler und ihrer hauptsächlichen Bedeutung und Handelsregionen verfasste der unbekannte Autor eine *Dimostrazione delli motivi della decadenza della piazza veneta*. Hier stellte er fest, dass der Handel Venedigs mit dem Ausland *passivo* im doppelten Sinne sei, einerseits durch eine ungünstige Handelsbilanz, andererseits durch eine tatsächliche Passivität venezianischer Kaufleute im Außenhandel.[639] Insgesamt sah der Autor eine Beherrschung des Handelsplatzes durch Fremde, vor allem Juden.[640] In Andrea Trons berühmter Rede von 1783 malte dieser den gegenwärtigen Zustand in schlimmen Farben. Der Handel war für ihn von Ausländern beherrscht, die ihre Gewinne in Venedig machten und dann fortbrächten. Nicht die Venezianer würden von den auswärtigen Händlern in Venedig profitieren, so wie es seiner Ansicht nach sein sollte, sondern es sei genau umgekehrt. Als herausragende Beispiele präsentierte er ausschließlich deutsche Handelshäuser, die in den letzten Jahren große Kapitalmengen fortgeschafft hätten.[641]

Ob die starken auswärtigen Handelshäuser wirklich so nachteilig für die Republik gewesen waren, sei dahingestellt; vieles spricht eher gegen eine solche Ansicht.[642] Wichtig ist hier, dass im späten 18. Jahrhundert das Gefühl einer besonders deutlichen Vormacht deutscher und anderer auswärtiger Händler gerade im Außenhandel Venedigs vorherrschte. Dies entsprach durchaus der Realität, darauf wird in Kap. IV. 4 noch einzugehen sein. Das um 1730 von den Grisolotti und ihrer unterstützenden Kreise innerhalb der Regierung energisch verfolgte Ziel, die Vormacht der deutschen Händler zu brechen oder wenigstens

638 Die entsprechenden Akten finden sich bei: BMCV, Manoscritti Donà delle Rose, Nr. 295, Fasc. 4. Diese wurden bereits ausgewertet bei: *Georgelin*, Venise au siècle, S. 669–684.

639 Diese Ausführungen erhalten eine interessante Stütze durch den von 1790 bis 1799 wirkenden Prediger der Gemeinde, Johann Friedrich Fick, der um 1800 in der Retrospektive feststellte, dass die Venezianer ungerne ihre Heimat für Reisen verließen und kaum fremde Sprachen erlernten. Händler gingen kaum weiter aus der Republik heraus als bis Bozen, und Adelige benötigten eine Erlaubnis des Senats für Auslandsreisen. Auch dies mögen Erklärungen dafür sein, dass im 18. Jahrhundert kaum international operierende venezianische Handelshäuser bekannt sind: *Fick*, Bemerkungen, S. 4.

640 BMCV, Manoscritti Donà delle Rose, Nr. 295, Fasc. 4, Nr. 26. Vgl. hierzu auch: Kap. III, Fn. 39. Zwar vermied der Abschlussbericht einen antideutschen Unterton und stellte jüdische Kaufleute als Hauptgegner ihrer venezianischen Konkurrenten dar. Da der besondere Erfolg der *Mercanti Allemani* in der Analyse jedoch hervortritt und eine grundsätzliche Gegenüberstellung von einheimischen und fremden Händlern vorgenommen wird, wurden die Deutschen implizit auch eher als Beispiele für auswärtige Profiteure des venezianischen Markts dargestellt.

641 *Gaspari*, »Serenissimo Principe…«, S. 102–107.

642 Neben der Tatsache, dass seitens der Republik bis zum Schluss ihrer Existenz kaum legislativ gegen die auswärtigen Händler vorgegangen wurde, sei auf die abwägenden Überlegungen Maria Fusaros zur Bereicherung des mediterranen Handels durch die Präsenz auswärtiger Händler in Italien verwiesen: *Fusaro*, Mercanti stranieri.

ihre Privilegien abzubauen, um eine muttersprachlich italienische Händlergruppierung zu stärken, war eindeutig fehlgeschlagen. Es stellt sich die Frage nach den Gründen.

Leider wird die Quellenlage nach 1730 ausgesprochen dünn. Dies liegt in der Natur des Konfliktes zwischen den Grisolotti und der deutschen Nation. Beide Seiten hatten für den Prozess große Mengen an Akten zusammengetragen, und viele ältere Aktenstücke zur deutschen Nation waren hierfür auch explizit gesammelt oder abgeschrieben worden. Seit dem Ende des Prozesses hatte keine Seite mehr ein großes Interesse an einer weiteren Aufbewahrung von Akten. Es kommt hinzu, dass die deutsche Nation keine Kontroversen mehr erzeugte. Neue Verordnungen zur deutschen Nation wurden daher auch fast nicht mehr erlassen. So kann im Folgenden nur noch relativ wenig über die Geschicke der deutschen Nation in Venedig in den letzten 70 Jahren ihrer institutionellen Existenz gesagt werden, sie beschränkte sich auf eine erfolgreiche Bewahrung der schwer errungenen Privilegien.

Um zur Frage zurückzukehren: Der schwer ausgetragene Konflikt mit den Grisolotti endete wie der Konflikt mit Köln 1652/53: Mit einem Scheinsieg der anklagenden Partei und einem bald darauf retablierten Status Quo zugunsten der deutschen Nation. Die Grisolotti institutionalisierten sich zwar und erstellten zunächst Listen ihrer Kaufleute, die recht interessant sind und oben bereits analysiert wurden.[643] Die Kaufleute der Grisolotti hatten jedoch kein einigendes Band außer der Abneigung gegen die Zahlung des Cottimo. Sobald sie über den Fondaco spedieren durften, ohne den Cottimo bezahlen zu müssen, bestand kein Interesse mehr für sie, sich in solche Listen einzutragen, ohne ein daraus resultierendes Privileg zu erhalten. Die Abschaffung der Vorrechte der Deutschen hatten sie eigentlich erhofft, erreicht hatten sie zu wenig: Am Fondaco galt als einzige Neuerung die Regel, dass nur die deutschen Händler, die die Privilegien genossen, den Cottimo bezahlen mussten.[644]

Da der Fondaco ohne die Privilegien keine besondere Zollstelle war, beendeten nun die meisten Grisolotti ihre nicht ins Reich gerichteten Speditionen über diesen ausgerechnet nach ihrem großen Triumph. Dies beweist mehr als alles andere, dass es dieser Gruppe eigentlich um die Entmachtung der deutschen Nation gegangen war. Die vielen Gutachten, der teure Rechtsprozess, der langwierige Zug durch die Instanzen und die Publikation von Druckwerken zum Verfahren hatten eindeutig als Hauptzweck die öffentliche Sichtbarmachung

643 ASVe/CS, II Ser., 73, Tavolella de Grisolotti, e Trentini.

644 Die Tatsache einer fortlaufenden Bezahlung des Cottimo durch die deutschen Händler seit 1730 ergibt sich durch das Inventar und die Bilanz von Benedikt von Hermann aus dem Jahr 1782, hier wird ein ausstehender Zahlungsposten von 40 duc. für *Cottimo in Fontico* aufgeführt: ASVe, Inquisitori alle Acque, 148. Dass die deutsche Nation weiterhin mit diesem Geld die Armenspeisung in Venedig und Straßenreparaturen in der Provinz finanzierte, wird ihr auch weiterhin einiges an Sympathie innerhalb der Republik eingebracht haben.

der ungerechten Privilegierung der deutschen Händler. Diese hatten jedoch einen zähen Abwehrkampf geführt, in dessen Verlauf es gelungen war, das Verfahren rein auf den Cottimo zu beschränken. Als dieses Ziel erreicht war, wurden durch die nachträgliche Anerkennung der bis 1730 geleisteten Zahlungen auch die Rechtstitel der deutschen Nation gesichert; damit zeigte der Senat, was die Republik Venedig den Gegnern der Deutschen zuzugestehen bereit war und was nicht.

Damit war aber die Gruppe der Grisolotti als organisierte »Nation« zum Untergang verurteilt. Künftig sollten sie eine jährliche Liste einreichen, um zur ausschließlichen Spedition über den Fondaco zugelassen zu werden, obwohl sie dabei kaum Vorteile zu erwarten hatten. Im Gegenteil: Wer auf der Liste stand, der durfte nicht mehr über die anderen Zollstationen, sondern nur noch über den Fondaco spedieren. Die Liste III vom Jahr 1728/29 umfasste nur noch 30 Kaufleute, sie war damit bereits gegenüber den 38 Grisolotti, die 1717 auf Liste I gezählt worden waren, deutlich kürzer geworden.[645] Die meisten Trentiner zogen es offenbar vor, ihren Handel als *cittadini* über die offiziellen Zollstellen laufen zu lassen und nur die Verbindungen ins Reich über den Fondaco; das war offenbar die insgesamt profitablere Kombination. Ohne die Trentiner jedoch waren die Schweizer und Graubündner institutionell zu schwach, und letztere erfuhren als protestantische Handwerker seit den 1730er Jahren eine immer schärfere Diskriminierung seitens der Republik, in der diese nun verstärkt als direkte Konkurrenten der eigenen Zünfte wahrgenommen wurden.[646] Durch ihren Kampf gegen die Oberdeutschen hatten sich die Graubündner kaum Freunde in der Republik gemacht. In einem venezianischen Gutachten zu den Graubündnern aus den 1760er Jahren heißt es explizit, die *avidità de'Griggioni* hätte diese zum Versuch der Verweigerung der Tansazahlungen im zweiten Jahrzehnt des 18. Jahrhunderts gebracht.[647] Diese Stimmung wird auch in weiten Kreisen der venezianischen Beamtenschaft in den 1720er Jahren vorgeherrscht haben.

Die Einnahmen am Fondaco sanken dann auch sehr deutlich ab, als die Grisolotti ihn nur mehr für den Handel mit dem Reich verwandten. Beim Eingangszoll fielen die Einnahmen von 12.144 duc. im Jahr 1728 auf 8.030 duc. im Jahr 1734. Beim Ausgangszoll war der Verfall nicht so dramatisch, hier betrugen die entsprechenden Werte 11.682 duc. und 10.446 duc.[648] Bereits am 3. Juni 1730 schrieb der Zollverwalter Marco Pianeti an die Cinque Savi alla Mercanzia in einem Report zu den verminderten Einnahmen am Fondaco, dass nun viele vormalige Grisolotti ihren Handel über die Entrata durchführten.[649] Offenbar hatten die Schweizer, Graubündner und Trentiner vor 1729 neben ihrem Handel zwischen ihrer Heimat und Venedig auch viele Güter aus der venezianischen Terraferma und Norditalien über den Fondaco an die Adria gebracht; diese ver-

645 Die Liste ist abgedruckt bei: *Segarizzi*, I Trentini, S. 213–215.
646 *Jegerlehner*, Die politischen Beziehungen Venedigs zu den drei Bünden, S. 291–297.
647 ASVe, Senato I. (Secreta), Fasc. 325, 25. September 1765.
648 Vgl. Diagramm 1.
649 ASVe/CS, II Ser., 72, 3. Juni 1730.

schwanden nun aus den Registern des Fondaco. In den folgenden Jahrzehnten bewahrten nur die Schweizer und Graubündner ihre Staatsbürgerschaft und handelten weiterhin als Grisolotti über den Fondaco. Die Tatsache, dass sie spätestens seit den 1760er Jahren nur noch in geringem Maße Handel betrieben, beweist der nur geringe Einbruch der Einnahmen dieser Zollstelle von 1765 bis 1770, also jenen Jahren, in denen beide Gruppierungen zu großen Teilen aus der Republik ausgewiesen wurden.[650] Aus einer Liste von protestantischen Kaufleuten aus Deutschland und der Schweiz in Venedig aus dem Jahr 1778 geht hervor, dass von 18 Firmen nur 3 nicht in der deutschen Nation registriert waren, und diese waren Schweizer oder Graubündner Kleinhändler mit marginalen Umsätzen.[651]

Zusammenfassend kann festgehalten werden: Der Erfolg der Grisolotti von 1729 war trügerisch, er brachte nicht die erwünschten Ziele, sondern die Auflösung dieser Gruppierung, die nur durch den Wunsch nach Abschaffung der Privilegien der deutschen Nation zusammengehalten worden war. Henry Simonsfeld hat den Ausgang des Prozesses von 1729 als einen Triumph über die deutsche Nation interpretiert, die daraufhin niedergegangen sei.[652] Dem war mitnichten so. In den folgenden 60 Jahren konnten die deutschen Händler in Venedig ihre Stellung als wesentliche Vermittler zwischen der Republik und den dynamischen Märkten Nordeuropas ausbauen. Hätten die Venezianer nach 1729 tatsächlich die Privilegien der deutschen Händler abgeschafft, so wäre wohl ein großer Teil von diesen nach Triest oder Livorno übergesiedelt. Doch genau solch eine Aufhebung der Privilegien war seit 1722 kaum mehr denkbar, damals war in den Kreisen der venezianischen Beamtenschaft angesichts des Aufkommen Triests das Credo einer möglichst großen Förderung der deutschen Gäste ausgegeben worden.[653]

Das nächste wesentliche Ereignis für die deutsche Nation war die allgemeine und einheitliche Zollsenkung und -vereinfachung Jahr 1736, mit einer deutlichen Erleichterung der Ausfuhr und vor allem des Transithandels.[654] Die Privilegien des Fondaco blieben dabei unberührt, die deutschen Händler genossen hier weiterhin ihre Nachlässe. Der Zollnachlass und die folgenden Seekriege (1739–1748) führten im nächsten Jahrzehnt in der Tat zu einer gewissen Stimulierung des Handels am Fondaco, jedoch fiel das Umsatzvolumen hier seit 1746 wieder leicht ab.[655] Im Österreichischen Erbfolgekrieg hatten viele neutrale nordeuropäische Schiffe, vor allem aus den Hansestädten und Skandinavien, die Transporte zwischen Nord- und Südeuropa für die kriegsführenden Länder

650 Vgl. Diagramm 1. Zur Ausweisung der Bündner und Schweizer in den 1760er Jahren vgl. Kap. II. 4. c.
651 Vgl. Kap. III, Fn. 241.
652 *Simonsfeld,* Der Fondaco dei Tedeschi, Bd. 2, S. 164.
653 Vgl. Kap. III, Fn. 612.
654 Vgl. Kap. II, Fn. 443.
655 Vgl. Diagramm 1; *Beltrami,* La crisi della marina, S. 314–318.

übernommen, sodass der Vorteil vom Land- gegenüber dem Seehandel hier nur in geringem Maße zur Geltung gekommen war.[656]

Die deutsche Nation zeigte sich in diesen Jahren weiterhin fähig, ihre Interessen effizient zu verteidigen. Am 14. Dezember 1742 wurde ein neuer Zoll auf Rosinen erlassen, die seewärts von Venedig zu irgendeinem anderen untergebenen oder auswärtigen Hafen transportiert werden sollten, die *Nuova Imposta*. Wenn der Transport auch noch auf nichtvenezianischen Schiffen erfolgte, wurde eine weitere Abgabe fällig, die *Novissima Imposta*. Das Ziel war, dass die Rosinen von den Inseln des Stato da Mar nach Venedig kamen und von dort aus bevorzugt auf dem Landweg zu den weiteren europäischen Bestimmungsorten spediert würden. Die deutsche Nation protestierte gegen die ursprünglich vorgesehene Ausdehnung dieses Zolls auch auf Exporte über Portogruaro und Portobuffolè in das österreichische Gebiet hinein, da beide keine See-, sondern Flusshäfen waren. Diesem Wunsch entsprach die Republik.[657]

1745 wurde eine erneute Veränderung der Bezahlung des Zolls an der Entrata und am Fondaco erlassen, nachdem man festgestellt hatte, dass viele Waren aus Ancona und Triest nicht über See nach Venedig kamen, wo sie aufgrund ihrer zuvor aufgesuchten Häfen hohen Zöllen unterworfen waren, sondern über den zollbegünstigten Landweg. Die hauptsächliche Gegenmaßnahme war eine Verschärfung der Regularien zu den Warenbegleitscheinen. Es wurde festgelegt, dass auf den Scheinen Gewicht und Stückzahl der Waren festgehalten und diese in Venedig am Fondaco bei der erneuten Wiegung überprüft werden sollte. Die Deutschen konnten dabei ihr Privileg verteidigen, dass kein Zöllner die Verpackung der für den Export destinierten Waren öffnen durfte, ohne vorher 50 duc. als Kaution zu hinterlegen.[658]

Die Akten aus den einschlägigen Beständen zum Fondaco in Venedig enden um 1746 mit erneuten Ermahnungen an die Zöllner zur genauen Sortierung der Waren in Abhängigkeit von ihren Adressaten an den Zollstellen.[659] In den nächsten Jahrzehnten scheint in institutioneller Hinsicht nichts Besonderes mehr am Fondaco vorgefallen zu sein. Als 1751 zum Schutz der venezianischen Industrien die Zollermäßigung von 1736 wieder rückgängig gemacht wurde und

656 Daher scheinen gerade die deutschen Händler in Venedig unter diesem Krieg eher gelitten zu haben. So schrieb Matthias Spangler, ein Mitglied der deutschen Nation, am 5. Januar 1748 an seinen Cousin in Salzburg: *Das aber durch gegenwertig langen Krieg das Commericio leiden mues, machet gedultig, und mit einen paldigen Frieden pössere Zeiten zu hoffen. Der hiesige Plaz wird [von Jahr zu Jahr] schlechter, ..., und sovil man sieht, [wird] auch ein ..folgenter Frieden zu dessen wieder erschwingung wenig oder nichts contribuieren, dann Triest und Ancona ziehen ie lenger ie mehr das Commericio an sich*, in: BSSF, I. A.2.5.3. Ich danke Reinhold Reith aus Salzburg herzlich für die Übersendung dieser Quelle.

657 Vgl. die einzelnen Korrespondenzen zu diesem Fall in: ASVe/CS, II Ser., 72, 3. Juni 1730, 21. Januar, 28. Januar, 8. Februar, 10. Februar, 22. Februar, 12. März, 17. April, 27. April, 11. Juli, 3. Oktober 1744.

658 ASVe/CS, II Ser., 72, 6. Oktober 1744, 8. März, 20. März, 26. März, 3. April, 6. Mai 1745. Vgl. hierzu Kap. III, Fn. 65, 116.

659 ASVe/CS, II Ser., 72, 26. März, 17. Mai 1746.

nur der Transitzoll weiterhin moderat blieb, protestierten die deutschen Händler ohne Erfolg dagegen. In den nächsten Jahren wurde seitens der venezianischen Regierung festgestellt, dass vor allem der Fondaco dei Tedeschi unter der Reform von 1751 gelitten habe.[660] Wenn wir die Einnahmen am Fondaco-Zoll seit 1751 betrachten, so sehen wir in den folgenden sechs Jahren bis 1757 tatsächlich einen deutlichen Rückgang.[661] Dies muss nicht notwendigerweise nur eine Schwächung der deutschen Händler widerspiegeln. Möglicherweise brachte diese Reform manche Schweizer und Graubündner Händler aus der Gruppe der Grisolotti dazu, die Republik zu verlassen und damit als Akteure am Fondaco zu verschwinden.

In den 1750er Jahren versuchte die Republik auf verschiedenen Wegen, den Fernhandel nach Norden wieder zu stimulieren. So schloss Venedig einen Handelsvertrag mit Sachsen ab, der auch als Ziel hatte, die Abhängigkeit der Republik von den Händlern der deutschen Nation zu verringern.[662] Das können wir anhand eines Berichts des sächsischen Gesandten in Venedig an das Kurfürstentum erkennen.[663] Dieser schrieb am 4. Februar 1756, er hätte den Vertrag zustandegebracht, *non ostante l'acerrima guerra, che m'anno fatto tutti li mercanti tedeschi che trafficano in questo paese di tali generi.*[664] Ein Teil einer umfassenden Bewegung gegen die deutsche Nation war der Handelsvertrag mit Sachsen seitens der Republik Venedig jedoch nicht, nur ein Jahr später, 1757, wurde die deutsche Nation erneut von einer Tansa befreit. Hierzu ist nur eine Aktennotiz aus dem Jahr 1771 als Begründung überliefert, in der es heißt, dass die deutsche Nation von dieser verschont worden sei, da ihre Kaufleute Venedig Vorteile brächten.[665] Da sich der Handelsvertrag mit Sachsen als recht nachteilig für die Republik erwies, hatte er ohnehin keine weiteren negativen Auswirkungen für die oberdeutschen und Hamburger Händler der deutschen Nation in Venedig.[666]

Erst in den letzten Jahrzehnten der Republik kam es zu einer Abgabenerhöhung für die deutschen Händler. Auf der Basis umfangreicher Untersuchungen über die Umsätze der Kaufleute in Venedig aus dem Jahr 1768/69 wurde für 302 venezianische Händler eine regelmäßige Steuer festgelegt. Vom Frühjahr

660 *Georgelin,* Venise au siècle, S. 83.

661 Vgl. Diagramm 1. Seit 1757 ist eine günstige Entwicklung bei der Einfuhr über den Fondaco, nicht jedoch bei der Ausfuhr zu bemerken.

662 Zu diesem Vertrag und seiner Geschichte vgl.: *Meinert,* Handelsbeziehungen, S. 176–236.

663 Zur illustren Persönlichkeit dieses Gesandten, dem armenischstämmigen Gregorio Agdollo (1707–1787) vgl. *Meinert,* Handelsbeziehungen, S. 177–178; *Korsch,* Meriten und Machenschaften.

664 SHSAD, 10026, Geheimes Kabinett, Loc. 2815–1, fol. 277v.

665 BMCV, Manoscritti Donà delle Rose, Nr. 295, Fasc. 4, Nr. 118, 19. Januar 1771.

666 Vgl. zu den Nachteilen für Venedig aus diesem Vertrag: *Meinert,* Handelsbeziehungen, S. 184–186. Zum Handel Venedigs mit dem mittleren und östlichen Deutschland über Land im 18. Jahrhundert vgl. *Kunze,* Der Zittauer, S. 46; *Kühn,* Der Hirschberger Leinwand- und Schleierhandel, S. 77–86. Es scheint, als hätten vom Handel zwischen Sachsen und Venedig ohnehin vor allem die deutschen Händler am Fondaco profitiert: *Meinert,* Handelsbeziehungen, S. 235.

1771 an sollte diese Tansa fällig werden, angestrebt waren jährlich 14.000 duc. durch Einzahlungen aller, auch der 17 erfassten deutschen Kaufleute. Auf Basis der eigenen Berechnungen kam man auf eine notwendige Jahreszahlung von 2.270 duc. für die deutschen Kaufleute, also etwa 16 % des gesamten Ertrags. Dies spiegelt natürlich auch die Umsatzstärke der deutschen Händler in Venedig im Vergleich zu ihren Konkurrenten wider. Anders gerechnet: 17 deutsche Kaufleute sollten jeweils im Durchschnitt 133 ½ duc. bezahlen, der durchschnittliche nichtdeutsche Händler (inklusive der griechischen und jüdischen Kaufleute) etwa 41 duc. Die deutschen Kaufleute waren im Durchschnitt also mehr als dreimal so umsatzstark wie der »typische« Händler in Venedig. Die entsprechende Liste wurde der deutschen Nation im November 1769 kommuniziert.[667]

Die deutsche Nation reagierte mit einem heftigen Protest. Man verwies auf die vielen seit 1757 fortgezogenen oder insolvent gegangenen Firmen und deutete damit an, dass sich die deutsche Nation in einer Krise befand. Man verschwieg aber dabei wohlweislich, dass die seit 1757 verschwundenen Firmen hauptsächlich in der allgemeinen Wirtschaftskrise um 1763 falliert waren, hieran war die Abgabenbelastung in Venedig am wenigsten schuld gewesen.[668] Zudem betonte man die Ungerechtigkeit der Abgabenverteilung – diese treffe insbesondere neu aufgebaute Firmen und auch solche, deren Kapital gerade teilweise abgezogen worden war. Zuletzt verwies man auf die ohnehin notwendigen jährlichen vom Cottimo bestrittenen Ausgaben, hauptsächlich die Miete für den Fondaco und andere Ausgaben für Agenten der deutschen Nation oder Straßenreparaturen. Die Verhandlungen im Einzelnen seien hier ausgespart, man einigte sich schließlich auf eine jährliche Abgabenbelastung von 1.400 duc., also exakt einem Zehntel der Gesamteinnahmen der Tansa, die die deutsche Nation durch Selbstbesteuerung aufzubringen hatte.[669] Selbst in den letzten Dekaden der Republik gelang es also der deutschen Nation noch, ihre Vorteile zu wahren und relativ zu allen anderen Händlern an der Lagune immer wieder eine etwas bessere Privilegierung auszuhandeln; in diesem Fall faktisch die Reduzierung einer neuen Steuer um mehr als ⅓ für die in der deutschen Nation eingeschriebenen Kaufleute. Eine weitere Veränderung der Abgabenstruktur der deutschen Nation fand bis zum Ende der Republik nicht mehr statt.[670]

667 BMCV, Manoscritti Donà delle Rose, Nr. 295, Fasc. 4, fol. 109r–112r. Siehe hierzu auch: *Georgelin*, Venise au siècle, S. 672.

668 Vgl. hierzu Kap. IV. 4.

669 Die vielfältigen Korrespondenzen zur Tansa finden sich in: BMCV, Manoscritti Donà delle Rose, Nr. 295, Fasc. 4, fol. 118r–122r; ASVe/CS, I Ser., 377, Nr. 54; *LeBret*, Staatsgeschichte, Bd. 3, S. 92; *LeBret*, Geschichte von Italien, S. 546.

670 Die letzte gesetzgeberische Aktivität, die ich bezüglich des Fondaco noch finden konnte, war eine *Terminazione dei Savi alla Mercanzia sulle gabelle del Fondaco dei Tedeschi* vom 21. März 1771, die Verschärfungen von Kontrollen und Präzisierungen bei der Verzollung brachte. Wahrscheinlich hing dies mit der neuen Tansa für die deutschen Händler zusammen: BMCV, Cod. Cicogna 1137/1136 (= Misc. Correr VIII 1136), fol. 317–318. Die weiteren Aktivitäten der Visdomini zum Fondaco bis zum Ende der Republik betreffen nur noch interne Verwaltungsangelegenheiten: *Thomas*, Register zum Capitular, S. 88–91.

d) Zusammenfassung

Die Korporation der deutschen Nation in Venedig konnte im 18. Jahrhundert fast ununterbrochen ihre Privilegien wahren, ja in gewisser Weise sogar ausbauen, indem sie es einige Male schaffte, von der Tansa befreit zu werden und 1771 einen deutlichen Nachlass erhielt, als diese Steuer dauerhaft erlassen wurde. Das ermöglichte den deutschen Händlern eine dauerhaft hohe Bedeutung in Venedig, die im Kern bis 1806 anhalten sollte. Es spricht vieles dafür, die größte relative Bedeutung der deutschen Nation im venezianischen Wirtschaftsleben zeitlich im 18. Jahrhundert zu verorten. Die Niederländer waren verdrängt worden, die Briten nur mehr als Transporteure, kaum mehr als Kaufleute innerhalb Venedigs aktiv, so blieben nur die Deutschen als einzige Händlergruppe für den Austausch mit Mittel- und Nordeuropa übrig. Der Erfolg der deutschen Nation basierte dabei wohl zu einem bedeutenden Teil auf den Privilegien, die die Venezianer dieser Gruppe in der zweiten Hälfte des 17. Jahrhunderts gewährt hatten.

Man könnte versucht sein, auf den zahlenmäßigen Anstieg von Kaufleuten aus dem Alten Reich in Livorno ohne Privilegien zu verweisen und somit die günstige Entwicklung der deutschen Händlerschaft in Venedig als ein Säkularphänomen ohne nennenswerte Bedeutung der staatlichen Eingriffe anzusehen. Jedoch wäre diese Betrachtung wohl unvollständig, auch wenn die Effizienz der deutschen Händlernetze in Italien im 18. Jahrhundert hoch war, wie noch zu zeigen sein wird. Für den Fall Livorno war besonders wichtig, dass die stärkere Bedeutung der Deutschen in Venedig im 18. Jahrhundert in Form von profitablen Handelsverbindungen in die Toskana ausstrahlte und auch dort einen zunehmenden Erfolg ihrer Landsleute aus Hamburg begünstigte. Und die Bedeutung der deutschen Händler in Venedig stieg erst seit dem späten 17. Jahrhundert wieder an, zeitlich genau der Privilegierung von 1675 folgend. Das Argument der Grisolotti, dass die deutschen Händler in Venedig nur aufgrund ihrer Privilegien reich geworden seien, hat zweifellos einiges für sich – und man kann diese Aussage paradoxerweise noch auf Livorno ausdehnen.[671]

Es konnte nicht ausbleiben, dass sich hieran Kritik entzündete. Im Verlauf des ersten Drittels des 18. Jahrhunderts formierte sich eine Allianz von Händlern aus der Schweiz, Graubünden, dem Trentino, Süddeutschland und dem Veneto, die die Privilegien der deutschen Händlerkorporation als in höchstem Maße diskriminierend empfanden. Indem sie vordergründig die Abgabe des Cottimo an die deutsche Nation bei der Spedition über den Fondaco angriffen, nutzten sie die Gelegenheit zu einer breiten Darstellung aller Privilegien dieser Gruppierung und stellten deren Ungerechtigkeit deutlich heraus. Die zahlreichen Antworten der deutschen Nation sowie die jeweils folgenden Gegendarstellungen bilden ein vorzügliches Quellenmaterial für mannigfaltige Aspekte der Geschichte des Fondaco.

671 Vgl. Kap. III, Fn. 617.

Im Ergebnis erzielten die Gegner der deutschen Nation juristisch nur einen Teilerfolg und verloren damit im Endeffekt vollständig. Die zähe Gegenwehr der deutschen Nation bewirkte mehrere Gänge durch die Instanzen, innerhalb derer sie immer wieder die Sinnhaftigkeit und Legitimität ihrer Privilegierungen belegen konnten. Obwohl die Gegner der deutschen Händler sich als *Mercanti Venetiani* bezeichneten und besonders betonten, dass auswärtige Händler in keinem Staat Europas bevorzugt würden, gewannen sie nicht genügend Verbündete in den Magistraturen der Republik. Den Gegnern der deutschen Nation wurde ihre Befreiung vom Cottimo zugestanden, mehr aber auch nicht. Infolgedessen löste sich die Gruppe der Gegner der deutschen Nation bald auf, da eine Eintragung auf der Liste der Grisolotti den Zwang zur alleinigen Nutzung des Fondaco für alle Speditionen nach ganz Europa gebracht und damit die Vorteile der Verwendung anderer Zollstellen als *cittadini* unmöglich gemacht hätte. Als Nachteil verblieb der deutschen Nation eine jährliche Einbuße von immerhin etwa 2.000 duc., die bislang von den Grisolotti gekommen war.[672]

Seit 1730 blieb die deutsche Nation zwar noch als Korporation aktiv, wie wir an einigen wenigen und immer relativ erfolgreichen Interventionen in den nächsten Jahrzehnten erkennen können. Im Kern jedoch war die Nation auf Wahrung ihrer Vorteile bedacht. Da diese nicht mehr strittig gemacht wurden, brauchte sie keine große Aktivität mehr zu entfalten. Innerhalb dieser Struktur gelang es den Deutschen, eine substanzielle Bedeutung auf dem venezianischen Markt durch ein faktisches Monopol im Fernhandel mit Nordeuropa zu erringen. Dies kann im Jahr 1774 besonders präzise angegeben werden. In diesem Rechnungsjahr stammten von den gesamten Warenwerten der vier venezianischen Zollstellen in Höhe von 6.383.460 duc. immerhin 460.448 duc. (7,2 %) von der deutschen Nation.[673] Dabei ist zu bedenken, dass an den Zollstellen nicht nur Kaufleute, sondern auch gewöhnliche Bürger für kleinere Waren Abgaben entrichteten, sodass der Anteil von über 7 % am gesamten herein- und herausfließenden Warenstrom der Handels- und Hafenstadt mit ihren 140.000 Einwohnern für eine Gruppe von gerade einmal 31 Kaufleuten, die in 20 Firmen wirkten, äußerst groß erscheint.[674] Entsprechend fühlten sich die Venezianer neben den Griechen und Juden vor allem von den deutschen Händlern dominiert, wenngleich diese im öffentlichen Diskurs etwas positiver als die anderen genannten Gruppierungen gesehen wurden.

Da dieser Erfolg ohne die Privilegien von 1675 kaum oder zumindest nicht in diesem Ausmaß möglich gewesen wäre, stellt sich die Frage, warum die venezianische Regierung in den 1720er Jahren nicht deren Abschaffung im Sinne ihrer Händler betrieb. 1675 hatten die Deutschen auf ihre Schwäche verwiesen und den Untergang ihrer Nation als Schreckensszenario an die Wand gemalt. Die venezianischen Maßnahmen der Stärkung der Deutschen hatten damals eine

672 Vgl. Kap. III, Fn. 579.
673 *Georgelin*, Venise au siècle, S. 675.
674 Vgl. Tabelle 38.

explizit antiniederländische Stoßrichtung gehabt, indem durch die Stärkung des Transalpenhandels auch die Rolle Venedigs als Umschlagplatz zwischen der Levante und Mitteleuropa gefördert werden sollte. In den späten 1720er Jahren sah die Lage vordergründig anders aus. Die deutsche Nation zählte zwischen 30 und 35 registrierte Händler und ihre Umsätze kannte man so gut, dass deren Gegner detaillierte Aussagen zu den entsprechenden Zollerträgen derselben machen konnten. Die Niederländer hatten keine besondere Bedeutung mehr im Mittelmeerhandel und waren als Händlergruppierung in Venedig verschwunden. Besondere Repressalien vonseiten der deutschen Nation hatten die Venezianer nicht zu befürchten, die Fähigkeit zu Sanktionen fehlte der Korporation im Fondaco gänzlich.

Das Problem für Venedig war, dass sich die Lage im Vergleich zu 1675 nicht grundsätzlich geändert hatte. Der Levantehandel wurde von Franzosen und Briten über See intensiver betrieben als es die Niederländer je geschafft hatten. Um ein Handelsknotenpunkt zu bleiben, musste Venedig daher daran gelegen sein, dass die Landhandelsverbindungen von der Lagune nach Norden möglichst kompetitiv blieben. Die Struktur des Transalpenhandels kettete die Republik Venedig wie eh und je an die Händler aus den oberdeutschen Reichsstädten. Ob die deutsche Nation zahlenmäßig schwach oder stark war, spielte keine Rolle, solange kein potenzieller Konkurrent ebenfalls einen Transalpenhandel von Venedig aus bis nach Nordeuropa zu organisieren in der Lage war. Möglicherweise hätten die Venezianer ohne das Emporkommen Triests in den 1720er Jahren die deutsche Nation dennoch entprivilegiert. Angesichts der Förderung Triests durch die Habsburger musste jedoch die Abhängigkeit der Republik von ihren Gästen im Fondaco wachsen.

Es gibt aber noch eine tiefere Ursache für die Entscheidung der Republik Venedig von 1675 und ihrem Festhalten an diesem Prinzip über ein weiteres Jahrhundert. Offenbar traute man es in Venedig den Grisolotti und deren Verbündeten nicht zu, die deutsche Nation zu ersetzen. Dabei sei noch einmal daran erinnert, dass sich in der Gruppe der Gegner der deutschen Nation auch Händler aus München, Nürnberg und Ulm befunden hatten, die sicherlich gute Handelsverbindungen über die Alpen besaßen. Auch die Schweizer Händler, die sich zu den Grisolotti gesellt hatten, waren sicherlich nicht notwendigerweise den Kaufleuten der deutschen Nation unterlegen. Dennoch hatte sich Venedig für die Beibehaltung der Privilegierung der deutschen Nation und damit die Chancenlosigkeit von deren Gegnern entschieden. Der Grund hierfür liegt in der Überzeugung der Venezianer begründet, mit den Händlern der deutschen Nation um 1720/30 eine Gruppe in der Stadt zu haben, die wichtige Leistungen im Sinne der Republik vollbrachte. Die Experten des Staats für wirtschaftliche Angelegenheiten, die Cinque Savi alla Mercanzia, förderten aus diesem Grunde faktisch immer die deutsche Nation, und eine Behörde wie die Regolatori sopra li Dazi, die einen eher partikularen Blick auf kurzfristige Zolleinnahmen hatte, stand daher zumeist auf der Seite der Gegner der Deutschen. Die Cinque Savi erwiesen sich allerdings meist als die mächtigere Instanz, und ihre Überzeugung von der Effizienz der deutschen Nation brachte sie dazu, deren Dominanz zu festigen. Wären die deutschen Händler um 1720/30 nur Profiteure oder Ausnutzer einer privilegierten Position gewesen, so ist kaum vorstellbar, dass sie die Unterstützung durch die Cinque Savi bis zum Schluss erhalten hätten.

Ein deutlicher Beweis für die Bedeutung der deutschen Händler im Transalpenhandel ergibt sich aus einer recht schlichten Tatsache: Viele Trentiner wurden nach 1731 offiziell zu Venezianern und erreichten damit auf der Ebene der Gesamtbelastungen und -begünstigungen einen ähnlich privilegierten Status wie die Kaufleute der deutschen Nation an der Lagune. Doch auch ausgestattet mit den Privilegien der venezianischen *cittadini* schafften sie es in den nächsten Jahrzehnten ebenso wenig wie die Händler der Republik in den Jahrhunderten zuvor, einen bedeutenden Handelszug nach Süddeutschland zu entwickeln. Dies steht im Kontrast zu den lombardischen Kaufleuten im Herzogtum Mailand, die seit dem Dreißigjährigen Krieg verstärkt einen selbstorganisierten Handel nach Süddeutschland entwickelten.[675] Die regierenden Eliten Venedigs hatten die fehlenden Fähigkeiten der Grisolotti für einen komplexen Fernhandel offenbar geahnt und ihnen vor allem daher ihren sehnlichen Wunsch nach einer Entprivilegierung der deutschen Händler verweigert. In letzter Instanz hätte dies bedeutet, dass dem Handelsplatz Venedig zunächst durch die dann absehbare Abwanderung vieler Deutscher nach Triest ein schwerer Schaden zugefügt worden wäre. Das hätten sich die Eliten Venedigs nur in einer Lage eines Monopols auf dem Adriahandel leisten können. Dieses fehlte jedoch seit 1720 deutlicher denn je. Die einzige Händlerelite, die in dieser Lage den Fernhandel nach Norden aufrechterhielt, waren die Kaufleute der deutschen Nation, und sie wollte man in Venedig nicht verlieren.

Damit stellt sich die Frage nach der faktischen Leistungsfähigkeit, die die Händler der deutschen Nation in Venedig aufwiesen. Was machte diese Gruppe so unentbehrlich für die Republik? Lag hier ein Händlernetz vor, das eine besonders große Effizienz im Fernhandel organisieren konnte? Und wenn ja, auf welchen Faktoren basierte dieses? Um dies zu ergründen, müssen wir uns nun den einzelnen Händlern selbst zuwenden und ihre Geschäftspraktiken als Gruppe, aber auch als Individuen erfassen. Erst bei einer Betrachtung des Beziehungs- und Geschäftsgeflechts der Händler der deutschen Nation innerhalb Venedigs sowie in ihre Herkunftsregionen können die Grundlagen ihrer Stärke jenseits der Privilegien zum Vorschein treten. Hierzu sei im Folgenden übergegangen.

675 Vgl. Kap. I, Fn. 89.

IV. Das Luthertum und die deutschen Kaufleute in Venedig

1. Der Pietismus und die deutsche Nation

a) Pietismus und reichsstädtische Händler in der historischen Debatte

Einer der hauptsächlichen Erklärungsansätze für die eigentümliche Ausformung des Händlernetzes der deutschen Kaufleute in Venedig in dieser Arbeit ist deren besonderes Verhältnis zum Protestantismus. Die grundlegende Tatsache, dass die Händler der deutschen Nation in Venedig seit spätestens 1650 fast nur noch lutherische Protestanten waren und im Laufe des 18. Jahrhunderts viele von ihnen dem Pietismus zuneigten, soll dabei nicht im Sinne einer zwar denkbaren, aber letztlich doch nie beweisbaren Variante der Weber-These interpretiert werden.[1] Vielmehr wird argumentiert, dass die von nahezu allen Mitgliedern der deutschen Nation geteilte Basis des lutherischen Bekenntnisses im 18. Jahrhundert die Bildung eines »pietistischen Händlernetzes« ermöglichte. Diese von einer substanziellen Minderheit der Nation getragene Personenkonfiguration brachte ihren Teilhabern wesentliche Vorteile, die zu einem besonderen wirtschaftlichen Erfolg beitrugen. Zur Plausibilisierung dieser These soll die Beschreibung mit einer detaillierten Nachzeichnung der Kirchengeschichte der deutschen Nation in Venedig seit 1650 beginnen; dieser Kontext ist für das weitere Verständnis unabdingbar.

Die Geschichte des Protestantismus in Venedig darf eigentlich als relativ gut erforscht gelten. Insbesondere zwei Studien sind hier zu nennen.[2] Die erste Arbeit, die wissenschaftlichen Ansprüchen weitgehend genügt, wurde von Ludwig Theodor Elze (1823–1900), der von 1869 bis 1890 Pfarrer der evangelischen Gemeinde war, im Jahr 1883 veröffentlicht.[3] Sein Werk zur Geschichte

1 So schrieb Peter Fassl 1988 nach einer gründlichen Studie über die protestantischen Wirtschaftseliten im paritätischen Augsburg, dass sich die Weber-These als Erklärung für deren Erfolg anböte, diese sich aber *natürlich nicht stringent beweisen läßt*, so in: *Fassl*, Konfession, S. 26. Dies gilt ebenfalls für die deutschen Händler in Venedig.

2 Auch bei Henry Simonsfeld, der sich hauptsächlich der Geschichte des mittelalterlichen Fondaco dei Tedeschi verschrieben hatte, finden sich einige beiläufige Anmerkungen zum Protestantismus in Venedig in der Mitte des 17. Jahrhunderts und der Konkurrenz von Reformierten und Lutheranern: *Simonsfeld*, Der Fondaco dei Tedeschi, Bd. 2, S. 157–162.

3 Zu Elzes Wirken und dem bitteren Ende seiner Amtszeit in Venedig 1890 als Folge eines schweren Zerwürfnisses mit seiner Gemeinde vgl.: *Elze/Lessing*, Geschichte, S. 116–119; *Schleissner-Beer*, Die Deutsche, S. 37–38.

des Protestantismus und der deutschen evangelischen Gemeinde in Venedig basiert auf einer weitreichenden Literaturkenntnis und einer Auswertung des eigenen Pfarrarchivs sowie der Staatsarchive Zürichs und vor allem Venedigs. Bis heute ist seine Darstellung für die Zeit von 1520 bis 1883 in weiten Teilen nicht überholt.[4]

Stephan Oswald hat 1989 eine Studie zu den deutschen Protestanten in Venedig veröffentlicht. Dabei geht er teilweise deutlich über Elze hinaus. Zwar greift er weitgehend auf dasselbe Archivmaterial und teilweise auch dieselbe Sekundärliteratur zurück, doch ist seine Analyse klarer auf eine Fragestellung ausgerichtet. Er beschrieb die Strukturen der etwa 150 Jahre illegalen Religionsausübung der deutschen Kaufleute in Venedig und stellte hierbei grundlegende Fragen nach religiöser Toleranz im frühneuzeitlichen katholischen Italien. Er betonte die eher gering zu veranschlagende religiöse Duldsamkeit seitens der Republik Venedig und stellte zugleich das Primat von wirtschaftlichen Interessen bei der venezianischen Politik gegenüber religiösen Minderheiten heraus.[5]

Beiden Autoren gemein ist eine relativ vorsichtige Interpretation des in Venedig vorhandenen Aktenmaterials, zudem wird eine Kontextualisierung der Gemeindeentwicklung in die allgemeine Geschichte des deutschen, insbesondere des süddeutschen Protestantismus nicht vorgenommen. Ihre wesentliche Grenze finden die Arbeiten von Elze und Oswald durch die in Venedig zu findenden Aktenbestände. Da es sich um eine Gemeinde in der Illegalität handelte, sind diese naturgemäß recht begrenzt. In vielerlei deutschen Kirchenarchiven oder Archiven mit Bezügen zur deutschen Kirchengeschichte findet sich hingegen eine Vielzahl einschlägiger Dokumente, die in Kombination mit dem in Venedig vorhandenen Material eine relativ plastische Darstellung der Geschichte des Protestantismus und vor allem des Pietismus in Venedig von 1650 bis 1806 erlauben.

Als hilfreich zur Kontextualisierung der Archivfunde erweist sich ein Aufsatz eines wichtigen Zeitgenossen. Im Jahr 1772 veröffentlichte Christian Wilhelm Franz Walch (1726–1784), Professor der Theologie in Göttingen, den zweiten Band seiner *Neuesten Religionsgeschichte*. In diesem Buch, wie auch den weiteren Titeln dieser Reihe, publizierte er in der Art eines Sammelbandes verschiedene Beiträge zu damaligen religiöse Themen betreffenden Ereignissen und Geschehnissen. Ein längeres Kapitel von 27 Seiten mitsamt einem Dokumentenanhang zur *Neuesten Geschichte der Protestantischen Gemeinen*, also der Deutschen und der Graubündner in Venedig im 18. Jahrhundert, kann als wichtiges zeitgenössisches Zeugnis zur Geschichte des Protestantismus in Italien ange-

4 *Elze*, Geschichte. Im Folgenden wird die von Elze vorgegebene Predigerliste für die Jahre 1682–1715 deutlich korrigiert werden, die notwendigen Einzelkorrekturen werden in den Fußnoten diskutiert. Die Recherchen Elzes zu den lutherischen Predigern in Venedig basierten grundsätzlich auf diesen, teilweise fehlerhaften Werken: *Wittchen*, Organisations-Acte; *Strobel*, Versuch.

5 Insbes.: *Oswald*, Die Inquisition, S. 32.

sehen werden.[6] Walch selbst hatte den Text vom bereits häufiger in dieser Arbeit erwähnten Johann Friedrich LeBret empfangen, der als Autor allerdings anonym blieb.[7]

Durch eine Verknüpfung der Gemeindegeschichte mit den zeitgleichen Entwicklungen des Protestantismus im Alten Reich ist ein genaueres Verständnis der Gegebenheiten der lutherischen Kirche im venezianischen Untergrund des 18. Jahrhunderts möglich. Zudem soll hier mittels einer stärkeren sozialgeschichtlichen Orientierung und markanteren Hypothesenbildung versucht werden, die Geschichte des Protestantismus der deutschen Gemeinde in Venedig in ihren verschiedenen Wesensmerkmalen und der Verknüpfung zur Entwicklung der oberdeutschen Händlernetze möglichst plausibel herauszuarbeiten. Der Anspruch ist dabei weit gefasst: Anstatt nur eine eingehende Darstellung eines etwas pittoreskeren Farbtupfers in der Geschichte des Protestantismus zu liefern, soll dargelegt werden, welch grundlegende Anziehungskraft das Luthertum und die pietistische Bewegung seit dem späten 17. Jahrhundert auf die deutschen Händler in Venedig ausübten. Da diese aus den Eliten der oberdeutschen Reichsstädte stammten, können die Antworten eine weit über Venedig hinausreichende Relevanz beanspruchen. Daher ist es auch unabdingbar, sich eingehend mit den konfessionellen Entwicklungen in den oberdeutschen Reichsstädten im 17. und 18. Jahrhundert auseinanderzusetzen.

Eine einfache Interpretation der Gemeindegeschichte der deutschen Nation in Venedig würde sogar fast ausschließlich auf die Reichsstädte verweisen: Der Protestantismus hatte innerhalb der deutschen Händlerschar an der Lagune bereits im frühen 16. Jahrhundert Fuß gefasst und die Katholiken waren spätestens 1650 vollständig aus dem Fondaco herausgedrängt worden. Der Konnex zwischen dem reichsstädtischen Protestantismus und der Gemeinde in Venedig ist bis zum Westfälischen Frieden recht eindeutig. Die meisten Reichsstädte wurden lutherisch und die reichsten Kaufleute der paritätischen Reichsstädte waren ebenfalls Lutheraner, somit galt dies natürlich auch für eine Gemeinde, die sich aus deren Händlerschichten rekrutierte.[8] Dieselbe Antwort ist jedoch schwierig für die folgenden Jahrzehnte. Der Pietismus fand – damit sei an dieser Stelle bereits den Befunden dieses Kapitels vorgegriffen – in der deutschen Gemeinde in Venedig vor allem in den Jahrzehnten um 1720/30 und mit relativ langfristiger

6 Dieser Text wurde bislang in der Forschung übersehen: *LeBret*, Neueste Geschichte. Der Aufsatz wird noch durch wertvolle Details in einem späteren und ebenfalls von der Forschung kaum verwandten Werk desselben Autors ergänzt: *LeBret*, Geschichte von Italien, S. 535–546.

7 Die Autorenschaft ergibt sich aus einem Brief Walchs an LeBret vom 2. Oktober 1772, in dem dieser um einen weiteren Text für einen künftigen Band bittet: WLB, Cod. hist. 4° 369, Brief 12. Dass er damit wohl erfolgreich war, ergibt sich aus einigen Aufsätzen zu aktuellen Geschehnissen und Entwicklungen des Katholizismus in Italien, so v. a. im fünften Band. Diese sind höchstwahrscheinlich ebenfalls von LeBret verfasst worden.

8 Siehe zusammenfassend zu Augsburg als wesentlichem Beispiel: *Fassl*, Von der freien Reichsstadt, S. 83.

Wirkung einigen Anklang, etwas, was die Forschung so für die Reichsstädte kaum sieht.[9]

Zur Annäherung an das Phänomen des Konnexes von Pietismus und den deutschen Händlern in der Markusrepublik im 18. Jahrhundert muss daher neben der Berücksichtigung der Entwicklung des Protestantismus in den süddeutschen Reichsstädten auch auf die eigentümliche soziale Formation dieser Gruppierung in Venedig geachtet werden. Dabei kann an einen jüngeren Forschungsansatz angeschlossen werden. Als ein besonderes Desiderat zu unserer Kenntnis der Geschichte des Pietismus wurde angemerkt, dass nur wenig bekannt ist, welche gesellschaftlich herausgehobenen Gruppen sich besonders von diesem Reformprogramm angesprochen fühlten und aus welchen Gründen dies geschah.[10] Konkret wurde im Anschluss an solche Forderungen vor allem die besondere Rolle des Adels untersucht.[11]

Die Tatsache, dass das pietistische Programm offenbar Teilen des Adels entgegenkam, wurde bereits vor einigen Jahren von Carl Hinrichs betont und als Forschungsansatz herausgestellt. Hinrichs sah insbesondere Standesherren sowie Hof- und Dienstadel für den in Preußen besonders staatsnahen Pietismus disponiert und stellte diesen den orthodoxen Landadel gegenüber, der stärker für die hergebrachte Ständegesellschaft und damit für die Bewahrung ihrer vom Herrscherhaus bedrohten Prärogative eingetreten sei. Bezüglich der Hinwendung vieler mitteldeutscher Reichsgrafen zum Pietismus verwies Hinrichs vor allem darauf, dass diese eine eigentümliche Verbindung von hohen Herren und unabhängigen Privatmenschen darstellten, da sie einerseits zu einem wirklichen reichspolitischen Agieren zu schwach waren, andererseits meist über bedeutende Besitzungen und Titel verfügten und daher durchaus eine eigenständige Regierungstätigkeit ausüben konnten. Hinrichs sah diese Kombination als günstige Voraussetzung für den Pietismus. Letztlich betont Hinrichs damit eine besonders hohe Rezeptivität für den »aktivistischen Geist« des Pietismus bei herausgehobenen Persönlichkeiten, bei Individuen vor allem, die typischerweise einen weiten Horizont besaßen und vielseitige leitende Tätigkeiten im Sinne ihrer Familie oder ihres Stands ausübten.[12] Hinrichs Ansatz wurde jüngst noch einmal

9 Dies mag auch an fehlenden Forschungen liegen. Grundsätzlich ist ein stärker sozialgeschichtlicher Ansatz in der Pietismusforschung noch häufig ein Desiderat, vor allem im Gegensatz zur Reformationsforschung, die aus der Fragestellung zur Beziehung von Stadt- und Dorfgemeinden und dem Erfolg des jeweils spezifischen reformatorischen Programms in der ersten Hälfte des 16. Jahrhunderts ein ungemein produktives Forschungsfeld hervorgebracht hat, siehe hierzu zuletzt zusammenfassend: *Kaufmann*, Einleitung. Die erstmalige Erwähnung einer *reichsstädtischen Phase* des Pietismus durch Johannes Wallmann im Jahr 1970 (*Wallmann*, Philipp Jakob Spener, S. V) hat, wie weiter unten zu zeigen sein wird, nicht entfernt zu einer ähnlich intensiven Debatte anregen können.

10 *Lehmann*, Vorüberlegungen zu einer Sozialgeschichte; *Lehmann*, Einführung, S. 12–13.

11 *Müller-Bahlke*, Die Bedeutung des Adels, S. 192.

12 *Hinrichs*, Preußentum und Pietismus, S. 174–300, insb. S. 183.

deutlich verfeinert und dabei auch eine Definition von »pietistischer Politik« dieser Adeligen als dezidiert innenpolitischem Reformprogramm ausgearbeitet.[13]

Die Schriften und die nach außen hin wahrgenommenen Unternehmungen Philipp Jacob Speners (1635–1705) und August Hermann Franckes (1663–1727) sprachen offenbar spezielle Gruppen besonders an. Dabei stellt sich unmittelbar die Frage, welcher Teil des pietistischen Programms besonders attraktiv für die von Hinrichs genannten Adelsfraktionen war. Die Literatur verweist vor allem auf folgende Aspekte: Der nach außen sichtbare Aktivismus ergab sich aus einer stärkeren Betonung des Handelns in der Welt und einer diesseitsbezogenen Zukunftszugewandtheit.[14] Dies resultierte paradoxerweise aus der besonderen Herausstreichung der Distanz der Frommen zur irdischen Welt. Just dies führte bei vielen Anhängern des Pietismus nicht zur Weltabgewandtheit, sondern wirkte als Impetus zu einem erhöhten Engagements.[15] In den privaten Versammlungen der Anhänger des Pietismus, den bekannten Konventikeln, als deutlicher Manifestation des pietistischen Absonderungsstrebens von der Gesellschaft, wurde, wie Hartmut Lehmann betont, die Angst um das Seelenheil in die Grundüberzeugung der Pietisten verwandelt, die *Hoffnung besserer Zeiten*.[16] Dass ein solches Programm der Weltverbesserung durch die Elite der Frommen den Adel als eine Gruppe herausgehobener Individuen eines herrschenden Stands mit besonders hohen Ansprüchen an sich selbst und großen Erwartungshaltungen von außen ansprach, hat eine gewisse Plausibilität für sich – ohne dass diese knappen allgemeinen Charakterisierungen an dieser Stelle Vollständigkeit beanspruchen können.[17]

In der einschlägigen Forschungsliteratur wird die Attraktivität des Pietismus für das städtische Bürgertum im Generellen und der süddeutschen Reichsstädte im Speziellen eher am Rande behandelt. Angesichts der bekannten Argumentation Bernd Moellers, der den Erfolg der Reformation in den Reichsstädten in den 1520er Jahren mit der Haltung ihrer Bürgerschaft, sich als *Corpus Christianum im Kleinen* zu verstehen, erklärt, möchte man a priori eine gegenteilige Annahme für wahrscheinlicher halten.[18] Individualismus und ein aus der Abgewandtheit von den weniger Frommen sich stärkender Impetus zum Wirken in der Welt scheinen der Idee des Corpus Christianum als tendenziell gleichberechtigter Gemeinschaft aller Gläubigen entgegengesetzt.

Zum derzeitigen Befund sind in Bezug auf das Verhältnis von Reichsstädten und Pietismus im Wesentlichen die Forschungen von Dietrich Blaufuß und

13 Vgl. exemplarisch hierzu: *Grunewald*, August Hermann Francke.

14 In diesem Sinne v. a.: *Gawthrop*, Pietism, S. 150–169; *Gäbler*, Geschichte, Gegenwart und Zukunft.

15 *Lehmann*, Absonderung und neue Gemeinschaft; *Gleixner*, Pietismus und Bürgertum, S. 402–407.

16 *Lehmann*, Max Webers »Protestantische Ethik«, S. 60–65

17 Vgl. hierzu die weiteren Ausführungen bei *Zaunstöck*, Wie pietistisch kann Adel sein.

18 Vgl. die Debatte um dieses Zitat und die besondere Rolle der Städte, v. a. der Reichsstädte in der frühen Reformation: *Hsia*, The Myth of the Commune.

Horst Weigelt einschlägig. Deren Ergebnisse laufen auf ein Modell verschiedener Phasen hinaus. Der Spener'sche Pietismus hatte deutliche Schwierigkeiten, in Schwaben und Franken Akzeptanz zu finden.[19] Hauptsächlich gelang dies seit den 1670er Jahren zunächst in gewissem Maße in den Reichsstädten, weshalb beide Historiker für die letzten Dekaden des 17. Jahrhunderts tatsächlich eine kurzlebige und nicht weiter erörterte »reichsstädtische Phase« des Pietismus konstatieren.[20] Insbesondere in Augsburg wurde der dortige Pfarrer Gottlieb Spitzel (1639–1691) Speners Korrespondenzpartner und Vertrauter, mit dem er über 25 Jahre in Kontakt stand. Dieser stand wiederum in den 1670er Jahren im brieflichen Austausch mit dem lutherischen Prediger Johann Fabricius (1644–1729) in Venedig.[21] Es scheint, dass Spitzel gerade im ostschwäbischen Raum einiges an Grundlagenarbeit leisten konnte.[22] Im fränkischen Reichskreis hingegen kam der Spener'sche Pietismus in den Reichsstädten im 17. Jahrhundert kaum auf.[23]

Cum grano salis gilt dieses Bild auch für den Pietismus Francke'scher Prägung. Im süddeutschen Raum konnte das Programm Halles im frühen 18. Jahrhundert eher in den Städten des schwäbischen, weniger des fränkischen Reichskreises eine größere Anhängerschaft finden.[24] Die wesentliche Ausnahme war Nürnberg, hier wurde ein stärkerer Widerhall des Hallischen Pietismus bemerkt; ansonsten fand der Pietismus nur in den zwei fränkischen Markgrafentümern zeitweise eine markantere Stütze vonseiten der Herrscher.[25] Die grundsätzliche Trennung des Hallischen Pietismus in eine eher fürstliche, von den Hohenzollern geprägte Strömung und eine eher in ständischen und städtischen Strukturen verflochtene Richtung scheint somit in Süddeutschland ihren Niederschlag in der unterschiedlichen Ausprägung des Pietismus im schwäbischen und im fränkischen Reichskreis mit dessen Hohenzollern'schen Territorien gefunden zu haben.[26] Dies mag sogar noch ein ferner Nachhall der bereits von Moeller für die 1520er Jahre angedeuteten Sympathie der südwestdeutschen Reichsstädte mit ihren Zunftverfassungen für die zwinglianische und der frän-

19 *Weigelt*, Geschichte des Pietismus, S. 45–81.

20 *Blaufuß*, Reichsstadt und Pietismus, S. 39–57; *Brecht*, Philipp Jakob Spener, S. 326–329; *Weigelt*, Der Pietismus in Bayern, S. 297–300. Damit schließen sie an die entsprechende Idee Wallmanns an, vgl. Kap. IV, Fn. 9.

21 *Blaufuß*, Reichsstadt und Pietismus, S. 254–255.

22 *Zorn*, Handels- und Industriegeschichte, S. 301–302; *Blaufuß*, Reichsstadt und Pietismus, S. 309–310; *Baier*, Die evangelische Kirche, S. 523–528. Jedoch sei betont, dass die einschlägigen Forscher eine Kontinuität vom Spener'schen zum Hallischen Pietismus in den Reichsstädten verneinen: *Blaufuß*, Reichsstadt und Pietismus, S. 33–38; *Weigelt*, Geschichte des Pietismus, S. 43, 82.

23 *Brecht*, Philipp Jakob Spener, S. 327.

24 *Weigelt*, Der Pietismus in Bayern, S. 300–305.

25 *Weigelt*, Geschichte des Pietismus, S. 91–111.

26 Gerade beim südwestdeutschen Pietismus wurde dessen antiabsolutistische Grundausrichtung bemerkt: *Lehmann*, Pietismus und weltliche Ordnung, S. 22–34.

kischen Reichsstädte mit ihren patrizischen Verfassungen für die lutherische Lehre sein.[27] Diese Möglichkeit sei an dieser Stelle dahingestellt, festhalten lässt sich nach dem skizzierten Forschungsstand eine erhöhte Neigung der Bürger der südwestdeutschen Reichsstädte zum Hallischen Pietismus, ein Phänomen, das sich in der fränkischen reichsstädtischen Landschaft nur in Nürnberg beobachten lässt.[28]

Auch wenn Blaufuß und Weigelt ihre Analysen nicht explizit auf die Anhängerschaft in den Reichsstädten gerichtet haben, so treten in den wenigen diesbezüglichen Passagen ihrer Arbeiten die Bürgerschaft und die Kaufleute etwas deutlicher hervor.[29] Um dies genauer zu erfassen, werden nun im Folgenden aus dem fünften Band der Missionsberichte aus Tranquebar systematisch die Auflistungen der Spenden von Januar 1739 bis Juni 1742 ausgewertet. Gotthilf August Francke, der Nachfolger seines Vaters an der Universität Halle, führte die für dieses Missionswerk seit Anfang 1738 einlaufenden Spenden in diesen halbjährlich erscheinenden und innerhalb der deutschen protestantischen Welt weit verbreiteten Berichten auf.[30] Gespendet wurde für das Missionswerk zu diesem Zeitpunkt seit Jahrzehnten, im Druckwerk sichtbar werden die Spender aber erst seit Anfang 1738. Die Spendeneingänge des Jahres 1738 werden hier nicht in die Auswertung einbezogen, da sie noch nicht so systematisiert wirken wie diejenigen seit 1739.

Die Spenden kamen aus allen Teilen des Alten Reichs und darüber hinaus für die in lutherischen Kreisen als hochbedeutend angesehene Mission in Indien, und sie sind daher geeignet, Sympathie für den Pietismus örtlich und zeitlich im deutschsprachigen Europa genauer zu bestimmen. Es kann zwar nicht jeder Spender als Pietist bezeichnet werden, doch in der überwiegenden Mehrzahl der Fälle motivierten Wohlwollen und latente Nähe zum theologischen Programm Halles zur Übersendung von Geld.[31] So haben die Erwähnungen der Spender vor allem angesichts der wohl weitgehenden Vollständigkeit und der Anzahl von

27 *Moeller/Kaufmann*, Reichsstadt und Reformation, S. 115–133.

28 Eine Reihe an Einzeltiteln zum Pietismus in Süddeutschland zeigt die teilweise Neigung südwestdeutscher Reichsstädte zur Reform im Sinne Speners und Franckes, freilich nicht ohne auch hier massiven, aber obrigkeitlich eben nicht effektiv unterstützten Widerstand hervorzurufen: *Braun*, Orthodoxie und Pietismus; *Schröder*, Die Anfänge; *Dumrath*, Das evangelische Waisenhaus; *Brecht*, Der württembergische Pietismus, S. 238–241.

29 *Blaufuß*, Reichsstadt und Pietismus, S. 187; *Weigelt*, Geschichte des Pietismus, S. 84. Vgl. zum Phänomen einer besonderen Bedeutung der Handelsstädte Frankfurt am Main und Leipzig für den Pietismus auch: *Wallmann*, Philipp Jakob Spener, S. 201–202.

30 Zu den Berichten aus Tranquebar als wichtiger Publikation der Pietisten in Halle vgl.: *Bergunder*, Missionsberichte. Francke begann in der *46ten Continuation*, die im Oktober 1739 erschien, in einer *Beylage* nach der Vorrede mit der Aufführung der Spender des ersten Halbjahres 1738: *Francke*, Königl, 46. Continuation, Beylage §. XVI.

31 Eine erste sozialgeschichtliche Untersuchung der Anhängerschaft des Hallischen Pietismus im 18. Jahrhundert auf Basis der Subskribentenlisten der Missionsberichte liefert: *Gleixner*, Expansive Frömmigkeit.

ca. 60 bis 70 Nennungen pro Halbjahr in der Gesamtschau einen hohen Wert für die Kartierung des Hallischen Pietismus. Die typischen Einträge verzichten leider fast immer auf den Namen des Spenders, und auch deren Beruf wird häufig nicht angegeben; man muss sich meist mit der Summe und der ungefähren Herkunft des Geldgebers begnügen. Eine übliche Erwähnung eines Spendeneingangs sieht so aus: *Desgleichen übermachte ein Kaufmann aus Sachsen 40 Rtl. zur Erziehung zweyer Malabrischer Knaben und eines Mägdleins.*[32] Häufig wurde auch jegliche Ortsangabe weggelassen, in diesem Fall wurde hier auf eine Aufnahme in die Analyse verzichtet. Eine genaue statistische Auswertung aller Spendeneingänge ist daher unmöglich. Das Ziel muss bescheiden formuliert werden. Durch die vollständige Erfassung aller mit Ortsangaben versehenen Spendeneingänge für 3 ½ Jahre, von Januar 1739 bis Juni 1742, und ohne Berücksichtigung der gespendeten Summe soll Aufschluss darüber erhalten werden, ob es einen sichtbaren Konnex zwischen süddeutschen Reichsstädten und Sympathie zum Pietismus gibt.

370 Spendeneingänge aus diesen 3 ½ Jahren sind mit Ortsangaben versehen. Der allgemeine und hier nicht weiter zu präzisierende Eindruck ist der eines Spendengürtels von Ostfriesland und Schleswig-Holstein über Niedersachsen bis in den sächsischen Raum hinein, mit einer überraschend markanten Aussparung des brandenburgisch-preußischen und des westfälisch-westdeutschen Raums. Süddeutschland wird – bedenkt man dessen geringe flächenmäßige Größe und die Schwäche des Luthertums in diesem Raum – hier relativ häufig genannt. 26 Spendeneingänge kommen aus dem Gebiet des fränkischen Reichskreises, davon 17 aus der Reichsstadt Nürnberg. Zehnmal wird bei diesen Spendeneingängen eine berufliche Tätigkeit angegeben, diese betrifft sechsmal Kaufleute, viermal kirchliche Amtsträger. Wir können also mit einiger Plausibilität und deutlicher Stütze durch die Forschungen Weigelts vermuten, dass in Franken die Reichsstadt Nürnberg das Zentrum des Pietismus war und hier die Kaufleute die Hauptrolle spielten. Eine gewisse Rolle Bayreuths geht auch aus den Spenden hervor, auch dies fügt sich in das Bild aus der einschlägigen Literatur.[33] Im Schwäbischen ist die reichsstädtische Dominanz weit größer als im Fränkischen: 27 Spendeneingänge kommen aus dem schwäbischen Reichskreis, davon 25 aus den Reichsstädten. Bemerkenswert ist dabei, dass keine Spenden aus Württemberg oder den Reichsstädten in der Nähe des Herzogtums kommen; dies deutet auf eine dezidierte Nähe gerade der ostschwäbischen Reichsstädte zum Hallischen Pietismus. Im Gegensatz zum Fränkischen ist die Streuung deutlich ausgeprägter. Neun Spendeneingänge kommen aus Augsburg, drei aus Leutkirch, drei aus Memmingen, drei aus Biberach, zwei aus Nördlingen, zwei aus Dinkelsbühl, zwei aus Leipheim im Ulmer Gebiet und einer aus Lindau. Die einzigen nicht eindeutig reichsstädtischen Spenden kommen aus Oettingen und

32 *Francke*, Königl, 49. Continuation, Beylage §. IIII.

33 *Weigelt*, Geschichte des Pietismus, S. 91–105.

von einem *Wohlthäter aus Schwaben.*[34] Angaben zu den Berufen fehlen hier fast völlig, nur viermal wird eine kirchliche Tätigkeit erwähnt. In Analogie zum Fall Nürnbergs können wir aber auch im Schwäbischen von einer bedeutenden Rolle der Kaufleute ausgehen.[35]

Tentativ sei daher festgehalten, dass der Pietismus im Sinne der beiden Franckes in den süddeutschen Reichsstädten auch um 1740 einige Anhänger hatte und diese sich insbesondere bei den Kaufleuten fanden. In der einschlägigen Literatur unterschätzt erscheint angesichts der Befunde der Rückhalt des Hallischen Pietismus in Nürnberg auch noch um 1740. In Franken war dies allerdings eher eine Ausnahme. Das Fehlen von Spenden aus den weiteren fränkischen Reichsstädten bestätigt die von Weigelt konstatierte Schwäche des Pietismus in diesem Raum. Im Ostschwäbischen hingegen zeigen sich die Reichsstädte als wesentliche Basis des Pietismus. Vor allem ex nihilo zeigt sich diese Dominanz durch das weitgehende Fehlen von Spendeneingängen in Süddeutschland, die von außerhalb der Reichsstädte kamen.

Wie verträgt sich dieser Befund nun mit der Moeller'schen Idee des »Corpus Christianum im Kleinen«, also der kollektivistischen Auffassung der christlichen Gemeinschaft als betont geschlossener und gemeinsamer Gruppierung? Anders gewendet: Wie kommt es in diesen vorgeblich stark auf dem Gemeindecharakter aufbauenden Kirchen zu einem solch bemerkenswerten Erfolg einer theologischen Ausrichtung, die stärker von verinnerlichter Frömmigkeit und der Absonderung einzelner von der Gesamtgemeinde geprägt ist? Hierzu sind nun die oben aufgeführten Beobachtungen zu den Reichsgrafen hilfreich in dem Sinne, dass die Oberschichten dieser Städte sich in einer ähnlichen Lage von Schwäche und Exponiertheit befanden. In den süddeutschen Reichsstädten war angesichts der verschärften Krisen und den im Südwesten des Reichs besonders intensiv geführten französisch-deutschen Kriegen des 17. und frühen 18. Jahrhunderts, die viele ihren Wohlstand und einige sogar die Unabhängigkeit kosteten, das Krisenbewusstsein und der entsprechende Drang nach einer Erneuerung von Kirche und Frömmigkeit möglicherweise besonders stark.[36] Die Eliten der Reichsstädte operierten überregional und hielten damit die Bedeutung ihrer Poleis im Reich überhaupt noch aufrecht, gleichzeitig jedoch war ihnen die Fragilität und politische Schwäche ihrer Heimatorte immer bewusst.

34 *Francke*, Königl, 54. Continuation, Beylage, S. 15.

35 Diese Vermutung erhält eine gewisse Stütze durch Samuel Urlsperger selbst, der über seine Anhänger in Augsburg um 1723 schrieb: *Alle H[errn] Polit[icis], der größte Theil der Kauffmannschaft o[mn]es Sapientores unter der Gemeinde erkennen meine Unschuld*, zit. nach: *Graßmann*, Samuel Urlspergers Konflikt, S. 95.

36 Bemerkenswerterweise erreichte der Hallische Pietismus in den lutherischen Reichsstädten Frankfurt am Main, Hamburg und Lübeck, die bei weitem nicht in dem Ausmaß der süddeutschen Reichsstädte von Wohlstandsverlust oder Angriffen auf ihre Unabhängigkeit bedroht waren, eine deutlich geringere Bedeutung: *Jakubowski-Tiessen*, Der frühe Pietismus, S. 81–82; *Ackva*, Der Pietismus in Hessen, S. 198–203.

Auch hier mochte das Programm einer »pietistischen Politik« im Sinne einer Erneuerung nach und von innen als Mittel zur Überwindung der Krise seine ganz eigene Attraktivität entfalten.[37] Zugleich mag der ausgeprägte Individualismus des Pietismus der Selbstwahrnehmung der reichsstädtischen Oberschichten entgegengekommen sein. Diese stammten im Gegensatz zur frühen Reformationsphase, als in den schwäbischen Reichsstädten die Zünfte bedeutende Verfassungsrechte besessen hatten, stärker aus dem Patriziat oder gehobenen Bürgertum. Möglicherweise kann diese Offenheit für den Pietismus daher sogar aus der Verfassungsänderung der Reichsstädte in der Mitte des 16. Jahrhunderts mit ihrer Stärkung der Oligarchien hergeleitet werden.[38] Als in den 1520er Jahren die Reformation in den schwäbischen Reichsstädten ihren Eingang hielt, waren diese besonders wohlhabend, die Zünfte hatten bedeutende Mitspracherechte, und das Kollektiv dieser Stadtrepubliken war im Schwäbischen Bund politisch auch relativ stark. Der Pietismus hingegen hatte Erfolg in Reichsstädten, die im Handel zwar immer noch reüssierten, aber volkswirtschaftlich – und weit mehr noch politisch – an Bedeutung verloren hatten und von schmaleren Bevölkerungsschichten regiert wurden.

Dabei sei noch einmal hervorgehoben, dass der »Erfolg« des Pietismus in den Reichsstädten immer auf einige Gruppen begrenzt blieb. Die etwas ausgeprägtere Stärke des Hallischen Pietismus in den schwäbischen Reichsstädten ist dabei auch gar nicht denkbar ohne das fast ein halbes Jahrhundert lange Wirken Samuel Urlspergers (1685–1772) in Augsburg. Dieser war seit Dezember 1722 Pastor an der Hauptkirche St. Anna und Senior des geistlichen Ministeriums. Zeit seines Lebens dominierte zwar die lutherische Orthodoxie in Augsburg, dennoch gelang es Urlsperger hier, dem von ihm hochgeschätzten Programm des Hallischen Pietismus ein weites Wirkungsfeld zu eröffnen.[39] Die Strahlkraft des Pietismus im reichsstädtischen Umfeld Augsburgs im Gegensatz zu den Reichsstädten um Nürnberg kann wohl zu einem guten Teil durch Urlspergers langes Wirken und sein dabei erworbenes hohes Ansehen innerhalb des deutschsprachigen und sogar weltweiten Protestantismus erklärt werden.[40]

Der Verweis auf Urlsperger lenkt den Blick auf einen wichtigen jüngeren Beitrag zur Geschichte des globalen Pietismus. Alexander Pyrges hat in seiner Studie zum sogenannten Kolonialprojekt EbenEzer, also der Ansiedlung von einigen hundert vertriebenen Salzburgern im südlichen Georgia und der damit

37 Vgl. auch die generelle Erklärung zum Aufkommen des Pietismus im Alten Reich als Reaktion auf eine verschärfte Krisenlage desselben in der zweiten Hälfte des 17. Jahrhunderts: *Lehmann*, Der Pietismus im Alten Reich.

38 Vgl. hierzu: *Gerteis*, Die deutschen Städte, S. 65–71.

39 Zum Verhältnis von Urlsperger zum Hallischen Pietismus vgl.: *Brecht*, Samuel Urlsperger. Zur Beurteilung des »Erfolgs« Urlspergers in Augsburg: *Weigelt*, Geschichte des Pietismus, S. 214–225.

40 *Schiller*, Die St. Annakirche, S. 107–121; vgl. auch die Aufsätze zu Urlspergers weltweiten Korrespondenzen in: *Schwarz*, Samuel Urlsperger.

einhergehenden grenzüberschreitenden Missionstätigkeit, dem Aufbau eines europäischen Spendennetzwerkes und einer intensiven Publizistik, eine eigentümliche Dynamik im Handeln pietistisch geprägter Akteure herausgearbeitet. Deren Wirken stellt er in Kontrast zu den vorherrschenden landeskirchlichen Strukturen. Dabei entdeckt er ein hohes Maß an internationaler Verflechtung, welche im Wesentlichen durch zentrale Akteure des Hallischen Pietismus, insbesondere durch den genannten Samuel Urlsperger, aufgebaut und aufrechterhalten wurde. Aus den vielfältigen Erkenntnissen aus Pyrges' Studie, die in ihrer primär kirchengeschichtlichen Fragestellung letztlich einer anderen Zielsetzung als die vorliegende Arbeit unterliegt, seien hier insbesondere zwei Einsichten vermerkt. Erstens: Die bedeutenden Akteure des Pietismus in den Landeskirchen verblieben zwar typischerweise eher in einer Minderheitenposition, dennoch konnten sie eine stärkere Öffnung derselben hin zu grenzübergreifenden Kooperationsformen bewirken. Zweitens: Durch die dichten Briefkorrespondenznetzwerke, die um gemeinsame Projekte kreisten, gelang eine alternative Form von protestantischer Vergesellschaftung. Diese auf einem Kommunikationsnetzwerk basierende Gemeinschaft war trotz wechselnder Beteiligter und auch langer Pausen in den Briefwechseln auffällig stabil und sie erneuerte sich durch Querreferenzen und gegenseitige Bezugnahmen sowie die Involvierung von Finanztransfers ständig.[41]

Eine Darstellung der Geschichte der deutschen evangelischen Gemeinde in Venedig bietet die Möglichkeit, an die Forschungen zum Pietismus in den Reichsstädten und die Ansätze von Pyrges anzuknüpfen. In Venedig fand sich eine kleine Gruppe von Kaufleuten, die mit den süddeutschen Reichsstädten eng verbunden waren und deren Handel und ihre Mobilität per definitionem überregional ausgerichtet waren. Es steht also angesichts der Befunde zum Pietismus in den Reichsstädten zu erwarten, dass diese theologische Richtung auch eine gewisse Rolle innerhalb der deutschen Kaufmannschaft in Venedig gespielt hat.

Über eine reine Konstatierung dieses Phänomens hinaus kann hier auch eine Wirkungsgeschichte versucht werden. Die übersichtliche Anzahl an Kaufleuten erhöht das Analysepotenzial deutlich. So können innerhalb der deutschen Kaufmannsgemeinde besonders erfolgreiche und langjährige Händler von einem eher fluiden Mitgliedersegment getrennt werden und Korrelationen zu pietistischen Gesinnungen aufgezeigt werden. Auch Parameter der Vernetzungspraktiken, wie Hochzeiten, Patenschaften oder besonders intensive geschäftliche Partnerschaften können in Bezug zur pietistischen Einstellung der einzelnen Personen gesetzt werden. Es fällt typischerweise schwer, eine Verknüpfung von Pietismus zu einer spezifischen Prädisposition wirtschaftlichen Handelns zu konstatieren.[42] Just im Fall Venedigs mag es gelingen, eine Korrelation zwischen der Affinität zum Pietismus und der Konstituierung eines effizienten Händler-

41 *Pyrges*, Das Kolonialprojekt EbenEzer.
42 Vgl. die Kritik an entsprechenden älteren Postulaten durch: *Kriedte*, Wirtschaft, S. 601.

netzes nachzuweisen und damit eine Beobachtung mit potenziell exemplarischer Gültigkeit für die weitere Welt des deutschen Handelsstands im 18. Jahrhundert zu leisten.

b) Die lutherische Gemeinde im Fondaco bis zum Aufkommen des Spener'schen Pietismus

Wir beginnen mit der Darstellung der Kirchengeschichte als Kontext zum Verständnis für alle konfessionellen Ausprägungen der Händlernetze. Als primäres Phänomen muss dabei die Durchsetzung des Protestantismus in der deutschen Gemeinde in Venedig beleuchtet werden. In der Literatur findet sich hierzu bislang die Annahme einer langsamen Durchsetzung des Protestantismus unter den deutschen Kaufleuten, bis schließlich im 18. Jahrhundert eine weitgehende Identität von Mitgliedern der lutherischen Kirche und der deutschen Nation erreicht worden sei.[43] Im Folgenden soll versucht werden, dies zu konkretisieren.

Bereits um 1600, vermutlich wohl schon deutlich früher, kann wohl von einer protestantischen Mehrheit unter den deutschen Kaufleuten in Venedig ausgegangen werden.[44] Im Bericht des nach Venedig abgeordneten Gesandten der protestantischen Union, Johann Baptist Lenk (1576–1633), an den pfälzischen Kurfürsten aus dem Jahr 1609 heißt es, dass nur die konfessionelle Spaltung unter den Protestanten des Fondaco dei Tedeschi die Einführung der protestantischen Predigt in Venedig verhindert habe und deutet dabei eine solide Mehrheit der Protestanten an: *So were es auch ein Weg gewesen, da die im teütschen Hauß die Predig begehrt hetten, weiln aber im selben Hauß underschiedliche Religiones, ein Theil catholisch ein Theil lutherisch, etlich calvinistisch, sie es bishero allso umb das sie sich nicht vergleichen khönnen, ersizen blieben.*[45]

Die im frühen 17. Jahrhundert immer weiter zunehmende Mehrheit der Protestanten innerhalb der deutschen Nation musste problematisch für ihre Repräsentation sein, für die immer zwei gewählte Consuln verantwortlich waren.

43 *Elze,* Der Fondaco dei Tedeschi, S. 631; *Oswald,* Die Inquisition, S. 95.

44 In den 1560er Jahren suchten und fanden italienische Protestanten zeitweise Schutz vor der Verfolgung bei ihren deutschen Glaubensgenossen im Fondaco dei Tedeschi: *Seidel Menchi,* Der Protestantismus, S. 147–149. Bereits um 1580 wurde vom päpstlichen Nuntius die übergroße Mehrheit aller deutschen Handwerker und Händler in Venedig als »Häretiker« eingestuft. Interessant ist seine Beschreibung der Lächerlichmachung von Katholiken im Fondaco, was auf eine subtile Form des Ausschlusses aus der Nation verweist, vgl.: *Stella,* Chiesa e stato, S. 278–280. Um 1634 bezeichnete der päpstliche Nuntius faktisch alle Händler der deutschen Nation als Häretiker: *Zunckel,* Esperienze e stratégie, Fn. 45.

45 BHSTAM, Kasten Schwarz, 16736, fol. 257v. Auch zusammenfassend zitiert von: *Wolf,* Geschichte Maximilians I., S. 99–100. Die Angaben von Lenk sind zwar unspezifisch, in Anbetracht der fränkisch-schwäbischen Herkunftsorte der bekannten Kaufleute ist die Annahme ihrer Mehrheit deutlich vor 1600 jedoch gerechtfertigt.

Da die große Mehrheit der Kaufleute damals aus den süddeutschen Reichsstädten stammte, lag es nahe, das Verfahren der Parität, welches vielen von ihren Heimatkommunen vertraut war, auch in Venedig anzuwenden. LeBret schrieb hierzu im Jahr 1772, als schon lange kein Katholik mehr unter den deutschen Händlern war: *Die Lutheraner stehen in einer gedoppelten Verbindung, als Deutsche haben sie gemeinschaftliche Rechte mit den deutschen Catholiken, und es wird allemal ein Lutheraner zugleich mit einem Catholiken Consul der Nation, welche er in gerichtlichen Angelegenheiten vertritt.*[46] LeBret musste in seinem Text für Walch aus dem Jahr 1772 noch die Fiktion der Parität aufrechterhalten, um nicht die immer noch nur stillschweigend geduldete lutherische Gemeinde vollauf zu exponieren.[47] Dass er sich hier jedoch auf früher existierende Absprachen bezog, ist anzunehmen. Höchstwahrscheinlich gab es daher von dem Zeitpunkt an keinen Katholiken mehr unter den deutschen Kaufleuten in Venedig, als beide Consuln eindeutig der protestantischen Konfession angehörten. Da wir für das 17. Jahrhundert eine lückenlose Liste der Consuln zur Verfügung haben, ist eine Überprüfung möglich.

Die letzten sicher in Venedig verbürgten katholischen Consuln waren Georg Reiter aus Innsbruck, der von 1628 bis 1629 hier wirkte[48] und nachher noch David Ott, der von 1635 bis 1636 amtierte.[49] Der aus Salzburg stammende Maximilian Han, der von 1639 bis 1641 Consul war, mag vielleicht auch Katholik gewesen sein. Auf einer Liste von 45 Mitgliedern des Fondaco vom 14. Mai 1646 findet er sich als einziger potenzieller Katholik.[50] Der in Klagenfurt geborene Franz Christoph Ambtmann (1625–1687), der von 1659 bis 1662 als Consul wirkte, war kein Katholik, seine beiden Eltern waren *der Religion wegen* nach Nürnberg geflohen.[51] Alle weiteren Consuln waren immer Lutheraner.[52]

46 *LeBret*, Neueste Geschichte, S. 126.

47 Bereits eine solche Erwähnung der lutherischen Gemeinde in Venedig wurde LeBret von derselben übel genommen. So schrieb der Informator Carl Gottfried Hartsch am 3. Dezember 1774 in einem Brief an Gottlieb Anastasius Freylinghausen, dass man *hier mit dem H. Prof. Le Brett in Stuttgard sehr unzufrieden* sei, da er in seiner Geschichte Venedigs von der Gemeinde *alles weitläuftig erzählt hat*, in: ASFH, C 835, Nr. 74.

48 Seine Katholizität ist dadurch verbürgt, dass er eine Glocke für die katholische Pfarrkirche in Innsbruck spenden ließ: *Primisser*, Denkwürdigkeiten von Innsbruck, S. 16, 35.

49 *Backmann*, Kunstagenten oder Kaufleute?, S. 194–195.

50 *Simonsfeld*, Der Fondaco dei Tedeschi, Bd. 1, S. 433–436 (Nr. 748). Zur richtigen Datierung dieser Liste vgl. UBG/E, Schachtel Venedig, fol. Ad 10. Han starb 1648 in Venedig: *Zillner*, Geschichte der Stadt Salzburg, S. 329.

51 *Roth*, Geschichte des Nürnbergischen Handels, Bd. 4, S. 395–396.

52 Tobias Martin Peller, ein Partner der berühmten, aus Venedig stammenden und in Nürnberg ansässigen Firma Viatis-Peller war von 1649 bis 1651 Consul, jedoch waren die in Nürnberg ansässigen Viatis und Peller bereits seit dem 16. Jahrhundert Protestanten: *Aubin*, Bartholomäus Viatis, S. 156; *Seibold*, Die Viatis und Peller, S. 228. Alle weiteren Consuln stammen aus protestantischen Städten oder Territorien und sind bei paritätischen Reichsstädten eindeutig als Protestanten bekannt.

Das Ergebnis zeigt, dass seit den 1640er Jahren kaum noch deutsche Katholiken im Fondaco dei Tedeschi waren, zumindest hatte keiner mehr eine Bedeutung, die eine Wahl zum Consul als gerechtfertigt erscheinen ließ. Man darf also die Marginalisierung und das schließlich fast gänzliche Verschwinden der deutschen Katholiken aus dem Fondaco dei Tedeschi zeitlich recht genau in den Jahren vor 1648 verorten.[53] Diese Entwicklung hat eine klare Ursache: Da die Zusammensetzung der Deutschen in Venedig klassischerweise ein Spiegelbild der Entwicklung in den oberdeutschen Reichsstädten darstellte, kann man die dortigen Entwicklungen wohl weitgehend auf Venedig übertragen. Hierfür liefert uns die Literatur für Augsburg ein recht präzises Bild. Die Ereignisse des Dreißigjährigen Kriegs brachten, so Bernd Roeck, eine verschärfte Konfessionalisierung, die gerade im von den Kriegsereignissen besonders heimgesuchten Oberdeutschland markant hervortrat.[54] Während und nach dem Krieg begann zwar eine Verschiebung der grundsätzlichen Mehrheitsverhältnisse zugunsten der Katholiken in dieser Stadt, die Protestanten hingegen wurden gerade im Bereich der Wirtschaft und des Handels nun eindeutig führend.[55] Die Mehrheit der bedeutenden Händler und reicheren Gewerbetreibenden kam zudem nicht aus der Stadt selbst, meistenteils handelte es sich um protestantische Zuwanderer aus Oberdeutschland.[56] Bedenkt man, dass wir in der deutschen Nation kaum eine Unterschichtenbevölkerung, sondern immer eine weitgehende Elitenselektion aus Oberdeutschland vorfinden, so kann es kaum überraschen, dass diese nun ein ausschließlich protestantisches Profil annahm.

Zur Institutionalisierung der protestantischen Gemeinde kam noch ein zufälliges Element hinzu: In den Jahren des beginnenden Candia-Kriegs nahm die Republik auch eine Reihe an deutschen Regimentern in ihre Dienste, die auf dem Balkan und im östlichen Mittelmeer den Kampf gegen die Türken aufnahmen. Der protestantische Christoph Martin Freiherr von Degenfeld (1599–1653) tat sich in den Jahren 1645/46 in Albanien und Dalmatien mit wenigen tausend Soldaten als besonders tapfer hervor und wurde zeitweilig zu einer Ikone der Republik.[57] In seinen Diensten befand sich auch der Feldprediger Johann Georg Renner (1617–1659), der der erste sicher verbürgte Prediger der evangelischen

53 Der 1721 in die deutsche Nation aufgenommene, aus Taufers in Tirol stammende Matthias Spangler war allerdings sicher katholisch und wurde daher auch 1767 nach seinem Tod in einer katholischen Kirche in Venedig begraben: *Simonsfeld*, Der Fondaco dei Tedeschi, Bd. 2, S. 175. Auch Kaufleute wie die Familie Jager (Anhang I, Fn. 12), Georg Daniel Kefferloher (Anhang I, Fn. 13), Joseph Fassel (Anhang I, Fn. 10), Georg Johannes Conrat (Kap. 4.3.d), die im frühen 18. Jahrhundert in der deutschen Nation aktiv waren, waren wahrscheinlich katholisch. Sie blieben zwar Ausnahmen, ihre Aufnahme zeigt uns allerdings, dass die deutsche Nation zu keinem Zeitpunkt bewusst Katholiken exkludierte.

54 *Roeck*, Eine Stadt in Krieg und Frieden, S. 844–869.

55 *Fassl*, Von der freien Reichsstadt, S. 83.

56 *Fassl*, Konfession, S. 42–51, 119–122.

57 Zu den Feldzügen Degenfelds für Venedig siehe: *Thürheim*, Christoph Martin Freiherr von Degenfeld, S. 13–59.

Gemeinde in Venedig von 1649 bis 1653 wurde.[58] Da 1648 der letzte katholische Kaufmann (Han) verstorben war und seither fast fünfzig Kaufleute eine oder mehrere Kammern im Fondaco gemietet hatten, konnte man sich einerseits sicher sein, dass ein Geheimnisverrat nicht mehr drohte, andererseits war das Bedürfnis nach einer geistlichen Unterrichtung so kurz nach dem konfessionell aufgeladenen großen Krieg wohl deutlich gestiegen.

Wir wissen leider nur wenig von Renner. Er war 1617 in Rittersbach in Brandenburg-Ansbach geboren und hatte Schulen in Nürnberg und Würzburg und schließlich das Kloster Heilsbronn besucht. Er studierte in Erfurt und Königsberg. Eine vierjährige Tätigkeit als Vikar bei einem alten Geistlichen in Moskau schloss sich an und zeugt von einem kosmopoliten Theologen. Degenfeld nahm ihn wohl seit 1642 als Feldprediger in seine Dienste und hielt sich nach Feldzugsende bis 1649 mit ihm in Padua auf. Als Degenfeld 1649 dauerhaft nach Deutschland umzog und hier für Venedig verschiedene Regimenter anwarb, nahmen die deutschen Kaufleute Renner in ihre Dienste. Renner muss einen sehr guten Eindruck gemacht haben. In der frühesten quellenmäßigen Erwähnung, die wir von seiner Arbeit haben, wird hervorgehoben, dass er diese *summa cum laude & honore* geleistet habe.[59]

Möglicherweise gab es ein stillschweigendes Einverständnis der venezianischen Regierung mit der deutschen Nation, dass ein lutherischer Prediger für diese wirken dürfte.[60] Erst die Intervention des päpstlichen Nuntius bei der Regierung in Venedig am 20. März 1654 führte zum Einschreiten seitens der Republik.[61] Da Venedig in diesen Jahren mit dem Papst gegen die Osmanen alliiert war, kann die Bereitschaft zur Kooperation mit dem Heiligen Stuhl nicht überraschen.[62] Ende März erging vonseiten des Senats die Aufforderung an die deutsche Nation, Renner aus ihren Diensten zu entfernen. Er musste die Stadt binnen drei und die Republik binnen acht Tagen verlassen. Er wurde daher zwar mit allen Ehren, aber wohl doch überhastet von den deutschen Kaufleuten ent-

58 Es mag sein, dass bereits vorher ein protestantischer Prediger für die Gemeinde in Venedig wirkte: *Fick*, Bemerkungen, S. 187–188; hieran zweifelt eher: *Elze*, Geschichte, S. 46–47. Das Jahr 1646 wird von Simonsfeld als Jahr seines Wirkungsbeginns angenommen, da in diesem Jahr die beiden Kammern, in denen später gepredigt wurde, explizit und ohne namentliche Bewohner gemietet wurden: *Simonsfeld*, Der Fondaco dei Tedeschi, Bd. 2, S. 161–162. Vgl. auch: *Oswald*, Die Inquisition, S. 41. Auszuschließen ist die These Ficks und Simonsfelds nicht, für einen Vorgänger Renners spricht auch folgende Tatsache: 1647 wurde der 1620 in Nürnberg geborene Johann Carl Stephani als Prediger für die deutsche Gemeinde vorgeschlagen, diese Einstellung scheiterte jedoch aus unbekannten Gründen: *Will*, Nürnbergisches Gelehrten-Lexicon, Bd. 3, S. 772–774. Es kann vermutet werden, dass daraufhin ein anderer Prediger angestellt und dieser 1649 durch Renner abgelöst wurde.

59 *Freher*, D. Pauli Freheri, S. 613–614.

60 Diese Auffassung vertritt: *Fick*, Bemerkungen über den Charakter, S. 182–183; hierzu kritisch: *Oswald*, Die Inquisition, S. 45.

61 *Elze*, Geschichte, S. 47–48; *Oswald*, Die Inquisition, S. 42–43.

62 *Eickhoff*, Venedig, Wien und die Osmanen, S. 37–39; *Cristellon/Menchi*, Religious Life, S. 381–382.

lassen. Ihm ging es nicht schlecht, dank eines guten Arbeitszeugnisses wurde er 1655 Hofprediger von Sophia-Agnes, der Witwe des Pfalzgrafen Johann Friedrich von Pfalz-Hilpoltstein.[63]

Bedenkt man, dass an der venezianischen Universität Padua noch vor Beginn des Dreißigjährigen Kriegs protestantische Studenten aus Deutschland explizit das Promotionsrecht erhalten hatten,[64] so spiegelt die Ausweisung Renners, trotz der Pflicht, einer Anzeige des päpstlichen Nuntius nachzukommen, wohl eine gewisse Abkehr von der vormaligen Toleranz gegenüber den deutschen Protestanten wider. Dies wird auch bei der Verschärfung der Buchzensur gerade in diesen Jahren deutlich. Die Zensoren zeigten in den 1650er Jahren einen bis dato kaum gekannten, misstrauischen Zug gegenüber den deutschen Kaufleuten. Man nahm in Venedig an, wie Carlo Lodoli 1726 schrieb, dass *certo libro con dottrine ereticali e massime dannate per via di Fontico de Todeschi* nach Venedig kommen könnten, was 1653 zur Verschärfung der Zensur und zeitweiser personeller Aufstockung der Zollbeamten zur besseren Unterbindung von Bücherschmuggel führte.[65]

Die Reaktion der Gemeinde auf die Ausweisung Renners war zunächst, dass man die Predigerstelle für drei Jahre vakant ließ. Wohl mit der Neuberufung eines Predigers 1657 wurde eine Ordnung mit strengen Sicherheitsvorschriften für die künftigen Gottesdienste erlassen. Im Wesentlichen liefen diese darauf hinaus, sich getrennt und möglichst stillschweigend zum gesangsfreien Gottesdienst zu begeben. Dieser musste leise verlassen werden, und über diesen durfte niemals zu Fremden gesprochen werden.[66] Die Wichtigkeit des Gottesdienstes für die Gemeinde zeigt uns die hohe Bedeutung, die das Religiöse für die Kaufleute gegen Ende des Dreißigjährigen Kriegs gewonnen hatte. Ein Effekt, vielleicht sogar auch Zweck war die Stärkung der Binnenkräfte in der Gemeinde. Durch das geteilte Ritual und die durch Schwur bekräftigte Geheimhaltung der sonntäglichen Gottesdienste in der Illegalität musste eine gemeinsame Identität noch eine deutliche Verstärkung erfahren.

Zur Aufrechterhaltung der lutherischen Gemeinde war die Kirchenordnung mit ihren strengen Sicherheitsvorkehrungen im intoleranter gewordenen Venedig dringend notwendig, das zeigt der Fall des nächsten Predigers. Man berief vonseiten der Gemeinde im Jahr 1657 Johann Molitor (1631–1664) nach Venedig. Der in Nürnberg geborene Molitor hatte Theologie und Medizin in Altdorf und Helmstedt studiert, bevor er unerwartet das Angebot auf die Predigerstelle in Venedig erhielt. Wahrscheinlich hatte er diese durch Vermittlung von Johann Georg Volkamer dem Älteren (1616–1693), dem berühmten Mediziner der Universität Altdorf, welcher selbst in Padua drei Jahre studiert hatte, erhal-

63 *Freher,* D. Pauli Freheri, S. 613–614.

64 *van Kessel,* Duitse, S. 92–109; *Weigle,* Die deutschen Doktorpromotionen.

65 *Gozzi,* Cose letteraria, S. 427–428; *Lodoli/Infelise,* Della censura dei libri, S. 31, 41, 55.

66 Die Ordnung ist vollständig abgedruckt bei: *Gelshorn,* Die Deutsche Evangelische Gemeinde, S. 38–31; ausführlicher kommentiert durch: *Oswald,* Die Inquisition, S. 46–54.

ten.[67] Molitor konnte in Padua seine Studien der Medizin vollenden und 1661 promovieren. Seine Zeit in Venedig als Prediger verlief jedoch tragisch, so beklagt er sich in vielfachen Briefen an Volkamer über die Schwierigkeiten, die ihm seine Landsleute bereiteten.[68] Die größte Gefahr hierbei war seines Erachtens, dass sie seine Identität den Venezianern enthüllen wollten. Als Grund für diese Konflikte wurden von Oswald Auseinandersetzungen innerhalb der deutschen Kaufmannschaft zwischen Reformierten und Lutheranern vermutet.[69] Dies scheint jedoch unwahrscheinlich, da nur noch Abraham von Cölln ein reformierter Kaufmann im Fondaco war. Tatsächlich war die lutherische Gemeinde wohl in frommere und weniger fromme Mitglieder gespalten und der Prediger hatte hierunter primär zu leiden.

1662 war Molitor wieder zeitweise in Nürnberg. Am 6. September 1664 starb er in Venedig kurz vor Ende seiner Dienstzeit entweder an Gift oder an einem kurzen, heftigen Fieber. Dass er in einem Kloster vergiftet wurde, wurde bislang eher als Gerücht abgetan.[70] Ganz ausschließen sollten wir das jedoch nicht: Molitor hatte üblicherweise einmal pro Monat von Venedig oder Padua an Volkamer in Nürnberg geschrieben und dieser Briefverkehr bricht im Januar 1664 schlagartig ab.[71] In einem der undatierten von ihm überlieferten Briefe, möglicherweise also nach Januar 1664 verfasst, schreibt er, dass er täglich größere Schwierigkeiten in dieser Fakultät vorfinde (*maiores quotidie in hac facultate difficultates reperio*), was ein Hinweis auf eine sich zuspitzende Situation in Venedig oder Padua sein mag.[72]

Wie auch immer sich der tatsächliche Fall ausnahm, die Stelle des Predigers in Venedig war in dieser Zeit eine sehr gefährliche. Der Nachfolger Molitors wurde Jakob Bertram (1636–1679) aus Lüneburg, der von 1664 bis 1666 amtierte und unter ähnlichen Gefährdungen zu leiden hatte. Er hatte in Rostock, Gießen und Straßburg studiert, wobei sein letzter Studienort den Kontakt nach Venedig brachte. In Straßburg lernte er auch den Begründer des Pietismus, Philipp Jacob Spener, kennen und schätzen. Dies und die Tatsache, dass erstmals ein Norddeutscher in Venedig als Prediger gewirkt hatte, sind symptomatisch für baldige wichtige Veränderungen der Gemeinde, obwohl Bertram nur zwei Jahre wirkte. Nachdem er bei den Venezianern in den Verdacht geraten war, der protestantische Prediger zu sein, musste er die Stadt heimlich und an einer ungewöhnlichen Stelle verlassen, da man ihm vonseiten der katholischen Häscher eine Falle hatte stellen wollen.[73] Man kann angesichts dieses Gesamtbefundes nur noch einmal die Feststellung Stephan Oswalds unterstreichen, der von einer

67 Zu ihm: *Günther*, Volckamer.

68 *Strobel*, Versuch, S. 26–27.

69 *Oswald*, Die Inquisition, S. 36–40.

70 *Bertram*, Das Evangelische, S. 718; *Elze*, Geschichte, S. 54–55.

71 *Schmidt-Herrling*, Briefsammlung, S. 414–415.

72 UBE, Briefsammlung TREW, Briefe Molitor, Nr. 38. Für Hilfe bei der Transkription der schwierigen Handschrift Molitors danke ich Magnus Ferber herzlich.

73 Zu Bertrams Wirken in Venedig vgl.: *Bertram*, Das Evangelische, S. 717–719.

deutlich beschränkten Toleranz der Republik, gerade offenbar in den Jahren des Candia-Kriegs spricht.[74]

Auf Bertram folgte der in Nürnberg geborene Johann Georg Fuchs (1635–1713), der in Altdorf und Jena studiert hatte. Er wirkte in Venedig von 1666 bis 1670.[75] Von ihm liegt ein zweiseitiger lateinischer Brief an seinen Nachfolger Johann Fabricius vor. Dieser beleuchtet schlaglichtartig die Lage in Venedig. Fuchs verglich seine Arbeit mit der des Herkules zur Säuberung der Ställe des Augias. Die Gemeinde habe nur wenige wirklich fromme Mitglieder, er nannte explizit den aus Klagenfurt emigrierten Franz Christoph Ambtmann und den Nürnberger Johann Wolfhard Auracher.[76] Er bat Gott um Kraft, dem *furori infernalis lupi* widerstehen zu können, womit er auf die unfrommen Gemeindemitglieder anspielte.[77] Dies schrieb er zur Zeit der Krise des Transalpenhandels nieder, also jenen Jahren, in denen die deutsche Nation vorgeblich vor ihrer Auflösung gestanden hatte. Es mag sein, dass diese Krise sich auch in solchen inneren Zerwürfnissen widerspiegelte.

Nachfolger von Fuchs wurde der in Altdorf geborene Johann Fabricius, welcher hier und in Helmstedt studiert hatte. 1670 ging er nach Venedig, wo er relativ lange, bis 1677, verblieb. Für Fabricius wurde die Stellung in Venedig zum Ausgangspunkt einer sehr erfolgreichen Karriere. 1677 errang er die Professur für Theologie in Altdorf, 1697 wurde er Professor in Helmstedt und in den folgenden Jahren vereinigte er viele bedeutende Kirchenämter im Herzogtum Braunschweig-Lüneburg auf sich. Er gilt aufgrund seines reichhaltigen Œuvres und eines ausgedehnten Korrespondenznetzwerks als einer der wichtigsten lutherischen Theologen des späten 17. und frühen 18. Jahrhunderts und nach Georg Calixt als bedeutendster Vertreter der an der Universität Helmstedt besonders starken Strömung der Irenik, also der theologischen Orientierung innerhalb des Protestantismus, die eine Wiederannäherung der Konfessionen anstrebte.[78]

Dies sollte Herzog Anton Ulrich von Braunschweig-Wolfenbüttel sehr entgegenkommen, als er im ersten Jahrzehnt des 18. Jahrhunderts seine prokaiserliche Politik intensivierte. Fabricius verfasste 1707 ein bekannt gewordenes Gutachten,

74 *Oswald*, Die Inquisition, S. 32, 57.

75 An seine Stelle in Venedig schloss sich 1674 der Posten als Rektor in St. Egidien in Nürnberg an. 1704 wurde er noch in hohem Alter Professor für Hebräisch in Altdorf, vgl.: *Will*, Nürnbergisches Gelehrten-Lexicon, Bd. 1, S. 492–493.

76 Vgl. zu beiden: *Simonsfeld*, Der Fondaco dei Tedeschi, Bd. 2, S. 173, 194.

77 FBG, Chart. B. 668, Nr. 17, 26. Juli 1669.

78 Eine Biographie fehlt, eine recht plastische Darstellung zu Fabricius als Ireniker mit Angabe der weiteren Literatur bietet: *Schunka*, Irenicism. Es mag sein, dass Fabricius nicht nur durch seine Studienzeit in Helmstedt eine irenische Prägung erfahren hatte, sondern auch durch seinen siebenjährigen Aufenthalt in Italien. Auch nach seiner Rückkehr nach Deutschland blieb Fabricius zeitlebens in intensivem brieflichen Austausch mit italienischen Gelehrten, z. B. mit dem berühmten Hofbibliothekar der Medici, Antonio Magliabechi (1633–1714): *Garfagnini*, Lettere.

das die Heirat der Enkelin des Herzogs, Elisabeth Christine von Braunschweig-Wolfenbüttel, mit Kaiser Karl VI. ermöglichte. Fabricius legitimierte ihre Konversion zum Katholizismus dadurch, dass er die Möglichkeit der Gewinnung des Heils auch für Katholiken herausstrich. Im Kern seien diese mit den Protestanten in ihren Grundlagen einig. Hierauf folgte eine große Empörung in der protestantischen Welt, vor allem auch von britischer Seite, was zum Rücktritt von Fabricius von seiner Professur im Jahre 1709 führte.[79] Seither wirkte er nur mehr als Abt zu Königslutter und als braunschweigischer Konsistorialrat.

Für die Geschichte der Gemeinde in Venedig bedeutsam ist die Tatsache, dass Fabricius seit Beginn seiner Tätigkeit in Venedig manche Briefe mit den Vertretern des Pietismus, mit Philipp Jacob Spener in Frankfurt und Gottlieb Spitzel in Augsburg, austauschte. Spener und Fabricius hatten sich 1670 in Frankfurt kennen- und schätzen gelernt. Ihre Briefe handelten thematisch in dieser Zeit zwar nicht von theologischen Fragen, sondern eher von Geldsammlungen für bedrohte Protestantengemeinden in Ungarn, deren Mitglieder teilweise als Galeerenruderer in Neapel endeten, doch bezeugt der Austausch eine gewisse Nähe der Venezianer Gemeinde und ihres Predigers zu den Köpfen des frühen reichsstädtischen Pietismus.[80] Auch in den späteren Jahren, als Spener zunehmend umstrittener wurde, blieb der Briefkontakt bestehen.[81] Dies zeitigte im späten 17. Jahrhundert auch Resultate für die Entwicklung des Pietismus. Nur ein Jahr nach Publikation der 1695 erschienenen Dissertation *De theologia eclectica* von Fabricius zitierte Spener diese intensiv zur Verteidigung der pietistischen Leitidee, der *Hoffnung besserer Zeiten*.[82]

Noch mehr Nähe als zu Spener zeigte Fabricius sogar zur Zentralfigur des Pietismus in Augsburg, zu Gottlieb Spitzel. Fabricius stand mit diesem in dichter Korrespondenz, aus der einige Sympathie für das Programm Speners hervorgeht.[83] Man mag Fabricius' Gesinnung auch als latent proto-pietistisch in seiner Ablehnung der Äußerlichkeiten als Kennzeichen des wahren Glaubens bezeichnen. Allerdings scheint Fabricius sich nach dem Tod Speners 1705 von der weiteren Entwicklung des Pietismus abgewandt zu haben, so ist keinerlei Kontakt zu August Hermann Francke feststellbar. Wichtig ist in unserem Zusammenhang, dass er noch Jahrzehnte für die Gemeinde ein zentraler Ansprechpartner blieb, sei es zur Vermittlung von Spenden von deutschen Freun-

79 Hierzu im Einzelnen: *Mager*, »Daß zwischen«.

80 *Wallmann*, Spener Briefe Bd. 2, S. 221–224 (Nr. 47), S. 235–239 (Nr. 52), S. 518–521 (Nr. 113).

81 *Spener/Wallmann*, Spener Briefe Bd. 4, S. 85–87 (Nr. 20). Noch 1702 schrieb Spener an Fabricius und diskutierte dabei unter Kollegen über notwendige Inhalte des Theologiestudiums und die Arbeiten August Hermann Franckes in Halle: FBG, Chart. B. 668, Nr. 72.

82 *Gierl*, Pietismus und Aufklärung, S. 508–509.

83 In der Sammlung Thott in Kopenhagen sind 12 Briefe von 1673 bis 1690 überliefert, tatsächlich werden es weit mehr gewesen sein: KBK, Ms. Thott. 1241,4°. Vgl. auch die Erwähnung von Fabricius in der einschlägigen Biographie Spitzels: *Blaufuß*, Reichsstadt und Pietismus, S. 223, 254.

den des Pietismus aus Venedig für die Altdorfer Universität,[84] sei es für die Entsendung von Nachfolgern auf die Predigerstelle; diese bestimmte er fast alle bis 1709.[85]

Aus der Tätigkeitszeit von Fabricius in Venedig liegt eine Vielzahl an Briefen vor.[86] In den Korrespondenzen mit seinen Vorgängern geht er auch häufig auf die Lage in der Stadt ein, was unter dem Gesichtspunkt des Übergangs von Teilen der lutherischen Gemeinde zum Pietismus bedeutsam erscheint. Dabei wird regelmäßig erwähnt, dass einer Reihe an frommen Gemeindemitgliedern einige eher glaubensferne gegenüberstehen. In einem Brief an seinen Vorgänger Bertram vom 21. Februar 1676 schrieb er: *Unser Gemein ist freylich nicht vollkommen, wie keine, und gleich einem Netz, in welches gute und faule Fische gefangen werden. Doch will ich hoffe, daß aus den faulen noch gute werden wollen.*[87]

Die Trennung in weniger und stärker engagierte Gemeindemitglieder ist angesichts der Tatsache, dass Fabricius in späteren Jahren fast nur noch mit eindeutigen Pietisten in Venedig korrespondierte, von großer Bedeutung. Dies zeigt, dass ein Teil der am Gottesdienst teilnehmenden Kaufleute sich seit den späten 1670er Jahren der neuen Strömung im Luthertum öffnete und sich dabei der von Fabricius mit Wohlwollen geförderten pietistischen Linie annäherte. Eine solche Teilung der Gemeinde hat es latent offenbar bereits seit den 1660er Jahren gegeben, und dies erklärt einen Grundtenor in vielen Briefen der evangelischen Prediger der zweiten Hälfte des 17. Jahrhunderts in Venedig: die Klage über die mangelnde Frömmigkeit einiger Gemeindemitglieder im Vergleich zu den besonders engagierten. Dies scheint mehr als nur ein Topos gewesen zu sein. Diese Klage war im Fall der lutherischen Prediger in Venedig bisweilen sogar mit einer echten Gefahr der Denunziation an die venezianischen Kirchenbehörden durch unzufriedene Gemeindemitglieder einhergegangen.

Nachfolger von Fabricius wurde Michael Zülich (1653–1721), der von 1677 bis 1682 in Venedig amtierte. Zülich war in Marnow in Pommern geboren. Er hatte nach dem Schulbesuch in Berlin sein Studium in Jena aufgenommen und dieses zeitweise nur durch die Tätigkeit als Informator in den reicheren Familien der Stadt finanzieren können. 1677 wurde er von der deutschen Ge-

84 *Will,* Geschichte, S. 183, 225. Vgl. zum Pietismus an der Universität Altdorf: *Weigelt,* Geschichte des Pietismus, S. 65–66, 98–101.

85 Es sei auch auf einen interessanten Brief von Fabricius an die deutsche evangelische Gemeinde in Venedig verwiesen. Er schrieb am 28. März 1701 anlässlich der Geburt seines Sohnes Rudolf Anton *Ad Natione Germanicae Augustianae*, dass er *aus sonderbarer affection gegen Sie samt und sonders dieselben ersuche des Kindes Gevattern zu seyn*, in: KBK, Ms. Thott. 1211,4°, fol. 113v. Das Verhältnis von Fabricius zur venezianischen Gemeinde war offensichtlich sehr innig.

86 Die Sammlung Thott in Kopenhagen umfasst viele hundert eingehende und ausgehende Briefe (letztere in Konzeptbüchern) Fabricius' aus allen Lebensphasen, auch eine große Reihe aus seiner Zeit als Prediger in Venedig: KBK, Ms. Thott. 1210–1245,4°.

87 KBK, Ms. Thott. 1210,4°, 197v.

meinde in Venedig über uns unbekannte Wege angefragt.[88] Über seine Zeit in Venedig sind nur Bemerkungen aus einem lateinischen Brief an Fabricius aus dem Jahr 1715 überliefert. In diesem Brief bedankt sich Zülich für die Hilfe von Fabricius, der seinem Sohn in diesem Jahr die Predigerstelle in Venedig verschafft hatte. Zülich betont hier, wie seine Vorgänger, die besonders frommen Gemeindemitglieder, er nennt die zwei Gebrüder Alexius und Jacob Schorer und den Kaufmann Johann Wolfhard Auracher.[89] Diese Namen sind bedeutsam, da sie Repräsentanten von lange in Venedig residierenden und für ihre Frömmigkeit bekannte Händlerdynastien waren. Johann Wolfhard Auracher war bereits 1669 vom Prediger Fuchs als besonders fromm gelobt worden und Johann Baptist Schorer sollte 1692 einer der Beteiligten an einem Konventikel werden.[90] Wir sehen in der Inkubationszeit des Pietismus bereits das Profil der späteren Pietisten hervortreten. Es waren eher die Kaufleute mit fester Residenz und längerer Tradition in Venedig, denen der protestantische Gottesdienst besonders am Herzen lag.

Es ist weiterhin bemerkenswert, dass die Gemeinde mit Zülich erstmalig einen Prediger mit einem ausschließlich norddeutschen Lebenslauf berufen hatte, was einer baldigen Öffnung der Nation auch für Kaufleute aus Niederdeutschland den Weg bereitete. Als Zülich nach Jena zurückkehrte, verlief seine Karriere günstig, schließlich wurde er 1700 zum Superintendenten in Jena ernannt. In den nächsten zwanzig Jahren trat er allerdings als deutlicher Gegner des Pietismus hervor.[91] Aus seinem Todesjahr 1721 ist ein Brief an Valentin Ernst Löscher (1673–1749), den bekannten Gegner des Pietismus, überliefert. In diesem Brief erörtert Zülich einige aktuelle Streitigkeiten mit Pietisten und kommentiert diese mit harten Worten und ganz im Sinne der Orthodoxie.[92]

Lässt man die Riege der ersten lutherischen Prediger in Venedig von 1649 bis 1682 Revue passieren, so fallen mehrere strukturelle Gemeinsamkeiten auf. Sie alle waren relativ jung nach Venedig gekommen (32, 26, 28, 31, 26, 24 Jahre), um hier eher wenige Jahre (4, 7, 2, 4, 7, 5) zu wirken. Vier von sechs hatten enge Bindungen entweder durch Geburt oder Studium an Nürnberg und die Altdorfer Akademie. Faktisch war also die Station in der Gemeinde in Venedig für die meist süddeutschen Absolventen der lutherischen Theologie in etwa äqui-

88 Die wesentlichen Informationen zu Michael Zülich finden sich in seiner Leichenpredigt: *Gnügen*, Gedächtnus-Predigt, S. 33–52.

89 Zwar korrespondierte Zülich intensiv mit Fabricius, aber es sind nur Briefe seit 1696 überliefert und von diesen wird nur in dem genannten Schreiben die Gemeinde in Venedig eingehender thematisiert: KBK, Ms. Thott. 1245,4°, 7. Juli 1715.

90 Vgl. Kap. IV, Fn.76, 119.

91 Er galt als Superintendent als besonders orthodox, weshalb er heftige Kontroversen mit dem aufkommenden Pietismus ausstand: *Gnügen*, Gedächtnus-Predigt, S. 38–40.

92 SUBH, Supellex epistolica Uffenbachii et Wolfiorum, Nr. 78, fol. 402r–403r. Dabei ist ein resignierender Tonfall aufgrund des allseits empfundenen Erfolgs der Pietisten feststellbar, so schreibt Zülich zu Schwierigkeiten bei der geistlichen Karriere seines Sohns: *Hielte es mein Sohn mit denen Hallensibus, so wie gern würde man ihm alles vergönnen.*

valent zu einem Posten als »Kandidat« in Deutschland. Kandidat wurde man nach Beendigung oder in der späteren Phase des Theologiestudiums, aber vor der Aufnahme in den regulären geistlichen Dienst als Vikar, Diakon oder Prediger. Dem Kandidaten wurden üblicherweise gegen eine geringe Bezahlung und je nach Gelegenheit einige seelsorgerische oder pädagogische Aufgaben bei den Kirchen oder in einzelnen Familien übertragen, bevor er eine Berufung auf eine reguläre Stellung erhielt.[93] In Venedig wurden die Prediger hingegen sehr gut bezahlt und sie nahmen geistliche Handlungen vor. Damit waren sie eigentlich bereits eine Stufe weiter als die Kandidaten. Doch auch hier war diese Position als Zwischenschritt für Theologen vor ihrer Berufung gedacht, sie sollten in Padua die Studien von Sprachen und Medizin vorantreiben und mit dem gesammelten Fachwissen dann in Deutschland in einer geistlichen oder akademischen Tätigkeit Fuß fassen. Wie auch bei den Kandidaten war hierfür ein gutes Zeugnis ihrer betreuten Gemeinde oder Familien sehr wichtig; dies haben wir im Fall von Renner gesehen.

Aus der frühesten bekannten Stellenbeschreibung, die der deutsche Kaufmann Johann Michael (I) Wagner am 30. Januar 1727 aus Venedig an August Hermann Francke schickte, erfahren wir, zu welchen Bedingungen das Predigeramt der deutschen Nation vergeben wurde. Bei einer vergleichsweise generösen Bezahlung von 560 bis 700 fl. pro Jahr – fast das Verdienst eines Superintendenten im Alten Reich – war die einzige Dienstpflicht der sonntägliche, bis Mai 1797 immer illegale Gottesdienst im Fondaco dei Tedeschi. Bedingung für die Einstellung der Prediger war, dass sie unverheiratet waren, was die Stelle generell eher für die jüngeren Kandidaten am Anfang ihrer Dienstzeit attraktiv machte. Nach vier Jahren erfolgte entweder die Verlängerung des Amtsinhabers oder er musste wieder in die Heimat zurückkehren. Typischerweise geschah die Heimkehr aus beruflichen Gründen, also aufgrund der Annahme eines Amts in Deutschland. Interessant ist der Wahlmodus. Hier wurde das im lutherischen Deutschland übliche Verfahren angewandt, das auf eine Entscheidung zwischen zwei Kandidaten hinauslief. So schrieb Wagner:

> Es ist hier allezeit so gehalten worden, daß ihrer ein Vorschlag gebracht worden, und das Mahl hat ein anders Glied der Gemein Commission bekommen nach Hamburg, darum zu schreiben, über beede wird hernach votirt und der die meisten Stimmen bekommt, vociert, ich wünsche und hoffe zu Gott, daß er die Votierende, so 20 in 22 sind, selbst regiere, damit der Würdigste erwehlet werde.[94]

Ein solches Verfahren bei der Auswahl von Bewerbern hatte das Potenzial, bei einer Trennung des Protestantismus im Reich in eine pietistische und orthodoxe Strömung eine entsprechende Parteibildung der Gemeinde zu befördern.

93 Vgl. in einigem Detail zu den Kandidaten in Hamburg im 17. und 18. Jahrhundert: *Bruhn*, Die Kandidaten, S. 46–75.

94 AFSH, H C 456, Nr. 23. Eine ähnliche Beschreibung findet sich bei: *Strobel*, Versuch, S. 23–24.

Attraktiv war die Stelle des Predigers angesichts der geringen Dienstpflichten und hohen Bezahlung in jedem Fall. Die jungen Theologen konnten die in Padua und Venedig betriebenen Studien für eine Karriere in der Heimat nutzbar machen. Die Bilanz der ersten Predigergeneration war in dieser Hinsicht glänzend, fast alle hatten nach ihrer Rückkehr an Universitäten oder in höheren Positionen der lutherischen Landeskirchen im Alten Reich Fuß gefasst.

c) Der Beginn des Spener'schen Pietismus in Venedig

Seit 1675 Philipp Spener in Frankfurt seine Reformschrift, die »Pia desideria«, veröffentlicht hatte, entwickelte sich in Deutschland die distinkte Reformrichtung des erstmals 1690 explizit so bezeichneten »Pietismus« innerhalb des Luthertums.[95] Ganz unabhängig von dem gerade amtierenden Prediger musste die deutsche Gemeinde in Venedig hiervon tangiert werden, da der Pietismus zunächst besonders in den Reichsstädten aufkam. Bis zu den Leipziger Unruhen von 1689 erzeugte die Bewegung noch relativ geringe Kontroversen, diese blieben bis dato eher auf die Ebene der Gelehrten beschränkt.[96] So war auch in der Gemeinde in Venedig bis 1690 keine Spaltung der Anhängerschaft zu vermerken, wenngleich es hier eindeutig frommere und weniger engagierte Mitglieder gab. Es ist relativ gut feststellbar, wie sich die frommen Teile der Gemeinde in Richtung einer Anhänglichkeit zunächst an den Spener'schen und dann an den Hallischen Pietismus mit süddeutscher Prägung entwickelten.

Als Zülich 1682 den Entschluss fasste, nach Deutschland zurückzukehren, schrieb die Gemeinde an Fabricius, der inzwischen als Professor in Altdorf wirkte. Johann Wolfhard Auracher und Johannes Langenmantel, die beiden Consuln der deutschen Nation, wandten sich an ihn mit der Bitte um Empfehlung eines geeigneten Kandidaten. Nach einiger Bedenkzeit, die mit Diskussionen mit dem Nürnberger Scholarchenamt ausgefüllt waren, konnte Fabricius den in Lyon lebenden und lehrenden Prediger Samuel Wencelius (1644–1720) empfehlen.[97] Der aus Ungarn stammende Wencelius war zur Mitte der 1660er

95 Ich bin mir der in der Forschung diskutierten Konzepte eines engeren und erweiterten Pietismus-Begriffs bewusst sowie auch der Ungenauigkeit der Begriffe des Spener'schen und Hallischen Pietismus. Die vorliegende Arbeit folgt dem gängigen Konsens einer hauptsächlichen Verwendung des Begriffes Pietismus für die mit der Veröffentlichung der *Pia Desideria* 1675 beginnende Reformbewegung und trennt diese nach den zwei Phasen, die durch ihre Hauptprotagonisten Spener und Francke begrifflich geschieden werden. Zur Diskussion vgl. *Wallmann*, Was ist Pietismus; *Wallmann*, Europäische und außereuropäische Ausstrahlung; *Lehmann*, Enger, weiterer und erweiterter Pietismusbegriff.

96 Zur Inkubationsphase des Pietismusstreits und dessen offenem Ausbruch im Jahre 1690 vgl.: *Brecht*, Philipp Jakob Spener, S. 333–338; *Gierl*, Pietismus und Aufklärung, S. 44–59.

97 KBK, Ms. Thott. 1211,4°, fol. 127r–131v. Zu Wencelius siehe: *Schenk/Schaal/Dinkel*, Pfarrerbuch, S. 58.

Jahre aus Ödenburg (*Sopron*) geflohen und hatte seit 1666 in Wittenberg studiert. Zu einem unbekannten Zeitpunkt wurde er Prediger der lutherischen Gemeinde in Lyon, sah sich aber wohl in den Jahren kurz vor Erlass des Edikts von Fontainebleau steigenden Repressionen ausgesetzt.[98] Mit Wencelius kann man die Zeit des Pietismus in Venedig beginnen lassen, da er eine existenzielle Flucht- und Fremdheitsbiographie mitbrachte, die für viele frühe Pietisten gerade im reichsstädtisch-südwestdeutschen Raum charakteristisch gewesen ist.[99] Über Wencelius' Wirken in Venedig lässt sich jedoch nichts Weiteres sagen. 1686 wurde er nach Isny im Allgäu, 1690 zum zweiten Prediger in Leutkirch und hier 1711 schließlich auch zum ersten Prediger berufen.[100]

Mit der Wegberufung von Wencelius stellte sich erneut die Frage nach der Nachfolge. Johann Christoph (I) Pommer wurde von der Venezianer Gemeinde aufgefordert, sich erneut an Fabricius zu wenden. Dieser empfahl in einem Schreiben vom 31. Mai 1686 Christoph Georg Maier (1659/60–1726).[101] Der in Augsburg geborene Maier hatte im Wintersemester 1679 das Studium der Theologie in Leipzig aufgenommen und sollte es nach Ausweis der Matrikel im Januar 1684 abschließen.[102] Fabricius schrieb an Pommer, dass Maier nun sieben Jahre in Leipzig gewesen sei und dort öfters vor dem bekannten Theologen Johann Benedict Carpzov (1633–1699) gepredigt habe.[103] In Leipzig lernte Maier August

98 Um 1685 verließen viele deutsche Kaufleute Lyon aufgrund des Ediktes von Fontainebleau. Es sei angemerkt, dass wir von der lutherischen Gemeinde in Lyon im 17. Jahrhundert nichts wissen. Der erste bekannte Prediger für die dortigen Kaufleute war der seit 1707 in Genf residierende Anton Schulz (1679/80–1710), der viermal jährlich für die Deutschen in Lyon einen Gottesdienst abhielt. Das Wirken von Wencelius in Lyon deutet darauf hin, dass die dortige Gemeinde bereits länger bestand. Vgl. zu dem Thema der deutschen lutherischen Händlergemeinde in Lyon/Genf jüngst mitsamt der weiterführenden Literatur: *Briand-Barralon*, La communauté.

99 *Haug*, Sie stimmten, S. 100–131. Ein intensiver Anhänger des Pietismus in Venedig, der Arzt Johannes Böhm, gab in seiner Korrespondenz mit dem Nürnberger Arzt Johann Georg Volkamer d. Ä. zum Fall Straßburgs als Beginn der Protestantenverfolgung im Elsass einen bezeichnenden Kommentar: *Straßburg leyder ist hin, meines theils betraure ich ihrer nicht sonders regionem, sed Religionem, daß Gotte es auch erbarme, so ist nun in daß berühmbte Münster daselbst der Freüel der Verwüstung eingeführt. Wie geht es auch in Hungarn zu? Singen wir denn nicht mehr?* In: UBE, Briefsammlung Trew, Böhm, Nr. 39, 5. Dezember 1681. Zu Böhm als Pietisten sei hier nichts Weiteres ausgeführt, da er nicht zu den Kaufleuten in Venedig gehört. Die Erwähnung reiche, dass er in seinem Testament jeweils 2.000 fl. an das Waisenhaus in Halle und Kempten und 3.000 fl. an die Mission in Tranquebar spendete: StN, E 56-VI, Nr. 34.

100 Sein Vocations-Schreiben von 1690 ist in Leutkirch erhalten: StL, Fasc. 413, Nr. 28. Wencelius wurde in Leutkirch der Nachfolger von Johann Georg Merz, der als Diakon nach Kaufbeuren gegangen war. Hier zeigte er sich als moderater Pietist, der gegen den radikalen Pietismus vorzugehen imstande war: *Braun*, Orthodoxie und Pietismus, S. 86, 194–196.

101 KBK, Ms. Thott. 1211,4°, fol. 194v–196r.

102 *Erler*, Die jüngere, S. 283.

103 KBK, Ms. Thott. 1211,4°, fol. 195v.

Hermann Francke kennen und schätzen, auch wenn sich daraus kein regulärer Briefkontakt entwickelte.[104]

Als Maier sein Amt in Venedig 1686 antrat, konnte man noch nicht ahnen, dass er mit einer 15-jährigen Dienstzeit bis 1701 der am längsten amtierende Prediger seit Bestehen der Stelle sein würde. Dies deutet auf eine hohe Beliebtheit unter den deutschen Kaufleuten hin und mag ihm die Möglichkeit gegeben haben, die konfessionelle Haltung derselben in stärkerem Maße zu prägen. Dass er während seiner Studienzeit in Leipzig intensiv in Kontakt mit dem Spener'schen Reformprogramm gekommen war, ergibt sich auch aus seinen Druckerzeugnissen. Seine Dissertation aus dem Jahr 1682 handelte vom Thema der Flüsse, die versiegen und wieder neu geboren werden, was ein Anklang an das Grundthema des Pietismus der Wiedergeburt des neuen Menschen sein mag.[105] 1709 veröffentlichte er seinen *Catechismus Practicus*,[106] den er vor allem den Mitgliedern der Familie Furtenbach widmete, einer Familie mit Handelsverbindungen nach Lyon, Mailand, Genua und ›Belgien‹, deren Nähe zum Pietismus in der Literatur bereits mehrfach vermerkt wurde.[107] Er zitiert in einer weitläufigen Einleitung, die sich in allgemeinen Bemerkungen kritisch zu den zeitgenössischen Kontroversen äußerte, mit Zustimmung den Pietisten Gustav Georg Zeltner.[108] 1711 verfasste er eine Leichenpredigt über seinen Mitpfarrer, Johann Georg Wegelin (1647–1711), der sowohl Wencelius 1690 als auch ihm im Jahr 1703 zur Stelle des dritten Predigers in Leutkirch verholfen hatte.[109] Wegelin selbst hatte eine Flüchtlingserfahrung hinter sich und seine Stelle durch die Hilfe des Superintendenten von Esslingen, Johann Ulrich Wild (1640–1691), dem Schwager Speners, erhalten.[110] Das Netz pietistischer Theologen wirkte bei den Stellen-

104 Dies können wir aus dem ersten Brief des weiter unten eingehender vorzustellenden Heinrich Friedrich Francke aus Venedig vom 29. Februar 1692 schließen, hier lässt er seinen Bruder in Halle, August Hermann Francke, nach einem offenbar seit den Leipziger Studientagen nicht mehr gehaltenen Kontakt grüßen: AFSH, H C 10, Nr. 1.

105 *Maier*, Propitio Numine. Die Herleitung ist zugegebenermaßen etwas gewagt, allerdings sei noch einmal in Erinnerung gerufen, dass das Thema der Wiedergeburt in den frühen 1680er Jahren ein zentrales Sujet des Pietismus wurde: *Schmidt*, Wiedergeburt; *Wallmann*, Wiedergeburt und Erneuerung; *Wallmann*, Philipp Jakob Spener, S. 161–175.

106 *Maier*, Catechismus Practicus.

107 *Braun*, Orthodoxie und Pietismus, S. 165; *Zorn*, Handels- und Industriegeschichte, S. 301–302.

108 *Maier*, Catechismus Practicus, S. 10. Zu Zeltner: *Weigelt*, Geschichte des Pietismus, S. 360.

109 Die Predigt von 1711 wurde 1910 nachgedruckt: *Maier*, Ehren-Säule. Zur Berufung Maiers und den leichten Schwierigkeiten Wegelins und Wencelius', diesen durchzusetzen sind auch die internen Debatten in Leutkirch von 1703 interessant: StL, Fasc. 413, Christoph Georg Maier, Nr. 110: 24. September 1703, Nr. 105: 30. August 1703. Es war Wegelin und Wencelius offenbar in einem Machtkampf gegen einen radikalen Pietisten namens Joh. Christian Heyl gelungen, diesen, ihren Mitprediger, aus dem Amt zu drängen und durch Maier zu ersetzten. Heyl wurde Landpfarrer im Raum Memmingen und starb dort an *Chagrin*: *Löscher*, Fortgesetzte, S. 281.

110 Der wie Spener aus dem Elsass stammende Wegelin war selbst 1686 wegen seines Protestantismus aus Zabern vertrieben worden und hatte daraufhin die Stelle in Leutkirch er-

besetzungen im oberschwäbischen Raum zugunsten von lutherischen Glaubensflüchtlingen und ihren Freunden durchaus effektiv; die lang anhaltende Stärke des Pietismus in Leutkirch geht möglicherweise auf diese Jahre zurück.[111]

Maier selbst war anfangs kein eindeutiger Pietist, zudem waren 1684 die Übergänge zwischen Orthodoxie und Pietismus noch fließend. Neben den Leipziger Unruhen von 1689 waren es wohl vor allem die Entwicklungen in Venedig, die den Pietismus gerade bei Maier festigten. Um die Jahre 1690/91 fasste der Bruder von August Hermann Francke, Heinrich Friedrich Francke (1661–1728), den Entschluss, nach Venedig zu ziehen und hier als Kaufmann tätig zu werden. Spätestens in der zweiten Jahreshälfte 1691 kam er laut seinem ersten erhaltenen Schreiben in Venedig an.[112] Seine Admission als vollberechtigtes Mitglied des Fondaco dei Tedeschi wurde erst fast drei Jahre später vollzogen.[113] Die Verzögerung bei der Zulassung mag noch mit den Vorbehalten der Fondaco-Bewohner gegen niederdeutsche Kaufleute zusammenhängen, denen der aus Lübeck stammende Heinrich Friedrich Francke ausgesetzt war. Seine Zulassung war dann allerdings die erste eines niederdeutschen Kaufmannes seit dem Ausschluss der Niederdeutschen in den 1650er Jahren.[114] Da die Tätigkeit August Hermann Franckes in Norddeutschland noch nicht weithin Aufsehen erregt hatte, war die Tatsache, dass es sich um einen Bruder des bald legendären Streiters für den Pietismus handelte, für die Venezianer Gemeinde eher langfristig bedeutsam. Wichtig für die Entfaltung des Pietismus war zunächst die Anwesenheit eines noch von Spener inspirierten Predigers. Dies zeigte sich kurz nach der Ankunft von Heinrich Friedrich Francke.

Im Juni 1692 konnte das Amt gegen Gotteslästerung, die *Esecuturi contro la Bestemmia*, auf Anzeige des päpstlichen Nuntius hin mehrere protestantische Konventikel in Privathäusern aufgreifen. Die entsprechenden Vorgänge haben in der Literatur bereits häufiger Erwähnung gefunden.[115] Die gängige Interpretation ist, dass die hier beteiligten deutschen Kaufleute, Johann Baptist

halten. Hier war er für viele Jahre, wohl wegen seiner pietistischen Sympathien, angefeindet worden, was die Berufung des ebenfalls pietistisch gesonnenen Maier durch Wegelin verständlicher macht. Ein längerer biographischer Eintrag zu Wegelin findet sich bei: *Loy*, Geist- und weltliche Geschichte, S. 264–267.

111 Vgl. Kap. IV, Fn. 34.

112 AFSH, H C 10, Nr. 1.

113 Vgl. Anhang I.

114 Über die Gründe der Aufnahme Franckes in die deutsche Nation kann man nur spekulieren, da hierzu keine Quellen überliefert sind. Francke selbst hat in einem Brief an seinen Bruder in Halle geschrieben, *ich habe mit meiner harten Mühe durch die Gnade Gottes es dahin gebracht, mich alhier zu etabliren*, in: AFSH, H C 10, Nr. 3. Vgl. auch: Zur damit erzielten dauerhaften Erlaubnis für Niederdeutsche, sich in der deutschen Nation zu registrieren vgl. Kap. IV. 2. c. Zu Francke in Venedig finden sich verstreute Zitate in den folgenden Aufsätzen: *Wotschke*, Gottfried Vockerodt, S. 71–80; *Wotschke*, A. H. Franckes Briefwechsel, S. 104–106.

115 Der letzte genauere Beitrag hierzu stammt von: *Oswald*, Die Inquisition, S. 31.

Schorer[116] und Johann Christoph (I) sowie sein Neffe Johann Jakob (I) Pommer (1659–1717), wohl in latenter Nähe zum reformierten Bekenntnis standen.[117] Bei zwei aus dem lutherischen Süddeutschland stammenden Kaufmannsfamilien, die beide seit Jahrzehnten in Venedig residierten, scheint das eher unwahrscheinlich. Ein genauer Blick in die Akten der venezianischen Inquisition zeigt auch, dass sich die Spione der Republik darüber im Klaren waren, dass in dem genannten Versammlungshaus 30–50 Personen *Conventicoli di varii Protestanti* abgehalten hatten.[118] Das Wort *varii* muss hier wörtlich genommen werden und nicht mit »viele«, sondern »verschiedene« übersetzt werden. Die Verwirrung der venezianischen Inquisitoren angesichts des sich ihnen darbietenden Phänomens einer faktisch unierten Versammlung von zwei sich zeitgenössisch immer noch äußerst misstrauisch beäugenden und gegeneinander polemisierenden protestantischen Konfessionsgruppen ist in manchen Zeilen des Berichtes der Behörde durchaus greifbar. Nach einigen Seiten über die ertappten Häretiker, die als *Ugenoti, Calvinisti* oder Mitglieder der *Setta Calvina* bezeichnet werden, schreibt man über die Deutschen anders. Diese vermuteten die Inquisitoren richtigerweise als Lutheraner: *Habbbiamo pure altra notitia che in Casa di Gio. Batta Sorer Negotiante habita al Ponte della Guerra a San Julian se veddeano molti seguaci della setta Luterana, ma qui non c'è la bisognevole prova.*[119]

Kaufleute aus der Familie Schorer in Venedig wurden bereits in der Literatur als Anhänger des Spener'schen Pietismus über ihre Beziehungen zu Gottlieb Spitzel in Augsburg angedeutet.[120] So kann man auch das Auffinden der zwei lutherischen Pommers in reformierten Konventikeln erklären. Die pietistische Gesinnung erleichterte wohl die Ignorierung der innerprotestantischen Konfessionsgrenze.[121] Im Gegensatz zu den reformierten Gläubigen entgingen alle aufgefundenen deutschen Kaufleute der Ausweisung. Sie erhielten Schonung vor der Verbannung, da sie eingetragene und bekannte Mitglieder der deutschen Nation waren. Die meisten enttarnten reformierten Franzosen und Schweizer mussten hingegen die Stadt verlassen.[122]

Wie kommt es dazu, dass die venezianische Behörde hier eine Vorform von Unionskirchen vorfand? Folgende Erklärung erscheint plausibel: Kurz nach Ankunft des irenisch gesonnenen Christoph Georg Maier in Venedig erließ Ludwig XIV. das Edikt von Fontainebleau, was die bekannte Flüchtlingswelle von Hugenotten auslöste. Einige der Flüchtlinge kamen nach Venedig, wo sie sich

116 Mit einem 1642 erwähnten Namensvetter verwechselt durch: *Simonsfeld*, Der Fondaco dei Tedeschi, Bd. 2, S. 179. Zu vermuten ist ein 1646 geborener und zu einem unbekannten Zeitpunkt in Augsburg verstorbener Schorer, dieser ist erwähnt bei: *Seifert*, Stam-Taffeln, Bd. 2.

117 *Elze*, Geschichte, S. 60–61.

118 ASVe, Esecutori contro la bestemmia. Registro atti I. Busta 55, fol. 7r.–8r.

119 ASVe, Esecutori contro la bestemmia. Registro atti I. Busta 55, fol. 9v.

120 *Blaufuß*, Reichsstadt und Pietismus, S. 85.

121 ASVe, Esecutori contro la bestemmia. Registro atti I. Busta 55, fol. 18r.–21v.

122 *Elze*, Geschichte, S. 43–45.

eventuell eine gewisse Toleranz vonseiten des Staats erhofften. Konkret scheinen aber nur einzelne deutsche Lutheraner auf die Vertriebenen zugegangen zu sein und in der geteilten Verbotssituation gemeinsame Konventikel mit den französischen und Schweizer Predigern und Gläubigen gewagt zu haben. Nach dem erzwungenen Ende der reformierten Gemeinde in Venedig blieben die Lutheraner aus den ergriffenen Konventikeln ihrer jüngst etablierten Toleranzlinie treu und wurden zum Kristallisationskern einer bald dezidiert auf den Hallischen Pietismus orientierten Gruppe.

Der Prediger Maier zog aus den Verfolgungen und den zur selben Zeit von orthodoxer Seite sich intensivierenden Angriffen gegen August Hermann Francke die Schlussfolgerung, sich mit seiner Anhängerschaft recht eindeutig der Linie Halles anzuschließen. Dies geht aus einem Schreiben Heinrich Friedrich Franckes vom 2. Januar 1693 an seinen Bruder hervor, in dem er den Empfang von zwei Predigten bestätigt und dann schreibt:

> [Es hat] unser Seelsorger Herr Meyer, ein gegen ihme (A. H. Francke; MR) geschriebenes Trattctlein von der halberstattischen Ließe, und anderen 2 Weibsbildern, die mit prophetischen Geist solten geprediget haben zukommen, wordurch denn ebenfalß dießer Herr, alß er mir selbst bekennt, fast sinistri Gedancken geschöpfet, ich habe ihme aber obangeregte 2 Predigten zu leßen geben, worüber er sich denn gleich ich von Herzen erfreüet, saget daß er daraus erkennen müsse, der böse Feind daß gute Werk zu verhindern suche (...).[123]

Von der Ferne aus begleiteten nun Heinrich Friedrich Francke als etablierter und angesehener Kaufmann und der Prediger Maier als Sympathisant der Hallenser Lehren das Wachstum des Waisenhauses. Kurz nach Gründung des Waisenhauses trafen bereits Spenden aus Venedig in Halle ein.[124] Es überrascht nicht, dass die 1692 von den venezianischen Behörden so streng ermahnten Pommers 1699 in einem Brief von Heinrich Friedrich Francke an Spener als Pietisten explizit Erwähnung finden. Im selben Brief wurde auch Matthias Lauber als ein dem Pietismus zugewandter Kaufmann genannt.[125] In seiner Antwort schrieb Spener, dass er beide zwar nicht kenne, jedoch Herr Schorer in Venedig ihm persönlich bekannt sei; implizit wurde er damit ebenfalls zu den besonders frommen Händlern gerechnet.[126] Heinrich Friedrich Francke erwähnte Pommer und Lauber in einem weiteren Schreiben an seinen Bruder in Halle vom 6. Januar 1700, sodass diese Händler und die Familie Schorer als zentrale Persönlichkeiten des Hallischen Pietismus in Venedig angesehen werden können.[127] Es ist davon auszugehen, dass auch weitere deutsche Kaufleute im Fondaco vom Wirken

123 AFSH, H C 10, Nr. 2.

124 AFSH, H C 10, Nr. 8–9.

125 *Wallmann/Sträter*, Briefwechsel, S. 652–654 (Nr. 182).

126 Ebd., S. 655–658 (Nr. 183).

127 AFSH, H C 10, Nr. 15–16. Dabei sei bedacht, dass Lauber einer der berühmtesten und erfolgreichsten Händler der deutschen Nation war: *Marperger*, Erstes Hundert Gelehrter Kauffleut, S. 78.

Maiers beeinflusst wurden; der sonntägliche gemeinsame Gottesdienst musste eine solche Tendenz befördern.

Eine weitere Quelle zeigt die Anteilnahme vonseiten der Gemeinde in Venedig am Aufschwung des Hallischen Pietismus und seines im Waisenhaus emblematisch gebündelten Programms: Für die Gemeindebibliothek, die sich direkt im Fondaco befand und damit allen deutschen Kaufleuten zugänglich war, hatte Maier eine Reihe an Büchern anschaffen lassen, die pietistisches Gedankengut kolportierten. In einem handschriftlichen Inventarkatalog der Bibliothek von 1700 finden sich zahlreiche solcher Titel, von denen ein substanzieller Bestandteil unter der Ägide Maiers angeschafft wurde.[128] Den Schwerpunkt der Bibliothek bilden theologische Texte des Luthertums, wenngleich auch einige wissenschaftliche Fachbücher zur Anatomie, zudem hebräische, griechische, lateinische und italienische Grammatiken sowie gängige Geschichtswerke und sogar Darstellungen der Päpste und Reisebeschreibungen Italiens vorkommen. Aufschlussreich ist ein genauerer Blick in die lutherisch-theologischen Titel. Neben den selbstverständlich zu erwartenden Exemplaren einer lutherischen Gemeindebibliothek wie einigen Büchern Luthers und Veit Ludwig von Seckendorffs *Geschichte des Luthertums*[129] oder der *Bawren Postilla* von Lucas Osiander[130] finden sich hier auch genuin in der Tradition des Pietismus stehende Werke wie Johann Arndts *Vier Bücher von wahrem Christenthumb*[131] oder dessen *Postilla*,[132] Philipp Speners *Des thätigen Christenthums Nothwendigkeit und Möglichkeit*[133] oder dessen *Kurtze Catechismus-Predigten*[134] sowie Martin Geiers *Liebe zu Gott und dem Nähesten*.[135] Auch Schriften, die dem pietistischen Programm zumindest nahe stehen, finden sich in der Bibliothek, so die *Meditatio de Controversia*[136] des reformierten Heidelberger Professors Johann Ludwig Fabricius, der im Laufe seines Lebens viel Mühe auf eine Union von Luthertum und Calvinismus verwandt hatte. Auch ein im Pietismus beliebter Titel aus der Zeit vor Speners Wirken wie Johann Crügers *Praxis Pietatis Melica*[137] mag von Maier angeschafft worden sein. Zwar findet sich auch ein klar dem Programm der Orthodoxie zuzuordnender Titel wie der von einem anonymen Autor verfasste *Unfug der Pietisten* von 1693,[138] doch dies bleibt eine Ausnahme

128 Zu diesem Katalog und den verschiedenen Anschaffungsphasen durch die unterschiedlichen Prediger: *Wackerbarth*, Die alte theologische Bibliothek. Der Katalog selbst ist zu finden in: AEGV, LB. Der heutige Bestand der Gemeindebibliothek in Venedig umfasst nur noch einen kleinen Teil der damals aufgeführten Titel.

129 *Seckendorff*, Commentarius.

130 *Osiander*, Bawren Postilla.

131 *Arndt*, Vier Bücher.

132 *Arndt*, Postilla.

133 *Spener*, Des thätigen Christenthums.

134 *Spener*, D. Philipp.

135 *Geier*, Liebe. Zu Geier: *Sommer*, Die lutherischen Hofprediger, S. 187–208.

136 *Fabricius*, Meditatio.

137 *Crüger*, Praxis.

138 *O. V.*, Vom Unfug.

in einer sonst stark von pietismusfreundlichen Titeln durchsetzten Bibliothek; und auch Freunde Halles würden wohl einen solchen Titel in ihrem Besitz haben wollen.

1701 beendete Maier seine Zeit als Prediger der Gemeinde, um wieder nach Süddeutschland zurückzukehren. Die nächsten zwei Jahre wirkte er im Hohenlohischen.[139] Möglicherweise hatte es gewisse Probleme mit der Gemeinde oder der Venezianer Obrigkeit gegeben, die uns aber unbekannt bleiben.[140] Sein Ruf als gelehrter und moderater Pietist half ihm, wie oben dargestellt wurde, 1703 auf den Posten des dritten Predigers in Leutkirch. Durch sein 15-jähriges Wirken hatte Maier in Venedig für den Pietismus an der Lagune wesentliche Grundlagen geschaffen. Nicht nur waren drei der reichsten Kaufmannsfamilien nun eindeutig dem Programm Speners und Franckes zugetan und der Bruder August Hermann Franckes weiterhin ein angesehenes Mitglied der Gemeinde vor Ort, auch die weitere Gemeinde stand den immer stärker aufblühenden Francke'schen Anstalten in Halle wohl mit grundsätzlicher Sympathie gegenüber.

d) Die Entfaltung des Hallischen Pietismus in Venedig

Die Berufung Maiers nach Leutkirch verweist auf einen grundsätzlichen Aspekt der Entwicklung des Pietismus in Venedig. Zwar empfing man an der Lagune theologisch starke Impulse aus Halle, in der Praxis jedoch blieb die Gemeinde fast vollständig auf Süddeutschland ausgerichtet. Von hier kamen die Kaufleute und die meisten Prediger, mit dieser Gegend handelte man, hierher heiratete man, hierhin gingen viele Händler und die Mehrzahl der Prediger nach einer gewissen Zeit in Venedig auch meist wieder zurück. Das Fehlen eines zentralen Archivs zum Pietismus in Süddeutschland darf nicht dazu verleiten, die Intensität der Beziehungen der Venezianer Gemeinde zu Halle zu über- und diejenige zu den Autoritäten des Pietismus in Süddeutschland, vor allem zu Samuel Urlsperger in Augsburg, zu unterschätzen.[141] Beides wird intensiv gewesen sein, wobei Süddeutschland als Handlungs- und Bezugsraum eindeutig bedeutsamer war.

Ohnehin darf man sich zu keinem Zeitpunkt die Strömungen des Augsburger und des Hallischen Pietismus als entgegengesetzt denken. Bei all ihren Unterschieden in den Nuancen und in der sozialen und herrschaftlichen Basis komplementierten und ergänzten sie sich und passten sich dabei den lokalen Umständen an. So machte sich auch die Dynamik, die von Halle ausging, in Ve-

139 *Löscher*, Fortgesetzte, S. 281–282.

140 Schwierigkeiten Maiers in Venedig deutet August Hermann Francke in seinem oben zitierten Schreiben an Spener an: *Wallmann/Sträter*, Briefwechsel, S. 652–654 (Nr. 182).

141 Es sei auf einen Brief des pietistischen Informators Gottfried Clemens an Samuel Urlsperger vom 16. Oktober 1732 aus Venedig verwiesen, der sich in Abschrift im Archiv in Halle findet. Stil und Inhalt lassen auf eine regelmäßige Korrespondenz zwischen den Pietisten in Venedig und Urlsperger schließen: AFSH, H C 456, Nr. 27.

nedig bemerkbar. Mit seinen Verbindungen in die Levante galt Venedig als ein Tor in Richtung Orient, von wo man sich viel neues Wissen erhoffte, mit dem man aber auch gewisse missionarische Utopien verbinden konnte. Noch bevor von Halle aus die große Ostindienmission begann, sollte Venedig als ein Knotenpunkt von derartigen Bestrebungen von Hallenser Seite zeitweise eine gewisse Aufmerksamkeit erfahren, was indirekt dem Pietismus in der Gemeinde zugutekommen sollte.

Der bedeutende Slawist und polyglotte Gelehrte Heinrich Wilhelm Ludolf (1655–1712) hielt sich 1697/98 in Halle auf und konnte hier August Hermann Francke davon überzeugen, ihm bei einer Orientreise behilflich zu sein. Ludolfs Utopie einer Einigung mit der orthodoxen Kirche durch eine Reise nach Konstantinopel und einen direkten Kontakt mit dem Patriarchen hatte Franckes Gefallen gefunden.[142] Francke aktivierte zur Unterstützung dieser Reise sein Netzwerk bis nach Venedig. Ludolf begab sich im Frühjahr 1698 auf die Reise und kam am 20. Mai in Venedig an. Hier logierte er für mehrere Monate bei Johann Jakob (I) Pommer, wodurch dieser intensiv in die Korrespondenz zwischen Francke und Ludolf involviert wurde. Pommer und Heinrich Friedrich Francke dienten in den nächsten Jahren als Bindeglieder in der Kommunikation zwischen Ludolf im osmanischen Reich und August Hermann Francke in Halle, woraus sich bald noch ein regulärer Versand von Briefen und Büchern ergab. Auch der Kontakt zu Salomon Negri (1665–1729), dem berühmten syrischen protestantischen Gelehrten, der über Jahre zwischen Europa und dem osmanischen Reich wirkte und sich häufig in Venedig aufhielt, wurde weitgehend durch die Pommers ermöglicht und erleichtert.[143]

In den nächsten Jahren wurde Venedig zu einem bedeutenden Knotenpunkt für die Hallenser Mission. Einerseits kamen hier Griechen an, die nach Halle zur Ausbildung weiterreisten, andererseits wurde Venedig zur Plattform des Exports von ins Griechische übersetztem Hallenser Schrifttum. Zwar scheiterte letztlich der Versuch Ludolfs, mit der orthodoxen Kirche zu einer Verständigung zu gelangen, aber seine und Salomon Negris Tätigkeit und der intensive Kontakt über Venedig sollten einen Grundstein für die Gründung des Collegium Orientale in Halle legen.[144]

Auf Maier folgte Anton Christoph Specht (1675–1722) als Prediger. Dieser war der Sohn des bekannten Wolfenbütteler Theologen und Hofpredigers Christian Specht (1647–1706).[145] Specht wurde, wie üblich, aufgrund einer Empfehlung von Johann Fabricius nach Venedig gesandt.[146] Leider ist über Anton Christoph

142 Zu Ludolf und dessen Mission in Konstantinopel: *Stupperich*, Ludolf; *Moennig*, Die griechischen.

143 Zu diesem mit weiterer Literatur: *Ghobrial*, The life.

144 *Kriebel*, Das pietistische Halle; *Goltz*, Das Collegium Orientale. Vgl. hierzu auch das laufende Forschungsprojekt von: *Malena*, Ecclesia Universa.

145 Zu Specht: *Beste*, Nachträge zur Geschichte, S. 216.

146 Auch Specht war seit der ersten Jahreshälfte 1693 in Helmstedt immatrikuliert: *Mundhenke*, Matrikel, S. 32 (Nr. 92).

Spechts Wirken nur wenig bekannt. Seine von Venedig an Fabricius geschriebenen Briefe haben hauptsächlich theologische und geistliche Angelegenheiten zum Inhalt. Er lobt in diesen jedoch auch immer wieder die pietistisch gesonnenen Kaufleute Schorer, Pommer und erwähnt als wichtigen Verbindungsmann für den Versand seiner Bücher den Nürnberger Kaufmann Balthasar Schweyer, der zu einer der Kaufmannsdynastien in Venedig in einem unbekannten Verwandtschaftsverhältnis stand.[147]

Über die Entwicklung des Pietismus in Venedig im ersten Jahrzehnt des 18. Jahrhunderts sind wir durch die Briefe von Christian Wilhelm Schneider (1678–1725), der selbst als pietistischer Informator der Kinder Johann Jakob (I) Pommers von 1704 bis 1708 wirkte, unterrichtet.[148] Er hatte an der Lagune wohl eine ähnliche Bedeutung wie Specht in diesen Jahren. Geboren wurde Schneider in Herbsleben. Nach Besuch des Gymnasiums in Gotha ging er 1698 nach Halle, um hier unter der Ägide von Francke zu studieren. 1704 wurde er auf direkte Anfrage von Johann Jakob (I) Pommer bei Francke Informator für dessen drei in Venedig geborene Söhne Johann Christoph (II) (1690–1749), Johannes (1692–1753) und Johann Konrad (1695–1749).[149]

Schneider verblieb vier Jahre in Venedig. Seine Briefe an Francke sind voll von weitschweifigen Ausführungen über seine Erlebnisse, seine Tätigkeit und seine Theologie. Er war eindeutig ein eifriger Anhänger des Hallischen Pietismus und hat in dieser Hinsicht erfolgreich gewirkt. Beispielsweise war er es, der Franckes Bruder in Venedig nun vollauf zum Pietismus bekehren konnte.[150] Schneider liefert auch einen ersten substanziellen Kommentar zur Lage des Pietismus in Venedig, den er im Oktober 1705 als eine kleine Minderheit der Erleuchteten unter einer Mehrheit oberflächlicher Lutheraner sieht: *Aber das ist so wunderlich alhier, man muß nicht allein gegen die stockfinstere Papisten, sondern auch gegen die Lutheraner, die doch hier gedruckt genug seyn, mit aller Vorsichtigkeit wandeln, denn es ist alles durch und durch verderbet, doch scheinet noch Hoffnung übrig zu seyn, ob Gott will.*[151]

Ein solcher Kommentar ist typisch für einen Pietisten, aber nicht unbedingt richtig. Tatsächlich kann man aus seinen Briefen eher ein anderes Bild entneh-

147 Vier Briefe von Specht aus Venedig an Fabricius sind überliefert in: KBK, Ms. Thott. 1240,4°. Mehr zu den in Venedig ansässigen Kaufleuten der Familie Schweyer als äußerst erfolgreichen und stark dem Pietismus zugewandten Händlern weiter unten.

148 Es scheint, dass bei dieser Gelegenheit bereits Francke um die Besetzung der Predigerstelle gefragt worden war, so deutete es Spener in einem Brief an Francke an: *Wallmann/Sträter*, Briefwechsel, S. 655–658 (Nr. 183). Ausschnitte von Schneiders Korrespondenzen sind ediert: *Wotschke*, Pietistisches aus Ostfriesland, S. 99–101. Zu Schneiders Biographie vgl. *Klosterberg/Monok/Csepregi*, Die Hungarica Sammlung, S. 917.

149 Bereits 1698 hatte Pommer den Wunsch nach einem Informator aus Halle geäußert, damals war dies aufgrund von Missverständnissen nicht zustande gekommen: AFSH, H A 112, fol. 269–270, 11. Mai 1698; AFSH, H C 10, Nr. 32, 9. Juli 1703.

150 SBB/F, 27/19, Nr. 4, 9. Januar 1705.

151 SBB/F, 27/19, Nr. 14, 15. Oktober 1705.

men. Specht war nach Schneiders Aussage Francke gegenüber günstig eingestellt und hat manches zur Vertiefung der pietistischen Theologie in der deutschen Gemeinde in Venedig beigetragen. Unter seiner Ägide wuchs in der Bibliothek der Anteil an pietistischen Schriften deutlich an. In einer Katalogserweiterung von 1710 werden als neue Titel aufgeführt:[152] Philipp Speners *Theologische Bedencken*,[153] Gottfried Arnolds *Unpartheyische Kirchen- und Ketzer-Historien*,[154] achtmal die *Hallische Bibel*,[155] Philipp Speners *Tractat von Natur und Gnade* und Joachim Langes *Medicina Mentis*.[156] Allerdings blieb eine Mehrheit der lutherischen Gemeinde in leichter Distanz zum Pietismus. In einem seiner Briefe erwähnt Schneider einen Konventikel, der nur von vier Personen besucht wurde, er fügt jedoch hinzu, dass *andere auch fast Lust hatten derselben mit bey zuwohnen*.[157] Immer wieder berichtet er von der Erziehung der Kinder Pommers, die auch alle zum Schulbesuch nach Halle geschickt wurden.[158] Schneider selbst war allerdings eher locker in die Gemeinde integriert, so verbrachte er viel Zeit mit dem Studium der Sprachen und der Medizin in Padua und die heißesten Sommermonate mit der Familie Pommer auf deren Landgütern.[159] Er schreibt manchmal etwas zwischen den Zeilen über die Konventikel, an denen eindeutig auch Reformierte teilnehmen konnten.[160]

e) Die Dominanz der Orthodoxie in der deutschen Nation (1706–1720)

Es ist bemerkenswert, dass dem in der Forschung konstatierten Wiedererstarken der Orthodoxie in den süddeutschen Reichsstädten in den ersten zwei Jahrzehnten des 18. Jahrhunderts auch die Lage in Venedig entspricht.[161] Trotz der Tätigkeit Schneiders wurde die Mehrzahl der Gemeinde Anfang des 18. Jahrhunderts immer kritischer gegenüber dem Programm Halles. Als Anton Christoph Specht im August 1705 seinen Abschied nach Thüringen ankündigte,[162] war zunächst Philipp Ludwig Dreyßigmark (1676–1750) aus dem Kloster Riddagshausen als

152 AEGV, LB.
153 *Spener*, Philipp Jacob Speners.
154 *Arnold*, Gottfried Arnolds.
155 *Luther/Francke*, Biblia.
156 *Lange*, Joachimi Langii.
157 SBB/F, 27/19, Nr. 18, 30. Oktober 1705.
158 *Freyer*, Hieronymi Freyeri, S. 120, 142, 152, 733, 743.
159 So schrieb Schneider, dass er manchmal nur zwölf Tage von zwölf Wochen in Venedig verbringe: SBB/F, 27/19, Nr. 30, 19. November 1706. Die Landgüter lagen in Dolo, so Christoph Georg Maier 1709 aus Leutkirch in einem Brief an Fabricius: KBK, Ms. Thott. 1232,4°, 5. Februar 1709.
160 So erwähnt er einmal einen *holländischen Capitän* als Teilnehmer eines Konventikels: SBB/F, 27/19, Nr. 15, 18. Dezember 1705.
161 *Blaufuß*, Reichsstadt und Pietismus, S. 38; *Weigelt*, Geschichte des Pietismus, S. 46–66.
162 Er ging 1705 nach Culm-Brahmenau, vgl. SBB/F, 27/19, Nr. 11, 21. August 1705.

sein Nachfolger vorgesehen.[163] Dieser lehnte jedoch die im Oktober 1705 eigentlich bereits zugesicherte Stelle ab, als er zum Hofprediger in Wolfenbüttel ernannt wurde.[164] Die Gemeinde erbat sich daraufhin Rat von Christian Specht, dem Vater Anton Christoph Spechts, welcher zwei neue Kandidaten nannte.[165]

Die Grenzen des Pietismus in der deutschen Gemeinde in Venedig in der ersten Dekade des 18. Jahrhunderts werden gerade bei dieser Gelegenheit deutlich. Christoph Pommer scheiterte mit seinem von Schneider vorbereiteten Versuch, die Gemeindemitglieder davon zu überzeugen, sich einen Kandidaten von Francke aus Halle schicken zu lassen.[166] Eindeutige Pietisten aus Hallenser Ausbildung waren offenbar nicht erwünscht. Zugleich wuchs allerdings die Zahl der Zuhörer der sonntäglichen Konventikel, gerade in der Zeit ohne Prediger vom Oktober 1705 bis Februar 1706, auf sieben. Schneider las hierbei vor allem Predigten von Francke vor.[167]

Es scheint dabei in der Gemeinde zu einer Pattsituation zwischen Pietisten und ihren Gegnern gekommen zu sein, was wiederum dazu führte, dass nun erneut bei Fabricius angefragt wurde. Dieser empfahl den in Tangermünde geborenen und seit 1701 bei ihm in Helmstedt immatrikulierten Johann Dietrich Sprecher (1674–1727).[168] Schneider kommentierte die Wahl mit der Hoffnung, dass Sprecher den Gemeindemitgliedern *in die Hertzen hinein treten und ihnen ihre venetianische und adamitische Greuel recht aufdrucken möge*.[169]

Ende Februar 1706 kam Sprecher in Venedig an und erwies sich zu Schneiders Missfallen keineswegs als Freund des Hallischen Pietismus. Wörtlich schrieb Schneider an Francke am 9. April 1706:

> Der neue Prediger der hier ankommen Herr Sprecher hat diese Gewohnheit, daß er alle seine Predigten von Wort zu Wort vom Concept lieset; weil es nun vielen nicht gefallen, hat er gesagt, so es so ihnen nicht anstünde, wolte er auf seine eigene Unkosten wieder hinaus reisen; es ist ein Mann ohne göttlichem Leben und Geist so viel ich habe mercken können.[170]

163 SBB/F, 27/19, Nr. 11. Dreyßigmark war von Fabricius nach Venedig empfohlen worden, hatte von Christian Specht in Riddagshausen aber wohl das attraktivere Angebot als Hofprediger erhalten: *Schmersahl*, Neue Nachrichten, S. 8–16. In der Korrespondenz mit Fabricius aus dem Jahr 1705 erwähnt er einiges über die Stelle in Venedig, die er wohl anzutreten bereit gewesen wäre: KBK, Ms. Thott. 1223,4°.

164 SBB/F, 27/19, Nr. 14, 15. Oktober 1705.

165 SBB/F, 27/19, Nr. 18, 30. Oktober 1705.

166 Es gab eine Wahl, ob der künftige Prediger von Francke in Halle oder Fabricius in Helmstedt bestimmt werden solle, die Mehrheit fiel auf letzteren: SBB/F, 27/19, Nr. 21, 27. November 1705.

167 SBB/F, 27/19, Nr. 19, 13. November 1705.

168 SBB/F, 27/19, Nr. 21, 27. November 1705. Zu Sprecher: *Ahrens*, Die Lehrkräfte, S. 225–226.

169 SBB/F, 27/19, Nr. 21, 27. November 1705. Ähnlich auch in Nr. 25, 25. Februar 1706: Schneider äußerte hier die Hoffnung, dass Sprecher ein Freund und nicht ein Feind der rechtschaffenen Christen sein würde.

170 SBB/F, 27/19, Nr. 29, 9. April 1706.

So hart sollte Schneiders Urteil nicht bleiben. Im November 1706 bat Sprecher Schneider um Hilfe für den Sohn Heinrich Friedrich Franckes in Venedig, der zu verwahrlosen drohte. Sprecher schlug vor, dass dieser eine Zeitlang bei dessen berühmten Onkel in Halle leben und lernen sollte.[171] Auch verhinderte Sprecher zu keinem Zeitpunkt die Tätigkeit Schneiders im Sinne des Hallischen Pietismus. In diesen Jahren flossen erstmalig substanzielle Summen vonseiten der deutschen Gemeinde in Venedig nach Halle.[172] Auch die Schriften Franckes wurden nun nach Venedig geliefert.[173] Vielleicht gerade wegen seiner nicht hinreichend kritischen Einstellung zum Pietismus erwies sich Sprecher in den Augen mancher Gemeindemitglieder als Fehlbesetzung. Anfang Januar 1707 schrieb Schneider hierzu: *Der Herr Sprecher hat so wunderliche Händel mit seiner Gemeinde gehabt, daß er sich nach Padua hat reteriren müßen, indem man sich einer Inquisition befürchtet hat.* Im selben Brief konnte Schneider von einem längeren Gespräch mit dem Consul der deutschen Nation, Matthias Lauber berichten, in dem dieser seiner Sympathie für den Pietismus Ausdruck verliehen hatte. Schneider verwies im selben Brief auch auf explizit als solche bezeichnete Pietisten in Augsburg und Memmingen, mit denen er enge Kontakte pflegte.[174] Im Mai schrieb Schneider über ein längeres Gespräch mit dem aus Ostpreußen stammenden und in der deutschen Nation hochgeschätzten Arzt Dr. Johannes Böhm (1641–1731), der seit einigen Jahrzehnten in Venedig lebte, dieser habe ihm gegenüber eine starke Sympathie für den Hallischen Pietismus geäußert.[175]

Im Frühjahr 1708 erhielt Schneider die Aufforderung von Francke, die Gemeinde in Teschen in Schlesien zu übernehmen.[176] In den verbleibenden Monaten bis zu seiner Abreise schaffte er es noch, weitere Basisarbeit für den Pietismus in Venedig zu leisten. Freunde aus Schweden und Griechenland besuchten ihn und versprachen, aus der Ferne ihrer jeweiligen Länder mit ihm in Korrespondenz zu bleiben und als »Senfkörner« für das Gedeihen des Pietismus zu wirken.[177]

Als Anfang August 1708 Christoph Pommer starb, konnte Schneider nach Halle vermelden, dass das Testament eine große Begünstigung des Waisenhauses vorsah.[178] Anfang des Jahres 1709 berichtete Schneider noch etwas ausführlicher vom Besuch des dänischen Königs und sparte dabei nicht mit abschätzigen Kommentaren zum vorherrschenden Katholizismus der Bevölkerung.[179] Im Frühjahr 1709 schließlich begab sich Schneider auf eine Reise nach Rom, von wo aus er dann nach Teschen weiterreiste, um hier sein neues Amt anzutreten.

171 SBB/F, 27/19, Nr. 30, 19. November 1706.
172 SBB/F, 27/19, Nr. 32–34; AFSH, H C 827, Nr. 27; *Francke,* Die VI. Fortsetzung, S. 60, 88.
173 SBB/F, 27/19, Nr. 17, 25. Dezember 1705.
174 SBB/F, 27/19, Nr. 31, 17. Januar 1707.
175 SBB/F, 27/19, Nr. 33, 27. Mai 1707. Zu Böhm vgl. Kap. IV, Fn. 99.
176 SBB/F, 27/19, Nr. 36; *Patzelt,* Der Pietismus, S. 51–53, 88–94.
177 SBB/F, 27/19, Nr. 37.
178 SBB/F, 27/19, Nr. 39.
179 SBB/F, 27/19, Nr. 40.

Möglicherweise hat man ihm ein Amt im katholischen Herrschaftsbereich angeboten, weil er nun bereits seit vier Jahren eine illegale Gemeinde im Untergrund begleitet und beeinflusst hatte.[180]

Schneiders Wegzug von Venedig fiel mit dem Ende der Amtszeit Sprechers als Prediger in Venedig zusammen, weshalb 1709 ein neuer Prediger berufen wurde.[181] Sprecher hatte in seinen letzten Briefen an Fabricius von freundschaftlichen Banden zu den führenden Pietisten in Venedig berichtet, vor allem zu den Familien Pommer, Lauber und Schorer, sowie zu Johannes Böhm.[182] Wir können daher von einer gewissen Annäherung an den Pietismus durch Sprecher ausgehen. Bei seinem Weggang stellte sich nun das Problem, wie die Wahl des Predigers vonstattengehen sollte. In einem Brief an Fabricius in Helmstedt vom 11. Oktober 1709 schrieb Sprecher, dass die Gemeinde nach dessen positivem Gutachten zur Konversion von Elisabeth Christine von Braunschweig-Wolfenbüttel beschlossen hatte, *keinen von Helmstädt wieder zu nehmen*.[183] Die nun offene Situation der Nachfolgewahl schildert Sprecher in einem Brief an Fabricius folgendermaßen:

> Der Herr Francken soll gearbeitet haben, daß sein Bruder der Herr Professor Francken jemand von Halle schicken mögte, hat aber nicht künnen durchdringen, sondern es soll beliebet werden hingegen den Herrn Hofm., welcher mich zu Hamburg mein Haus aufgerichtet, und sich jetzo daselbst befindet, zu schreiben, daß er jemand recommendiren mögte.[184]

Die deutschen Protestanten in Venedig wären niemals auf die Idee gekommen, einen unbekannten Herrn Hofmann in Hamburg anzuschreiben, wenn dieser nicht von Sprecher empfohlen worden wäre. Hofmann wiederum empfahl offenbar sich selbst, was uns zeigt, dass Sprecher faktisch seinen Nachfolger hatte bestimmen dürfen.

Wir können Hofmanns vermutliche Herkunft und Vornamen durch einige Indizien annehmen. Hofmann konnte in der Gemeinde, die sehr gespalten war, nicht genügend Freunde gewinnen, sodass er nach nur kurzer Zeit seinen Posten in Venedig wieder verließ.[185] Über sein Wirken finden wir das folgende interessante Urteil von seinem 20 Jahre später in Venedig tätigen, streng pietistischen

180 Zu Schneiders weiterem Wirken in Schlesien und Ostfriesland vgl.: *Boer*, Pietismus, S. 177–183.

181 *Ahrens*, Die Lehrkräfte, S. 225–226. Die Angaben einer Dienstzeit Sprechers in Venedig von 1696 bis 1715 sind nicht korrekt, so bei: *Wittchen*, Organisations-Acte, S. 6; *Elze*, Geschichte, S. 62–67.

182 KBK, Ms. Thott. 1241,4°, 23. Dezember 1707, 11. Oktober 1709.

183 Vgl. Kap. IV, Fn. 79. Der Skandal des Konversionsgutachtens hatte dem Renommee von Fabricius und seiner Universität eindeutig geschadet und damit die Möglichkeiten zur Unterbringung ihrer Absolventen verringert.

184 KBK, Ms. Thott. 1241,4°, 11. Oktober 1709.

185 Über die Entlassung siehe eine kurze Bemerkung von Johann Jakob (I) Pommer in einem Brief an Fabricius: KBK, Ms. Thott. 1235,4°, 12. Juli 1711.

Nachfolger Georg Wenndrich († 1765) in einem Brief an Gotthilf August Francke vom 10. Oktober 1732. Die Gemeinde hätte Hofmann 1710 nach nur neun Monaten Dienst *weg gejaget* und dies doch bald bereut, da *etliche der damahligen Rädelsführer, nicht allein in elende Umstände gerathen, so ihrer zwey, solche Emphorer, hätten nach der Zeit die Religion changiert.*[186] Einige Monate später urteilte Wenndrich in einem undatierten Schreiben an Francke, man – gemeint sind wohl die Pietisten – habe Hofmann in Venedig *vor einen vortrefflichen Mann gehalten.*[187]

Der pietistische Wenndrich, auf den weiter unten noch ausführlicher eingegangen wird, sah hier in den Wochen seiner Entlassung im Herbst 1732 einen Schicksalsgenossen, der um 1710 für sein Eintreten für den Pietismus mit der Entlassung hatte büßen müssen. Dies hilft nun bei der Identifizierung Hofmanns. Aus den Kandidatenmatrikeln zur Hamburger Kirchengeschichte erfahren wir, dass ein Georg Zacharias Hofmann (1677–1720) aus Langenweddingen hier seit 1704 Kandidat für das Predigeramt gewesen war.[188] Dieser war 1702 in Halle immatrikuliert und hatte seit 1703 als Informator in Langenweddingen gewirkt, diese Stelle aber im selben Jahr wiederum verloren, wie er am 13. Dezember 1703 an den ihm offenbar vertrauten August Hermann Francke schrieb.[189] Der Hamburger Dompfarrer Caspar Bussing (1658–1732) erkundigte sich am 3. Mai 1704 bei Francke über Hofmann, da er vor einem eventuellen

186 AFSH, H C 456, Nr. 22. Wer konvertiert war, konnte ich trotz eines intensiven archivalischen Studiums nicht sicher herausfinden. In der für Konversionen zuständigen *Pia Casa dei Catecumeni* Venedigs (zu dieser im Allgemeinen vgl. *Matheus,* Als Protestant) finden sich seit 1690 fünf Fälle einer Konversion von Lutheranern, die hier aber alle nicht in Frage kommen: *Gioachim Andrea Carprunio, heretico luterano, figlio di Gioachim Andrea. Aveva 24 anni ed era di Wittenberg in Sassonia* (1691, ASPV, Curia, Sezione antica, Catecumeni, Registri dei Battesimi, reg. 4, cc. 39v–40r), *Ander Setolt svedese heretico luterano, di 54 anni, di Perno in Livonia* (1703, ASPV, Curia, Sezione antica, Catecumeni, Registri dei Battesimi, reg. 3, c. 81v; ASPV, Curia, Sezione antica, Catecumeni, Costituti, reg. 1, c. 75r), *Saia, figlia di Baghetto luterano e di madre Alma turca, della Città di Comacchio di Franza* (1714, ASPV, Curia, Sezione antica, Catecumeni, Registri dei Battesimi, reg. 3, c. 88v; ASPV, Curia, Sezione antica, Catecumeni, Costituti, reg. 1, c. 75r; ASPV, Curia, Sezione antica, Catecumeni, Registri dei noefiti, reg. 2, c. 126r), *Isac Lazaro ebreo, figlio di Moise, in realtà era luterano, di 23 anni, proveniente da Alessandria in Piemonte* (1746, ASPV, Curia, Sezione antica, Catecumeni, Costituti, reg. 1, cc. 18v–19r), *Carlo Federico Iuger. Aveva 21 anni ed era di Stoccolma* (1754, ASPV, Curia, Sezione antica, Catecumeni, Costituti, reg. 1, cc. 109v–110r). Auch eine intensive Einzelforschung zu den damals in Venedig tätigen deutschen Kaufleuten brachte kein Ergebnis. In Frage kommen nach dem Ausschlussverfahren am ehesten Gottfried Karl Heuchelin und Melchior Dreher (vgl. Anhang I), über die ich nichts herausfinden konnte. Für die Hinweise auf die Akten in der *Pia Casa dei Catecumeni* danke ich Pietro Ioly Zorattini herzlich.

187 AFSH, H C 456, Nr. 30.

188 *Bruhn,* Die Kandidaten, S. 164, 368.

189 AFSH, H C 65i. Weitere Informationen und Literatur zu Hofmann bei: *Albrecht-Birkner,* Pfarrerbuch, S. 255.

Antritt als Kandidat und Informator in Hamburg ein Zeugnis über diesen einholen wollte.[190]

Es spricht daher einiges dafür, dass Georg Zacharias Hofmann der kurzfristige Nachfolger Sprechers in Venedig war. Nach fünf Jahren als Kandidat in Hamburg, in denen er wohl auch Sprecher kennengelernt hatte, war ihm durch diesen die Stelle in Venedig vermittelt worden. Damit war, obwohl eine direkte Entsendung eines Predigers durch Francke von der Gemeinde abgelehnt worden war, erstmals ein Theologe, der in Halle studiert hatte, in Venedig Prediger geworden, und dies brachte ihm 1732 die Sympathie des pietistischen Wenndrich ein. Allerdings konnte sich Hofmann in Venedig nur neun Monate halten, dann musste er die Stadt, wohl angesichts der zu geringen Stärke der Pietisten in der Gemeinde, wieder verlassen. Er selbst wurde daraufhin Feldprediger in Preußen und von 1715 bis 1720 Pfarrer in Olvenstedt.

Sein Nachfolger wurde Johann Philipp Bez († 1733/34). Dieser hatte bei dem bekannten Straßburger Professor Johann Joachim Zentgraf (1643–1707), einem der angesehensten Vertreter der Orthodoxie, studiert. Bez findet sich in den Straßburger Universitätsmatrikeln von 1692/93[191] und 1696/97 in Altdorf.[192] Es scheint nicht unwahrscheinlich, dass Bez im Zuge des Reichskriegs um die Mitte der 1690er Jahre nach Deutschland geflohen war und damit – wie so manche Elsässer Pietisten – eine Flüchtlingsbiographie aufwies. In Altdorf publizierte er 1696 eine Dissertation unter der Ägide des bekannten Historikers und Theologen sowie guten Freund Philipp Jacob Speners, Daniel Wilhelm Möller (1642–1712).[193] In der Folgezeit war Bez offenbar in Coburg tätig und hatte dort um 1705 Kontakt zu Ernst Salomon Cyprian (1673–1745), dem bedeutenden Vertreter der lutherischen Orthodoxie.[194] Bez kam 1711 in Venedig an und wirkte hier bis 1715 für die Gemeinde.[195] Spätestens in diesem Jahr wurde er aufgrund unordentlichem Lebenswandel aus der Gemeinde entlassen. Er konvertierte einige Zeit danach zum Katholizismus, um eine Italienerin zu heiraten.[196]

190 AFSH, H C 591, Nr. 3.

191 *Knod*, Die alten Matrikeln, S. 484 (Nr. 371), S. 556 (Nr. 779). Zu Zentgraf vgl.: *Goldschmidt*, Johann Konrad Dippel, S. 96–98.

192 *Steinmeyer*, Die Matrikel der Universität Altdorf, S. 451 (Nr. 14021).

193 Zu dessen Wirken für den Pietismus in Altdorf vgl.: *Weigelt*, Geschichte des Pietismus, S. 65–66.

194 Zu Cyprian vgl. den Sammelband: *Koch/Wallmann*, Ernst Salomon Cyprian. Der Kontakt von Bez zu Cyprian ergibt sich aus einem Brief Bez' an Cyprian von 1726 aus Venedig, auf den sogleich noch genauer eingegangen wird: FBG, Chart. A 442 Nr. 126, 8. März 1726.

195 So schrieb Pommer an Fabricius: *anjetzo haben wir einen Monsr Petz hier, welcher von Regenspurg kommen*, in: KBK, Ms. Thott. 1235,4°, 12. Juli 1711. Mit Regensburg ist der letzte Wirkungsort des aus Straßburg stammenden Bez gemeint, nicht sein Herkunftsort, vgl. hierzu einen von ihm in Regensburg verfassten Text: *Bez*, Freuden.

196 Diese Informationen Strobels sind zweifelsfrei richtig: *Strobel*, Versuch, S. 34. Aufgrund von unrichtigen Annahmen über die Dienstzeit Sprechers kam Elze zum Ergebnis, dass Bez 1720–1723 in Venedig gewirkt habe: *Elze*, Geschichte, S. 69. Diese Angabe ist schlicht falsch.

Er war noch zeitweise Feldprediger in Dalmatien, sodass zu vermuten steht, dass er sich im Zuge des Ausbruchs des venezianisch-türkischen Kriegs 1714/15 bei Ankunft der deutschen Söldnerregimenter diesen angeschlossen hatte.[197] Ein Brief vom 8. März 1726 an Cyprian ist die einzige direkte Quelle, die wir von Bez besitzen. Hier beschrieb er, dass er die Ehre gehabt hatte, einige hochrangige Persönlichkeiten Coburgs, von Miltitz und von Döhler, in Venedig im Italienischen zu unterweisen.[198] Er bedankte sich hier für die Wohltaten, die Cyprian ihm 1705 erwiesen hatte und wünschte, sich ihm in Venedig erkenntlich zeigen zu können. Daraufhin klagte er sein Leid. Es ginge ihm sehr schlecht, da er als ehemaliger deutscher Feldprediger der im letzten Krieg in Dalmatien eingesetzten deutschen Truppen, wie weitere Offiziere auch, in einem betrügerischen Verfahren des Generals Angelo Emo (von ihm als *General de la Gomerie* bezeichnet in Anlehnung an diese Region, in der der Krieg vor allem stattgefunden hatte) ruiniert würde.[199] Er bat nun Cyprian, ihn *armen Sünder* in sein Gebet einzuschließen und damit implizit wohl auch um eine materielle Unterstützung. Ob er damit erfolgreich war, steht zu bezweifeln, 1733/34 starb Bez in großem Elend und verachtet von den Deutschen wie den Venezianern in Venedig.[200]

Die Gemeinde wandte sich nach der Entlassung von Bez, 1715, direkt an einen pietistischen Prediger, den jüngst aus Teschen vertriebenen Christoph Nikolaus Voigt (1678–1732) und fragte, ob er nicht das Amt in Venedig übernehmen könne. Eine Predigt Voigts war von einem der deutschen Kaufleute in Wien besucht worden und hatte diesen nachhaltig beeindruckt. Voigt jedoch, der in Wien als Prediger der dänischen Gesandtschaft wirkte und damit eine bedeutende Position als Förderer des Luthertums in der Habsburgermonarchie innehatte, lehnte ab und bat zugleich August Hermann Francke, einen Prediger nach Venedig zu entsenden.[201] Angesichts des Wahlverfahrens in Venedig war dies nicht möglich, wenn der eine Kandidat ausfiel, kam der andere zum

197 Dies ergibt sich ebenfalls aus dem Brief an Cyprian: FBG, Chart. A 442 Nr. 126, 8. März 1726.

198 Vermutlich Johann Sigismund von Miltitz (1699–1765) und Daniel Döhler (1661–1742), deren Lebensdaten zu Bez' Angaben passen und die beide im Cyprian-Nachlass als Korrespondenzpartner auftauchen, vgl. im Verbundkatalog Kalliope: http://kalliope-verbund.info/gnd/119453363 [16.3.2020].

199 Emo hatte in Dalmatien 1716–1718 die venezianischen Truppen kommandiert und hierbei auch deutsche Regimenter und Kompanien unter seinem Kommando gehabt. Dabei hatte er einige skandalöse Zustände entdeckt und die Verantwortlichen mit Härte bestraft: *Cattalinich*, Storia della Dalmazia, S. 168.

200 *Strobel*, Versuch, S. 34. Wenndrich schrieb 1732, dass ausgerechnet der Nachfolger des entlassenen Pietisten Hofmann die *Religion changirt* habe und noch zu seiner Zeit in Venedig *zum argernüs und unser Sache ergsten Nachtehil alhie herumgehet*: AFSH, H C 456, Nr. 22.

201 SBB/F 27/24, Nr. 58; der Brief ist abgedruckt in: *Csepregi*, Magyar pietizmus, S. 134–136 (Nr. 34).

Zuge. Damit setzten sich erneut die orthodoxen Kräfte in der Gemeinde durch. Friedemann Andreas Zülich (1687–1748) aus Jena, der 1715 in Rostock bei Albrecht Joachim von Krakevitz (1674–1732), einem herausragenden Vertreter der Orthodoxie, promoviert wurde,[202] übernahm die Gemeinde 1715, höchstwahrscheinlich auf Fürsprache seines Vaters, der inzwischen in Sachsen-Eisenach wichtige Funktionen übernommen hatte.[203] In Venedig trat Zülich daher als *Eisenachischer Consistorialrath* auf.[204] Zülich stand während und nach seiner Zeit in Venedig in intensivem Briefkontakt zu den Häuptern der Orthodoxie in Deutschland, namentlich Valentin Ernst Löscher und Ernst Salomon Cyprian, aber auch mit Fabricius in Helmstedt.[205] Aus den Briefen geht fast nichts über das Leben in Venedig und die Gemeinde hervor, was auf eine gewisse Distanz zu derselben hindeutet. Dass er fest zur Orthodoxie neigte und zum Pietismus ein kritisches Verhältnis hatte, zeigt sich in diesen Korrespondenzen sehr klar. Sein Vater schrieb nach 1720 den schwierigen weiteren Karriereverlauf von Friedemann Andreas dieser Parteinahme seines Sohnes zu.[206]

f) Der Pietismus in Venedig am Höhepunkt (1720–1732)

1718 kehrte Zülich nach Jena zurück.[207] Einige Monate war dessen Nachfolger ein gewisser Herr Micheli, von dem wir gar nichts wissen.[208] Ihm folgte nun ein dem Pietismus latent zugeneigter Prediger, Johannes Nadler aus Augsburg († 1762), der von 1719 bis 1727 in Venedig tätig war.[209] Nadler hatte seit 1709 in

202 Zu diesem vgl.: *Ott,* Krakewitz.

203 Michael Zülich war zu dieser Zeit Superintendent zu Jena und Sachsen Eisenachischer Konsistorialrat: *Gnügen,* Gedächtnus-Predigt, S. 38–40. Geholfen hatte auch in diesem Falle ebenfalls eine Intervention von Fabricius, dessen Konversionsgutachten offenbar von Teilen der lutherischen Gemeinde in Venedig verziehen worden war, vgl. Kap. IV, Fn. 89.

204 *Strobel,* Versuch, S. 33.

205 Vgl. die vielen überlieferten Briefe in: SUBH, Supellex epistolica Uffenbachii et Wolfiorum, Nr. 44, fol. 602r–604r, FBG, Chart A 424, Chart A 425; KBK, Ms. Thott. 1245, 4°.

206 Vgl. Kap. IV, Fn. 92. Siehe auch den Kommentar von Friedemann Andreas Zülich in einem Brief vom 1. Januar 1717 an Cyprian, wo er schreibt: *confabulatores Halenses in novaturiente Bibliotheca adversus inauguratem meam profulierunt,* in: FBG, Chart. A 442 Nr. 110, fol. 227r–v.

207 Sein erster Brief an Fabricius aus Jena datiert vom 21. Mai 1719, in: KBK, Ms. Thott. 1245, 4°.

208 Johannes Böhm erwähnt diesen in einem Brief an Fabricius, Micheli habe Venedig verlassen, da ihm *hiesiger Lufft nicht wohl thun wollen,* in: KBK, Ms. Thott. 1219, 4°, 18. Oktober 1719.

209 Im eben zitierten Brief vom Oktober 1719 von Johannes Böhm an Fabricius wird er als *Bernhard Nadler von Augspurg gebürtig* bezeichnet: KBK, Ms. Thott. 1219, 4°, 18. Oktober 1719. Der Vorname muss auf einem Irrtum beruhen, da alle Briefe Nadlers an Cyprian immer mit *Joh. Nadler* unterschrieben sind.

Jena studiert und hier 1713 eine Dissertation bei Johann Christoph Wendler (1687–1758) über das Thema *De Meritis Reipuplicae Augustanae in rem litterariam* vorgelegt.[210] Bereits kurz nach Beginn seines Wirkens in Venedig glückte es ihm im Frühjahr 1719, mithilfe des inzwischen zum venezianischen Nationalhelden avancierten Feldmarschall Matthias von der Schulenburg (1661–1747) einen Friedhof für die evangelische Gemeinde in Venedig durchzusetzen.[211] Damit erhielt diese zwar noch nicht de jure, aber faktisch die offizielle Anerkennung. Von Nadler sind einige Briefe an Fabricius von 1723 bis 1726 überliefert, diese handeln jedoch fast ausschließlich von Bücherversendungen und erwähnen das Gemeindeleben in Venedig nur am Rande.[212] Von Nadlers Wirken haben sich ansonsten kaum Spuren erhalten. 1727 wurde Nadler nach Deutschland an den Hof Herzog Anton Ulrichs von Sachsen-Meiningen als Musiker und Hofbibliothekar berufen, später wurde er hier auch Geheimer Rat und Konsistorialpräsident.[213]

Dass Nadler seine Stellung in Venedig aufgrund einer gewissen Nähe zum Pietismus gewonnen hatte, ergibt sich aus einem Schreiben Johann Christian Lerches (1691–1768), dem Legationsprediger des schwedischen Residenten in Wien, vom 1. März 1727 an Francke in Halle.[214] Hier schreibt Lerche im Rückblick auf Nadlers Tätigkeit: *Kann anbey nicht umhin, von dem itzigen Prediger in Venedig, H. Adlern* (sic), *dieses zu gedenken, daß er immediate von hier auf Recommendation hiesiger Patronen dahin kommen und durch dieselben grössten Theils souteniret sey, weil seine Auditores eine zeither nicht uber recht mit ihm mögen content gewesen seyn.*[215] Der im Wien der 1710/20er Jahre sehr ausgeprägte Pietismus in der protestantischen Gemeinde spricht daher indirekt für eine eine gewisse Nähe Nadlers zu dieser Strömung.[216] Nadlers Karriere in Meiningen, wo mit Johann Daniel Silchmüller († 1759) ein Superintendent

210 Nadlers Immatrikulation in Jena datiert vom April 1709: *Jauernig/Steiger,* Matrikel, S. 553. Zu Wendler siehe: *Zedler,* Grosses vollständiges Universal-Lexicon, S. 2064–2066. Zur Bedeutung von Nadlers Werk für die Augsburger Geschichte vgl. *Zäh,* Die Bedeutung Jacob Bruckers, S. 85–86.

211 Zu der Supplik und ihrer Stattgebung siehe: ASVe, Senato, Terra, Registri 276, fol. 610r., Filze 1536, 7. Februar 1719; AEGV, Fondaco 2. Siehe auch: *LeBret,* Neueste Geschichte, S. 133. Es wird von LeBret angedeutet, dass die Republik wohl aufgrund einer entsprechenden Bitte des Feldmarschalls von Schulenburg die volle Toleranz gewährt hätte, dies jedoch auf Wunsch der Gemeinde nicht geschah: Ebd., S. 133. Die Gemeinde mag dabei auch an die stärkeren Bindekräfte durch eine Gemeinde in der scheinbaren Illegalität gedacht haben.

212 FBG, Chart. B 669, Nr. 76–80.

213 Zu Nadlers weiterem Lebenslauf vgl. *Heß,* Forschungen zur Verfassungs- und Verwaltungsgeschichte, S. 32–38, 115–116; *Ketelsen/Stockhausen,* Verzeichnis der verkauften Gemälde, S. 81; *Erck/Schneider,* Musiker und Monarchen, S. 195–196, 202, 229–235.

214 Zu Lerche vgl.: *Meusel,* Lexikon, Bd. 8, S. 159–160.

215 AFSH, H C 841, Nr. 217.

216 *Schaper,* Ein langer Abschied, S. 78–82.

wirkte, der aus einer Familie mit ausgeprägter Nähe zum Pietismus stammte, ist ebenfalls ein Indiz in dieser Richtung.[217] Auch finden sich der nach Nadlers Tod angefertigten Liste seiner Bücher so manche Titel von August Hermann Francke oder dem für eine gewisse Nähe zum Pietismus bekannten Johann Franz Buddeus.[218]

Trotz der skeptischen Worte Lerches deutet die immerhin achtjährige Tätigkeit einer Person, die vonseiten der Hallenser als eine der Ihrigen gesehen wurde darauf hin, dass der Pietismus in der deutschen Gemeinde in Venedig nun fest etabliert war. Dies erklärt sich auch durch die Aktivität von neu hinzugekommenen, jüngeren pietistisch gesonnenen Kaufleuten, namentlich der beiden aus Nürnberg und Feucht stammenden Johann Karl Schweyer (1690–1759) und Johann Michael (I) Wagner. Beide finden in den Briefen des Pietisten Johannes Böhm an Fabricius aus dem ersten Jahrhundertdrittel sehr häufig Erwähnung.[219] Der Einfluss August Hermann Franckes war gerade kurz vor 1720 noch einmal entscheidend. Ihm gelang es offenbar um 1718 im Zuge seiner »Reise ins Reich«, Johannes Heinzelmann (1697–1765) aus Kaufbeuren, den Stammvater der wichtigsten deutschen Händlerdynastie in Venedig, für den Pietismus zu gewinnen.[220] Dieser richtete in den Jahren 1718/19, als er sich zeitweilig in Kaufbeuren und Augsburg aufhielt, einige Schreiben an Francke. Die Antwort scheint günstig gewesen zu sein. Während Heinzelmann im ersten Brief noch an den *Hochgeehrtesten Herrn Doctor* schrieb,[221] waren seine weiteren Briefe an den *Vetter* Francke gerichtet.[222] Er übermachte, nach eigenem Bekunden aufgrund längerer Unterredungen mit Heinrich Friedrich Francke in Venedig, im Jahr 1719 eine erste große Geldspende von 1.000 fl. und eine große Bücher-

217 *Voigt*, Johann Christoph Silchmüller, S. 9.

218 *O. V.*, Verzeichnis. Zu Buddeus vgl. *Wundt*, Die deutsche Schulphilosophie, S. 62–75.

219 Bisweilen werden auch beide gleichzeitig erwähnt, so hier: KBK, Ms. Thott. 1219, 4°, 5. September 1727.

220 Zur Familie Heinzelmann in Venedig vgl. die sehr hilfreiche und grundsätzliche Stammtafel von: *Engelmann*, Stammtafel der Familie Heinzelmann. Zu Franckes für den süddeutschen Pietismus sehr wichtigen Reise vgl.: *Weigelt*, Geschichte des Pietismus, S. 207–214.

221 AFSH, A 171, Nr. 54 (24. Januar 1718).

222 Dies mag auch damit zusammenhängen, dass Heinrich Friedrich Francke 1697 Rosina Anastasia Gaupp, die Tochter des Biberacher Bürgermeisters geheiratet hatte. Ein mit ihr sicher verwandter Emmanuel Ludwig Gaupp aus Biberach war 1717 kurzfristig Kaufherr in Venedig, während dort der 20-jährige Johannes Heinzelmann und sein zehn Jahre älterer Bruder Johann Georg Heinzelmann (1689–1731) die noch sehr kleine Firma aufbauten (*Elze*, Geschichte, S. 63; Anhang III). An seinen *Vetter* Francke schreibt Heinzelmann bereits am 29. Januar 1718: AFSH, A 171, Nr. 65. Auch weitere Briefe von ihm sind erhalten: AFSH, C 790, Nr. 27 (19. April 1719); AFSH, C 790, Nr. 26 (17. September 1719). Dass die engen familiären und freundschaftlichen Bezüge die Verbreitung pietistischer Einstellungen in die deutsche Kaufmannschaft in Venedig befördert haben, ist anzunehmen.

sammlung an das Waisenhaus.[223] Zu dieser Gruppe junger pietistischer Händler gesellte sich noch Johannes Pommer, der selbst in Halle zur Schule gegangen war und 1717 das Geschäft seines Vaters übernahm. So erreichten die dem Pietismus wohlgesonnenen Händler in der deutschen Nation um 1720 die Dominanz und konnten ihre Predigerwünsche durchsetzen. Es sei dabei darauf verwiesen, dass August Hermann Francke in seinem letzten Lebensjahrzehnt den Höhepunkt an Ansehen und Einfluss in Preußen und weit darüber hinaus erreichte, eine Tatsache, die die Entscheidung in Venedig für einen Kandidaten aus Halle sicherlich erleichterte.[224]

Um den Jahreswechsel 1726/27 zerschlug sich die eigentlich vorgesehene Entsendung von Johann Georg Schelhorn (1694–1774) aus Memmingen.[225] Der Vorschlag desselben rührte wahrscheinlich von seinen Studienjahren in Jena her.[226] Bereits im Januar 1727 schrieb Wagner direkt an August Hermann Francke und bat um die Entsendung eines Kandidaten.[227] Wohl angesichts der schwierigen Lage für lutherische Geistliche im Habsburger Herrschaftsraum fragte Francke wiederum Johann Christian Lerche in Wien nach möglichen Kandidaten. Auf Basis von dessen Antwort entschied sich Francke zur Entsendung von Georg Wenndrich, der zu diesem Zeitpunkt als Hauslehrer in Wien tätig war.[228]

Von Wenndrich ist eine umfangreiche Korrespondenz überliefert, die hier nur summarisch skizziert werden soll.[229] In seinen Briefen beklagte er sich häufig über die Abneigung großer Teile der Gemeinde gegen ihn, ein typischer Satz ist: *Ich bin allein und habe niemanden als den guten Herrn Wagner, der auch zum Theil dabey zu leiden hat; denn sie* (die anderen Gemeindemitglieder; MR) *sind ihm aus guten Willen fast alle Feind.*[230] Damit stellte Wenndrich jedoch die Gruppe seiner Unterstützer als weit schwächer dar, als sie tatsächlich war. Er hatte bedeutende Freunde an seiner Seite, jedoch war er offenbar so engagiert, dass er innerhalb der konfessionell eher wenig engagierten Kaufleute Antipathien hervorrief. Hier gewann er zwar auch einige Anhänger, jedoch immer um einen relativ hohen Preis. So schrieb Johann Michael (I) Wagner 1738 im Rückblick, dass ein Händler erst *durch den Dienst des Herrn Wenndrichs Christo*

223 AFSt/H A 171: 65.
224 *Marschke*, Halle Pietism, S. 499–506.
225 *Braun/Schelhorn*, D. Johann Georg Schelhorns Briefwechsel, S. 188–189 (Nr. 58).
226 Vgl. zu Schelhorns Studienzeit in Jena: Ebd., S. 9–14.
227 Vgl. Kap. IV, Fn. 94.
228 Das Schreiben Franckes ist nicht erhalten. Der Zusammenhang ergibt sich aus der Antwort Lerches an Francke: AFSH, H C 841, Nr. 217, 1. März 1727. Wenndrich erhielt bereits in Schreiben Lerches von 1725 und 1726 an Francke ein hohes Lob: AFSH, H C 841, Nr. 204, 213.
229 Vgl. die umfangreichen Briefwechsel Wenndrichs mit den beiden Franckes in SBB/F 27/27 und AFSH, H C 456.
230 AFSH, H C 456, Nr. 4.

seinem Bräutigam zugeführt worden sei.[231] Ein solcher Satz deutet darauf hin, dass Wenndrich relativ radikale Bekehrungserlebnisse in seiner Gemeinde im Sinne des hallischen »Bußkampfes« herbeiführen wollte und sich dadurch viele konfessionell eher wenig engagierte Händler zu Gegnern machte.[232] Wenndrichs Erfolge waren aber auch nicht zu unterschätzen. So teilte Wenndrich in manchen seiner Briefe an Francke in Halle mit, dass große Spenden von Johannes Böhm und Daniel Amman (1687–1764) an das Waisenhaus, die Ostindienmission, die Judenmission und andere Institutionen der Glaucha'schen Anstalten überwiesen würden.[233]

Aus Wenndrichs Briefen gehen eine harte Strenge und ein intensiver Bekehrungswunsch hervor.[234] Dabei hatte Wenndrich nicht nur Unterstützung durch die pietistisch gesonnenen Gemeindemitglieder, auch zwei weitere Geistliche gingen ihm zur Hand. 1730 kam ein neuer Hauslehrer für die Familie Wagner in Venedig an, Gottfried Clemens (1706–1776).[235] 1732 folgte diesem noch Johannes Paulus Wernlein (1706–1748) als Hauslehrer für eine uns unbekannte Familie.[236] Beide pflegten offenbar vor allem die Konventikel als wesentlichem Urgrund des Pietismus in Venedig. Clemens schrieb in einem Brief an August Gottlieb Spangenberg (1704–1792) in Herrnhut vom 17. Dezember 1732, dass man hier eine Gemeinde von 14 *Seelen* betreue.[237] In seinem Lebenslauf berichtet er von 18 *erwecketen Kauf-Dienern, die sich fleißig zu uns hielten.*[238] Das ist bei der Gesamtanzahl deutscher Händler und ihrer Lehrlinge von kaum mehr als 50 Personen durchaus achtenswert.

Vermutlich hätten die drei pietistischen Geistlichen ihre Stellung halten und befestigen können, wenn sie oder ihre Anhänger nicht den Fehler begangen hätten, auch innerhalb der venezianischen Bevölkerung und bei der Regierung unangenehm Aufsehen zu erregen.[239] Dies geschah just zu der Zeit, als die Vertreibung der Salzburger vorbereitet wurde und damit im gesamten Alpenraum ein erhöhtes Misstrauen zwischen den verschiedenen Konfessionen entstand. In dieser Lage wurde Wenndrich 1732 entlassen, und Anfang 1733 musste

231 AFSH, H C 456, Nr. 45.

232 Zum »Bußkampf« als Vorbedingung zur Wiedergeburt des Verzweifelten und Glaubensschwachen als innerlich gefestigem Pietisten vgl.: *Gawthrop*, Pietism, S. 139–149.

233 AFSH, H C 456, Nr. 9, 15.

234 So schreibt er über den ihm feindlichen Teil der Gemeinde: *Pharisäer aber die blind und blinde leider sind muß man fahren laßen, und allein im Vertrauen auf den lebendigen Gott hart arbeiten. Der H. H. sey mit allen denen, welche Ihm dienen von GANTZEM Hertzen in der wahrheit, ohne falsche absichten*, in: AFSH, H C 456, Nr. 14.

235 Zu Clemens siehe seine gedruckte Autobiographie, die nach seinem Tod noch ergänzt wurde: *O. V.*, Nachrichten aus der Brüder-Gemeine, S. 219–270.

236 Zu Wernlein vgl.: *Fikenscher*, Beytrag, S. 218; *Strobel*, Versuch, S. 35.

237 UAH, R. 21. A Nr. 19, Nr. 4.

238 *O. V.*, Nachrichten aus der Brüder-Gemeine, S. 248.

239 Dies wurde bereits 1730 erfasst, wenngleich erst 1741 gedruckt, durch: *Keyßler*, Johann George Keysslers Fortsetzung, S. 720.

er mit Wernlein nach Deutschland zurückkehren.[240] Clemens konnte seine Stellung als Hauslehrer noch ein Jahr bei der Familie Wagner halten. In seinem Lebenslauf schreibt er, dass er sich schließlich 1734 aus familiären Gründen und aufgrund der Unruhe der Salzburger Emigranten mitsamt darauf folgenden schärferen behördlichen Untersuchungen in Venedig genötigt sah, die Stadt zu verlassen.[241] Dies zeigt uns, dass es nicht nur die pietistische Strenge Wenndrichs gewesen war, die seine Entlassung bewirkt hatte, sondern diese auch einer Vorsichtsmaßnahme der Gemeinde geschuldet war.

Mit dem Wegzug von Wenndrich, Clemens und Wernlein schien das pietistische Experiment nach nur wenigen Jahren eigentlich gescheitert. Zwar hatten alle drei noch einen interessanten Karriereverlauf als Theologen vor sich,[242] doch in Venedig konnten sie nicht mehr wirken. Wagner sah in einem bitteren Brief nach Halle über die Entlassung Wenndrichs nun das Ende des Pietismus kommen:

Jetzo gehen die magern Jahre an, und wer in vergangener Zeit nichts gesammlet, der muß nun darben. Nicht allein bleibt es darbey, sondern die Ruchlosen beziehen sich schon darauf, und sprechen. Herr Wendrich hats zu scharf gemacht, dieser (sein Nachfolger; MR) thut es nicht, es muß also nicht so nothwendig seyn, sondern ist nur eigensinn von jenem gewesen.[243]

Nicht nur der Zeitgenosse empfand dies so. 1793 schrieb Georg Theodor Strobel (1736–1794) in seiner Gemeindegeschichte, dass Wenndrich einen *schlimmen Einfluss* gehabt habe, erwähnte allerdings auch, dass die von Halle ausgehende Ostindienmission seit dessen Wirken für lange Zeit *ansehnliche Beyträge* erhalten habe.[244]

Tatsächlich war der Einfluss Wenndrichs nachhaltig und der Pietismus auch bereits vor seinem Wirken in der Gemeinde in Venedig stark gewesen. Ein weit besseres Urteil über den Pietismus in Venedig fällt Johann Friedrich LeBret 1772:

[So] traurig es einst für die Gemeine war, als ihr Prediger catholisch wurde (Johann Philipp Bez; MR), so erbaulich war ihr das Beyspiel des seligen Herrn Wenndrich, der als Legationsprediger von Wien hieher kam. Alles Gute, das in der Gemeine ist, hat

240 Die Umstände der Entlassung werden von Wenndrich als Folge einer Intrige seiner Gegner in der Gemeinde dargestellt: AFSH, H C 456, Nr. 28, 29.

241 *O. V.*, Nachrichten aus der Brüder-Gemeine, S. 249–250. Von den deutschen Kaufleuten aus Venedig gingen Spenden in unbekanntem Umfang für die Salzburger in den Reichsstädten Süddeutschlands ein: *Putzer*, Spuren, S. 111, 117.

242 Vgl. zu Clemens und Wernlein Kap. IV, Fn. 235–236. Wenndrich wurde Prediger in Gräfenthal und heiratete eine Tochter von Samuel Urlsperger, vgl.: *Elze*, Geschichte, S. 69–72; *Klosterberg/Monok/Csepregi*, Die Hungarica Sammlung, S. 969. Einer seiner Söhne sollte später noch ein Kaufmann in Venedig werden, mehr hierzu siehe weiter unten.

243 AFSH, H C 456, Nr. 32.

244 *Strobel*, Versuch, S. 34. Ähnlich die Formulierung bei Elze, Wenndrich habe versucht, einen *sectischen Pietismus einzuführen*, in: *Elze*, Geschichte, S. 70.

man ihm zu verdanken, und sein durch viele Vorfälle bewährtes Angedenken bleibt im Segen, so lange noch einige von seiner Schule leben.[245]

LeBret übertreibt, wenn er den pietistischen Geist in Venedig ausschließlich auf Wenndrich zurückführt, doch er liegt richtig, wenn er die pietistische Bewegung zu seiner Zeit, also in den 1770er Jahren, als noch recht lebendig charakterisiert.

Der Weggang Wenndrichs führte zunächst zu einer Diskreditierung des Pietismus innerhalb der deutschen Nation. Kurz vor seiner Rückreise nach Deutschland schrieb Wenndrich im November 1732 an Gotthilf August Francke angesichts dieser Stimmung in der Gemeinde seine schlimmste Befürchtung, die auch tatsächlich wahr werden sollte: *Viele Umstände und Anzeigungen geben es, daß wohl ein Wolf oder doch ein Wolfianer kommen dürffte, wieder welchen aber niemand etwas zu sagen haben wird, weil er nicht eingebrochen, sondern rite vocatus gekommen.*[246] Ein neuer Antagonismus hatte die Dichotomie zwischen Pietisten und Orthodoxen abgelöst. Nun waren es Philosophen und Theologen der aufkommenden Aufklärung, die den Pietisten als neue Hauptgegner erschienen und der Philosoph Christian Wolff (1679–1754) galt als ihr geistiger Anführer.

Und in der Tat: Auf Wenndrich folgte Johann Balthasar Stark (1702–1761), der erste und einzige lutherische Prediger in Venedig, der auch einen Studienaufenthalt an einer reformierten Universität gewählt hatte. Der in Nürnberg geborene Stark hatte zunächst in Erlangen, Altdorf und Straßburg studiert und hatte sich 1726 *des berühmten Philosophen Wolf wegen* auch nach Marburg begeben. Nach weiteren Aufenthalten in Jena und Leipzig war er seit 1728 Kandidat in Nürnberg, wo er 1732 einen Ruf nach Venedig erhielt.[247] Stark war von vornherein als Aufklärungstheologe für die pietistisch gesonnenen Kaufleute unannehmbar, dementsprechend wird er in den Briefen von diesen nach Halle stets scharf kritisiert.[248] Stark selbst schreibt in einem Brief an Jakob Wilhelm Feuerlein (1689–1766) vom 8. März 1737, dass er die Kaufleute nicht zu Spenden für die Universität Altdorf bewegen könne.[249] Angesichts der zeitgleich regelmäßig fließenden Spenden der pietistisch gesonnenen Kaufleute nach Halle zeigt sich damit überdeutlich, welche Distanz zwischen den beiden Gruppen innerhalb der deutschen Nation in Venedig bestand.

245 *LeBret*, Neueste Geschichte, S. 128.

246 AFSH, H C 456, Nr. 28.

247 Den ausführlichsten biographischen Lexikoneintrag zu Stark bietet: *Meusel*, Lexikon, Bd. 13, S. 288–290.

248 So beispielsweise in einem Brief Wagners an Gotthilf August Francke vom 19. April 1738, in dem es heißt: *Der Successor des Herrn Wenndrichs thut jezo eine Lust-Reise durch die Städte Italiens, folgens ist vacanz. Das ist was man* (die Gegner der pietistisch gesonnenen Kaufleute; MR) *gern hat.*

249 WLB, Cod. hist. 4° 731, III, Nr. 622.

Für die pietistisch gesonnenen Kaufleute wurden seit der Entlassung Wenndrichs die Informatoren einzelner Familien bedeutsamer. Aus einem Antwortschreiben des Hallenser Theologen und Direktors der Glaucha'schen Anstalten, Gottlieb Anastasius Freylinghausen (1719–1785) aus dem Jahr 1774 auf eine Anfrage der Kaufleute Hieronymus Wagner und Balthasar von Hößlin (1721–1791) um einen Informator für ihre Kinder in Venedig ergibt sich das Tätigkeitsfeld der Informatoren in diesen Jahren relativ genau. Der damals gewählte Informator, Carl Gottfried Hartsch (1752–1799),[250] sollte sich für fünf Jahre verpflichten, sein Jahresgehalt waren dabei 200 fl. und freie Kost und Logis im Hause seiner Dienstherren. Seine Pflicht war, dass er *sechs Stunden des Tags informire, Lesen, Schreiben, Rechnen, das Christenthum, Geographie, Historie, Briefschreiben, das Lateinische, und möglich das Französische nach eines jeden Fähigkeit ihnen* (den Kindern; MR) *beybringen [möge].*[251]

Dies war jedoch nicht alles. Erwartet wurde auch, dass er *des Sonntags Abends sich bey der Erbauungs Stunde ordentlich einfinden und darinnen das Vorlesen verrichte, oder auch selbst einen erbaulichen Vortrag halte.*[252] Mit anderen Worten: Der Informator war als Leiter der Konventikel vorgesehen. So sorgten die Informatoren nach dem Weggang Wenndrichs für ein kontinuierliches Weiterbestehen des Pietismus in der deutschen Gemeinde; und so hatte es auch Schneider zu Beginn des Jahrhunderts gemacht.[253]

Pietistische Informatoren fanden sich häufig im 18. Jahrhundert in Venedig. Von 1735 bis 1741 wirkte Johann Sigismund Wüstner (1709–1784), ein dezidierter Pietist aus Halle, als Informator bei der Familie Wagner.[254] 1741 wurde er von Jacob Klein (1721–1790) abgelöst und dieser wiederum von 1744 bis 1748 von Johann Blasius (1719–1782), beide ebenfalls Pietisten hallischer Prägung.[255] In den Briefen dieser drei Informatoren nach Halle finden wir immer wieder Erwähnungen von Kaufleuten, die dem Pietismus und der Ostindienmission besonders zugetan waren und mit denen man in Konventikeln gewesen war. So schrieb Wüstner am 18. Oktober 1737, dass nicht nur sein Hausherr mit ihm zufrieden sei, *sondern auch die übrigen von dem Segen des Herrn Wenndrichs, Herrn Schalckhauser, Herrn Hugel, Herrn Jastram, und Herrn Wachter sich aufrichtiger gegen mich heraus laßen, wie wir denn auch schon einige Mahl zusammen im vergangenen Monath September, da wir auf dem Lande lebeten, unsere Knie gebeuget haben.*[256]

250 Zu Hartsch: *Müller,* Die evangelischen Geistlichen, S. 389.
251 AFSH, M 1 C 21, Nr. 54.
252 Ebd.
253 Vgl. Kap. IV. 1. d.
254 Zu Wüstner: *Rymatzki,* Hallischer Pietismus, S. 399; *Klosterberg/Monok/Csepregi,* Die Hungarica Sammlung, S. 973. Korrespondenzen von ihm an Francke sind u. a. zu finden in: AFSH, H C 456, Nr. 34, 37, 48.
255 Vgl. ihre Korrespondenzen aus Venedig in: AFSH, H C 456, Nr. 37–61.
256 AFSH, H C 456, Nr. 43.

Mit Ausnahme von Wachter waren all diese bedeutende Kaufleute der deutschen Nation, wie weiter unten noch zu zeigen sein wird.[257] Nach diesen aus Halle stammenden Informatoren kamen in der zweiten Hälfte des 18. Jahrhunderts vor allem süddeutsche Hauslehrer nach Venedig, die stärker von Samuel Urlsperger oder der Universität Altdorf geprägt waren. Sympathien für den Pietismus können wir bei Gotthard Pez aus Wöhrd vermuten, der um 1750 die Kinder der Familie Heinzelmann unterrichtete,[258] zudem bei Johann Conrad Hofmann (1702–1756), der von 1733 bis 1756 faktisch als Privattheologe und -gelehrter im Handelshaus von Amadeus Schweyer (1727–1791) wirkte.[259] Auch Johann Friedrich LeBret, der von 1757 bis 1761 als Informator bei der Familie Pfauz angestellt war, hatte diese Position aufgrund seiner Verbindungen zu Urlsperger in Augsburg erhalten.[260] Aus einem Brief von Freylinghausen an Hartsch in Venedig aus dem Jahr 1774 ersehen wir, dass im Hause Hößlin auch in den Vorjahren ein Hallenser Informator namens Carl Ehrenfried Meyer gewirkt hatte.[261] Wir können daher davon ausgehen, dass in den Jahrzehnten seit dem Weggang Wenndrichs immer mindestens ein in Halle ausgebildeter Theologe in Venedig wirkte und die Konventikel aufrechterhielt.

Bis in die 1770er Jahre gab es noch einen etwas intensiveren brieflichen Kontakt zwischen der deutschen Gemeinde in Venedig und Halle.[262] Erst als der letzte sicher in Halle ausgebildete Informator, Carl Gottfried Hartsch, Venedig im Jahr 1779 verließ, scheint dies auch mit einer Abkehr vom Pietismus einhergegangen zu sein. So nahmen die Kaufleute Johann Konrad Reck (1735–1802) und Veit Ludwig Laminit (1724–1811), die die Firma der pietistisch gesonnenen Kaufleute Schalckhauser & Hugel übernommen hatten, als Informator für ihre

257 Wachter war ein Angehöriger der wichtigen Memminger Händlerfamilie, siehe: *Kellenbenz,* Die Wirtschaft, S. 151–153. Er war wohl als Faktor im Dienst seiner Memminger Heimatfirma zu dieser Zeit in Venedig tätig. Vgl. auch Kap. II. 3. d. Wagner schrieb am 19. April 1738 an Francke, dass Wachter *erst durch den Dienst des Herrn Wenndrich Christo seinem Bräutigam zu geführet worden,* in: AFSH, H C 456, Nr. 45.

258 Dies ergibt sich aus der expliziten Nennung von Pez in einem Reisebericht eines der wichtigsten Mitarbeiter des *Institutum Judaicum et Muhammedicum* aus dem Jahr 1750. In diesem Reisebericht wurden in Venedig ausschließlich Freunde der pietistischen Mission genannt: *Schultz,* Der Leitungen des Höchsten, S. 129.

259 Auch Schweyer wird im selben Reisebericht positiv erwähnt: Ebd., S. 150. In einer Sammlung an Funeralgedichten zum Tod von Hofmann finden wir vor allem Gedichte von Sigismund Streit, einem stark pietistisch gesonnenen Kaufmann: *Ferrari,* Amadeo Svaier, S. 52–55; *Tata,* All'insegna della fenice, S. 210–214.

260 *Pesante,* Stato e religione, 4–5, 12–13. Pesante ist der Auffassung, dass der Pietismus bei LeBret kaum eine wesentliche Rolle gespielt hat, ohne dies zu belegen. Tatsächlich findet er sich noch über ein Jahrzehnt nach seiner Rückkehr aus Venedig als Spender für das hallische Missionswerk: AFSH, M 3 E 10, Nr. 11.

261 ASFH, C 835, Nr. 72.

262 Dieser Kontakt wurde vor allem von den Angehörigen der Familie Wagner aufrechterhalten: AFSH, H C 456, Nr. 83–100.

Kinder von 1782 bis 1788 Johann Philipp Siebenkees (1759–1796) auf.[263] Siebenkees, der seit 1791 als Professor für Philosophie und Sprachen in Altdorf wirken sollte, war im Theologiestudium in Altdorf stark von Johann Christoph Döderlein (1745–1792), einem der bedeutendsten Vertreter der Aufklärungstheologie geprägt worden.[264] Das mag symptomatisch sein. Eine neue Generation von Kaufleuten der deutschen Nation in den 1770/80er Jahren wandte sich den jüngeren Strömungen der lutherischen Theologie mit ihrer Nähe zum Rationalismus zu.[265]

Während somit für die religiös stärker engagierten Händler erst im letzten Jahrhundertdrittel eine Hinwendung zu neuen theologischen Entwicklungen bemerkbar ist, hatte sich eine Mehrheit der Gemeinde bereits in den 1730er Jahren von Halle distanziert. Johann Balthasar Stark konnte daher trotz der Opposition der pietismusnahen Kaufleute ganze 14 Jahre bis 1746 sein Amt wahren; und auch dann verließ er es freiwillig für eine Professur der Philosophie und Geschichte am Aegidischen Auditorium in Nürnberg. Starks Amtsdauer zeigt uns, dass die Dominanz des Pietismus in Venedig nur von 1719 bis 1732 gedauert hatte, zuvor und danach stand die Mehrheit der Kaufleute dem Programm Halles eher fern.

Stark selbst war offenbar von seiner Zeit in Venedig zeitlebens so angetan, dass diese Verbindung nach seinem Tod auf einem ihm gewidmeten Kupferstich ausgiebig zur Schau gestellt wurde (Abbildung 7). Er selbst wird hier hinter einem Brüstungsvorsprung gezeigt, dessen breitere mittlere Zone konkav geschwungen ist und seinen Namen, eine Inschrift und seine Lebensdaten enthält. Flankiert wird dieser mittlere Teil rechts von einem schmaleren hochrechteckigen Feld mit einer Abbildung des Markusdoms, die zum Teil überdeckt wird durch eine Karte Italiens, die wiederum unter einem auf der Brüstung liegenden Buch herabhängt, das den Aufdruck GEOGR[aphia] ANT[iqua] trägt. Auf der gegenüberliegenden linken Seite ist auf dem entsprechenden Feld ein deutsches Fachwerkhaus abgebildet. Auch wenn Stark damit wohl nur seine persönliche biographische Prägung in Venedig stärker herausstreichen wollte, so kann dies auch als eine sinnbildliche Darstellung der deutschen Nation und ihrer Prediger angesehen werden. Diese vermittelten zwischen beiden Welten und bewahrten doch immer ihren Bezug zu Deutschland und zur lutherischen Kirche – im Hintergrund des Kupferstichs durch die Nürnberger St. Jacobskirche repräsentiert.

Als nun 1746 wieder eine Predigerwahl anstand, gelang es offenbar eine Einigung zu erzielen, die beiden Parteien gerecht wurde: Gewählt wurde Georg Andreas Ziegler (1721–1792), der innerhalb der deutschen Nation von 1746 bis

263 Zu Siebenkees, vgl.: *Hoche*, Siebenkees.

264 Zu Döderlein bis heute am ausführlichsten: *Leder*, Universität Altdorf, S. 161–244.

265 Die Abwendung vom Pietismus ist für das Jahr 1793 auch zeitgenössisch bezeugt: *Strobel*, Versuch, S. 34.

Abbildung 7: Kupferstich Johann Balthasar Starks aus dem Jahr 1764, gestochen durch Johann Wilhelm Windter
Quelle: HAB, Porträtsammlung A 20931.

1790 in Venedig wirken sollte. Der in Lauf an der Pegnitz geborene Ziegler hatte in Altdorf und Helmstedt studiert und war seit 1744 Kandidat in Nürnberg. Wie bereits bei Stark 1732 war dies auch in diesem Falle die Position, von der aus der Posten in Venedig besetzt wurde. Dieses Mal jedoch schickte das Nürnberger geistliche Ministerium einen Prediger, der dem Pietismus nicht so fern stand wie sein Vorgänger.[266] Dass Ziegler in dem Gedichtband zum oben erwähnten,

266 Ziegler hatte in Altdorf zu einer Zeit studiert, zu der man hier die Vorherrschaft der *vernünftigen Orthodoxie* ansetzt, eine theologische Richtung, die in *mehr oder weniger inniger Synthese mit dem Pietismus* stand, vgl.: *Leder*, Universität Altdorf, S. 75–81. Ähnliches galt seinerzeit in Helmstedt, dem zweiten Studienort Zieglers: *Steiger*, Johann Lorenz von Mosheims Predigten.

1756 verstorbenen und dem Pietismus nahestehenden Informator der Familie Schweyer, Johann Conrad Hofmann einen eigenen Beitrag beisteuerte, hängt wohl mit dieser Verbindung zusammen.[267] Auch lebte Ziegler von 1746 bis 1757 im Haus eines pietistisch gesonnenen Mitgliedes der deutschen Nation, dem Kaufmann Friedrich Pfauz (1715–1778).[268] Zuletzt ergibt sich aus dem Tagebuch von Georg Daniel Heinzelmann (1734–1816) im Jahr 1771 ein häufigerer Umgang Zieglers mit dessen Familie und den weiteren Kaufleuten mit Sympathie für das Programm Halles. So werden sieben private Zusammentreffen Heinzelmanns mit Ziegler in diesem Jahr erwähnt und zweimal war auch der strengpietistische Sebastian (I) Schalckhauser (1701–1774) dabei.[269] Offenbar gab es wenig Berührungsängste vonseiten der pietistisch gesonnenen Kaufleute zu diesem Prediger, wenngleich er kaum eine biographische Prägung im Sinne der Francke'schen Theologie erfahren hatte.

Eine besondere Geisteshaltung der Händler der deutschen Nation in Venedig blieb auch nach der Abschwächung des Pietismus lange lebendig. So schrieb Johann Christoph Maier 1789 über die dortigen deutschen Kaufleute den rätselhaften Satz: *Uebrigens werden sie beinahe durchgehends vom Hans Jostischen Geiste beseelt.*[270] Maier schlussfolgerte aus dieser Erwähnung, dass diese Kaufleute daher auch in Zukunft noch florierend bleiben würden,

> da sie (…) sich auf nichts anders als ihre Handlung einlassen, keine eigene Gondeln und Equipage halten, sondern beides miethen, wenn sie auf ihre Landhäuser gehen, oder sich sonst zerstreuen wollen, in keinen andern Gesellschaften als auf der Börse glänzen wollen, und ihren ganzen Ehrgeiz auf ein gutes Kapital in der Bank, volle Kasse, Kredit, und nüzliche Geschäfte einschränken.[271]

Dass Maier mit dieser Beschreibung eines hohen Arbeitsethos auf weiter fortbestehende Charakterzüge des Pietismus verwies, können wir annehmen.[272]

Es sei zum Schluss dieses Kapitels noch auf eine bemerkenswerte Nebenentwicklung des Pietismus in Venedig eingegangen. Seine wesentlichen Protagonisten wurden die wichtigsten Geburtshelfer für die lutherische Gemeinde in Livorno. Über deren religiöse Entwicklung können wir zwar nur weit weniger als im Fall Venedig sagen, zudem kann hier angesichts der geringen Bedeutung des Pietismus aufgrund der erst in den 1760er Jahren einsetzenden Gemeindebildung nicht das Argument eines pietistischen Händlernetzes greifen. Für den Fall Livornos wird hier daher stattdessen vorgebracht, dass die vornehmlich

267 *Ferrari,* Amadeo Svaier, S. 52–55; *Tata,* All'insegna della fenice, S. 210–214.
268 *Elze,* Geschichte, S. 72–73
269 Zum Pietismus bei Heinzelmann und Schalckhauser sowie dem Tagebuch vgl. die Tabellen 18 und 38.
270 *Maier,* Beschreibung von Venedig, Bd. 1, S. 280.
271 Ebd., S. 279–280.
272 Vgl. die erwähnte besondere Hinwendung von Reichsgrafen zum Pietismus: Kap. IV, Fn. 11–13. Zu der Mentalität der deutschen Kaufleute in Venedig vgl. auch die Beschreibung eines weiteren Zeitgenossen: *Lupin,* Selbst-Biographie, S. 146.

Hamburger und Schweizer/Genfer Kaufleute des späten 18. Jahrhunderts in enger Anlehnung und Zusammenarbeit mit den britischen Händlern vor Ort eine Art von »Proto-Unionsgemeindeleben« etablierten und damit die Prozesse der Residenzialisierung und Kapitalstockbildung verstärkte Impuls erhielten. Dies wiederum war die Voraussetzung für einen Ausbau stabiler Fernhandelsnetze innerhalb des Mittelmeers, unter anderem nach Venedig zu der dortigen deutschen Händlerkolonie. Man kann mit einiger Wahrscheinlichkeit eine Ablösung der bis 1740 vorherrschenden Kartellpraktiken durch ein auf der Kirchengemeinde basierendes Händlernetz feststellen, wenngleich sich dies nur weit schwerer als in Venedig belegen lässt.

Die Entwicklung des Protestantismus in Livorno sei kurz rekapituliert. Bereits seit 1620 ließ ein Kaufmann aus Lüttich, Lambert Constant, einen Privatgrund zu Beerdigungen von Protestanten nutzen. Hierzu finden wir erstmalig auch Dokumente von italienischer Seite seit 1642.[273] Um 1650 waren die Händler der Nazione Olandese-Alemanna in der deutlichen Mehrheit Protestanten, wenngleich sich hier noch etwas länger als in der deutschen Nation in Venedig ein katholisches Element hielt.[274] Die Zahl der Katholiken verminderte sich kontinuierlich, sodass wir spätestens zum Ende des 17. Jahrhunderts von einer weitgehend protestantischen Nazione ausgehen können. 1695 erhielten die Deutschen und Niederländer schließlich nach einigen Schwierigkeiten auch einen Friedhof auf dem sogenannten *Palla al Maglio*, benannt nach dem vormals auf diesem Feld häufig gespielten Paille-Maille. Dies war der erste jemals in Italien offiziell anerkannte protestantische Begräbnisort.[275] Für den wöchentlichen Sonntagsgottesdienst stand zu diesem Zeitpunkt bereits seit Jahrzehnten das Haus des niederländischen Konsuls bereit.[276]

Offenbar reichte der reformierte Gottesdienst der sich seit 1740 etablierenden Mehrheit der Hamburger Lutheraner in und außerhalb der Nazione nicht mehr aus. Der bereits erwähnte Heinrich Christian (II) Lutyens wurde zu einem unbekannten Zeitpunkt Konsul von Preußen, so weist es der Grabstein seiner Frau Anna Villon aus und so findet es sich in einem Brief des Predigers der deutschen Gemeinde an den König von Preußen aus dem Jahr 1814.[277] Da Lutyens wie sein Vater niemals Mitglied der Nazione gewesen war, hatte es für ihn offenbar nahegelegen, sich zum Konsul Preußens ernennen zu lassen, was die Regierung in Berlin angesichts der Kostenfreiheit dieser Ernennung auch genehmigte. Als 1756 der Siebenjährige Krieg ausbrach, legte Lutyens die Stelle nieder, da sie in

273 *Kieckens*, De nazione, S. 42–43; *Frattarelli Fischer*, L'Arcano del mare, S. 117.

274 *Kieckens*, De nazione, S. 70–71. Vgl. auch Kap. III, Fn. 433–444.

275 Zur Vorgeschichte dieses protestantischen Friedhofs sowie Literatur hierzu: *Ressel*, La Nazione, S. 314–317.

276 *Hoogewerff*, De Nederlandsch-Duitsche, S. 168.

277 *Poinsignon*, Geschichte der protestantischen Kirchengemeinde, S. 21; *Panessa/Nista*, La congregazione, S. 158–160. Vgl. zu Lutyens und seinem Vater auch Kap. III, Fn. 482.

der habsburgisch regierten Toskana nur noch Nachteile bringen konnte.[278] Das Konsulat wurde allem Anschein nach nicht wieder erneuert.[279]

Ein Ziel des preußischen Konsulats war die Anerkennung einer deutschen und lutherischen Gemeinde durch den Großherzog gewesen. Damit hätte man nach Vorbild der Briten einen eigenen Prediger einstellen können.[280] Dieses Bedürfnis wuchs noch während des Siebenjährigen Kriegs. Um 1760 bereits waren acht bedeutende deutsche Händlerhäuser in Livorno aktiv, die sich nun einen eigenen evangelischen Prediger wünschten.[281] Lutyens behielt auch nach der Niederlegung seines preußischen Konsulatstitels offenbar einige Präeminenz unter den deutschen Kaufleuten. 1761 machte er die Bekanntschaft mit dem auf Italienreise befindlichen Johann Friedrich LeBret, dem bereits oben erwähnten Informator der Familie Pfauz in Venedig. LeBret empfahl auf eine entsprechende Bitte von Lutyens hin einen Studienfreund aus Tübinger Tagen, Johann Friedrich Breyer (1738–1826) als Informator für dessen drei Kinder in Livorno. Lutyens schrieb diesem, der damals herzoglicher Stipendiat an der Universität Tübingen war, und bot ihm die Stelle als Informator für drei Jahre an.[282] Breyer, der 1758 in Tübingen Examen gemacht hatte, konnte das Oberkonsistorium in Stuttgart überzeugen, das Stipendium für drei Jahre auszusetzen und in Livorno tätig zu sein. Die drei Jahre waren ein voller Erfolg, sodass Breyer 1764 um die Verlängerung seines Dienstes mit folgenden Zeilen bat:

> [Ich habe] auch nicht nur in der Erziehung der mir anvertrauten zarten Pflanzen, sondern auch auf besonderes Verlangen der sämtlichen hiesigen Evangelischen Kaufleuthe in der mit aller Vorsicht und in der grösesten Stille unternommenen Verrichtung des Hauß-Gottesdienstes alle meine Kräfte einzig und allein zu der Ehre seines Namens gewidmet.[283]

Die deutschen Kaufleute in Livorno hatten diesen ebenso wie an der Adria illegalen aber genauso stillschweigend von der katholischen Obrigkeit geduldeten Gottesdienst etwas über 110 Jahre nach ihren Landsleuten in Venedig erhalten.

278 Vgl. das Schreiben von Breyer an den Herzog vom 8. Februar 1766: BWHSAS, A 63, Bü 124, Nr. 43,4.

279 Allerdings berichtete 1786 der französische Konsul nach Paris, dass in Livorno ein preußischer Konsul residierte: *Filippini*, Les nations, S. 583.

280 Der dänische Konsul wurde hierfür als zu alt angesehen und der holländische war ebenfalls betagt, vor allem jedoch kein Lutheraner.

281 So schrieb der zunächst inoffizielle Geistliche der evangelischen Gemeinde, der Erzieher der Kinder von Heinrich Christian (II) Lutyens, Johann Friedrich Breyer, am 1. November 1761 an Samuel Urlsperger über den Wunsch nach einer Verstetigung des Predigeramts: *H. Lutyens, Oldenburg, Behrenberg sind hierzu ernstlich entschlossen, und die übrige 5. Herrn evangelische Kaufleute, werden dißfalls ihren Sinn nach meiner Predigt erklären*, in: BWHSAS, A 63, Bü 124, Nr. 43,4.

282 So schreibt dies Breyer 1761 selbst aus Tübingen an die Regierung in Stuttgart: BWHSAS, A 63, Bü 124, Nr. 43,1.

283 BWHSAS, A 63, Bü 124, Nr. 43,2.

Wir wissen sogar, wo dieser stattfand: in einer Kapelle in der Via del Consiglio. Die mangelnde Eintracht, von der ein sächsischer Reisender im Jahr 1761 in Bezug auf die Protestanten der Nazione sprach, zeigt uns, dass es vonseiten der letzten reformierten Gemeindemitglieder Widerstand gegen die Ernennung und Tätigkeit Breyers gegeben hatte.[284]

Die Verbindungen zum süddeutschen Pietismus fehlten auch hier nicht. LeBrets pietistische Prägung wurde oben schon erwähnt. Bedeutsamer ist, dass Breyer in intensivem Kontakt zu Samuel Urlsperger in Augsburg stand und von diesem eine wichtige Hilfe für die Verstetigung seiner Stelle in Livorno und die Unterstützung des Herzogtums Württemberg in dieser Sache erhielt.[285] Auch wenn Breyer in seinen späteren Jahren als Professor für Philosophie an der Universität Erlangen wirkte und hierbei einen deutlich von Kant inspirierten Ansatz vertrat, so erkennt man in seinem Wirken immer auch noch eine vom Pietismus geprägte Grundausrichtung.[286] Sein Nachfolger in Livorno wurde der aus Fechheim bei Coburg stammende Johann Paul Schulthesius (1748–1816), einer von Breyers ersten Studenten aus Erlangen, der fast sein ganzes Leben (1773–1816) für die Livorneser Gemeinde tätig sein sollte.[287]

Dabei entstand durch das Wirken der lutherischen Prediger bald ein intensives Proto-Unionsgemeindeleben aller protestantischen Händler in Livorno. Bereits Breyer hatte es geschafft, dass ihm zeitweise *die Verwaltung (...) sowohl an der Englisch- als Genfischen Gemeinde* aufgetragen wurde, wie er am 8. Februar 1766 an Urlsperger schrieb.[288] Die Tendenz zur Überwindung der konfessionellen Grenzen innerhalb des Protestantismus verstärkte sich unter seinem Nachfolger. So schloss Schulthesius in seiner Amtszeit über zwei Dutzend Ehen und taufte über Hundert Neugeborene. Dabei heirateten unter seiner Ägide reformierte Personen aus der Eidgenossenschaft oder Genf oder anglikanische Briten und Iren lutherische Deutsche aus allen Teilen des Reichs.[289] So wurde Livorno auch dank seines Wirkens eine Art kleiner »Melting-Pot« des protestantischen Europas, was zur Verknüpfung heterogenster Händlernetze wohl das Seinige beitrug. Schulthesius gelang es darüber hinaus, ein dichtes Gemeindeleben aufzubauen, was wiederum die Tendenz zur Residenzialisierung in Livorno

284 *Panessa/Nista*, La congregazione, S. 75. Der Raum wird heute als Ratssaal der Stadtverwaltung Livornos genutzt.

285 Hiervon zeugt ein langer Extrakt eines grundsätzlichen Schreiben Urlspergers zur Lage der Protestanten in Livorno in einem Brief Breyers an das Oberkonsistorium in Stuttgart: BWHSAS, A 63, Bü 124, Nr. 43,4.

286 *Klemme*, Breyer, Johann Friedrich.

287 Zu Schulthesius, dem ersten auch offiziell anerkannten lutherischen Geistlichen Italiens vgl.: *Panessa/Nista*, La congregazione, S. 72–77.

288 BWHSAS, A 63, Bü 124, Nr. 43,4, 8. Februar 1766.

289 Vgl. Anhang VII, für die Taufen noch: ACOA, Registro I della Chiesa Protestante degli Olandesi-Alemanni in Livorno. Für die Zeit nach 1808 vgl. ACOA, Registro II di Nascita, di Morte, e di Matrimonio della Chiesa Protestante degli Olandesi e Alemanni di Livorno, di 1808 a 1827.

verstärkt hat.[290] Das hatte seine Effekte. Zu Beginn seiner Amtszeit war Schulthesius auf acht deutsche Händler in Livorno getroffen. Er selbst verstarb 1816, nachdem die napoleonischen Kriege Livorno schwer geschädigt hatten. Nichtsdestotrotz wurden 1822 die neuen Statuten der Nazione Olandese-Alemanna von 20 Kaufleuten unterzeichnet; und die meisten davon waren bereits vor der Jahrhundertwende nach Livorno gekommen.[291]

g) Zusammenfassung

Die konfessionelle Lage der deutschen Gemeinde in Venedig zwischen 1645 und 1715 zeigt mehr noch als die wirtschaftliche Entwicklung die enge Verbindung mit dem protestantischen Süddeutschland. In einiger Analogie zu den Vorgängen in den schwäbischen Reichsstädten, aber durchaus mit eigener Nuancierung, entwickelte sich das religiöse Leben der deutschen Kaufleute und ihrer Kinder an der Lagune. Dies spiegelt die nun immer deutlicher hervortretende Dominanz der protestantischen Kaufleute innerhalb der Reichsstädte und Handelszentren sowie generell der innerhalb Süddeutschlands aufstrebenden Gewerbelandschaften wider. In dem Maße, wie in den Ursprungsorten der Kaufleute des Fondaco sich eine Dominanz der Protestanten in den kaufmännischen Zirkeln durchsetzte, musste sich dies auch im venezianischen Außenposten der süddeutschen Reichsstädte niederschlagen.[292]

Dies war keineswegs selbstverständlich. Süddeutschland war gerade nach dem Dreißigjährigen Krieg stärker katholisch geworden. Nicht nur setzte ein demographischer Trend der höheren Nachwuchszahlen bei den Katholiken ein, was bald in einigen paritätischen Reichsstädten zur Minderheitensituation der Protestanten führen sollte,[293] auch die verstärkte Rekatholisierung im Reich nach 1600 war ein primär süddeutsches Phänomen.[294] Es wäre eigentlich zu erwarten gewesen, dass infolgedessen mehr katholische Kaufleute ihren Weg in den Fondaco finden würden. Die Tatsache, dass das Gegenteil geschah und die Protestanten aus den süddeutschen Reichsstädten in Venedig die deutliche Dominanz errangen, verweist auf eine der wesentlichsten Quellen der weiterbestehenden Vitalität der Reichsstädte: Ihr Vorsprung in der Organisation des Handels blieb bis zum Ende des Reichs so gut wie uneinholbar für die Akteure aus den fürstlichen Territorien. Der Fall Venedigs bestätigt eine offenbar verallgemeinerbare Regel im süddeutschen Raum an einem markanten Beispiel.

290 *Panessa/Nista*, La congregazione, S. 72–77.

291 ACOA, Libro Rosso, 9. August 1822.

292 Peter Fassl nahm eine Spiegelung der Lage von Augsburg in Venedig an, dies ist in der Tendenz wohl richtig: *Fassl*, Konfession, S. 134.

293 Am besten erforscht ist diese demographische Entwicklung für den Fall Augsburgs: *François*, Die unsichtbare Grenze, S. 33–72.

294 *Herzig*, Der Zwang zum wahren Glauben, S. 35–80; *Corpis*, Crossing the Boundaries, S. 41–52.

Die lutherische Gemeinde berief spätestens seit 1649 Prediger aus Deutschland. Auch wenn diese in der Tradition von vorherigen Geistlichen standen, die in Privatgemächern für individuelle Familien Gottesdienste abgehalten hatten, so war dies ein markanter Einschnitt in der Gemeindegeschichte. Die Geistlichen hatten interessanterweise dezidiert keine Erziehungsaufgabe für die Kinder der Kaufleute; diese blieben zusammen mit ihren Müttern vom Gottesdienst in der Regel ausgeschlossen.[295] Die Kaufleute gingen ein hohes Risiko ein, um einen als unabdingbare Notwendigkeit angesehenen, aber ausschließlich aus Gründen der Frömmigkeit gewünschten Gottesdienst zu halten und diesem beizuwohnen. Damit war eine Kirche im Untergrund geschaffen, die den hieran teilhabenden deutschen Kaufleuten das Gepräge von Beteiligten an einem Geheimbund verlieh.

Die deutschen Prediger in Venedig in den ersten Jahren nach der Gemeindegründung zeichnen sich durch eine Nähe zur Altdorfer Universität aus. Die erstmalige Berufung von Geistlichen aus Norddeutschland seit 1664 sollte einen wichtigen Schritt zur langfristigen Öffnung der Nation für Kaufleute aus dem niederdeutschen Raum darstellen. Die deutschen Prediger ab den 1670er Jahren zeichnet dann eine Offenheit für vorpietistische Strömungen oder bereits den Pietismus im Sinne von Philipp Jacob Spener aus. Die engen Kontakte der Prediger zu den Reichsstädten, die selbst wiederum relativ offen für das Reformprogramm Speners waren, wirkten mit einer gewissen Folgerichtigkeit recht schnell auf die Gemeinde zurück.

So bildete sich seit den 1680er Jahren eine kleine Gemeinde von Pietisten innerhalb der gesamten Nation aus. Auch Venedig hatte nun seine »Ecclesiola in Ecclesia«. Als manche hugenottischen Flüchtlinge infolge des Edikts von Fontainebleau Venedig erreichten, förderte dies den Pietismus an der Lagune. Auch wirkten seit 1682 spätestens mit dem Pietismus sympathisierende Prediger in der Gemeinde, die auf die Verfolgten zugegangen zu sein scheinen. Aus den Akten der *Esecutori contro la bestemmia* kann man ersehen, dass die Reformierten aus der Schweiz und Frankreich seit Mitte der 1680er Jahre mit den pietistisch gesonnenen, lutherischen Deutschen gemeinsame Konventikel organisiert hatten. Die Zerschlagung der reformierten Gemeinde um 1692 traf die Lutheraner nicht, die sich in den Schutz des Fondaco zurückziehen konnten.

Als im Laufe der 1690er Jahre der Francke'sche Pietismus immer stärker aufkam, wirkte es sich günstig aus, dass dessen Bruder sein Geschäft in Venedig begründete und hier fast drei Jahrzehnte für das Programm Halles wirken konnte. Um 1700 war der Pietismus fest in Venedig etabliert, er traf aber auch auf starke Gegenkräfte. Die nächsten Jahrzehnte standen im Zeichen eines latenten Konflikts zweier Fraktionen innerhalb der deutschen Nation um die Predigerstelle. Bis 1719 konnten sich die orthodoxen Kräfte noch etwas stärker durchsetzen, seither dominierten die mit dem Pietismus sympathisierenden Gemeindemitglieder.

295 Dies galt bis zum Ende der Republik: *LeBret*, Neueste Geschichte, S. 128.

1728 kam es mit der Einsetzung des streng pietistisch gesonnenen Predigers Georg Wenndrich zum Höhe- und Wendepunkt in dieser Entwicklung. Wenndrichs Scheitern bei dem Versuch, den Pietismus in der Gemeinde rigoros durchzusetzen, führte dazu, dass die dem Hallenser Programm gewogenen Gemeindemitglieder sich künftighin auf die Konventikel zur religiösen Erbauung konzentrierten und hierfür vor allem geistlichen Beistand durch Informatoren bekamen. Ein sichtbares Resultat ihres Wirkens waren große Spendensummen, die von Venedig aus in die Missionswerke der Pietisten in Ost- und Westindien und viele weitere Institutionen im Sinne der Hallenser flossen.[296] Als spätes Nebenprodukt der auch in der zweiten Hälfte des 18. Jahrhunderts noch bedeutenden Sympathien für den Pietismus innerhalb der deutschen Gemeinde in Venedig entstand 1761 sogar eine lutherische Gemeinde in Livorno. Diese wurde im letzten Jahrhundertdrittel recht vital und kam mit ihren vielen Hochzeiten und Geburten seit 1780 der deutschen Gemeinde in Venedig an Dynamik gleich. Bedeutsam war hier eine durch die lutherischen Prediger ausgelöste verstärkte Vertrauensbildung von internationalen Händlern aus verschiedenen Regionen des protestantischen Europa, die sich in einem regen Gemeindeleben und zahlreichen Heiraten über die innerprotestantischen Konfessionsgrenzen hinweg manifestiert.

Bezugnehmend auf die Ansätze von Alexander Pyrges kann festgehalten zu werden: Die pietistische Gruppierung in Venedig wurde in auffälliger Weise von jener alternativen protestantischen Vergesellschaftung erfasst, die sich außerhalb der Landeskirchen abspielte. Die Pietisten in Venedig wurden dabei Teil jener globalen Sozialkonfiguration, die sich als Kommunikationsnetzwerk mit seinen Knoten in Augsburg, Halle und andernorts transgredient betätigte und damit eine eigentümliche Rückkoppelungsdynamik in der »Landeskirche«, hier also der lutherischen Gemeinde in Venedig, bewirkte. Dabei ist der Beitrag der venezianischen Förderer des Pietismus jedoch wohl nur von geringer theologischer Relevanz gewesen, hauptsächlich erscheinen die Anhänger Franckes und Urlspergers an der Lagune als Spender von Geld und Rezipienten pietistischer Literatur. Ging es konkret um einen pietistisch geprägten Prediger, so wurde dies typischerweise hochgradig konfliktuös, wie die Gemeindegeschichte von 1650 bis 1750 lehrt. In diesem Zeitraum ist im Fall Venedigs vor allem der Antagonismus von frommen und weniger frommen Kaufleuten ein durchgängiges Element der Gemeindegeschichte. Doch schwand dieses auffälligerweise in der zweiten Hälfte des 18. Jahrhunderts, ohne dass dabei das Spendennetzwerk weniger aktiv geworden wäre. Im Gegenteil: Die größten Spendenzahlungen der Deutschen in Venedig für die Hallische Mission wurden erst in der zweiten Hälfte des 18. Jahrhunderts geleistet.

296 Vgl. zu den Spenden aus Venedig im Sinne des Pietismus als Auswahl: *Elze*, Geschichte, S. 71–72; *Rymatzki*, Hallischer Pietismus, S. 399; *Aland*, Die Korrespondenz, S. 302–306 (Nr. 335).

Bei der ›Entschärfung‹ des Dauerkonflikts in der lutherischen Gemeinde Venedigs nach 1750 sind wohl zwei Faktoren besonders wirkmächtig gewesen. Einerseits zogen sich die Pietisten für die Ausübung ihrer Frömmigkeit stärker ins Private zurück, was sich in der bedeutenderen Rolle von Informatoren als einer Art von Hauspredigern manifestierte. Andererseits war wohl auch die Gemeinde in Venedig von einem Phänomen erfasst, welches auch Pyrges betont hat. Indem der landeskirchlich verfasste Protestantismus im Allgemeinen sich unter dem Eindruck der Dynamik der pietistischen Mission den Anliegen der Pietisten öffnete, insbesondere einem stärker expansiv-aktivistischen Impuls zur Tätigkeit in der Welt, gelang es, die Spannungen, ja überhaupt die Trennung von Pietismus und Orthodoxie zu überwinden. Ein besonders aktiver Pastor wie Schulthesius in Livorno, der jahrzehntelang als Leiter einer Gemeinde aller englisch-, französisch-, italienisch- und deutschsprachigen Protestanten vor Ort tätig war, wirkt wie eine Versinnbildlichung dieser erneuerten Form des Protestantismus.

Dies verweist aber bereits in das 19. Jahrhundert. Im 18. Jahrhundert bleiben insbesondere in Venedig bis zum Schluss des Säkulums die dem Pietismus zugeneigten Kaufleute in einer auffälligen Weise für den Historiker sichtbar. Dabei zeigt sich vor allem das Phänomen einer über mehrere Generationen hinweg geltenden Verbundenheit derselben Händlerdynastien zum Pietismus. Mit diesem Befund ergibt sich die Möglichkeit einer vertieften Analyse zu deren Gruppenkonstitution jenseits der Konventikel. Mit der Identifizierung der dem Pietismus zugewandten Familien ist es möglich, diese als soziale Formation genauer zu betrachten und festzustellen, ob sich hierbei Muster zeigen, die auf ein Händlernetz hindeuten. Dies soll im Folgenden untersucht werden.

2. Das pietistische Händlernetz an der Lagune

a) Das Heirats- und Verwandtschaftsnetz

Die Zuordnung der Gemeindemitglieder in Anhänger des Pietismus und diesem Fernstehende ist kein leichtes Unterfangen. Um der Problematik einer solchen Einteilung mit den prinzipiell inhärenten und unvermeidlichen Unschärfen allein der Begriffe gerecht zu werden, werden nur möglichst eindeutige Anhänger des Pietismus, nicht Personen mit nur leichten Sympathien für diese Strömung erfasst. Als Kriterium für eine Nähe zum Pietismus nehmen wir hier vonseiten der Kaufleute Korrespondenzen oder Freundschaft mit Autoritäten des Pietismus, Spenden sowie Schul- und Universitätsbesuch der Kinder, explizite Nennungen durch pietistische Zeitgenossen und die Anstellung pietistischer Informatoren aus Halle. Berücksichtigt werden hierbei nur diejenigen Familien, die eindeutig über den größeren Teil des 18. Jahrhunderts in Sympathie zum Pietismus standen. Als Kriterium hierfür müssen mindestens zwei deutliche Belege vorliegen. Dabei werden die im vorherigen Kapitel als Anhänger des Pietismus identifizierten Familien Lauber, Langenmantel, Schorer und Auracher nicht berücksichtigt, da sie spätestens im ersten Drittel des 18. Jahrhunderts aus der deutschen Nation verschwanden.[297]

Tabelle 15: Pietistische Familien in Venedig

Familienname	Belege
Pommer	Korrespondenz/Freundschaft mit pietistischen Theologen;[298] Spenden;[299] Schul- und Universitätsbesuch in Halle;[300] Nennung durch Pietisten;[301] Informator(en) mit Sympathie für den Pietismus[302]
Schalckhauser	Korrespondenz/Freundschaft mit pietistischen Theologen;[303] Spenden;[304] Nennung durch Pietisten[305]
Hugel	Spenden;[306] Nennung durch Pietisten[307]
Jastram	Spenden;[308] Nennung durch Pietisten[309]
Wagner	Korrespondenz/Freundschaft mit pietistischen Theologen;[310] Spenden;[311] Nennung durch Pietisten;[312] Informator(en) mit Sympathie für den Pietismus[313]
Streit	Spenden;[314] Nennung durch Pietisten[315]
Schweyer	Korrespondenz/Freundschaft mit pietistischen Theologen;[316] Nennung durch Pietisten;[317] Informator(en) mit Sympathie für den Pietismus[318]

297 Vgl. Anhang I.
298 SBB/F, 1B 3E; AFSH, H A 135, Nr. 100.
299 *Schicketanz,* Der Briefwechsel, S. 381 (Nr. 398).
300 *Freyer,* Hieronymi Freyeri, S. 120, 142, 152, 733, 743; *Juntke,* Matrikel der Martin-Luther-Universität, S. 336.
301 AFSH, H C 456, Nr. 15.
302 SBB/F, 27/19; AFSH, H C 456, Nr. 32, 34.
303 AFSH, H C 456, Nr. 31.
304 AFSH, M 3 H 19, Nr. 33.
305 AFSH, H C 456, Nr. 41.
306 AFSH, M 3 H 77, Nr. 42.
307 AFSH, H C 456, Nr. 36.
308 *Jones,* Henry Newman's Salzburger Letterbooks, S. 189, 600.
309 AFSH, H C 456, Nr. 36, 41.
310 AFSH, H C 456, Nr. 32, 83–100.
311 AFSH, H C 456, Nr. 13.
312 *Schultz,* Der Leitungen des Höchsten, S. 146, 149, 153, 177; AFSH, H C 456, Nr. 3,4.
313 AFSH, H C 456, Nr. 34–61.
314 AFSH, M 3 D 1.
315 *Schultz,* Der Leitungen des Höchsten, S. 156; AFSH, H C 456, Nr. 68.
316 AFSH, M 3 G 4, Nr. 6.
317 KBK, Ms. Thott. 1219, 4°; KBK, Ms. Thott. 1240,4°.
318 Vgl. Kap. IV, Fn. 259.

Familienname	Belege
Hößlin	Korrespondenz/Freundschaft mit pietistischen Theologen;[319] Informator(en) mit Sympathie für den Pietismus[320]
Amman	Spenden;[321] Nennung durch Pietisten[322]
Heinzelmann	Korrespondenz/Freundschaft mit pietistischen Theologen;[323] Spenden;[324] Informator(en) mit Sympathie für den Pietismus[325]
Pfauz[326]	Spenden;[327] Informator(en) mit Sympathie für den Pietismus[328]
Wenndrich[329]	

Quellen: In der Tabelle.

Die Tabelle 15 zeigt die Nachnamen der besonders pietistisch gesonnenen Händler und ihrer Familien im Venedig des 18. Jahrhunderts. Mit der namentlichen Erfassung ist auch eine Herausarbeitung möglicher Faktoren für oder gegen eine besondere Nähe zum Pietismus innerhalb der deutschen Nation möglich.

Hierfür sei zunächst eine Beobachtung für den frühen Pietismus in Venedig wieder aufgegriffen. Wir hatten bereits gesehen, dass die Sympathisanten des Pietismus im späten 17. Jahrhundert sich besonders durch eine längere Residenz in Venedig auszeichneten.[330] Dies kann zum Ausgangspunkt einer tieferen Analyse gemacht werden. Es hatte wohl schon im 15. Jahrhundert deutsche Händler gegeben, die den Fondaco nutzten, aber als länger in Venedig anwesende Per-

319 *Zorn*, Handels- und Industriegeschichte, S. 301.
320 ASFH, C 835, Nr. 72; AFSH, M 1 C 21, Nr. 54.
321 AFSH, H C 456, Nr. 15.
322 *Schultz*, Der Leitungen des Höchsten, S. 152.
323 AFSH, A 171, Nr. 54, 65.
324 ASFH, A 171, Nr. 65; AFSH, M 3 H 9, Nr. 80.
325 *Schultz*, Der Leitungen des Höchsten, S. 129.
326 Bei den Kaufleuten dieser Familie kommt noch hinzu, dass einige in Augsburg im Umfeld von Samuel Urlsperger gedruckte pietistische Titel des 18. Jahrhunderts heute mit Besitzvermerken von *Pfautz* in der Gemeindebibliothek in Venedig stehen: AEGV, Alte Theologische Bibliothek der ev. luth. Gemeinde Venedig. Gesamtverzeichnis. Bearbeitet von Dieter Wackerbarth mit einem Anhang Besitzvermerke & Widmungen 1996.
327 *Elze*, Geschichte, S. 72.
328 Vgl. Kap. IV, Fn. 260.
329 Es handelt sich hier um Friedrich Samuel Wenndrich, den Sohn Georg Wenndrichs, des vormaligen Predigers in Venedig und den Enkel Samuel Urlspergers, des bedeutenden Pietisten in Augsburg. Dass dieser dem Pietismus zuneigte, kann mit hoher Wahrscheinlichkeit angenommen werden, wenngleich wir zu ihm aufgrund fehlender Quellen kaum etwas sagen können.
330 Vgl. Kap. IV. 1.

sonen hauptsächlich außerhalb desselben lebten.[331] Im 16. Jahrhundert wurde seitens der Republik verfügt, dass deutsche Händler, die in Venedig verheiratet lebten, ihre Wohnung außerhalb des Fondaco nehmen mussten.[332] 1668 lebten von 17 privilegierten Mitgliedern der deutschen Nation 9 ausschließlich im Fondaco, 8 außerhalb, sie bezahlten aber Miete für Zimmer und Lagerraum.[333] 1675 kommunizierte die deutsche Nation an die Republik Venedig in einer grundsätzlichen Darstellung, dass sich bei ihnen Händler befänden, die zwar nicht im deutschen Haus wohnten, jedoch der tre requisiti fähig wären, eine Kammer im Fondaco gemietet hätten und daher auch die Zollnachlässe genießen sollten.[334]

Diesen Beobachtungen zum Trotz: Bis etwa 1680 waren Heiraten der deutschen Händler in Venedig mit Frauen aus dem Reich und damit eine feste Residenznahme in Venedig mit der Absicht einer langfristigen protestantischen Familiengründung eine Seltenheit. Die Händler, die auf der eben erwähnten Liste von 1668 als außerhalb des Fondaco residierend genannt werden (nur diese kamen ja für Familiengründungen in Frage), waren fast alle keine Gründerväter oder Stammhalter deutscher Kaufmannsdynastien in Venedig.[335] Das Leben außerhalb des Fondaco war im 17. Jahrhundert kaum (mehr) an eine Ehe geknüpft. Diese Beobachtung bestätigt eine Bemerkung des Predigers Johann Friedrich Fick (1766–1833) aus dem Jahre 1800: Er datiert den Beginn von Familiengründungen etwa ein Jahrhundert zuvor.[336] Üblicherweise verließen die deutschen Händler in Venedig nach einigen Jahren oder sogar Jahrzehnten der Tätigkeit Italien und kehrten nach Deutschland zurück, um dort ihre Familien zu gründen. Die deutsche Nation lebte vom Kommen und Gehen einer relativ fluiden Menge an üblicherweise unverheirateten Kaufleuten.

Im späten 17. Jahrhundert vollzog sich ein wesentlicher Wandel. Es wurde bereits dargestellt, dass seit 1675 die Anzahl der Faktoren, also der von Handelshäusern in Deutschland nach Venedig gesandten Mitarbeiter der Heimatfirma

331 So schrieb Girolamo Priuli in sein Tagebuch 1509 über die deutschen Kaufleute: *et li sopradicti Todeschi abitantti a Venetia tuti haveanno moglier et fioli et heranno morituri a Venettia, et amavanno piui la citade veneta cha la loro nativa patria*, in: *Cessi*, I diarii, S. 148. Dies erscheint zwar übertrieben, es zeigt aber einen tieferen Grad an Integration, als man gemeinhin nach der Literatur annehmen darf: *Simonsfeld*, Der Fondaco dei Tedeschi, Bd. 2, S. 11–12.

332 LeBret schreibt, dass diese Heiraten üblicherweise mit Venezianerinnen geschahen und die Kinder der deutschen Kaufleute daraufhin katholisch wurden: *LeBret*, Neueste Geschichte, S. 129–130.

333 Diese Information hat Elze aus dem vierten Capitular, fol. 119r. extrahiert. Da das Capitular verbrannt ist, kommt dieser Abschrift der Wert der Primärquelle zu: UBG/E, Schachtel Venedig, »Fond. dei Tedeschi, 1668, 25. April«. Dies bietet eine Bestätigung der Annahme von: *Backmann*, Der Fondaco dei Tedeschi, S. 56.

334 *Simonsfeld*, Der Fondaco dei Tedeschi, Bd. 2, S. 162.

335 Nur Johann Wolfhard Auracher auf der Liste der außerhalb des Fondaco lebenden Kaufherren kann zu einer solchen Gruppe gerechnet werden: UBG/E, Schachtel Venedig, »Fond. dei Tedeschi, 1668, 25. April«.

336 Vgl. Kap. III, Fn. 92 und *LeBret*, Neueste Geschichte, S. 130–132.

deutlich sank, da diese die Privilegien der Zollnachlässe nicht genießen konnten.[337] Dies geht zeitlich einer europaweiten Entwicklung voraus. Die Mobilität der Großhändler ging zurück, sie tendierten stärker dazu, sich einen festen Siedlungspunkt zu suchen, während die kommerziellen Transaktionen mit anderen Orten weniger auf Basis von direkten Beschäftigungsverhältnissen zu Angestellten, sondern mehr als Geschäftsbeziehungen zu dortigen Händlern stattfanden.[338] Dies lässt sich auch in der Gegenrichtung feststellen: Aus der starken Saisonwanderung der Italiener nach Süddeutschland sonderten sich seit etwa 1700 Großhändler ab, die sich meist fest in ihren Gaststädten ansiedelten.[339]

In Venedig galt dies bereits früher, seit etwa 1680 begannen hier mehr und mehr deutsche Händler, sich mit ihren protestantischen Familien fest niederzulassen. Wir können das zahlenmäßig festmachen, indem wir auf die quantitative Zusammensetzung der Kaufmannslehrlinge verweisen. In den vier Jahrhundertquartalen ergeben sich für den jeweiligen Anteil der in Venedig geborenen Lehrlinge, die in die deutsche evangelische Gemeinde eintraten, die Werte aus der Tabelle 16.

Tabelle 16: Anteil der in Venedig geborenen Kaufmannslehrlinge in der deutschen Nation in Quartalen des 18. Jahrhunderts

Jahre	1705–1725	1726–1750	1751–1775	1776–1797
Anzahl der in Venedig geborenen Lehrlinge	5 (3,6 %)	11 (7,1 %)	16 (10,5 %)	14 (13,2 %)
Anzahl der Lehrlinge absolut	140	154	153	106

Quelle: Anhang III.

Bei einer tendenziell geringer werdenden Anzahl an Kaufmannslehrlingen aus Deutschland innerhalb der deutschen Händlerschar in Venedig sehen wir einen relativen Anstieg der »einheimischen« deutschen Lehrlinge. Dabei sei betont, dass die abnehmende Anzahl an Lehrlingen keinen Bedeutungsverlust des venezianischen Markts widerspiegelt, sondern eher die geringer werdende Anzahl von deutschen Händlern, die dabei jedoch überproportional an Kapitalkraft gewannen.[340]

337 Vgl. Kap. III, Fn. 352–359.

338 Dies lässt sich zumindest für den transalpinen deutsch-italienischen Kontext so verallgemeinern: *Glauser*, Der Gotthardtransit, S. 27–30. Im Falle der deutschen Händlerkolonie in Livorno können wir dies erst seit dem späten 18. Jahrhundert beobachten, so waren auf dem Friedhof der dortigen Nazione vor 1800 keine in Livorno geborenen Protestanten begraben; sie stammten alle von auswärts: *Beutin*, Der deutsche Seehandel, S. 163.

339 *Reves*, Vom Pomeranzengängler, S. 53; *Banken*, Viel mehr als nur Pomeranzen, S. 46–49.

340 Vgl. Kap. III. 4. d.

Wir können den Einschnitt des späten 17. Jahrhunderts im Siedlungsverhalten der Händler der deutschen Nation noch etwas markanter durch weitere zahlenmäßige Evidenzen belegen. Das bereits um 1700 relativ starke Element der fest angesiedelten deutschen Familien wird durch die Auswertung der 169 verzeichneten Begräbnisse auf dem protestantischen Friedhof von 1719 bis 1810 deutlicher zutage gefördert. Wir teilen hier in drei Abschnitte von jeweils 30 Jahren und fragen, wie viele Frauen, also hauptsächlich ältere Ehefrauen und neugeborene Mädchen in diesen Zeitabschnitten auf diesem Friedhof begraben wurden. Dies hat den Zweck, durch eine Betrachtung von Ehefrauen und Töchtern als Gemeindemitgliedern, die fast ausschließlich bei fest residierenden Händlern vorkamen, ein etwas genaueres Bild von den zeitlichen Schüben der endgültig nach Venedig emigrierten Familien zu gewinnen (Tabelle 17).

Tabelle 17: Anteil an in Venedig auf dem protestantischen Friedhof San Cristoforo begrabenen Frauen, 1719–1810

Jahre	1719–1750	1751–1780	1781–1810
Anzahl an Begräbnissen von Frauen	10 (27,8 %)	17 (23,2 %)	22 (36,7 %)
Alter unter/über 8 Jahren	2/8	10/7	7/15
Anzahl an Begräbnissen absolut	36	73	60

Quelle: Anhang V.

Der bereits hohe Anteil an Begräbnissen von Frauen im ersten betrachteten Zeitabschnitt rührt von einem ersten kleinen Anstieg an Heiraten in den 1680er Jahren. Hierfür waren die deutschen Kaufleute nach Deutschland gereist und hatten ihre Frauen dann nach Venedig mitgebracht. Sie verstarben in diesem Zeitraum meist in höherem Alter, daher finden sich auch eher wenige Todesfälle von jungen Mädchen. Um die Mitte des 18. Jahrhunderts stieg die Anzahl an protestantischen Ehefrauen in Venedig markant an, da seit 1745 auch protestantische Eheschließungen in Venedig vorgenommen wurden.[341] Die zu beobachtende höhere Anzahl der verstorbenen Kinder resultiert auch aus einer erhöhten Geburtenrate. Im letzten Abschnitt sehen wir das Resultat eines offenbar nun weit höheren Anteils an Frauen in der leicht schrumpfenden Gesamtgemeinde, dabei war der Anteil der Kindersterblichkeit für die Zeit des späten 18. Jahrhunderts wohl nicht mehr außergewöhnlich.[342] Mit dem Anteil der Frauen vor Ort stieg natürlich innerhalb der Kerngruppe der deutschen Nation auch die Tendenz zu einer längerfristigen Ansiedlung.

341 *Elze*, Geschichte, S. 72. Genaueres hierzu weiter unten.

342 Vgl. die entsprechenden Zahlen von Oberschichtenbevölkerungen in Genf im 17. Jahrhundert: *Imhof*, Die gewonnenen Jahre, S. 123.

Wir können also festhalten: Seit dem ausgehenden 17. Jahrhundert trat eine eigenwillige Form einer langsamen »Venezianisierung« von Teilen der deutschen Gemeinde ein. Die in Venedig geborenen Lehrlinge aus deutschen Familien verblieben fast ausnahmslos auch nach ihrer Lehrzeit als Händler an der Lagune, wo sie meist die elterliche Firma übernahmen. So entstand erstmals eine substanzielle Gruppe von faktisch italienisch sozialisierten »Deutschen« innerhalb der Nation, deren Bande ins Reich naturgemäß schwächer als bei ihren Eltern waren. Dies sei am Beispiel des in Venedig geborenen Georg Daniel Heinzelmann festgemacht, da seine Tagebücher der Jahre 1771 und 1811 überkommen sind. Die Tagebücher sind fast ausschließlich auf Italienisch geschrieben, ganz selten findet sich ein deutscher Eintrag, beispielsweise am 24. März 1771, als ein Dieb im Fondaco war und entwischt ist.[343]

Aggregieren wir die 45 Nachnamen der zwischen 1705 und 1797 in Venedig geborenen Kaufmannslehrlinge, um die Familien zu erkennen, die sich besonders langfristig in Venedig angesiedelt hatten, so ergibt sich das in der Tabelle 18 dargestellte Resultat.

Tabelle 18: Zahlenmäßige Verteilung der Nachnamen von in Venedig geborenen Kaufmannslehrlingen der deutschen Nation im 18. Jahrhundert

Name	Anzahl	Name	Anzahl	Name	Anzahl	Name	Anzahl
Wagner	8	Pfauz	3	König	1	Dannenberger	1
Martens	5	Hößlin	3	Mützel	1	Schorer	1
Heinzelmann	5	Reck	2	Kolb	1	Francke	1
Schweyer	4	Dick	2	Hering	1	Hartmann	1
Pommer	3	Firnkranz	1	Mellin	1		

Quelle: Anhang III.

343 Die Tagebücher sind im Privatbesitz eines Nachfahren der Familie Heinzelmann, Andrea Cavaggioni. Er hat der evangelischen Gemeinde in Venedig Kopien auf CD-ROM überlassen, daher wird hier folgende Zitationsweise verwendet: AEGV, Diario Heinzelmann 1811. Das von Heinzelmann selten gebrauchte Deutsch ist sehr italianisiert, so schreibt Heinzelmann am 25. März 1811 zum Geburtstag von Maria Pfauz: *Der 25.te der Gebuertag der Marieta. Sie ist gebohren am 25. Marz 1753.* Sie hat *also 58 Jahre*. Hervorhebung MR.

Wir können vor allem die an der Spitze der Tabelle 18 stehenden Familien als Kernfamilien der Händlergemeinschaft in Venedig ansehen, sie verblieben über mehrere Generationen hier und konnten damit die deutsche Nation entscheidend prägen. Von den sieben Familien an der Spitze waren, wie wir gesehen haben, die Wagner, Heinzelmann, Pommer, Schweyer, Pfauz und Hößlin dem Pietismus über mehrere Generationen hinweg zugeneigt.[344] Wir können also festhalten, dass eine enge Korrelation zwischen einer festeren Ansiedlung in Venedig und einer besonderen Öffnung hin zum Pietismus bestanden hat. Die Kerngemeinde war pietistischer als die fluidere Gruppe der zeitweiligen deutschen Händler in Venedig.

Als Erklärung hierfür sei folgende These aufgestellt. Bei der Gruppe der in Venedig stärker ansässigen Händler, die angesichts von zunehmend hier geborenem Nachwuchs von einer »Venezianisierung« ihrer Familie verstärkt erfasst waren, war die gesicherte Identität auch der Kinder tendenziell wichtiger als bei ihren Kollegen, die nicht auf Dauer in Venedig verblieben. Daraus ergab sich für die fest sich ansiedelnden Familien ein intensiveres Streben nach engeren Banden untereinander, was im Pietismus als einer das Luthertum durch das praktische Handeln stärker nach außen betonenden und markierenden theologischen Strömung offenbar eine geeignete Ausdruckform fand. Eine hohe Bedeutung kam hierbei den Informatoren aus Halle zu, deren Aufgabe es war, die in Venedig geborenen Kinder im Geist des Pietismus zu erziehen und zu unterrichten. Hierbei spielte natürlich auch eine Rolle, dass das Curriculum Halles einen besonders guten Ruf besaß. Eine weitere Aufgabe der Informatoren war es, als Leiter der Konventikel die engen Bande unter den Erwachsenen zu erhalten.[345]

Eine genauere Betrachtung der fester angesiedelten deutschen Händler fördert weitere Erkenntnisse zutage. Dazu ist das Register der seit 1745 in Venedig illegal getrauten Ehen eine erstrangige Quelle. Obwohl die hier eingetragenen Ehen offiziell nicht gültig waren, so hatte die venezianische Regierung der deutschen Nation ihr Einverständnis zu einer faktischen Tolerierung signalisiert, um damit den Zug zur dauerhaften Residenz der lutherischen Händler zu verstärken.[346] Alle aus dem Eheregister wesentlichen Angaben seien hier tabellarisch aufgeführt, dabei werden pietistisch gesonnene Väter oder Trauzeugen hervorgehoben (Tabelle 19).

344 Vgl. Tabelle 15.

345 Dies galt nicht nur in Venedig. Vgl. zur engen Bindung pietistischer Familien an Informatoren den knappen Hinweis bei: *Bruhn*, Die Kandidaten, S. 26. Zum guten Ruf der theologischen Ausbildung in Halle auch noch im späten 18. und frühen 19. Jahrhundert vgl.: *Howard*, Protestant Theology, S. 98–101.

346 *LeBret*, Staatsgeschichte, Bd. 3, S. 762.

Tabelle 19: Protestantische Eheschließungen in Venedig, 1745–1786

Datum	Bräutigam	Vater des Bräutigams	Herkunft des Vaters	Trauzeuge des Bräutigams	Braut	Vater der Braut	Herkunft des Vaters	Trauzeuge der Braut
19.9.1745	Johann Georg Bensperg	Augustus Wolfgang Bensperg	Lindau	Johann Georg Stahl	Maria Susanne Pommer	Johannes Pommer	Venedig	Georg Matthias König
2.4.1747	Matthias Mellin	Georg Jacob Mellin	Kempten	Christoph Wilhelm König	Maria Elisa-beth Heil-bronner	Friedrich Carl Heilbronner	Ulm	Johannes Heinzelmann
11.11.1755	Hieronymus Wagner	Johann Michael (I) Wagner	Feucht bei Nürnberg	Sebastian (I) Schalckhauser	Maria Sibylla Heinzelmann	Johannes Heinzelmann	Kaufbeuren	Benedikt von Hermann
26.5.1760	Amadeus Schweyer	Johann Karl Schweyer	Nürnberg	Rudolph Kleinschmid	Catharina Heinzelmann	Johannes Heinzelmann	Kaufbeuren	Benedikt von Hermann
4.7.1762	Johann Hein-rich Dannen-berger	Johann Jacob Dannenberger	Ludwigsburg	Sebastian (I) Schalckhauser	Elisabeth Margareth Martens	Conrad (I) Martens	Hamburg	Benedikt von Hermann
31.3.1765	Johann Konrad Reck	Johann Michael Reck	Wendelstein bei Nürnberg	Johann Wilhelm Hugel	Magdalena Elisabeth Heinzelmann	Johannes Heinzelmann	Kaufbeuren	Johann Michael (I) Wagner
2.6.1765	Friedrich Samuel Wenn-drich	Georg Wenn-drich	Augsburg	Sebastian (I) Schalckhauser	Charlotta Barbara Holeisen	Gottfried Holeisen	Augsburg	Johann Wihlhelm Hugel
21.9.1768	Ludwig Laminit	Veit Ludwig Laminit	Memmingen	Sebastian (I) Schalckhauser	Johanna Regina Heinzelmann	Johannes Heinzelmann	Kaufbeuren	Benedikt von Hermann

Datum	Bräutigam	Vater des Bräutigams	Herkunft des Vaters	Trauzeuge des Bräutigams	Braut	Vater der Braut	Herkunft des Vaters	Trauzeuge der Braut
2.4.1769	David Bühelin	Jacob Bühelin	Kempten	Gabriel Elhardt	Johanna Rosina Pfauz	Friedrich Pfauz	Augsburg	Sebastian (I) Schalckhauser
27.4.1769	Theobald Hermann	Johan Theobald Hermann	Ulm	Benedikt von Hermann	Felicita Heinzelmann	Johannes Heinzelmann	Kaufbeuren	Sebastian (I) Schalckhauser
22.9.1771	Johann Wolfgang Schifflin	Johann Schifflin	Memmingen	Benedikt von Hermann	Regina Barbara Magdalena von Hößlin	Balthasar von Hößlin	Augsburg	Sebastian (I) Schalckhauser
18.4.1773	Wilhelm Conrad Martens	Conrad (I) Martens	Hamburg	Sebastian (I) Schalckhauser	Maria Elisabeth König	Johann Friedrich König	Lindelbach	Benedikt von Hermann
1.8.1773	Georg Daniel Heinzelmann	Johannes Heinzelmann	Kaufbeuren	Benedikt von Hermann	Maria Jacobina Pfauz	Friedrich Pfauz	Augsburg	Sebastian (I) Schalckhauser
12.2.1776	Sebastian Fels	Elisäus Fels	Lindau	Hieronymus Wagner	Rosina Barbara Heinzelmann	Johannes Heinzelmann	Kaufbeuren	Benedikt von Hermann
22.4.1784	Georg Jakob Daumiller	Leonhard Daumiller	Kempten	Christian Gottlieb Haid	Anna Regina Pfauz	Friedrich Pfauz	Augsburg	Johann Conrad Heinzelmann
8.5.1785	Lorenz Joseph Wagner	Johann Adam Wagner	Triest	Johann Konrad Reck	Dorothea Felicita Sibilla Wagner	Hieronymus Wagner	Venedig	Johann Conrad Heinzelmann
22.1.1786	Michael Devezin		England	Johann Konrad Heinzelmann	Elisabetha Sibylla Pfauz	Friedrich Pfauz	Augsburg	Johann Konrad Reck

Quelle: AEGV, LB, Ehen-Vermählungen, fol. 1–7.

Bei diesen 17 registrierten Eheschließungen wies nur bei dreien keiner der Väter von Bräutigam oder Braut eine Affinität zum Pietismus auf – und auch in diesen Fällen war dies immer wenigstens bei einem der Trauzeugen der Fall. Bei drei Ehen neigten die Eltern beider Brautleute zum Pietismus. Bei den restlichen elf Ehen war wenigstens eine Familie dem Pietismus zugeneigt. Deutlich feststellbar ist, dass bei den meisten Eheschließungen einer der Trauzeugen dem Pietismus anhing. Die scheinbare Ausgeglichenheit im Bild der Vermählungen sollte dabei nicht täuschen. Da die Pietisten fast immer, sicher jedoch nach 1745 rein zahlenmäßig eine Minderheit innerhalb der deutschen Nation darstellten, können wir tatsächlich eine prozentuale Bevorzugung von Ehen innerhalb der Familien des Händlernetzes konstatieren. Die Eheschließungen der meisten nicht pietistisch gesonnenen Mitglieder der deutschen Nation fanden auch in der zweiten Hälfte des 18. Jahrhunderts häufig in Oberdeutschland statt.[347]

Die pietistischen Familien verbanden sich also leicht bevorzugt durch Heirat untereinander, sie hatten in der Regel aber offenbar auch nur wenig Probleme, ihre Kinder an nicht eindeutig mit dem Pietismus sympathisierende Partner zu verheiraten. Bezüglich der Ortschaften lässt sich festhalten, dass hier kein Muster einer Bindung an spezielle Reichsstädte besteht, wenn überhaupt, dann war die Tendenz eher, dass Personen aus verschiedenen Ortschaften einander heirateten. Eine gewisse Trennwand scheint zwischen dem Hamburger Martens und den Kaufleuten aus den oberdeutschen Reichsstädten bestanden zu haben, seine Kinder in Venedig heirateten Partner, die nicht aus diesen stammten.[348]

Angesichts des Befundes können wir eine genauere Beschreibung des pietistischen Händlernetzes und ihrer Familien vornehmen. In enger Verbindung zu den Pietisten stand eindeutig der kinderlose Kaufmann Benedikt von Hermann, der häufig als Trauzeuge bei den Hochzeiten mitwirkte. Eine dem Pietismus zugeneigte Familie steht im Zentrum des Heiratsnetzes: Johannes Heinzelmann gelang es, sechs Töchter an Söhne von Handelsherren in Venedig zu verheiraten. Die Familie Heinzelmann wurde damit zum Kern einer durch Familienbande miteinander verbundenen Sippe von reichen deutschen Kaufleuten.[349]

347 Solche Ehen finden sich daher nicht in der Tabelle 19. Eine Betrachtung der Geburtsorte vieler Frauen auf der Begräbnisliste im Anhang V fördert aber die Erkenntnis zutage, dass diese sich mit den Händlern der deutschen Nation in Süddeutschland verheiratet hatten und erst dann nach Venedig gezogen waren.

348 Es sei angemerkt, dass nicht feststellbar ist, inwieweit die Ehen vonseiten der Eltern arrangiert waren oder auf Liebe der Ehepartner basierten. Die Tatsache, dass die meisten Frauen in diesen Ehen vermutlich in Venedig geboren waren, deutet auf Vermählungen wenigstens auch aus Zuneigung hin. Bei tendenziell eher arrangierten Ehen wäre angesichts der engen Bindung der deutschen Nation an die oberdeutschen Reichsstädte eine größere Zahl dort geborener Ehefrauen zu erwarten gewesen. Alle sechs Töchter von Johannes Heinzelmann waren wohl in Venedig geboren, dasselbe gilt wahrscheinlich für die Frauen mit Nachnamen Pommer, Pfauz, Hößlin und Wagner und weitere.

349 Benedikt von Hermann wiederum zeigt sich als ein wichtiger Förderer des Luthertums und der Armen in Memmingen durch verschiedene Stipendien- und Armenstiftungen:

Nicht umsonst kommentierte Johann Friedrich Fick im Jahr 1800, dass man *vermöge dieser Heyrathen und nahen Anverwandtschaften der angesehensten teutschen Häuser untereinander beinahe annehmen kan, daß die teutsche Nazion eine Familie ausmache.*[350] Ergänzt sei: Eine Familie mit einem deutlich pietistischen Kern.

Nach dieser feinmaschigeren Erfassung der Gruppe der Pietisten und ihrer ihnen nahestehenden Familien können wir eine Korrelation mit dem Geschäftserfolg versuchen. Wir geben dafür die Steuerlisten von 1727, 1756, 1771 und 1778 vollständig wieder. Wichtig ist hierbei zu beachten, dass in den Listen nach 1750 nur noch die reichsten Händler der deutschen Nation überhaupt veranlagt wurden, die kapitalschwächeren Kaufleute werden daher nicht mehr genannt. Die Listen nach 1750 spiegeln daher keine zahlenmäßige Verteilung von Vermögen innerhalb der gesamten deutschen Nation wider; rein zahlenmäßig blieben die Pietisten in dieser seit 1732 eine Minderheit. Hervorgehoben werden Firmen unter Leitung von Förderern des Pietismus oder den ihnen sehr nahestehenden Partnern, wie sie sich aus den Vermählungen ergeben haben.[351]

Der Bezug der reicheren Kaufleute zum Pietismus ergibt sich aus Tabelle 20 deutlich, vor allem in der zweiten Jahrhunderthälfte. Es gab also eine Korrelation von Handelserfolg einer Händlerdynastie und deren Sympathie für den Pietismus. Kaum ein Händler mit Nähe zum Pietismus findet sich in den Tansen, die ja nach 1750 nur die kapitalkräftigeren Kaufleute erfassen, unerwähnt. Zudem wird in allen Tansen die Führungsgruppe immer von diesen Kaufleuten gestellt.

Wir können festhalten, dass die Herauskristallisierung einer Elite von Fernhändlern in der deutschen Kaufmannschaft Venedigs in einem auffälligen Bezug zur Entwicklung des Pietismus innerhalb derselben geschah. War der Grund hierfür nun das Vorliegen eines Händlernetzes? Diese Annahme wirkt in gewisser Weise plausibel: Die Familienbande innerhalb der reichsten Kaufleute Venedigs brachten wohl erleichterte Kreditvergabe, leichteren Zugang zu relevanten Informationen über das Marktgeschehen, erweiterte Kontakthorizonte und allgemein eine stärkere Reputation in einem auf Vertrauen basierenden System

Stroeher, Memminger, S. 42. Vgl. auch ein entsprechendes Originalschreiben Hermanns aus dem Jahr 1781, in dem er sein Engagement als *zum Behuf der die Gottes Gelahrtheit Studierenden Burgers Söhne, sonach zu bessern Verkostung der Waysenkinder und endlich zum Besten der Pfarr Wittwen allerseits in meiner werthesten Vaterstadt zu Memmingen* begründet: StM, Stiftungen und Pflegschaften, Schubl. 388–04.

350 *Fick*, Bemerkungen, S. 202. Vgl. hierzu ausführlich: *Elze*, Geschichte, S. 74; *Engelmann*, Stammtafel der Familie Heinzelmann.

351 Bei der Firma Lieb & Co. war einer der Teilhaber, Friedrich Samuel Wenndrich, immerhin der Sohn des streng pietistischen Predigers Georg Wenndrich und der Tochter Samuel Urlspergers aus Augsburg. Die Firma Reck & Laminit war eine Fortführung der Firma Schalckhauser & Hugel, diese wurde nach dem Tod der beiden pietistischen Inhaber (Schalckhauser 1774, Hugel 1768) unter dem neuen Namen weitergeführt.

Tabelle 20: Tansaveranlagungen der deutschen Kaufleute in exakter Schreibweise der originalen Listen im 18. Jahrhundert in duc.

1727		1756		1771		1778	
Name	**duc.**	**Name**	**duc.**	**Name**	**duc.**	**Name**	**duc.**
Giovanni Pommer	130	Benedict Herman	120	Benedict Herman	150	Reck & Laminit	175
Fratelli Bachmair et Lucher	130	Felix (I) Fehr	100	Schalchauser e Hugel	150	Benedict Herman	150
Georg Matthias König	130	Schalchauser e Hugel	80	Felix (II) Fehr	120	Felix (II) Fehr	130
Giacomo Bensperg	130	Corrado Martens	70	Lieb & Co.	120	Lieb & Co.	120
Daniele Amman	130	Federico Pfauz	60	Gio. Heinzelmann	100	Gio. Heinzelmann	120
Felice (I) Fehr	130	Gio. Heinzelmann	40	Corrado Martens	80	Corrado Martens	80
Dimpfel et Hermann	130	Gio. Michel Wagner	30	Federico Pfauz	60	Gio. Michel Wagner	65
Gio. Michele Vagner	130	Girolamo Hau	20	Gio. Michel Wagner	60	Friedrich Fehr	60
Suestermiller et Beck	130	Daniel Fred. Wolff	15	Mettel e Comp.	60	Nicolo Cristofolo Metel	50
Daniele Federigo Wichmann	70	Gio. Carlo Svaier	15	Firncranz e Meyer	50	Firncranz e Meyer	50
Giuseppe Tager, Gio. Paulo	70	Otto Filippo Zeller	10	Daniel Fred. Wolff	40	Daniel Fred. Wolff	50
Gio. Batta. et Michele Gager	70			Girolamo Hau	30	Girolamo Hau	40
Sigismondo Streit	70			Giacomo Gutterman	30	Giacomo Gutterman	30
Fleischer et Zimmermann	70			Otto Filippo Zeller	25	Gio. Carlo Svaier	30
Mattia Spangler	70			Gio. Carlo Svaier	20	Otto Filippo Zeller	25

1727		1756		1771		1778	
Name	**duc.**	**Name**	**duc.**	**Name**	**duc.**	**Name**	**duc.**
Giovanni Heinzelmann	70			Giorgio Fred. Faber	20		
Lorenzo Giacomo Mehling	70			Luca Dik	20		
Gio. Carlo Svaier	35						
Michele Schirnbrand	35						
Matteo Blaichner	35						
Samuel Rudolf Klein-schmid	35						
Gio. Giorgio Chechel	35						
Osterlin e Dopelmair	35						
Gio. Giorgio Stahl	35						
Giovanni Rorer	35						
Francesco Giuseppe Moderl	35						

Quellen: ASVe/CS, II Ser., 73, 19. November 1727; ASVe/CS, I Ser., 377, Nr. 54; BMCV, Manoscritti Donà delle Rose, Nr. 127, fol. 19. Es sei angemerkt, dass die verschiedenen Veranlagungsjahre inkommensurabel sind, wir also nicht aufgrund der sinkenden jeweiligen Gesamtsumme auf eine seit 1727 fallende Kapitalkraft der deutschen Händler schließen sollten.

des internationalen Fernhandels. Jedoch droht bei einem solchen Begründungsmuster eventuell ein Fehlschluss. Der Zusammenhang zwischen Nähe zum Pietismus und Erfolg im Fernhandel kann schlichtweg auch ein ganz anderer als ein »pietistisches Händlernetz« sein, beispielsweise ein höheres Arbeitsethos. Um eine Korrelation herzustellen, müssen wir daher im operativen Geschäft der Mitglieder des »pietistischen Händlernetzes« einen dezidierten Unterschied zu anderen Händlern der deutschen Nation feststellen können. Dies soll nun im Folgenden versucht werden.

b) Die Verbindungen der pietismusnahen Händler nach Oberdeutschland

Zunächst soll hierfür der Blick auf die Kontakte der pietistisch gesonnenen Händler in Venedig nach Oberdeutschland gerichtet werden. Die Herausbildung einer stärker venezianisch geprägten Gruppe von Händlern innerhalb der deutschen Nation geschah im 18. Jahrhundert nicht zulasten der engen Anbindung an Oberdeutschland. Im Gegenteil: Es sei dabei daran erinnert, dass im 17. Jahrhundert viele deutsche Händler aus Venedig nach Deutschland zurückgekehrt waren, um zu heiraten und sich dort fest niederzulassen. Damit war natürlich immer auch der Handelskontakt nach Venedig geschwächt worden.

Dies blieb auch im 18. Jahrhundert noch eher der Normalfall. Von den 79 in der evangelischen Gemeinde registrierten Handelsherren, die sich zwischen 1705 und 1797 in das Verzeichnis der Kaufleute eintrugen, wurden 44 in Venedig bestattet.[352] Damit zeigt sich zwar deutlicher als in allen Jahrhunderten zuvor eine Kerngruppe an fest in Venedig lebenden deutschen Familien, aber offenbar war für viele von diesen die Heimkehr nach Deutschland immer eine Option, um hier ihren Ruhestand zu verbringen.[353] Mittels einer genaueren Durchsicht der Begräbnisse ist auch ein Befund zur Herkunft der Kaufleute möglich. Nehmen wir von den eben genannten 44 Personen nur diejenigen, die ebenfalls in der deutschen Nation registriert waren (also nicht als Faktoren wirkten) und schließen alle nach 1810 begrabenen Personen aus, so verbleiben noch 30 Namen. Die Verteilung nach Herkunftsorten sehen wir in Tabelle 21.

352 Anhang II. Dabei sei noch bedacht, dass diese 79 Händler durchaus nicht alle in der deutschen Nation registrierten lutherischen Händler waren, es ist bereits eine Auswahl von etwas stärker an dem Gemeindeleben interessierten und damit langfristiger in Venedig lebenden Personen.

353 Zur starken Anbindung an das Reich sei auch noch auf den Aspekt der vielen Reisen von Händlern der deutschen Nation und ihren Familien nach und von Deutschland verwiesen, hiervon berichten die Tagebücher von Johannes Heinzelmann im Übermaß. Vom dessen Tagebüchern existieren nur noch kurze, von Theodor Elze angefertigte Auszüge, zu finden in: UBG/E, Schachtel Venedig, Memorie I.

Tabelle 21: Herkunftsorte von in Venedig begrabenen Kaufleuten, die sowohl in der evangelischen Gemeinde als auch in der deutschen Nation registriert waren, 1719–1810

Ort	Anzahl	Ort	Anzahl	Ort	Anzahl
Kempten	7	Wendelstein	2	Ravensburg	1
Venedig	6	Ulm	1	Lindau	1
Memmingen	2	Biberach	1	Stuttgart	1
Augsburg	2	Gräfenthal	1	Breslau	1
Hamburg	2	Berlin	1	Straßburg	1

Quellen: Anhänge II & V.

Die besondere Rolle der in Venedig geborenen Kaufleute sticht wiederum hervor, mehr noch die besondere Bedeutung der Händler aus den kleineren Reichsstädten. Dies steht in deutlichem Kontrast zu der Gruppe der in der evangelischen Gemeinde registrierten, aber nicht in Venedig begrabenen Händler. Hier finden wir mindestens sieben Augsburger und zwei Ulmer.[354] Die Kaufleute aus den kleineren Reichsstädten hatten offenbar eine stärkere Tendenz zur festeren Ansiedlung in Venedig.

Dies bedeutet allerdings anhand von Tabelle 21 keineswegs eine enge Korrelation von Ansiedlung in Venedig und Sympathie zum Pietismus. Im Gegenteil, es zeigt sich mit der Spitzenstellung Kemptens ein zunächst unlösbar erscheinender Widerspruch zu entsprechenden, weiter oben etablierten Befunden. Wir haben anhand der Spendeneingänge zur hallischen Ostindienmission gesehen, dass der Pietismus in Kempten kaum eine besondere Bedeutung besessen haben kann, zudem waren Kemptener kaum in das Heiratsnetz in Venedig eingebunden.[355] Und doch wurde bereits der Zusammenhang von stärkerer Ansiedlung in Venedig und Nähe zum Pietismus konstatiert.[356] Zur Auflösung des Paradoxons soll eine komplexere Analyse gewagt werden. Dabei sei Rekurs auf eine Quelle genommen, die wie keine zweite geeignet ist, die Freundschaftsnetzwerke der deutschen Händler in Venedig nach Deutschland zu beleuchten.

Im Archiv der lutherischen Gemeinde in Venedig ist eine Liste von 573 zwischen 1705 und 1797 in die deutsche Nation aufgenommenen Kaufmannslehrlingen aufgrund ihrer notwendigen unterschriftlichen Verpflichtung zur Einhaltung der evangelischen Kirchenordnung erhalten.[357] Die daraus resultierende Bedeutung des Fondaco dei Tedeschi als *Hochschule des Handels* wurde

354 Anhang II.
355 Vgl. Kap. IV, Fn. 34; Tabelle 19.
356 Vgl. Kap. IV, Fn. 344.
357 Diese ist vollständig transkribiert und kommentiert im Anhang III.

bereits in der Literatur erwähnt und dies zeigt sich auch in der bekannten Abbildung von dessen Innenhof aus dem Jahr 1616, auf der wir relativ viele Lehrlinge erkennen können (Abbildung 8).[358]

Zu all diesen Lehrlingsverträgen ist derzeit leider fast keine Akte oder Korrespondenz auffindbar, sodass wir nur die Annahme machen können, dass die Lehrlingsentsendung von Deutschland und -aufnahme in Venedig nach den zeitüblichen Mustern geschah. Eine Archivalie zur Erhellung derselben findet sich aufgrund ihrer seltenen Aufbewahrung nur an entlegener Stelle: In einem Reichskammergerichtsfaszikel von Hamburg ist ein Lehrlingskontrakt zwischen zwei deutschen Händlerfamilien um 1752 erhalten, in dem die Entsendung eines Lehrlings für eine sechsjährige Lehrzeit in das Kontor der Partnerfirma in Málaga vereinbart wird.[359] Hier wurden strenge Bestimmungen zur Verschwiegenheit und Dienstpflicht des Lehrlings festgelegt, der dafür von seinen künftigen Herren in den ersten drei Lehrjahren versorgt und in den letzten drei Lehrjahren zusätzlich noch bezahlt wurde. Die Eltern des Lehrjungen mussten 2.000 Rtl. an Bürgschaft für den Fall eines eventuellen Fehlverhaltens ihres Sohnes stellen.

Ein Lehrlingsvertrag bedingte angesichts der hohen Summen und der langfristigen Bindungen der Vertragspartner eindeutig ein komplexes Bindungsgefüge, das auf einem vorherigen günstigen Verhältnis der Eltern und den künftigen Lehrherrn basierte.[360] Ein solches Verhältnis gründete typischerweise auf einer geteilten örtlichen Herkunft, da der Bürgersohn in der Ferne auch weiterhin mit seinen Familienangehörigen und Freunden verbunden blieb. Ein Beispiel kann dies bezüglich der Lehrlingskontrakte in Venedig illustrieren: Der aus Kempten stammende Felix (I) Fehr nahm zwischen 1707 und 1751 (bevor er eine geschäftliche Partnerschaft mit Hieronymus Hau einging) genau 14 Lehrlinge auf. Von diesen stammten elf aus Kempten, einer aus Bern, einer aus Nürnberg und der aus Augsburg kommende Lehrling hieß Felix Friedrich Fehr. In diesem Fall ist die enge Bindung an die Heimatstadt unverkennbar.

Jedoch war auch denkbar, dass sich bei einem komplexeren Bindungsgefüge die sozialen Beziehungen über den Heimatort hinaus ausdehnten. Ein Beispiel hierfür bietet die Firma Heinzelmann: Unter den 38 in die Firma der aus Kaufbeuren stammenden Heinzelmanns aufgenommenen Lehrlingen im 18. Jahrhundert stammten gerade einmal sieben aus Kaufbeuren und von diesen trug nur einer nicht den Nachnamen Heinzelmann. Acht Lehrlinge stammten hingegen aus Lindau und vier aus Memmingen.[361] Während Kaufbeurens Italien-

358 Das Zitat bei: *Simonsfeld,* Der Fondaco dei Tedeschi, Bd. 2, S. 196.

359 Ediert bei: *Bruchhäuser,* Quellen und Dokumente, S. 163–165.

360 Vgl.: *Henninger,* Johann Jakob von Bethmann, S. 269–286; *Gorißen,* Vom Handelshaus zum Unternehmen, S. 154–155; *Kuhn,* Generation als Grundbegriff, S. 106–139; *Stolterfoht,* Die Südfrüchtehändler vom Comer See, S. 298–299; *Chiesi Ermotti,* Mobilité et appartenance, S. 174–175.

361 Die Daten nach Anhang III.

Abbildung 8: Der Innenhof des Fondaco dei Tedeschi
im bekannten Kupferstich von Raphael Custos 1616
Quelle: GNN, Graphische Sammlung, Inventar-Nr. HB 2300, Kapsel-Nr. 1228.

handel völlig von den Heinzelmanns abhing, stellt sich die Frage, weshalb die Familie in Venedig auch so viele Lehrlinge aus den zwei anderen schwäbischen Reichsstädten aufnahm. Zuvorderst wäre ein intensiver Handelskontakt zu Geschäftspartnern an beiden Orten anzunehmen. Jedoch war der Italienhandel Lindaus fast ausschließlich auf Mailand ausgerichtet, kaum hingegen nach Venedig.[362] Die enge Anbindung von Lehrlingen aus Lindau an die Heinzelmanns hat also wahrscheinlich eine andere Ursache.

Um diese zu eruieren, soll zunächst eine Gesamtschau des Phänomens durch eine computergestützte Netzwerkvisualisierung vorgenommen werden. Wir nehmen zur Analyse nur die Kaufleute, die über zehn Lehrlinge ausgebildet haben. Von den Lehrlingen wird nur der Herkunftsort als relevante Angabe genommen und Venedig hierbei ausgeschlossen. Von diesen Kaufleuten werden nur die Nachnamen angegeben, wenn sie über mehrere Generationen dieselbe Firma leiteten – was der Regelfall war. Bei einer Firma wie Dimpfel & Hermann,

362 *Kellenbenz*, Lindau und die Alpenpässe.

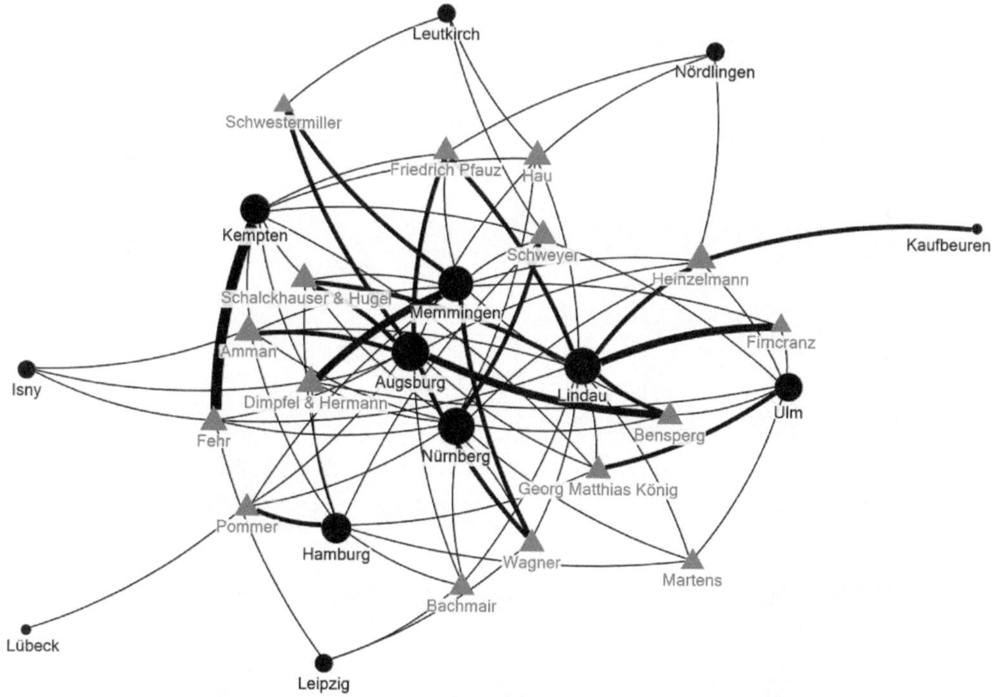

Abbildung 9: Lehrlingsherkünfte bei deutschen Firmen in Venedig im 18. Jahrhundert durch die Software NodeXL visualisiert
Quelle: Anhang III.

die zunächst Dimpfel gehörte, dann einige Jahre in Partnerschaft geleitet wurde und zuletzt nur noch in der Hand Benedikt von Hermanns war, wird diese als Einheit angegeben, wenngleich die Firma nur kurzzeitig in der Konstellation eines Zusammenschlusses existierte. Kleinere Orte, die faktisch zu einem größeren Zentrum gehörten, wie Altdorf zu Nürnberg oder Eppendorf zu Hamburg wurden hier der größeren Stadt zugeschlagen. Das Resultat sehen wir in der Abbildung 9.[363]

In der Visualisierung sind die Firmen durch Dreiecke symbolisiert, die Orte durch Kreise. Die Lehrlinge kamen aus den Orten und gingen zu den jeweiligen Firmen; beide Entitäten werden nach diesbezüglicher Quantität gewichtet. Ein Ortskreis oder Firmendreieck wird dabei umso größer und zentraler, wenn dieser oder dieses rein quantitativ mehr Kontakte hatte Die Häufigkeit von Beziehungen zwischen einer Firma und einem Ort wird durch eine Verdichtung der Kanten markiert.

363 Ich möchte Tobias Winnerling sehr herzlich für die Hilfe bei der Erstellung dieser Abbildung danken.

Was zeigt nun die Visualisierung? Zunächst seien die Orte diskutiert. Die zentralen Ortschaften sind eindeutig Augsburg, Lindau, Memmingen und Nürnberg. Etwas randständiger sind Kempten, Hamburg und Ulm, noch mehr gilt dies für Nördlingen, Leutkirch, Isny, Kaufbeuren oder sogar für einen so bedeutenden Handelsplatz wie Leipzig. Man muss bei der Erklärung vorsichtig vorgehen und darf hier keineswegs die Verbindungen über Lehrlinge mit dichten Handelskontakten gleichsetzen; hierfür sei auf das Beispiel Lindaus fast ohne Handel nach Venedig verwiesen. In dieser stark im Handel mit der Lombardei engagierten Stadt bestand zunächst ein hoher Bedarf an kaufmännischer Expertise zu diesem Raum und dessen Handelsusancen, und dieser konnte offenbar durch Lehrlingsentsendungen vor allem zur deutschen Händlerkolonie nach Venedig gedeckt werden. Vonseiten der Ortschaften kann daher von einem allgemeinen Interesse am Italienhandel, jedoch nicht von einer spezifischen Konzentration auf Venedig ausgegangen werden.

Da in der Grafik keine chronologische Entwicklung angezeigt werden kann, sei diese wenigstens in ihren allgemeinen Tendenzen bezüglich der wichtigsten Herkunftsorte der Lehrlinge angedeutet. Hierzu wird die Herkunft der Lehrlinge in der ersten und zweiten Jahrhunderthälfte quantifiziert. Das Resultat zeigt sich in Tabelle 22.

Tabelle 22: Herkunftsorte der Lehrlinge in der deutschen Nation exklusive Venedig, 1705–1797

Herkunft	1705–1750	1751–1797	Herkunft	1705–1750	1751–1797
Augsburg	48	41	Nürnberg	25	9
Lindau	23	45	Ulm	23	12
Memmingen	34	25	Hamburg	20	2
Kempten	29	18	Kaufbeuren	4	4

Quelle: Anhang III.

Im diachronen Schnitt zeigt sich ein markanter Wandel. Am bemerkenswertesten ist eindeutig, dass aus dem kleinen Lindau in der zweiten Jahrhunderthälfte mehr Lehrlinge als aus Augsburg kamen. Die Stadt am Bodensee setzt sich damit in dieser Aufstellung an die Spitze des ganzen Reichs. Die Marginalisierung der Herkunftsorte Hamburg und Nürnberg findet ihre Erklärung im ersteren Falle schlicht in einer Verlagerung des Interesses der Elbmetropole auf die atlantischen Handelsräume, während die Pegnitzstadt tatsächlich mit einem Niedergang der Bedeutung ihres Außenhandels konfrontiert war.[364] Neben Lindau halten sich Memmingen und Kempten auf einem soliden Niveau. Der Nieder-

364 *Pfister*, The Quantitative Development, S. 194–195, 214; Kap. II. 3. b.

gang des Ulmer Italienhandels erscheint deutlich, aber noch nicht übermäßig dramatisch.[365]

Die Betrachtung der groben chronologischen Entwicklung unterstreicht die Evidenz der Visualisierung der Herkunftsorte der Lehrlinge in Abbildung 9. Es kristallisiert sich heraus, dass gewerbliche Stärke an Wichtigkeit für die Entsendung von Lehrlingen verlor, hingegen gewannen produktionsschwache Orte mit einer wichtigen Stellung im Transitzug wie Lindau, Memmingen oder Kempten. In diesem Zusammenhang erscheint auch die Präsenz von Lehrlingen aus größenmäßig marginalen Orten wie Isny, Leutkirch oder Kaufbeuren in Venedig in einem anderen Licht. Deren Randständigkeit in absoluten Zahlen bedeutet eigentlich eine große Leistung für solch kleine politische Gebilde.

Für die Analyse des pietistischen Händlernetzes sei nun der Blick auf die Firmen gerichtet. Deutlich zeigt sich folgende Korrelation: Die pietistischen Firmeninhaber (Heinzelmann, Schalckhauser & Hugel, Schweyer, Amman, Wagner, Pommer, Pfauz) stehen leicht stärker im Zentrum der Abbildung 9 und dies gilt auch für den diesen nahestehenden Benedikt von Hermann. Wir erkennen also, dass die pietistische Gruppe der deutschen Nation sich besonders stark bei der Ausbildung von Lehrlingen aus Oberdeutschland hervortat und diese dabei aus relativ vielen Orten stammten – dies zeigt sich durch die Vielzahl an Kanten bei den besonders zentralen Firmen. Um an dieser Stelle nicht der Gefahr einer zu einfachen Schlussfolgerung zu erliegen: Händler, die länger in Venedig residierten, hatten rein statistisch eine größere Chance, auch relativ viele von diesen im Laufe ihres Lebens auszubilden. Da diese, wie wir gesehen hatten, auch dem Pietismus eher zuneigten, ist die Prominenz derselbigen in der Abbildung 9 natürlich nicht repräsentativ für die gesamte Gruppe der deutschen Nation in Venedig. Hier war die Minderheitenposition der Pietisten immer klar. Zudem gilt: Wer mehr als zehn Lehrlinge in seinem Handelshaus im 18. Jahrhundert hatte, gehörte sicherlich zu den erfolgreicheren Kaufleuten der deutschen Nation. Daher sollte die Schlussfolgerung hier nicht lauten: Händler mit Hang zum Pietismus bildeten besonders stark aus, sondern: Händler mit Hang zum Pietismus wiesen vielfältigere Kontakte zu verschiedenen Orten im Alten Reich auf. Diese Annahme findet eine besonders exemplarische Bestätigung, wenn wir nur die aus Hamburg und Berlin stammenden Lehrlinge gesondert betrachten. Von diesen 24 (22 aus Hamburg, 2 aus Berlin) Personen waren 16 bei Kaufleuten des pietistischen Händlernetzes in der Lehre, und dies, obwohl die Hamburger Händler Martens und Koninck nicht zu den Pietisten zählten. Es sei also festgehalten: Diejenigen Mitglieder der deutschen Nation, bei denen wir eine hohe Sympathie für den Pietismus feststellen können, waren bei der Aufnahme von Lehrlingen tendenziell besonders offen.

365 Im Falle Ulms können wir angesichts der Monostruktur von Reichsstadt und Umland als Leinenanbau- und -verarbeitungsgebiet von einer Korrelation zum langsamen Niedergang dieses Textilprodukts im Transalpenhandel ausgehen, vgl. Kap. II, Fn. 59.

Es stellt sich die Frage, ob aus dieser Feststellung eine Korrelation zum oben konstatierten geschäftlichen Erfolg der Händler mit Neigung zum Pietismus abgeleitet werden kann. Im Grunde wirkt die Formation der pietistischen Händler in ihrer Offenheit für Partner aus verschiedensten Gebieten Deutschlands wie das Gegenteil eines engeren Verbundes, was zunächst gegen eine Bezeichnung als ein Händlernetz zu sprechen scheint. Das Paradox führt jedoch direkt zur Sinnhaftigkeit dieses Begriffes: Da die pietistisch gesonnenen Händler in Venedig in ihren sozialen Bindungen einer vergrößerten Familie von Personen mit engen Vertrauensbeziehungen ähnelten, erweiterte sich auch der Kreis der Partner entsprechend exponentiell. Auch die Kinder von Verwandten und Freunden der vertrauten Partner in Venedig waren nun als Lehrlinge leichter vermittelbar. Es ist von daher folgerichtig, dass in den besonders zentralen Orten der Abbildung 9, Lindau, Augsburg und Memmingen, eine besondere Stärke des Pietismus konstatiert werden kann.[366] Der Pietismus führte die freundschaftlichen Beziehungen, die durch die Aufnahme von Lehrlingen anderer Händler besonders deutlich markiert werden, über die Heimatorte hinaus.

Das Paradox der in Tabelle 21 überdeutlich hervorgetretenen Tendenz der kaum in das pietistische Händlernetz einheiratenden und dem Programm Halles eher fernstehenden Kemptener zur dauerhaften Ansiedlung in Venedig ist damit auch auflösbar. Hierbei ist die Feststellung wichtig, dass Kemptener in Venedig und Triest eigentlich eine Sonderrolle spielten. Die Bindungen zwischen Reichsstadt und ihren Händlern an der Adria war enger und familiärer, was diese Gruppe in Venedig relativ deutlich neben das pietistische Händlernetz stellt. Es scheint, dass die feste Ansiedlung der Kemptener an der Adria gerade daher so intensiv erfolgte, da ihre Kaufleute die fehlende Einbindung in das pietistische Händlernetz kompensieren mussten. Geradezu symptomatisch dafür steht die sehr dicke Kante zwischen der Kemptener Händlerfamilie Fehr und ihrer Heimatstadt in der Abbildung 9. Man kann diesbezüglich fast als Regel aufstellen: Kemptener Jugendliche, die zur Ausbildung nach Italien geschickt wurden, gingen nach Venedig zur Familie Fehr, die so wiederrum eine sehr enge Bindung an ihre Heimat aufrechterhielt.

Dies ist nicht mit einer traditionellen Form der auf die jeweilige Reichsstadt zentrierten Organisation des Venedig-Handels zu verwechseln, die vor 1675 stark auf entsandten Faktoren basiert hatte. Die verstärkte Ansiedlung der Kemptener in Venedig war, wie im Fall der dem Pietismus zugewandten weiteren Händler an der Lagune, ein Novum; nur geschah sie hier in engster Verbundenheit mit der Heimatstadt.[367] Zwar sei die Distanz Kemptens zum Pietismus auch nicht übertrieben, es wurde in der Literatur auch bereits eine, allerdings nur

366 *Wolfart*, Geschichte der Stadt Lindau, S. 160–170; Kap. IV, Fn. 34.

367 Es sei auch darauf verwiesen, dass es Kempten gelang, seine auswärts tätigen Kaufleute über Jahrzehnte zu besteuern, was deren enge Anbindung an die Reichsstadt unterstreicht: *Petz*, Zweimal Kempten, S. 134–135.

leichte Sympathie für das Programm Halles konstatiert.[368] Dies mag unter anderem mit erklären, dass manche Lehrlinge aus Kempten auch von nicht aus ihrer Heimatstadt stammenden, aber dem Pietismus wohlgesonnenen Kaufleuten in Venedig in die Lehre aufgenommen wurden. Dieses Phänomen bleibt aber hinreichend randständig, als dass wir es als die regelbestätigende Ausnahme ansehen können.[369] Die Gruppe der Kemptener blieb an der Adria eher unter sich und hatte vermutlich seit 1720 auch eine stärkere Verbindung zu ihren Heimatgenossen auf der anderen Seite der Adria in Triest.[370]

Das pietistische Händlernetz hatte im Gegensatz dazu durch seine Offenheit eine räumlich größere Ausdehnung und war daher wohl geeigneter, einen komplexeren Handel zu bewerkstelligen. Die Konzentration vertrauenswürdiger Partner an einem Ort musste für einen Händler grundsätzlich zu Limitationen im Handelszug von Venedig nach Deutschland führen. Eine höhere Komplexität des Handels stand den Personen offen, deren Partner an verschiedenen Orten angesiedelt waren, sie konnten leichter auf eine höhere Produktpalette und verschiedene Routensysteme zugreifen.[371] Dabei waren Orte mit einer stärker pietistisch gesonnenen Händlerschicht eindeutig offener für solche Kontakte, jedoch ging die Ausdehnung der Kontakte darüber hinaus. Besonders eindringlich zeigt sich dies bei der faktischen Integration Hamburgs in das Handelssystem der deutschen Kaufleute in Venedig. Die Vergrößerung des Kontaktrayons an diesen wesentlichen Handelsort des Reichs führte im frühen 18. Jahrhundert dazu, dass die Barriere zwischen den ober- und niederdeutschen Kaufleuten verschwand, als letztere in einer einigermaßen bedeutenden Zahl ihre Karriere als Lehrlinge bei den Händlern des pietistischen Händlernetzes begannen. So brachte der Pietismus in Venedig eine markante Überwindung der üblicherweise auf die Heimatstadt verdichteten Beziehungen der einzelnen Kaufleute an der Lagune; sie hatten nun wirklich Kontakte zu allen potenziellen und bedeutenden Handelsorten des Alten Reichs. Die Tatsache, dass die an der Adria recht zahlreichen Kemptener hier eher außen vor blieben, mag auch mit erklären, dass sie

368 *Weigelt*, Der Pietismus in Bayern, S. 255–256. In der weiteren einschlägigen Literatur zur Kemptener Kirchengeschichte findet sich keine Erwähnung einer besonderen Beziehung der Reichsstadt zum Pietismus und auch im Archiv der Francke'schen Stiftungen in Halle finden sich kaum Briefe aus Kempten. So bleibt der Pietismus in Kempten allenfalls ein Randphänomen einzelner Akteure.

369 Die enge Anbindung der Kemptener Händler in Venedig an ihren Heimatort zeigt sich daran, dass von den 28 in der Abbildung 9 erfassten Lehrlingen dieser Reichsstadt 18 bei den von hier stammenden Kaufleuten Fehr und Hau tätig waren, der Rest verteilt sich auf die weiteren Firmen von Kaufleuten innerhalb und außerhalb des pietistischen Händlernetzes.

370 Vgl. Kap. II, Fn. 425–433; Tabelle 37.

371 Besonders eindringliche Beispiele hierfür zeigten sich in den von deutschen Händlern in Venedig organisierten Konsortien des Transithandels, die in Kap. II. 4 eingehender präsentiert wurden. Die Partner der deutschen Händler aus Venedig hatten Namen getragen wie Olenschlager, Hartlieb, Wachter und Unold; alles Namen, die sich auch in der Liste der Lehrlinge finden, vgl. Anhang III.

zwar einen bemerkenswerten Erfolg hatten, die Spitzenverdiener der deutschen Nation jedoch nicht aus dieser Reichsstadt kamen.[372]

c) Das Ende der oberdeutschen Exklusivität in der deutschen Nation

Eine geradezu notwendige Folge des Wirkens des pietistischen Händlernetzes musste ein tendenzielles Schwinden der korporativen Strukturen der deutschen Nation sein. Wir erinnern uns: Seit dem frühen 17. Jahrhundert hatte die deutsche Nation für ihre Mitglieder scharfe Verbote erteilt, um möglichst exklusiv zugunsten der oberdeutschen Reichsstädte wirken zu können. 1601 waren Firmenpartnerschaften mit Italienern und Niederländern ausgeschlossen und 1653 endgültig entschieden worden, dass Niederdeutsche nur mit ausdrücklicher Zustimmung der deutschen Nation aufgenommen werden konnten.[373] Das Verbot der Partnerschaft mit Italienern gab so manches Mal Anlass zur Ablehnung eines Eintrittsgesuchs in die deutsche Nation. So verlangte ein Johann Scheffer aus Frankfurt 1672 seine Aufnahme in den Fondaco, und man verweigerte ihm dies trotz einer Intervention vonseiten der Cinque Savi alla Mercanzia aufgrund seiner Partnerschaft mit einem venezianischen Händler, die sich aus seinem Siegel ergab.[374] Weiterhin hatten wir gesehen, dass man sogar einen Nachweis über mehrere Generationen an Vorfahren in Oberdeutschland brauchte, um in die deutsche Nation aufgenommen werden zu können.[375] Zudem galt ein scharfes Reglement der Verschwiegenheit zu den Beratungen des Kapitels. Als Strafe drohte man nicht nur mit Ausschluss aus der deutschen Nation, sondern auch mit der Ruinierung des Rufs des Betroffenen.[376]

Aus dem Protokollbuch ergibt sich, dass die Aufnahmen neuer Mitglieder bis mindestens 1682 durchaus nach diesen Regularien vorgenommen wurden. Der entsprechende Ruf hielt sich lange. Noch 1764 beschrieb ein Kommentator zu einem übersetzten Reisebericht bei der Erwähnung des Fondaco in Venedig und seiner Bewohner die deutsche Nation als eine reine Repräsentation der Reichsstädte Ulm, Augsburg und Nürnberg.[377] Jedoch nahm, wie wir gesehen hatten, die deutsche Nation bereits 1694 den Lübecker Heinrich Friedrich Francke als Mitglied auf.[378] Wir können mit hoher Wahrscheinlichkeit annehmen, dass diese Aufnahme auch wegen der Gewöhnung an Norddeutsche durch von hier

372 Vgl. Tabelle 20, hier sind die Kemptener Felix (I & II) und Friedrich Fehr, Girolamo Hau, Otto Philipp Zeller und Wendelin Lucas Dick allein in den drei Tansen nach 1750 recht prominent vertreten, doch in der Tendenz umsatzschwächer als die Kaufleute des pietistischen Händlernetzes.

373 Vgl. Kap. III, Fn. 148–149; Kap. III. 2. a.

374 AEGV, Fondaco 5, fol. 137r–137v, 140v–142r.

375 Vgl. Kap. III, Fn. 208.

376 Vgl. Kap. III, Fn. 308.

377 *Köhler*, Des Herrn von Blainville, S. 524.

378 Vgl. Anhang I.

stammende Prediger möglich geworden war, und dass der damals amtierende Prediger Maier sich für Francke eingesetzt hat. Francke, der 1710 sogar vom Kaiser geadelt worden war, verließ Venedig 1712 als reicher Mann und zog mit seinem Vermögen nach Memmingen.[379] 1714–1722 war er erneut in Venedig, schließlich zog er 1722 nach Ulm.[380] Als Grund für den Umzug nach Memmingen 1712 nannte er gegenüber seinem Bruder den Wunsch, seine Kinder *in der Evangelischen Wahrheit beßer zu erziehen*, was indirekt bestätigt, dass in diesen Jahren der Dominanz der Orthodoxie tatsächlich kein pietistischer Prediger oder Informator in Venedig weilte.[381]

Auch wenn Franckes Einfluss in Venedig somit letztlich begrenzt blieb, so war eine sehr wirkmächtige, ja entscheidende Bresche in die antiniederdeutsche Front geschlagen. Dem entsprach eine zeitgenössische Intensivierung des Handels über Land von Venedig nach Nordeuropa, die wir bereits in Kap. II. 3. a genauer beleuchtet haben. Eine in Venedig angesiedelte Augsburger Firma wie »Hopfer & Bachmair« betrieb bereits in den 1670er Jahren hauptsächlich *Transit und Kommission* nach Hamburg und Dänemark. Die entsprechenden intensiven Geschäftsbeziehungen schlugen sich bisweilen in Heiraten zwischen Hamburgern und Augsburgern nieder.[382] Auch auf solchen Bindungen baute eine weitere Intensivierung der Verbindungen der deutschen Nation nach Nordeuropa auf. In den späten 1690er Jahren nahm Johann Jakob (I) Pommer den Hamburger Rudolf Berenberg (1680–1746) bei sich für neun Jahre in die Lehre.[383] Seit spätestens 1705 sehen wir die regelmäßige Aufnahme von Kaufmannslehrlingen aus Norddeutschland in Venedig.[384] Francke selbst nahm 1710 Sigismund Streit aus Berlin bei sich auf, der einer der wichtigsten Kaufleute in Venedig werden und sein Vermögen fast gänzlich in den Dienst des Pietismus stellen sollte.[385] Im Zuge dieser Entwicklung siedelten sich in der ersten Hälfte des 18. Jahrhunderts die Begründer von zwei der bedeutendsten deutschen Händlerdynastien in Venedig an, die Hamburger Kaufleute Koninck und Martens.[386] Interessant

379 AFSH, H C 10, Nr. 44–47.

380 AFSH, H C 10, Nr. 53–63.

381 AFSH, H C 10, Nr. 46. Die Kinder wurden in den folgenden Jahren von den evangelischen Geistlichen Joseph Heiß (1668–1725) und Johann Jacob Dörtenbach (1670–1737) unterrichtet. Beide hatten einen engen Bezug zum Pietismus, vgl.: AFSH, H C 10, Nr. 48–49. Vgl. zu den genannten Theologen: *Braun*, Orthodoxie und Pietismus, S. 42, 45, 49, 67, 72, 87–88, 106, 110–111, 148, 173–177, 188–193; *Lehmann*, Max Webers »Protestantische Ethik«, S. 66–93.

382 *Dreyer*, Johann Matthias Dreyer, S. 6–7.

383 Hierbei mag die Sympathie der Familie Berenberg für den Pietismus eine gewisse Rolle gespielt haben: *Schramm*, Kaufleute, S. 137, 140.

384 Vgl. Anhang III.

385 *Büsching*, Lebensgeschichte Sigismund Streits, S. 11–14. Streit hatte offenbar als Berliner auch eine besondere Beziehung zum preußischen Markt: *Lenz/Unholtz*, Die Geschichte des Bankhauses, S. 102.

386 Vgl. Anhang I. Koninck wird verwandtschaftliche Verbindungen zum niederländischen Handelshaus »de Coninck« gehabt haben.

ist, dass diese selbst kaum Lehrlinge aus Hamburg rekrutierten, obwohl gerade Martens in Venedig einen intensiven Handel mit seiner Heimatstadt trieb.[387] Einen Höhepunkt der Öffnung der deutschen Nation in Venedig stellte es dar, dass 1760 und 1763 der Berliner Friedrich Ludwig Streit, der 1736 als Lehrling bei seinem Onkel in Venedig seine Laufbahn begonnen hatte, zum Consul der deutschen Nation gewählt wurde.[388]

Auch die Verbote von Firmenpartnerschaften mit Italienern endeten im 18. Jahrhundert gänzlich. Ein Beispiel war die Partnerschaft des venezianischen Adeligen Nicolò Tron (1685–1771) mit Johann Georg Stahl († 1759) und dessen Nachfolger Georg Friedrich Faber von 1759 bis 1773. Diese Partnerschaft war wohl vonseiten Trons explizit mit Blick auf die Exportmärkte in Nordeuropa eingegangen worden; die deutsche Nation hat hiergegen nie etwas unternommen.[389] Auch deuten die durch den Nachlass eines Notars erkennbar dichten Verbindungen Kemptener Kaufleute zu vielen italienischen Firmen in Form von Prozessen auf eine vorhergehende starke Öffnung zu engeren Geschäftsbeziehungen, die dann im Fall des Scheiterns zu komplexen Gerichtsprozessen Anlass gaben.[390]

Es stellt sich auch die Frage, ob diese Öffnung auf der institutionellen Ebene mit verstärkten freundschaftlichen Bindungen zu Venezianern einherging. Hierzu lässt sich zwar festhalten, dass ein intensives Engagement von herausragenden Gestalten wie Amadeus Schweyer in der italienischen Gelehrtenwelt bezeugt ist,[391] jedoch war das Sozialleben der deutschen Kaufleute wohl stärker auf ihre eigenen Kreise beschränkt. Im Tagebuch von Georg Daniel Heinzelmann werden fast ausschließlich Treffen und Gespräche mit Deutschen erwähnt, meist aus dem Umkreis der pietistisch gesonnenen Kaufleute.[392] Auch in Kleidung und Gebaren scheinen die Händler der deutschen Nation bis zum Ende des 18. Jahrhunderts auf eine gewisse Distinktion gegenüber der Mehrheitsgesellschaft geachtet zu haben.[393] Die deutschen Händler in Venedig, die häufig dem Patriziat der Reichsstädte entstammten und vereinzelt Wert auf Ade-

387 In den Admiralitätszollregistern finden sich zwischen 1747 und 1798 Angehörige der Hamburger Familie Martens, Johann Hinrich, und ab 1769 der 1742 in Venedig geborene Johann Gotthard, als wichtige Importeure von Waren aus Venedig und dessen Inseln. Sie importierten zumeist Korinthen, Weinstein und Öl, in dieser Reihenfolge und mit einer im Jahrhundertverlauf steigenden Bedeutung. Sie bezogen diese Waren hauptsächlich von ihren Verwandten in Venedig. Vgl. die zugrunde liegende Datenbank von: *Schneider/Krawehl/Denzel/Schulenburg*, Statistik. Für die Überlassung dieser Informationen sei Markus A. Denzel an dieser Stelle herzlich gedankt. Vgl. auch: *Schulte Beerbühl*, Zwischen England, S. 216–217.

388 Vgl. Anhang IV.

389 Vgl. hierzu mit der dort angegebenen Literatur: *Ressel*, Norms and Practice, S. 127–138.

390 *Wüst*, Bürgertum, Handel, S. 216.

391 *Ferrari*, Amadeo Svaier.

392 AEGV, Diario Heinzelmann 1771. Ausnahmen sind lediglich vereinzelte Treffen mit italienischen Kaufleuten oder Adeligen.

393 *Fick*, Bemerkungen, S. 177.

lungen durch den Kaiser legten,[394] waren offenbar bei aller Liberalisierung des Handelssystems und der Regularien im Fondaco dei Tedeschi standesbewusst und hielten bis zum Schluss der Republik eine leichte Abgrenzung gegenüber der italienischen Bevölkerung aufrecht.[395] Die stärkere Rolle des Italienischen innerhalb der deutschen Nation des 18. Jahrhunderts als faktischer Muttersprache von immer mehr Mitgliedern hatte offenbar noch nicht das Potenzial, die Standes- und Konfessionsgrenzen zwischen Minderheiten- und Mehrheitsbevölkerung markant zu relativieren.

d) Zusammenfassung

Die vor allem zwischen 1700 und 1732 erkennbare Konfliktlinie in der Geschichte der evangelisch-lutherischen Gemeinde der deutschen Nation in Venedig um die Ernennungen von Predigern entweder pietistischer oder orthodoxer Couleur hat als Hintergrund nicht nur theologische Differenzen. Sie spiegelt tatsächlich die Existenz von zwei tendenziell abgrenzbaren Händlergruppierungen im Fondaco wider. Selbst bei einer nur vorsichtigen Annahme der Anzahl der mit dem Hallenser Programm der beiden Franckes sympathisierenden Händler können wir einen großen Anteil der deutschen Nation in diesem Sinne als Pietisten identifizieren. Allerdings erreichten die dem Pietismus in Venedig zugetanen Personen und Familien erst 1719 eine leichte Dominanz und konnten diese nur bis zur Entlassung des eindeutig pietistischen Predigers Wenndrich 1732 halten.[396] Abgesehen von diesen wenigen Jahren bildeten die mit dem Pietismus sympathisierenden Kaufleute immer bestenfalls eine substanzielle Minderheit.

Die dem Pietismus nahestehenden Händler in Venedig gehörten zu den frommeren und wohlhabenderen Kreisen der Kaufmannschaft. Diesem Frömmigkeitsbedürfnis konnte offenbar von einem orthodox-lutherischen Prediger nicht hinreichend Genüge getan werden, was zu einer bedeutsamen Öffnung gegenüber pietistischen Theologen aus Deutschland führte. Diese sorgten als Prediger oder, deutlich häufiger, als Informatoren, für ein reges pietistisches Konventi-

394 Vgl. zur patrizischen Herkunft und dem Wunsch nach Adelungen durch den Kaiser nur den Fall der Memminger: *Rueppprecht*, Die Memminger Patrizier, S. 38–42, 62, 67–71, 80, 88, 94. In Venedig ließen sich nicht so viele deutsche Händler adeln, genannt seien Hößlin (1697), Hermann (1742), Heinzelmann (1780), Reck (1787) und Laminit (1787). Bei dieser offenkundigen Distanz mag tatsächlich eine Art von bürgerlicher Prägung eine Rolle spielen, die außerhalb des Reichs stärker zur Geltung kommen konnte.

395 Es sei dabei noch vermerkt, dass die deutschen Kaufleute von ihrem Prediger in Venedig als äußerst freundlich, hilfsbereit und geradezu liebevoll charakterisiert wurden: *Fick*, Bemerkungen, S. 191–206.

396 In Brandenburg-Preußen wird nach dem Tod August Hermann Franckes 1727 ein rascher Verfall der pietistischen Bewegung konstatiert: *Brecht*, Der Hallische Pietismus, S. 337–346. Vgl. hierzu die in dieser Arbeit zutage geförderte Evidenz in Kap. IV. 1. a.

kelleben in Venedig. Dabei ist auffällig, dass über die Jahrzehnte immer wieder Väter und Söhne und sogar Enkel aus denselben Kaufmannsdynastien in den Quellen als Freunde Halles und Förderer der Francke'schen Projekte sowie Einladende für Theologen aus diesem Umfeld erscheinen. Das erhöhte Frömmigkeitsbedürfnis einer Kerngruppe der stärker in Venedig verorteten Händler der deutschen Nation entstammt nicht nur deren Grundierung in Süddeutschland, spiegelt also nicht nur Entwicklungen aus diesem Raum wider. Das Bedürfnis war besonders bei den Händlern ausgeprägt, die sich in Venedig niedergelassen hatten. Diese trauten wohl eher den Theologen hallischer Prägung eine Stärkung des Protestantismus bei ihren Kindern zu.

Die dem Pietismus zugeneigten Händlerfamilien waren dabei nicht nach außen abgeschottet. Zwar ist beim Heiratsverhalten eine leichte Bevorzugung von Partnern aus der Gruppe der Pietisten feststellbar, bezüglich der Aufnahme von Lehrlingen aus Deutschland nahmen jedoch gerade die Kaufleute dieses Händlernetzes Jugendliche aus besonders vielen unterschiedlichen Städten auf. Wir können annehmen, dass sich dies im Fall der deutschen Händler in Venedig aus der Überlagerung der reichsstädtischen durch die überregionale, pietistische Identität ergab. In den Konventikeln fanden sich Personen aus verschiedenen Reichsstädten. Die in diesen Versammlungen entwickelten engen Bindungen zu weiteren Sympathisanten des Pietismus öffneten auch deren Verwandtschafts- und Freundeskreise in Oberdeutschland potenziell für alle Konventikelbesucher. Es sei dabei daran erinnert, dass Mark Granovetter in seinen Untersuchungen eine *strength of weak ties* konstatiert hatte; dies findet sich hier bestätigt.[397] Das hatte weitergehende Folgen: Auch die Liberalisierung vieler Regularien des Handels für Mitglieder der deutschen Nation ging im 18. Jahrhundert mit dem Aufstieg der pietistischen Gruppierung im Fondaco mit ihren vielfältigen Verbindungen nach Norddeutschland einher.

Damit haben wir das pietistische Händlernetz in seiner sozialen und geschäftlichen Offenheit gegenüber dem gesamtdeutschen Raum erfasst. Es bietet sich an, den Erfolg der Beteiligten dieses Netzes vor allem mit der damit einhergehenden Kontaktausweitung zu erklären. Ihre hohen Taxierungen in den venezianischen Tansa-Listen sprechen für eine derartige Korrelation. Es stellt sich jedoch die Frage, wie sich dies konkret manifestierte. Anders ausgedrückt: Wie zeigt sich die Existenz eines pietistischen Händlernetzes mit seiner überregionalen Wirkung in der Handelsstrategie und den Geschäftspraktiken der einzelnen Händler? Hierzu muss die operative Praxis der deutschen Kaufherren in Italien unter die Lupe genommen werden und dabei tatsächlich ein Unterschied bei Transaktionen innerhalb und außerhalb des pietistischen Händlernetzes nachgewiesen werden können. Dieser Aufgabe widmen sich die folgenden Abschnitte.

397 Vgl. Kap. I, Fn. 31.

3. Alpenhändler in Venedig, Seehändler in Livorno: Die Arbeitsteilung der deutschen Händler in Italien in der ersten Jahrhunderthälfte

a) Die Erfassung der Handelspraxis der deutschen Händler in Venedig und Livorno

In dieser Arbeit konnte bislang kaum etwas über das konkrete Zustandekommen des Erfolgs der deutschen Händlerkolonien in Venedig und Livorno mitgeteilt werden. Die Vermutung liegt nahe, dass oberdeutsche Händler vor allem im Transalpenhandel ihre Gewinne machten. Eine sichere Angabe dazu findet sich jedoch nicht in der Literatur. Es wäre wohl reizvoll, eine vergleichende Analyse der Zolleinzahlungen deutscher Händler am Stallaggio und am Fondaco zu machen, um so präzise die Bedeutung von See- und Landhandel gegeneinander abwägen zu können. Diese Arbeit mit der Eingabe unzähliger Verzollungen aus den umfangreichen Registern der venezianischen Zollverwaltung ist derzeit undenkbar.[398] Selbst wenn sie geleistet wäre, so würde sie auch nicht die volle Komplexität einzelner Firmenstrategien, vor allem nicht die Geschäftsvorgänge innerhalb Venedigs erfassen.

Dem Mangel kann glücklicherweise abgeholfen werden: Eine Quellengattung bietet sich insbesondere an, um wenigstens auf der Grundlage einiger repräsentativer Stichproben eine Art differenzierter Strategiegeschichte der deutschen Firmen in Venedig zu schreiben. Es handelt sich um Fallimentsakten, die besonders im 18. Jahrhundert in hoher Anzahl überkommen sind. Nach Erklärung der Insolvenz wurden die Geschäfte eingefroren, und man achtete im folgenden Verfahren darauf, dass in den Monaten zuvor nicht bevorzugt bestimmte Gläubiger abgefunden worden waren. Im Verlauf des Verfahrens wurden viele Akten zur Firmengeschichte angelegt, um zu erkennen, warum das Unternehmen schließlich gescheitert war. Es war dabei für den insolventen Kaufmann wichtig, sein möglichst tadelloses Geschäftsgebaren nachzuweisen. Wir erhalten daher einerseits eine scharfe Momentaufnahme, andererseits sogar einen gewissen Einblick in die Entwicklungsgeschichte der Unternehmung eines insolventen Kaufmanns.[399] Dabei hat eine Betrachtung der insolventen Handelshäuser scheinbar den Nachteil, dass damit eine Vorauswahl getroffen wird, die eventuell die besonders ungeschickten Kaufleute erfasst. Tatsächlich aber ist dem nicht so. Viele Insolvenzen der Kaufleute aus der deutschen Nation im 18. Jahrhundert haben eine deutliche Verbindung zu den bekannten internationalen Krisen von

398 Vgl. zum Scheitern eines ebensolchen Projekts in Venedig nach vielen Jahren der Dateneingabe: *Sambo*, La balance.

399 Vgl. zu dieser Quellengattung und dem venezianischen Insolvenzrecht: *Ressel*, Norms and Practice.

1763, 1772/73 und 1777/78.[400] Eine tabellarische Auflistung der 13 Insolvenzen zeigt dies (Tabelle 23).[401]

Tabelle 23: Dokumentierte Insolvenzen deutscher Kaufleute in Venedig im 18. Jahrhundert

Kaufmann	Akkord am	Kaufmann	Akkord am
Johann Georg Specht	14.7.1716	Friedrich Ludwig Streit	30.3.1765
Georg Johannes Conrat	23.9.1730	Georg Friedrich Faber	30.5.1775
Daniel Amman	30.8.1760	Daniel Friedrich Wolff	23.7.1777
Johann Georg Bensperg	11.5.1763	Lieb & Co.	19.8.1778
Johann Sigismund Natter	21.5.1763	Johann Michael (III) Wagner	27.1.1779
Johann Jakob (II) Pommer	17.9.1763	Johann Jakob Gutermann	3.9.1781
Johann Heinrich Dannenberger	13.1.1764		

Quelle: ASVe, Sopraconsoli dei mercanti, 177.

Die rein zeitliche Auflistung der Firmenzusammenbrüche deutet also auf mehrheitlich extern induzierte Insolvenzen hin, die vor allem durch eine enge Anbindung an die internationalen Märkte und den Seehandel entstanden sind. Daher ist die Wahrscheinlichkeit einer ›typischen‹ Insolvenz innerhalb der deutschen Nation durch Missmanagement eher gering. Vielmehr können wir vermuten, dass es gerade die ›Modernität‹ und enge Anbindung an das Geschehen auf den nordeuropäischen Märkten war, die diesen Firmen zum Verhängnis wurde. Treffend bemerkte Johann Heinrich Dannenberger hierzu Anfang 1764 in der Dokumentation zu seiner Insolvenz, man habe noch nie von einer solchen schweren Krise wie der derzeitigen vernommen mit einer *Mondo dei Fallimenti di circa Cento cinquanta Case delle più accreditate e risplendenti d'Amsterdam, Amburgo, Londra e Berlino, ed altri Luoghi seguiti recentemente nel corso di poco più d'un Mese.*[402] Diese Krise habe auch seine Firma getroffen. Solche Fälle zu

400 Die ersten beiden waren Wirtschaftskrisen: *Craig/García-Iglesias*, Business Cycles. Die letztere war bekanntermaßen eine politische Krise, die bedeutende wirtschaftliche Verwerfungen nach sich zog.

401 Eine ähnliche Auflistung findet sich bereits bei: *Elze*, Geschichte, S. 79–80. Elze hat jedoch auf die Nennung der Insolvenzen vor 1760 verzichtet, und der von ihm genannte Mattheus Fehr wird hier nicht aufgeführt, da er nicht Mitglied der deutschen Nation war.

402 ASVe, Sopraconsoli dei mercanti, 125, Dannenberger. Eine gröbere Analyse, in der Tendenz aber immer noch richtig, gibt LeBret: *Die ganze Venetianische Mercerie* (zentrale Handelsstraße der Stadt; MR) *ist ohne auswärtige Unterstützung ein Nichts, und der Geschmack ist so verdorben, daß sinkende Krämer auch sinkende Kaufleute nach sich ziehen. Daher sind in den neuen Zeiten Handlungshäuser gefallen, die man als himmelfest ansah, das Pommerische, Wagnerische, Ammannische, Maraccische, und viele andere Häuser*, in: *LeBret*, Vorlesungen, S. 344.

analysieren, heißt daher nicht nur Ausnahmen, sondern die Regelfälle, nicht die rückständigen, sondern vornehmlich die innovativsten Firmen genauer zu beleuchten.

Im Folgenden wird ein Kapitelschnitt vor und nach der Krise von 1763 gemacht, da die Menge an deutschen Insolvenzen in diesem Jahr als markanter Einbruch erscheint. Zunächst werden daher in Kap. IV.3 Insolvenzen von 1715 bis 1760, konkret die Fälle Specht, Conrat und Amman, unter die Lupe genommen. Auch ein Insolvenzfall eines Hamburger Handelshauses aus Livorno, von Paul Lochner im Jahr 1720, wird hier genauer herausgestellt. Dieser stellt ein gewisses Gegenmodell zu den Konkursen in Venedig dar. Es folgt zum Abschluss des Kapitels eine Betrachtung der spezifisch ›deutschen‹ Handelspraktiken in Venedig und Livorno im 18. Jahrhundert aus einer Art Vogelperspektive. Diese wird im Fall Venedigs durch eine Analyse von Notariatsakten aus der Mitte des Jahrhunderts erreicht. Im Fall Livornos soll anhand von Speditionsakten aus Chur der von Livorno ausgehende Transalpenhandel beleuchtet werden, da dies eine Besonderheit gerade der deutschen Komponente der Nazione Olandese-Alemanna war. Der nächste zeitliche Querschnitt in Kap. IV.4 erfasst die Jahre von 1763 bis 1787. Hierfür werden die Insolvenzen der in Venedig aktiven deutschen Händler Bensperg, Natter, Pommer und Wagner als jeweils exemplarisch sehr unterschiedliche Fälle untersucht. Es folgt eine Darstellung der Aktivitäten des Handelshauses Benedikt von Hermanns in Venedig, die mittels einer von Amts wegen vorgenommenen Inventarerfassung der frühen 1780er Jahre möglich ist. Es schließt sich eine Betrachtung einer Insolvenz in Livorno an, der katholischen Firma Erede Huigens im Jahr 1787, die einen Kontrast zu den protestantischen deutschen Handelshäusern in Italien bietet. Die weiteren in Tabelle 23 aufgeführten Insolvenzfälle werden hier nicht betrachtet. Die eingehendere Analyse von einem Dutzend Firmen ist bereits hinreichend exemplarisch – und sie wird noch durch den Blick in die Notariatsakten und die Speditionsdokumente der Churer Spediteure ergänzt.[403]

Die Methode wird bei allen zu analysierenden Insolvenzen ähnlich sein. Die Abschlussbilanz, in der alle Gläubiger und Schuldner zusammengestellt sind, wird aggregiert und nach Städten sortiert.[404] Nehmen wir an, eine Reihe an Gläubigern stammt aus London: In diesem Fall werden deren Summen addiert und unter der Rubrik »London« mit einer Angabe der Anzahl an Gläubigern auf der entsprechenden Seite der Tabelle aufgeführt. Damit lässt sich ein Grad an

403 Der Insolvenzfall »Faber« wird eingehend analysiert durch: *Panciera*, Vent'anni di bilanci; *Ressel*, Norms and Practice.

404 Dabei wird hier in der Analyse kein Unterschied gemacht zwischen *Debitori buoni*, *Debitori di qualche speranza* und *Debitori di poco speranza*. Diese Einteilung findet sich häufig in den Abschlussbilanzen, sie diente der soliden Einschätzung von noch eintreibbaren Außenständen. Nicht eintreibbare Gelder von Schuldnern waren oftmals auch ein wesentlicher Grund für die Insolvenz, was im Folgenden auch einige Fallissements von Firmen mit einem höheren Forderungskonto als eigenen Außenständen erklärt.

»Internationalität« der Firma, ihre Konzentration auf gewisse Märkte und die Art des Handels (Großhandel bei wenigen Handelspartnern mit hohen Summen, Detailhandel im umgekehrten Fall) herausstellen. Auch deuten Verbindlichkeiten des insolventen Kaufmanns auf Einkaufsmärkte, Forderungen dagegen auf Verkaufsmärkte. Wenn bei den Bilanzen der Ort nicht neben dem Namen des Kaufmanns genannt ist, so können wir davon ausgehen, dass es sich um einen Händler in Venedig handelte; unter dieser Stadt wird die entsprechende Summe dann auch erfasst. Nur bei Kaufleuten der deutschen Nation wird eine Sonderrubrik erstellt, da diese keine gewöhnlichen Handelspartner in Venedig, sondern Mitglieder desselben korporativen Verbandes und eventuell auch Händlernetzes waren. Reine Inventarwerte (typischerweise Möbel, Grundbesitz, abzugebende Mitgiften), die in den Bilanzen auftauchen, werden nicht angegeben. Mittels der aggregierten Bilanz kann dann im Folgenden unter Zuhilfenahme weiterer Angaben zum Kaufmann, sei es aus den Insolvenzakten, sei es aus anderen Quellen, eine Charakterisierung des jeweiligen Firmenprofils gewagt werden.

b) Ein kleiner Osteuropahändler: Johann Georg Specht

Wir beginnen mit dem Fall von Johann Georg Specht aus Ravensburg.[405] Seine aggregierte Bilanz von 1716 zeigt Tabelle 24. Offenbar war Specht in Venedig ein Einkäufer, der besonders stark nach Osteuropa exportierte, darauf deuten die vielen Schulden bei Venezianern und Kaufleuten der deutschen Nation und die Forderungen gegenüber relativ zahlreichen Orten aus Osteuropa hin. Daneben war er wohl auch ein Detailverkäufer von Waren aus Süddeutschland und sogar Nordeuropa (durch Livorno repräsentiert) in Venedig. Hier hatte er die meisten Forderungen im kleinteiligen Bereich zu stellen. Dafür, dass es sich eigentlich um den Kernbereich des Handels von deutschen Kaufleuten in Venedig handelt, wirkt dieses Segment jedoch überraschend klein. Der Ravensburger Kaufmann hatte sich offenbar nicht auf den Handel mit seiner Heimat, sondern auf den Austausch zwischen Osteuropa und Venedig spezialisiert.

Dies findet seine Bestätigung im Inventar des insolventen Kaufmanns. Hier werden vor allem *Smaltini*, also ein Grundstoff zur Glasfärbung aufgeführt. Auch der teuerste Warenposten *Polvere* mag im Zusammenhang mit der Glaskunst stehen. Seine Partner in Prag tragen alle italienische Namen, unter anderem war der berühmte Architekt Domenico Martinelli (1650–1718) darunter.[406] Spechts Bevorzugung des Handelskontaktes zur See erkennen wir anhand der Ursachen für seinen Bankrott, die er durch Aufzählung aller erlittenen unerwarteten Verluste seit 1702 angibt. Allein im Jahr 1703 hat er durch drei Schiffs-

405 Zu diesem findet sich nur sehr wenig in der Sekundärliteratur, die wesentlichen Angaben sind zusammengestellt bei: *Schulte Beerbühl*, Zwischen England, S. 214–216.

406 ASVe, Sopraconsoli dei mercanti, 108, Specht, »Mercantie 1715, 15. Settembre«.

Tabelle 24: Aggregierte Insolvenzbilanz von Johann Georg Specht aus dem Jahr 1716 in duc.

Gläubiger		**Schuldner**	
Ort	**Summe**	**Ort**	**Summe**
Venedig (21)	11.195	Venedig (33)	2.996
Dt. Nation (7)	6.803	Leipzig (2)	1.033
Augsburg (3)	2.853	Hamburg (1)	924
Livorno (1)	1.430	Prag (3)	860
Hamburg (1)	223	Mailand (3)	679
Gemona (1)	24	Breslau (1)	540
Nürnberg (1)	39	Macerata (1)	540
		Lemberg (1)	464
		Brünn (450)	450
		Nürnberg (3)	441
		Erms (Württemberg) (1)	380
		Amsterdam (1)	260
		Graz (2)	200
		Augsburg (2)	131
		Memmingen (2)	78
		Freistadt (1)	80
		Frankfurt (1)	62
		Zürich (1)	37
Gesamt	**22.567**	**Gesamt**	**10.155**

Quelle: ASVe, Sopraconsoli dei mercanti, 108, Specht.

verluste über 1.500 duc. verloren. Der nächste Schiffsverlust trat erst 1715 ein, offenbar war er während des Spanischen Erbfolgekriegs auf den Landhandel umgeschwenkt. Die restlichen Warenverluste entstanden auf der Strecke von Salzburg nach Wien, und es gab Fallissements von Partnern ebenfalls aus Salzburg.[407]

Die Tatsache, dass ihn Gesamtverluste von 9.846 duc. zwischen 1704 und 1715 bereits ruinierten, zeigt uns, dass Specht ein Kaufmann mit kleinem Portfolio war. Dies ist ein Indiz für ein traditionelles, im frühen 18. Jahrhundert immer noch teilweise bestehendes Geschäftsmodell von Mitgliedern der deutschen Nation. Kleine bis mittelgroße Kaufleute, die in Venedig keine Familie oder feste

407 ASVe, Sopraconsoli dei mercanti, 108, Specht, »Danni Presentiti«.

Residenz außerhalb des Fondaco hatten, engagierten sich in einem relativ spezialisierten Marktsegment im Transalpenhandel. Dabei waren sie, das zeigen die Verbindlichkeiten an die anderen Mitglieder der deutschen Nation, besonders deutlich mit ihren Landesgenossen in der deutschen Nation geschäftlich verbunden. Eine Bevorzugung oder Benachteiligung von Partnern mit Neigung zum Pietismus lässt sich dabei nicht bemerken. Die Tatsache, dass Specht den Seehandel, wohl hauptsächlich für Importe zum Weiterversand nach Prag, intensiv betrieben hatte und in Friedenszeiten lieber über Livorno und Hamburg als über die Alpen handelte, zeigt uns allerdings auch ein Resultat des Strukturwandels des späten 17. Jahrhunderts mit seiner verstärkten Bedeutung der maritimen Routen für die Oberdeutschen in Venedig.

Dieser Strukturwandel galt nicht nur für Specht, wie nachgewiesen werden kann. Im Jahr 1729 stellte die deutsche Nation die in den vergangenen zehn Jahren von ihren vier wohl reichsten Firmen außerhalb des Fondaco geleisteten Zollzahlungen zusammen.[408] Man kam auf die Summe von 141.757 duc., also pro Jahr durchschnittlich etwa 14.176 duc. Dabei war die Aufteilung jedoch bedeutsam. 18.839 duc. (ca. 13 %) gingen an die Zölle der *Biave* und *Grassa*, betrafen also Importe von Lebensmitteln und Öl aus dem Mittelmeer. 73.171 duc. (ca. 52 %) waren Zollabgaben für den Import von Rosinen von den venezianischen Inseln. 49.744 duc. (ca. 35 %) davon entfielen auf den Stallaggio, waren also Zölle für die Einfuhr von weiteren Waren zur See. In denselben Jahren betrugen die Gesamtzahlungen der deutschen Nation mit ihren über 30 Kaufleuten am Fondaco für Wareneingänge (also ausschließlich von Land) jährlich im Durchschnitt 13.225,8 duc.[409] Selbst unter Berücksichtigung des Zollnachlasses am Fondaco liegt die Schlussfolgerung nahe, dass die Deutschen um 1720 in Venedig insgesamt deutlich mehr Waren über See als über Land einführten. Für die Ausfuhr galt das weniger. Dies zeigt sich daran, dass sich das Verschwinden der Grisolotti am Fondaco nach 1731 vor allem in einer verminderten Einfuhr von Land widergespiegelt hatte, nicht in einer Reduktion der Ausfuhr.[410] Da die Grisolotti vor allem im Landhandel aktiv waren, bedeutet das, dass die deutsche Nation offenbar weitgehend über Land exportierte. Durch Specht wird diese Makrobeobachtung im Einzelfall geradezu idealtypisch repräsentiert. Jedoch soll dieses Bild nicht zu stark im Sinne einer Struktur der deutschen Händler als hauptsächlichen Verkäufern von Gütern aus dem Mittelmeerraum über die Alpen interpretiert werden. Die Tatsache, dass die deutsche Nation in ihrer Angabe von 1729 nur vier Firmen aufführte, deutet darauf hin, dass vor allem bei diesen der Seehandel besonders stark war. Es waren hier aber offenbar auch weitere und kleinere Händler engagiert, unter denen Specht als ein typisches Beispiel erscheint.

408 ASVe/CS, II Ser., 73, Stampa Nazione Alemana, fol. 53.
409 *Campos*, Il commercio, S. 165.
410 Vgl. Kap. III. 4. d.

c) Ein Hasardeur in Livorno: Paul Lochner

Der Befund kann auch in dem Sinne interpretiert werden, dass die deutschen Händler in Venedig um 1720 zahlenmäßig stark waren, sich aber nur wenige kapitalkräftige und wirklich international vernetzte Kaufleute unter ihnen befanden. Sie betrieben einen Transalpenhandel, der auf mediterranen und mittel- sowie osteuropäischen Gütern basierte. Er folgte damit einer relativ linearen Struktur von Hin- und Rücksendung zwischen Mitteleuropa und dem Mittelmeerraum. Ein tieferes Engagement in den innermediterranen Handelskreisläufen ist nicht erkennbar, ebenso wenig eine engere Anbindung an die nordwesteuropäischen Zentren der Weltwirtschaft Amsterdam oder London. Ein Indiz spricht gewissermaßen ex nihilo für diese Interpretation. Als um 1720 eine schwere internationale Finanz- und Wirtschaftskrise, ausgehend von der Bubble-Crisis in England und den Law'schen Spekulationen in Frankreich, schwere Turbulenzen an den wichtigen Finanzzentren Europas hervorrief, ging keine deutsche Firma in Venedig insolvent.[411] Man kann dies wohl als Zeichen für die geringe Verbindung mit den internationalen Märkten deuten; so war man auch nicht von deren Schwierigkeiten betroffen. Anders sah dies in Livorno aus, wie anhand eines exemplarischen Falls nun gezeigt werden soll.

Hier musste 1720 der Hamburger Händler Paul Lochner († 1732) seine Insolvenz anmelden. Die Forderungen der Gläubiger beliefen sich auf 109.164 Ps., eine ganz andere Dimension als es bei Specht der Fall gewesen war. Leider liegt uns nur die Bilanz der Forderungen an ihn vor. Aggregiert finden sich die Werte in Tabelle 25.

Die enge Anbindung an London und Amsterdam des ausgerechnet in Hamburg geborenen Lochner sticht hervor, was auch im Zuge der Bubble-Crisis wohl der Grund für seine Insolvenz gewesen ist. Dass die wesentlichen Gläubiger in Livorno jüdische, niederländische oder englische Namen tragen, unterstreicht den hohen Grad an Internationalität noch einmal. Dasselbe gilt auch für die geschäftlichen Kontakte nach Aleppo, Smyrna oder Archangelsk. Der oberdeutsche Raum wirkt hier peripher, wenngleich nicht ganz unbedeutend. Zu diesem gesellt sich ein leichtes Engagement im Schlesischen. Die Basis des Handelskontakts in beide Regionen lässt sich vor allem im Leinengewerbe vermuten.[412]

Äußerst interessant sind die offenbar dichten Kontakte zur deutschen Nation in Venedig. Die Partner gehören zu den reichsten Kaufleuten der Republik, es sind ausnahmslos die am höchsten Besteuerten.[413] Wir können davon ausgehen, dass dies ein Handelszug war, der sich in der ersten Hälfte des 18. Jahrhundert deutlich verdichtete. Über Livorno konnten die deutschen Händler in Venedig

411 Zur Internationalität dieser Krise vgl.: *Paul*, The »South Sea Bubble«.

412 Ludwig Beutin hat allerdings übertrieben, als er Lochner hauptsächlich als Leinwandhändler charakterisierte: *Beutin*, Der deutsche Seehandel, S. 64.

413 Die Namen lauten Bachmair & Lucker, Bensperg, Pommer, Schwestermiller & Beck, Felix (I) Fehr, die Gebrüder Schweyer und Daniel Amman. Zu ihrer Bedeutung vgl. Tabelle 20.

Tabelle 25: Aggregierte Insolvenzbilanz von Paul Lochner aus dem Jahr 1721 in Ps.

Gläubiger		**Gläubiger**	
Ort	**Summe**	**Ort**	**Summe**
London (10)	24.045	Mailand	750
Amsterdam (12)	18.272	Basel	700
Livorno (20)	12.851	Memmingen	692
Dt. Nation Venedig (7)	11.962	Rom	650
Aalst	5.124	Leipzig	618
Genua (5)	4.684	Smyrna	596
Neapel (3)	4.004	Zittau (2)	595
Frankfurt	3.807	Hamburg (3)	562
Augsburg	3.192	Venedig	500
Breslau	3.003	Leipzig	404
Valencia	2.140	Genf	360
Sevilla	1.900	Nazione in Livorno (2)	326
Zürich	1.286	Bologna	252
Archangelsk (2)	1.256	Ulm	75
Lyon	1.000	Nürnberg	52
Memmingen	872	Aleppo	34
Hirschberg (3)	843	Bozen	19
Verona	808	Kempten	3
Barcelona	800	**Gesamt**	**109.164**

Quelle: ASF, Mediceo del Principato, vol. 2291, fol. 201r–208r.

eine verstärkte Anbindung an die Märkte Nordeuropas gewinnen; umgekehrt öffnete sich für die Händler in Livorno durch den Kontakt nach Venedig der mitteleuropäische Markt. Dies war eine Nische, die sich gerade für die deutschen Händler in Livorno anbot und in den folgenden Jahrzehnten zu einer immer wichtigeren Verbindung führen sollte. Die Bedeutung der beiden deutschen Nationen in Livorno und Venedig wuchs im 18. Jahrhundert in einiger Synchronität und damit können die Hamburger Händler in Livorno als indirekte Profiteure des venezianischen Privilegs von 1675 gelten.[414]

414 Es sei darauf verwiesen, dass Lochner seit 1715 die Freikäufe von Untertanen der dänischen Monarchie in Nordafrika im Auftrag der Pommers in Venedig vornahm, was uns noch einmal den intensiven Nexus zwischen den Oberdeutschen an der Lagune und den Hamburgern in Livorno verdeutlicht: *Ressel*, Venice and the Redemption.

Über Paul Lochner lässt sich bedauerlicherweise kaum mehr aussagen. Seine Korrespondenzen zur Insolvenz sind in umfangreichen Akten mit weiteren Bankrotten dieser Jahre verstreut, sodass nur eine äußerst mühsame Detailarbeit weitere Informationen zu seiner Firmengeschichte ergeben könnte. Interessant ist, dass er nur wenige Monate vor seiner Insolvenz im August 1720 zum Konsul von Schweden ernannt worden war, was für eine hohe Bedeutung seines Geschäftes spricht. Zwar scheint das kein besonderer Vorgang im Mittelmeer: Schweden hatte in Venedig seit 1671 die Angehörigen der Familie Pommer, die dort bis 1760 zumeist zu den reichsten Kaufleuten der Republik gehörten, als Konsuln wirken lassen.[415] Seit 1690 zog Dänemark nach und ernannte seither ebenfalls in Venedig Konsuln aus der im engen Geschäftskontakt mit Dänemark stehenden Familie Bachmair, die auch der deutschen Nation angehörten.[416] All diese Konsuln waren jedoch unbezahlt und hatten keine wesentlichen Aufgaben zu erfüllen. Nicht so Lochner, dem substanzielle Gelder anvertraut wurden, damit er Friedensverträge mit den Barbareskenstaaten für Schweden abschließen konnte. Erst nachdem man 1727 erkannte, dass er diese Gelder für seine eigenen Ziele zweckentfremdet hatte, wurde ihm das Konsulat entzogen.[417] Für das Jahr 1735 taucht die Summe von 853 duc. einer Forderung Daniel Ammans an Paul Lochner als Verlust in der Amman'schen Bilanz von 1760 auf.[418] Der deutsche Kaufmann in Livorno hatte es offenbar auch noch Jahre nach seinem Bankrott geschafft, auf dubiose Weise Handel zu treiben und weiter Geld zu verdienen.[419] Ungeachtet dieses eher unrühmlichen Endes haben wir mit Lochner einen weit vernetzten Kaufmann vor uns, der seine Gewinne insbesondere in der Verbindung der Märkte des Mittelmeers mit Nordeuropa machte, konkreter: vor allem in der Verbindung der deutschen Nation in Venedig mit den Handelsplätzen London und Amsterdam.

d) Ein Solitär zwischen Österreich und Venedig: Georg Johannes Conrat

In Venedig hingegen war die Verbindung nach Nordwesteuropa noch eher schwach, das zeigt uns auch der Niedergang der Fondaco-Einnahmen nach dem Spanischen Erbfolgekrieg. Die deutschen Kaufleute an der Adria, die in ihrer Mehrheit offenbar nur geringen Gebrauch von maritimen Transportmöglichkeiten machten, konnten daher der wieder erwachenden Konkurrenz der Fracht-

415 Im Capitular der Cinque Savi alla Mercanzia wird hierzu bemerkt, dass Christoph Pommer seit dem 4. Februar 1671 die Prärogative und Privilegien der anderen Konsuln eingeräumt würden, zit. nach: UBG/E, Schachtel Venedig, »Erlaß des Dogen Domenico Contarini«.

416 *Beutin*, Der deutsche Seehandel, S. 124. Vgl. auch Kap. IV, Fn. 381.

417 *Ekegård*, Studier i svensk, S. 125, 258, 458.

418 ASVe, Sopraconsoli dei mercanti, 122, Amman, »Giornali«.

419 In dieser Hinsicht mag Lochner für Livorno nicht untypisch gewesen sein, vgl. Kap. III, Fn. 426.

fahrt auf den Seerouten nicht viel entgegenstellen.[420] Ein besonders markantes Beispiel hierfür bietet Georg Johannes Conrat. Die Bilanz seiner Insolvenz von 1730 wirkt fast wie aus der Zeit gefallen (Tabelle 26).

Tabelle 26: Aggregierte Insolvenzbilanz von Georg Johannes Conrat aus dem Jahr 1730 in duc.

Gläubiger		**Schuldner**	
Ort	**Summe**	**Ort**	**Summe**
Venedig (39)	11.736	Venedig (38)	13.239
Wien (3)	7.999	Hamburg	665
Villach (5)	6.286	Leipzig	288
Augsburg (6)	3.415	Augsburg (2)	244
Sankt Veit (3)	2.400	Neapel	216
Pörtschach	1.684	Genua (2)	155
Graz	1.621	Bozen	84
Treviso	1.145	Nürnberg	82
Feldkirchen (Kärnt.)	1.116	Freistadt	73
Ljubljana (3)	946	Göttweig b. Krems	65
Niederdorf (Tirol)	760	Graz (2)	66
Taufers	880	Regensburg	43
Creitten b. Eggendorf	607	Salzburg	40
Gemona (2)	570	Prag (2)	37
Dt. Nation	483	Wien	30
Wurzen	214	München	29
Wien	201	Steyr	28
Neustadt	63	Bruneck	12
		Lindau	10
		Rom	5
		Kempten	3
Gesamt	**42.126**	**Gesamt**	**15.414**

Quelle: ASVe, Sopraconsoli dei mercanti, 110, Conrat.

Der fast nur auf Österreich beschränkte Einkaufsraum verweist auf einen Händler, der mit geringen Umsätzen Waren aus einem kleinen Gebiet über die Alpen nach Venedig verkaufte. Seine Insolvenz fand zu einer Zeit ohne internationale Finanzkrise statt. Innerhalb der deutschen Nation hatte er fast keine Handels-

420 Vgl. Diagramm 1; Tabelle 14.

kontakte, was dafür spricht, dass er wahrscheinlich nicht aus einer oberdeutschen Reichsstadt stammte. Er war möglicherweise einer der wenigen katholischen Händler, die in diesem Jahrhundert Aufnahme im Fondaco fanden, dort aber immer nur am Rande blieben. Die weiteren Akten seines Verfahrens sind ausschließlich verwaltungstechnischer Natur, sie geben keinen Hinweis auf sein eigentliches Geschäftsfeld. Bedeutend kann es nicht gewesen sein. Zu vermuten ist, dass er österreichische Waren, wahrscheinlich Metallprodukte, in Venedig verkaufte. Da er auf der Tansa von 1727 nicht erscheint und zum ersten Mal im Fondaco um 1729 als Mitglied der deutschen Nation erwähnt wird, können wir annehmen, dass er nur ein Jahr in Venedig als Händler tätig war.[421]

So sehr Conrat damit aus Reihe der Kaufleute der deutschen Nation fällt, so ist es doch plausibel, ihn als einen vormals nicht untypischen Fall eines im Fondaco aktiven deutschen Kaufmanns zu betrachten. Der typische Händler aus dem Alten Reich wurde so bald wie möglich nach seiner Ankunft in Venedig Teil der deutschen Nation und versuchte dann, die Produkte seiner Heimatregion hier zu verkaufen. Teil eines Händlernetzes vor Ort wollte man zunächst gar nicht werden, vielleicht sogar nie. Das Scheitern von Conrat spricht allerdings auch dafür, dass diese Form des Handels zwischen Venedig und Oberdeutschland langsam, aber unwiderruflich an ihr Ende kam. Die Entwicklung ging gerade in der deutschen Nation in Richtung einer zahlenmäßigen Verringerung bei gleichzeitig recht deutlich steigenden Umsätzen. Fern davon, dies als ein Zeichen des Niedergangs zu deuten, ist es vielmehr als eine Umstrukturierung des deutsch-venezianischen Handels zu einer effizienteren Form zu interpretieren.

e) Ein Riese im Transalpenhandel: Daniel Amman

Der Fall des pietistischen Kaufmanns Daniel Amman bietet ein hervorragendes Anschauungsmaterial für einen Wandel der deutsch-italienischen Handelsstrukturen im 18. Jahrhundert. Noch 1743 wurde er in der *Jetztlebenden Kauffmannschafft* als *Banquier und Commissionär* aufgeführt.[422] Die Bilanz seiner Insolvenz zeigt in gewisser Weise die maximale Ausreizung, aber auch das damit einhergehende hohe Risiko einer Konzentration auf den Transalpenhandel (Tabelle 27).

Der aus Augsburg stammende, kinderlose und unverheiratete Amman hatte seine Firma 1708 in Venedig gegründet und musste 51 Jahre später, am 8. August 1759, Insolvenz anmelden. Im September 1760 war der Akkord mit den Gläubigern vereinbart. Da noch Korrespondenzen mit Geschäftspartnern Ammans in Zürich, Wien und Glarus abzuwickeln waren, wo es zur Beschlagnahmung von Vermögenswerten des Kaufmanns gekommen war, war das Verfahren zum Zeitpunkt seines Todes 1764 noch nicht ganz abgeschlossen. Jedoch war Amman bis

421 Vgl. Anhang I.
422 *O. V.*, Jetztlebende Kauffmannschafft, S. 253.

Tabelle 27: Aggregierte Insolvenzbilanz von Daniel Amman aus dem Jahr 1760 in duc.

Gläubiger		Schuldner	
Ort	**Summe**	**Ort**	**Summe**
Venedig (17)	56.714	Venedig (46)	300.687
Dt. Nation (11)	18.656	Athen	75.168
Mailand (5)	16.256	Bassano	47.028
Boretto	10.911	Bergamo (4)	10.705
Bozen (3)	9.171	Augsburg (2)	5.801
Bergamo (5)	7.964	Glarus (2)	2.913
London (2)	7.137	Mailand (3)	1.980
Padua	6.917	Zürich (5)	1.719
Zürich (6)	6.856	Neapel	1.298
Gera (2)	6.720	Gradiška	1.213
Ulm	4.955	London	1.115
Augsburg (2)	4.197	Dt. Nation (2)	926
Brescia (2)	3.896	Konstantinopel	900
Wien (3)	3.531	Bergamo (2)	609
Frankfurt	3.236	Gradiška	508
Salzburg	2.907	Triest (4)	505
Lyon	1.936	Aargau	419
Leiden	1.274	Florenz	360
Hamburg	941	London	324
Valencia	925	Breslau	311
Rorschach	459	Mestre	260
Vicenza	360	Rom	226
Nürnberg	242	Treviso	160
Amsterdam	232	Vicenza	137
Rheineck	227	Neapel	105
Florenz	218	Görz (2)	81
Udine	169	Mantua	49
Siena	42	Cephalonia	45
		Frankfurt	42
		Neapel	40
		Hirschberg	35
Gesamt	**177.049**	**Gesamt**	**455.669**

Quelle: ASVe, Sopraconsoli dei mercanti, 122, Amman, »Bilanzo presentato«.

zu seinem Tod ein freier Mann geblieben und seit 1760 waren ihm auch wieder die vollen bürgerlichen Rechte zuerkannt worden.[423]

Es ist leider nicht genau möglich, das Hauptgeschäftsfeld Ammans zu erkennen. In dem Verfahren zu seiner Insolvenz führt Amman unter Zuhilfenahme all seiner Bücher die außergewöhnlichen Verluste seit 1708 auf. Bis 1747 waren diese niemals besonders hoch, seit diesem Jahr jedoch häuften sich Zahlungsausfälle; möglicherweise infolge der Umstrukturierungen des Alpenhandels nach dem Frieden von Aachen. 1755 traf ihn dann die etwa zeitgleiche Insolvenz (*decozioni*) einerseits der Gebrüder Remondini aus Bassano mit einem Verlust von 47.028 duc., andererseits diejenige des Athener Kaufmanns Teofili Giorgivolo, an den er 75.168 duc. verlor. Die Remondini sind aufgrund ihres Verlagshauses berühmt, während der griechische Kaufmann besonders auf den Rosinen- und Ölhandel spezialisiert war.[424] Ob Amman mit diesen Partnern mit den genannten Produkten handelte, kann nicht gesagt werden; es werden in den Insolvenzakten nur die Verlustsummen angeführt. Ammans Firma konnte sich von den Verlusten von 1755 nicht erholen, da in den nächsten Jahren viele Zahlungsausfälle aufeinander folgten. Die Katastrophe kam 1758, als die Gebrüder Milesi, im Tagebuch von Johannes Heinzelmann am 25. Juli 1758 als *Seidenhändler* bezeichnet, ihre Insolvenz anmeldeten.[425] Nach Ausgleich der Bilanz verblieben ihnen 465.567 duc. an Schulden. Dabei verlor Amman ganze 293.403 duc., womit seine eigene Insolvenz unvermeidbar wurde.

Die Dimensionen dieser Insolvenz sind im Vergleich zu den vorherigen Fällen weitaus bedeutender. Fast eine halbe Million duc. an Verbindlichkeiten entsprechen wohl Vermögenswerten, die die Firma zu ihren besten Zeiten um 1750 besessen haben wird. Damit wurde Paul Lochners Insolvenz von 1720 in Livorno deutlich in den Schatten gestellt, obwohl die internationale Vernetzung noch verhältnismäßig gering war. Hauptsächlich vermittelte Amman hohe Mengen mediterraner Produkte und Seidenwaren über die Alpen und günstigere Textilwaren in die Gegenrichtung. Bemerkenswert ist, wie schwach ausgeprägt der Handelskontakt des Augsburgers mit seiner Heimatstadt war, ein erneuter Hinweis gegen eine Überbewertung des Nexus von Herkunft und primärem Handelskontakt. Vielmehr war Amman ein Vermittler zwischen Norditalien und dem Mittelmeer. Die dabei entwickelte Monostruktur seiner Firma, die sich mit großem Kapitaleinsatz an wenige Lieferanten und Abnehmer band, wurde ihm zum Verhängnis, als seine Hauptpartner in rascher Abfolge fallierten.

Amman gehörte zu den Pietisten in Venedig.[426] Fast alle weiteren pietismusnahen Händler in Venedig sind auch in seiner Bilanz als Gläubiger aufgelistet.

423 ASVe, Sopraconsoli dei mercanti, 122, Amman, 7. Januar 1760.

424 Zu den Remondini, von deren angeblicher, durch Amman mehrfach betonter Insolvenz in der Sekundärliteratur nichts zu lesen ist – nur von schweren Konflikten mit einigen Augsburger Verlagshäusern – vgl.: *Infelise*, I Remondini di Bassano, S. 114–120. Zu Teofili Giorgiovalo: *Falcetta*, Ortodossi, S. 92, 314–317.

425 UBG/E, Schachtel Venedig, Memorie I, fol. 6.

426 Vgl. Tabelle 15.

Sechs von ihnen schuldete er 10.787 duc. (Ø = 1.798 duc.), den weiteren fünf aufgeführten deutschen Händlern 7.869 duc. (Ø = 1.574 duc.). Wir können also vermuten, dass Amman eine leichte Präferenz für den Handel mit seinen Partnern aus den Konventikeln hatte. Allerdings war der Gesamtverlust für die einzelnen deutschen Gläubiger Ammans in Venedig verhältnismäßig überschaubar. Sie waren wohl wichtige, aber nicht zentrale Handelspartner des Kaufmanns gewesen. Weit stärker hatte er offenbar mit italienischen Händlern des Veneto sowie Griechenlands in Kontakt gestanden; vermutlich hatte er unter anderem zwischen diesen vermittelt.

Die Firma Ammans ging noch vor der Wirtschaftskrise von 1763 insolvent, und sie löste keine Kettenreaktion von weiteren Konkursen aus. Wir können sie daher und mit Stütze der Abschlussbilanz als relativ unverbunden mit den Märkten Nordeuropas betrachten, obgleich sie hohe Vermögenswerte in ihrem Marktsegment des mediterran-mitteleuropäischen Austauschs angesammelt hatte. So beeindruckend der jahrzehntelange Erfolg auch war, so gering scheint er mit den Dynamiken der atlantischen Wirtschaften verknüpft. Unmodern war die Firma dabei jedoch keineswegs: Etwa 56 % ihrer Verbindlichkeiten bestanden zum Zeitpunkt der Insolvenz in Banco-, und nicht in Currentwährung, was auf ein verhältnismäßig geringes Operieren mit Bargeld schließen lässt. Wir können Ammans Firma daher als eine der weitreichendsten Ausformungen einer Handelsstruktur bezeichnen, die unter Einsatz der fortgeschrittenen Finanztechniken ihrer Zeit auf einer Monostruktur und vor allem auf langfristiger Kapitalakkumulation durch einen einzelnen unverheirateten Händler basierte.

f) Ein Blick in das venezianische Notariatsarchiv

Ein komplementärer Blick auf die Geschäftspraktiken der deutschen Händler in Venedig zusätzlich zu den Insolvenzfällen wird durch die Notariatsakten der Republik ermöglicht. Sie gestatten vor allem eine genauere Herausarbeitung besonders belastbarer Geschäftsbeziehungen zwischen verschiedenen Unternehmern. Quellen dieses Typs sind für das 18. Jahrhundert in einer unüberschaubar großen Fülle überliefert. Sie konnten für diese Arbeit angesichts des hohen Aufwandes einer Analyse nicht intensiv verwertet werden. Für eine solide Auswertung der Notariatsakten, die im Wesentlichen die Abschriften von Notariatsinstrumenten in umfangreiche Kopialbücher darstellen, wäre eine Erstellung einer eigenen Datenbank mit mehreren tausend Datensätzen notwendig.[427] Hier wurde aus pragmatischen Gründen ein anderes Verfahren gewählt. Es wurden zur Erfassung von Handelspraktiken und manchen Ausprägungen des Händlernetzes für die 1730er bis 1770er Jahre über 60 Kopialbücher eingesehen.[428]

427 Modelle für eine entsprechende und im Resultat sehr fruchtbare Analyse bieten: *Crailsheim*, The Spanish Connection; *Backmann*, Der Fondaco dei Tedeschi.

428 Zur Geschichte des Notariats in Venedig vgl. *Pedani Fabris*, »Veneta auctoritate notarius«.

Konkret fanden die Bestände der Notarsfamilie »Gabrieli« Verwendung, da diese besonders oft mit deutschen Händlern zu tun hatten.[429]

Der Eindruck ist, dass Prokuren (*Procure*), also die Bevollmächtigungen von Partnern mit Geschäftsangelegenheiten überwiegen, sie machen wohl mehr als 60 % aller Notariatsinstrumente aus. Dabei geht es häufig darum, Gelder zum Banco Giro zu bringen oder von dort abzuheben und bisweilen auch um Wechselgeschäfte. Besonders umfassende Prokuren wurden von den deutschen Händlern vor allem für Mitglieder ihrer Nation vergeben, bei italienischen Partnern waren auf einen Betrag limitierte oder bezüglich eines speziellen Falls nur einmalig einsetzbare üblicher. Weiterhin geht es in den Notariatsakten regelmäßig um Immobiliengeschäfte und dabei mehrheitlich um Vermietungen. Auch Kredite, Investitionen in oder der Abzug von Kapitalien aus Unternehmungen sowie Spenden zu komplexen Konditionen für ausgewählte Institutionen finden sich hier nicht selten, manchmal sogar Eheverträge.

Es seien einige möglichst repräsentative Beispiele für Notariatsinstrumente mit Beteiligung von Händlern der deutschen Nation aufgeführt. Am 3. November 1737 verließ Johannes Pommer Venedig und gab den Schlüssel für die *Casa Pommer* in der *Parrocchia Fosca* an Antonio Maria Lucadello, den Schwager seines Unterkassierers. Beim Notar wurde ein Inventar aller Wechselbriefe und Bargeldbestände in Truhen und Säcken im Wert von 311.543 duc. sowie von Wertgegenständen wie Schmuck, Gemälden oder Möbeln hinterlegt. Der deutsche Händler Richard Koninck war hierbei Zeuge.[430] Offenbar ließ Pommer durch den Notar und den deutschen Partner sicherstellen, dass eine Entwendung von Vermögensgegenständen aus seinem Haus in seiner Abwesenheit nicht möglich war, und er machte seinen Bediensteten/Wächter hierfür durch das Notariatsinstrument haftbar. Mit Richard Koninck stand Pommer in einem so engen Vertrauensverhältnis, dass dieser von Pommer am 2. März 1741 eine Generalprokura für alle Geldgeschäfte am Banco Giro bekam.[431]

Am 15. Juli 1746 wiederum wurde Pommer als *Commissario* für die Durchführung der Testamentsbestimmungen von einem anderen deutschen Händler, von Georg Matthias König, bestimmt.[432] Auf das »pietistische Händlernetz« deutet eine vierfache gegenseitige Prokura vom 3. September 1754. Hier gaben sich die drei dem Pietismus nahestehenden Kaufleute Johannes Pommer, Friedrich Pfauz, Daniel Amman und ein gewisser Sebastian Combi, über den hier

429 Die Notare im Einzelnen sind: Gabriele Gabrieli (1730er bis 1750er Jahre) und Ludovico Gabrieli (1740er bis 1770er Jahre). Die Aktenbestände umfassen dabei: ASVe, Notarile Atti, reg. 7409–7461 (Gabriele), 7559–7575 (Ludovico). Diese über 60 Bände wurden nicht systematisch analysiert, sondern punktuell einzelne Fälle, bei denen deutsche Händler beteiligt waren, eingehender betrachtet.

430 ASVe, Notarile Atti, reg. 7410, fol. 135v–139r.

431 ASVe, Notarile Atti, reg. 7419, fol. 105r–105v. Erneut gab Pommer Koninck eine Generalvollmacht am 24. April 1748: ASVe, Notarile Atti, reg. 7560, fol. 90r–91v.

432 ASVe, Notarile Atti, reg. 7434, fol. 128r–128v.

nichts gesagt werden kann, gegenseitig die Vollmacht im Verfahren gegen einen italienischen Händler.[433] Nur wenn die deutschen Händler in Venedig in fernen Geschäftsfeldern operieren wollten, waren Prokuren an vertraute Italiener offenbar ihr hierfür notwendiges Instrument. So gab Johannes Heinzelmann am 6. Juni 1754 zwei italienischen Händlern in Korfu eine Prokura, um von einem weiteren, offenbar insolvent gegangenen Händler dieser Insel alle Vermögenswerte in seinem Namen einzuziehen.[434] Auch an weiteren Orten Italiens, an denen keine bedeutenden deutschen Firmen existierten, wurden Prokuren an italienische Partner vergeben. So stattete Sebastian (I) Schalckhauser am 4. Dezember 1761 Pietro Aubert aus der Lombardei mit umfassenden Vollmachten aus, um in Genua mit der britischen Firma Birdles, Holford & Comp. Geschäfte zu machen, ebenso Ertin und Pourtain für die Firma Godet & Comp. in Konstantinopel.[435]

Für Unternehmer außerhalb Italiens waren die Händler der deutschen Nation die idealen Partner, wie aus den Notariatsakten hervorgeht. So gab Theodor Timsch aus Aachen Richard Koninck und Johannes Pommer am 6. November 1750 die Vollmacht zur Durchführung mancher Bezahlungen von Geschäftspartnern in Rom.[436] Angesichts der besonderen Stellung der deutschen Händler in Venedig als wesentliche Vertreter der protestantisch-nordeuropäischen Welt galt dies nicht nur für das Alte Reich. So gab der russische Schiffskapitän Pietro Tomasovich am 12. Juli 1752 demselben Pommer eine Prokura zur Einziehung von Geldern eines venezianischen Kaufmanns.[437] Besonders umfassende Prokuren gaben protestantische Partner. So erhielt Schalckhauser & Hugel am 14. Dezember 1761 eine umfassende Bevollmächtigung des in Genua ansässigen britischen Unternehmens Birdles, Holford & Comp. zur Eintreibung von Außenständen, ebenso am selben Tag von der bereits erwähnten britischen Firma Godet & Comp.[438] Umgekehrt erteilten die deutschen Händler auch umfassende Prokuren an protestantische Partner, so Benedikt von Hermann, der am 27. März 1764 dem in London ansässigen Nicolas Magens den Transfer sehr großer Summen anvertraute.[439]

Das Bild, das sich aus dieser Tour d'Horizon ergibt, ist in sich stimmig. Für die deutschen Händler war der Gang zum Notar vor allem für Prokuren notwendig, die sie als international operierende Fernhändler entweder häufig vergaben oder selbst im Auftrag anderer nutzten. Dabei zeigt sich eine Bevorzugung

433 ASVe, Notarile Atti, reg. 7562, fol. 259r–259v.

434 ASVe, Notarile Atti, reg. 7562, fol. 223v–224v.

435 ASVe, Notarile Atti, reg. 7567, fol. 602v. Es ist in dieser Hinsicht interessant, dass Schalckhauser bei der kurzfristigen venezianischen Handelskammer von 1764 für die *Piazza Inghilterra* gewählt wurde, was auf deutliche Geschäftsbeziehungen nach Großbritannien hindeutet, vgl. *Zago*, Cenni storici, S. 45.

436 ASVe, Notarile Atti, reg. 7561, fol. 40r–41r.

437 ASVe, Notarile Atti, reg. 7561, fol. 283v–284v.

438 ASVe, Notarile Atti, reg. 7567, fol. 602v–603r.

439 ASVe, Notarile Atti, reg. 7567, fol. 787v–787r.

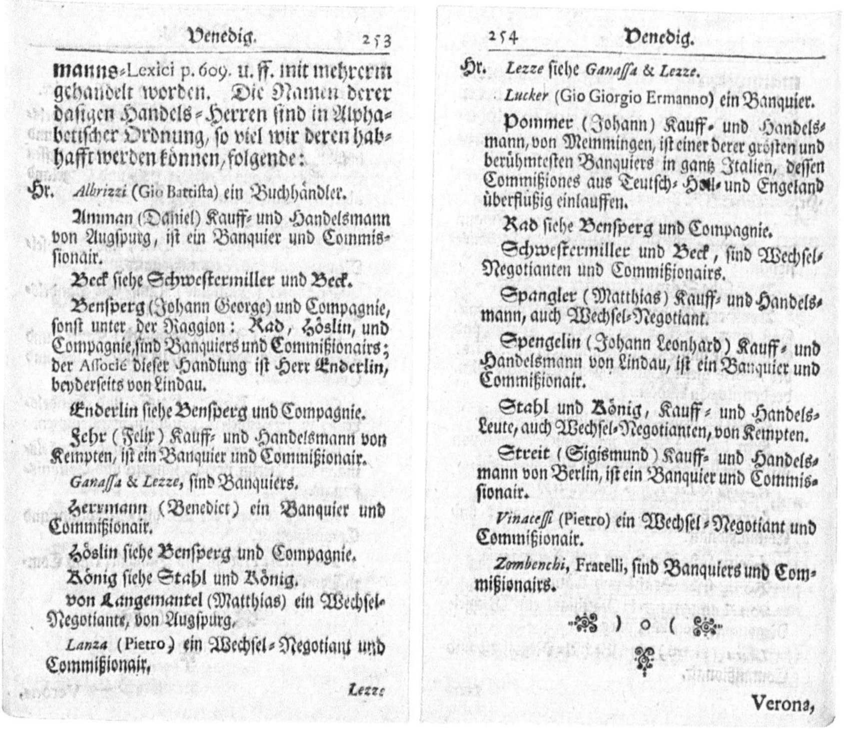

Venedig. 253

manns-Lexici p. 609. u. ff. mit mehrerm gehandelt worden. Die Namen derer dasigen Handels-Herren sind in Alphabetischer Ordnung, so viel wir deren habhafft werden können, folgende:

Hr. *Albrizzi* (Gio Battista) ein Buchhändler.

Amman (Daniel) Kauff- und Handelsmann von Augspurg, ist ein Banquier und Commissionair.

Beck siehe Schwestermiller und Beck.

Bensperg (Johann George) und Compagnie, sonst unter der Raggion: Rad, Höslin, und Compagnie, sind Banquiers und Commißionairs; der Associé dieser Handlung ist Herr Enderlin, beyderseits von Lindau.

Enderlin siehe Bensperg und Compagnie.

Fehr (Felix) Kauff- und Handelsmann von Kempten, ist ein Banquier und Commißionair.

Ganassa & Lezze, sind Banquiers.

Herrmann (Benedict) ein Banquier und Commißionair.

Höslin siehe Bensperg und Compagnie.

König siehe Stahl und König.

von Langemantel (Matthias) ein Wechsel-Negotiante, von Augspurg.

Lanza (Pietro) ein Wechsel-Negotiant und Commißionair.

Lezze

254 Venedig.

Hr. *Lezze* siehe *Ganassa & Lezze*.

Lucker (Gio Giorgio Ermanno) ein Banquier.

Pommer (Johann) Kauff- und Handelsmann, von Memmingen, ist einer derer grösten und berühmtesten Banquiers in gantz Italien, dessen Commißiones aus Teutsch- Holl- und Engeland überflüßig einlauffen.

Rad siehe Bensperg und Compagnie.

Schwestermiller und Beck, sind Wechsel-Negotianten und Commißionairs.

Spangler (Matthias) Kauff- und Handelsmann, auch Wechsel-Negotiant.

Spengelin (Johann Leonhard) Kauff- und Handelsmann von Lindau, ist ein Banquier und Commißionair.

Stahl und König, Kauff- und Handels-Leute, auch Wechsel-Negotianten, von Kempten.

Streit (Sigismund) Kauff- und Handelsmann von Berlin, ist ein Banquier und Commissionair.

Vinacessi (Pietro) ein Wechsel-Negotiant und Commißionair.

Zombenchi, Fratelli, sind Banquiers und Commißionairs.

Verona,

Abbildung 10: Die Einträge zu Venedig
im Lexikon »Jetztlebende Kauffmannschafft« von 1743
Quelle: O. V., Jetztlebende Kauffmannschafft, S. 253–254.

von Händlern aus der eigenen Nation und in Ansätzen auch des pietistischen Händlernetzes. Damit waren notariell abgesicherte Kontakte zu auswärtigen Orten oder zu auswärtigen Händlern natürlich nicht ausgeschlossen, sie scheinen aber hauptsächlich bei Aktivitäten in Märkten ohne Präsenz deutscher Händler vorgenommen worden zu sein. Dass die Angehörigen der deutschen Nation in Venedig oft zu Prokuratoren auswärtiger Händler wurden, hat ihnen wohl ebenfalls in die Hände gespielt. Indem sie den im Mittelmeer im 18. Jahrhundert bedeutendsten Finanz- und Wechselplatz Venedig jenseits der Alpen repräsentierten, lockten sie die entsprechenden Transaktionen vor allem aus Nordeuropa und von Protestanten im weiteren Mittelmeerraum relativ leicht auf sich. So wirkt der oben dargestellte Erfolg eines Kaufmanns wie Amman mit seinem zwar traditionellen Handelszug über die Alpen, aber dem doch großen Kapitalfonds in Bancowährung erklärbarer. Selbst für Kaufleute, die sich wenig vom Kerngeschäft der deutschen Nation, also dem Transalpenhandel, entfernten, war es offenkundig lukrativ, dies mit Finanzdienstleistungen aller Art zu kombinieren.

Dies war allgemein bekannt und das entsprechende Wissen wurde wohl auch gezielt verbreitet. 1743 zeigte sich bei der Publikation der *Jetztlebenden Kauffmannschafft* im Eintrag zu Venedig eine deutliche Prominenz deutscher Namen, und die meisten wurden dabei als *Commißionair* oder *Banquier* identifiziert und etwas seltener die Bezeichnung als *Wechsel-Negotiant* verwandt (Abbildung 10). Die deutsche Nation in Venedig war offenkundig in einem hohen Maße eine Gruppe von Finanzdienstleistern geworden – etwas, was in der Forschung als eher neuartige Handelspraxis besonders innovativer Kaufleute dieser Zeit angesehen wird.[440]

g) Von Livorno über die Alpen

Während die deutschen Händler in Venedig ihr traditionelles Handelssegment im transalpinen Warenverkehr hatten und durch Finanzdienstleistungen im 17. und 18. Jahrhundert erweiterten, galt dies bekanntermaßen für Livorno nicht. Hier war die deutsche Komponente in der mit den Niederländern geteilten Nazione im 17. Jahrhundert gerade daher stark zurückgegangen, da der Ort ein Knotenpunkt des internationalen Fernhandels zur See war. Wir haben oben gesehen, dass insbesondere das Haus Habsburg-Lothringen sich sehr bemühte, die Straßenverbindungen der Toskana nach Norden auszubauen und durch Abkommen mit Modena und anderen italienischen Staaten eine Optimierung der infrastrukturellen Anbindung von Livorno bis an die Alpen zu leisten. Zudem wurde angedeutet, dass das im 18. Jahrhundert zu beobachtende Wachstum der deutschen Händlergruppe in der Nazione eng mit dieser Entwicklung unter den neuen Herrschern zusammenhing.[441] Im Folgenden soll dies genauer betrachtet werden.

Hierzu bietet sich eine Quellengattung besonders an. In Chur ist ein großer Bestand an Archivalien des Speditionshauses Salis & Massner überliefert, welches von 1727 bis 1797 die sogenannte »Zollpacht« in den Drei Bünden innehatte. Diese Zollpacht musste ersteigert werden, und sie brachte dem Inhaber das Recht, für einige Jahre die Zölle der Drei Bünde einzuziehen. Der Speditionsunternehmer und Bündner Politiker Daniel Massner (1697–1749) hatte diese Zollpacht 1727/28 ersteigert und sie in den folgenden Jahrzehnten immer wieder verlängert. Nach seinem Tod führte dessen Bruder Ambrosius Massner die Zollpacht weiter. Die Tochter Daniels, Margaretha Massner († 1770), heiratete 1760 Peter (II) von Salis-Soglio (1729–1783), der seither die Spedition fortführte und dabei zum Firmennamen Massner den seinigen hinzufügte. In der zweiten Jahrhunderthälfte wurde die Zollpacht und ihr faktischer Besitz durch die Familie Salis zunehmend eine höchst umstrittene Angelegenheit der Innenpolitik der Republik der Drei Bünde, die unter anderem in die schweren Unruhen zwischen

440 *Ullmann*, Der Frankfurter Kapitalmarkt, S. 77–82.
441 Vgl. Kap. III. 3. c.

Patrioten und Aristokraten im späten 18. Jahrhundert mündete, was uns aber hier nicht weiter beschäftigen muss.[442]

Die Fülle an Akten der Zollpacht von 1727 bis 1797 wurde 1970 zufällig beim Abbruch des alten Churer Hauses von Salis & Massner in dessen Zwischenboden gefunden.[443] Dabei ist eine Reihe an Frachtbriefen weggeweht worden (einige davon werden heute noch versteigert und sind in vielfältigen Besitz privater oder öffentlicher Eigentümer gekommen), doch der größte Teil der Akten konnte für das Staatsarchiv Graubünden gerettet werden.[444] Unklar ist auch, nach welchen Kriterien Briefe überhaupt aufbewahrt wurden, wobei große Lücken in den Jahreszahlen der Korrespondenzen einzelner Kaufleute darauf hindeuten, dass der Bestand eher durch Zufall als durch Planung entstand. Verwendet wurden diese Akten in der Forschung bislang selten, was neben der unübersichtlichen Überlieferung auch mit der Natur der hauptsächlich hier vorkommenden Quellenart, sogenannten Warenbegleitbriefen, zusammenhängt.[445] Diese sind hauptsächlich bei einer quantitativ größeren Überlieferungszahl besonders einträglich zu verwerten.[446]

Im Folgenden werden aus der Quellenmasse die Briefe der Firma Franck & Lutyens als aus Hamburg stammenden und offenbar über Chur nach Norden handelnden Kaufleuten ausgewählt und eingehend analysiert. Dabei sei darauf verwiesen, dass die Straßen von Livorno aus über Mailand für den Handel ins Reich wohl eher selten gegenüber den Tiroler Routen verwandt wurden. Mailand ist 307 km von Livorno entfernt, Verona nur 277. Nördlich von Verona lockte das von Habsburgern beherrschte Tirol mit seinen breiten und niedrigen Pässen, wo Zollvergünstigungen für Lieferungen aus der Toskana gewährt wurden.[447] Die Firma Firma Franck & Lutyens handelte daher auch im Wesentlichen über die Tiroler Pässe nach Norden. Aus mehreren, aber leider nur vereinzelten Geschäftsbriefen zu (ausschließlich pietistischen) Partnern der deutschen Nation in Venedig aus der Mitte des 18. Jahrhunderts geht hervor, dass Franck & Lutyens offenbar in einem dichten Austausch zwischen Venedig, Hamburg und London stand und dabei auch einen engen Kontakt mit den Kreisen der Augsburger Pietisten pflegte. Die hohen Summen von mehreren zehn- bis hunderttausend L., um die die Geschäftsbriefe kreisen zeigen, dass die Verbindung nach Venedig für Franck & Lutyens von essentieller Bedeutung war.[448]

Der Handel von Livorno über Mailand nach Norden war für die Hamburger Firma in Livorno angesichts dieser Evidenz wohl nur ein ›Nebenast‹, der aber doch das Potential hat, einige strukturelle Elemente dieser Handelslinie auf-

442 Die komplexe Geschichte der Zollpacht wird zusammengefasst bei: *Pfister*, Die Patrioten, S. 31–36; *Schmid*, Beiträge, S. 60–67; *Pieth*, Bündnergeschichte, S. 271.

443 *Hilfiker*, Thomas Massner, S. 74.

444 *Jenny/Meyer-Marthaler*, Urkunden-Sammlungen, S. XIV–XV.

445 Vgl. Kap. II, Fn. 168 und: *Stolterfoht*, Die Südfrüchtehändler vom Comer See, S. 29.

446 *Herkle*, Warenbegleitbriefe.

447 *Beer*, Die österreichische Handelspolitik, S. 58–66.

448 BWHSAS, Q3/11, Familienarchiv Neurath, Bü 413.

zuzeigen. Durch die Betrachtung des Transalpenhandels von Franck & Lutyens kann exemplarisch gezeigt werden, was für eine Art von Kombination des Transalpenhandels mit dem Seehandel des toskanischen Freihafens durch die deutschen Händler in Italien genutzt wurde. Es finden sich von Franck & Lutyens 14 Schreiben an die Spediteure in Chur; diese stammen aus den Jahren 1764 und 1767.[449] Die Briefe wirken wie ein Teil einer umfangreicheren und bereits länger etablierten Korrespondenz. Inhaltlich geht es im Wesentlichen um Baumwolle aus Smyrna und Zypern, die nach Chur geschickt wird, vermutlich zum Weiterversand nach Norden. Erwähnt werden Details der Bezahlung, die vor allem über Wechsel abgewickelt wurde, entweder mit David Hartlaub, einem Regensburger Händler in Livorno oder über die Gebrüder Kürsteiner, Schweizer Händler, die ebenfalls hier ansässig waren. Ein Großteil der Fracht wurde typischerweise über Genua versandt, hier war ein Unternehmer aus der bekannten und europaweit verzweigten Familie Brentano der wesentliche Spediteur. Die Baumwolle selbst bezog Franck & Lutyens von einem holländischen Händler namens Jan Theodor Binman in Smyrna.[450] Diesen bezahlte Franck & Lutyens über Wechselpartner in Hamburg und Altona.[451]

Die weiteren Schreiben von deutschen Händlern in Livorno, genannt sei ebenjener David Hartlaub, bestätigen diese Struktur. Salis & Massner kaufte (wahrscheinlich im Auftrag von dritten) über Kommissionäre wie Hartlaub in Livorno levantinische Baumwolle, die dann über die Firma Brentano in Genua eingeführt wurde. Dabei wurden die Partner in Livorno vor allem nach ihren Preisangeboten für die Waren und die Wechselgebühren ausgewählt, nicht nach einem speziellen Vertrauensvorschuss. In der Gegenrichtung werden bisweilen Lieferungen von Indiennes vermerkt, die offenkundig aus der Schweiz über Chur nach Livorno geliefert wurden. Hierbei wurde der Landweg bevorzugt, zumindest findet sich in den Korrespondenzen zu diesen Lieferungen keine Erwähnung von Genua.[452] Da die Briefe aus Friedenszeiten datieren, können wir davon ausgehen, dass diese Routenwahl typisch war, hier wurde nicht in einem Ausnahmezustand der Seeweg aufgrund von Kriegsschiffen vermieden.

Wir können die im Fall von Franck & Lutyens beobachteten Aspekte wohl verallgemeinern. Das Rohprodukt, die levantinische Baumwolle, wurde über Händler in Livorno gekauft, und hierbei waren die Hamburger aufgrund ihrer besseren Kontakte zu den Niederländern oder anderen Partnern in der Levante in der Lage, besonders günstige Preise oder eine spezielle Qualität anzubieten. Die Spedition ging aber dann über Genua in Richtung der Alpen, da die Ware im rohen Zustand zu teuer für den Landtransport von Livorno nach Norden war. Das fertige Produkt, die Indiennes, ging über den Landweg zurück nach Livorno, um von dort aus in die Weltmärkte eingespeist zu werden.

449 SAG, A SP III/9 a 4, 48 (L, Franck e Lutyens).
450 Dieser wird randständig erwähnt bei: *Nanninga*, Bronnen, Bd. 3, S. 396 (Nr. 331).
451 SAG, A SP III/9 a 4, 48 (L, Franck e Lutyens), Brief vom 26. August 1767.
452 Z. B.: SAG, A SP III/9 a 4, 48 (L, David Hartlaub), Brief vom 9. Juli 1764.

In einer solchen Struktur erfüllten die Händler des Reichs und vor allem Hamburgs in Livorno eine wichtige Funktion. Quasi als Intermediäre zwischen den Holländern und anderen starken Händlergruppierungen in der Levante und dem Reich konnten sie besonders günstige Baumwollpreise und Wechselgebühren anbieten sowie die über die modernisierten Straßen günstig von Norden nach Livorno gebrachten Textilwaren in die Weltmärkte einspeisen. Genua wäre zwar wohl der idealere Ort für einen solchen Handel gewesen, doch da dort nicht dieselbe Niederlassungs- und Handelsfreiheit wie in Livorno herrschte, bevorzugten die Händler des Reichs diesen Hafen. Das Resultat war für den toskanischen Hafen ebenso wie für seine Gäste aus Nordeuropa überaus günstig.

h) Zusammenfassung

Im Vorausgehenden wurden einige Insolvenzen deutscher Händler in Venedig und Livorno vorgestellt, um einen Einblick in die Handelspraxis derselben zu bekommen. Demselben Ziel diente die Durchsicht der venezianischen Notariatsakten sowie der von Livorno ausgehenden Speditionen über Chur und umgekehrt. Der Blick quasi ›in die Schreibstuben‹ der Spediteure, Händler und Notare von den 1720er bis in die 1760er Jahre hatte dabei vor allem den Zweck, die Praktiken des Handels vor der schweren Wirtschaftskrise von 1763 zu erfassen, und damit einen durch diese ausgelösten möglichen Wandel schärfer herausarbeiten zu können.

Die vorgestellten Insolvenzfälle werfen Schlaglichter auf einen im späten 17. Jahrhundert erfolgten Wandel der deutschen Nation in Venedig. Bereits im frühen 18. Jahrhundert erscheint der Seehandel als etwas Selbstverständliches für deren Händler. Dies steht im Kontrast zur vormaligen Konzentration auf den Landhandel, wie sie noch im 17. Jahrhundert vorgeherrscht hatte. Abgesehen davon wirken die Händler des Fondaco in der ersten Hälfte des 18. Jahrhundert noch recht deutlich limitiert. Eher kapitalschwach und auf kleine und räumlich beschränkte Handelsgebiete festgelegt, finden wir hier eine Struktur vor, die wohl über Jahrhunderte für die Mehrzahl der Händler in der deutschen Nation üblich gewesen war. Der Fondaco war klassischerweise ein Posten in hoher Abhängigkeit von den Herkunftsorten der Händler gewesen. Diese waren oftmals nicht unabhängig, sondern als Faktoren in Venedig für einen gewissen Zeitraum und während desselben unverheiratet tätig. Dies hatte sich im frühen 18. Jahrhundert bereits erkennbar geändert. Die Kaufleute bedienten nicht mehr primär ihre Heimatregion, sondern nutzten das Privileg der vergünstigten Ein- und Ausfuhr für Handelsvermittlung in andere Räume. Dabei blieb aber die Abhängigkeit von einer gewissen Monostruktur bestehen. Das gilt sogar noch für einen äußerst kapitalkräftigen Händler wie Daniel Amman, der über ein halbes Jahrhundert geradezu die maximale Ausreizung einer so gearteten Handelsstruktur verkörpert. Bei ihm sieht man allerdings schon die in den Notariatsakten zum Vorschein kommende hohe Bedeutung der Prokuren und, damit wahrscheinlich einhergehend, des Kommissionshandels. Der große Vorteil, faktisch die einzigen Repräsentanten Nord- und Mitteleuropas in Venedig zu sein, brachte eine Art Monopol als Finanzintermediäre, was auch ein auf den Transalpenhandel ausgerichteter Händler zu nutzen wusste.

Zur selben Zeit wirken die wenigen deutschen Händler in Livorno, wenn das Beispiel Paul Lochners repräsentativ sein sollte, international aktiv und für risikoreiche Operationen offen – bisweilen auch für betrügerisches Handeln. Livorno jedoch setzte andere Limits. Dieser Hafen ohne ein groß ausgedehntes natürliches Hinterland konnte nur manchen Hamburgern im Windschatten des aufstrebenden englischen Seehandels im Mittelmeer einige Optionen bieten. Dabei war ein Vorteil der Hamburger in Livorno, dass sie sich auf enge Handelsbeziehungen mit den Deutschen in Venedig einlassen konnten, um sich dadurch das Geschäftsfeld des Fernhandels nach Mitteleuropa zu eröffnen. So etwas musste den anderen Nationen im Mittelmeer eher fremd bleiben. Eine wohl bedeutende Ergänzung erfuhr dieser faktisch auf die Tiroler Routen ausgerichtete Handelszug, den wir quellenmäßig kaum erfassen können, durch die Nutzung der Graubündner Alpenrouten. Hierbei sehen wir die Deutschen, und vor allem die Hamburger in Livorno, als Nutznießer von Kontakten zu niederländischen Händlern in der Levante und verschiedensten Partnern im Reich. Der eigentlich große geographische Nachteil gegenüber Genua konnte angesichts guter Straßen in der Toskana und sehr günstiger Preise in Livorno, die wiederum den Kontakten der dortigen Hamburger geschuldet waren, ausgeglichen werden. So gewann der Ort, den die Zeitgenossen als weitgehend vom Hinterland abgetrennt sahen, auch als Hafen in Interaktion über Land mit den Märkten jenseits der Alpen eine gewisse Bedeutung.

Das pietistische Händlernetz ist in Venedig bei den Prokuren latent sichtbar, hier deutet sich eine leichte Bevorzugung von Partnern dieser Strömung an. Klarer können wir erstmals bei Daniel Amman eine Wirkmacht des pietistischen Händlernetzes erkennen. Seine Schulden bei der deutschen Nation bestanden mehrheitlich gegenüber Kaufleuten aus dieser Gruppe. Das muss nicht zwangsläufig eine konfessionelle Grundierung haben. Amman war etwa 50 Jahre als Händler in Venedig aktiv, nach einer derart langen Tätigkeit war er sicher auch vielen bekannt und hatte sich allerorten ein hohes Maß an Reputation erworben. Zudem waren die Kaufleute mit Nähe zum Pietismus um 1760 die kapitalstärksten innerhalb der deutschen Nation.[453] Nichtsdestotrotz mag eine Korrelation zwischen ähnlicher konfessioneller Gesinnung und einer näheren Geschäftsbeziehung bestanden haben. Dies soll im Folgenden durch weitere eingehendere Analysen von Bilanzen anderer Kaufleute in den Jahren nach 1760 konkretisiert werden.

453 Vgl. Tabelle 20.

4. Der Fernhandel der deutschen Kaufleute in Venedig in der zweiten Jahrhunderthälfte

a) Vertikale Integration im Auftrag der Niederländer: Sigismund Natter

Aus der weiter oben angegebenen Liste an Konkursen von 1763 könnte man umstandslos auf eine Fernwirkung der bekannten Nachkriegskrise schließen.[454] Die Kumulation von Insolvenzen der deutschen Händler an der Lagune wäre in dieser Sichtweise ihrer besonders dichten Verbindung nach Nordeuropa geschuldet. Eine solche Interpretation scheitert auf den ersten Blick jedoch an der Chronologie. Die Krise in Amsterdam nahm ihren Ursprung Ende Juli 1763 mit der Zahlungseinstellung des Hauses de Neufville.[455] Die Insolvenzverfahren von Johann Sigismund Natter und Johann Georg Bensperg begannen jedoch fast ein Jahr früher. Dennoch besteht ein Zusammenhang. Die mit Natters Fall einsetzende Insolvenzwelle innerhalb der deutschen Nation hat ebenso wie die allgemeine Nachkriegsdepression in Nordeuropa ihre Hauptursache in der sich verdichtenden Finanzkrise in der Endphase des Siebenjährigen Kriegs.[456]

Die erste Insolvenz eines deutschen Händlers im Jahr 1762 meldete Sigismund Natter (1712–1772) aus Biberach am 9. August 1762 an. Seine aggregierte Abschlussbilanz weist zwar nur wenig Diversifikation bei den Orten der Handelspartner auf, jedoch konzentrieren sich diese in dem dynamischsten Wirtschaftsraum Europas zwischen London, Hamburg und Frankfurt (Tabelle 28).

Sigismund Natter war kaum mit der deutschen Nation verknüpft. Er war zwar 1712 in Biberach geboren und hatte 1735 beim pietistisch eingestellten Daniel Amman eine Kaufmannslehre begonnen, daraus erwuchs aber keine längerfristige Bindung an weitere deutsche Partner in Venedig. In den nächsten 18 Jahren konnte er sich ein Vermögen in Höhe von 13.000 duc. ansparen, wahrscheinlich andernorts, da aus dieser Zeit keine Nachricht von ihm aus Venedig vorliegt.[457] 1753 trat er als volles Mitglied der deutschen Nation in Venedig bei und begann Kaufmannsgeschäfte in seinem eigenen Namen.

Von Anfang an hatte Natter vor, die Geschäfte besonders mit Nordwesteuropa zu führen. Sein Bruder war in London ansässig und unterstützte die Neugründung mit 1.850 duc. Zudem bekam er als Depositum von der Firma Santheuvel in Amsterdam 9.290 duc. Das hauptsächliche Geschäft war die Distribution von Pelzwaren in Venedig; hierfür war ein deutscher Händler mit den Privilegien am Fondaco-Zoll natürlich äußerst geeignet. Die Waren lieferte er

454 Vgl. Tabelle 23.

455 *Spooner*, Risks, S. 79–86.

456 Während des Siebenjährigen Kriegs war die Gesamtzahl an Insolvenzen zurückgegangen, nach 1760 stieg sie wieder an: *Georgelin*, Venise au siècle, S. 993.

457 Üblicherweise wurden die in Venedig verbleibenden Lehrlinge wenige Jahre nach Beginn ihrer Lehrtätigkeit vollberechtigte Mitglieder der deutschen Nation; dies war bei Natter nicht der Fall.

Tabelle 28: Aggregierte Insolvenzbilanz von Sigismund Natter aus dem Jahr 1763 in duc.

Gläubiger		Schuldner	
Ort	**Summe**	**Ort**	**Summe**
Amsterdam (8)	35.201	Venedig (16)	19.550
Hamburg (3)	6.466	Mailand (8)	4.696
London (3)	5.110	Frankfurt (2)	1.449
Frankfurt (2)	4.706	Konstantinopel	646
Boretto	2.668	Marostica	646
Augsburg (2)	2.150	Neapel	47
Venedig (4)	1.883	Ancona	37
Bozen	1.700	Lyon	32
Wien	800	Zürich	21
Bergamo	720		
Bern	606		
Neapel	137		
Köthen	111		
Lausanne	81		
Genua	81		
Verona	47		
Livorno	13		
Rom	12		
Gesamt	**62.492**	**Gesamt**	**27.124**

Quelle: ASVe, Sopraconsoli dei mercanti, 124, Natter, »Regolazione di Bilanzo«.

zu einer *Fabrica di Pella* in Piazzola, etwa 50 km von Venedig entfernt. Als diese *Fabrica* in den nächsten Jahren immer stärker in Zahlungsrückstand geriet, übernahm Natter sie 1758 selbst. 1759 erwarb er auch noch eine Bottega, also einen Verkaufsladen, bei San Bartolomeo in Venedig zum Direktvertrieb der Endprodukte.[458] So war durch Natter ein hohes Maß an vertikaler Integration der Distributionskette erreicht. Wir können vermuten, dass Natter nach seinen Lehrjahren zunächst in Amsterdam oder London gelebt hatte und von seinen dortigen Partnern 1753 nach Venedig entsandt worden war, um hier den Markt für deren Produkte zu erschließen. Anders gewendet: Die wesentlichen Verbindungen Natters bestanden hauptsächlich mit Händlerkreisen in Nordeuropa, kaum jedoch mit Kaufleuten der deutschen Nation in Venedig.

Der Ansatz wirkt eigentlich gut durchdacht, jedoch entstanden in den Jahren des Siebenjährigen Kriegs zu viele Zahlungsausfälle durch Kunden in Vene-

458 Die Informationen ergeben sich aus vielen einzelnen Aktenstücken, vor allem aus Natters eigener Darstellung seiner Firmengeschichte gegenüber den Sopraconsoli: ASVe, Sopraconsoli dei mercanti, 124, Natter.

dig, und es war Natter nie möglich, die Fabrik in Piazzola profitabel zu machen. Natter musste Mitte 1762 schließlich Insolvenz anmelden und sich aus dem Geschäftsleben zurückziehen. 1772 verstarb er in Venedig, ohne dass er in den letzten Jahren seines Lebens noch einmal geschäftlich tätig geworden wäre. Nach seiner Insolvenz mussten sich die Gläubiger mit jeweils nur 20 % ihrer Kreditsumme begnügen, was besonders in Amsterdam Verluste auslöste. Natters dortiger Hauptpartner, die Firma Santheuvel, geriet im folgenden Jahr dann auch – allerdings hauptsächlich wegen Problemen im Überseehandel – in Schwierigkeiten und musste Zahlungen zurückstellen.[459] So fand die Kriegskrise von Venedig ihren Weg über die deutschen Kaufleute an der Lagune nach Amsterdam, wo sie als (sehr) kleiner Nebenarm in die große Insolvenzwelle von 1763 mündete.

Natters Beispiel zeigt eine der vielen Möglichkeiten für Händler der deutschen Nation in Venedig auf. Die deutschen Kaufleute an der Lagune hatten als harte Währung für Partner in ganz Europa ihre Privilegien auf dem beachtlichen Markt der Republik anzubieten. Die Verdrängung der Niederländer, Niederdeutschen und Schweizer aus dem Fondaco im 17. Jahrhundert war just hierfür geschehen. Die Oberdeutschen hatten sich das Monopol als Distributionspartner für Händler aus den dynamischeren Wirtschaftszentren Europas sichern wollen. Natters Geschäft, bei dem die Verbindung nach Nordeuropa das ausschließliche Handelsfeld darstellte, wirkt wie die maximale Ausreizung dieser Option. Wir können davon ausgehen, dass viele Kaufleute der deutschen Nation an der Lagune operativ so agierten. Weitgehend unverbunden mit den weiteren Mitgliedern derselben fungierten sie als Kommissionäre für ferne Partner aus anderen Wirtschaftszonen des Kontinents.

b) Transalpenhandel und Konzentration auf wenige Partner: Johann Georg Bensperg

Kurz nach Natter, am 9. September 1762, meldete auch ein anderer deutscher Kaufmann, der Lindauer Johann Georg Bensperg, seinen Konkurs an. Dieser nun stellt mit seiner intensiven Konzentration auf den deutsch-italienischen Handel ein diametrales Gegenbild zu Natter dar, wie wir seiner Konkursbilanz entnehmen können (Tabelle 29).

Es ist zunächst interessant zu sehen, dass ein Lindauer Händler keinerlei Verbindung nach Lindau aufweist. Dies ist ein weiteres Zeichen für die geringe Bedeutung des Handelszugs vom Bodensee zur Adria, obwohl so viele Kaufmannslehrlinge aus dieser Reichsstadt in diesen Jahren ihre Ausbildung in Venedig machten.[460]

459 *Kesler*, Amsterdam Bankers, S. 309–310.

460 Vgl. Tabelle 22. Dies steht in deutlichem Kontrast zur allgemein vertretenen Meinung in der Literatur, die einen starken Venedighandel von Lindau aus annimmt, so z. B.: *Eitel*, Handel und Verkehr, S. 85.

Tabelle 29: Aggregierte Insolvenzbilanz von Johann Georg Bensperg aus dem Jahr 1763 in duc.

Gläubiger		Schuldner		Gläubiger		Schuldner	
Ort	Summe	Ort	Summe	Ort	Summe	Ort	Summe
Dt. Nation (4)	94.695	Venedig (59)	82.323	Mantua	8	Leiden	633
Venedig (6)	17.926	Bassano (3)	10.197	Meran	6	Brescia	456
Wien (2)	15.086	Livorno (2)	6.935	Livorno	3	San Salvador	350
Amsterdam (3)	8.560	Frankfurt	6.725			München	320
London (2)	7.241	Rom (3)	6.184			Bozen	279
Bologna (2)	3.103	Amsterdam (3)	4.035			Zante	273
Verona	3.001	Vicenza	3.529			Salò	228
Mailand	2.364	Wien (5)	2.350			Nürnberg	217
Bozen (2)	2.264	Augsburg (2)	2.340			Brescia	165
Neapel	1.656	Dt. Nation	2.322			Mantua	98
Trient	1.076	Verona	1.985			Triest	78
Zürich (2)	1.060	Mailand	1.934			Smyrna	61
Konstantinopel	1.056	Memmingen	1.757			Reggio	41
Köln	645	Florenz (5)	1.741			St. Gallen	33
Padua (2)	477	Terni	1.665			Triest	26
Rom (3)	452	Udine	1.331			Lyon	21
Florenz	242	Prag	1.227			Antwerpen	15
Antwerpen	160	Vicenza	1.208			Mailand	12
Basel	76	Neapel (4)	1.027			Genua	11
Wien	73	Salzburg	832			Altstätten	8

Gläubiger		Schuldner	
Ort	Summe	Ort	Summe
Augsburg	58	Paris	775
Basel	32	Stuttgart	709
		Aachen	5
		Ferrara	4
Gesamt	**161.320**	**Gesamt**	**146.465**

Quelle: ASVe, Sopraconsoli dei mercanti, 124, Bensperg, »Bilanzo presentato«.

Statt auf Lindau war Bensperg im deutschsprachigen Raum vor allem auf Wien als Einkaufs- und Frankfurt als Verkaufsmarkt ausgerichtet. Die hohe Zahl an Schuldnern aus Venedig verdeutlicht, dass er hier vor allem im Detailverkauf tätig war. Die demgegenüber geringe Menge an Einkäufern aus der Stadt lässt vermuten, dass er seine Waren für Deutschland von wenigen Partnern bezog. Ein höherer Grad an Internationalität als bei Amman, jedoch geringer als bei Natter fällt eindeutig auf, die Rolle Amsterdams für Einkäufe und Livornos für Verkäufe spricht hierfür. Dem gegenüber steht eine dünnere Kapitaldecke, Forderungen und Verbindlichkeiten haben wohl in den Jahren vor der Insolvenz um 150.000 duc. geschwankt, also etwas weniger als ein Drittel der Summen von Amman betragen.

Johann Georg Bensperg war 1711 in Lindau geboren und 1733 als Lehrling in das Geschäft seines Onkels Jakob (I) Bensperg eingetreten.[461] In Venedig hatte er 1745 Maria Susanna Pommer, die Tochter des pietistisch orientierten Johannes Pommer, geheiratet.[462] Diese Ehe führte zu einer äußerst engen Geschäftsverbindung. Seinem Schwager Johann Jakob (II) Pommer schuldete er laut seiner Insolvenzbilanz 88.712 duc., also deutlich mehr als die Hälfte all seiner Außenstände. Von den weiteren drei Gläubigern der deutschen Nation standen zwei Firmen dem Pietismus nahe (Schalckhauser & Hugel, Wagner), eine eher fern (Dannenberger).

Auch im Fall Benspergs ist es nicht möglich, zu erkennen, worin genau der Handel der Firma bestanden hat. Für die Zürcher Seidenhandelsfirma Muralt wickelte Bensperg Wechsel nach Italien ab, er scheint also besonders als Zahlungsvermittler gewirkt zu haben.[463] In der »Jetztlebenden Kauffmannschafft« von 1743 wird er als Teilhaber der Gesellschaft »Rad, Hößlin und Comp.« angegeben, einer Firma, die mit der in Lindau und Venedig ansässigen Kaufmannsfamilie Enderlin verbunden war.[464] Die dort aufgeführte Tätigkeit als *Banquier*

461 *Seifert*, Stam-Taffeln, Bd. 1; Anhang III.

462 Siehe Tabelle 19.

463 *Peyer*, Von Handel und Bank, S. 87.

464 *O. V.*, Jetztlebende Kauffmannschafft, S. 253. Vgl. zu Rad und Hößlin auch: *Mayr*, Die großen Augsburger Vermögen, S. 61–68; *Zorn*, Handels- und Industriegeschichte; *Hößlin*, Hösslin, S. 13–17.

und Commißionair wird er von seinem Verwandten in Venedig übernommen und weitergeführt haben. Die Gesellschaft scheint er aber bald verlassen zu haben, da sich davon keine Spur in seinen Insolvenzakten findet.

In seiner Darstellung zur Insolvenz schreibt Bensperg, dass er die Firma 1739 von seinem Onkel Jakob (I) Bensperg übernommen und seither mit Erfolg geführt habe. Der Zusammenbruch der uns unbekannten, in Venedig angesiedelten Firma »Gerolamo Reccanè« habe ihm jüngst den Verlust von 181.852 duc., davon 41.609 duc. in Wechseln, und damit den Ruin eingebracht. In der Bilanz kam man letztlich auf weniger, hier waren es aber immer noch 52.960 duc. Verlust, was etwas mehr als ein Drittel der noch offenen Forderungen Benspergs darstellte. Die Forderungen aus Amsterdam waren dagegen nur gering und galten als eintreibbar, sonst wären sie nur unter der Rubrik *Creditori di qualche Speranza*, wo sich auch Reccanè befand, einsortiert worden. Die Pleite Benspergs war nicht von Amsterdam ausgegangen. Sein beträchtliches internationales Geschäft war eine Stütze seiner Firma gewesen, ihr Zusammenbruch kam von einem zu starken Engagement für eine einzelne venezianische Firma. Der Ruin war in diesem Fall so drastisch, dass Bensperg seinen Gläubigern nur 10 % der Schuldbeträge zurückerstatten konnte, was auf risikoreiche Geschäfte bei knapper Kapitaldecke hindeutet.

c) Der größte Wechselhändler zwischen Italien und Deutschland: Johann Jakob (II) Pommer

Eine der eindrucksvollsten Abschlussbilanzen, die jemals eine deutsche Firma in Venedig gestellt hat, ist die von Johann Jakob (II) Pommer aus dem Jahr 1763. Diese Firma von Weltformat mit einem äußerst ausgedehnten Kreis von Geschäftspartnern war als erste tatsächlich von der Amsterdamer Krise im Sommer erfasst worden und musste im September schließlich in Insolvenz gehen. Dabei war das Problem allerdings indirekt, also hauptsächlich durch Zahlungsausfälle vonseiten der Kunden in Venedig, nicht in Amsterdam entstanden, wie die Bilanz verdeutlicht (Tabelle 30).

Die Firma Pommer war 1646 in Venedig durch den in Wien geborenen, kinderlosen und wohl unverheirateten Protestanten Johann Christoph (I) Pommer gegründet worden. Dessen Neffe, der ebenfalls in Wien geborene Johann Jakob (I) Pommer, war wie sein Onkel ein intensiver Förderer des Pietismus. 1689 heiratete er die aus Isny stammende Rosina Margaretha Reiser (1670–1731), deren Mutter wiederum mit dem Kaufbeurer Johann Christoph Lauber, dem in Venedig ansässigen Bruder des bereits in dieser Arbeit als Freund des Pietismus hervorgetretenen Matthias Lauber, verheiratet war.[465] Der Konnex zwischen Pietismus, den deutschen Kaufleuten in Venedig, Kaufbeuren und Isny just in die-

465 *Wachter*, Leich=Begängnus, S. 22. Zu Matthias Laubers Sympathie für den Pietismus vgl.: Kap. IV, Fn. 125.

Tabelle 30: Aggregierte Insolvenzbilanz von Johann Jakob (II) Pommer aus dem Jahr 1763 in duc.

Gläubiger		Schuldner	
Ort	Summe	Ort	Summe
Amsterdam (8)	28.209	Venedig (75)	144.036
Dt. Nation (2)	15.020	Mailand (8)	15.282
Venedig (19)	10.080	Dt. Nation (4)	7.210
London (5)	8.658	Genua (4)	3.633
Genua (22)	5.764	London (2)	2.629
Rom (9)	5.075	Ferrara (2)	2.614
Florenz (6)	4.314	Modena (2)	1.600
Ancona (9)	3.161	Foligno (4)	1.512
Augsburg	3.144	Bassano	1.291
Mailand (5)	2.761	Wien	967
Monopoli b. Bari	2.564	Lyon	911
Ferrara (2)	2.243	Ulm	689
Zürich (4)	1.776	Vicenza	645
Hamburg	1.576	Messina	331
Triest (3)	1.575	Verona	242
Zittau (3)	1.558	Malta	189
Bologna (3)	1.254	Frankfurt	166
Abbeville	1.201	Neapel (3)	132
Danzig	526	Bergamo	23
Bergamo (2)	484	Florenz	23
Nürnberg (4)	458	Mannheim	20
Castello b. Brescia	445	Triest	18
Mantua (4)	402	Mantua	14
Vicenza	391	Perugia	13
Narni	332	Brescia (2)	11
Malta	326	Parma	11
Verona (5)	302	Salò	11
Perugia	294	Rheineck	8
Modena (4)	283	Bozen	7
Gera	258	Florenz	6
Viterbo	211	Bologna	4
Bassano	174		
Siena	155		
Altstätten	149		
Padua (2)	108		
Terni	102		

Gläubiger		Schuldner	
Ort	Summe	Ort	Summe
Neapel (5)	1.170	Rom	90
Pesaro (2)	1.048	Livorno	76
Lanciano	1.024	Sardinien	67
Tolmezzo	768	Reggio	56
Livorno (5)	631	Warschau	49
Paris	583	Ancona (3)	47
Aachen	581	Wien	42
Castello b. Brescia	570	Aachen (2)	42
Reggio (3)	542	Salzburg	24
Berlin	81		
Foggia	73		
Frankfurt	54		
Gubbio	42		
Boretto	33		
Haarlem	20		
Foligno	20		
Bozen	12		
Gesamt	**112.585**	**Gesamt**	**184.741**

Quelle: ASVe, Sopraconsoli dei mercanti, 124, Pommer, Terminazion della ditta Gio. Giacomo Pommer.

sen Jahren tritt selten so deutlich hervor; es war wohl auch die erste evangelische, aber aufgrund ihrer Illegalität nicht schriftlich registrierte Vermählung, die in Venedig geschlossen wurde. Aus dieser Ehe stammten drei Söhne zwischen 1690 und 1695, die alle drei von Johann Jakob (I) Pommer nach Halle zur Schule geschickt wurden.[466] Der mittlere der drei Söhne, Johannes Pommer, übernahm 1717/18 die Firma und leitete sie bis zu seinem Tod mit Erfolg. Er heiratete 1718 seine Memminger Cousine Helena Elisabetha von Hartlieb genannt Walsporn (1699–1785). Die Firma wurde 1753 durch deren Söhne Johann Jakob (II) (geb. 1725) und Johann Christoph (III) (geb. 1736) übernommen.[467] Selbst nach ihrer Insolvenz blieben beide in Venedig noch aktive Kaufleute.[468] Erst 1780 verschwinden die Pommers aus den Akten der deutschen Nation. Noch heute tragen – dies

466 *Freyer*, Hieronymi Freyeri, S. 120, 142, 152, 733, 743.

467 Dieser Pommer oder einer seiner Brüder findet sich interessanterweise als ein Verehrer von Giustiniana Wynne (1737–1797), der von Casanova verführten und für ihre Schönheit berühmten englisch-venezianischen Adeligen und Autorin, vgl.: *Brunelli*, Un'amica del Casanova, S. 55–69.

468 So waren beide noch 1780 in der deutschen Nation als *fraterna* registriert, vgl. Anhang I.

belegt ein flüchtiger Blick in regionale Telefonbücher – einige hundert Personen im Veneto den Nachnamen ›Pomer‹, die Familienangehörigen integrierten sich also wohl nach dem Ende der Firma vollständig in die umgebende Gesellschaft.

Auf die 117-jährige Firmengeschichte können wir hier nur einige Schlaglichter werfen. 1717 wurde Johann Jakob (I) Pommer in einem wichtigen Hamburger Druckwerk zu den derzeit lebenden, besonders erfolgreichen Kaufleuten als *reichster Banquier Italiens* bezeichnet.[469] Nach seinem Tod 1717 wurde sein Leichnam, wie in seinem letzten Willen gefordert, über die Alpen transportiert. Er hatte verfügt, in der Heimatstadt seiner Frau, in Memmingen begraben zu werden. So wurde der Körper einbalsamiert und dann mit *größester Geheimnus… und mit hohen Kosten als Kaufmannsgut in die Waag nach Memmingen* transportiert.[470] Kurz darauf entstand ein Kupferstich von ihm, der der Leichenpredigt beigelegt wurde, die sich heute in der Herzog-August-Bibliothek in Wolfenbüttel befindet (Abbildung 11).

Auch Johann Jakobs (I) Nachfolger konnten die Firma mit bedeutenden Umsätzen weiterführen. 1727 war Johannes Pommer in Venedig ein bedeutender Rosinenhändler, der hohe Summen im Stallaggio, dem Seezoll, bezahlte; er hatte sich in diesen Jahren bereits sehr weit von der alten Struktur des reinen Transalpen-Mittelmeer-Geschäfts gelöst.[471] In der ersten Jahrhunderthälfte war er zudem der wichtigste Partner der dänischen Sklavenkasse zum Freikauf von Seeleuten Dänemark-Norwegens aus der nordafrikanischen Sklaverei.[472] Zeitweilig war die Familie im Besitz der Tabakspacht in Venedig und der Salzpacht der ionischen Insel Lefkada.[473] 1743 hieß es in der *Jetztlebenden Kauffmannschafft*, er sei *einer derer grösten und berühmtesten Banquiers in gantz Italien, dessen Commißiones aus Teutsch- Holl- und Engeland überflüssig einlauffen.*[474] In Goldonis Memoiren wird erwähnt, dass die Pommers 1744 über 35.000 Filippi (= 192.500 L.) an Francesco III. von Modena liehen.[475] Eine Überprüfung im Staatsarchiv von Modena zeigt, dass die Pommers in der gesamten Zeit des Österreichischen Erbfolgekriegs die hauptsächlichen Kreditgeber des Fürsten waren und ihm, immerhin dem Kriegsgegner der Habsburger, immer wieder Gelder zur Verfügung stellten.[476] Zu vermuten ist, dass Francesco III. nach dem

469 *Marperger,* Erstes Hundert Gelehrter Kauffleut, S. 114. Hier wurden insbesondere seine Gutachten gelobt. Ein Beispiel für ein solches findet sich in einem Reichskammergerichtsprozess in Hamburg: STAH, 212–2 RKG, L 32, Nr. 6.

470 *Ruepprecht,* Johann Jakob Pommer, S. 164–165.

471 ASVe/CS, II Ser., 73, Stampa Nazione Alemana, fol. 53.

472 *Ressel,* Venice and the Redemption.

473 ASVe, Inquisitori di Stato, 943, »Pensamenti Pommer«.

474 *O. V.,* Jetztlebende Kauffmannschafft, S. 254.

475 *Goldoni/Loehner,* Mémoires de M. Goldoni, S. 354: *Corrado Pommer (m. 1749) e Giovanni Pommer (m. 1753), famosi banchieri tedeschi a Venezia. La loro casa pagò, nel Giugno del sussuguento anno 1744, non meno di trentacinquemila filippi (192,500 lire moderne) al duca Francesco III di Modena.*

476 In den Jahren 1743/44 befasst sich etwa jeder dritte der im Wochenrhythmus vom Botschafter in Venedig an den Herzog versandten Briefe mit Finanzangelegenheiten Johannes

Abbildung 11: Bildnis von Johann Jakob (I) Pommer, gemalt von Georg Engelhard Schroder um 1720 in Venedig, vom Augsburger Bernhard Vogel »zierlich in Kupfer gestochen«
Quelle: *Ruepprecht*, Johann Jakob Pommer; HAB, Porträtsammlung, A 16777.

Verkauf seiner berühmten Galerie nach Dresden[477] die entsprechenden Erlöse bei den Pommers als Bankiers gelagert hatte und sie im Verlauf des Kriegs immer wieder bei Bedarf abrief.

Diese Verbindung nach Modena mag auch das hohe Engagement der Firma Pommer im mittelitalienischen Raum erklären. Überhaupt fällt die große Zahl an Geschäftspartnern auf, die offenbar über ganz Europa verstreut waren. Als dominierender Zug sticht eine Importstruktur von Nordeuropa über die Alpen

Pommers: ASMO, Archivio Segreto Estense, Cancelleria Estero, Ambasciatori, agenti e corrispondenti all'estero, Busta 143.

477 Zu diesem sehr berühmten Verkaufsvorgang vgl.: *Winkler*, Der Verkauf an Dresden.

und über die See heraus, dieser entspricht eine Distributionsstruktur vor allem nach Venedig, aber auch ins weitere Italien. Warenhandel betrieb die Firma aber in der zweiten Hälfte des 18. Jahrhunderts kaum mehr. In den Insolvenzakten werden noch Edelsteine, vor allem Diamanten, im Wert von 7.741 duc. aufgeführt, ansonsten jedoch keine Warenposten von Belang.[478] Stattdessen waren die Pommers offenbar vor allem als Wechsel-, Finanz- und Kapitalhändler bis hinab zu den kleinsten Geschäftsebenen hin engagiert. Die Anbindung an alle bedeutenden Plätze im internationalen Finanz- und Handelswesen lässt die Firma als wesentlichen Akteur zwischen den kleineren Händlern Italiens und den größeren Kaufleuten Europas erscheinen.

Laut eigener Aussage brachte eine Reihe an Fallissements seit 1753, vor allem 1756 mit dem Zusammenbruch der neun wichtigsten Handelspartner aus London, Livorno, Modena und Venedig, die Firma bedrohlich ins Schlingern. Seither war es vor allem der im Siebenjährigen Krieg dauerhaft ungünstige Wechselkurs Venedigs, der der Firma in ihrem Hauptgeschäftsgebiet, den Finanztransaktionen, strukturelle Verluste einbrachte. Auch Pommer wurde, wie Bensperg, vom Bankrott von Girolamo Reccanè schwer getroffen. Der damit folgende Niedergang der Firma von Pommers Cousin Johann Georg Bensperg 1763 war dann verheerend, er brachte der Firma einen Verlust von etwa 80.000 duc. auf einen Schlag. So sehr die Firma ihr Geschäft gestreut hatte, so war doch der Kontakt in die eigene Nation besonders eng und damit natürlich auch hier ein Schwachpunkt gewesen. Interessant ist, dass Händler der deutschen Nation in der Abschlussbilanz kaum vorkommen, jedoch sehr häufig in den Geschäftsvorgängen seit 1753, die Pommer in seinen Akten offenlegte. Es wirkt, als habe Pommer noch im letzten Jahr vor Deklaration seiner Insolvenz vor allem die Gläubiger aus der eigenen Nation bezahlt. Hier finden wir vor allem Geschäftsvorgänge mit den Firmen Dannenberger, Hermann, Schalckhauser & Hugel, Pfauz, König, Wagner, Firnkranz & Mayr, Schweyer, Spangler, Wolff und Heinzelmann. Sechs dieser elf Firmeninhaber waren dem Pietismus zugewandt, sie mögen daher eine bevorzugte Behandlung erfahren haben. Andere bedeutende Kaufleute der deutschen Nation außerhalb des Händlernetzes wie Fehr oder Martens tauchen als Wechselpartner nicht auf.

Das Händlernetz konnte die Firma Pommer jedoch nicht retten. Nach der Insolvenz schrieb Johann Jakob (II) Pommer 1763 selbst, dass er die Firma im Jahr 1753 mit einem Kapital von 500.000 duc. übernommen und diese seit sieben Jahren nur noch Verluste gemacht habe, was drei wohl halbwegs günstige Jahre nach Beginn seiner Tätigkeit als Firmeninhaber impliziert. Ob am Niedergang der Firma danach eine ungeschickte Firmenführung schuld war, kann nicht gesagt werden; angesichts der Koinzidenz des beginnenden Firmenniedergangs und des Ausbruchs des Siebenjährigen Kriegs mag es bezweifelt werden. Johann Jakob (II) Pommer hatte als 28-Jähriger zusammen mit seinem 18-jährigen Bruder die Firma übernommen. Es ist denkbar, dass beide mit dem komplexen Geschäft

478 ASVe, Sopraconsoli dei mercanti, 124, Pommer, fol. 54r.

überfordert waren. Grundsätzlich waren die großen Firmen in der Hand von Einzelnen nicht mehr so weit verbreitet. Die größten deutschen Handelshäuser in Venedig nahmen in diesen Jahren immer häufiger die Form der Partnerschaft an.[479] Da beide Pommers jedoch auch noch nach ihrer Insolvenz von 1763 bis 1779 in der deutschen Nation als Kaufleute registriert blieben, kann man wohl davon ausgehen, dass sie zum erfolgreichen Handel fähig waren und die Insolvenz hauptsächlich extern induzierte Ursachen gehabt hatte.

In jedem Fall erregte der Zusammenbruch der ältesten und für viele Jahrzehnte bedeutendsten deutschen Firma in Venedig großes Aufsehen. Amadeus Schweyer schrieb am 26. August 1763 von Venedig aus an Johann Friedrich Le-Bret: *Mercoledi scorso segui l'accomodamento del fallimento Pommer; esso mostra 175.000 duc. di Debiti e 280.000 di Crediti … Si dice che torneranno a negoziare, ma con raggione differente.*[480] Trotz des Zusammenbruchs konnte die Firma also noch auf kleinerem Fuße einige Jahrzehnte weiterbestehen, wenngleich sich die Spuren der Pommers in den Akten seit 1763 verlieren.[481]

Die Firma der Pommers steht für einige wesentliche Entwicklungen innerhalb der deutschen Kaufmannschaft in Venedig: Die kleinen Firmen, die für Jahrhunderte den Regelfall dargestellt hatten, verschwanden langsam, während die größeren, international aufgestellten Unternehmen mehr in den Vordergrund traten. Diese handelten mehr und mehr auf dem Finanzmarkt, also insbesondere als Kreditgeber und Wechselkommissionäre. Das Warengeschäft konnte innerhalb der deutschen Nation nie völlig in den Hintergrund treten, dafür waren die Zollprivilegien des Fondaco zu wertvoll. Dennoch sieht man hier eine markante Verschiebung hin zu einer Konzentration auf das Wechsel- und Finanzgeschäft, wie wir es nun bereits öfter für die Händler der deutschen Nation im späteren 18. Jahrhundert vermerkt haben.

d) Der konservative Pietist im Warenhandel: Johann Michael (III) Wagner

Neben solchen großen Firmen mit deutlicher Hinwendung zum Finanzgeschäft residierten in Venedig weiterhin Kaufleute der deutschen Nation, die sich auf das Warengeschäft konzentrierten und sich mit einer geringeren Gewinnspanne begnügten. Hierfür ist die Firma Wagner ein gutes Beispiel. Diese Firma ging 1778 insolvent, ihre Bilanz zeigt ein mittelgroßes, aber doch funktional stark in den Austausch zwischen Norditalien und Nordwesteuropa eingebundenes Unternehmen (Tabelle 31).

479 Vgl. Tabelle 38.

480 WLB, Cod. hist. 4° 369, Nr. 134.

481 Pommer wurde sogar noch 1764, also nach seiner Insolvenz, in die kurzfristige Handelskammer Venedigs als Zuständiger für die *Piazza Olanda* gewählt, was angesichts seiner starken Beziehungen zu Amsterdam nicht überrascht: *Zago*, Cenni storici, S. 45.

Tabelle 31: Aggregierte Insolvenzbilanz von Johann Michael (III) Wagner aus dem Jahr 1778 in duc.

Gläubiger		Schuldner	
Ort	Summe	Ort	Summe
London (3)	22.834	Venedig (150)	50.447
Venedig (28)	14.973	Dt. Nation (6)	12.044
Bristol (2)	14.883	Verona (3)	4.797
Rovereto (4)	7.745	Stuttgart	3.848
Dresden	4.381	Triest (2)	2.751
Triest (2)	4.412	Aleppo	2.660
Cephalonia	3.561	Bristol	2.197
Innsbruck (2)	3.482	Rovereto (4)	2.082
Dt. Nation (2)	2.832	Frankfurt (6)	1.856
Frankfurt (3)	1.863	Augsburg (9)	1.738
Lecce (2)	1.802	Konstantinopel (2)	1.553
Genf (3)	1.034	Bassano	1.371
Rom	777	Lecce	1.263
Nürnberg (4)	545	Leipzig (4)	1.252
Augsburg (2)	440	Hamburg (5)	1.220
Hamburg	417	Wien (5)	1.039
Padua	182	Amsterdam (5)	897
Breslau (3)	160	Salzburg (3)	896
Amsterdam (2)	154	München	865
Berlin (2)	146	Breslau (3)	805

Gläubiger		Schuldner	
Ort	Summe	Ort	Summe
		Kairo	292
		Glarus	245
		L'Aquila	240
		Abtei (Südtirol)	237
		Berlin (2)	226
		Kempten	206
		St. Gallen	137
		Mailand (2)	135
		Basel (2)	117
		Halle	115
		Monselice	106
		Stettin	97
		Genua	76
		Maastricht	72
		Mainz	69
		Bern (2)	66
		Livorno	65
		Köln	62
		Sessa Aurunca	58
		Prag	51

Gläubiger		Schuldner	
Ort	Summe	Ort	Summe
Kempten	138	London (2)	735
Wien	138	Modena	730
Lyon	74	Neapel	600
Neapel	70	Genua	588
Bozen	43	Straß-burg	568
Livorno	27	Merlo (an der Brenta)	437
Siena	21	Nürn-berg (4)	443
Mailand	20	Alexan-dria	300
Verona	4	Brünn	344
		Smyrna	340
		Herrnhut	294
		Maros-tica	46
		Ravens-burg	45
		Zante	44
		Prag	28
		Zürich (3)	27
		Stock-holm	27
		Bologna	23
		Ancona	20
		Padua	18
		Inns-bruck	10
Gesamt	**87.158**	**Gesamt**	**103.920**

Quelle: ASVe, Sopraconsoli dei mercanti, 138, Wagner, fol. 118r–122r.

Die Posten der Abschlussbilanz spiegeln fast ausschließlich durch Wagner vorgenommene Warenbewegungen wider. So wird keine durch einen Wechsel festgehaltene Verbindlichkeit oder Forderung in dem gesamten Insolvenzprozess genannt, und im Inventar sind viele verschiedene Waren im Besitz Wagners aufgelistet. Dabei handelt es sich großteils um mediterrane Erzeugnisse, so Weihrauch, Öl, Mungbohnen, Korallen, verschiedene Pulver, Kräuter, Drogen, Perlen, Balsamico, Mandeln, Weine, Färbemittel, Ammoniak, Rosinen, Manna und viele mehr.[482] Nordeuropäische Produkte und Güter für den mediterranen Markt sind dabei seltener vertreten, genannt werden Eisen und Kobalt. Zwar findet es sich nicht im Inventar, aber die aus der Bilanz ersichtlichen intensiven Verbindungen nach Rovereto deuten weiterhin auf ein großes Engagement im Seiden- und/oder Baumwollhandel. Die Beschränkung auf den Warenverkehr führte allerdings nicht zu einer Limitierung der geographischen Reichweite. In den Insolvenzakten sind auch Handelskontakte der Vergangenheit aufgeführt, wobei sogar St. Petersburg und Konstantinopel häufiger genannt werden.

482 ASVe, Sopraconsoli dei mercanti, 138, Wagner, fol. 38v–43v.

Die Firma Wagner war in der zweiten Jahrhunderthälfte immer in einem mittelgroßen Rahmen verblieben, davon zeugen die Besteuerungen in der Tansa von 1756, 1771 und 1778.[483] Die Inhaber begnügten sich mit dem Warenhandel, der weniger Risiken als das Wechselgeschäft brachte. Die geringe Neigung zur Spekulation entsprach möglicherweise der Mentalität dieser pietistischsten aller deutschen Familien in Venedig.[484] Der in Nürnberg geborene Großvater Johann Michael (I) Wagner hatte die Firma 1723 gegründet, nachdem er 1719 als Johann *Salomon* Wagner in Venedig der deutschen evangelischen Gemeinde beigetreten war.[485] Nach seinem Tod übernahmen seine drei Söhne Hieronymus (1725–1777), Daniel Christoph und Johann Jakob zusammen mit Balthasar von Hößlin, einem überzeugten Pietisten, die Firma. Interessant ist, dass die Geschwister offenbar in den 1750er Jahren beschlossen hatten, dass Johann Adam Wagner nach Triest übersiedeln solle, von wo aus er in intensiver Partnerschaft mit seinen Geschwistern auf der anderen Adriaseite verblieb.[486] In den 1770er Jahren traten noch Johann Michael (III) Wagner und Johann Wilhelm, die Söhne von Hieronymus Wagner, in die Firma ein. Seit 1767 war Hieronymus der führende Kopf der nominell durch drei Geschwister und zwei Söhne geleiteten Firma.

Als Hieronymus 1777 starb, scheint die Firma dann schnell in schwere Probleme geraten zu sein, und die Insolvenz trat 1778 relativ plötzlich ein. Der Warenhandel war augenscheinlich in den Vorjahren immer stärker auf den britischen Markt ausgerichtet worden. Dies ist ein Indiz für die gewachsene Bedeutung Londons gegenüber Amsterdam. Als die Firma Thomas Frank in Bristol 1778 in Konkurs ging, traf dies die Gebrüder Wagner mit einem Schaden von über 14.000 duc., was bei einer dünnen Kapitaldecke unmittelbar zur Insolvenz führte.[487]

Wir dürfen die Firma Wagner als ein Beispiel für das Mittelfeld der deutschen Händler in Venedig nehmen. Mit ihrer Konzentration auf den Warenhandel rechneten die Inhaber wohl nie mit hohen Gewinnen, konnten dafür aber eine über 50-jährige Existenz sichern; ähnlich wie der pietistische Daniel Amman.

483 Vgl. Tabelle 20. Es sei auch bemerkt, dass die Firma Wagner nicht in der Liste der bekannteren venezianischen Kaufleute erwähnt wurde: *O. V.*, Jetztlebende Kauffmannschafft, S. 252–254.

484 Wagner war immer als eifriger Pietist in Venedig in Erscheinung getreten, er darf im Grunde als führender Kopf der besonders frommen evangelischen Kaufleute an der Lagune gelten, vgl. Kap. IV. 1. f; Tabelle 15.

485 Vgl. Anhang III. Hervorhebung MR.

486 Die Tatsache der Übersiedelung ergibt sich aus einer Liste an Unterschriften von deutschen protestantischen Kaufleuten aus Triest unter ein Schreiben an ihre Landesleute in Venedig aus dem Jahr 1759. In diesem Schreiben bestätigen diese, unter ihnen Johann Adam Wagner, dass die Protestanten in Triest seit 1753 auf einem eigenen Friedhof bestattet werden können, in: AEGV, Fondaco 2, »Attestato di Trieste«. Die Posten in Tabelle 31 aus Triest rühren fast alle von diesem Verwandten her.

487 So Johann Michael (III) Wagner in seinem Rechtfertigungsschreiben an die Sopraconsoli: ASVe, Sopraconsoli dei mercanti, 138, Wagner, fol. 1r–1v.

Interessant ist, dass als Handelspartner der deutschen Nation ausschließlich Kaufleute aus dem Umkreis des pietistischen Händlernetzes in der Abschlussbilanz zu finden sind, namentlich Schweyer, Heinzelmann und Reck & Laminit, die Nachfolger der pietistischen Schalckhauser & Hugel. In der letzten Bilanz der noch nicht insolventen Firma von 1777 sind auch noch einige Male Hößlin und Pfauz erwähnt. Beide gehörten ebenfalls zu den Förderern des Pietismus.[488] Die Firma Wagner war also ein Unternehmen, das unter den Kaufleuten der deutschen Nation in Venedig so gut wie ausschließlich mit Kaufleuten des pietistischen Händlernetzes ihre Geschäfte machte.

Doch auch der risikoarme Warenhandel hatte seine Tücken. Im Falle dieser Firma war die Achillesferse eine einseitige Abhängigkeit vom britischen Markt. Der Kriegsausbruch zwischen Großbritannien und Frankreich 1778 zerrüttete wohl zu plötzlich das gewohnte Marktumfeld und führte zum Konkurs. Die Verluste, die der enge Partner der Firma, Balthasar von Hößlin, hierbei machte, könnten dazu geführt haben, dass er um 1780 nach Triest übersiedelte. Dies ist der einzige Fall eines unabhängigen deutschen Kaufmanns, der im 18. Jahrhundert diesen Schritt vollzog.[489]

Wie es häufig innerhalb der deutschen Nation vorkam, so konstituierte sich die Firma 1786 neu als Riesch & Wagner. Der Lindauer Erhard Riesch († 1810) war 1769 als Lehrling bei der Firma Conrad (I) Martens eingetreten und hatte danach eine längere Zeit als Kaufmann in Wien gewirkt.[490] Die Verbindung Rieschs zu den Wagners ist kein Zufall: In vielen Insolvenzakten der deutschen Kaufleute in Venedig ist Riesch in Wien als Gläubiger aufgeführt. 1786 kehrte er offenbar nach Venedig zurück und ging dann eine Partnerschaft mit Johann Michael (III) Wagner ein, von dessen Tätigkeit in den acht Vorjahren keine Akten überliefert sind. Riesch hatte die Wahl der am stärksten pietistisch orientierten Kaufleute Venedigs als Partner möglicherweise auch aufgrund von engen Verbindungen jenseits der ökonomischen Sphäre getroffen: Sein Nachname deutet auf eine enge Verwandtschaft zum berühmten Lindauer pietistischen Stadtpfarrer Bonaventura Riesch (1694–1749).[491]

Bis 1794 bestand die Firma unter dem Namen »Riesch & Wagner«, dann trennte man sich wieder in die Firmen »Erhard Riesch« und »Gebrüder Wagner«. An letzterer waren wiederum Johann Michael, Johann Wilhelm und Sebastian Andreas Wagner beteiligt.[492] Bemerkenswert bleibt bei dieser Wiederbelebung der Firma Wagner nach deren Insolvenz, dass offenbar noch in den späten 1780er Jahren ein erfolgreicher und in Wien ansässiger Kaufmann wie Erhard Riesch lieber nach Venedig als nach Triest zog, um im Adriahandel zu wirken; wir können das als Gegenbeispiel zur gängigen Forschungsmeinung ansehen.

488 Vgl. Tabelle 15.

489 *Hößlin*, Hösslin, S. 20–23, 68.

490 Vgl. Anhang III; zur Firmengründung vgl. auch: *Meinert*, Handelsbeziehungen, S. 235.

491 Zu Bonaventura Riesch: *Wolfart*, Geschichte der Stadt Lindau, S. 160–170; *Wölfel*, Evangelische Kirche, S. 510.

492 Vgl. Anhang I.

e) Eine Augsburger Dependance in Venedig für Finanzgeschäfte in Italien: Lieb & Co.

Eine Konzentration auf die ›moderneren‹ Formen des Handels mit besonderer Betätigung im Wechsel- und Finanzgeschäft zeigt die Insolvenzbilanz der Firma Lieb & Co. aus dem Jahr 1779 (Tabelle 32).

Tabelle 32: Aggregierte Insolvenzbilanz der Firma Lieb & Co. aus dem Jahr 1779 in duc.

Gläubiger		Schuldner		Gläubiger		Schuldner	
Ort	Summe	Ort	Summe	Ort	Summe	Ort	Summe
Augsburg (9)	51.463	Venedig (30)	38.935	Hamburg	54	Mailand (5)	203
Livorno (3)	31.436	Dt. Nation (2)	20.075	Genua (2)	49	Mantua	192
Bozen (11)	27.487	Bergamo (13)	15.622	Lyon	44	Castiglione	151
Amsterdam (3)	7.528	London (2)	10.599	Pieve di Teco	36	Cephalonia	137
Trient (9)	5.514	Augsburg (7)	5.295	St. Quentin	33	Messina (2)	124
Wien (3)	5.507	Castiglione	3.639	Mailand (2)	29	Avio, Trentino	89
Ulm (2)	4.092	Lyon (2)	3.596	Bogliasco	25	Salzburg	78
Calw	3.949	Mezzolombardo (2)	2.497	Schaffhausen	18	Wunsiedel	76
Rovereto (5)	2.390	Ancona (5)	1.907	Rom	9	Innichen	70
Verona (5)	1.745	Prčanj	1.507	Marseille	6	Klagenfurt	62
Frankfurt (2)	1.605	Salò (8)	1.494	Aachen	6	Hohenems	51
Bergamo (2)	1.441	Parma (3)	1.448	Bologna	5	Amiens	37
Exeter	1.125	Trient (6)	1.443	Fano	2	Ala	32
Bielsko	1.024	Verona (7)	1.163	Cento b. Ferrara	2	Wien	17
Messina	908	Rovereto (7)	1.126	Pesaro	1	Lemberg	17

Gläubiger		Schuldner	
Ort	Summe	Ort	Summe
Hohenems	887	Bologna (6)	1.067
Nürnberg (2)	443	Bozen (6)	1.071
Salò (2)	423	Triest (5)	864
Florenz (2)	419	Portogruaro	795
London	326	Wien	658
Straßburg	304	Vicenza	632
Sevilla	181	Brescia (5)	614
Triest (4)	163	Cadiz	480
Reggio (2)	158	Istrien (2)	441
Ala	153	Florenz	437
Basel	143	Pergine (Valsugana)	414
Foligno	130	Chioggia	411
Rorschach	94	Scilla (3)	338
Landegg	78	Rom (7)	305
Neapel	73	Udine	242
Venedig (2)	68	Bassano (5)	228
Aalen	61	Pontelagoscuro (2)	228
		Neurode (Schlesien)	14
		San Vito	13
		Reggio	13
		Genua	12
		Mantua	10
		Livorno	7
		Zittau	7
		Kippenheim	7
		Zürich	6
		Foligno	5
		Neapel	5
		Hamburg	4
		Genua	3
		Palmanova	2
		Ravenna	1
		Fiume	1
Gesamt	**151.637**	**Gesamt**	**121.017**

Quelle: ASVe, Sopraconsoli dei mercanti, 139, Lieb & Co., fol. 10r–14v.

Der Bilanz zufolge war das hauptsächliche Betätigungsfeld der Firma zwischen Venedig, Livorno und Augsburg mit Bozen und Bergamo als Scharnierorten konzentriert. Lieb & Co. war eine Gründung von Benedikt Adam von Liebert, einem der berühmtesten Kaufleute Augsburgs. Liebert war 1769 mit den Augsburger Partnern Georg Jakob Köpff und Carl Anton Carli vonseiten des Kaiserhauses das Monopol für die Ausprägung und den Vertrieb von Silbertalern in der *Königlichen und Kaiserlichen Silberhandlung* erteilt worden; auf die im folgenden Kapitel noch näher eingegangen werden wird. Im Zuge der Organisation des Vertriebs in die Levante hatte die Silberhandlung eine Vertriebsfirma in Venedig vorgesehen, die von Johannes Kleiber aus Memmingen und Paolo Camocino aus Bozen geleitet werden sollte. Jedoch zogen beide Partner bereits 1771 nach Livorno, um dort die Firma »Leopoldi & Comp.« zu gründen. Offenkundig wünschten die Augsburger Direktoren zwei Firmen zum Talervertrieb ins Mittelmeer, eine in Livorno und eine in Venedig.[493] Der Talervertrieb wurde in Venedig bald recht bedeutungsarm, daher soll dieser im folgenden Kapitel über Leopoldi & Comp. in Livorno genauer beleuchtet werden. Hier steht hingegen die venezianische Firma mit ihren weiteren bedeutenden Aktivitäten im Mittelpunkt.

Anstelle von Kleiber und Camocino wurden nun die drei Kaufleute Friedrich Samuel Wenndrich (1735–1775) aus Gräfenthal, Johann Pandolf (= Wolfgang) Schifflin aus Memmingen und Friedrich Degmair aus Augsburg die neuen Partner Lieberts in Venedig. Zu viert gründeten sie im August 1771 die Gesellschaft Lieb & Co. Geplant war, dass sie vom 1. Januar 1772 bis zum 31. Dezember 1781 existieren sollte, also exakt zehn Jahre lang. Liebert gab eine Einlage von 200.000 L., Schifflin 60.000 L., Wenndrich 20.000 L. und Degmair blieb ohne Eigenkapitalbeteiligung. Faktisch war die Firma damit eine Kommanditgesellschaft, wobei Degmair der unbeschränkt haftende Teilhaber war.[494] Im Gesellschaftsvertrag wurden präzise Regeln zur Entscheidungsfindung und zur Geldausschüttung aufgestellt, hierbei galt immer das folgende Verhältnis: 50 % für Liebert, jeweils 20 % für Wenndrich und Schifflin, und 10 % für Degmair. Aus dem Missverhältnis von Einlagekapital und vertragsgemäßer Ausgestaltung des laufenden Betriebs ergibt sich, dass Liebert nicht beabsichtigte, in Venedig zu arbeiten, dies überließ er seinen drei Mitgesellschaftern. Innerhalb der Firma in Venedig sollten Wenndrich und Schifflin die Führung übernehmen. Degmair sollte pro Jahr 200 duc. Entlohnung für die alltäglichere Arbeit mit Verwaltungsangelegenheiten der Firma erhalten, obwohl er als Komplementär mit seinem Privatvermögen zu haften hatte und damit das größte Risiko trug. Jedoch konnte er ohne Einbringung von Eigenkapital bei hohen Gewinnen der Firma mit raschem Vermögenszuwachs rechnen und potenziell in Zukunft seinen Anteil an und damit seine Stellung in der Firma verbessern. Mit dieser Konstruktion bedrohte die Firma im Fall ihrer Zahlungsunfähigkeit kein vor ihrer Gründung etabliertes Geschäft eines der Beteiligten. In Venedig gelang den Firmenteilhabern sofort die Aufnahme in die deutsche Nation: Zwar hatte keiner

493 Zu Kleiber, dessen erste Tochter noch in Venedig geboren wurde, vgl.: *Steinmeyer*, Die Familie Kleiber.

494 So bezeichnete Liebert persönlich diese Firma: *Zorn*, Handels- und Industriegeschichte, S. 223.

der vier Kaufleute vorher eine besondere Verbindung zu Venedig gehabt, dennoch wurde Lieb & Co. schon im Jahr 1771 in der Nation registriert und mit 120 duc. in der Tansa belegt.[495] Immerhin war Wenndrich der Sohn des 1728–1732 hier amtierenden Predigers, damit bestand eine gewisse Nähe zu den pietistisch gesonnenen Händlern in Venedig.[496] Dies kam der Firma wohl zupass. Sie sollte in Venedig vor allem mit dem pietistischen Friedrich Pfauz Geschäfte tätigen, weshalb dieser in der Abschlussbilanz als einer der wichtigsten Schuldner *di buona speranza* von 16.351 duc. erscheint.

Es ist schwer zu sagen, welcher Tätigkeit die Firma in Venedig genau nachging. Das levantinische Talergeschäft wurde bis Anfang 1776 praktiziert, es scheint aber nicht sehr profitabel gewesen zu sein. In der Liste der seit 1772 erlittenen Verluste werden hauptsächlich Wechsel aufgeführt.[497] Im nach der Insolvenz aufgestellten Inventar sind relativ viel Seide, Wachs, Metalle und Käse aufgelistet, und sogar Diamanten sind vermerkt. Daher stand der Warenhandel dem Wechselhandel wohl nicht allzu deutlich nach, wenngleich das nicht sicher nachzuweisen ist. Die Firma hatte dabei enge Kontakte nach London und Amsterdam, teilweise sogar bis St. Petersburg. Lieb & Co. zeigt sich also als eine weitgehend unabhängige Firma, die vor allem aus Augsburger Kapital finanziert wurde. Der Transalpenhandel mit der Lechmetropole verbindet sich hier mit einem europaweiten Geschäft mit den besonders profitablen Gütern des überseeischen Austauschs.

Bis 1775 war das Geschäft laut der 1779 an die Sopraconsoli überreichten Darstellung recht erfolgreich. Der überraschende Tod Wenndrichs im Alter von nur 40 Jahren in Venedig führte dazu, dass seinen Erben etwa 50.000 L. ausbezahlt werden mussten.[498] Wenndrich hatte also seine Kapitaleinlage in den letzten drei Jahren verzweieinhalbfacht; dies galt analog auch für die Firma. Nach dem Tod Wenndrichs ging das Geschäft bergab. In den nächsten drei Jahren musste Lieb & Co. Verluste von über 300.000 L. allein durch die Insolvenzen von sechs Geschäftspartnern in Venedig hinnehmen.[499] Im Mai 1778 verlor Lieb & Co. beim Bankrott eines wesentlichen Schuldners mit Verbindungen nach London auf einen Schlag 230.917 L.[500] Es handelte sich um eine Seidenexportfirma aus Bergamo, mit der Lieb & Co. offenbar eng zusammengearbeitet hatte. In London war der Geschäftsführer Giovanni Valle gewesen, in Bergamo Lorenzo Valle;

495 Vgl. Tabelle 20.

496 So stand Wenndrich in einem regelmäßigen Briefverkehr mit Johann Friedrich LeBret und äußerte sich darin auch über die pietistisch gesonnenen Händler in Venedig, vgl. z. B. am 24. August 1768: WLB, Cod. hist. 4° 369, Brief 250.

497 Die Firma Köpff in Augsburg war bereits 1771/72 in Konkurs geraten und hatte dabei auch den am Talergeschäft beteiligten Firmen in Livorno und Venedig große Verluste eingebracht, vgl.: *Hartung*, Zur Ausbreitung des augsburgischen Handels; *Seibold*, Wirtschaftlicher Erfolg, S. 190–202.

498 ASVe, Sopraconsoli dei mercanti, 139, Lieb & Co., fol. 30r–31v.

499 ASVe, Sopraconsoli dei mercanti, 139, Lieb & Co., fol. 58r–65r.

500 ASVe, Sopraconsoli dei mercanti, 139, Lieb & Co., fol. 85r–89v.

ein Zusammenhang mit der Kriegserklärung Frankreichs an Großbritannien scheint wahrscheinlich. Als im Juni 1778 die Insolvenz eines weiteren wichtigen Geschäftspartners, Franz Fischer in Wien, Verluste von 131.785 L. verursachte, konnte sich die Firma kaum mehr halten.[501] In Konkurs ging sie schließlich im Frühjahr 1779.

Die hohen Forderungen an die Firma aus Livorno rühren von Leopoldi & Comp. her, diejenigen aus Augsburg von Benedikt Adam von Liebert. Lieb & Co. war bis zum Schluss offenbar besonders eng in dieses deutsch-italienische Firmengeflecht unter der letztlichen Leitung Lieberts in Augsburg eingebunden. Unter den Kreditoren finden wir Georg Wilhelm Schifflin aus Amsterdam. Offenbar hatten die Kontakte der Firma nach Nordeuropa auch auf Familienverbindungen basiert.

Lieb & Co. besaß zu den besten Zeiten der Firma vermutlich zwischen 100.000 und 150.000 duc. an Kapital, und war damit immer wesentlich kleiner als diejenige Pommers gewesen, jedoch größer als die von Wagner. Die Geschwindigkeit, mit der die Firma hohe Gewinne erzielte, entspricht derjenigen der Verluste, wobei der Niedergang mit dem Tod des Pietisten in der Firma begann. Die Firma zeigt ein weiteres Mal das Potenzial der deutschen Händler an der Adria im deutsch-italienischen Finanzgeschäft des späten 18. Jahrhunderts auf – aber auch dessen Risiken.

f) Taler und Seide: Leopoldi & Comp. in Livorno

An dieser Stelle sei auf eine komplexe Verbindung Augsburgs mit Venedig und Livorno verwiesen, die auch zur Insolvenz einer Firma führte, deren Bilanz jedoch nicht überliefert ist. Die Analyse durch »qualitative« Quellen, hauptsächlich aus dem Stadtarchiv Augsburg, ermöglicht jedoch auch hier die Nachzeichnung einer profitablen Struktur im Transalpenhandel, die auf einem Firmennetzwerk zwischen den drei Orten basierte. Wir können dadurch das Potenzial des Transalpenhandels gerade in dessen Verbindung mit dem Seehandel punktuell etwas genauer bestimmen.

Zunächst sei hierzu der Kontext dargestellt. Seit der Mitte des 18. Jahrhunderts gewann der sogenannte »Maria-Theresia-Taler« eine ungemeine Popularität im Mittelmeerhandel, die bis weit ins 19. Jahrhundert hineinreichte. Dieser Taler wurde eines der bedeutendsten Exportprodukte der Habsburgermonarchie, wovon die Prägung von insgesamt 31.055.615 Stück in Wien, Hall und Günzburg zwischen 1751 und 1766 sowie 19.016.899 Stück in Wien, Günzburg, Kremnitz und Karlsburg zwischen 1777 und 1781 ein deutliches Zeugnis ablegen. Insbesondere im osmanischen Reich war die Nachfrage nach Talern mit dem Bildnis der Kaiserin sehr groß, vorausgesetzt sie war ohne herrschaftliche

501 ASVe, Sopraconsoli dei mercanti, 139, Lieb & Co., fol. 67r–84r.

Insignien abgebildet. Aufgrund des großen Erfolgs wurde der Taler allerdings häufig imitiert und diese starke Konkurrenz mit vielen Imitaten schwächte die österreichische Marktposition zeitweise erheblich.[502] In diesem Zusammenhang ist auch die Entwicklung der *Königlichen und Kaiserlichen Silberhandlung* zu sehen.

Der Talervertrieb über Ungarn lag seit den 1750er Jahren in den Händen des aus einer Schweizer Bankiersfamilie stammenden Johann Graf von Fries (1719–1785), einem der bedeutendsten Unternehmer der Habsburgermonarchie in der zweiten Hälfte des 18. Jahrhunderts. Zur Verbesserung des Talervertriebs im Mittelmeer jedoch griffen die Habsburger auf die in Augsburg zusammenlaufenden oberdeutschen Händlernetze zurück; wohl auch um gegenüber den Fälschern mit einiger Kapitalkraft und Effizienz auftreten zu können. Bereits seit den späten 1750er Jahren belieferten die drei Augsburger Firmen Köpff, Carli und Liebert die habsburgischen Münzstätten in Günzburg und Hall mit Silber.[503] Im Jahr 1769 wurde vonseiten der Habsburgermonarchie drei Firmen ein achtjähriges Monopol auf den Talerhandel über die norditalienischen Häfen verliehen.[504] Am 1. Januar 1769 trat die *k. k. privilegierte ausländische Silberhandlung* mit Sitz in Augsburg ins Leben. Noch Mitte 1769 wurde für den Vertrieb nicht nur Lieb & Co. in Venedig gegründet, sondern auch eine gemeinsame Niederlassung der an der Silberhandlung beteiligten Unternehmer in Livorno unter dem Namen Leopoldi & Comp. Die Firma wurde mit 100.000 fl. Kapital ausgestattet, welches jeweils zu einem Viertel von Fries & Co., Liebert, Carli & Comp. und Köpff beigesteuert wurde.[505] Direktor wurde der Venezianer Paolo Camocino, der bereits seit 1762 in einer Partnerschaft mit Liebert stand.[506] Leopoldi & Comp. war eine weitgehend deutsche Gründung mit intensiven Verbindungen nach Augsburg, sie stand aber in keinem Verhältnis zur Nazione Olandese-Alemanna in Livorno. Die Firma war hauptsächlich eine Faktorei Augsburger Häuser für den Talerhandel in die Levante,[507] sie diente jedoch auch dem Export von Seide und hatte durch ihren venezianischen Direktor, der nun nach Livorno umzog,[508] zugleich einen deutlich italienischen Einschlag.

In den nächsten Jahren lief der Talerhandel relativ ungünstig; man hatte bei der Erteilung des Monopols die Konkurrenz von Nachahmern der Taler offen-

502 Zum Talergeschäft im Mittelmeer jüngst: *Andreozzi*, »Non desiderate da'turchi«.

503 *Seibold*, Wirtschaftlicher Erfolg, S. 106–109.

504 *Peez/Raudnitz*, Geschichte des Maria-Theresien-Thalers, S. 49–53; *Zorn*, Handels- und Industriegeschichte, S. 48–51; *Reißenauer*, Münzstätte Günzburg, S. 101–103.

505 *Seibold*, Wirtschaftlicher Erfolg, S. 108.

506 *Zorn*, Handels- und Industriegeschichte, S. 47–49. Bei *Peez/Raudnitz*, Geschichte des Maria-Theresien-Thalers, S. 50 wird er fälschlich als *Camarino* bezeichnet.

507 Über die Münzlieferungen nach Livorno wurde öffentlich berichtet: Gazzetta toscana 1770, N. 31, Firenze, 4. Agosto.

508 Dies ergibt sich daraus, dass ihm bald darauf in Livorno Opernstücke gewidmet wurden, er also hier offenbar als Mäzen auftrat: *Venturi*, L'opera lirica a Livorno, S. 161.

kundig unterschätzt.[509] Es ist nicht klar in welchem Ausmaß, aber sicherlich führte auch dies mit zur Insolvenz des bedeutenden Augsburger Handelshauses Köpff im November 1771.[510] Leopoldi & Comp. taucht in der Bankrottbilanz der Firma mit 26.250 fl. auf, also mit der Kapitaleinlage und dem Zins von einem Jahr.[511] Fries & Co. richtete von Wien aus mit 34.334 fl. ebenfalls einen hohen Forderungsbetrag an Köpff, der aus der gemeinsamen Beteiligung an Leopoldi & Comp. herrührte.[512] Das Talergeschäft war in den Folgejahren weiterhin dermaßen unprofitabel, dass die Silberhandlung in Augsburg 1776 aufgelöst werden musste.[513] Dennoch blieb Leopoldi & Comp. als eigenständige Firma in Livorno erhalten; ein Zeichen, dass sie mit dem Seidenhandel und in anderen Geschäftsfeldern bereits gewisse Erfolge hatte. Schwerwiegend war zwar kurz darauf der eben dargestellte Zusammenbruch der Firma Lieb & Co. im Jahr 1778. Hierbei erlitt Leopoldi & Comp. einen erneuten Schaden von 20.400 duc. (~ 51.000 fl.).[514] Leopoldi & Comp. verkraftete offenbar auch diesen Schlag, die Firma wird aufgrund eines Prozesses wegen eines Wechselhandels zwischen Lyon und Neapel auch noch in den 1780er Jahren in Livorno erwähnt.[515] Offenkundig blieb Leopoldi & Comp. weiterhin im Finanz- und Textilhandel tätig.

Erst Anfang der 1780er Jahre sollte das späte Nachspiel des Köpff'schen Konkurses die Firma in Livorno ebenfalls in die Insolvenz zwingen. Anlässlich eines Prozesses zwischen Liebert und den Verwaltern der Köpff'schen Konkursmasse erfahren wir, dass Fries & Co. 1781 von den ursprünglichen 34.334 fl. noch 29.211 fl. Forderungen an Leopoldi & Comp. hatte, da durch Verrechnungen nur ein Teil der Forderungen von 1772 beglichen worden war. Die verbleibenden Forderungen erwiesen sich als nicht bezahlbar, und sie konnten auch im Prozessverlauf nicht abgewehrt oder beglichen werden, was schließlich *per Decotionem, et Cessionem Bonorum* zum Konkurs der Livorneser Firma führte.[516]

509 Die schärfsten Konkurrenten waren die Reichsstädte Augsburg und Nürnberg und vor allem das Kurfürstentum Bayern und die Republik Venedig, vgl. *Peez/Raudnitz*, Geschichte des Maria-Theresien-Thalers, S. 54–57; *Moser/Tursky*, Die Münzstätte Hall, S. 158.

510 Zu dieser Insolvenz in großem Detail, jedoch ohne die Rolle der Beteiligung an der Münzhandlung völlig aufklären zu können vgl. *Seibold*, Wirtschaftlicher Erfolg, S. 190–202.

511 *Hartung*, Zur Ausbreitung des augsburgischen Handels, S. 242; *Zorn*, Handels- und Industriegeschichte, S. 49; SSBA, S Cod S 232, fol. 3v.

512 *Hartung*, Zur Ausbreitung des augsburgischen Handels, S. 241; StA, Reichsstadt, Akten II 1378, Beilage »Num. 12«. Hier wurde geschrieben, dass diese hohen Forderungen von *verschiedenen Partikulargeschäfte(n)* herrührten, vermutlich einem Exporthandel von Fries über Livorno ins Mittelmeer.

513 *Moser/Tursky*, Die Münzstätte Hall, S. 158–160.

514 *Zorn*, Handels- und Industriegeschichte, S. 51. Vom Bankrott ebenfalls betroffen war die Firma Kleiber in Livorno mit 5.109 duc., wobei nicht klar ist, worin das Geschäft zwischen Lieb & Co. und Kleiber bestanden hatte: ASVe, Sopraconsoli dei Mercanti, 137, Lieb & Co., Nota de S(ignor)i Creditori.

515 *O. V.*, Selectae, S. 286–306.

516 *Seibold*, Wirtschaftlicher Erfolg, S. 211; StA, Reichsstadt, Akten II 1378, Beilage »Num. 12«.

Die Habsburger reagierten in den Folgejahren nicht ungeschickt auf den Fehlschlag mit den Augsburger Partnern und gaben den Talerhandel in dem Sinne frei, dass es Interessenten gestattet wurde, Silber an die kaiserlichen Münzämter zu liefern und der Export der Münzen ebenfalls freigestellt wurde.[517] Die Aufhebung von Monopolstrukturen führte seit den 1780er Jahren zu einem erneuten Aufschwung des österreichischen Talerhandels, gerade auch über Livorno; und dies sollte bis weit ins 19. Jahrhundert so bleiben.[518] Wir können annehmen, dass Leopoldi & Comp. auch am freigegebenen Talerhandel beteiligt gewesen war und bei einer längeren Stundung der Fries'schen Forderungen wohl auch hätte überleben können. Die lange Existenz der Firma trotz immer wieder extern erzwungener Kapitalabflüsse spricht für eine operativ günstige Struktur.

Aufgrund der schwierigen Quellenlage ist nur punktuell nachvollziehbar, auf welcher Grundlage die neunjährige Existenz der Firma Leopoldi & Comp. beruhte. Eindeutig ist die Verflechtung von Augsburger Handelshäusern mit dem wichtigsten Hafen der Toskana über den Edelmetallhandel erkennbar. Ein Gut wie Taler, bei welchem die Transportkosten im Vergleich zum Gewichtswert marginal waren, konnte auch über weite Strecken über Land transportiert werden. Dies machte es für die Akteure im kontinentalen Mitteleuropa lohnenswert, ihre Aktivitäten in intensivem Maße auf Livorno zu stützen. Wir können daher davon ausgehen, dass so manche deutsche Firma in Livorno am Talergeschäft beteiligt war und dies einen nicht unbedeutenden Faktor ihres Erfolgs im späten 18. Jahrhundert bedingte. Benedikt Adam von Liebert in Augsburg wurde allerdings von den Verlusten in Venedig und Livorno um 1780 schwer getroffen.[519] Zwar konnte sich sein Gesamtgeschäft bald wieder erholen. Mit dem Ende von Lieb & Co. in Venedig und Leopoldi & Comp. in Livorno erlahmte jedoch eindeutig sein Interesse am Handel mit Italien. Er kam seit 1780 kaum mehr nach Italien, nachdem er zuvor über ein Dutzend Male nach Venedig und Livorno gereist war.[520] Was aus seinen Mitgesellschaftern geworden ist, lässt sich nicht mehr feststellen.[521]

517 *Peez/Raudnitz,* Geschichte des Maria-Theresien-Thalers, S. 68–72.

518 *Moser/Tursky,* Die Münzstätte Hall, S. 169.

519 Vgl. die Schilderung durch seinen Schwiegersohn Mitte der 1790er Jahre: *Mein Schwieger-Vater, der in früheren Jahren gar sehr durch die Schule der Trübsal gewandelt und sehr viel Unglück erlebt, aber auch durch unterschütterliche Rechtschaffenheit und Verzichtung auf fast allen mit Kosten-Aufwand verbundenen Lebens-Genuss glücklich überstanden hatte, war ein sehr religiöser Mann und suchte auch seine Kinder und Enkel, so viel nur immer von ihm abhieng, zur Gottes-Furcht anzuhalten.* In: *Zorn,* Handels- und Industriegeschichte, S. 323.

520 *Trepesch,* Schaezlerpalais, S. 96–113.

521 Johannes Kleiber konnte in Livorno jedoch weiter als Geschäftsmann reüssieren, vgl. Kap. III. 3. c.

g) Ein Guldenmillionär am Fondaco: Benedikt von Hermann

Die nun dargestellten Fälle an Insolvenzen könnten den Eindruck eines generellen Niedergangs der deutschen Firmen in Venedig im späten 18. Jahrhundert erwecken.[522] Dem ist keineswegs so, die hier gegebene Darstellung dieser Firmen ist schlicht einer besonders dichten Aktenüberlieferung zu Insolvenzfällen geschuldet. Bei deren Durchsicht zeigt sich auch, so in Kap. IV. 4. d, dass beispielsweise 1786 ein erfolgreicher Kaufmann namens Erhard Riesch mit seinem Kapital von Wien nach Venedig zog und dort die Firma Riesch & Wagner gründete. Das war kein Einzelfall. Die deutsche Nation bekam bis zu ihrem Ende immer wieder Zuzüge von bedeutenden Kaufleuten, und auch junge Händler aus dem Alten Reich mit wenig Kapital konnten in Venedig binnen weniger Jahre Wohlstand erwerben. In der letzten *Tolella* von 1796 werden beispielsweise unter den zwölf genannten Firmen erstmalig Christian Gottlieb Haid (1737–1815) und Georg Jakob Daumiller aufgeführt.[523] Haid lebte als Kupferstecher aus Augsburg seit 1758 in Venedig und hatte hier 1790 genügend Kapital angesammelt, um im Alter von 53 Jahren ein Unternehmer am Fondaco zu werden.[524] Daumiller hatte 1763 bei Hieronymus Hau in Venedig als Kaufmannslehrling angefangen, war nach Ende seiner Lehrzeit weggezogen und kehrte um 1793 erneut an die Lagune zurück.[525] Bis zum Ende der Republik blieb die deutsche Nation in Venedig für junge oder etablierte Kaufleute attraktiv.

Deutlich geschrumpft war im 18. Jahrhundert der Unterbau der kleinen Kaufleute im Fondaco. Im Vergleich zum Jahrhundertbeginn war ihre Zahl um etwa die Hälfte gefallen und die weiterhin aktiven Händler waren nun fast alle in Firmenpartnerschaften aktiv. Diese Firmen verfügten über große Vermögen und genossen daher international ein außerordentliches Renommee. Dies kann durch einen Vergleich etwas erhellt werden.

Hierbei helfen die Akten der venezianischen Steuerbehörden aus dem Jahr 1782. In Venedig galt die Erbschaftsregelung, dass beim Tod eines kinderlosen Inhabers 5 % seines Vermögens an den Staat fallen sollten. Just dieser Fall trat am 18. Februar 1782 ein.[526] Der Memminger Benedikt von Hermann starb ohne direkte Erben in Venedig.[527] Zwar versuchten die Angehörigen Hermanns, dessen Tod zu verheimlichen, um eine Übertragung seiner Vermögenswerte vorzunehmen und damit der Abgabe zu entgehen. Dies wurde jedoch seitens der venezianischen Obrigkeit entdeckt und die Gebühr entsprechend fällig.[528] Das für die

522 Dieser Eindruck wurde bereits in der Literatur geäußert: *Elze*, Geschichte, S. 79–80.

523 Vgl. Anhang I.

524 *Seibold*, Stammbücher, S. 49–74.

525 Vgl. Anhang III.

526 Laut Johann Christoph Maier betrug diese Rate bei Geldern auf der Bank das Doppelte, also 10 %: *Maier*, Beschreibung von Venedig, Bd. 2 (2. Aufl.), S. 246–247; *Maier*, Beschreibung von Venedig, Bd. 4, S. 224.

527 Vgl. Kap. II. 4. d.

528 *Maier*, Beschreibung von Venedig, Bd. 2 (2. Aufl.), S. 246–247.

Abgabeneintreibung erstellte Inventar ermöglicht uns eine genauere Analyse der Firma Hermanns und einen Vergleich mit anderen Handelshäusern dieser Zeit.

Benedikt von Hermann kam aus einer Familie, deren urkundlich erstmals erwähnter Stammvater Tobias Hermann († 1629) war. Dieser war von 1592 bis 1598 Direktor der Memminger Lateinschule gewesen. Die Hermanns waren seither eine respektierte, jedoch nicht übermäßig bedeutsame Familie in Memmingen. Benedikts Vater war bereits ein vermögender Lochweber sowie Stadtkornmeister und Mitglied des Rates. Benedikt von Hermann wurde als letztes Kind der Familie am 26. Dezember 1689 in Memmingen geboren und starb am 18. Februar 1782 in Venedig kinderlos und verwitwet.[529] 1703 zog er nach Venedig, vermutlich zur Lehre beim familiär und geschäftlich eng mit Hamburg verbundenen Handelshaus des Regensburgers Hans Albrecht Dimpfel (1673–1733). Offiziell eingeschrieben wurde er allerdings erst 1710.[530] Er verblieb also fast achtzig Jahre an der Adria und war damit der am längsten in Venedig ansässige Kaufmann der deutschen Nation, der nicht dort geboren war. Die Übersiedelung nach Venedig ist bedeutsam, denn zuvor hatte nie jemand aus seiner Familie solch einen Schritt gewagt. Es steht zu vermuten, dass die Übersiedelung im strategischen Sinne der zu Beginn des 18. Jahrhunderts kaufmännisch tätigen Familie erfolgte. Hermann sollte im Lauf seines Lebens einen großen Teil seiner Wirkmacht als Händler durch seine Partnerschaft mit Familienangehörigen in Memmingen erhalten, was sicher auch umgekehrt galt.

1723 wurde er Partner in der Firma seines vormaligen Lehrherrn, die sich nun »Dimpfel & Hermann« nannte. Nach dem Tod Dimpfels 1733 wurde Hermann alleiniger Firmeninhaber. 1735–1740 war Hermann sogar Consul der deutschen Nation in Venedig. Bereits in diesen Jahren war er einer der reichsten Kaufleute der deutschen Nation. 1727 war seine Firma eine der am höchsten besteuerten, und 1757 die höchstbesteuerte der Tansa.[531] 1774 wurde er anlässlich des Erwerbs der Herrschaft Wain zum Reichsfreiherrn geadelt. Anlässlich seines Todes schrieb die Augsburger Ordinari Zeitung 1782:

> Noch sehr jung begab er sich als Handlungsbedienter nach Venedig, erwarb sich daselbst in kurzer Zeit durch unermüdeten Fleiß und Geschicklichkeit einiges Vermögen, wagte mit demselbigen immer grössere Unternehmungen, und gelangte endlich, standhaft von dem oft flatterhaften und ungetreuen Glück begünstigt, zu einem ungewöhnlich grossen Reichthum von vielen Millionen.[532]

529 Zu Hermann bislang am besten: *Bauser*, Die Reichsfreiherrn v. Herman. Sein Todesdatum wurde manchmal in der Literatur falsch angegeben (*Rohrmann*, Benedikt von Herman), korrekt findet es sich bei: *Elze*, Geschichte, S. 82–83.

530 Ebd., S. 110; *Bauser*, Die Reichsfreiherrn v. Herman, S. 314; Anhang III.

531 Vgl. Tabelle 20. Seine Geschäftsbeziehungen reichten dabei bis nach Berlin: *Lenz/Unholtz*, Die Geschichte des Bankhauses, S. 150.

532 Augspurgische Ordinari Postzeitung, Nr. 50, Mittwoch, den 27. Febr. Anno 1782. Etwas detaillierter wird ein Bericht zwanzig Jahre später: Augspurgische Ordinari Postzeitung, Nr. 3, Montag den 4. Jan. Anno 1802.

Sein tatsächliches Geschäftsfeld lässt sich kaum genau angeben. Einer »Firmengeschichte« am nächsten kommen folgende, zwar nicht archivalisch belegte, aber wohl doch glaubhafte Zeilen aus einer Darstellung von 1919:

> Als Kaufmann war er äußerst tätig, spekulativ und vorsichtig, wegen seiner Rechtlichkeit allgemein geachtet und hatte deshalb in der kaufmännischen Welt sehr gute und zuverlässige Beziehungen. Er betrieb sein Geschäft im größten Maßstab und kaufte nicht selten ganze Schiffsladungen von einer und derselben Ware. Neben dem Warenhandel betrieb er Geld-, Bank- und Effektengeschäfte. So hat er im österreichischen Sukzessionskrieg, in den 1740er Jahren die Bezahlung bzw. den Unterhalt der österreichischen Truppen in Italien vorschußweise übernommen, und sich dann von der Kaiserin Maria Theresia mit Quecksilber und Bergwerkskonzessionen zahlen lassen, wodurch er große Reichthümer verdiente.[533]

Seine Verwandten sahen beim Aufstieg Hermanns vor allem unerfreuliche Charakterzüge. So schrieb sein Neffe Friedrich Freiherr von Lupin (1771–1845), dass dieser *sich durch Glück und Talente große Reichthümer und einen Namen in der merkantilistischen Welt erworben hatte, dabei aber, vom Glücke verzogen, ein Despot in seinem Hause und ein strenger Patron unter seinen Verwandten war.*[534] Man kann es auch so interpretieren, dass ein glaubensstrenger, sparsamer Mensch, der dem Pietismus zeitlebens nahestand, auf seine Mitmenschen so wirken mag.

Sehen wir im Inventar Hermanns nach, das die Republik Venedig anfertigen ließ, so finden wir hier eine Reihe an mediterranen und überseeischen Produkten in dessen Warenlagern, so Zucker, Pfeffer, Kakao, Safran, Edelsteine, verschiedene Öle, Duftstoffe, Gewürze, Wachse aus Südeuropa und der Levante sowie viele weitere exotische Waren. Aus Nordeuropa finden sich Textilien aus Großbritannien, den Niederlanden, aus Deutschland und sogar aus Russland. Das Inventar deutet auf einen Akteur im regen Austausch zwischen Nord- und Südeuropa mit einer intensiven Bindung an die überseeischen Märkte über London und Amsterdam. Die aggregierte Bilanz bestätigt diesen Eindruck (Tabelle 33).

Die Firma wirkt geradezu wie eine Schaltzentrale des Handels zwischen London, Amsterdam und Augsburg.[535] Dabei ist die Verbindung nach Memmingen äußerst stark, sie besteht auch fast ausschließlich in Finanzbeziehungen zu verwandten Händlern mit den Nachnamen Hermann und Karrer. Just dies, ein starker familiärer Zusammenhalt an den zwei wichtigen Transitpunkten Memmingen und Venedig, gab diesen beiden Händlerdynastien wohl ihre Effektivität, um im Zwischenhandel zwischen Oberdeutschland und den fernliegenden Gegenden der Welt hohe Profite zu machen. Dabei handelte die Firma in Venedig eindeutig nicht nur mit Waren. Unter den *Debitori* ist ein Posten von Wech-

533 *Bauser*, Die Reichsfreiherrn v. Herman, S. 314.

534 *Lupin*, Selbst-Biographie, S. 38–39.

535 Es passt, dass Hermann 1764 bei der kurzlebigen Venezianer Handelskammer für die *Piazza Olanda e Amburgo* gewählt wurde: *Zago*, Cenni storici, S. 45.

Tabelle 33: Aggregierte Vermögensbilanz der Firma Hermann aus dem Jahr 1782 in duc.

Gläubiger		Schuldner	
Ort	Summe	Ort	Summe
Memmingen (7)	32.203	Venedig (39)	53.922
Livorno (2)	5.324	Memmingen (11)	46.340
Wain	5.116	London (9)	43.683
Venedig (18)	5.052	Amsterdam (2)	38.056
Augsburg	1.760	Augsburg (6)	35.688
Florenz	398	Wolfegg (3)	14.032
Amsterdam (6)	357	Hamburg (4)	6.095
Ulm	262	Udine (2)	5.992
Bologna (2)	203	Wien (5)	3.712
Triest (3)	150	Neapel (4)	3.502
Wien	68	Ochsenhausen	3.118
Dt. Nation	40	Dt. Nation (2)	1.077
Ägypten	34	Rom	2.880
Weissenkirchen	22	Verona (7)	1.465
Neapel	12	Genua	1.239
Verona (2)	6	Bergamo	711
Villach	4	Isny	693
Breslau	1	Livorno	541
		Biberach	519
		Trient	325
		Brescia	302
		Zante (2)	218
		Nürnberg	196
		Temesvar (2)	130
		Villach	107
		Triest	105
		Treviso	79
		Berlin (2)	69
		Kaufbeuren (3)	37
		Straßburg	31
		Marseille	6
		Leutkirch	3
Gesamt	**51.012**	**Gesamt**	**264.873**

Quelle: ASVe, Inquisitori alle Acque, 148.

selforderungen in Höhe von 15.252 duc. aufgeführt, was auf ein laufendes und intensives Finanzgeschäft hindeutet – und die erwähnte »Firmengeschichte« von 1919 bestätigt. Interessant ist zudem noch die enge Geschäftsbeziehung zu Heinrich Holst in Livorno, ein weiteres Zeichen für die hohe Bedeutung der Verbindung deutscher Händler in Venedig mit dem toskanischen Freihafen.

Es stellt sich die Frage, ob angesichts der Marginalität von Händlern der deutschen Nation in dieser Bilanz Hermann überhaupt zu der Gruppe gezählt werden kann, die hier als pietistisches Händlernetz bezeichnet wird. Hierzu sei zunächst festgehalten, dass die wenigen Händler der deutschen Nation in Venedig, mit denen Hermann seiner Bilanz zufolge in Geschäftsbeziehungen stand, aus dieser Gruppe stammten, namentlich Heinzelmann und Schweyer. Wichtiger ist jedoch die Tatsache, dass diese Bilanz eine Firma in der Abwicklung erfasst. Hermann hatte in den 1770er Jahren umfangreiche Güter und Titel in Süddeutschland erworben, namentlich die Herrschaft Wain, und 1780/81 hier ein großes Schloss errichten lassen.[536] Der zu diesem Zeitpunkt über 90-jährige Hermann hatte den Plan, möglichst viele seiner Kapitalien nach Süddeutschland zu seinen Verwandten zu transferieren. Wir können mit Sicherheit davon ausgehen, dass die laufenden Geschäfte bereits beendet waren und dabei zuvorderst die Forderungen der Partner der deutschen Nation beglichen wurden, oder ihre Schulden an Hermann bereits bezahlt waren. Zu einer aktiven Zeit Hermanns, wie in den Jahren von 1753 bis 1763, sehen wir ihn in anderen Quellen in enger Partnerschaft mit Händlern des pietistischen Händlernetzes.[537]

Das Vermögensinventar der Republik Venedig zur Firma Hermann aus dem Jahr 1782 ist auch hilfreich, um einen internationalen Vergleich der Potenziale deutscher Händler in Venedig anzustellen. In den einleitenden Seiten zum 33-seitigen Bericht schrieben die Beamten, dass ausnahmslos alle Vermögenswerte in Venedig wie auch in Deutschland erfasst würden, um hiervon 5% einzuziehen; dabei erwähnten sie auch den Versuch, dieser Abgabe zu entgehen.[538] Bereits Wolfgang Zorn hat 1961 nach einer Durchsicht dieses Inventars errechnet, dass das gesamte Vermögen Hermanns von den Venezianern auf 836.585 duc. banco, also 1.003.902 duc. in Currentgeld, geschätzt wurde.[539]

Mit dieser Zahlenangabe können wir Aussagen für die gesamte deutsche Nation treffen. Wir können davon ausgehen, dass 1771 und 1778, als ihm die Tansa auferlegt worden war, sein Vermögen nicht wesentlich davon abwich. Zu beiden Zeitpunkten war er zwar einer der kapitalkräftigsten deutschen Händler in Ve-

536 Die Reichsstadt Ulm hatte diese Herrschaft 1773 für 500.000 fl. an Hermann verkauft, er bezahlte letztlich bis 1779 jedoch nur 430.000 fl., vgl.: *Rothe*, Das Finanzwesen, S. 223–226.

537 So war Hermann in diesem Jahrzehnt einer der bedeutendsten Partner der Firma Pommer, wie sich aus deren Wechselverkehr ergibt: ASVe, Sopraconsoli dei mercanti, Nr. 124, Pommer, fol. 58r–61r.

538 ASVe, Inquisitori alle Acque, 148.

539 *Zorn*, Handels- und Industriegeschichte, S. 217. Die Auffassung Zorns, dass Hermann noch weitere Immobiliengüter in Venedig besessen hätte, lässt sich nicht bestätigen, denn diese wären von den venezianischen Beamten sicherlich erfasst worden.

nedig, doch beide Male waren jeweils vier weitere Händler nicht viel geringer veranlagt worden, 1778 sogar die Firma Reck & Laminit mit 17 % mehr. Auch die weiteren Händler der deutschen Nation waren gemäß den Veranlagungen der verschiedenen Tansa-Listen des 18. Jahrhunderts durchaus kapitalkräftig.[540] Sie alle waren bezüglich ihres Vermögens in der Nähe oder überschritten die Grenze zu Dukatenmillionären.

Im internationalen Vergleich waren die deutschen Händler in Venedig damit sehr erfolgreich. Für Frankfurt liegen relativ solide Daten an vererbtem Kapital für einzelne Kaufleute und Bankiers vor. Hans-Peter Ullmann kam nach einer Auswertung der einzelnen Summen zu folgender Beobachtung für dieses wichtigste deutsche Handelszentrum:

> Zwischen 1700 und 1750 überstiegen die Hinterlassenschaften nur in zwei Fällen mit jeweils 800.000 fl. die Höhe von einer halben Million Gulden. In der zweiten Jahrhunderthälfte waren es dagegen nicht weniger als 18 Fälle. Unter ihnen befanden sich vier Nachlässe mit mehr als einer Million und zwei mit über zwei Millionen Gulden.[541]

Wir können davon ausgehen, dass diese rasche Zunahme an Vermögen in privater Hand in Frankfurt am Main kaum an einem anderen Ort in Deutschland übertroffen wurde. Wir hatten schon gesehen, dass eine Firma wie diejenige der Pommers um 1753 mit 500.000 duc. über ein enormes Kapital verfügt hatte. Dabei sei noch bedacht, dass dies das eineinhalbfache in Gulden darstellt.[542] Angesichts der durch die Tansa-Listen hergestellten groben Kommensurabilität des Hermann'schen Vermögens mit demjenigen der anderen deutschen Händler in Venedig können wir festhalten, dass sein Fall keine markante Ausnahme darstellt. Wenn Wolfgang Zorn schreibt, dass Hermann der einzige »Guldenmillionär« im Schwaben des 18. Jahrhunderts gewesen sei, dann ist diese Angabe zwar im Hinblick auf Venedig als dessen einzigem wesentlichen Wirk- und Aufenthaltsort – abgesehen von einem zeitweiligen Aufenthalt in Hamburg – und angesichts von bedeutenden Augsburger Händlern in dieser Zeit fragwürdig,[543] ein Aspekt dieser Bemerkung verdient jedoch einen genaueren Nachtrag. Der Memminger Veit Laminit, der Kemptener Felix (II) Fehr und einige weitere schwäbischstämmige Deutsche in Venedig waren ebenfalls »Guldenmillionäre«. Die meisten an einem Ort versammelten, sehr reichen deutschen Kaufleute südlich von Frankfurt waren im 18. Jahrhundert wohl in Venedig anzutreffen.

540 Vgl. Tabelle 20.

541 *Ullmann*, Der Frankfurter Kapitalmarkt, S. 80.

542 Wir können davon ausgehen, dass die in den Bilanzen von Venedig genannten duc. den »Ducati di Banco« entsprechen, also Rechengeld sind. Diese entsprechen etwa einem Rtl. banco, also 1,5 fl. Somit wäre Pommer mit ca. 750.000 fl. in der Spitzengruppe der Frankfurter Händler um 1750 einzuordnen.

543 *Zorn*, Handels- und Industriegeschichte, S. 216–217. Vgl. zu anderen »Guldenmillionären« Süddeutschlands im 18. Jahrhundert allein in Augsburg: *Häberlein/Schmölz-Häberlein*, Die Erben der Welser, S. 113–117; *Seibold*, Wirtschaftlicher Erfolg, S. 190–202.

Zuletzt verdient festgehalten zu werden: Dies war häufig, aber nicht ausschließlich das Resultat einer Zugehörigkeit zu einer Händlerdynastie. Wer Millionär werden wollte, konnte als kaum bemittelter junger Mann nach Venedig ziehen und hier durch Einbindung in die deutsche Nation binnen weniger Jahre zu einem der reichsten Händler des Kontinents werden. Dies kann anhand der folgenden Beispiele illustriert werden.

Zunächst sei die Familie Heinzelmann betrachtet.[544] 1722 war der Stammvater der Dynastie, Johannes Heinzelmann, aus Kaufbeuren mit *einem sehr kleinen Vermögen* nach Venedig gezogen. Hier wurde er 1740 als *englischer Handelsmann* bezeichnet, was auf intensive Handelsverbindungen nach Großbritannien als primärer Strategie zur Firmenexpansion hindeutet.[545] Bei seinem Tod 1768 konnte Heinzelmann seinen zwölf Kindern die stattliche Summe von 240.000 duc. hinterlassen. Bis 1797 gelang es den Firmennachfolgern, das Erbe so stark zu vermehren, dass sie nun fast an die Spitze der deutschen Nation vordrangen. Damit können sie sicher als Guldenmillionäre gelten.[546] Ähnliches gilt sogar für in jungen Jahren fast mittellose Personen ohne Verwandtschaft in den oberdeutschen Reichsstädten, wie Sigismund Streit aus Berlin, der in Venedig binnen weniger Jahre zu hohem Wohlstand gelangte.[547] Am Beispiel von Benedikt von Hermann wurde bereits gezeigt, dass dieser aus eher bescheidenen Verhältnissen in Memmingen kam und in Venedig einer der reichsten Händler seiner Epoche wurde.[548] Diese Beispiele verbindet ein gemeinsames Element. Heinzelmann, Streit und Hermann hatten nach ihrer Ankunft in Venedig eine spezielle Anbindung geschafft und damit eine der für die deutschen Händler wichtigsten Voraussetzungen einer erfolgreichen Vermögensbildung an diesem Ort erfüllt: Sie waren Teil des Verbandes geworden, der hier als »pietistisches Händlernetz« bezeichnet wird.

h) Kölner Versicherer in Italien: Erede Huigens in Livorno

Die dichten und dynamischen Verbindungen, die nun zwischen vielen pietistisch-protestantischen Händlerdynastien Venedigs aufgezeigt wurden, sollen im Folgenden durch eine kleine Gegenprobe noch einmal eine schärfere Konturierung erfahren. Wir wollen den Blick auf eine der wichtigsten deutschen Firmen der katholischen Welt im Italien des 17. und 18. Jahrhunderts richten. Die Firma Huigens ist noch heute in Livorno sehr bekannt, da sie dort den großen *Palazzo Huigens* erworben hat, der als eines der Wahrzeichen der kosmopoliten Vergangenheit der Stadt gilt.[549]

544 Das Folgende nach: *Engelmann*, Stammtafel der Familie Heinzelmann, S. 22–23.
545 *Schulte Beerbühl*, Zwischen England, S. 213–216.
546 Vgl. Tabelle 36.
547 *Büsching*, Lebensgeschichte Sigismund Streits, S. 6–7.
548 Vgl. Kap. IV. 4. g.
549 Vgl. *Giusti*, Edilizia, S. 186.

Diese bemerkenswerte Firma entstand 1677 aus einer sehr spezifischen Konstellation heraus. Der wohl bedeutendste Kaufmann der Toskana, Francesco Feroni (1612–1696), der von etwa 1640 bis 1673 in Amsterdam gelebt hatte, war von Cosimo III. nach Livorno berufen worden, um dort als *Depositario Generale* die Finanz- und Wirtschaftspolitik des Großherzogtums zu lenken. In dieser Funktion war Feroni maßgeblich an der Etablierung des Freihafens von Livorno 1676 beteiligt.[550] Feroni, der in den Niederlanden auch Sklavenhändler gewesen war und viele im Norden geknüpfte Handelskontakte von der Toskana aus aufrechterhielt, brachte einen Partner aus Amsterdam mit, den Kölner Jan Antonie Huigens. Mit diesem Katholiken gründete Feroni 1677 eine Kommanditgesellschaft in Livorno, die bald große Gewinne erwirtschaftete. Seit 1692 kamen noch spanische Partner hinzu, was eine deutliche Ausweitung des Geschäftsrayons nach Spanien nach sich zog.[551]

Die Firma Huigens wurde in Livorno im 18. Jahrhundert eines der vermögendsten Handelshäuser der Stadt. Dabei führte die Katholizität der Nachfahren Jan Antonies dazu, dass diese offenbar eine stärkere Tendenz zur Integration in die italienische Gastgesellschaft hatten. 1758 unterschrieb Guglielmo Huigens die oben erwähnten Gutachten für den Großherzog sowohl für die Nazione Olandese-Alemanna als auch für die italienische Nation.[552] Dennoch blieben die Huigens bis zu ihrer Insolvenz immer Mitglieder der Nazione Olandese-Alemanna. Anhand ihrer Konkursakten kann daher gewissermaßen ein einmaliger Blick auf eine Firma geworfen werden, die in beiden Kreisen verkehrte, aber in beiden nie völlig heimisch war: Einerseits in der Gruppe der Hamburger und Niederländer der holländisch-deutschen Korporation, andererseits in der katholisch-italienischen Händlerwelt Livornos.

Einen klareren Eindruck von der Firma bekommen wir leider erst in den 1780er Jahren, zuvor müssen wir uns mit vagen Vermutungen und sehr wenigen Literaturangaben begnügen.[553] In den 1730er Jahren war die Firma bereits im Versicherungswesen aktiv, was wir in den 1780er Jahren als einziges Geschäftsfeld erkennen werden.[554] Am 7. April 1762 trat Gio. Antonio de Wintersdorf der Nazione bei.[555] Der Name lässt auf eine Herkunft aus dem Fürstbistum oder der Reichsstadt Köln schließen, was im Fall eines Zuzugs für den Dienst in Huigens Firma für den Erhalt einer Verbindung von fast 100 Jahren spräche.[556] Winters-

550 *Tazzara*, The Free Port of Livorno, S. 137–165.

551 *Fischer*, Livorno 1676, S. 50, 64; *Benigni*, Francesco Feroni, S. 174–177; *Carrasco-Gonzalez*, Negocios; *Follmann*, Die Villa Bellavista, S. 102.

552 Vgl. Kap. III, Fn. 507; *Baggiani*, Tra crisi commerciali; *Panessa*, Nazioni e consolati, S. 38; *Nesti*, Un mercato in crescita, S. 67–69.

553 Das Folgende basiert auf »Livorno a Di«, einer zehnseitigen Darstellung der letzten Firmenjahre auf dem Weg zum Konkurs aus der Insolvenzdokumentation von Erede Huigens: ASL, Governatore Auditore, Atti Civili, vol. 1548, fol. 9r–14r.

554 *Addobbati*, Commercio, rischio, guerra, S. 150.

555 *Castignoli*, Il libro rosso, S. 175.

556 Beutins Angabe einer Herkunft aus Augsburg ist in keiner Akte verbürgt: *Beutin*, Der deutsche Seehandel, S. 163.

dorf war spätestens 1768 alleiniger Inhaber der Firma Huigens, da er bei der Versammlung der Nazione dieses Jahres nur mehr alleine für diese unterschrieb.[557] Im April 1771 nahm Wintersdorf in die nun auch so bezeichnete Firma Erede Huigens einen italienischen Partner namens Giuseppe Rossiotti als Kassierer mit einer minimalen Eigenkapitalbeteiligung auf. Als Wintersdorf 1774 offenbar noch in recht jungen Jahren starb, übernahm seine Frau Virginia Damiani von Wintersdorf die Firma in Vertretung der vier minderjährigen Kinder. Laut der Darstellung in den Insolvenzakten ruinierte Rossiotti in den folgenden Jahren durch Missmanagement zu seinen Gunsten die Firma und konnte den immer schlimmeren Zustand derselben der Witwe Wintersdorf verheimlichen. Als sie ihn im März 1783 zwang, eine Bilanz aufzustellen, erkannte sie seine vorgeblichen Betrügereien und klagte ihn an. Einem Prozess entzog er sich durch Flucht. Eine knappe Mehrheit der Gläubiger der Firma akzeptierte einen für die Witwe und ihre minderjährigen Kinder angesichts dieser Zusammenhänge günstigen Vergleich, der der Familie einige Besitztümer beließ; allerdings mussten sie ein detailliertes Inventar aller Vermögenswerte aufstellen und hiervon große Teile abtreten. 1786 wurde nach einem längeren Insolvenzverfahren schließlich die Abschlussbilanz erstellt, der in dem entsprechenden Faszikel als Anhang eine sehr dichte Korrespondenz und Dokumentation beigefügt wurde; diese soll hier aber nur summarisch analysiert werden. Die Insolvenzbilanz führt, wie offenbar in Livorno üblich, nur die Gläubiger der Firma auf (Tabelle 34).

Tabelle 34: Aggregierte Insolvenzbilanz der Firma Erede Huigens aus dem Jahr 1786 in duc.

Gläubiger		Gläubiger		Gläubiger		Gläubiger	
Ort	**Summe**	**Ort**	**Summe**	**Ort**	**Summe**	**Ort**	**Summe**
Neapel (15)	9.490	Neugersdorf	1.036	Reggio	501	Antwerpen	199
Genua (4)	5.366	Mailand	1.009	Solingen	460	Florenz	146
Rom (5)	4.369	Laval (Kanada)	908	Breslau	451	Brescia	139
Hirschberg	2.699	Norwich	839	Fiume	408	Pölitz	100
Livorno (13)	2.343	Paris	807	Crediton	402	Finale	14
Piombino	1.963	Triest	685	Monschau	380	Bologna	13
London (3)	1.919	Venedig	624	Leiden	311	Amsterdam	5
Exeter (3)	1.175	Leeds	512	Siena	213	Parma	2
						Gesamt	**39.488**

Quelle: ASL, Governatore Auditore, Atti Civili, vol. 1548, ohne Folioangaben.

557 ACOA, Libro Rosso, 13. Januar 1768.

Vor der Auswertung muss vorausgeschickt werden, dass die Firma höchstens bis ins Jahr 1774 nach ihrem traditionellen Muster operierte. In den folgenden Jahren unter der Leitung Rossiottis mag sich manches verändert haben. Dennoch spricht einiges dafür, dass sich auch in der Bilanz von 1786 noch wesentliche Elemente der traditionellen Firmenausrichtung finden. Rossiotti war mit hoher Wahrscheinlichkeit nach langjähriger Tätigkeit in der Firma befördert worden, und seine Fortführung der Geschäfte musste auf einer etablierten Struktur basieren. Zudem steht zu bezweifeln, dass er die Firma allein durch Missmanagement ruiniert hat. Dies mag stärker eine Verteidigungshaltung der Klägerin widerspiegeln als die tatsächlichen Gegebenheiten. Als Firmenbeteiligter hatte Rossiotti ja auch einen Anreiz zu soliden Geschäftspraktiken, und aufgrund seiner Flucht ist seine Perspektive nicht überliefert. Für Rossiotti spricht die Tatsache, dass eine Insolvenzwelle in den 1780er Jahren Livorno heimsuchte, die insbesondere die dortigen Versicherer und damit vor allem eine Firma wie Erede Huigens traf.[558]

Es ist wahrscheinlich, dass sich in der Bilanz eine Firma im fortgeschrittenen Prozess ihrer Abwicklung zeigt, die noch einige alte Schulden zu begleichen hatte; wenngleich noch bis 1786 neue Aufträge angenommen wurden. Hierfür spricht die relativ geringe Summe an Verbindlichkeiten bei einer der vormals reichsten Firmen des Platzes. Wir erkennen dabei besonders intensive Verbindungen nach Neapel, Genua und Rom, was für eine bedeutende Rolle als Verteilerknoten für die westitalienische Küste spricht. Es finden sich hier überwiegend italienische und französische Namen, ebenso wie bei den Kontakten nach Mailand, Florenz oder Venedig. Nur nach Triest sei der Kontakt mit einem Ambrogio Strolendorf vermerkt, der wohl zu den dortigen Deutschen gehört, jedoch nicht Mitglied der protestantischen Gemeinde war. Man kann die Firma daher als faktisch abgelöst von den protestantischen Händlernetzen Italiens betrachten. Der Blick nach Livorno selbst erhärtet diese Annahme. Dort kommen zwar Handelskontakte mit Angehörigen der Nazione vor, doch bewegen sich diese im Bereich von maximal ein paar Dutzend duc. Die wesentlichen Verbindlichkeiten hier bestanden gegenüber Italienern. Die Firmen in Schlesien und Großbritannien, mit denen Erede Huigens in Geschäftsbeziehungen stand, waren zwar sicherlich nicht exklusiv katholisch. Ein Indiz dafür liefert die Tatsache, dass die protestantische Firma Otto Franck & Co. als Prokurator für die schlesischen Unternehmer im Zuge des Insolvenzverfahrens agierte. Bei den Verbindungen von Erede Huigens nach Nordeuropa sieht man aber keine Wirksamkeit einer vorausgegangenen Vertrauensbildung. Die vielfältigen Geschäftsbeziehungen mit den britischen Firmen scheinen vor allem kurzfristiger Art gewesen zu sein. Ansonsten würden wohl einige der zahlreichen lokalen britischen Handelshäuser in Livorno als Gläubiger in der Bilanz auftauchen; und dies ist hier nicht der Fall.[559]

558 *Addobbati*, Commercio, rischio, guerra, S. 232–233.

559 So zählten 1752 ganze 21 Händler zur *British Factory in Leghorn*, siehe: *Filippini*, Les nations, S. 585. Gegen Ende des Jahrhunderts reduzierte sich die Zahl leicht auf ca. 15–20: *D'Angelo*, British Factory.

Wenn überhaupt, dann nutzte Erede Huigens eine Art westitalienisches Händlernetz, das jedoch allein auf der Basis der Insolvenzakten nicht zuverlässig rekonstruierbar ist.

Aktiv war die Firma im Wesentlichen im Versicherungs- und Transportgeschäft. In den Insolvenzakten von 1786, die die Geschäftstätigkeit der letzten Jahre, wohl die Abwicklung der Firma, beleuchten, finden sich hunderte Versicherungsfälle von Schiffen und ihren Ladungen, aber auch von Gütern im Landtransport. Ebenso werden Frachtgebühren eingenommen, aber ohne eigene Schiffe oder Transportmittel. Somit war Erede Huigens in diesem Sektor eine Vermittlungsinstanz zwischen den Händlern und den Reedern oder Frachtführern. Für diese Vermittlung war die Firma aber nicht aufgrund des Zugriffs auf ein Netz an wohlhabenden protestantischen Partnern in Südeuropa geeignet. Vielmehr qualifizierte sie hierfür wahrscheinlich eher die Mitgliedschaft in der Nazione Olandese-Alemanna. Mit dieser Zugehörigkeit signalisierte man wohl eine Offenheit für Geschäfte mit Partnern aus Nordeuropa, was für Geschäftsbeziehungen mit Partnern aus Großbritannien und sogar dessen Kolonien hilfreich sein mochte. Die Katholizität der Firma erleichterte es ihr zugleich, in Italien eine stärkere Verankerung zu erreichen. Die Firmenfortführung durch Antonio von Wintersdorf spricht allerdings für ein fortgesetztes Interesse an einer Art von ›deutschem‹ Charakter der Firma, was die Mitgliedschaft in der Nazione bis ins späte 18. Jahrhundert möglich machte. Eine totale Integration in die italienische Gesellschaft sollte wohl vermieden werden, und die ostentative Mitgliedschaft in der holländisch-deutschen Korporation wirkte in diese Richtung.

Diese Struktur hatte augenscheinlich ihre Stärken. Die Firma nutzte die Gegebenheiten des Handelsplatzes mit seinem hohen Bedarf an Kasko- und Frachtversicherungen sowie Transportdienstleistungen intensiv aus. Es mag aber auch sein, dass die zu schwache Eingebundenheit in ein Händlernetz mit zur Krise der 1770er Jahre und dann mit zum Ende der Firma geführt hat. Man hatte im entscheidenden Moment des Todes des Firmeninhabers keine deutschen Partner mit dem Potenzial einer starken Kapitalbeteiligung zur Hand und konnte zur Zeit der Insolvenz keine Finanzmittel von solchen Partnern mobilisieren. Auch wenn die Insolvenzwelle der 1780er in Livorno viele Firmen traf, so bleibt doch bemerkenswert, dass diese nur eine einzige Firma aus der Nazione, also Erede Huigens, tatsächlich auslöschte. Die 1785 von Tobler & Franck, also einer Firmenpartnerschaft eines Schweizers und eines Hamburgers, ebenfalls angemeldete Insolvenz hatte keine weiteren Folgen, da offenbar der Schweizer Konrad Sauter hier mit Kapitalien stützend eingriff und den tatsächlichen Konkurs vermied.[560] Dasselbe hatten wir bei der Firma Wagner in Venedig gesehen, die aus

560 So lassen sich in Livorno in den einschlägigen Beständen keine Insolvenzakten zu dem 1785 vermeldeten Konkurs finden: *Addobbati,* Commercio, rischio, guerra, S. 232–233. Die Tatsache, dass die Firma weiterbestand, ergibt sich aus Kap. IV, Fn. 529. Vgl. auch: *Adorni,* Dalle Alpi al Mare, S. 156–159.

der Insolvenz durch die Kapitalzufuhr von Erhard Riesch gerettet worden war.[561] Die in einem lebendigen Gemeindeleben verbundenen deutschsprachigen Protestanten in Italien konnten offenkundig auf mehr kapitalkräftige Partner zurückgreifen als ihre aus dem katholischen Mitteleuropa stammenden Konkurrenten. In Livorno konnten die Protestanten aus dem Norden wohl auch daher die Krise der 1780er und die folgenden schweren Erschütterungen bis weit ins 19. Jahrhundert hinein besser als andere Händlergruppen überstehen.[562]

i) Zusammenfassung

Die Liste der Kaufleute der beiden Nationen, über die auf der Basis von Insolvenzakten oder anderen Aktentypen Informationen zu erlangen sind, könnte fortgesetzt werden, der essenzielle Aspekt ist jedoch bereits hervorgetreten. Es spricht viel für eine Korrelation zwischen Nähe zum Pietismus und einer daraus folgenden Bildung eines Händlernetzes. Wir können natürlich letztlich nie wissen, ob eine besonders bedeutsame Geschäftsverbindung zwischen zwei Händlern auf deren religiös-konfessionell grundiertem Vertrauen basiert. In der Retrospektive ist es nur möglich, die Kumulation von solchen Geschäftsvorgängen zu erfassen und daraus eine möglichst plausible Hypothese abzuleiten.

Hier konnte nun gezeigt werden, dass die Evidenz eine so geartete Hypothese in vielerlei Hinsicht stärkt. Die Personen, die zum pietistischen Händlernetz gehörten, sowie die angeheirateten Familien bildeten einen Verband, innerhalb dessen die Kreditvergabe besonders leicht war und intensive Geschäftskontakte bestanden. Verwandtschaftsbeziehungen waren dabei üblicherweise noch wichtiger, dies sehen wir bei der Verbindung von Bensperg und Pommer oder der dichten Verbindung Hermanns zu seiner Heimatstadt Memmingen. Jedoch war dies eben nicht das einzige Bindungselement. Häufig findet sich auch eine ungewöhnlich enge Geschäftsbeziehung von Kaufleuten innerhalb dieses Händlernetzes. Noch bedeutender ist eigentlich der Befund ex nihilo: Bei den Kaufleuten des pietistischen Händlernetzes und ihren angeheirateten Familien finden wir, wenigstens bis in die späten 1770er Jahre, nur wenige Geschäftsbeziehungen zu anderen bedeutenden Firmeninhabern außerhalb ihres Händlernetzes, genannt seien die Namen Martens, Fehr oder Firnkranz & Mayr. Diese scheinen eher eine Verbindung in ihre Heimat gepflegt und nur wenig mit den Händlern des pietistischen Händlernetzes interagiert zu haben.[563] Das lässt sich auch aus dem Tagebuch von Georg Daniel Heinzelmann aus dem Jahr 1771 ableiten, in welchem er die Treffen mit anderen Händlern der deutschen Nation an verschiedenen Tagen notiert. Eine exakte Zählung ergibt das in Tabelle 35 gezeigte Resultat.

561 Vgl. Kap. IV. 4. d.
562 Vgl. Kap. IV. 1. f.
563 Vgl. zu den erstgenannten Firmen Kap. IV, Fn. 366–369, 386. Zu Firnkranz & Mayr und weiteren Firmen kann derzeit fast nichts gesagt werden, hierzu sind weitere Forschungen, vor allem an den venezianischen Zollregistern vonnöten.

Tabelle 35: Anzahl an Nennungen der aufgeführten Nachnamen im Tagebuch von Georg Daniel Heinzelmann im Jahr 1771, von oben nach unten in vermuteter abnehmender Nähe der Familie zum Pietismus

Name	Anzahl	Name	Anzahl
Wagner	8	Hößlin	1
Schalckhauser	17	Dannenberger	4
Schweyer	12	Laminit	3
Pfauz	4	Reck	2
Hermann	8	Martens	7

Quelle: AEGV, Diario Heinzelmann 1771.

Wir sehen, dass bedeutende Kaufleute wie Fehr oder Firnkranz nie genannt wurden, diese dem Pietismus fernstehenden Händler waren also eindeutig nicht Teil des sozialen Gefüges um die Familie Heinzelmann. Zudem zeigt sich ein deutlich verringerter Kontakt zu den Personen, die nicht durch Sympathie zum Pietismus oder Verwandtschaftsbeziehungen zum pietistischen Händlernetz gehörten; mit Ausnahme der aus Hamburg stammenden Familie Martens.

Diese Tagebucheinträge zeigen noch einmal auf der Makroebene, was mit den ausführlichen Analysen der Geschäftsbeziehungen im Grundsätzlichen herausgearbeitet werden konnte: Es gab ein Händlernetz von einigen Mitgliedern der deutschen Nation. Aus einer geteilten pietistischen Frömmigkeit und verwandtschaftlichen Bezügen heraus hatte sich in der deutschen Nation in Venedig seit Beginn des 18. Jahrhunderts eine sozial eng verbundene Gruppe herausgebildet, innerhalb welcher quasi als Nebeneffekt ein verdichteter Handelskontakt entstanden war.

Ein solches Händlernetz hatte natürlich auch Schwachstellen. Die Sukzession der drei Insolvenzen von Bensperg, Pommer und Dannenberger 1763 und 1764 war sicherlich auch ihrer äußerst engen Geschäftsbeziehung geschuldet.[564] Dennoch würde ein falsches Bild aus den Insolvenzbilanzen abgeleitet, würden sie im Sinne eines häufigen Scheiterns von deutschen Kaufleuten in Venedig interpretiert. Die Tatsache, dass die meisten deutschen Händler in Venedig offenbar in der zweiten Hälfte des 18. Jahrhunderts einen intensiven Zwischenhandel zwischen Deutschland, Italien und Nordeuropa bewerkstelligten, deutet auf eine starke Position in diesem Marktsegment hin. Gerade die Märkte Nordeuropas waren der deutschen Nation erst mit dem Aufstieg des pietistischen Händlernetzes und dessen Ausweitung des Handelsrayons erschlossen worden. Die in

564 Vgl. Tabelle 23. Dannenberger ist allerdings kein dem Pietismus zugewandter Händler gewesen, seine enge Geschäftsbeziehung zu Pommer basierte wohl auf einer anderen Grundlage.

Kap. IV. 2. c gezeigte Öffnung der pietistisch gesonnenen Händler für Lehrlinge aus Nordeuropa hatte einer Verdichtung des Handels in diese Region und darüber hinaus vor allem nach Amsterdam und London entsprochen. Dieser Austausch hatte eine ganz eigene Dynamik, die besonders auf Wachstum ausgelegt war, weshalb die insolvent gegangenen Händler immer rasch durch neue Kaufleute aus dem Händlernetz ersetzt werden konnten. Dabei wirken die Unternehmer nach 1763 internationaler vernetzt und in ihren Handelspraktiken noch diversifizierter, aber auch individuell spezialisierter als zuvor. Im Zuge dieser Entwicklung trat der Transalpenhandel in seiner relativen Bedeutung trotz der – wie in Kap. II. 4 gezeigt – gesteigerten Transportvolumina zurück und die deutschen Händler in Venedig nutzten diesen zunehmend als Basis für ein weiteres geschäftliches Ausgreifen.

Es konnte gezeigt werden, dass diese Dynamik auch auf Livorno ausstrahlte. Hier bildete sich zwar kein pietistisches Händlernetz, aber die Protestanten aus Nord- und Mitteleuropa zeigten seit der Institutionalisierung eines festeren lutherischen Gemeindelebens Anzeichen einer verstärkten Residenzialisierung und eines intensivierten geschäftlichen Zusammenhalts. Die Evidenz für Livorno ist zwar mangels Quellen schwächer, dennoch deuten die vorliegenden Indizien in diese Richtung. Der Protestantismus erleichterte hier, wohl dank der damit einhergehenden lokalen Vertrauensbildung über die Nationsgrenzen hinweg, ein internationales Engagement. Dies wiederum bedingte im Wesentlichen die Stabilität der Livorneser Handelshäuser aus der Schweiz und Deutschland in den bewegten Jahren von 1780 bis 1815 – einer Zeit, in der die einzige katholische deutschstämmige Firma in Livorno, Erede Huigens, insolvent ging.

Interessant ist, dass weder in Venedig noch in Livorno im 18. Jahrhundert ein dichter Seehandelszug nach Hamburg entstand. Obwohl an beiden Orten die deutschen Händler ihr internationales Engagement ausweiteten und in Livorno besonders viele Hamburger die Mehrheit in der Nazione errangen, blieben beide Orte bezüglich des Seehandels auf London und Amsterdam fixiert.[565] Dies bestätigt einerseits die Dominanz dieser zwei bedeutenden nordwesteuropäischen Handelsknoten bis zum letzten Jahrzehnt des 18. Jahrhunderts, zeigt uns andererseits aber auch, dass die deutsch geprägten Händlernetze in Livorno und Venedig eine besonders starke internationale Ausrichtung hatten, die wohl gerade auf ihrer lokalen Stärke und Elastizität basierte.

Ein Blick nach Venedig in den letzten Jahrzehnten der Republik zeigt die Effekte starker Netzwerkbindungen: Die Vermögensmasse der Händler der deutschen Nation um 1780 war in relativem wie absolutem Maßstab höher als je zuvor seit 1620. Es sei daran erinnert, dass die Republik Venedig um 1778 bei ihrer Fixierung der Tansa-Sätze auf die 17 Händler der deutschen Nation zunächst 16 % der gesamten Steuerlast aller in Venedig registrierten Kaufleute veranlagte,

565 Vgl. neben der eindeutigen Evidenz aus den Tabellen des Kap. IV das geringe Handelsvolumen Hamburgs mit Livorno und Venedig im Vergleich zu dessen intensivem Handel mit Triest: *Beutin*, Der deutsche Seehandel, S. 199–201.

dies entsprach deren Kapitalkraft.[566] Diese Lage änderte sich auch zum Ende der Republik hin nicht mehr. Als Napoleon die Republik besetzte und auflöste, wurde der *Municipalità Provvisoria di Venezia* im Juni 1797 eine Sonderabgabe von einer Million duc. auferlegt. Diese wurde von allen Händlern der Stadt erhoben, inklusive der deutschen. Die deutsche Nation protestierte im Juli 1797 hiergegen, doch die neuen Herrscher ließen sich im Gegensatz zu den alten nicht im Geringsten von einer Besteuerung der als *Tedeschi* bezeichneten Kaufleute – von denen viele in Venedig geboren waren – abbringen.[567] Die folgende Tabelle mit einer Übersicht über die Steuereinzahlungen über 5.000 duc. zeigt uns, dass die Händler der deutschen Nation überdurchschnittlich stark vermögend waren (Tabelle 36, die deutschen Händler sind hervorgehoben).

Tabelle 36: Steuerzahlungen über 5.000 Dukaten an die Municipalità di Venezia in exakter Schreibweise des Originals, Juni 1797

Händler	Abgabe	Händler	Abgabe
Reck Gio. Corrado	110.000	Martens Conrado	8.000
Heinzelmann Gio.	50.000	Daumiller Giorgio Giacomo	8.000
Heinzelmann Sebastiano Guglielmo	40.000	Firnkranz Gio. Giacomo	8.000
Treves Iseppo qu. Emanuel e Eredi Bonfil	45.000	Capellis Pietro	8.000
Vivante Lazzaro Jacob Vita, e Nipote	35.000	Malta Marco, e Nipoti	8.000
De Serpos Giovanni[568]	30.000	Occioni, e Milesi	8.000
Zinelli Marc' Antonio	28.000	Papadopoli Angelo	8.000
Buratti Antonio di Benedetto	26.000	Vanautgarden Gio.	8.000
Bianchini Fratelli	25.000	Bortolotti Andrea	7.000
Carminati Giuseppe, e Figli	20.000	Colledani Gio. Battista	7.000
Curiel Memo	20.000	Petropoli Andrea, e Giorgo	7.000
Guizzetti Gio. Maria	18.000	Wagner Fratelli	6.000
Angeli Abram Vita	16.000	Calsavara Francesco	6.000
Suaier Fratelli	15.000	Motta Consiglio d'Abram	6.000
Rizzotti Bortolo	15.000	Venerio Gottardo	6.000
Pfauz Federico	12.000	Jagher Giuseppe q. Gio. Paolo	5.000

566 Vgl. Kap. III, Fn. 667.
567 *Alberti/Cessi*, Verbali, S. 66.
568 Dieser armenischstämmige Händler wurde zusammen mit den Deutschen zu den *Forastieri* gerechnet.

Händler	Abgabe
Revedin Fratelli	12.000
May Francesco Giorgio	10.000
Haid Amadeo Cristiano	10.000
Comello Valentino	10.000
Luisello Pietro	10.000
Naccari Antonio	10.000
Fabro Pietro qu. Santo	5.000
Fracasso Francesco q. Girolamo	5.000
Maruzzi Costantino, e Lambro	5.000
Rossi Zuann	5.000
Scipioni Pietro	5.000

Quelle: O. V., Raccolta Venezia, S. 3–78.

Von den bedeutenderen Händlern Venedigs wurde ein Deutscher durchschnittlich mit 23.500 duc. besteuert, ein Nichtdeutscher nur mit 14.133 duc. Dabei zeigen die jüdisch oder griechisch klingenden Namen der wohlhabenderen Konkurrenten, dass vor allem Händler aus diesen drei Nationen im Venedig des späten 18. Jahrhunderts reüssierten.[569] Im Falle der deutschen Händler zumindest spricht viel dafür, dass dieser Erfolg vor allem auf die Bildung eines Händlernetzes zurückzuführen ist. Der Zusammenhalt desselben beruhte auf einer intensiven Sympathie für die von Halle und Augsburg ausgehende pietistische Strömung des Luthertums.

569 Selbst die hohe Abgabe konnte die deutschen Händler hier nicht wesentlich erschüttern. So schrieb eine deutsche Zeitung im Jahr 1805 über Venedig: *Heinzelmann und Reck sind die angesehensten und reichsten dieser* (der deutschen; MR) *Familien, denen bei dem wiederauflebenden Handel sich manche vortheilhafte Aussichten für die Zukunft eröfnen*, in: *Zeitung für die elegante Welt*, 114, 21. September 1805, S. 907.

V. Schlussbetrachtung und Ergebnisse

1. Zusammenführung der Ergebnisse

In den 1770er Jahren wurde in den einschlägigen Druckwerken zu Venedig der Eindruck verbreitet, dass die Stadt und die in ihr beherbergte deutsche Händlerkolonie unwiederbringlich niedergegangen waren. So schrieb Johann Jacob Volkmann 1771 über den Fondaco dei Tedeschi:

> Nicht weit von dem Ponte Rialto liegt das Teutsche Haus, welches zu den Zeiten, da die Republik noch den ostindischen Handel mit Gewürz und Spezereyen hatte, die Niederlage der teutschen Kaufleute war, um von da ihre Waren durch Deutschland zu vertreiben. Heutiges Tages haben einige Kaufleute ihre Kramläden daselbst und es ist die Börse, wo sie sich täglich versammlen, um über ihre Geschäffte zu berathschlagen. Die Gemälde welche sonst in diesem Hause von Tizian, Tintorett und anderen waren, haben sehr gelitten.[1]

Die deutschen Händler scheinen hier nur noch kleine Krämer zu sein und bedeutende Kaufleute ein Phänomen der Vergangenheit. Diese Einschätzung ist typisch in den allgemeinen Überblicksdarstellungen zu Venedig aus dieser Zeit.[2]

Die genaueren Kenner Venedigs hingegen vertraten in denselben Jahren eine deutlich abweichende Meinung. Im Jahr 1769 publizierte Johann Friedrich Le-Bret den ersten Teil seiner Geschichte Venedigs. Er hatte von 1757 bis 1761 als Hauslehrer bei der Familie Pfauz in Venedig gearbeitet und sich dabei ein bedeutendes Wissen über die Republik und Italien angeeignet, welches er in den nächsten Jahrzehnten zur Niederschrift wichtiger Werke darüber nutzen sollte. Im Vorwort sparte er nicht mit Lob für die deutsche Nation, die ihn für einige Jahre beherbergt hatte:

> Man sage mir die wahrhaftig großen Häuser von eingeborenen Venetianern. Ehe man mir nur zwey zählen kann, will ich ihm von jüdischen, von griechischen, von genuesischen, von deutschen Häusern eine ganze Reihe nennen, welche durch ihre Geschicklichkeit sich große Reichthümer erworben haben? Der Ruhm aber bleibt unserer Nation, welche fast unter allen die stärkste ist; weil sie am meisten Aufmerksamkeit und unermüdeten Fleiß auf die Handlung verwendet. Das reiche hermannische, das heinzelmannische, das sich so weit ausbreitende schalkhäuserische, das wagnerische, das alte und fleißige schwayerische, das gesegnete fehrische Haus, und an-

1 *Volkmann*, Historisch-kritische Nachrichten, S. 540–541.

2 Vgl. auch: *Jaeger*, Geographisch-Historisch-Statistisches, S. 821; solche Meinungen wurden bis weit ins 20. Jahrhundert immer weiter in der Literatur mit ähnlichen Formulierungen wiederholt, vgl. z. B. *Pölnitz*, Fugger und Medici, S. 70–76.

dere neuere Häuser machen unserer Nation mehr Ehre als ein Venetianer der seinigen machen kann.[3]

LeBret zählt hier in der Tat die bedeutendsten Handelshäuser Venedigs auf. Diese Einschätzung teilten die Venezianer: Als Benedikt von Hermann um 1780 große Teile seines Kapitals von Venedig nach Memmingen überführte, wurde dies in der Republik als nationale Katastrophe wahrgenommen.[4] Die Kommentierung seiner Firma durch den Senator Andrea Tron als *più ricca e danarosa, che avesse la Veneza piazza* lässt gewisse Reminiszenzen an die bald darauf in Frankreich beklagte, vorgebliche Abhängigkeit von einem Schattenstaat eines reichen Finanzkartells aufscheinen.[5] Als die Firma Reck & Laminit ebenfalls substanzielle Kapitalien in London investierte, sorgte auch dies in Venedig für Bestürzung.[6] Die von Pietisten geleitete Firma Schalckhauser & Hugel war 1775 zu Reck & Laminit geworden, ein Unternehmen, das Jean Georgelin im Jahr 1978 in seiner Arbeit zur Wirtschaftsgeschichte Venedigs im 18. Jahrhundert folgendermaßen kommentierte: *Et les plus puissants des Allemands, Rech et Lamenit, s'assuraient des revenus supérieurs du double à ceux du plus riche vénitien.*[7] Vor der potenziellen Verlagerung solcher Firmen weg von Venedig hatte man in der Republik immer große Sorge.

Kenner der Verhältnisse der deutschen Händler in Venedig hatten für den Erfolg der Deutschen eine Erklärung parat. Johann Christoph Maier führte dies 1789 auf Fleiß und Sparsamkeit zurück;[8] implizit sehen wir hier wohl einen Verweis auf den Protestantismus. Wenn dem so gewesen wäre, so bliebe es doch notwendig, das Fehlen eines entsprechenden Erfolgs bei anderen protestantischen Kaufleuten, so aus der Schweiz, den Niederlanden oder Großbritannien in Venedig zu begründen. Kam daher also noch eine geographische Komponente dazu, die den Händlern aus Deutschland fast naturgemäß eine besonders starke Stellung an der Adriametropole bescherte? In diesem Fall müsste man fragen, warum in Genua im 18. Jahrhundert so wenig deutsche oder schweizerische Handelshäuser bestanden, obwohl diese Republik ähnlich wie Venedig vom Transalpenhandel abhängig war.[9] Auch wäre dann der mangelnde Erfolg von Venezianern oder Grisolotti im Fernhandel zwischen dem Reich und der Adriarepublik erklärungsbedürftig. Diese Überlegung führt zu den Privilegien, die die Republik Venedig den deutschen Händlern eingeräumt hatte. Doch warum

3 *LeBret*, Staatsgeschichte, Bd. 1, S. XX. Diese Meinung war öfter anzutreffen, vgl. auch eine ähnliche Auflistung aus dem Jahr 1793: *Strobel*, Versuch, S. 24–25.

4 *Gaspari*, »Serenissimo Principe…«, S. 105.

5 Dies war allerdings im französischen genauso absurd wie im venezianischen Kontext: *Lüthy*, La banque protestante, S. 688–733, 777–785.

6 *Gaspari*, »Serenissimo Principe…«, S. 105. Der Hinweis Beutins auf Investitionen in Genua basiert auf einer Missinterpretation der Rede Trons: *Beutin*, Der deutsche Seehandel, S. 169.

7 *Georgelin*, Venise au siècle, S. 674. Vgl. auch zu ihnen die Kommentierung bei Tron: *Gaspari*, »Serenissimo Principe…«, S. 105.

8 *Maier*, Beschreibung von Venedig, Bd. 1, S. 280.

9 *Codignola/Tonizzi*, The Swiss Community, S. 156–157.

waren sie dort vergeben worden und nicht an anderen Zentralorten Norditaliens? Der Druck durch Konkurrenz von Triest ist natürlich eine mögliche Antwort, doch warum wirkte ein solcher Druck nicht in gleicher Weise in Genua durch das Aufkommen Livornos? Wir könnten wieder auf den Fleiß der deutschen Händler in Venedig verweisen, der es den politischen Lenkern der Republik Venedig als geboten erscheinen ließ, die Privilegien des Fondaco auszuweiten und hätten damit einen argumentativen Zirkelschluss geschafft, der zwar nicht nutzlos ist, aber doch letztlich wenig beantwortet. Eine besondere Arbeitsethik reicht in jedem Falle nicht zur Begründung des Erfolgs der deutschen Nation in Venedig im 18. Jahrhundert, die Erklärung muss komplexer ausfallen.

Ziel dieser Arbeit war es vor allem, die deutsch-italienischen Handelsstrukturen im 18. Jahrhundert und die hierbei wesentlichen korporativen Organisationen sowie deren Verbindungsnetze zu erfassen. Hierzu wurde die Analyse auf drei Gliederungsebenen aufgeteilt, die jeweils möglichst umfassend beleuchtet wurden. In Kap. II wurde die Entwicklung des Transalpenhandels zwischen 1650 und 1800 dargestellt. In Kap. III standen korporative Händlerstrukturen im deutsch-italienischen Handelsverkehr in diesem Zeitraum im Vordergrund. In Kap. IV wurde versucht, die deutschen Familien- und Handelsnetze, die hier aktiv waren, in ihrer Wirkungsweise zu erfassen. Im Folgenden sollen die Ergebnisse noch einmal gebündelt dargestellt und dann in einem Resümee die wesentlichen Erkenntnisse für die europäische Handelsgeschichte zwischen Westfälischem Frieden und dem Beginn der Kontinentalsperre herausgestellt werden.

Der Handelszug von der Levante über Venedig nach Deutschland war bereits seit dem Mittelalter von globaler Bedeutung; an der Lagune wurden die Produkte Indiens und Vorderasiens mit denen Nordeuropas ausgetauscht. Seit 1600 und erneut verstärkt seit 1650 geriet dieser Handelszug über die Alpen in eine schwere Krise, als die Verbindung von Nordwesteuropa zur Levante über die Seeroute strukturell für die meisten Güter profitabler wurde. Besonders markant traf eine solche Entwicklung die deutschen Händler an der Lagune. Sie verloren in diesen 50 Jahren sichtbar an Bedeutung. Die Gruppe war in diesem halben Jahrhundert eher zahlreich als besonders kapitalkräftig. Sie umfasste zwar manchen Großkaufmann, bestand aber meistenteils aus Händlern mit geringen finanziellen Mitteln, die vor allem Handel über die Alpen trieben. Selbst mit den ihnen im 16. Jahrhundert gewährten Zollprivilegien zeigten sie sich der Konkurrenz des Seehandels nicht gewachsen. Die deutsche Nation war äußerst eng an die oberdeutschen Reichsstädte angebunden, sie bestand zu einem guten Teil aus Faktoren, also Angestellten der oberdeutschen Firmen. Selbst die unabhängigen Händler der deutschen Nation zeigten wenig Neigung zur dauerhafteren Ansiedlung an der Lagune und wanderten häufig nach einigen Jahren mit ihren Kapitalien zurück ins Alte Reich.

Es hätte in der zweiten Hälfte des 17. Jahrhunderts zu einer Marginalisierung des deutsch-italienischen Austauschs kommen können. Dieser hätte dann nur noch einen Nahhandel und einen Handel von mittlerer Reichweite umfasst, während der Fernhandel hauptsächlich über die Seehäfen verlaufen wäre. Im

Extremfall hätten wohl Nürnberg seine italienischen und Genua seine deutschen Waren im Wesentlichen aus Hamburg und Amsterdam bezogen, und Augsburg und Venedig hätten ähnlich an Bedeutung verloren wie Lübeck zur selben Zeit.[10] Die Reaktion der Alpenanrainer in der zweiten Hälfte des 17. Jahrhunderts brachte allerorten eine Senkung der Transitkosten durch Abkommen von Staaten entlang der Hauptalpenrouten sowie Zollsenkungen und Straßenverbesserungen. Diese Maßnahmen bewirkten in den 1670ern einen Stopp des Niedergangs des Handels über die Alpen. Die verschärften Kriege zur See führten dann wieder zu einem Anstieg des Alpentransits seit den späten 1680er Jahren.

Die deutsche Nation in Venedig war von diesen säkularen Umwälzungen der Handelsströme wie keine zweite Gruppierung betroffen. Die hier aktiven Händler waren an der Schnittstelle zwischen Land- und Seehandel entlang der traditionellen Route von Nordeuropa über die Alpen und Venedig bis zur Levante aktiv. Als Gruppierung im Einsatz im transalpinen Fernhandel verkörperten sie die enge Verbundenheit der oberdeutschen Reichsstädte mit Venedig. Die Republik Venedig traf in Reaktion auf die Krise der deutschen Nation von den 1650er bis in die 1680er Jahre eine Reihe von Grundsatzentscheidungen, die diese Händler massiv privilegierten. Zentral war dabei die deutliche Zollreduktion von 1675, die exklusiv für die deutsche Nation galt. In Kombination mit vielerlei anderen Erleichterungen im Handel zwischen Augsburg und Venedig und einer damit korrespondierenden Diskriminierung anderer Händler, namentlich der Niederländer und Schweizer, wurden die Weichen für einen beeindruckenden Wiederaufstieg der oberdeutschen Händler an der Lagune gelegt.

Eine solche Art von Handelspolitik war bereits zeitgenössisch eine Anomalie. Fast alle italienischen Hafenstädte hatten auf einen wirtschaftlichen Niedergang in der zweiten Hälfte des 17. Jahrhunderts mit einer allgemeinen Liberalisierung ihrer Abgabensysteme reagiert, und einige waren zu Freihäfen erklärt worden. Dies sollte sich noch einmal in den 1730er Jahren wiederholen, als sich diese Krise in ähnlicher Form erneut verschärft manifestierte. Venedig hat sich zu beiden Zeiträumen auch für einige Jahre zum Freihafen erklärt, diesen dann aber doch wieder nach einer Phase des Experimentierens aufgehoben (1662–1684, 1736–1751). Die Republik Venedig wählte einen grundsätzlich anderen Lösungsansatz: Man förderte eine Korporation auswärtiger Händler in einer Zeit, in der solche Gruppierungen allerorten in Europa entprivilegiert wurden.

Diese Entscheidung basierte nicht auf einer besonderen Sympathie der Venezianer für die deutschen Händler. Es war auf der grundsätzlichsten Ebene eine Reaktion auf den schwächer werdenden Handel zwischen der Adria und Mitteleuropa. Um dem Schrumpfen des Hinterlandes Einhalt zu gebieten, begünstigte man die Kaufleute, die diesen Handelszug am stärksten bedienten. Die Tatsache, dass spätestens im letzten Jahrzehnt des 17. Jahrhunderts Frankfurter Händler Venedig weitgehend verließen, zeigt auch, dass die Privilegierung letztlich sogar noch zu gering ausfiel, um die Gravitationskraft der Nordseehäfen auf

10 Vgl.: *Vogel*, Beiträge zur Statistik, S. 136–137.

Frankfurt am Main auszugleichen. Dennoch war diese Entscheidung in Venedig nicht leichtfertig getroffen worden, davon zeugen die intensiven Bestechungen hoher Amtsträger durch die deutsche Nation. Das finanzielle Opfer für Venedig war dabei weniger problematisch als der scharfe Bruch mit den Prinzipien der Egalität. Die deutschen Händler erhielten in Venedig einen Sonderstatus vor allen anderen Kaufleuten und damit das Potenzial, ihre Konkurrenten aus der Schweiz, den Niederlanden und Nordeuropa vom Markt zu verdrängen. Auch in den kommenden Jahrzehnten blieb die Privilegierung der Deutschen aus diesem Grund immer wieder umstritten. Und doch hielt Venedig am Privileg von 1675 fest, da die Eliten der Republik erkannten, welche Vorteile sie damit langfristig erhielten; die Dominante blieb als Hafen bedeutend für ein immer noch weit ausgebreitetes nordalpines Hinterland.

In Venedig begünstigte die Privilegierung der deutschen Kaufmannskorporation den Aufstieg einiger ihrer herausgehobenen Mitglieder. Diese wurden zu Stammvätern wichtiger Händlerfamilien und sogar -dynastien, die eine hohe Wirkmacht bei der Kontrolle und Lenkung der Handelsströme zwischen Deutschland und Italien und darüber hinaus bis an das Ende des 18. Jahrhunderts halten konnten. Bis weit in die zweite Hälfte des 17. Jahrhunderts hinein war der Fondaco in Venedig hauptsächlich ein Haus für Faktoren oberdeutscher Firmen oder unverheiratete junge Männer, die einige Jahre im Handel ihr Glück suchten und dann mit den erworbenen Reichtümern nach Deutschland zurückkehrten. Natürlich gab es solche Personen auch noch bis zum Ende der Republik Venedig im Fondaco und zudem hatte es auch zuvor länger residierende Händler der deutschen Nation an der Lagune gegeben. Dennoch ist eine Wasserscheide um 1680 auszumachen, seither bildete sich eine festere Gruppe von sich langfristig in Venedig ansiedelnden deutschen Händlern heraus, deren Firmen über mehrere Generationen vererbt wurden.

Dies ging einher mit einem deutlich hervortretenden Wandel in der Handelspraxis. Die Deutschen, die bislang hauptsächlich den Warenhandel über die Alpen betrieben hatten, wurden nun im Seehandel sowie im Wechsel- und Finanzgeschäft sehr aktiv. Indem sie aus der Nische des Transalpenhandels ausbrachen, konnten sie diesem eine den Bedingungen des 18. Jahrhunderts angepasste Effizienz geben. Das war auch das Ziel der Republik Venedig. Man gab der Gruppe der Deutschen faktisch in jedem Handelssektor einen Vorteil gegenüber fast allen anderen auswärtigen Händlern in der Stadt. So gibt es im 18. Jahrhundert deutsche Händler in Venedig, die einen intensiven Handel zwischen Italien und dem osmanischen Reich und fast gar keinen Transalpenhandel betrieben.[11] Vonseiten der führenden Köpfe Venedigs wurde angenommen, dass die Förderung der Oberdeutschen selbst bei einem intensiven Engagement derselben in anderen Handelssektoren in letzter Instanz immer eine Stimulanz des

11 Ein Beispiel ist Georg Friedrich Faber, ein Angehöriger der deutschen Nation, der auf der Terraferma eine Fabrik besaß, die hauptsächlich in das osmanische Reich exportierte: *Ressel,* Norms and Practice.

Transalpenhandels bewirken würde. Aus diesem Grund wünschte man sich über die deutschen Händler eine Verbindung zu den Märkten Londons, Amsterdams oder Hamburgs. Mit Engländern oder Niederländern, die Mitteleuropa mit mediterranen Gütern bevorzugt von der Nordsee aus beliefern wollten, bestand aus Sicht der Eliten Venedigs keine ähnlich enge Interessenidentität.

Der markante Aufschwung der deutschen Nation und des deutsch-italienischen Transalpenhandels zwischen 1680 und 1720 traf zeitlich mit einer mächtig aufstrebenden Reformbewegung innerhalb des Luthertums zusammen. Der Spener'sche Pietismus entfaltete sich in den 1680er Jahren innerhalb des gesamten lutherischen Deutschlands. Seit etwa 1700 wurde er vom Hallischen Pietismus abgelöst und fortgeführt. Die deutsche Nation, die bereits seit den 1640er Jahren fast ausschließlich lutherisch geworden war und seit dieser Zeit einen Prediger illegal angestellt hatte, wurde hiervon recht früh erfasst. Hierzu prädisponierte sie zunächst die ›Nähe‹ zu Augsburg und den süddeutschen Reichsstädten, die sich als erste politische Gebilde des Alten Reichs der neuen Strömung öffneten. Darüber hinaus war die Lage in Venedig bereits in den Jahrzehnten vor dem Aufkommen des Pietismus von einer Spannung zwischen den frommeren und weniger frommen Händlern gekennzeichnet.

Die Anziehungskraft des Pietismus für die deutschen Händler an der Lagune und die Wirkung desselben kann nicht in einem definitiven Sinne erklärt werden, hier ist notwendigerweise immer viel Spekulation im Spiel. Indem wir die Attraktion des Spener'schen und Francke'schen Wirkens auf die Gruppe der mindermächtigen Reichsgrafen als zeitgleiches Phänomen vergleichend hinzuziehen, lassen sich zumindest plausible Hypothesen aufstellen. Diese Adeligen waren herausgehobene Individuen, bei denen politische Ohnmacht mit einem starken Standesbewusstsein zusammenfielen. Die intensive Reformtätigkeit nach innen für ihre kleinen Territorien war für sie ein Vehikel, um *pietistische Politik* zu betreiben. Die deutschen Händler in Venedig stammten ihrerseits großteils aus den Eliten, teilweise sogar aus dem Patriziat der nach dem Dreißigjährigen Krieg politisch schwach gewordenen süddeutschen Reichsstädte und wiesen sozial ein ähnliches Profil wie die Reichsgrafen auf. Der Pietismus mit seiner Betonung von Nächstenliebe, Aktivismus und Hoffnung auf bessere Zeiten auf Erden gab wichtigen Akteuren aus beiden Gruppierungen offenbar das schlüssigste Konzept an die Hand, um die Welt und ihre eigene Rolle in derselben zu deuten. Die empfundene Herausgehobenheit wurde zum Impetus für ein erhöhtes Engagement in ebendieser besserungswürdigen Welt.

In gewisser Weise als Nebeneffekt bot paradoxerweise dieses, die individuelle und innere Frömmigkeit betonende theologische Programm Halles im frühen 18. Jahrhundert das geistige Substrat, auf dem die Verbindung reichsstädtischer Kaufleute zu einem Händlernetz aufbauen konnte. Der Pietismus fand vor allem bei den langfristiger in Venedig angesiedelten Händlerfamilien Zustimmung. Einige von diesen bildeten Konventikel mit den Predigern oder Informatoren und gaben dadurch ihrer Gruppe eine eigentümliche Strukturierung. Aus der Reihe der dem Pietismus zugetanen Händler an der Lagune entstand bald nach der Jahrhundertwende eine Personenkonstellation, die hier als »pietistisches Händlernetz« bezeichnet wird. Akteure aus diesem hatten an der von Alexander Pyrges betonten alternativen Form der protestantischen Vergesellschaftung teil, die sich als grenzüberschreitende Konfiguration in einem globalen Kommunikationsraum manifestierte. Pyrges betont die kirchengeschichtlichen Folgen, insbesondere die Entstehung einer »Transterritorialkirchlichkeit« innerhalb des globalen Protestantismus. Die protestantische Gemeinde in Venedig darf angesichts ihrer vielfältigen Aktivitäten innerhalb des Hallischen Pietismus und ihrer prominenten Rolle bei dessen globaler Mission sicher als ein Teil davon angesehen werden. Die bedeutenden Karrieren ihrer Prediger nach deren Rückkehr ins Alte Reich zeigen auch, dass es Rückkoppelungseffekte der kleinen Gemeinde auf den deutschsprachigen Protestantismus gab.

In dieser Arbeit wurde allerdings neben der kirchengeschichtlichen noch eine weitere Ebene dieser speziellen Vergesellschaftung hervorgehoben und in den Mittelpunkt gestellt. Es war möglich, die sozialgeschichtliche Wirksamkeit des Pietismus in Venedig und eine sich daraus ergebende wirtschaftliche Bedeutung weit über den Rahmen einzelner Unternehmer hinaus herauszuarbeiten. Die geteilte Sympathie für das Programm des Pietismus verdichtete die Bande innerhalb der Führungsschicht der Kaufleute, und durch Heiratsverbindungen der eigenen Kinder mit dem Nachwuchs anderer bedeutender Händler der Nation erweiterte sich dieser Personenkreis deutlich. Nur diese Gruppe kann hier im engeren Sinne als ein Händlernetz verstanden werden, in dem ein hohes Maß an sozialer Verbundenheit herrschte und Verlässlichkeit erwartet wurde. Neben diesem Händlernetz gab es eine größere Zahl an deutschen Händlern meist geringerer Kapitalkraft und, dies offenbar ein spezieller Fall, eine eng auf ihre Heimatstadt bezogene Reihe Kemptener Kaufleute, die sich in Venedig und Triest ansiedelten. Nicht umsonst war der Konflikt innerhalb der deutschen Nation um die Besetzung der Position des Predigers fast immer einer um dessen Neigung zur Orthodoxie oder zum Pietismus. Seit 1719 setzten sich die pietistisch gesonnenen Händler in Venedig durch und konnten für 13 Jahre Prediger im Sinne der beiden Franckes anstellen. Auch in den folgenden Jahrzehnten bot der Pietismus vielen Kaufleuten eine wichtige theologische Orientierung. Die pietistisch gesonnenen Kaufleute ließen sich bis in die späten 1770er Jahre noch aus Halle Informatoren zur Erziehung ihrer Kinder und der Abhaltung von Konventikeln kommen. Erst in den 1780er Jahren schwand die Bedeutung dieser theologischen Richtung innerhalb der deutschen Nation endgültig. Sie ging aber wohl in Venedig auf in einer Richtung, die wir in Livorno auch beobachten können: Ein expansionistisch-aktivistisch gewordener Protestantismus, der auf innerprotestantische Konfessionsgrenzen kaum mehr Rücksichten nahm, bot weiterhin eine eigentümliche Attraktion für global operierende Kaufleute aus Nord- und Mitteleuropa in Norditalien.

Die enge Verbundenheit einer größeren Gruppe pietistisch orientierter deutschstämmiger Händler in Venedig über fast 100 Jahre von ca. 1680 bis 1780 hatte bedeutsame Konsequenzen. Im Verlauf des 18. Jahrhunderts sollten es in

Venedig vor allem Kaufleute aus diesem Händlernetz sein, die die bedeutendsten Kapitalmengen anhäuften und in ganz Europa zu den reichsten Händlern ihrer Zeit aufschlossen. Dies gründet wohl zunächst auf der Fähigkeit zur Integration von relativ vielen Personen aus der deutschen Nation in das Händlernetz. Innerhalb desselben bestand ein erleichtertes Potenzial zur Verbilligung risikoreicherer Transaktionen, vor allem im Wechsel- und Kreditgeschäft. Wahrscheinlich noch bedeutender war die Fähigkeit der Kaufleute des Händlernetzes zur räumlichen Ausdehnung ihrer engeren Geschäftspartnerschaften vor allem im Alten Reich. Dies ergab sich indirekt aus der Situation in Venedig. Das pietistische Händlernetz besaß hier aufgrund der Herkunft seiner Mitglieder von verschiedenen Orten auch vielfältigere familiäre und freundschaftliche Kontakte nach Oberdeutschland. Diese standen potenziell allen Beteiligten des Händlernetzes ›offener‹ als den hier nicht eingebundenen Mitgliedern der deutschen Nation. Dass damit vor allem die pietistisch gesonnenen Kaufleute Süddeutschlands in einen dichteren Handelskontakt mit dem Händlernetz in Venedig traten, war zwar in diesem Sinne nicht unmittelbar der gemeinsamen Zuneigung verschiedener, räumlich entfernt liegender Händler zum Hallischen Pietismus geschuldet. Ein solcher Effekt war wohl nur im Fondaco selbst als Substrat zur Konstituierung des Händlernetzes wesentlich gewesen. Die engeren Verbindungen der pietismusnahen Händler in Venedig zu verschiedensten Partnern im Alten Reich beruhten zumeist wahrscheinlich auf Verwandtschaftsbildungen. In der Wirkung lässt sich aber dennoch ein überregional wirkendes pietistisches Händlernetz mit einer Zentrierung auf Venedig konstatieren – wohl da die Orientierung für oder gegen den Pietismus meist von der Mehrzahl von Angehörigen einer jeweiligen Familie geteilt wurde.[12]

Venedig hatte nie einen Grund, seine Entscheidung für die deutsche Nation von 1675 zu bereuen. Indem die Republik es mit ihrer Grundsatzentscheidung den deutschen Händlern ermöglicht hatte, ein süddeutsch-pietistisch konnotiertes Händlernetz herauszubilden, war die internationale Anbindung Venedigs an die Kapital- und Warenströme über Zentraleuropa auch künftig gesichert. Ein gewisser Nachteil war es, dass sich Venedig damit den Schweizer Händlern verschließen musste, die aller Wahrscheinlichkeit nach auch eine hohe Leistungsfähigkeit für den Fernhandel gehabt hätten. Schwerwiegend war dabei für Venedig die Verstärkung einer einseitigen Abhängigkeit von den süddeutschen Kaufleuten, denen die Republik faktisch auch ihren gesamten Schweizer Handel überließ. Die Vorteile für Venedig haben jedoch eindeutig überwogen: Die Dominanz der Tiroler Routen über die anderen Alpentransitpässe im 18. Jahrhundert war nicht nur der besseren Topographie geschuldet, sondern maßgeblich auch der Präsenz besonders kapitalkräftiger süddeutscher Kaufmannsdynastien in Venedig.

Damit kann auch die am Anfang dieses Schlusskapitels aufgeworfene Frage beantwortet werden. Warum waren die großen deutschen Handelshäuser in

12 Vgl. Abbildung 9 und Kap. IV, Fn. 365.

Venedig erfolgreich? Die Privilegien von 1675 waren dafür eine wichtige Voraussetzung, die jedoch erst ab 1700 mit dem Aufkommen eines pietistischen Händlernetzes ihre volle Wirkmacht entfalteten. Zunächst hatten diese Privilegien eine Struktur gestärkt, die nicht zukunftsweisend war, also die Ansiedlung von vielen kapitalschwachen süddeutschen Kaufleuten in Venedig. Erst als sich hieraus im 18. Jahrhundert eine Elite herauskristallisierte, die enge und vertrauensbasierte Kooperationsstrukturen aufwies, waren die Bedingungen für den Aufstieg der großen Handelshäuser geschaffen. Kurz gefasst hatte also die Stärkung der korporativen Struktur durch die Venezianer von 1675 das Aufkommen eines dichten Händlernetzes innerhalb derselben in den folgenden Jahrzehnten erleichtert; und dieses Netz wies einige ungemein erfolgreiche Großhändler als zentrale Akteure auf.

Dabei sei die Rolle des Pietismus auch nicht überbetont: Diese Strömung des Luthertums fand auch in anderen Gebieten Süddeutschlands zeitweise große Akzeptanz, verwiesen sei auf das Herzogtum Württemberg oder die Markgrafschaft Bayreuth. Beide Territorien entsandten jedoch im 18. Jahrhundert nur wenige Händler an die Adria. Da die deutsche Nation zu keinem Zeitpunkt eine Abschottungspolitik nach außen gegenüber Händlern aus Oberdeutschland zeigte, muss die Zugehörigkeit zu einer Reichsstadt hier als für den Erfolg in Venedig wesentlicher, dem Pietismus vorgängiger Faktor betont werden. Es war letztlich doch weniger der Hallische, sondern vielmehr der Augsburger Pietismus, auf dem das Händlernetz beruhte. Bei aller ostentativen Hinwendung der Kaufleute des Händlernetzes nach Halle pflegten sie tatsächlich eine konfessionelle Strömung mit deutlich süddeutsch-reichsstädtischem Charakter, die ihren Spiritus Rector in Samuel Urlsperger in Augsburg fand.[13] Dass diese Tatsache die Dominanz der Reichsstädte im gesamten Transalpenhandel stützte, fügt sich in ihrer Folgerichtigkeit gut in ein aufgrund langer Traditionen ohnehin stärkeres Verbundenheitsgefühl der reichsstädtischen Führungsschichten in ganz Süddeutschland ein.

Bis zum Ende des Ancien Régime hatte diese Struktur keine markanten Nachteile für die Republik. Dies zeigt sich vor allem bei den Konflikten der deutschen Nation mit Händlern aus Graubünden, Trient und Venedig um 1720/30. Deren schwere Kritik der Privilegien der deutschen Nation blieb letztlich trotz eines scheinbaren Sieges um 1730 erfolglos, da die venezianischen Eliten diese Gruppierung mit ihren bedeutsamen positiven Effekten für den Wohlstand der Republik schützten. Die deutsche Nation war effizient im Sinne des Gaststaats und konnte selbst eine Wirtschaftskrise in den 1760er Jahren recht problemlos

13 Die Untersuchung der Verbindungen des reichsstädtischen Pietismus zur Verfassungskultur der Reichsstädte bleibt ein Forschungsdesiderat, Ansätze finden sich bei: *Frieß*, Reichsstädtischer Republikanismus, S. 114. Zur besonderen Konnotation der Predigten Urlspergers in der Reichsstadt Augsburg vgl.: *Brecht*, Die Botschaft der Predigt. 1781 bemerkte Friedrich Nicolai (1733–1811) auf seiner Reise nach Süddeutschland einen pietistischen Zug bei den Predigten der Protestanten in Augsburg: *Nicolai*, Beschreibung einer Reise.

bewältigen. Fast alle durch die deutschen Händler angesammelten Kapitalien verblieben auch in Venedig, weshalb es kaum eine Interessendivergenz zwischen Gastgeber und Gästen gab. Nur der Transfer von hunderttausenden an Gulden durch Hermann von Venedig nach Süddeutschland in den 1780er Jahren erregte an der Lagune großes Aufsehen. Dies war jedoch familiären Motiven geschuldet und nicht einer Abneigung Hermanns gegen die Republik, in der er fast sein gesamtes Leben verbracht hatte.[14]

Der dauerhafte Verbleib fast aller sonstigen kapitalstarken deutschen Händler in Venedig hatte maßgebliche Auswirkungen auf den gesamten deutsch-italienischen Handel während der Frühen Neuzeit. Unter dem Druck des Erfolgs von Venedig und den Tiroler Routen suchten auch die Anrainer der Konkurrenzrouten immer wieder nach Mitteln und Wegen, den Transit auf den eigenen Pässen attraktiv zu halten. Nach Erwerb des Alto Novarese durch Sardinien-Piemont im Jahr 1743 dynamisierte sich der Alpentransit im Zuge einer allgemein verschärften Konkurrenz generell und sollte bis zum Ende des 18. Jahrhundert eine deutliche Steigerung erfahren. Hierbei spielten die deutschen Händler in Venedig als Taktgeber eine wichtige Rolle. Einzelne von diesen konnten ganze Transitströme umlenken und damit die Handelspolitik großer Staaten wie der Habsburgermonarchie in der zweiten Hälfte des 18. Jahrhunderts prägen.

Dies hatte auch Auswirkungen auf die deutsch-niederländische Händlerkolonie in Livorno, einer Hafenstadt, die seit Beginn ihrer speziellen Förderung durch die Medici im späten 16. Jahrhundert vor allem den Handel zwischen der Levante und Nordeuropa vermittelte und dabei ihre primäre Rolle als Zwischenstapel hatte. Diese Stadt entwickelte in der zweiten Hälfte des 18. Jahrhunderts eine stärkere Anbindung an den Transalpenhandel, was wiederum der deutschen Komponente inner- und außerhalb der dortigen Nazione Olandese-Alemanna zugutekam. Obwohl die deutschen Händler in Livorno hauptsächlich aus Hamburg stammten, so waren sie doch auch recht aktiv im Landhandel, den sie in Zusammenarbeit mit Schweizer und süddeutschen Kaufleuten betrieben. Dies kann als ein wichtiger Erfolg Livornos, aber nur in geringem Maße der Handelspolitik der Toskana gewertet werden. Der Freihafen des 17. Jahrhunderts hatte eine Händlerklasse angelockt, deren Interessen wenig mit denen des Gaststaats einhergingen – abgesehen von erhöhten fiskalischen Einnahmen für das Großherzogtum. Die Hamburger Händler in Livorno im 18. Jahrhundert stärkten im Gegensatz zu ihren holländischen Vorgängern eine Hinterlandanbindung der Hafenstadt. Dies machten sie aber offenbar eher in Abhängigkeit vom Wachstum der Geschäftsbeziehungen mit Händlern der deutschen Nation in Venedig. Schaut man also primär auf den Hinterlandhandel, so profitierte das Großherzogtum Toskana von einer Privilegienpolitik in Venedig, nicht von der im spä-

14 In dieser Hinsicht irrte Andrea Tron bezüglich der deutschen Händler in seiner Rede von 1783, in der er die Stärke von auswärtigen Händlern in Venedig aufgrund von deren Tendenz, diese Gelder aus der Republik abzuziehen, als zu bekämpfendes Übel ansah: *Gaspari*, »Serenissimo Principe…«, S. 105–109.

ten 16. Jahrhundert im eigenen Haupthafen vorgenommenen Einebnung der Privilegien, die vornehmlich kartellhafte Strukturen der auswärtigen Kaufleute zulasten des Gaststaats gestärkt hatte. In diesem Sinne kann man von einem fehlenden oder bestenfalls nur oberflächlichen Nutzen der Freihafenstruktur Livornos für den Gesamtstaat sprechen.

Eine stärkere Verbundenheit der protestantischen Händler in Livorno, im Wesentlichen also der Briten, der Schweizer[15] und der Deutschen, kam im späten 18. Jahrhundert mit der durch pietistische Akteure aus Augsburg und Venedig bewirkten Festigung der Gemeinde auf – diese selbst wurde aber nicht pietistisch geprägt. Ihr besonderer Effekt auf die Handelspraktiken bestand wohl in der engeren Anbindung von Kaufleuten verschiedener Nationalitäten. Auch dies kam den deutschen Kaufleuten in der Nazione Olandese-Alemanna zugute. Ihre nunmehr engere Verbundenheit mit Schweizer und britischen Partnern verknüpfte sie zugleich mit Händlern, die auf den Land- und auf den Seehandel spezialisiert waren.[16] Die Hamburger in Livorno profitierten also weniger von einer Überflügelung Amsterdams durch die Elbstadt, wie in der älteren Literatur betont wurde,[17] vielmehr war es die über den Protestantismus etablierte Offenheit für relativ viele Handelspartner sowohl in Livorno als auch darüber hinaus, die den dortigen deutschen Unternehmern ihren Fernhandel erleichterte. So konnten sie auch die Wirtschaftskrisen der Jahre ab 1780 leichter überstehen als ihre im Fernhandel nach Nordeuropa engagierten katholischen Konkurrenten vor Ort.

Der deutsch-italienische Handel über die Alpen zeigt im 18. Jahrhundert eine gegenläufige Tendenz zu derjenigen des 17. Jahrhunderts. Statt Niedergang angesichts des steigenden Seehandels sehen wir hier einen Aufstieg in Konkordanz zum Frachtverkehr auf den Ozeanen. Aus den stetig fallenden Transportkosten zur See resultierte nicht die Marginalisierung der Alpenanrainer, die um 1650 gedroht hatte, sondern eine neue Vigorosität dieses zentralen Handelszugs zwischen der Levante und Mitteleuropa. Hierbei dominierten süddeutsche Händlereliten aus den sechs Reichsstädten Augsburg, Kaufbeuren, Ulm, Kempten, Memmingen und Lindau; mit letzteren beiden als dynamischsten Speditionsorten.

15 An dieser Stelle soll der Begriff ausnahmsweise tatsächlich Schweizer, Graubündner und Genfer einschließen, was ansonsten in der Arbeit nicht galt.

16 Die intensiven Heiratsverbindungen in die Schweiz legten sogar den Grundstein für eine weitgehende Dominanz der Nazione durch die Eidgenossen im 19. Jahrhundert: *Panessa/Nista*, La congregazione, S. 113–141.

17 So wird es in der Literatur seit Erfassung dieses Phänomens kolportiert, vgl.: *Beutin*, Der deutsche Seehandel, S. 162.

2. Perspektiven für die internationale Debatte zu Händlernetzen und Kaufmannskorporationen in der Frühen Neuzeit

Im Vorangehenden wurde die deutsche Nation in Venedig und das in ihr wirksame pietistische Händlernetz im »langen 18. Jahrhundert« intensiv durchleuchtet. Im Folgenden wird das Phänomen eines solchen Händlernetzes innerhalb dieser Korporation von 1650 bis 1800 in die übergreifenden Debatten um die Bedeutung von kaufmännischen Netzwerken und privilegierten Händlerverbünden in der Frühen Neuzeit eingeordnet und es werden weiterführende Anregungen für die einschlägige Debatte gegeben.

Zunächst sei noch einmal festgehalten, dass die deutsche Nation nicht mit dem pietistischen Händlernetz identisch war. Die bisweilen in der Literatur anzutreffende Gleichsetzung einer auswärtigen Kaufmannskorporation mit einem netzwerkartigen Verband derselben Gruppierung gilt zumindest in diesem Fall sicher nicht. Mit einiger Wahrscheinlichkeit können wir annehmen, dass die Händler der deutschen Nation vor 1650 nicht sonderlich häufig in Venedig in intensiven Geschäftsbeziehungen, vor allem im Wechsel- und Kreditverkehr, miteinander standen; meistens pflegten sie wohl primär einen engen Austausch mit ihrer Heimatstadt.[18] Die deutsche Nation als Korporation hatte primär einen handelspolitischen Zweck. Sie wirkte als Interessenvertretung gegenüber dem Staat, kaum jedoch als Kartell oder Netzwerk. Es zeigt sich damit die Notwendigkeit einer hohen Präzision bei der Verwendung des Begriffs des Händlernetzes und/oder -netzwerkes im Mittelalter und der Frühen Neuzeit.

Aus diesem Grund wurde in dieser Arbeit der Begriff des Netzwerks auf eine aktiv und bewusst zusammenarbeitende Gruppe beschränkt. Davon abgegrenzt wurde eine als Händlernetz bezeichnete Personenkonstellation, die sich durch hohes Vertrauen auszeichnet, ohne dass dies notwendigerweise mit einer aktiven Kooperation zu einem bestimmten Zweck verbunden ist. Dabei entsteht das Vertrauen auf verschiedene Weise, denkbar sind Heiratsverbindungen, ein geteiltes Bekenntnis, gemeinsame Ausbildungszeiten[19] oder andere spezielle soziale Bindekräfte, die nicht primär eine geschäftliche Ursache oder Zielsetzung haben. Die Konstituierung eines solchen Verbandes geht deutlich über ein auf einem Reputationsmechanismus basierendes Beziehungsgefüge hinaus. Es ist grundsätzlich zu bezweifeln, dass mit einer Person nur aufgrund ihres guten Rufs riskante Geschäfte ohne eine möglichst unmittelbare Gewinnerwartung gemacht würden; dies wäre eher innerhalb eines Personenkreises mit hohen

18 Vgl. die angesichts der vor 1650 recht hohen Anzahl deutscher Händler in Venedig eher überschaubare Reihe an Firmenpartnerschaften, die oftmals auch nur wenige Jahre galten: *Backmann*, Der Fondaco dei Tedeschi, S. 156–158.

19 Wir haben in Kap. II. 4. e gesehen, dass die Zusammenarbeit von Nikolaus Olenschlager in Frankfurt und Benedikt von Hermann in Venedig wohl aus Olenschlagers Lehrzeit an der Lagune herrührt.

sozialen Bindekräften zu erwarten. Erst durch eine Grundierung jenseits des Geschäftlichen bekam das Händlernetz ein starkes Maß an Kohärenz, die über mehrere Generationen hielt und auch mit Personen bestehen konnte, die sich noch keine spezielle Reputation als Händler aufgebaut hatten.

Die Einordnung des Händlernetzes als eine Personenkonfiguration, die typologisch zwischen der ethnischen oder religiösen Gemeinschaft einerseits und einer Gruppe aktiv miteinander zusammenarbeitender Kaufleute andererseits liegt, ermöglichte wichtige Erkenntnisse. Mit der dem pietistischen Händlernetz innewohnenden Tendenz zur Bildung effektiver Formen von Zusammenarbeit kann der besondere Aufstieg einer Reihe an deutschen Kaufmannsdynastien in Venedig erklärt werden. Dabei ist eine spezifische Gesinnung im Sinne einer protestantischen Wirtschaftsethik kein notwendiger Bestandteil dieses Erfolgs. Vielmehr sollte dessen Ursache in den starken sozialen Bindekräften dieser Strömung des Luthertums gesucht werden. Auch wenn das pietistische Händlernetz der deutschen Kaufleute in Venedig im 18. Jahrhundert bislang wohl die einzige solchermaßen identifizierte Personenkonstellation sein dürfte, so war sie sicherlich nicht einmalig in ihrer Zeit.

In Venedig ist die Herausarbeitung des Händlernetzes wohl leichter als andernorts, da dort eine vergleichsweise kleine Gruppe mit einer teilweise recht guten Quellenlage erfasst werden kann. Eine Beschränkung auf den Pietismus bei ähnlichen Forschungen soll damit nicht angemahnt werden. Der Erfolg der reformierten Schweizer Kaufleute in Südfrankreich und Nordwestitalien oder die Stärke von katholischen lombardischen Händlerdynastien im Alten Reich während des 17. und 18. Jahrhunderts mag auf familiär oder konfessionell bedingten Bindekräften basieren, die wiederum den wirtschaftlichen Aufstieg der nördlichen und westlichen Schweiz oder Mailands besser erklären. Häufig ist just dies gemeint, wenn die englischsprachige Forschung von *commercial networks* spricht.[20] Es spricht viel dafür, dass es Händlernetze mit einer großen Reichweite und einem hohen Vertrauenspotenzial häufig in der Frühen Neuzeit gegeben hat. In der einschlägigen Literatur finden sich entsprechende Andeutungen und Hinweise für die deutschen Händlerkolonien in London, Bordeaux oder Cádiz.[21]

Für den untersuchten Fall kann festgehalten werden: Die *strength of weak ties* war ein Bestandteil des Erfolgs des pietistischen Händlernetzes in Venedig. Hier wirkten keine starken Bindekräfte, wie sie etwa bei einer Firma oder einer eng

20 So beispielsweise: *Studnicki-Gizbert*, A Nation, S. 9–13.

21 In den entsprechenden Studien wurde nicht primär zu den Geschäftsbeziehungen der auswärtigen deutschen Firmen an den genannten Orten geforscht, daher kann dies hier nicht mit Sicherheit gesagt werden. Einzelne Hinweise in den Standardwerken deuten aber in der Tat auf eine auf dem Konfessionellen beruhende Verbundenheit der deutschen Händler in der Fremde und ein nach außen offenes Heiratsverhalten, was ähnliche Effekte wie zur selben Zeit in Venedig gehabt haben mag: *Weber*, Deutsche Kaufleute, S. 176–184; *Schulte Beerbühl*, Deutsche Kaufleute, S. 201–207, 296. Bei einer Gruppierung wie den böhmischen Kaufleuten in Cádiz galt das Gegenteil, hier haben wir es mit einem geschlossenen Netzwerk mit enger Bindung in die Heimat zu tun: *Weber*, Deutsche Kaufleute, S. 135–136.

verschworenen Gruppe herrschen. Die Beteiligten band aber auch mehr als eine reine Mitgliedschaft in einem Verband, diese allein erzeugt keinen guten Ruf, geschweige denn Vertrauen. Avner Greifs Ansatz einer Hervorhebung des Reputationsmechanismus erweist sich in dieser Hinsicht als Erklärungsmodell nicht ausreichend, auch nicht jedoch eine Verwerfung seiner Ideen und ihre Ersetzung durch die altbekannte Betonung von Familie und Freundschaft als universellem Kitt von Kaufmannsbeziehungen. Analytisch ergiebiger erscheint ein Ansatz, der die umfassenden Systeme (Ethnie, Religion, Korporation etc.) als wirkmächtig anerkennt und darüber hinaus innerhalb derselben jenseits der engen Familien- oder Freundesnetzwerke eine spezielle Disposition einer Untergruppe für ein Händlernetz erfasst. Es ist wahrscheinlich, dass in solchen Gruppierungen der über das ›Übliche‹ hinausgehende Erfolg generiert wurde, basierend vor allem auf dem Potenzial zur Senkung des Risikoaufschlages bei Geschäften mit höheren Kapitaleinsätzen.

Abstrakter ausgedrückt: Der Verband des Händlernetzes bot einige Kostenvorteile, was seinen Mitgliedern Marktvorteile verschaffte. Die Kosten einer aktiven Aufrechterhaltung eines Netzwerkes in Form von Geschäftskorrespondenzen oder gemeinsamen Aktivitäten am Markt entfielen hier. Zugleich jedoch blieben manche Vorteile eines Netzwerkes erhalten, vor allem die durch Vertrauen in konkrete Personen reduzierten Such-, Verhandlungs- und Kontrollkosten. Die Generierung von Vertrauen in einzelne Akteure geschah zwar in der Tat als Resultat von performativen gemeinsamen Aktivitäten der Mitglieder, jedoch nicht am Markt, sondern im Konventikel. Das machte einen wichtigen Unterschied. Während gemeinsame Aktivitäten am Markt nach Abschluss des Geschäfts endeten und das Händlernetzwerk daraufhin seiner Auflösung entgegensah, erneuerte sich das gegenseitige Vertrauen durch den gemeinsamen Konventikelbesuch ununterbrochen. Ein so aufgebautes Vertrauen wies, obgleich eigentlich nur ›Nebenprodukt‹ von sozialem Handeln, eine ungleich höhere Beständigkeit auf – und eine Dynamik, die auf die Verwandtschafts- und Vertrauenskreise der Konventikelmitglieder ausstrahlte.

Die Entstehung von solchermaßen konzipierten Händlernetzen an auswärtigen Orten scheint im untersuchten Fall eine Neuheit des 18. Jahrhunderts zu sein. Im Falle Antwerpens wurde bezüglich des Agierens der Oberdeutschen im 16. Jahrhundert explizit bemerkt, dass diese die Märkte im Sinne monopolistischer Konkurrenz aufteilten und insbesondere Netzwerke auf der Basis ihrer Herkunft aus einer speziellen Stadt formten. Für Lyon hat Mark Häberlein im 16. Jahrhundert festgestellt, dass zwar punktuell eine Kooperation zwischen den einzelnen Augsburger Firmen vorkam, diese jedoch nicht fähig oder willens waren, ihre Aktivitäten auf dem Lyoner Markt zu koordinieren.[22] Dies steht im Gegensatz zu seinen Beobachtungen für das soziale und operative Agieren

22 Wir können vermuten: Es hatte sich in Lyon zu diesem Zeitpunkt kein Händlernetz herausgebildet, die deutschen Kaufleute dort waren Vertreter von Firmennetzwerken mit Basis in den oberdeutschen Reichsstädten: *Häberlein*, Brüder, Freunde und Betrüger, S. 156–157.

der Händler in Augsburg, dort gab es durchaus eine Zusammengehörigkeit der Händler jenseits der Welser- und Fugger-Netze, die derjenigen der pietistisch gesonnenen Kaufleute in Venedig im 18. Jahrhundert vergleichbar ist.

Zuvor kann das in Venedig beim derzeitigen Forschungsstand kaum festgestellt werden. Bis 1675 ist eine komplexere und nicht primär auf den Profit zielende Form von Kooperation, insbesondere im riskanten Anleihegeschäft zwischen den in Venedig fest residierenden deutschen Firmen, in der Forschungsliteratur kaum greifbar. Angesichts der geringen Residenzialität und der Dominanz der Nation durch Faktoren bis in die Mitte des 17. Jahrhunderts ist dies auch schwer vorstellbar. Es sei allerdings betont, dass diese Struktur nicht für den Niedergang der deutschen Nation zwischen 1620 und 1675 verantwortlich war. Die enge Verknüpfung mit Oberdeutschland band die Händler in Venedig an kapitalkräftige Kreise in den Reichsstädten, und es war erst *deren* Niedergang in Kombination mit der Verringerung der Rentabilität der Alpenrouten im Vergleich zur Seeroute, der zur Krise der deutschen Nation in den genannten Jahren führte.

Erst die Stabilisierung der deutschen Nation durch die Privilegien der Republik Venedig aus dem Jahr 1675 ermöglichte ihr das Überleben als korporative Vereinigung und innerhalb dieser eine langsame Herausbildung eines pietistischen Händlernetzes. Hierbei mag die faktische Entmachtung der Faktoren im Jahre 1675 auch bedeutsam gewesen sein, da diese eine Etablierung von fest in Venedig ansässigen und unabhängigen deutschen Firmen begünstigte. Diese deutschen Firmen in Venedig wiederum weisen fortbestehende Verbindungen und gewisse Ähnlichkeiten zu dem weit älteren System der oberdeutschen Hochfinanz auf, das durch ein enges Zusammengehörigkeitsempfinden der Eliten der süddeutschen Reichsstädte als Schicht einerseits und der Bevorzugung hierarchischer Firmenorganisationen andererseits gekennzeichnet gewesen war. Der besondere Erfolg des pietistischen Händlernetzes im 18. Jahrhundert mit intensiven Aktivitäten einzelner Händler in den fernsten Märkten Europas und des Mittelmeers basierte jedoch zusätzlich zu den tradierten Bindungen an die Heimatorte der Händler auf dem Element einer dichten Kooperation einiger deutscher Firmen in Venedig.

Damit gehen wir über zur Frage, wie sinnhaft oder veraltet eine Privilegierung von Kaufmannsnationen im 17. und 18. Jahrhundert war. In diesen Jahrhunderten benötigten weder die hansestädtischen Kaufleute in den französischen Küstenstädten, noch die Lombarden in Oberdeutschland eine Privilegierung, um in ihrer auswärtigen Wahlheimat erfolgreich zu sein. Die deutliche Privilegierung der deutschen Nation in Venedig zum Nachteil aller potenziellen Konkurrenten im Fernhandel spricht prima facie eigentlich für eine ineffektive Gruppierung, die nur durch obrigkeitliche Stützung einen Erfolg auf Kosten der Allgemeinheit der venezianischen Untertanen erzielte. In diesem Sinne hätte Sheilagh Ogilvie mit ihrer scharfen Kritik an den Fällen historischer Privilegierung von Korporationen ein weiteres herausragendes Beispiel an der Hand und angesichts des scheinbaren Niedergangs Venedigs zur selben Zeit läge sogar ein passendes Resultat einer solchen Handels- und Wirtschaftspolitik vor. Wäre es also nicht besser für Venedig gewesen, um 1670 alle Privilegien aufzuheben und einen freien Wettbewerb von Niederländern, Engländern, Deutschen, Schweizern und Italienern zuzulassen und damit die Profite in Form von fallenden Monopolpreisen der eigenen Bevölkerung zugutekommen zu lassen? Genauso argumentierten die Kritiker der deutschen Nation auch im frühen 18. Jahrhundert, und sie verzweifelten daran, dass sich der Senat nicht von ihrer Position überzeugen ließ.

So unmittelbar einleuchtend diese Argumentation wäre, so führt sie doch in die Irre. Hier erweist sich die Stärke des Gelderblom'schen Ansatzes, der in Abbildung 1 in einem Schaubild dargestellt wurde. Die Rahmenbedingungen waren für Venedig schlicht nicht dieselben, wie sie sich für die meisten Handelsstädte nach 1500 langsam herausbildeten. Durch die Multiplikation der Seehandelsverbindungen stieg die Anzahl der Akteure und damit potenzieller Konkurrenten im europäischen Handelssystem deutlich an. Dadurch entstand an den meisten Orten eine Wettbewerbssituation mehrerer Händlergruppen verschiedener geographischer Herkunft und zugleich eine Konkurrenz der Städte mit naheliegenden potenziellen Rivalen. Livorno war offen für Händler aller Nationen und musste versuchen, für diese attraktiver als Genua zu sein. Das Resultat war hier dasselbe wie in Amsterdam, wo Händler aus aller Welt ihre Firmen ansiedelten, aber immer die Option hatten, nach London oder Hamburg auszuweichen: eine allgemeine Einebnung von Privilegien und die Herausbildung von immer offeneren Wettbewerbsstrukturen.

Orte, die seit 1500 langsam aber sicher immer stärker vom Handel umfahren wurden, sahen sich in der Gelderblom'schen Matrix einer Verschlechterung ihrer Position vis-à-vis der auswärtigen Händlerkolonien ausgesetzt. Eine Stadt wie Lübeck versuchte zeitweise, dieser Erodierung ihrer Stellung durch Monopolpraktiken auf der Landhandelsachse nach Hamburg entgegenzusteuern, musste aber ab spätestens 1700 ihr Scheitern in dieser Hinsicht einsehen.[23] Eine ähnliche Handelspolitik wäre für Venedig fast aussichtslos gewesen. Hätte die Republik versucht, den Handel nach Deutschland zu verteuern, so wäre dieser wohl lange vor 1719 weitgehend nach Genua oder Triest ausgewichen. Eine vollständige Liberalisierung des Handels hätte hingegen in einer besonders starken Stellung von Engländern und Niederländern an der Lagune resultiert. In Ansätzen sahen die Venezianer bereits zwischen 1580 und 1650 die Folgen einer solchen Politik. Die Händler der Seemächte konnten ihre Präsenz in Venedig nutzen, um die Märkte der Republik für ihre Produkte zu öffnen und zugleich mit Partnern im venezianischen Seeimperium Kontakte knüpfen, um deren Produkte leichter über die Straße von Gibraltar direkt nach Nordwesteuropa zu bringen. Die Anwesenheit dieser Händler brachte kaum eine Verbesserung der Handelsstellung der Stadt, sie verschlechterte aber die Position der Oberdeutschen, die traditionell den Handelszug über die Alpen aufrechterhielten.

23 *Baasch*, Die Durchfuhr in Lübeck.

Obwohl diese Situation auch Vorteile durch die Anwesenheit vieler Händler mit Möglichkeiten zur Kreditvergabe an den Staat brachte,[24] entschloss sich Venedig zu einer starken Privilegierung der deutschen Nation. Was bereits zeitgenössisch wie eine anachronistische Gesetzgebung wirken musste, war tatsächlich eine überlegte Reaktion auf die aktuelle Situation des Handels. In einer geographischen Lage wie derjenigen Venedigs spiegelt diese Gesetzgebung die faktischen Grenzen und Möglichkeiten der Republik deutlich wider. Die damit einhergehende Aufwertung des Hinterlandhandels hatte allerdings einen hohen Preis. Die Republik geriet so noch einmal stärker in die Abhängigkeit von ihren oberdeutschen Gästen. Wenn man so will, nutzte die deutsche Nation ihre korporative Organisationsform tatsächlich für die aktive Durchsetzung ihrer Interessen nach außen, durch Bestechungen venezianischer Amtsträger und durch Exkludierung aller potenziellen Konkurrenten vom Markt. Wir erklären das mit der Matrix von Oscar Gelderblom: Hätte es, in Analogie zur dichten holländischen Ostseeschifffahrt, die seit 1500 die Macht der Hansestädte erodierte, eine starke Handelslinie von Venedig über Graubünden in die Eidgenossenschaft gegeben, dann ist kaum vorstellbar, dass die Republik den deutschen Händlern eine solch starke Privilegierung zum eigenen Nachteil hätte angedeihen lassen. Da eine gut ausgebaute Markusstraße über Bergamo nach Chiavenna und Chur jedoch nie entstand, blieb Venedig auf die Tiroler Routen fixiert.

Dennoch war der Vorteil letztlich beiderseitig. Die deutsche Nation dominierte über Venedig den Fernhandel über die Alpen, und auch deswegen konnten Händler des Alten Reichs eine solide Stellung in Livorno aufbauen. Damit war für Oberdeutschland der günstige Anschluss an die Märkte des Mittelmeers gesichert, und das dortige Textilrevier konnte sich, unter anderem auch dank der Handelspolitik Venedigs, bis ins 19. Jahrhundert einige Bedeutung wahren, was den Übergang in die Industrialisierung erleichterte. Venedig wiederum behielt einen großen Markt für seine Importe aus dem östlichen Mittelmeer und für seine andauernd wachsende Seidenproduktion. Ohne Privilegierung der oberdeutschen Händler in Venedig wäre wohl eine randständigere Stellung sowohl Oberdeutschlands als auch der Republik Venedig im globalen Handelskreislauf zu erwarten gewesen. Man mag einwenden: Hätte eine schlichte Zollsenkung an der Alpengrenze Venedigs nicht denselben Effekt gebracht? Dies mag wohl so sein, jedoch wäre dann der Vorteil primär den Städten der venezianischen Terraferma zugutegekommen. Dann wäre der Handelsstrom eventuell von Verona aus stärker nach Mailand, Genua oder Livorno hin gravitiert. Venedig als lagunozentrische Republik konnte so nicht entscheiden und zog den Vorteil weg von der Terraferma auf die Dominante, indem die Zollreduktionen den deutschen Händlern ausschließlich beim Warenumschlag im Fondaco dei Tedeschi gewährt wurde. Dies war, auch wenn es als Maßnahme der Stadt auf Kosten ihrer Landbesitzungen anmuten mag, auch zum Wohl des gesamten Staats; so blieb

24 Vgl. Kap. III, Fn. 132.

der Warenstrom lange auf venezianischem Territorium und konzentrierte sich bis zum Ende der Republik in der Hauptstadt.

Auch der Venedig entgegengesetzte Fall, die Betrachtung der Nazione Olandese-Alemanna in Livorno, bestätigt den Befund. Hier basierte die korporative Struktur seit dem frühen 17. Jahrhundert fast ausschließlich auf einer scharfen Kartellpraxis. Die Nazione hatte dadurch zwar die Fähigkeit zur Verhängung von Sanktionen nach innen, jedoch folgte daraus kein Effizienzgewinn für den gastgebenden Staat oder die deutschen Mitglieder des Verbandes. Sie blieben wohl nur daher Teil der Nazione, da sie so aufgrund der die Nationen begünstigenden Steuerpolitik des Großherzogtums Toskana eine geringere Abgabenlast zu tragen hatten. In unmittelbarer Folge der Abschaffung von Vorteilen einer Mitgliedschaft in den jeweiligen Nationen verfiel dann auch die Nazione; die bedeutenden Hamburger Kaufleute traten ihr kaum mehr bei. Das zeigt uns, dass im 18. Jahrhundert innerhalb der Nazione nicht einmal ein einer Diaspora ähnlicher Verband mit einem funktionalen internen Reputationsmechanismus bestand. Hier macht sich wohl das Fehlen einer tatsächlichen inhaltlichen Füllung der Korporation mit regelmäßigen Versammlungen und einer partizipativen Verfassungsstruktur bemerkbar. Ohne diese Elemente unterlag der Verband einem reinen Zweckkalkül und konnte damit auch kein Händlernetz generieren. Die Tatsache, dass der Aufstieg der Hamburger Händler in Livorno neben der Entfaltung einer kosmopoliten protestantischen Gemeinde vor Ort auch mit dem Erfolg deutscher Händler in Venedig im 18. Jahrhundert zusammenhängt, verweist auch in diesem Fall letztlich auf die Wirkmacht von korporativen Verbünden und Händlernetzen.

Wir können also festhalten, dass eine Privilegierung oder die Organisation von Handel in einer korporativen Form auch im 18. Jahrhundert kaum als veraltet bezeichnet werden können. Im Gegenteil erscheint das Festhalten an und sogar die Stärkung einer solchen Handelspolitik gerade in dem Zeitalter, in welchem die korporativen Formen des Handels allerorten scharf in die Kritik gerieten und vor allem in Küstenstädten der Freihafen als Allheilmittel zur Erzeugung von Handel und Industrie gepriesen wurde, als besonders bemerkenswertes wirtschaftspolitisches Manöver.[25] Die Verwerfung solcher Formen zur Förderung des Handels durch Sheilagh Ogilvie scheint angesichts der historischen Evidenz einer insgesamt eher produktiven Wettbewerbseinschränkung zu weitgehend. Guillaume Garners Interpretation von Privilegierungen als adäquaten wirtschaftspolitischen Maßnahmen der Obrigkeiten zur ökonomischen Entwicklung ihrer Territorien findet sich hingegen bestätigt. Eine tatsächliche Tendenz der Zeit hin zu stärkerer Liberalisierung im Bereich der Kaufmannskorporationen kann man anhand ihrer internen normativen Ordnungen beobachten. Diese hatten in der deutschen Nation in Venedig einen deutlichen Zug hin zur Abschaffung von Reglementierungen und Einschränkungen für ihre

25 In diesem Tenor wurde in den Debatten zur Frage argumentiert, ob Ancona zum Freihafen erklärt werden solle: *Caracciolo*, Il dibattito sui ›porti franchi‹.

Mitglieder. Dies sollte aber nicht immer mit einer nachlassenden Bedeutung der Korporation gleichgesetzt werden. Auch als sich die Händler der deutschen Nation in Venedig auf direkte Firmenpartnerschaften mit den Italienern einlassen durften und damit eines der Grundprinzipien des Fondaco gefallen war, blieb ein auf Ethnizität basierendes Ungleichheitssystem in voller Geltung und musste gegen Ende des 18. Jahrhunderts, im Zeitalter Adam Smiths, mehr denn je als ein aus der Zeit gefallenes Kuriosum wirken. Doch selbst bei der großen Zollreform von 1794 blieben die Privilegien des Fondaco unangetastet, als wären sie ein Verfassungsgesetz der Republik.

Dieses scheinbar erstarrte Festhalten an einem nicht mehr zeitgemäß wirkenden Prinzip verweist über den Fondaco dei Tedeschi und die deutsche Nation in Venedig im 18. Jahrhundert hinaus. Die nach der Mitte des 17. Jahrhunderts so häufig als verrostet und unreformierbar beschriebene Markusrepublik hat durch eine mittelalterlich anmutende Privilegierung von auswärtigen Händlern zulasten des freien Wettbewerbs in den 1670er Jahren wirtschaftspolitisch wohl klüger gehandelt als die herrschenden Eliten in Florenz oder 60 Jahre später in Rom, die durch reine Freihafengründungen hofften, Livorno oder Ancona zu Zentren des Welthandels zu machen. Die privilegierte Pflege einer anderskonfessionellen Händlergruppierung aus Oberdeutschland in einer Zeit, die den Religionskonflikt noch lange nicht hinter sich gelassen hatte, ermöglichte die Entstehung eines pietistischen Händlernetzes in Venedig. Die Gewerbegebiete Oberschwabens und der westlichen Terraferma verdanken dieser Entscheidung der Republik Venedig für die Korporation der Oberdeutschen an der Lagune viel und angesichts ihrer gewerblichen Fortune auch im 19. Jahrhundert sehen wir hier eine Handelspolitik, die letztlich in die Zukunft verwies. Livorno und Ancona bescherten ihrem jeweiligen Hinterland bei weitem keine ähnliche protoindustrielle Basis als Keimzelle für die Industrialisierung des 19. Jahrhunderts. Die dortigen auswärtigen Händler hatten selten ähnliche Ziele wie ihre Gaststaaten verfolgt, da es den italienischen Herrschern nicht in einem ähnlichen Maße wie in Venedig gelungen war, die Interessen ihrer Gäste auf eine Linie mit ihren eigenen zu bringen. Die in der Geschichtsschreibung häufige Charakterisierung der Republik Venedig des 18. Jahrhunderts als erstarrt im Gegensatz zu den dynamisch wirkenden Fürstenstaaten mit ihren raschen Entscheidungsabläufen mag daher mehr einen Erfolg antirepublikanischer Diskurse aus dem Zeitalter des späten Absolutismus als die tatsächlichen handels- und wirtschaftspolitischen Realitäten der Zeit reflektieren. Das zähe Festhalten an einem erfolgreichen Prinzip, obwohl es kritisiert wird und aus der Zeit gefallen wirkt, sollte wenigstens heut nicht mehr als »Verrostung« bezeichnet werden. Damit versperrt man sich die Sicht auf ein hohes Maß an Flexibilität der Amtsträger der späten Republik Venedig innerhalb von dessen tradierten Strukturen.

3. Epilog und Ausblick

Zu Beginn dieser Arbeit wurde die Frage gestellt, ob sich der Wiederaufbau des Fondaco dei Tedeschi 1508 für die Republik Venedig gelohnt habe. Diese Frage sei über den Umweg eines ereignisgeschichtlichen Epilogs beantwortet, der über das Ende der Republik hinausgreift. Bis an das Ende der Republik wäre es der Mehrheit ihrer Eliten leichtgefallen, hierauf affirmativ zu antworten. Die Republik Venedig erhielt auch im 17. und 18. Jahrhundert ein informelles Bündnis mit den oberdeutschen Reichsstädten aufrecht, welches sie bereits im Mittelalter faktisch geschlossen hatte. Hier banden sich urban-republikanische Gemeinwesen aus Tradition und aus dem Wissen um die gegenseitige Abhängigkeit aneinander. Ihren wesentlichen Ausdruck fand diese Verbindung in der deutschen Nation in Venedig in ihrem Gebäude am Rialto. Dort residierte eine wie die entsprechenden Gemeinwesen Süddeutschlands oder des Gaststaats republikanisch-aristokratisch verfasste Korporation. In der italienischen Adelsrepublik blieben diese Gäste auch daher immer hoch geschätzt. Die protestantischen Gottesdienste der Nation wurden toleriert, und ihre Mitglieder fanden Respekt und sogar Bewunderung bei den Adeligen Venedigs.[26]

Die deutsche Nation überlebte schließlich auch den Fall der Republik. Mit der Annexion Venedigs durch die Österreicher 1798 verschwindet die deutsche Nation aus den Akten. Sie existierte aber noch bis Juli 1806 weiter, erst dann wurden ihre Privilegien für erloschen erklärt, und die Mitglieder mussten den Fondaco verlassen.[27] In den Jahren um 1800 scheint die deutsche Nation relativ erfolgreich gewesen zu sein, so zahlten beispielsweise ihre aus Kempten stammenden Mitglieder deutlich höhere Steuern an die Reichsstadt als die Kemptener in Triest (Tabelle 37). Hierbei ist zu bedenken, dass die einzig bedeutende Gruppierung an deutschen Kaufleuten in Triest in diesen Jahren aus Kempten stammte.[28] Der Vorsprung Venedigs vor Triest als attraktives Ziel für Händler aus den Reichsstädten war also bis zum Schluss der Republik und darüber hinaus uneinholbar geblieben.

Seit 1806 die Kontinentalsperre erlassen wurde, betrieb das französische Kaiserreich eine Politik der Verlegung aller wesentlichen italienischen Handelsrouten nach Frankreich. In diesem Sinne wurde der Handel nach Deutschland durch hohe Zollmauern an der Nordgrenze des Königreichs Italien erschwert, und man müsste eigentlich eine schwere Krise der deutschen Händler an der Lagune erwarten.[29] Tatsächlich war dem nicht so. Den seit 1808 laufenden Einzahlungen der deutschen Protestanten an die Kirchengemeinde zufolge waren in diesem Jahr 38 Personen Mitglieder der evangelischen Kirche und finanzierten

26 *LeBret*, Geschichte von Italien, S. 545–546.
27 *Elze*, Geschichte, S. 87.
28 Vgl. Kap. II, Fn. 425–433.
29 *Tarlé*, Le blocus continental, S. 218–239.

Tabelle 37: Steuerforderungen der Reichsstadt Kempten an auswärtige Kaufleute in Venedig und Triest in fl. und kr., 1799–1801

Name	Jahr		
	1799	1800	1801
Michael Weitenauer in Venedig	15,10	23,20	14,00
Georg Jakob Daumiller in Venedig	97,30	150,00	90,00
Hieronymus Elhardt in Venedig	21,40	33,20	16,40 (Tod am 3.7.1801, daher die geringe Summe)
Johann Heinrich Dumreicher in Triest	19,30	30,00	18,00
Wolfgang Friedrich Renner in Triest	19,30	30,00	18,00
Johannes Büchelin in Triest	43,20	66,40	40,00

Quelle: StK, B 113, St. 46, fol. 303–311.

sie. Unter ihnen waren alle Firmen der noch 1796 aktiven Kaufleute der deutschen Nation, und es waren noch einige hinzugekommen, so Matthias Wilhalm, Johann Georg Hartmann, Jacob Gottfried Siri und Johannes (II) Siri als relativ kapitalkräftige Händler.[30] Dass diese und weitere deutsche Unternehmer sich unter anderem aus dem Kreis der ehemaligen Kaufmannslehrlinge rekrutierten, zeigt die jahrzehntelange Wirkmacht der Nachwuchsausbildung.[31] Die Jahre nach 1808 brachten dann allerdings einen Niedergang, als einige Händler ohne Erben vor Ort starben, so beispielsweise Conrad (I) Martens oder Benedikt Firnkranz. Diese Tendenz wurde auch nicht mehr durch höhere Erträge bei anderen Firmen aufgefangen, hier machte sich offenbar ein Rückgang des Handels nach Deutschland bemerkbar.[32]

Auch nach Ende der Kriege ging diese Entwicklung weiter. Ende 1814 erlegte sich die evangelische Gemeinde eine Abgabe auf die Frachten nach Deutschland auf. Die drei Jahre, in denen diese voll einbezahlt wurde, geben ein eindeutiges Ergebnis. Während 1815 noch 1.514 L. eingingen, fielen die Einnahmen 1816 auf 705 L., also weniger als die Hälfte. 1817 stieg die Einzahlung nur noch leicht auf 908 L.[33] Angesichts der im Frieden substantiell geringer gewordenen Erträge können wir vermuten, dass es den deutschen Händlern an der Lagune bis 1815 auch unter den Bedingungen der Kontinentalsperre in gewisser Weise

30 AEGV, B01, Bilanzen der »Kirchen Gemeinde Cassa«.

31 Vgl. Anhang III.

32 So erhielt die Gemeinde durch Beiträge der Kaufleute 1808 noch 7.850 L. an Einnahmen, 1809 nur noch 4.300 L. und 1810 nur noch 3.675 L., entnommen aus: AEGV, B01, Bilanzen der »Kirchen Gemeinde Cassa«.

33 Vgl. zu dieser Abgabe, die im März 1818 aufgehoben wurde: *Elze*, Geschichte, S. 98. Ihre Einnahmen finden sich in: AEGV, B01, Bilanzen der »Kirchen Gemeinde Cassa«.

noch vergleichsweise gut ergangen war, sie hatten sich wohl besser als ihre Gaststadt Venedig eine gewisse Bedeutung erhalten können. Bis 1815 liest man daher auch nichts von einer Insolvenz einer deutschen Firma in Venedig, obwohl in diesen Jahren viele Händler in ganz Italien Bankrott gingen.[34] Erst als Venedig endgültig an die Habsburger gefallen war, und die Wiener Regierung nun weiterhin Triest förderte, entfiel für die Händler der ehemaligen deutschen Nation bald jeglicher Grund, an der Lagune zu residieren.[35] Manche investierten daher vor allem in den Gewerbesektor in Venedig oder im Veneto.[36] Seit 1815 übersiedelten mehr und mehr Kaufleute der lutherischen Gemeinde von Venedig nach Triest.[37] Andere wiederum zogen ihre Kapitalien teilweise von der Adria ab und investierten in Süddeutschland in die junge Textilindustrie.[38] Um 1820 waren nur noch Kaufleute der Familien Reck und Heinzelmann als reiche Händler in Venedig übrig. Die weiteren lutherischen Händler waren Kaufleute mit geringen Kapitalien und geringer Reichweite.[39] Die deutsche Nation in Venedig war nun tatsächlich niedergegangen. Doch selbst nach der Krise von mehreren Jahrzehnten waren Händler wie Reck oder Heinzelmann immer noch mit weitem Abstand die reichsten Unternehmer an der Adria. Das zeigt sich beispielsweise daran, dass Sebastian Wilhelm von Heinzelmann (1759–1816) in Venedig die große Summe von 1.144.669 L. zu vererben hatte.[40] Insgesamt blieb das aber eine Ausnahme, der massive Bedeutungsverlust Venedigs hatte eindeutig auch Rückwirkungen auf die Kapitalkraft der deutschstämmigen Händler in der Stadt.

In Livorno sah es für die protestantischen Zuwanderer weit günstiger aus, da sie hier noch fast fünfzig Jahre vorteilhafte Handelsverhältnisse genießen konnten. Zwar waren hier die Turbulenzen der napoleonischen Epoche auch einschneidend gewesen, jedoch erfuhr Livorno nach 1815 wieder eine besondere Förderung durch die Zentralregierung – während Venedig sich gegenüber Triest benachteiligt sah. Erst als Livorno 1860 Teil des italienischen Staatsgebietes wurde, nahte auch hier das Ende einer langen Gunstperiode. Der Freihafen wurde am 31. Dezember 1867 aufgehoben, seit 1868 war Livorno ein wirklich vollgültiger Teil des italienischen Zollraums. Der Niedergang hier folgte aus der Entscheidung des vereinigten Italien, die Eisenbahnlinie von Genua nach Rom zunächst nur über Pisa zu bauen (1874) und Livorno erst 1910 daran anzuschließen.[41] Die deutschen und Schweizer Händler in Livorno sahen daher seit den 1870er Jahren dort kaum mehr eine Zukunft und verließen die Stadt

34 *Tarlé*, Le blocus continental, S. 238–239.
35 *Luzzatto*, Le vicende, S. 25–27; *Romanelli*, Venezia Ottocento, S. 140–144.
36 So die Erben der Firma Schweyer: *Basaldella*, Giudecca, S. 117–121, 246–249.
37 *Patzelt*, Evangelisches Leben, S. 261, 263.
38 Vgl.: *Eggel*, Die Textilkaufleute Heinzelmann, S. 579–580.
39 AEGV, B01, Bilanzen der »Kirchen Gemeinde Cassa«.
40 BWHSAS, Q3/11, Familienarchiv Neurath, Bü 413, Stato dell'Eredita del defunto Sig. Seb. Gug. d. Heinzelmann.
41 *Baruchello*, Livorno e il suo porto, S. 613–660.

oder integrierten sich unter Aufgabe ihres Handelsgeschäfts in die italienische Gesellschaft.[42]

Der hier skizzierte Ausblick zeigt im Wesentlichen, dass die deutschen Händlernetze in Venedig bis 1808/15 und in Livorno bis in die 1870er Jahre in relativ guter ökonomischer Verfassung blieben. Die besondere Bedeutung beider hat zu einem wesentlichen Teil ihre Ursache in der venezianischen Privilegienpolitik gegenüber ihren deutschen Gästen des späteren 17. Jahrhunderts. Wir können daher auf die einleitende Frage antworten: Keine noch so geniale Politik der Venezianer hätte die handelspolitischen Konsequenzen der Umschiffung Afrikas und die Etablierung kostengünstiger Direktfahrten von der Nordsee zur Levante um 1600 sowie den damit einhergehenden wirtschaftlichen Bedeutungsschwund der Adriarepublik verhindern können. Doch bei einer Lektüre der vielen durchweg von Empirie und Erfahrung gekennzeichneten Gutachten der *Cinque Savi alla Mercanzia* zum Fondaco dei Tedeschi und zu den Privilegien der deutschen Nation in Venedig kommt der Eindruck auf, dass man sich intensiv bemühte, den bestmöglichen wirtschaftspolitischen Kurs in einer feinen Austarierung und Anpassung des bestehenden Systems an die Bedürfnisse der Zeit zu suchen. Die Republik erscheint dabei als ein System mit einer tiefgehenden, aus der täglichen Erfahrung und Praxis gespeisten analytischen Kapazität und einem daraus resultierenden volkswirtschaftlichen Verständnis, das den vorgeblichen Niedergang der Republik zu verhindern oder wenigstens abzumildern imstande war. Ihr dankbares Instrument dafür waren die deutschen Händler im Fondaco dei Tedeschi. Der teure Wiederaufbau des Fondaco dei Tedeschi im Jahr 1508 hat sich in den folgenden 300 Jahren für Deutschland und – wie der Blick nach Livorno lehrt – ganz Italien eindeutig gelohnt.

42 *Panessa/Nista*, La congregazione, S. 137–141.

VI. Anhänge

Anhang I: Mitglieder der deutschen Nation Venedig, 1691–1796

Tabelle 38 bietet eine Zusammenstellung aller zwischen 1691 und 1796 in der deutschen Nation in Venedig registrierten Kaufleute.[1] Sie basiert auf zwei Quellentypen aus dem Archivbestand: ASVe/CS, I Ser., 966. Einerseits sind dies die sogenannten »Tolelle«, die regelmäßig von der deutschen Nation an die venezianische Regierung gesandten Listen der deutschen Kaufmannschaft. Andererseits sind dies die »Fedi«, also die offiziell besiegelten und von den Consuln der deutschen Nation und der Republik Venedig beglaubigten Aufnahmebescheinigungen. Da die erste Fede von 1691 datiert, wurde dies als zeitlicher Beginn für diese Liste genommen.

Tabelle 38: Überlieferte Tolelle der deutschen Nation in Venedig im 18. Jahrhundert

27.8.1693:[2] 26 Firmen, davon 6 mit jeweils 2 Händlern (32 Personen)
12.2.1705: 28 Firmen, davon 4 mit jeweils 2 Händlern (32 Personen)
»Nota dei Nomi da depennar« vom 12.2.1705:[3] 9 Firmen, davon 1 mit 2 Händlern (10 Personen)
11.7.1713: 31 Firmen, davon 1 mit zwei Händlern (32 Personen)
22.3.1723: 35 Firmen, davon 5 mit jeweils 2 und 1 mit drei Händlern (42 Personen)
30.3.1735: 26 Firmen, davon 4 mit jeweils 2 Händlern (30 Personen)
30.3.1754: 38 Firmen, davon 5 mit jeweils 2 und 1 mit 3 Händlern (45 Personen)
30.3.1756: 36 Firmen, davon 4 mit jeweils 2 und 1 mit 3 Händlern (42 Personen)
2.12.1760: 33 Firmen, davon 5 mit jeweils 2 und 1 mit 3 Händlern (40 Personen)
28.2.1763: 31 Firmen, davon 5 mit jeweils 2 und 1 mit 3 Händlern (38 Personen)
28.4.1768: 20 Firmen, davon 4 mit jeweils 2, 1 mit 3, 1 mit 4 und 1 mit 5 Händlern (33 Personen)
21.3.1774: 20 Firmen, davon zwei mit jeweils 2, 3 mit jeweils 3 und 1 mit 4 Händlern (31 Personen)

1 Für die Überlassung einer ähnlichen Tabelle, die der hier publizierten teilweise zugrunde liegt, danke ich an dieser Stelle Heiner Krellig.

2 Diese Liste findet sich nur als eine von Theodor Elze angefertigte Abschrift aus den 1945 verbrannten Capitularien in: UBG/E, Schachtel Venedig, fol. 14.

3 Diese Liste hängt der Tolella vom selben Tag an, sie nennt Personen, die aus verschiedenen Gründen, die hier angegeben werden, nicht mehr Mitglieder der deutschen Nation sind.

21.2.1780: 17 Firmen, davon 5 mit jeweils 2, 2 mit jeweils 3 und 2 mit jeweils 5 Händlern (34 Personen)
27.2.1787: 10 Firmen, davon 4 mit jeweils 2, 2 mit jeweils 3, und 1 mit 5 Händlern (22 Personen)
16.3.1796: 12 Firmen, davon 2 mit jeweils 2 und 3 mit jeweils 3 Händlern (20 Personen)

Quelle: UBG/E, Schachtel Venedig, fol. 14; ASVe/CS, I Ser., 966.

Da diese Tolelle Lücken aufweisen, können durch die Fedi die noch fehlenden Mitglieder der deutschen Nation vervollständigt werden. Da nur zu sehr wenigen Personen in den Tolelle auch die entsprechende Fede fehlt, können wir von einer gegenseitigen Vervollständigung beider Quellen ausgehen.

Die Sortierung erfolgt alphabetisch nach Nachnamen. Die Namen wurden in ihrer in der Literatur und den Quellen meistverwandten deutschen Form wiedergegeben. Zu mancher Fede ist bisweilen noch eine wenig später datierende offizielle Zulassung zur deutschen Nation überkommen. In der Rubrik »Admission zur dt. Nation« wird das Datum der offiziellen Zulassung eingetragen, wenn diese Akte fehlte, dann das Datum der wenige Tage/Wochen zuvor ausgestellten Fede. Bei den Tolelle wird die erste und letzte Nennung angegeben, in der Regel hieß dies auch, dass der entsprechende Kaufmann in allen dazwischenliegenden Tolelle auch aufgeführt ist. Dabei wird immer angegeben, wenn der Kaufmann nicht allein, sondern in Partnerschaft, hier durch »Assoziation« markiert, in den Tolelle vermerkt war. In diesem Fall wird auch in Klammern der Firmenname in seiner italienischen Schreibweise angegeben, damit kann teilweise eine genauere Genealogie der Firmen nachvollzogen werden.[4] In manchen Fedi sind noch die Orte angegeben. Diese wurden hier dann ohne weiteren Kommentar hinzugefügt. Es wurde noch versucht, möglichst viele weitere Orte anzugeben. Diese Angaben basieren hauptsächlich auf dem Werk von Henry Simonsfeld,[5] der selbst wiederum seine Informationen hauptsächlich aus den Namenszusammenstellungen durch Giovanni Bortalamio Milesio von 1715[6] und Theodor Elze von 1883,[7] und damit unmittelbar auf zentralen und heute noch existierenden Quellenlisten des Archivs der evangelischen Gemeinde in Venedig basierte. Weitere Ortsangaben fußen auf den zusätzlichen Anhängen dieser Arbeit sowie dem Werk von Theodor Elze direkt. Wenn eine Ortsangabe auf einer anderen Quelle basiert, wurde diese Zitation ausführlich gemacht, ansonsten wird nur »Simonsfeld« oder »Elze« und dann die Seite angegeben. Nur absolut sichere Angaben wurden aufgeführt, selbst sehr wahrscheinliche Vermutungen (beispielsweise, dass Johann Thomas Bachmair aus Augsburg stammt) werden nicht aufgeführt.

4 Dies war bei der Tolella von 1693 nicht möglich, da diese nur in der deutschen Übersetzung von Theodor Elze vorliegt.

5 *Simonsfeld*, Der Fondaco dei Tedeschi, Bd. 2.

6 *Thomas*, G.B. Milesio's Beschreibung.

7 *Elze*, Geschichte.

Geburts- und Sterbedaten wurden nicht aufgenommen, da sie nicht in den Tolelle oder Fedi inheränt sind, sie werden in den weiteren Anhängen dieser Arbeit und der genannten Literatur teilweise genannt.

Die Liste bietet damit einen Querschnitt zur deutschen Nation im 18. Jahrhundert, wir können damit relativ genau die aktive Zeit und die verschiedenen Partnerschaften der jeweiligen Händler nachvollziehen. Die Händler, die erstmalig 1693 vermerkt sind, waren dabei natürlich teilweise schon lange vorher in der deutschen Nation – bei einem Fall kann dies bis 1682 angegeben werden. Diejenigen, die zuletzt 1796 vermerkt sind, waren bisweilen noch viele Jahre in Venedig tätig. So zeigt diese Liste sich als ein präziser Ausschnitt aus einer kontinuierlichen Geschichte, die aus sehr alten Wurzeln herrührt und auch noch in die Zukunft bis in das Europa der Restauration verwies.

Tabelle 39: Die Mitglieder der deutschen Nation, 1682–1796

Nr.	**Name**	**Vorname(n)**	**Admission zur dt. Nation**	**Erst- und Letztnennung in den Tolelle oder der *Nota dei Nomi da depennar* vom 12.2.1705**	**Herkunftsort**
1	Ambtman	Franz Christof	20.3.1694	Erstnennung: 27.8.1693 Letztnennung: 22.3.1723	Nürnberg/ Venedig[8]
2	Amman	Gottfried Friedrich	5.1.1746	Erstnennung: 30.3.1754 Letztnennung: 30.3.1756	Augsburg (Simonsfeld, S. 180)
3	Amman	Gustav Adolph	22.8.1701	Erst- und Letztnennung: 12.2.1705	Augsburg (Simonsfeld, S. 181)
4	Amman	Daniel	9.11.1708	Erstnennung: 11.7.1713 Letztnennung: 2.12.1760	Augsburg
5	Auracher	Johann Wolfhard		Erstnennung: 27.8.1693, zus. mit Johann Emerich Auracher Letztnennung in der *Nota dei Nomi da depennar* vom 12.2.1705 (falliti)	Nürnberg (Simonsfeld, S. 194)
6	Auracher	Johann Emerich		Erstnennung: 27.8.1693, zus. mit Johann Wolfhard Auracher Letztnennung in der *Nota dei Nomi da depennar* vom 12.2.1705 (falliti)	Nürnberg (Simonsfeld, S. 195)

8 Vgl. *Riederer*, Merckwürdiges Leben, S. 257–259. Hier irrt: *Simonsfeld*, Der Fondaco dei Tedeschi, Bd. 2, S. 173.

Nr.	Name	Vorname(n)	Admission zur dt. Nation	Erst- und Letztnennung in den Tolelle oder der *Nota dei Nomi da depennar* vom 12.2.1705	Herkunftsort
7	Bachmair	Johann Matthias	16.11.1717	Erst- und Letztnennung: 22.3.1723, zus. mit Johann Thomas Bachmair und Johann Georg Herman Lucker (Fratelli Bachmair et Lucher)	Augsburg (Elze, S. 63)
8	Bachmair	Johann Thomas	16.11.1717	Erst- und Letztnennung: 22.3.1723, zus. mit Johann Matthias Bachmair und Johann Georg Herman Lucker (Fratelli Bachmair et Lucher)	
9	Bachmair	Matthias		Erstnennung: 27.8.1693, zus. mit Erasmus Hopfer (Erasmo Hopfer e Matt. Bachmair) Letztnennung: 11.7.1713, zus. mit Erasmus Hopfer (Erasmo Hopfer e Matt. Bachmair)	Augsburg (Simonsfeld, S. 181)
10	Beck	Johann	20.3.1715	Erstnennung: 22.3.1723, zus. mit Johann Konrad Schwestermiller (Suestermiller e Bech) Letztnennung: 30.3.1735, zus. mit Johann Konrad Schwestermiller (Suestermiller e Bech)	Augsburg (Anhang II)
11	Bensperg	Jakob (I)	1.2.1713	Erstnennung: 11.7.1713 Letztnennung: 30.3.1735	Lindau (Simonsfeld, S. 187)
12	Bensperg	Johann Georg	6.6.1740	Erstnennung: 30.3.1754 Letztnennung: 30.3.1756	Lindau (Simonsfeld, S. 187)
13	Blaichner	Matthias	16.11.1717	Erst- und Letztnennung: 22.3.1723	
14	Bourel	Franz Josef	5.12.1699	Erst- und Letztnennung in der *Nota dei Nomi da depennar* vom 12.2.1705 (seccato il negotio)	Köln[9]

9 *Güttsches*, Die Kölner Zivilprozesse, S. 128.

Nr.	Name	Vorname(n)	Admission zur dt. Nation	Erst- und Letztnennung in den Tolelle oder der *Nota dei Nomi da depennar* vom 12.2.1705	Herkunftsort
15	Brombeiß	Christoph Ludwig	25.12.1746	Erstnennung 30.3.1754, zus. mit Christoph Wilhelm König (Eredi di Giorgio Mattia Chonig) Allein: 2.12.1760 Letztnennung: 28.2.1763	Kempten (Anhang II)
16	Bruckner	Georg Christoph		Erstnennung: 27.8.1693 Letztnennung: 22.3.1723	Nürnberg (Simonsfeld, S. 194)
17	Conrat	Georg Johannes	23.7.1729		
18	Dannen-berger	Johann Heinrich	18.2.1760	Erstnennung: 2.12.1760 Letztnennung: 28.4.1768	Ludwigsburg (Anhang II)
19	Daumiller	Georg Jakob	29.3.1796	Erst- und Letztnennung: 16.3.1796	Kempten (Simonsfeld, S. 186)
20	Degmair	Matthäus Friedrich	1.3.1774	Erstnennung: 21.3.1774, zus. mit Adam Liebert, Johann Wolfgang Schiff-lin und Friedrich Samuel Wenndrich (Lieb & Co.) Letztnennung: 21.2.1780	Augsburg
21	Deller	Johann Jakob		Erstnennung: 27.8.1693 Letztnennung: 12.2.1705	Leutkirch (Simonsfeld, S. 187)
22	Dick	Wendelin Lucas	13.3.1769		Kempten
23	Dimpfel	Hans Albrecht	11.6.1698	Erstnennung: 12.2.1705 Letztnennung: 22.3.1723, zus. mit Benedikt von Hermann (Dimpfel et Herman)	Augsburg (Simonsfeld, S. 182)
24	Doppel-mair	Johann Gabriel	25.9.1722	Erst- und Letztnen-nung: 22.3.1723, zus. mit Joh. Christ. Esterlin (Esterlin e Doppelmeir)	Nördlingen (Simonsfeld, S. 186)
25	Dreher	Melchior	26.1.1706	Erst- und Letztnennung: 11.7.1713	

Nr.	Name	Vorname(n)	Admission zur dt. Nation	Erst- und Letztnennung in den Tolelle oder der *Nota dei Nomi da depennar* vom 12.2.1705	Herkunftsort
26	Elhardt	Hieronymus	18.9.1775	Erstnennung: 21.2.1780, zus. mit Michael Weitenauer (Otto Filippo Zeller) Letztnennung: 16.3.1796, zus. mit Michael Weitenauer (Otto Filippo Zeller)	Kempten (Anhang II)
27	Ertel	Balthasar		Erstnennung: 27.8.1693 Letztnennung in der *Nota dei Nomi da depennar* vom 12.2.1705 (morte)	
28	Esterlin	Johann Christoph	20.12.1721	Erst- und Letztnennung: 22.3.1723, zus. mit: Johann Gabriel Doppelmair (Esterlin e Doppelmeir)	Regensburg
29	Faber	Georg Friedrich	18.2.1760	Erstnennung: 2.12.1760 Letztnennung: 28.4.1768	Colmar (Anhang II)
30	Fassel[10]	Joseph	9.9.1694	Erstnennung: 12.2.1705 Letztnennung: 22.3.1723	
31	Fehr	Mattheus	27.3.1754	Erstnennung: 30.3.1754, zus. mit Hieronymus Hau (in società) Letztnennung: 28.2.1763, zus. mit Hieronymus Hau (in società)	
32	Fehr	Felix (I)	14.7.1705	Erstnennung: 11.7.1713 Letztnennung: 28.2.1763	Kempten (Elze, S. 63)
33	Fehr	Felix (II)		Erstnennung: 28.4.1768 Letztnennung: 21.2.1780, zus. mit Johann Christoph Gwinner (Felice Fehr e Guinner)	Kempten (Simonsfeld, S. 183)

10 Über diesen existiert ein Häresieprozess von 1704, in dem er als 42 Jahre alt bezeichnet wird, der in Bayern beim Kaufmann »Crer« gelernt habe und in Venedig beim Kaufmann »Brenton«. Es ist zu vermuten, dass er ein katholischer Kaufmann war, nicht nur aufgrund dieses Lebenslaufs, sondern auch da er angeblich während einer katholischen Messe Gotteslästerei verübt habe. Der Prozess versandete allerdings: ASVe, Savi all'eresia, b. 131, Nr. 3.

Nr.	Name	Vorname(n)	Admission zur dt. Nation	Erst- und Letztnennung in den Tolelle oder der *Nota dei Nomi da depennar* vom 12.2.1705	Herkunftsort
34	Feuer-stein[11]	Ferdinand Friedrich	11.9.1708	Erst- und Letztnennung: 11.7.1713	Isny
35	Fin	Wolfgang Moritz	13.2.1698		
36	Firnkranz	Johann Jakob	18.1.1760	Erstnennung: 2.12.1760, zus. mit Johann Jakob Mayr (Firnkranz e Mayr) Letztnennung: 16.3.1796	Ulm (Anhang II)
37	Fleischer	Johann Adam	11.12.1715	Erstnennung: 22.3.1723, zus. mit Johann Matthias Zimmerman (Fleischer e Zimmermann) Letztnennung: 30.3.1735, zus. mit Johann Matthias Zimmerman (Fleischer e Zimmermann)	Nürnberg (Simonsfeld, S. 195)
38	Flosperger	Georg		Erstnennung: 27.8.1693 Letztnennung: 11.7.1713	
39	Francke	Heinrich Friedrich	20.3.1694	Erstnennung: 12.2.1705 Letztnennung: 11.7.1713	Lübeck (Kap. IV. 1. c)
40	Gaul-hoffer	Johann Christoph	16.12.1702	Erstnennung: 12.2.1705 Letztnennung: 11.7.1713	
41	Guter-mann	Johann Jakob	21.3.1768	Erstnennung: 28.4.1768 Letztnennung: 21.3.1774	Augsburg (Simonsfeld, S. 182)
42	Gwinner	Johann Christoph	1.4.1775	Erstnennung: 21.2.1780 zus. mit Felix (II) Fehr (Felice Fehr e Guinner) Letztnennung: 27.2.1787	Stuttgart (Anhang II)
43	Haan	Kaspar	13.9.1690	Erstnennung: 27.8.1693 Letztnennung: 12.2.1705	
44	Habiß-reitinger	Johann Jakob	30.4.1745	Erstnennung: 30.3.1754 Letztnennung: 30.3.1756	Augsburg
45	Hagen	Georg Zacharias	23.12.1751	Erstnennung: 30.3.1754 Letztnennung: 28.2.1763	Regensburg (Simonsfeld, S. 237)
46	Haid	Gottlieb Christian		Erst- und Letztnennung: 16.3.1796	Regensburg

11 Vgl. zu dessen Handelskontakten nach Nürnberg: *Büser*, Die Geschäfte, S. 302.

Nr.	Name	Vorname(n)	Admission zur dt. Nation	Erst- und Letztnennung in den Tolelle oder der *Nota dei Nomi da depennar* vom 12.2.1705	Herkunftsort
47	Hau	Hieronymus	27.3.1754	Erstnennung: 30.3.1754, zus. mit Mattheus Fehr (in società) Allein: 28.4.1768 Letztnennung: 27.2.1787	Kempten (Simonsfeld, S. 237)
48	Heinzel-mann	Johann Georg	14.5.1714		Kaufbeuren (Anhang II)
49	Heinzel-mann	Johannes	2.10.1721	Erstnennung: 22.3.1723 Letztnennung: 28.2.1763	Kaufbeuren (Simonsfeld, S. 183)
50	Heinzel-mann	Georg Daniel	22.3.1768	Erstnennung: 28.4.1768, zus. mit Johann Konrad, Sigismund Christoph, Johann Georg Jakob und Sebastian Wilhelm Heinzelmann (Gio. Heinzelmann) Letztnennung: 16.3.1796	Venedig (Elze, S. 65)
51	Heinzel-mann	Johann Konrad	22.3.1768	Erstnennung: 28.4.1768, zus. mit Georg Daniel, Sigismund Christoph, Johann Georg Jakob und Sebastian Wilhelm Heinzelmann (Gio. Heinzelmann) Letztnennung: 27.2.1796, zus. mit Sebastian Wilhelm Heinzelmann (Sebastian Guglielmo Heinzelmann)	Venedig (Elze, S. 65)
52	Heinzel-mann	Sigismund Christoph	22.3.1768	Erstnennung: 28.4.1768, zus. mit Georg Daniel, Johann Georg Jakob, Johann Konrad und Sebastian Wilhelm Heinzelmann (Gio. Heinzelmann) Letztnennung: 27.2.1787, zus. mit Georg Daniel, Johann Georg Jakob, Johann Konrad und Sebastian Wilhelm Heinzelmann (Gio. Heinzelmann)	Venedig (Elze, S. 65)

Nr.	Name	Vorname(n)	Admission zur dt. Nation	Erst- und Letztnennung in den Tolelle oder der *Nota dei Nomi da depennar* vom 12.2.1705	Herkunftsort
53	Heinzelmann	Johann Georg Jakob	22.3.1768	Erstnennung: 28.4.1768, zus. mit Georg Daniel, Sigismund Christoph, Johann Konrad und Sebastian Wilhelm Heinzelmann (Gio. Heinzelmann) Letztnennung: 27.2.1787, zus. mit Georg Daniel, Sigismund Christoph, Johann Konrad und Sebastian Wilhelm Heinzelmann (Gio. Heinzelmann)	Venedig (Elze, S. 65)
54	Heinzelmann	Sebastian Wilhelm	22.3.1768	Erstnennung: 28.4.1768, zus. mit Georg Daniel, Sigismund Christoph, Johann Georg Jakob und Johann Konrad Heinzelmann (Gio. Heinzelmann) Letztnennung: 16.3.1796, zus. mit Johann Konrad Heinzelmann (Sebastian Guglielmo Heinzelmann)	Venedig (Elze, S. 65)
55	Hering	Johann Philipp		Erstnennung: 27.8.1693 Letztnennung: 11.7.1713	Zittau (Simonsfeld, S. 192)
56	Hering	Georg Philipp	6.6.1714		Zittau (Simonsfeld, S. 192)
57	Hermann	Benedikt von	21.11.1721	Erstnennung: 22.3.1723, zus. mit Hans Albrecht Dimpfel (Dimpfel et Herman) Allein: 30.3.1735 Letztnennung: 21.2.1780	Memmingen (Simonsfeld, S. 184)
58	Heuß	Joseph Friedrich	26.2.1753	Erstnennung 30.3.1754 Letztnennung: 28.4.1768	Memmingen (Simonsfeld, S. 184)
59	Hienlin	Ludwig	15.9.1692		
60	Heuchelin	Gottfried Karl	26.1.1706	Erstnennung: 27.8.1693 Letztnennung: 11.7.1713	

Nr.	Name	Vorname(n)	Admission zur dt. Nation	Erst- und Letztnennung in den Tolelle oder der *Nota dei Nomi da depennar* vom 12.2.1705	Herkunftsort
61	Hößlin	Balthasar von	23.12.1751	Erstnennung: 30.3.1754, zus. mit Johann Michael (I) Wagner (Gio. Michael Wagner) Assoziation: 28.4.1768, zus. mit Hieronymus, Daniel Christoph und Johann Jakob Wagner (Gio. Michiel Wagner) Allein: 21.3.1774 Letztnennung: 21.2.1780, zus. mit Daniel Christoph, Johann Jakob, Johann Wilhelm und Johann Michael (III) Wagner (Gio. Michael Wagner)	Augsburg (Simonsfeld, S. 182)
62	Hopfer	Erasmus		Erstnennung: 27.8.1693, zus. mit Matthias Bachmair (Erasmo Hopfer e Matt. Bachmair) Letztnennung: 11.7.1713, zus. mit Matthias Bachmair (Erasmo Hopfer e Matt. Bachmair)	Augsburg (Simonsfeld, S. 179)
63	Hugel	Johann Wilhelm	31.7.1736	Erstnennung: 30.3.1754, zus. mit Sebastian (I) Schalckhauser und Michael Jastram (in società) Assoziation: 2.12.1760, zus. mit Sebastian (I) Schalckhauser (in società) Letztnennung: 28.4.1768, zus. mit Sebastian (I) Schalckhauser (in società)	Memmingen (Simonsfeld, S. 184)
64	Jager[12]	Johannes Paul		Erstnennung: 27.8.1693 Letztnennung: 11.7.1713	
65	Jager	Joseph	16.6.1721	Erstnennung: 22.3.1723 Letztnennung: 30.3.1735	

12 Die Familie Jager mag aus Südtirol stammen, vgl. *Dörrer,* Die Auslagen, S. 30.

Nr.	Name	Vorname(n)	Admission zur dt. Nation	Erst- und Letztnennung in den Tolelle oder der *Nota dei Nomi da depennar* vom 12.2.1705	Herkunftsort
66	Jager	Johann Baptist	16.6.1721	Erstnennung: 22.3.1723, zus. mit Michael Jager Letztnennung: 30.3.1754, zus. mit Michael Jager	
67	Jager	Michael	16.6.1721	Erstnennung: 22.3.1723, zus. mit Johann Baptist Jager Letztnennung: 30.3.1756	
68	Jastram	Michael		Erstnennung: 30.3.1754, zus. mit Johann Wilhelm Hugel und Sebastian (I) Schalckhauser (in società) Letztnennung: 30.3.1756, zus. mit Johann Wilhelm Hugel und Sebastian (I) Schalckhauser (in società)	Portsmouth (Anhang III)
69	Kefferloher	Georg Daniel	5.1.1712	Erstnennung: 11.7.1713 Letztnennung: 22.3.1723	Kitzingen[13]
70	Kiechel	Matthias Ludwig	30.4.1745		Ulm (Simonsfeld, S. 185)
71	Kiechel	Joh. Georg		Erstnennung: 27.8.1693 Letztnennung: 30.3.1735	Ulm (Simonsfeld, S. 185)
72	Kleinschmidt	Samuel Rudolf	19.1.1720	Erstnennung: 22.3.1723 Letztnennung: 28.4.1768	Augsburg (Anhang II)
73	König	Georg Matthias	4.2.1711	Erstnennung: 11.7.1713 Letztnennung: 30.3.1735	Ulm (Simonsfeld, S. 185)
74	König	Christoph Wilhelm	25.12.1746	Erstnennung: 30.3.1754, zus. mit Christoph Ludwig Brombeiß (Eredi di Giorgio Mattia Chonig) Letztnennung: 30.3.1756, zus. mit Christoph Ludwig Brombeiß (Eredi di Giorgio Mattia Chonig)	Breslau (Anhang II)
75	Koninck	Johann	2.6.1729	Erst- und Letztnennung: 30.3.1735, zus. mit Johann Georg Stahl (Stahl e Coningk)	Hamburg (Anhang II)

13 *Pledl/Breit*, Bayerisches, S. 110–111.

Nr.	Name	Vorname(n)	Admission zur dt. Nation	Erst- und Letztnennung in den Tolelle oder der *Nota dei Nomi da depennar* vom 12.2.1705	Herkunftsort
76	Kühn	Johann David	14.7.1705	Erst- und Letztnennung: 11.7.1713	Schneeberg in Sachsen[14]
77	Laminit	Veit Ludwig	27.2.1769	Erstnennung: 21.3.1774, zus. mit Johann Konrad Reck (Rech e Laminit) Letztnennung: 27.2.1787, zus. mit Johann Konrad Reck (Reck e Laminit)	Memmingen
78	Langen-mantel	Matthias	5.12.1733	Erst- und Letztnennung: 30.3.1735	Augsburg (Simonsfeld, S. 182)
79	Langen-mantel	Johannes		Erstnennung: 27.8.1693 Letztnennung in der *Nota dei Nomi da depennar* vom 12.2.1705 (andato via)	Augsburg (Simonsfeld, S. 179)
80	Lauber	Christoph		Erstnennung: 27.8.1693, zus. mit Matthias Lauber (Matt. e C. Lauber) Letztnennung: 12.2.1705, zus. mit Matthias Lauber (Matt. e C. Lauber)	Memmingen
81	Lauber	Matthias		Erstnennung: 27.8.1693, zus. mit Christoph Lauber (Matt. e C. Lauber) Letztnennung: 12.2.1705, zus. mit Christoph Lauber (Matt. e C. Lauber)	Kaufbeuren (Simonsfeld, S. 183)
82	Liebert	Adam	1.3.1774	Erstnennung: 21.3.1774, zus. mit Matthäus Friedrich Degmair, Johann Wolfgang Schifflin und Friedrich Samuel Wenndrich (Lieb & Co.) Letztnennung: 21.2.1780	Augsburg
83	Lucker	Johan Georg Herman	16.11.1717	Erstnennung: 22.3.1723, zus. mit Johann Matthias und Johann Thomas Bachmair (Fratelli Bachmair et Lucher) Letztnennung: 30.3.1735	Augsburg (Anhang IV)

14 *Meltzer*, Historia, S. 1175–1176.

Nr.	Name	Vorname(n)	Admission zur dt. Nation	Erst- und Letztnennung in den Tolelle oder der *Nota dei Nomi da depennar* vom 12.2.1705	Herkunftsort
84	Mangolt	Gabriel		Erstnennung: 27.8.1693, zus. mit Theodor Langenmantel Letztnennung in der *Nota dei Nomi da depennar* vom 12.2.1705 (fallito)	
85	Mangolt	Theodor		Erstnennung: 27.8.1693, zus. mit Johannes Langenmantel Letztnennung in der *Nota dei Nomi da depennar* vom 12.2.1705 (fallito)	
86	Martens	Conrad (I)	17.1.1744	Erstnennung: 30.3.1754 Letztnennung: 21.2.1780	Hamburg (Simonsfeld, S. 241)
87	Martens	Wilhelm Conrad		Erstnennung: 27.2.1787 Letztnennung: 16.3.1796	
88	Maurer	Jakob	20.3.1715	Erst- und Letztnennung: 22.3.1723	
89	Mayr	Johann Jakob	18.1.1760	Erstnennung: 2.12.1760, zus. mit Johann Jakob Firnkranz (Firnkranz e Mayr) Letztnennung: 27.2.1787, zus. mit Johann Jakob Firnkranz (Firnkranz e Mayr)	Memmingen (Anhang II)
90	Mederle	Franz Josef	2.12.1727	Erst- und Letztnennung: 30.3.1735	
91	Mehling	Lorenz Jakob	10.12.1725	Erstnennung: 30.3.1735 Letztnennung: 28.2.1763	
92	Mellin	Matthias	17.1.1744	Erstnennung: 30.3.1754 Letztnennung: 30.3.1756	Kempten (Anhang II)
93	Melren	Georg Andreas van	22.11.1713		
94	Merck	Johann Jakob	11.12.1720	Erst- und Letztnennung: 22.3.1723	
95	Mettel	Nikolaus Christoph	13.3.1769	Erstnennung: 21.3.1774 Letztnennung: 21.2.1780	Augsburg

Nr.	Name	Vorname(n)	Admission zur dt. Nation	Erst- und Letztnennung in den Tolelle oder der *Nota dei Nomi da depennar* vom 12.2.1705	Herkunftsort
96	Miller	Jakob	11.12.1720	Erstnennung: 27.8.1693 Letztnennung: 22.3.1723	Paternion (Kärnten) (Simonsfeld, S. 173)
97	Miller	Johann David		Erstnennung: 27.8.1693 Letztnennung in der *Nota dei Nomi da depennar* vom 12.2.1705 (fallito)	
98	Natter	Johann Sigismund	11.12.1753	Erstnennung: 30.3.1754 Letztnennung 2.12.1760	Biberach (Simonsfeld, S. 186)
99	Pfauz	Friedrich	26.2.1753	Erstnennung: 30.3.1754 Letztnennung: 21.3.1774	Augsburg (Anhang II)
100	Pfauz	Christoph Daniel	1.3.1780	Erstnennung: 21.2.1780, zus. mit Johann Sebastian und Johann Michael Pfauz (Federico Pfauz) Letztnennung: 16.3.1796, zus. mit Johann Sebastian und Johann Michael Pfauz (Federico Pfauz)	Venedig (Anhang III)
101	Pfauz	Johann Sebastian	1.3.1780	Erstnennung: 21.2.1780, zus. mit Georg Daniel und Johann Michael Pfauz (Federico Pfauz) Letztnennung: 16.3.1796, zus. mit Georg Daniel und Johann Michael Pfauz (Federico Pfauz)	Venedig (Anhang III)
102	Pfauz	Johann Michael	1.3.1780	Erstnennung: 21.2.1780, zus. mit Johann Sebastian und Georg Daniel Pfauz (Federico Pfauz) Letztnennung: 16.3.1796, zus. mit Johann Sebastian und Georg Daniel Pfauz (Federico Pfauz)	Venedig[15]

15 *Pistorius,* Burckhardtische, S. 190.

Nr.	Name	Vorname(n)	Admission zur dt. Nation	Erst- und Letztnennung in den Tolelle oder der *Nota dei Nomi da depennar* vom 12.2.1705	Herkunftsort
103	Pommer	Johann Christoph (I)		Erstnennung: 27.8.1693, zus. mit Johann Jakob (I) Pommer Letztnennung: 12.2.1705, zus. mit Johann Jakob (I) Pommer	Wien (Simonsfeld, S. 211)
104	Pommer	Johann Jakob (I)	15.9.1692	Erstnennung: 27.8.1693, zus. mit Johann Christoph (I) Pommer Letztnennung: 11.7.1713	Wien (Simonsfeld, S. 211)
105	Pommer	Johannes	7.12.1717	Erstnennung: 22.3.1723 Letztnennung: 30.3.1735	Venedig (Simonsfeld, S. 211)
106	Pommer	Johann Jakob (II)	27.3.1754	Erstnennung: 30.3.1754, zus. mit Johann Christoph (III) Pommer (fratelli) Letztnennung: 21.2.1780, zus. mit Johann Christoph (III) Pommer (fratelli)	Venedig (Anhang II)
107	Pommer	Johann Christoph (III)	27.3.1754	Erstnennung: 30.3.1754, zus. mit Johann Jakob (II) Pommer (fratelli) Letztnennung: 21.2.1780, zus. mit Johann Jakob (II) Pommer (fratelli)	Venedig (Anhang II)
108	Rachel	Paulus Moritz	5.1.1746	Erst- und Letztnennung: 30.3.1754	Augsburg (Simonsfeld, S. 182)
109	Rad	Philipp Albert		Erstnennung: 27.8.1693 Letztnennung: 12.2.1705	Augsburg (Simonsfeld, S. 179)
110	Reck	Johann Konrad	27.2.1769	Erstnennung: 21.3.1774, zus. mit Veit Ludwig Laminit (Rech e Laminit) Letztnennung: 21.2.1780, zus. mit Veit Ludwig Laminit (Rech e Laminit)	Wendelstein
111	Regatschnig	Matthias Ferdinand	3.2.1696	Erstnennung: 12.2.1705 Letztnennung: 22.3.1723	Villach (Simonsfeld, S. 172)

Nr.	Name	Vorname(n)	Admission zur dt. Nation	Erst- und Letztnennung in den Tolelle oder der *Nota dei Nomi da depennar* vom 12.2.1705	Herkunftsort
112	Regatsch-nig	Johan Georg		Erstnennung: 27.8.1693 Letztnennung in der *Nota dei Nomi da depennar* vom 12.2.1705 (morte)	Villach (Simonsfeld, S. 172)
113	Riesch	Erhard	29.3.1787	Erstnennung: 27.2.1787, zus. mit Johann Michael (III) Wagner (Riesch e Wagner) Letztnennung: 16.3.1796	Lindau (Simonsfeld, S. 187)
114	Riesch	Andreas	12.5.1749		Lindau (Simonsfeld, S. 187)
115	Rorer	Johannes	25.9.1722	Erstnennung: 22.3.1723 Letztnennung: 30.3.1735	Ulm (Simonsfeld, S. 184)
116	Rotten-hofer	Johann Thomas		Erstnennung: 27.8.1693 Letztnennung: 11.7.1713	Nürnberg (Simonsfeld, S. 195)
117	Rotten-hofer d. J.	David von	14.3.1715		Nürnberg (Simonsfeld, S. 195)
118	Rumpler	Johann Heinrich		Erstnennung: 27.8.1693 Letztnennung: 12.2.1705	
119	Sayrle	Johann Adam	19.12.1691	Erstnennung: 27.8.1693 Letztnennung: 12.2.1705	
120	Schalck-hauser	Sebastian (I)	18.4.1735	Erstnennung: 30.3.1735 Assoziation: 30.3.1754, zus. mit Johann Wilhelm Hugel und Michael Jastram (in società) Assoziation: 2.12.1760, zus. mit Johann Wilhelm Hugel (in società) Letztnennung: 28.4.1768, zus. mit Johann Wilhelm Hugel (in società)	Feucht
121	Scheffer	Johann		Erstnennung: 27.8.1693 Letztnennung: 22.3.1723	

Nr.	Name	Vorname(n)	Admission zur dt. Nation	Erst- und Letztnennung in den Tolelle oder der *Nota dei Nomi da depennar* vom 12.2.1705	Herkunftsort
122	Schifflin	Johann Wolfgang	1.3.1774	Erstnennung: 21.3.1774, zus. mit Adam Liebert, Matthäus Friedrich Degmair und Friedrich Samuel Wenndrich (Lieb & Co.) Letztnennung: 21.2.1780	Memmingen
123	Schnetzer	Wolfhard Gottlieb	14.3.1715		
124	Schorer	Alexius		Erstnennung: 27.8.1693, zus. mit Jacob Schorer (Eredi Gio. Batt. Sorer) Letztnennung: 12.2.1705, zus. mit Jacob Schorer (Eredi Gio. Batt. Sorer)	Augsburg (Simonsfeld, S. 177)
125	Schorer	Jacob		Erstnennung: 27.8.1693, zus. mit Alexius Schorer (Eredi Gio. Batt. Sorer) Letztnennung: 12.2.1705, zus. mit Alexius Schorer (Eredi Gio. Batt. Sorer)	
126	Schürn-brand	Michael	8.6.1713	Erstnennung: 11.7.1713 Letztnennung: 30.3.1735	Biberach (Simonsfeld, S. 186–187)
127	Schwester-miller	Johann Konrad	3.3.1718	Erstnennung: 22.3.1723, zus. mit Johann Beck (Suestermiller e Bech) Letztnennung: 30.3.1735, zus. mit Johann Beck (Suestermiller e Bech)	Augsburg (Simonsfeld, S. 180)
128	Schweyer	Karl Magnus	13.7.1682	Erstnennung: 27.8.1693 Letztnennung: 11.7.1713	Nürnberg (Simonsfeld, S. 195)
129	Schweyer	Johann Lorenz		Erstnennung: 27.8.1693 Letztnennung in der *Nota dei Nomi da depennar* vom 12.2.1705 (fallito)	Nürnberg (Simonsfeld, S. 195)
130	Schweyer	Johann Karl	12.12.1713	Erstnennung: 22.3.1723 Letztnennung: 30.3.1756	Nürnberg (Anhang III)

Nr.	Name	Vorname(n)	Admission zur dt. Nation	Erst- und Letztnennung in den Tolelle oder der *Nota dei Nomi da depennar* vom 12.2.1705	Herkunftsort
131	Schweyer	Georg Magnus	12.12.1713		Nürnberg (Anhang III)
132	Schweyer	Amadeus	5.10.1759	Erstnennung: 2.12.1760, zus. mit Benedikt und Johann Michael Schweyer (Gio. Carlo Suaier) Letztnennung: 27.2.1787, zus. mit Benedikt und Johann Michael Schweyer (Fratelli Suaier)	Venedig (Elze, S. 65)
133	Schweyer	Benedikt	5.10.1759	Erstnennung 2.12.1760, zus. mit Amadeus und Johann Michael Schweyer (Gio. Carlo Suaier) Assoziation: 21.3.1774, zus. mit Martin Karl und Johann Michael Schweyer (Fratelli Suaier) Assoziation: 27.2.1787, zus. mit Amadeus und Johann Michael Schweyer (Fratelli Suaier) Letztnennung: 16.3.1796, zus. mit Johann Michael Schweyer (Fratelli Suaier)	Venedig (Elze, S. 65)
134	Schweyer	Johann Michael	5.10.1759	Erstnennung: 2.12.1760, zus. mit Benedikt und Amadeus Schweyer (Gio. Carlo Suaier) Assoziation: 21.3.1774, zus. mit Martin Karl und Benedikt Schweyer (Fratelli Suaier) Assoziation: 27.2.1787, zus. mit Amadeus und Benedikt Schweyer (Fratelli Suaier) Letztnennung: 16.3.1796, zus. mit Benedikt Schweyer (Fratelli Suaier)	Venedig (Elze, S. 65)
135	Schweyer	Martin Karl	5.10.1759	Erst- und Letztnennung: 21.3.1774, zus. mit Benedikt und Johann Michael Schweyer (Fratelli Suaier)	Venedig (Anhang III)

Nr.	Name	Vorname(n)	Admission zur dt. Nation	Erst- und Letztnennung in den Tolelle oder der *Nota dei Nomi da depennar* vom 12.2.1705	Herkunftsort
136	Seutter	Johann Konrad	19.12.1691	Erstnennung: 27.8.1693 Letztnennung: 11.7.1713	Ulm[16]
137	Seutter	Johann Karl	11.5.1695	Erst- und Letztnennung in der *Nota dei Nomi da depennar* vom 12.2.1705 (andato via)	
138	Spangler	Matthias	20.12.1721	Erstnennung: 22.3.1723 Letztnennung: 28.2.1763	Taufers (Südtirol)
139	Specht	Johann Georg	14.7.1705	Erstnennung: 11.7.1713 Letztnennung: 30.3.1735	Ravensburg (Simonsfeld, S. 186)
140	Stahl	Johann Georg	25.9.1722	Erstnennung: 22.3.1723 Assoziation: 30.3.1735 mit Johann Koninck (Stahl e Coningk) Letztnennung: 30.3.1756	Stuttgart (Anhang II)
141	Steiner	Johann Eberhard	26.1.1706		Augsburg[17]
142	Streit	Sigismund	25.9.1715	Erstnennung: 22.3.1723 Letztnennung: 2.12.1760	Berlin (Anhang II)
143	Streit	Friedrich Ludwig	23.12.1751	Erstnennung: 30.3.1754 Letztnennung: 28.2.1763	Berlin (Anhang II)
144	Streng	Johann Martin	16.12.1702	Erstnennung: 12.2.1705 Letztnennung: 11.7.1713	
145	Wagner	Johann Michael (I)	20.3.1715	Erstnennung: 22.3.1723 Assoziation: 30.3.1754, zus. mit Balthasar von Hößlin Letztnennung: 28.2.1763, zus. mit Balthasar von Hößlin	Feucht (Simonsfeld, S. 196)

16 *Gramulla*, Veroneser, S. 359.
17 *Langen*, Verzeichnus, S. 31.

Nr.	Name	Vorname(n)	Admission zur dt. Nation	Erst- und Letztnennung in den Tolelle oder der *Nota dei Nomi da depennar* vom 12.2.1705	Herkunftsort
146	Wagner	Daniel Christoph	21.3.1768	Erstnennung: 28.4.1768, zus. mit Balthasar von Hößlin, Johann Jakob und Hieronymus Wagner (Gio. Michiel Wagner) Assoziation: 21.3.1774, zus. mit Johann Jakob und Hieronymus Wagner (Gio. Michiel Wagner) Letztnennung: 21.2.1780, zus. mit Johann Michael (III), Johann Jakob, Johann Wilhelm und Balthasar von Hößlin (Gio. Michiele Wagner)	Venedig (Elze, S. 64)
147	Wagner	Johann Jakob	21.3.1768	Erstnennung: 28.4.1768, zus. mit Balthasar von Hößlin, Daniel Christoph und Hieronymus Wagner (Gio. Michiel Wagner) Assoziation: 21.3.1774, zus. mit Daniel Christoph und Hieronymus Wagner (Gio. Michiel Wagner) Letztnennung: 21.2.1780, zus. mit Johann Michael (III), Daniel Christoph, Johann Wilhelm und Balthasar von Hößlin (Gio. Michiele Wagner)	Venedig (Anhang V)
148	Wagner	Hieronymus	21.3.1768	Erstnennung: 28.4.1768, zus. mit Balthasar von Hößlin, Daniel Christoph und Johann Jakob Wagner (Gio. Michiel Wagner) Letztnennung: 21.3.1774, zus. mit Johann Jakob und Daniel Christoph Wagner (Gio. Michiel Wagner)	Venedig (Anhang V)

Nr.	Name	Vorname(n)	Admission zur dt. Nation	Erst- und Letztnennung in den Tolelle oder der *Nota dei Nomi da depennar* vom 12.2.1705	Herkunftsort
149	Wagner	Johann Michael (III)	17.4.1787	Erstnennung: 21.2.1780, zus. mit Balthasar von Hößlin, Daniel Christoph, Johann Jakob und Johann Wilhelm Wagner (Gio: Michele Wagner) Assoziation: 27.2.1787, zus. mit Erhard Riesch (Riesch e Wagner) Letztnennung: 16.3.1796, zus. mit Johann Wilhelm und Sebastian Andreas (Fratelli Wagner)	Venedig (Anhang III)
150	Wagner	Johann Wilhelm		Erstnennung: 21.2.1780, zus. mit Balthasar von Hößlin, Daniel Christoph, Johann Jakob und Johann Michael (III) Wagner (Gio: Michele Wagner) Letztnennung: 16.3.1796, zus. mit Johann Michael (III) und Sebastian Andreas Wagner (Fratelli Wagner)	Venedig (Anhang III)
151	Wagner	Sebastian Andreas		Erst- und Letztnennung: 16.3.1796, zus. mit Johann Michael (III) und Johann Wilhelm Wagner (Fratelli Wagner)	Venedig (Anhang III)
152	Weichmann	Daniel Friedrich	23.1.1702	Erstnennung: 12.2.1705 Letztnennung: 22.3.1723	Ulm[18]
153	Weitenauer	Michael	18.9.1775	Erstnennung: 21.2.1780, zus. mit Hieronymus Elhardt (Otto Filippo Zeller) Letztnennung: 16.3.1796, zus. mit Hieronymus Elhardt (Otto Filippo Zeller)	Kempten (Anhang II)

18 *Kellenbenz*, Die Wirtschaft, S. 143.

Nr.	Name	Vorname(n)	Admission zur dt. Nation	Erst- und Letztnennung in den Tolelle oder der *Nota dei Nomi da depennar* vom 12.2.1705	Herkunftsort
154	Wenn-drich	Friedrich Samuel	1.3.1774	Erst- und Letztnennung: 21.3.1774, zus. mit Adam Liebert, Johann Wolf-gang Schifflin und Mat-thäus Friedrich Degmair (Lieb & Co.)	Gräfenthal
155	Wolff	Daniel Friedrich	11.12.1753	Erstnennung: 30.3.1754 Letztnennung: 21.2.1780	Lengenfeld (Anhang II)
156	Zeller	Otto	27.3.1754	Erstnennung: 30.3.1754 Letztnennung: 21.3.1774	Kempten (Simonsfeld, S. 183)
157	Zimmer-man	Johann Matthias	11.12.1715	Erstnennung: 22.3.1723, zus. mit Johann Bern-hard Fleischer (Flei-scher e Zimmermann) Letztnennung: 30.3.1735, zus. mit Johann Bern-hard Fleischer (Fleischer e Zimmermann)	Nürnberg (Anhang II)

Quelle: UBG/E, Schachtel Venedig, fol. 14; ASVe/CS, I Ser., 966.

Anhang II: Kaufleute der evangelischen Gemeinde Venedig im 18. Jahrhundert

Die Liste der in die evangelische Gemeinde eingeschriebenen Kaufleute wurde bereits, allerdings mit einigen Fehlern behaftet, von Theodor Elze abgedruckt.[19] Mit ihrer Unterschrift verpflichteten sich die Kaufleute zur Einhaltung der evangelischen Kirchenordnung, um die Gefahr der Entdeckung ihrer illegalen Gemeinde zu minimieren; erst danach durften sie auch den Gottesdienst besuchen. Angesichts ihres hohen Wertes für diese Arbeit wird die Liste hier erneut mit voller Ausschreibung der Namen und der Ortsangabe bei deren Nennung in der Quelle wiedergegeben. Es sei dabei daran erinnert, dass, wenigstens offiziell, nur diese Personen die lutherische Gemeinde konstituierten: So schrieb der letzte Prediger der deutschen Nation vor dem Untergang der Republik: *Obgleich die teutschen Kaufmansbediente, die Lehrlinge usw. auch mit zur teutschen Nazion gerechnet wurden: so machten diese doch nur die sogenanten Padroni,*

19 *Elze*, Geschichte, S. 63–65.

oder Handelsherren aus.[20] Allerdings treten ab 1768 einige offenbare Lücken auf, die sich durch eine Durchsicht des bis dato eher parallel laufenden Anhang I ergeben. Wir können daher davon ausgehen, dass zu dieser Zeit eine gewisse Nachlässigkeit bei diesen Einträgen begann und die Kirchengemeinde sich in der Praxis für alle deutschen Händler öffnete. Dies mag mit dem Tod des letzten katholischen Händlers, Matthias Spangler, im Jahr 1767 zusammenhängen, seither waren alle Mieter des Fondaco nur mehr Lutheraner und ein spezielles Register eigentlich überflüssig.

Hier wird zusätzlich durch Konkordanznummern markiert, wer auch in der deutschen Nation Mitglied war, wer bereits als Lehrling einmal aufgenommen wurde und wer im Begräbnisregister aufgeführt wird. Dies ermöglicht neben der leichteren Auffindung von Einträgen zu den genannten Personen in den weiteren Anhängen dieser Arbeit auch eine leichtere Abgrenzung der fest in Venedig residierenden Händler und der eher fluktuierenden Gruppe von Personen, die nur ein paar Jahre an der Lagune ihre Geschäfte (häufig als Faktoren für oberdeutsche Firmen) führten, sich aber dennoch für die Wahrnehmung der lutherischen Gottesdienste in die Nation einschrieben. Wer wenig Konkordanznummern aufweist, war wohl eher Teil letzterer Gruppe.

Tabelle 40: Die Kaufleute der evangelischen Gemeinde im 18. Jahrhundert

Nr.	Aufnahme-datum	Name	Herkunft in der Quelle	Mitglied der dt. Nation (Anhang I) Nr.	Lehrling (Anhang III) Nr.	Begräbnisregister (Anhang V) Nr.
1	5.7.1705	Johann David Kühn		76		
2	31.3.1706	Gottfried Karl Heuchelin		60		
3	31.3.1706	Johann Georg Specht		139		
4	31.3.1706	Johann Eberhard Steiner		141		
5	31.3.1706	Felix (I) Fehr		32		79
6	31.3.1706	Melchior Dreher		25		
7	14.4.1709	Ferdinand Friedrich Feuerstein		34		
8	14.4.1709	Johann Brandhoffer	Straßburg			
9	20.9.1714	Johann Georg Heinzelmann	Kaufbeuren	48		

20 *Fick*, Bemerkungen, S. 178.

Nr.	Aufnahme-datum	Name	Herkunft in der Quelle	Mitglied der dt. Nation (Anhang I) Nr.	Lehrling (Anhang III) Nr.	Begräbnisregister (Anhang V) Nr.
10	21.3.1715	Wolfgang Gottlieb Schellnegger	Ulm			
11	21.3.1715	Johann Beck	Augsburg	10		
12	12.11.1715	Sigismund Streit	Berlin	142	46	101
13	22.8.1717	Emmanuel Ludwig Gaupp	Biberach			
14	22.8.1717	Johann Konrad Seutter		136		
15	13.2.1718	Johannes Pommer		105		44
16	26.1.1719	Johann Michael (I) Wagner[21]		145		76
17	29.1.1719	Johann Adam Fleischer		37		
18	28.2.1720	Samuel Rudolph Kleinschmidt	Augsburg	72		
19	15.12.1720	Johann Jacob Merck	Ulm	94	54	7
20	15.12.1720	Jacob Müller	Ulm		23	
21	29.12.1720	Johann Matthias Bachmair		7	14	
22	28.12.1721	Johann Christoph Esterlin	Regensburg	28	91	
23	13.12.1722	Hieronymus Sulzer	Augsburg		122	
24	25.12.1722	Johann Georg Stahl	Stuttgart	140	114	51
25	16.3.1723	Johann Gabriel Doppelmair	Nördlingen	24		
26	27.3.1729	Johann Koninck	Hamburg	75		32
27	16.12.1733	Matthias Langenmantel	Augsburg	78	135	
28	22.5.1735	Sebastian (I) Schalckhauser	Wendelstein	120	142	96
29	17.4.1736	Johann Wilhelm Hugel	Memmingen	63	101	80
30	24.11.1737	Johann Leonhard Spengelin			103	25
31	26.4.1739	Johann Georg Bensperg	Lindau	12	192	
32	26.4.1739	Johann Heinrich Enderlin	Lindau		132	41
33	26.12.1743	Conrad (I) Martens	Hamburg	86	195	121

21 Geschrieben: Johann Salomon Wagner.

Nr.	Aufnahme-datum	Name	Herkunft in der Quelle	Mitglied der dt. Nation (Anhang I) Nr.	Lehrling (Anhang III) Nr.	Begräbnisregister (Anhang V) Nr.
34	26.12.1743	Matthias Mellin	Kempten	92	176	48
35	6.6.1745	Johann Jakob Habißreitinger		44	81	
36	6.6.1745	Matthias Ludwig Kiechel		71	220	
37	21.12.1745	Gottfried Friedrich Amman		2	193	
38	21.12.1745	Paulus Moritz Rachel		108	167	
39	11.12.1746	Christoph Wilhelm König	Breslau	73	107	56
40	11.12.1746	Christoph Ludwig Brombeiß	Kempten	15	64	67
41	11.5.1749	Andreas Riesch	Lindau	114	207	
42	19.12.1751	Friedrich Ludwig Streit	Berlin	143	218	
43	21.12.1751	Georg Zacharias Hagen	Regensburg	45	215	78
44	21.12.1751	Balthasar von Hößlin	Augsburg	61	250	
45	20.2.1753	Friedrich Pfauz	Augsburg	99	211	108
46	20.2.1753	Joesph Friedrich Heuß	Memmingen	58	235	87
47	1.11.1753	Daniel Friedrich Wolff	Lengenfeld	155	253	
48	1.11.1753	Johann Sigismund Natter	Biberach	98	199	92
49	22.9.1754	Otto Philipp Zeller	Kempten	156	172	95
50	22.9.1754	Mattheus Fehr	Kempten	31	308	
51	22.9.1754	Johann Jakob (II) Pommer		106	232	
52	22.9.1754	Johann Christoph (III) Pommer		107	300	
53	13.5.1757	Johann Jakob Firnkranz	Ulm	36	275	152
54	13.5.1757	Johann Jakob Mayr	Memmingen	89	256	142
55	30.3.1760	Johann Heinrich Dannenberger	Ludwigsburg	18	321	
56	5.4.1760	Georg Friedrich Faber	Colmar	29	345	
57	8.4.1768	Hieronymus Wagner	Venedig	148	248	105
58	8.4.1768	Daniel Christoph Wagner		146	257	

Nr.	Aufnahme-datum	Name	Herkunft in der Quelle	Mitglied der dt. Nation (Anhang I) Nr.	Lehrling (Anhang III) Nr.	Begräbnisregister (Anhang V) Nr.
59	8.4.1768	Johann Jakob Wagner		147	264	157
60	10.4.1768	Amadeus Schweyer		132	247	136
61	10.4.1768	Johann Michael Schweyer		134	233	164
62	10.4.1768	Johann Jakob Gutermann	Augsburg	41	273	
63	12.5.1768	Johann Konrad Heinzelmann		51	306	169
64	12.5.1768	Georg Daniel Heinzelmann		50		172
65	8.1.1769	Sigismund Christoph Heinzelmann		52	340	
66	8.1.1769	Johann Georg Jakob Heinzelmann		53	370	
67	8.1.1769	Sebastian Wilhelm Heinzelmann		54	450	173
68	8.1.1769	Veit Ludwig Laminit	Memmingen	77	284	
69	8.1.1769	Johann Konrad Reck		110	362	156
70	8.1.1769	Wendelin Lucas Dick	Kempten	22	137	
71	8.1.1769	Johannes Kleiber	Memmingen			
72	8.1.1769	Friedrich Samuel Wenndrich	Gräfenthal	154	327	100
73		Hieronymus Hau	Kempten	47	271	
74		Benedikt Schweyer		133	292	170
75		Johann Wolfgang Schifflin	Memmingen	122	432	
76		Johann Christoph Gwinner	Stuttgart	42	434	
77		Michael Weitenauer	Kempten	153	285	160
78		Hieronymus Elhardt	Kempten	26	339	154
79		Benedikt Adam von Liebert	Augsburg	82		

Quelle: AEGV, LB.

Anhang III: Lehrlinge der deutschen Nation im 18. Jahrhundert

Die Liste der Lehrlinge der deutschen Nation von 1705 bis 1797 basiert auf den Unterschriften derselben, die Kirchenordnung einzuhalten, die archivalische Signatur lautet: AEGV, LB. Im Gegensatz zur Liste der Kaufherren hat man hier nicht den Eindruck von Lückenhaftigkeit nach 1768, bei Lehrlingen scheint der Wert der Unterschrift ernster genommen worden zu sein. Da fast alle Kaufleute der lutherischen Konfession anhingen, können wir von einer weitgehenden Vollständigkeit der genannten 573 Lehrlinge ausgehen.[22] Die Liste wurde bereits einmal in ähnlicher Form erstellt.[23] Sie wird hier in verfeinerter Form mit häufiger ausgeschriebenen Vornamen und, da in der Originalquelle bisweilen der Herkunftsort oder der Lehrmeister weggelassen wurden, möglichst weitreichenden Hinzufügungen erneut wiedergegeben. Hier galt die Regel, nur sichere Angaben, die sich mit belastbaren Belegen verifizieren lassen, aufzuführen. Zu einigen Lehrlingen könnte ein sehr wahrscheinlicher Herkunftsort genannt werden, doch ohne einen sicheren Beleg wurde dies unterlassen.

Wichtig ist zu beachten, dass bisweilen der Firmenname nicht mit dem aktuellen Inhaber übereinstimmt. Beispielsweise wird die Firma von Johannes Heinzelmann auch noch in den Jahrzehnten nach seinem Tod so bezeichnet. Bei Angaben einer Assoziation von zwei Händlern anstelle einer einzelnen Firma wurde die Bezeichnung der Partnerschaft angesichts ihrer heterogenen Bezeichnungen auf Deutsch vereinheitlicht, sodass anhand von diesem Anhang III auch die jeweiligen Partnerschaften, wie sie auch in Anhang I auf Italienisch erfasst sind, verfeinert werden können. Auch der Unterschied des »& Co.« ist bedeutsam. So ist beispielsweise bei Nr. 258 »Jakob (I) Bensperg & Co.« aufgeführt, bei Nr. 276 nur mehr »Jakob (I) Bensperg«. So können wir sicher sein, dass in diesem Jahr (1743) Benspergs Partnerschaft mit der in Deutschland ansässigen Gesellschaft »Rad, Hößlin und Comp.« endete.[24] Der hohe Wert dieses Datensatzes für personen- und firmengeschichtliche Forschungen zum 18. Jahrhundert braucht kaum betont zu werden, sie rechtfertigen diesen erneuten und detaillierteren Abdruck der genannten Quelle.

22 Es sei aber bedacht, dass der katholische Matthias Spangler von 1721 bis 1767 Mitglied der deutschen Nation war und seine Lehrlinge hier nicht auftauchen. Sein Fall bleibt jedoch die einzige Ausnahme.

23 *Elze*, Geschichte, S. 109–125.

24 Vgl. Kap. IV. 4. b.

Tabelle 41: Die Lehrlinge der deutschen Nation im 18. Jahrhundert

Nr.	Name des Lehrlings	Herkunft	Ausgebildet bei der Firma	Wann
1	Johann Gottlieb Schütz	Leipzig	Franz Christoph Ambtmann & Co.	8.7.1705
2	Peter de Herttoghe	Hamburg	Hopfer & Bachmair	8.7.1705
3	Bartholomäus Kolb	Ulm	Franz Christoph Ambtmann & Co.	8.7.1705
4	Daniel Weichmann	Ulm	Daniel Friedrich Weichmann	28.3.1706
5	Raymund von Eberz	Isny	Gustav Adolph Amman	28.3.1706
6	David Amman	Augsburg	Gustav Adolph Amman	28.3.1706
7	Johannes Cortelius	Lindau	Gustav Adolph Amman	28.3.1706
8	Lucas Halder	Lindau	Philipp Albrecht Rad	28.3.1706
9	Hans Jacob Schweiger	Lindau	Philipp Albrecht Rad	28.3.1706
10	Johan Degeler	Heidenheim a. d. Brenz	Hans Albrecht Dimpfel	28.3.1706
11	Christian von Stetten	Augsburg	Philipp Albrecht Rad	17.11.1706
12	Johan Caspar Wachter	Memmingen	Karl Magnus Schweyer	17.11.1706
13	Joh. Dan. Brunner	Nürnberg	Johann Philipp Hering	23.3.1707
14	Johann Matthias Bachmair	Augsburg	Matthias Bachmair	23.3.1707
15	David Rottenhofer	Nürnberg	Johann Thomas Rottenhofer	23.3.1707
16	Christoph Jak. Peller	Nürnberg	Hopfer & Bachmair	13.12.1707
17	Rudolph Schacht	Hamburg	Johann Christoph & Johann Jakob (I) Pommer	13.12.1707
18	Johann Karl Schweyer	Nürnberg	Karl Magnus Schweyer	13.12.1707
19	Joachim Balledar	Nürnberg	Gustav Adolph Amman	13.12.1707
20	Jacob (I) Fehr	Kempten	Felix (I) Fehr	13.12.1707
21	Johann Jacob (I) Jenisch	Kempten		13.12.1707
22	Johann David Graßmück	Schweinfurt		13.12.1707
23	Jacob Müller	Ulm	Melchior Dreher	6.6.1708
24	Michael Schürnbrand	Ravensburg	Johann Georg Specht	6.6.1708
25	Balthasar Seidel	Augsburg	Philipp Albrecht Rad	6.6.1708
26	Cornelius Kühnlein	Nürnberg	Franz Christoph Ambtmann & Co.	6.6.1708

Nr.	Name des Lehrlings	Herkunft	Ausgebildet bei der Firma	Wann
27	Nicolaus Martens	Hamburg	Melchior Dreher	6.6.1708
28	Christoph Wilhelm Schweyer	Regensburg	Johann Martin Streng	6.6.1708
29	Gottfried Peller	Nürnberg	Philipp Albrecht Rad	14.4.1709
30	Philipp Friedrich Firnhaber	Hamburg	Karl Magnus Schweyer	18.4.1709
31	Lorenz Friedrich Schnell	Augsburg	Johann Thomas Rottenhofer	18.4.1709
32	Hieronymus Furtenbach	Kempten	Franz Christoph Ambtmann & Co.	18.4.1709
33	Georg Walther (I) Pfister	Lindau	Johann Thomas Rottenhofer	18.4.1709
34	Georg Wilhelm Zoller	Memmingen	Johann David Kühn	18.4.1709
35	Johann Konrad Schwestermiller	Augsburg	Johann David Kühn	17.7.1709
36	Johann Georg Hillenbrandt	Augsburg	Hans Albrecht Dimpfel	17.7.1709
37	Johann Christoph Richter	Nürnberg	Felix (I) Fehr	17.7.1709
38	Friedrich Wilhelm Winckler	Leipzig	Hopfer & Bachmair	17.7.1709
39	Philipp Jacob Mützel	Venedig	Daniel Amman	17.7.1709
40	Georg Philipp Hering	Venedig	Johann Philipp Hering	11.12.1709
41	Christian Heinrich Dick	Bern	Felix (I) Fehr	31.12.1709
42	Hendrich Roßenfeld	Leipzig	Hopfer & Bachmair	19.3.1710
43	Johann Eibelüers	Rostock	Hopfer & Bachmair	19.3.1710
44	Johann Jacob Wickh	Ulm	Hans Albrecht Dimpfel	19.3.1710
45	Georg Magnus Schweyer	Nürnberg	Karl Magnus Schweyer	19.3.1710
46	Sigismund Streit	Berlin	Heinrich Friedrich Francke	19.3.1710
47	Johann Daureuther	Wendelstein	Heinrich Friedrich Francke	19.3.1710
48	Johann Christoph (II) Pommer	Venedig		19.3.1710
49	Melchior Langenmantel	Augsburg	Johann Jakob (I) Pommer	19.3.1710
50	Benedikt von Hermann	Memmingen	Hans Albrecht Dimpfel	19.3.1710
51	Richard Koninck	Hamburg		19.3.1710

Nr.	Name des Lehrlings	Herkunft	Ausgebildet bei der Firma	Wann
52	Georg Wilhelm Stattmüller	Kempten		19.3.1710
53	Emanuel Roscher	Augsburg	Philipp Albrecht Rad	19.3.1710
54	Johann Jacob Merck	Ulm	Daniel Friedrich Weichmann	19.3.1710
55	Johann Rotth	Siebenbürgen	Karl Magnus Schweyer	19.3.1710
56	Tobias Neubronner	Ulm	Franz Christoph Ambtmann & Co.	19.3.1710
57	Philipp Albrecht Hößlin	Augsburg	Philipp Albrecht Rad	2.8.1711
58	Johann Baptist Fingerlin	Ulm	Georg Matthias König	2.8.1711
59	Andreas Jacob Degeler	Nürnberg	Hans Albrecht Dimpfel	20.12.1711
60	Johann Thomas Hopfer	Stuttgart	Hopfer & Bachmair	20.12.1711
61	Johann Georg Moroldt	Nürnberg	Heinrich Friedrich Francke	20.12.1711
62	Johannes Fehr	Kempten	Felix (I) Fehr	20.12.1711
63	Johann Witte	Hamburg	Johann Jakob (I) Pommer	20.12.1711
64	Christoph Ludwig Brombeiß	Kempten	Georg Matthias König	20.12.1711
65	Teodoro Lange	Lübeck	Johann Jakob (I) Pommer	11.12.1712
66	Wolffg. Heinrich Jacobsen	Leipzig	Johann Georg Specht	11.12.1712
67	Johann Wolfgang Auracher		Johann Thomas Rottenhofer	11.12.1712
68	Christoph Strauß		Hans Albrecht Dimpfel	11.12.1712
69	Matthias Augustus Richel	Nürnberg	Jakob (I) Bensperg	11.12.1712
70	Hans Georg Zoller	Memmingen	Johann Georg Specht	11.12.1712
71	Paul Artzt	Reichenbach	Karl Magnus Schweyer	11.12.1712
72	Johann Matthias Zimmermann	Nürnberg	Johann Philipp Hering	5.4.1713
73	Johann Martin Ebermayer	Nürnberg	Heinrich Friedrich Francke	5.4.1713
74	Johann Christian Degner	Schweinfurt	Melchior Dreher	4.6.1713
75	Christian Gottlieb von Rinners und Rinneburg	Breslau	Jakob (I) Bensperg	17.12.1713
76	Georg Thomas Schüßler	Schweinfurt	Melchior Dreher	17.12.1713

Nr.	Name des Lehrlings	Herkunft	Ausgebildet bei der Firma	Wann
77	Johann Gabriel Mützeli	Memmingen	Daniel Amman	17.12.1713
78	Johann Conrad Francke	Venedig[25]		17.12.1713
79	Johann Adam Holl	Ulm	Gebrüder Schweyer & Co.	17.12.1713
80	Raymund König	Ulm	Georg Matthias König	17.12.1713
81	Johann Jakob Habißreitinger	Augsburg	Hopfer & Bachmair	17.12.1713
82	Matthäus Conrad Hartlieb	Memmingen		27.11.1714
83	Johann Mathias Pfister	Lindau		27.11.1714
84	Gabriel Wencelius	Leutkirch		27.11.1714
85	Christoph Hößlin	Augsburg	Jakob (I) Bensperg	20.2.1715
86	Johannes Heinzelman	Kaufbeuren	Johann Georg Heinzelman	20.2.1715
87	David Lehenher	Augsburg		8.3.1716
88	Johann Caspar Wachter	Memmingen	Wolfgang Gottlieb Schellnegger	8.3.1716
89	Benedict Erasmus Hopfer	Stuttgart		8.3.1716
90	Wolfgang Thomas Schellnegger	Ulm		8.3.1716
91	Johann Christoph Esterlin	Regensburg		8.3.1716
92	Gottfried König	Hirschberg		8.3.1716
93	Christoph Joachim Merck	Ulm		8.3.1716
94	Wendelin Hornstein	Lindau		8.3.1716
95	Davis Klug	Hamburg		8.3.1716
96	Georg Zoller	Memmingen	Johann Konrad Schwestermiller	8.3.1716
97	Heinrich Reinhard Krach	Nürnberg		8.3.1716
98	Johann Jacob Adam	Memmingen		8.3.1716
99	Matthias Stattmiller	Kempten		8.3.1716
100	Sebastian Philipp Otto	Ulm		8.3.1716
101	Johann Wilhelm Hugel	Memmingen		8.3.1716
102	David Rehle	Kempten	Felix (I) Fehr[26]	8.3.1716

25 *Weiske*, August, S. 215.
26 Anhang V.

Nr.	Name des Lehrlings	Herkunft	Ausgebildet bei der Firma	Wann
103	Johann Leonhard Spengelin	Lindau[27]		8.3.1716
104	Georg Jacob Müller	Lindau	Wolfgang Gottlieb Schellnegger	30.11.1716
105	Jacob Mayer	Lindau	Jakob (I) Bensperg	30.11.1716
106	Georg Christoph Mangolt	Augsburg	Jakob (I) Bensperg	30.11.1716
107	Christoph Wilhelm König	Breslau[28]	Georg Matthias König	30.11.1716
108	Johann Martin Stöer	Schweinfurt	Johann Jakob (I) Pommer	30.11.1716
109	Erasmus Christianus Bachmair			30.11.1716
110	Septimus Wagenhuber	Ulm	Hans Albrecht Dimpfel	30.11.1716
111	Christian Gottfried Bose			30.11.1716
112	Johann Eggensperger			30.11.1716
113	Michael Zentner			30.11.1716
114	Johann Georg Stahl	Stuttgart[29]	Gebrüder Schweyer	22.8.1717
115	Johann Friedrich Heerdorff		Michael Schürnbrand	22.8.1717
116	Johann Jacob Justus Zierl	Nürnberg[30]	Johann Konrad Seutter	22.8.1717
117	Georg Friedrich Winckh		Daniel Amman	9.1.1718
118	Johann Georg Brenning		Johann Martin Streng	9.1.1718
119	Matthias Zacharias Frörnteich		Johann Konrad Seutter	9.1.1718
120	Gabriel Elhardt	Kempten[31]	Felix (I) Fehr	9.1.1718
121	Caspar Koninck		Johann Konrad Heinzelmann	15.5.1718
122	Hieronymus Sulzer		Daniel Amman	29.1.1719
123	Johann Martens		Bachmair & Lucker	29.1.1719

27 *O. V.*, Jetztlebende Kauffmannschafft, S. 254.
28 Anhang V.
29 *Simonsfeld*, Der Fondaco dei Tedeschi, Bd. 2, S. 186.
30 *Hörner*, Bayerisches, S. 227.
31 Anhang V.

Nr.	Name des Lehrlings	Herkunft	Ausgebildet bei der Firma	Wann
124	Johann Jacob Veith	Memmingen	Heinrich Friedrich Francke	29.1.1719
125	Elisäus Rader	Lindau	Bachmair & Lucker	
126	Johannes Müller	Lindau	Jakob (I) Bensperg	22.10.1719
127	Thomas Christian Volckmar	Hamburg	Hans Albrecht Dimpfel	22.10.1719
128	Johannes Winckler	Augsburg	Johann Konrad Schwestermiller	26.2.1720
129	Johann Matthäus Ringmacher		Samuel Rudolph Kleinschmidt	26.2.1720
130	Johann Heinrich Christian		Daniel Friedrich Weichmann	26.2.1720
131	Daniel Friedrich Frick		Fleischer & Zimmermann	26.2.1720
132	Johann Heinrich Enderlin	Lindau[32]	Michael Schürnbrand	15.12.1720
133	Otho Stuberth		Johann Karl Schweyer	15.12.1720
134	Johann Heinrich Alphusius	Hamburg	Hans Albrecht Dimpfel	31.8.1721
135	Matthias Langenmantel	Augsburg	Bachmair & Lucker	31.8.1721
136	Gordiau Daller	Leutkirch	Schwestermiller & Beck	31.8.1721
137	Wendelin Lucas Dick	Kempten	Felix (I) Fehr	31.8.1721
138	Johann Georg (I) Baur	Ulm	Jacob Miller	31.8.1721
139	Hinrich von Rönne		Johannes Pommer	28.12.1721
140	Johann Martin Bürglin	Ulm	Jakob (I) Bensperg	28.12.1721
141	Johann Wilhelm Bachman	Nürnberg	Dimpfel & Hermann	28.12.1721
142	Sebastian (I) Schalckhauser	Wendelstein	Daniel Friedrich Weichmann	28.12.1721
143	Georg Christoph Mahler	Memmingen	Johann Michael (I) Wagner	9.8.1722
144	Johan Ditmar Burchers	Hamburg	Daniel Amman	16.5.1723
145	Leonhard Daumiller	Kempten	Johann Karl Schweyer	16.5.1723
146	Andreas Winckler	Augsburg	Schwestermiller & Beck	16.5.1723
147	David Engler	Memmingen	Johann Georg Stahl	18.12.1723
148	Johann Ulrich Stattmüller	Lindau	Sigismund Streit	18.12.1723

32 *O. V.*, Jetztlebende Kauffmannschafft, S. 253.

Nr.	Name des Lehrlings	Herkunft	Ausgebildet bei der Firma	Wann
149	Johann Georg (II) Baur	Memmingen	Dimpfel & Hermann	18.12.1723
150	Philip Friedrich Firnhaber	Hamburg	Johannes Pommer	6.8.1724
151	Joh. Gustav Jung	Augsburg	Jakob (I) Bensperg	6.8.1724
152	Martin Mathias Rader	Lindau	Bachmair & Lucker	6.8.1724
153	Joh. Christoph (I) Stattmiller	Kempten	Daniel Amman	6.8.1724
154	Just. Emanuel Schorer	Venedig	Daniel Amman	18.4.1725
155	Christoph Wilhelm Finckh	Calw	Jakob (I) Bensperg	18.4.1725
156	Michael Jastram	Portsmouth	Bachmair & Lucker	18.4.1725
157	Mathias Friedrich Beck	Ravensburg	Daniel Amman	18.4.1725
158	Johann Georg Henseler	Augsburg	Schwestermiller & Beck	18.4.1725
159	Christoph Sulzer	Augsburg		22.4.1725
160	Christoph Hindernach	Augsburg	Esterlin & Doppelmair	31.3.1726
161	Joh. Carl Ehrhart	Memmingen	Dimpfel & Hermann	31.3.1726
162	Christian Balthasar Baur	Ulm	Georg Matthias König	31.3.1726
163	Augustus Lanz	Lindau	Sigismund Streit	31.3.1726
164	Melchior Jacob Fehr	Kempten		17.11.1726
165	Wendel Falckh	Lindau	Johann Georg Stahl	17.11.1726
166	Justus Gottlieb Ebeling	Gera	Esterlin & Doppelmair	15.12.1726
167	Paulus Moritz Rachel	Augsburg	Jakob (I) Bensperg	15.12.1726
168	Marius Theodorius Hocheisen	Ulm	Fleischer & Zimmermann	15.12.1726
169	Johann Jacob Amman	Augsburg	Daniel Amman	30.5.1728
170	Johann Christian Lutzschenbach	Gera	Dimpfel & Hermann	30.5.1728
171	Carl Loscher	Nürnberg	Johannes Heinzelmann	30.5.1728
172	Otto Philipp Zeller	Kempten	Fleischer & Zimmermann	30.5.1728
173	Georg Friedrich Heinzelmann	Kaufbeuren	Johannes Heinzelmann (Bruder)	30.5.1728
174	Frentz Niclas Lütyens	Hamburg	Johannes Pommer	29.8.1728
175	Georg Hillenbrand	Augsburg	Jakob (I) Bensperg	29.8.1728
176	Matthias Mellin	Kempten	Felix (I) Fehr	29.8.1728
177	Ludwig Wilhelm Schmidt	Leipzig	Bachmair & Lucker	27.3.1729

Nr.	Name des Lehrlings	Herkunft	Ausgebildet bei der Firma	Wann
178	Gabriel (I) Wachter	Memmingen	Schwestermiller & Beck	19.3.1730
179	Johann Michael Rodach	Kempten	Michael Schürnbrand	19.3.1730
180	Johann Heinrich Augerer	Memmingen	Dimpfel & Hermann	19.3.1730
181	Nicklaus Wagner	Wendelstein	Johann Michael (I) Wagner	19.3.1730
182	Valentin Crohn	Hamburg	Johannes Pommer	14.2.1731
183	Carl Bachman	Nürnberg	Daniel Amman	14.2.1731
184	David von Wachter	Memmingen	Johannes Pommer	2.9.1731
185	Martin Karl Schweyer	Venedig[33]	Johann Karl Schweyer	2.9.1731
186	Wolfgang Jacob Pichler		Johannes Pommer	24.2.1732
187	Wolfgang Leonhard Jenisch	Kempten	Georg Matthias König	24.2.1732
188	Michael Baur	Memmingen	Dimpfel & Hermann	24.2.1732
189	Johann Daniel Ruchrath	Geldern	Samuel Rudolph Kleinschmidt	6.4.1733
190	Christoph Friedrich Müller	Gleißen	Johann Karl Schweyer	6.4.1733
191	Johann Georg Hartlieb	Memmingen		5.7.1733
192	Johann Georg Bensperg	Lindau[34]	Jakob (I) Bensperg	5.7.1733
193	Gottfried Friedrich Amman	Augsburg[35]	Daniel Amman	5.7.1733
194	Johann Christian Forster		Sigismund Streit	5.7.1733
195	Conrad (I) Martens	Hamburg	Benedikt von Hermann	8.8.1734
196	Gottfried Drexel		Matthias Langenmantel	8.8.1734
197	Daniel Hieronymus Praun		Johann Georg Herman Lucker	8.8.1734
198	Georg Matthäus Spangler	Ulm[36]	Schwestermiller & Beck	8.8.1734

33 UBG/E, Schachtel Venedig, Stammbaum der Familie Schweyer.

34 *Simonsfeld,* Der Fondaco dei Tedeschi, Bd. 2, S. 187.

35 Ebd., S. 180.

36 Dieser wird in der Literatur bisweilen mit dem katholischen Georg Matthias Spangler in Verbindung gebracht: *Simonsfeld,* Der Fondaco dei Tedeschi, Bd. 2, S. 175; *Heuberger,* Handelsbeziehungen, S. 142–147. Tatsächlich ist dieser Spangler aus Ulm gebürtig. Vgl. sein Stammbuch in: HAABW, Stb 83. Zu den katholischen Spanglers vgl. auch: *Ammerer,* Handelsbeziehungen.

Nr.	Name des Lehrlings	Herkunft	Ausgebildet bei der Firma	Wann
199	Johann Sigismund Natter	Biberach	Daniel Amman	14.8.1735
200	Johann Carl Riederer	Nürnberg	Johann Karl Schweyer	14.8.1735
201	Johann Heinrich Breuning	Regensburg	Sebastian (I) Schalckhauser	14.8.1735
202	Johann Matthäus Schleich	Augsburg	Jakob (I) Bensperg	14.8.1735
203	Johann Schweichardt Heinzelmann	Augsburg	Johannes Heinzelmann	14.8.1735
204	Stephan Wagner	Wendelstein	Johann Michael (I) Wagner	14.8.1735
205	Philipp Friedrich Eberlen		Johannes Pommer	22.4.1736
206	Johann Berenberg	Hamburg[37]	Johannes Pommer	22.4.1736
207	Andreas Riesch		Jakob (I) Bensperg	22.4.1736
208	Johann Christoph Amman		Daniel Amman	22.4.1736
209	Gabriel Riedmayer	Memmingen	Benedikt von Hermann	22.4.1736
210	Hieronymus Deterding	Misselwarden	Johann Georg Herman Lucker	22.4.1736
211	Friedrich Pfauz	Augsburg		22.4.1736
212	Georg Hafer	Augsburg	Matthias Langenmantel	22.4.1736
213	Joh. Friedrich Wider	Augsburg	Stahl & Koninck	22.4.1736
214	Joh. Conrad Löhr	Fürth	Schalckhauser & Hugel	22.4.1736
215	Georg Zacharias Hagen	Regensburg	Michael Schürnbrand	25.11.1736
216	Jacob Gottlieb Winckler	Augsburg	Samuel Rudolph Kleinschmidt	25.11.1736
217	Johann Hillenbrand	Augsburg	Jakob (I) Bensperg	25.11.1736
218	Friedrich Ludwig Streit	Berlin	Sigismund Streit	6.1.1736
219	Hans Erich Rüsch	Hamburg	Benedikt von Hermann	6.1.1736
220	Matthias Ludwig Kiechel	Ulm	Georg Matthias König	6.1.1736
221	Andreas Hornässer	Nürnberg	Johannes Pommer	1.12.1736
222	Georg Sigismund von Wachter	Memmingen[38]	Schwestermiller & Beck	1.12.1736

37 Seine Lehrzeit dauerte von 1735 bis 1741: *Schramm*, Kaufleute, S. 145.
38 *Braun*, Memmingen, S. 215.

Nr.	Name des Lehrlings	Herkunft	Ausgebildet bei der Firma	Wann
223	Otto Philipp Praun	Kempten	Schalckhauser & Hugel	1.12.1736
224	Zacharias Rader	Lindau	Hans Daniel Amman	2.3.1738
225	Johann Gottfried Heyntz	Isny	Benedikt von Hermann	2.3.1738
226	Johann Friedrich Poppe	Hamburg	Johannes Pommer	22.2.1739
227	Johannes Wider	Augsburg	Schwestermiller & Beck	22.2.1739
228	Johann Georg Grundler	Nürnberg	Johann Michael (I) Wagner	22.2.1739
229	Johann Nikolaus Olenschlager	Frankfurt	Daniel Amman	22.2.1739
230	Johann Christoph Fehr	Kempten	Felix (I) Fehr	22.2.1739
231	Johann Adam Wagner	Nürnberg	Johann Michael (I) Wagner (Cousin)	22.2.1739
232	Johann Jakob (II) Pommer	Venedig[39]		3.5.1739
233	Johann Michael Schweyer	Venedig[40]		3.5.1739
234	Friedrich Conrad Rüger		Daniel Amman	27.3.1740
235	Joseph Friedrich Heuß	Memmingen	Benedikt von Hermann	27.3.1740
236	Johann Georg von Stoll	Memmingen	Johann Georg Bensperg & Co.	27.3.1740
237	Christian Schwestermiller	Augsburg	Schwestermiller & Beck	27.3.1740
238	Johann Ulrich Wachter	Memmingen	Johannes Pommer	14.5.1741
239	Johann Ehrenfriedt Keyßler	Thurnau	Johannes Pommer	14.5.1741
240	Georg Ulrich Enderlin	Lindau	Johann Georg Bensperg & Co.	14.5.1741
241	Jacob Zoller	Memmingen	Schwestermiller & Beck	14.5.1741
242	Paulis Wider	Augsburg	Daniel Amman	14.5.1741
243	Johann Caspar Hillenbrand	Augsburg	Benedikt von Hermann	14.5.1741
244	Rudolph Holl	Ulm	Samuel Rudolph Kleinschmidt	14.5.1741
245	Peter Christian Eschenbach	Rostock	Johann Georg Herman Lucker	14.5.1741

39 *Elze*, Geschichte, S. 64.
40 Ebd., S. 65.

Nr.	Name des Lehrlings	Herkunft	Ausgebildet bei der Firma	Wann
246	Johann Conrad Heinzelmann	Augsburg	Johann Georg Herman Lucker	14.5.1741
247	Amadeus Schweyer	Venedig[41]	Johann Karl Schweyer	14.5.1741
248	Hieronymus Wagner	Venedig[42]	Johann Michael (I) Wagner (Vater)	31.12.1741
249	Benedictus Paulus Wagner		Johann Michael (I) Wagner (Vater)	31.12.1741
250	Balthasar von Hößlin	Augsburg	Schalckhauser & Hugel	31.12.1741
251	Friedrich Heinrich Rheinwald	Urach	Stahl & Koninck	31.12.1741
252	Georg Unold	Memmingen	Johann Georg Bensperg & Co.	31.12.1741
253	Daniel Friedrich Wolff		Stahl & Koninck	2.12.1742
254	Johann Heinzelman	Venedig	Johannes Heinzelmann	2.12.1742
255	Felix (II) Fehr	Kempten	Felix (I) Fehr	2.12.1742
256	Johann Jakob Mayr	Memmingen	Schwestermiller & Beck	2.12.1742
257	Daniel Christoph Wagner	Venedig[43]	Johann Michael (I) Wagner (Vater)	2.12.1742
258	Augustin Memminger	Augsburg	Johann Georg Bensperg & Co.	26.12.1743
259	Georg Carl Heinzelmann	Kaufbeuren	Heinzelmann (Bruder)	26.12.1743
260	Joh. Christoph (II) Stattmiller	Kempten	Christoph Matthias Zimmermann	26.12.1743
261	Johann Eitel Neubronner	Ulm	Conrad (I) Martens	26.12.1743
262	Ludwig Samuel Wurfbain	Nürnberg	Conrad (I) Martens	26.12.1743
263	Hans Bartholomäus Baur	Ulm	Georg Matthias König	26.12.1743
264	Johann Jakob Wagner	Venedig[44]	Johann Michael (I) Wagner (Vater)	26.12.1743
265	Johannes (I) Siri	Lindau	Schalckhauser & Hugel	26.12.1743
266	Michael Adam	Memmingen	Benedikt von Hermann	13.12.1744

41 Ebd., S. 65.
42 Ebd., S. 64.
43 Ebd., S. 64.
44 Ebd., S. 64.

Nr.	Name des Lehrlings	Herkunft	Ausgebildet bei der Firma	Wann
267	Christian Heinrich Schmidel	Jena	Daniel Amman	13.12.1744
268	Leonhard Jonathan Glozeis	Leutkirch	Stahl & Koninck	13.12.1744
269	Georg Specht	Ravensburg	Daniel Amman	13.12.1744
270	Diderich Arndt	Hamburg	Conrad (I) Martens	13.12.1744
271	Hieronymus Hau	Kempten	Matthias Mellin	13.12.1744
272	Davit Schmely	Kempten	Samuel Rudolph Kleinschmidt	13.12.1744
273	Johann Jakob Gutermann	Augsburg	Georg Matthias König	13.6.1745
274	Johann Lorenz Hommel	Memmingen	Johann Michael (I) Wagner	13.6.1745
275	Johann Jakob Firnkranz	Ulm	Matthias Ludwig Kiechel	13.6.1745
276	Jakob (II) Bensperg	Lindau	Johann Georg Bensperg	26.10.1745
277	Johann Jacob Fehr	Kempten	Felix (I) Fehr	26.10.1745
278	Albrecht Kiechel	Ulm	Matthias Ludwig Kiechel	26.12.1745
279	Georg Jacob Hebich	Augsburg	Johannes Heinzelmann	26.12.1745
280	Georg Jacob Funck	Kempten	Matthias Mellin	26.12.1745
281	Johann Jacob (II) Jenisch	Kempten	Daniel Amman	11.12.1746
282	Johann Georg Haberstock	Lindau	Paulus Moritz Kuchel	11.12.1746
283	Hieronymus Sulzer d. J.	Augsburg	Johann Michael (I) Wagner	11.12.1746
284	Veit Ludwig Laminit	Memmingen	Schalckhauser & Hugel	11.12.1746
285	Michael Weitenauer	Kempten	Joh. Matthias Zimmermann	11.12.1746
286	Johann Ulrich Heinzelmann	Kaufbeuren	Johannes Heinzelmann	11.12.1746
287	Georg Daniel Weber	Augsburg	Gottfried Friedrich Amman	11.12.1746
288	Georg Walther von Pfister	Lindau	Paulus Moritz Kuchel	11.12.1746
289	Johann Friedrich König	Lindelbach	Georg Matthias König	13.8.1747
290	Christian Jacob Wöhrle	Augsburg	Johann Jakob Habißreitinger	13.8.1747
291	Johann Christoph Schweyer	Nürnberg	Conrad (I) Martens	13.8.1747

Nr.	Name des Lehrlings	Herkunft	Ausgebildet bei der Firma	Wann
292	Benedikt Schweyer	Venedig[45]	Johann Karl Schweyer (Vater)	13.8.1747
293	Andreas Wagner	Preßburg	Johann Michael (I) Wagner	13.8.1747
294	Johann Conrad Löhe	Fürth	Matthias Mellin	5.5.1748
295	Christian August Herman	Zittau	Paulus Moritz Kuchel	5.5.1748
296	Rudolph Baur	Memmingen	Benedikt von Hermann	5.5.1748
297	Wilhelm Ouchterlony	Hamburg	Schalckhauser & Hugel	5.5.1748
298	Jacob (II) Fehr	Kempten	Felix (I) Fehr (Cousin)	26.5.1748
299	Johann Friedrich Burry	Stuttgart	Schalckhauser & Hugel	26.5.1748
300	Johann Christoph (III) Pommer	Venedig[46]	Johannes Pommer	11.5.1749
301	Peter Friedrich Christoph Amman		Gottfried Friedrich Amman	11.5.1749
302	Andreas Pfister		Johann Georg Bensperg & Co.	11.5.1749
303	Bartholomäus Sautt	Ravensburg	Daniel Amman	11.5.1749
304	Conrad Jacob Hartlieb gen. Walsporn	Memmingen	Johann Georg Bensperg & Co.	21.9.1749
305	Gottfried Gullmann	Augsburg	Johann Michael (I) Wagner	1.3.1750
306	Johann Konrad Heinzelmann	Venedig[47]	Johannes Heinzelmann	1.3.1750
307	Johann Fehr	Kempten	Felix (I) Fehr (Cousin)	1.3.1750
308	Mattheus Fehr	Kempten	Georg Matthias König	15.11.1750
309	Johann Friedrich Gutermann	Biberach	Gottfried Friedrich Amman	15.11.1750
310	Johann Georg Bilgramm	Memmingen	Benedikt von Hermann	15.11.1750
311	Christian Gottfried Burken	Augsburg	Johann Georg Stahl	15.11.1750
312	Georg Christoph Holzhausen	Augsburg	Schalckhauser & Hugel	15.11.1750
313	Franz Heinrich Schonemann	Eppendorf (Hamburg)	Conrad (I) Martens	15.11.1750

45 Ebd., S. 65.
46 Ebd., S. 64.
47 Ebd., S. 65.

Nr.	Name des Lehrlings	Herkunft	Ausgebildet bei der Firma	Wann
314	Justus Jacob Drevel	Nürnberg	Daniel Amman	17.1.1751
315	Johann Heinrich Koch	Braun-schweig	Johann Georg Stahl	17.1.1751
316	Felix Friedrich Fehr	Augsburg	Felix (I) Fehr (Cousin)	14.11.1751
317	Johannes von Pfister	Lindau	Matthias Mellin	14.11.1751
318	Adolph Gabriel Jacob Hornesser	Nürnberg	Johann Jakob Habißreitinger	14.11.1751
319	Johann Carl Liesching	Heilbronn	Johann Georg Stahl	14.11.1751
320	Daniel Kellinger	Lindau	Friedrich Pfauz	14.3.1752
321	Johann Heinrich Dannenberger	Ludwigsburg	Joseph Friedrich Heuß	14.3.1752
322	Gottlieb Seutter	Lindau	Johann Georg Bensperg & Co.	14.3.1752
323	Georg Jacob Miller	Lindau	Daniel Amman	14.3.1752
324	Matthias Zorn	Memmingen	Johann Michael (I) Wagner	14.3.1752
325	Johann Georg Wolff	Augsburg	Friedrich Pfauz	14.3.1752
326	Johann Georg Brandhofer	Augsburg	Samuel Rudolph Kleinschmidt	14.3.1752
327	Friedrich Samuel Wenndrich	Gräfenthal	Schalckhauser & Hugel	14.3.1752
328	Gottlieb Arnold Löscher	Augsburg	Johann Michael (I) Wagner	14.3.1752
329	Benedikt Hermann	Memmingen		25.11.1753
330	Marx Theodosius König	Ulm		25.11.1753
331	Albrecht Ludwig Wickh	Ulm		25.11.1753
332	Andreas Albert	Nürnberg	Daniel Amman	25.11.1753
333	Julius Christian Ludwig Olnhausen	Untern-steinbach	Georg Matthias König seel. Erben	25.11.1753
334	Johann Jacob Daumiller	Kempten	Matthias Mellin	25.11.1753
335	Johannes Suppius	Memmingen	Johann Sigismund Natter	22.9.1754
336	Leonhard (I) Fehr	Kempten	Hieronymus Hau	22.9.1754
337	Engelhard Ferdinand Gullmann	Augsburg	Johann Georg Bensperg & Co.	22.9.1754
338	David Baur	Ulm	Georg Matthias König	22.9.1754
339	Hieronymus Elhardt	Kempten	Otto Philipp Zeller	22.9.1754
340	Sigismund Christoph Heinzelmann	Venedig	Johannes Heinzelmann (Vater)	22.9.1754

Nr.	Name des Lehrlings	Herkunft	Ausgebildet bei der Firma	Wann
341	Johan Jacob Sautter	Ravensburg	Schalckhauser & Hugel	22.9.1754
342	Tobias Möhrlin	Ravensburg	Samuel Rudolph Kleinschmidt	22.9.1754
343	Nicolaus Christoph Mertel		Daniel Amman	14.12.1754
344	Johann Jacob Schöps	Zittau	Friedrich Pfauz	14.12.1754
345	Georg Friedrich Faber	Colmar	Johann Georg Stahl	7.12.1755
346	Philipp Albrecht Gutermann	Augsburg	Matthias Mellin	7.12.1755
347	Johann Ernst Röder	Nürnberg	Conrad (I) Martens	7.12.1755
348	Philipp Adam Benz	Augsburg[48]	Schalckhauser & Hugel	7.12.1755
349	David Egg	Lindau	Schalckhauser & Hugel	7.12.1755
350	Gottlieb Christian Hard	Augsburg	Friedrich Pfauz	7.12.1755
351	Johann Sebastian Natter	London	Johann Siegmund Natter	7.12.1755
352	Gottfried Benjamin Hering	Zittau	Daniel Friedrich Wolff	7.12.1755
353	Gottlob Friedrich Scharno	Leipzig	Hau & Fehr	7.12.1755
354	Franz Hendrich Jacob Fehr	Wien	Hau & Fehr	7.12.1755
355	Johann Andreas Serz	Herspruck	Johann Georg Stahl	14.8.1757
356	Johan Michael Schnell	Lindau	Matthias Mellin	14.8.1757
357	Philipp Adolph Hermann	Ulm	Benedikt von Hermann	4.12.1757
358	Christian Schleich	Augsburg	Joseph Friedrich Heuß	8.10.1758
359	Johann Jacob Müller	Lindau	Daniel Friedrich Wolff	8.10.1758
360	Christoph Hartlieb	Memmingen	Friedrich Pfauz	8.10.1758
361	Gabriel Gruner	Ravensburg	Friedrich Ludwig Streit	8.10.1758
362	Johann Konrad Reck	Wendelstein	Schalckhauser & Hugel	13.5.1759
363	Johann Lorentz Bauder	Herspruck	Daniel Friedrich Wolff	13.5.1759
364	Elias Kutter	Ravensburg	Daniel Friedrich Wolff	13.5.1759
365	Johann Heinrich Bertram	Leipzig	Johann Siegmund Natter	30.3.1760
366	Johannes Hermann	Memmingen	Johann Michael (I) Wagner	30.3.1760

48 *Stetten*, Kunst, S. 15.

Nr.	Name des Lehrlings	Herkunft	Ausgebildet bei der Firma	Wann
367	Johann Samuel Biermann	Augsburg	Johann Siegmund Natter	30.3.1760
368	David Reiti	Lindau	Firnkranz & Mayr	30.3.1760
369	Johann Suppius	Memmingen	Georg Friedrich Faber	13.4.1760
370	Johann Georg Jakob Heinzelmann	Venedig	Johannes Heinzelmann (Vater)	10.8.1760
371	Johann Georg von Heilbrand	Augsburg	Schalckhauser & Hugel	10.8.1760
372	Johann Georg Daumiller	Memmingen	Friedrich Pfauz	10.8.1760
373	Joseph Bogenhardt	Lindau	Hau & Fehr	10.8.1760
374	Johann Friedrich Gullmann	Augsburg	Johann Georg Bensperg & Co.	7.12.1760
375	Johann Gotthard Martens	Venedig[49]	Conrad (I) Martens	21.12.1760
376	Johann Georg Kennbuch	Memmingen	Johann Heinrich Dannenberger	21.12.1760
377	Daniel Hieronymus Kilian	Augsburg	Johann Heinrich Dannenberger	29.3.1761
378	Johann Jacob von Jenisch	Kempten	Schalckhauser & Hugel	31.1.1762
379	Friedrich Gottlob Lorent	Leipzig	Johann Michael (I) Wagner	31.1.1762
380	Georg Ludwig Ruepprecht	Memmingen	Joseph Friedrich Heuß	31.1.1762
381	Johann Zacharias Lutz	Wien	Johann Heinrich Dannenberger	12.12.1762
382	Johann Friedrich Meinert	Groß-Schönau		12.12.1762
383	Georg Walter Wachter	Memmingen		12.12.1762
384	Wilhelm Conrad Martens	Venedig	Conrad (I) Martens (Vater)	12.12.1762
385	Samuel Ludwig Burry	Augsburg	Schalckhauser & Hugel	12.12.1762
386	Johann Albrecht Hagen	Straßburg	Georg Zacharias Hagen (Vater)	17.4.1763
387	Jacob Andreas Schwarz	Lindau	Georg Friedrich Faber	11.12.1763
388	Christian Büchelin	Kempten	Benedikt von Hermann	11.12.1763

49 *Schulte Beerbühl,* Zwischen England, S. 217.

Nr.	Name des Lehrlings	Herkunft	Ausgebildet bei der Firma	Wann
389	Michael Schaffenroth	Kempten	Samuel Rudolph Kleinschmidt	11.12.1763
390	Philipp Jacob Pfauz	Augsburg	Friedrich Pfauz	11.12.1763
391	Johann Ludwig Falckh	Wien	Schalckhauser & Hugel	11.12.1763
392	Felix Johann Baptist Dick	Venedig	Felix (I) Fehr	11.12.1763
393	Georg Jakob Daumiller	Kempten	Hieronymus Hau	11.12.1763
394	Emanuel Bozenhard	Augsburg	Johann Michael (I) Wagner	20.5.1764
395	Gotthilf Nicolas Lutyens	Hamburg	Schalckhauser & Hugel	16.12.1764
396	Jacob Felix von Eberz	Isny	Felix (I) Fehr	16.12.1764
397	Christoph Jacob Esterlin	Regensburg	Johann Michael (I) Wagner	16.12.1764
398	Johann Reinhard Wegelin	Lindau	Firnkranz & Mayr	16.12.1764
399	Sebastian Fels	Lindau	Georg Matthias König	22.12.1765
400	Friedrich Carl König	Venedig	Georg Matthias König	22.12.1765
401	Sebastian (II) Schalckhauser	Reichelsdorf	Schalckhauser & Hugel	22.12.1765
402	Martin Wodicke	Nürnberg	Schalckhauser & Hugel	24.8.1766
403	Matthäus Gustav Oberländer	Augsburg	Johannes Heinzelmann	24.8.1766
404	Johann Sigmund von Wachter	Memmingen	Friedrich Pfauz	14.12.1766
405	Elisius Wittmeyer	Lindau	Firnkranz & Mayr	14.12.1766
406	Marx Christoph Balthasar von Hößlin	Venedig	Daniel von Hößlin (Vater)	13.12.1767
407	Abraham Schlotterman	Augsburg	Johann Heinrich Dannenberger	13.12.1767
408	Johann Christoph Ostertag	Lindau	Johann Michael (I) Wagner	13.12.1767
409	Johann Theobald Hermann	Ulm	Benedikt von Hermann	13.12.1767
410	Johann Balthaßar Barth	Nördlingen	Friedrich Pfauz	13.12.1767
411	Johann Jacob Wolff	Ulm	Daniel Friedrich Wolff	13.12.1767
412	Johann Gottlieb Miller		Johannes Heinrich Dannenberger	13.12.1767
413	Georg Bittner	Altdorf b. Nürnberg	Hieronymus Hau	25.9.1768

Nr.	Name des Lehrlings	Herkunft	Ausgebildet bei der Firma	Wann
414	Joseph Gelß	Lindau	Firnkranz & Mayr	25.9.1768
415	Johann Sebastian Geiger	Kaufbeuren	Johannes Heinzelmann	22.1.1769
416	Joh. Ludwig Bittner	Augsburg		22.1.1769
417	Gotthelff Friedrich Wolff	Langenfeld	Daniel Friedrich Wolff	22.1.1769
418	Ludwig Christian Dick	Venedig	Wendelin Lucas Dick (Vater)	22.1.1769
419	Christian Georg von Köpff	Augsburg[50]	Georg Friedrich Faber	22.1.1769
420	Johannes Haupp	Lindau	Schalckhauser & Hugel	16.7.1769
421	Friedrich Härle	Ulm	Johann Heinrich Dannenberger	16.7.1769
422	Jacob Zorn	Kempten	Wendelin Lucas Dick	16.7.1769
423	Arnold Lamprecht		Schalckhauser & Hugel	10.12.1769
424	Sebastian Wolff		Schalckhauser & Hugel	10.12.1769
425	Erhard Riesch	Lindau	Conrad (I) Martens	10.12.1769
426	Georg Daniel Pfauz	Augsburg	Friedrich Pfauz	10.12.1769
427	Johann Sebastian Pfauz	Venedig	Friedrich Pfauz (Vater)	10.12.1769
428	Jacob Zäberlin	Kempten	Felix (II) Fehr	10.12.1769
429	Georg Kidelin	Nördlingen	Johann Heinrich Dannenberger	10.12.1769
430	Daniel Eberhard Winsch	Nördlingen	Johannes Heinzelmann	10.12.1769
431	Christoph Enderlin	Lindau	Firnkranz & Mayr	10.12.1769
432	Johann Wolfgang Schifflin	Memmingen	Johannes Kleiber	10.12.1769
433	Matthäus Friedrich Degmair	Augsburg	Johannes Kleiber	10.12.1769
434	Johann Christoph Gwinner	Stuttgart	Johannes Kleiber	10.12.1769
435	Hermann Daniel Langrotger	Nürnberg	Johannes Kleiber	10.12.1769
436	Daniel Gottlieb Johann Kolb	Venedig	Georg Friedrich Faber	10.12.1769
437	Daniel Heinzelmann	Kaufbeuren	Johannes Heinzelmann	2.9.1770

50 *Seibold*, Wirtschaftlicher Erfolg, Stammtafeln (Nr. 27).

Nr.	Name des Lehrlings	Herkunft	Ausgebildet bei der Firma	Wann
438	David Mayr	Memmingen	Johannes Kleiber	2.9.1770
439	Christoph Heinrich Martens	Venedig	Conrad (I) Martens (Vater)	3.3.1771
440	Andreas Gottfried Suchart	Nürnberg	Schalckhauser & Hugel	3.3.1771
441	Johann Michael (III) Wagner	Venedig	Hieronymus Wagner (Vater)	3.3.1771
442	Johannes Hummler	Lindau	Hieronymus Hau	3.3.1771
443	Christian von Conradi	Suaras	Friedrich Samuel Wenndrich	3.3.1771
444	Conrad Bauer	Wendelstein	Schalckhauser & Hugel	22.9.1771
445	Jacob Gottfried Siri	Lindau	Schalckhauser & Hugel	22.9.1771
446	Philipp Jacob Biermann	Augsburg	Lieb & Co.	22.9.1771
447	Septimus Holl	Ulm	Johannes Heinzelmann	13.9.1772
448	Albrecht Christoph Hohbach	Ansbach	Felix (II) Fehr	13.9.1772
449	Nicolaus Wunderlich	Hamburg	Lieb & Co.	13.9.1772
450	Sebastian Wilhelm Heinzelmann	Venedig		4.4.1773
451	Johann Wilhelm Wagner	Venedig	Hieronymus Wagner (Vater)	4.4.1773
452	Sebastian Andreas Balthasar von Hößlin	Venedig	Balthasar von Hößlin (Vater)	4.4.1773
453	Joh. Martin Gruber	Lindau	Johannes Heinzelmann	4.4.1773
454	Johann David Geiger	Augsburg	Schalckhauser & Hugel	19.12.1773
455	Johannes (II) Siri	Lindau	Schalckhauser & Hugel	19.12.1773
456	Christoph Wilhelm Mellin	Venedig	Daniel Friedrich Wolff	19.12.1773
457	Friedrich Carl von Heilbronner	Ulm	Firnkranz & Mayr	19.12.1773
458	Marx von Rhaw	Lindau	Firnkranz & Mayr	27.8.1775
459	Matthias Willhalm	Lindau	Reck & Laminit	27.8.1775
460	Georg Gottfried Wünsch	Nördlingen	Daniel Friedrich Wolff	27.8.1775
461	Johann Jakob von Unold	Memmingen	Firnkranz & Mayr	27.8.1775
462	Matthias Süeß	Ulm	Lieb & Co.	27.8.1775
463	Johan Christoph Bez	Kempten	Lieb & Co.	27.8.1775

Nr.	Name des Lehrlings	Herkunft	Ausgebildet bei der Firma	Wann
464	Albrecht Friedrich Stang	Nördlingen	Lieb & Co.	27.8.1775
465	Jacob Koch	Augsburg	Johann Christoph Gwinner	27.8.1775
466	Leonhard (II) Fehr	Kempten	Otto Philipp Zeller	27.8.1775
467	Thomas Christian Friedrich Wechßler	Biberach	Benedikt von Hermann	15.9.1776
468	Benedict Constantin Süttel	Nördlingen	Lieb & Co.	15.9.1776
469	Johann Nenr. Augerer	Memmingen	Lieb & Co.	15.9.1776
470	Johann Christoph Benz	Augsburg	Reck & Laminit	15.9.1776
471	Christian Georg Mettel	Augsburg		15.9.1776
472	Paul Thomann	Lindau	Johannes Heinzelmann	15.9.1776
473	Sebastian Andreas Wagner	Venedig	Johann Michael (I) Wagner (Vater)	15.9.1776
474	Johann Heinrich Riesch	Lindau	Conrad (I) Martens	15.9.1776
475	Johann Zacharias Hellmuth	Hof	Johannes Heinzelmann	23.11.1777
476	Georg Gottfried Enßlin	Augsburg	Lieb & Co.	23.11.1777
477	Johann Michael Pfauz	Venedig[51]	Friedrich Pfauz (Vater)	31.1.1779
478	Christoph Daniel Pfauz	Venedig[52]	Friedrich Pfauz (Vater)	31.1.1779
479	Johannes Martin Böhmer	Augsburg	Friedrich Pfauz	31.1.1779
480	Johann Jakob Gruber	Lindau	Firnkranz & Mayr	31.1.1779
481	David Schlatter	Lindau	Firnkranz & Mayr	31.1.1779
482	Johann Christoph Harttmann	Marbach	Felix (II) Fehr	31.1.1779
483	Georg Wilhelm Caspar	Kempten	Hieronymus Hau	31.1.1779
484	Sebastian Merz	Erlangen	Reck & Laminit	5.9.1779
485	Johann Christoph Berckmüller	Kaufbeuren	Reck & Laminit	5.9.1779
486	Martin Thomann	Lindau	Johannes Heinzelmann	5.9.1779
487	Mathias Christoph Heinzelman	Kaufbeuren	Johannes Heinzelmann	5.9.1779

51 *Pistorius,* Burckhardtische, S. 190.
52 Ebd., S. 190.

Nr.	Name des Lehrlings	Herkunft	Ausgebildet bei der Firma	Wann
488	Karl Friedrich Balthasar von Hößlin	Venedig	Johann Wolfgang Schifflin	5.9.1779
489	Georg Walther (II) Pfister	Lindau	Johannes Heinzelmann	30.4.1780
490	Jacob Schweicker	Lindau	Friedrich Pfauz	30.4.1780
491	Georg Heinrich Latus	Gera	Reck & Laminit	19.8.1781
492	Christian Gottlieb Benz	Augsburg	Reck & Laminit	19.8.1781
493	Jacob Christian Koepff	Augsburg	Johannes Heinzelmann	19.8.1781
494	Georg Heinrich Gwinner	Stuttgart	Fehr & Gwinner	19.8.1781
495	Elisäus Gruber	Lindau	Firnkranz & Mayr	19.8.1781
496	Martin Pius Forster	Nürnberg	Gebrüder Schweyer	18.11.1781
497	Christian Friedrich Benjamin Grunitz	Schmiede-berg	Friedrich Pfauz	18.11.1781
498	Zacharias Frey	Lindau	Reck & Laminit	9.6.1782
499	Elisäus Rückelin	Lindau	Johannes Heinzelmann	9.6.1782
500	Joseph Anton Rickelin	Lindau	Friedrich Pfauz	9.6.1782
501	Georg Jacob Mittel	Augsburg	Reck & Laminit	9.6.1782
502	Johann Achatius Geßner	Augsburg	Friedrich Pfauz	23.3.1783
503	Sigmund Heydecker	Kempten	Weitenauer & Elhardt	23.3.1783
504	Gabriel Friedrich Wagner	Venedig	Johann Michael (I) Wagner (geleitet von der verwitweten Mutter)	23.3.1783
505	Andreas Firnkranz	Venedig	Firnkranz & Mayr (Vater)	23.3.1783
506	Christoph Friedrich Dannenberger	Venedig	Conrad (I) Martens (Großvater)	13.6.1784
507	Felix (III) Fehr	Kempten	Fehr & Gwinner	13.6.1784
508	Jacob Felix Praun	Kempten	Friedrich Pfauz	13.6.1784
509	Johannes Lunz	Kempten	Hieronymus Hau	13.6.1784
510	Johannes Riesch	Lindau	Johannes Heinzelmann	27.2.1785
511	Friedrich Riesch	Lindau	Johannes Heinzelmann	27.2.1785
512	Johann Jacob Stang	Nördlingen	Johann Daniel Heinzelmann	27.2.1785
513	Johannes Rimmel	Lindau	Firnkranz & Mayr	27.2.1785
514	Daniel Reitti	Lindau	Felix (II) Fehr	27.2.1785
515	Johannes Stoffel	Lindau	Firnkranz & Mayr	10.9.1786
516	Benedikt Firnkranz	Venedig	Firnkranz & Mayr (Vater)	10.9.1786
517	Daniel Benz	Augsburg	Reck & Laminit	25.11.1787

Nr.	Name des Lehrlings	Herkunft	Ausgebildet bei der Firma	Wann
518	Johann Christoph Schott	Prichsenstadt	Johannes Heinzelmann	25.11.1787
519	Conrad Samuel Weber	Eisenhofen	Friedrich Pfauz	25.11.1787
520	Sebastian Reck	Venedig	Johann Konrad Reck	13.1.1789
521	Johannes Karrer	Kempten	Johann Konrad Reck	13.1.1789
522	Georg Gottfried Clauß	Memmingen	Johannes Heinzelmann	13.1.1789
523	Johann Welfinger	Rothenturn (Österreich)	Gebrüder Schweyer	13.1.1789
524	Ulrich Radius	Lindau	Friedrich Pfauz	13.1.1789
525	Ludwig Roth	Weißenburg	Friedrich Pfauz	13.1.1789
526	Johannes Zorn	Leutkirch	Hieronymus Hau	13.1.1789
527	Benedict Michael Wagner	Venedig	Riesch & Wagner	13.1.1789
528	Conrad (II) Martens	Venedig	Wilhelm Conrad Martens	1.4.1790
529	Carlo Köpff		Johannes Heinzelmann	1.4.1790
530	Johann Caspar Weber	Augsburg	Friedrich Pfauz	1.4.1790
531	Carl Abraham Falckh	Lindau	Friedrich Pfauz	1.4.1790
532	Michael Drexel	Augsburg	Hieronymus Hau	1.4.1790
533	Matthäus Friederich Benz	Augsburg	Gottlieb Christian Hau	1.4.1790
534	Paulus Benz		Christian Gottlieb Haid	1.4.1790
535	Nicolaus Conrad Sievers	Lauf	Johann Konrad Reck	1.4.1790
536	Carl Laminit	Memmingen	Johann Konrad Reck	1.4.1790
537	Johann David Weber	Leutkirch	Gebrüder Schweyer	1.4.1790
538	Johann Philipp Hartmann	Venedig	Friedrich Pfauz	1.4.1790
539	Nicolaus Kilian	Augsburg	Riesch & Wagner	1.4.1790
540	Johann Michael Reck	Venedig	Johann Konrad Reck (Vater)	5.1.1793
541	Joh. Sigmund von Hartlieb gen. Walsporn	Memmingen	Christian Gottlieb Haid	5.1.1793
542	Christoph Gottlieb Martens	Venedig	Wilhelm Conrad Martens (Vater)	24.4.1793
543	Christfried Petzold	Langenfeld (Sachsen)	Johannes Heinzelmann	24.4.1793
544	Gabriel (II) Wachter	Memmingen	Johannes Heinzelmann	24.4.1793
545	Dav. Kerler	Memmingen	Sebastian Wilhelm Heinzelmann	24.4.1793

Nr.	Name des Lehrlings	Herkunft	Ausgebildet bei der Firma	Wann
546	Paulus Georg von Strauß	Augsburg	Georg Jakob Daumiller	24.4.1793
547	Kraft Ernst Kiderlin	Nördlingen	Gottlieb Christian Hau	24.4.1793
548	Joh. Ludwig Schweicker	Lindau	Johannes Heinzelmann	24.4.1793
549	Joh. Georg Heiß	Biberach	Johannes Heinzelmann	24.4.1793
550	Johann Riesch	Lindau	Erhard Riesch (Bruder)	20.12.1794
551	Johann August Schoch	Augsburg	Friedrich Pfauz	11.1.1795
552	Christian Gottlieb Herold	Hof	Friedrich Pfauz	11.1.1795
553	Michael Laminit	Memmingen	Johann Konrad Reck	11.1.1795
554	Ludwig Heinrich Benz	Augsburg	Christian Gottlieb Haid	11.1.1795
555	Friedrich Heinrich Stählin	Memmingen	Johann Konrad Reck	20.12.1795
556	Jakob Karrer	Kempten	Johann Konrad Reck	20.12.1795
557	Ulrich Schielin	Lindau	Johann Konrad Reck	20.12.1795
558	Paul Wencelius	Paris	Johannes Heinzelmann	20.12.1795
559	Johann Haugg	Memmingen	Johannes Heinzelmann	20.12.1795
560	Joh. Georg Schnell	Liefland	Johannes Heinzelmann	20.12.1795
561	Christ. Rud. Holl	Ulm	Johannes Heinzelmann	20.12.1795
562	David von Hartlieb	Memmingen	Georg Jakob Daumiller	20.12.1795
563	Andreas Dauscher	Isny	Georg Jakob Daumiller	20.12.1795
564	Heinrich Brandenburg	Wunsiedel	Georg Jakob Daumiller	20.12.1795
565	Ferdinand Renner	Schnintznacht		20.12.1795
566	Benedict von Zeller	Memmingen	Gebrüder Wagner	20.12.1795
567	Ludwig von Scheeler	Stuttgart	Christian Gottlieb Haid	20.12.1795
568	Johann Christoph Hartmann		Friedrich Pfauz	20.12.1795
569	Christian Friedrich Meebold	Sulz[53]	Wilhelm Conrad Martens	20.12.1795
570	Johann Ulrich Schad	Ulm	Johann Jakob Firnkranz	16.12.1796
571	Sebastian Beck	Schwabach	Johann Jakob Firnkranz	16.12.1796
572	Johannes Beck		Johann Konrad Reck	9.12.1797

Quelle: AEGV, LB.

53 *Wauschkuhn*, Die Anfänge, S. 321.

Anhang IV: Consuln der deutschen Nation, 1746–1806

Die Liste der Consuln von 1492 bis 1747 ist bereits vollständig abgedruckt.[54] Durch zwei Quellen kann diese hier weitgehend bis hin zum Juni 1806 vervollständigt werden. Einerseits ist dies der Bestand ASVe/CS, I Ser., 966, der bereits dem Anhang I zugrunde gelegt wurde. In den Fedi und Tolelle sind die zwei amtierenden Consuln immer angegeben. Diese Namen werden hier ohne Fußnote mitgeteilt. Andererseits finden sich im Nachlass von Theodor Elze auf der fol. 17 seines Notizbuches zu Venedig einige Daten zu den Consuln der letzten Jahre der deutschen Nation genannt. Hierfür schöpfte Elze offenbar aus Quellen, die inzwischen verloren gegangen sind. Die auf Elzes Aufzeichnungen basierenden Namen werden mit Fußnote angegeben.

In der Auflistung werden nur der erste und letzte Monat der Nennung eines Consulnpaars angegeben; wenn nur eine Angabe existiert, dann diese. Es verbleiben damit Lücken in den 1770/80er Jahren, diese können bei der derzeitigen Quellenlage nicht vermieden werden.

Tabelle 42: Die Consuln der deutschen Nation, 1746–1806

Monat/Jahr der Nennung	Name des Consuls	Name des Consuls
11/1746	Lorenz Jakob Mehling	Johann Konrad Schwestermiller
05/1749	Gottfried Friedrich Amman	Johann Michael (I) Wagner
02/1753	Gottfried Friedrich Amman	Johann Michael (I) Wagner
07/1753[55]	Johannes Heinzelmann	Johann Georg Stahl
03/1756	Johannes Heinzelmann	Johann Georg Stahl
10/1759	Johannes Heinzelmann	
01/1760	Johann Georg Bensperg	Friedrich Ludwig Streit
12/1760	Johann Georg Bensperg	Friedrich Ludwig Streit
02/1763	Sebastian (I) Schalckhauser	Friedrich Ludwig Streit
03/1763	Sebastian (I) Schalckhauser	Friedrich Ludwig Streit
03/1768	Sebastian (I) Schalckhauser	Georg Friedrich Faber
04/1768	Otto Philipp Zeller	Georg Friedrich Faber
02/1769	Otto Philipp Zeller	Georg Friedrich Faber
01/1774	Otto Philipp Zeller	Balthasar von Hößlin
04/1774	Amadeus Schweyer	Balthasar von Hößlin

54 *Simonsfeld,* Der Fondaco dei Tedeschi, Bd. 2, S. 203–212.
55 Ebd., S. 212.

Monat/Jahr der Nennung	Name des Consuls	Name des Consuls
09/1775	Amadeus Schweyer	Balthasar von Hößlin
02/1780	Johann Konrad Reck	Johann Konrad Heinzelmann
12/1786	Amadeus Schweyer	Johann Jakob Firnkranz
02/1787	Amadeus Schweyer	Johann Jakob Firnkranz
04/1787	Erhard Riesch	Johann Michael (II) Wagner
09/1791[56]	Michael Weitenauer	Gottlieb Christian Haid
02/1801[57]	Michael Weitenauer	Gottlieb Christian Haid
02/1801[58]	Erhard Riesch	Georg Jakob Daumiller
06/1806[59]	Erhard Riesch	Georg Jakob Daumiller

Quellen: ASVe/CS, I Ser., 966; UBG/E, Schachtel Venedig, fol. 17.

Anhang V: Begräbnisse der deutschen Nation, 1719–1810

Die vollständige Liste aller 169 evangelischen Begräbnisse auf dem Friedhof San Cristoforo findet sich im Archiv der evangelischen Gemeinde Venedig: AEGV, 267.[60] Aus dieser Quelle wurden bereits einige interessante Beobachtungen in den Standardwerken zur evangelischen Gemeinde in Venedig hervorgehoben.[61] Hier wird die Liste erstmals vollständig aufgeführt. Die Bemerkungen des bestattenden Predigers waren meist recht kurz und beschränkten sich auf Herkunft, Geburtsdatum und eine kurze familiäre oder berufliche Einordnung. Hier werden diese Bemerkungen auf ihre wesentliche Information hin zusammengefasst und wiedergegeben. Das Alter wird bei der entsprechenden Niederschrift des Predigers auf Vierteljahre genau angegeben. Bei Geburtsdaten nach dem Julianischen Kalender (meist vor 1700) wird dies, in Anlehnung an die Einträge im Register, durch die eingeklammerte Hinzufügung von v.s. (*veteris stili*) ausgedrückt. Um die Informationen aus den Anhängen I und II zu vervollständigen, wurden auch noch die sehr knappen Informationen aus dem Begräbnisregister 1814–1856 für die Kaufleute hinzugefügt, die bis 1797 in der deutschen Nation registriert waren; dieses Register findet sich auch im AEGV, 267.

56 UBG/E, Schachtel Venedig, fol. 17.
57 UBG/E, Schachtel Venedig, fol. 17.
58 UBG/E, Schachtel Venedig, fol. 17.
59 UBG/E, Schachtel Venedig, fol. 17.
60 Für seine Mitwirkung bei der Erstellung dieser Tabelle danke ich an dieser Stelle Karl Siebengartner sehr herzlich.
61 Hier auch die wesentlichen Bemerkungen zur Friedhofsgeschichte: *Elze*, Geschichte, S. 67–68, 82–83; *Oswald*, Die Inquisition, S. 68–72.

Die Quelle ermöglicht eine genauere Erfassung der Kaufleute, ihrer Herkunft, ihrer Familienverhältnisse und bietet sogar einen Blick auf das deutsche Dienstpersonal am Fondaco. Neben ihrem hohen Eigenwert ergänzt sie damit die weiteren Anhänge dieser Arbeit um wichtige Aspekte.

Tabelle 43: Begräbnisse der deutschen Nation, 1719–1810

Nr.	Todestag	Name	Von	Alter	Bemerkung/ Geburtsdatum
1	17.8.1719	Johann Heinrich Calenbach	Westhausen (Thür.)		Speditor
2	21.1.1720	David Rehle	Kempten	22 Jahre	Lehrling bei Felix (I) Fehr
3	3.6.1720	Johann Paul Pommer		59 ½ Jahre	
4	26.11.1720	Christoph Pommer			Johann Jakob (I) Pommers ältester Sohn, Ehemann von Barbara Pommer
5	9.9.1721	Christina Müller	Nördlingen		Ehefrau von Johann Jakob Müller, geborene Weuhnrin
6	23.9.1722	Maria Christina Schweyer	Venedig	2 Monate	Tochter von Johann Karl Schweyer
7	3.10.1723	Johann Jacob Merck	Ulm	35 Jahre	
8	12.11.1723	Johann Schweyer		17 Tage	Sohn von Johann Karl Schweyer
9	11.4.1726	Aleyda Condewyn			Witwe von Kapitän Martin Krüger
10	14.3.1728	Friedrich Bihl	Kopenhagen	26 Jahre	Maler
11	5.10.1728	Christian Kutzschenbach	Bern	18 ¾ Jahre	
12	22.4.1730	Heinrich Gustav Keller	Leipzig	42 Jahre	Sekretär des Grafen von Schulenburg
13	10.5.1731	Johannes Böhm	Morungen	89 Jahre	Medicus
14	20.11.1731	Rosina Margaretha Pommer		61 Jahre	Geborene Reiser

Nr.	Todestag	Name	Von	Alter	Bemerkung/ Geburtsdatum
15	31.1.1733	Stephan Mezel	Helberhausen		Bedienter des Grafen von Schulenburg
16	23.2.1734	Euphrosina		7 ½ Jahre	Tochter von Gabriel Bachschmid, dem Ligator des Fondaco
17	24.1.1735	Susanna Margaretha Langenmantel		37 Jahre	
18	1.3.1735	Margaritha Fehr		64 Jahre	Witwe von David Fehr
19	17.1.1737	Johann Lündberg	Stockholm	20 Jahre	Maler
20	28.5.1737	Johann Michael (II) Wagner		8 Jahre	Sohn des gleichnamigen
21	17.11.1738	Dorothea Felicitas Wagner	Nürnberg	41 Jahre	Geborene Amman, Frau von Johann Michael (I) Wagner
22	24.2.1739	Jakob (I) Bensperg	Lindau	70 ¼ Jahre	Quondam Wolfgang Augustus
23	9.8.1739	Barbara Helena Böhm	Nürnberg	73 ¾ Jahre	Geborene Auracher
24	16.3.1740	Gabriel Bachschmid	Kempten	49 Jahre	Ligator am Fondaco
25	29.9.1740	Johann Leonhard Spengelin	Venedig	42 Jahre	Ligator von Johann Adam Spengelin
26	11.1.1743	Johann Bernhard Fleischer	Nürnberg	69 ½ Jahre	
27	1.10.1743	Johanna Sophia Specht	Zwolle	59 ½ Jahre	Geborene Kruger
28	8.5.1744	Gabriel Rietmeyer	Memmingen	39 ¾ Jahre	Cassier bei Benedikt von Hermann
29	2.8.1744	Johann Georg Hermann Lucker	Augsburg	74 Jahre	
30	10.7.1745	Heinrich Reichsgraf von Bünau		48 Jahre	Kursächsischer Gesandter am Wiener Hof
31	12.7.1746	Georg Matthias König		84 ¾ Jahre	

Nr.	Todestag	Name	Von	Alter	Bemerkung/ Geburtsdatum
32	4.9.1746	Johann Koninck	Hamburg	47 Jahre	
33	26.5.1747	Georg Jacob Funck	Kempten		Lehrling bei Matthias Mellin
34	18.7.1749	Adam Spengelin	Lindau	81 Jahre	Ligator
35	16.12.1749	Johann Conrad Pommer		55 Jahre	
36	6.6.1750	Michael Schürn-brand	Ravensburg	68 Jahre	
37	5.2.1751	Johann Georg Specht	Ravensburg	78 Jahre	
38	15.6.1751	Regina Catharina König		Säugling	Tochter von Fried-rich König
39	2.8.1751	Justus Jacob Drevel	Nürnberg	21 Jahre	Lehrling bei Daniel Amman
40	15.10.1751	Johann Konrad Schwestermüller	Augsburg	69 Jahre	
41	5.3.1752	Johann Heinrich Enderlin	Lindau	42 Jahre	
42	3.10.1752	Johann Baptist Fingerlin	Ulm	54 ¼ Jahre	Selbstmord
43	9.3.1753	Johann Beck	Augsburg	67 ¼ Jahre	
44	9.11.1753	Johannes Pommer	Venedig	61 Jahre	Geboren am 11.8.1692
45	1.1.1754	Johann Matthias Zimmermann	Nürnberg	66 Jahre	
46	9.4.1754	Caspar Koninck	Hamburg	59 Jahre	In Diensten bei Johann Jakob (II) Pommer
47	7.2.1755	Andreas Hornäffer	Nürnberg	63 Jahre	Güterbestätter
48	10.4.1757	Matthias Mellin	Kempten		
49	1.1.1759	Georg Daniel Weber	Augsburg	36 Jahre	In Diensten bei Daniel Amman
50	1.4.1759	Johann Andreas Eerz	Herrsbruck	26 Jahre	In Diensten bei Jo-hann Georg Stahl
51	25.8.1759	Johann Georg Stahl	Stuttgart	64 Jahre	Geboren am 10.2.1695, gest. in seiner Tuchfabrik in Follina

Nr.	Todestag	Name	Von	Alter	Bemerkung/ Geburtsdatum
52	18.9.1759	Conrad Friedrich Balthasar von Hößlin		3 ½ Jahre	Sohn von Balthasar von Hößlin
53	4.9.1759	Johann Karl Schweyer	Nürnberg	69 Jahre	
54	20.11.1759	Magdalena Anna		2 Jahre	Tochter des Ligators
55	17.3.1760	Johann Peter Häfelein	Nürnberg	32 Jahre	Informator der Kinder von König
56	18.10.1760	Christoph Wilhelm König	Breslau	61 Jahre	Gestorben an einer *auszehrenden Traurigkeit oder Gemüths Kranckheit*
57	8.11.1760	Christian Balthasar Baur	Ulm	51 ¾ Jahre	Geboren am 8.12.1709, im Dienste von Georg Matthias König
58	6.1.1762	Jacob Firnkranz		Säugling	Sohn von Johann Jakob Firnkranz
59	27.11.1762	Johann Andreas Friedrich Firnkranz		Säugling	Sohn von Johann Jakob Firnkranz
60	1.5.1763	Michael Joseph Balthasar von Hößlin		9 Jahre	Sohn von Balthasar von Hößlin
61	8.5.1763	Catharina Dorothea Magdalena von Hößlin		6 Jahre	Tochter von Balthasar von Hößlin
62	7.10.1763	Caspar Stattmiller	Kempten	14 Jahre	In Diensten bei Firnkranz & Mayr
63	9.10.1763	Johann Jacob Schwarz	Augsburg	1 Jahr	Sohn von Jacob Andreas Schwarz, in Diensten bei Georg Friedrich Faber
64	11.10.1763	Johannes Heyl		4 Jahre	Sohn des Ligator und Economo Heinrich Heyl
65	11.1.1764	Johanna Regina Firnkranz		1 Jahr	Tochter von Johann Jakob Firnkranz

Nr.	Todestag	Name	Von	Alter	Bemerkung/ Geburtsdatum
66	12.7.1764	Daniel Amman	Augsburg	77 Jahre	Geboren am 23.11.1687
67	27.11.1764	Christoph Ludwig Brombeiß	Kempten	71 Jahre	
68	6.2.1765	Georg Christoph Meyr	Kaufbeuren		In Diensten bei Paul Connozin e Comp.
69	23.5.1765	Johannes Heinzelmann	Kaufbeuren	68 Jahre	Geboren am 21.12.1697
70	16.8.1765	Adam Christian Volkmar	Hirschberg	48 Jahre	
71	26.1.1766	Jacob (II) Fehr	Kempten	34 ¾ Jahre	Geboren am 25.3.1731
72	15.3.1766	Anna Kolb	Giengen	46 Jahre	geborene Mekin, Frau von Philipp Kolb, Ligator
73	26.3.1766	Maria Sybilla Hayl	Aldingen	48 Jahre	Geborene Heusch, Frau von Joh. Heinrich Hayl, Ligator
74	7.6.1766	Wilhelmina Barbara Firn-kranz		1 Jahr	Tochter von Johann Jakob Firnkranz
75	17.2.1767	Anna Maria Kleiber		Säugling	Tochter von Johannes Kleiber
76	30.3.1767	Johann Michael (I) Wagner	Feucht	82 Jahre	Geboren am 6.12.1685 (v.s.)
77	22.10.1767	Anna Catharina Hau	Kempten	45 Jahre	Geboren am 21.1.1722 in Kempten, nicht verheiratet
78	9.2.1768	Georg Zacharias Hagen	Regensburg	58 Jahre	Geboren am 8.11.1710
79	16.3.1768	Felix (I) Fehr	Kempten	89 Jahre	Geboren am 11.8.1679 (v.s.)
80	9.8.1768	Johann Wilhelm Hugel	Memmingen	69 Jahre	Geboren am 4.11.1699 (v.s.)
81	24.6.1769	Maria Barbara Firnkranz		1 Jahr	Geboren am 10.10.1768
82	8.11.1769	Johann Friedrich König	Lindelbach	71 Jahre	Geboren am 29.12.1698 (v.s.)

Nr.	Todestag	Name	Von	Alter	Bemerkung/ Geburtsdatum
83	21.11.1769	Engelbert König	Hamburg	41 Jahre	
84	4.2.1770	Maria Sophia Wenndrich		1 Jahr	Tochter von Friedrich Samuel Wenndrich, geb. am 23.3.1769
85	24.5.1770	Johann Wilhelm Kleiber		2 Jahre	Sohn von Johann Kleiber
86	6.8.1770	Felix Friedrich Pfauz		13 ¾ Jahre	Sohn von Friedrich Pfauz
87	9.9.1770	Joseph Friedrich Heuß	Memmingen	54 Jahre	Geboren am 14.12.1716
88	25.11.1770	Maria Barbara Mettel		1 Jahr	Geboren am 15.3.1769, Tochter von Nikolaus Christoph Mettel
89	30.4.1771	Magdalena Schweyer	Nürnberg	79 Jahre	Geborene Förster, am 24.4.1692
90	18.3.1772	Johann Michael Klein	Eltenstatt		Fuhrmannsknecht, geb. am 26.1.1735
91	29.2.1772	Johanna Regina Laminit	Venedig	24 Jahre	Geborene Heinzelmann, am 11.2.1748 in Venedig
92	18.9.1773	Johann Sigismund Natter	Biberach	61 Jahre	Geboren 1712
93	3.11.1774	Gottlieb Johann Kolb	Venedig	20 Jahre	Ligator und Economo bei Johann Jakob Gutermann geb. am 18.6.1754
94	12.11.1774	Helena Sibilla Bensperg	Venedig	24 Jahre	Geboren am 24.4.1750
95	14.12.1774	Otto Philipp Zeller	Kempten	62 Jahre	Geboren am 7.7.1712
96	22.12.1774	Sebastian (I) Schalckhauser	Wendelstein	73 Jahre	Geboren am 11.10.1701
97	5.6.1775	Carl Gottfried Prenzel	Bauzen	23 Jahre	Cand. Jur. auf der Durchreise
98	2.3.1775	Johann Friedrich Martens		Säugling	Sohn von Wilhelm Conrad Martens

Nr.	Todestag	Name	Von	Alter	Bemerkung/ Geburtsdatum
99	27.9.1775	Samuel Sebastian Wilhelm Wenndrich	Venedig	12 Jahre	Geboren am 2.9.1767, Sohn von Friedrich Samuel Wenndrich
100	21.11.1775	Friedrich Samuel Wenndrich	Gräfenthal	40 Jahre	
101	20.12.1775	Sigismund Streit	Berlin	90 Jahre	
102	31.1.1776	Regina Wilhelmina Schifflin	Venedig	Säugling	Tochter von Wolfgang Schifflin
103	11.7.1776	Gabriel Elhardt	Kempten	74 Jahre	Geboren am 29.10.1702
104	12.9.1777	Ludwig Gottfried Uhland	Marbach	27 Jahre	Informator der Kinder von Reck und Laminit
105	18.9.1777	Hieronymus Wagner	Venedig	52 Jahre	Geboren am 12.3.1725
106	3.11.1777	Richard Koninck	Hamburg	85 Jahre	Geboren am 29.11.1692 (v.s.)
107	24.6.1778	Ludwig Hieronymus Wagner		3 Jahre	Geboren am 17.12.1775, Sohn von Hieronymus Wagner
108	13.11.1778	Friedrich Pfauz	Augsburg	63 ¼ Jahre	
109	28.9.1780	Ernestine Euphrosyne Pfauz	Augsburg	51 Jahre	Geborene Gullmann, am 21.1.1729
110	9.6.1781	Susanna Christiana Hartmann		1 Jahr	Tochter des Ligators Joh. Georg Hartmann, geb. am 3.12.1780
111	18.2.1782	Benedikt von Hermann	Memmingen	93 Jahre	Geboren am 26.12.1689 (v.s.)
112	28.3.1782	Johann Christoph Hartmann	Marbach	23 Jahre	Bedienter bei Fehr & Gwinner
113	5.3.1783	Johann Philipp Kolb		64 Jahre	Ligator und Economo, geb. am 17.10.1718
114	22.7.1783	Michael Baur	Memmingen	68 Jahre	

Nr.	Todestag	Name	Von	Alter	Bemerkung/ Geburtsdatum
115	13.12.1783	Stephan Friederich Kreyl	Drossenfeld	27 Jahre	Informator der Kinder von Firnkranz, quondam Matthias
116	12.4.1784	Catharina Walpurga Firnkranz		17 ½ Jahre	Tochter von Johann Jakob Firnkranz, gest. in Mestre
117	17.7.1784	Elisäus Kinkelin		18 Jahre	Sohn von Joh. Michael Kinkelin in Lindau, in Diensten bei Heinzelmann
118	20.4.1785	Christian Wilhelm Martens		Säugling	Sohn von Wilhelm Conrad Martens
119	13.3.1785	Regina Walpurga Firnkranz	Memmingen	49 Jahre	Geborene Ruprecht
120	13.3.1785	Elena Elisabetha Pommer	Memmingen	86 Jahre	Aus Familie Hartlieb, genannt Walsporn, geb. am 11.7.1699 (v. s.)
121	16.8.1785	Conrad (I) Martens	Hamburg	81 Jahre	Geboren am 10.1.1704, dänischer Konsul
122	1.1.1786	Maria Martens	London		Geborene Doran
123	28.11.1786	Maria Elisabeth Martens	Venedig		Ehefrau vom jetzigen dänischen Konsul, Wilhelm Conrad Martens, geb. am 20.4.1748
124	29.11.1786	Gottlieb Friedrich Jakob Künhanß	Erfurt	59 Jahre	Sekretär des englischen Residenten Nicolaus Heinrich
125	28.12.1786	Albert Christoph Hohbach	Ansbach	31 Jahre	
126	5.1.1787	Veit Ludwig Reck	Venedig	Säugling	
127	21.9.1787	Carl Christian Daumiller	Venedig	1 Jahr	Sohn von Georg Jakob Daumiller
128	22.9.1787	Sabina Kastner	Augsburg	19 Jahre	Dienstmagd im Haus von Conrad (I) Martens, geb. am 23.4.1758

Nr.	Todestag	Name	Von	Alter	Bemerkung/ Geburtsdatum
129	23.10.1787	Martin Pius Forster	Nürnberg	22 Jahre	Sohn von Carl Forster
130	13.10.1788	Elisabetha Klemännin	Ansbach		In Diensten von Frau Martens
131	25.8.1789	Veit Ludwig Reck	Venedig	Säugling	Sohn von Johann Konrad Reck
132	25.8.1789	*N.* Heinzelmann	Venedig	Säugling	Sohn von Georg Daniel Heinzelmann
133	4.4.1790	Regina Catharina Reck	Venedig		Tochter von Johann Konrad Reck, geb. am 15. Nov. 1766
134	8.8.1790	Georg Gottlieb Hartmann			Sohn des Faktors Joh. Georg Hartmann, geb. am 7.10.1789
135	20.11.1791	Johann Jacob Stang	Nördlingen		Lehrling bei Daniel Heinzelmann, geb. am 10.11.1768
136	28.11.1791	Amadeus Schweyer	Venedig	64 Jahre	Geboren am 12.12.1727
137	21.10.1792	Johanna Henrietta Hartmann	Venedig		Tochter des Faktors Joh. Georg Hartmann, geb. am 6.3.1787
138	5.11.1792	Georg Andreas Ziegler	Altdorf		
139	5.12.1793	Johanna Hertmann		4 Jahre	
140	10.3.1794	Maria Barbara Mettel	Augsburg		Geborene Biller, am 2.6.1730
141	17.7.1795	Johanna Daumüller		Säugling	
142	8.10.1795	Johann Jakob Mayr	Kempten[62]	70 Jahre	Compagno von Firnkranz
143	17.10.1795	Michael Laminit		15 Jahre	Sohn des Pfarrers Laminit in Memmingen, Selbstmord

62 In der Quelle zu Anhang II wurde als Herkunftsort Memmingen angegeben.

Nr.	Todestag	Name	Von	Alter	Bemerkung/ Geburtsdatum
144	21.10.1795	August von Heiß	Memmingen	21 Jahre	Lehrling bei Riesch, Selbstmord
145	12.12.1795	Johanna Elisabeth Hartmann		Säugling	Tochter des Faktors Joh. Georg Hartmann, geb. am 29.11.1795
146	15.3.1796	Sybilla Regina von Heinzelmann	Memmingen	82 Jahre	Geborene Neubrauer, am 31.1.1714
147	5.1.1797	*Herr* Geißler		84 Jahre	
148	26.9.1797	Felicitas von Reck		15 Jahre	Tochter von Konrad von Reck
149	26.9.1797	Dorothea Firnkranz		18 Jahre	
150	26.9.1797	*Herr* Leidinger	Erlangen	23 Jahre	Hofmeister von Felicitas
151	24.12.1797	Regina Martens		Säugling	
152	22.12.1797	Johann Jakob Firnkranz	Straßburg	71 Jahre	Geboren am 6.6.1726
153	20.4.1799	Maria Sybilla Wagner		80 ½ Jahre	
154	3.7.1800	Hieronymus Elhardt	Kempten	61 Jahre	
155	17.2.1801	Sophia Jacobina Pfauz	Venedig	43 Jahre	Geboren am 3.11.1758
156	11.11.1801	Johann Konrad Reck	Wendelstein	67 Jahre	
157	22.4.1802	Johann Jakob Wagner	Venedig		
158	21.6.1802	Daniel Egg	Lindau		
159	28.6.1802	Sophia Regina von Heinzelmann			Erste Tochter von Daniel von Heinzelmann
160	30.12.1802	Michael Weitenauer	Kempten		
161	19.12.1803	Justinanus Bucher	Frankfurt	41 Jahre	Geboren am 11.4.1762

Nr.	Todestag	Name	Von	Alter	Bemerkung/ Geburtsdatum
162	31.1.1804	Adalbert von Renner			Von Cray Linien Infanterie Regiment No 34
163	6.12.1804	Andreas Brunold	Bergamo		Lehrling bei den Herrn Wagner
164	30.9.1805	Johann Michael Schweyer	Venedig	81 Jahre	
165	28.6.1807	Daniel Pfauz		59 Jahre	
166	6.8.1808	Johannes Lunz	Kempten	38 Jahre	Sohn des Predigers und Seniors zu Kempten
167	18.5.1809	Johann Georg Hartman		62 Jahre	
168	31.5.1809	Magdalena Elisabeth von Reck		64 Jahre	
169	4.7.1810	Johann Konrad Heinzelmann	Venedig	74 Jahre	
170[63]	25.11.1810	Erhard Riesch	Lindau		

Quelle: AEGV, 267.

Tabelle 44: Register ab 1814 zu den Mitgliedern der deutschen Nation vor 1797

170	18.2.1814	Benedikt Schweyer	80 Jahre
171	23.3.1815	Christian Gottlieb Haid	78 Jahre
172	19.11.1816	Georg Daniel Heinzelmann	82 Jahre
173	22.11.1816	Sebastian Wilhelm Heinzelmann	57 Jahre
174	11.2.1827	Christoph Pfauz	64 Jahre
175	15.12.1827	Johann Michael Pfauz	67 Jahre
176	29.2.1828	Wilhelm Conrad Martens	80 Jahre
177	20.5.1834	Johann Sebastian Pfauz	80 Jahre
177	17.3.1835	Johann Wilhelm Wagner	76 Jahre
178	25.11.1835	Sebastian Andreas Wagner	75 Jahre

Quelle: AEGV, 267.

63 Riesch findet sich zwar nicht im Register genannt, hier wird er jedoch angefügt, da er offenbar auf älteren Akten als in Venedig verstorben verzeichnet war: *Elze*, Geschichte, S. 87.

Anhang VI: Prediger der evangelischen Gemeinde in Venedig, 1649–1810

Die Liste der Prediger der evangelischen Gemeinde basiert ausschließlich auf den Ausführungen in Kap. IV. 1. Für weitergehende Erläuterungen und Verweise sei auf den dortigen Anmerkungsapparat verwiesen. Die exakten Daten von Ankunft und Rückreise der Prediger sind meist nicht bekannt, die Jahreszahlen sollten jedoch auf Basis der Quellen weitgehend stimmen. Genau kann dies manchmal nicht entschieden werden, so datiert der letzte Brief Friedemann A. Zülichs aus Venedig vom 1. Mai 1718, der erste von ihm aus Jena vom 5. Mai 1719. In diesem Fall, wie bei manch anderen, hilft noch die Handschrift der Begräbniseinträge (Anhang V). Diese unterscheidet sich je nach Prediger und wurde hier stillschweigend zur präziseren Datierung verwandt. Bei den Predigern Nr. 12 und 15 bleibt eine gewisse Unsicherheit, wer diese Personen waren, hierzu sei auf Kap. IV. 1 verwiesen. Zuletzt sei noch auf die im selben Kapitel diskutierte Wahrscheinlichkeit eines Predigers vor Renner verwiesen, der in Venedig seit 1647 gewirkt haben mag.

Tabelle 45: Prediger der evangelischen Gemeinde in Venedig, 1649–1810

	Name	**Amtsdauer**
1.	Johann Georg Renner	1649–1654
2.	*Vakant*	1654–1657
3.	Johann Molitor	1657–1664
4.	Jakob Bertram	1664–1666
5.	Johann Georg Fuchs	1666–1670
6.	Johann Fabricius	1670–1677
7.	Michael Zülich	1677–1682
8.	Samuel Wencelius	1682–1686
9.	Christoph Georg Maier	1686–1701
10.	Anton Christoph Specht	1701–1705
11.	Johann Dietrich Sprecher	1705–1709
12.	*Vermutlich:* Georg Zacharias Hofmann	1709–1710
13.	Philipp Bez	1710–1715
14.	Friedmann Andreas Zülich	1715–1718
15.	*N.* Micheli	1719
16.	Johannes Nadler	1720–1727
17.	Georg Wenndrich	1728–1732

	Name	Amtsdauer
18.	Johann Balthasar Stark	1732–1746
19.	Georg Andreas Ziegler	1746–1790
20.	Johann Friedrich Fick	1790–1799
21.	Johann Adam Unger	1799–1810

Quelle: Kap. IV. 1.

Anhang VII: Eheschließungen und Begräbnisse der evangelischen Gemeinde Livorno, 1773–1808

Im Besitz des letzten Honorarkonsuls der Bundesrepublik Deutschland in Livorno, Ermann Braun, befindet sich das *Registro I della chiesa Protestante degli Olandesi-Alemanni in Livorno. Cominciato 1773 e continuato in sino all'anno 1808*. In diesem sind die von Johann Paul Schulthesius in Livorno und Pisa vorgenommenen Taufen, Eheschließungen und Begräbnisse verzeichnet. Zwischen 1774 und 1783 sind auch die Begräbnisse von Briten verzeichnet, da Schulthesius in dieser Zeit auch der anglikanischen Gemeinde vorstand. Im Folgenden werden die Eheschließungen und Begräbnisse mitsamt den vorhandenen Angaben chronologisch gereiht dargestellt – was nicht immer der Paginierung entspricht. Ortsangaben und Bemerkungen wurden teilweise übersetzt und dabei weitgehend die Originalangaben beibehalten. Die Namen der Eheleute und Verstorbenen werden nach der originalen Schreibweise wiedergegeben. Auf eine Nummerierung wird verzichtet, da die Konkordanz zwischen beiden Tabellen angesichts ihres geringen Umfangs leicht feststellbar ist. Angemerkt sei, dass Schulthesius bis zu seinem Tod 1816 in Livorno wirkte und daher diese Tabellen nicht alle von ihm vorgenommenen Eheschließungen und Begräbnisse erfassen.

Tabelle 46: Eheschließungen der evangelischen Gemeinde Livorno, 1773–1808

Fol.	Datum	Ehemann	Herkunft Ehemann	Ehefrau	Herkunft Ehefrau
121	6.2.1774	Johann Heinrich Wulffen	Flensburg	Dorothea Zürich	Arbon
121	22.5.1773	Esaie Aliez	Genf	Jeanne Spach	Bern
loses Blatt	15.1.1780	James Rush Marina	Tarr (Irland)	Sally Bartey	
123	24.8.1781	Barthelemy Chauforan	Val Lucerne	Marie Susanne Appia	Val Lucerne
124	6.10.1782	Johann Anton Schultz	Stockholm	Anne Leary	Galway (Irland)

Fol.	Datum	Ehemann	Herkunft Ehemann	Ehefrau	Herkunft Ehefrau
125	17.11.1782	Giovanni Stoppani	Paese dei Grigioni	Anna Margherita Ott	Schaffhausen
126	1.4.1783	Federigo Wienholt	Bremen	Magdalena Caussa	Nimes
127	2.7.1785	John Christopher Ulrich	Hamburg	Jeanne Pasteur	Genf
128	22.3.1786	Robert Otto Franck	Hamburg	Carolina Barbara von Schwarz	Augsburg
129	29.3.1786	Thomas Hall	Amerika	Anna Maria Kleiber	Livorno
130	24.8.1794	Jacques Benoit Mayer	Augsburg	Caroline Francoise Masson	Mömpelgard
132	9.9.1794	Louis Rock Mersaune	Marseille	Jeanne Marthe Gueze	Genf
133	8.11.1798	Davide Traxler	Svizzera	Caterina Salvetti	Paese dei Grigioni
134	4.6.1799	Jean Sarrazin	Bordeaux	Cecila Charlotte Schwartz	Chur
135	19.10.1803	Jean Claude de Langersward		Jeanne Marie Brigitte Sophie Mugues	
136	17.9.1804	Bernhard Peter Haase	Bremen	Franziska Luise Wulffen	
137	1.1.1805	Johannes Meyer		Anna Maria Lepage	
138	11.10.1806	William Mitchel	Groß-britannien	Jane Dorothea Wulffen	
139	18.2.1807	Johann Georg Enz	Herisau	Maria Margherita Fiorini	Revigliasso (Turin)
140	8.4.1807	Valentino Grand	Paese dei Grigioni	Luisa Starlai	Paese dei Grigioni
141	21.5.1797	Giovanni Paolo Schulthesius	Coburg	Guglielmina Enrichetta Rehn	Bayreuth
142	8.4.1797	Frideman Heinrich Christian Ludwig Baron von Schellersheim		Anna Carolina Locatelli	

Fol.	Datum	Ehemann	Herkunft Ehemann	Ehefrau	Herkunft Ehefrau
145	26.4.1802	Matthieu Pientax		Catharine Schafferinn	
146	28.3.1806	Christian Friedrich Conrad Haller		Catherina Gruis	

Quelle: ACOA, Registro I della Chiesa Protestante degli Olandesi-Alemanni in Livorno.

Tabelle 47: Begräbnisse der evangelischen Gemeinde Livorno, 1773–1808

Fol.	Datum	Name	Alter	Geboren in	Todesort	Bemerkungen
147	10.7.1773	Cornelius Berenberg	58 Jahre, 8 Monate, 14 Tage	Hamburg	Lucca	Erster Vorsteher der evangelischen Gemeinde
147	6.3.1774	Ernst Staubold von Mliltiz	35 Jahre, 4 Monate		Pisa	Geboren den 13.7.1739
167	3.9.1774	Mrs. Martin				
155	15.6.1775	Giacomo Laars				
148	15.11.1775	Johann Heinrich Wulffen				Anwesend: Johann Franz Bouwer, Otto Franck, Enrico Holst, Sohn von Johann Heinrich Wulffen
148	7.1.1777	Johann Franz Bower	86 Jahre	Amsterdam	Livorno	
148	3.12.1777	Baron de Viereck	52 Jahre, 6 Monate, 22 Tage	Mecklenburg	Pisa	Anwesend: Otto Franck
149	18.11.1777	Johann Jacob Ahrens	Geboren: 11.3.1720	Kopenhagen	Livorno	*Capitano*, Anwesend: Otto Franck
167	6.1.1778	James Haggarth		Oxford		Reverend, Chaplain to the British Sailory of Leghorn

Fol.	Datum	Name	Alter	Geboren in	Todesort	Bemerkungen
149	6.7.1778	Sohn von Johann Heinrich Wulffen	Totgeburt	Livorno	Livorno	
149	15.10.1778	Madame Maria Villion	Geboren 1702	Genf		
167	13.7.1779	Anthony Lefroy				Begraben auf dem engl. Friedhof
167	13.10.1779	John Smith				Commodore des Duke of Tuscany, begraben auf dem engl. Friedhof
156	7.5.1780	Caterina Kerfbyl	Geboren 18.6.1777			
150	18.9.1780	Otto Ludwig Hellwig Franck	Geboren 27.9.1719	Hamburg	Livorno	Seit 1739 Handelsmann zu Livorno
168	14.1.1781	Countess of Oxford			Florenz	Begraben auf dem engl. Friedhof
168	14.4.1781	Francis Desmaretz				Begraben auf dem engl. Friedhof
168	30.10.1781	Francis Jermy				Begraben auf dem engl. Friedhof
150	9.11.1781	Sohn von Johann Heinrich Wulffen	0 Jahre	Livorno	Livorno	
151	23.8.1782	Veronica Kleiber	47 Jahre, 11 Monate, 18 Tage		Livorno	
169	24.10.1782	Pietro Causse		Nimes	Livorno	Begraben auf dem engl. Friedhof
156	10.1.1783	Natanaele Enrico Kerfbyl				

Fol.	Datum	Name	Alter	Geboren in	Todesort	Bemerkungen
151	10.9.1783	Paul Wilhelm Nolte	20 Monate, 10 Tage			
169	19.10.1783	Joseph Porter				
151	16.3.1784	Johann Mark Pasteur	67 Jahre	Genf	Livorno	Anwesend: Johann Heinrich Nolte, Priester Thomas Hall
152	20.10.1786	Amadeus Voigt		Neugersdorf	Livorno	Begraben von Priester Thomas Hall
152	12.1.1787	Johann Jacob Wulffen				Sohn von Johann Heinrich Wulffen
157	15.7.1787	Georg Dieterich de Loewenstern	Geboren 28.12.1774	Dorpat	Pisa	
157	17.7.1789	Paolo Otto Franck				Sohn von Roberto Otto Franck und Carolina Barbara Franck, geb. Schwarz
157	26.7.1789	Enrichetta Franck				Tochter von Roberto Otto Franck und Carolina Barbara Franck, geb. Schwarz
153	8.11.1789	August Nolte				Sohn von Johann Octav Nolte
154	14.8.1791	Graf Diodato Graboschi		Litauen	Pisa	
154	19.8.1791	Niccolò Frazzioli	Geboren 1742	Ftan	Siena	Schweizer
158	8.1.1792	Paolo Federigo Ulrich	10 Tage	Livorno	Livorno	
158	2.12.1792	Giovanna Durade	Geboren 4.3.1730	Genf	Livorno	Witwe von Giovanni Marco Pasteur
158	23.9.1793	Filippina Caterina Fraissinett				

Fol.	Datum	Name	Alter	Geboren in	Todesort	Bemerkungen
158	23.11.1793	Ein Sohn von Roberto Otto Franck, sofort getauft				
158	29.4.1794	Anna Maria Susanna Vittoria Gräfin von Sellon			Florenz	
159	14.6.1794	Samuelle Grenmann				*Capitano*
159	7.11.1795	Jacopo Wiss		Genf	Florenz	
159	18.5.1798	Caterina Elisabetta Franck	Geb. am 21.4.1730	Livorno	Livorno	Witwe von Otto Franck aus Hamburg, Tochter von Carlo Periman
159	21.9.1798	Giovanni Francesco Dupont	40 Jahre		Pisa	Agente Generale della Repubblica Romana in Toscana
159	18.7.1800	Carlo Fraissinett				Sohn von Giacomo Fraissinett van Arp
159	27.10.1800	Giacomo Walser juvenis				Schweizer
159	25.12.1800	Benigna Elisabetta de Plettenberg		Mittau (Kurland)	Pisa	
160	30.3.1801	Enrichetta Maddalena Franck				Tochter von Otto Roberto Franck und Carolina Barbara Franck
160	15.10.1801	Giovanni Martino Loretz	28 Jahre	Chur		
160	30.10.1801	Rosa Barbara Tobler				Tochter von Giovanni und Sabina Tobler
160	13.12.1801	Gio. Giacomo Lendenman	32 Jahre, 7 Monate, 13 Tage			

Fol.	Datum	Name	Alter	Geboren in	Todesort	Bemerkungen
160	9.1.1803	Dorotea Felicita Sibilla Wagner				Ehefrau von Lorenzo Wagner
160	5.3.1803	Enrichetta Traxler				Tochter von Davide und Caterina Traxler
160	16.5.1803	Sofia Emilia Molke	6 Monate		Florenz	Tochter von Conte de Molke, Däne
161	17.5.1803	Paolo Hub		Bergen	Pisa	
161	6.10.1803	Giacomo Traxler			Pistoia	Tochter von David und Caterina Traxler
161	27.10.1803	Domenico Salvetti			Florenz	Händler
161	14.1.1804	Adolfina Bulon, geb. Maltzahn			Florenz	Deutsche
161	4.3.1804	Bernadina de Dewitz, geb. Bulow			Pisa	
161	6.3.1804	Giovanni Kleiber	75 Jahre, 1 Monat, 2 Tage		Livorno	Händler
161	8.8.1804	Adolfo Agostino Koster				Sohn von Giovanni und Amalia Koster
162	7.11.1804	Giovanni Adamo Wagner	19 Jahre nicht vollendet		Livorno	Sohn von Lorenzo Wagner, Verdacht auf Gelbfieber
162	17.11.1804	Giacomo Cristofano Escher		Zürich		
162	4.11.1805	Abramo Giorgio Hackert			Florenz	*Incisore in Rame*
162	5.1.1806	Francesco Kerfbyl	Geboren 25.8.1782		Livorno	Sohn von Diet. Kerfbyl, holländ. Generalkonsul und Caterina Holstyn

Fol.	Datum	Name	Alter	Geboren in	Todesort	Bemerkungen
163	14.2.1806	Olle Tonsen Nebenes				Däne
163	16.8.1806	Gio. Agosto Ahrens		Hamburg	Pisa	Architekt
163	12.1.1807	C.D. Wulffen				Tochter von Gio. Enrico Wulffen juvenis
163	24.1.1807	Cecilia Schwartz, geb. Fischer	56 Jahre, geb. am 10.5.	Chur	Pisa	Ehefrau von Giorgio Schwartz
163	11.4.1807	Gio. Ulrico Rechsteiner				Schweizer
163	29.4.1807	Filippo Hackert		Preußen	Florenz	*Celebre paesista*, aus Preußen
164	23.5.1807	Davide Wulffen			Pisa	Sohn von Gio. Enrico und Dorotea Wulffen
164	18.3.1808	Federigo Leonardo Moritz de Brittwiz		Schlesien	Pisa	

Quelle: ACOA, Registro I della Chiesa Protestante degli Olandesi-Alemanni in Livorno.

VII. Abkürzungen und spezielle Begrifflichkeiten

1. Abkürzungen

ADB	Allgemeine Deutsche Biographie
duc.	Dukat/en
Gr.	Venezianischer Grosso (24 Gr. = 1 duc.)
fl.	Gulden
kr.	Kreuzer (bei den verwendeten Tabellen: 60 kr. = 1 fl.)
L.	Lira/e
ML	Mark Lübisch
NDB	Neue Deutsche Biographie
Ps.	Peso (spanische Münzsorte)
Rtl.	Reichstaler
t.	Tonne/n
Z.	Zentner (50–56 kg)

2. Häufiger gebrauchte spezielle Begrifflichkeiten

Banco:	Währungsangaben in Rechengeld.
Bolletta:	Warenbegleitschein für Handel von und nach Venedig.
Cinque Savi alla Mercanzia:	Die wesentliche venezianische Magistratur/Instanz für die Wirtschaftspolitik der Republik Venedig.[1]
Collo/Saum:	Die Bezeichnungen Saum oder Colli finden sich in der Frühen Neuzeit als Transportmaße hauptsächlich im Schweizer und Graubündner Raum. Ein Saum wog theoretisch drei Z. Zurzacher Gewicht zu je 52,8 kg, also insgesamt 158,4 kg.[2] Ein Saum entsprach damit nominell zwei Colli zu je 79,2 kg, die ein Lasttier in der Frühen Neuzeit üblicherweise auf der linken und rechten Seite trug.
Cottimo:	Eine seit 1492 eingeführte Abgabe der deutschen Nation auf alle Nutzer des Fondaco, deren Höhe im historischen Verlauf von 1/30 % bis 1 % geschwankt hat. Der Verwendungszweck war offiziell zur Aufrechterhaltung des Gebäudes und Dienstleistungen der deutschen Nation für die Republik Venedig. Seit 1730 wurde diese Abgabe nur noch von den deutschen Händlern am Fondaco abgeführt.
Current:	Währungsangaben in Münzgeld.
Dominante:	Die Hauptstadt Venedig im Gegensatz zu den unterworfenen Gebieten der Terraferma oder dem Stato da Mar.

1 *Borgherini-Scarabellin,* Il Magistrato dei Cinque Savi.

2 *Dubler,* Masse und Gewichte, S. 53, 63.

Facchino: Lastträger/Bediensteter der deutschen Händler im Fondaco dei Tedeschi.

Faktor: Ein leitender Angestellter einer Firma, der für diese in Mittelalter oder Früher Neuzeit im Ausland tätig ist. Hier wird dieser Begriff für Angestellte oberdeutscher Firmen in Venedig verwandt.

Fede/Fedi: Im Zusammenhang dieser Arbeit offizielle Bescheinigungen der Zulassung zur deutschen Nation. Eine Fede wurde durch die Consuln der deutschen Nation für die neuen Mitglieder ausgestellt und im Anschluss an die offiziellen Stellen der Republik übergeben.

Indienne(s): Mit exotischen Motiven bedruckte Kattungewebe.

Informator: Erzieher/Hauslehrer, meist Studenten oder kürzlich graduierte Studenten der Theologie im Status von »Kandidaten«. Sie erzogen meist Kinder im Alter von etwa 5 bis 15 Jahren. Die Informatoren waren im Fall der deutschen Händler in Venedig ausschließlich junge lutherische Theologen.[3]

Ligator: Ein deutscher Ballenbinder im Fondaco dei Tedeschi.[4]

Rubbio/Rubbi: Eine Gewichtseinheit im frühneuzeitlichen Norditalien. 1 Rubbio = 8–9 kg.

Serenissima: Wörtlich »Die Allerdurchlauchteste«. Eine zeitgenössische Benennung der Republik Venedig in der Frühen Neuzeit.

Stallaggio/Entrata/Uscita: Zollstellen der Stadt Venedig. Am Stallaggio wurden die Einfuhren von See verzollt,[5] an der Entrata die Einfuhren von Land und an der Uscita die Ausfuhren zu See oder Land. Unabhängig von diesen drei Zollstellen bestand der Fondaco-Zoll als viertes Zollsystem zur Gestaltung von Vergünstigungen im Deutschlandhandel der Republik.[6]

Tolella/Tolelle: Liste(n) der privilegienberechtigten Mitglieder der deutschen Nation, die zwischen 1675 und 1796 durch die Consuln der Republik Venedig mitgeteilt wurden.

Tre requisiti: Die um 1600 eingeführten Mindestanforderungen, um Mitglied der deutschen Nation zu sein. 1. Die Miete eines Zimmers im Fondaco,[7] 2. Sitz an der Tafel, 3. Stimme im Generalkapitel. In der Praxis lief dies im 18. Jahrhundert auf die Verpflichtung zur Miete eines Zimmers im Fondaco durch einen unabhängigen Kaufmann hinaus. Der Sitz an der Tafel und die Teilnahme am Generalkapitel folgten dann als abgeleitete Rechte.[8]

3 Vgl. zur Figur des Informators im 18. Jahrhundert grundsätzlich: *Neumann*, Der Hofmeister.

4 Vgl. zu diesen insb.: *Braunstein*, Les allemands à Venise, S. 110–120.

5 Der Begriff Stallaggio für die »Dogana da Mar« war erst seit 1684 üblich, so wird die Begrifflichkeit auch in dieser Arbeit gehandhabt.

6 Vgl. Kap. III. 1. a.

7 Zu einem unbekannten Zeitpunkt und mit Geltung bis ans Ende der Republik wurde für jedes Mitglied der Nation die Pflicht dahingehend erweitert, dass er zwei Zimmer und ein Lager mieten musste, auch wenn er dies nicht gebrauchte: *Fick*, Bemerkungen, S. 180.

8 Zur Entstehung der *tre requisiti* um 1600 vgl. Kap. III. 1. c. Die Deutschen hatten diese zur Abwehr von Eintrittsgesuchen von Danzigern aufgestellt, 1607 wurden diese dann auch offiziell vom venezianischen Senat anerkannt, ohne jedoch damit zu diesem Zeitpunkt den Ausschluss der Niederdeutschen oder Grisolotti vom Fondaco-Zoll zu genehmigen: *Braunstein*, Les allemands à Venise, S. 824–825.

VIII. Abbildungen, Tabellen und Diagramme

Abbildungen

Für die Genehmigung zum Abdruck der Abbildungen wird dem Archivio di Stato di Venezia, der Herzog August Bibliothek Wolfenbüttel, der Biblioteca Comunale Augusta (Perugia) und dem Germanischen Nationalmuseum herzlich gedankt.

Tabellen

Diagramme

Hinweise zu manchen Tabellen und Diagrammen

In dieser Arbeit wurde eine Reihe an Datenreihen verwendet, um wirtschaftliche, fiskalische oder ähnliche Veränderungen über einen Verlauf von Jahren in einem bestimmten Zusammenhang zu erhellen. Im Folgenden wird die Aussagekraft von manchen von diesen etwas eingehender diskutiert, um ihre Relevanz im jeweiligen Kontext der Arbeit zu belegen.

Bozen: Den Diagrammen 2, 3, 5 und 7 liegen bis 1770 die Zolleinnahmen an den zwei Bozner Zollstationen Eisack und Zollstange zugrunde, seither wurde nur mehr an einem Hauptmautamt bezahlt. Auch an weiteren Stellen der Arbeit wurden die Werte der Bozner Zölle verwertet.[1] Im Detail weisen beide Stationen eine komplexe Zollgeschichte mit verschiedenen Tarifreformen auf. Für viele Waren galten deutlich unterschiedliche Zollsätze, je nach Tiroler Interessenlage und häufig galten sogar Befreiungen von der Bezahlpflicht verschiedener Waren je nach der jeweiligen Richtung.[2] Für unseren Zusammenhang ist nur wesentlich: An der Station Eisack mussten die Waren verzollt werden, die nach Italien gingen, an der Station Zollstange die Waren, die nach Deutschland gingen. Hauptsächlich die Oszillationen sind hier von Interesse, nicht die präzisen Werte an sich. Bozen war ein Transitort, Tirol ein Transitland, hier verblieben nur wenige Güter zum Verbrauch. Da die genannten Diagramme ein hohes Maß an Parallelität von beiden Zollkurven aufweisen, obwohl der Zolleinzug nach inkommensurablen Gestaltungsparametern ablief, kann es als erwiesen gelten, dass diese Daten tatsächlich den Wert des Verkehrs und vor allem seine Schwankungen erfassen. Wäre ein starker Schmuggel vorgekommen oder hätte ein Zoll durch seinen Tarif die wesentlichen Güter nicht erfasst, so wäre eine deutliche Abweichung beider Kurven zu erwarten gewesen.[3]

Luzern: Den Diagrammen 4, 6 und 9 liegen die Zolleinnahmen der Stadt Luzern zur Illustration von Verkehrsschwankungen über die Schweizer Routen, konkret, über den Gotthardpass, zugrunde.[4] Der Wert von Angaben aus der Luzerner Finanzverwaltung zur Erfassung dieses Verkehrs wurde bereits in der Literatur deutlich bezweifelt, da damit angeblich Ausweichbewegungen des Gotthardtransits vorbei an Luzern nicht erfasst würden. Konkret bemerkte Fritz Glauser, dass die Pfundzollrechnungen in Luzern zwischen 1720 und 1800 stark von den im Urserntal erfassten Warenbewegungen divergierten.[5] Just dieses Kriterium jedoch bestätigt bei einem Blick auf Diagramm 9 die Validität der Auswahl der Zolleinnahmen der Stadt Luzern als Indikator für den Verkehr über die Schweizer Routen. Die Parallelität ist hier bestechend bei zwei Zollstationen, die unter gänzlich anderer kantonaler Hoheit standen. Es sei abschließend noch bemerkt, dass die Daten der Finanzverwaltung Luzerns des späten Mittelalters und der Frühen Neuzeit in der Literatur häufig für die Illustration der Verkehrsgeschichte herangezogen werden, diese Arbeit steht daher in einer längeren Tradition.[6]

Liechtenstein: Den Tabellen 6, 9 und 11 liegen die Einnahmen der Liechtensteiner Zollverwaltung des 18. Jahrhunderts zugrunde. Ob diese immer den Wert des dahinterliegenden Verkehrs widerspiegeln, kann mit letzter Sicherheit nicht gesagt werden. Dafür spricht vor allem die Tatsache, dass der Zolltarif in Liechtenstein im 18. Jahrhundert sehr niedrig war und fast keiner Veränderung unterlag.[7] Eine Parallelität zum Verkehr in Saum ist in Tabelle 10 (1781–1790) deutlich gegeben, hingegen nicht in Tabelle 8 (1763–1772) ab 1771. Diese Abwei-

1 Es handelt sich dabei immer um folgende Seitenangaben aus diesem Werk: *Redolfi Bragagna*, Die Finanzgebarung, S. 85–95. Da die Arbeit von Redolfi-Bragagna nicht öffentlich zugänglich ist, wurde häufig eine Abschrift dieser Daten mit den Gesamtwerten von 1701 bis 1842 zitiert, diese findet sich bei: *Bonoldi*, La fiera e il dazio, S. 370.

2 Im Detail hierzu: *Bückling*, Die Bozener Märkte, S. 57–66; *Stolz*, Zur Geschichte, S. 81–84; *Redolfi Bragagna*, Die Finanzgebarung, S. 63–73.

3 Es sei noch darauf verwiesen, wie ein zeitgenössischer Wirtschaftsexperte wie Philipp von Sinzendorf die Einnahmen der Bozner Zollverwaltung im 18. Jahrhundert kommentierte: *die Mauthbücher [sind] der wahrhafte Thermoetre von der Auf- und Abnahme des Commercii*: ÖSTA/FHKA/NHK, Kommerz, rote Nummer 372, fol. 515r–515v. Vgl. hierzu auch: *Bonoldi*, La fiera e il dazio, S. 142.

4 Diese finden sich für die Jahre 1433–1794 vollständig zusammengestellt bei: *Körner*, Luzerner Staatsfinanzen, S. 428–435. Hier fanden die von ihm als »Total Stadt« bezeichneten Daten Verwendung.

5 *Glauser*, Der Gotthardtransit, S. 49.

6 *Wicki*, Bevölkerung und Wirtschaft, S. 449–464; *Körner*, Luzerner Staatsfinanzen, S. 240–241.

7 *Biedermann*, Das Rod- und Fuhrwesen, S. 52.

chung erklärt sich durch einen relativ starken Anstieg von Seidenprodukten auf den Bündner Routen, vor allem ausgelöst durch den schweren Wettbewerb zwischen Benedikt Hermann Karrer aus Memmingen und den Lindauer Spediteuren.[8]

Hamburg: Den Diagrammen 8 und 12, sowie der Tabelle 7 liegen die Einnahmen des Admiralitäts- und Convoyzolls in Hamburg zugrunde. Die Validität dieser Reihe für den hier ausschließlich betrachteten Handel Hamburgs mit dem Mittelmeer wird durch die Sekundärliteratur gestützt, da beim Verkehr von und nach diesem Raum nur wenige nennenswerten Zollbefreiungen galten.[9]

Venedig: Dem Diagramm 1 und den Tabellen 2–5 und 12–13 liegen die Einnahmen des Fondaco-Zolls und anderer venezianischer Zollstätten zugrunde. Sie wurden bereits in dieser Arbeit häufiger diskutiert. Der Meinung von Angelo Moioli, der die Werte des Fondaco-Zolls aufgrund endemischen Schmuggels als wenig zuverlässig ansah, folgt diese Arbeit nur teilweise.[10] Der starke Anstieg der Zolleinnahmen in Zeiten von Seekriegen (1688–1714) und der Anstieg nach 1751 infolge einer starken Zollerhöhung auf Importe sprechen eher für die geringe Schmuggelanfälligkeit des Zolls.[11] Der Niedergang des Deutschlandhandels der Republik, der sich aus Diagramm 1 ergibt, wurde bereits an anderer Stelle dieser Arbeit relativiert, hier seien noch einmal die zwei wesentlichen Gegenargumente aufgeführt: 1. Das Diagramm läuft nur bis 1770, für die Zeit danach ist angesichts der Dynamisierung des Transalpenverkehrs von einem Wachstum des Deutschlandhandels der Republik auszugehen.[12] 2. Seit 1731 hörten die Grisolotti immer mehr auf, die Fondaco-Zollstelle zu benutzen, vorher hatten diese über die Hälfte der Einnahmen beigesteuert.[13] Bezüglich des Deutschlandhandels der Republik im 18. Jahrhundert spiegelt der Verkehr auf den Tiroler Routen, vor allem über Bozen, die Entwicklung relativ gut wider. An dieser Stadt mit ihrer eindeutigen Ausrichtung auf die Republik Venedig ist der Verlauf nach 1770 günstig. Es sei festgehalten: Die Tiroler Routen mündeten im18. Jahrhundert vor allem am Hafen von Venedig, da einerseits der Transit über Verona tatsächlich niedergegangen war und andererseits Triest bezüglich der Werte des Handels bis zu den Napoleonischen Kriegen noch keine schwerwiegende Konkurrenz für den ins Reich, vor allem nach Oberschwaben laufenden Handel der Republik darstellte.

8 Vgl. Kap. II. 4. d.

9 Vgl. die Hinweise bei: *Schneider/Krawehl/Denzel/Schulenburg*, Statistik, S. 9–13; *Denzel*, Der seewärtige Einfuhrhandel Hamburgs. Kritisch hierzu jedoch: *Engel*, Farben, S. 151. Selbst bei einer hohen Fehlerquote, wie sie Engel andeutet, bleiben die Trendkurven wohl zur Anzeige größerer Trends valide, dies ergibt sich zur Genüge aus deren Korrelation zu größeren Kriegsereignissen.

10 Vgl. *Moioli*, Aspetti del commercio, S. 832.

11 Vgl. Diagramm 1.

12 Vgl. Kap. II. 4. f.

13 Vgl. Kap. III. 4. d.

IX. Quellen- und Literaturverzeichnis

1. Ungedruckte Quellen

Hier werden die Signaturen möglichst getreu der einschlägigen Findbücher und Repertorien wiedergegeben. In der Klammer folgt die Detailbeschreibung der Archivalien entweder nach Wortlaut des Inventars oder in eigenen Worten zusammen mit einer Angabe des betreffenden Zeitraums.

Staats- und Stadtbibliothek Augsburg (SSBA):
S Cod S 232 (Insolvenzbilanz und -akten der Augsburger Firma Köpff, erstellt 1772)

Stadtarchiv Augsburg (StA):
Reichsstadt, Stadtpfleger, Geheimer Rat und Rat, Commercia (Neuer Commercienzug über Memmingen nach Tirol und Italien 1767–1771)
Reichsstadt, Akten II 1378 (Akten zum Rechtsstreit Benedikt Adam Lieberts gegen die Verwalter der Köpff'schen Konkursmasse aus den 1770/80er Jahren)
Kaufmannschaft und Handel, II. Akten, Fasc. III, Nr. 21 (Herbstische Sammlung von Mercantilpersonen 1548–1700)

Staatsbibliothek Berlin, Nachlass August Heinrich Francke (SBB/F)
27/24, 27/19, 27/27, 1B 3E (Korrespondenzen August Hermann Franckes mit versch. Personen 1700–1727)

Südtiroler Landesarchiv Bozen, Archivio Magistrato Mercantile (SLA/AMM)
Archivio Magistrato Mercantile, Atti Daziari, 3.19. (Zollangelegenheiten 1780–1783)

Vorarlberger Landesarchiv Bregenz (VLA)
Vogteiamt Bregenz, 300 & 301 (Straßenbau und Zollangelegenheiten in Vorarlberg 1750–1780)

Staatsarchiv Graubünden Chur (SAG)
AB IV (Bundestagsprotokolle 1629–1664)
A SP (Firmenarchiv Salis & Massner 1739–1790)
A II (Korrespondenz mit Zürich und Lindau bezügl. Zollangelegenheiten 1664)

Nationaal Archief Den Haag (NADH)
1.03.01, Levantse Handel, Nr. 187 (Korrespondenz des niederländischen Konsuls in Livorno mit dem Direktorium des Levantehandels in Amsterdam)

Staatsarchiv Sachsen-Anhalt Dessau (SASAD)
Z 18, A 9a, Nr. 105 (Korrespondenz der protestantischen Union mit Johann Baptista Lenk in Venedig 1609/10)

Sächsisches Hauptstaatsarchiv Dresden (SHSAD)
10026, Geheimes Kabinett, Loc. 2815 & 2816 (Korrespondenz des Kurfürstentums Sachsen mit dessen Residenten in Venedig 1755–1780)

Universitätsbibliothek Erlangen (UBE)
Briefsammlung TREW (Korrespondenzen der beiden Nürnberger Mediziner Volkamer mit versch. Personen in Venedig 1660–1681)

Archivio di Stato di Firenze (ASF)
Mediceo del Principato, vol. 2501 & 2291 (versch. Akten zu auswärtigen Nationen und ihren Kaufleuten in Livorno 1720–1733)

Institut für Stadtgeschichte Frankfurt (ISGF)
Reichssachen 1799 (Korrespondenzen von Frankfurt mit Augsburg, Ulm und Nürnberg bezügl. des deutschen Hauses in Venedig 1647–1649)

Forschungsbibliothek Gotha (FBG)
Chart A & B (Korrespondenzen verschiedener evangelischer Prediger in Venedig mit Autoritäten des Luthertums in Deutschland 1669–1728)

Universitätsbibliothek Graz, Nachlass Ludwig Theodor Elze (UBG/E)
Schachtel Venedig

Archiv der Franckeschen Stiftungen Halle (AFSH)
H C 10, H C 65i, H C 456, H A 112, H C 827, H A 135, A 171, H C 841, M 1, M 3 (Verschiedene Korrespondenzen von Autoritäten der Glaucha'schen Anstalten mit und über dt. Kaufleute in Venedig 1690–1775)

Staatsarchiv Hamburg (STAH)
212–2 RKG, L 32 (Reichskammergerichtsprozess unter Involvierung eines dt. Kaufmanns in Venedig 1721–1745)

Staats- und Universitätsbibliothek Hamburg (SUBH)
Supellex epistolica Uffenbachii et Wolfiorum (Korrespondenzen der beiden Prediger Zülich in Venedig mit Valentin Ernst Löscher 1717–1721)

Unitätsarchiv Herrnhut (UAH)
R. 21. A Nr. 19 (Briefe von Gottfried Clemens aus Venedig 1730–1734)

Tiroler Landesarchiv Innsbruck (TLA)
Oberösterreichische Regierung, Kopialbücher, von der fürstlichen Durchlaucht, 1666–1667 (Einträge betreffs einer Zollkonferenz zu Bozen 1666)
Kopialbuch 1726, Gutachten an Hof

Stadtarchiv Kempten (StK)
B 113, St. 46 (»Der Stadt Kempten Steuerbuch 1799–1801«)

Königliche Bibliothek Kopenhagen (KBK)

Ms. Thott. 1210–1245,4° (Korrespondenzen von und mit Johann Fabricius, 1670–1677 Prediger der ev. Gemeinde Venedig 1670–1727)

Stadtarchiv Leutkirch (StL)

Fasc. 413 (Vocationsschreiben für Samuel Wencelius und Christoph Georg Maier als Prediger nach Leutkirch 1686–1703)

Landesarchiv Liechtenstein (LALi)

Rentamtrechnungen AS 8 (Zolleinnahmen im 18. Jahrhundert)

Stadtarchiv Lindau (StLi)

A III, 100,2 (Handel und Verkehr mit Österreich über Feldkirch 1696)
A III, 105,8 (Straßen-, Post- und Botenwesen, Mailänder/Lindauer Bote 1771–1779)
Ratsprotokolle

Archiv der Congregazione Olandese-Alemanna (Privatbesitz Herr Ermanno Braun in Livorno) (ACOA)

Libro Rosso der Nazione Olandese-Alemanna (Mitglieder- und Beschlussregister 1622–1911).
Registro I della chiesa Protestante degli Olandesi-Alemanni in Livorno. Cominciato 1773 e continuato in sino all'anno 1808 (Gemeinderegister 1773–1808)
Registro II di Nascita, di Morte, e di Matrimonio della Chiesa Protestante degli Olandesi e Alemanni di Livorno, di 1808 a 1827 (Gemeinderegister 1808–1827)

Archivio di Stato di Livorno (ASL)

Capitano poi Governatore 1550–1808, vol. 3076 (Prozessakten Kerfbyl vs. Nolte 1781–1789)
Governatore Auditore, Atti Civili, inv. 1548 (Insolvenzakten der Firma Erede Huigens 1787)
Governo civile e Militare di Livorno, inv. 12 carta 64, Nota dei Negozianti di Livorno (Eine Liste von Händlern in Livorno mit Kategorisierung nach nationaler Zugehörigkeit von 1772)

Archiv der Hansestadt Lübeck (AHL)

ASA Externa, Barbaresken Staaten 2 (Korrespondenz zwischen Hamburg und Lübeck zu den Barbaresken um 1780/81)

Archivio di Stato di Milano (ASMi)

Finanze, parte antica, buste 965 & 966 (»Posta Lindò« im 18. Jahrhundert)

Stadtarchiv Memmingen (StM)

Stiftungen und Pflegschaften, Schubl. 388–04 (Stiftung des Benedikt von Hermann in Venedig für Memmingen 1769)

Archivio di Stato di Modena (ASMO)

Archivio Segreto Estense, Cancelleria Estero, Ambasciatori, agenti e corrispondenti all'estero, Busta Nr. 143 (Berichte des Abgesandten Ignazio Firizzani aus Venedig 1743–1749)

Bayerisches Hauptstaatsarchiv München (BHSTAM)
Kasten Schwarz, 16736 (Korrespondenz der protestantischen Union mit Johann Baptista Lenk in Venedig 1609/10)

Germanisches Nationalmuseum Nürnberg (GNN)
Graphische Sammlung, Inventar-Nr. HB 2300, Kapsel-Nr. 1228 (Kupferstich des Fondaco dei Tedeschi von Raphael Custos aus dem Jahr 1616)

Staatsarchiv Nürnberg (STAAN)
Ratskanzlei A-Laden, 179, Nr. 3 (Reichsstadt Nürnberg betreffs der dt. Kaufleute in Venedig 1561–1595)

Stadtarchiv Nürnberg (StN)
B 18, Zoll- und Waagamt, Nr. 436, 438, 508 (Überladung oder Leerfahrten der Wägen im Italienhandel)
E 8, Handelsvorstand, Nr. 2636 (Bericht der Güterbestätter an das Zoll- und Waagamt über die Gründe für den Rückgang des Handels vor allem des Transitoverkehrs 1777)
E 56-IV, Nr. 34 (Familie Ebner, Familiendokumente, Genealogien und Dokumente zu anderen Familien, Testamente und Lebenslauf des Ehepaars Böhm in Venedig 1729–1731)

Biblioteca Comunale Augusta, Perugia (BCAP)
IV D 58,20 (gedrucktes Urteil im Prozess Kerfbyl vs. Nolte vom 25. September 1787)

Bankhaus Spängler Salzburg, Familienarchiv (BSSF)
I. A.2.5.3 (Korrespondenz von Matthias Spangler in Venedig an seinen Cousin in Salzburg 1748)

Landesarchiv Baden-Württemberg, Hauptstaatsarchiv Stuttgart (BWHSAS)
B 60 Bü 372 (a) (Anmerkungen des Altdorfer Zollamts über ›das Lindauische Tarriffa Project de Anno 1748‹)
A 16a (Korrespondenz zwischen Bayern und Württemberg über einen Handelsvertrag 1780)
A 63, Bü 124 (Religions- und Kirchensachen, Akten, betreffend die Überlassung württembergischer Geistlicher an auswärtige Kirchen und Schulen, Korrespondenz mit Johann Friedrich Breyer in Livorno 1761–1770)
Q3/11, Familienarchiv Neurath, Bü 413 (Nachlassakten der Familien Schalckhauser, Reck und Heinzelmann aus Venedig vom 18. und 19. Jahrhundert)

Württembergische Landesbibliothek Stuttgart (WLB)
Cod. hist. 4° 369, 731 (Korrespondenzen Johann Friedrich LeBret, Johann Balthasar Stark)

Herzogin Anna Amalia Bibliothek Weimar (HAABW)
Stb 83 (Stammbuch Georg Matthias Spengler jr., 1718–1789)

Herzog August Bibliothek Wolfenbüttel (HAB)
Porträtsammlung A 16777 (Kupferstich Johann Jakob (I) Pommers)
Porträtsammlung A 20931 (Kupferstich Johann Balthasar Starks)
HAB, Cod. Guelf. 18.4. Aug. 4° (Ein Büchlein von der Kauffmanschafft und Anweisungen enthaltend für diejenigen, die von Augsburg oder Nürnberg gen Venedig vnd Franckfurth handeln)

Archiv der evangelischen Gemeinde Venedig (AEGV)

LB (Neu confirmierte Kirchen-Ordnung, Continuation der Eigenständig verschreibung derer Diener und anderer Recomendirten ... in unsere Gemeinde auf- und angenommen werden 1705–1797, Ehen-Vermählungen 1745–1810)

B01 (Bilanzen der »Kirchen Gemeinde Cassa« 1799–1820)

Diario Heinzelmann (Tagebücher von Georg Daniel Heinzelmann 1771, 1811)

267 (Totenbuch, Bestattungen auf S. Cristoforo, 1719–1810)

Fondaco 5 (Protokollbuch der deutschen Nation 1647–1682)

Fondaco 1 (Unterlagen aus dem Fondaco dei Tedeschi 1505–1719)

180 (Gottesdienst-Raum, Scuola dell'Angelo Custode, 1806–1814)

Archivio di Stato di Venezia (ASVe)

Senato, Mar, Filza 615 (Angelegenheiten zum »Stato da mar« im späten 17. Jahrhundert)

Senato, Terra, Registri 276 (Angelegenheiten zu Venedig und der Terraferma im frühen 18. Jahrhundert)

Esecutori contro la bestemmia, Registro atti I. Busta 55 (Amt gegen die Gotteslästerung 1654–1710)

Inquisitori di Stato, Nr. 943 (Akte zur Tabakspacht von Johann Jakob (II) und Johann Christoph (III) Pommer)

Notarile Atti (Abschriften von Notariatsurkunden)

Collegio Esposizioni Principi, 70 (Offizielle eingehende Schreiben von Kantonen und Bürgern der Eidgenossenschaft an die Republik Mitte des 17. Jahrhunderts)

Senato Dispacci Ambasciatori Svizzera 52 & 53 (Offizielle ausgehende Schreiben der Republik an Kantone und Bürger der Eidgenossenschaft Mitte des 17. Jahrhunderts)

Deliberazioni Corti, 31 (Beschlüsse des Senats zu Angelegenheiten mit auswärtigen Mächten Mitte des 17. Jahrhunderts)

Visdomini al fontego (Capitular der Visdomini des Fondaco dei Tedeschi 1329–1798)

Inquisitori alle Acque, 148 (Vermögensbilanz Benedikt von Hermanns 1782, die das Wasseramt Venedigs zur Eintreibung der Steuer zur Finanzierung seiner hydraulischen Pflichten anlegen hat lassen)

Sopraconsoli dei mercanti (Insolvenzakten versch. dt. Kaufleute im 18. Jahrhundert)

Cinque Savi alla Mercanzia (ASVe/CS), I Ser., 350, 351, 377, 966 (Div. Akten zum Fondaco dei Tedeschi und der dt. Nation)

Cinque Savi alla Mercanzia (ASVe/CS), II Ser., 70–74 (zentrale Aktensammlung zum Fondaco dei Tedeschi 1268–1787)

Savi all'eresia, b. 131, Nr. 3 (ein Inquisitionsprozess gegen den Deutschen Joseph Fassl)

Senato I. (Secreta), Fasc. 325, 25. September 1765 (eine Analyse der Graubündner Handwerker in Venedig)

Biblioteca del Museo Correr Venezia (BMC)

Manoscritti Donà delle Rose (Dokumente zum Fondaco dei Tedeschi und der deutschen Nation aus dem Nachlass der venezianischen Adelsfamilie Donà 1716–1781)

Haus-, Hof- und Staatsarchiv Wien (HHSTAW)

Reichskanzlei, Reichskrieg, Nr. 68a (Bericht zu den Reichsstädten im Reichskrieg 1798)

Österreichisches Staatsarchiv Wien, Finanz- und Hofkammerarchiv (ÖSTA)

Neue Hofkammer, Finanz- und Hofkammerarchiv (ÖSTA/FHKA/NHK), Kommerz (diverse Akten zum Transalpenhandel im 18. Jahrhundert)

Handschriften (ÖSTA/HS), 1160 (Bericht von Karl Hieronymus Cristiani von Rall über den Transithandel 1763)

2. Literaturverzeichnis

a) Literatur vor 1850

Arndt, Johann: Vier Bücher von wahrem Christenthumb, Magdeburg 1610.
Arndt, Johann: Postilla, Das ist: Geistreiche Erklärung Der Evangelischen Texte durchs gantze Jahr auff alle Sonn Hohe und andere Fest und Apostel Tage, Jena 1616–1620.
Arnold, Gottfried: Gottfried Arnolds Unparteyische Kirchen- und Ketzer-Historie, Bd. 1 & 2, Frankfurt a. M. 1699–1700.
Bertram, Johann Georg: Das Evangelische Lüneburg: Oder Reformations- Und Kirchen-Historie, Der Alt-berühmten Stadt Lüneburg, Braunschweig 1719.
Bez, Johann Philipp: Freuden- und Wunsch-Gedichte, … Geschehen den 9. Julii, 1709, Regensburg 1709.
Büsching, Anton Friderich: Neue Erdbeschreibung, Bd. 2,2: Welcher Portugal, Spanien, Frankreich, Italien und Großbritannien enthält, Hamburg 1769.
Crüger, Johann: Praxis Pietatis Melica: Das ist: Vbung der Gottseligkeit in Christlichen und trostreichen Gesängen, Herrn D. Martini Lutheri fürnemlich, wie auch anderer vornehmer und gelehrter Leute, Berlin 1653.
Fabricius, Johann Ludwig: Meditatio De Controversia Circa Personam Christi inter Evangelicos agitatâ, Heidelberg 1664.
Fick, Johann Friedrich: Bemerkungen über den Charakter, die Sitten und Gewohnheiten der Venezianer: Nebst einer kurzen Geschichte der teutschen protestantischen Nazion in Venedig und einigen Bemerkungen über das an dessen Laguna angrenzende Landvolk, Bd. 2, Bayreuth 1800.
Fikenscher, Georg Wolfgang Augustin: Beytrag zur Gelehrten-Geschichte: Oder Nachrichten von Zöglingen des illustren Christian-Ernestinischen Gymnasiums zu Bayreuth, Coburg 1793.
Francke, August Hermann: Die VI. Fortsetzung der Wahrhaften und umständlichen Nachricht Vom Waysen-Hause und übrigen Anstalten zu Glaucha vor Halle bis zu Ende des Jahres 1708, Halle 1709.
Francke, Gotthilf August: Der Königl. Dänischen Missionarien aus Ost-Indien eingesandter ausführlichen Berichten: Vierter Theil, Von der XXXVII bis XLVIIIsten Continuation, Halle 1742.
Francke, Gotthilf August: Der Königl. Dänischen Missionarien aus Ost-Indien eingesandter ausführlichen Berichten, Bd. 5: Von der XLIX bis LXsten Continuation, Halle 1747.
Freher, Paul: D. Pauli Freheri Theatrum Virorum Eruditione Clarorum, Nürnberg 1688.
Freyer, Hieronymus: Hieronymi Freyeri Paed. Reg. Glavch. Insp. Programmata Latino-Germanica Cvm Additamento Miscellaneorvm Vario, Halle 1737.
Furttenbach, Joseph: Newes Itinerarium Italiae, Ulm 1627.
Geier, Martin: Liebe zu Gott und dem Nächsten: Nach Anleitung von 52 biblischen Sprüchen erwogen, Dresden 1677.
Gernler, Lucas: Christliche Leich-predigt, von der Gläubigen Seligkeit, zu deren sie, nach der Aufferstehung, gelangen werden, Basel 1671.
Gnügen, Johann Christian: Gedächtnus-Predigt … Michael Zülichs: [Exemplar: Kommunalarchiv Minden, 7006–27,2], Jena 1721.
Hormayr, Joseph Freiherr von: Historische Bruchstücke über das Tyrolische Strassenwesen und den Transitohandel dieses Landes, in: Historisch-statistisches Archiv für Süddeutschland 1 (1807), S. 225–272.
Hünlin, David: Neue und vollständige Staats- und Erdbeschreibung des Schwäbischen Krei-

ses und der in und um denselben gelegenen Oesterreichischen Land- und Herrschaften, Lindau 1780.

Jaeger, Wolfgang: Geographisch-Historisch-Statistisches Zeitungs-Lexicon, Bd. 2: M–Z., Nürnberg 1784.

Keyßler, Johann Georg: Johann George Keysslers Fortsetzung neuester Reisen, durch Teutschland, Böhmen, Ungarn, die Schweitz, Italien und Lothringen: Worinn der Zustand und das merckwürdigste dieser Länder beschrieben wird, Hannover 1741.

Köhler, Johann Tobias: Des Herrn von Blainville ehemaligen Gesandschaftssekretärs der Generalstaaten der vereinigten Niederlande an dem Spanischen Hofe Reisebeschreibung, Bd. 1,1, Lemgo 1764.

Lange, Joachim: Joachimi Langii … Medicina Mentis, Qua Præpostera philosophandi methodo ostensa ac rejecta, secundum Sanioris Philosophiæ Principia, Ægræ Mentis Sanatio, Berlin 1704.

Langen, Johann Georg: Verzeichnus Aller Im Obern Evangelischen Gotts-Acker … sich befindenden Begräbnüssen, Augspurg 1724.

LeBret, Johann Friedrich: Neueste Geschichte der protestantischen Gemeinen in Venedig, in: *Walch, Christian Wilhelm Franz* (Hg.), Neueste Religionsgeschichte, Zweyter Theil, Lemgo 1772, S. 123–150, 528–541.

LeBret, Johann Friderich: Geschichte von Italien und allen allda gegründeten ältern und neuern Staaten: Neunter Theil, Halle 1787.

LeBret, Johann Friedrich: Staatsgeschichte der Republik Venedig … Bd. 1, Leipzig, Riga 1769.

LeBret, Johann Friedrich: Staatsgeschichte der Republik Venedig … Bd. 3, Leipzig, Riga 1777.

LeBret, Johann Friedrich: Vorlesungen über die Statistik, Bd. 1: Italiänische Staaten. Venedig, Stuttgart 1783.

Löscher, Valentin Ernst: Fortgesetzte Sammlung von alten und neuen theologischen Sachen: Auf das Jahr 1727, Leipzig 1727.

Loy, Johann Wilhelm: Geist- und weltliche Geschichte der des H. Röm. Reichs freyen Stadt Leutkirch, Kempten 1786.

Lupin, Friedrich von: Selbst-Biographie des Friedrich Freiherrn v. Lupin auf Illerfeld: Erster Theil, Weimar 1847.

Luther, Martin/Francke, August Hermann: Biblia, Das ist, Die gantze Heilige Schrifft Altes und Neues Testaments: Nach der Teutschen Ubersetzung Doct. Martin Luthers … Nebst Aug. Hermann Franckens Vorrede, Halle 1708.

Maier, Christoph Georg: Propitio Numine atque Inclyto Philosophorum Ordine annuente Flumina, quae intercidunt et renascuntur, Leipzig 1682.

Maier, Christoph Georg: Catechismus Practicus, oder der nutzliche Gebrauch des H. Catechismi, Lindau 1709.

Maier, Johann Christoph: Beschreibung von Venedig: Bd. 2, Frankfurt a. M., Leipzig 1789.

Maier, Johann Christoph: Beschreibung von Venedig: Bd. 3,2, Frankfurt a. M., Leipzig 1791.

Maier, Johann Christoph: Beschreibung von Venedig: Bd. 2: Zweite, durchaus verbesserte und vermehrte Auflage, Leipzig 1795.

Maier, Johann C.: Beschreibung von Venedig, Bd. 4: Zweite, durchaus verbesserte und vermehrte Auflage, Leipzig 1796.

Marperger, Paul Jacob: Erstes Hundert Gelehrter Kauffleut, Das ist: solcher Personen, Welche sich nach Abtritt von der Kauffmannschafft denen Studiis, oder nachdem Sie die Studia verlassen der Kauffmannschafft gewidmet …, Leipzig, Hamburg 1717.

Meltzer, Christian: Historia Schneebergensis Renovata. Das ist: Erneuerte Stadt- u. Berg-Chronica Der im Ober-Ertz-Gebürge des belobten Meißens gelegenen Wohl-löbl. Freyen Berg-Stadt Schneeberg, Schneeberg 1716.

Meusel, Johann Georg: Lexikon der vom Jahr 1750 bis 1800 verstorbenen teutschen Schriftsteller, Bd. 8, Leipzig 1808.

Meusel, Johann Georg: Lexikon der vom Jahr 1750 bis 1800 verstorbenen teutschen Schriftsteller, Bd. 13, Leipzig 1813.
Nicolai, Friedrich: Beschreibung einer Reise durch Deutschland und die Schweiz, im Jahre 1781, Bd. 7, Berlin, Stettin 1786.
O. V.: Relatione della città e repubblica Venetia, Köln 1672.
O. V.: Vom Unfug der Pietisten, s.l. 1693.
O. V.: Jetztlebende Kauffmannschafft in und außer Deutschland: Erster Versuch, Leipzig 1743.
O. V.: Hochteutsche Rechtsgelahrte Societät: Allgemeines Juristisches Oraculum, Oder Des Heil. Römisch-Teutschen Reichs Juristen-Facultät, Bd. 4, Leipzig 1748.
O. V.: Acten-mässige Facti Species vom wahren Hergang der an Seiten der Stadt Costanz wider die Stadt Lindauische Lödi-Schiff zu drey Mahlen ausgeübten schweren Gewaltthaten, Lindau 1749.
O. V.: Raccolta di tutto ciò che si e fin qui pubblicato in Livorno ed altrove in morte dell'augustissimo imperatore, Livorno 1766.
O.V.: Verzeichnis der ehehin dem Herzogl. Sachsen-Coburg-Meiningischen Geheimen Rath und Consistorial Präsidenten, Herrn Johann Nadler, seel. Andenkens, zuständigen Bücher, Gemählde und Antiquitäten (...), Meiningen 1774.
O. V.: Selectae almae rotae florentinae decisiones: Tomi V. Pars prima, Florenz 1793.
O. V.: Raccolta di tutte le carte pubbliche stampate ed esposte ne'luoghi più frequentati della città di Venezia, Vol. 4, Venedig 1797.
O. V.: In denen Catholischen Pfarren Begrabene, in: Regensburgisches Diarium oder wöchentliche Frag- und Anzeige-Nachrichten 37 (1798), S. 34.
O. V.: Nuova raccolta di tutte le carte pubbliche, leggi, e proclami, Vol. 2, Venedig 1799.
O. V.: Die freyen Reichs-Städte oder über das Interesse ihrer Verbindung. In nächster Beziehung auf Schwaben, Kempten 1801.
O. V.: Nachrichten aus der Brüder-Gemeine, Gnadau 1836.
Osiander, Lucas: Bawren Postilla. Das ist, Einfältige, jedoch gründtliche Außlegung der Episteln und Evangelien, welche von allters her, an Sonn und Feyrtägen, auch auff die hohe Fest, erklärt werden, Tübingen 1597.
Pistorius, Johann Friderich: Burckhardtische Genealogie, oder Stamm-Baum, Stuttgart 1774.
Primisser, Gottfried: Denkwürdigkeiten von Innsbruck und seinen Umgebungen: Zweytes Stück, Innsbruck 1813.
Riederer, Johann Friedrich: Merckwürdiges Leben einiger hier und dar gewesenen Kauf-Leuthe, Bd. 2, Frankfurt a. M. 1739.
Roth, Johann Ferdinand: Geschichte des Nürnbergischen Handels. Ein Versuch, Bd. 1, Leipzig 1800.
Roth, Johann Ferdinand: Geschichte des Nürnbergischen Handels. Ein Versuch: Bd. 2, Leipzig 1801.
Roth, Johann Ferdinand: Geschichte des Nürnbergischen Handels. Ein Versuch: Bd. 3, Leipzig 1801.
Roth, Johann Ferdinand: Geschichte des Nürnbergischen Handels, Bd. 4, Leipzig 1802.
Salis, Daniel von: Vertheidigung der Erben des Herrn Präsidenten Peter von Salis vor dem L. Unparteyischen Gericht in Chur, S.l. 1794.
Salis-Marschlins, Ulysses von: Geschichte der in den Jahren 1761. 1762. und 1763: Zwischen ... der Kayserin Königin als Herzog von Mayland und der Republik der drey Bündten in hohen Rhätien gepflogenen Unterhandlung in einer Relation an die Ehrsamen Räthe und Gemeinden gedachter Republik abgefasst, Chur 1764.
Schmersahl, Elias Friedrich: Neue Nachrichten von jüngstverstorbenen Gelehrten: Fünftes Stück, Leipzig 1754.
Schultz, Stephanus: Der Leitungen des Höchsten nach seinem Rath auf den Reisen durch Europa, Asia und Africa, Halle 1771.

Seckendorff, Veit Ludwig von: Commentarius historicus et apologeticus de Lutheranismo sive de reformatione religionis ductu D. Martini Lutheri: In quo Ludovici Maimburgii Jesuitae historia Lutheranismi ... corrigitur et suppletur, Frankfurt a. M./Leipzig 1688.
Seifert, Johann: Stam-Taffeln Gelehrter Leute, Bd. 1, Regensburg, Regensburg 1717.
Seifert, Johann: Stam-Taffeln Gelehrter Leute, Bd. 2, Regensburg, Regensburg 1723.
Soetbeer, Adolf: Das hamburgische Consulatswesen, in: Zeitschrift des Vereins für deutsche Statistik 1 (1847), S. 84–90.
Spener, Philipp Jacob: D. Philipp Jacob Speners Kurtze Catechismus-Predigten: Darinnen die fünff Haupt-Stück/auß dem Catechismo/Und Die Hauß-Taffel Samt Den Fest-Materien/Einfältig erkläret werden. Durch Gottes Gnade Gehalten in Franckfurt am Mayn/ und auff einiges Ansuchen zum Truck gegeben, Frankfurt a. M. 1689.
Spener, Philipp Jakob: Des thätigen Christenthums Nothwendigkeit und Möglichkeit, Bd. 1 & 2, Frankfurt a. M. 1680/1687.
Spener, Philipp Jakob: Philipp Jacob Speners ... Theologische Bedencken, und andere briefliche Antworten auff Geistliche: Sonderlich zur Erbauung gerichtete Materien, Bd. 1 & 2, Halle 1700/1702.
Stetten, Paul von: Kunst-, Gewerb- und Handwerks-Geschichte der Reichs-Stadt Augsburg, Bd. 1, Augsburg 1779.
Strobel, Georg Theodor: Versuch einer Nachricht von der Evangelischen Gemeine und ihren bisherigen Predigern in Venedig, Nürnberg, Altdorf 1793.
Tscharner, Johann Friedrich von: Über das Transitwesen in Graubünden, in: Der neue Sammler 3 (1807), S. 308–407.
Unold, Jakob Friedrich: Geschichte der Stadt Memmingen: Vom Anfang der Stadt bis zum Tod Maximilian Josephs I. Königs von Bayern, Memmingen 1826.
Verri, Pietro: Opere filosofiche ed economiche, Vol. 1, Mailand 1844.
Volkmann, Johann Jacob: Historisch-kritische Nachrichten von Italien: Dritter und letzter Band, Leipzig 1771.
Wachter, Georg: Leich=Begängnus Des Wohl=Edel=Gebohrnen Hn. Johann Jacob Pommers ... Den 1. October Ao. MDCCXVII: [Exemplar: Herzog-August-Bibliothek Wolfenbüttel, Leichenpredigten, Nr. 18129], Memmingen 1717.
Will, Georg Andreas: Nürnbergisches Gelehrten-Lexicon ... Bd. 1 von A–G, Nürnberg, Altdorf 1755.
Will, Georg Andreas: Nürnbergisches Gelehrten-Lexicon ... Bd. 3 von N–S, Nürnberg, Altdorf 1775.
Will, Georg Andreas: Geschichte und Beschreibung der Nürnbergischen Universität Altdorf, Altdorf 1795.
Wolf, Peter Philipp: Geschichte Maximilians I. und seiner Zeit pragmatisch aus den Hauptquellen bearbeitet: Band 2, München 1807.
Young, Arthur: Travels, During the Years 1787, 1788, and 1789: Undertaken More Particularly with a View of Ascertaining the Cultivation, Wealth, Resources, and National Prosperity, of the Kingdom of France, Bury St. Edmund's 1792.
Zedler, Johann Heinrich: Grosses vollständiges Universal-Lexicon aller Wissenschaften und Künste, welche bishero durch menschlichen Verstand und Witz erfunden worden: Vier und Funfzigster Band, Wei-Wend, Halle 1747.
Zuliani, Giuseppe/Pitteri, Giovanni Marco: Parte del Piemonte, che contiene il Ducato di Aosta, il Contado del Canavese, la Provincia Di Biella, la Valle di Sesia, la Signoria di Vercelli, e l'Alto, e Basso Novarese: Tratta dalla Carta del Ingenere Borgonio, Venedig 1782. Verwendetes Exemplar: Staatliche Bücher- und Kupferstichsammlung Greiz <R: K: 205>, URL: https://nbn-resolving.org/urn:nbn:de:urmel-36e2f8ce-2cbe-4dca-bd32-01458e7958526 [10.12.2020].

b) Literatur nach 1850

Abrate, Mario: Trasporti transalpini in Piemonte nel sec. 17, in: Economia e Storia 6 (1959), S. 481–498.

Acemoglu, Daron/Johnson, Simon/Robinson, James: Institutions as a Fundamental Cause of Long-Run Growth, in: *Philippe Aghion/Steven Durlauf (Hg.)*, Handbook of economic growth, Vol. 1A, Amsterdam 2005, S. 385–472.

Ackva, Friedhelm: Der Pietismus in Hessen, in der Pfalz, im Elsaß und in Baden, in: *Martin Brecht/Klaus Deppermann (Hg.)*, Geschichte des Pietismus, Bd. 2: Der Pietismus im achtzehnten Jahrhundert, Göttingen 1995, S. 198–224.

Adams, Julia: Principals and Agents, Colonialists and Company Men: The Decay of Colonial Control in the Dutch East Indies, in: American Sociological Review 61 (1996), S. 12–28.

Addobbati, Andrea: Oltre gli intermediari. La Anton Francesco Salucci & figlio alla conquista dei mercati americani (1779–1788), in: *Paolo Castignoli/Luigi Donolo/Algerina Neri (Hg.)*, Storia e attualità della presenza degli Stati Uniti a Livorno e in Toscana, Pisa 2003, S. 145–183.

Addobbati, Andrea: Commercio, rischio, guerra: Il mercato delle assicurazioni marittime di Livorno, 1694–1795, Rom 2007.

Adorni, Carlo: Dalle Alpi al Mare. Emigrazioni e comunità svizzere a Livorno, Livorno 2012.

Ahrens, Sabine: Die Lehrkräfte der Universität Helmstedt: (1576–1810), Helmstedt 2004.

Aland, Kurt (Hg.): Die Korrespondenz Heinrich Melchior Mühlenbergs: Aus der Anfangszeit des deutschen Luthertums in Nordamerika, Bd. 3: 1763–1768, Berlin 1990.

Alberti, Annibale/Cessi, Roberto: Verbali delle sedute della Municipalità provvisoria di Venezia 1797, Vol. 2, Bologna 1932.

Albrecht, Steffen: Netzwerke als Kapital. Zur unterschätzten Bedeutung des sozialen Kapitals für die gesellschaftliche Reproduktion, in: *Jörg Ebrecht/Frank Hillebrandt (Hg.)*, Bourdieus Theorie der Praxis: Erklärungskraft – Anwendung – Perspektiven, Wiesbaden 2002, S. 199–224.

Albrecht-Birkner, Veronika: Pfarrerbuch der Kirchenprovinz Sachsen, Bd. 4. Biogramme He-Kl, Leipzig 2006.

Ammann, Hektor: Die wirtschaftliche Stellung der Reichsstadt Nürnberg im Spätmittelalter, Nürnberg 1970.

Ammerer, Gerhard: Handelsbeziehungen zwischen Venedig und Salzburg im Mittelalter und in der Frühen Neuzeit – und ein Plädoyer für den Blick auf den Kulturtransfer, in: *Gerhard Ammerer/Ingonda Hannesschläger/Thomas Hochradner (Hg.)*, Von Venedig nach Salzburg. Spurenlese eines vielschichtigen Transfers, Wien 2015, S. 10–37.

Andersen, Dan: The Danish Flag in the Mediterranean. Shipping and Trade, 1747–1807 [Ungedruckte Dissertation, Univ. Kopenhagen], Kopenhagen 2000.

Andreozzi, Daniele: »Non desiderate da'turchi«. Talleri di Maria Teresa, finanzieri e mercanti lungo le rotte del Levante (XVIII secolo), in: Magallanica: revista de historia moderna 5 (2018), S. 300–320.

Andreozzi, Luciano/Faillo, Marco/Gaffeo, Edoardo: La magistratura mercantile della fiera di Bolzano (1635–1851): un'analisi economica, in: *Andrea Bonoldi/Andrea Leonardi/Katia Occhi (Hg.)*, Interessi e regole: Operatori e istituzioni nel commercio transalpino in età moderna (secoli XVI–XIX), Bologna 2012, S. 87–107.

Aretin, Karl Otmar von: Heiliges Römisches Reich 1776–1806. Reichsverfassung und Staatssouveränität, Teil 2. Ausgewählte Aktenstücke, Bibliographie, Register, Wiesbaden 1967.

Arneth, Alfred von: Die Relationen der Botschafter Venedigs über Österreich im achtzehnten Jahrhundert, Wien 1863.

Asch, Ronald G./Engels, Jens-Ivo/Emich, Birgit (Hg.): Integration – Legitimation – Korruption: Politische Patronage in Früher Neuzeit und Moderne, Frankfurt a. M. 2011.

Aspers, Patrik: Märkte, Wiesbaden 2015.

Aubin, Gustav: Bartholomäus Viatis. Ein Nürnberger Großkaufmann vor dem Dreißigjährigen Kriege, in: Vierteljahresschrift für Sozial- und Wirtschaftsgeschichte 33 (1940), S. 145–157.
Auer, Paul: Geschichte der Stadt Günzburg, Günzburg 1963.
Augel, Johannes: Italienische Einwanderung und Wirtschaftstätigkeit in rheinischen Städten des 17. und 18. Jahrhunderts, Bonn 1971.
Baader, Joseph: Nürnbergs Handel im Mittelalter, in: Jahresbericht des Historischen Vereins für Mittelfranken 38 (1872), S. 94–113.
Baasch, Ernst: Die Hansestädte und die Barbaresken, Kassel 1897.
Baasch, Ernst: Die Durchfuhr in Lübeck. Ein Beitrag zur Geschichte der lübischen Handelspolitik, in: Hansische Geschichtsblätter 34 (1907), S. 109–152.
Backmann, Sibylle: Kunstagenten oder Kaufleute? Die Firma Ott im Kunsthandel (1550–1650), in: *Klaus Bergdolt/Jochen Brüning (Hg.)*, Kunst und ihre Auftraggeber im 16. Jahrhundert: Venedig und Augsburg im Vergleich, Berlin 1997, S. 175–197.
Backmann, Sibylle: Der Kaufmann Johann Huepher († 25. November 1619) – ein Landsberger Bürgersohn in Augsburg und Venedig, in: Landsberger Geschichtsblätter 110 (2011), S. 65–72.
Backmann, Sibylle: Le Fondaco dei Tedeschi. Pratiques marchandes des compagnies allemandes à Venise (1550–1650), in: *Wolfgang Kaiser (Hg.)*, La loge et le fondouk. Les dimensions spatiales des pratiques marchandes en Méditerranée. Moyen Âge – Époque moderne, Paris 2014, S. 113–141.
Backmann, Sibylle: Der Fondaco dei Tedeschi in Venedig: Inklusion und Exklusion oberdeutscher Kaufleute in Wirtschaft und Gesellschaft (1550–1650), Zürich 2018.
Baer, Franz Josef: Chronik über Straßenbau und Straßenverkehr in dem Großherzogthum Baden, Berlin 1878.
Baggiani, Daniele: Tra crisi commerciali e interventi istituzionali. Le vicende del porto di Livorno in età tardo medicea (1714–1730), in: Rivista Storica Italiana 104 (1992), S. 678–729.
Baggiani, Daniele: Le prime manifatture di Livorno e la promozione produttiva al tempo della Reggenza lorenese (1746–1765), in: Nuovi studi livornesi 5 (1997), S. 83–119.
Baier, Helmut: Die evangelische Kirche zwischen Pietismus, Orthodoxie und Aufklärung, in: *Wolfgang Reinhard/Josef Becker/Gunther Gottlieb (Hg.)*, Geschichte der Stadt Augsburg von der Römerzeit bis zur Gegenwart, Stuttgart 1984, S. 519–529.
Banken, Ralf: Viel mehr als nur Pomeranzen und Zitronen. Italienische Handelshäuser im Rhein-Main-Gebiet des 18. Jahrhunderts, in: *Bernd Heidenreich/Evelyn Brockhoff/Anne Bohnenkamp/Wolfgang Bunzel (Hg.)*, Die Brentanos: Eine romantische Familie?, Frankfurt a. M. 2016, S. 33–57.
Barth-Scalmani, Gunda: Der Handelsstand in der Stadt Salzburg am Ende des 18. Jahrhunderts. Altständisches Bürgertum in Politik, Wirtschaft und Kultur: [Ungedruckte Dissertation, Univ. Salzburg], Salzburg 1992.
Baruchello, Mario: Livorno e il suo porto: Origini, caratteristiche e vicende dei traffici livornesi, Livorno 1932.
Barzazi, Antonella: I consultori in iure, in: *Girolamo Arnaldi/Manlio Pastore Stocchi (Hg.)*, Storia della cultura veneta, Vol. 5,2: Il Settecento, Vicenza 1986, S. 179–199.
Basaldella, Francesco: Giudecca. Storia e testimonianze, Venedig 1989.
Battistini, Francesco: L'industria della seta in Italia nell'età moderna, Bologna 2004 (Saggi).
Battistoni, Marco: L'amministrazione sabauda e i transiti commerciali nel secolo XVIII, in: *Angelo Torre (Hg.)*, Per vie di terra: Movimenti di uomini e di cose nelle società di antico regime, Mailand 2007, S. 109–132.
Battistoni, Marco: Transiti commerciali nel Piemonte orientale del secolo XVIII, in: *Gelsomina Spione/Angelo Torre (Hg.)*, Uno spazio storico: Committenze, istituzioni e luoghi nel Piemonte meridionale, Turin 2007, S. 229–237.

Battistoni, Marco: Franchigie. Dazi, transiti e territori negli stati sabaudi del secolo XVIII, Alessandria 2009.

Bätzing, Werner: Die Alpen: Geschichte und Zukunft einer europäischen Kulturlandschaft, München 2015.

Baumann, Adalbert: Das bayerische Handelswesen im 18. Jahrhundert speziell unter Kurfürst Max III. Joseph. Kulturhistorische Studien nach archivalischen Quellen, Kaiserslautern 1898.

Baumann, Werner: Der Güterverkehr vor Eröffnung der Gotthardbahn unter besonderer Berücksichtigung der Verhältnisse im frühen 19. Jahrhundert, Zürich 1954.

Bauser, Friedrich: Die Reichsfreiherrn v. Herman auf Wain, in: Deutsches Adelsblatt 37 (1919), S. 297–299, 314–316.

Beer, Adolf: Die Zollpolitik und die Schaffung eines einheitlichen Zollgebietes unter Maria Theresia, in: Mitteilungen des Instituts für Österreichische Geschichtsforschung 14 (1893), S. 237–326.

Beer, Adolf: Die österreichische Handelspolitik unter Maria Theresia und Josef II., in: Archiv für österreichische Geschichte 86 (1899), S. 1–204.

Behringer, Wolfgang: Im Zeichen des Merkur: Reichspost und Kommunikationsrevolution in der Frühen Neuzeit, Göttingen 2003.

Bellavitis, Anna: »Per cittadini metterete…«. La stratificazione della società veneziana cinquecentesca tra norma giuridica e riconoscimento sociale, in: Quaderni Storici N. S. 30 (1995), S. 359–383.

Bellucci, Paolo: La politica lorenese della viabilità: i valichi stradali transappenninici, in: *Zeffiro Ciuffoletti/Leonardo Rombai (Hg.)*, La Toscana dei Lorena: Riforme, territorio, società, Florenz 1989, S. 477–490.

Beltrami, Daniele: La crisi della marina mercantile veneziana e i provvedimenti del 1736 per fronteggiarla, in: Rivista internazionale di scienze sociali 50 (1942), S. 304–318.

Beltrami, Daniele: Forze di lavoro e proprietà fondiaria nelle campagne venete dei secoli XVII e XVIII: La penetrazione economica dei veneziani in Terraferma, Venedig 1961.

Bener, Gustav: Studie zur Geschichte der Transitwege durch Graubünden, Chur 1908.

Benigni, Paola: Francesco Feroni: da mercante di schiavi a burocrate nella Toscana di Cosimo III: Alcune anticipazioni, in: *Franco Angiolini/Vieri Becagli/Marcello Verga (Hg.)*, La Toscana nell'età di Cosimo III, Florenz 1993, S. 165–183.

Berengo, Marino: La società veneta alla fine del settecento: Ricerche storiche, Florenz 1956.

Berengo, Marino: »La via dei Grigioni« e la politica riformatrice austriaca, in: Archivio Storico Lombardo 85 (1958), S. 5–111.

Bergier, Jean François: Die Geschichte vom Salz, Frankfurt a. M. 1989.

Bergier, Jean-François: Le trafic à travers les Alpes et les liaisons transalpines du haut Moyen Age au XVIIe siècle, in: *Jean-François Bergier (Hg.)*, Le Alpi e l'Europa, Bari 1975, S. 1–72.

Bergier, Jean-François: Die Schweiz, 1350–1650, in: *Hermann Kellenbenz (Hg.)*, Handbuch der europäischen Wirtschafts- und Sozialgeschichte, Bd. 3: Europäische Wirtschafts- und Sozialgeschichte vom ausgehenden Mittelalter bis zur Mitte des 17. Jahrhunderts, Stuttgart 1986, S. 894–926.

Bergier, Jean-François: Wirtschaftsgeschichte der Schweiz: Von den Anfängen bis zur Gegenwart, 2., aktual. Aufl., Zürich 1990.

Bergier, Jean-François: La traversée des alpes, moyen age et temps modernes: questions ouvertes, in: Schweizerische Gesellschaft für Wirtschafts- und Sozialgeschichte 25 (2010), S. 23–33.

Bergunder, Michael: Missionsberichte aus Indien im 18. Jahrhundert: Ihre Bedeutung für die europäische Geistesgeschichte und ihr wissenschaftlicher Quellenwert für die Indienkunde, Halle 2004.

Bernhard, Hans: Chur: Beitrag zur Siedlungs- und Wirtschaftsgeographie einer Verkehrsstadt, Chur 1937.

Besta, Fabio: Bilanci generali della Repubblica di Venezia: Vol. 1,1, Venedig 1912.

Beste, Johannes: Nachträge zur Geschichte des Predigerseminars zu Riddagshausen. Nachricht über die Kollegiaten 1690–1750, in: Zeitschrift der Gesellschaft für niedersächsische Kirchengeschichte 12 (1907), S. 214–226.

Beutin, Ludwig: Deutscher Leinenhandel in Genua im 17. und 18. Jahrhundert, in: Vierteljahrschrift für Sozial- und Wirtschaftsgeschichte 24 (1931), S. 157–168.

Beutin, Ludwig: Der deutsche Seehandel im Mittelmeergebiet bis zu den Napoleonischen Kriegen, Neumünster 1933.

Beutin, Ludwig: Nordwestdeutschland und die Niederlande seit dem Dreißigjährigen Kriege, in: Vierteljahrschrift für Sozial- und Wirtschaftsgeschichte 32 (1939), S. 105–147.

Beutin, Ludwig: Der wirtschaftliche Niedergang Venedigs im 16. und 17. Jahrhundert, in: Hansische Geschichtsblätter 76 (1958), S. 42–72.

Beutin, Ludwig: La décadence économique de Venise considérée du point de vue nord-européen, in: *Carlo Cipolla (Hg.)*, Aspetti e cause della decadenza economica veneziana nel secolo XVII, Venedig 1961, S. 87–108.

Bidermann, Ignaz: Verkehrsgeschichte des Arlbergs und seiner Umgebung bis zum Ausbau der Kunststrasse über denselben, in: Zeitschrift des Deutschen und Oesterreichischen Alpenvereins 15 (1884), S. 408–438.

Biedermann, Klaus: Das Rod- und Fuhrwesen im Fürstentum Liechtenstein. Eine verkehrsgeschichtliche Studie mit besonderer Berücksichtigung des späten 18. Jahrhunderts, in: Jahrbuch des Historischen Vereins für das Fürstentum Liechtenstein 97 (1999), S. 7–183.

Bigatti, Giorgio: La provincia delle acque. Ambiente, istituzione e tecnici in Lombardia tra Sette e Ottocento, Mailand 1995.

Bilgeri, Benedikt: Geschichte Vorarlbergs, Bd. 4: Zwischen Absolutismus und halber Autonomie, Wien 1982.

Bilgeri, Benedikt: Politik, Wirtschaft, Verfassung der Stadt Feldkirch bis zum Ende des 18. Jahrhunderts, in: *Karlheinz Albrecht (Hg.)*, Geschichte der Stadt Feldkirch, Sigmaringen 1987, S. 87–387.

Blaschke, Karlheinz: Elbschiffahrt und Elbzölle im 17. Jahrhundert, in: Hansische Geschichtsblätter 82 (1964), S. 42–54.

Blaufuß, Dietrich: Reichsstadt und Pietismus – Philipp Jacob Spener und Gottlieb Spizel aus Augsburg, Neustadt a.d. Aisch 1977.

Blendinger, Friedrich: Augsburger Handel im Dreißigjährigen Krieg nach Konzepten von Fedi di Sanità, Politen, Attesten u. ä., in: *Jürgen Schneider (Hg.)*, Wirtschaftskräfte und Wirtschaftswege: II: Wirtschaftskräfte in der europäischen Expansion, Stuttgart 1978, S. 287–323.

Bobbi, Silvia: La Milano dei Fé: Appalti e opere pubbliche nel Settecento, Soveria Mannelli 2006.

Boccardi, Renzo: Antiche e recenti cronache di traffici ed industrie in Intra, Verbania 1997.

Bodmer, Walter: Ursachen der Veränderungen des Verkehrsvolumens auf der Wasserstrasse Walenstadt-Zürich von 1600 bis 1800, in: Schweizerische Zeitschrift für Geschichte 27 (1977), S. 1–60.

Boelcke, Willi A.: Wirtschaft und Gesellschaft vom 18. Jahrhundert bis zur Gegenwart, in: *Dieter Stievermann/Hans-Otto Binder (Hg.)*, Geschichte der Stadt Biberach, Stuttgart 1991, S. 417–498.

Boer, August de: Der Pietismus in Ostfriesland am Ende des 17. und in der ersten Hälfte des 18. Jahrhunderts während der drei letzten ostfriesischen Fürsten Christian Eberhard, Georg Albrecht und Karl Edzard, Aurich 1938.

Bog, Ingomar: Der Reichsmerkantilismus: Studien zur Wirtschaftspolitik des Heiligen Römischen Reiches im 17. und 18. Jahrhundert, Stuttgart 1959.

Bog, Ingomar: Oberdeutsche Kaufleute zu Lyon 1650–1700 Materialien zur Geschichte des oberdeutschen Handels mit Frankreich, in: Jahrbuch für Fränkische Landesforschung 22 (1962), S. 19–65.

Bog, Ingomar: Wirtschaft und Gesellschaft Nürnbergs im Zeitalter des Merkantilismus (1648–1806), in: Vierteljahrschrift für Sozial- und Wirtschaftsgeschichte 57 (1970), S. 289–322.

Bog, Ingomar: Wirtschaft und Gesellschaft im Zeitalter des Merkantilismus, in: *Gerhard Pfeiffer (Hg.)*, Nürnberg – Geschichte einer europäischen Stadt, München 1971, S. 315–324.

Bognetti, Giuseppe/Moioli, Angelo/Porta, Pierluigi/Tonelli, Giovanna (Hg.): Edizione Nazionale delle Opere di Pietro Verri, Vol. 2: Scritti di economia, finanza e amministrazione, Rom 2006.

Boldorf, Marcel: Europäische Leinenregionen im Wandel: Institutionelle Weichenstellungen in Schlesien und Irland (1750–1850), Köln 2006.

Bonoldi, Andrea: La fiera e il dazio. Economia e politica commerciale nel Tirolo del secondo Settecento, Trient 1999.

Bonoldi, Andrea: La via del Tirolo: presenze lombarde alle fiere di Bolzano, in: *Luca Mocarelli (Hg.)*, Tra identità e integrazione: La Lombardia nella macroregione alpina dello sviluppo economico europeo (secoli XVII–XX), Mailand 2002, S. 127–147.

Bonoldi, Andrea: Dinamiche di mercato e mutamenti istituzionali alle fiere di Bolzano, in: *Andrea Bonoldi/Markus A. Denzel (Hg.)*, Bozen im Messenetz Europas (17.–19. Jahrhundert): Bolzano nel sistema fieristico europeo (secc. XVII–XIX), Bozen 2007, S. 101–123.

Borgherini-Scarabellin, Maria: Il Magistrato dei Cinque Savi alla Mercanzia dalla istituzione alla caduta della Repubblica: Studi storico su documenti d'archivo, Venedig 1925.

Boyer, Ferdinand: Les debuts du Regime Napoleonien à Venise d'apres les lettres inedites d'Eugene de Beauharnais (1806), in: Rassegna Storica del Risorgimento 64 (1957), S. 636–653.

Braude, Benjamin: The Myth of the Sefardi Economic Superman, in: *Jeremy Adelman/Stephen Aron (Hg.)*, Trading cultures: The worlds of Western merchants. Essays on authority, objectivity, and evidence, Turnhout, Belgium 2001, S. 163–191.

Braudel, Fernand: La Méditerranée et le monde méditerranéen à l'époque de Philippe II, Vol. 1: La Part du milieu, Paris 1990.

Braudel, Fernand/Jeannin, Pierre/Meuvret, Jean/Romano Ruggiero: Le déclin de Venise au XVIIe siècle, in: *Carlo Cipolla (Hg.)*, Aspetti e cause della decadenza economica veneziana nel secolo XVII, Venedig 1961, S. 23–86.

Braudel, Fernand/Romano, Ruggiero: Navires et marchandises à l'entrée du port de Livourne (1547–1611), Paris 1951.

Braun, Friedrich: Orthodoxie und Pietismus in Memmingen: Nach den Quellen dargestellt, München 1935.

Braun, Friedrich/Schelhorn, Johann Georg: D. Johann Georg Schelhorns Briefwechsel: Mit Einleitung und Erläuterungen, München 1930.

Braun, Uli: Memmingen – judenfrei! Die Juden des Memminger Umlandes im 17. und 18. Jahrhundert, in: *Peter Fassl (Hg.)*, Geschichte und Kultur der Juden in Schwaben, Sigmaringen 2000, S. 209–216.

Braunstein, Philippe: À propos de l'Adriatique, entre le XVIe et le XVIIIe siècle, in: Annales. Economies, sociétés, civilisations 26 (1971), S. 1270–1278.

Braunstein, Philippe: Erscheinungsformen einer Kollektividentität: Die Bewohner des Fondaco dei Tedeschi in Venedig (12.–17. Jahrhundert), in: *Uwe Bestmann/Franz Irsigler/Jürgen Schneider (Hg.)*, Hochfinanz, Wirtschaftsräume, Innovationen: Festschrift für Wolfgang von Stromer, Trier 1987, S. 411–420.

Braunstein, Philippe: Les allemands à Venise (1380–1520), Rome 2016.

Brecht, Martin: Philipp Jakob Spener, sein Programm und dessen Auswirkungen, in: *Martin Brecht (Hg.)*, Geschichte des Pietismus, Bd. 1: Der Pietismus vom siebzehnten bis zum frühen achtzehnten Jahrhundert, Göttingen 1993, S. 281–389.

Brecht, Martin: Der Hallische Pietismus in der Mitte des 18. Jahrhunderts. Seine Ausstrahlung und sein Niedergang, in: *Martin Brecht/Klaus Deppermann (Hg.)*, Geschichte des Pietismus, Bd. 2: Der Pietismus im achtzehnten Jahrhundert, Göttingen 1995, S. 319–357.

Brecht, Martin: Der württembergische Pietismus, in: *Martin Brecht/Klaus Deppermann (Hg.)*, Geschichte des Pietismus, Bd. 2: Der Pietismus im achtzehnten Jahrhundert, Göttingen 1995, S. 225–295.

Brecht, Martin: Die Botschaft der Predigt Samuel Urlspergers, in: *Reinhard Schwarz (Hg.)*, Samuel Urlsperger (1685–1772): Augsburger Pietismus zwischen Außenwirkungen und Binnenwelt, Berlin 1996, S. 97–130.

Brecht, Martin: Samuel Urlsperger und der Hallische Pietismus, in: *Reinhard Schwarz (Hg.)*, Samuel Urlsperger (1685–1772): Augsburger Pietismus zwischen Außenwirkungen und Binnenwelt, Berlin 1996, S. 161–176.

Briand-Barralon, Alain: La communauté luthérienne de Lyon au XVIIIe siècle [elektronisch publizierte Dissertation der Univ. Lyon 3], URL: www.theses.fr/2014LYO30002 [10.12.2020].

Brown, Horatio: The Commercial and Fiscal Policy of the Venetian Republic, Vol. 1, in: *Horatio Brown (Hg.)*, Studies in the History of Venice, London 1907, S. 335–366.

Bruchhäuser, Hanns-Peter: Quellen und Dokumente zur kaufmännischen Berufsbildung im 18. Jahrhundert, Köln 1999.

Bruckmüller, Ernst: Triest und Österreich im 18. Jahrhundert, in: Österreichische Osthefte: Zeitschrift für Mittel-, Ost- und Südosteuropaforschung 27 (1985), S. 300–330.

Bruhn, Hans: Die Kandidaten der hamburgischen Kirche von 1654 bis 1825: Album candidatorum, Hamburg 1963.

Brulez, Wilfrid/Devos, Greta: Marchands flamands à Venise, Vol. 1 (1568–1605), Brüssel 1965.

Brulez, Wilfrid/Devos, Greta: Marchands flamands à Venise, Vol. 2 (1606–1621), Brüssel 1965.

Brunelli, Bruno: Un'amica del Casanova, Neapel 1923.

Buć, Stephan: Beiträge zur Verkehrsgeschichte Graubündens: Der Churer Gütertransit im 17. und 18. Jahrhundert, Chur 1917.

Bückling, Gerhard: Die Bozener Märkte bis zum Dreissigjährigen Kriege, Leipzig 1907.

Bulferetti, Luigi: Il Sempione e gli altri valichi alpini del Regno Sardo nel sec. XVIII, in: *O. V. (Hg.)*, Atti del Convegno di studi per i rapporti scientifici e culturali italo-svizzeri, Mailand 1956, S. 78–92.

Bulferetti, Luigi: Il Gran San Bernardo e gli altri valichi alpini del Regno Sardo nel sec. XVIII, in: *O. V. (Hg.)*, La valle d'Aosta: Relazioni e comunicazioni presentate al XXXI Congresso Storico Subalpino di Aosta, Vol. 2, Turin 1959, S. 776–780.

Bulferetti, Luigi: Agricoltura, industria e commercio in Piemonte nel secolo XVIII, Turin 1963.

Bundi, Martin: Bündner Kriegsdienste in Holland um 1700. Eine Studie zu den Beziehungen zwischen Holland und Graubünden von 1693 bis 1730, Chur 1972.

Bundi, Martin: Frühe Beziehungen zwischen Graubünden und Venedig (15./16. Jahrhundert), Chur 1988.

Burgdorf, Wolfgang: Reichskonstitution und Nation: Verfassungsreformprojekte für das Heilige Römische Reich Deutscher Nation im politischen Schrifttum von 1648 bis 1806, Mainz 1998.

Burkhardt, Mike: Networks as Social Structures in Late Medieval and Early Modern Towns: A Theoretical Approach to Historical Network Analysis, in: *Andrea Caracausi/Christof Jeggle (Hg.)*, Commercial networks and European cities, 1400–1800, London 2014, S. 13–44.

Büsching, Anton Friderich: Lebensgeschichte Sigismund Streits aus dem Jahr 1786, in: *Susanne*

Knackmuß (Hg.), Festgabe zum 250-jährigen Bestehen der Streitschen Stiftung zu Berlin, Berlin 2002, S. 2–21.

Büser, Friedhelm: Die Geschäfte der Familie Finck in Nürnberg (Vorgeschichte der Drogerie Bäumler am Nürnberger Hauptmarkt Nr. 5), in: Mitteilungen des Vereins für Geschichte der Stadt Nürnberg 53 (1965), S. 259–344.

Cachero Vinuesa, Montserrat: Understanding Networking: Theoretical Framework and Historical Evidence, in: *Klemens Kaps/Manuel Herrero Sánchez (Hg.)*, Merchants and Trade Networks in the Atlantic and the Mediterranean, 1550–1800: Connectors of Commercial Maritime Systems, London, New York 2017, S. 62–82.

Caderas, Florian: Graubündens Kapitulat mit Mailand von 1726, in: Jahresbericht der Historisch-Antiquarischen Gesellschaft von Graubünden 89 (1960), S. 45–130.

Caizzi, Bruno: Il Comasco sotto il dominio austriaco: Fino alla redazione del catasto teresiano, Como 1955.

Caizzi, Bruno: Il Comasco sotto il dominio spagnolo, Como 1955.

Caizzi, Bruno: Industria e commercio della Repubblica veneta nel XVIII secolo, Mailand 1965.

Caizzi, Bruno: Industria, commercio e banca in Lombardia nel XVIII secolo, Mailand 1968.

Caizzi, Bruno: Dalla posta dei re alla posta di tutti: Territorio e comunicazioni in Italia dal XVI secolo all'Unità, Mailand 1993.

Calafat, Guillaume: Familles, réseaux et confiance dans l'économie de l'époque moderne, in: Annales. Histoire, Sciences Sociales 66 (2011), S. 513–531.

Caligaris, Giacomina: Alla ricerca di un mercato. Progetti commerciali in Piemonte nei secc. XVII e XVIII, in: Studi Piemontesi 14 (1985), S. 49–59.

Camajani, Guelfo: La Famiglia Hambloch a Livorno 1660–1771, in: Genealogisches Jahrbuch 19 (1979), S. 147–153.

Campos, Giordano: Il commercio esterno veneziano della seconda meta del '700 secondo le statistiche ufficiali, in: Archivio Veneto 19 (1936), S. 145–183.

Canali, Guido: Il magistrato mercantile di Bolzano e gli statuti delle fiere: Parte I, in: Archivio per l'Alto Adige 37 (1942), S. 5–197.

Canali, Guido: Bolzano e il contrastato sviluppo del porto di Trieste, in: Archivio per l'Alto Adige 43 (1949), S. 293–303.

Capra, Carlo: La Lombardia austriaca nell'età delle riforme (1706–1796), Turin 1987.

Caracausi, Andrea: Nastri, nastrini, cordelle: L'industria serica nel Padovano, secc. XVII–XIX, Padua 2004.

Caracausi, Andrea: Venezia e i traffici mediterranei in età moderna, in: Archivio Veneto 142 (2011), S. 7–25.

Caracciolo, Alberto: Il dibattito sui ›porti franchi‹ nel Settecento: genesi della franchigia di Ancona, in: Rivista Storica Italiana 75 (1963), S. 537–561.

Caracciolo, Alberto: Le port franc d'Ancône: Croissance et impasse d'un milieu marchand au XVIIIe siècle, Paris 1965.

Carera, Aldo: Gli spazi dello scambio sulle terre del lago, in: *Sergio Zaninelli (Hg.)*, Il difficile equilibrio agricolo-manifatturiero (1750–1814), Como 1987, S. 267–478.

Carrasco-Gonzalez, Guadalupe: Negocios de extranjeros en Cádiz. Belli & Cía y Brachi & Cía: dos razones para un mismo negocio (1689–1699), in: *Francisco José Aranda Pérez (Hg.)*, La declinación de la monarquía hispánica en el siglo XVII, Cuenca 2004, S. 571–588.

Carrière, Charles: Négociants marseillais au XVIIIe siècle: Contribution à l'étude des économies maritimes, Marseille 1973.

Carrière, Charles/Courdurié, Marcel: Les grandes heures de Livourne au XVIIIe siècle. L'exemple de la guerre de Sept ans, in: Revue Historique 254 (1975), S. 39–80.

Castignoli, Paolo: II libro rosso della comunita olandese-alemanna a Livorno (1622–1911), in: La Canaviglia 4 (1979), S. 170–175.

Castignoli, Paolo/Frattarelli Fischer, Lucia (Hg.): Le »livornine« del 1591 e del 1593, Livorno 1987.
Cattalinich, Giovanni: Storia della Dalmazia, Vol. 3, Zara 1835.
Cavallera, Marina: Una scelta sbagliata: il mercato dei grani a Laveno, in: *O. V. (Hg.)*, Mercati e consumi: Organizzazione e qualificazione del commercio in Italia dal XII al XX secolo, Bologna 1986, S. 509–525.
Cavallera, Marina: Angera nella vita economica del Verbano, in: *Ada Annoni (Hg.)*, La città di Angera, feudo dei Borromeo sec. XV–XVIII, Gavirate 1995, S. 149–192.
Cavallera, Marina: L'emigrazione nel secolo XVIII: terre lombarde nell'Arco Alpino, in: *Carlo Brusa/Robertino Ghiringhelli (Hg.)*, Emigrazione e territorio: tra bisogno e ideale, Vol. 2, Varese 1995, S. 13–74.
Cavallera, Marina: Imprenditori e maestranze, aspetti della mobilità nell'area alpina del Verbano durante il secolo XVIII, in: *Giovanni L. Fontana/Andrea Leonardi/Luigi Trezzi (Hg.)*, Mobilità imprenditoriale e del lavoro nelle Alpi in età moderna e contemporanea, Mailand 1998, S. 75–116.
Cavallera, Marina: Un caso di molteplicità funzionale: l'area del Verbano nella seconda metà del secolo XVIII, in: *Carlo G. Lacaita/Angelo Ventura (Hg.)*, Management, tecnocrazia, territorio e bonifiche, Padua 1999, S. 105–143.
Cavallera, Marina: Area di strada e uso dei confini. L'esempio del territorio insubrico in Antico Regime, in: *Angelo Torre (Hg.)*, Per vie di terra: Movimenti di uomini e di cose nelle società di antico regime, Mailand 2007, S. 33–56.
Cecchetti, Bartolomeo: Del sistema tributario nello stato veneto sulla fine del secolo XVIII, in: Atti del Reale Istituto veneto di scienze, lettere e arti 32 (1873–1874), S. 779–821.
Cérésole, Victor: La République de Venise et les Suisses: Relevé des Manuscrits des Archives de Venise se rapportant à la Suisse ex aux III ligues grises, Venedig 1890.
Cerman, Markus/Ogilvie, Sheilagh: Einleitung, in: *Markus Cerman/Sheilagh Ogilvie (Hg.)*, Proto-Industrialisierung in Europa: Industrielle Produktion vor dem Fabrikszeitalter, Wien 1994, S. 9–21.
Cessi, Roberto: I diarii di Girolamo Priuli: [AA. 1494–1512], Vol. 4, Bologna 1938.
Chiesi Ermotti, Francesca: Mobilité et appartenance dans les parcours d'une famille de marchands migrants originaires des Alpes suisses (XVIIIe siècle), in: *Andrea Caracausi/Nicoletta Rolla/Marco Schnyder (Hg.)*, Travail et mobilité en Europe (XVI–XIXe siècles), Villeneuve d'Ascq 2018, S. 165–186.
Cipolla, Carlo (Hg.): Aspetti e cause della decadenza economica veneziana nel secolo XVII, Venedig 1961.
Cipolla, Carlo: Money in Sixteenth-Century Florence, Berkeley 1989.
Cipolla, Carlo: Before the Industrial Revolution. European Society and Economy, 1000–1700, London 1993.
Ciriacono, Salvatore: Olio ed ebrei nella repubblica Veneta del Settecento, Venedig 1975.
Ciriacono, Salvatore: Venise et la Vénétie dans la transition vers l'industrialisation. A propos des théories de Franklin Mendels, in: *René Leboutte (Hg.)*, La proto-industrialisation: Recherches récentes, nouvelles perspectives: Mélanges en souvenir de Franklin Mendels, Genf 1996, S. 291–318.
Clasen, Claus-Peter: Die Augsburger Weber: Leistungen und Krisen des Textilgewerbes um 1600, Augsburg 1981.
Clasen, Claus-Peter: Textilherstellung in Augsburg in der frühen Neuzeit, Bd. 1: Weberei, Augsburg 1995.
Clasen, Claus-Peter: Textilherstellung in Augsburg in der frühen Neuzeit, Bd. 2: Textilveredelung, Augsburg 1995.
Coase, Ronald H.: The Nature of the Firm, in: Economica 4 (1937), S. 386–405.
Codignola, Luca/Tonizzi, Elisabetta: The Swiss Community in Genoa from the Old Regime to the late Nineteenth Century, in: Journal of Modern Italian Studies 13 (2008), S. 152–170.

Cognasso, Francesco: Novara nella sua storia, in: *O. V. (Hg.)*, Novara e il suo territorio, Novara 1952, S. 1–521.

Constable, Olivia Remie: Housing the Stranger in the Mediterranean World: Lodging, Trade, and Travel in Late Antiquity and the Middle Ages, New York 2003.

Corpis, Duane: Crossing the Boundaries of Belief. Geographies of Religious Conversion in Southern Germany, 1648–1800, London 2014.

Corradini, Giovanni: La Nazione Olandese-Alemanna in Livorno, in: La Rivista Cristiana. Nuova Serie 7 (1905), S. 81–90.

Costantini, Fabrizio: »In tutto differente dalle altre città«: Mercato e contrabbando dei grani a Bergamo in età veneta, Bergamo 2016.

Costantini, Massimo: La regolazione dei dazi marittimi e l'esperienza del »portofranco« a Venezia tra il 1662 e il 1684, in: *Leandro Conte/Antonio Di Vittorio (Hg.)*, La finanza pubblica in età di crisi, Bari 1993, S. 77–88.

Costantini, Massimo: Commercio e marina, in: *Piero Del Negro/Paolo Preto (Hg.)*, Storia di Venezia. Dalle origini alla caduta della Serenissima: L'ultima fase della Serenissima, Rom 1998, S. 555–612.

Costantini, Massimo: Una Repubblica nata sul mare navigazione e commercio a Venezia, Venedig 2006.

Cova, Alberto: L'alternativa manifatturiera, in: *Sergio Zaninelli (Hg.)*, Il difficile equilibrio agricolo-manifatturiero (1750–1814), Como 1987, S. 131–265.

Cova, Alberto: L'economia lombarda tra tradizione e innovazione: l'agricoltura, in: *Giovanni L. Fontana/Antonio Lazzarini (Hg.)*, Veneto e Lombardia tra rivoluzione giacobina ed età napoleonica: Economia, territorio, istituzioni, Mailand 1992, S. 25–44.

Cova, Ugo: L'amministrazione austriaca a Trieste agli inizi dell'800, Trieste 1971.

Cova, Ugo: Die Rolle der Handelsstraßenverhältnisse in Kärnten in der merkantilistischen Politik Karls VI. zugunsten des Triester Hafens, in: *Wilhelm Wadl (Hg.)*, Kärntner Landesgeschichte und Archivwissenschaft: Festschrift für Alfred Ogris zum 60. Geburtstag, Klagenfurt 2001, S. 293–304.

Craig, Lee/García-Iglesias, Concepción: Business Cycles, in: *Stephen N. Broadberry/Kevin H. O'Rourke (Hg.)*, The Cambridge Economic History of Modern Europe, Cambridge 2010, S. 122–144.

Crailsheim, Eberhard: The Spanish Connection: French and Flemish Merchant Networks in Seville (1570–1650), Köln 2016.

Cristellon, Cecilia/Menchi, Silvana Seidel: Religious Life, in: *Eric Dursteler (Hg.)*, A companion to Venetian History, 1400–1797, Leiden 2013, S. 379–419.

Csepregi, Zoltán: Magyar pietizmus, 1700–1756, Budapest 2000.

Dane, Hendrik: Der Lindauer Handel und Verkehr auf den Landstraßen im 17. und 18. Jahrhundert [Diplomarbeit, Univ. Nürnberg], Nürnberg 1964.

D'Angelo, Michela: The British Factory at Leghorn: A Kind of Chamber of Commerce Cum Consulate, in: *Carmel Vassallo (Hg.)*, Consolati di Mare and Chambers of Commerce, Valletta 2000, S. 113–125.

D'Angiolini, Piero/Carucci, Paola: Guida generale degli Archivi di Stato Italiani, Vol. 4, Rom 1994.

Degn, Ole: Øresundstoldens toldsatser, indtægter og regnskabsformer 1497–1857, in: *Ders. (Hg.)*, Tolden i Sundet: Toldopkrævning, politik og skibsfart i Øresund 1429–1857, Kopenhagen 2010, S. 125–174.

Demo, Edoardo: Le fiere di Bolzano e il commercio fra area atesina e area tedesca fra quattro e cinquecento, in: *Gian Maria Varanini (Hg.)*, Le Alpi medievali nello sviluppo delle regioni contermini, Neapel 2004, S. 229–245.

Demo, Edoardo: Industry and Production in the Venetian Terraferma (15th–18th Centuries), in: *Eric Dursteler (Hg.)*, A Companion to Venetian History, 1400–1797, Leiden 2013, S. 291–318.

Demo, Edoardo/Vianello, Francesco: Manifatture e commerci nella Terraferma Veneta in Età Moderna, in: Archivio Veneto 142 (2011), S. 27–50.
Denz, Jakob: Die Schiffahrtspolitik der Kurpfalz im 17. und 18. Jahrhundert, Ludwigshafen 1909.
Denzel, Markus A.: Die Integration Deutschlands in das internationale Zahlungsverkehrssystem im 17. und 18. Jahrhundert, in: *Eckart Schremmer (Hg.)*, Wirtschaftliche und soziale Integration in historischer Sicht, Stuttgart 1996, S. 58–109.
Denzel, Markus A.: Professionen und Professionisten: Die Dachsbergsche Volksbeschreibung im Kurfürstentum Baiern, 1771–1781, Stuttgart 1998.
Denzel, Markus A.: Der Nürnberger Wechselmarkt im ausgehenden 18. Jahrhundert, in: *Ders./Rainer Gömmel (Hg.)*, Weltwirtschaft und Wirtschaftsordnung: Festschrift für Jürgen Schneider zum 65. Geburtstag, Stuttgart 2002, S. 169–192.
Denzel, Markus A.: Die Geschäftsbeziehungen des Schaffhauser Handels- und Bankhauses Amman 1748–1779. Ein mikroökonomisches Fallbeispiel, in: Vierteljahrschrift für Sozial- und Wirtschaftsgeschichte 89 (2002), S. 1–40.
Denzel, Markus A.: Die Bozner Messen und ihr Zahlungsverkehr (1633–1850), Bozen 2005.
Denzel, Markus A.: Ex merce et cambio pulchrior. Bargeldloser Zahlungsverkehr auf den Bozner Messen (17. bis Mitte 19. Jahrhundert), in: *Ders./Andrea Bonoldi (Hg.)*, Bozen im Messenetz Europas (17.–19. Jahrhundert): Bolzano nel sistema fieristico europeo (secc. XVII–XIX), Bozen 2007, S. 149–185.
Denzel, Markus A.: Münchens Geld- und Kreditwesen in vormoderner Zeit: Regionales Wirtschaftszentrum im Schatten der Reichsstädte und Satellit der Residenz (Spätmittelalter bis 18. Jahrhundert), in: *Hans Pohl (Hg.)*, Geschichte des Finanzplatzes München, München 2007, S. 1–40.
Denzel, Markus A.: Der Nürnberger Banco Publico, seine Kaufleute und ihr Zahlungsverkehr (1621–1827), Stuttgart 2012.
Denzel, Markus A.: Der seewärtige Einfuhrhandel Hamburgs nach den Admiralitäts- und Convoygeld-Einnahmebüchern (1733–1798), in: Vierteljahrschrift für Sozial- und Wirtschaftsgeschichte 102 (2015), S. 131–160.
Denzel, Markus A.: Das System der Messen in Europa – Rückgrat des Handels, des Zahlungsverkehrs und der Kommunikation (9. bis 19. Jahrhundert), in: *Markus A. Denzel (Hg.)*, Europäische Messegeschichte 9.–19. Jahrhundert, Köln 2018, S. 369–431.
Deplazes, Lothar: Zum regionalen Handel und Verkehr an der Lukmanier- und Oberalproute im Spätmittelalter, in: *Ursus Brunold/Lothar Deplazes (Hg.)*, Geschichte und Kultur Churrätiens: Festschrift für Pater Iso Müller OSB zu seinem 85. Geburtstag, Disentis 1986, S. 409–439.
Dermigny, Louis: Escales, échelles et ports francs au moyen âge et aux temps modernes, in: Société Jean Bodin (Hg.), Les grandes escales. Troisième Partie. Période contemporaine et Synthèses générales, Brüssel 1974, S. 213–644.
Derosas, Renzo: Colombo, Giovanni, in: Dizionario biografico degli italiani, Vol. 27, Rom 1982, S. 201–205.
Deutsch, Otto Erich: Bericht des Grafen Karl von Zinzendorf über seine handelspolitische Studienreise durch die Schweiz 1764, in: Basler Zeitschrift für Geschichte und Altertumskunde 35 (1936), S. 151–354.
Dewerpe, Alain: L'industrie aux champs: Essai sur la proto-industrialisation en Italie du nord (1800–1880), Rome 1985.
Dietrich, Richard: Merkantilismus und Städtewesen in Kursachsen, in: *Volker Press (Hg.)*, Städtewesen und Merkantilismus in Mitteleuropa, Köln 1983, S. 222–285.
Dietz, Alexander: Frankfurter Handelsgeschichte, Bd. 3, Frankfurt a. M. 1921.
Dietz, Alexander: Frankfurter Handelsgeschichte, Bd. 4,1, Frankfurt a. M. 1925.
Dobras, Werner: Der Mailänder oder Lindauer Bote: eine zuverlässige Transporteinrichtung

zwischen Lindau und der Lombardei, in: Bündner Monatsblatt: Zeitschrift für Bündner Geschichte (1989), S. 339–356.

Dobras, Wolfgang: Die Konstanzer Gesellschaft in der ersten Hälfte des 16. Jahrhunderts, in: *Martin Burkhardt/Wolfgang Dobras/Wolfgang Zimmermann (Hg.)*, Konstanz in der frühen Neuzeit: Reformation, Verlust der Reichsfreiheit, österreichische Zeit, Konstanz 1991, S. 11–146.

Doeberl, Michael: Entwicklungsgeschichte Bayerns, Bd. 2: Vom Westfälischen Frieden bis zum Tode König Maximilians I., München 1928.

Dolf, Willy: Die ökonomisch-patriotische Bewegung in Bünden ein Beitrag zur bündnerischen Wirtschafts- und Geistesgeschichte des 18. Jahrhunderts, Aarau 1943.

Dolfin, Bortolo Giovanni: I Dolfin (Delfino) patrizii veneziani nella storia di Venezia dall'anno 452 al 1923, Mailand 1924.

Domzalski, Oliver Thomas: Politische Karrieren und Machtverteilung im venezianischen Adel (1646–1797), Sigmaringen 1996.

Dörrer, Anton: Die Auslagen eines großen Bozner Umgangs am Gotzleichnamstag, in: Der Schlern: Monatszeitschrift für Südtiroler Landeskunde 11 (1930), S. 27–31.

Dotzauer, Winfried: Die deutschen Reichskreise (1383–1806): Geschichte und Aktenedition, Stuttgart 1998.

Dreher, Alfons: Das Patriziat der Reichsstadt Ravensburg: Von den Anfängen bis zum Beginn des 19. Jahrhunderts, Stuttgart 1966.

Dreyer, Alfred: Johann Matthias Dreyer (1717–1769): Ein Hamburger satirischer Dichter und Holstein-Gottorper-Diplomat, Hamburg 1934.

Dubler, Anne-Marie: Masse und Gewichte im Staat Luzern und in der alten Eidgenossenschaft, Luzern 1975.

Dubler, Anne-Marie: Geschichte der Luzerner Wirtschaft: Volk, Staat und Wirtschaft im Wandel der Jahrhunderte, Luzern 1983.

Dubois, Alain: L'exportation de bétail suisse vers l'Italie du XVIe au XVIIIe siècle: esquisse d'un bilan, in: *Ekkehard Westermann (Hg.)*, Internationaler Ochsenhandel (1350–1750), Stuttgart 1979, S. 11–38.

Dumrath, Karlheinrich: Das evangelische Waisenhaus in Oettingen, ein Werk pietistischer Frömmigkeit, in: Jahrbuch für Fränkische Landesforschung 34/35 (1975), S. 537–563.

DuPlessis, Robert: Conclusion: Reorienting Early Modern Economic History, in: *Pierre Gervais/Yannick Lemarchand/Dominique Margairaz (Hg.)*, Merchants and Profit in the Age of Commerce, 1680–1830, London 2014, S. 171–180.

Dursteler, Eric: The Bailo in Constantinople: Crisis and Career in Venice's Early Modern Diplomatic Corps, in: Mediterranean Historical Review 16 (2001), S. 1–30.

Dursteler, Eric R.: Venetians in Constantinople: Nation, Identity, and Coexistence in the Early Modern Mediterranean, Baltimore (MD) 2006.

Ebeling, Dietrich/Mager, Wolfgang (Hg.): Protoindustrie in der Region: Europäische Gewerbelandschaften vom 16. bis zum 19. Jahrhundert, Bielefeld 1997.

Edlin-Thieme, Margareta: Studien zur Geschichte des Münchner Handelsstandes im 18. Jahrhundert, Stuttgart 1969.

Eggel, Eberhard: Die Textilkaufleute Heinzelmann in Kaufbeuren und ihre Verwandtschaft, in: Archiv für Sippenforschung und alle verwandten Gebiete 34 (1968), S. 574–591.

Egger, Josef: Geschichte Tirols von den ältesten Zeiten bis in die Neuzeit, Bd. 3, Innsbruck 1880.

Ehrenberg, Richard: Das Zeitalter der Fugger. Geldkapital und Creditverkehr im 16. Jahrhundert, Bd. 1, Jena 1896.

Ehrenzeller, Ernst: Geschichte der Stadt St. Gallen, St. Gallen 1988.

Eickhoff, Ekkehard: Venedig – spätes Feuerwerk: Glanz und Untergang der Republik, 1700–1797, Stuttgart 2008.

Eickhoff, Ekkehard: Venedig, Wien und die Osmanen: Umbruch in Südosteuropa 1645–1700, Stuttgart 2009.
Eitel, Peter: Der Konstanzer Handel und Gütertransit im 16. und 17. Jahrhundert: ein Beitrag zur Wirtschaftsgeschichte des Bodenseeraumes, in: Schweizerische Zeitschrift für Geschichte 20 (1970), S. 501–581.
Eitel, Peter: Die Rolle der Reichsstadt Überlingen in der Wirtschaftsgeschichte des Bodenseeraumes, in: Schriften des Vereins für Geschichte des Bodensees und seiner Umgebung 89 (1971), S. 9–22.
Eitel, Peter: Handel und Verkehr im Bodenseeraum während der frühen Neuzeit, in: Schriften des Vereins für Geschichte des Bodensees und seiner Umgebung 91 (1973), S. 67–89.
Eitel, Peter: Neue Forschungen zur Geschichte des Fernhandels der schwäbischen Städte bis zum Ende des alten Reichs, in: Zeitschrift für Stadtgeschichte, Stadtsoziologie und Denkmalpflege 3 (1976), S. 282–290.
Eitel, Peter: Ravensburg, in: *Meinrad Schaab/Hansmartin Schwarzmaier (Hg.)*, Handbuch der Baden-Württembergischen Geschichte, Bd. 2: Die Territorien im Alten Reich, Stuttgart 1995, S. 693–696.
Eitel, Peter: Die historische Verkehrsfunktion des Bodenseeraumes, in: *Erwin Riedenauer (Hg.)*, Die Erschließung des Alpenraums für den Verkehr im Mittelalter und in der frühen Neuzeit, Bozen 1996, S. 85–98.
Ekegård, Einar: Studier i svensk handelspolitik under den tidigare frihetstiden, Upsala 1924.
Elze, Theodor: Der Fondaco dei Tedeschi in Venedig, in: Das Ausland 27 (1870), S. 625–631.
Elze, Theodor: Der Cottimo der Deutschen in Venedig, in: Abhandlungen der Königlich Bayerischen Akademie der Wissenschaften, I. Classe, II. Abteilung 16 (1882), S. 75–100.
Elze, Theodor: Geschichte der Protestantischen Bewegungen und der deutschen Evangelischen Gemeinde in Venedig, Bielefeld 1883.
Elze, Theodor/Lessing, Eugen: Geschichte der Protestantischen Bewegungen und der deutschen Evangelischen Gemeinde A. C. in Venedig, Florenz 1941.
Endres, Rudolf: Die Rolle der Kaufmannschaft im Nürnberger Verfassungsstreit am Ende des Alten Reiches, in: Jahrbuch für Fränkische Landesforschung 45 (1985), S. 125–167.
Endres, Rudolf: Nürnberg im 18. Jahrhundert, in: Mitteilungen des Vereins für Geschichte der Stadt Nürnberg 75 (1988), S. 133–153.
Endres, Rudolf: Der Dreißigjährige Krieg, in: *Andreas Kraus (Hg.)*, Handbuch der bayerischen Geschichte, Bd. 3,1: Geschichte Frankens bis zum Ausgang des 18. Jahrhunderts, München 1997, S. 486–495.
Endres, Rudolf: Der Fränkische Reichskreis, Augsburg 2003.
Engel, Alexander: Farben der Globalisierung: Die Entstehung moderner Märkte für Farbstoffe 1500–1900, Frankfurt a. M. 2009.
Engelmann, Alfred: Stammtafel der Familie Heinzelmann aus Kaufbeuren [Maschinenschriftliches Manuskript im Heimatmuseum Kaufbeuren], Kaufbeuren 1984.
Engels, Marie-Christine: Merchants, Interlopers, Seamen and Corsairs: The ›Flemish‹ Community in Livorno and Genoa (1615–1635), Hilversum 1997.
Erck, Alfred/Schneider, Hannelore: Musiker und Monarchen in Meiningen 1680–1763, Meiningen 2006.
Erlei, Mathias/Sauerland, Dirk/Leschke, Martin: Neue Institutionenökonomik, Stuttgart 2007.
Erler, Georg: Die jüngere Matrikel der Universität Leipzig, 1559–1809, Bd. 2: 1634–1709, Leipzig 1909.
Errera, Alberto: Storia dell'economia politica nei secoli XVII e XVIII negli stati della repubblica Veneta: Corredata da documenti inediti, Venedig 1877.
Esch, Arnold: Spätmittelalterlicher Passverkehr im Alpenraum. Typologie der Quellen, in: *Ders. (Hg.)*, Alltag der Entscheidung Beiträge zur Geschichte der Schweiz an der Wende vom Mittelalter zur Neuzeit, Bern 1998, S. 173–248.

Ewert, Christian Ulf/Selzer, Stefan: Die Neue Institutionenökonomik als Herausforderung an die Hanseforschung, in: Hansische Geschichtsblätter 123 (2005), S. 7–29.

Falcetta, Angela: Ortodossi nel Mediterraneo cattolico: Comunità di rito greco nell'Italia del Settecento: [Ungedruckte Dissertation, Univ. Padua], Padua 2014.

Falkensteiner, Reinhold: Beiträge zur Wirtschaftsgeschichte Innsbrucks im 18. Jahrhundert, Innsbruck 1980.

Fanfani, Amintore: Il mancato rinnovamento economico, in: *Diego Valeri (Hg.)*, La civiltà veneziana del Settecento, Florenz 1960, S. 27–67.

Fanfani, Tommaso: L'Adige come arteria principale del traffico tra nord Europa ed emporio realtino, in: *Giorgio Borelli (Hg.)*, Una Città e il suo fiume. Verona e l'Adige, Vol. 2, Verona 1977, S. 569–629.

Farrell, Henry: The Political Economy of Trust: Institutions, Interests and Inter-Firm Cooperation in Italy and Germany, Cambridge, New York 2009.

Fassl, Peter: Von der freien Reichsstadt zur bayerischen Industriestadt, in: *Claus Grimm/Rainer A. Müller/Konrad von Zwehl/Johannes Erichsen (Hg.)*, Aufbruch ins Industriezeitalter, München 1985, S. 81–102.

Fassl, Peter: Konfession, Wirtschaft und Politik: Von der Reichsstadt zur Industriestadt, Augsburg 1750–1850, Sigmaringen 1988.

Feger, Otto: Konstanz als österreichische Stadt, in: *Friedrich Metz (Hg.)*, Vorderösterreich: Eine geschichtliche Landeskunde, Freiburg im Breisgau 2000, S. 381–384.

Feist, Leo: Vom Saumpfad zur Tiroler Autobahn, Innsbruck 1980.

Ferrari, Stefano: Amadeo Svaier (1727–1791): un mercante erudito nella Venezia del Settecento, in: *Marcello Bonazza (Hg.)*, »I buoni ingegni della patria«: L'accademia, la cultura e la città nelle biografie di alcuni agiati tra Settecento e Novecento, Rovereto 2002, S. 51–85.

Filippini, Jean Pierre: Les nations à Livourne (XVIIe–XVIIIe siècles), in: *Simonetta Cavaciocchi (Hg.)*, I porti come impresa economica, Florenz 1988 (Istituto Internazionale di Storia Economica F. Datini. Ser. 2 19), S. 581–594.

Filippini, Jean Pierre: Il movimento del porto di Livorno durante il primo periodo lorenese (1737–1801), in: *Zeffiro Ciuffoletti/Leonardo Rombai (Hg.)*, La Toscana dei Lorena: Riforme, territorio, società, Florenz 1989, S. 49–80.

Filippini, Jean Pierre: Il porto di Livorno e la Toscana (1676–1814), Vol. 1, Neapel 1998.

Fischer, Klaus: Das Rodfuhrwesen zwischen Augsburg und Venedig vom 13. bis zur Mitte des 18. Jahrhunderts, in: *Wolfram Baer (Hg.)*, Schwaben, Tirol: Historische Beziehungen zwischen Schwaben und Tirol von der Römerzeit bis zur Gegenwart, Rosenheim 1989, S. 240–250.

Fischer, Lucia Frattarelli: Livorno 1676: La città e il porto franco, in: *Franco Angiolini/Vieri Becagli/Marcello Verga (Hg.)*, La Toscana nell'età di Cosimo III, Florenz 1993, S. 45–66.

Fischer, Lucia Frattarelli/Villani, Stefano: People of Every Mixture: Immigration, Tolerance and Religious Conflicts in Early Modern Livorno, in: *Ann Katherine Isaacs (Hg.)*, Immigration and Emigration in Historical Perspective, Pisa 2007, S. 93–107.

Flurschütz, Hildegunde: Die Verwaltung des Hochstifts Würzburg unter Franz Ludwig von Erthal (1779–1795), Würzburg 1965.

Follmann, Christine: Die Villa Bellavista in Borgo a Buggiano: Kunstpatronage und Repräsentationsstrategien der Marchesi Feroni, Berlin, Boston 2019.

Fontaine, Laurence: History of Pedlars in Europe, Durham 1996.

Fouquet, Gerhard: Die Talgemeinde Ursern am St. Gotthard und ihre Rechnungsüberlieferung um 1500, in: *Julia Ellermann/Dennis Hormuth/Volker Seresse (Hg.)*, Politische Kultur im frühneuzeitlichen Europa: Festschrift für Olaf Mörke zum 65. Geburtstag, Kiel 2017, S. 43–64.

François, Étienne: Die unsichtbare Grenze: Protestanten und Katholiken in Augsburg 1648–1806, Sigmaringen 1991.

Frattarelli Fischer, Lucia: Vivere fuori dal ghetto: Ebrei a Pisa e Livorno (secoli XVI–XVIII), Turin 2008.

Frattarelli Fischer, Lucia: L'Arcano del mare: Un porto nella prima età globale: Livorno, Pisa 2018.

Fretz, Diethelm: Die Frühbeziehungen zwischen Zürich und Bergamo, 1568–1618: Wirtschaftsgeschichtliche Skizzen, Zürich 1940.

Frieß, Peer: Reichsstädtischer Republikanismus zwischen Reformation und Revolution: das katholische Wangen, das evangelische Memmingen und das paritätische Biberach im Vergleich, in: *Peter Blickle (Hg.)*, Verborgene republikanische Traditionen in Oberschwaben, Tübingen 1998, S. 101–127.

Frigo, Daniela: Trieste, Venezia e l'equilibrio italiano nel Settecento: uomini, territori, traffici, in: *Daniele Andreozzi/Carlo Gatti (Hg.)*, Trieste e l'Adriatico: Uomini, merci, conflitti, Trieste 2006, S. 11–33.

Fuchs, Rudolf: Der Bancho Publico zu Nürnberg, Berlin 1955.

Fumi, Gianpiero: Gli »inutili sforzi per regolar Bergamo« e la crescita del setificio nel Settecento, in: *Marco Cattini/Marzio Romani (Hg.)*, Storia Economica e Sociale di Bergamo. Il tempo della Serenissima, Vol. 4: Settecento, età del cambiamento, Bergamo 2006, S. 105–146.

Funk, Martin Josef: Der Kampf der merkantilistischen mit der physiokratischen Doktrin in der Kurpfalz, in: Neue Heidelberger Jahrbücher 18 (1914), S. 105–200.

Furter, Reto: Urbanisierung, Transitverkehr, Bädertourismus, Alpinismus. Indikatoren zum Hintergrund des Alpendiskurses: 15. bis 19. Jahrhundert, Chur 2005.

Furter, Reto: Traffico di transito nell'area alpina tra XIV e XIX secolo, in: *Jean-François Bergier/Gauro Coppola (Hg.)*, Vie di terra e d'acqua: Infrastrutture viarie e sistemi di relazioni in area alpina (secoli XIII–XVI), Bologna 2007, S. 83–122.

Furter, Reto: Frühneuzeitlicher Transitverkehr in den Alpen, in: Schweizerische Gesellschaft für Wirtschafts- und Sozialgeschichte 25 (2010), S. 109–119.

Fusaro, Maria: Uva passa. Una guerra commerciale tra Venezia e l'Inghilterra (1540–1640), Venedig 1996.

Fusaro, Maria: Les Anglais et les Grecs. Un réseau de coopération commerciale en Méditerranée vénitienne, in: Annales. Histoire, Sciences Sociales 58 (2003), S. 605–625.

Fusaro, Maria: Mercanti stranieri nell'economia italiana, in: *Franco Franceschi/Richard Goldthwaite/Reinhold Mueller (Hg.)*, Il Rinascimento italiano e l'Europa, Vol. 4: L'Italia e l'economia europea nel Rinascimento, Costabissara 2007, S. 369–395.

Fusaro, Maria: Cooperating Mercantile Networks in the Early Modern Mediterranean, in: Economic History Review 65 (2012), S. 701–718.

Fusaro, Maria: Political Economies of Empire in the Early Modern Mediterranean: The Decline of Venice and the Rise of England, 1450–1700, Cambridge 2015.

Gäbler, Ulrich: Geschichte, Gegenwart und Zukunft, in: *Hartmut Lehmann (Hg.)*, Geschichte des Pietismus: Glaubenswelt und Lebenswelten, Göttingen 2004, S. 19–48.

Galiani, Sebastián/Sened, Itai (Hg.): Institutions, Property Rights, and Economic Growth: The Legacy of Douglass North, New York 2014.

Ganzenmüller, Eugen: Ein Straßenkrieg zwischen Lindau und Tettnang, in: Bodensee Heimatschau 8 (1929), S. 96.

Ganzoni, Rudolf: Der Gesandte Peter Conradin Planta und das Strassenprojekt Chiavenna-Nauders, in: Jahresbericht der Historisch-Antiquarischen Gesellschaft von Graubünden 28 (1908), S. 113–199.

Garfagnini, Manuela Doni: Lettere e carte Magliabechi: Inventario cronologico, Rom 1988.

Garner, Guillaume: Le mercantilisme: un faux ami ? L'économie entre discours, politique et pratiques (Allemagne, 1750–1820), in: *Moritz Isenmann (Hg.)*, Merkantilismus: Wiederaufnahme einer Debatte, Stuttgart 2014, S. 265–288.

Gaspari, Paolo (Hg.): »Serenissimo Principe...«: Il discorso del 29 maggio 1784, davanti al Senato della Serenissima, come testamento morale dell'aristocrazia veneziana, Udine 1994.
Gasser, Peter: Karl VI., Triest und die Venezianer, in: *O. V. (Hg.)*, »Wir aber aus unsern vorhero sehr erschöpfften camergeföllen nicht hernemben khönnen...«: Beiträge zur österreichischen Wirtschafts- und Finanzgeschichte vom 17. bis zum 20. Jahrhundert, Wien 1997, S. 17–109.
Gawthrop, Richard L.: Pietism and the Making of Eighteenth-Century Prussia, Cambridge 1993.
Gebhard, Johan F.: Het leven van Mr. Nicolaas Cornelisz. Witsen (1641–1717), Utrecht 1881.
Geering, Traugott: Handel und Industrie der Stadt Basel. Zunftwesen und Wirtschaftsgeschichte bis zum Ende des XVII. Jahrhunderts, Basel 1886.
Gelder, Maartje van: Trading Places: The Netherlandish Merchants in Early Modern Venice, Leiden 2009.
Gelderblom, Oscar: Cities of Commerce: The Institutional Foundations of International Trade in the Low Countries, 1250–1650, Princeton 2013.
Gelderblom, Oscar/Grafe, Regina: The Rise and Fall of the Merchant Guilds: Re-thinking the Comparative Study of Commercial Institutions in Premodern Europe, in: Journal of Interdisciplinary History 40 (2010), S. 477–511.
Gelfi, Mauro: La fiera di Bergamo: Il volto di una città attraverso i rapporti commerciali, Bergamo 1993.
Gelshorn, Karl: Die Deutsche Evangelische Gemeinde in Venedig in Vergangenheit und Gegenwart, Potsdam 1911.
Georgelin, Jean: Venise au siècle des lumières, Paris 1978.
Gerhard, Hans-Jürgen: Merkantilpolitische Handelshemmnisse (im territorialen Vergleich) am Beispiel eines territorial relativ einheitlichen Gebietes, in: *Hans Pohl (Hg.)*, Die Auswirkungen von Zöllen und anderen Handelshemmnissen auf Wirtschaft und Gesellschaft vom Mittelalter bis zur Gegenwart, Stuttgart 1987, S. 59–83.
Gerlich, Franz: Brücken in Tirol, Innsbruck 1958.
Gerschenkron, Alexander: Europe in the Russian mirror: Four lectures in economic history, Cambridge 1970.
Gerteis, Klaus: Die deutschen Städte in der frühen Neuzeit: Zur Vorgeschichte der »bürgerlichen Welt«, Darmstadt 1986.
Ghezzi, Renato: Livorno e l'Atlantico: I commerci olandesi nel Mediterraneo del Seicento, Bari 2011.
Ghobrial, John-Paul A.: The Life and Hard Times of Solomon Negri: An Arabic Teacher in Early Modern Europe, in: *Jan Loop/Alastair Hamilton/Charles Burnett (Hg.)*, The Teaching and Learning of Arabic in Early Modern Europe, Leiden 2017, S. 310–331.
Giacchero, Giulio: Storia economica del Settecento Genovese, Genua 1951.
Gierl, Martin: Pietismus und Aufklärung: Theologische Polemik und die Kommunikationsreform der Wissenschaft am Ende des 17. Jahrhunderts, Göttingen 1997.
Gierowski, Józef: La Pologne et Venise au dernier siècle des deux républiques nobiliaires, in: *Luigi Cini (Hg.)*, Venezia e la Polonia nei secoli dal XVII al XIX, Venedig 1965, S. 133–150.
Girelli, Angela Maria: Il setificio veronese nel '700, Mailand 1969.
Giusti, Maria Adriana: Edilizia in Toscana: Dal XV al XVII secolo, Florenz 1990.
Glauser, Fritz: Der internationale Gotthardtransit im Lichte des Luzerner Zentnerzolls von 1493 bis 1505, in: Schweizerische Zeitschrift für Geschichte 18 (1968), S. 177–245.
Glauser, Fritz: Der Gotthardtransit von 1500 bis 1660: seine Stellung im Alpentransit, in: Schweizerische Zeitschrift für Geschichte 29 (1979), S. 16–52.
Glauser, Fritz: Ochsen und Pferde. Voraussetzungen des mittelalterlichen Alpenverkehrs, in: *Enrico Rizzi (Hg.)*, Beiträge zur alpinen Passgeschichte. Contributi alla storia dei passi alpini, Bologna 1987, S. 109–121.

Gleixner, Ulrike: Pietismus und Bürgertum: Eine historische Anthropologie der Frömmigkeit, Württemberg 17.–19. Jahrhundert, Göttingen 2005.

Gleixner, Ulrike: Expansive Frömmigkeit: Das Netzwerk der hallischen Indienmission im 18. Jahrhundert, in: *Heike Liebau/Andreas Nehring/Brigitte Klosterberg (Hg.)*, Mission und Forschung, translokale Wissensproduktion zwischen Indien und Europa im 18. und 19. Jahrhundert, Halle 2013, S. 57–66.

Goldberg, Jessica L.: Institutions and Geographies of Trade in the Medieval Mediterranean: The Business World of the Maghribi Traders, Cambridge 2012.

Goldoni, Carlo/Loehner, Ermanno von: Mémoires de M. Goldoni pour servir à l'histoire de sa vie et à celle de son théatre; dédiés au roi: Ristampate sull'edizione originale di Parigi (MDCCLXXXVII), Florenz 1883.

Goldschmidt, Stephan: Johann Konrad Dippel (1673–1734): Seine radikalpietistische Theologie und ihre Entstehung, Göttingen 2001.

Goltz, Hermann: Das Collegium Orientale Theologicum August Hermann Franckes, oder: Was aus der Utopie vom freyen campus zur Ehre Gottes in Halle werden kann, in: *Arno Sames (Hg.)*, 500 Jahre Theologie in Wittenberg und Halle 1502 bis 2002, Leipzig 2003, S. 93–128.

Gömmel, Rainer: Die Entwicklung der Wirtschaft im Zeitalter des Merkantilismus, 1620–1800, München 1998.

Gönner, Eberhard: Die Grafschaft Tettnang, in: *Friedrich Metz (Hg.)*, Vorderösterreich: Eine geschichtliche Landeskunde, Freiburg im Breisgau 2000, S. 385–389.

Gorißen, Stefan: Vom Handelshaus zum Unternehmen: Sozialgeschichte der Firma Harkort im Zeitalter der Protoindustrie, 1720–1820, Göttingen 2002.

Gorißen, Stefan: Der Preis des Vertrauens. Unsicherheit, Institutionen und Rationalität im vorindustriellen Fernhandel, in: *Ute Frevert (Hg.)*, Vertrauen: Historische Annäherungen, Göttingen 2003, S. 90–118.

Gothein, Eberhard: Rheinische Zollkongresse und Handelsprojekte am Ende des 17. Jahrhunderts, in: *O. V. (Hg.)*, Beiträge zur Geschichte vornehmlich Kölns und der Rheinlande: zum 80. Geburtstag Gustav von Mevissens, Köln 1895, S. 361–400.

Gottardi, Michele: L'Austria a Venezia. Società e istituzioni nella prima dominazione austriaca, 1798–1806, Mailand 1993.

Göttmann, Frank: Getreidemarkt am Bodensee. Raum, Wirtschaft, Politik, Gesellschaft (1650–1810), St. Katharinen 1991.

Gozzi, Gasparo: Cose letteraria, Vol. 2, Florenz 1849.

Grafe, Regina: Turning Maritime History into Global History: Some Conclusions from the Impact of Globalization in Early Modern Spain, in: *Maria Fusaro/Amélia Polónia (Hg.)*, Maritime History as Global History, St. John's, Nfld. 2011, S. 249–266.

Grafe, Regina: Was There a Market for Institutions in Early Modern European Trade?, in: *Georg Christ/Franz-Julius Morche/Wolfgang Kaiser/Roberto Zaugg/Alexander Beihammer/Stefan Burkhardt (Hg.)*, Union in Separation: Diasporic Groups and Identities in the Eastern Mediterranean (1100–1800), Rom 2015, S. 593–609.

Gramulla, Gertrud Susanna: Handelsbeziehungen Kölner Kaufleute zwischen 1500 und 1650, Köln 1972.

Gramulla, Gertrud Susanna: Veroneser Quellen zu den Handelsbeziehungen oberdeutscher Städte mit Italien zwischen 1720 und 1740, in: *Jürgen Schneider (Hg.)*, Wirtschaftskräfte und Wirtschaftswege, Bd. 2: Wirtschaftskräfte in der europäischen Expansion, Stuttgart 1978, S. 347–381.

Granovetter, Mark: The Strength of Weak Ties, in: American Journal of Sociology 78 (1973), S. 1360–1380.

Granovetter, Mark: Economic Action and Social Structure: The Problem of Embeddedness, in: American Journal of Sociology 91 (1985), S. 481–510.

Grass, Nikolaus: Vieh- und Käseexport aus der Schweiz in angrenzende Alpenländer besonders im 16. und 17. Jahrhundert, in: *Louis Carlen/Gabriel Imboden (Hg.)*, Wirtschaft des alpinen Raums im 17. Jahrhundert: Vorträge eines internationalen Symposiums, Brig 1988, S. 113–177.

Graßmann, Fritz: Samuel Urlspergers Konflikt mit der Augsburger Orthodoxie, in: *Reinhard Schwarz (Hg.)*, Samuel Urlsperger (1685–1772): Augsburger Pietismus zwischen Außenwirkungen und Binnenwelt, Berlin 1996, S. 79–96.

Grees, Hermann: Die Bevölkerungsentwicklung in den Städten Oberschwabens (einschließlich Ulms) unter besonderer Berücksichtigung der Wanderungsvorgänge, in: Ulm und Oberschwaben 40/41 (1973), S. 123–198.

Gregorini, Giovanni: Il frutto della gabella la Ferma generale a Milano nel cuore del Settecento economico lombardo, Mailand 2003.

Greif, Avner: Cultural Beliefs and the Organization of Society: A Historical and Theoretical Reflection on Collectivist and Individual Societies, in: Journal of Political Economy 102 (1994), S. 912–950.

Greif, Avner: Contracting, Enforcement, and Efficiency: Economics Beyond the Law, in: *Boris Pleskovič/Joseph E. Stiglitz (Hg.)*, Annual World Bank Conference on Development Economics 1997, Washington (DC) 1998, S. 239–265.

Greif, Avner: Institutions and the Path to Modern Economy: Lessons from Medieval Trade, Cambridge 2006.

Greif, Avner: The Maghribi Traders: a Reappraisal?, in: The Economic History Review 65 (2012), S. 445–469.

Greif, Avner/Milgrom, Paul/Weingast, Barry: Coordination, Commitment, and Enforcement: The Case of the Merchant Guild, in: Journal of Political Economy 102 (1994), S. 745–776.

Greiner, Christian Michael: Die wirtschaftliche Entwicklung ehemaliger Reichsstädte und Residenzstädte in Bayern 1803–1848 [elektronisch publizierte Dissertation der Univ. Augsburg] URL: http://opus.bibliothek.uni-augsburg.de/opus4/frontdoor/index/index/docId/2320, Augsburg 2010 [10.12.2020].

Grendi, Edoardo: I nordici e il traffico del porto di Genova 1590–1666, in: Rivista Storica Italiana 83 (1971), S. 23–71.

Grimaldo, Carlo: Giorgio Pisani perseguitato ed incompreso, in: Archivio Veneto 87/88 (1953), S. 169–193.

Grunewald, Thomas: August Hermann Francke und das Haus Reuß: Pietistische Politik in Thüringen?, in: *Andreas Pečar/Holger Zaunstöck/Thomas Müller-Bahlke (Hg.)*, Wie pietistisch kann Adel sein? Hallescher Pietismus und Reichsadel im 18. Jahrhundert, Halle 2016, S. 69–92.

Guarnieri, Gino: Livorno marinara: Gli sviluppi portuali, la funzione economica, la tecnica commerciale, marittima, Livorno 1962.

Guderzo, Giulio: La vicenda dei valichi nei secoli XVIII e XIX, in: *Jean-François Bergier (Hg.)*, Le Alpi e l'Europa, Bari 1975, S. 73–94.

Gullino, Giuseppe: Recensione di »Jean Georgelin, Venise au siècle des lumières«, in: Critica Storica 17 (1980), S. 314–318.

Gullino, Giuseppe: L'exploit dei bergamaschi in Laguna. Colonia numerosa ma estranea al potere, in: *Marco Cattini/Marzio Romani (Hg.)*, Storia Economica e Sociale di Bergamo. Il tempo della Serenissima, Vol. 4: Settecento, età del cambiamento, Bergamo 2006, S. 166–193.

Günther, Siegmund: Volckamer, Johann Georg, in: ADB 40 (1896), S. 225–226.

Güttsches, Arnold: Die Kölner Zivilprozesse 1701–1750, Bd. 2, in: Mitteilungen aus dem Stadtarchiv von Köln 43 (1935), S. 5–190.

Häberle, Eckehard J.: Pfälzisch-bayerische Integrationsversuche in der zweiten Hälfte des 18. Jahrhunderts, in: Zeitschrift für die Geschichte des Oberrheins N. F. 83 (1974), S. 289–310.

Häberle, Ekkehard J.: Untersuchungen zur merkantilistischen Außenwirtschaftspolitik in Kurbayern und zur wirtschaftlichen Integration der oberen wittelsbachischen Erbländer, von 1765 bis 1807: Zugleich ein Beitrag zur Raumwirtschaftspolitik im Merkantilismus, München 1974.

Häberlein, Mark: Brüder, Freunde und Betrüger. Soziale Beziehungen, Normen und Konflikte in der Augsburger Kaufmannschaft um die Mitte des 16. Jahrhunderts, Berlin 1998.

Häberlein, Mark: Der »Fondaco dei Tedeschi« in Venedig und der Italienhandel oberdeutscher Kaufleute (ca. 1450–1650), in: *Hans-Michael Körner/Florian Schuller (Hg.)*, Bayern und Italien. Kontinuität und Wandel ihrer traditionellen Bindungen, Lindenberg im Allgäu 2010, S. 124–139.

Häberlein, Mark: Pre-Industrial Economic History in Germany: Trends, Problems and Prospects, in: *Francesco Ammannati (Hg.)*, Dove va la storia economica? Metodi e prospettive, secc. XIII–XVIII, Florenz 2011, S. 143–152.

Häberlein, Mark: Handelshäuser, in: Europäische Geschichte Online (EGO), hg. vom Leibniz-Institut für Europäische Geschichte (IEG), Mainz 2016–11–14, URL: http://www.ieg-ego.eu/haeberleinm-2016-de [10.12.2020].

Häberlein, Mark/Schmölz-Häberlein, Michaela: Die Erben der Welser: Der Karibikhandel der Augsburger Firma Obwexer im Zeitalter der Revolutionen, Augsburg 1995.

Häpke, Rudolf: Der Untergang der hansischen Vormachtstellung in der Ostsee (1531–1544), in: Hansische Geschichtsblätter 18 (1912), S. 84–120.

Häpke, Rudolf: Niederländische Akten und Urkunden zur Geschichte der Hanse und zur Deutschen Seegeschichte, Bd. 2, Lübeck 1923.

Harder-Gersdorff, Elisabeth: Leinen-Regionen im Vorfeld und im Verlauf der Industrialisierung (1780–1914), in: *Hans Pohl (Hg.)*, Gewerbe- und Industrielandschaften vom Spätmittelalter bis ins 20. Jahrhundert, Stuttgart 1986, S. 203–253.

Harreld, Donald J.: High Germans in the Low Countries: German merchants and commerce in golden age Antwerp, Leiden, Boston 2004.

Härter, Karl: Der Immerwährende Reichstag (1663–1806) in der historischen Forschung, in: zeitenblicke 11 (2013).

Hartung, Johannes: Eine Internationale Conferenz zur Wiederbelebung des italienisch-niederländischen Transitverkehrs durch Süddeutschland und Tyrol, in: Zeitschrift für Social- und Wirtschaftsgeschichte 4 (1896), S. 224–236.

Hartung, Johannes: Zur Ausbreitung des augsburgischen Handels im 18. Jahrhundert, in: Zeitschrift für Social- und Wirtschaftsgeschichte 4 (1896), S. 236–244.

Hassinger, Herbert: Der Außenhandel der Habsburgermonarchie in der zweiten Hälfte des 18. Jahrhunderts, in: *Friedrich Lütge (Hg.)*, Die wirtschaftliche Situation in Deutschland und Österreich um die Wende vom 18. zum 19. Jahrhundert, Stuttgart 1964, S. 61–98.

Hassinger, Herbert: Der Verkehr über Brenner und Reschen vom Ende des 13. bis in die zweite Hälfte des 18. Jahrhunderts, in: *Ernest Troger/Georg Zwanowetz (Hg.)*, Neue Beiträge zur geschichtlichen Landeskunde Tirols: Festschrift für Univ.-Prof. Dr. Franz Huter anläßlich der Vollendung des 70. Lebensjahres, Innsbruck 1969, S. 137–194.

Hassinger, Herbert: Die Handels- und Verkehrsstellung Villachs bis in die Mitte des 19. Jahrhunderts. Ein Beitrag zur Handels- und Verkehrsgeschichte der Ostalpen, in: Carinthia I 66 (1976), S. 211–282.

Hassinger, Herbert: Die Übergänge über die Hohen Tauern vom Frühmittelalter bis ins 19. Jahrhundert, in: *Johann Vilanek (Hg.)*, Tauernautobahn: Scheitelstrecke, Salzburg 1976, S. 215–247.

Hassinger, Herbert: Die Alpenübergänge vom Mont Cenis bis zum Simplon im Spätmittelalter, in: *Jürgen Schneider (Hg.)*, Wirtschaftskräfte und Wirtschaftswege, Bd. 1: Mittelmeer und Kontinent. Festschrift für Hermann Kellenbenz, Stuttgart 1978, S. 313–372.

Hassinger, Herbert: Zur Verkehrsgeschichte der Alpenpässe in vorindustrieller Zeit, in: Vierteljahrschrift für Sozial- und Wirtschaftsgeschichte 66 (1979), S. 441–465.

Hassinger, Herbert: Geschichte des Zollwesens, Handels und Verkehrs in den östlichen Alpenländern vom Spätmittelalter bis in die zweite Hälfte des 18. Jahrhunderts, Stuttgart 1987.

Haug, Eduard: Sie stimmten mit den Füßen ab: Die Massenemigration aus Straßburg nach dem Frieden von Ryswyk, in: *Wilfried Forstmann (Hg.)*, Der Fall der Reichsstadt Straßburg und seine Folgen: Zur Stellung des 30. September 1681 in der Geschichte, Bad Neustadt an der Saale 1981, S. 55–132.

Haushofer, Albrecht: Pass-Staaten in den Alpen, Berlin 1928.

Heeres, Wim G.: Annual Values of Amsterdam's Imports and Exports, 1697–1798, in: *Wim G. Heeres (Hg.)*, From Dunkirk to Danzig: Shipping and Trade in the North Sea and the Baltic, 1350–1850, Hilversum 1988, S. 236–279.

Heeringa, Klaas: Bronnen tot de geschiedenis van den Levantschen Handel, Bd. 2: 1661–1726, Den Haag 1917.

Heers, Jacques: Rivalité ou collaboration de la terre et de l'eau? Position générale des problèmes, in: *O. V. (Hg.)*, Les grandes voies maritimes dans le monde: XVe-XIXe siècles, Paris 1965, S. 13–63.

Heilmann, Angela/Dobras, Werner: Mailänder Bote – Lindauer Bote: Auf den Spuren des historischen Verkehrsweges, Lindau 1989.

Heiss, Hans: Die ökonomische Schattenregierung Tirols. Zur Rolle des Bozner Merkantilmagistrates vom 17. bis ins frühe 19. Jahrhundert, in: Geschichte und Region/Storia e regione 1 (1992), S. 66–87.

Helbok, Claudia: 500 Jahre Frachtführer: Vom Mailänder Boten aus Fußach am Bodensee zur Spedition Gebrüder Weiß, Bregenz 1937.

Helbok, Claudia: Zur Geschichte der Post in Bregenz, in: Montfort. Zeitschrift für Geschichte Vorarlbergs 1 (1946), S. 169–178.

Helmedach, Andreas: Das Verkehrssystem als Modernisierungsfaktor: Strassen, Post, Fuhrwesen und Reisen nach Triest und Fiume vom Beginn des 18. Jahrhunderts bis zum Eisenbahnzeitalter, München 2002.

Hendrich, Brigitte: Ein Wirtschaftsbild Genuas-Venedigs-Livornos um die Mitte des 18. Jahrhunderts nach den Reiseschilderungen des Grafen Karl von Zinzendorf, Wien 1964.

Henninger, Wolfgang: Johann Jakob von Bethmann 1717–1792: Kaufmann, Reeder und kaiserlicher Konsul in Bordeaux, Bochum 1993.

Herkle, Senta: Reichsstädtisches Zunfthandwerk: Sozioökonomische Strukturen und kulturelle Praxis der Ulmer Weberzunft (1650–1800), Stuttgart 2014.

Herkle, Senta: Warenbegleitbriefe, in: Südwestdeutsche Archivalienkunde online, URL: https://www.leo-bw.de/themenmodul/sudwestdeutsche-archivalienkunde/archivaliengattungen/texte/warenbegleitbriefe [10.12.2020].

Hertner, Peter: Stadtwirtschaft zwischen Reich und Frankreich: Wirtschaft und Gesellschaft Straßburgs 1650–1714, Köln 1973.

Herzig, Arno: Der Zwang zum wahren Glauben: Rekatholisierung vom 16. bis zum 18. Jahrhundert, Göttingen 2000.

Heß, Ulrich: Forschungen zur Verfassungs- und Verwaltungsgeschichte des Herzogtums Sachsen-Coburg-Meiningen. 1680–1829, Bd. 3: Behörden und Beamtenschaft [Manuskript im Thüringischen Staatsarchiv Meiningen], Meiningen 1954.

Heuberger, Brigitte: Handelsbeziehungen zwischen Venedig und Salzburg am Beispiel der Familien Spängler, in: Mitteilungen der Gesellschaft für Salzburger Landeskunde 145 (2005), S. 129–157.

Heuschmid, Hermann: Die Lebensmittel-Politik der Reichsstadt Überlingen bis zum Anfall an Baden, Achern 1909.

Heyd, Wilhelm: Das Haus der deutschen Kaufleute in Venedig, in: Historische Zeitschrift 32 (1874), S. 193–220.

Hildebrandt, Reinhard: Die wirtschaftlichen Beziehungen zwischen Oberdeutschland und Venedig um 1600. Konturen eines Gesamtbildes, in: *Bernd Roeck (Hg.)*, Venedig und Oberdeutschland in der Renaissance: Beziehungen zwischen Kunst und Wirtschaft, Sigmaringen 1993, S. 277–288.

Hildebrandt, Reinhard: Commercium – Confessio – Conubium. Augsburger Kaufleute in europäischen Städten 1560–1650, in: *Rolf Kießling (Hg.)*, Stadt und Land in der Geschichte Ostschwabens, Augsburg 2005, S. 9–28.

Hilfiker, Max: Thomas Massner, 1663–1712, Zürich 1978.

Hilfiker, Max: Beharren und Wandel, in: *Ursula Jecklin (Hg.)*, Churer Stadtgeschichte, Chur 1993, S. 14–66.

Hilfiker, Max: Handwerk und Gewerbe, Verkehr und Handel, in: *Jürg Simonett (Hg.)*, Handbuch der Bündner Geschichte, Bd. 2: Frühe Neuzeit, Chur 2000, S. 55–83.

Hinrichs, Carl: Preußentum und Pietismus. Der Pietismus in Brandenburg-Preußen als religiös-soziale Reformbewegung, Göttingen 1971.

Hirsch, Theodor: Über den Handelsverkehr Danzigs mit den italienischen Staaten zu Ende des sechszehnten Jahrhunderts, in: Neue Preußische Provinzial-Blätter (1847), S. 97–114, 217–241.

Hoche, Richard: Siebenkees, Johann Philipp, in: ADB 34 (1892), S. 173–175.

Hocquet, Jean-Claude: L'armamento privato, in: *Alberto Tenenti/Ugo Tucci (Hg.)*, Storia di Venezia. Temi: Il mare, Rom 1991, S. 397–434.

Höhn, Alfred: Die Straßen des Nürnberger Handels: Ein Streifzug durch Geschichte und Landschaft, Nürnberg 1985.

Hoffmann, Alfred: Wirtschaftsgeschichte des Landes Oberösterreich, Bd. 1: Werden, Wachsen, Reifen von der Frühzeit bis zum Jahre 1848, Salzburg 1952.

Hollstein, Betina: Strukturen, Akteure, Wechselwirkungen. Georg Simmels Beiträge zur Netzwerkforschung, in: *Christian Stegbauer (Hg.)*, Netzwerkanalyse und Netzwerktheorie: Ein neues Paradigma in den Sozialwissenschaften, Wiesbaden 2010, S. 91–103.

Hollstein, Betina/Straus, Florian (Hg.): Qualitative Netzwerkanalyse: Konzepte, Methoden, Anwendungen, Wiesbaden 2007.

Holzer, Boris/Schmidt, Johannes: Theorie der Netzwerke oder Netzwerk-Theorie?, in: Soziale Systeme 15 (2009), S. 227–242.

Honegger, Silvio: Gli Svizzeri di Bergamo storia della comunità svizzera di Bergamo dal Cinquecento all'inizio del Novecento, Bergamo 1997.

Hoogewerff, Godefridus Johannes: De Nederlandsch-Duitsche Gemeente te Livorno en haar kerkhof, in: Mededelingen van het Nederlandsch Historisch Instituut te Rome 7 (1927), S. 147–182.

Hörner, Manfred: Bayerisches Hauptstaatsarchiv. Reichskammergericht, Bd. 15: Nr. 6207–6705 (Buchstabe L), München 2008.

Hößlin, Hartmut von: Hösslin. Daten aus 5 Jahrhunderten, Augsburg 1997.

Howard, Thomas A.: Protestant Theology and the Making of the Modern German University, Oxford 2006.

Hsia, Ronnie Po-Chia: The Myth of the Commune: Recent Historiography on City and Reformation in Germany, in: Central European History 20 (1987), S. 203–215.

Huber-Sperl, Rita: Handwerk, Verlag, Manufaktur – oder weshalb in Memmingen keine große Industrie zu Hause war, in: *Joachim Jahn/Wolfgang Hartung (Hg.)*, Gewerbe und Handel vor der Industrialisierung: Regionale und überregionale Verflechtungen im 17. und 18. Jahrhundert, Sigmaringendorf 1991, S. 70–87.

Huber-Sperl, Rita: Memmingen zwischen Zunfthandwerk und Unternehmertum. Ein Beitrag zur reichsstädtischen Gewerbegeschichte 1648 bis 1802, Memmingen 1995.

Hunecke, Volker: Der venezianische Adel am Ende der Republik: 1646–1797. Demographie, Familie, Haushalt, Tübingen 1995.
Huter, Franz: Die Quellen des Meßgerichtsprivilegs der Erzherzogin Claudia für die Boznermärkte (1635), in: Bozner Jahrbuch für Geschichte, Kultur und Kunst (1927), S. 5–129.
Huter, Franz: Das historische Verkehrsnetz und die Einrichtungen des älteren Verkehrswesens in Tirol, in: *Franz Huter (Hg.)*, Hundert Jahre Tiroler Verkehrsentwicklung 1858–1958, Innsbruck 1961, S. 19–36.
Imhof, Arthur E.: Die gewonnenen Jahre: Von der Zunahme unserer Lebensspanne seit dreihundert Jahren oder von der Notwendigkeit einer neuen Einstellung zu Leben und Sterben. Ein historischer Essay, München 1981.
Infelise, Mario: I Remondini di Bassano: Stampa e industria nel Veneto del Settecento, Bassano del Grappa 1990.
Israel, Jonathan: The States General and the Strategic Regulation of the Dutch River Trade, 1621–1636, in: Bijdragen en Mededelingen betreffende de Geschiedenis der Nederlanden 95 (1980), S. 461–491.
Israel, Jonathan: The Dutch Merchant Colonies in the Mediterranean during the Seventeenth Century, in: Culture, Theory and Critique 30 (1986), S. 87–108.
Israel, Jonathan: The Phases of Dutch Straatvaart (1590–1713). A Chapter in the Economic History of the Mediterranean, in: Tijdschrift voor Geschiedenis 49 (1986), S. 1–30.
Israel, Jonathan: Introduction, in: *Jonathan Israel (Hg.)*, Diasporas within a diaspora: Jews, Crypto-Jews, and the world of maritime empires (1540–1740), Boston (MA) 2002, S. 1–39.
Israel, Jonathan: Dutch primacy in world trade, 1585–1740, Oxford 1989.
Jakubowski-Tiessen, Manfred: Der frühe Pietismus in Schleswig-Holstein: Entstehung, Entwicklung und Struktur, Göttingen 1983.
Jauernig, Reinhold/Steiger, Marga: Die Matrikel der Universität Jena, Bd. 2: 1652 bis 1723, Weimar 1977.
Jeannin, Pierre: Die Hansestädte im europäischen Handel des 18. Jahrhunderts, in: Hansische Geschichtsblätter 89 (1971), S. 41–73.
Jecklin, Fritz: Materialien zur Standes- und Landesgeschichte Gem. III Bünde (Graubünden) 1464–1803: I. Teil: Regesten, Basel 1907.
Jegerlehner, Johann: Die politischen Beziehungen Venedigs zu den drei Bünden: vornehmlich im achtzehnten Jahrhundert, in: Jahrbuch für schweizerische Geschichte 23 (1898), S. 227–331.
Jegerlehner, Johannes: Die politischen Beziehungen Venedigs mit Zürich und Bern im 17. Jahrhundert, Bern 1897.
Jeggle, Christof: Coping with the Crisis. Italian Merchants in Seventeenth Century Nuremberg, in: *Andrea Bonoldi/Markus A. Denzel/Andrea Leonardi/Cinzia Lorandini (Hg.)*, Merchants in Times of Crises (16th to mid-19th Century), Stuttgart 2015, S. 51–78.
Jeggle, Christof: Privilegierte Rechtssprechung: Die Gründung des Merkatilmagistrats in Bozen im 17. Jahrhundert, in: *Guillaume Garner (Hg.)*, Die Ökonomie des Privilegs, Westeuropa 16.–19. Jahrhundert, Frankfurt a. M. 2016, S. 197–223.
Jeggle, Christof/Caracausi, Andrea: Introduction, in: *Andrea Caracausi/Christof Jeggle (Hg.)*, Commercial Networks and European Cities, 1400–1800, London 2014, S. 1–12.
Jenks, Stuart: Zum hansischen Gästerecht, in: Hansische Geschichtsblätter 114 (1996), S. 3–60.
Jenks, Stuart: Von den archaischen Grundlagen bis zur Schwelle der Moderne (ca. 1000–1450), in: *Michael North (Hg.)*, Deutsche Wirtschaftsgeschichte: Ein Jahrtausend im Überblick, München 2005, S. 15–106.
Jenny, Rudolf: Graubündens Paßstraßen und ihre volkswirtschaftliche Bedeutung in historischer Zeit, mit besonderer Berücksichtigung des Bernhardinpasses: Historisches Exposé zum Gutachten der Schweizerischen Vereinigung für Landesplanung über den Bau des Straßentunnels durch den St. Bernhardin, Chur 1965.

Jenny, Rudolf/Meyer-Marthaler, Elisabeth: Urkunden-Sammlungen im Staatsarchiv Graubünden: Regesten in chronologischer Folge 913–1897 zu den Urkunden-Sammlungen A I/1–18d, Chur 1975.

Johansen, Hans Christian: Shipping and Trade between the Baltic Area and Western Europe, 1784–95, Odense 1983.

Jörn, Nils: »With money and bloode«: Der Londoner Stalhof im Spannungsfeld der englisch-hansischen Beziehungen im 15. und 16. Jahrhundert, Köln 2000.

Jones, George Fenwick: Henry Newman's Salzburger Letterbooks: Transcribed and ed. by George Fenwick Jones, Athens (GA) 1966.

Junginger, Fritz: Gesellschaft und Wirtschaft in Kaufbeuren im Zeitalter des Absolutismus und der Aufklärung (1630–1800), in: *Jürgen Kraus/Stefan Dieter/Jörg Westerburg (Hg.)*, Die Stadt Kaufbeuren: Sozialgeschichte, Wirtschaftsentwicklung und Bevölkerungsstruktur, Thalhofen 2006, S. 72–95.

Juntke, Fritz: Matrikel der Martin-Luther-Universität Halle-Wittenberg, Bd. 1: 1690–1730, Halle 1960.

Kaiser, Dolf: Fast ein Volk von Zuckerbäckern? Bündner Konditoren, Cafetiers und Hoteliers in europäischen Landen bis zum Ersten Weltkrieg, Zürich 1988.

Kaltenstadler, Wilhelm: Der österreichische Seehandel über Triest im 18. Jahrhundert: Teil 1, in: Vierteljahrschrift für Sozial- und Wirtschaftsgeschichte 55 (1968), S. 481–500.

Kaltenstadler, Wilhelm: Der österreichische Seehandel über Triest im 18. Jahrhundert: Teil 2, in: Vierteljahrschrift für Sozial- und Wirtschaftsgeschichte 56 (1969), S. 1–104.

Kaps, Klemens/Herrero Sánchez, Manuel: Connectors, Networks and Commercial Systems: Approaches to the Study of Early Modern Maritime Commercial History, in: *Klemens Kaps/Manuel Herrero Sánchez (Hg.)*, Merchants and Trade Networks in the Atlantic and the Mediterranean, 1550–1800: Connectors of Commercial Maritime Systems, London 2017, S. 1–36.

Kaufhold, Karl Heinrich: Gewerbelandschaften in der frühen Neuzeit (1650–1800), in: *Hans Pohl (Hg.)*, Gewerbe- und Industrielandschaften vom Spätmittelalter bis ins 20. Jahrhundert, Stuttgart 1986, S. 112–202.

Kaufmann, Thomas: Einleitung, in: *Bernd Moeller/Thomas Kaufmann (Hg.)*, Reichsstadt und Reformation: Neue Ausgabe. Mit einer Einleitung herausgegeben von Thomas Kaufmann, Tübingen 2011, S. 1–38.

Kellenbenz, Hermann: Le déclin de Venise et les relations économiques de Venise avec les marchés au nord des Alpes, in: *Carlo Cipolla (Hg.)*, Aspetti e cause della decadenza economica veneziana nel secolo XVII, Venedig 1961, S. 109–183.

Kellenbenz, Hermann: Bürgertum und Wirtschaft in der Reichsstadt Regensburg, in: Blätter für deutsche Landesgeschichte 98 (1962), S. 90–120.

Kellenbenz, Hermann: Die wirtschaftliche Rolle der schwäbischen Reichsstädte in neuem Licht, in: Esslinger Studien 10 (1964), S. 222–227.

Kellenbenz, Hermann: Die Wirtschaft der schwäbischen Reichsstädte nach dem Dreißigjährigen Krieg in der zweiten Hälfte des 17. Jahrhunderts, in: Esslinger Studien 11 (1965), S. 128–165.

Kellenbenz, Hermann: Landverkehr, Fluß- und Seeschiffahrt im europäischen Handel (Spätmittelalter – Anfang des 19. Jahrhunderts), in: *O. V. (Hg.)*, Les grandes voies maritimes dans le monde: XVe-XIXe siècles, Paris 1965, S. 65–174.

Kellenbenz, Hermann: Wirtschaftsleben zwischen dem Augsburger Religionsfrieden und dem Westfälischen Frieden, in: *Gerhard Pfeiffer (Hg.)*, Nürnberg – Geschichte einer europäischen Stadt, München 1971, S. 295–302.

Kellenbenz, Hermann (Hg.): Das Meder'sche Handelsbuch und die Welser'schen Nachträge: Handelsbräuche des 16. Jahrhunderts, Wiesbaden 1974.

Kellenbenz, Hermann: Lindau und die Alpenpässe, in: *Franz Huter/Georg Zwanowetz (Hg.)*,

Erzeugung, Verkehr und Handel in der Geschichte der Alpenländer: Festschrift für Herbert Hassinger anläßlich der Vollendung des 65. Lebensjahres, Innsbruck 1977, S. 199–219.

Kellenbenz, Hermann: Gewerbe und Handel 1500–1648, in: *Wilhelm Abel/Hermann Aubin/Wolfgang Zorn (Hg.)*, Von der Frühzeit bis zum Ende des 18. Jahrhunderts, Stuttgart 1978, S. 414–464.

Kellenbenz, Hermann: Wirtschaftsleben der Blütezeit, in: *Gunther Gottlieb/Wolfram Baer (Hg.)*, Geschichte der Stadt Augsburg von der Römerzeit bis zur Gegenwart, Stuttgart 1984, S. 258–301.

Kellenbenz, Hermann: Das Verkehrswesen zwischen den deutschen Nord- und Ostseehäfen und dem Mittelmeer im 16. und in der ersten Hälfte des 17. Jahrhunderts, in: *Anna Vannini Marx (Hg.)*, Trasporti e sviluppo economico: Secoli XIII–XVIII, Florenz 1986, S. 99–121.

Kellenbenz, Hermann: Die Graubündner Pässe im Rahmen der Verkehrsbeziehungen zwischen Oberdeutschland und Italien, in: *Uta Lindgren (Hg.)*, Alpenübergänge von Bayern nach Italien 1500–1850: Landkarten, Straßen, Verkehr, München 1986, S. 17–46.

Kellenbenz, Hermann: I rapporti economici fra Veneto, Verona scaligera e Allemagna, in: Annali dell'Istituto storico italo-germanico in Trento 14 (1988), S. 63–86.

Kellenbenz, Hermann: Der Niedergang Venedigs und die Beziehungen Venedigs zu den Märkten nördlich der Alpen, in: *Hermann Kellenbenz (Hg.)*, Europa – Raum wirtschaftlicher Beziehungen: Kleine Schriften, Bd. 1, Stuttgart 1991, S. 121–171.

Kellenbenz, Hermann: Süddeutsche Wirtschaft im Netz regionaler und überregionaler Verflechtungen zwischen Westfälischem Frieden und Französischer Revolution, in: *Joachim Jahn/Wolfgang Hartung (Hg.)*, Gewerbe und Handel vor der Industrialisierung: Regionale und überregionale Verflechtungen im 17. und 18. Jahrhundert, Sigmaringendorf 1991, S. 9–26.

Kermer, Silvio: Verstädterung, Migration und wirtschaftliche Entwicklung, Berlin, Münster 2007.

Kesler, Christian Karel: Amsterdam Bankers and the West in the 18th Century, in: *Marie Antoinette Petronella Meilink-Roelofsz (Hg.)*, Dutch Authors on West Indian History: A Historiographical Selection, Den Haag 1982, S. 300–314.

Kessler, Gerhard: Genealogie und Wirtschaftsgeschichte, in: Archiv für Kulturgeschichte 22 (1932), S. 199–236.

Ketelsen, Thomas/Stockhausen, Tilmann von: Verzeichnis der verkauften Gemälde im deutschsprachigen Raum vor 1800, München 2002.

Khan, Daniel-Erasmus: Die deutschen Staatsgrenzen: Rechtshistorische Grundlagen und offene Rechtsfragen, Tübingen 2004.

Kieckens, Ewout: De nazione olandese-alemanna. De Nederlandse handelsgemeenschap te Livorno rond 1650: [Ungedruckte Dissertation, Univ. Rotterdam], Rotterdam 1993.

Kiesling, Lynne: Contract Enforcement and Legal Systems, in: *Joel Mokyr (Hg.)*, The Oxford Encyclopedia of Economic History, Vol. 1, Oxford 2003, S. 531–535.

Kießling, Rolf: Schwäbisch-tirolische Wirtschaftsbeziehungen 1350–1650, in: *Wolfram Baer (Hg.)*, Schwaben, Tirol: Historische Beziehungen zwischen Schwaben und Tirol von der Römerzeit bis zur Gegenwart, Rosenheim 1989, S. 182–201.

Kießling, Rolf: Entwicklungstendenzen im ostschwäbischen Textilrevier während der Frühen Neuzeit, in: *Joachim Jahn/Wolfgang Hartung (Hg.)*, Gewerbe und Handel vor der Industrialisierung: Regionale und überregionale Verflechtungen im 17. und 18. Jahrhundert, Sigmaringendorf 1991, S. 27–48.

Kießling, Rolf: Kleinräumige Jahrmarktzyklen in Schwaben. Zur wirtschaftlichen Erschließung des Landes im Spätmittelalter und in der beginnenden Frühen Neuzeit, in: *Hans-Peter Becht (Hg.)*, Wirtschaft – Gesellschaft – Städte: Festschrift für Bernhard Kirchgässner zum 75. Geburtstag, Ubstadt-Weiher 1998, S. 139–156.

Kießling, Rolf: Ländliches Gewerbe im Sog der Proto-Industrialisierung? Ostschwaben als

Textillandschaft zwischen Spätmittelalter und Moderne, in: Jahrbuch für Wirtschaftsgeschichte (1998), S. 49–78.

Kießling, Rolf: Verlust der Freiheit – ein Tribut an die Modernisierung?, in: *Peter Blickle/Andreas Schmauder/Christine Brugger/Marianne Honold (Hg.)*, Die Mediatisierung der oberschwäbischen Reichsstädte im europäischen Kontext, Epfendorf 2003, S. 37–56.

Klein, Herbert: Beschlagenes Gut, in: Vierteljahrschrift für Sozial- und Wirtschaftsgeschichte 40 (1953), S. 327–337.

Klein, Herbert: Salzburger Straßenbauten im 18. Jahrhundert, in: Mitteilungen der Gesellschaft für Salzburger Landeskunde 99 (1959), S. 81–110.

Klein, Herbert: Brenner und Radstädter Tauern, in: *Herbert Klein/Theodor Mayer (Hg.)*, Beiträge zur Siedlungs-, Verfassungs- und Wirtschaftsgeschichte von Salzburg: Gesammelte Aufsätze, Salzburg 1965, S. 411–425.

Klein, Herbert: Der Saumhandel über die Tauern, in: *Herbert Klein/Theodor Mayer (Hg.)*, Beiträge zur Siedlungs-, Verfassungs- und Wirtschaftsgeschichte von Salzburg: Gesammelte Aufsätze, Salzburg 1965, S. 427–503.

Klein, Herbert: Geschäftsreisen eines Salzburgers im 16. Jahrhundert, in: *Herbert Klein/Theodor Mayer (Hg.)*, Beiträge zur Siedlungs-, Verfassungs- und Wirtschaftsgeschichte von Salzburg: Gesammelte Aufsätze, Salzburg 1965, S. 575–584.

Klein, Herbert: Kaiser Sigismunds Handelssperre gegen Venedig und die Salzburger Alpenstraße, in: *Herbert Klein/Theodor Mayer (Hg.)*, Beiträge zur Siedlungs-, Verfassungs- und Wirtschaftsgeschichte von Salzburg: Gesammelte Aufsätze, Salzburg 1965, S. 617–635.

Klein, Herbert/Mayer, Theodor (Hg.): Beiträge zur Siedlungs-, Verfassungs- und Wirtschaftsgeschichte von Salzburg: Gesammelte Aufsätze, Salzburg 1965.

Klein, Peter: De Trippen in de 17e eeuw: Een studie over het ondernemersgedrag op de Hollandse stapelmarkt, Assen 1965.

Klemme, Heiner: Breyer, Johann Friedrich (1738–1826), in: *Heiner Klemme/Manfred Kuehn (Hg.)*, The Bloomsbury Dictionary of Eighteenth-Century German Philosophers, London 2016, S. 99–100.

Klingenstein, Grete: Beobachtungen zu Immigration, Staatsbürgerschaft und Toleranz im 18. Jahrhundert am Beispiel Triests, in: *Donatella Balani/Dino Carpanetto/Marina Roggero (Hg.)*, Dall'origine dei lumi alla rivoluzione, Rom 2008, S. 297–323.

Klingenstein, Grete: Europäische Aufklärung zwischen Wien und Triest. Die Tagebücher des Gouverneurs Karl Graf Zinzendorf. 1776–1782, Bd. 1: Karl Graf Zinzendorf. Erster Gouverneur von Triest, 1776–1782. Einführung in seine Tagebücher, Köln 2009.

Klosterberg, Brigitte/Monok, István/Csepregi, Zoltán: Die Hungarica Sammlung der Franckeschen Stiftungen zu Halle, Bd. 2B: Handschriften, Budapest 2015.

Klötzer, Wolfgang: Reichsstadt und Merkantilismus. Über die angebliche Industriefeindlichkeit von Frankfurt a. M., in: *Volker Press (Hg.)*, Städtewesen und Merkantilismus in Mitteleuropa, Köln 1983, S. 135–155.

Knod, Gustav C.: Die alten Matrikeln der Universität Strassburg 1621–1793, Bd. 1: Die allgemeinen Matrikeln und die Matrikeln der philosophischen und theologischen Facultät, Strassburg 1897.

Knox, Hannah/Savage, Mike/Harvey, Penny: Social Networks and the Study of Relations: Networks as Method, Metaphor and Form, in: Economy and Society 35 (2006), S. 113–140.

Koch, Alois: Die »Kardinalstraße« als Variante Augsburg-Füssen des Fernhandelsweges Augsburg- Venedig: Verkehrspolitik und Verkehrspraxis im 15. und 16. Jahrhundert, in: *Rolf Kießling (Hg.)*, Stadt und Land in der Geschichte Ostschwabens, Augsburg 2005, S. 187–228.

Koch, Ernst/Wallmann, Johannes (Hg.): Ernst Salomon Cyprian (1673–1745) zwischen Orthodoxie, Pietismus und Frühaufklärung, Gotha 1996.

Köhler, Hannelore: Graubünden und Österreich zur Zeit des 3. Mailändischen Kapitulates vom 25. Juni 1762: [Ungedruckte Dissertation, Univ. Wien], Wien 1963.

Kölner, Paul: Der Falkeisensche Handel von 1616–1671, in: Basler Zeitschrift für Geschichte und Altertumskunde 23 (1925), S. 8–93.

Kooijmans, Luuc: Risk and Reputation: On the Mentality of Merchants in the Early Modern Period, in: *Clé Lesger/Leo Noordegraaf (Hg.)*, Entrepreneurs and Entrepreneurship in Early Modern Times: Merchants and Industrialists within the Orbit of the Dutch Staple Market, Den Haag 1995, S. 25–34.

Körner, Martin: Luzerner Staatsfinanzen 1415–1798: Strukturen, Wachstum, Konjunkturen, Luzern 1981.

Korsch, Evelyn: Meriten und Machenschaften des Gregorio Agdollo. Ein Armenier im Dienste Sachsens, in: Annales Mercaturae 3 (2017), S. 107–138.

Krenn, Walter/Hirsch, Heinz: Zoll im Wandel der Zeit: Unter besonderer Berücksichtigung der österreichischen Zollgeschichte, Wien 2004.

Kretschmayr, Heinrich: Geschichte von Venedig, Bd. 3: Der Niedergang, Stuttgart 1934.

Kriebel, Martin: Das pietistische Halle und das orthodoxe Patriarchat von Konstantinopel: 1700–1730, in: Jahrbücher für Geschichte Osteuropas, N. F. 3 (1955), S. 50–70.

Kriedte, Peter: Die Stadt im Prozess der europäischen ProtoIndustrialisierung, in: Die alte Stadt 9 (1982), S. 19–51.

Kriedte, Peter: Wirtschaft, in: *Hartmut Lehmann (Hg.)*, Geschichte des Pietismus: Glaubenswelt und Lebenswelten, Göttingen 2004, S. 584–616.

Kriedte, Peter: Taufgesinnte und großes Kapital: Die niederrheinisch-bergischen Mennoniten und der Aufstieg des Krefelder Seidengewerbes (Mitte des 17. Jahrhunderts – 1815), Göttingen 2007.

Kriedte, Peter/Medick, Hans/Schlumbohm, Jürgen: Industrialisierung vor der Industrialisierung: Gewerbliche Warenproduktion auf dem Land in der Formationsperiode des Kapitalismus, Göttingen 1978.

Kuhn, Christian: Generation als Grundbegriff einer historischen Geschichtskultur: Die Nürnberger Tucher im langen 16. Jahrhundert, Göttingen 2010.

Kuhn, Elmar L.: »das Augenmerk auf die Erlangung der ganzen Grafschaft Montfort zu richten«. Das Ende der Grafen von Montfort, in: *Mark Hengerer/Elmar L. Kuhn (Hg.)*, Adel im Wandel: Oberschwaben von der frühen Neuzeit bis zur Gegenwart, Ostfildern 2006, S. 213–228.

Kühn, Siegfried: Der Hirschberger Leinwand- und Schleierhandel von 1648–1806, Breslau 1938.

Kümmerlen, Julius: Die Leinenweberei Leutkirchs, in: Württembergisches Jahrbuch für Statistik und Landeskunde (1903), S. 135–176.

Kunze, Arno: Der Zittauer Leinengroßhandel im 18. Jahrhundert, in: Zittauer Geschichtsblätter 7 (1930), S. 43–48.

Kurz, Andreas: Zur Geschichte des Lindauer Salzhandels im 18. Jahrhundert, in: Jahrbuch des Landkreises Lindau 3 (1988), S. 47–52.

Kypta, Ulla: Rezension von: Oscar Gelderblom: Cities of Commerce. The Institutional Foundations of International Trade in the Low Countries, 1250–1650, in: Sehepunkte 14 (2014).

Lambsdorff, Johann: The Institutional Economics of Corruption and Reform: Theory, Evidence, and Policy, Cambridge 2007.

Lamikiz, Xabier: Trade and trust in the eighteenth-century Atlantic world: Spanish merchants and their overseas networks, Woodbridge 2013.

Lamikiz, Xabier: Social Capital, Networks and Trust in Early Modern Long-Distance Trade: A Critical Appraisal, in: *Klemens Kaps/Manuel Herrero Sánchez (Hg.)*, Merchants and Trade Networks in the Atlantic and the Mediterranean, 1550–1800: Connectors of Commercial Maritime Systems, London 2017, S. 39–61.

Lanaro, Paola: Venezia e le grandi arterie del commercio internazionale; strade, flusso di merci, organizzazione dei trasporti tra '500 e '700, in: *Giorgio Borelli (Hg.)*, Mercanti e vita economica nella Repubblica Veneta (secoli XIII–XVIII), Verona 1985, S. 271–351.

Lanaro, Paola: I mercati nella Repubblica veneta: Economie cittadine e stato territoriale (secoli XV–XVIII), Venedig 1999.

Lanaro, Paola (Hg.): La pratica dello scambio: Sistemi di fiere, mercanti e città in Europa (1400–1700), Venedig 2003.

Lanaro, Paola: At the Centre of the Old World. Reinterpreting Venetian Economic History, in: *Paola Lanaro (Hg.)*, At the Centre of the Old World: Trade and Manufacturing in Venice and the Venetian Mainland, 1400–1800, Toronto 2006, S. 19–69.

Lanaro, Paola: Flexibilité et diversification: les investissements du patriciat de Venise et de la Terre Ferme (XVe-XVIIIe siècles), in: Revue d'histoire moderne et contemporaine 59 (2012), S. 62–82.

Landa, Janet Tai: Trust, Ethnicity, and Identity beyond the New Institutional Economics of Ethnic Trading Networks, Contract Law, and Gift Exchange, Ann Arbor 1994.

Lau, Thomas: Unruhige Städte die Stadt, das Reich und die Reichsstadt (1648–1806), München 2012.

Layer, Adolf/Lengger, Werner: Der Dreissigjährige Krieg, in: *Andreas Kraus (Hg.)*, Handbuch der bayerischen Geschichte, Bd. 3,2: Geschichte Schwabens bis zum Ausgang des 18. Jahrhunderts, München 2001, S. 264–271.

Leder, Klaus: Universität Altdorf: Zur Theologie der Aufklärung in Franken. Die Theologische Fakultät in Altdorf 1750–1809, Nürnberg 1965.

Lehmann, Hartmut: Pietismus und weltliche Ordnung in Württemberg, Stuttgart 1969.

Lehmann, Hartmut: Der Pietismus im Alten Reich, in: Historische Zeitschrift 214 (1972), S. 58–95.

Lehmann, Hartmut: Vorüberlegungen zu einer Sozialgeschichte des Pietismus im 17./18. Jahrhundert, in: Pietismus und Neuzeit 21 (1995), S. 69–83.

Lehmann, Hartmut: Max Webers »Protestantische Ethik«: Beiträge aus der Sicht eines Historikers, Göttingen 1996.

Lehmann, Hartmut: Enger, weiterer und erweiterter Pietismusbegriff, in: Pietismus und Neuzeit 29 (2003), S. 18–36.

Lehmann, Hartmut: Absonderung und neue Gemeinschaft, in: *Hartmut Lehmann (Hg.)*, Geschichte des Pietismus: Glaubenswelt und Lebenswelten, Göttingen 2004, S. 487–497.

Lehmann, Hartmut: Einführung, in: *Hartmut Lehmann (Hg.)*, Geschichte des Pietismus: Glaubenswelt und Lebenswelten, Göttingen 2004, S. 1–18.

Leipold-Schneider, Gerda: Neue Forschungen zur Verkehrsgeschichte Vorarlbergs, in: Montfort. Zeitschrift für Geschichte Vorarlbergs 47 (1995), S. 19–29.

Lendenmann, Fritz: Schweizer Handelsleute in Leipzig: Ein Beitrag zur Handels- und Bevölkerungsgeschichte Leipzigs und Kursachsens vom beginnenden 16. Jahrhundert bis 1815, Bern 1978.

Lenggenhager, Jakob: Beitrag zur Verkehrsgeschichte Graubündens: Mit besonderer Berücksichtigung des Postwesens, Thusis 1911.

Lenz, Friedrich/Unholtz, Otto: Die Geschichte des Bankhauses Gebrüder Schickler: Festschrift zum 200-jährigen Bestehen, Berlin 1912.

Leonardi, Andrea: Riflessi della politica economica teresiano-giuseppina sul setificio degli Erbländer austriaci, in: *Giuseppe Olmi/Cesare Mozzarelli (Hg.)*, Il Trentino nel settecento fra Sacro Romano Impero e antichi stati italiani, Bologna 1985, S. 109–199.

Levati, Stefano: Da »Tencin« a Banchieri i Taccioli: l'ascesa economica e sociale di una famiglia di negozianti tra Ghiffa e Milano, Intra 1992.

Lindberg, Erik: The Rise of Hamburg as a Global Marketplace in the Seventeenth Century: A Comparative Political Economy Perspective, in: Comparative Studies in Society and History 50 (2008), S. 641–662.

Lodoli, Carlo de/Infelise, Mario: Della censura dei libri: 1730–1736, Venedig 2001.

Lorandini, Cinzia: Famiglia e impresa: I Salvadori di Trento nei secoli XVII e XVIII, Bologna 2006.

Lupprian, Karl-Ernst: Zur Entstehung des Fondaco dei Tedeschi in Venedig, in: *Waldemar Schlögl/Peter Herde (Hg.)*, Grundwissenschaften und Geschichte: Festschrift für Peter Acht, Kallmünz 1976, S. 128–134.

Lupprian, Karl-Ernst: Il Fondaco dei Tedeschi e la sua funzione di controllo del commercio tedesco a Venezia, Venedig 1978.

Lüthy, Herbert: Die Tätigkeit der Schweizer Kaufleute und Gewerbetreibenden in Frankreich unter Ludwig XIV. und der Regentschaft, Aarau 1943.

Lüthy, Herbert: La banque protestante en France, Vol. 2: De la banque aux finances (1730–1794), Paris 1961.

Lux, David/Cook, Harold: Closed Circles or Open Networks? Communicating at a Distance during the Scientific Revolution, in: History of Science 36 (1988), S. 179–211.

Luzzatto, Gino: Le vicende del Porto di Venezia, dal primo Medio Evo allo scoppio della Guerra 1914–1918, in: *Luigi Candida (Hg.)*, Il porto di Venezia, Neapel 1950, S. 7–44.

Mager, Inge: »Daß zwischen der Augsburgischen Confession und Catholischen Religion kein sonderlicher Unterscheid seye ...«: Der Beitrag des Helmstedter Professors Johann Fabricius zur Heiratspolitik Herzog Anton Ulrichs über die Konfessionsgrenzen hinweg, Helmstedt 2009.

Maier, Christoph Georg: Die sich annoch im Leben selbst auffgerichtete Ehren-Säule ... dess ... Johann Georg Wegelins, in: *Paul Rudi (Hg.)*, Zeugnisse eines elsässischen evangelischen Glaubenshelden: Joh. Georg Wegelin (geb. 1647 zu Wolfisheim u. gest. 1711 zu Leutkirch), Straßburg 1910, S. 82–114.

Malanima, Paolo: An Age of Decline. Product and Income in Eighteenth-Nineteenth Century Italy, in: Rivista di storia economica 22 (2006), S. 91–133.

Malena, Adelisa: Ecclesia Universa: »Imparzialità« confessionale e transfer culturali tra Sei e Settecento. Note su una ricerca in corso, in: *Lucia Felici (Hg.)*, Ripensare la Riforma protestante: Nuove prospettive degli studi italiani, Turin 2015, S. 283–309.

Malkiel, David: The Ghetto Republic, in: *Robert Charles Davis/Benjamin C. I. Ravid (Hg.)*, The Jews of Early Modern Venice, Baltimore (MD) 2001, S. 118–142.

Mancini, Antonio: La »Nazione« olandese-alemanna di Livorno dal XVII secolo alla seconda metà dell'Ottocento. Aspetti istituzionali, economici e religiosi: [Tesi di Laurea, Univ. di Pisa], Pisa 1992.

Mani, Benedict: Von der alten Splügen- und Bernhardinstrasse, in: Bündner Monatsblatt: Zeitschrift für Bündner Geschichte (1936), S. 129–160.

Marschke, Benjamin: Halle Pietism and Politics in Prussia and Beyond, in: *Douglas H. Shantz (Hg.)*, A Companion to German Pietism, 1660–1800 2014, S. 472–526.

Martignone, Cinzia: Imprenditori protestanti a Milano: 1850–1900, Mailand 2001.

Marucci, Roberto: La fiera di Senigallia: contributo alla storia economica del bacino adriatico, in: Atti e memorie della Reale Deputazione di Storia Patria per le Province delle Marche N. S. 8 (1914), S. 247–526.

Masi, Corrado: Livorno e Marsiglia in un documento del 1620, in: Bollettino storico livornese 1 (1937), S. 73–76.

Matheus, Ricarda: Als Protestant gekommen, als Katholik gegangen. Konfessionelle Grenzgänger in Venedig und Rom, in: *Uwe Israel/Michael Matheus (Hg.)*, Protestanten zwischen Venedig und Rom in der Frühen Neuzeit, Berlin 2013, S. 179–202.

Mathieu, Jon: Agrargeschichte im alten Graubünden: ein Plädoyer, in: Bündner Monatsblatt: Zeitschrift für Bündner Geschichte (1989), S. 155–167.

Mathieu, Jon: Eine Agrargeschichte der inneren Alpen: Graubünden, Tessin, Wallis. 1500–1800, Zürich 1992.

Mathieu, Jon: »Ihre Geschichte besteht darin, keine zu haben«. Die Alpen der frühen Neuzeit

im Spannungsfeld wissenschaftlicher Disziplinen, in: *Nada Boškovska Leimgruber (Hg.)*, Die Frühe Neuzeit in der Geschichtswissenschaft: Forschungstendenzen und Forschungserträge, Paderborn 1997, S. 109–126.
Mathieu, Jon: Cento anni di vita di un classico: l'opera di Aloys Schulte sul traffico commerciale transalpino, in: Archivio storico ticinese 37 (2000), S. 207–216.
Mathieu, Jon: Geschichte der Alpen 1500–1900: Umwelt, Entwicklung und Gesellschaft, 2. Aufl., Wien 2001.
Mathieu, Jon (Hg.): Die Alpen!: Zur europäischen Wahrnehmungsgeschichte seit der Renaissance, Bern 2005.
Mathis, Franz: Die deutsche Wirtschaft im 16. Jahrhundert, München 1992.
Mathis, Franz: Die wirtschaftliche Entwicklung in der frühen Neuzeit (1519–1740), in: *O. V. (Hg.)*, Chronik der Tiroler Wirtschaft mit Sonderteil Südtirol, Wien 1992, S. 75–113.
Mathis, Franz: Handelsgüter und Handelsströme durch Tirol, in: *Andrea Bonoldi/Markus A. Denzel (Hg.)*, Bozen im Messenetz Europas (17.–19. Jahrhundert): Bolzano nel sistema fieristico europeo (secc. XVII–XIX), Bozen 2007, S. 123–133.
Mauersberg, Hans: Die Mannheimer Route, in: Mannheimer Hefte (1962), S. 37–40.
Mayr, Anton: Die großen Augsburger Vermögen in der Zeit von 1618 bis 1717, Augsburg 1931.
McCloskey, Deirdre N.: Bourgeois Dignity: Why Economics can't Explain the Modern World, Chicago 2011.
McCusker, John/Gravesteijn, Cora: The Beginnings of Commercial and Financial Journalism: The Commodity Price Currents, Exchange Rate Currents, and Money Currents of Early Modern Europe, Amsterdam 1991.
Medick, Hans: Weben und Überleben in Laichingen: 1650–1900. Lokalgeschichte als allgemeine Geschichte, Göttingen 1997.
Medicus, Heinrich: Predigt bei der Feier des hundertjährigen Jubiläums der evangelischen Gemeinde Augsb. Bekenntnisses in Triest am 16. Juni 1878, Triest 1878.
Meinert, Günther: Handelsbeziehungen zwischen Sachsen und Italien 1740–1814: Eine Quellenveröffentlichung, Weimar 1974.
Mendels, Franklin: Proto-Industrialization: The first Phase of the Industrialization Process, in: The Journal of Economic History 32 (1972), S. 241–261.
Mertens, Dieter: Württemberg, in: *Meinrad Schaab/Hansmartin Schwarzmaier (Hg.)*, Handbuch der Baden-Württembergischen Geschichte, Bd. 2: Die Territorien im Alten Reich, Stuttgart 1995, S. 1–163.
Messerschmidt, Dieter: Der Salzhandel in Buchhorn, in: Friedrichshafener Jahrbuch für Geschichte und Kultur 1 (2007), S. 46–73.
Metz, Friedrich: Beschreibung der Österreichischen Vorlande, in: *Friedrich Metz (Hg.)*, Vorderösterreich: Eine geschichtliche Landeskunde, Freiburg im Breisgau 2000, S. 467–478.
Metz, Peter: Ulysses von Salis-Marschlins: 1728–1800, Chur 2000.
Mocarelli, Luca: Alle radici di un successo economico. L'area regionale lombarda in età moderna, in: Geschichte und Region/Storia e regione 10 (2001), S. 67–81.
Mocarelli, Luca: Manufacturing Activity in Venetian Lombardy: Specialized Products and the Formation of a Regional Market (17th–18th Centuries), in: *Paola Lanaro (Hg.)*, At the Centre of the Old World: Trade and Manufacturing in Venice and the Venetian Mainland, 1400–1800, Toronto 2006, S. 317–342.
Moeller, Bernd/Kaufmann, Thomas (Hg.): Reichsstadt und Reformation: Neue Ausgabe. Mit einer Einleitung herausgegeben von Thomas Kaufmann, Tübingen 2011.
Moennig, Ulrich: Die griechischen Studenten am Hallenser Collegium orientale theologicum, in: *Johannes Wallmann/Udo Sträter (Hg.)*, Halle und Osteuropa: Zur europäischen Ausstrahlung des hallischen Pietismus, Halle 1998, S. 299–329.
Mohnhaupt, Heinz: Die Unendlichkeit des Privilegienbegriffs. Zur Einführung in das Ta-

gungsthema, in: *Barbara Dölemeyer/Heinz Mohnhaupt (Hg.)*, Das Privileg im europäischen Vergleich, Frankfurt a. M. 1999, S. 1–11.

Mohr, Theodor von: Mémoire sur les Grisons par Ulyss. de Salis-Marschlins 1767, in: Archiv für die Geschichte der Republik Graubünden 1 (1853), S. 26–52.

Moioli, Angelo: Note sulla struttura del commercio estero dello Stato di Milano nella seconda metà del Settecento, in: *O. V. (Hg.)*, Studi in onore di Gino Barbieri. Problemi e metodi di storia ed economia, Vol. 2, Pisa 1983, S. 1049–1082.

Moioli, Angelo: Aspetti del commercio di transito nel Tirolo della seconda metà del Settecento, in: *Giuseppe Olmi/Cesare Mozzarelli (Hg.)*, Il Trentino nel settecento fra Sacro Romano Impero e antichi stati italiani, Bologna 1985, S. 805–899.

Moioli, Angelo: Un sistema manifatturiero aperto al mercato, in: *Sergio Zaninelli (Hg.)*, Storia dell'industria lombarda, Mailand 1988, S. 1–102.

Moioli, Angelo: L'economia lombarda verso la maturità dell'equilibrio agricolo-commerciale durante l'età delle riforme, in: *Sergio Romagnoli (Hg.)*, Cesare Beccaria tra Milano e l'Europa, Mailand 1990, S. 329–355.

Moioli, Angelo: Lo spazio economico elvetico secondo i resoconti di viaggio di Karl von Zinzendorf (1764), in: *Fausto Piola Caselli (Hg.)*, Regioni alpine e sviluppo economico: Dualismi e processi d'integrazione (secc. XVIII–XX), Mailand 2003, S. 127–152.

Moioli, Angelo: Il sistema delle fiere e dei mercati nell'Italia centrosettentrionale tra Sette e Ottocento, in: *Andrea Bonoldi/Markus A. Denzel (Hg.)*, Bozen im Messenetz Europas (17.–19. Jahrhundert): Bolzano nel sistema fieristico europeo (secc. XVII–XIX), Bozen 2007, S. 209–231.

Molá, Luca: La comunità dei lucchesi a Venezia: Immigrazione e industria della seta nel tardo medioevo, Venedig 1994.

Molho, Anthony/Curto, Diogo Ramada: Les réseaux marchands à l'époque moderne, in: Annales. Histoire, Sciences Sociales 58 (2003), S. 569–579.

Möller, Horst: Wie aufgeklärt war Preußen?, in: Geschichte und Gesellschaft (Sonderheft: Preußen im Rückblick) 6 (1980), S. 176–201.

Monferrini, Sergio/Pisoni, Carlo Alessandro: Le terre cedute del Lago Maggiore e Valli d'Ossola Il Trattato di Worms e il passaggio dalla Lombardia al Piemonte, Verbania 2007.

Moor, Conradin von: Geschichte von Currätien und der Republik »gemeiner drei Bünde«, Graubünden, Chur 1874.

Moser, Heinz/Tursky, Heinz: Die Münzstätte Hall in Tirol: 1665–1809, Innsbruck 1981.

Mozzarelli, Cesare: Strade e rìforme nella Lombardia del Settecento, in: Quaderni Storici 61 (1986), S. 117–145.

Müller, Ernst: Die evangelischen Geistlichen Pommerns von der Reformation bis zur Gegenwart, Teil 2: Der Regierungsbezirk Köslin. Die reformierten Gemeinden Pommerns. Die Generalsuperintendenten, Stettin 1912.

Müller, Iso: Zum österreichischen Einfluss in Bünden: 1726–1762, in: Bündner Monatsblatt: Zeitschrift für Bündner Geschichte (1961), S. 45–98.

Müller, Iso: Die Fürstabtei Disentis im ausgehenden 18. Jahrhundert, Münster 1963.

Müller, Iso: Geschichte von Ursern von den Anfängen bis zur Helvetik, Disentis 1984.

Müller, Johannes: Augsburgs Warenhandel mit Venedig und Augsburger Handelspolitik im Zeitalter des Dreißigjährigen Krieges, in: Archiv für Kulturgeschichte 1 (1903), S. 326–347.

Müller, Johannes: Das Rodwesen Bayerns und Tirols im Spätmittelalter und zu Beginn der Neuzeit, in: Vierteljahrschrift für Sozial- und Wirtschaftsgeschichte 3 (1905), S. 361–421, 555–627.

Müller, Johannes: Die Hauptwege des nürnbergischen Handels im Spätmittelalter: Ein Beitrag zur mittelalterlichen Verkehrsgeographie, in: Archiv für Kulturgeschichte 5 (1907), S. 1–23.

Müller, Leos: The Merchant Houses of Stockholm, c. 1640–1800 a Comparative Study of Early-Modern Entrepreneurial Behaviour, Uppsala 1998.

Müller, Leos: Consuls, Corsairs, and Commerce: The Swedish Consular Service and Long-Distance Shipping 1720–1815, Uppsala 2004.

Müller-Bahlke, Thomas: Die Bedeutung des Adels für das hallische Netzwerk, in: *Holger Zaunstöck/Thomas Müller-Bahlke/Claus Veltmann (Hg.)*, Die Welt verändern: August Hermann Francke. Ein Lebenswerk um 1700, Halle 2013, S. 181–193.

Mundhenke, Herbert: Die Matrikel der Universität Helmstedt, Bd. 3: 1685–1810, Hildesheim 1979.

Munk, Johann: Schicksale aus dem Leben des Mailänder Boten, in: Schriften des Vereins für Geschichte des Bodensees und seiner Umgebung 45 (1916), S. 179–192.

Muto, Giovanni: Stati italiani e stato sabaudo nella prima età moderna: questioni di definizione, in: *Paola Bianchi (Hg.)*, Il Piemonte come eccezione? Riflessioni sulla »Piedmontese exception«, Turin 2008, S. 13–43.

Nanninga, Jan Garbrand: Bronnen tot de geschiedenis van den Levantschen Handel, Bd. 3: 1727–1765, Den Haag 1952.

Nanninga, Jan Garbrand: Bronnen tot de geschiedenis van den Levantschen handel, Bd. 4,2: 1765–1826, Den Haag 1966.

Nesti, Angelo: Un mercato in crescita: produzione e consumo di ferro nel granducato di Toscana (1740–1799), in: Societá e storia 79 (1998), S. 19–73.

Neumann, Franz: Der Hofmeister, ein Beitrag zur Geschichte der Erziehung im achtzehnten Jahrhundert, Halle 1930.

Niederstätter, Alois: Aspekte der Vorarlberger Wirtschaft in der Mitte des 18. Jahrhunderts, in: *Joachim Jahn/Wolfgang Hartung (Hg.)*, Gewerbe und Handel vor der Industrialisierung: Regionale und überregionale Verflechtungen im 17. und 18. Jahrhundert, Sigmaringendorf 1991, S. 142–151.

Niephaus, Heinz-Theo: Genuas Seehandel von 1746–1848: Die Entwicklung der Handelsbeziehungen zur Iberischen Halbinsel, zu West- und Nordeuropa sowie den Übersee-gebieten, Köln 1975.

North, Douglass: Sources of Productivity Change in Ocean Shipping, 1600–1850, in: Journal of Political Economy 76 (1968), S. 953–970.

North, Douglass: Institutions, in: The Journal of Economic Perspectives 5 (1991), S. 97–112.

North, Douglass: Economic Performance through Time, in: The American Economic Review 84 (1994), S. 359–368.

North, Douglass/Weingast, Barry: Constitutions and Commitment: The Evolution of Institutions Governing Public Choice in Seventeenth-Century England, in: Journal of Economic History 49 (1989), S. 803–832.

Nutz, Andreas: Unternehmensplanung und Geschäftspraxis im 16. Jahrhundert: Die Handelsgesellschaft Felix und Jakob Grimmel zwischen 1550 und 1560, St. Katharinen 1996.

Nützenadel, Alexander: Aufklärung und Physiokratie in Venedig während der zweiten Hälfte des 18. Jahrhunderts, in: Zeitschrift für historische Forschung 26 (1999), S. 557–577.

O. V.: Geschichte der Handelskammer zu Frankfurt a. M. (1707–1908), Frankfurt a. M. 1908.

O. V.: Relazioni dei rettori veneti in Terraferma, Vol. 1: La Patria del Friuli (Luogotenenza di Udine), Mailand 1973.

O. V.: Relazioni dei rettori veneti in Terraferma, Vol. 3: Podestaria e capitanato di Treviso, Mailand 1975.

O. V.: Relazioni dei rettori veneti in Terraferma, Vol. 7: Podestaria e capitanato di Vicenza, Mailand 1976.

O. V.: Relazioni dei rettori veneti in Terraferma, Vol. 9: Podestaria e capitanato di Verona, Mailand 1977.

O. V.: Relazioni dei rettori Veneti in Terraferma, Vol. 12: Podestaria e capitanato di Bergamo, Mailand 1978.

Occhi, Katia: Boschi e mercanti. Traffici di legname tra la contea di Tirolo e la repubblica di Venezia (secoli XVI–XVII), Bologna 2006.

Occhi, Katia: Ai confini dell'Impero. Attività produttive e reti commerciali tra continuità e mutamento (secoli XVI–XVIII), in: *Paolo Pombeni/Heinz-Gerhard Haupt (Hg.)*, La transizione come problema storiografico: Le fasi critiche dello sviluppo della modernità (1494–1973), Bologna 2013, S. 77–100.

Ogilvie, Sheilagh: Institutions and European Trade. Merchant Guilds, 1000–1800, Cambridge 2011.

Ogilvie, Sheilagh/Edwards, Jeremy: Contract Enforcement, Institutions, and Social Capital: the Maghribi Traders Reappraised, in: The Economic History Review 65 (2012), S. 421–444.

Ogilvie, Sheilagh C.: The European Guilds: An Economic Analysis, Princeton 2019.

Ogilvie, Sheilagh C./Cerman, Markus (Hg.): European Proto-Industrialization, Cambridge 1996.

Onger, Sergio: Una provincia operosa: Aspetti dell'economia bresciana tra XVIII e XX secolo, Mailand 2011.

O'Rourke, Kevin/Williamson, Jeffrey: When did Globalization begin?, in: European Review of Economic History 6 (2002), S. 23–50.

Oswald, Stefan: Die Inquisition, die Lebenden und die Toten: Venedigs deutsche Protestanten, Sigmaringen 1989.

Otruba, Gustav: Europäische Commerzreisen um die Mitte des 18. Jahrhunderts, Linz 1982.

Ott, Günther: Krakewitz, Albrecht von, in: NDB 12 (1979), S. 662–663.

Ott, Manfred: Historischer Atlas von Bayern: Schwaben Reihe I. Heft 5: Lindau, Kallmünz 1968.

Ott, Martin: Salzhandel in der Mitte Europas: Raumorganisation und wirtschaftliche Außenbeziehungen zwischen Bayern, Schwaben und der Schweiz, 1750–1815, München 2013.

Özmucur, Süleyman/Pamuk, Sevket: Did European Commodity Prices Converge before 1800, in: *Jeffrey G. Williamson/T. J. Hatton/Kevin H. O'Rourke/Alan M. Taylor (Hg.)*, The New Comparative Economic History: Essays in Honor of Jeffrey G. Williamson, Cambridge (MS) 2007, S. 59–85.

Pagani, Giovanni: Venezia e la fiera di Senigallia. Studio economico per i secoli XVII–XVIII, in: Atti e memorie della Deputazione di Storia patria Ser. VI 6 (1929), S. 1–60.

Pagano De Divitiis, Gigliola: English Merchants in Seventeenth Century Italy, Cambridge 1997.

Pagano De Divitiis, Gigliola: Livorno, porto della Toscana?, in: *Adriano Prosperi (Hg.)*, Livorno, 1606–1806: Luogo di incontro tra popoli e culture, Turin 2009, S. 341–349.

Panciera, Walter: Vent'anni di bilanci di una impresa laniera del secondo Settecento, in: Studi Veneziani N. S. 19 (1990), S. 125–170.

Panciera, Walter: L'»arte matrice«. I lanifici della Repubblica di Venezia nei secoli XVII e XVIII, Treviso 1996.

Panciera, Walter: The Industries of Venice in the Seventeenth and Eighteenth Centuries, in: *Paola Lanaro (Hg.)*, At the Centre of the Old World: Trade and Manufacturing in Venice and the Venetian Mainland, 1400–1800, Toronto 2006, S. 185–214.

Panciera, Walter: La Repubblica di Venezia nel Settecento, Rom 2014.

Panessa, Giangiacomo: Nazioni e consolati in Livorno 400 anni di storia, Livorno 1998.

Panessa, Giangiacomo/Del Nista, Mauro: I »Giardini« della Congregazione Olandese-Alemanna: Memoria e fede nella Livorno delle Nazioni, Livorno 2004.

Panessa, Giangiacomo/Nista, Mauro del: La congregazione Olandese-Alemanna: Intercultura e protestantesimo nella Livorno delle nazioni, Livorno 2002.

Panjek, Giovanni: Una »commercial officina« fra vie di mare e di terra, in: *Roberto Finzi/Giacomo Borruso (Hg.)*, Storia economica e sociale di Trieste, Vol. 2: La città dei traffici. 1719–1918, Trieste 2003, S. 235–348.

Pasqualini Canato, Maria Teresa: Molin, Alvise, in: Dizionario biografico degli italiani, Vol. 75, Rom 2011, S. 345–348.

Patzelt, Herbert: Der Pietismus im Teschener Schlesien: 1709–1730, Göttingen 1969.

Patzelt, Herbert: Evangelisches Leben am Golf von Triest: Geschichte der evangelischen Gemeinde in Triest mit Abbazia, Görz, Fiume und Pola, München 1999.

Paul, Helen: The »South Sea Bubble«, 1720, in: European History Online (EGO), hg. Vom Leibniz-Institut für Europäische Geschichte (IEG), Mainz 2015-11-04, URL: http://www.ieg-ego.eu/paulh-2015-en [10.12.2020].

Pazzagli, Rossano: La circolazione delle merci nella Toscana moderna. Strade, vie d'acqua. porti e passi di barca nel bacino dell'Arno, in: Societá e storia 99 (2003), S. 1–30.

Pedani Fabris, Maria Pia: »Veneta auctoritate notarius«: Storia del notariato veneziano (1514–1797), Mailand 1996.

Peez, Carl von/Raudnitz, Josef: Geschichte des Maria-Theresien-Thalers, Wien 1898.

Perini, Sergio: Chioggia nel Seicento, Sottomarina 1996.

Perini, Sergio: Riforme veneziane tra economia e finanza nel secondo Settecento, in: Studi Veneziani N. S. 46 (2003), S. 185–229.

Perini, Sergio: Economia e politica commerciale a Venezia tra due guerre (1670–1684), in: Archivio Veneto 163 (2004), S. 93–139.

Pesante, Maria Luisa: Stato e religione nella storiografia di Göttingen: Johann Friedrich Le Bret, Turin 1971.

Peters, Lambert F.: Der Handel Nürnbergs am Anfang des Dreißigjährigen Krieges. Strukturkomponenten, Unternehmen und Unternehmer, Stuttgart 1994.

Petrocchi, Massimo: Il tramonto della Repubblica di Venezia e l'assolutismo illuminato, Venedig 1950.

Petti Balbi, Giovanna (Hg.): Comunità forestiere e »nationes« nell'Europa dei secoli XIII–XVI, Neapel 2001.

Petz, Wolfgang: Zweimal Kempten. Geschichte einer Doppelstadt (1694–1836), München 1998.

Peyer, Hans Conrad: Von Handel und Bank im alten Zürich, Zürich 1968.

Pezzolo, Luciano: L'economia, in: *Gino Benzoni/Gaetano Cozzi (Hg.)*, Storia di Venezia. Dalle origini alla caduta della Serenissima: La Venezia barocca, Rom 1997, S. 369–433.

Pezzolo, Luciano: La storia agraria veneta: risultati, ipotesi e prospettive, in: Archivio Veneto 142 (2011), S. 79–110.

Pezzolo, Luciano: The Venetian Economy, in: *Eric Dursteler (Hg.)*, A Companion to Venetian History, 1400–1797, Leiden 2013, S. 255–289.

Pfeifer, Gustav: Spätmittelalterlicher Verkehrswegebau in den Südalpen. Der Kuntersweg im unteren Eisacktal, in: *Kurt Andermann/Nina Gallion (Hg.)*, Weg und Steg: Aspekte des Verkehrswesens von der Spätantike bis zum Ende des Alten Reiches, Ostfildern 2018, S. 169–194.

Pfeiffer, Gerhard: Die Bemühungen der oberdeutschen Kaufleute um die Privilegierung ihres Handels in Lyon, in: Stadtarchiv Nürnberg (Hg.), Beiträge zur Wirtschaftsgeschichte Nürnbergs, Bd. 1, Nürnberg 1967, S. 407–455.

Pfeiffer, Gerhard: Les marchands allemands »privilégiés« à Lyon, in: Bulletin philologique et historique (1967), S. 173–194.

Pfister, Alexander: Die Patrioten: Ein Beitrag zur Geschichte Bündens am Ausgange des 18. Jahrhunderts, Chur 1904.

Pfister, Hermann: Das Transportwesen der internationalen Handelswege von Graubünden im Mittelalter und in der Neuzeit, Chur 1913.

Pfister, Ulrich: Die Zürcher Fabriques: Protoindustrielles Wachstum vom 16. zum 18. Jahrhundert, Zürich 1992.

Pfister, Ulrich: Proto-industrielles Wachstum: Ein theoretisches Modell, in: Jahrbuch für Wirtschaftsgeschichte (1998), S. 21–47.

Pfister, Ulrich: La Lombardia, la mesoregione alpina e le economie regionali, in: *Luca Mocarelli (Hg.)*, Tra identità e integrazione: La Lombardia nella macroregione alpina dello sviluppo economico europeo (secoli XVII–XX), Mailand 2002, S. 13–25.

Pfister, Ulrich: The Quantitative Development of Germany's International Trade during the Eighteenth and Early Nineteenth Centuries, in: Revue de l'OFCE 140 (2015), S. 175–221.

Pfister, Ulrich: Great Divergence, Consumer Revolution and the Reorganization of Textile Markets: Evidence from Hamburg's Import Trade, Eighteenth Century, in: Economic History Working Papers. London School of Economics and Political Science 266 (2017), S. 1–73.

Pfotenhauer, Bettina: Nürnberg und Venedig im Austausch: Menschen, Güter und Wissen an der Wende vom Mittelalter zur Neuzeit, Regensburg 2016.

Phillips, William: Merchants of the Fleece: Castilians in Bruges and the Wool Trade, in: *Peter Stabel/Bruno Blondé/Anke Greve (Hg.)*, International Trade in the Low Countries (14th–16th centuries): Merchants, Organisation, Infrastructure, Leuven 2000, S. 75–85.

Picchio, Ricardo: E. M. Manolesso, A. Vimina e la Polonia, in: *Luigi Cini (Hg.)*, Venezia e la Polonia nei secoli dal XVII al XIX, Venedig 1965, S. 121–132.

Pichler, Rupert: Die Wirtschaft der Lombardei als Teil Österreichs Wirtschaftspolitik, Außenhandel und industrielle Interessen, 1815–1859, Berlin 1996.

Pickl, Othmar: Der Viehhandel von Ungarn nach Oberitalien vom 14. bis zum 17. Jahrhundert, in: *Ekkehard Westermann (Hg.)*, Internationaler Ochsenhandel (1350–1750), Stuttgart 1979, S. 39–81.

Pickl, Othmar: Die Steiermark als Gewerbe- und Industrielandschaft vom Spätmittelalter bis zur Gegenwart. Zur Entstehung moderner Industriereviere in alten Forschrittsregionen, in: *Hans Pohl (Hg.)*, Gewerbe- und Industrielandschaften vom Spätmittelalter bis ins 20. Jahrhundert, Stuttgart 1986, S. 16–38.

Pierenkemper, Toni: Gewerbe und Industrie im 19. und 20. Jahrhundert, München 2007.

Pieth, Friedrich: Bündnergeschichte, Chur 1945.

Pledl, Wolfgang/Breit, Stefan: Bayerisches Hauptstaatsarchiv. Reichskammergericht, Bd. 14: Nr. 5569–6206 (Buchstabe K), München 2008.

Plumpe, Werner: Rezension zu: Avner Greif, Institutions and the Path to the Modern Economy. Lessons from Medieval Trade, in: Historische Zeitschrift 286 (2008), S. 475–478.

Poettering, Jorun: Handel, Nation und Religion: Kaufleute zwischen Hamburg und Portugal im 17. Jahrhundert, Göttingen 2013.

Poettinger, Monika: Deutsche Unternehmer im Mailand des neunzehnten Jahrhunderts: Netzwerke, soziales Kapital und Industrialisierung, Lugano, Mailand 2012.

Pohl, Hans: Die Portugiesen in Antwerpen (1567–1648): Zur Geschichte einer Minderheit, Wiesbaden 1977.

Poinsignon, Adolf: Geschichte der protestantischen Kirchengemeinde zu Livorno, in: Deutsch-evangelische Blätter 24 (1899), S. 16–26.

Pölnitz, Götz von: Fugger und Medici: Deutsche Kaufleute und Handwerker in Italien, Leipzig 1942.

Porto, Luca: Trasporti e commerci lungo la via dell'Adige in età veneziana: una panoramica, in: *Walter Panciera (Hg.)*, Questioni di confine e terre di frontiera in area veneta: Secoli XVI–XVIII, Mailand 2009, S. 287–301.

Possenti, Amanzio: Arte e costume a Bergamo: Seicento, Bergamo 2003.

Pourchasse, Pierrick: Dynamism and Integration of the North European Merchant Communities in French Ports in the Eighteenth Century, in: *Victor Zakharov/Gelina Harlaftis/Olga Katsiardi-Hering (Hg.)*, Merchant Colonies in the Early Modern Period, New York 2012, S. 45–59.

Prato, Giuseppe: La vita economica in Piemonte a mezzo il secolo XVIII, Turin 1908.

Prato, Giuseppe: Le vie del transito commerciale in Piemonte nell'epoca pre-ferroviaria, in: Atti della Reale Accademia delle Scienze di Torino 57 (1921–1922), S. 166–178.
Preto, Paolo: Il commercio: Venezia e terra d'Otranto, in: *Bruno Pellegrino (Hg.)*, Storia di Lecce, Vol. 2: Dagli spagnoli all'unità, Bari 1995, S. 375–418.
Preto, Paolo: Le riforme, in: *Piero Del Negro/Paolo Preto (Hg.)*, Storia di Venezia. Dalle origini alla caduta della Serenissima: L'ultima fase della Serenissima, Rom 1998, S. 83–142.
Pugliese, Salvatore: Condizioni economiche e finanziarie della Lombardia nella prima metà del secolo XVIII, Turin 1924.
Pullan, Brian/Chambers, David S.: Venice: A Documentary History, 1450–1630, Oxford 1992.
Puttevils, Jeroen: Merchants and Trading in the Sixteenth Century: The Golden Age of Antwerp, London 2015.
Putzer, Peter: Spuren der ersten Opfer des Rechtsbruchs von 1731/32 im deutschen Südwesten, in: Jahrbuch für die Geschichte des Protestantismus in Österreich 110/111 (1994), S. 99–131.
Pyrges, Alexander: Das Kolonialprojekt EbenEzer, Stuttgart 2015.
Raich, Michael: Bregenzer Straßenpolitik im 17. und 18. Jahrhundert, in: Schriften des Vereins für Geschichte des Bodensees und seiner Umgebung 58 (1930), S. 43–77.
Rankl, Helmut: Das Getreideland Altbayern um 1800. Produktion, Konsum, Binnen- und Außenhandel, in: *Helmut Flachenecker/Rolf Kießling (Hg.)*, Wirtschaftslandschaften in Bayern: Studien zur Entstehung und Entwicklung ökonomischer Raumstrukturen vom Mittelalter bis ins 19. Jahrhundert, München 2010, S. 331–394.
Rapp, Richard: Industry and Economic Decline in Seventeenth Century Venice, Cambridge (MS) 1976.
Rauch, Moritz von: Ein Rhein-Neckar-Donau Verkehrsplan im 18. Jahrhundert, in: Württembergische Vierteljahreshefte für Landesgeschichte N. F. 25 (1916), S. 489–522.
Rauch, Moritz von: Heilbronn in der zweiten Hälfte des 18. Jahrhunderts, in: *Christhard Schrenk/Hubert Weckbach (Hg.)*, Aus der Heilbronner Stadtgeschichtsschreibung: Ausgewählte Aufsätze zur Geschichte der Stadt Heilbronn aus den Bänden 1–16 des Jahrbuches des Historischen Vereins Heilbronn, Weinsberg 1988, S. 73–104.
Rauscher, Peter: Die Aschacher Mautprotokolle als Quelle des Donauhandels (17./18. Jahrhundert), in: *Andrea Serles/Peter Rauscher (Hg.)*, Wiegen – Zählen – Registrieren: Handelsgeschichtliche Massenquellen und die Erforschung mitteleuropäischer Märkte (13.–18. Jahrhundert), Innsbruck 2015, S. 255–306.
Ravid, Benjamin: The Venetian Government and the Jews, in: *Robert Charles Davis/Benjamin C. I. Ravid (Hg.)*, The Jews of Early Modern Venice, Baltimore (MD) 2001, S. 3–30.
Ravid, Benjamin: Venice and its Minorities, in: *Eric Dursteler (Hg.)*, A Companion to Venetian History, 1400–1797, Leiden 2013, S. 449–485.
Redolfi Bragagna, Christine: Die Finanzgebarung des Bozner Merkantilmagistrates 1633/35–1850: [Ungedruckte Dissertation, Univ. Innsbruck], Innsbruck 1988.
Reinert, Sophus A./Fredona, Robert: Merchants and the Origins of Capitalism, in: *Teresa da Silva Lopes/Christina Lubinski/Heidi J. S. Tworek (Hg.)*, The Routledge Companion to the Makers of Global Business 2020, S. 171–188.
Reinhard, Wolfgang: Freunde und Kreaturen: »Verflechtung« als Konzept zur Erforschung historischer Führungsgruppen Römische Oligarchie um 1600, München 1979.
Reinhard, Wolfgang: Amici e creature. Politische Mikrogeschichte der römischen Kurie im 17. Jahrhundert, in: Quellen und Forschungen aus italienischen Archiven und Bibliotheken 76 (1996), S. 308–334.
Reinhard, Wolfgang: Paul V. Borghese: (1605–1621); mikropolitische Papstgeschichte, Stuttgart 2009.
Reininghaus, Wilfried: Gewerbe in der frühen Neuzeit, München 1990.
Reißenauer, Franz: Münzstätte Günzburg 1764–1805: Geschichte, Prägungen, Katalog, Günzburg 1982.

Ressel, Magnus: Zwischen Sklavenkassen und Türkenpässen: Nordeuropa und die Barbaresken in der frühen Neuzeit, Berlin 2012.

Ressel, Magnus: British Dominance of Merchant Shipping between Northern and Southern Europe, 1720–1750, in: International Journal of Maritime History 25 (2013), S. 117–142.

Ressel, Magnus: Die Zerstörung der Capitularien des Fondaco dei Tedeschi im Schloss Wässerndorf am Ende des Zweiten Weltkrieges, in: Quellen und Forschungen aus italienischen Archiven und Bibliotheken 93 (2013), S. 363–386.

Ressel, Magnus: Venice and the Redemption of North-European Slaves (17th and 18th centuries), in: Cahiers de la Méditerranée 87 (2013), S. 131–145.

Ressel, Magnus: The Dutch-Algerian War and the Rise of British Shipping to Southern Europe (1715–1726), in: Cahiers de la Méditerranée 90 (2015), S. 237–255.

Ressel, Magnus: Der deutsche Seehandel im Dreißigjährigen Krieg zwischen lokalem Verlust und Expansion in der Ferne, in: *Guillaume Garner/Sandra Richter (Hg.)*, »Eigennutz« und »gute Ordnung«: Ökonomisierungen im 17. Jahrhundert, Wiesbaden 2016, S. 67–94.

Ressel, Magnus: La Nazione Olandese-Alemanna di Livorno e il suo ruolo nel sistema mercantile europeo del XVIII secolo, in: *Marcella Aglietti/Andrea Addobbati (Hg.)*, La città delle nazioni: Livorno e i limiti del cosmopolitismo (1586–1834). Studi dedicati a Lucia Frattarelli Fischer, Pisa 2016, S. 309–335.

Ressel, Magnus: Norms and Practice of Handling Complex International Insolvencies in Early Modern Venice, in: *Albrecht Cordes/Margrit Schulte Beerbühl (Hg.)*, Dealing with Economic Failure: Between Norm and Practice (15th to 21st century), Frankfurt a. M., Bern, Brüssel, New York 2016, S. 115–138.

Ressel, Magnus: Karl von Zinzendorf's Memorandum on Milan and the Liberalization of Trade in Austrian Lombardy in the Second Half of the 18th Century, in: *Alessandra Dattero (Hg.)*, Milano, città d'acqua e di ferro: Una metropoli europea fra XVI e XIX secolo, Rom 2019, S. 143–161.

Ressel, Magnus/Zwierlein, Cornel: The Ransoming of North European Captives from Northern Africa. A Comparison of Dutch, Hanseatic and English Institutionalization of Redemption from 1610–1645, in: *Nikolas Jaspert/Sebastian Kolditz (Hg.)*, Seeraub im Mittelmeerraum: Piraterie, Korsarentum und maritime Gewalt von der Antike bis zur Neuzeit, München, Paderborn 2013, S. 377–406.

Reuter, Ortluf: Die Manufaktur im fränkischen Raum. Eine Untersuchung großbetrieblicher Anfänge in den Fürstentümern Ansbach und Bayreuth als Beitrag zur Gewerbegeschichte des 18. und beginnenden 19. Jahrhunderts, Stuttgart 1961.

Reves, Christiane: Vom Pomeranzengängler zum Großhändler? Netzwerke und Migrationsverhalten der Brentano-Familien im 17. und 18. Jahrhundert, Paderborn 2012.

Ribi, Giulio: Certo che per un'inchiesta di questo genere…, in: Verbanus 26 (2005), S. 519–537.

Rieder, Maximiliane: Cosmopoliti sull'Adriatico: mercanti ed industriali tedeschi a Venezia e Trieste, in: Qualestoria: bollettino dell'Istituto regionale per la storia del movimento di liberazione nel Friuli-Venezia Giulia 38 (2010), S. 99–138.

Riedi, Barbara: Die Porten der Unteren Strasse, ihr Ladungsrecht und der Strassenunterhalt. Rechtshistorische Betrachtungen zur Verkehrs- und Wirtschaftsgeschichte Graubündens, Frankfurt a. M. 2009.

Riedi, Thomas: La strada del Cardinello del 1714: Storia e documenti, Chiavenna 2007.

Rizzoli, Helmut: Bozen: die Stadt der Märkte, in: *Roberto Festi/Lucia Nardelli (Hg.)*, Merkantilmuseum Bozen: Museo mercantile Bolzano, Bozen 1998, S. 9–76.

Rode, Jörg: Der Handel im Königreich Bayern um 1810, Stuttgart 2001.

Roeck, Bernd: Eine Stadt in Krieg und Frieden: Studien zur Geschichte der Reichsstadt Augsburg zwischen Kalenderstreit und Parität, Göttingen 1989.

Rohrmann, Hans: Benedikt von Herman (1689–1784), in: *Wolfgang Jahn (Hg.)*, »Geld und Glaube«: Leben in evangelischen Reichsstädten, Augsburg 1998, S. 285–287.

Rolzhäuser, Valentin: Die Immenstädter Leinwandschau. Beispiel einer handwerklichen Erzeugergenossenschaft 1600 bis 1844, in: *O. V. (Hg.)*, Heimatbuch der Stadt Immenstadt i. Allgäu: 1360–1960, Immenstadt 1960, S. 59–70.

Romagnani, Gian Paolo: I mestieri del denaro fra regole e trasgressione. Negozianti, banchieri e »ginevrini« nella Torino del Settecento, in: *Marco Meriggi/Alessandro Pastore (Hg.)*, Le regole dei mestieri e delle professioni: Secoli XV–XIX, Mailand 2000, S. 152–175.

Romanelli, Giandomenico: Venezia Ottocento: Materiali per una storia architettonica e urbanistica della città nel secolo XIX, Rom 1977.

Romani, Marzio: L'annona e il mercato dei grani. Un commercio in libertà vigilata, Vol. 2, in: *Giorgio Taborelli (Hg.)*, Commercio in Lombardia, Bologna 1987, S. 103–117.

Romano, Maurizio: Alle origini dell'industria lombarda: Manifatture, tecnologie e cultura economica nell'età della Restaurazione, Mailand 2012.

Rösch, Gerhard: Venedig und das Reich: Handels- und verkehrspolitische Beziehungen in der deutschen Kaiserzeit, Tübingen 1982.

Rösch, Gerhard: Il Fondaco dei Tedeschi, in: *Gaetano Cozzi (Hg.)*, Venezia e la Germania: Arte, politica, commercio, due civiltà a confronto, Mailand 1986, S. 51–72.

Roth, Walter: Das Kaufmännische Direktorium in Schaffhausen, Thayngen 1931.

Rothe, Kurt: Das Finanzwesen der Reichsstadt Ulm im 18. Jahrhundert: Ein Beitrag zur Wirtschaftsgeschichte, Stuttgart 1991.

Röthlin, Niklaus: Die Basler Handelspolitik und deren Träger in der zweiten Hälfte des 17. und im 18. Jahrhundert, Basel 1986.

Röthlin, Niklaus: Das österreichische Zollwesen: ein wichtiger Gegenstand in den politischen Beziehungen zwischen Österreich und der alten Eidgenossenschaft, in: Basler Zeitschrift für Geschichte und Altertumskunde 88 (1988), S. 21–51.

Ruepprecht, Hans-Ulrich Freiherr von: Johann Jakob Pommer (1659–1717). Ein Stuttgarter Gymnasiast wird zum führenden Bankier in Venedig, in: Familiengeschichtliche Blätter N. F. 4 (1999), S. 162–167.

Ruepprecht, Hans-Ulrich Frhr. von: Die Memminger Patrizier, in: Memminger Geschichtsblätter (1981/1982), S. 5–144.

Russell, Ina: The Later History of the Levant Company 1753–1825: [Ungedruckte Dissertation, Univ. Manchester], Manchester 1935.

Rymatzki, Christoph: Hallischer Pietismus und Judenmission: Johann Heinrich Callenbergs Institutum Judaicum und dessen Freundeskreis (1728–1736), Tübingen 2004.

Sabean, David W.: Property, Production, and Family in Neckarhausen, 1700–1870, Cambridge 2008.

Salvestrini, Arnaldo: Relazioni sul governo della Toscana, Vol. 3, Florenz 1974.

Salvi, Stefania T.: Tra privato e pubblico: Notai e professione notarile a Milano (secolo 18.), Mailand 2012.

Sambo, Alessandra: La balance de commerce de la République de Venise: sources et méthodes, in: Cahiers de la Méditerranée 84 (2012), S. 381–410.

Scaramellini, Guglielmo: Grigioni e sudditi: una convivenza irrequieta, in: Quaderni Grigionitaliani 60 (1991), S. 35–51.

Scaramellini, Guglielmo: Der Pündter London: Commercio, finanza e manifattura nel Borgo e nel Contado di Chiavenna nei secoli XVI–XIX, in: *Giovanni L. Fontana/Andrea Leonardi/Luigi Trezzi (Hg.)*, Mobilità imprenditoriale e del lavoro nelle Alpi in età moderna e contemporanea, Mailand 1998, S. 239–268.

Scaramellini, Guglielmo: Le strade del Chiavennasco, in: *Guglielmo Scaramellini/Diego Zoia (Hg.)*, Economia e società in Valtellina e contadi nell'età moderna, Vol. 2. Approfondimenti, Sondrio 2006, S. 250–286.

Scaramellini, Guglielmo: Transiti e comunicazioni. Un quadro generale, in: *Guglielmo Scara-*

mellini/Diego Zoia (Hg.), Economia e società in Valtellina e contadi nell'età moderna, Vol. 2. Approfondimenti, Sondrio 2006, S. 237–249.

Scaramellini, Guglielmo: Die Porten in der Valchiavenna seit dem Mittelalter: Fakten und Mutmassungen – I Porti della Valchiavenna dal Medioevo all'Età contemporanea: dati di fatto e congetture, in: *Georg Jäger (Hg.)*, Der Splügenpass. Zur langen Geschichte einer kurzen Transitroute – Il Passo dello Spluga. La lunga storia di una breve via di transito, Chur 2016, S. 47–70.

Schaaf, Ulrich G.: Die Tätigkeit und der Einfluss der Tiroler Landstände in der Regierungszeit Kaiser Karls VI (1714–40): [Ungedruckte Dissertation, Univ. Innsbruck], Innsbruck 1953.

Schalk, Karl: Rapporti commerciali fra Venezia e Vienna, in: Nuovo Archivio Veneto 23 (1912), S. 52–95, 284–317.

Schaper, Annegret: Ein langer Abschied vom Christentum: Johann Christian Edelmann (1698–1767) und die deutsche Frühaufklärung, Marburg 1996.

Scharff, Friedrich: Der Frankfurter Speditionshandel vor 100 Jahren, in: Mittheilungen des Vereins für Geschichte und Alterthumskunde in Frankfurt am Main 3 (1868), S. 258–264.

Schaubach, Ernst Adolf: Die deutschen Alpen. Ein Handbuch für Reisende durch Tyrol, Österreich, Steyermark, Illyrien, Oberbayern und die anstoßenden Gebiete, Bd. 1: Allgemeine Schilderung, Jena 1871.

Schenk, Georg/Schaal, Kurt/Dinkel, Thilo: Pfarrerbuch der freien Reichsstadt Isny von der Reformation bis zum Verlust der Reichsfreiheit: [Unveröffentlichtes Manuskript aus dem Stadtarchiv Isny], Isny 1998.

Schicketanz, Peter: Der Briefwechsel Carl Hildebrand von Cansteins mit August Hermann Francke, Berlin 1972.

Schiller, Wilhelm: Die St. Annakirche in Augsburg: Ein Beitrag zur Augsburger Kirchengeschichte, Augsburg 1939.

Schleissner-Beer, Marlis: Die Deutsche Schule in Venedig, Venedig 2013.

Schmid, Martin: Beiträge zur Geschichte des Finanzwesens im alten Graubünden mit besonderer Berücksichtigung des 18. Jahrhunderts, Chur 1914.

Schmidt, Martin: Wiedergeburt und neuer Mensch, in: *Martin Schmidt (Hg.)*, Wiedergeburt und neuer Mensch: Gesammelte Studien zur Geschichte des Pietismus, Witten 1969, S. 129–194.

Schmidt-Herrling, Eleonore: Die Briefsammlung des Nürnberger Arztes Christoph Jacob Trew (1695–1769) in der Universitätsbibliothek Erlangen, Erlangen 1940.

Schneider, Jürgen/Krawehl, Otto-Ernst/Denzel, Markus A./Schulenburg, Frank: Statistik des Hamburger seewärtigen Einfuhrhandels im 18. Jahrhundert: Nach den Admiralitäts- und Convoygeld-Einnahmebüchern, St. Katharinen 2001.

Schnyder, Marco: La Suisse faite par l'étranger. Les migrants suisses et la défense de leurs intérêts dans les Etats savoyards et dans la République de Venise (XVIIe-XVIIIe siècles), in: *Brigitte Studer (Hg.)*, Die Schweiz anderswo: AuslandschweizerInnen – SchweizerInnen im Ausland, Zürich 2015, S. 83–102.

Schöttler, Peter: Der französische Historiker Fernand Braudel als Kriegsgefangener in Lübeck, in: Zeitschrift für Lübeckische Geschichte 95 (2015), S. 275–287.

Schramm, Percy Ernst: Kaufleute zu Haus und über See: Hamburgische Zeugnisse des 17., 18. und 19. Jahrhunderts, Hamburg 1949.

Schremmer, Eckart: Die Wirtschaft Bayerns: Vom hohen Mittelalter bis zum Beginn der Industrialisierung. Bergbau, Gewerbe, Handel, München 1970.

Schremmer, Eckart: Zwischen Konkurrenz und Kartell: Wechselwirkungen zwischen der österreichischen und der bayerischen Salzhandelspolitik im 17. um 18. Jahrhundert, in: *Herbert Knittler (Hg.)*, Wirtschafts- und sozialhistorische Beiträge: Festschrift für Alfred Hoffmann zum 75. Geburtstag, München 1979, S. 156–173.

Schremmer, Eckart: Die Entwicklung der gewerblichen Wirtschaft bis zum Beginn des Mer-

kantilismus, in: *Andreas Kraus (Hg.)*, Handbuch der bayerischen Geschichte, Bd. 3,1: Geschichte Frankens bis zum Ausgang des 18. Jahrhunderts, München 1997, S. 901–929.
Schremmer, Eckart: Gewerbe und Handel zur Zeit des Merkantilismus, in: *Andreas Kraus (Hg.)*, Handbuch der bayerischen Geschichte, Bd. 3,1: Geschichte Frankens bis zum Ausgang des 18. Jahrhunderts, München 1997, S. 930–955.
Schremmer, Eckart: Handel und Gewerbe zur Zeit des Merkantilismus, in: *Andreas Kraus (Hg.)*, Handbuch der bayerischen Geschichte, Bd. 3,2: Geschichte Schwabens bis zum Ausgang des 18. Jahrhunderts, München 2001, S. 570–589.
Schröder, Tilman-Matthias: Die Anfänge des Pietismus in Esslingen, in: Esslinger Studien 29 (1990), S. 61–100.
Schulte, Aloys: Geschichte des mittelalterlichen Handels und Verkehrs zwischen Westdeutschland und Italien mit Ausschluß von Venedig, Bd. 1: Darstellung, Leipzig 1900.
Schulte, Aloys: Geschichte der Grossen Ravensburger Handelsgesellschaft 1380–1530: Erster Band, Stuttgart 1923.
Schulte Beerbühl, Margrit: Deutsche Kaufleute in London: Welthandel und Einbürgerung (1660–1818), München 2007.
Schulte Beerbühl, Margrit: Zwischen England, Deutschland und Italien: Protestantische Handels- und Familiennetze deutsch-britischer Kaufleute im 18. Jahrhundert, in: *Uwe Israel/Michael Matheus (Hg.)*, Protestanten zwischen Venedig und Rom in der Frühen Neuzeit, Berlin 2013, S. 203–230.
Schulze, Albert: Bekenntnisbildung und Politik Lindaus im Zeitalter der Reformation, S.l. 1971.
Schunka, Alexander: Irenicism and the Challenges of Conversion in the Early Eighteenth Century, in: *David Martin Luebke/Jared Poley/Daniel C. Ryan/David Warren Sabean (Hg.)*, Conversion and the Politics of Religion in Early Modern Germany, New York 2012, S. 101–118.
Schuster, Leo: Die Rolle der Nürnberger Kaufherren am Fondaco dei Tedeschi in Venedig, in: Mitteilungen aus der Stadtbibliothek Nürnberg 11 (1962), S. 1–54.
Schwarz, Reinhard (Hg.): Samuel Urlsperger (1685–1772): Augsburger Pietismus zwischen Außenwirkungen und Binnenwelt, Berlin 1996.
Schwebel, Karl Heinz: Bremens Beziehungen zu Kaiser und Reich, vornehmlich im 18. Jahrhundert, Bremen 1937.
Sczesny, Anke: Zwischen Kontinuität und Wandel: Ländliches Gewerbe und ländliche Gesellschaft im Ostschwaben des 17. und 18. Jahrhunderts, Tübingen 2002.
Sczesny, Anke: Zur Verbesserung des Oeconomicum Civile Circuli. Wirtschaftsmaßnahmen des Schwäbischen Reichskreises zwischen Reichs- und Territorialpolitik im 17. und 18. Jahrhundert, in: *Rolf Kießling/Sabine Ullmann (Hg.)*, Das Reich in der Region während des Mittelalters und der frühen Neuzeit, Konstanz 2005, S. 259–278.
Segarizzi, Arnaldo: Per il dazio di Rovereto, in: Tridentum 7 (1904), S. 121–123.
Segarizzi, Arnaldo: I Trentini nel fondaco dei tedeschi in Venezia, in: Archivio trentino 21 (1906), S. 200–232.
Segarizzi, Arnaldo: Relazioni degli Ambasciatori Veneti al Senato, Vol. 2: Milano – Urbino, Bari 1913.
Segreto, Luciano: La protoindustrializzazione nelle campagne dell'Italia settentrionale ottocentesca, in: Studi Storici 29 (1988), S. 253–273.
Seibold, Gerhard: Die Viatis und Peller Beiträge zur Geschichte ihrer Handelsgesellschaft, Köln 1977.
Seibold, Gerhard: Zur Situation der italienischen Kaufleute in Nürnberg während der zweiten Hälfte des 17. und der ersten Hälfte des 18. Jahrhunderts, in: Mitteilungen des Vereins für Geschichte der Stadt Nürnberg 71 (1984), S. 121–171.
Seibold, Gerhard: Wirtschaftlicher Erfolg in Zeiten des politischen Niedergangs, Augsburg 2014.

Seibold, Gerhard: Stammbücher aus Schwaben, Alt-Bayern und der Oberpfalz: Fünf kommentierte Editionen, Augsburg 2017.

Seidel Menchi, Silvana: Der Protestantismus in Venedig im XVI. Jahrhundert, in: Nederlands archief voor kerkgeschiedenis 70 (1990), S. 140–157.

Sella, Domenico: Commerci e industrie a Venezia nel secolo XVII, Venedig 1961.

Sella, Domenico: Crisis and Transformation in Venetian Trade, in: *Brian Pullan (Hg.)*, Crisis and change in the Venetian economy in the sixteenth and seventeenth centuries, London 1968, S. 88–105.

Setti, Cristina: La terza parte a Venezia: l'Avogaria di Comun tra politica e prassi quotidiana (secoli XVI–XVIII), in: Acta Histriae 22 (2014), S. 127–144.

Silbermann, Henri: Die Seide. Ihre Geschichte, Gewinnung und Verarbeitung, Dresden 1897.

Simonett, Jürg: Transitverkehr und sozialer Wandel am Beispiel der Bündner Täler Schams und Rheinwald in der ersten Hälfte des 19. Jahrhunderts, in: Jahresbericht der Historisch-Antiquarischen Gesellschaft von Graubünden 111 (1981), S. 7–76.

Simonett, Jürg: Verkehrserneuerung und Verkehrsverlagerung in Graubünden: Die »Untere Straße« im 19. Jahrhundert, Chur 1986.

Simonett, Jürg: Chur und der Untergang des Freistaates, in: *Ursula Jecklin (Hg.)*, Churer Stadtgeschichte, Chur 1993, S. 67–120.

Simonsfeld, Henry: Der Fondaco dei Tedeschi in Venedig und die deutsch-venetianischen Handelsbeziehungen, Bd. 1: Urkunden von 1225–1653, Stuttgart 1887.

Simonsfeld, Henry: Der Fondaco dei Tedeschi in Venedig und die deutsch-venetianischen Handelsbeziehungen, Bd. 2, Stuttgart 1887.

Simson, Paul: Geschichte der Stadt Danzig, Bd. 2: Von 1517 bis 1626, Danzig 1918.

Sommer, Wolfgang: Die lutherischen Hofprediger in Dresden: Grundzüge ihrer Geschichte und Verkündigung im Kurfürstentum Sachsen, Stuttgart 2006.

Spooner, Frank C.: Risks at Sea: Amsterdam Insurance and Maritime Europe, 1766–1780, Cambridge 1983.

Sprecher, Johann Andreas von: Geschichte der Republik der drei Bünde (Graubünden) im achtzehnten Jahrhundert zum erstenmal nach den amtlichen und sonstigen handschriftlichen Quellen bearbeitet, Bd. 1: Politischer Theil, Chur 1873.

Sprecher, Johann Andreas von/Jenny, Rudolf (Hg.): Kulturgeschichte der Drei Bünde im 18. Jahrhundert, Chur 1976.

Srbik, Heinrich von: Der staatliche Exporthandel Osterreichs von Leopold I. bis Maria Theresia: Untersuchungen zur Wirtschaftsgeschichte Osterreichs im Zeitalter des Merkantilismus, Wien, Leipzig 1907.

Srbik, Heinrich von: Adriapolitik unter Kaiser Leopold I., in: *Wilhelm Bauer (Hg.)*, Mitteilungen des Österreichischen Instituts für Geschichtsforschung, XI. Ergänzungsband: Oswald Redlich zugeeignet anläßlich der Feier seines siebzigsten Geburtstages, Innsbruck 1929, S. 612–639.

Srbik, Heinrich von: Rodordnungen des Ausferngebietes in den neueren Jahrhunderten, in: *Franz Huter (Hg.)*, Beiträge zur Geschichte und Heimatkunde Tirols. Festschrift zu Ehren Hermann Wopfners, Bd. 1, Innsbruck 1947, S. 247–269.

Stark, Walter: Lübeck und Danzig in der zweiten Hälfte des 15. Jahrhunderts: Untersuchungen zum Verhältnis des wendischen und preußischen Hansestädte in der Zeit des Niedergangs der Hanse, Weimar 1973.

Stauber, Reinhard: Der Zentralstaat an seinen Grenzen: Administrative Integration, Herrschaftswechsel und politische Kultur im südlichen Alpenraum 1750–1820, Göttingen 2001.

Stauder, Heiner: Lindau, in: *Daniel Hohrath/Gebhard Weig/Michael Wettengel (Hg.)*, Das Ende reichsstädtischer Freiheit 1802: Zum Übergang schwäbischer Reichsstädte vom Kaiser zum Landesherrn: Begleitband zur Ausstellung »Kronenwechsel«, das Ende reichsstädtischer Freiheit 1802, Stuttgart 2002, S. 126–131.

Steiger, Johann Anselm: Johann Lorenz von Mosheims Predigten zwischen reformatorischer Theologie, imitatio-Christi-Frömmigkeit und Gesetzlichkeit, in: *Martin Mulsow (Hg.)*, Johann Lorenz Mosheim: (1693–1755). Theologie im Spannungsfeld von Philosophie, Philologie und Geschichte, Wiesbaden 1997, S. 297–327.

Steinmeyer, Elias von: Die Matrikel der Universität Altdorf: Erster Teil: Text, Würzburg 1912.

Steinmeyer, Gerhard: Die Familie Kleiber in der Zeit um 1750 bis 1850, hg. vom Materialien zur Ahnenforschung und Familiengeschichte, URL: http://www.ahnendaten.de/materialien/kleiber_1750_bis_1850.html#Kleiber1750bis1850_Quellen [10.12.2020].

Stella, Aldo: Chiesa e stato nelle relazioni dei nunzi pontifici a Venezia: Ricerche sul giurisdizionalismo veneziano dal XVI al XVIII secolo, Vatikanstadt 1964.

Stolterfoht, Thea: Italienische Kaufleute in der Reichsstadt Heilbronn in der Frühen Neuzeit (1670–1773), in: *Christhard Schrenk/Peter Wanner (Hg.)*, heilbronnica 3: Beiträge zur Stadtgeschichte, Heilbronn 2006, S. 119–204.

Stolterfoht, Thea E.: Die Südfrüchtehändler vom Comer See im Südwesten Deutschlands im 17. und 18. Jahrhundert: Untersuchungen zu ihrem Handel und ihrer Handlungsorganisation, Hamburg 2017.

Stolz, Otto: Die Verkehrsverbindungen des oberen Rhein- und Donaugebietes um die Mitte des 16. Jahrhunderts, in: Zeitschrift für die Geschichte des Oberrheins N. F. 38 (1923), S. 60–88.

Stolz, Otto: Verkehrsgeschichte der Brenner- und Reschenstrasse, in: Großdeutscher Verkehr (1942), S. 270–302.

Stolz, Otto: Geschichtliche Beschreibung der ober- und vorderösterreichischen Lande, Karlsruhe 1943.

Stolz, Otto: Zur Geschichte der Zoll- und Verkehrsbeziehungen Graubündens mit Tirol und Vorarlberg, in: Bündner Monatsblatt: Zeitschrift für Bündner Geschichte (1952), S. 97–118.

Stolz, Otto: Geschichte des Zollwesens, Verkehrs und Handels in Tirol und Vorarlberg: Von den Anfängen bis ins XX. Jahrhundert, Innsbruck 1953.

Stolz, Otto: Quellen zur Geschichte des Zollwesens und Handelsverkehres in Tirol und Vorarlberg vom 13. bis 18. Jahrhundert, Wiesbaden 1955.

Strasser-Lattner, Maria: Der Handel über die Bündner Pässe zwischen Oberdeutschland und Oberitalien im späten Mittelalter [Magisterarbeit, Univ. Konstanz], Konstanz 2002, URL: http://nbn-resolving.de/urn:nbn:de:bsz:352-opus-11581 [10.12.2020].

Stroeher, Matthias: Memminger Stiftungen Entstehung und Bedeutung in der Geschichte von Reichsstadt und Stadt, Memmingen 2008.

Stromer, Wolfgang von: Oberdeutsche Hochfinanz 1350–1450, Wiesbaden 1970.

Studnicki-Gizbert, Daviken: A Nation upon the Ocean Sea: Portugal's Atlantic Diaspora and the Crisis of the Spanish Empire, 1492–1640, Oxford 2007.

Stupperich, Robert: Ludolf, Heinrich Wilhelm, in: NDB 15 (1987), S. 304–305.

Suddaby, Roy/Foster, William/Mills, Albert: Historical Institutionalism, in: *Marcelo Bucheli/Rohit Daniel Wadhwani (Hg.)*, Organizations in Time. History, Theory, Methods, Oxford 2014, S. 100–123.

Sutterlütti, Sabine: Vom Geld und den Schulden: Studie zur sozioökonomischen Entwicklung von Fußach zwischen 1795 und 1836 mit besonderer Bezugnahme aus die Auswirkungen politischer, wirtschaftlicher und klimatischer Ereignisse auf die privaten und kommunalen Vermögensverhältnisse, Regensburg 2014.

Szabo, Franz A. J.: Kaunitz and Enlightened Absolutism, 1753–1780, Cambridge 1994.

Tabacco, Giovanni: Andrea Tron 1712–1785 e la crisi dell'aristocrazia senatoria a Venezia, Trieste 1957.

Tamaro, Attilio: Storia di Trieste, Rom 1924.

Tarlé, Eugène: Le blocus continental et le royaume d'Italie, Paris 1928.

Tata, Rita de: All'insegna della fenice: Vita di Ubaldo Zanetti speziale e antiquario bolognese (1698–1769), Bologna 2007.

Tazzara, Corey: The Masterpiece of the Medici: Commerce, Politics, and the Making of the Free Port of Livorno, 1574–1790 [Unveröff. Dissertationsmanuskript, Univ. Claremont], Claremont (CA) 2011.

Tazzara, Corey: The Free Port of Livorno and the Transformation of the Mediterranean World, 1574–1790, Oxford 2017.

Tesi, Carlo: Livorno dalla sua origine sino ai nostri tempi. Opera storica popolare, Vol. 3, Livorno 1868.

Theus, Ruth: Il trattato di Milano del 1763. Diplomazia e illuminismo nella vita politica di Ulysses von Salis-Marschlins: [Ungedruckte Dissertation Univ. Pavia], Pavia 1997.

Theus, Ruth: Sviluppo economico e politica ecclesiastica: la repubblica delle Tre Leghe e il trattato di Milano del 1763, in: Annali di storia moderna e contemporanea 5 (1999), S. 301–348.

Thomas, Georg Martin: Beiträge aus dem Ulmer Archiv zur Geschichte des Handelsverkehrs zwischen Venedig und der deutschen Nation, in: Sitzungsberichte der Königl. Bayerischen Akademie der Wissenschaften zu München (1869), S. 55–84.

Thomas, Georg Martin: Capitular des deutschen Hauses in Venedig, Berlin 1874.

Thomas, Georg Martin: Register zum Capitular des Deutschen Hauses in Venedig: Nach der Handschrift im venezianischen Archiv »Capitolare dell'officio del fontego dei Todeschi«, München 1876.

Thomas, Georg Martin: Zur Quellenkunde des venezianischen Handels und Verkehres: mit archivalischen Beilagen, in: Abhandlungen der philosophisch-philologischen Classe der Königlich bayerischen Akademie der Wissenschaften 15 (1881), S. 181–240.

Thomas, Georg Martin: G.B. Milesio's Beschreibung des Deutschen Hauses in Venedig, in: Abhandlungen der Königlich Bayerischen Akademie der Wissenschaften, I. Classe, II. Abteilung 16 (1882), S. 1–72.

Thürheim, Andreas Joseph von: Christoph Martin Freiherr von Degenfeld, General der Venezianer, General-Gouverneur von Dalmazien und Albanien und dessen Söhne, Wien 1881.

Toaff, Renzo: La nazione ebrea a Livorno e a Pisa: 1591–1700, Florenz 1990.

Tonelli, Giovanna: Baldassarre Scorza e la riforma daziaria nella Lombardia asburgica, in: Nuova economia e storia 3 (1997), S. 25–68.

Tonelli, Giovanna: Percorsi di integrazione commerciale e finanziaria tra Milano e i Paesi d'Oltralpe nel primo Seicento, in: *Luca Mocarelli (Hg.)*, Tra identità e integrazione: La Lombardia nella macroregione alpina dello sviluppo economico europeo (secoli XVII–XX), Mailand 2002, S. 151–194.

Tonelli, Giovanna: Commercio di transito e dazi di confine nello Stato di Milano fra Sei e Settecento, in: *Angelo Torre (Hg.)*, Per vie di terra: Movimenti di uomini e di cose nelle società di antico regime, Mailand 2007, S. 85–108.

Tonelli, Giovanna: The Economy in the 16th and 17th Centuries, in: *Andrea Gamberini (Hg.)*, A Companion to late Medieval and Early Modern Milan: The Distinctive Features of an Italian State, Leiden 2014, S. 142–165.

Tonelli, Giovanna: »Non stimò servigio alla Corona esequire tali ordini«. Commercio e interventi governativi nella Milano sei-settecentesca, in: *Pietro Cafaro/Giuseppe De Luca/Andrea Leonardi/Luca Mocarelli/Mario Taccolini (Hg.)*, La storia economica come impegno: Saggi in onore di Angelo Moioli, Mailand 2015, S. 75–82.

Trepesch, Christof: Das Schaezlerpalais und die Deutsche Barockgalerie, Augsburg 2006.

Trezzi, Luigi: Ristabilire e restaurare il mercimonio. Pubblici poteri e attività manifatturiere a Milano negli anni di Carlo VI, Mailand 1986.

Trivellato, Francesca: The Port Jews of Livorno and their Global Networks of Trade in the Early Modern Period, in: Jewish Culture and History 7 (2004), S. 31–48.

Trivellato, Francesca: Merchants' Letters across Geographical and Social Boundaries, in:

Francisco Bethencourt/Florike Egmond (Hg.), Correspondence and Cultural Exchange in Europe, 1400–1700, Cambridge 2007, S. 80–103.
Trivellato, Francesca: The Familiarity of Strangers: The Sephardic Diaspora, Livorno, and Cross-Cultural Trade in the Early Modern Period, New Haven 2009.
Troeltsch, Walter: Die Calwer Zeughandlungskompagnie und ihre Arbeiter. Studien zur Gewerbe- und Sozialgeschichte Altwürttembergs, Jena 1897.
Tucci, Ugo: La marina mercantile veneziana nel Settecento, in: Bollettino dell'Istituto di Storia della Società e dello Stato Veneziano 2 (1960), S. 155–200.
Tucci, Ugo: La strada alpina del Predil e Venezia, in: *Franz Huter/Georg Zwanowetz (Hg.)*, Erzeugung, Verkehr und Handel in der Geschichte der Alpenländer: Festschrift für Herbert Hassinger anläßlich der Vollendung des 65. Lebensjahres, Innsbruck 1977, S. 351–375.
Ullmann, Hans-Peter: Der Frankfurter Kapitalmarkt um 1800: Entstehung, Struktur und Wirken einer modernen Finanzierungsinstitution, in: Vierteljahrschrift für Sozial- und Wirtschaftsgeschichte 77 (1990), S. 75–92.
Unger, Willem: Trade through the Sound in the Seventeenth and Eighteenth Centuries, in: The Economic History Review N. S. 12 (1959), S. 206–221.
van Doosselaere, Quentin: Commercial Agreements and Social Dynamics in Medieval Genoa, Cambridge 2009.
van Kessel, Petrus Josephus: Duitse studenten te Padua: De controverse Rome-Venetië en het protestantisme in de tijd der Contra-reformatie, Assen 1963.
van Meerbeeck, Lucienne: Les relations économiques des Pays-Bas autrichiens avec la Toscane sous le règne du grand-duc Pierre-Léopold (1765–1790), in: Bulletin de l'Institut historique belge de Rome 23 (1944–1946), S. 161–180.
van Veen, Henk Th./McCormick, Andrew P.: Tuscany and the Low Countries: An Introduction to the Sources and an Inventory of 4 Florentine Libraries, Florenz 1985.
Vanneste, Tijl: Global Trade and Commercial Networks: Eighteenth-Century Diamond Merchants, London 2011.
Varanini, Gian Maria: La Terraferma veneta nel Quattrocento e le tendenze recenti della storiografia, in: Ateneo Veneto 197 (2010), S. 13–63.
Vecchiato, Laneranco: La vita politica economica e amministrativa a Verona, in: *Laneranco Vecchiato (Hg.)*, Verona e il suo territorio, Vol. 5,1, Verona 1995, S. 5–398.
Veluwenkamp, Jan Willem: Ondernemersgedrag op de Hollandse stapelmarkt in de tijd van de Republiek de Amsterdamse handelsfirma Jan Isaac de Neufville & Comp., 1730–1764, Meppel 1981.
Veluwenkamp, Jan Willem/Klein, Peter: The Role of the Entrepreneur in the Economic Expansion of the Dutch Republic, in: *Karel Davids/Leo Noordegraaf (Hg.)*, The Dutch Economy in the Golden Age. Nine Studies, Amsterdam 1993, S. 27–53.
Ventura, Angelo: Bilanci generali della Repubblica di Venezia, Vol. 4: Bilanci dal 1753 al 1783, Padua 1972.
Venturi, Fulvio: L'opera lirica a Livorno, 1847–1999: Dall'inaugurazione del Teatro Leopoldo al nuovo millennio, Livorno 2000.
Verga, Ettore: La Camera dei mercanti di Milano nei secoli passati, Mailand 1914.
Vianello, Carlo A.: Una relazione sul porto di Livorno alla fine del secolo XVI, in: Bollettino storico livornese 5 (1941), S. 143–146.
Vianello, Carlo A. (Hg.): Le consulte amministrative inedite di C. Beccaria, Mailand 1943.
Vianello, Carlo Antonio: Itinerari economici, costi di trasporto e dazi del Settecento lombardo: (con una consulta inedita di P. Verri), in: O. V. (Hg.), Atti e memorie del terzo Congresso Storico Lombardo, Mailand 1939, S. 419–454.
Vianello, Carlo Antonio: Economisti minori del settecento lombardo, Mailand 1942.
Vianello, Francesco: Seta fine e panni grossi: Manifatture e commerci nel Vicentino, 1570–1700, Mailand 2004.

Vianello, Francesco: Economia e popolazione in età moderna, in: *Paolo Preto (Hg.)*, Storia di Bassano del Grappa, Bassano del Grappa 2013, S. 12–75.

Villani, Stefano: Una finestra mediterranea sull'Europa: i »nordici« nella Livorno della prima età moderna, in: *Adriano Prosperi (Hg.)*, Livorno, 1606–1806: Luogo di incontro tra popoli e culture, Turin 2009, S. 158–177.

Viviani, Giuseppe Franco: Il sistema mercantile veneto nella storiografia contemporanea, in: *Giorgio Borelli (Hg.)*, Mercanti e vita economica nella Repubblica Veneta (secoli XIII-XVIII), Verona 1985, S. 531–576.

Vogel, Walther: Beiträge zur Statistik der deutschen Seeschiffahrt im 17. und 18. Jahrhundert. I, in: Hansische Geschichtsblätter 53 (1928), S. 110–154.

Vögele, Jörg: Getreidemärkte am Bodensee im 19. Jahrhundert: Strukturen und Entwicklungen, Sankt Katharinen 1990.

Voigt, Manfred: Johann Christoph Silchmüller: Hofprediger und Superintendent in Bayreuth und Kulmbach. Ein lutherischer Pietist zur Zeit der Aufklärung, Lichtenfels 2005.

Volckart, Oliver: Politische Zersplitterung und Wirtschaftswachstum im Alten Reich, ca. 1650–1800, in: Vierteljahrschrift für Sozial- und Wirtschaftsgeschichte 86 (1999), S. 1–38.

Vries, Jan de: Economic Growth before and after the Industrial Revolution: a Modest Proposal, in: *Maarten Roy Prak (Hg.)*, Early Modern Capitalism: Economic and Social Change in Europe 1400–1800, London, New York 2001, S. 177–194.

Vries, Jan de: The Industrious Revolution: Consumer Behavior and the Household Economy, 1650 to the Present, Cambridge 2008.

Vries, Jan de: The Limits of Globalization in the Early Modern World, in: Economic History Review 63 (2010), S. 710–733.

Vries, Jan de/van der Woude, Ad: The First Modern Economy: Success, Failure, and Perseverance of the Dutch Economy, 1500–1815, Cambridge 1997.

Wackerbarth, Dieter: Die alte theologische Bibliothek der Deutschen Evangelischen Gemeinde A. B. in Venedig, in: Miteinander. Kirchenblatt für die evangelisch-lutherischen Gemeinden in Italien 35 (1983), S. 5.

Wallmann, Johannes: Philipp Jakob Spener und die Anfänge des Pietismus, Tübingen 1970.

Wallmann, Johannes: Wiedergeburt und Erneuerung bei Philipp Jakob Spener, in: Pietismus und Neuzeit 3 (1977), S. 7–31.

Wallmann, Johannes: Philipp Jakob Spener und die Anfänge des Pietismus, Tübingen 1986.

Wallmann, Johannes: Was ist Pietismus?, in: Pietismus und Neuzeit 20 (1994), S. 11–27.

Wallmann, Johannes (Hg.): Spener, Philipp Jakob. Briefe aus der Frankfurter Zeit. 1666–1686, Bd. 2: 1675–1676, Tübingen 1996.

Wallmann, Johannes: Europäische und außereuropäische Ausstrahlung des Pietismus, in: *Erich Donnert (Hg.)*, Europa in der Frühen Neuzeit. Festschrift für Günter Mühlenpfordt, Bd. 2, Frühmoderne, Köln 1997, S. 1–20.

Wallmann, Johannes (Hg.): Spener, Philipp Jakob. Briefe aus der Frankfurter Zeit. 1666–1686, Bd. 4: 1679–1680, Tübingen 2005.

Wallmann, Johannes/Sträter, Udo (Hg.): Spener, Philipp Jakob. Briefwechsel mit August Hermann Francke 1689–1704, Göttingen 2006.

Walter, Friedrich: Zur Wirtschaftslage Tirols um 1770, in: *Hermann Gerhardinger/Franz Huter (Hg.)*, Tiroler Wirtschaft in Vergangenheit und Gegenwart, Bd. 1: Beiträge zur Wirtschafts- und Sozialgeschichte Tirols, Innsbruck 1951, S. 257–279.

Walter, Maximilian: Das Fürststift Kempten im Zeitalter des Merkantilismus: Wirtschaftspolitik und Realentwicklung (1648–1802/03), Stuttgart 1995.

Walter, Rolf: Merkantilpolitische Handelshemmnisse (im territorialen Vergleich) am Beispiel eines territorial relativ zersplitterten Gebietes, in: *Hans Pohl (Hg.)*, Die Auswirkungen von Zöllen und anderen Handelshemmnissen auf Wirtschaft und Gesellschaft vom Mittelalter bis zur Gegenwart, Stuttgart 1987, S. 84–120.

Wätjen, Hermann: Die Niederländer im Mittelmeergebiet zur Zeit ihrer höchsten Machtstellung, Berlin 1909.
Wauschkuhn, Friedrich-Franz: Die Anfänge der württembergischen Textilindustrie im Rahmen der staatlichen Gewerbepolitik 1806–1848, Hamburg 1974.
Weber, Klaus: Deutsche Kaufleute im Atlantikhandel 1680–1830. Unternehmen und Familien in Hamburg, Cádiz und Bordeaux, München 2004.
Weigand, Wolf: Henry Simonsfeld (1852–1913), Historiker in München, in: *Manfred Treml (Hg.)*, Geschichte und Kultur der Juden in Bayern: Lebensläufe, München 1988, S. 189–193.
Weigelt, Horst: Der Pietismus in Bayern, in: *Martin Brecht/Klaus Deppermann (Hg.)*, Geschichte des Pietismus, Bd. 2: Der Pietismus im achtzehnten Jahrhundert, Göttingen 1995.
Weigelt, Horst: Geschichte des Pietismus in Bayern: Anfänge, Entwicklung, Bedeutung, Göttingen 2001.
Weigle, Fritz: Die deutschen Doktorpromotionen in Philosophie und Medizin an der Universität Padua von 1616 bis 1663, in: Quellen und Forschungen aus italienischen Archiven und Bibliotheken 45 (1965), S. 325–384.
Weiske, Karl: August Hermann Francke, dem Halleschen Waisenvater zum Gedächtnis. Eine familiengeschichtliche Betrachtung, in: Familiengeschichtliche Blätter 25 (1927), S. 211–222.
Weiss, Hildegard: Über die Verlagerung von Transit-Handelswegen zwischen Süddeutschland und Oberitalien um die Mitte des 18. Jahrhunderts. Nach einer zeitgenössischen österreichischen Wirtschaftsstudie des Freiherrn Karl Hieronymus Cristiani v. Rall, in: *Wilhelm Abel/Knut Borchardt/Hermann Kellenbenz/Wolfgang Zorn (Hg.)*, Wirtschaft, Geschichte und Wirtschaftsgeschichte: Festschrift zum 65. Geburtstag von Friedrich Lütge, Stuttgart 1966, S. 206–226.
Weitnauer, Alfred: Venezianischer Handel der Fugger nach der Musterbuchhaltung des Matthäus Schwarz, München 1931.
Welti, Ludwig: Geschichte der Reichsgrafschaft Hohenems und des Reichshofes Lustenau ein Beitrag zur Einigungsgeschichte Vorarlbergs, Innsbruck 1930.
Wendland, Andreas: Der Nutzen der Pässe und die Gefährdung der Seelen: Spanien, Mailand und der Kampf ums Veltlin, 1620–1641, Zürich 1995.
Werner, Robert: Les ponts et chaussées d'Alsace au dixhuitième siècle, Strasbourg 1929.
Westermann, Ascan: Die Zahlungseinstellung der Handlungsgesellschaft der Gebrüder Zangmeister zu Memmingen 1560, in: Vierteljahrschrift für Sozial- und Wirtschaftsgeschichte 6 (1908), S. 460–516.
Wicki, Hans: Bevölkerung und Wirtschaft des Kantons Luzern im 18. Jahrhundert, Luzern 1979.
Wiedemann, Max: Zur Postgeschichte der Stadt Lindau und des westlichen Allgäus, in: Archiv für Postgeschichte in Bayern 9 (1933), S. 40–52, 131–159.
Wieland, Georg: Biberacher Handwerker in Venedig. Aspekte um das Testament des venezianischen Bäckers Christoph Wattenlech aus Biberach an der Riß (1598/99), in: Württembergische Vierteljahreshefte für Landesgeschichte 41 (1982), S. 75–103.
Wiest, Ekkehard: Die Entwicklung des Nürnberger Gewerbes zwischen 1648 und 1808, Stuttgart 1968.
Williamson, Oliver E.: Markets and Hierarchies: Analysis and Antitrust Implications. A Study in the Economics of Internal Organization, New York 1975.
Winkler, Johannes: Der Verkauf an Dresden: Dresden and Modena aus der Geschichte zweier Galerien, Modena 1989.
Wirtz, Carolin: Köln und Venedig. Wirtschaftliche und kulturelle Beziehungen im 15. und 16. Jahrhundert, Köln 2006.
Wittchen, Theodor: Organisations-Acte der christlich-evangelischen Gemeinde Augsburgischer Confession in Venedig, Triest 1851.

Wolf, Thomas: Arme Städte – Reiche Bürger? Private und öffentliche Wirtschaft im 17. Jahrhundert, in: *Joachim Jahn/Wolfgang Hartung (Hg.)*, Gewerbe und Handel vor der Industrialisierung: Regionale und überregionale Verflechtungen im 17. und 18. Jahrhundert, Sigmaringendorf 1991, S. 49–59.
Wolf, Thomas: Reichsstädte in Kriegszeiten. Untersuchungen zur Verfassungs-, Wirtschafts- und Sozialgeschichte von Isny, Lindau, Memmingen und Ravensburg im 17. Jahrhundert, Memmingen 1991.
Wolfart, Karl: Geschichte der Stadt Lindau im Bodensee, Bd. 1,2, Lindau 1909.
Wölfel, Dieter: Evangelische Kirche, in: *Andreas Kraus (Hg.)*, Handbuch der bayerischen Geschichte, Bd. 3,2: Geschichte Schwabens bis zum Ausgang des 18. Jahrhunderts, München 2001, S. 487–531.
Wood, Alfred: A History of the Levant Company, London 1935.
Wotschke, Theodor: Gottfried Vockerodt in seinen Briefen an A. H. Francke, in: Mühlhäuser Geschichtsblätter 28 (1927/28), S. 45–82.
Wotschke, Theodor: Pietistisches aus Ostfriesland und Niedersachsen. Auf Grund handschriftlichen Materials in der Staatsbibliothek Berlin, in der Bibliothek des Waisenhauses Halle und in dem Universitätsarchiv zu Herrnhut, in: Zeitschrift der Gesellschaft für niedersächsische Kirchengeschichte 36 (1931), S. 72–178.
Wotschke, Theodor: A. H. Franckes Briefwechsel mit Lübeck, in: Mitteilungen des Vereins für Lübeckische Geschichte und Altertumskunde 15 (1940), S. 99–118.
Wunder, Bernd: Der Chausseebau in Württemberg während des 18. Jahrhunderts: Infrastrukturpolitik zwischen Regierung, Landschaft und Schwäbischem Reichskreis, in: *Wolfgang Schmierer (Hg.)*, Aus südwestdeutscher Geschichte: Festschrift für Hans-Martin Maurer, dem Archivar und Historiker zum 65. Geburtstag, Stuttgart 1994, S. 526–538.
Wunder, Bernd: Der Kaiser, die Reichskreise und der Chausseebau im 18. Jahrhundert, in: Zeitschrift für neuere Rechtsgeschichte 18 (1996), S. 1–22.
Wundt, Max: Die deutsche Schulphilosophie im Zeitalter der Aufklärung, Tübingen 1945.
Wüst, Wolfgang: Bürgertum, Handel, wirtschaftliche und politische Außenbeziehungen der Reichsstadt, in: *Volker Dotterweich/Karl Filser/Pankraz Fried/Gunther Gottlieb/Wolfgang Haberl/Gerhard Weber (Hg.)*, Geschichte der Stadt Kempten, Kempten 1989, S. 202–222.
Wüst, Wolfgang: Protoindustrialisierung in Süddeutschland: frühe Themenzugänge, in: *Wolfgang Wüst/Tobias Riedl/Magdalena Prechsl (Hg.)*, Industrielle Revolution: Regionen im Umbruch: Franken, Schwaben, Bayern, Stegaurach 2013, S. 3–19.
Wustmann, Silke: Die Einbürgerung der italienischen Kaufmannfamilie Bolongaro in Frankfurt am Main: Studie zur wirtschaftlichen Rivalität zwischen der Reichsstadt Frankfurt und dem Kurfürstentum Mainz im 18. Jahrhundert, in: Archiv für Frankfurts Geschichte und Kunst 68 (2002), S. 327–374.
Zago, Ferruccio: Cenni storici sulla camera di commercio di Venezia, Venedig 1954.
Zäh, Helmut: Die Bedeutung Jacob Bruckers für die Erforschung der Augsburger Gelehrtengeschichte, in: *Wilhelm Schmidt-Biggemann (Hg.)*, Jacob Brucker (1696–1770): Philosoph und Historiker der europäischen Aufklärung, Berlin 1998, S. 83–98.
Zalin, Giovanni: Aspetti e problemi dell'economia veneta dalla caduta della Repubblica all'annessione, Vicenza 1969.
Zamboni, Carlofilippo: La navigazione sull'Adige in rapporto al commercio veronese, Verona 2006.
Zangheri, Luigi: Feste e apparati nella Toscana dei Lorena, 1737–1859, Florenz 1996.
Zanini, Andrea: Sempre più agricola, sempre più regionale. L'economia della Repubblica di Venezia da Agnadello al Lombardo-Veneto (1509–1817), in: Ateneo Veneto 197 (2010), S. 137–171.
Zannini, Andrea: L'economia veneta nel Seicento. Oltre il paradigma della »crisi generale«, in: *Maria Norberta Amorim (Hg.)*, La popolazione italiana nel Seicento, Bologna 1999, S. 473–502.

Zanzi, Luigi: I Walser e la creazione di un sistema di passi per la viabilità infra-alpina nel Medioevo, in: *Enrico Rizzi (Hg.)*, Beiträge zur alpinen Passgeschichte. Contributi alla storia dei passi alpini, Bologna 1987, S. 11–148.
Zaugg, Roberto: Stranieri di antico regime mercanti, giudici e consoli nella Napoli del Settecento, Rom 2011.
Zaunstöck, Holger: Wie pietistisch kann Adel sein? Hallescher Pietismus, Reichsadel und Landesgeschichte, in: *Andreas Pečar/Holger Zaunstöck/Thomas Müller-Bahlke (Hg.)*, Wie pietistisch kann Adel sein? Hallescher Pietismus und Reichsadel im 18. Jahrhundert, Halle 2016, S. 7–28.
Zecchin, Paolo: L'arte vetraria a Venezia tra la caduta della Repubblica e l'introduzione del Portofranco (1830), in: Studi Veneziani 54 (2007).
Zesch, Erwin: Vom Jochweg zur Brenner-Autobahn, in: Blätter für Technikgeschichte 26 (1964), S. 124–134.
Ziegler, Dieter: Die Zukunft der Wirtschaftsgeschichte. Versäumnisse und Chancen, in: Geschichte und Gesellschaft 23 (1997), S. 405–422.
Ziehner, Ludwig: Der Kommerzialverband zwischen den Erbstaaten des Kurfürsten Karl Theodor von der Pfalz, in: Zeitschrift für die Geschichte des Oberrheins N. F. 44 (1931), S. 552–565.
Zillner, Franz Valentin: Geschichte der Stadt Salzburg, Bd. 1: Geschichtliche Stadtbeschreibung, Salzburg 1885.
Zimmermann, Wolfgang: Konstanz in den Jahren von 1548–1733, in: *Martin Burkhardt/Wolfgang Dobras/Wolfgang Zimmermann (Hg.)*, Konstanz in der frühen Neuzeit: Reformation, Verlust der Reichsfreiheit, österreichische Zeit, Konstanz 1991, S. 147–312.
Zoepfl, Gottfried: Fränkische Handelspolitik im Zeitalter der Aufklärung: Ein Beitrag zur deutschen Staats- und Wirtschafts-Geschichte, Erlangen 1894.
Zorn, Wolfgang: Handels- und Industriegeschichte Bayerisch-Schwabens 1648–1870: Wirtschafts- Sozial- und Kulturgeschichte des schwäbischen Unternehmertums, Augsburg 1961.
Zorn, Wolfgang: Ein neues Bild der Struktur der ostschwäbischen Gewerbelandschaft im 16. Jahrhundert, in: Vierteljahrschrift für Sozial- und Wirtschaftsgeschichte 75 (1988), S. 153–187.
Zorn, Wolfgang: Die Eingliederung Augsburgs in das Königreich Bayern unter König Max I. Joseph in der Sicht des Patriziats, in: *Karl Otmar von Aretin/Winfried Schulze/Dieter Albrecht (Hg.)*, Europa im Umbruch: 1750–1850, München 1995, S. 335–351.
Zückert, Hartmut: Die wirtschaftliche und politische Funktion der süddeutschen Reichsstädte im 18. Jahrhundert, in: *Joachim Jahn/Wolfgang Hartung (Hg.)*, Gewerbe und Handel vor der Industrialisierung: Regionale und überregionale Verflechtungen im 17. und 18. Jahrhundert, Sigmaringendorf 1991, S. 60–69.
Zückert, Hartmut: Memmingens Bedeutung im 18. Jahrhundert, in: *Peter Blickle/Hans-Wolfgang Bayer (Hg.)*, Die Geschichte der Stadt Memmingen, Stuttgart 1997, S. 783–874.
Zunckel, Julia: Esperienze e stratégie commerciali di mercanti tedeschi fra Milano e Genova nell'epoca delta controriforma, in: *Albrecht Burkardt/Gilles Bertrand/Yves Krumenacker (Hg.)*, Commerce, voyage et expérience religieuse, 16ème-18ème siècles, Rennes 2007, S. 231–255.
Zürn, Martin: »Damit man des unnützen Volks abkomme«. Savoyer und andere Welsche in Süddeutschland zwischen Sesshaftigkeit und Vagantentum, in: *Mark Häberlein/Martin Zürn (Hg.)*, Minderheiten, Obrigkeit und Gesellschaft in der frühen Neuzeit: Integrations- und Abgrenzungsprozesse im süddeutschen Raum, St. Katharinen 2001, S. 141–181.

Register

Das Ortsregister umfasst alle wesentlichen geographischen Bezeichnungen – ausgenommen die sehr zahlreichen wie Italien, Deutschland und Venedig. Teilweise wurde noch untergliedert, wenn dies sinnvoll erschien, so beispielsweise Schwaben und Oberschwaben. Zum Ortsregister angefügt wurden Begriffe mit markantem geographischem Bezug, so beispielsweise der Fränkische Reichskreis zu Franken oder schwäbische Kaufleute zu Schwaben. Bei überwiegend anderer Bedeutung der Begriffe wurde davon abgesehen, beispielsweise wurde der Rheinbund nicht zum Rhein angefügt. Im Falle von Doppelbedeutungen der politischen Entitäten im Ortsregister wurde von einer Auftrennung abgesehen, da diese Fälle relativ selten sind, beispielsweise bei dem Fürststift und der Reichsstadt Kempten.

In das Personenregister wurden alle vor 1850 verstorbenen Personen aus dem Textteil und den Anhängen I–IV aufgenommen. Familiennamen wurden bei besonderer Bedeutung noch einzeln aufgeführt, ebenso offizielle Firmenbezeichnungen. Nicht aufgenommen wurden die Nicht-Deutschen aus Tabelle 36 (Steuerregister Venedig 1797) und die Personen, die ausschließlich in den Anhängen V und VII vorkommen. Die dortigen Personengruppen sind relativ zahlreich und nicht direkt für die Arbeit einschlägig. So umfassen die Anhänge V und VII einige Begräbnisse von Neugeborenen oder Personen, die nicht unmittelbar mit den untersuchten Nationen in Venedig und Livorno zusammenhingen.

Das Sachregister erfasst spezielle Personengruppen ohne klaren geographischen Bezug wie beispielsweise die Sepharden. Ebenso finden sich hier bedeutende Ereignisse wie Kriege im Untersuchungszeitraum. Die Dynastien sind hier als politische Akteure sowie als territoriale Entitäten zu verstehen. Zudem wurde noch eine Reihe an Schlüsselbegriffen der vorliegenden Arbeit hier aufgenommen.

Ortsregister

Personenregister

Sachregister